LA LÉGISLATION

DE

L'INSTRUCTION PRIMAIRE

EN FRANCE

DEPUIS 1789 JUSQU'A NOS JOURS

RECUEIL

DES

LOIS, DÉCRETS, ORDONNANCES, ARRÊTÉS, RÈGLEMENTS,
DÉCISIONS, AVIS, PROJETS DE LOIS,

AVEC UNE INTRODUCTION HISTORIQUE ET UNE TABLE ANALYTIQUE

Par M. GRÉARD

VICE-RECTEUR DE L'ACADÉMIE DE PARIS
MEMBRE DE L'INSTITUT.

DEUXIÈME ÉDITION

TOME V

De 1879 à 1887

PARIS

LIBRAIRIE DE MM. DELALAIN FRÈRES

IMPRIMEURS DE L'UNIVERSITÉ

115, Boulevard Saint-Germain, 115

LA LÉGISLATION DE L'INSTRUCTION PRIMAIRE EN FRANCE.

ON TROUVE A LA LIBRAIRIE DELALAIN :

Lois et Règlements organiques de l'Enseignement primaire en France, 1881-1898, texte unique comprenant les modifications apportées, jusqu'au 1er janvier 1898, à la rédaction primitive des documents; 1 vol. in-8°, *br.* 2 f. 50 c.

Circulaires et Instructions relatives à l'Instruction publique, Janvier 1831 à Décembre 1893, collection publiée sous les auspices du Ministère de l'Instruction publique; 11 vol. in-8° (tomes II, III, IV, V, VI, Table analytique des tomes I à VI, tomes VII, VIII, IX, X et XI), *br.* 100 f.

Il ne reste plus à vendre isolément que quelques exemplaires des tomes II (1831-1839), III (1840-1849), IV (1850-1855), V (1856-1865), chacun séparément, in-8°, *br.* 12 f.

Le Tome Ier (1802-1830) et le Tome VI (1866-1870), en dehors des collections réservées, sont épuisés.

— **Tome VII** (du 25 janvier 1870 au 28 février 1878), avec une double table chronologique et analytique; 1 fort vol. in-8°, *br.* 12 f.

— **Tome VIII** (du 11 mars 1878 au 28 mars 1882), avec une double table chronologique et analytique; 1 fort vol. in-8°, *br.* 12 f.

— **Tome IX** (du 28 mars 1882 au 29 octobre 1886), avec une double table chronologique et analytique; 1 fort vol. in-8°, *br.* 12 f.

— **Tome X** (du 31 octobre 1886 à mai 1889), avec une double table chronologique et analytique; 1 vol. in-8°, *br.* 8 f.

— **Tome XI** (de juin 1889 à décembre 1893), avec une double table chronologique et analytique; 1 fort vol. in-8°, *br.* 12 f.

Cette collection sera continuée.

Recueil des Lois et Actes de l'Instruction publique (Janvier 1848 à décembre 1891), Recueil des lois, décrets, arrêtés, circulaires, décisions, etc., relatifs à l'Instruction publique, 44 volumes, format in-8°, *br.* 125 f.

[Cette publication périodique s'est arrêtée en décembre 1891.]

Chaque Année séparée, de 1848 à 1891, *non épuisée* en dehors des collections complètes réservées; 1 fort vol. in-8°, *br.* 3 f.

Chaque volume contient deux tables, l'une chronologique, l'autre alphabétique-analytique.

Les *numéros* des années 1848 à 1891, qui existent encore *séparément*, se vendent chacun 30 *centimes*.

LA LÉGISLATION

DE

L'INSTRUCTION PRIMAIRE

EN FRANCE

DEPUIS 1789 JUSQU'A NOS JOURS

RECUEIL

DES

LOIS, DÉCRETS, ORDONNANCES, ARRÊTÉS, RÈGLEMENTS, DÉCISIONS, AVIS, PROJETS DE LOIS,

AVEC UNE INTRODUCTION HISTORIQUE ET UNE TABLE ANALYTIQUE

Par M. GRÉARD

VICE-RECTEUR DE L'ACADÉMIE DE PARIS
MEMBRE DE L'INSTITUT.

DEUXIÈME ÉDITION

TOME V

De 1879 à 1887

PARIS

LIBRAIRIE DE MM. DELALAIN FRÈRES

IMPRIMEURS DE L'UNIVERSITÉ

115, Boulevard Saint-Germain, 115

Abréviations employées pour les Publications signalées dans les notes.

Bull. adm. = Bulletin administratif du Ministère de l'Instruction publique (Impr. Nationale).

Circ. = Circulaires et Instructions relatives à l'Instruction publique (Impr. Delalain).

Rec. des L. et A. = Recueil des Lois et Actes de l'Instruction publique (Impr. Delalain).

Toutes nos éditions sont revêtues de notre griffe.

Delalain frères

Décembre 1898.

LA LÉGISLATION

DE L'INSTRUCTION PRIMAIRE EN FRANCE

DEPUIS 1789 JUSQU'A NOS JOURS.

TOME V.

Rapport fait au nom de la Commission[1] chargée d'examiner la proposition de loi de M. Adolphe Lelièvre, tendant à fixer le Traitement des institutrices dirigeant des Écoles publiques de filles dans les communes dont la population est inférieure à 500 habitants, par M. Adolphe Lelièvre, député. 11 février 1879.

Séance du 11 Février 1879.

Messieurs, avant d'aborder la discussion de la proposition de loi que nous avons l'honneur de soumettre aux délibérations de la Chambre, il a paru nécessaire à votre Commission de rappeler brièvement les dispositions des lois antérieures qui règlent le mode de création et d'entretien des Écoles primaires communales de filles. Cet examen est, suivant nous, de nature à mieux fixer les conséquences auxquelles aboutira l'adoption de ce projet, s'il est accepté par vous.

La loi du 15 mars 1850, dans son article 51, imposait à toute commune de plus de 800 âmes l'obligation, à moins d'une dispense formelle, de créer une École publique de filles, lorsque ses propres ressources lui en fournissaient les moyens. Cette obligation est aujourd'hui étendue, par l'article 1er de la loi de 1867, à toutes les communes dont la population excède 500 habitants.

Ces Écoles sont placées sous la direction d'institutrices titulaires ou adjointes

1. Cette Commission était composée de MM. Mestreau, *Président;* Lacascade *Secrétaire;* Marmottan, duc de Padoue, Marion, Lelièvre, Dreux, Leroy, Duchasseint, Tiersot, Frébault.

Voir, pour les origines de la proposition, le projet de M. Adolphe Lelièvre, 20 *juillet* 1876, Tome IV, p. 628.

dont le traitement, d'abord fixé par les lois de 1850 et de 1867, a été définitivement réglé, par la loi du 19 juillet 1875, de la manière suivante :

Institutrices titulaires. .	1re classe.	900 francs.
—	2e classe.	800 —
—	3e classe.	700 —
Institutrices adjointes à l'école principale. . . .		600 —

Les articles 2, 3, 4 et 9 de cette même loi déterminent en outre, par une série de dispositions spéciales, les conditions d'avancement de ces diverses catégories d'institutrices.

Obligatoires à moins d'une dispense formelle prévue par l'article 15 de la loi de 1850, ces Écoles sont entretenues et ces traitements payés sur un ensemble de ressources qui comprend :

1° Les rétributions scolaires;
2° Les fondations, dons ou legs faits aux communes;
3° Les ressources communales ordinaires;
4° Quatre centimes communaux additionnels au principal des quatre contributions directes.

En cas d'insuffisance, ces dépenses sont acquittées :

1° Sur les ressources ordinaires du département;
2° Sur les quatre centimes additionnels votés par les Conseils généraux.

A leur défaut, l'État vient en aide aux communes au moyen de subventions votées à son budget.

Mais il arrive souvent que des communes dont le nombre d'habitants est inférieur à 500 se voient dans la nécessité de créer des Écoles spéciales de filles, soit parce que la population de l'École unique est trop considérable, soit parce que le maintien d'une seule École *mixte* leur paraît offrir des inconvénients et des dangers.

Dans ce cas, l'École de filles ne revêt plus qu'un caractère facultatif, et, pour en obtenir la création, la commune doit se munir d'une autorisation spéciale qui ne lui est accordée que sous certaines conditions, au sujet desquelles le Conseil départemental est d'abord appelé à donner son avis, et que le Ministre, après lui, reste souverainement chargé d'apprécier et de prescrire. Ainsi, elle doit justifier d'abord de la nécessité absolue de cette création, puis démontrer que ses ressources sont suffisantes, non seulement pour entretenir l'École obligatoire de garçons exigée par l'article 1er de la loi de 1867, mais encore pour faire face, dans une certaine mesure au moins, aux dépenses de toute nature qu'entraînera la fondation nouvelle qu'elle sollicite. Elle doit, en outre, être en mesure de fournir un local convenable et un mobilier scolaire suffisant.

C'est à ces conditions seulement, conditions, nous le répétons, que le Conseil départemental est chargé d'apprécier, que le Ministre est libre d'accepter ou de rejeter, que la commune peut être autorisée à ouvrir son École.

Cette autorisation forme évidemment un contrat qui, comme tous les contrats, peut être brisé en cas d'inexécution des engagements souscrits, et il est certain que, si la commune réduisait le chiffre des ressources primitivement affectées par elle, le Ministre, de son côté, aurait le droit de revenir sur sa décision. L'École ainsi créée est placée sous la direction d'une institutrice nommée par le Préfet; mais cette institutrice, bien qu'elle soit pourvue des mêmes grades que ses collègues dirigeant des Écoles obligatoires, qu'elle sorte des mêmes rangs, qu'elle remplisse les mêmes fonctions, a pourtant sur celles-ci une infériorité marquée. Elle n'a pas de traitement défini, assuré; elle n'appartient à aucune des catégories fixées par la loi de 1875; elle ne touche que la rétribution scolaire, ou, à défaut, les émoluments que le Conseil municipal peut ou veut bien lui abandonner.

Ce traitement est le plus souvent insuffisant. Presque toujours, il varie entre 250 et 500 francs; rarement, il atteint un chiffre qui, même avec la plus sévère économie, permette à ces malheureuses femmes de pourvoir aux besoins les plus pressants et les plus essentiels de leur vie matérielle.

Encore si les conditions de leur avancement étaient assurées; si elles avaient la certitude de passer, après un certain temps d'épreuve, à la tête d'une École obligatoire, et là, de jouir d'un traitement minimum de 700 francs, qui, réglé par la loi de 1875, pourrait s'accroître dans un avenir déterminé; mais non! cette perspective n'est pour elles qu'un espoir, dont il leur est impossible d'attendre, pendant de longues années, la réalisation.

Une telle situation, il faut en convenir, est intolérable. L'État, les départements sont les premiers à en souffrir. Par elle, le recrutement de nos Écoles normales peut être compromis, car où trouver des jeunes filles qui consentent, en face d'une pareille perspective, à se vouer à l'enseignement? Déjà celles qui, s'y étant égarées, sont venues échouer dans des Écoles de cette nature, cherchent par tous les moyens à se faire un autre avenir. Tantôt, et ce sont les plus favorisées, elles rompent leur engagement décennal pour entrer dans l'enseignement libre, ou comme institutrices dans des familles qui consentent, pour se les attacher, à rembourser au département les frais de leur éducation; tantôt, elles sont réduites pour vivre à se placer comme femmes de chambre ou demoiselles de compagnie; tantôt enfin, les ressources manquant, elles peuvent être amenées par la misère à des extrémités plus terribles encore.

Aussi, frappé à juste titre des conséquences funestes auxquelles peut aboutir un tel système, M. Waddington, durant son passage au Ministère, s'est-il préoccupé d'y apporter remède. Par des subventions dont il a demandé en 1877, à la Chambre, d'augmenter le chiffre, il a essayé de compléter, dans une certaine mesure, le traitement trop insuffisant des institutrices dont nous nous occupons. Après lui, M. Bardoux a reproduit et fait réussir en partie une demande identique. Ce sont là de louables et généreux efforts; ils soulagent en partie les misères présentes, mais ils sont impuissants à les faire disparaître complètement et surtout à en prévenir le retour.

Le projet qui vous est soumis, Messieurs, comble cette lacune.

Sans rien changer à la nature exceptionnelle et au caractère facultatif des Écoles que vise son auteur, sans apporter aucune modification aux règles qui déterminent aujourd'hui leur fondation, sans engager le droit souverain du Ministre d'exiger des communes qui en réclameront le bénéfice un ensemble de ressources dont il lui appartient de juger la suffisance, il vous propose de déterminer seulement le minimum du traitement dont jouiront à l'avenir les institutrices qui dirigent ces Écoles, et de les assimiler, quant aux règles de leur avancement, à leurs camarades dont le sort est déjà régi par la loi.

Cela nous a paru si juste, que nous nous sommes étonnés que le législateur de 1875 n'ait pas réparé ce que nous considérons comme une erreur. Votre Commission en est convaincue, il y a eu là un simple mais dangereux oubli, contre lequel viennent protester les sentiments les plus élémentaires de l'équité, de la justice et de l'égalité. Il n'a pu, en effet, entrer dans l'esprit de nos prédécesseurs d'établir une différence aussi considérable que peu justifiée entre des femmes ayant la même origine, vouées aux mêmes fonctions, soumises aux mêmes devoirs, concourant avec une égale ardeur à l'instruction, à l'éducation de nos enfants, et méritant, par conséquent, à un titre égal, la protection et la reconnaissance de l'Etat.

L'honorable M. Wallon lui-même, consulté à ce sujet au lendemain du jour où fut promulguée la loi du 19 juillet 1875, répondait : « Je reconnais qu'il y a « là une question d'un grand intérêt. Il est incontestable, en effet, que les insti- « tutrices qui, renonçant à l'avancement, ont consenti par dévouement à de- « meurer dans des conditions modestes, méritent de participer aux améliora- « tions que le législateur a apportées récemment dans la situation des maîtresses « de l'enfance. »

Le Ministre avait raison : il commettait pourtant une erreur : c'est que ces femmes courageuses dont il parle, loin de consentir à rester dans des situations qui engendrent pour elles la misère, y sont le plus souvent contraintes par la force de la législation qu'elles doivent subir, ou plutôt par l'oubli dans lequel cette législation les a jetées.

Pour réparer cet oubli, le sacrifice pécuniaire que nous vous demandons d'accomplir est minime. Des renseignements qui nous ont été fournis par l'honorable Ministre de l'Instruction publique lui-même, il résulte qu'il y a en France 2 500 Ecoles facultatives, dirigées par des institutrices dont le traitement moyen n'atteint pas le chiffre de 500 francs.

Pour le porter au taux minimum que nous vous proposons d'adopter pour l'avenir, un crédit de 500 000 francs serait donc actuellement suffisant. Mais il convient de déduire de ce chiffre le montant du crédit affecté dans nos budgets comme secours aux institutrices de cette catégorie, soit 150 000 francs; en sorte que l'exécution du projet que nous avons l'honneur de vous soumettre n'entraînerait qu'une dépense nouvelle de 350 000 à 400 000 francs.

C'est par ces considérations, Messieurs, que votre Commission, à l'unanimité de ses membres, a l'honneur de vous proposer l'adoption du projet qui suit :

Proposition de loi.

ARTICLE UNIQUE. — A partir de la promulgation de la présente loi, les dispositions de la loi du 19 juillet 1875 sont applicables aux institutrices dirigeant des Ecoles publiques de filles dans les communes dont la population n'excède pas 500 habitants.

---

22 février 1879. **Rapport fait au nom de la Commission[1] chargée d'examiner la proposition de loi, précédemment adoptée par le Sénat, et relative à l'Enseignement départemental et communal de l'Agriculture, par M. Labuze, député[2].**

Séance du 22 Février 1879.

Messieurs, vous avez, depuis plusieurs mois, confié à l'examen d'une Commission spéciale l'étude d'une proposition de loi, déjà adoptée par le Sénat, et

1. Cette Commission était composée de MM. COUTURIER, *Président;* LABUZE, *Secrétaire;* DUCHASSEINT, GANNE, LOUSTALOT, PATISSIER, LECONTE, FOUQUET, BOULARD (Cher), CHORON, RATHIER (Morbihan).

2. *Journal officiel* du 22 *mars* 1879, p. 2324 et suiv.

Consulter, pour les origines de la proposition, le projet de loi de M. DE PARIEU, 16 *juin* 1877, Tome IV, p. 717.

Voir ci-après, p. 62, la loi du 16 *juin* 1879.

relative à l'enseignement départemental et communal de l'agriculture. Tout d'abord, votre Commission, convaincue de l'utilité réelle de cet enseignement, et pensant qu'il était urgent de l'organiser, sembla disposée à approuver, purement et simplement, la proposition du Sénat et à soumettre sa décision à l'approbation de la Chambre.

Mais, après une étude approfondie, votre Commission s'aperçut que la loi votée par le Sénat contenait quelques imperfections; des objections sérieuses furent formulées par plusieurs de ses membres, et des modifications importantes furent proposées.

D'autre part, l'époque très rapprochée de la clôture de la session ordinaire de 1878 ne permettait guère d'espérer, quelle que fût la rapidité avec laquelle on pût procéder à l'étude de la question, qu'un vote pût être émis par la Chambre avant sa séparation.

Votre Commission estima qu'il serait profitable d'utiliser la longue période des vacances, en appelant sur l'organisation de l'enseignement agricole l'attention d'hommes éclairés, et elle décida qu'elle prendrait l'avis des Conseils généraux et des Sociétés d'agriculture. Personne n'ignore les services réels rendus à l'agriculture depuis quelques années par les comices agricoles, et nous pensâmes que leurs membres, ayant apprécié les effets regrettables de l'insuffisance d'instruction de nos cultivateurs, pouvaient utilement indiquer les moyens pratiques de la combattre. Il était également nécessaire de consulter à ce sujet les Conseils généraux, dont le concours devient indispensable pour assurer le traitement des professeurs d'agriculture.

Votre Commission jugea, toutefois, qu'il ne suffisait pas de recueillir un avis exprimé d'une façon générale et dans des termes nécessairement vagues, et elle eut l'honneur de prier M. le Ministre de l'Agriculture de vouloir bien soumettre aux Conseils généraux et aux Sociétés agricoles un questionnaire précis qu'elle lui adressa.

Les questions posées avaient trait aux points les plus contestables de la proposition votée par le Sénat, et visaient les modifications proposées par les membres de la Commission. Elles portaient principalement sur l'utilité et sur l'urgence de l'enseignement agricole, sur la longueur du délai à accorder aux Ministres pour son organisation, sur les garanties que l'on pourrait exiger des candidats aux fonctions de professeur, sur l'institution des concours, sur la question de savoir s'il aurait lieu pour un seul, pour plusieurs ou pour tous les départements à la fois, sur le point de savoir à qui devrait être conféré le droit d'indiquer un programme d'examen, et enfin sur la composition du jury qui serait appelé à apprécier la valeur des candidats.

M. le Ministre voulut bien adresser ce questionnaire et nous communiquer les réponses qui lui ont été faites par un grand nombre des Conseils généraux et des Sociétés agricoles consultés.

Pour arrêter le texte de la loi qu'elle propose à votre adoption, votre Commission a tenu le plus grand compte des indications sérieuses contenues dans ces réponses, et, pour la plupart des articles, notamment pour celui qui concerne la composition du jury d'examen, elle a cru devoir s'inspirer complètement des idées exprimées par les Sociétés d'agriculture.

Sa tâche a, du reste, été facilitée par l'organisation actuelle des chaires d'agriculture, dont elle ne s'est pas notablement écartée. Elle a dû reconnaître les sérieux efforts faits depuis trois années, pour arriver à l'institution d'une chaire agricole dans tous les départements.

Depuis 1875, en effet, vingt et une chaires nouvelles ont été créées par voie de concours, et à l'heure actuelle, d'autres concours ont été ou vont être ouverts, afin de pourvoir de cet enseignement utile six autres départements. Si on ajoute à ces chiffres les neuf départements qui ont depuis longtemps déjà un professeur spécial, on voit que trente-six départements sont ou vont être en possession d'une chaire d'agriculture.

La proposition de loi que nous avons l'honneur de vous soumettre a donc pour but principal de généraliser cet enseignement, en même temps qu'elle augmente les garanties fournies par le concours, en constituant à la fois un jury plus scientifique et plus pratique. Elle a pour but aussi d'organiser dans l'avenir l'enseignement de l'agriculture dans toutes les communes de France.

L'article 1er de la proposition de loi votée par le Sénat rendait obligatoire l'enseignement élémentaire de l'agriculture et de l'horticulture dans toutes les Écoles primaires, à partir de l'année scolaire qui suivrait la promulgation de la loi. Votre Commission a jugé impossible de comprendre dans les matières obligatoires de l'enseignement primaire les notions d'agriculture et d'horticulture, avant que cet enseignement ait été fait d'une façon sérieuse et suivie à l'École normale primaire, pendant un certain nombre d'années. En effet, quel enseignement pratique et utile les instituteurs pourraient-ils donner à leurs élèves, alors qu'eux-mêmes, pendant le cours de leurs études, n'auraient acquis aucune notion de la science agricole? Il nous a semblé que cette mesure serait tout au plus applicable dans les départements où l'enseignement agricole est organisé depuis plusieurs années, et nous vous proposons de reconnaître au Conseil de l'Instruction publique de ces départements privilégiés la faculté de rendre l'enseignement agricole obligatoire dans toutes les communes de leur ressort.

L'article 2 de la proposition votée par le Sénat accordait au Ministre de l'Agriculture un délai de six années pour l'organisation de l'enseignement agricole dans les départements. Nous avons pensé qu'un délai de deux années était très largement suffisant, et qu'il serait facile de recruter pendant ce temps les cinquante professeurs qui sont encore utiles. Les élèves de nos grandes Ecoles d'agriculture, qui semblent plus particulièrement destinés à exercer ces fonctions de professeurs départementaux, ou les autres candidats qui pourraient y aspirer, n'auront-ils pas ainsi tout le temps nécessaire pour se préparer au concours qu'on exigera d'eux?

C'est, en effet, au concours que nous vous proposons de faire nommer les professeurs d'agriculture. Ce principe, inscrit dans la loi du Sénat, était, du reste, appliqué depuis 1875 pour le recrutement des professeurs. Mais votre Commission dut se demander s'il suffisait de donner, par les termes de la loi, une sanction définitive au principe du concours, déjà mis en pratique par l'Administration. Elle a cru qu'il était utile de l'instituer dans des conditions telles, que ses résultats soient mis à l'abri de toute contestation, et elle a tour à tour examiné s'il convenait de laisser au Ministre de l'Agriculture le soin de constituer à son gré les jurys d'examen et s'il fallait imposer aux candidats aux fonctions de professeur des conditions de savoir, dont un diplôme serait la preuve.

Sur le premier point, votre Commission a pensé que la loi devait contenir l'indication des examinateurs qui pourraient être appelés à composer le jury. Il lui a semblé que sa constitution actuelle ne pouvait être maintenue. Les Commissions d'examen sont aujourd'hui composées de la façon suivante :

De l'Inspecteur général d'agriculture, président;

De l'Inspecteur d'Académie;

Du directeur de l'École normale primaire;

De conseillers généraux;

De présidents d'associations agricoles.

Tous ces membres sont désignés par le Préfet.

Un jury ainsi composé est loin d'être absolument satisfaisant, au point de vue de la compétence spéciale qu'on est en droit d'exiger de lui. En effet, il ne semble pas faire une part suffisamment large aux agriculteurs pratiques de la région.

Le Sénat lui-même en avait jugé ainsi, puisqu'il avait cru devoir ajouter à l'article 4 de la proposition qui vous est soumise un paragraphe ainsi conçu : « Un tiers au moins des membres du jury sera pris parmi les propriétaires ou agriculteurs de la région. » Mais il laissait encore au Préfet le soin de nommer ces agriculteurs. Nous avons voulu donner à leur désignation un caractère plus nettement professionnel, et nous vous proposons de les faire choisir, par la Commission départementale, parmi les membres des associations agricoles du département, sur une liste de candidats proposée par elle.

Telle n'est pas la seule objection qu'on puisse formuler contre la composition actuelle des jurys d'examen. Si l'élément administratif y est très largement représenté et si les agriculteurs y ont leur place, l'élément scientifique y est complètement négligé. Aujourd'hui que toute culture sérieuse s'appuie sur des données scientifiques, que la nature exacte du sol, l'influence des divers états atmosphériques, les conditions de vitalité des plantes, la physiologie, l'hygiène et la thérapeutique des animaux doivent être connues d'une façon sommaire et pratique de tous nos cultivateurs, convient-il de ne pas s'assurer que ceux qui aspirent aux fonctions de professeur possèdent sur ces divers points des connaissances réelles? Quel est celui des membres du jury actuel qui semble le plus spécialement désigné pour adresser au candidat des questions sur les sciences naturelles? Evidemment aucun. Nous avons comblé cette lacune en introduisant dans le jury un certain nombre de professeurs de sciences naturelles. C'était, du reste, le vœu formulé dans la plupart des réponses qui nous ont été communiquées.

Sur le second point : Convient-il d'exiger des candidats aux fonctions de professeur des garanties de savoir? plusieurs membres de la Commission avaient d'abord songé qu'on pourrait leur demander la production d'un diplôme de bachelier ès sciences ou un certificat d'études constatant qu'ils avaient suivi avec fruit les cours d'une Ecole d'agriculture. Les Sociétés agricoles et les Conseils généraux, consultés par nous, avaient, du reste, été presque unanimes sur ce point.

Mais, après discussion, considérant que le recrutement des professeurs était déjà assez difficile, et craignant qu'en imposant ces conditions préalables on puisse éloigner du concours un assez grand nombre d'agriculteurs pratiques dont l'enseignement pourrait être fort utile, la majorité de votre Commission a pensé qu'il était préférable de n'imposer aux candidats, quant à présent, aucune garantie préalable. Mais elle a cru néanmoins devoir indiquer que le diplôme de bachelier ès sciences ou le certificat d'études d'une Ecole d'agriculture seraient comptés au candidat et qu'il lui serait attribué, de ce fait, un certain nombre de points qui serait fixé par le Ministre de l'Agriculture.

Cette manière de procéder est employée, du reste, pour certains concours, notamment pour le concours d'admission à l'Ecole de Saint-Cyr. Elle a donc été d'avis que tout Français, âgé de vingt-cinq ans, fournissant les preuves de sa moralité, pourrait être inscrit parmi les candidats.

Jusqu'à ce jour, les choses ne se passaient point de la sorte, et les jurys d'examen jouissaient d'un droit véritablement arbitraire, celui d'éliminer, avant même le début du concours, ceux des candidats qui ne leur semblaient pas pouvoir subir les épreuves avec succès. Quel que soit l'esprit de justice et d'impartialité qui animât les examinateurs, leurs décisions étaient sujettes à erreur et pouvaient provoquer des plaintes légitimes de la part des candidats éliminés.

Il a suffi que M. le Ministre de l'Agriculture ait été prévenu des vues de la Commission, et qu'il ait appris qu'elle blâmait le maintien d'une attribution aussi étendue, pour qu'il ait fait connaître aux Préfets des six départements dans lesquels des concours étaient ouverts, qu'à l'avenir aucun candidat ne pourrait être éliminé avant la première épreuve.

Votre Commission a également examiné, avec la plus sérieuse attention, la question de savoir si le concours aurait lieu pour un seul, pour plusieurs ou pour tous les départements de France à la fois. Elle a adopté la première solution.

Un concours distinct aura lieu pour chaque département. C'est la seule façon d'imposer aux candidats, non seulement l'obligation de connaître les principes généraux de l'agriculture et les sciences naturelles qui s'y appliquent, mais encore d'étudier avec soin la culture spéciale à chaque région de la France. Personne n'ignore, en effet, les différences profondes que les diverses conditions climatériques et la composition chimique des terrains imposent à l'agriculture des pays les plus voisins les uns des autres. Ce sera aussi le moyen d'encourager à prendre part au concours les agriculteurs locaux connaissant bien les usages des cultivateurs de la région et sachant ceux que la science raisonnée de l'agriculture peut permettre de respecter.

Par qui le programme d'examen doit-il être arrêté? Par les Ministres de l'Agriculture et de l'Instruction publique, comme le propose la loi votée par le Sénat.

Toutefois, nous ne voyons pas pourquoi il leur serait utile de connaître l'avis du Conseil général et du Conseil départemental de l'Instruction publique. Nous savons bien que le programme devra surtout varier avec les départements et qu'il sera indispensable d'y introduire des questions spéciales, rendues nécessaires par la composition du sol et le genre de culture propre à chaque région. Mais, dans ce cas, il faut s'adresser à des hommes vraiment compétents et dont l'avis pourra être sérieusement pris en considération. Nous demandons que le programme soit soumis aux Sociétés agricoles du département.

Après avoir prévu le mode de nomination du professeur, nous avons défini les obligations qui lui incombent. Nous avons conservé les attributions multiples de la chaire, demandant aux professeurs, en dehors des cours qu'ils devront faire à l'Ecole normale primaire, de parcourir le département, de se mettre en rapport avec les instituteurs et de leur faire des conférences sur divers sujets d'agriculture et d'horticulture pratiques. Ces cours nomades, faits sur divers points du département, peuvent avoir une utilité, et partout où l'enseignement agricole est organisé, les populations en ont déjà très sérieusement profité.

Mais votre Commission, bien convaincue que le cours fait à l'École normale est de tous le plus important, s'est efforcée d'en faciliter la régularité en demandant à M. le Ministre d'imposer, autant que possible, aux professeurs, la résidence près de l'École normale. Son enseignement ne saurait être, du reste, très profitable aux élèves de cette École, qu'autant qu'il joindrait aux cours théoriques des excursions et des démonstrations pratiques. Votre Commission espère, par cette organisation, mettre l'instituteur en mesure de devenir plus tard, dans chaque commune, un maître éclairé d'agriculture élémentaire.

Nous avons dû ensuite examiner la situation faite aux professeurs anciens d'agriculture, nommés ou non à la suite d'un concours, et, si nous avons été unanimes pour décider que leurs chaires leur seraient conservées, sans que l'on exigeât d'eux qu'ils se soumissent à la formalité d'un examen ou aux épreuves d'un concours, nous avons également pensé qu'il faudrait, aussitôt après la promulgation de la loi, les astreindre aux mêmes obligations que leurs nouveaux collègues. Ils seront donc tenus, eux aussi, de faire non seulement des cours réguliers à l'École normale primaire, mais aussi de donner, par des conférences publiques dans les différentes communes, l'enseignement agricole aux instituteurs et aux cultivateurs du département. Dans un dernier article, nous étendons l'obligation de l'enseignement de l'agriculture et de l'horticulture à toutes les Écoles primaires, mais nous ajournons à l'année scolaire 1884-1885 le moment auquel cette obligation deviendra absolue et générale.

Toutefois, en vertu des considérations que nous avons exposées plus haut, nous laissons au Conseil de l'Instruction publique, dans les départements où cet enseignement est organisé à l'École normale primaire depuis plus de trois ans, la faculté de décider, avant l'époque fixée par vous, que les notions d'agriculture et d'horticulture seront comprises dans les matières obligatoires de l'enseignement primaire.

Nous avons dû examiner avec la plus sérieuse attention un vœu émis par tous les professeurs départementaux d'agriculture actuellement en exercice, tendant à ce que leur traitement soit aujourd'hui à la charge du seul Ministère de l'Agriculture. Dans le but de simplifier l'organisation du professorat agricole, et sans vouloir les exclure de l'autorité légitime du Ministre de l'Instruction publique, à laquelle ils restent soumis en leur qualité de professeurs à l'École normale, nous avons pris en considération le vœu exprimé par eux, et nous vous proposons de décider que leur traitement sera payé sur les fonds du budget du Ministre de l'Agriculture.

Enfin, nous nous sommes tous associés au vœu émis par l'un de nous, consistant à demander aux Ministres de l'Instruction publique et de l'Intérieur d'engager les communes à acquérir un terrain d'enseignement, annexé ou non aux bâtiments scolaires, et, tout au moins, suffisamment étendu pour permettre à l'instituteur d'enseigner à ses élèves, d'une façon pratique, les éléments de l'horticulture.

En résumé, la loi que nous proposons à votre adoption ne diffère sensiblement de celle votée par le Sénat que par l'indication détaillée des membres appelés à composer le jury d'examen et par la diminution du délai accordé au Ministre de l'Agriculture pour l'organisation de l'enseignement agricole. Elle en diffère surtout en ce sens que, si nous voulons une organisation plus rapide dans les Écoles normales, nous croyons que l'enseignement de l'agriculture ne peut être utilement donné par les instituteurs à leurs élèves que lorsqu'un certain nombre d'entre eux auront pu suivre des cours pratiques et que les autres, prévenus longtemps à l'avance de l'obligation nouvelle qui va leur être imposée, auront pu, par leurs études, se mettre au courant des progrès actuels de la science agricole.

Votre Commission espère que vous n'hésiterez pas à approuver le projet que nous avons l'honneur de vous proposer, et que vous voudrez bien décider que l'enseignement de l'agriculture et de l'horticulture, déjà compris dans les matières facultatives de l'enseignement primaire par la loi du 15 mars 1850, sera à l'avenir obligatoirement donné à tous les élèves de nos Écoles primaires.

Proposition de loi.

ARTICLE 1er. — Dans le délai de deux ans, à partir de la promulgation de la présente loi, il sera établi une chaire d'agriculture et d'horticulture, d'après les règles ci-après, dans les départements non dotés déjà de cet enseignement.

ART. 2. — Les professeurs départementaux d'agriculture et d'horticulture seront choisis au concours, sur le rapport d'un jury composé par le Ministre de l'Agriculture, et constitué de la façon suivante :

1° L'Inspecteur général d'agriculture, *président;*

2° L'Inspecteur d'Académie;

3° Un professeur de chimie ou de physique;

4° Un professeur d'histoire naturelle.

Ces professeurs devront être attachés à l'Institut agronomique ou à une École d'agriculture, et, à leur défaut, appartenir à l'Université de l'État;

5° Un professeur de l'École vétérinaire ou de l'École de médecine la plus rapprochée;

6° Trois agriculteurs choisis par la Commission départementale, parmi les membres des associations agricoles du département, sur des listes dressées par chacune de ces associations;

7° Un conseiller général désigné par ses collègues.

Les professeurs d'agriculture et d'horticulture seront nommés par arrêté concerté entre le Ministre de l'Agriculture et le Ministre de l'Instruction publique.

ART. 3. — Le concours aura lieu au chef-lieu du département; il portera sur les principes généraux de l'agriculture et de l'horticulture, sur les sciences naturelles et sur leur application à la situation, à la production et au climat du département.

ART. 4. — Le programme du concours sera arrêté par les Ministres de l'Agriculture et de l'Instruction publique, après avis des associations agricoles du département.

ART. 5. — Les candidats devront, pour être admis au concours, être Français et âgés de vingt-cinq ans au moins. S'ils produisent le diplôme de bachelier ès sciences ou un certificat constatant qu'ils ont suivi les cours d'une École d'agriculture, il leur sera attribué un certain nombre de points, qui sera fixé par le Ministre de l'Agriculture.

ART. 6. — Les professeurs d'agriculture et d'horticulture seront chargés de leçons à l'École normale primaire, près de laquelle ils devront, autant que possible, avoir leur résidence, aux autres établissements d'instruction publique, s'il y a lieu, et de conférences agricoles dans les différentes communes du département, aux instituteurs et aux agriculteurs de la région.

ART. 7. — Le traitement du professeur départemental d'agriculture et d'horticulture sera payé sur les fonds du budget du Ministère de l'Agriculture.

Les frais de tournées seront à la charge du département.

ART. 8. — Les attributions et les conditions de révocation des professeurs d'agriculture et d'horticulture départementaux seront déterminées par un règlement d'administration publique.

Le règlement déterminera le traitement des professeurs départementaux.

Il fixera le minimum des frais de tournées des professeurs d'agriculture et d'horticulture, par rapport à chaque département, après avis du Conseil général.

ART. 9. — Les professeurs d'agriculture et d'horticulture départementaux actuellement en exercice, qu'ils aient ou non été nommés à la suite d'un concours, ne seront pas soumis aux épreuves d'un nouveau concours.

ART. 10. — A partir de l'année scolaire 1884-1885, c'est-à-dire trois ans après l'organisation complète de l'enseignement de l'agriculture et de l'horticulture dans les Écoles normales primaires, les notions élémentaires d'agriculture et d'horticulture seront comprises dans les matières obligatoires de l'enseignement primaire.

Toutefois, dans les départements où l'enseignement de l'agriculture et de l'horticulture sera organisé à l'École normale primaire depuis plus de trois années, le Conseil départemental de l'Instruction publique pourra décider l'obligation de ce même enseignement dans toutes les Écoles primaires du département.

Les programmes de cet enseignement dans chaque département seront arrêtés après avis du Conseil départemental de l'Instruction publique.

Lettre du Ministre de l'Instruction publique au Préfet de la Seine, relative à un vote du Conseil municipal de Paris demandant la nomination d'instituteurs et d'institutrices laïques dans toutes les Écoles[1]. 27 février 1879.

27 Février 1879.

Monsieur le Préfet, le Conseil municipal de Paris a émis au cours de sa session ordinaire, dans les séances des 5 et 14 décembre 1878, un double vœu tendant à la substitution d'instituteurs et d'institutrices laïques aux instituteurs et institutrices congréganistes dans la direction de toutes les Écoles et salles d'asile de la ville de Paris. La délibération du 5 décembre ne contient qu'un simple vœu. Celle du 14 décembre y ajoute une invitation en forme impérative, à l'adresse du Préfet de la Seine, d'avoir à procéder sans délai et sans attendre les cas de vacance, à la nomination d'instituteurs et d'institutrices laïques, le vœu du Conseil municipal étant considéré par la majorité qui l'a adopté comme une règle obligatoire pour le Préfet.

1. Voir ci-après, à sa date, la loi du 30 *octobre* 1886 (art. 17 et 18), sur la laïcité; — le rapport du 1er *décembre* 1886 au Président de la République, suivi de la circulaire du 3 *décembre* 1886 (*à leur date*)

Consulter les décisions et arrêts ci-après :

« L'instituteur congréganiste relevé de ses fonctions par mesure administrative n'est pas incapable d'être instituteur libre dans la commune. » (*Arrêts du Conseil d'État*, 9 *décembre* 1879, 16 *janvier* 1880, 9 *août* 1880.)

« Il ne peut, de ce qu'il exerce les fonctions d'instituteur libre dans la commune, en conclure qu'il n'a pas été légalement dépossédé de ses fonctions et se pourvoir en conséquence contre l'arrêté préfectoral. » (*Arrêt du Conseil d'État*, 9 *août* 1880.)

« Une congrégation religieuse d'hommes autorisée comme association charitable en faveur de l'instruction primaire ne possède pas la personnalité civile, qu'une loi seule peut lui conférer. » (*Avis du Conseil d'État*, 16 *juin* 1881.)

« Lorsqu'une commune a passé avec une congrégation religieuse une convention pour la direction de ses Écoles publiques, que cette convention a été approuvée par le

En présence de ce double vote, votre prédécesseur a déclaré qu'agissant, en ce qui concerne la nomination des instituteurs, sous l'autorité du Ministre de l'Instruction publique, il jugeait nécessaire, dans une question si grave, de lui en référer, et qu'il attendrait ses instructions.

C'est dans cet état que j'ai trouvé l'affaire en prenant possession du Ministère de l'Instruction publique.

Les vœux du Conseil municipal de Paris soulèvent une double question : une question de droit et une question de conduite.

La question de droit a été résumée avec une rare précision dans une circulaire de mon honorable prédécesseur, qui a reconnu : 1° que toutes les fois qu'une vacance se produit dans la direction d'une École publique, il est du devoir du Préfet de mettre le Conseil municipal en demeure de donner son avis sur la catégorie à laquelle le nouveau titulaire appartiendra; 2° qu'en dehors des cas de vacance, le Conseil municipal peut toujours, en séance régulière,

secrétaire général de la Préfecture au nom du Préfet, que cette convention a reçu un commencement d'exécution, le Préfet ne peut pas la déclarer non avenue. » (*Arrêts du Conseil d'État*, 20 *février* 1880, 25 *mars* 1881.)

« Le secrétaire général ne peut, sans une délégation expresse du Préfet, approuver régulièrement une convention passée entre une commune et une congrégation au sujet de l'enseignement primaire. » (*Arrêt du Conseil d'État*, 28 *avril* 1882.)

« Lorsque l'autorité judiciaire, saisie d'une demande tendant à l'exécution d'un contrat passé entre une commune et une congrégation religieuse relativement à l'enseignement primaire, renvoie cette commune devant l'autorité administrative afin de faire trancher la question de savoir si l'approbation donnée au contrat par le secrétaire général de la préfecture est régulière, le recours de la commune peut être porté directement devant le Conseil d'État. Ce recours est recevable même après l'expiration du délai de trois mois fixé par le décret du 22 juillet 1806, art. 11. » (*Arrêt du Conseil d'État*, 28 *décembre* 1883.)

« L'autorité judiciaire est compétente pour statuer sur une demande en dommages-intérêts formée par un directeur d'École publique congréganiste contre le maire de la commune qui a fait enlever de la classe divers objets précédemment placés dans ladite classe par la municipalité, et cela au mépris d'une convention passée entre la commune et la congrégation. Toute mesure d'exécution prise par le maire avant une décision sur le litige élevé entre la commune et les frères ne saurait avoir le caractère d'acte administratif; l'autorité judiciaire est donc compétente. » (*Arrêt du tribunal des conflits*, affaire Batut, 3 *mai* 1879.)

« L'autorité judiciaire n'est pas compétente pour connaître des demandes en dommages-intérêts formées contre des fonctionnaires publics, lorsque ces demandes ne sont pas fondées sur des *faits personnels* à ceux-ci, mais sur des fautes commises dans l'accomplissement d'actes administratifs. Ces demandes doivent être adressées aux supérieurs hiérarchiques des fonctionnaires. » (*Arrêt du tribunal des conflits*, affaire Pineau, 17 *janvier* 1880.)

« L'autorité judiciaire ne peut pas statuer sur une demande en dommages-intérêts formée contre le Préfet et autres fonctionnaires publics par d'anciens instituteurs congréganistes qui, ayant été une première fois expulsés administrativement des locaux scolaires qu'ils occupaient et y étant rentrés en vertu d'une ordonnance en référé exécutoire par provision (mais déclarée depuis nulle par arrêt du tribunal des conflits), ont été de nouveau expulsés. L'ordonnance de référé n'a pu modifier la situation créée par le premier arrêté de conflit, et le Préfet devait rétablir cette situation par un nouvel arrêté d'expulsion. » (*Arrêt du tribunal des conflits*, Ville de Béthune, 13 *novembre* 1880. Cf. *arrêt du même tribunal*, 26 *février* 1881).

« Les Conseils municipaux ont le droit d'émettre des vœux au sujet du remplace-

exprimer un vœu sur la direction des Écoles; 3° que les vœux exprimés dans l'un ou l'autre cas n'engagent nullement la liberté du Préfet, qui a le droit et le devoir de choisir les instituteurs dans la catégorie qui lui paraîtra répondre le mieux aux intérêts scolaires et au vœu de la majorité de la population.

Ces solutions sont rigoureusement conformes au texte de la loi; il en résulte qu'il y a, dans cette matière, des vœux à émettre, jamais d'injonctions, et que si le droit d'avis est reconnu aux Conseils municipaux, c'est à l'État seul, par l'organe du Préfet, qu'appartient la décision.

Si la question juridique est simple, Monsieur le Préfet, la question de conduite est beaucoup plus complexe. Lorsqu'elle se pose, comme dans le cas présent, à propos de 140 établissements comptant 858 maîtres et une population scolaire de 49 000 enfants, elle s'élève réellement à la hauteur d'une question de gouvernement.

Le premier point à considérer, sans aucun doute, c'est l'opinion de la majorité des habitants. Il est toujours délicat, sous un régime essentiellement repré-

ment des instituteurs en fonctions par d'autres instituteurs, et spécialement au sujet du remplacement des instituteurs congréganistes en fonctions par des instituteurs laïques. Ce droit d'émettre des vœux relativement à la nomination des instituteurs n'est pas suivi du droit d'intervenir dans les pourvois pour excès de pouvoir formés par d'anciens instituteurs publics contre les décisions administratives les relevant de leurs fonctions. » (*Arrêts du Conseil d'État*, 9 *décembre* 1879, 16 *janvier* 1880.)

« Le Préfet n'est pas tenu, à peine de nullité de son arrêté, de viser la délibération par laquelle un Conseil municipal réclame le remplacement d'un instituteur congréganiste par un instituteur laïque. » (*Arrêt du Conseil d'État*, 9 *décembre* 1879.)

« Lorsqu'un arrêté préfectoral a prononcé le remplacement d'un instituteur congréganiste public par un instituteur laïque, l'autorité judiciaire n'est pas compétente pour statuer sur une demande en réintégration formée par l'instituteur congréganiste ou le supérieur de la congrégation à laquelle il appartient à l'effet d'obtenir sa réintégration, lorsque cette demande est fondée sur ce que les donations des immeubles scolaires ont été faites avec stipulation que ces immeubles seraient affectés à une École congréganiste ou sur ce que les donataires ou leurs représentants ont formé une demande en révocation des donations pour inexécution des charges et conditions, révocation qui a été prononcée par le tribunal civil. Les stipulations des actes de donation ne peuvent faire obstacle au droit du Préfet ni aux conséquences de ses décisions relativement à l'immeuble affecté à une École communale, qui conserve cette affectation jusqu'au jugement définitif à intervenir sur les droits prétendus à sa possession et tant que la propriété n'en aura pas été retirée à la commune. » (*Arrêts du tribunal des conflits*, 14 *janvier* et 27 *décembre* 1880.)

« Lorsqu'un arrêté préfectoral a prescrit le remplacement d'un instituteur congréganiste par un instituteur laïque, l'autorité judiciaire peut statuer sur une demande en révocation de donation d'un immeuble, donation faite à une commune sous la condition qu'il y serait installé une École congréganiste. » (*Arrêt du tribunal des conflits*, 26 *mars* 1881.)

« Les fabriques ne peuvent être autorisées à recevoir des libéralités en vue de fonder ou d'entretenir des Écoles. » (*Avis du Conseil d'État*, 24 *mars* et 13 *avril* 1881.)

« Les Conseils presbytéraux ne peuvent recevoir des dons ou legs en vue de fonder ou d'entretenir des Écoles. » (*Avis du Conseil d'État*, 13 *avril* 1881.)

« Lorsqu'une École publique congréganiste a été laïcisée, le legs fait en faveur de cette École à la congrégation qui la dirigeait, legs dont l'acceptation a été autorisée conjointement par la congrégation et le maire de la commune, ne fait pas retour à la commune. L'intervention du maire dans l'acceptation du legs n'avait pour objet que

sentatif, de la chercher ailleurs que dans celle de la majorité de leurs élus. On a néanmoins organisé, sous forme d'enquête, dans un grand nombre de communes, la consultation directe des pères de famille. Cette procédure ne me paraît, pour Paris, ni praticable, ni nécessaire.

Mais à côté des vœux de la majorité, le Gouvernement a le devoir et le droit de se préoccuper des deux grands intérêts confiés à sa garde : l'intérêt des études et l'intérêt de la paix publique. L'intérêt des études exige que toute transformation dans le personnel des Écoles s'opère sans mettre en péril ni la suite, ni le niveau de l'enseignement. La substitution d'une catégorie d'instituteurs à l'autre doit avoir sa règle et sa mesure dans l'effectif du personnel disponible. Il faut d'abord que l'instruction des enfants soit assurée, et vous n'oublierez pas, Monsieur le Préfet, qu'ici, comme en toutes choses, on ne supprime que ce qu'on remplace.

Il ne suffit pas, pour maintenir la paix publique, que le bon ordre de nos rues soit garanti ; la question des Écoles touche aux susceptibilités les plus intimes,

de permettre à la commune de s'assurer que les arrérages seraient employés pour subvenir aux besoins de l'École de la commune. » (*Arrêt du Conseil d'Etat*, Ville de Fontainebleau, 30 *novembre* 1888.)

« Le Préfet peut sans excès de pouvoir enlever ses fonctions à un instituteur public après avis du Conseil municipal et sur le rapport de l'Inspecteur d'Académie. Ce droit n'est pas limité au cas de vacance de poste par suite de décès, démission ou révocation par mesure disciplinaire. » (*Arrêts du Conseil d'État*, 9 *décembre* 1879, 16 *janvier* 1880, 25 *juin* 1880, 9 *août* 1880.)

« L'arrêté préfectoral relevant un instituteur public de ses fonctions en nommant le successeur ne peut être déféré au Conseil d'État,— ni par le supérieur de la congrégation (*Arrêts du Conseil d'État*, 9 *décembre* 1879, 15 *janvier* 1880, 16 *janvier* 1880, 21 *mai* 1880, 9 *août* 1880, 11 *février* 1881); — ni par un instituteur nommé à un autre poste (9 *décembre* 1879); — ni par un instituteur proposé par le supérieur pour recueillir la succession (9 *décembre* 1879) ; — ni par le donateur de l'immeuble où est établie l'École (9 *décembre* 1879); — ni par les pères de famille dont les enfants fréquentent l'École publique (9 *décembre* 1879). »

« L'arrêté préfectoral peut ne pas être pris sur le rapport de l'Inspecteur d'Académie sans, pour cela, être frappé de nullité. » (*Arrêt du Conseil d'État*, 16 *janvier* 1880.)

« L'arrêté préfectoral qui se borne à décider le remplacement d'un instituteur congréganiste par un instituteur laïque pour l'avenir, à jour indéterminé ou fixé, ne peut pas être déféré au Conseil d'État par l'instituteur en fonctions (*Arrêts du Conseil d'État*, 9 *décembre* 1879, 16 *janvier* 1880) ; — ni par un instituteur régulièrement relevé de ses fonctions antérieurement (9 *décembre* 1879, 11 *février* 1881, 11 *mars* 1881). »

« Lorsqu'un Préfet a, par arrêté, remplacé un instituteur congréganiste par un instituteur laïque dans une École publique, l'autorité judiciaire n'est pas compétente pour statuer sur une demande en référé introduite par l'instituteur ou par la congrégation à laquelle il appartient en vue d'obtenir un délai ou la réintégration dans les immeubles scolaires, qu'il y ait ou non convention entre la commune et la congrégation. C'est au Ministre ou au Conseil d'État qu'il convient d'adresser la demande. L'autorité judiciaire n'est compétente que pour statuer sur les impenses faites dans l'immeuble scolaire. » (*Arrêts du tribunal des conflits*, 11 *janvier* 1879, 27 *décembre* 1879, 13 *novembre* 1880, 11 *décembre* 1880, 26 *février* 1881, 13 *janvier* 1883, 14 *avril* 1883, 7 *juillet* 1883.)

« Ces demandes en réintégration ne peuvent être fondées sur ce que les immeubles scolaires ont été donnés à la commune avec stipulation qu'ils seraient affectés à une École congréganiste, et aussi sur ce fait que les représentants du donateur ont formé

les plus respectables de l'esprit public. Tout ce qui donnerait au changement des maîtres le caractère d'une révolution violente, d'une mesure excessive et précipitée, ou l'apparence d'une persécution, compromettrait la réforme elle-même. Il faut tenir compte des habitudes anciennes, observer les transitions nécessaires, ménager les consciences promptes à s'alarmer. On a dit avec raison, dans la discussion du vœu dont il s'agit, que l'option pour les maîtres laïques n'est pas une atteinte à la liberté, puisque le droit d'ouvrir des Écoles libres reste entier et incontesté. Si cette liberté était menacée, elle nous trouverait au premier rang de ses défenseurs. Le Gouvernement compte sur vous, Monsieur le Préfet, pour apporter dans l'exécution des mesures dont vous avez la responsabilité exclusive cet esprit de sagesse, de modération et d'apaisement qui est la règle de notre politique et le premier besoin du pays.

Recevez, etc.

Signé : JULES FERRY.

une demande en révocation de la donation pour inexécution des charges et conditions. » (*Arrêts du tribunal des conflits*, 14 *janvier* 1880, 13 *janvier* 1883, 14 *avril* 1883, 13 *avril* 1889.)

« Lorsqu'un arrêté préfectoral a prescrit, à raison du nombre inégal de leurs élèves, un échange immédiat des locaux scolaires entre les deux Écoles laïque et congréganiste, l'autorité judiciaire ne peut statuer sur une demande formée par le supérieur de la congrégation tendant à obtenir la réintégration des frères dans l'ancien local; — mais elle est compétente sur une demande subsidiaire en dommages-intérêts fondée sur l'inexécution d'un traité passé avec la commune, et assurant aux frères, pour dix ans, un logement gratuit dans le local dont ils ont été dépossédés. » (*Arrêts du tribunal des conflits*, 18 *mars* 1882, 7 *juillet* 1883.)

« L'autorité judiciaire, incompétente pour statuer sur les demandes en réintégration provisoire d'un instituteur congréganiste dans l'École dont il a été expulsé, ne peut maintenir un instituteur dans la partie des locaux scolaires affectée à son logement personnel. L'habitation est l'accessoire de la fonction d'instituteur. » (*Arrêt du tribunal des conflits*, 27 *janvier* 1883.)

« Le Préfet excède ses pouvoirs en nommant un instituteur communal appartenant aux cultes non catholiques sans que celui-ci ait été présenté par le consistoire. » (*Arrêt du Conseil d'État*, 31 *janvier* 1879.)

« Le droit de présentation appartient au consistoire même quand il s'agit d'un instituteur adjoint chargé de la direction d'une École de hameau. » (*Arrêts du Conseil d'État*, 31 *janvier* 1879, 14 *mars* 1879.)

« Le même droit existe lorsqu'il s'agit de nommer à un nouveau poste un instituteur déjà en fonction dans une autre localité. » (*Arrêts du Conseil d'État*, 14 *mars* 1879, 9 *mai* 1882.)

« Le refus du Préfet d'agréer un candidat présenté par le supérieur d'une congrégation religieuse, et la décision du Ministre refusant d'annuler cette mesure ne sont pas passibles d'un recours par voie contentieuse devant le Conseil d'Etat. » (*Arrêt du Conseil d'État*, 21 *mai* 1889.)

« L'Institut des frères des Écoles chrétiennes devant, aux termes de ses statuts, donner l'enseignement gratuit, l'autorisation d'accepter un legs fait en sa faveur ou d'acquérir un immeuble peut lui être refusée à cause de la non-observance de cette prescription des statuts. » (*Avis du Conseil d'État*, 5 *juillet* 1883, 19 *juin* 1884.)

« Les contribuables qui ont souscrit un abonnement pour le payement de la rétribution scolaire ne peuvent arguer du remplacement d'un maître congréganiste par un maître laïque pour demander l'annulation de la souscription. » (*Arrêt du Conseil d'État*, 28 *décembre* 1883.)

13 mars 1879. **Rapport fait au nom de la Commission[1] chargée d'examiner la proposition de loi de M. Chalamet, relative à la Création d'une Ecole pédagogique destinée à former un personnel féminin pour l'Enseignement et la Direction des Écoles normales d'institutrices, ainsi que pour l'Inspection des Écoles primaires de filles et des salles d'asile, par M. Chalamet, député[2].**

Séance du 13 Mars 1879.

Messieurs, vous avez renvoyé à la Commission de l'instruction primaire la proposition de loi que j'ai eu l'honneur de présenter à la Chambre au sujet de la création d'une École pédagogique. La Commission, après l'avoir examinée, l'a adoptée à l'unanimité et m'a chargé de la rédaction du rapport.

Le but de l'École pédagogique serait de préparer le personnel féminin nécessaire pour diriger les Écoles normales d'institutrices et pour inspecter les Écoles de filles et les salles d'asile.

Cette création se justifie et s'impose à nous comme une conséquence du grand mouvement qui s'est produit dans ces derniers temps en faveur de l'instruction des filles.

Ce mouvement ne date pas de loin. La Convention, il est vrai, dans le décret du 27 brumaire An III (17 novembre 1794), relatif à la constitution des Écoles primaires, avait traité les filles à l'égal des garçons. Mais depuis lors, les législateurs de l'instruction primaire, ceux de 1848 exceptés, ont commencé par faire leur part aux garçons, sauf à abandonner le reste aux filles, si reste il y avait.

La loi de 1833 a oublié de faire mention des filles. Non pas que M. Guizot, l'auteur de la loi, ne fût apte à comprendre l'importance de l'instruction pour les femmes; mais cette omission provint d'une économie mesquine dont nous ressentons aujourd'hui les funestes conséquences.

La loi de 1850 prescrivit la fondation d'une École de filles dans toutes les communes de 800 âmes et au-dessus; mais, comme si elle eût voulu retirer d'une main ce qu'elle accordait de l'autre, elle oublia de créer des ressources pour rendre cette fondation possible, en sorte que la prescription de la loi n'a pu produire aucun résultat sérieux.

Aussi, en 1865, M. J. Simon, consacrant une partie de son beau livre sur *l'École* à ce grand sujet de l'*Éducation des filles*, a pu inscrire en tête du premier chapitre ces mots navrants . « L'enseignement des filles n'est pas à améliorer, il est à créer. »

Cet enseignement a été créé par la loi du 10 avril 1867; mais que d'efforts, que de sacrifices ne nous reste-t-il pas à faire pour l'améliorer!

C'est une vérité admise aujourd'hui par tous les esprits libéraux : qu'en fait

1. Cette Commission était composée de MM. BERT (Paul), *Président;* LOCKROY, *Secrétaire;* NOIROT, BLANC (Louis), BRICE (René), LACRETELLE (DE), CHALAMET, BARODET, BOUSQUET, CONSTANS, ALLEMAND, SPULLER, DETHOU, ALLÈGRE, PARRY, CANTAGREL, FLOQUET, DRUMEL, ARMEZ, DESCHANEL, DUVAUX, BOYSSET.

2. *Journal officiel* du 29 *mars* 1879, p. 2654 et 2655.

Voir pour les origines de la proposition le projet de M. CHALAMET, 29 *janvier* 1878 (Tome IV, p. 767 et suiv.); — le Rapport du même (*Ibid.*, p. 777 et suiv.).

Voir ci-après, à sa date, le décret du 13 *juillet* 1880.

d'instruction, il ne doit y avoir de privilèges pour aucun sexe et que l'intérêt de la société nous impose un devoir plus impérieux encore, s'il est possible, envers les filles qu'envers les garçons. On l'a dit en effet avec raison : Instruire un garçon, c'est faire un homme; instruire une fille, c'est créer une famille. Aussi sommes-nous pressés de faire beaucoup à la fois et de réparer le plus promptement possible les oublis et les injustices des lois antérieures.

Pour développer et élever un enseignement de quelque ordre qu'il soit, la première chose à faire c'est de faciliter le bon recrutement des personnes qui sont chargées de le donner. Or, nous avons à peine en France une vingtaine d'Écoles normales d'institutrices. Notre collègue, l'honorable M. Paul Bert, vous propose d'en créer une dans chaque département. Sa proposition a déjà été discutée en première lecture; il n'est pas douteux qu'elle ne soit prochainement adoptée par les Chambres.

En outre, les Écoles primaires de filles ont besoin d'être inspectées tout aussi bien que celles des garçons. Elles le sont aujourd'hui par des Inspecteurs primaires; mais n'y aurait-il pas avantage et convenance à ce qu'elles le fussent par des Inspectrices? Les femmes instruites peuvent, tout aussi bien que les hommes, surveiller l'enseignement, et quant à ce qui concerne l'éducation, surtout celle des enfants de leur sexe, elles ont certainement plus d'aptitude qu'eux. Pour tous les soins d'hygiène, d'ordre, de bonne tenue, de propreté, de toilette, que réclament des petites filles de six à treize ans, les femmes seules sont vraiment compétentes. Il s'agit là, pour ainsi dire, d'une question de ménage : l'homme n'y entend rien, ce n'est pas son affaire, il y est presque déplacé. Le respect même du qu'en-dira-t-on devrait exiger qu'il ne s'en mêlât pas.

C'est ce qu'a compris votre Commission de l'instruction primaire. Aussi vous proposera-t-elle bientôt de créer des Inspectrices primaires en nombre égal à celui des Inspecteurs.

Ainsi voilà, d'une part, 60 directrices d'Écoles normales, au moins; d'autre part, 3 à 400 Inspectrices primaires (sans parler des maîtresses adjointes) qu'il nous faudra trouver dans l'espace de quatre ou cinq ans. Où les recruter? Et si, le moment venu, les personnes abondent, comme c'est probable, pour solliciter ces emplois, comment s'assurer qu'elles sont réellement capables de les remplir, qu'elles ont, outre les connaissances spéciales, le tact et le dévouement nécessaires; en un mot, qu'elles pourront nous rendre tous les services que nous attendons?

Si les choses restaient en l'état, si nous ne prenions pas d'avance des mesures pour former ce nombreux personnel qui nous est indispensable, ne serait-il pas à craindre que les choix fussent abandonnés au hasard ? Même avec les meilleures intentions, un Ministre, ayant à pourvoir d'un si grand nombre de nominations, serait exposé à tenir malgré lui trop de compte des recommandations dues à la complaisance. Le mérite des personnes étant difficile à constater, on aurait égard à leur position plus ou moins digne d'intérêt, et on accorderait trop souvent les fonctions si importantes de directrice d'École normale et d'Inspectrice primaire à titre de faveur et de secours, comme on accorde un bureau de tabac. Ainsi, ces fonctions nouvelles seraient compromises, dès le premier jour, par de mauvais choix, et il en rejaillirait une sorte de défaveur peut-être irréparable sur les réformes que nous entreprenons pour organiser l'enseignement des filles.

L'École pédagogique aurait pour but de prévenir ce danger. Elle admettrait dans son sein des personnes déjà instruites, qui y recevraient le complément d'instruction qui leur manque, qui y apprendraient surtout l'art même de l'enseignement, c'est-à-dire la pédagogie.

S'il est quelqu'un que ce mot effarouche, comme ayant je ne sais quel aspect suranné et peu avenant, qu'il se rassure. La pédagogie, au contraire, est une chose toute moderne, qui ne rappelle en rien le moyen âge, puisqu'elle remonte à Rabelais, à Montaigne, à J.-J. Rousseau. Bien loin de se confondre avec le pédantisme, elle tend à débarrasser l'enseignement de tout appareil scolastique, à remplacer la routine par la méthode naturelle et rationnelle. Elle proscrit ce qui n'est bon qu'à surcharger la mémoire sans profit pour l'intelligence; elle s'attache à éveiller chez l'enfant la curiosité d'esprit, le désir d'apprendre; elle forme et développe l'habitude d'observer, de réfléchir. Si elle était pratiquée dans toutes nos Écoles et même dans tous nos établissements d'enseignement secondaire, que d'exercices inutiles et fastidieux elle ferait disparaître! quel temps précieux elle ferait gagner! que d'ennuis elle épargnerait et aux maîtres et aux élèves?

Est-il nécessaire de prouver que cette méthode peut être un objet d'enseignement? Ici nous ne pouvons résister au plaisir de citer une page d'un maître éminent, M. Michel Bréal :

« Ceux qui nient l'existence ou l'utilité de la pédagogie ne nieront point sans doute qu'il existe des maîtres plus ou moins habiles, et qu'eux-mêmes, à tous les moments de leur carrière, ne disposaient point d'une égale expérience. Pourquoi cette habileté doit-elle se perdre avec celui qui la possède? Pourquoi cette expérience doit-elle être regagnée à nouveau par chaque instituteur aux dépens des premières générations qui lui sont confiées? Si l'enseignement est un art comme tous les autres, il doit avoir ses règles. L'esprit de l'enfant, en ses traits principaux, est partout et toujours le même : les circonstances diverses qui peuvent modifier l'ordonnance intérieure de l'École ne sont pas si nombreuses qu'elles ne puissent être ramenées à un certain nombre de cas; enfin, les connaissances qui font l'objet de l'enseignement sont en tous lieux semblables. Il n'y a donc rien, ni dans le sujet, ni dans les conditions, ni dans la nature de l'enseignement qui s'oppose à l'établissement et aux progrès d'une science pédagogique, c'est-à-dire d'un ensemble d'observations et de préceptes dus à l'expérience des meilleurs maîtres et constituant un fonds commun auquel tous les nouveaux venus ont le droit et le devoir de puiser.

« Mais, est-il nécessaire de prouver par raison démonstrative la possibilité d'une science qui, partout ailleurs que chez nous, frappe tous les yeux par sa féconde et salutaire activité? Dans les pays où l'enseignement est ce qu'il doit être, les questions de direction et de méthodes sont jugées les plus importantes de toutes, et c'est au progrès de la science pédagogique qu'on y attribue, avec raison, les effets de plus en plus sensibles de l'instruction primaire[1]. »

Cette page de M. Bréal nous fait très bien comprendre quel enseignement serait donné à l'École pédagogique. Les personnes qui en auraient suivi les cours, auraient appris, sous des maîtres expérimentés comme il est facile d'en trouver à Paris, la connaissance des bonnes méthodes. Ce serait un premier avantage inappréciable. Mais, en outre, pendant leur séjour à l'École, elles auraient donné la mesure de leur savoir-faire et de leur capacité; elles ne seraient plus des inconnues pour l'Administration. Dès lors, le Ministre, chargé de nommer une directrice d'École normale ou une Inspectrice, ne serait plus exposé à désigner une femme étrangère, quelquefois, aux choses de l'enseignement.

1. Michel BRÉAL, *Quelques mots sur l'instruction publique en France*, p. 128.

2.

En choisissant parmi les élèves formées à l'École pédagogique, il serait sûr de nommer une personne préparée à l'œuvre qu'elle devrait accomplir et dont les aptitudes auraient été constatées par des juges compétents.

Est-il besoin de faire ressortir l'heureuse influence que des directrices et des Inspectrices nommées dans ces conditions exerceraient sur la direction des Écoles? Nous croyons que, par le voisinage et la contagion du bon exemple, elles feraient pénétrer un peu de vie et de lumière même dans les Écoles de garçons.

L'institution que nous proposons de créer n'est pas une chose absolument nouvelle en France. Nous possédons depuis longtemps déjà un établissement spécial destiné à propager l'emploi des bonnes méthodes dans la direction intellectuelle de l'enfance. Mais en la créant, on a eu uniquement en vue la première enfance, celle qui fréquente les salles d'asile.

Une ordonnance du 23 décembre 1837 avait institué une Commission chargée, entre autres choses, d'assurer l'uniformité des méthodes à employer dans les salles d'asile.

Un arrêté du 28 avril 1848 établit, près l'Académie de Paris, une École normale chargée de former des surveillantes de salles d'asile. Au nombre des leçons théoriques qui y seront faites figure l'exposé des procédés qui doivent être suivis dans les salles d'asile et l'enseignement des leçons scolaires qui leur sont applicables.

Par arrêté du 3 février 1852, l'École normale des salles d'asile a pris le nom de *Cours pratique.* Il est destiné : 1° à former, pour Paris et les départements, des directrices ou des sous-directrices de salles d'asile; 2° à conserver les principes de la méthode établie; 3° à expérimenter les nouveaux procédés d'éducation et de premier enseignement... (*Décret du 21 mars 1855, art.* 8.)

Le Cours pratique des salles d'asile existe toujours. Il a été fondé, dirigé pendant 28 ans et illustré par une femme qui joignait au zèle de l'apôtre un vrai génie pédagogique, Mme Pape-Carpantier. Sous sa direction, il attirait des élèves de toutes les parties de la France et même de l'étranger, et son influence se faisait sentir non seulement sur les salles d'asile, mais aussi sur l'enseignement primaire. Quelques semaines après le 24 mai 1872, Mme Pape fut trouvée gênante à cause de ses idées libérales et de sa supériorité incontestée : on la révoqua. Par une réparation posthume qui honore M. Bardoux, un décret rendu sous son Ministère a décidé que le Cours pratique prendrait désormais le nom d'École Pape-Carpantier.

Mais cet établissement rend aujourd'hui peu de services parce qu'il ne renferme qu'un très petit nombre d'élèves et qu'il prépare uniquement à la direction des salles d'asile. Nous proposons, non pas de le supprimer, mais de l'agrandir et de le transformer en le remplaçant par une institution d'une portée plus haute et d'une utilité plus générale, qui formerait pour ainsi dire la base de l'enseignement primaire des filles réorganisé. Il conviendrait d'ailleurs de laisser cette institution sous le patronage du nom vénéré de Mme Pape-Carpantier.

Les salles d'asile ne pourraient que gagner à cette transformation. La salle d'asile, en effet, doit être la préparation à l'École primaire, et il importe de rattacher par un lien étroit ces deux enseignements, qui ont besoin d'être unis et dirigés dans le même sens pour produire tous leurs effets. Le lien qui doit les unir c'est l'uniformité des méthodes appropriées à la différence des âges. Pour atteindre ce but, l'enseignement de l'École pédagogique comprendrait toutes les notions relatives aux salles d'asile aussi bien qu'aux Écoles primaires, et par suite il deviendrait facile d'annexer aux Écoles normales d'institutrices un cours pour les salles d'asile. Les procédés applicables à la culture de la première enfance, enseignés dans les Écoles normales, se propageraient par là dans toute la France, puisqu'au lieu d'un *cours pratique* unique comme aujourd'hui, nous en aurions un dans chaque département.

Ainsi se trouverait organisé dans son ensemble l'enseignement primaire des filles : à Paris, une École pédagogique qui imprimerait une direction intelligente; dans chaque département, une École normale pour fournir, partout où il en faudrait, des institutrices et des directrices de salles d'asile; à côté, des Inspectrices surveillant et contrôlant l'application des méthodes. Il ne faudrait rien de moins que tous ces efforts réunis, concourant à la même œuvre, pour chasser peu à peu de l'enseignement cette routine qui paralyse les meilleures intentions chez les personnes qui enseignent, et qui dégoûte les enfants de l'étude avant même d'avoir étudié.

Enfin notre proposition se justifie par une dernière considération.

Depuis quelques années, une mode, et une mode très respectable, pousse un grand nombre de jeunes filles à prendre leurs brevets pour l'enseignement primaire. Beaucoup le font sans se destiner à l'enseignement. Celles qui s'y destinent entrent, un peu au hasard, dans l'enseignement privé ou dans l'enseignement public, ou bien attendent vainement, pour y entrer, une occasion qui ne se présente pas. Il manque d'ailleurs à la plupart, même aux plus instruites, une direction pour devenir vraiment capables d'enseigner.

L'École pédagogique les attirerait, leur ouvrirait la voie; elle leur donnerait cette direction, ce complément de savoir et d'expérience qui leur font défaut; elle permettrait ainsi d'utiliser, à leur profit et au grand profit du pays, bien des forces intellectuelles éparses et ignorées qui ne produisent aujourd'hui que de médiocres résultats.

Nous laissons à l'Administration le soin de régler tout ce qui concerne la partie matérielle de l'institution, les conditions d'admission, le programme, la durée des cours. Nous croyons toutefois devoir insister sur l'importance qu'il y aurait à ne pas fixer une limite d'âge pour l'admission à l'École. On peut enseigner même quand on est très jeune; mais la direction d'une École normale, l'inspection des Écoles primaires exigent, outre les connaissances spéciales, la maturité et l'expérience. Il faudrait donc laisser les portes de l'École pédagogique ouvertes à toutes les personnes, quel que fût leur âge, qu'on jugerait capables de rendre des services dans l'enseignement public.

En conséquence, Messieurs, votre Commission de l'instruction primaire vous propose d'adopter la proposition de loi suivante :

Proposition de loi.

ARTICLE 1er. — Il est créé à Paris, au lieu et place du Cours pratique des salles d'asile, une École pédagogique destinée à former un personnel féminin pour enseigner dans les Écoles normales d'institutrices, pour diriger ces Écoles et pour inspecter les Écoles primaires de filles et les salles d'asile.

ART. 2. — Seront admises à concourir pour cette École les personnes qui se vouent à l'enseignement public et qui sont déjà pourvues du brevet complet pour l'enseignement primaire et du certificat pour les salles d'asile.

ART. 3. — Une Commission nommée par le Ministre de l'Instruction publique réglera tout ce qui est relatif à l'organisation de l'École, aux conditions d'admission, au programme et à la durée des cours.

Projet de loi relatif au Conseil supérieur de l'Instruction publique et aux Conseils académiques, présenté par M. Jules Ferry, Ministre de l'Instruction publique et des Beaux-Arts[1]. 15 mars 1879.

Séance du 15 Mars 1879.

Exposé des motifs.

Messieurs, le projet de loi que nous soumettons aux délibérations des Chambres n'est ni une loi de circonstance, ni une œuvre de parti; c'est l'acte d'un Gouvernement soucieux des droits de l'État, jaloux de sa responsabilité, et qui s'est donné pour tâche de restituer à la chose publique, dans le domaine de l'enseignement, la part d'action qui doit lui appartenir et va s'amoindrissant, depuis bientôt trente ans, sous l'effort des usurpations successives.

Le Conseil supérieur de l'Instruction publique est la clef de voûte de l'édifice si savamment élaboré par le législateur de 1850. Remaniée, fortifiée, aggravée par l'Assemblée nationale en 1873, cette institution nous paraît, dans sa composition actuelle, incompatible avec une direction libérale et progressive de l'enseignement public. La conception qui lui sert de base est, à nos yeux, aussi fausse que dangereuse; le rapporteur de la loi l'exposait ainsi : « Le Conseil supérieur, disait-il, ne sera pas le Conseil de l'Université, chargé accessoirement de surveiller, au nom de l'État, les Écoles libres, puisque l'Université ne doit plus être qu'une institution entretenue par le Gouvernement « pour stimuler la concurrence; il ne sera pas davantage l'organe des intérêts « qu'il fut le défenseur des droits de l'État, car ces intérêts et ces droits auront pour défenseur naturel le Ministre. Si l'on veut donner une idée précise « et juste de cette institution, il faut dire qu'elle représentera les droits et les « intérêts de la société toute entière. » Ce programme clairement posé fut résolument accompli; les représentants de l'enseignement public furent, autant que possible, éliminés du Conseil supérieur, tandis que les portes s'ouvraient toutes grandes aux représentants et aux tuteurs attitrés des enseignements rivaux. Sous prétexte d'influences sociales et de représentation des intérêts moraux, la majorité fut attribuée, dans ce Conseil d'enseignement, aux éléments étrangers à l'enseignement. Quant aux droits de l'État, dont l'Université avait été si longtemps le glorieux dépositaire, voici la situation singulière qui fut expressément consacrée : tandis que les Écoles libres s'administrent comme il leur convient, enseignent comme il leur plaît à l'abri de leurs clôtures, et peuvent, sans contrôle aucun, se multiplier à l'infini, l'État enseignant ne put créer une Faculté, ouvrir un Lycée, fonder un Collège, sans le congé du Conseil supé-

1. Le projet fut renvoyé à l'examen d'une Commission composée de MM. Paul BERT, *Président;* HÉRAULT, *Secrétaire;* CHALAMET, CORNIL, DUVAUX, BEAUSSIRE, DETHOU, MARMOTTAN, BOUSQUET, DESCHANEL, GRANIER DE CASSAGNAC (père).

M. CHALAMET déposa son rapport le 24 *juin* 1879 à la Chambre des Députés, où la discussion eut lieu les 17 et 19 *juillet*.

Le projet amendé fut présenté au Sénat le 22 *juillet* 1879, et renvoyé à une Commission, dont le rapporteur, M. BARTHÉLEMY SAINT-HILAIRE, déposa les conclusions le 14 *janvier* 1880. La discussion eut lieu les 23, 24, 26, 27, 29, 30, 31 *janvier* et 2 *février* en première délibération, les 12, 14 et 16 *février* en seconde délibération.

Le projet du Sénat fut voté sans discussion par la Chambre des Députés le 19 *février* 1880; la loi a été promulguée le 27 du même mois. Voir ci-après, à cette date, le texte de la loi.

rieur : il ne fut plu maître, ni du choix de ses livres, ni de la discipline de ses professeurs. En un mot, l'Université était mise en surveillance, sous la haute police de ses rivaux, de ses détracteurs et de ses ennemis.

Le Gouvernement, Messieurs, se fait une idée toute différente et du rôle du Conseil supérieur et des droits de l'État enseignant.

Le Conseil supérieur ne doit être, selon nous, qu'un conseil d'études; sa mission est par-dessus tout pédagogique; c'est le grand comité de perfectionnement de l'enseignement national. La première condition pour y prendre place est d'avoir une compétence, d'appartenir à l'enseignement. Nous excluons par là tous les éléments incompétents systématiquement accumulés par le législateur de 1850, et par celui de 1873.

Quant à l'Etat enseignant, nous le voulons maître chez lui : nous ne le concevons sujet de personne, ni surveillé par d'autres que par lui-même. Le Conseil supérieur est un des rouages de l'autorité publique; nous n'admettons pas que les uns y siègent comme représentants de l'État, les autres comme représentants de la société. Cette distinction, chère aux auteurs de la loi de 1850, est la négation du régime démocratique et représentatif sous lequel nous vivons. Soit qu'il s'agisse de la fortune publique ou de l'organisation militaire, des autorités qui rendent la justice ou de celles qui président à l'enseignement, la société n'a pas d'autre organe reconnu, pas d'autre représentation régulière et compétente, que l'ensemble des pouvoirs publics émanés directement ou indirectement de la volonté nationale, et cet ensemble s'appelle l'État.

Ces principes posés, nous entrons dans l'examen du projet de loi.

TITRE Ier. — *Du Conseil supérieur de l'Instruction publique.*

Le Conseil supérieur de l'Instruction publique, institué par le projet de loi, ne procède pas uniquement de la nomination directe du Gouvernement, comme le Conseil de 1852; il se partage, comme celui de la loi de 1850, en deux groupes distincts : l'un, à la nomination du Président de la République, l'autre qui dérive de l'élection. Le premier forme une section permanente dont l'Université fournit seule tous les éléments; le second est composé de représentants des différentes Écoles spéciales de l'État, élus par leurs collègues, et de membres empruntés aux Écoles libres, nommés par le Gouvernement. Mais, dans l'un comme dans l'autre, le seul titre que le projet admette, c'est la compétence, l'expérience technique, la spécialité des travaux. Le Conseil que nous avons en vue est un conseil d'études, une assemblée scolaire et pédagogique, chargée tout à la fois de conserver l'esprit de suite, la tradition dans ce qu'elle a de respectable, la permanence au milieu des vicissitudes ministérielles et de susciter les réformes nécessaires, en éclairant, sans l'entraver, le Ministre responsable[1];

1. « Le Ministre exerce les droits réservés à l'État sur l'enseignement public et privé.

« Il doit jouir dans l'accomplissement de ses devoirs d'une pleine liberté, car il est responsable devant l'Assemblée législative de chacun de ses actes. La loi ne pourrait donc restreindre son pouvoir ou entraver son action, sans violer les principes constitutionnels; mais il lui est permis d'imposer au Ministre l'obligation de prendre, avant de se décider, dans toutes les questions graves, l'avis d'un Conseil dont elle aurait à l'avance déterminé la composition, de manière à entourer le Ministre des lumières les plus pures de l'expérience et à prévenir toute erreur de sa part. » (*Rapport du comte* BEUGNOT *à l'Assemblée nationale de* 1850.)

c'est pourquoi l'article 1er pose ce principe que, pour siéger dans le Conseil supérieur, il faut appartenir à l'enseignement.

La Section permanente, telle que nous l'avons conçue, ne serait plus l'organe accessoire du Conseil supérieur; elle en deviendrait le centre et le fondement. Elle ne se bornerait pas, comme en 1850, à une sorte de fonction préparatoire et limitée; elle connaîtrait de toutes les affaires de l'Université, elle serait, en fait, le Conseil de l'Université. Le nombre de ses membres serait, d'ailleurs, porté de 8 à 20 : accroissement justifié par l'extension des attributions et par leur diversité. Il convient même de prévoir, dès ce moment, que le Ministre pourrait appeler dans le sein de la Section, répartie en Commissions correspondant aux trois ordres d'enseignement, les personnes dont la compétence lui paraîtrait devoir être utilement consultée[1]. L'expérience a prouvé que la Section ne doit pas être rigoureusement close, et qu'il peut être nécessaire en plus d'un cas de lui donner des assistants, dont le caractère serait déterminé par un règlement.

D'un autre côté la Section pouvait-elle être investie, sans réserve, d'un droit d'avis sur toutes les questions relatives à l'enseignement? Nous ne l'avons pas pensé.

Il nous était interdit d'oublier que l'Université n'est plus notre seul corps enseignant, que plusieurs départements ministériels ont, eux aussi, leurs Écoles dont le personnel se recrute dans nos Lycées, et qui sont dès lors intéressées dans nos programmes; que la Guerre, l'Agriculture, l'Industrie ont leur enseignement spécial relié de diverses façons à l'enseignement universitaire. Nous devions considérer, en second lieu, que si les représentants des Écoles libres ne peuvent légitimement participer à la direction des Écoles de l'État, il est conforme à l'équité de leur assurer dans les questions mixtes, qui sont communes aux Écoles libres et à celles de l'État, et dans les questions disciplinaires, le droit d'être entendus. Enfin, nous ne devions pas perdre de vue ce point essentiel que l'assiduité même des travaux de la Section permanente imposait à ses membres l'obligation de la résidence et à l'État l'obligation de renfermer ses choix dans le personnel enseignant de Paris; il était dès lors indispensable de faire appel, à des époques déterminées, au concours des établissements universitaires et du personnel enseignant des départements.

Nous avons en conséquence dévolu à des assemblées générales du Conseil supérieur, qui seraient dans notre pensée comme les grandes assises périodiques de l'enseignement national : 1° l'examen des affaires relatives aux épreuves communes aux Écoles publiques et aux Écoles libres; 2° les questions relatives à la surveillance des Écoles libres; 3° la revision du tarif des droits perçus dans les Facultés, au compte du Trésor; 4° le jugement en dernier ressort des affaires tendant à la révocation des maîtres et à l'interdiction du droit d'enseigner. Dans ces diverses matières, en effet, et alors même que la Section permanente conserve un droit d'instruction préalable, le Ministre a le devoir d'élargir le cercle de ses enquêtes, en faisant appel aux lumières et à la conscience de tous.

En ce qui concerne la composition des assemblées, nous appelons particulièrement votre attention, Messieurs, sur les points suivants :

La loi de 1873 prévoyait que les sept membres à la nomination du Président de la République pourraient être choisis « parmi les Professeurs des Facultés,

1. L'article 4 du décret du 29 juillet 1850 prévoit ces adjonctions, et les anciens Conseils de l'Université admettaient deux ordres de conseillers. (*Note de l'Exposé.*)

les Inspecteurs généraux, les Recteurs et les Professeurs du Collège de France et du Muséum, le Directeur de l'École normale supérieure, enfin les Proviseurs des Lycées ». C'était la seule mention qui fût faite de ce grand corps enseignant qui donne à la jeunesse française l'enseignement secondaire, et qui exerce une influence si directe et si considérable sur les destinées de la patrie. Nous avons cru répondre à vos intentions et à des intérêts véritablement nationaux en réparant cet oubli. Six proviseurs ou professeurs de Lycées et six membres de l'enseignement primaire auraient désormais leur place marquée dans les assemblées générales du Conseil supérieur.

Nous ne pouvions du reste songer à prendre pour base de la représentation le nombre des établissements ou le nombre des maîtres; s'il en eût été ainsi, l'Instruction primaire eût dominé dans le Conseil, et cette solution vous semblerait, comme à nous, de tous points inacceptable. Il nous a semblé plus conforme au rôle essentiellement pédagogique du Conseil supérieur d'envisager chaque groupe d'Écoles comme une unité destinée à entrer dans un vaste ensemble. C'est ainsi que, pour ce qui concerne les Facultés, nous vous proposons d'attribuer un représentant au Droit, à la Médecine, aux Sciences, aux Lettres et à la Pharmacie, sans tenir compte du nombre des établissements contenus dans chaque ordre, ni du nombre comparatif des professeurs. Nous voulons de plus que toutes ces grandes Écoles ne forment qu'un seul corps électoral, où prendraient place, avec les professeurs, les agrégés et les docteurs chargés de cours ou de conférences.

Les raisons les plus graves nous ont conduits à cette double innovation. La création des Écoles de médecine date de 1803, celle des Facultés de droit de 1804, les Facultés des sciences et des lettres ont été instituées en 1808, et si le décret du 4 juin 1809 s'est proposé « d'accorder le régime des anciennes Écoles avec celui de l'Université », il n'en est pas moins vrai que l'harmonie n'a jamais existé qu'à la surface des choses et dans l'apparence, malgré toutes les ordonnances et tous les décrets. Les différentes Facultés sont des forces qui s'avoisinent, mais qui ne se pénètrent pas; elles peuvent être reliées plus ou moins étroitement par des règles administratives, il ne s'est établi entre elles, à aucun moment, cette communauté de vues, ces échanges continus de services, qui seuls peuvent former une institution forte et vraiment féconde.

Il est urgent, à notre avis, que tous les membres du corps universitaire apprennent à se connaître et que nous les provoquions, par tous les moyens, à sortir de l'état d'isolement dans lequel ils ont trop longtemps vécu.

Les lois de 1850 et de 1873 disaient : Un professeur des Facultés de droit élu par ses collègues, un professeur de Faculté de médecine élu par ses collègues, et ce même régime était appliqué à toutes les Facultés.

Depuis lors, des modifications profondes ont été introduites dans ces établissements, et si les professeurs titulaires, dans leurs assemblées, sont seuls appelés à discuter les questions d'études et de discipline, si seuls ils désignent les candidats aux chaires vacantes, ils ne sont plus seuls à représenter l'enseignement. Les agrégés qui tiennent leur mandat du concours ont été appelés à y participer; de nombreux cours complémentaires ont été créés; enfin, vous avez autorisé, Messieurs, la création de soixante-dix emplois de maîtres de conférences destinés « soit à seconder par des répétitions les leçons des professeurs, soit à compléter, par l'adjonction de nouveaux enseignements, le cadre des études des Facultés ». Tout ce personnel nombreux et vivant ne devait-il pas être compté? Ne trouvons-nous pas, en le faisant participer à la désignation des membres du Conseil, un moyen tout naturel d'associer aux avis toujours respectables de l'expérience acquise un mouvement d'idées plus jeunes et plus hardies?

On remarquera au surplus que nous n'avons attribué le droit de vote qu'aux maîtres de conférences, pourvus du doctorat.

Le problème de la représentation du corps enseignant primaire est plus difficile à résoudre. Même en limitant le corps électoral à une élite d'instituteurs, à ceux, par exemple, qui sont pourvus du brevet complet, ou qui ont obtenu la médaille d'argent, le nombre des votants serait si considérable, l'entente préalable entre les électeurs si peu praticable, en dehors des limites d'un même département, que le système de l'élection directe doit être rejeté comme une conception prématurée. Comment s'organiserait, d'autre part, l'élection à deux degrés? Le projet de loi s'en tient, en conséquence, à un collège électoral spécial, composé des inspecteurs primaires et des directeurs et maîtres adjoints des Ecoles normales primaires, c'est-à-dire d'anciens instituteurs dont le mérite est consacré par les fonctions mêmes qui leur sont dévolues et qui sont mieux placés que le Gouvernement lui-même pour juger des aptitudes et choisir les plus capables dans le corps des instituteurs.

Notre projet maintient au Conseil supérieur des fonctions très délicates en matière contentieuse et disciplinaire. L'examen des conditions de cette juridiction spéciale méritait toute notre attention.

Ce n'est pas un des moindres étonnements suscités par les lois de 1850 et de 1873, que de voir le Conseil supérieur, composé comme il l'est en vertu de ces lois, donner son avis sur les créations de Facultés, Lycées et Collèges, sur les livres employés dans les Écoles publiques, sur tous les règlements particuliers qui peuvent intéresser leurs études ou leur discipline, et, par surcroît, statuer en dernier ressort, après un premier jugement des Conseils académiques, sur les affaires de retraits d'emploi et de révocations applicables aux membres de l'enseignement public.

Nous croyons avoir répondu à des critiques légitimes par la nouvelle composition des Conseils académiques et du Conseil supérieur. Sans doute, il se rencontre encore parmi les juges des étrangers au corps universitaire; mais ces membres sont eux-mêmes des professeurs, et leur présence, qui marque la solidarité de nos divers services publics, ne peut être envisagée par les inculpés que comme une garantie de plus.

Quant à l'assistance des membres de l'Enseignement libre, elle est justifiée par les considérations d'ordre scolaire que nous avons déjà indiquées, et, dans l'espèce qui nous occupe, par ce fait déterminant que la juridiction du Conseil s'étend à la fois à l'Enseignement public et à l'Enseignement libre.

La Section et le Conseil, dans leur nouvel état, offriront d'ailleurs, au point de vue spécial de la compétence juridique, toutes les garanties désirables. Nous y voyons figurer, en effet, des professeurs qui appartiennent aux Facultés de droit, parmi lesquels la Cour de Cassation s'est plus d'une fois recrutée.

Nous devons signaler, Messieurs, en terminant ces considérations sur le Conseil supérieur, deux innovations qui ont leur importance. Nous avons attribué à la Section permanente le droit de désigner, concurremment avec les Facultés et les Écoles supérieures de pharmacie, les candidats aux chaires vacantes dans ces établissements. Les Conseils académiques, investis aujourd'hui de ce droit de désignation, sont trop fréquemment influencés par le vote des Facultés, et s'il convient d'admettre que cette influence puisse être contre-balancée dans quelques villes, elle se manifeste sans entrave dans les centres moins importants. Le Conseil s'associe d'autant plus volontiers au premier jugement rendu qu'il a pour rapporteur généralement un doyen ou un directeur d'École supérieure qui, lui-même, se borne à répéter les appréciations de ses collègues. En fait, par suite du voisinage des personnes et de la communauté des relations, les deux élections n'en font le plus souvent qu'une seule, sans qu'il s'établisse d'un corps à l'autre ces débats contradictoires d'où peuvent sortir l'émulation et la lumière. Nous éviterions, croyons-nous, ces graves inconvénients en confiant à la Section permanente la seconde désignation[1]. Placée à la source de toutes les informations, elle serait à même de vérifier tous les titres, d'en apprécier rigoureusement la valeur, sans être dominée par aucune autre considération que l'intérêt scientifique.

En second lieu, nous avons saisi la Section permanente de toutes les instances formées par des étrangers en vue d'obtenir des équivalences de grades, l'autorisation d'enseigner, d'ouvrir ou de diriger des Écoles. Le décret du 5 décembre 1850 attribuait au Conseil supérieur l'instruction de ces affaires; mais ici la convenance d'une action directe de l'État nous a paru très nettement indiquée. Ces sortes de demandes sortent du domaine scolaire proprement dit, leur examen comporte des enquêtes multiples; la solution qui peut leur être donnée n'intéresse par aucun côté la liberté de l'enseignement telle qu'elle est assurée à nos nationaux ; elles ressortissent donc à ce groupe de conseillers qui tiennent leur mandat direct du Gouvernement, parce qu'ils sont plus particulièrement chargés de le représenter.

TITRE II. — *Des Conseils académiques.*

L'organisation des Conseils académiques répond à celle du Conseil supérieur de l'Instruction publique; les attributions sont analogues. Pour satisfaire aux mêmes conditions de compétence, ils doivent être composés à peu près des mêmes éléments : ce sont des conseils d'enseignement, recrutés dans le corps enseignant. Les membres des Conseils généraux et municipaux n'y sont appelés qu'en raison du concours que ces assemblées peuvent prêter à l'enseignement public.

Les Conseils académiques, constitués par le décret organique du 17 mars 1808, n'étaient également composés que des membres de l'Université, le seul corps enseignant de l'époque. Pour tous les gouvernements qui se sont succédé de 1808 à 1850, la compétence spéciale était exigée pour siéger dans ces assemblées, où se discutent les programmes d'études, les méthodes d'enseignement, les questions scolaires de toute nature, pour lesquelles l'aptitude professionnelle n'est pas moins nécessaire que dans les Conseils de la Guerre, du Commerce et de l'Agriculture.

Ce n'est qu'à partir de 1850, et plus tard dans la loi du 14 juin 1854, que des principes différents ont prévalu. Sous l'influence de préoccupations qui ne paraissent pas avoir été très favorables à l'enseignement, tous les grands corps de l'État, magistrature, administration, clergé, furent appelés à concourir à la formation des Conseils académiques. C'était une garde d'honneur pour le Corps enseignant, courtoise sans doute, peu gênante dans la pratique, mais peu favorable au mouvement et au progrès. On ne se risque guère à aborder les questions délicates et controversées dans une assemblée où les forces s'équilibrent

1. La loi du 1er *mars* 1802 (11 *floréal* An X) réservait d'ailleurs aux Inspecteurs généraux d'études un droit de nomination; sous la Restauration, ce droit fut transféré au Roi; le décret-loi du 9 *mars* 1852 attribue au Ministre un droit de présentation.

et se neutralisent. Le rôle des Conseils académiques a donc été assez effacé depuis vingt-cinq ans, malgré la valeur personnelle des membres qui les composaient.

Après expérience faite, le moment semble arrivé de revenir à une organisation qui a donné de bons résultats dans le passé, c'est-à-dire à des conseils spéciaux d'enseignement, tout en y adaptant les modifications que comportent nos institutions actuelles et les progrès accomplis depuis soixante-dix ans.

L'article 8 détermine la composition des Conseils académiques, présidés par les Recteurs. Les Inspecteurs d'Académie de la circonscription, les doyens des Facultés de l'État, les directeurs des Écoles d'enseignement supérieur en sont membres de droit; représentants autorisés de l'enseignement à ses divers degrés, chargés par leurs fonctions d'en surveiller et d'en diriger la marche, ils ont nécessairement leur place marquée dans un conseil dont ils forment pour ainsi dire le noyau et l'élément essentiel. Rien n'est innové, du reste, sous ce rapport, aux prescriptions de la loi du 14 juin 1854. Mais cette loi contenait une lacune regrettable : les chefs des établissements secondaires de l'État ne figuraient pas dans les Conseils académiques; et cependant les proviseurs des Lycées, les principaux des Collèges communaux, sont mieux placés que personne pour juger à l'épreuve les méthodes d'enseignement, pour ouvrir un avis utile sur la direction de nos Écoles secondaires. Désormais, deux proviseurs ou principaux de Collège pourvus du titre d'agrégé ou du grade de docteur, c'est-à-dire choisis parmi les plus capables, et nommés par le Ministre, prendront place dans les Conseils académiques.

A côté de ces membres, qui représenteront en quelque sorte la tradition, dans ce qu'elle a de bon et de respectable, il a paru utile, conforme à l'esprit moderne d'appeler dans les Conseils académiques un certain nombre de professeurs de l'enseignement supérieur et secondaire, élus par leurs pairs et investis par cela même de la mission d'éclairer le Conseil sur les aspirations et les vœux de leurs collègues, sur la valeur des méthodes qu'ils auront eux-mêmes appliquées, sur les lacunes de l'enseignement dont ils sont chargés. Le mode d'élection de ces membres est le même que pour le Conseil supérieur. Dans l'impossibilité matérielle de conférer le vote à tous les fonctionnaires de l'enseignement, la loi le délègue à ceux qui se recommandent par les grades et l'aptitude légale. Trois représentants des Facultés et Écoles d'enseignement supérieur seront élus, au scrutin de liste, par tous les membres de ces établissements pourvus du grade de docteur; les Lycées et Collèges auront également trois représentants, élus par les professeurs et fonctionnaires de tout ordre, docteurs ou agrégés.

Les attributions des Conseils académiques devant se trouver désormais limitées aux questions d'enseignement supérieur et secondaire, il n'y avait aucun motif pour y appeler les représentants directs de l'enseignement primaire. Tout ce qui concerne cet ordre d'enseignement ressortira aux Conseils départementaux placés plus près des intéressés, mieux en état soit d'apprécier les besoins, soit de rendre bonne et prompte justice dans les affaires disciplinaires.

Les Conseils académiques sont complétés par l'adjonction de quatre membres choisis par le Ministre dans les Conseils généraux et municipaux du ressort. C'est une dérogation au principe admis pour le Conseil supérieur, exclusivement composé de membres du corps enseignant. Mais les villes et les départements étant tout particulièrement intéressés à la prospérité des établissements publics d'enseignement, il convient que leurs représentants soient régulièrement informés de la situation de ces mêmes établissements. Ils peuvent, de leur côté, éclairer le Gouvernement sur les intérêts et les besoins des populations qu'ils représentent, en vue des modifications à introduire dans l'enseignement, pour donner satisfaction à ces besoins. Toutes les fois qu'il s'agit de créations nouvelles, de travaux à exécuter, leur présence dans les conseils contribuera à établir, entre l'État et les localités intéressées, un accord indispensable sur des questions qui demandent à être résolues d'un commun accord.

Aux termes de l'article 9, les Conseils académiques ont, chaque année, deux sessions ordinaires, et peuvent être convoqués extraordinairement par le Ministre. Rien n'est changé sur ce point à l'ancienne législation. Deux sessions annuelles ont paru suffisantes : les Conseils ont à donner leur avis sur des questions d'une haute importance, il est vrai, mais pour la solution desquelles le temps, la durée, la connaissance des résultats acquis sont des éléments indispensables d'appréciation.

Les attributions des Conseils académiques, fixées par l'article 10, ne diffèrent pas sensiblement, en ce qui concerne l'enseignement secondaire et supérieur, de celles qui leur avaient été assignées par la loi de 1854 et précédemment par le décret de 1808.

Elles sont en quelque sorte déterminées et imposées par la nature même de ces assemblées. Ces attributions sont tout à la fois scolaires et disciplinaires. Les Conseils adressent, chaque année, un rapport au Ministre sur la situation des Écoles secondaires et supérieures de leur circonscription. Ils peuvent, à cette occasion, signaler les réformes qu'ils jugent utiles, donner leur avis et formuler des vœux sur toutes les questions d'enseignement. Ils sont nécessairement appelés à se prononcer sur les règlements relatifs aux établissements d'enseignement public, secondaire ou supérieur, sur les budgets et les comptes d'administration de ces mêmes établissements. Le Ministre peut les consulter sur les questions d'administration et de discipline qui intéressent l'enseignement public.

Comme Conseils disciplinaires, ils instruisent, sur la requête du Ministre ou du Recteur, les affaires disciplinaires relatives aux membres de l'enseignement public, secondaire ou supérieur, et prononcent dans ces mêmes affaires, sauf recours au Conseil supérieur.

Deux membres de l'enseignement libre nommés par le Ministre leur sont adjoints pour les affaires contentieuses ou disciplinaires intéressant les membres de l'enseignement libre, supérieur ou secondaire. La présence dans les Conseils académiques de deux représentants de l'enseignement libre a paru nécessaire et en même temps suffisante pour assurer aux intéressés toutes les garanties auxquelles ils ont le droit de prétendre.

L'article 11 limite à deux ans la durée du mandat conféré par l'élection ou par le choix du Ministre. Ce mandat est d'ailleurs indéfiniment renouvelable. Grâce à cette double combinaison, les corps appelés à choisir leurs délégués au Conseil pourront, à des intervalles assez rapprochés, soit manifester leurs aspirations et leurs vœux par de nouveaux choix, soit maintenir en fonctions les représentants qui leur auront paru justifier leur confiance. Le Ministre aura les moyens, de son côté, d'associer successivement un plus grand nombre de personnes aux travaux des Conseils académiques.

Projet de loi.

[*Voir le texte du projet de loi au* Journal officiel, *Annexe au procès-verbal de la séance du* 15 *mars* 1879.]

Rapport sommaire fait au nom de la 10e Commission d'initiative parlementaire[1] chargée d'examiner la proposition de loi de M. Barodet, tendant à rendre viagère l'Allocation supplémentaire qui est accordée aux Instituteurs qui ont obtenu la Médaille d'argent, par M. Barodet, député[2]. 18 mars 1879.

Séance du 18 Mars 1879.

Messieurs, aux termes de l'article 4 de la loi du 19 juillet 1875, une allocation annuelle de 100 francs est accordée aux instituteurs et institutrices qui ont obtenu une médaille d'argent dans les conditions fixées par l'arrêté du 21 août 1858; mais cette allocation n'est due que pendant la durée de l'activité.

Une proposition de loi, présentée par M. Barodet et renvoyée à l'examen de votre 10e Commission d'initiative parlementaire, tend à rendre cette allocation viagère pour les instituteurs et institutrices qui obtiendront leur pension de retraite, ou qui seront obligés, pour cause de santé, de renoncer à la carrière de l'enseignement.

Elle tend, de plus, à faire jouir de la même allocation annuelle et viagère, à partir du 1er janvier 1880, les instituteurs et institutrices ayant obtenu la médaille d'argent, soit en vertu de l'arrêté du 28 avril 1837, soit en vertu de l'arrêté du 21 août 1858, qui auront été admis à la pension de retraite avant la promulgation de la loi proposée, ou qui, pour cause de santé, auront été obligés de renoncer à l'enseignement.

Votre Commission, Messieurs, a pensé, avec l'auteur de la proposition, qu'il y a peut-être quelque dureté à faire cesser l'allocation annuelle accordée à l'instituteur qui a été honoré d'une médaille d'argent, au moment même où sa mise à la retraite a diminué ses ressources de moitié, et alors que les infirmités de la vieillesse vont augmenter ses besoins.

Par un regrettable oubli, l'article 4 de la loi du 19 juillet 1875 ne s'applique pas aux rares instituteurs et institutrices survivants qui ont obtenu la médaille d'argent en vertu de l'arrêté du 28 avril 1837. C'est là une injustice qu'il importe aussi de réparer.

Enfin, Messieurs, votre Commission estime qu'il est également juste que l'allocation annuelle et viagère de 100 francs soit payée, à l'avenir, aux instituteurs et institutrices qui, ayant obtenu la médaille d'argent, en vertu de l'un ou l'autre des deux arrêtés précités, auront été admis à la retraite ou auront été obligés, pour cause de santé, de quitter l'enseignement avant la promulgation de la loi proposée.

Si l'on considère, Messieurs, que la médaille d'argent est la troisième des récompenses honorifiques, et qu'elle n'est accordée qu'à un très petit nombre d'instituteurs parmi les plus méritants, on arrive à cette conclusion que l'adoption de la proposition de loi dont il s'agit n'entraînerait qu'une très minime augmentation de dépense.

1. Cette Commission était composée de MM. LESGUILLON, *Président;* LABUZE, *Secrétaire;* MAUNOURY, DUBOIS, BIENVENU, FRÉBAULT, LEROUX, LOUSTALOT, SEIGNOBOS, GIRAUD (Henri), LABITTE, CHEVANDIER, CHAVOIX, DESCHANEL, MARCOU, RATHIER, GILLIOT, VASCHALDE, GLEIZAL, ROUDIER, BARODET, MARGUE.

2. *Journal officiel* du 2 *avril* 1879, p. 2824.

Voir le projet de loi de M. BARODET, 28 *janvier* 1879. (Tome IV, p. 851.)

En conséquence, Messieurs, votre 10e Commission d'initiative vous propose, à l'unanimité, d'en voter la prise en considération et le renvoi à la Commission d'instruction primaire.

---

18 mars 1879. **Proposition de loi sur l'Enseignement de la Gymnastique, présentée par M. George, sénateur[1].**

Séance du 18 Mars 1879.

L'enseignement de la gymnastique, si utile au développement physique des jeunes gens, s'impose aujourd'hui comme une conséquence de notre organisation militaire et de l'adoption du service obligatoire.

Depuis longtemps déjà, la Suisse, la Prusse, la Saxe et divers États de l'Allemagne avaient introduit la gymnastique et les exercices militaires qui en font partie dans le programme d'enseignement de toutes leurs Écoles. En arrivant au régiment, les jeunes gens ont ainsi reçu déjà une instruction militaire sérieuse qu'ils n'ont plus qu'à compléter[2].

Les événements n'ont que trop démontré ce que vaut cette méthode.

Après Sadowa et la guerre de 1866, l'Autriche se hâta de rendre l'enseignement de la gymnastique obligatoire dans toutes les Écoles publiques. D'autres nations ont suivi cet exemple. La Suisse est allée plus loin encore : le Conseil fédéral, par ordonnance du 13 septembre 1878, a déclaré l'instruction gymnastique obligatoire, sans autre exception que celles qui résultent d'infirmités ou de maladies, « pour tout garçon de l'âge de dix à treize ans, qu'il fréquente une École ou non ».

En France, même après nos désastres, nous n'avons rien changé à notre législation, et nous en sommes restés à la loi du 15 mars 1850, qui, dans son article 23, classe la gymnastique parmi les matières facultatives du programme de l'enseignement primaire, et au décret du 3 février 1869, qui introduit la gymnastique dans l'enseignement des Lycées, Collèges et Écoles normales primaires, et laisse aux Conseils municipaux l'initiative en ce qui concerne les Écoles communales.

Cependant, en 1871, sous le coup des durs enseignements de la guerre de

1. *Journal officiel* du 24 *mars* 1879, p. 2420.

Voir le rapport sommaire au Sénat de M. VALENTIN, 1er *avril* 1879 (*Journal officiel* du 13 *avril* 1879, p. 3225 et 3226);

Le rapport fait au nom de la Commission par M. BARTHÉLEMY SAINT-HILAIRE, 10 *juin* 1879 (*Journal officiel* du 17 *juin* 1879, p. 5272 et 5273).

Le projet fut voté par le Sénat les 17 et 24 juin 1879; transmis à la Chambre des Députés le 28, il y fut l'objet d'un rapport de M. GIRAUD, 2 *décembre* 1879 (*Journal officiel* du 18 *décembre* 1879, p. 11261 et 11262).

Il a abouti à la loi du 27 *janvier* 1880 (Voir *à sa date*).

2. « ... Quand les enfants ont suivi le cours de gymnastique dès l'âge de huit ans, pendant six années consécutives, ils sont parfaitement, en ce qui concerne la marche et les évolutions, à la hauteur des soldats les mieux exercés. Il ne leur reste plus qu'à apprendre le maniement du fusil, avantage inappréciable dans un pays où tout homme doit être soldat au moins pendant une année. » (*Note de M. Lohmüller, directeur de l'enseignement gymnastique à Cologne.* — Consulter dans le volume *Enseignement de la Gymnastique dans l'Université* (in-8° de 221 pages. Imp. Natle, 1878), le rapport de M. le docteur HILLAIRET au Ministre de l'Instruction publique, *octobre* 1868.)

1870, le Gouvernement et l'Assemblée nationale avaient bien senti la nécessité de développer la pratique de la gymnastique. L'Assemblée inscrivait au budget de 1872 un crédit de 100 000 francs pour encouragement à l'enseignement de la gymnastique, et un Ministre de l'Instruction publique, partisan déclaré de l'instruction gymnastique, faisait d'énergiques efforts pour introduire cet enseignement dans nos Collèges et nos Écoles.

Huit années se sont écoulées ; des progrès sérieux ont été réalisés dans tous nos Lycées et dans une partie de nos Collèges; d'autres, fort importants, sont sur le point de l'être. Mais les résultats généraux obtenus sont, surtout en ce qui concerne les Écoles primaires, tout à fait insuffisants.

Il est vrai que les événements politiques de 1873 ont entraîné un temps d'arrêt dans la marche des réformes commencées; ainsi, tandis qu'en 1872, il est fait emploi sur les crédits votés pour la gymnastique d'une somme de 56 000 francs, en 1874, il n'est plus fait emploi que d'une somme de 20 000 fr.; le chiffre de ces crédits, si modiques pourtant. descend lui-même de 100 000 à 95 000, puis à 60 000 francs.

Mais est-il sage de faire dépendre l'exécution de réformes si importantes du plus ou moins d'activité des Ministres qui peuvent se succéder à l'Instruction publique?

D'ailleurs, il faut bien le reconnaître, quelle que soit la bonne volonté d'un Ministre de l'Instruction publique, les lois ne lui fournissent pas d'arme efficace pour vaincre les résistances et imposer l'enseignement de la gymnastique dans toutes les Écoles publiques. Il n'a aucune action sur les Écoles libres, et même, en ce qui concerne les Écoles communales, il ne peut presque rien contre l'indifférence ou le mauvais vouloir des Conseils municipaux.

Quoi qu'il en soit, il est évident que cet état de choses ne peut se prolonger davantage.

Il ne s'agit plus seulement ici de la santé, de la vigueur corporelle, de l'éducation physique de la jeunesse française. Il s'agit aussi du bon fonctionnement de nos lois militaires, de la composition et de la force de notre armée : c'est une question de sécurité nationale.

Il y aurait péril à ne pas prendre avec promptitude et décision les mesures législatives nécessaires pour nous relever de l'état d'infériorité où nous nous trouvons sur ce point au regard des nations voisines.

Pour atteindre ce but, il paraît indispensable de modifier les dispositions de la loi du 15 mars 1850, en déclarant l'enseignement de la gymnastique obligatoire dans toutes les Écoles publiques, primaires et secondaires, et en donnant à l'État les moyens d'assurer l'exécution de cette prescription.

En conséquence, j'ai l'honneur de proposer au Sénat la proposition de loi suivante :

Proposition de loi.

ARTICLE 1er. — L'enseignement de la gymnastique est obligatoire dans tous les Collèges et dans toutes les Écoles publiques de garçons.

ART. 2. — Cet enseignement sera donné dans les conditions et suivant les programmes arrêtés par le Ministre de l'Instruction publique.

ART. 3. — Il sera, au moins une fois par an, procédé par des délégués du Ministre de l'Instruction publique à la vérification de l'état de l'enseignement de la gymnastique dans tous les établissements publics d'instruction secondaire ou primaire.

ART. 4. — Les dispositions de la loi du 15 mars 1850 sont abrogées en ce qu'elles ont de contraire à la présente loi.

Disposition transitoire. — La présente loi entrera en vigueur dans le délai de deux ans à dater de sa promulgation.

---

22 mars 1879.

Rapport et Décret supprimant les Déléguées spéciales des Salles d'asile et ne maintenant que des Déléguées générales[1].

22 Mars 1879.

1° Rapport au Président de la République.

Monsieur le Président,

J'ai l'honneur de soumettre à votre approbation le projet de décret ci-joint, qui aura pour effet de modifier le service de l'inspection des salles d'asile.

Ces établissements sont soumis, comme les Écoles, à la surveillance des Inspecteurs primaires; ils ont, en outre, un mode d'inspection qui leur est propre: le décret du 21 mars 1855 établit dans chaque commune, et à Paris dans chaque arrondissement, un Comité local de patronage composé de dames qui se partagent la protection des salles d'asile du ressort. Ce même décret autorise le Ministre de l'Instruction publique à déléguer, pour l'inspection des salles d'asile dans chaque Académie, suivant les besoins du service, une dame rétribuée sur les fonds de l'État; enfin il crée deux emplois de déléguée générale. Le nombre de ces derniers emplois a été porté à quatre par le décret du 20 février 1872, et, depuis 1878, le budget comporte un cinquième poste attribué à une déléguée spéciale faisant fonctions de déléguée générale.

Ainsi : déléguées générales résidant à Paris, déléguées spéciales par Académie, Comités locaux par communes, telles sont les autorités chargées actuellement de la surveillance des salles d'asile.

De ces trois degrés d'inspection, le premier et le dernier sont manifestement indispensables à l'institution : le premier, pour y assurer l'unité d'esprit et de méthode avec le contrôle de l'État; le dernier, pour y mettre la vie et le mouvement qui résultent de l'initiative locale et d'une vigilance de tous les jours.

Les déléguées générales, dans leurs tournées annuelles, aident les directrices de leurs conseils, stimulent le zèle des autorités, propagent les bonnes méthodes, constatent et comparent les résultats obtenus. D'autre part, les Comités locaux, composés de mères de famille, suivent dans le vif des détails journa-

1. Consulter la circulaire du 5 *novembre* 1879 aux Préfets, relative à l'inspection des salles d'asile par un corps d'Inspectrices départementales à instituer d'un commun accord entre l'État et les départements. (*Circ.*, t. VIII, p. 224).

Voir la circulaire du 30 *octobre* précédent aux Préfets, tendant à la création de salles d'asile avec les élèves de moins de six ans de l'École de garçons et de l'École de filles dans toute commune de plus de 500 âmes; les communes pourraient obtenir un subside de l'État (*Ibid.*, p. 216); — la circulaire du 28 *mars* 1882 aux Préfets, relative aux fonctions des Inspectrices départementales des Écoles maternelles (*Ibid.*, p. 679).

liers l'application des principes qui doivent présider à la première éducation de l'enfance.

Entre ces deux autorités, est-il nécessaire d'établir une déléguée spéciale pour chaque Académie? L'expérience a été faite, et elle ne semble pas apporter de sérieux arguments en faveur de ce rouage intermédiaire. On comprendrait très bien l'utilité de placer à la tête de chaque département une Inspectrice départementale qui aurait sur tout le personnel de son ressort une influence immédiate et constante, analogue à celle de l'Inspecteur d'Académie sur le personnel do l'enseignement primaire. Mais le nombre et la nature des établissements primaires à inspecter ne justifiant pas actuellement une aussi grande dépense, l'État se borne à établir une déléguée spéciale par Académie; c'est-à-dire que chacune d'elles, — sauf dans une ou deux Académies où le nombre des salles d'asile est insignifiant, — est chargée d'un nombre de départements variant de quatre au moins à huit au plus.

Elle ne voit guère les choses de plus près, elle ne suit pas plus assidûment le personnel; son action s'étend sur un rayon presque aussi large, ses tournées ne peuvent être beaucoup plus fréquentes : c'est en réalité une déléguée générale à poste fixe, chargée plusieurs années de suite d'un même groupe de départements.

Malgré une analogie apparente et qui n'est que dans les mots, on chercherait vainement entre les déléguées générales et les déléguées d'Académie une différence hiérarchique correspondant, comme celle qui existe entre l'Inspecteur général et l'Inspecteur d'Académie, à une différence profonde dans la nature et l'étendue des fonctions.

Il y a là une sorte de double emploi qui a pu se justifier autrefois, souvent même offrir des avantages, mais qui ne semble pas devoir être indéfiniment perpétué.

Nous avons aujourd'hui la preuve que les départements et les villes où l'institution des salles d'asile a pris un grand développement, ne considèrent pas l'inspection des déléguées académiques autrement que comme une sorte d'inspection générale, puisque, partout où les ressources l'ont permis et partout où l'on a cru avoir besoin d'une surveillance plus proche, d'une action moins intermittente sur les salles d'asile, le Conseil général a voté les crédits nécessaires pour assurer le traitement et les frais de tournée d'une Inspectrice départementale; la ville de Paris, notamment, a plusieurs emplois de ce genre.

Ces diverses considérations m'ont convaincu des avantages que présenteraient, au point de vue du service, la suppression des déléguées spéciales et l'augmentation du nombre des déléguées générales : et c'est cette double mesure que j'ai l'honneur de vous proposer. J'ajoute qu'elle recevrait graduellement son exécution : il ne serait pas pourvu au remplacement des déléguées spéciales admises à faire valoir leurs droits à la retraite, ou appelées à d'autres fonctions; ce dernier cas est d'autant plus à prévoir que les déléguées spéciales remplissant les conditions du décret seront, à mérite égal, l'objet des préférences de l'Administration pour les emplois disponibles de déléguées générales.

Il convenait de déterminer en même temps les garanties qui seraient exigées désormais pour remplir les fonctions de déléguée générale. En examinant cette question, je ne pouvais oublier qu'en 1876, lors du rétablissement des emplois de déléguées que l'Assemblée nationale avait supprimés deux ans auparavant, la Chambre, s'associant au vœu de la Commission du budget, avait invité « le Ministre de l'Instruction publique à rendre difficile l'accès de ces fonctions ».

Je me suis conformé à ces intentions en vous proposant d'exiger des déléguées générales les trois conditions suivantes : qu'elles soient pourvues du certificat d'aptitude à la direction des salles d'asile, titre reconnu déjà indispensable même pour les déléguées spéciales; qu'elles possèdent, en outre, le brevet supérieur attestant la solidité et l'étendue de leur instruction générale; enfin, qu'elles aient au moins cinq années de service effectif dans l'enseignement public ou libre.

Ces garanties de capacité et d'expérience professionnelle ne paraîtront pas exagérées, j'en ai l'assurance, surtout si l'on considère que les déléguées générales peuvent être appelées dans certains cas à visiter les Écoles de filles et les pensionnats.

Le décret de 1872, qui n'a du reste jamais reçu une entière application, autorisait d'une façon absolue l'inspection des Écoles de filles par les déléguées générales. Si je vous propose de réduire cette autorisation et de laisser les Inspecteurs d'Académie juges des cas où ils croiront devoir réclamer le concours des dames déléguées, ce n'est pas que je sois disposé à restreindre l'action des femmes soit dans l'enseignement, soit dans l'inspection; je voudrais plutôt l'étendre et l'affermir; mais il me semble que, précisément pour atteindre ce but, il faut se garder de confondre des fonctions distinctes : la surveillance des salles d'asile est une tâche qui a son importance, sa raison d'être, son unité et son caractère propre; l'inspection régulière des Écoles de filles en est une autre, qui est trop considérable, qui touche à trop de personnes et à trop de choses absolument étrangères à la salle d'asile, pour s'ajouter incidemment et comme par surcroît aux fonctions ordinaires de la déléguée générale.

Tout ce qu'on peut demander aux dames déléguées, c'est leur concours officieux dans toutes les circonstances qui réclament l'intervention délicate et prudente d'une femme expérimentée.

Veuillez agréer, etc.

Signé : JULES FERRY.

2° Décret.

Le Président de la République française,

Sur le rapport du Ministre de l'Instruction publique et des Beaux-Arts;

Vu le décret du 21 mars 1855, titre III,

Décrète :

ARTICLE 1er. — Les emplois de déléguées spéciales pour l'inspection des salles d'asile sont supprimés.

ART. 2. — Le nombre des emplois de déléguées générales pour l'inspection des salles d'asile est porté à huit.

ART. 3. — Les déléguées générales sont divisées en trois classes. Les traitements afférents à chaque classe sont fixés ainsi qu'il suit :

1re classe.	5 000 francs.
2e classe.	4 000 et 4 500 francs.
3e classe.	3 000 et 3 500 francs.

ART. 4. — Nulle ne peut exercer les fonctions de déléguée générale sans avoir au moins cinq années de service dans l'enseignement public ou libre, et sans être pourvue :

1° Du certificat d'aptitude à la direction des salles d'asile;

2° Du brevet supérieur.

ART. 5. — Les déléguées générales pour l'inspection des salles d'asile n'ont à visiter les Écoles de filles et les pensionnats que dans le cas où l'inspection académique les y invite.

Lettre du Ministre de l'Instruction publique au Préfet de la Loire, relative au Recouvrement des frais de Chauffage des Écoles primaires publiques[1]. 29 mars 1879.

29 Mars 1879.

Monsieur le Préfet, vous m'avez demandé des instructions au sujet du recouvrement des frais de chauffage des Écoles primaires publiques.

Cette dépense n'est pas obligatoire, selon la loi. Les communes qui ont des affouages ou des fonds disponibles y subviennent ; quant à celles dont les ressources sont plus restreintes, elles prennent seulement à leur charge la quote-part des élèves gratuits. Les familles des autres élèves ont la faculté de pourvoir au chauffage, soit en argent, soit en nature. Tel est l'usage sur lequel s'est établie la jurisprudence, ainsi que l'a rappelé la circulaire du 9 août 1870. Lorsque les familles conviennent d'acquitter en argent leur contribution, c'est l'instituteur qui reçoit la cotisation de chacune d'elles. Or, vous y voyez des inconvénients, et vous me demandez si le receveur municipal ne pourrait pas être chargé du recouvrement.

Les lois scolaires n'ont chargé ce comptable que de la perception de la rétribution mensuelle due pour l'admission à l'École.

Pour changer le mode actuel de recouvrement des frais de chauffage laissés au compte des parents des élèves, on ne saurait d'ailleurs s'appuyer sur l'article 63 de la loi du 18 juillet 1837, cité dans votre rapport, attendu qu'ils ne peuvent être considérés comme une recette communale. Ce ne serait que dans le cas particulier où les familles s'engageraient par souscription volontaire, que le montant de leurs cotisations pour les frais dont il s'agit pourrait être inscrit au budget de la commune et, par suite, recouvré à la diligence du receveur municipal.

Recevez, etc. *Signé :* JULES FERRY.

Arrêté instituant une Commission spéciale pour l'étude des questions relatives aux Bâtiments et au Matériel scolaire. 30 mars 1879.

30 mars 1879.

(Voir *Arrêté du* 17 *juin* 1880, note 2.)

1. Consulter, à sa date, la circulaire du 15 *janvier* 1883 aux Préfets, relative au chauffage des salles de classe dans les Écoles primaires publiques.

31 mars 1879. **Circulaire du Ministre de l'Instruction publique, prescrivant une Enquête sur les demandes de créations d'Écoles dans des communes de moins de 500 âmes et d'emplois d'Instituteur adjoint pour des Écoles ne réunissant pas l'effectif réglementaire, et sur les Subventions nécessaires aux communes qui voudraient établir la Gratuité absolue de l'enseignement.**

31 Mars 1879.

Monsieur le Préfet, je reçois depuis quelque temps un grand nombre de dossiers relatifs à la création :

1° D'emplois d'instituteurs adjoints dans les établissements ne réunissant pas l'effectif d'élèves réglementaire;

2° D'Écoles de filles dans les communes de moins de 500 habitants et qui, par suite, ne se trouvent pas dans les conditions voulues pour justifier une dépense absolument facultative.

Mes prédécesseurs ont dû, pour des considérations uniquement budgétaires, écarter la plupart de ces demandes, et j'ai eu moi-même le regret, en présence de l'insuffisance des crédits dont je dispose, d'ajourner des créations d'Écoles ou d'emplois qui répondaient néanmoins aux plus chers intérêts scolaires.

Je me préoccupe vivement de pareilles situations; et, bien qu'il me soit impossible de prévoir à quel moment je pourrai donner satisfaction aux communes dépourvues d'établissements spéciaux, j'ai besoin d'être, dès maintenant, renseigné sur le nombre des demandes de créations d'Écoles et d'emplois dont vous avez été saisi, soit que vous ne m'ayez pas transmis les délibérations prises à cet effet par les Conseils municipaux, parce que vous saviez qu'il n'y serait pas donné suite pour les motifs ci-dessus exposés, soit que mon administration ait déjà statué sur les demandes de cette nature dans un sens défavorable.

D'autre part, un certain nombre de municipalités ont, pour les années 1878 et 1879, pris des délibérations à l'effet d'établir la gratuité absolue dans leurs Écoles. Toutefois, quelques-unes d'entre elles ont renoncé à leur projet, parce que, n'étant pas certaines d'obtenir une subvention suffisante, elles ont craint de faire naître dans leur budget un déficit qu'elles auraient eu de la peine à combler. Je désirerais savoir combien de communes sont dans ce cas et à quelle somme totale se serait élevée la subvention dont elles avaient besoin.

Je vous prierai donc, Monsieur le Préfet, de vouloir bien faire remplir exactement le tableau ci-annexé, que vous me renverrez, certifié par vous, dans un délai de huit jours au plus tard.

Recevez, etc. *Signé* : JULES FERRY.

TABLEAU N° 1.

NOMBRE DES EMPLOIS FACULTATIFS dont les demandes				DÉPENSE QU'AURAIT ENTRAÎNÉE la création de ces emplois			OBSERVATIONS.
n'ont pas été transmises au Ministère.		ont été transmises et ajournées.		pour la commune.	pour l'État.	Total.	
Adjoints.	Adjointes.	Adjoints.	Adjointes.				

TABLEAU N° 2.

NOMBRE DES ÉCOLES FACULTATIVES DE FILLES dont les demandes		DÉPENSE QU'AURAIT ENTRAÎNÉE la création des Écoles			OBSERVATIONS.
n'ont pas été transmises au Ministère.	ont été transmises au Ministère.	pour la commune.	pour l'État.	Total.	

TABLEAU N° 3.

COMMUNES QUI AVAIENT VOTÉ LA GRATUITÉ ABSOLUE POUR 1878-1879 et qui ont renoncé à l'établir.		OBSERVATIONS.
Nombre.	Montant de la subvention dont elles auraient eu besoin.	

Arrêté prescrivant l'emploi du papier timbré pour la délivrance des États de services des Fonctionnaires. 7 avril 1879.

7 Avril 1879.

Le Ministre de l'Instruction publique et des Beaux-Arts,

Vu le décret du 7 messidor An II;

Vu la loi du 13 brumaire An VII;

Vu la décision du Ministre des Finances, du 2 floréal An VII;

Vu les lettres du Ministre des Finances, des 9 octobre et 12 novembre 1878, et des 31 janvier et 13 mars 1879,

Arrête :

ARTICLE 1er. — L'expédition des états de services et autres actes administratifs réclamés par les fonctionnaires de l'Instruction publique et des Beaux-Arts, leurs veuves, leurs parents ou toute personne autorisée, sera faite, à partir de ce jour, sur une feuille de papier timbré à soixante centimes, fournie par l'intéressé[1].

ART. 2. — Le chef du bureau des procès-verbaux et archives et de l'enregistrement est chargé d'assurer l'exécution du présent arrêté.

---

16 avril 1879.

Arrêt de la Cour de Cassation relatif à l'ouverture d'une École libre.

16 Avril 1879.

I. INSTRUCTION PRIMAIRE. — OUVERTURE D'ÉCOLE. — DÉCLARATION OBLIGATOIRE. — APPROBATION DU CONSEIL DÉPARTEMENTAL. — II. CONSERVATION DU PLAN. — III. CUMUL DE FONCTIONS. — INSTITUTEUR COMMUNAL. — PENSIONNAT LIBRE.

I. L'instituteur libre, qui a fait sa déclaration conformément à la loi, et qui a ouvert son pensionnat dans le délai d'un mois, peut prouver, par tous les moyens de preuve, que les formalités légales ont été remplies.

Il n'est pas réduit à l'obligation de représenter le plan de son établissement, en marge duquel se trouverait la délibération du Conseil départemental. Ce plan n'est pas la seule preuve admissible.

II. Le défaut de représentation du plan n'est pas un délit. Il constitue une simple contravention, qui rend son auteur justiciable du Conseil académique.

III. On ne peut prétendre que la même personne a cumulé, sans l'autorisation du Conseil académique, les fonctions d'instituteur communal et celles de sous-directeur d'un pensionnat libre, en présence d'un arrêt déclarant d'une manière positive que le cumul n'a pas eu lieu. (*Affaire Jean Barthès.*)

---

30 avril 1879.

Circulaire du Ministre de l'Instruction publique, relative aux Pétitions introduites dans les Écoles[2].

30 Avril 1879.

Monsieur le Préfet, je suis informé que des pétitions circulent en ce moment dans un certain nombre d'Écoles primaires communales. On m'assure même

1. Consulter, à sa date, la circulaire du 7 *juin* 1886 aux Préfets, relative à l'application de la loi du 13 *brumaire* An VII sur le timbre. L'article 12 de ladite loi porte que « l'emploi du papier timbré est obligatoire pour les pétitions et mémoires, même en forme de lettres, présentés aux administrations et établissements publics ».

2. Consulter les documents suivants :

Lettre du 12 *décembre* 1885 au Recteur de l'Académie de...., interdisant les appels collectifs adressés aux journaux par des fonctionnaires de l'Instruction publique (*Rec. des L. et A.*, 1885, p. 1106);

Circulaire du 6 *janvier* 1886 aux Préfets, relative aux appels collectifs adressés aux journaux par les instituteurs (*Circ.*, t. IX, p. 610);

—— *du* 30 *janvier* 1897 aux Recteurs,, relative aux associations de fonctionnaires (*Bull. adm.*, 1897, t. LXI, p. 171.

que des instituteurs et institutrices ont été jusqu'à obliger les enfants qui fréquentent ces Écoles à donner leurs signatures et à demander celles de leurs parents.

Je n'ai pas besoin de vous rappeler, Monsieur le Préfet, qu'à plusieurs reprises mes prédécesseurs ont adressé des instructions formelles sur l'interdiction des pétitions dans les Écoles.

C'est non seulement une question de discipline scolaire, mais encore un motif de haute convenance qui exige que l'enfance soit tenue en dehors des discussions politiques et religieuses.

Je ne saurais donc trop vous recommander, Monsieur le Préfet, d'employer tous vos soins à mettre un terme à de semblables abus. Vous aurez à inviter les fonctionnaires de l'enseignement placés sous vos ordres à ne prendre part, sous aucun prétexte, et même en dehors de la classe, à des manifestations de cette nature, et à veiller à ce qu'aucune personne, quel que soit le caractère dont elle est revêtue, ne vienne colporter des pétitions dans les Écoles.

Si quelque maître contrevenait à vos instructions, vous ne devriez pas hésiter à recourir contre lui aux moyens disciplinaires que la loi met à votre disposition.

Je vous prie de m'accuser réception de la présente circulaire et de me faire connaître, en même temps, les faits de ce genre qui seraient signalés dans votre département.

Recevez, etc.

Signé : JULES FERRY.

Rapport et Décret portant création d'un Musée pédagogique et d'une Bibliothèque centrale de l'Enseignement primaire[1]. 13 mai 1879.

13 Mai 1879.

1° Rapport au Président de la République.

Monsieur le Président,

Un mouvement très remarquable s'est produit en France, durant les huit dernières années, en faveur de l'éducation populaire, et les pouvoirs publics s'y sont associés en augmentant dans une large mesure tous les crédits qui y sont

1. Consulter les circulaires du 14 *décembre* 1872 aux Recteurs (*Circ.*, t. VII, p. 272); — du 4 *mai* 1873 aux Inspecteurs primaires (*Ibid.*, p. 310); — du 6 *août* 1873 aux Inspecteurs primaires (*Bull. adm.*, 1873, t. XVI, p. 547); — du 30 *mai* 1879 (voir *à sa date*).

Voir la brochure publiée par la Direction de l'Enseignement primaire sur le *Musée pédagogique, son origine, son organisation, son objet* (1 vol. in-8° de 123 pages, Impr. Nat[le], 15 mai 1884);

Les *Rapports présentes au Conseil d'administration du Musée pédagogique* le 5 *mars* 1888 (Mémoires et documents scolaires publiés par le Musée pédagogique, fascicule n° 69);

Le Musée pédagogique et la Bibliothèque centrale de l'enseignement primaire,

affectés. Il importe de diriger ce mouvement et de faire produire aux sacrifices de l'État, des départements et des communes, tous les résultats qu'on en doit attendre.

Rien n'est plus utile, à cet égard, qu'un grand centre de renseignements et d'études qui, sous le nom de Musée pédagogique, réunirait les publications officielles, le plan de maisons d'école, les appareils de classe, les livres d'enseignement, les recueils pédagogiques avantageusement remarqués en France et à l'étranger.

Déjà, lors de la clôture de l'Exposition universelle, le Ministère de l'Instruction publique a reçu des pays étrangers beaucoup d'objets scolaires très divers dont il doit tenir à honneur de faire profiter tous les amis de l'éducation populaire.

En créant ce bureau permanent d'études pédagogiques, à la fois musée et bibliothèque centrale de l'instruction primaire, la France réalisera, un peu tardivement peut-être, une pensée qu'elle a conçue une des premières, car on la trouve exprimée, dès 1827, par un des meilleurs disciples de Pestalozzi, Jullien (de Paris), dans l'*Esquisse d'un ouvrage sur l'éducation comparée*, et, depuis lors, le projet reparaît à maintes reprises. Il sembla sur le point de se réaliser lors de l'Exposition de 1867, sur les instances d'un autre éminent pédagogue, Ph. Pompée.

Diverses difficultés firent ajourner chez nous l'entreprise, tandis que les pays étrangers reprenaient l'idée et la menaient à bonne fin.

L'Angleterre fut la première à réaliser l'institution. Émue de son infériorité artistique à l'Exposition universelle de 1851, elle avait fondé le South Kensington Museum, en vue de constituer l'enseignement du dessin. Quelques années après, elle y annexait une section de l'éducation, qui comprend aujourd'hui une bibliothèque pédagogique de plus de 20 000 volumes et une riche collection de matériel scolaire.

Le Haut-Canada a imité sa métropole, et l'on trouve à Toronto, chef-lieu de la province de l'Ontario, un vaste établissement composé d'un musée artistique, d'une bibliothèque et d'un magnifique magasin scolaire, sous la direction du département de l'Instruction publique.

On sait le succès obtenu à l'Exposition universelle de 1878 par le *Musée pédagogique de Saint-Pétersbourg* et par les explications intéressantes qu'en donnait le général Kokhowski. Ce musée, fondé en 1864, uniquement en vue d'être utile aux Écoles relevant du Ministère de la Guerre, est devenu, depuis 1871, une division importante du *Musée de connaissances usuelles de Saint-Pétersbourg*. Il se divise en trois sections : la première comprend le matériel employé pour les cours des gymnases militaires, y compris les Écoles préparatoires; la

par A. BEURIER. (*Monographies pédagogiques*, t. III, pages 1 à 39. — Impr. Nat[le], 1889.)

Voir également (*Ibid.*, t. III) *La Librairie scolaire*, par Paul DELALAIN, p. 43 à 71; — *La Bibliographie de l'enseignement primaire*, par D'OLLENDON, p. 75 à 184; — *La Presse pédagogique et les Bulletins départementaux*, par A. BEURIER, p. 187 à 229.

Voir ci-après le règlement du 1er *novembre* 1881 (*à sa date*) et la circulaire du 15 *février* 1882 pour l'exécution du règlement de 1881 (*Circ.*, t. VIII, p. 658).

Consulter les circulaires du 26 *avril* 1881, relative à l'installation des musées départementaux (*Rec. des L. et A.*, 1881, p. 358); — du 8 *juin* 1891, relative à une exposition permanente de cahiers d'élèves au Musée pédagogique (*Circ.*, t. XI, p. 468).

seconde comprend des appareils pour la propagation des connaissances pratiques; la troisième, l'élaboration de données statistiques sur l'état sanitaire des Écoles.

Aux Etats-Unis, la grande association des *National Teachers* provoqua, dans la session de 1866, la création à Washington d'un *Bureau national d'éducation* chargé de recueillir et de publier les statistiques des divers États de l'Union, de réunir des documents sur l'éducation à l'étranger, et de fournir d'utiles indications à tous les amis du progrès scolaire. Le Congrès et le Président accueillirent favorablement ce vœu, et l'institution s'ouvrit en 1867 comme une annexe du Ministère de l'Intérieur. Depuis neuf ans, elle est dirigée avec beaucoup de distinction par le général John Eaton. Le *Rapport* et les *Circulaires d'informations* qu'il publie chaque année forment un des documents les plus importants pour l'histoire contemporaine de l'instruction publique. — Il existe, en outre, depuis peu, à Philadelphie, un *Musée international d'éducation* établi dans une partie des bâtiments de l'Exposition de 1876.

L'Exposition de Vienne, en 1873, a suggéré à divers États de l'Europe l'idée d'établissements analogues.

Ainsi, en Italie, M. Bonghi, alors délégué à l'Exposition, membre du jury international, bientôt après Ministre de l'Instruction publique, poursuivit la création à Rome d'un *Musée d'instruction et d'éducation*, qui s'ouvrit en 1875. L'existence en fut tenue en suspens après la sortie de M. Bonghi du Ministère; mais, depuis 1878, elle a été définitivement assurée.

L'Autriche, qui avait déjà imité l'Angleterre en créant, à la suite de l'Exposition de 1873, le *Musée Royal et Impérial des arts industriels*, institua, en outre, un vaste *Musée scolaire*, qui, trois ans après, donnait à Philadelphie la meilleure idée de ses richesses.

A Buda-Pest, la Hongrie possède de son côté un *Musée pédagogique international*, où l'on comptait, dès 1876, plus de cinq mille objets destinés à l'enseignement.

Les musées scolaires de plusieurs grandes villes allemandes sont, à des degrés divers, conçus à l'instar du musée de Vienne.

En Suisse, l'importance qu'a prise celui de Zurich a obligé de le transporter, en 1878, dans un local plus spacieux.

En décembre 1878, s'est faite à Amsterdam l'inauguration d'un *Musée scolaire néerlandais*, dont le catalogue est abondant et très varié.

Enfin, la ville de Bruxelles, de concert avec la Ligue de l'enseignement, vient de constituer son musée scolaire central, qui, outre de riches collections de matériel scolaire, offre au public studieux des salles de lecture, des conférences et des cours publics.

Il n'était pas besoin de tant d'exemples pour démontrer à notre pays la possibilité et l'utilité de la création trop longtemps ajournée chez nous. Dès le 1er juillet 1871, M. Jules Simon avait pris l'initiative de cette mesure par un arrêté constituant un *Musée scolaire*, où l'on devait rassembler « les livres, tableaux et appareils à l'usage des Écoles, des salles d'asile et des cours d'adultes, tant en France que dans les pays étrangers ».

Un règlement fut élaboré, une Commission fut nommée (15 mai 1872) pour examiner les objets à admettre. Parmi les membres qui la composaient on remarque les noms de MM. Bardoux, Charton, de Salvandy, Lefébure, La Caze, Calmon, Hérold. Un Inspecteur général honoraire, M. Rapet, était chargé de la direction de l'établissement.

Une circulaire du 14 décembre 1872, renouvelée le 4 mai et le 6 août 1873, en informant les Recteurs de la création du Musée scolaire, les invitait « à faire relever dans les bibliothèques publiques la liste des documents manuscrits ou imprimés, antérieurs ou postérieurs à 1789, relatifs aux Écoles primaires, et devant composer le catalogue de la future bibliothèque générale de l'instruction primaire ».

Malheureusement l'hôtel du Ministère, où tous les services sont fort à l'étroit, ne pouvait offrir un local convenable, et l'on songea à placer le musée dans une partie du magasin scolaire de la ville de Paris. Il y eut même, le dimanche 2 mars 1873, une séance d'inauguration. Mais des difficultés d'installation surgirent bientôt, et, à la suite du 24 mai, les travaux commencés furent indéfiniment ajournés.

L'idée abandonnée par l'Administration fut reprise et recommandée à la Commission du budget par M. Bardoux, rapporteur du budget de l'Instruction publique, qui, dès 1876, exprimait le regret que la France ne possédât rien d'analogue au Bureau d'Éducation de Washington.

Devenu Ministre, mon honorable prédécesseur déposa, le 16 mai 1878, un projet de loi créant au Ministère de l'Instruction publique un *Musée national de l'enseignement primaire*, comprenant un bureau permanent de statistique scolaire, une bibliothèque pédagogique française et étrangère, et une exposition permanente et publique de tout ce qui se rapporte au matériel de classe.

Le projet, précédé d'un remarquable exposé des motifs, fut renvoyé, sur la demande du Ministre, à la Commission générale de l'enseignement primaire. Elle se trouva unanimement favorable en principe, mais elle ne pensa pas qu'il fallût en faire l'objet d'une loi, et elle invita le Ministre à créer le musée par décret.

A ce moment, nous étions en pleine Exposition universelle; il importait de ne pas laisser disperser les richesses réunies dans les expositions scolaires des divers pays sans essayer d'en retenir, par voie d'échange ou d'acquisition, une notable part.

M. Bardoux, ne perdant pas de vue cet intérêt, engagea des négociations avec M. le président et MM. les questeurs de la Chambre des Députés pour obtenir la jouissance provisoire de quelques salles du Palais-Bourbon précédemment prêtées au jury international. Grâce au bienveillant accueil fait à cette demande, mon Administration a pu recueillir, sinon encore classer, les collections considérables qui nous ont été offertes à titre gracieux ou cédées moyennant échange par plusieurs pays étrangers.

Il ne me reste donc qu'à achever l'œuvre de mon honorable prédécesseur, et j'en sens d'autant plus la nécessité que les différentes Commissions consultatives dont j'ai cru devoir m'entourer, les unes déjà anciennes au Ministère, les autres de création toute récente, sont unanimes à me demander la constitution d'un musée, d'une bibliothèque et d'un corps d'archives historiques, statistiques et pédagogiques, qui leur fournissent des informations complètes sur les divers objets de leurs études.

Ces Commissions seront le conseil d'administration tout naturellement indiqué pour le nouvel établissement, et l'établissement lui-même ne peut être mieux défini que par ce mot très juste du projet de loi de M. Bardoux : « Le Musée pédagogique est fait pour rendre à notre instruction primaire les mêmes services que rend à l'enseignement technique le Conservatoire des arts et métiers. »

C'est dans cette conviction que je vous demande, Monsieur le Président, de placer par décret cet utile établissement au nombre des institutions publiques dotées au budget et installées dans les bâtiments de l'État.

Veuillez agréer, etc.

Signé : Jules Ferry.

2° Décret.

Le Président de la République française,

Sur le rapport du Ministre de l'Instruction publique et des Beaux-Arts,

Décrète :

Article 1er. — Il est créé au Ministère de l'Instruction publique un Musée pédagogique et une Bibliothèque centrale de l'enseignement primaire, comprenant des collections diverses de matériel scolaire, des documents historiques et statistiques et des livres de classe provenant de la France et de l'étranger.

Art. 2. — La direction en sera confiée à un Inspecteur général de l'enseignement primaire (hors cadre).

Proposition de loi relative à la Liberté de l'enseignement, présentée par M. de Gasté, député. 15 mai 1879.

Séance du 15 Mai 1879.

Exposé des motifs.

Messieurs, malgré toute la sympathie que j'éprouve pour les hommes éminents qui composent notre Ministère républicain, je ne puis m'empêcher de désapprouver le projet sur l'enseignement, qu'ils ont présenté le 15 mars 1879.

« Amicus Plato, magis amica.... *libertas.* »

I.

La loi du 15 mars 1850 a établi la liberté de l'enseignement secondaire et primaire.

La loi du 12 juillet 1875 a établi la liberté de l'enseignement supérieur.

Ces lois, qui, toutes les deux, nous ont fait faire des progrès, ne sont pas parfaites assurément, et on peut leur reprocher avec justice de laisser souvent à désirer sous le rapport de la liberté qui n'est pas aussi grande, et pourrait cependant être aussi grande en France que dans beaucoup d'autres pays, en matière d'enseignement.

Le Gouvernement républicain doit la justice à tout le monde, et la liberté à tout le monde, là où l'intérêt général est loin d'être en danger par l'excès de la liberté.

L'expérience d'un passé qui est assez court, il est vrai, chez nous, l'exemple de l'Angleterre, de la Belgique, des États-Unis, devraient suffire à empêcher la République d'aller chercher, pour restreindre la liberté de l'enseignement, des exemples dans la conduite des divers personnages qui ont régné en France avant et après 1789.

II.

Ce n'est pas seulement dans les temps bibliques qu'on a invoqué pour l'État l'omnipotence et l'omniscience, et qu'on a voulu faire du chef de l'État le possesseur du pouvoir spirituel et du pouvoir temporel à la fois.

Encore aujourd'hui en Russie, le tsar est le chef de la religion grecque orthodoxe.

En Allemagne, l'empereur, en Angleterre, le roi ou la reine, sont les chefs de l'État et du pouvoir religieux pour la religion qui domine dans chacun de ces deux pays.

En France, si l'on n'avait pas cessé de reconnaître le pouvoir religieux du pape, en lui refusant avec raison l'autorité sur les choses temporelles qu'il aurait voulu s'attribuer au moyen âge, on en était arrivé à n'avoir que des évêques proposés par le Gouvernement français, comme cela existe encore aujourd'hui, et comme cela est bon à conserver pour maintenir l'harmonie entre deux pouvoirs différents.

Il y a trois cents ans, on craignait aussi qu'il n'y eût deux Frances en France, s'il y avait plus d'une religion et plus d'un enseignement; en Angleterre, on manifestait des craintes analogues. Aussi, on faisait la Saint-Barthélemy, et on assassinait en France ceux qui n'étaient pas catholiques, pendant qu'en Angleterre, le bourreau ouvrait le ventre et arrachait les entrailles, au nom de la loi, aux jésuites.

L'homme sera-t-il donc toujours condamné à l'intolérance, et dans un temps où des mœurs plus douces ne nous permettent pas de brûler ou d'assassiner nos semblables, parce qu'ils ne pensent pas comme nous, verra-t-on les libres-penseurs, s'ils sont en majorité, pour satisfaire des haines anti-religieuses que rien ne saurait justifier à présent, priver de la liberté de l'enseignement des hommes qui portent une robe de prêtre, malgré les exemples de tolérance que la Belgique, l'Angleterre et les États-Unis leur donnent à cet égard?

III.

En Angleterre, outre les célèbres Universités de Cambridge et d'Oxford, il y a une Université nouvelle à Londres, une Université catholique à Dublin; le vice-roi des Indes ne craint point de présider la distribution des prix au grand collège des jésuites à Calcutta.

Aux États-Unis, les Collèges, même de femmes, les Facultés, surtout celles de médecine et de droit, s'élèvent partout sans que l'État cherche à restreindre la liberté de ces créations, qui ne peuvent réussir d'ailleurs qu'à condition d'égaler les fondations anciennes, antérieures ou postérieures au commencement de ce siècle.

Cette liberté, cette concurrence dans l'enseignement, crée, j'en conviens, de grandes inégalités, et à côté de maisons incontestablement supérieures aux premières de l'enseignement réglé dans d'autres pays, on doit trouver des maisons inférieures aussi aux dernières de l'enseignement réglé.

Mais le temps doit faire justice de celles-là.

Ce qu'il y a de certain, c'est que les États-Unis, qui ont créé les premiers bateaux à vapeur, les premiers chemins de fer dans le monde, ne se sont pas montrés dans ce siècle inférieurs pour l'application des connaissances intellectuelles acquises à leurs frères aînés d'Europe.

La Belgique, soumise à la domination de l'Autriche en 1789, s'est trouvée libre en 1831, après avoir appartenu successivement à la France et à la Hollande.

En devenant indépendante, elle avait à pourvoir à la fois aux besoins de l'enseignement supérieur de l'État et aux besoins de l'enseignement libre.

Elle a deux fois résolu le problème de deux manières différentes, en gardant toujours l'égalité entre l'enseignement de l'État et l'enseignement libre.

Un jury mixte, choisi en nombre égal dans les professeurs de l'enseignement libre et dans les professeurs de l'enseignement de l'État, a été chargé à l'origine d'examiner et les élèves des Facultés de l'État et ceux des Facultés libres, et de leur décerner au même titre des diplômes.

Après plus de trente ans de ce régime, on a reconnu que l'enseignement de l'État et l'enseignement libre avaient fait preuve d'une égale capacité, et chaque Faculté libre ou d'État examine seule ses élèves, et leur donne seule des brevets, qui ont une égale valeur devant l'État.

C'est le système des États-Unis qui a prévalu aussi en Belgique.

La loi du 12 juillet 1875 n'a point établi d'égalité entre les Facultés de l'État et les Facultés libres en France.

Les premières, même quand elles venaient d'être fondées, ont fait examiner et donner des diplômes à leurs élèves sans intervention d'aucun professeur étranger, par leurs propres professeurs.

Les élèves des Facultés libres, au contraire, sont examinés par un jury mixte composé de professeurs des Facultés de l'État et de professeurs des Facultés libres, où les professeurs de l'État ont la majorité numérique, si le nombre des jurés est impair, et voix prépondérante s'il est en nombre pair, pour le cas de partage, le président étant toujours, comme cela est convenable, un membre des Facultés de l'État.

IV.

Évidemment, la République française n'a pas assuré à l'enseignement supérieur, par la loi du 12 juillet 1875, la liberté comme en Belgique, si fort réclamée sous le dernier empire.

Et cependant le projet de loi présenté le 15 mars 1879 vient nous demander de détruire tout à fait la liberté de l'enseignement supérieur trois ans à peine après qu'elle a été accordée en France, et de détruire plus qu'à moitié la liberté accordée en 1850 à l'enseignement secondaire.

Je sais bien qu'un certain nombre de républicains, dont quelques-uns même l'étaient avec moi sous l'Empire, prétendent que ce n'est que temporairement qu'on veut restreindre la liberté, qu'on la rétablira tout à fait aussitôt que ce sera possible, mais qu'en ce moment il ne s'agit que d'empêcher d'établir deux Frances dans un même pays, que le parti catholique est le seul qui ait profité jusqu'ici de la liberté de l'enseignement supérieur, qu'on n'a pas créé et qu'on ne créera pas de Facultés libres juives, protestantes, même de libres penseurs.

V.

Assurément, retirer en France des libertés qui existent plus entières en Belgique, en Angleterre et aux États-Unis près d'un siècle après 1789, alors que la République existe pour la troisième fois, et que, depuis neuf ans, elle a fait des progrès énormes dans l'opinion, qu'elle était bien loin d'avoir faits après 1793 et 1848, et promettre de nous les rendre aussitôt que ce sera possible, c'est ressembler un peu à ce marchand de vin, qu'on trouve encore à la porte de certaines villes, dont l'enseigne promet à boire aujourd'hui pour de l'argent et demain pour rien.

Quant au danger de créer deux Frances, il est imaginaire avec la liberté. Pourquoi les catholiques, auxquels leur religion commande de respecter les pouvoirs temporels, n'aimeraient-ils pas la République, si, fidèle à son essence, elle leur accordait des libertés que Louis XV et Charles X leur ont retirées ou refusées, dont le second Empire leur avait laissé une partie? En ce qui me concerne, je préférerai toujours la République, parce que, même lorsqu'elle refuse les libertés qui sont sa raison d'exister, on peut espérer par un vote populaire les obtenir le lendemain : mais d'autres peut-être, se souvenant combien la France a traversé de révolutions et de changements de gouvernements depuis 1789, attendant la liberté qu'ils désirent d'un changement de gouvernement, il arrivera dans des moments de crise, par le manque d'habileté de ses gouvernants ou par des circonstances fatales, que la République pourra avoir contre elle bien des gens qu'elle aurait eus pour elle, si elle avait voulu s'appuyer sur la liberté.

On dit que les israélites, les protestants et les libres penseurs n'ont pas fondé de Facultés libres.

Les israélites et les protestants sont peu nombreux en France, où ils se distinguent par de grandes qualités, comme les minorités intelligentes dans tous les pays du monde. Ce n'est pas donner une bien bonne raison pour retirer aux catholiques la liberté d'avoir des Facultés, que de dire que les protestants et les israélites, vu leur petit nombre, n'ont pas senti le besoin d'avoir des Facultés spéciales, que la grande richesse, la grande générosité d'un grand nombre de leurs membres leur aurait permis d'élever aussi bien qu'aux catholiques, s'ils l'avaient voulu ; quant aux libres penseurs, les Facultés de l'État doivent leur suffire sans qu'ils aient besoin de dépenser un centime pour des fondations spéciales.

Personnellement, tout en reconnaissant que la liberté de l'enseignement, comme aux États-Unis, a pour effet de réunir et de former dans le même pays les plus grandes supériorités et les plus grandes infériorités intellectuelles, je crois que la garantie de l'État qui, en fait, est rarement refusée en France, je crois, aux bacheliers, aux licenciés et aux docteurs de nos Facultés, doit être conservée parce qu'elle doit écarter les incapacités trop notables.

Mais je pense que la loi du 12 juillet 1875, en instituant un jury nommé par l'État, composé pour moitié ou davantage de professeurs des Facultés de l'État, et complété par des professeurs des Facultés libres aussi choisis par l'État, et en chargeant ce jury de juger les examens des élèves des Facultés libres et de proposer à l'État de leur décerner des diplômes, a donné toutes les garanties nécessaires à la société.

Si l'on voulait améliorer cet état de choses, je proposerais de faire examiner également les élèves des Facultés de l'État et les élèves des Facultés libres par un jury nommé par l'État, mais dont les membres ne pourraient être pris dans les diverses Facultés dont les élèves seraient à examiner.

Depuis que la loi du 15 mars 1850 a établi la liberté de l'enseignement secondaire, des examinateurs nommés par l'État ont admis tous les ans des élèves provenant de l'enseignement libre et de l'enseignement de l'État, dans les diverses Écoles supérieures, à l'École Polytechnique, à l'École Navale, à l'École de Saint-Cyr, etc., ont fait des bacheliers dans les sciences et dans les lettres.

Jamais ces examinateurs n'ont pu même être soupçonnés d'avoir manqué à l'impartialité qui est leur premier devoir, parce qu'aucun d'eux n'avait à juger un seul des élèves qu'il avait formés comme professeur.

Il faut qu'il en soit de même pour les juges des élèves de l'enseignement supérieur, du moment qu'on veut conserver l'enseignement supérieur libre à côté de l'enseignement supérieur de l'État.

On peut apprécier l'importance que prendra l'enseignement supérieur privé, si on lui conserve la liberté, par l'importance prise au bout de près de trente ans par l'enseignement secondaire libre.

Les jésuites, qui seuls ont concouru avec l'Université pour faire entrer leurs élèves à l'École navale, ont concentré dans un établissement unique, à Brest, toutes les forces dont ils pouvaient disposer.

Sur 45 élèves admis à l'École navale en 1878, 9 venaient de l'établissement des jésuites à Brest, les autres des divers Collèges et Lycées : le seul Lycée de Brest avait fait recevoir 15 élèves, et avait montré une grande supériorité sur le Collège des jésuites, tant par le nombre que par le rang des élèves qu'il avait fait recevoir.

Des résultats analogues ont lieu tous les ans, et on peut croire que le Lycée de Brest conservera sa supériorité, surtout si l'on se décide à avancer sur place les professeurs de mérite, au lieu de leur faire parcourir la France à chaque avancement.

Il est probable que, si l'enseignement supérieur reste libre en France, il n'y aura guère plus de 20 à 25 p. 100 des élèves dans les Facultés libres : ce sera sans doute dans les Facultés de médecine qu'il pourra y avoir le plus d'élèves libres, parce que l'État a moins de places à donner aux médecins qu'aux avocats et aux professeurs.

VI.

En ce qui concerne les jésuites, contre lesquels la loi présentée le 15 mars 1879 semble dirigée autant que contre les Facultés libres, quoiqu'elle ne les touche que par son article 7, cette loi, en pleine République, en 1879, semble un véritable anachronisme.

L'ordre des jésuites, fondé à Paris par un soldat espagnol qui était venu y étudier, dut inspirer peu de sympathies en France à une époque où une même famille souveraine régnait en Espagne, en Italie, en Allemagne, en Belgique, où on venait de découvrir l'Amérique, que cette famille semblait regarder comme une propriété personnelle.

Un peu de patriotisme, beaucoup d'intérêts rivaux blessés, les firent bannir de France par le Parlement en 1594, comme ayant poussé à assassiner Henri IV alors qu'il venait d'entrer dans Paris, à un moment où les Espagnols, qui avaient combattu contre lui avec la Ligue et l'avaient forcé à lever le siège de Paris en 1592, n'avaient pas encore évacué le territoire français.

Mais cet homme, qu'on peut justement qualifier de grand, malgré bien des faiblesses, fit justice de ces calomnies. Les jésuites restèrent en France, et les calvinistes obtinrent, par l'Édit de Nantes, la liberté religieuse, au moment où la paix intérieure et extérieure fut tout à fait rétablie.

Vers 1762, un homme qui a répandu en France, dans ce qu'on appelle les classes dirigeantes, une immoralité qui, malheureusement, ne s'est pas arrêtée là, bâtissait des châteaux et des palais, comme l'Élysée, pour les donner à ses maîtresses, et ruinait la France par ses prodigalités. Mais il laissait sans défense contre les entreprises des Anglais l'Inde, le Canada colonisé en partie par les jésuites, qu'il allait céder bientôt à l'Angleterre, en même temps qu'il allait céder à l'Espagne la Louisiane, qui comprenait alors plus de la moitié du territoire actuel des États-Unis.

Le patriotisme, la morale universelle devaient peu faire aimer aux jésuites Louis XV, dont les fautes allaient laisser enlever à la France un territoire qui aurait pu nourrir un jour plus de 400 millions de Français, où ils avaient les premiers appris à faire connaître et aimer le nom de la France aux rares habitants de ces pays.

Pour la seconde fois, le Parlement bannit les jésuites de la France, à la grande satisfaction de Mme de Pompadour, au moment où on se préparait à terminer la guerre de Sept ans par le traité de paix de 1763 et les cessions qu'il consacrait.

Les jésuites de nos jours, renonçant au commerce et à la politique, dont on a pu justement leur reprocher de s'être trop occupés autrefois, ont fondé des Collèges en France depuis la loi du 15 mars 1850.

Qu'on aille visiter leur principal Collège, celui de la rue Lhomond, à Paris. Les murs de la cour d'entrée disparaissent sous les inscriptions qui rappellent les noms des nombreux élèves qui, en sortant de là, ont su mourir pour la France, notamment pendant la guerre de 1870-1871 ; en face, on voit les noms des Pères jésuites qui sont morts victimes de la Commune.

Ces noms apprennent à leurs élèves à savoir, comme ceux qui les ont précédés dans cette maison, mourir pour la France, mourir pour le devoir.

Aujourd'hui, les jésuites n'ont plus de rivalités à rencontrer dans le sein de l'Église catholique; leur cause est la même que celle des Frères de la Doctrine chrétienne, congrégation française s'il en fût, encore autorisée en France aujourd'hui, que M. de Bismarck a chassée de l'Allemagne en même temps que celle des jésuites.

VII.

Le Conseil municipal de Paris a demandé l'expulsion des frères et des sœurs des Écoles communales, et, en attendant, il a réduit de 1 000 francs à 700 francs, c'est-à-dire à une somme insuffisante pour vivre à Paris, le traitement des Frères de la Doctrine chrétienne.

Cependant il est impossible, surtout au Conseil municipal de Paris, de ne pas reconnaître que, à en juger par le résultat des concours ouverts tous les ans entre les élèves des Écoles communales laïques et congréganistes de Paris, la supériorité de l'instruction appartient en moyenne aux élèves des Écoles congréganistes.

J'imagine qu'on n'osera pas prétendre que les élèves des Écoles congréganistes compensent cette supériorité sous le rapport du résultat des études, par un sentiment du devoir moins développé chez eux que chez leurs camarades des Écoles laïques dans la vie privée.

Le Ministre de l'Instruction publique a parfaitement prouvé, ce me semble, qu'il y aurait tout à fait manque d'opportunité à remplacer en bloc les frères et les sœurs des Écoles de Paris par des instituteurs et des institutrices laïques.

Mais il aurait pu ajouter aussi que bien des personnes pouvant posséder complètement toutes les connaissances primaires, le dévouement jouera toujours dans cet enseignement un rôle prépondérant, qui fera que le congréganiste, qui ne peut quitter sa profession, qui n'a pas de femme et d'enfants, qui n'a pas d'autres intérêts que l'enseignement dans son École, sera généralement un meilleur professeur qu'un laïque.

Le Conseil municipal de Paris se flatte que la majorité des électeurs serait d'avis aussi de chasser l'enseignement congréganiste des Écoles communales.

Je crois que c'est ici le lieu de s'occuper aussi du droit des minorités, et que l'enseignement congréganiste ne serait pas de sitôt chassé des Écoles de Paris, si l'on voulait se borner à consulter, dans chaque arrondissement, les pères et les mères de famille, plus intéressés dans cette question que des conseillers municipaux assez riches pour faire donner à leurs enfants, en dehors des Écoles de Paris, l'éducation qui leur convient, et si le partage des Écoles entre les laïques et les congréganistes était fixé, dans chaque arrondissement, par le vœu des pères et mères de famille.

Si les jésuites, par suite de la loi qu'on nous propose de voter, se voyaient privés du droit d'enseigner en France dans les Écoles libres d'enseignement secondaire, on a le droit de penser que l'enseignement congréganiste ne tarderait guère à disparaître de toutes les Écoles primaires communales de France : dans l'état actuel de la législation, une loi ne serait pas même nécessaire pour cela.

Mais la République se souviendra du dévouement des élèves des jésuites, ne cherchant en 1870-1871 d'autre honneur que celui de mourir pour la France; elle accordera à leurs maîtres, en 1879, *la Liberté, l'Égalité, la Fraternité* dans l'enseignement libre.

VIII. — CONCLUSION.

C'est surtout comme républicain, également ennemi de l'intolérance, de quelque côté qu'elle se produise, que je verrais avec douleur la République française s'engager dans une voie hostile à la liberté de l'enseignement religieux ou par des religieux, qui existe dans tous les pays où la liberté politique est assurée, en Belgique, en Angleterre et aux États-Unis.

Depuis le 4 septembre 1870, j'ai toujours déclaré que je voulais la liberté même pour les jésuites, et la justice même pour les bonapartistes.

Sans me dissimuler que cette conduite peut me faire des ennemis ardents partout, j'espère être toujours fidèle à cette devise, comme je crois l'avoir été dans cette Chambre par le passé.

La liberté et la concurrence grandissent partout les nations.

Mon projet ne renferme que cinq articles.

Le premier permet de remplacer les professeurs qui, dans l'enseignement supérieur, examinent seuls leurs élèves dans toutes les Facultés de l'État, par des examinateurs compétents choisis parmi les hommes éminents qui, dans les sciences, dans les lettres, dans le barreau, dans la médecine, dans l'Institut, honorent la France, sans en exclure assurément les anciens professeurs de ces Facultés.

Un règlement d'administration publique décidera quels examens, quelles épreuves pratiques il faut laisser juger, dans l'intérieur des Facultés libres ou d'État, par les professeurs de ces établissements.

En attendant ce règlement, le *statu quo*, qui permet à l'État de donner toute garantie au résultat des examens, sera conservé.

Le second article n'est autre chose que l'article 6 du projet de loi proposé par M. Ferry : quand on offre une liberté de plus à la France, il faut l'accepter avec empressement.

Le troisième article est l'article 7 du projet du Gouvernement, en restreignant l'empêchement d'enseigner qu'il veut infliger aux congrégations non autorisées, à l'enseignement public seulement, où l'État a le droit de choisir ses professeurs comme il le veut : on ne peut assimiler le fait de porter un habit religieux à une condamnation pour crime ou pour délit contraire à la probité ou aux mœurs, et refuser à ceux qui le portent le droit de participer à l'enseignement libre dans les mêmes conditions que les laïques.

L'article 4 a, au contraire, pour but de supprimer pour l'avenir des privilèges accordés pour l'enseignement à des congrégations religieuses, où la lettre d'obédience, transmise par la supérieure, crée encore des droits égaux à ceux du diplôme d'institutrice accordé par l'État.

Il y a une vingtaine d'années, alors que dans les plus grandes villes de France il n'y avait souvent pas une seule École communale qui fût confiée à une institutrice laïque, on ne peut se figurer l'ignorance de certaines sœurs auxquelles, en l'absence de sujets capables, pour un trop grand nombre de classes, on était obligé de confier quelques-unes des classes inférieures ; pour rester dans le vrai, je dois ajouter que je n'ai rien vu de pareil dans d'autres villes où le Conseil municipal tenait la balance égale entre l'enseignement des congrégations et celui des laïques, et que dans la Manche, où la question de la suppression des lettres d'obédience s'agitait tous les ans dans le Conseil général, sous la forme de vœu à présenter au Gouvernement, les rapports du Préfet faisaient voir que les religieuses pouvaient présenter un nombre relativement plus considérable de brevets d'instruction primaire du degré supérieur complet que les institutrices laïques.

L'amélioration qui s'est produite dans les traitements des institutrices, le partage entre les laïques et les religieuses des Écoles communales dans presque toutes les grandes villes, ont fait disparaître l'inconvénient que j'ai remarqué autrefois : il faut faire cesser pour l'avenir un privilège dont la société n'a plus besoin, en respectant les droits acquis.

L'article 5 est destiné à protéger les minorités, peut-être même les majorités contre le pouvoir de Conseils qui seraient portés à l'intolérance en matière d'enseignement.

Il tend à donner aux pères de famille, aux mères de famille qui ne sont pas assez riches pour payer l'enseignement primaire de leurs enfants, les moyens d'arriver, dans les communes où il y a plusieurs Écoles communales pour chaque sexe, à répartir les Écoles entre l'enseignement des laïques et celui des congréganistes, selon le vœu et les besoins des populations.

On ne doit charger ses mandataires que de ce qu'on ne peut pas faire soi-même, et un père de famille, une mère de famille sont aussi capables qu'un conseiller municipal de savoir que la liberté et la concurrence ne peuvent qu'avoir des avantages pour tout le monde, en matière d'enseignement comme partout ; ils peuvent savoir, comme les conseillers municipaux eux-mêmes, par le nombre des élèves qui s'inscrivent pour les différentes Écoles, quelles sont celles dont le nombre devrait être augmenté, celles dont le nombre pourrait être diminué, pour satisfaire au vœu des populations.

Comme le texte de l'article 5 est assez développé, je crois inutile de rien ajouter de plus ici à cet égard, d'autant plus qu'un règlement d'administration publique serait appelé à fixer les conditions de l'exercice de ce nouveau droit, que j'appellerais les pères et les mères de famille à exercer dans la commune.

Proposition de loi.

ARTICLE 1er. — Les examens qui servent à déterminer la collation des grades de bachelier, licencié et docteur dans les Facultés de droit, de docteur dans les Facultés de médecine, de licencié et de docteur dans les Facultés des sciences et des lettres, ne pourront être subis que devant un jury nommé par l'État; les professeurs de ces Facultés ne pourront faire partie de ce jury tant qu'ils resteront en exercice.

Il n'est rien innové en ce qui concerne la collation des grades de bachelier ès lettres et de bachelier ès sciences.

Un règlement d'administration publique pourra charger les professeurs des Facultés libres et de l'État, chacun dans la Faculté où il professe, de toutes les épreuves, de tous les examens autres que ceux qui précèdent immédiatement la collation des grades dont il vient d'être question, ou d'une partie seulement, à condition que les professeurs des Facultés libres aient les mêmes droits, à cet égard, que ceux des Facultés de l'État.

Jusqu'à la promulgation de ce règlement d'administration publique, indiquant le nombre et les conditions de ces épreuves et de ces examens intérieurs dans les diverses Facultés, la collation des grades aura lieu dans les conditions prescrites par la loi du 12 juillet 1875.

ART. 2. — L'ouverture des cours isolés est soumise, sans autre réserve, aux formalités prévues par l'article 3 de la loi du 12 juillet 1875.

ART. 3. — Nul n'est admis à participer à l'enseignement de l'État, s'il appartient à une congrégation religieuse non autorisée par l'État.

ART. 4. — Les personnes qui entreront dans les congrégations religieuses s'occupant de l'enseignement, après la promulgation de la présente loi, seront soumises aux mêmes conditions que les laïques pour diriger des établissements d'instruction.

Les religieuses qui auront plus de 25 ans à l'époque de cette promulgation continueront à pouvoir remplacer le brevet d'institutrice par la lettre d'obédience; celles qui auront moins de 25 ans auront trois ans pour obtenir le brevet d'institutrice, si elles veulent continuer à pouvoir diriger des Écoles.

ART. 5. — Dans toutes les grandes communes, dans chacun des arrondissements de Paris et de Lyon, ayant plusieurs Écoles communales pour chaque sexe, lorsqu'on voudra changer le rapport existant entre les Écoles congréganistes et les Écoles laïques, on consultera les pères et les mères de famille séparément pour chaque sexe.

Dans chaque scrutin, il y aura trois votes différents, vote pour avoir des Écoles laïques et congréganistes, vote pour n'avoir que des Écoles laïques, vote pour n'avoir que des Écoles congréganistes. Le vote pour avoir les deux genres d'Écoles à la fois comptera dans les deux groupes en même temps pour régler le partage des Écoles entre les deux genres d'enseignement.

Les pères de famille et les veuves ayant des garçons n'ayant pas dépassé l'âge pour aller à l'École voteront seuls pour la répartition des Écoles de garçons dans la commune ou dans l'arrondissement : les mères de famille et les veufs ayant des filles n'ayant pas dépassé l'âge pour aller à l'École voteront seuls pour la répartition des Écoles de filles.

Un règlement d'administration publique décidera à quelle époque et dans quelles conditions on pourra faire cette consultation des pères et des mères de famille, et comment on fera successivement le remplacement des Écoles en respectant les droits acquis et les engagements pris.

Le Ministre de l'Instruction publique assignera aux instituteurs et aux institutrices des Écoles communales des traitements convenables comme dépenses obligatoires des communes, quand le Conseil municipal ne l'aura pas fait.

---

19 mai 1879. **Rapport fait au nom de la Commission[1] chargée d'examiner la proposition de loi, précédemment adoptée par le Sénat, adoptée avec modifications par la Chambre des Députés, relative à l'Enseignement départemental et communal de l'Agriculture, par M. E. de Parieu, sénateur.**

Séance du 19 Mai 1879.

Le projet de loi soumis à vos délibérations touche à la fois aux intérêts de l'instruction primaire et aux intérêts de l'agriculture française, pour laquelle le législateur est désireux de ne négliger aucun secours, en présence des luttes que les grands rapprochements de l'existence internationale moderne lui préparent sur l'arène commerciale du monde.

Le projet dont nous avons à vous entretenir est porté devant vous pour la seconde fois.

Sorti de l'initiative de quelques-uns de vos collègues[2] en 1877, il a été revêtu en 1878 d'un vote unanime dans votre Assemblée et porté à la Chambre des Députés, où, après une enquête faite auprès des Conseils généraux et des Sociétés d'agriculture, qui paraît, d'après une analyse à nous communiquée, en avoir confirmé les principes, sa rédaction a été presque complètement transformée et modifiée par certaines additions et certains changements sur lesquels nous appellerons votre attention.

Les deux principes du projet n'ont pas varié. Ils se résument d'abord dans la sanction, la régularisation et la généralisation de l'institution des chaires départementales d'agriculture, déjà commencée avec un zèle louable par notre administration depuis plusieurs années, et en second lieu dans le caractère obligatoire avec les garanties qu'il comporte, substitué au caractère facultatif, pour l'enseignement des notions élémentaires d'agriculture et d'horticulture dans l'instruction primaire.

Ces deux principes sont entre eux, à certains égards, sinon absolument parlant, comme le moyen et le but. Le second peut être d'autant plus aisément réalisé, que le premier est atteint dans des conditions satisfaisantes.

Les principales modifications que la Chambre des Députés a introduites dans la proposition originairement votée par le Sénat sont celles-ci :

1. Cette Commission était composée de MM. DE PARIEU, *Président*, *rapporteur*; FOUCHER DE CAREIL, *Secrétaire;* LAMORTE, ROBERT-DEHAULT, SOUBIGOU, RIBIÈRE colonel MEINADIER, duc DE RIVIÈRE, général ROBERT.

2. MM. E. DE PARIEU, comte DE BOUILLÉ, DE RAISMES, TAILLEFERT, SOUBIGOU, SALMON, TOUPET DES VIGNES, comte DE CORNULIER, DUPASQUIER, MAYRAN, PAGÉZY, GAUDINEAU, JOUBERT, HOUSSARD, DE VENTAVON, ESPINASSE, HUBERT-DELISLE, FOUCHER DE CAREIL, XAVIER BLANC et DE CHANTEMERLE, sénateurs.

En établissant le mode de nomination des professeurs au concours, le Sénat s'était borné à quelques règles de précaution pour la composition du jury destiné à juger les opérations de ce concours.

La Chambre des Députés a jugé préférable l'indication détaillée des personnes appelées, en vertu de leur qualité particulière, à siéger dans le jury. Un peu plus de fixité, l'analogie des bases dans les différents départements, sont les avantages de cette innovation contre laquelle nous ne relèverons pas, à titre d'objection, l'obligation qui en résultera parfois d'appeler au jury des professeurs résidant hors du département.

Les Sociétés d'agriculture ne sont pas généralement assujetties à des règles très sévères pour le cadre et la composition de leur personnel; mais elles font preuve de dévouement aux intérêts qu'elles représentent, et elles renferment quelquefois des hommes dont l'expérience spéciale ne se trouverait point ailleurs.

Investir ces Sociétés du droit de désigner certains candidats destinés à former le jury du concours pour la chaire départementale, et aussi de donner leur avis pour les programmes de ces concours, suivant ce qu'a proposé la Chambre des Députés dans les articles 2 et 4 de son projet, nous a paru digne de votre approbation.

Les associations agricoles, dont parlent ces deux articles, nous ont semblé comprendre les Sociétés de département et d'arrondissement. Mais il nous paraît difficile d'y faire entrer sans quelque confusion les Comices cantonaux si multipliés dans quelques départements.

En ce qui concerne l'obligation à introduire pour les notions élémentaires d'agriculture dans le cadre de l'enseignement primaire, les questions sont plus délicates.

Le projet voté par le Sénat supposait qu'après l'introduction par la loi des notions d'agriculture dans le cadre des matières obligatoires de l'enseignement, l'exécution de la mesure aurait lieu suivant les possibilités de chaque École et de chaque maître, et sans retard sérieux pour l'examen des aspirants au brevet de capacité. C'est à peu près ainsi qu'aucun délai n'a été fixé par la loi de 1867, qui a introduit les éléments de l'histoire et de la géographie de la France dans le cadre obligatoire de l'enseignement primaire. Or, il s'agit dans notre projet d'une mesure analogue élargissant le cadre de l'enseignement primaire quant au caractère obligatoire donné à l'étude des notions d'agriculture pour l'avenir.

Si nous avions introduit un délai de quelques mois pour rendre exécutoire le principe de l'obligation dans l'enseignement des notions d'agriculture pour l'instruction primaire, c'était moins pour arrêter aucune bonne volonté, aucune transformation dans les habitudes scolaires, que pour donner une garantie aux aspirants au brevet de capacité dont l'examen, aux termes de l'article 46 de la loi de 1850, est moulé sur le type des matières obligatoires définies par l'article 23 de la même loi, et que nous n'aurions pas voulu voir trop tôt saisis par les exigences d'une épreuve dont ils n'auraient pu préparer à loisir toute l'étendue.

La Chambre des Députés semble avoir voulu pousser plus loin certaine rigueur de prudence et de logique. Elle ne veut pas d'un enseignement agricole obligatoire là où trois années antérieures d'un bon enseignement départemental n'ont pas déjà exercé leur influence. Elle craindrait de voir, sans cette précaution, le but anticiper sur le moyen. Et elle trouve logique de coordonner ainsi dans l'exécution les deux mesures que la loi rapproche dans la théorie, à savoir l'enseignement départemental de l'agriculture comme point de départ, et son enseignement communal généralisé par l'obligation comme conséquence.

Il pourra résulter de cette coordination quelques lenteurs. Quelques brevetés retardataires pourront être encore admis sans avoir répondu sur les notions d'agriculture, lorsqu'ils devront dans peu se préparer à enseigner les matières sur lesquelles ils n'auront pas fait encore constater leur capacité. Mais l'émulation et l'intérêt des aspirants au brevet de capacité ne feront-ils pas sentir ici leur influence bienfaisante? Alors qu'un grand nombre d'entre eux font déjà volontairement constater leur aptitude sur les matières agricoles, voudront-ils s'exposer à être isolés et notés moins favorablement, en restant, après la promulgation de notre loi, étrangers à un mouvement auquel ils devront se conformer comme maîtres s'ils n'en ont pas tenu compte comme aspirants au brevet de capacité? Nous croyons donc que les délais organisés dans le dernier article de la rédaction de la Chambre des Députés n'auront pas d'inconvénients sérieux, et qu'en rendant l'exécution de la loi nouvelle un peu plus lente, ils ne nuiront pas à son résultat prochain et définitif.

La Chambre des Députés, après avoir été sur le point d'abréger de six ans à deux ans le délai imposé pour l'organisation des chaires départementales d'agriculture dans toute la France, est revenue aux termes marqués par le Sénat contre la proposition de sa Commission. A son exemple, nous vous proposons d'adopter la transition un peu plus lente mais sûre vers le principe de l'obligation, que celle dont nous avions conçu l'idée, en vous ralliant au dernier article du projet voté par la Chambre des Députés.

En revêtant ainsi de votre approbation le projet envoyé par la Chambre à notre examen, et auquel MM. les Ministres compétents nous ont paru se rallier, en continuant ainsi l'adhésion donnée par leurs prédécesseurs à la proposition originaire votée par le Sénat, vous hâterez l'adoption d'une loi appelée par un grand nombre d'amis éclairés de notre agriculture, et qui est destinée à faire descendre progressivement au foyer de nos populations laborieuses, surtout dans les campagnes, une lumière modeste mais bienfaisante.

Proposition de loi.

[*Voir au* Journal officiel *du* 29 *mai* 1879, *p.* 4414, *le texte du projet du Sénat et celui du projet de la Chambre des Députés.*]

---

20 mai 1879. **Projet de loi relatif aux Titres de capacité exigés pour l'Enseignement primaire, présenté par M. Jules Ferry, Ministre de l'Instruction publique[1].**

Séance du 20 Mai 1879.

Exposé des motifs.

Messieurs, le projet de loi que le Gouvernement a l'honneur de vous soumettre repose sur un principe simple, fondamental dans nos lois d'enseigne-

1. *Journal officiel* du 6 *juin* 1879.
Voir, pour les origines, le projet de M. Barodet, 1er *décembre* 1877 (Tome IV,

ment, et dont l'application figure au rang des vœux les plus anciens, les plus persistants de l'opinion publique.

Ce principe peut s'énoncer ainsi : Toute personne qui veut enseigner, soit dans une École publique, soit dans une École libre, doit faire la preuve qu'elle possède le minimum de connaissances spéciales appropriées au degré d'enseignement qu'elle entend professer.

Cette exigence élémentaire ne peut être contestée que par les théoriciens de la liberté absolue, qui considèrent l'enseignement comme un office individuel qu'il convient d'abandonner à l'industrie privée, sans contrôle ni appui du pouvoir central.

Mais, dans un pays où la loi impose aux communes, aux départements et à l'État de si grands sacrifices en vue d'assurer l'organisation permanente et générale de l'instruction populaire, ce serait pure folie de compromettre, sous prétexte de liberté, le plus grand des intérêts publics, en livrant à des maîtres mal préparés les générations nouvelles et l'avenir de l'éducation nationale.

Aussi toutes nos lois, depuis 1789, ont-elles expressément consacré la nécessité pour l'instituteur, quel qu'il soit, de fournir des garanties de capacité. Ces garanties ont été précisées dans des termes qu'on peut considérer comme définitifs par la loi organique de 1833, article 4 :

« Tout individu âgé de treize ans accomplis pourra exercer la profession d'instituteur primaire.... sans autres conditions que de présenter préalablement au maire de la commune où il voudra tenir école un brevet de capacité obtenu après examen. »

Le règlement du 19 juillet 1833 détermine la forme et les conditions de l'examen à subir, suivant que le candidat aspirait à exercer dans l'enseignement primaire élémentaire ou dans l'enseignement primaire supérieur.

L'expérience faite pendant près de vingt ans fut toute en faveur du nouveau système, et l'on put espérer d'arriver, avec un peu de temps, au recrutement d'un bon personnel enseignant pour l'un et pour l'autre degré.

Cependant, et par des motifs qu'il est inutile de rechercher ici, la loi du 15 mars 1850 apporta au principe simple et fécond posé par la loi de 1833 de graves restrictions en forme soit de dispenses, soit d'équivalences de titres. C'est à ces mesures d'exception, difficiles à justifier au moment de leur adoption, devenues depuis longtemps inutiles ou dangereuses, que le Gouvernement vous propose, Messieurs, de mettre un terme par le projet de loi qui vous est soumis.

La loi du 15 mars 1850 a créé quatre ordres d'exception au principe de l'obligation du brevet :

1° Le brevet de capacité peut être suppléé par un certificat de stage délivré par le Conseil départemental aux personnes qui justifient avoir enseigné pendant trois ans au moins dans les Écoles autorisées à recevoir des stagiaires (art. 25 et 47);

2° Le brevet peut encore être suppléé par le diplôme de bachelier, — le titre de ministre d'un des cultes reconnus par l'État, — ou un certificat d'admission dans une des Écoles spéciales de l'État (art. 25);

p. 726), les rapports de M. P. BERT, 6 et 13 *décembre* 1879 (*Journal officiel*, 15 *janvier* 1880, p. 341; 10, 11, 12, 14 *février* 1880, p. 1516, 1557, 1625, 1711).

Ce projet fut voté par la Chambre le 27 *mai* 1880.

Il donna lieu au Sénat à un rapport de M. FERROUILLAT, 3 *mars* 1881.

Voté au Sénat avec modifications, il revint à la Chambre, à laquelle M. P. BERT présenta un nouveau rapport, 11 *juin* 1881.

Il a abouti à la loi du 16 *juin* 1881 (voir *à sa date*).

3° Les lettres d'obédience tiennent lieu de brevet de capacité aux institutrices appartenant à des congrégations religieuses vouées à l'enseignement et reconnues par l'État (art. 47);

4° Les instituteurs adjoints et les institutrices adjointes ne sont pas assujettis aux conditions de l'article 25 (art. 34 et 50).

Ainsi, trois équivalences de titres et une dispense pure et simple, telles sont les dispositions exceptionnelles visées par le présent projet de loi.

I.

La première pouvait avoir sa raison d'être au début de l'organisation de l'instruction primaire en France : le certificat de stage ne devait être et il ne fut, en fait, qu'un moyen transitoire de faciliter le recrutement du personnel enseignant et de permettre à des maîtres âgés d'achever paisiblement leur carrière.

Ceux qui avaient compté sur l'institution des élèves stagiaires et du certificat de stage pour battre en brèche le principe général de l'obligation du brevet ont heureusement été déçus : l'opinion publique, celle des Conseils départementaux et le sentiment du Corps enseignant lui-même se montrèrent partout hostiles à cette façon d'éluder la loi aussitôt que l'expérience eut révélé l'insuffisance des maîtres formés dans des conditions si défectueuses. Il reste à peine aujourd'hui quelques maîtres stagiaires dans les départements dépourvus d'École normale.

II.

La seconde équivalence établie par la loi de 1850 ne s'applique sans doute qu'à un nombre d'individus extrêmement restreint; mais elle repose sur une idée inexacte de la nature des fonctions d'instituteur. Il est certain qu'un ancien élève de l'École polytechnique, de l'École centrale ou de l'École forestière, un ministre du culte, ont une instruction générale plus haute et plus étendue que celle d'un instituteur ordinaire; mais rien ne dit qu'ils seraient aptes à en remplir la fonction quotidienne, rien ne prouve que ces lettrés ou ces savants, transportés sans préparation dans une classe d'École primaire, seraient capables de tracer au tableau noir des modèles gradués d'écriture; de choisir et d'appliquer méthodiquement les meilleurs procédés pour le premier enseignement de la lecture, l'art le plus difficile à apprendre, disait un philosophe du siècle dernier; de résoudre, en un mot, à tout instant et dans toute matière, le problème d'un enseignement collectif et rapide, approprié à de jeunes intelligences. Qui ne sait, d'ailleurs, que sur ce terrain le bachelier sera toujours battu par l'instituteur? Que le bachelier ait besoin de peu de temps et de peu d'efforts pour acquérir ce bagage indispensable de connaissances et d'habitudes pédagogiques, nul ne le conteste. Aussi n'aperçoit-on aucune raison de le dispenser d'ajouter à sa culture générale le complément professionnel que constate, dans une certaine mesure, l'examen du brevet de capacité.

III.

La troisième équivalence de titres admise par la loi de 1850 soulève un débat beaucoup plus grave, non pas qu'il y ait pour la soutenir de meilleures raisons, mais à cause du nombre très considérable de personnes à qui elle s'applique. Il s'agit de l'exemption du brevet pour les institutrices congréganistes.

Il ne faut pas perdre de vue que la reconnaissance légale de la lettre d'obédience n'est pas d'ancienne date. La Restauration, par l'ordonnance royale du 3 avril 1820, avait proclamé un principe qui, trop souvent méconnu, devait finir par triompher : l'assimilation légale des Écoles de filles aux Écoles de garçons. Une des premières conséquences de ce principe était l'obligation du brevet de capacité. L'ordonnance du 23 juin 1836, en appliquant aux Écoles de filles la loi organique de 1833, le reconnut expressément. Elle ne pouvait, sans doute, dans l'absence à peu près complète de personnel enseignant pour les Écoles de filles, donner immédiatement force de loi au principe du brevet obligatoire; mais, tout en ménageant la transition, l'ordonnance de 1836 n'accordait pas aux congrégations le droit à la dispense : elle statuait seulement que « les institutrices appartenant à une congrégation religieuse, dont les statuts régulièrement approuvés renfermeraient *l'obligation* de se livrer à l'éducation de l'enfance, *pourraient être autorisées* par le Recteur à tenir une École primaire *élémentaire* sur le vu de leur lettre d'obédience et sur l'indication, par la supérieure, de la commune où les sœurs seraient appelées » (art. 13). Pour ouvrir une École primaire supérieure, le brevet de capacité du degré supérieur demeurait obligatoire pour les religieuses comme pour les laïques (art. 14).

Cette disposition conservait donc aux dispenses de brevet leur caractère facultatif, temporaire et local, et elle permettait aux Recteurs de les refuser aux postulantes trop incapables.

En 1848, une circulaire ministérielle, datée du 5 juin, invita les Recteurs à user de leurs droits et à exiger les brevets. Dès la fin de la même année, d'autres circulaires vinrent annuler celle du 5 juin. Mais il était réservé à la loi de 1850 d'ériger en droit ce qui jusqu'alors n'avait été qu'une tolérance, et de prononcer l'équivalence de la lettre d'obédience au brevet de capacité. Cette victoire fut saluée par de vives acclamations dans le parti qui la remporta, et dont elle dépassait assurément les espérances, tant elle était contraire à l'esprit de nos lois et de nos institutions scolaires.

Grâce aux facilités sans limite que leur offrait la loi nouvelle et qu'étendit encore la jurisprudence, les Écoles congréganistes de filles se multiplièrent rapidement, écrasant la concurrence laïque et échappant à tout contrôle sérieux de l'État. Les congréganistes dirigeaient, en 1843, moins de 3 800 Écoles communales, elles en dirigent aujourd'hui près de 9 000; elles avaient alors 2 700 Écoles libres, elles en possédaient 5 800 à la chute de l'Empire. Leur personnel qui, sous la monarchie de Juillet, n'atteignait pas le chiffre de 11 000, s'est promptement élevé, après la loi de 1850, à plus de 30 000, et dépasse aujourd'hui un effectif de 37 000 institutrices.

Mais cet accroissement même de l'élément congréganiste dans l'instruction primaire des filles ne pouvait manquer de frapper les esprits les moins prévenus, et de rendre plus éclatante l'anomalie qui conduit à de tels résultats.

Sous l'Empire même il ne se passait pas d'année sans que de nombreux Conseils généraux fissent entendre leurs doléances et réclamassent l'abolition de cette étrange immunité. Les départements même qui possédaient des établissements congréganistes d'un mérite reconnu n'étaient pas les derniers à demander le rétablissement de la règle commune : « Cette situation exceptionnelle des communautés religieuses, disait en 1867 le Conseil général du Bas-Rhin, a soulevé contre elles bien des griefs, elle fait mettre en suspicion, souvent bien à tort, leurs mérites et leur aptitude. La meilleure manière de faire tomber ces reproches est de soumettre ces institutrices à l'examen réglementaire. Pourquoi, puisqu'elles sollicitent la confiance du pouvoir civil et de la société laïque, ne pas leur demander de se conformer aux règles établies pour leurs concurrents laïques? »

Depuis le rétablissement de la République, un vœu analogue a été émis, chaque année, par un nombre croissant de Conseils généraux.

Aujourd'hui, voici quelle est la situation du personnel enseignant de nos Écoles de filles, Écoles publiques et Écoles libres.

A la fin de 1877, nous avions environ 59 000 institutrices. Sur ce nombre, il y a un peu moins de 22 000 laïques, un peu plus de 37 000 religieuses. Ainsi, c'est dans la proportion de 63 p. 100 que les congréganistes entrent dans le personnel féminin de l'enseignement primaire.

Sur environ 2 100 000 enfants du sexe féminin inscrits dans les Écoles publiques ou libres, les congréganistes en élèvent 1 200 000, les laïques à peine 900 000.

C'est assez dire quelle responsabilité encourrait l'État s'il laissait plus longtemps à la discrétion des congrégations l'éducation de plus de la moitié de nos enfants et le savoir professionnel de près des deux tiers des institutrices.

Quand un corps enseignant accepte une pareille tâche, quand il se charge de l'éducation complète de douze cent mille enfants, il ne peut se soustraire à l'obligation de présenter des garanties, non seulement de moralité et de dévouement, mais d'instruction générale et professionnelle. Les congrégations elles-mêmes l'ont bien senti. Quelques-unes d'entre elles ont eu la sagesse d'aller au-devant de la loi qu'elles attendent et d'imposer à leurs membres la possession du brevet. D'autres se rendent si bien compte de la défaveur qui s'attache à l'absence de brevet qu'elles refusent de faire connaître combien d'entre leurs membres en sont munies, combien ne l'ont pas.

Quoi qu'il en soit, et en prenant comme base les déclarations mêmes des intéressées à l'occasion de la dernière statistique, nous comptions alors :

Sur 37 216 institutrices congréganistes, 5 733 brevetées, soit 15 p. 100;

Sur 21 776 institutrices laïques, 19 325 brevetées, soit 88 p. 100.

Ces membres comprennent les titulaires et les adjointes de l'enseignement public et de l'enseignement libre.

Si nous prenons à part les titulaires, c'est-à-dire les directrices d'Écoles congréganistes, nous trouvons :

10 895 directrices d'Écoles publiques, dont 2 434 brevetées, soit 22 p. 100, et 5 926 directrices d'Écoles libres, dont 1 187 brevetées, soit 20 p. 100; tandis que *toutes* les directrices d'Écoles laïques, publiques ou libres, sont tenues par la loi d'avoir le brevet.

Ce qu'ont bien fait volontairement en renonçant, dès à présent, à user du régime de faveur qui leur est fait *six mille institutrices congréganites*, les autres le feront sans plus de peine quand la loi les y contraindra. Le brevet simple ou brevet de second ordre est un titre si facile à obtenir, réduit à de si minces exigences et si fort au-dessous de ce qu'une institutrice a réellement besoin de savoir et d'enseigner tous les jours, que si un pareil examen suffisait pour fermer la carrière à un certain nombre d'institutrices congréganistes actuellement en fonctions, il ne faudrait pas regretter de les voir disparaître de nos Écoles.

IV.

La quatrième et dernière mesure d'exception que le projet de loi supprime a trait aux instituteurs et institutrices employés comme adjoints. Contrairement à l'esprit des règlements universitaires antérieurs, contrairement à tous les projets de loi jusqu'alors mis à l'étude, la loi de 1850 n'exige aucun titre de capacité des adjoints et des adjointes. Elle ne demande même pas aux jeunes gens qu'elle exempte du service militaire cette preuve d'aptitude et de savoir tout à fait élémentaire que fournit le brevet simple. Admettons qu'un tel excès d'indulgence pût s'expliquer alors que le nombre des *sous-maîtres ou aides-instituteurs* était relativement insignifiant ou était mal connu de l'Administration, et qu'ils recevaient une rétribution dérisoire souvent réduite au logement et à la nourriture. Il n'en est plus de même aujourd'hui.

S'il subsiste une certaine différence de traitement et de responsabilité entre le titulaire et l'adjoint, les fonctions de l'un et de l'autre en tant qu'instituteurs, au sens propre du mot, en tant qu'ayant à faire la classe, sont exactement les mêmes et exigent la même capacité.

Aussi l'immense majorité des Conseils municipaux exigent-ils, à bon droit, de leurs instituteurs et institutrices laïques la possession du brevet, même pour remplir le poste d'adjoint ou d'adjointe.

Les congrégations des deux sexes au contraire en sont généralement dépourvues.

Voici les chiffres fournis par la statistique de 1876 pour les Écoles publiques :

Laïques :

Sur 6 948 adjoints, 5 580 sont munis du brevet, soit 80 p. 100.
Sur 2 579 adjointes, 2 032 sont munies du brevet, soit 79 p. 100.

Congréganistes :

Sur 4 679 adjoints, 540 seulement sont munis du brevet, soit 12 p. 100.
Sur 9 061 adjointes, 695 sont munies du brevet, soit 8 p. 100.

Si à ces nombres on ajoute ceux des Écoles libres, on trouve :
Sur 8 171 adjoints laïques, 6 093 brevetés, soit 75 p. 100.
Sur 6 647 adjoints congréganistes, 947 brevetés, soit 14 p. 100.
Sur 6 401 adjointes laïques, 4 395 brevetées, soit 69 p. 100.
Sur 20 395 adjointes congréganistes, 2 112 brevetées, soit 10 p. 100.

Cette situation ne peut être tolérée plus longtemps, surtout quand on considère que chez les congréganistes, hommes et femmes, les adjoints forment environ les deux tiers du personnel enseignant.

On peut soutenir, sans doute, qu'il est convenable de maintenir entre les adjoints et les titulaires une certaine différence dans les obligations, correspondant à la différence des attributions; c'est là une idée juste, mais qui doit trouver son application non dans la dispense du brevet pour l'instituteur débutant, mais dans la nécessité pour les directeurs et directrices d'École de joindre à ce minimum de garanties d'autres titres, tels que l'expérience de quelques années d'exercice, peut-être même un examen pratique et pédagogique analogue à celui que l'on exige dans plusieurs pays voisins pour passer du grade d'instituteur *à titre provisoire* à celui d'instituteur *à titre définitif*, et enfin, quand il s'agit d'Écoles urbaines à plusieurs classes, le brevet complet, brevet supérieur ou de premier ordre. Mais quelles que soient les garanties supplémentaires qui pourront être ultérieurement exigées pour assurer l'avancement et régler la hiérarchie des membres du Corps enseignant, elles ne peuvent que s'ajouter à ce titre initial qui sert de point de départ et de commune mesure pour toutes les personnes qui réclament le droit de diriger une classe petite ou grande, une École de ville comme une École de hameau.

Nous n'avons pas insisté dans le cours de cet exposé sur l'égalité à établir au point de vue des garanties entre l'enseignement public et l'enseignement libre. Cette identité de traitement est une conséquence évidente des lois qui régissent l'instruction primaire, puisque ces lois soumettent aux mêmes conditions générales l'exercice de l'une ou de l'autre profession. D'ailleurs, pour faire voir combien serait insuffisante une mesure dont les effets se limiteraient aux Écoles communales, il suffit de remarquer que les Écoles libres de filles, sans parler des autres, reçoivent 634 000 élèves, et que, sur ce nombre, 451 000, soit 70 p. 100, sont confiées à des établissements congréganistes, où la possession du brevet semble être jusqu'ici l'exception.

V.

Les dispositions qui précèdent sont toutes relatives à l'enseignement dans les Écoles primaires. Le projet y ajoute une prescription analogue concernant les salles d'asile.

Ces établissements, beaucoup mieux nommés par l'ordonnance de 1837 *Écoles du premier âge*, et par l'arrêté du 28 juin 1848 *Écoles maternelles*, sont des établissements d'éducation aussi bien que de charité.

Ils ne préparent utilement à l'École primaire qu'à la condition de n'être pas de simples garderies et d'être confiés à des personnes qui aient de l'aptitude et du goût pour cette tâche, délicate entre toutes, de la première éducation.

Là encore, l'ordonnance de 1837 exigeait à bon droit un *certificat d'aptitude* très élémentaire, qui fut longtemps obligatoire indistinctement pour les laïques et les congréganistes.

C'est seulement en 1855 que le décret du 21 mars, étendant jusqu'à l'extrême les dispositions de la loi du 15 mars 1850, admit que la lettre d'obédience tiendrait lieu même de ce simple certificat, lequel ne constate en somme que des connaissances rudimentaires. Dispenser de ce certificat, c'était à peu près dispenser de savoir lire ou écrire; aussi n'osa-t-on pas inscrire la dispense sous cette forme inadmissible; le décret y ajouta une condition illusoire dans la pratique : les lettres d'obédience décernées au lieu et place du certificat d'aptitude « devaient attester que les postulantes ont été particulièrement exercées à la direction d'une salle d'asile » (art. 20).

Et quatre ans plus tard, pour donner un semblant de satisfaction au bon sens public, l'arrêté du 31 mars 1859 ajoutait cette prescription : « L'aspirante appartenant à une communauté religieuse devra présenter un certificat délivré par la supérieure générale et attestant qu'elle a justifié, devant l'autorité dont elle relève, des connaissances que suppose l'examen du certificat d'aptitude » (art. 5).

Si impuissantes que fussent ces réserves à donner de véritables garanties d'instruction, elles prouvent du moins qu'on a toujours jugé plus difficile de faire accepter à l'opinion publique l'exemption du certificat des salles d'asile que celle même du brevet.

Aujourd'hui, il n'y a plus à insister sur la question. Il suffira de dire que sur 5 047 directrices et sous-directrices d'asile congréganistes, 218 seulement sont munies du certificat d'aptitude, tandis que sur 1 176 laïques, 136 sous-directrices seulement en sont dépourvues.

VI.

La nécessité du retour au droit commun sur tous les points qui viennent d'être énumérés étant manifeste, il ne restait à régler que les ménagements que comporte la période de transition et le délai à laisser aux instituteurs et institutrices pour régulariser leur situation.

Le projet de loi propose de n'accorder aucune exemption aux adjoints et adjointes, quel que soit le temps d'exercice qu'ils puissent faire valoir. Dans cette catégorie, en effet, pour accorder des exceptions dues aux longs services, il faudrait en accorder un si grand nombre que l'application efficace de la loi en serait pour longtemps compromise. On croit équitable de se borner à accorder le bénéfice d'une sorte de prescription morale aux directrices d'École ou d'asile ayant, lors de la promulgation de la loi, dix années au moins d'exercice dans les fonctions de directrice; la loi n'aura pas d'effet rétroactif à leur endroit.

Quant au délai à fixer, il semble naturellement indiqué par la durée des cours des Écoles normales.

Ces établissements, qui reçoivent des jeunes gens souvent très peu préparés, les mettent en trois ans à même d'obtenir le brevet simple, et souvent le brevet complet. Il n'y a donc rien d'excessif à exiger que d'ici au 1er octobre 1882 les directrices, adjoints et adjointes en fonctions aient achevé la revision de leurs études et se soient présentés devant la Commission d'examen.

Ce délai est évidemment exagéré pour les directrices et les sous-directrices d'asile, puisque le cours pratique de Paris (École normale Pape-Carpantier) ne demande que huit mois pour former les aspirantes et leur faire obtenir le certificat d'aptitude; mais il a semblé qu'il y aurait convenance à fixer une date extrême unique pour la suppression définitive du privilège accordé à la lettre d'obédience dans les divers ordres d'enseignement.

D'ailleurs, l'opinion publique s'est tant de fois et si énergiquement prononcée pour la mesure proposée aujourd'hui par le Gouvernement, qu'assurément un bien petit nombre des intéressés attendra la dernière heure pour se mettre en règle. Instituteurs et institutrices sentent trop bien aujourd'hui la gravité de leurs fonctions et l'importance du rôle que la République leur assigne pour ne pas se hâter de prouver qu'ils ont tous à cœur de se tenir à la hauteur de cette grande mission.

Projet de loi.

ARTICLE 1er. — Nul ne peut exercer les fonctions d'instituteur titulaire ou adjoint, d'institutrice titulaire ou adjointe dans une École publique ou libre, s'il n'est pourvu du brevet de capacité pour l'enseignement primaire.

Toutes les équivalences admises par le paragraphe 2 de l'article 25 de la loi du 15 mars 1850 sont abolies.

ART. 2. — Nulle ne peut exercer les fonctions de directrice ou de sous-directrice de salle d'asile publique ou libre si elle n'est pourvue du certificat d'aptitude à la direction des salles d'asile institué par l'article 20, paragraphe premier, du décret du 21 mars 1855.

ART. 3. — La présente loi ne sera applicable qu'à partir du 1er octobre 1882.

ART. 4. — La présente loi n'est pas applicable : 1° aux institutrices publiques et libres qui lors de la promulgation de la loi auront dix années d'exercice comme directrices d'une École; 2° aux directrices des salles d'asile comptant à la même date dix années de services comme directrices de salles d'asile.

30 mai 1879. **Circulaire du Ministre de l'Instruction publique, relative à la constitution du Musée pédagogique, et à la recherche de tous les Documents concernant l'Histoire de l'Instruction primaire.**

30 Mai 1879.

Monsieur le Recteur, vous connaissez déjà mon rapport du 13 mai à M. le Président de la République et le décret conforme portant création d'un Musée pédagogique et d'une Bibliothèque centrale de l'enseignement primaire.

Je n'ai pas besoin d'insister auprès de vous sur l'utilité de cette institution pour diriger utilement le mouvement très marqué qui se produit en faveur de l'instruction populaire.

J'ai décidé qu'il y serait constitué une collection aussi complète que possible des documents propres à établir bibliographiquement l'histoire de l'enseignement primaire en France, en remontant aussi loin que possible.

Je vous rappelle, en conséquence, la circulaire d'un de mes honorables prédécesseurs, en date du 14 décembre 1872, et je vous prie de faire rechercher activement dans les bibliothèques publiques de votre Académie les ouvrages imprimés ou manuscrits, monographies locales, statistiques, rapports, qui se rapportent aux Écoles primaires ou à ce que l'on appelait, avant 1789, *petites écoles*, *écoles de charité*, etc. Vous m'en enverrez la liste, et, quand il ne sera pas possible d'obtenir les documents, j'en ferai, s'il y a lieu, prendre des copies.

Indépendamment des renseignements que vous fourniront MM. les Inspecteurs d'Académie, vous pourrez faire appel aux lumières des présidents et des bibliothécaires des sociétés savantes. Je suis assuré qu'ils vous prêteront à cet égard un concours aussi empressé qu'utile, et vous voudrez bien les remercier à l'avance en mon nom.

J'attache à ces recherches une très sérieuse importance, et je vous prie de m'en faire connaître les résultats avant le 10 juillet prochain.

Recevez, etc.

Signé : JULES FERRY.

---

16 juin 1879. **Loi relative à l'Enseignement départemental et communal de l'Agriculture[1].**

16 Juin 1879.

ARTICLE 1er. — Dans le délai de six ans, à partir de la promulgation de la présente loi, il sera établi une chaire d'agriculture, d'après les règles ci-après, dans les départements non dotés déjà de cette institution.

Le programme de l'enseignement comprendra toutes les branches

1. Consulter, pour les origines de la proposition, le projet de M. DE PARIEU, 16 *juin* 1877 (Tome IV, p. 717).

Voir le rapport de M. LABUZE au nom de la Commission (Chambre des Députés : Séance du 22 *février* 1879; *Journal officiel*, 22 *mars* 1879, p. 2324 et suiv.).

La Commission était composée de MM. COUTURIER, *Président;* LABUZE, *Secré-*

de l'exploitation agricole, et plus spécialement l'étude des cultures de la région.

ART. 2. — Les professeurs départementaux d'agriculture seront choisis au concours, sur le rapport d'un jury composé par le Ministre de l'Agriculture, et constitué de la façon suivante :

1° L'Inspecteur général d'agriculture, *président;*

2° L'Inspecteur d'académie;

3° Un professeur de chimie ou de physique;

4° Un professeur de sciences naturelles;

Ces deux derniers examinateurs devront être choisis dans le personnel enseignant de l'Institut agronomique, ou d'une École d'agriculture, et, à leur défaut, appartenir à l'Université de l'État;

5° Un professeur de l'École vétérinaire ou de l'École de médecine la plus rapprochée, ou un vétérinaire diplômé;

6° Trois agriculteurs choisis par la Commission départementale, parmi les membres des associations agricoles du département, sur des listes dressées par chacune de ces associations;

7° Un conseiller général désigné par ses collègues.

Les professeurs d'agriculture seront nommés par arrêté concerté entre le Ministre de l'Agriculture et le Ministre de l'Instruction publique.

ART. 3. — Le concours aura lieu au chef-lieu de département; il portera sur les principes généraux de l'agriculture, de la viticulture, de l'arboriculture et de l'horticulture, et sur les sciences, dans leurs applications à la situation, à la production et au climat du département.

ART. 4. — Le programme du concours sera arrêté par les Ministres de l'Agriculture et de l'Instruction publique, après avis des associations agricoles et du Conseil général du département.

ART. 5. — Les candidats devront, pour être admis au concours, être Français et âgés de vingt-cinq ans au moins. S'ils produisent le

taire; DUCHASSEINT, GANNE, LOUSTALOT, PATISSIER, LECONTE, FOUQUET, BOULARD (Cher), CHORON, RATHIER (Morbihan).

Le projet fut voté par la Chambre des Députés le 25 *mars* 1879 et transmis le 27 au Sénat.

Il y donna lieu à un rapport de M. E. DE PARIEU (19 *mai* 1879) (voir ci-dessus, p. 52).

Consulter au sujet de l'enseignement agricole :

1° Le projet de loi de M. Aristide REY, 12 *juillet* 1886 (*Journal officiel*, mars 1887, p. 514 et 515);

2° Le rapport de M. REMOIVILLE, 10 *décembre* 1887 (*Journal officiel*, 13 *janvier* 1888, p. 528);

3° Le rapport de M. Aristide REY, 26 *décembre* 1888 (*Journal officiel*, p. 791 à 810).

diplôme de bachelier ès sciences ou celui de l'Institut agronomique ou d'une École d'agriculture, il leur sera attribué un certain nombre de points, qui sera fixé par le Ministre de l'Agriculture.

ART. 6. — Les professeurs d'agriculture seront chargés de leçons à l'École normale primaire, près de laquelle ils devront, autant que possible, avoir leur résidence, aux autres établissements d'instruction publique, s'il y a lieu, et de conférences agricoles, dans les différentes communes du département, aux instituteurs et agriculteurs de la région.

ART. 7. — Le traitement du professeur départemental d'agriculture sera payé sur les fonds du budget du Ministère de l'Agriculture et sur ceux du budget du Ministère de l'Instruction publique.

Les frais de tournées seront à la charge du département.

ART. 8. — Les attributions et les conditions de révocation des professeurs d'agriculture départementaux seront déterminées par un règlement d'administration publique.

Le règlement déterminera le traitement des professeurs départementaux.

Il fixera le minimum des frais de tournées des professeurs d'agriculture par rapport à chaque département, après avis du Conseil général.

ART. 9. — Les professeurs d'agriculture actuellement en exercice, qu'ils aient ou non été nommés à la suite d'un concours, ne seront pas soumis aux épreuves d'un nouveau concours.

ART. 10. — Trois ans après l'organisation complète de l'enseignement de l'agriculture dans les Écoles normales primaires, les notions élémentaires d'agriculture seront comprises dans les matières obligatoires de l'enseignement primaire.

Toutefois, dans les départements où l'enseignement de l'agriculture sera organisé à l'École normale primaire depuis plus de trois années, le Conseil départemental de l'Instruction publique pourra décider l'obligation de ce même enseignement dans toutes les Écoles primaires du département.

Les programmes de cet enseignement[1] dans chaque département seront arrêtés après avis du Conseil départemental de l'Instruction publique.

1. Voir le *Plan général d'un cours d'agriculture et d'horticulture dans les Écoles normales* (in-4° de 16 pages, Imp. Nat^{le}, août 1881).

Consulter les circulaires :

Du 15 *janvier* 1881 (Ministre de l'Agriculture aux professeurs départementaux d'agriculture), relative à leurs attributions et à leur enseignement (*Rec. des L. et A.*, 1881, p. 302);

Arrêté fixant les Conditions exigées des instituteurs et institutrices primaires pour être admis à voyager à prix réduit sur les Chemins de fer[1]. 23 juin 1879.

23 Juin 1879.

Le Ministre de l'Instruction publique et des Beaux-Arts,

Vu les propositions présentées par les Compagnies des chemins de fer de l'Ouest, d'Orléans, du Midi, de Paris-Lyon-Méditerranée, du Nord et de l'Est, et par M. le Directeur des chemins de fer de l'État,

Arrête ainsi qu'il suit les conditions auxquelles les instituteurs pourront voyager sur les chemins de fer d'après le tarif de demi-place :

I. *Fonctions admises au bénéfice de la réduction de prix.*

ARTICLE 1er. — Sur les chemins de fer de l'État, les instituteurs et institutrices primaires voyageant pour les besoins du service.

Pour bénéficier de cette réduction, les intéressés présenteront aux

Du 18 *juin* 1883, aux Recteurs, relative à l'enseignement de l'agriculture dans les Écoles normales primaires (*Circ.*, t. IX, p. 238);

— 15 *août* 1887 (Ministre de l'Agriculture aux Préfets), relative à l'enseignement agricole (*Rec. des L. et A.*, 1887, p. 685);

— 17 *novembre* 1891, aux Recteurs, relative à l'enseignement de l'agriculture dans les Écoles normales primaires (*Circ.*, t. XI, p. 496);

— 28 *janvier* 1893, aux Recteurs, relative à l'enseignement agricole dans les Écoles normales primaires d'instituteurs (*Ibid.*, p. 627);

— 3 *mars* 1893, aux Préfets, relative à l'établissement de champs d'expériences agricoles dans les Écoles primaires (*Ibid.*, p. 653);

— 24 *octobre* 1895, aux Inspecteurs, relative à l'enseignement de l'agriculture dans les Écoles primaires publiques (*Bull. adm.*, 1895, t. LVIII, p. 668);

— 30 *novembre* 1895, aux Recteurs, relative aux cours d'agriculture dans les Écoles normales primaires (*Ibid.*, p. 875);

— 4 *janvier* 1897, aux Recteurs, transmissive d'un plan de cours sous forme de guide pratique, destiné à faciliter la tâche des instituteurs dans leur enseignement obligatoire des notions élémentaires d'agriculture (*Bull. adm.*, 1897, t. LXI, p. 4).

1. Voir les circulaires :

Du 18 *juillet* 1879, aux Inspecteurs d'Académie, transmissive et interprétative (*Circ.*, t. VIII, p. 176);

— 26 *août* 1879, aux Inspecteurs d'Académie, admettant les directrices de salles d'asile à jouir du tarif à prix réduit sur les chemins de fer (*Ibid.*, p. 194);

— 26 *avril* 1880, aux Inspecteurs d'Académie, rappelant la nécessité de veiller à l'accomplissement exact des formalités requises pour l'application du demi-tarif (*Ibid.*, p. 293);

— 20 *juillet* 1883, aux Inspecteurs d'Académie, relative aux cartes de voyage à demi-tarif délivrées aux instituteurs (*Circ.*, t. IX, p. 252);

— 19 *novembre* 1883 (Ministre des Travaux publics au Préfet de Seine-et-Oise), relative au tarif de demi-place accordé aux instituteurs et institutrices publics sur les chemins de fer (*Rec. des L. et A.*, 1883, p. 1117);

— 26 *mai* 1884, aux Préfets, relative aux voyages à prix réduit des instituteurs et institutrices sur les chemins de fer (*Circ.*, t. IX, p. 379);

gares de départ une autorisation officielle de leur chef supérieur, l'Inspecteur d'Académie.

Art. 2. — Sur les chemins de fer de l'Ouest, d'Orléans, du Midi, de Paris-Lyon-Méditerranée, du Nord et de l'Est, la réduction du demi-tarif n'est accordée qu'à la fonction d'instituteur (ou d'institutrice) primaire public. Toutefois, l'instituteur primaire qui fait fonctions de maître adjoint dans une École normale primaire, l'institutrice adjointe et l'élève-maître d'École normale, lorsqu'il fait le service d'instituteur adjoint dans une École annexe, ou qu'il est envoyé en intérim dans une commune, sont admis à la même réduction.

II. *Définition des motifs de déplacement pour le service des instituteurs (ou institutrices) primaires publics.*

Ces motifs sont les suivants :

1° Instituteur appelé à une première ou à une nouvelle résidence, en vertu d'une nomination ;

Du 15 *juin* 1884, aux Préfets, relative aux voyages à prix réduit des instituteurs et institutrices primaires publics (*Ibid.*, p. 388);

— 15 *juillet* 1884, aux Préfets, relative aux conditions à remplir par les bénéficiaires des cartes de voyage à demi-tarif (ci-après, *à sa date*);

— 12 *août* 1884, aux Inspecteurs d'Académie, relative aux cartes de voyage à demi-tarif délivrées aux instituteurs et institutrices publics (*Circ.*, t. IX, p. 400);

— 5 *juin* 1885, aux Recteurs, relative à la gratuité des frais de passage en Algérie et en Tunisie pour les fonctionnaires de l'Instruction publique (*Ibid.*, p. 487);

— 15 *juillet* 1885, aux Préfets, relative aux nouvelles formalités requises pour les voyages à demi-tarif des instituteurs et institutrices primaires publics sur les chemins de fer (*Ibid.*, p. 506);

— 22 *décembre* 1885, aux Préfets, relative à la circulation à demi-tarif sur les chemins de fer des élèves-maîtres ou élèves-maîtresses des Écoles normales primaires (*Ibid.*, p. 592);

— 26 *novembre* 1887, aux Inspecteurs d'Académie, relative aux voyages à demi-tarif des instituteurs des colonies (*Circ.*, t. X, p. 221);

— 1er *octobre* 1888, aux Inspecteurs d'Académie, relative aux réclamations adressées au sujet des cartes à demi-tarif (*Ibid.*, p. 355);

— 23 *avril* 1889 (Ministre des Travaux publics aux Préfets), relative au transport à prix réduit des élèves des Écoles primaires se rendant à l'Exposition universelle (*Rec. des L. et A.*, 1889, p. 308);

— 1er *août* 1895, aux Inspecteurs d'académie, relative aux voyages à demi-tarif des instituteurs publics (*Bull. adm.*, 1895, t. LVIII, p. 106);

— 5 *mai* 1896, aux Préfets, relative aux voyages des instituteurs sur les chemins de fer (*Ibid.*, 1896, t. LIX, p. 525);

— 19 *juin* 1897, aux Préfets, relative aux demandes de billets à demi-place présentées par les instituteurs aux gares de chemins de fer (*Ibid.*, 1897, t. LXI, p. 797).

Par décision du 10 *juillet* 1893, le bénéfice des cartes à demi-tarif est accordé aux instituteurs et aux institutrices titulaires des Écoles élémentaires détachés dans les Lycées de garçons en application du décret du 31 *octobre* 1892; — aux fonctionnaires en exercice dans les classes primaires des Lycées de garçons et qui ont obtenu leur classement comme instituteur ou comme institutrice d'Écoles primaires.

2° Instituteur mandé par les autorités dont il relève : Préfet, Recteur, Inspecteur d'Académie, Inspecteur primaire;

3° Instituteur se rendant dans sa famille en vertu d'un congé régulier, à l'époque des vacances scolaires (Pâques et grandes vacances), dans la limite d'un voyage aller et retour, pour chacune de ces deux vacances;

4° Instituteur se rendant à un concours cantonal ou régional des Écoles, ou aux examens pour le certificat d'études;

5° Instituteur appelé par son chef hiérarchique, sur un point du département, à une conférence pédagogique ou à une réunion de l'association de secours mutuels des instituteurs, ou allant verser (aux époques déterminées) le produit de la Caisse d'épargne scolaire;

6° Instituteur appelé à Paris, au Ministère de l'Instruction publique, sur lettre d'audience;

7° Instituteur appelé par ses chefs hiérarchiques soit à Paris, soit sur quelque autre point déterminé par l'autorité supérieure, pour y assister à une conférence d'instituteurs ou à une exposition scolaire, ou à une réunion régulièrement autorisée de Sociétés savantes;

8° Instituteur envoyé, en vertu d'une décision ministérielle spéciale, dans un établissement thermal ou thérapeutique, pour y être traité aux frais de l'Administration.

III. *Forme dans laquelle la réduction du demi-tarif sera demandée pour les instituteurs (ou institutrices) primaires publics.*

Cette demande sera formulée sur une carte spéciale, d'un modèle déterminé, qui ne pourra être délivrée que par l'Inspecteur d'Académie ou l'Inspecteur primaire du ressort. Elle devra être revêtue du sceau de l'Inspection académique, et signée par le titulaire.

Cette carte devant être échangée à la gare du chemin de fer contre un billet de demi-place, et les Compagnies ne délivrant pas de billets directs aux personnes qui jouissent d'une réduction de prix, il conviendra d'établir une carte distincte pour *chaque trajet* et pour *chaque Compagnie de chemin de fer intéressée.*

Chaque carte sera valable pendant dix jours à partir de la date qui lui aura été donnée par l'Inspecteur d'Académie ou par l'Inspecteur primaire.

26 juin 1879.

Arrêté relatif aux épreuves du Dessin pour le Brevet de capacité.

26 Juin 1879.

Le Ministre de l'Instruction publique et des Beaux-Arts,
Vu les articles 23 et 46 de la loi du 15 mars 1850;
Vu l'article 50 du décret organique du 29 juillet 1850;
Vu l'article 9 de la loi du 21 juin 1865;
Vu les arrêtés du 3 juillet 1866 et du 16 décembre 1877, relatifs aux examens du brevet de capacité pour l'enseignement primaire,
Arrête :

La durée de l'épreuve du dessin linéaire et d'ornement, fixée à une heure par l'article 16 de l'arrêté du 3 juillet 1866, pour les aspirants et les aspirantes au brevet facultatif, est portée à deux heures.

MM. les Recteurs sont chargés de l'exécution du présent arrêté.

---

9 juillet 1879.

Proposition de loi relative à l'Inspection et à la Surveillance des Écoles, présentée par M. Bourgeois, député[1].

Séance du 9 Juillet 1879.

Messieurs, en dehors de toute pensée politique, m'inspirant exclusivement des intérêts de l'instruction, et respectueux vis-à-vis des décisions du suffrage universel, je demande que, dans chaque canton, le conseiller général et le conseiller d'arrondissement, représentants autorisés des pères de famille et de la majorité des électeurs, ne soient pas exclus des Commissions cantonales chargées de l'inspection des Écoles.

Il nous a été parfois donné de constater, avec regret, que la passion politique, le plus souvent mauvaise conseillère, cédant à ses entraînements, sacrifiait à ses préjugés les véritables intérêts de l'instruction.

N'est-il pas regrettable que, dans un pays où le suffrage universel est la base de nos institutions, les élus du suffrage universel soient mis en dehors de l'Instruction publique?

Le conseiller général, qui, le plus souvent, vit au milieu de ses électeurs, n'est-il pas le véritable mandataire, le mandataire le plus éclairé, le mieux renseigné de la majorité? Mieux que tout autre, il peut se rendre compte des besoins sérieux des Écoles, de la capacité, de la moralité des professeurs.

Au sein du Conseil général, le représentant de chaque canton est appelé, par son mandat même, à examiner, à étudier les graves et délicates questions intéressant l'instruction. Il étudie, il approuve ou rejette les plans et devis de constructions et de réparations d'Écoles, les demandes de crédit, les demandes de secours.

1. *Journal officiel* du 25 *janvier* 1880, p. 765.

En lui fermant les portes des Écoles, on rend évidemment son mandat plus difficile : on porte atteinte à l'intégrité, à la dignité de son mandat.

Pour ces motifs, Messieurs, j'ai pensé qu'il serait bon de faire taire, sur ce point du moins, toutes pensées, toutes préoccupations politiques.

Dans un pays où l'on prend le suffrage universel pour juge, dans un pays où tous se préoccupent des intérêts de l'instruction publique, il est logique, il est honnête, il est utile de ne pas se priver du concours des représentants du canton, investis de la confiance des pères de famille.

Proposition de loi.

ARTICLE UNIQUE. — Les conseillers généraux et les conseillers d'arrondissement feront de droit partie des délégations cantonales, instituées dans chaque canton pour inspecter et surveiller les Écoles.

Projet de loi[1] présenté au nom de la Commission[2] chargée d'examiner la proposition, adoptée par la Chambre des Députés, sur l'établissement des Écoles normales primaires, par M. Ronjat, sénateur. 17 juillet 1879.

Séance du 17 Juillet 1879.

Projet de loi.

ARTICLE 1er. — Tout département devra être pourvu d'une École normale d'instituteurs et d'une École normale d'institutrices, suffisantes pour assurer le recrutement de ses instituteurs communaux et de ses institutrices communales.

Ces établissements devront être installés dans le laps de quatre ans, à partir de la promulgation de la présente loi.

Un décret du Président de la République pourra, sur l'avis conforme du Conseil supérieur de l'Instruction publique, autoriser deux départements à s'unir pour fonder et entretenir en commun, soit l'une ou l'autre de leurs Écoles normales, soit toutes les deux. Les départements procéderont, dans ce cas, conformément aux dispositions des articles 89 et 90 de la loi du 10 août 1871 sur les Conseils généraux.

ART. 2. — L'installation première et l'entretien annuel des Écoles normales primaires sont des dépenses obligatoires pour les départements.

ART. 3. — Les dépenses de loyer, de mobilier et d'entretien des bâtiments des Écoles normales primaires seront imputées sur les ressources du budget ordinaire, dans les conditions indiquées aux articles 60 (§ 1er) et 61 (§ 1er) de la loi du 10 août 1871.

1. *Journal officiel* du 29 *juillet* 1879, p. 7680 à 7682.
Voir, pour les origines du projet, la proposition de M. Paul BERT, 14 *janvier* 1878 (Tome IV, p. 759).

2. Cette Commission était composée de MM. FERROUILLAT, *Président;* RONJAT, *Secrétaire-rapporteur;* DE ROZIÈRE, MERLIN, DE PARIEU, FOUCHER DE CAREIL, DE VENTAVON, CHESNELONG, baron DE LARCY.

ART. 4. — Il est pourvu aux dépenses scolaires annuelles des Écoles normales primaires au moyen des centimes spéciaux affectés au service de l'enseignement primaire; l'inscription d'office au budget départemental pourra être faite par le Ministre compétent.

Si ces ressources ne suffisent pas, le Ministre de l'Instruction publique accordera une subvention dans les conditions déterminées par le quatrième paragraphe de l'article 40 de la loi du 15 mars 1850.

ART. 5. — En outre des subventions qui pourront leur être accordées pour la construction et l'installation de leurs Écoles normales, en considération de leur situation pécuniaire et de leurs sacrifices, les départements pourront être admis à participer à l'avance de 60 millions, indiquée au deuxième paragraphe de l'article 1er de la loi instituant la Caisse pour la construction des Écoles.

Les plans et devis des constructions ou des aménagements projetés devront être soumis à l'approbation du Ministre de l'Instruction publique.

Lorsque les demandes d'emprunt auront été reconnues admissibles, les emprunts ne pourront avoir lieu que s'ils sont autorisés conformément aux lois en vigueur.

ART. 6. — Les avances aux départements seront faites pour trente et un ans au plus. Elles seront remboursées à la Caisse pour la construction des Écoles au moyen du versement semestriel d'une somme de 2 fr. 50 par chaque 100 fr. empruntés.

Ce versement, continué pendant soixante-deux semestres, libérera le département en intérêt et amortissement.

Des termes de remboursement plus courts pourront être stipulés. Dans ce cas, les versements semestriels devront être calculés de manière à tenir compte à la Caisse, en outre de l'amortissement, d'un intérêt fixé à 3 p. 100 l'an.

ART. 7. — Il sera passé, entre la Caisse pour la construction des Écoles et les départements dûment autorisés à contracter des emprunts, des traités particuliers relatant la quotité et les termes d'exigibilité des avances consenties par la Caisse, ainsi que les conditions de remboursement de ces avances.

---

22 juillet 1879.

Arrêté relatif à la situation des Inspecteurs primaires de première classe appelés à la Direction d'Écoles normales primaires.

22 Juillet 1879.

Le Ministre de l'Instruction publique et des Beaux-Arts,

Considérant qu'aux termes de la loi de finances du 30 mars 1878, le traitement des directeurs d'École normale de troisième classe est le même que le traitement des Inspecteurs primaires de première classe;

Que, cependant, les fonctions de directeur d'École normale sont spécialement réservées, à titre d'avancement, aux Inspecteurs primaires;

Qu'il importe, en effet, pour diriger les établissements qui ont pour but de former des instituteurs, de posséder une complète expérience des Écoles primaires;

Considérant qu'il convient d'établir, au point de vue des traitements alloués aux directeurs d'École normale et aux Inspecteurs primaires, une graduation justifiée par les considérations ci-dessus énoncées,

Arrête :

Les Inspecteurs primaires de première classe, nommés directeurs d'École normale, débuteront dans ces fonctions par la seconde classe.

Circulaire du Ministre de l'Instruction publique, relative au Registre d'appel des élèves. 1er août 1879.

1er Août 1879.

Monsieur le Préfet, les nouveaux éléments qui ont servi de base à la dernière statistique de l'enseignement primaire ont démontré la nécessité de certaines modifications à introduire dans la disposition du registre d'appel en usage dans les Écoles et des états de situation qui doivent être mis en harmonie avec ce document[1].

L'arrêté du 17 avril 1866 avait divisé en trois catégories les écritures obligatoires pour les instituteurs; c'étaient :

1° La rédaction des documents relatifs à la rétribution scolaire, qui comprennent les registres matricules, les rôles et le registre des déclarations d'abonnement;

2° Les écritures d'ordre et de statistique, telles que les inventaires du mobilier, les divers registres afférents à la bibliothèque et les renseignements annuels à fournir aux Inspecteurs primaires pour la préparation des états de situation susmentionnés;

3° Enfin les écritures se rattachant à la direction pédagogique de l'École, dont le registre d'appel et le journal de classe font nécessairement partie.

Je n'ai pas l'intention d'ajouter un surcroît de travail aux occupations déjà si multiples des instituteurs et des institutrices; mais j'ai reconnu, et la Commission centrale de statistique l'a pensé comme moi, qu'il était possible d'améliorer d'abord les dispositions du registre d'appel, de telle sorte que, sans rien perdre de son utilité pratique, il donnât à l'Administration des renseignements plus exacts que ceux qu'elle a obtenus jusqu'à ce jour sur la fréquentation réelle de nos établissements.

C'est après un long examen, auquel ont pris part quelques-uns de nos Inspecteurs primaires les plus compétents, que la Commission centrale de statistique m'a proposé un nouveau modèle de registre d'appel suivi d'un état récapitulatif dont je vous adresse des exemplaires en nombre égal à celui des classes existant dans les Écoles publiques de votre département, en vous priant d'en faire, sans retard, la répartition.

1. Voir la lettre du 20 *décembre* 1879 aux Préfets, relative à la fourniture des registres d'appel (*Circ.*, t. VIII, p. 243).

Ce cadre remplacera l'ancien à partir de la rentrée prochaine.

Dans un grand nombre de départements, les Conseils généraux ont bien voulu voter des crédits suffisants pour ne laisser aucun des registres scolaires à la charge des instituteurs, et c'est sur les fonds départementaux que la dépense du registre d'appel a été conséquemment prélevée.

Beaucoup de communes, auxquelles leurs ressources le permettaient, ont tenu également à pourvoir leurs Écoles de toutes les fournitures classiques et autres dont les maîtres pouvaient avoir besoin.

Si, sur quelques points, les directeurs de nos Écoles ne devaient pas encore compter sur un pareil concours, ils auraient alors à préparer eux-mêmes des cadres conformes aux modèles officiels, ainsi que les feuilles intercalaires, à moins toutefois qu'ils ne préfèrent recourir aux registres imprimés que l'industrie privée pourra bientôt leur procurer.

En tout cas, je ne manquerai pas de prendre en grande considération les sacrifices que les communes ou les maîtres se seront imposés, lorsque, par exemple, je serai saisi par les administrations municipales de demandes de concessions de cartes géographiques, de globes, de livres de prix ou de bibliothèques, etc.

Vous voudrez bien, Monsieur le Préfet, faire part de ces dispositions à MM. les maires et à MM. les instituteurs. MM. les Inspecteurs primaires veilleront, de leur côté, à ce que le registre d'appel soit constamment tenu à jour dans toutes les Écoles publiques, à partir de la rentrée des classes.

Je vous prierai de m'accuser réception de la présente circulaire et de me faire connaître les mesures qui en assureront l'exécution.

Recevez, etc. *Signé :* JULES FERRY.

---

9 août 1879.

Loi ayant pour objet la Création de nouvelles Écoles normales[1].

9 Août 1879.

ARTICLE 1er. — Tout département devra être pourvu d'une École normale d'instituteurs et d'une École normale d'institutrices, suffisantes pour assurer le recrutement de ses instituteurs communaux et de ses institutrices communales[2].

1. Voir, pour les origines, la proposition de M. Paul BERT, 14 *janvier* 1878 (Tome IV, p. 759). Elle fut l'objet d'un rapport de M. Paul BERT, 1er *avril* suivant, discuté à la Chambre des Députés les 8 *juin* 1878 et 20 *mars* 1879. La résolution, transmise au Sénat, 22 *mars* 1879, y fut l'objet d'un rapport de M. RONJAT, 17 *juillet* 1879 (*Journal officiel* du 29 *juillet* 1879, p. 7680).

Consulter la *Notice historique sur les Écoles normales d'Instituteurs et d'Institutrices*, par M. JACOULET (*Monographies pédagogiques*, t. II, p. 375 à 453, Imp. Natle, 1889).

Consulter aussi *L'Organisation et l'administration matérielle des Ecoles normales*, par M. CLERC (*Ibid.*, p. 457 à 633).

Voir, pour l'application de la loi du 9 *août* 1879, la circulaire interprétative du 12 *août* de la même année aux Préfets (*Circ.*, t. VIII, p. 184).

2. Le décret du 9 *août* 1888 (voir *à sa date*) rend applicables aux trois départements de l'Algérie, à partir de 1888, les articles 1, 2, 3 et 4 de la loi du 9 août 1879.

Ces établissements devront être installés dans le laps de quatre ans, à partir de la promulgation de la présente loi.

Un décret du Président de la République pourra, sur l'avis conforme du Conseil supérieur de l'Instruction publique, autoriser deux départements à s'unir pour fonder et entretenir en commun, soit l'une ou l'autre de leurs Écoles normales, soit toutes les deux. Les départements procéderont, dans ce cas, conformément aux dispositions des articles 89 et 90 de la loi du 10 août 1871 sur les Conseils généraux[1].

ART. 2. — L'installation première et l'entretien annuel des Écoles normales primaires sont des dépenses obligatoires pour les départements.

ART. 3[2]. — Les dépenses de loyer, de mobilier et d'entretien des bâtiments des Écoles normales primaires seront imputées sur les ressources du budget ordinaire, dans les conditions indiquées aux articles 60, § 1, et 61, § 1, de la loi du 10 août 1871.

ART. 4[2]. — Il est pourvu aux dépenses scolaires annuelles des Écoles normales primaires au moyen des centimes spéciaux affectés au service de l'enseignement primaire; l'inscription d'office au budget départemental pourra être faite par le Ministre compétent.

Si ces ressources ne suffisent pas, le Ministre de l'Instruction publique accordera une subvention dans les conditions déterminées par le 4e paragraphe de l'article 40 de la loi du 15 mars 1850.

ART. 5. — Outre les subventions qui pourront leur être accordées pour la construction et l'installation de leurs Écoles normales, en considération de leur situation pécuniaire et de leurs sacrifices, les départements pourront être admis à participer à l'avance de 60 millions indiquée au 2e paragraphe de l'article 1er de la loi[3] instituant la Caisse pour la construction des Écoles.

Les plans et devis des constructions ou des aménagements projetés devront être soumis à l'approbation du Ministre de l'Instruction publique.

Lorsque les demandes d'emprunt auront été reconnues admissibles, les emprunts ne pourront avoir lieu que s'ils sont autorisés conformément aux lois en vigueur.

ART. 6. — Les avances aux départements seront faites pour trente et un ans au plus. Elles seront remboursées à la Caisse pour la construction des Écoles au moyen du versement semestriel d'une somme de 2 fr. 50 par chaque 100 francs empruntés.

1. Amendement de M. BEAUSSIRE.
2. Abrogé par l'article 54 de la loi du 19 *juillet* 1889.
3. Loi du 1er *juin* 1878 (Tome IV, p. 796).

Ce versement, continué pendant soixante-deux semestres, libérera le département en intérêt et amortissement.

Des termes de remboursement plus courts pourront être stipulés. Dans ce cas, les versements semestriels devront être calculés de manière à tenir compte à la Caisse, outre l'amortissement, d'un intérêt fixé à 3 pour 100 l'an.

ART. 7. — Il sera passé, entre la Caisse pour la construction des Écoles et les départements dûment autorisés à contracter des emprunts, des traités particuliers relatant la quotité et les termes d'exigibilité des avances consenties par la Caisse, ainsi que les conditions de remboursement de ces avances.

---

9 octobre 1879.

Arrêté relatif à l'Indemnité de frais de déplacement des Inspecteurs primaires[1].

9 Octobre 1879.

Le Ministre de l'Instruction publique et des Beaux-Arts
Arrête :

L'indemnité de frais de déplacement allouée, en vertu de l'article 11 de l'arrêté du 3 janvier 1851, à tout Inspecteur primaire, qui, sans obtenir de l'avancement, est appelé, dans l'intérêt du service, d'un département dans un autre, est portée de trente à cinquante centimes par kilomètre que le fonctionnaire doit parcourir pour se rendre à son nouveau poste.

Cette indemnité pourra être élevée proportionnellement au nombre des membres de la famille de l'Inspecteur, sans pouvoir jamais excéder un franc par kilomètre.

L'indemnité supplémentaire ne sera accordée que sur la proposition du Recteur.

1. Consulter les documents ci-après :
1° Concernant les *Frais de tournées :*
Circulaire du 21 *octobre* 1879, aux Recteurs, relative à la modification du taux des frais de tournée des Inspecteurs primaires (*Circ.*, t. VIII, p. 212);
— 24 *novembre* 1880, aux Recteurs, relative à la répartition d'un crédit supplémentaire pour les frais de tournées des Inspecteurs primaires (*Ibid.*, p. 409);
Décret du 18 *janvier* 1887 (voir *à sa date*), article 131;
2° Concernant les *Circonscriptions d'Inspection primaire :*
Circulaire du 9 *mars* 1882, aux Recteurs, relative à une enquête sur la situation actuelle des circonscriptions d'inspection primaire (*Circ.*, t. VIII, p. 666);
— 8 *novembre* 1886, aux Recteurs, relative à l'application de l'article 10 de la loi du 30 octobre 1886, sur le nombre et l'étendue des circonscriptions d'inspection primaire (*Circ.*, t. X, p. 5).

Arrêté modifiant le mode et le taux de l'Indemnité à allouer aux Inspecteurs primaires pour leurs frais de tournée[1]. 15 octobre 1879.

15 Octobre 1879.

Le Ministre de l'Instruction publique et des Beaux-Arts
Arrête :

ARTICLE 1er. — A partir du 1er janvier 1880, la distinction en *tournées ordinaires* et *missions extraordinaires*, établie par l'article 1er de l'arrêté du 1er janvier 1862 au point de vue de l'indemnité attribuée aux Inspecteurs primaires pour frais de tournées, sera supprimée.

Cette indemnité sera fixée au taux unique de 10 francs pour chaque jour consacré à l'inspection des Écoles.

ART. 2. — Toute École qui, par suite de circonstances exceptionnelles, n'aurait pas reçu, dans le courant de l'année scolaire, la visite de l'Inspecteur devra être inspectée au commencement de l'année suivante.

ART. 3. — Dans les premiers jours de chaque trimestre, le Préfet du département mettra, à titre d'avance, à la disposition de l'Inspecteur de l'instruction primaire une somme égale aux deux tiers de celle à laquelle les frais de sa tournée trimestrielle seront évalués par l'Inspecteur d'Académie.

Circulaire du Ministre de l'Instruction publique au Vice-Recteur de l'Académie de Paris, relative à l'établissement du Catalogue et à la formation du fonds des Bibliothèques pédagogiques[2]. 4 nov. 1879.

4 Novembre 1879.

Monsieur le Vice-Recteur, le mouvement général et spontané qui s'est produit depuis quelque temps en faveur des *Bibliothèques pédagogiques* prouve à

1. Consulter, pour l'application, les circulaires du 21 *octobre* 1879 et du 24 *novembre* 1880 (*Circ.*, t. VIII, p. 212 et 409).

2. Consulter *Les Bibliothèques scolaires*, par M. Ed. GŒPP, et *Les Bibliothèques pédagogiques*, par M. R. SABATIÉ (*Monographies pédagogiques*, t. III, p. 507 à 527 et 531 à 567, Imp. Natle, 1889).

Voir le *Catalogue des Ouvrages de lecture* publié par le Ministère de l'Instruction publique en 1883 (Imp. Natle).

Consulter les circulaires :

Du 9 *avril* 1879, aux Recteurs, relative à une enquête sur la situation des Bibliothèques pédagogiques (*Circ.*, t. VIII, p. 132);

— 30 *mai* 1879, aux Recteurs, relative à la constitution du Musée pédagogique

quel point le personnel de l'enseignement primaire est désireux de compléter, de fortifier, d'étendre son instruction professionnelle.

Non content d'encourager ces efforts méritoires, de favoriser l'établissement de ces Bibliothèques, d'y rattacher partout les conférences pédagogiques qui en multiplient les bienfaits est en assurent l'efficacité, je me suis empressé de répondre à un vœu fréquemment exprimé, en chargeant quelques-uns des hommes, les plus compétents en cette matière, de dresser une liste des ouvrages principaux qui doivent composer la bibliothèque spéciale de l'instituteur.

Lorsque j'ai placé cette Commission[1] sous votre présidence, Monsieur le Vice-Recteur, je savais d'avance ce que vaudraient ses travaux. Vous m'annoncez qu'un catalogue d'ouvrages formant, pour ainsi dire, le fonds de la pédagogie française, va pouvoir paraître. Je n'attendais que cet avis pour faire un nouvel appel à votre dévouement et à celui de vos collègues de la Commission.

et à la recherche de tous les documents concernant l'histoire de l'enseignement primaire en France (*Ibid.*, p. 155);

Du 10 *juin* 1879, aux Recteurs, relative au choix des livres classiques destinés aux Écoles primaires, et à l'examen des meilleures méthodes dans les conférences pédagogiques (*Ibid.*, p. 162);

— 25 *juin* 1880, aux Recteurs, rappelant les prescriptions relatives à la tenue des bibliothèques populaires des Écoles (*Ibid.*, p. 318);

— 7 *janvier* 1881, aux Préfets, relative à l'envoi d'un nouveau catalogue des bibliothèques populaires des Écoles publiques (*Ibid.*, p. 415);

— 30 *septembre* 1881, aux Préfets, relative au mode de concession de livres aux bibliothèques populaires (*Ibid.*, p. 567);

— 15 *février* 1882, aux Recteurs, relative à l'admission d'ouvrages et d'objets d'enseignement au Musée pédagogique (*Ibid.*, p. 658);

— 24 *décembre* 1884, aux Maires, prescrivant l'estampillage des documents conservés dans les bibliothèques publiques (*Circ.*, t. IX, p. 439);

— 20 *février* 1885, aux Maires, relative aux règlements des bibliothèques municipales (*Ibid.*, p. 463);

— 1er *juin* 1886, aux Préfets, relative au mode d'acquisition de livres pour les bibliothèques populaires des Écoles publiques (*Ibid.*, p. 744);

— 28 *juin* 1886, aux Maires, relative aux Comités d'inspection et d'achats institués près les bibliothèques publiques (*Ibid.*, p. 753);

— 7 *janvier* 1887, aux Recteurs, relative à la publicité à donner aux listes des ouvrages admis pour les bibliothèques scolaires (*Circ.*, t. V, p. 51);

— 21 *mai* 1890, aux Préfets, relative à l'adjudication pour la fourniture aux communes de livres destinés aux bibliothèques scolaires (*Circ.*, t. XI, p. 163);

— 8 *juin* 1891, aux Inspecteurs d'Académie, relative à l'organisation, au Musée pédagogique, d'une exposition permanente de cahiers d'élèves (*Ibid.*, p. 468).

1. La Commission constituée par arrêté du 15 *mai* 1879 était composée, sous la présidence de M. GRÉARD, de MM. BOUTAN, Inspecteur général de l'Instruction publique, Directeur honoraire de l'Enseignement primaire; RAPET, Inspecteur général honoraire de l'Enseignement primaire; BUISSON, Inspecteur général de l'Instruction publique, Directeur de l'Enseignement primaire; BROUARD, Inspecteur général de l'Enseignement primaire; COCHERIS, Inspecteur général de l'Enseignement primaire; LENIENT, Inspecteur de l'Enseignement primaire, délégué dans les fonctions de préfet des études à l'École normale primaire d'instituteurs de la Seine; F. CADET, Inspecteur de l'Enseignement primaire; DE MONTMAHOU, Inspecteur de l'Enseignement primaire; ÉBRARD, Inspecteur de l'Enseignement primaire; BERGER, Inspecteur chargé de la direction du Musée pédagogique; GEORGIN, Inspecteur de l'Enseignement primaire; Maurice GIRARD, professeur au Collège Rollin; E. CADET, chef du 5e bureau de la Direction de l'Enseignement primaire, *Secrétaire*.

A cette première liste des classiques de la pédagogie, je voudrais ajouter une série de documents assurément moins indispensables, mais, à mon sens, très utiles encore.

Je voudrais que le plus modeste de nos instituteurs, fût-il confiné dans le dernier village, n'eût rien à envier aux instituteurs des pays les plus renommés pour leur instruction primaire; qu'il pût profiter, s'il veut s'en donner la peine, de tout ce qui a été dit et fait de meilleur partout où il y a des Écoles; qu'il lui fût donné de recueillir en quelque sorte les leçons des plus éminents pédagogues, non seulement de son temps et de son pays, mais de tous les pays et de tous les temps.

Or, il existe, chez tous les peuples jaloux du progrès de leur instruction populaire, des *Traités de Pédagogie* et d'*Histoire de la Pédagogie*, qui, sous des formes diverses, servent à former l'élite des instituteurs. Ne serait-il pas possible de choisir, avec un soin particulier, dans chaque langue, un ou deux spécimens des meilleurs ouvrages de ce genre, de les faire traduire en les accompagnant des annotations et explications nécessaires, et de les mettre à la disposition de nos élèves-maîtres et de nos instituteurs laborieux, de sorte que rien de ce qui au dehors a été jugé essentiel pour former l'instituteur ne leur fût étranger?

Pour mener à bonne fin ce travail délicat, je charge, sous votre direction, un Comité spécial, qui sera une section de la Commission des bibliothèques pédagogiques, de rechercher et de m'indiquer, après mûr examen, les ouvrages étrangers qui peuvent être considérés comme représentant le mieux, pour chaque peuple, les principes de la pédagogie nationale. Chacun des ouvrages ainsi examinés devra être l'obet d'un rapport écrit. La Commission m'en désignera un, deux au plus, par pays. Quand j'en aurai la liste définitive, j'userai de tous les moyens qui sont en mon pouvoir pour en provoquer la traduction et la publication, que je souhaite de voir faites, autant qu'il sera possible, sous les auspices de la Commission elle-même.

J'attache un très grand intérêt à doter sans retard nos Écoles normales et nos bibliothèques pédagogiques de cet instrument complémentaire d'informations et d'études; je le considère comme pouvant singulièrement stimuler l'esprit pédagogique et développer le goût des fortes études professionnelles qui sont la consécration nécessaire de toute vraie vocation. Je ne crains pas que ce large examen des méthodes étrangères fasse perdre de vue à nos instituteurs les besoins particuliers de leurs Écoles, les humbles nécessités de la pratique journalière; c'est au contraire l'étude comparée des systèmes anciens et modernes, français et étrangers, qui fera justice des utopies et des engouements, tout en secouant la routine et l'indifférence. Ceux qui auront le mieux connu la pédagogie étrangère ne seront pas sans doute les derniers à retenir et à s'approprier toutes les innovations désirables qu'ils auront rencontrées; mais ils seront les premiers à comprendre que le progrès ne consiste pas dans l'imitation aveugle, et que les méthodes françaises, rationnellement perfectionnées, sont toujours les seules en définitive qui conviennent tout à fait aux Écoles françaises.

Je vous serai reconnaissant de vouloir bien me tenir au courant des travaux du Comité, et je vous prie d'agréer, Monsieur le Vice-Recteur, l'assurance de ma considération la plus distinguée.

Signé : JULES FERRY.

10 nov. 1879.

Arrêté relatif à la publication des Rapports d'Inspection générale (Enseignement primaire et Salles d'asile)[1].

10 Novembre 1879.

Le Ministre de l'Instruction publique et des Beaux-Arts,

Considérant que la loi de finances du 29 décembre 1876, en portant à huit le nombre des Inspecteurs généraux de l'enseignement primaire, a eu principalement en vue d'assurer à tous les départements, pour leurs Écoles normales et pour une partie de leurs Écoles primaires, la visite annuelle de l'inspection générale;

Considérant qu'il importe de faire profiter le public, le plus largement possible, des observations et des conseils auxquels donne lieu cette visite annuelle;

Considérant que les rapports dans lesquels se résument les impressions et les jugements de MM. les Inspecteurs généraux se divisent, d'après l'usage établi, en trois séries de documents : 1° un rapport d'ensemble sur l'état de l'instruction primaire dans le département; 2° un certain nombre de rapports spéciaux sur les Écoles normales, primaires supérieures et primaires des deux sexes; 3° des notices confidentielles sur les fonctionnaires chargés de l'inspection dans le département et de l'enseignement;

Que, si les documents de la seconde et de la troisième série sont, par leur nature même, destinés à garder un caractère absolument incompatible avec la publicité, il n'en est pas de même du rapport d'ensemble, puisque ce rapport, tout en ne traitant que de la situation générale du département, signale soit par l'éloge, soit par la critique, un certain nombre de points de fait ou de doctrine qui intéressent au plus haut degré l'opinion publique dans le département et même au dehors;

Que, d'ailleurs, la publication de ces rapports, si elle a lieu périodiquement, est l'un des moyens les plus propres à stimuler tout ensemble et à éclairer le zèle de tous ceux qui, dans l'administration, dans l'enseignement, ou dans les conseils publics, concourent au développement de l'instruction populaire;

Que les considérations qui précèdent s'appliquent avec plus de force peut-être aux rapports de Mmes les déléguées générales pour l'inspection des salles d'asile, puisque ces établissements, ayant

1. Voir le Rapport de M. le Directeur de l'Enseignement primaire, en date du 5 *février* 1880, sur le service de l'Inspection générale (*Bull. adm.*, 1880, t. XXIII, p. 143).

jusqu'ici le caractère facultatif, ne peuvent attendre leur prospérité et leur développement que de l'opinion publique et du zèle intelligent des administrations communales,

Arrête :

ARTICLE 1er. — Il sera publié, chaque année, par les soins du Ministère de l'Instruction publique, un volume contenant, pour chaque département : 1° les rapports d'ensemble de MM. les Inspecteurs généraux de l'enseignement primaire ; 2° ceux de Mmes les déléguées générales à l'inspection des salles d'asile.

ART. 2. — Ce volume, publié par les soins de l'Imprimerie nationale, sera tiré à deux mille exemplaires et mis à la disposition du Parlement, des autorités départementales et de la presse.

ART. 3. — Le premier volume contiendra exceptionnellement, soit *in extenso*, soit par extraits, les rapports des années 1878 et 1879[1].

1. Voir ces rapports, avec note préliminaire (in-8° jésus, 1881, Imp. Natle).
Consulter sur la situation de l'enseignement primaire l'ensemble des documents suivants :

Circulaire du 1er *juillet* 1879, aux Inspecteurs d'Académie, relative à la situation de l'enseignement primaire et aux vœux émis par les Conseils généraux (*Circ.*, t. VIII, p. 169) ;

— 20 *août* 1879, aux Inspecteurs d'Académie, relative à l'établissement des états de situation des Écoles primaires publiques et des salles d'asile (*Ibid.*, p. 188) ;

Décret du 14 *février* 1880, avec notes en renvoi (ci-après, *à sa date*) ;

— 15 *janvier* 1881, avec notes en renvoi (ci-après, *à sa date*) ;

Circulaire du 30 *mai* 1884, aux Préfets, relative à l'enquête générale sur la situation matérielle de l'enseignement primaire en France (*Circ.*, t. IX, p. 381) ;

— 17 *juillet* 1885, aux Inspecteurs primaires, relative à la rédaction des états de situation des Écoles primaires publiques pour l'année scolaire 1884-85 (*Ibid.*, p. 508) ;

Rapport du 24 *février* 1887, de M. BUISSON au Ministre de l'Instruction publique, sur la Statistique des élèves sortis des Écoles primaires supérieures en 1885-1886 ;

Circulaire du 12 *mai* 1887, aux Préfets, relative aux recherches de documents concernant l'histoire de l'enseignement primaire en France (*Circ.*, t. X, p. 121) ;

— 10 *janvier* 1889, aux Préfets, relative à une statistique des laïcisations scolaires et à leurs résultats (*Ibid.*, p. 375) ;

Rapport du 5 *juin* 1889, du Ministre de l'Instruction publique au Président de la République, relatif à la Statistique quinquennale de l'Enseignement primaire (*Bull. adm.*, 1889, t. XLV, p. 459, et fascicule de 181 pages, grand in-8°, Imp. Natle, 1891) ;

Circulaire du 15 *mai* 1896, aux Inspecteurs d'Académie, relative à l'Annuaire de l'enseignement primaire élémentaire (*Bull. adm.*, 1896, t. LIX, p. 565).

14 nov. 1879.

Arrêt du Conseil d'État annulant un Crédit d'office, inscrit au Budget communal.

14 Novembre 1879.

Un Conseil municipal s'est pourvu en Conseil d'État, à l'effet d'obtenir l'annulation d'un arrêté par lequel le Préfet du département, sur le refus dudit Conseil de voter une somme destinée à augmenter le traitement des Frères dirigeant l'École publique, avait inscrit d'office cette dépense au budget de la ville.

Le Conseil d'État a considéré que, si l'autorité départementale doit inscrire d'office au budget communal le montant d'une dépense *obligatoire* non votée, cette inscription, aux termes de l'article 29 de la loi du 18 juillet 1837, ne peut avoir lieu qu'après que le Conseil municipal a été mis en demeure de délibérer de nouveau. Or, dans l'espèce, le Préfet a bien appelé le Conseil municipal à délibérer sur une réclamation du supérieur général de l'Institut des Écoles chrétiennes, relative au taux du traitement des frères de l'École publique, mais sans avertir que la dépense était réclamée par l'administration comme *obligatoire*, et, sur le refus du Conseil de la voter, le Préfet l'a inscrite au budget communal sans provoquer une nouvelle délibération. Les formalités prescrites par la loi n'ont donc pas été remplies. En conséquence, le Conseil d'État, statuant au contentieux, a, dans sa séance du 14 novembre 1879, prononcé l'annulation de l'arrêté pour excès de pouvoir.

---

22 nov. 1879.

Circulaire relative à l'Instruction à donner aux Enfants employés dans les Manufactures[1].

22 Novembre 1879.

Monsieur le Préfet, M. le Ministre de l'Agriculture et du Commerce vient d'appeler mon attention sur de nombreuses irrégularités qui se commettent dans l'application de la loi du 19 mai 1874, sur le travail des enfants mineurs employés dans les manufactures, en ce qui concerne le service de l'enseignement primaire. Les instructions contenues dans les circulaires ministérielles de mes honorables prédécesseurs, en date des 20 juillet 1875 et 20 février 1877[2],

1. Voir la loi du 19 *mai* 1874 (Tome IV, p. 519).
Consulter les circulaires :
Du 28 *juillet* 1880, aux Préfets, relative au certificat d'études à délivrer aux enfants employés dans les manufactures (*Circ.*, t. VIII, p. 336);
— 27 *janvier* 1881, aux Recteurs, relative à la désignation des autorités scolaires compétentes pour délivrer le certificat d'études primaires et le certificat d'instruction élémentaire exigé des enfants mineurs employés dans les manufactures (*Ibid.*, p. 429);
— 20 *mai* 1882, aux Préfets, relative à la délivrance des certificats d'instruction élémentaire prescrits par la loi sur le travail des enfants mineurs dans les manufactures (*Circ.*, t. IX, p. 43);
— 16 *décembre* 1885 (Ministre du Commerce), relative à l'inspection du travail des enfants employés dans les manufactures (*Rec. des L. et A.*, 1885, p. 1210);
— 3 *mars* 1897 (*Bull. adm.*, 1897, t. LXI, p. 296).

2. *Circ.*, t. VII, p. 490 et 651.

sont généralement mal appliquées et quelquefois même absolument inconnues.

La plupart des certificats d'instruction exigés par l'article 9 de ladite loi sont incomplets, sans uniformité de rédaction, souvent délivrés avec trop d'indulgence, et ne répondent nullement aux exigences de la loi.

En outre, contrairement aux prescriptions formelles de l'article précité, un grand nombre de ces certificats ne sont pas visés par les maires.

Vous ne sauriez méconnaître, Monsieur le Préfet, que ces infractions aux règlements présentent les inconvénients les plus sérieux.

Aussi, pour remédier à un tel état de choses, ai-je cru devoir arrêter, de concert avec mon collègue M. le Ministre de l'Agriculture et du Commerce, un type de certificat à délivrer par les instituteurs et les inspecteurs primaires.

J'ai l'honneur de vous l'adresser, en vous priant de vouloir bien veiller à ce que tous les certificats soient dressés conformément à ce modèle.

Je crois devoir vous rappeler, en même temps, les instructions contenues dans les circulaires du 20 juillet 1875 et du 20 février 1877, dont il est regrettable que toutes les prescriptions n'aient pas été scrupuleusement suivies.

Vous voudrez bien m'accuser réception de la présente circulaire, et me faire connaître les mesures que vous aurez cru devoir prendre.

Recevez, etc.

Signé : JULES FERRY.

Modèle annexé à la circulaire du 22 novembre 1879.

Je soussigné institut publ à
déclare que l jeune né le à ,
a fréquenté l'École que je dirige, du au et qu' a subi avec succès l'examen exigé sur l'ensemble des matières indiquées dans le paragraphe 1er de l'art. 23 de la loi du 15 mars 1850, modifié conformément à l'avis de la Commission supérieure du travail des enfants et des filles mineures employés dans l'industrie, c'est-à-dire qu' a mérité :

Pour l'instruction morale et religieuse, la note . . . .
Pour la lecture . . . .
Pour l'écriture . . . .
Pour les éléments de l'arithmétique (3 premières règles) . .
Pour la connaissance pratique du système métrique . . . .

En foi de quoi j'ai délivré le présent certificat.

A , le 18 .

Vu : *Signature :*

Le Maire d

Circulaire du Ministre de l'Instruction publique, relative aux Conditions exigées des Étrangers pour être admis à enseigner en France. 26 nov. 1879.

26 Novembre 1879.

Monsieur le Recteur, le décret du 5 décembre 1850 exige, de l'étranger qui sollicite l'autorisation d'exercer des fonctions de surveillance ou d'enseignement dans une institution secondaire libre, la production d'un certificat de jouissance des droits civils en France. D'après une instruction ministérielle du 7 juin 1851, interprétative d'une circulaire du 14 mai précédent, ce certificat semblerait pouvoir être suppléé, en ce qui concerne les ecclésiastiques, *par la permission régulièrement obtenue d'exercer leur ministère ou par toute autre délégation authentique;* mais dans sa session du mois de juillet 1863, le Conseil supérieur de l'Instruction publique a décidé, à propos d'une affaire particulière, que l'instruction précitée devait être considérée comme nulle et non avenue, attendu qu'elle ne pouvait faire échec au décret-loi organique du 5 décembre 1850. J'ai l'honneur de vous faire connaître cette décision, qui n'a pas été publiée, sans doute par oubli.

Recevez, etc.

Signé : JULES FERRY.

---

6 déc. 1879. **Rapport[1] présenté à la Chambre des Députés, au nom de la Commission[2] chargée d'examiner la Proposition de loi de M. Barodet et de plusieurs de ses collègues sur l'Instruction primaire, par M. Paul Bert, député.**

6 Décembre 1879.

. . . .

Propositions de loi renvoyées à l'examen de la Commission.

Vous avez renvoyé à notre examen un certain nombre de projets de loi présentés par le Gouvernement, propositions émanant de l'initiative de nos collègues. Nous allons vous en rendre compte brièvement en les passant en revue par ordre chronologique :

a) Proposition de loi déposée par M. Talandier et un grand nombre de nos collègues, ayant pour objet « d'assurer la liberté de conscience dans les Écoles et les examens ».

Nous donnons toute satisfaction à la partie de la proposition de loi de notre honorable collègue qui a rapport à l'enseignement primaire. Pour les autres ordres d'enseignement, nous avons cru devoir ne pas nous en occuper ici, et nous en ferons l'objet d'un rapport spécial.

b) Projet de loi sur « la nomination des instituteurs » présenté par M. Bardoux, Ministre de l'Instruction publique.

1. Voir ce rapport *in extenso* au *Journal officiel* des 10, 11, 12, 14 *février* 1880, p. 1516, 1557, 1625, 1711.

Consulter, pour les origines du projet, la proposition de M. BARODET, en date du 1er *décembre* 1877 (Tome IV, p. 726 et suiv.).

Consulter le projet de loi de M. J. FERRY, 20 *mai* 1879, ci-dessus, p. 54.

2. Cette Commission était composée de MM. BERT (Paul), *Président;* LOCKROY, *Secrétaire;* NOIROT, BLANC (Louis), BRICE (René), LACRETELLE (DE), CHALAMET, BARODET, BOUSQUET, CONSTANS, ALLEMAND, SPULLER, DETHOU, ALLÈGRE, PARRY, CANTAGREL, FLOQUET, DRUMEL, ARMEZ, DESCHANEL, DUVAUX, BOYSSET.

Ce projet transporte au Recteur les attributions déférées actuellement aux Préfets, pour tout ce qui touche au personnel et à la discipline de l'enseignement primaire.

Nous avons dit plus haut comment, tout en acceptant le principe de ce projet de loi, quant au rôle attribué à l'autorité préfectorale, c'est au Directeur départemental, et non au Recteur, que nous avons cru devoir transférer l'administration de l'enseignement primaire. Ce projet, du reste, n'a pas été maintenu par le Gouvernement actuel.

c) Proposition de loi présentée par M. Chalamet, relative à « la création d'une École pédagogique destinée à former un personnel féminin pour l'enseignement et la direction des Écoles normales d'institutrices ».

Cette proposition a été extraite par nous de la loi d'ensemble. Un rapport spécial vous a été présenté, et la loi a déjà été votée en première lecture.

d) Projet de loi relatif « à la création d'un Musée pédagogique et d'un Bureau central de statistique scolaire », présenté par M. Bardoux, Ministre de l'Instruction publique.

Sur nos observations, le Gouvernement a organisé ces divers services par voie de décrets, après avoir obtenu par la loi de finances les ressources nécessaires pour les faire fonctionner (*Décret du* 13 *mai* 1879).

e) M. Le Provost de Launay (Côtes-du-Nord) a présenté une proposition ayant pour objet « l'abrogation de l'article 6 de la loi du 10 avril 1867, sur l'enseignement primaire ». Cet article est relatif au traitement des instituteurs adjoints, auquel il permet de consacrer une partie du produit de la rétribution scolaire.

Comme nous vous demandons de supprimer celle-ci et d'établir la gratuité absolue, nous n'avons pas à examiner ce qu'il peut y avoir de bien fondé dans la proposition de notre honorable collègue.

f) Une réponse analogue doit être faite à la proposition de MM. de Colbert-Laplace et Flandrin qui demandent sous certaines réserves que le temps passé par les instituteurs dans les fonctions d'adjoint leur soit compté pour l'avancement de classe. La position des instituteurs adjoints étant complètement modifiée par notre projet de loi, cette disposition n'aurait plus sa raison d'être. Ajoutons que l'organisation nouvelle donne toute satisfaction aux intentions qui avaient inspiré la proposition de nos honorables collègues.

g) Proposition de loi de M. Labuze et plusieurs de nos collègues, ayant pour objet « l'enseignement de l'Hygiène dans les Écoles primaires ».

Nous donnons satisfaction à cette proposition par notre article relatif aux programmes.

h) Projet de loi relatif « à l'organisation de l'Enseignement primaire supérieur », déposé par M. Bardoux, Ministre de l'Instruction publique.

Ce projet, assez notablement différent du nôtre, n'a pas été repris par le successeur de M. Bardoux.

i) Il en est de même du projet de loi déposé par le même Ministre « sur l'enseignement primaire obligatoire ». Du reste, notre proposition atteint le même but; il est vrai que les moyens diffèrent. Ainsi, par exemple, les conditions du service militaire sont aggravées pour le conscrit qui ne sait ni lire ni écrire. Nous avons dit pourquoi nous n'avions pas admis cet ordre de pénalités.

j) Projet de loi relatif « aux titres de capacité exigés pour l'enseignement primaire », déposé par M. Jules Ferry, Ministre de l'Instruction publique.

Ce projet de loi, qui supprime toutes les équivalences au brevet d'instituteur et les dispenses particulières établies par la loi de 1850, est inspiré par les mêmes sentiments qui nous avaient déjà dicté les dispositions inscrites dans notre proposition de loi. Nous lui donnons, sauf quelques détails secondaires, pleine et entière satisfaction. Il y a plus, l'abolition du privilège de la lettre d'obédience nous a semblé présenter une telle urgence, que nous avons cru devoir détacher de notre proposition les articles qui correspondent au projet ministériel, pour vous les présenter sous forme d'une loi spéciale, dont le vote pourra avoir lieu dans un bref délai.

k) Proposition de loi présentée par M. Bourgeois, relative « à l'inspection et à la surveillance des Écoles ».

Notre honorable collègue demande que les conseillers généraux et les conseillers d'arrondissement fassent partie des délégations cantonales.

Notre article 85 consacre ce principe.

Projet de loi.

TITRE Ier. — Dispositions générales.

CHAPITRE Ier. — DE L'INSTRUCTION PRIMAIRE ET DES ÉCOLES.

ARTICLE 1er. — L'instruction primaire est donnée :

1° Dans les Écoles enfantines;

2° Dans les Écoles primaires proprement dites;

3° Dans les Écoles primaires supérieures.

Ces Écoles peuvent être ou publiques, c'est-à-dire fondées et entretenues par les communes, les départements ou l'État, ou privées, c'est-à-dire fondées et entretenues par des particuliers ou des associations.

Les salles d'asile actuelles prendront le titre d'Écoles enfantines, et seront soumises aux conditions exigées de celles-ci par la présente loi.

ART. 2. — L'enseignement dans les Écoles enfantines comprend :

L'instruction morale;

La lecture et l'écriture des mots et des nombres;

Des leçons de choses;

Des exercices élémentaires de chant et de gymnastique.

ART. 3. — L'enseignement dans les Écoles primaires proprement dites comprend :

L'instruction morale et civique;

La lecture et l'écriture;

La langue et les éléments de la littérature française;

La géographie, particulièrement celle de la France;

L'histoire, particulièrement celle de la France jusqu'à nos jours;

Quelques notions usuelles de droit et d'économie politique;

Les éléments des sciences naturelles, physiques et mathématiques; leurs applications à l'agriculture, à l'hygiène, aux arts industriels; travaux manuels et usage des outils des principaux métiers;

Les éléments du dessin, du modelage et de la musique;

La gymnastique;

Pour les garçons, les exercices militaires;

Pour les filles, les travaux à l'aiguille.

ART. 4. — L'enseignement dans les Écoles primaires supérieures comprend le développement des matières de l'enseignement primaire.

ART. 5. — L'enseignement d'une langue vivante au moins, obligatoire dans les Écoles primaires supérieures, peut être donné dans les Écoles primaires et les Écoles enfantines.

CHAPITRE II. — DES BREVETS D'INSTITUTEUR.

ART. 6. — Il est institué trois sortes de brevets :

Le brevet de maîtresse d'École enfantine;

Le brevet d'instituteur du premier degré, ou brevet *élémentaire;*

Le brevet d'instituteur du second degré, ou brevet *supérieur*.

Ces brevets sont obtenus après examens publics portant, suivant le degré, sur les matières de l'enseignement des Écoles enfantines, primaires ou primaires supérieures, et sur les théories et les exercices pratiques de la pédagogie.

ART. 7. — Les directrices et adjointes des Écoles enfantines doivent être munies du brevet de maîtresse d'École enfantine.

Les instituteurs et institutrices, directeurs et adjoints et les institutrices adjointes dans les Écoles primaires supérieures, doivent être munis du brevet élémentaire.

Les directeurs et directrices des Écoles primaires supérieures doivent être munis du brevet supérieur.

TITRE II. — **De l'Obligation de l'Instruction primaire.**

CHAPITRE Ier. — DES CONDITIONS DE L'OBLIGATION.

ART. 8. — L'instruction primaire est obligatoire pour les enfants des deux sexes, âgés de six ans révolus à treize ans révolus. Elle est donnée soit dans les Écoles publiques, soit dans les Écoles privées, soit dans les familles, par le père de famille lui-même ou par toute personne qu'il aura choisie.

ART. 9. — Il est institué un certificat d'études primaires et un certificat d'études primaires supérieures; ils sont décernés après un examen public, auquel pourront se présenter, pour le premier de ces certificats, les enfants dès l'âge de douze ans.

Ceux qui, à cet âge, auront obtenu le certificat d'études primaires seront dispensés de la dernière année de scolarité obligatoire.

ART. 10. — Le père, le tuteur, la personne qui a la garde de l'enfant, le patron chez qui l'enfant est placé, devra, quinze jours au moins avant l'époque de la rentrée des classes, faire savoir au maire de sa commune s'il entend faire donner à l'enfant l'instruction dans la famille ou dans une École publique ou privée; dans ces deux derniers cas, il indiquera l'École choisie.

ART. 11. — Chaque année, le maire dresse, d'accord avec la Commission municipale scolaire, la liste de tous les enfants âgés de six à treize ans, et avise les personnes qui ont charge de ces enfants de l'époque de la rentrée des classes.

En cas de non-déclaration, quinze jours avant l'époque de la rentrée, de la part des parents et autres personnes responsables, il inscrit d'office l'enfant à l'une des Écoles publiques, et en avertit la personne responsable.

Huit jours avant la rentrée des classes, il remet aux directeurs d'Écoles publiques et privées la liste des enfants qui doivent suivre leurs Écoles. Un double de ces listes est adressé par lui à l'Inspecteur primaire.

ART. 12. — Lorsqu'un enfant quitte l'École, les parents ou les personnes responsables doivent en donner immédiatement avis au maire, et indiquer de quelle façon l'enfant recevra l'instruction à l'avenir.

ART. 13. — Les directeurs d'Écoles publiques ou privées doivent, à la fin de chaque mois, adresser au maire et à l'Inspecteur primaire la liste des enfants qui ont manqué l'école, ainsi que de ceux qui l'ont quittée, avec l'indication du nombre et des motifs des absences.

Ne seront considérées comme valables que les excuses admises par la Commission municipale scolaire.

ART. 14. — Tout directeur d'École privée qui ne se sera pas conformé aux prescriptions de l'article précédent, sera déféré par le maire ou par le directeur départemental au Conseil départemental, qui pourra prononcer la peine de la suspension pour un mois au plus, et, en cas de récidive dans l'année scolaire, pour trois mois au plus.

CHAPITRE II. — DES SANCTIONS DE L'OBLIGATION.

ART. 15. — Les enfants qui reçoivent l'instruction dans la famille doivent, pendant l'âge de scolarité, subir un examen à la fin de chaque année, dans des formes et suivant des programmes qui seront déterminés par arrêtés ministériels.

Si les deux premiers examens ou l'un quelconque des examens subséquents sont jugés insuffisants, et qu'aucune excuse ne soit admise par la Commission d'examen, les parents seront mis en demeure d'envoyer leur enfant dans une École publique ou privée, dans la huitaine de la notification, et de faire savoir au maire quelle École ils ont choisie.

ART. 16. — Lorsqu'un enfant se sera absenté trois fois de l'École pendant le cours d'un mois, sans justification admise par la Commission municipale scolaire, le père, le tuteur ou la personne responsable sera mandé dans la salle des actes de la mairie devant ladite Commission, qui lui rappellera le texte de la loi et lui expliquera son devoir.

En cas de non-comparution, sans justification admise, la Commission appliquera la peine énoncée dans l'article suivant.

La même peine sera appliquée aux personnes qui n'auront pas obtempéré aux prescriptions de l'article 12.

ART. 17. — En cas de récidive dans les douze mois qui suivront la première infraction, la Commission municipale scolaire ordonnera l'inscription pendant quinze jours ou un mois, à la porte de la mairie, des nom, prénoms et qualités de la personne responsable, avec indication du fait relevé contre elle.

ART. 18. — En cas d'une nouvelle récidive, le juge de paix sera saisi par une plainte, soit de la Commission municipale scolaire, soit de l'Inspecteur primaire. L'infraction sera punie comme une simple contravention. Les dispositions de l'article 463 du Code pénal sur les circonstances atténuantes pourront être appliquées.

ART. 19. — Les parents qui n'auraient pas obtempéré aux injonctions de l'article 15, encourront les pénalités établies par l'article 18, et l'enfant sera inscrit d'office par le maire à l'une des Écoles publiques de la commune.

TITRE III. — **Des Écoles publiques.**

CHAPITRE Ier. — DE L'ÉTABLISSEMENT ET DU FONCTIONNEMENT DES ÉCOLES PUBLIQUES.

§ 1er. — *De l'Enseignement dans les Écoles publiques.*

ART. 20. — Les programmes d'enseignement et les règlements des Écoles publiques seront établis par arrêtés ministériels délibérés en Conseil supérieur de l'Instruction publique. Ces arrêtés détermineront l'étendue et la nature des modifications que pourront apporter à ces programmes et à ces règlements les Conseils départementaux.

ART. 21. — Un enseignement professionnel approprié aux besoins et aux ressources des localités sera donné dans les Écoles primaires supérieures.

ART. 22. — L'enseignement religieux sera donné, au gré des parents, par les ministres des différents cultes, en dehors des bâtiments scolaires, aux heures qu'un règlement, rendu par le Directeur départemental, le Conseil départemental entendu, laissera libres dans ce but.

§ 2. — *De l'établissement des diverses sortes d'Écoles publiques.*

ART. 23. — Toute commune devra être pourvue au moins d'une École primaire.

Cependant le Conseil départemental peut autoriser une commune à se réunir à une ou à plusieurs communes voisines pour l'entretien d'une École primaire.

Les communes de 500 habitants et au-dessus devront posséder au moins une École primaire pour les garçons et une pour les filles.

Cependant le Conseil départemental pourra, sur la demande du Directeur départemental, autoriser une commune de plus de 500 habitants à conserver une École mixte quant au sexe.

Des Écoles de hameau, mixtes quant au sexe, devront être créées partout où le Conseil départemental les déclarera nécessaires et possibles. La circonscription de ces Écoles pourra s'étendre sur plusieurs communes.

ART. 24. — Une École primaire supérieure pour chaque sexe devra être établie dans chaque canton, dans les communes que déterminera le Conseil départemental.

Sont dispensés les cantons où seront organisés des établissements publics d'enseignement secondaire pour les filles, et où l'enseignement secondaire spécial est donné dans les Lycées et Collèges publics de garçons.

Une École enfantine devra être établie dans chaque commune comptant 2 500 âmes. Le Conseil départemental pourra dispenser de cette obligation les communes dont la population serait trop disséminée.

ART. 25. — En Algérie, l'établissement des Écoles primaires supérieures et des Écoles enfantines sera obligatoire dans les communes comptant plus de 1 500 habitants européens.

ART. 26. — L'École primaire recevra les enfants à partir de l'âge de cinq ans dans les communes où elle existera seule, et à partir de l'âge de six ans dans celles où existera une École enfantine publique.

L'École enfantine recevra les enfants des deux sexes jusqu'à l'âge de six ans.

L'École primaire supérieure recevra, à partir de l'âge de douze ans, les enfants qui seront pourvus du certificat d'études primaires institué par l'article de la présente loi.

Le Conseil départemental pourra, après avis du Conseil municipal, autoriser un directeur d'École primaire à recevoir des élèves internes en nombre déterminé, et dans des conditions déterminées.

ART. 27. — Les Écoles enfantines et les Écoles primaires et primaires supérieures de filles, les Écoles primaires mixtes quant au sexe, seront dirigées par des femmes.

Les Écoles primaires et primaires supérieures de garçons seront dirigées par des hommes.

Dans les Écoles primaires de garçons, les femmes pourront être admises à enseigner à titre d'adjointes, sous la condition d'être épouse, sœur ou parente en ligne directe du directeur de l'École.

ART. 28. — Il devra, en outre, être établi, dans toutes les Écoles, des cours destinés aux adultes, roulant sur les matières de l'enseignement primaire, et faits par les instituteurs et institutrices primaires.

CHAPITRE II. — DU PERSONNEL ENSEIGNANT.

§ 1er. — *Des Conditions requises pour enseigner.*

ART. 29. — Les fonctionnaires enseignants de l'enseignement primaire public doivent :

1° Être Français ;

2° Être munis de brevets de capacité, dans les conditions déterminées par les articles 7 et 41 de la présente loi ;

3° N'appartenir à aucun ordre, institut, communauté, congrégation, et, généralement, à aucune association religieuse ; n'être ministre d'aucun culte.

ART. 30. — Toute fonction administrative, toute profession commerciale et industrielle est interdite aux instituteurs et institutrices publics et directrices des salles d'asile.

§ 2. — *De la nomination des Instituteurs.*

ART. 31. — Les instituteurs, institutrices et maîtresses d'Écoles enfantines sont nommés par le Directeur départemental.

ART. 32. — Les instituteurs, institutrices et maîtresses d'Écoles enfantines, munis de leurs brevets, ne peuvent être nommés, à titre définitif, qu'après un stage de deux ans au moins accompli dans une École publique ; ils sont alors dits titulaires.

Pendant la durée du stage, ils peuvent être changés de résidence par le Directeur départemental ; le renvoi ne peut être prononcé que par le Directeur départemental, les Inspecteurs et les Inspectrices primaires, réunis en Conseil, l'instituteur stagiaire ayant été entendu ou dûment appelé.

ART. 33. — Les instituteurs stagiaires devront être âgés de dix-huit ans accomplis ; les institutrices stagiaires, de dix-sept ans accomplis ; les directeurs et directrices d'Écoles primaires et primaires supérieures, les directrices d'Écoles enfantines, de vingt et un ans accomplis.

ART. 34. — Les instituteurs titulaires, les institutrices titulaires et les maîtresses titulaires d'Écoles enfantines sont répartis en quatre classes.

Ceux qui sont actuellement en exercice conserveront la classe à laquelle ils appartiendront lors de la promulgation de la présente loi.

Un tableau d'avancement, dressé chaque année par le Directeur départemental et les Inspecteurs et les Inspectrices primaires, réunis en Conseil, sera publié dans le Bulletin scolaire du département.

Les promotions de classe, qui peuvent être faites sur place, n'auront lieu qu'au bout de quatre années d'exercice dans la classe inférieure.

Les directrices d'Écoles enfantines, munies du brevet d'institutrice, pourront être nommées institutrices avec la classe qu'elles avaient comme directrices.

Les institutrices pourront, si elle prennent le brevet de maîtresse d'École enfantine, être nommées directrices avec la classe qu'elles avaient comme institutrices.

§ 3. — *Des Récompenses.*

ART. 35. — Les fonctionnaires enseignants publics peuvent recevoir des récompenses consistant en mention honorable, médaille de bronze et médaille d'argent.

Un arrêté ministériel déterminera les conditions dans lesquelles ces récompenses pourront être accordées.

§ 4. — *Des Peines disciplinaires.*

ART. 36. — Les peines disciplinaires applicables aux fonctionnaires enseignants titulaires sont :

1° La réprimande simple;

2° La réprimande devant le Conseil départemental;

3° La rétrogradation de classe;

4° La suspension, pendant deux mois au plus, avec privation partielle ou totale du traitement;

5° La révocation.

ART. 37. — La réprimande simple et la réprimande devant le Conseil départemental sont prononcées par le Directeur départemental.

La suspension est infligée par le Directeur départemental, le fonctionnaire entendu ou dûment appelé.

La rétrogradation de classe et la révocation sont prononcées par le Directeur départemental, après avis motivé du Conseil départemental, le fonctionnaire inculpé ayant le droit de comparaître devant le Conseil et d'obtenir au préalable communication des pièces du dossier.

ART. 38. — Le fonctionnaire révoqué peut en appeler devant un tribunal siégeant au chef-lieu de l'Académie, sous la présidence du Recteur, et composé de deux professeurs des Facultés des sciences, des lettres, de médecine ou de droit, et de deux professeurs des Lycées, désignés chaque année par le Ministre de l'Instruction publique.

CHAPITRE III. — DES ÉCOLES NORMALES PRIMAIRES.

ART. 39. — Tout département est tenu de créer et d'entretenir une École normale d'instituteurs et une École normale d'institutrices suffisantes pour assurer le recrutement de ses instituteurs et de ses institutrices, dans les conditions indiquées par la loi du 9 août 1879.

A chaque École normale sera annexée une École primaire où les cours seront faits par les élèves de l'École normale.

Des arrêtés ministériels détermineront les villes dans lesquelles devront être établis des cours destinés à préparer des directrices d'Écoles enfantines.

ART. 40. — L'enseignement dans les Écoles normales comprend les matières exigées pour l'obtention du brevet supérieur, développées au double point de vue théorique et pédagogique.

Il y sera ajouté une étude de la législation de l'instruction primaire.

ART. 41. — Les professeurs de l'École normale doivent être munis du brevet d'instituteur du degré supérieur ou d'un diplôme de bachelier.

Des cours spéciaux pourront être faits dans l'établissement, avec l'autorisation du Recteur, par des personnes étrangères à l'École, lorsque les besoins de l'enseignement l'exigeront.

ART. 42. — Toute École normale est administrée par un directeur ou une directrice, ayant sous ses ordres un économe, agent comptable.

Les directeurs et directrices doivent être munis du brevet d'instituteur du degré supérieur, ou du diplôme de bachelier, et avoir exercé pendant cinq ans au moins dans l'enseignement public.

ART. 43. — Les directeurs, les directrices, les professeurs sont nommés par le Ministre de l'Instruction publique; ils peuvent être révoqués après avis du Conseil supérieur.

Les économes sont nommés par le Ministre de l'Instruction publique et révocables par lui.

Les directeurs et directrices, les économes et les professeurs sont divisés en trois classes.

ART. 44. — Dans une École normale de chaque sexe par Académie seront établis des cours spéciaux, durant une année au moins, et destinés particulièrement à former des professeurs d'Écoles normales et des Inspecteurs et Inspectrices primaires.

Ne seront admis à suivre ces cours que les instituteurs et institutrices munis du brevet supérieur et ayant déjà exercé pendant un an au moins dans une École primaire publique.

Ces cours constitueront, à Paris, deux Écoles spéciales prenant le titre d'Écoles supérieures pédagogiques.

ART. 45. — Des règlements, délibérés en Conseil supérieur de l'Instruction publique, détermineront les programmes de l'enseignement, ceux des concours, les conditions d'âge exigées des concurrents, la discipline intérieure des Écoles normales.

CHAPITRE IV. — DE LA GRATUITÉ ET DES DÉPENSES DE L'ENSEIGNEMENT PRIMAIRE PUBLIC.

§ 1er. — *De la Gratuité.*

ART. 46. — L'enseignement est gratuit dans les trois ordres d'Écoles primaires publiques et dans les Écoles normales primaires.

L'entretien est également gratuit dans les Écoles normales primaires pour les élèves nécessaires au recrutement du service départemental.

Les élèves boursiers pourront être externes.

§ 2. — *Du Traitement des Instituteurs.*

ART. 47. — Le traitement des instituteurs stagiaires est de 800 à 900 fr.;

Celui des instituteurs et des institutrices titulaires, et des directrices d'Écoles enfantines :

De 4e classe est de 1 000 à 1 200 fr.

De 3e classe est de 1 300 à 1 500 fr.

De 2e classe est de 1 600 à 1 800 fr.

De 1re classe est de 1 900 à 2 200 fr.

avec, en Algérie, le quart colonial en sus.

Ces divers traitements seront augmentés de 300 fr. pour les directeurs et directrices d'Écoles primaires supérieures.

L'obtention du brevet supérieur donne lieu à une augmentation de traitement de 200 fr.

ART. 48. — Une indemnité fixée par le Ministre de l'Instruction publique, après avis du Conseil départemental, sera accordée annuellement aux instituteurs et institutrices dirigeant une classe d'adultes.

ART. 49. — L'obtention de la médaille d'argent entraînera une allocation supplémentaire et viagère de 100 fr. Cette allocation sera caduque en cas de révocation ou de démission, à moins que la démission ne soit fondée sur des raisons de santé reconnues valables par le Conseil départemental.

ART. 50. — Les indemnités et allocations attribuées en vertu des trois articles précédents, ainsi que les suppléments de traitement que pourraient allouer les communes à leurs instituteurs, et la prime accordée aux instituteurs algériens pour la connaissance de la langue arabe, seront l'objet de retenues au profit du Trésor public, et compteront dans la liquidation de la retraite.

§ 3. — *Des Dépenses de l'Instruction primaire.*

ART. 51. — L'établissement des Écoles primaires, le logement des instituteurs, directeurs et adjoints, l'entretien des bâtiments, l'acquisition et l'entretien des mobiliers scolaires, le chauffage et l'éclairage des classes, sont des dépenses obligatoires pour les communes.

L'établissement des Écoles normales avec leur École annexe, leur entretien, le logement des élèves et du personnel, l'entretien des bâtiments, l'acquisition et l'entretien des mobiliers scolaires, le chauffage et l'éclairage des divers services, sont des dépenses obligatoires pour les départements.

Il en est de même pour les dépenses nécessitées par l'installation et le fonctionnement du Conseil départemental et du bureau du Directeur départemental.

ART. 52. — Les traitements du personnel enseignant et administratif de l'enseignement primaire à tous les degrés sont à la charge de l'État.

ART. 53. — Les dépenses seront couvertes : 1° par les 4 centimes communaux institués par l'article 40 de la loi du 15 mars 1850 et l'article 7 de la loi du 19 juillet 1875, lesquels deviennent obligatoires; 2° par les 4 centimes départementaux institués par les mêmes articles, lesquels deviennent obligatoires; 3° par les 10 centimes institués par la loi de finances de 1876, destinés à la gratuité complète, lesquels deviennent obligatoires; 4° par les ressources générales du budget de l'État.

Toutes ces ressources sont centralisées au Trésor public en un fonds commun.

Les communes pourront se rédimer de l'imposition de tout ou partie des 14 centimes ci-dessus énoncés, et les départements de l'imposition des 4 centimes, en soldant au Trésor public, sur le produit des dons et legs ou sur leurs ressources personnelles, une somme équivalente.

ART. 54. — Une délibération du Conseil municipal, approuvée par le Préfet, peut créer dans toute commune une Caisse des Écoles, destinée à encourager et à faciliter la fréquentation de l'École par des récompenses aux élèves assidus, et par des secours aux parents des élèves indigents, à organiser et entretenir des bibliothèques et des musées. Cette Caisse est administrée par la Commission municipale scolaire.

Le revenu de la Caisse se compose de dons et de cotisations des particuliers et de subventions de la commune, du département et de l'État.

Plusieurs communes peuvent être autorisées à se réunir pour la formation et l'entretien d'une seule Caisse.

Le service de la Caisse des Écoles est fait gratuitement par le percepteur.

TITRE IV. — Des Écoles privées.

§ 1er. — *De l'Enseignement dans les Écoles privées.*

ART. 55. — Les directeurs des Écoles privées aux divers degrés sont entièrement libres dans le choix des méthodes et des programmes suivant lesquels ils voudront enseigner les matières énoncées aux articles 2, 3, 4 et 5 de la présente loi.

§ 2. — *Des conditions exigées pour l'Ouverture d'une École privée.*

ART. 56. — Tout Français âgé de vingt et un ans peut ouvrir une École primaire de l'un des trois degrés énoncés en l'article 1er de la présente loi, sous la condition de n'appartenir à aucun ordre, institut, congrégation, communauté, et généralement aucune association religieuse non autorisée, et de posséder le brevet d'instituteur du degré correspondant à celui de l'École qu'il veut ouvrir.

Les instituteurs qu'il s'adjoindra devront être âgés de dix-huit ans pour les garçons et dix-sept ans pour les filles, et remplir les mêmes conditions que leur directeur, sauf dans les Écoles primaires supérieures, pour lesquelles le brevet élémentaire suffira.

ART. 57. — Lorsque l'École devra recevoir des élèves internes, le directeur ou la directrice devront être âgés de vingt-cinq ans.

Le Conseil départemental prescrira, dans l'intérêt de la moralité et de la santé des élèves, toutes les mesures qui seront indiquées dans un règlement délibéré par le Conseil supérieur de l'Instruction publique.

ART. 58. — Les Écoles enfantines, les Écoles primaires et primaires supérieures de filles, et les Écoles mixtes quant au sexe, devront être dirigées par des femmes. Des femmes peuvent enseigner, à titre d'adjointes, dans les Écoles primaires de garçons, sous les conditions indiquées à l'article 27.

Il ne pourra pas y avoir d'Écoles privées mixtes quant au sexe, dans les communes où existera, pour les filles, une École publique ou privée.

Aucune École primaire privée ne peut recevoir d'enfants au-dessous de l'âge de six ans, s'il existe dans la commune une École enfantine publique.

ART. 59. — Tout instituteur qui veut ouvrir une École privée doit préalablement déclarer son intention au maire de la commune où il veut s'établir et lui désigner le local.

Le maire remet immédiatement au postulant un récépissé de sa déclaration et fait afficher celle-ci à la porte de la mairie pendant un mois.

Si le maire juge que le local proposé ne remplit pas les conditions réglementaires, il forme, dans les trois jours, opposition à l'ouverture de l'École, après avoir pris l'avis de la Commission municipale scolaire, et en informe le postulant.

Les mêmes déclarations devront être faites en cas de changement du local de l'École, ou en cas d'admission d'élèves internes.

ART. 60. — La déclaration adressée au maire doit l'être simultanément au Directeur départemental; elle est accompagnée, en outre, des diplômes du postulant, de l'extrait de son casier judiciaire, de l'indication des lieux où il a résidé et des professions qu'il a exercées pendant les dix années précédentes, du plan des locaux affectés à l'établissement, et, s'il appartient à une association, d'une copie des statuts de cette association.

Le Directeur départemental, soit d'office, soit sur la plainte du Procureur de la République, peut former opposition à l'ouverture d'une École privée dans l'intérêt des mœurs publiques ou de l'hygiène.

En outre, lorsqu'il s'agira d'un instituteur public révoqué, et voulant s'établir instituteur privé dans la commune où il exerçait, l'opposition pourra être faite dans l'intérêt de l'ordre public.

A défaut d'opposition, l'École est ouverte à l'expiration du mois, sans autre formalité.

ART. 61. — Les oppositions à l'ouverture d'une École privée sont jugées contradictoirement par le Conseil départemental dans le plus bref délai possible.

Appel peut être interjeté de la décision du Conseil départemental, soit par le Directeur départemental, soit par le postulant, dans les dix jours à partir de la notification de cette décision. Il est soumis au Conseil supérieur dans sa plus prochaine session, et jugé contradictoirement dans le plus bref délai possible.

L'instituteur appelant pourra se faire assister d'un conseil ou représenter devant le Conseil départemental et devant le Conseil supérieur.

L'appel est suspensif de l'ouverture de l'École.

§ 3. — *Des Pénalités applicables aux Instituteurs privés.*

ART. 62. — Les Écoles ouvertes sans déclaration ou avant l'expiration du délai spécifié par l'article 60, seront fermées par les soins du maire, soit d'office, soit sur la plainte de l'autorité universitaire.

ART. 63. — Quiconque aura ouvert ou dirigé une École sans avoir les qualités spécifiées aux articles 56 et 57, ou sans avoir fait les déclarations prescrites par les articles 59 et 60, ou avant l'expiration du délai spécifié en l'article 69, dernier paragraphe, ou, enfin, en contravention avec les prescriptions de l'article 58, sera poursuivi devant le tribunal correctionnel du lieu du délit et condamné à une amende de 50 à 500 fr.

L'École sera fermée.

En cas de récidive, le délinquant sera condamné à un emprisonnement de six jours à un mois et à une amende de 100 à 1 000 fr.

Les peines spécifiées au paragraphe précédent seront prononcées contre celui qui, dans le cas d'opposition formée à l'ouverture de son École, l'aura néanmoins ouverte avant qu'il ait été statué sur cette opposition, ou bien au mépris de la décision du Conseil départemental qui aurait accueilli l'opposition.

ART. 64. — Tout instituteur privé pourra, sur la plainte du Directeur départemental, être traduit, pour cause de faute grave dans l'exercice de ses fonctions, d'inconduite ou d'immoralité, devant le Conseil départemental, et être censuré, suspendu pour un temps qui ne pourra pas excéder six mois, ou interdit de l'exercice de sa profession, soit dans la commune où il exerce, soit dans le département, selon la gravité de la faute commise.

En cas d'interdiction, l'instituteur peut faire appel devant le Conseil supérieur dans les formes et selon la procédure indiquée en l'article 61.

Le Conseil départemental pourra, pour cause d'insuffisance manifeste de l'enseignement, déclarer que les formalités de l'obligation de l'enseignement primaire ne peuvent être accomplies dans une École privée.

ART. 65. — Tout directeur d'École privée qui refusera de se soumettre à la surveillance de l'État dans les conditions établies par la présente loi sera traduit devant le tribunal correctionnel de l'arrondissement et condamné à une amende de 100 à 1 000 fr.

En cas de récidive, l'amende sera de 500 à 2000 fr. Si le refus de se soumettre à la surveillance de l'État a donné lieu à deux condamnations dans l'année, la fermeture de l'établissement pourra être ordonnée par le jugement qui prononcera la seconde condamnation.

L'article 463 du Code pénal pourra être appliqué.

ART. 66. — Toutes les dispositions précédentes sont applicables aux personnes qui voudront ouvrir une École normale privée.

Le directeur ou la directrice de ces Écoles devront être munis du brevet supérieur ou d'un diplôme de bachelier.

ART. 67. — Sont assujetties aux mêmes conditions, relativement au programme, au personnel et aux inspections, les Écoles ouvertes dans les hôpitaux, hospices, colonies agricoles, ouvroirs, maisons de pénitence, de refuge, ou autres établissements analogues, administrés par des particuliers.

Les administrateurs pourront être passibles des peines édictées par les articles 63, 64 et 65 de la présente loi.

TITRE V. — Des autorités préposées à l'Enseignement.

CHAPITRE Ier. — DU DIRECTEUR DÉPARTEMENTAL ET DES INSPECTEURS.

§ 1er. — *Du Directeur départemental.*

ART. 68. — Il est institué dans chaque département, en résidence au cheflieu, un fonctionnaire chargé de diriger, surveiller et administrer l'enseignement primaire.

Ce fonctionnaire prend le titre de Directeur départemental de l'enseignement primaire.

ART. 69. — Le Directeur départemental est nommé par décret, sur la présentation du Ministre de l'Instruction publique; il ne peut être révoqué que dans les mêmes formes, après avis du Conseil supérieur de l'Instruction publique.

Il peut être changé de classe ou de résidence, et même suspendu de ses fonctions, pour un temps qui ne peut excéder six mois, par arrêté ministériel.

ART. 70. — Les Directeurs départementaux devront être munis du diplôme d'Inspecteur primaire et de l'un des diplômes de licencié ès lettres ou licencié ès sciences des Facultés de l'État.

Les proviseurs, les professeurs des Lycées et des Facultés en exercice depuis plus de cinq ans, seront dispensés de produire le diplôme d'Inspecteur primaire.

Les Inspecteurs primaires en fonctions depuis plus de dix ans seront dispensés de justifier du diplôme de licencié.

ART. 71. — Les Directeurs départementaux sont divisés en trois classes, la classe étant attachée à la personne, et non à la résidence.

L'avancement d'une classe à l'autre ne peut avoir lieu avant trois ans au moins d'exercice dans la classe inférieure.

§ 2. — *Des Inspecteurs primaires.*

ART. 72. — Il y aura dans chaque département un nombre d'Inspecteurs primaires suffisant pour que chacun d'eux n'ait que cent Écoles au plus, publiques et privées, à inspecter par an.

Les circonscriptions d'inspection sont déterminées par arrêtés ministériels.

ART. 73. — Il y aura dans chaque département des Inspectrices primaires qui seront spécialement chargées d'inspecter les pensionnats primaires et les Écoles primaires supérieures de filles, et resteront, en général, à la disposition du Directeur départemental pour les divers besoins du service.

ART. 74. — Les Inspecteurs et les Inspectrices devront être munis du brevet supérieur de l'instituteur ou d'un diplôme de bachelier, et avoir exercé pendant cinq ans au moins dans l'enseignement public. Ils subissent en outre un examen spécial portant sur la pédagogie et la législation de l'enseignement primaire.

Ils sont divisés en trois classes attachées à la personne : le passage d'une classe à une autre plus élevée ne peut avoir lieu qu'après trois années de grade.

ART. 75. — Ils sont nommés, changés de classe et de résidence, suspendus, révoqués par arrêtés ministériels.

ART. 76. — Chaque École, publique ou privée, devra être inspectée au moins deux fois par année. Lorsque l'École contient des élèves internes, l'inspection devra avoir lieu au moins une fois par trimestre.

ART. 77. — L'inspection générale primaire est faite par des Inspecteurs généraux et des Inspectrices générales.

Les déléguées générales des salles d'asile sont supprimées.

Les Inspecteurs généraux inspectent les Écoles normales d'instituteurs; les Inspectrices générales inspectent les Écoles normales d'institutrices.

§ 3. — *Dispositions générales.*

ART. 78. — Les Directeurs départementaux et les Inspecteurs et Inspectrices primaires devront être Français; n'appartenir à aucun ordre, institut, communauté, congrégation, et généralement à aucune association religieuse; n'être ministre d'aucun culte.

CHAPITRE II. — DES CONSEILS DE L'ENSEIGNEMENT PRIMAIRE.

§ 1er. — *Du Conseil départemental.*

ART. 79. — Il est institué dans chaque département un Conseil de l'enseignement primaire, composé ainsi qu'il suit :

Le Directeur départemental, président;

Le directeur de l'École normale d'instituteurs et la directrice de l'École normale d'institutrices;

Un conseiller général par arrondissement, nommé par le Conseil;

Un membre nommé par les directeurs d'Écoles primaires et primaires supérieures publiques dans chaque arrondissement; ce membre pourra être pris en dehors de ces fonctionnaires;

Un Inspecteur et une Inspectrice primaire désignés au scrutin secret par les autres membres du Conseil.

Le Préfet, ou son délégué, devra assister aux séances du Conseil, et aura le droit de prendre la parole toutes les fois qu'il le jugera convenable.

Les Inspecteurs généraux et les Inspectrices générales peuvent assister, avec voix consultative, aux réunions des Conseils départementaux.

ART. 80. — Dans le département de la Seine, le nombre des conseillers généraux et des membres nommés par les instituteurs sera de dix. Deux Inspecteurs et deux Inspectrices seront désignés par les autres membres du Conseil.

ART. 81. — Les membres élus du Conseil départemental le sont pour trois ans; ils sont rééligibles.

ART. 82. — Le Conseil départemental se réunit de droit au moins une fois par trimestre, le Directeur départemental pouvant toujours le convoquer, selon les besoins du service.

En outre des attributions qui lui sont conférées par les dispositions de la présente loi, le Conseil départemental :

Veille à l'application des programmes, des méthodes, des règlements édictés par le Conseil supérieur;

Arrête les règlements relatifs au régime intérieur des établissements d'instruction primaire;

Détermine les Écoles publiques auxquelles, d'après le nombre des élèves, il doit être attaché un instituteur adjoint;

Délibère sur les rapports et propositions du Directeur départemental, des Comités cantonaux et des Commissions municipales scolaires;

Donne son avis sur les réformes qu'il juge utile d'introduire dans l'enseignement, sur les secours et encouragements à accorder aux Écoles primaires;

Entend et discute tous les ans un rapport général du Directeur départemental, sur l'état et les besoins des Écoles publiques et des Écoles normales, et sur l'état des Écoles privées. Ce rapport et cette discussion sont adressés au Ministre de l'Instruction publique.

ART. 83. — La présence de la moitié plus un des membres du Conseil est nécessaire pour la validité de ses délibérations.

En cas de partage des voix, celle du président est prépondérante.

Les Conseils départementaux peuvent appeler dans leur sein les membres de l'enseignement et toutes les autres personnes dont l'expérience leur paraîtrait devoir être utilement consultée.

Les personnes ainsi appelées n'ont pas voix délibérative.

ART. 84. — Les membres du Conseil départemental peuvent inspecter tous les établissements d'instruction primaire, publics ou privés, du département.

§ 2. — *Des Comités cantonaux.*

ART. 85. — Il est institué dans chaque canton un Comité de l'enseignement primaire, composé comme suit :

Le conseiller général, président;

Le ou les conseillers d'arrondissement du canton;

Un directeur et une directrice d'École publique élus par tous les directeurs et directrices d'Écoles primaires supérieures, primaires et enfantines publiques du canton;

De délégués des communes du canton, à raison de un par cinq communes, sans que leur nombre puisse être inférieur à trois, nommés par l'ensemble des Commissions municipales scolaires du canton.

Les membres élus le sont pour trois ans; ils sont rééligibles.

ART. 86. — Le Comité cantonal se réunit au moins une fois tous les trois mois, dans une des communes du canton.

L'Inspecteur et l'Inspectrice primaire du ressort ont le droit d'assister à ses réunions, avec voix délibérative.

Les membres du Comité cantonal ont leur entrée dans les Écoles publiques et privées du canton; chaque École devra recevoir au moins une fois tous les trois mois la visite de l'un d'eux.

ART. 87. — Le Comité cantonal est appelé à donner son avis :

Sur le nombre des Écoles communales à ouvrir et sur l'établissement des Écoles de hameau;

Sur la réunion de plusieurs communes pour l'entretien d'une seule École;

Sur l'établissement des Écoles primaires supérieures et des Écoles enfantines dans les communes où il n'est pas obligatoire;

Sur les autorisations relatives à l'établissement des Écoles mixtes quant au sexe;

Sur l'organisation des cours d'adultes;

Sur la fixation de l'heure et de la durée des classes, de l'époque et de la durée des vacances;

Sur les améliorations qu'il juge utile d'introduire dans les Écoles primaires publiques du canton.

Il rédige tous les ans, sur l'état des Écoles et de l'instruction primaire dans le canton, un rapport qu'il adresse au Conseil départemental.

ART. 88. — A Paris, il y aura un Comité par arrondissement municipal.

Il sera composé :

Du maire, président;

Des conseillers municipaux de l'arrondissement;

De deux directeurs et de deux directrices d'École publique, élus par les directeurs et directrices des Écoles primaires supérieures, primaires et enfantines publiques de l'arrondissement.

§ 3. — *Des Commissions municipales scolaires.*

ART. 89. — Le Conseil municipal nomme, chaque année, une Commission scolaire égale en nombre au plus au tiers de ses membres, et présidée par le maire.

Cette Commission pourra être prise en dehors du Conseil.

Elle est chargée d'appliquer la loi en matière d'obligation de l'instruction primaire, comme il est dit au titre II, de donner son avis sur les ouvertures d'Écoles privées, dans les conditions indiquées à l'article 59, et de veiller au bon entretien des maisons d'école publiques et du matériel d'enseignement.

Cette Commission envoie tous les trois mois au Directeur départemental un rapport sur l'exécution des dispositions relatives à l'obligation de l'instruction primaire.

Le Conseil municipal de Paris nommera une Commission municipale scolaire de cinq membres par arrondissement municipal.

ART. 90. — Les membres de la Commission municipale scolaire ont leurs entrées dans les Écoles publiques et privées de la commune, ou, à Paris, de l'arrondissement municipal.

TITRE VI. — **Dispositions transitoires.**

ART. 91. — Des arrêtés ministériels, rendus sur la demande des Directeurs départementaux et des Conseils départementaux, détermineront chaque année les communes où, par suite d'insuffisance des locaux scolaires, les prescriptions des articles 8 et suivants sur l'obligation ne pourraient être appliquées.

Un rapport annuel, adressé aux Chambres par le Ministre de l'Instruction publique, donnera la liste des communes auxquelles le présent article aura été appliqué.

ART. 92. — Chaque année, le Ministre de l'Instruction publique fera connaître par un rapport présenté aux Chambres dans quelles limites les ressources du personnel et du matériel lui auront permis d'organiser les Écoles primaires supérieures et les Écoles enfantines dans les communes indiquées par les articles 24 et 25 de la présente loi.

ART. 93. — La direction, par des hommes, des Écoles publiques mixtes quant au sexe pourra être autorisée provisoirement tant qu'il y aura insuffisance du personnel féminin, par décisions des Directeurs départementaux rendues après avis du Conseil départemental. Dans ce cas, une femme nommée par le Directeur départemental, qui fixe son traitement, est chargée de diriger les travaux d'aiguille.

ART. 94. — Aussi longtemps qu'il y aura insuffisance du personnel laïque, le remplacement des instituteurs et des institutrices congréganistes et des directrices de salles d'asile aura lieu de préférence dans les communes dont les conseillers municipaux en auront fait la demande.

ART. 95. — Pendant le laps de dix années à partir de la promulgation de la présente loi, les instituteurs communaux pourront être autorisés par le Directeur départemental, le Conseil départemental entendu, à exercer les fonctions de secrétaire de mairie dans les communes où cette dérogation à l'article 30 aura été reconnue nécessaire.

ART. 96. — Les donations et legs faits sous la condition que les salles d'asile et les Écoles seraient dirigées par des congréganistes, ou auraient un caractère confessionnel, resteront acquis aux communes, sauf indemnité, s'il y a lieu, en cas de réclamation dans le délai de six mois à partir de la promulgation de la présente loi.

Une Commission nommée par le Président de la République, sur la présentation du Ministre de l'Instruction publique, déterminera, sans appel ni recours en cassation, l'indemnité qui pourrait être due aux donateurs ou à leurs héritiers, en prenant pour base la valeur des objets au moment de la donation, et en tenant compte du temps pendant lequel la condition aura été exécutée.

A l'avenir ces conditions tomberont sous l'application de l'article 900 du Code civil.

ART. 97. — Les interdictions absolues d'enseigner dont ont pu être frappés, en vertu des articles 30 et 33 de la loi du 15 mars 1850, des instituteurs publics ou privés, sont levées et considérées comme non avenues.

ART. 98. — Jusqu'à ce que la loi du recrutement ait déterminé la situation des instituteurs publics relativement au service militaire, les dispenses admises par les articles 79 de la loi du 15 mars 1850, 18 de la loi du 10 avril 1867, et 20 de la loi du 27 juillet 1872, n'auront leur effet que si l'engagement décennal est réalisé dans les Écoles publiques.

ART. 99. — Les Écoles normales publiques actuellement dirigées par des congréganistes seront, dans le délai de trois mois à partir de la promulgation de la présente loi, soumises à l'application du troisième paragraphe de l'article 29.

ART. 100. — Les fonctionnaires enseignants actuellement en exercice, qui jouissent d'un traitement supérieur à celui qui, en vertu de l'article 47, est attaché à la classe à laquelle ils appartiennent, conserveront ce traitement tant qu'ils exerceront dans les mêmes conditions.

Ceux dont le traitement dépasse 2 200 fr. ou 2 500 fr., s'ils sont à la tête d'une École primaire supérieure, recevront, si la commune refuse de leur donner le complément, une indemnité sur les fonds de l'État pendant toute la durée de leurs fonctions dans les mêmes conditions.

Ce supplément de traitement sera l'objet de retenues au profit du Trésor public et comptera dans la liquidation de la retraite.

ART. 101. — A partir de la promulgation de la présente loi, l'article 49 sera applicable aux instituteurs déjà mis à la retraite et pourvus antérieurement de la médaille d'argent.

ART. 102. — Les Écoles primaires privées ou Écoles normales privées appartenant à des associations religieuses non reconnues seront fermées immédiatement après la promulgation de la présente loi.

ART. 103. — Les instituteurs et institutrices, directeurs ou adjoints des Écoles publiques ou privées, laïques ou congréganistes autorisées, devront, dans le laps d'un an à partir de la promulgation de la présente loi, se présenter devant les Commissions d'examen instituées pour décerner les brevets exigés par l'article 7.

Ceux qui auront échoué aux examens auront le droit de se présenter à deux autres sessions tenues dans le cours d'une nouvelle année.

Les directeurs et directrices d'Écoles normales privées devront, dans les mêmes conditions de temps, obtenir les brevets exigés par l'article 66.

ART. 104. — Tout directeur d'École privée actuellement existante devra, dans les trois mois qui suivront la promulgation de la présente loi, faire savoir au Directeur départemental si son École doit être classée parmi les Écoles enfantines, primaires ou primaires supérieures. Il lui adressera en même temps ses diplômes, son casier judiciaire, et lui indiquera s'il appartient à une association religieuse; les mêmes pièces et indications seront exigées de ses instituteurs adjoints.

ART. 105. — Les Écoles primaires supérieures de filles, avec ou sans pensionnat, publiques ou privées, continueront à être inspectées par les Inspecteurs primaires, tant que le service des Inspectrices primaires ne sera pas organisé.

ART. 106. — Jusqu'à complète exécution de la loi, ne seront électeurs pour les Conseils départementaux et les Comités cantonaux que les directeurs et directrices laïques des Écoles publiques.

ART. 107. — Les Conseils départementaux, les Comités cantonaux, les Commissions municipales scolaires, seront organisés dans les trois mois qui suivront la promulgation de la présente loi.

ART. 108. — Les Inspecteurs d'Académie actuellement en fonctions pourront être nommés Directeurs départementaux, sans remplir les conditions exigées par l'article 70 de la présente loi.

Aucune condition nouvelle ne sera imposée aux directeurs d'Écoles normales et aux Inspecteurs primaires actuellement en fonctions.

ART. 109. — Les lois antérieures sur l'enseignement primaire sont abrogées, à l'exception de la loi du 1er juin 1878 sur la constitution de la Caisse des maisons d'école, de la loi du 17 avril 1876 sur la retraite des instituteurs, et des dispositions financières de la loi du 9 août 1879 sur l'établissement des Écoles normales primaires.

15 déc. 1879.

Circulaire du Ministre de l'Intérieur et des Cultes aux Évêques, relative à l'heure la plus opportune de donner les leçons de Catéchisme.

15 Décembre 1879.

Monseigneur, l'attention de M. le Ministre de l'Instruction publique et la mienne ont été appelées sur les inconvénients que présente, dans un grand nombre de localités, le choix des heures pour l'enseignement du catéchisme aux enfants des Écoles primaires publiques.

Les curés ou desservants exigent, conformément à l'article 23 du règlement-modèle des Écoles publiques, que l'instituteur conduise ou fasse conduire à l'église les enfants qui se préparent à la première communion, toutes les fois que leur présence est nécessaire. Or, il arrive souvent que les heures consacrées à l'enseignement religieux coïncident avec les heures de classe, et que l'instituteur qui n'a pas d'adjoint pour le suppléer est obligé de laisser ses élèves sans surveillance et sans leçons pendant qu'il conduit les enfants du catéchisme à l'église.

M. le Ministre de l'Instruction publique considère que cette manière de procéder est contraire à la discipline et au bon ordre scolaire, et qu'il importe de mettre un terme à une situation si préjudiciable aux intérêts de l'enseignement.

Tant que le règlement actuel sera en vigueur, mon collègue estime que c'est à l'autorité ecclésiastique qu'il appartient de prendre les mesures de conciliation nécessaires pour permettre aux instituteurs de s'acquitter des devoirs multiples que le règlement leur impose. En effet, dit-il, le curé ou desservant, chargé de donner les leçons de catéchisme, est plus libre de son temps que l'instituteur, qui est tenu de faire trois heures de classe le matin et trois heures le soir, et ne peut abandonner une partie de ses élèves pour en conduire quelques-uns à l'église.

D'après ces considérations, M. le Ministre de l'Instruction publique m'a exprimé le désir que des instructions soient adressées à MM. les curés et desservants pour les engager à s'entendre au préalable avec les instituteurs, afin que les heures de catéchisme soient déterminées de la manière la moins préjudiciable au service scolaire.

Permettez-moi, Monseigneur, de solliciter dans ce but votre bienveillante intervention. J'hésite d'autant moins à adresser cet appel à Votre Grandeur, que les termes de l'article 23 précité du règlement pour les Écoles publiques me paraissent contenir des éléments de conciliation susceptibles de prévenir, dans la plupart des localités, les difficultés qui m'ont été signalées.

Cet article, en effet, est ainsi conçu :

« Toutes les fois que la présence des élèves sera nécessaire à l'église pour les catéchismes, et principalement à l'époque de la première communion, *l'instituteur devra les y conduire* OU *les y faire conduire* PAR UNE PERSONNE AUTORISÉE PAR LE CURÉ.

« Dans ces circonstances, l'instituteur se concertera avec le curé pour que les heures des exercices religieux se concilient, autant que possible, avec celles de la classe. »

Il résulte de ces dispositions que si l'instituteur est tenu, en principe, d'accompagner les élèves au catéchisme, cette nécessité n'est cependant pas absolue. Le maître d'école peut confier le soin de cette conduite à une personne étrangère au service scolaire, à la condition qu'elle reçoive l'agrément du curé.

A ce premier point de vue, il sera presque toujours possible d'obtenir, par le choix concerté d'un intermédiaire, que l'instituteur soit dispensé d'abandonner son École pendant une partie du temps où sa présence y est indispensable. En assurant ainsi à l'instituteur le moyen de remplir entièrement sa mission d'enseignement, cette combinaison me paraît être essentiellement favorable à deux catégories d'élèves : ceux que leur âge ne permet pas d'admettre encore au catéchisme, et ceux qui ont cessé d'en suivre les exercices.

Mais, alors même que les enfants du catéchisme sont conduits à l'église par une personne autre que l'instituteur, l'intérêt de cette troisième catégorie d'élèves exige qu'ils ne soient pas privés, pendant ce temps, des leçons du maître d'école, et placés ainsi dans un état d'infériorité à l'égard de leurs condisciples. C'est dans le but de sauvegarder cet intérêt que la disposition finale de l'article 23 du règlement prescrit à l'instituteur de se concerter avec le curé pour que les heures des exercices religieux se concilient autant que possible avec celles de la classe.

Je ne doute pas, Monseigneur, que ce résultat ne puisse être facilement atteint par la haute influence de vos conseils, dans les paroisses de votre diocèse. Peut-être conviendrait-il de recommander de préférence le choix du dimanche et du jeudi pour les exercices du catéchisme. Mais, dans le cas où ces deux jours ne suffiraient pas, je prie Votre Grandeur de vouloir bien donner à MM. les curés et desservants des instructions pour que les autres jours de la semaine, *à moins d'impossibilité absolue*, ils aient soin de ne pas consacrer au catéchisme les heures pendant lesquelles les élèves doivent se trouver à l'École.

Je vous serai obligé de m'accuser réception de la présente circulaire, et de me faire connaître la suite que Votre Grandeur aura jugé opportun d'y donner.

Agréez, etc.

Signé : CH. LEPÈRE.

Circulaire du Ministre de l'Instruction publique, relative au pouvoir d'un Conseil municipal en ce qui concerne la Direction de l'École communale. 20 déc. 1879.

20 Décembre 1879.

Monsieur le Préfet, le Conseil d'État statuant au contentieux[1] a rendu, à la date du 9 décembre 1879, un arrêt qui tranche la question si longtemps débattue du droit des Préfets en matière de nomination d'instituteurs.

La décision de la haute assemblée est conforme aux principes que j'ai développés moi-même en maintes circonstances. Je ne reviendrais pas sur ce sujet,

1. Voir le texte des décisions, *Bull. adm.*, 1879, t. XXII, p. 1063 et suiv.
Voir ci-après le titre II, chapitre III, de la loi du 30 *octobre* 1886 (*à sa date*).
Consulter, pour l'ensemble de la question de nomination et de classement des instituteurs, les mutations, les vacances d'emploi, le recrutement, les documents ci-après :

Nomination et Classement :

Circulaire du 8 *octobre* 1880, aux Préfets, relative à la nomination des femmes d'instituteurs aux fonctions d'adjointe, même dans les Écoles de garçons (*Circ.*, t. VIII, p. 395);

— 22 *janvier* 1886, aux Recteurs, relative aux rapports des fonctionnaires de l'en-

si je ne considérais qu'il importe, en ce moment, de bien préciser les solutions de droit désormais acquises, et de vous faire connaître mon sentiment sur l'application qu'il convient d'en faire à l'avenir.

L'arrêt précité établit :

1° Que le Conseil d'État ne considère comme recevables ni les recours formés par les supérieurs généraux des congrégations, au nom des instituteurs congréganistes, contre des arrêtés préfectoraux relatifs à la direction des Écoles communales, ni l'intervention des maires, comme représentants des communes, en faveur de ces mêmes arrêtés;

2° Que les Conseils municipaux ont, en tout état de cause, le droit d'émettre

seignement avec les représentants du pouvoir politique (nomination des instituteurs par les Préfets) (*Circ.*, t. IX, p. 619);

Loi du 30 *octobre* 1886, relative à l'enseignement primaire, titre II, chapitres II et III, notes en renvoi sous les articles 18, 22, 28 (*à sa date*);

Circulaire du 8 *février* 1888, aux Inspecteurs d'Académie, relative à la réintégration dans l'enseignement primaire des maîtres adjoints d'École normale, dont la délégation n'aura pas été renouvelée (*Circ.*, t. X, p. 243);

— 20 *février* 1888, aux Inspecteurs d'Académie, relative à un modèle de fiche à établir pour chacun des instituteurs et institutrices publics des différents ordres (*Ibid.*, p. 248);

— 20 *mars* 1889, aux Inspecteurs d'Académie, relative à la réintégration dans l'enseignement primaire des maîtres adjoints et maîtresses adjointes d'Écoles normales primaires, dont la délégation n'aura pas été renouvelée (*Ibid.*, p. 410);

Loi du 19 *juillet* 1889, relative au traitement des instituteurs et institutrices publics, avec les notes en renvoi (*à sa date*);

Circulaire du 10 *juin* 1890, aux Inspecteurs d'Académie, relative au classement des instituteurs et institutrices des Écoles primaires supérieures nommés par arrêtés préfectoral (*Circ.*, t. XI, p. 180);

— 2 *septembre* 1890, aux Préfets, concernant les conditions auxquelles les directeurs et directrices d'Écoles peuvent être déchargés de cours et la nomination des instituteurs et institutrices suppléants (*Ibid.*, p. 289);

— 28 *février* 1891, aux Préfets, relative aux promotions de classe à accorder au personnel laïque des instituteurs et institutrices exerçant dans les Écoles primaires supérieures sans nomination ministérielle (*Ibid.*, p. 422);

— 15 *avril* 1891, aux Préfets, relative à la nomination du personnel enseignant dans les Écoles primaires supérieures (*Ibid.*, p. 433);

— 10 *mai* 1892, aux Préfets, relative à la titularisation d'instituteurs stagiaires (*Ibid.*, p. 583);

— 14 *février* 1893, aux Recteurs, relative au classement des instituteurs et institutrices primaires détachés dans les Lycées de garçons (*Ibid.*, p. 635);

— 14 *mars* 1893, aux Préfets, déterminant à quelles conditions les services militaires peuvent être comptés aux instituteurs primaires pour l'avancement (*Ibid.*, p. 660);

Loi du 25 *juillet* 1893, modifiant la loi du 19 *juillet* 1889, relative au classement et au traitement des instituteurs, avec les notes en renvoi (*à sa date*);

Circulaire du 30 *juillet* 1894, aux Préfets, relative au classement général des Ecoles (*Bull. adm.*, 1894, t. LVI, p. 254);

— 21 *janvier* 1895, aux Préfets, relative au mouvement du personnel primaire élémentaire fait au commencement de l'année scolaire (*Ibid.*, 1895, t. LVII, p. 104);

— 2 *mars* 1895, aux Inspecteurs d'Académie, relative aux suppléances pour cause de maladie (*Ibid.*, p. 238);

Décret du 17 *juillet* 1895, portant règlement d'administration publique sur les règles et conditions d'avancement non prévues à l'article 24 de la loi du 19 *juillet* 1889, modifiée par la loi du 25 *juillet* 1893 (*à sa date*);

Circulaire du 31 *juillet* 1895, aux Inspecteurs d'Académie, relative aux instituteurs

des vœux tendant à confier la direction des Écoles communales, soit à des laïques, soit à des congréganistes;

3° Qu'il n'y a pas lieu de distinguer des autres cas de vacance ceux qui proviennent de décès, démission ou révocation, ainsi qu'on l'avait prétendu à une autre époque;

4° Que les Préfets ont seuls qualité pour apprécier s'ils doivent prendre ou non des arrêtés conformes aux vœux des assemblées municipales.

On doit conclure de ce qui précède que les Préfets n'auront plus désormais à mettre les Conseils municipaux en demeure de se prononcer sur l'option entre laïques et congréganistes dans les cas dits de vacances d'emploi (démission, décès, révocation).

adjoints délégués dans les Écoles primaires supérieures (*Bull. adm.*, 1895, t. LVIII, p. 105);

— 2 *mars* 1896, aux Préfets, relative aux instituteurs adjoints délégués par le Préfet dans les Écoles primaires supérieures (*Bull. adm.*, 1896, t. LIX, p. 315);

— 25 *juin* 1896, aux Inspecteurs d'Académie, relative au calcul de l'ancienneté pour le classement et pour l'avancement des instituteurs (*Ibid.*, p. 697);

— 31 *octobre* 1896, aux Inspecteurs d'Académie, relative aux promotions de classe des instituteurs et des institutrices (*Ibid.*, t. LX, p. 825);

Mutations des instituteurs et institutrices :

Circulaire du 20 *septembre* 1880, aux Préfets, rappelant les formalités nécessaires pour les mutations dans le personnel des instituteurs et institutrices publics (*Circ.*, t. VIII, p. 356);

— 20 *septembre* 1880, aux Préfets, relative à la liquidation du traitement des instituteurs et institutrices primaires publics en cas de mutation (*Ibid.*, p. 357);

Recrutement du personnel :

Circulaire du 1er *septembre* 1880, aux Recteurs, relative au recrutement des institutrices en Algérie (*Circ.*, t. VIII, p. 350);

— 9 *janvier* 1883, aux Inspecteurs d'Académie, recommandant d'aviser l'Administration du désistement des candidats aux emplois d'instituteur et d'institutrice (*Circ.*, t. IX, p. 162);

— 3 *octobre* 1884, aux Préfets, relative au recrutement du personnel des Écoles primaires supérieures (*Ibid.*, p. 416);

— 30 *novembre* 1884, aux Recteurs, relative au recrutement du personnel des Écoles normales primaires et de l'inspection primaire (*Ibid.*, p. 434);

— 1er et 4 *août* 1888, aux Recteurs et aux Préfets, relative au mode de recrutement du personnel enseignant des Écoles primaires publiques (*Circ.*, t. X, p. 322 et 325);

— 27 *avril* 1892, aux Recteurs, relative au recrutement des instituteurs et institutrices stagiaires (*Circ.*, t. XI, p. 578);

— 3 *mai* 1893, aux Recteurs, relative au recrutement des Écoles normales primaires (*Ibid.*, p. 674);

Vacances d'emplois d'instituteurs :

Circulaire du 21 *avril* 1880, aux Inspecteurs d'Académie, relative aux emplois vacants d'instituteurs et d'institutrices primaires publics et de directrices de salles d'asile (*Circ.*, t. VIII, p. 289);

— 20 *avril* 1882, aux Inspecteurs d'Académie, relative aux vacances et aux demandes d'emplois pour les fonctions de l'enseignement primaire (*Circ.*, t. IX, p. 20);

— 14 *décembre* 1892, aux Préfets, relative aux vacances d'emplois d'instituteurs et d'institutrices stagiaires (*Circ.*, t. XI, p. 616).

Le droit d'option du Conseil municipal pourra s'exercer en tout temps.

Quant à vous, Monsieur le Préfet, vous êtes juge des conditions dans lesquelles l'opinion du Conseil municipal se manifeste, et de l'opportunité d'y déférer.

Ainsi que je l'écrivais, le 27 février dernier, à M. le Préfet de la Seine : « Tout ce qui donnerait au changement des maîtres le caractère d'une résolution violente, d'une mesure excessive ou précipitée, ou l'apparence d'une persécution, compromettrait la cause même de l'enseignement laïque.

« Vous ne devrez jamais perdre de vue cette règle de sagesse et de prudence. Toutes les fois, par exemple, que le changement de catégorie d'instituteurs ou d'institutrices se heurtera soit à des contrats préexistants, soit à des dispositions testamentaires, vous devrez vous assurer d'abord que les municipalités ont bien mesuré les conséquences de leur option, et, s'il y a des questions litigieuses, en laisser la solution préalable à l'autorité judiciaire. »

Je disais encore dans la lettre précitée que « l'intérêt des études exige que toute transformation dans le personnel des Écoles s'opère sans mettre en péril ni la suite ni le niveau de l'enseignement ».

Vous ne sauriez oublier, dès lors, que les mutations dans la direction des Écoles se font presque toujours avec moins de dommage pour les maîtres, et avec plus de profit pour les Écoles, aux époques ordinaires des vacances d'avril et de fin d'année.

Vous ferez donc bien de réserver, à moins de nécessités exceptionnelles, pour l'une ou l'autre de ces deux dates, l'examen des délibérations des Conseils municipaux.

Je n'ai pas à vous rappeler les inconvénients des nominations précipitées. Vos choix seront d'autant plus sûrs qu'ils auront été plus réfléchis.

Enfin, j'ai souvent constaté que les Préfets, saisis de délibérations de Conseils municipaux contenant des vœux d'option, prenaient des arrêtés de principe, soit pour décider que tel ordre d'enseignement serait substitué à tel autre dans un délai de... , soit pour approuver purement et simplement lesdites délibérations.

Cette manière de procéder ne me paraît pas d'une irréprochable correction.

Il n'existe pas, dans nos lois scolaires, deux ordres d'enseignement primaire public ; nous ne connaissons qu'un seul enseignement, avec deux ordres de maîtres, parmi lesquels l'autorité préfectorale peut choisir. Il est, sans doute, de toute convenance de prévenir à l'avance le maître qui doit être dépossédé, et, sauf les cas d'urgence, vous devez éviter les transformations à bref délai ; mais, pour faire connaître vos intentions aux intéressés, une simple dépêche suffit, tandis qu'au point de vue de la stricte légalité, l'arrêté que vous avez à prendre n'est essentiellement qu'un arrêté de nomination du nouveau maître, en remplacement de l'ancien instituteur.

J'ajouterai, en terminant, que, lorsque la transformation de l'École communale est accompagnée, comme cela s'est produit quelquefois, d'une réduction dans le nombre des Écoles, c'est le Conseil départemental qui, aux termes de l'article 2 de la loi du 10 avril 1867, doit prendre une décision. Cette décision, définitive lorsqu'elle a reçu mon approbation, ne saurait porter que sur la fixation du nombre des Écoles et nullement sur la catégorie des maîtres. C'est le Conseil municipal qui émet son avis sur la question de savoir si l'École maintenue sera laïque ou congréganiste, et c'est le Préfet qui nomme.

Telles sont, Monsieur le Préfet, les considérations que j'ai cru utile de vous soumettre en vous adressant une copie de l'arrêt du Conseil d'État qui fixe défi nitivement la jurisprudence dans une matière si longtemps et si vivement controversée.

Recevez, etc.

Signé : JULES FERRY.

Projet de loi ayant pour objet de rendre l'Enseignement primaire obligatoire, présenté par M. Jules Ferry, Ministre de l'Instruction publique[1]. 20 janvier 1880.

Séance du 20 Janvier 1880.

Exposé des motifs.

Messieurs, le principe de l'enseignement primaire obligatoire a cessé d'être parmi nous un sujet de contestation sérieuse. Aucune idée n'a plus sûrement, plus fortement, peut-on dire, pris possession de l'esprit public. Réclamée, dans les dernières années du second Empire par l'opinion libérale tout entière, inscrite dès cette époque au premier rang des revendications du parti démocratique, l'obligation de l'enseignement primaire apparut à la France, au lendemain de nos désastres, comme un gage de salut, comme un des éléments fondamentaux de relèvement de la patrie.

En proposant à l'Assemblée nationale, en 1872, une loi spéciale sur la matière, le gouvernement de M. Thiers était véritablement l'organe de l'opinion du pays. Mais le projet de M. Jules Simon, peu goûté de la majorité qui balança si longtemps les destinées de la République, noyé dans le projet de loi organique qui s'élaborait sous la haute direction de l'évêque d'Orléans, ne vint jamais en discussion. La première législature qui suivit l'établissement de la République définitive vit éclore un grand nombre de propositions, émanées de l'initiative parlementaire, contenant toutes le principe de l'enseignement primaire obligatoire. Ces propositions furent généralement reproduites par leurs auteurs dans la session de 1877-1878. Mais ce n'est qu'à la fin du mois de jan-

1. *Journal officiel* du 15 *février* 1880, p. 1775-1777.

Consulter le rapport de M. Paul BERT, 6 *décembre* 1879, p. 82.

Ces deux documents furent renvoyés à une Commission composée de MM. Paul BERT, *Président;* LOCKROY, *Secrétaire;* NOIROT, BLANC (Louis), BRICE (René), DE LACRETELLE, CHALAMET, BARODET, BOUSQUET, CONSTANS, ALLEMAND, SPULLER, DETHOU, ALLÈGRE, PARRY, CANTAGREL, FLOQUET, DRUMEL, ARMEZ, DESCHANEL, DUVAUX, BOYSSET.

Au nom de cette Commission, M. Paul BERT déposa son rapport le 11 *mai* 1880 (*Journal officiel* du 20 *mai*, p. 5697 à 5699).

Voté par la Chambre avec modifications le 24 *décembre* 1880, le projet fut l'objet d'un rapport de M. RIBIÈRE au Sénat, 21 *mai* 1881 (*Journal officiel*, *mai* 1881, p. 563 à 570). La Commission du Sénat était composée de MM. SCHŒLCHER, *Président;* GUIFFREY, *Secrétaire;* GILBERT-BOUCHER, HALGAN, Henri MARTIN, le duc DE BROGLIE, VIVENOT, RIBIÈRE, le baron DE RAVIGNAN.

Après le vote du Sénat avec modifications (12 *juillet*), la proposition revint à la Chambre des Députés, où elle donna lieu à un nouveau rapport de M. Paul BERT (23 *juillet*), et à un nouveau vote le 25 *juillet* 1881. Elle retourna au Sénat, où M. RIBIÈRE présenta un nouveau rapport le 6 *mars* 1882.

Elle a abouti à la loi du 28 *mars* 1882 (voir *à sa date*).

vier 1879 que le Gouvernement reprit l'idée d'un projet de loi spécial sur l'obligation.

Le projet de l'honorable M. Bardoux, déposé il y a juste un an, le 24 janvier 1879, fut renvoyé à la Commission de 22 membres précédemment instituée pour étudier la proposition de loi de M. Barodet.

L'obligation forme un des titres du projet de loi organique en 109 articles que cette Commission a déposé sur le bureau de la Chambre et qui vient de vous être distribué. Faut-il laisser ce titre à sa place, le discuter dans l'ordre qui lui est attribué, avec la loi tout entière? N'est-il pas, au contraire, opportun de l'en détacher, pour le soustraire aux lenteurs inévitables de la procédure parlementaire? C'est à cette dernière opinion que nous nous rangeons, et telle est la raison d'être du projet de loi que nous avons l'honneur de vous soumettre.

Nous vous prions de considérer qu'il n'y a aucun inconvénient à voter, en quelque sorte, par chapitre, le code de l'enseignement primaire; que le chapitre de l'obligation, pas plus que celui de la gratuité, ne constitue une partie indivisible de la loi organique, qu'il forme à lui seul une matière distincte; tandis qu'en l'associant aux vicissitudes que peuvent rencontrer les autres parties de l'ensemble dans leur passage à travers les deux Chambres, on risque de différer trop longtemps encore la réalisation d'une réforme attendue, urgente et populaire. On peut dire de l'obligation, comme de la gratuité, qu'intéressant de la façon la plus directe et la plus efficace la propagation de l'enseignement élémentaire, appelées à concourir énergiquement, dès le jour même où elles auraient passé dans la loi, à la formation du capital intellectuel de la nation, tout le retard qu'elles subissent est une perte sèche pour l'avenir, et que nous n'avons pas le droit de les faire attendre.

La question qui vous est soumise par le projet de loi est donc avant tout une question de méthode; elle se pose sur le terrain des faits, de l'expérience acquise, sur la considération du temps écoulé et de la carrière qu'il nous reste à parcourir jusqu'à la fin de la présente législature, carrière visiblement surchargée. Ce projet est une précaution contre les longueurs et les incertitudes du travail parlementaire, et vous adopterez l'ordre de travail qu'il vous suggère, si vous êtes convaincus, comme nous, qu'il vaut mieux aboutir partiellement et successivement, en donnant le pas aux questions les plus pressantes, à celles sur lesquelles l'accord est le plus facile à obtenir, que de les aborder toutes ensemble, au risque de tout laisser à la moitié du chemin.

Quant au fond de la question, tout a été dit, agité, réfuté. Nous craindrions de commettre un anachronisme en nous arrêtant à cette heure aux sophismes surannés qu'on opposait autrefois au principe de l'obligation. Ces objections ont été jugées par ceux-là mêmes dont elles avaient le plus longtemps abrité la résistance. C'est M. Guizot, l'homme de nos jours qui avait combattu avec le plus de persévérance et d'autorité le principe de l'obligation, — celui qui l'avait exclu de la grande loi de 1833, — celui qui l'avait attaqué pendant quarante années, c'est M. Guizot qui disait, en 1872 :

« Il peut arriver que l'état social et l'état des esprits rendent l'obligation légale en fait d'instruction primaire, légitime, salutaire et nécessaire. C'est là que nous en sommes aujourd'hui. La France et son Gouvernement ont raison d'accueillir ce principe en y attachant des garanties efficaces pour le maintien de l'autorité paternelle et de la liberté des consciences et des familles. »

Ces « garanties » que demande l'illustre écrivain sont tellement dans la pensée de tous, elles sont tellement inhérentes à l'idée même de l'instruction obligatoire, qu'elles se retrouvent identiquement, en quelque sorte, dans tous les projets présentés aux Chambres depuis dix ans. Sur d'autres points, ces projets diffèrent profondément : en celui-là, ils se confondent. Est-il besoin de rappeler que l'instruction obligatoire n'a rien qui ressemble à l'École obligatoire? que si le but est fixé, les moyens sont libres? que la seule obligation imposée à l'enfance est d'acquérir le minimum de connaissances que la première loi de 1791 appelait si bien « les parties d'enseignement indispensables pour tous les hommes »? et qu'enfin l'on n'empiète ni sur la liberté du père de famille, ni sur celle de l'enfant, en déniant à celui-ci le droit à l'ignorance, en refusant à celui-là la liberté illimitée de l'exploitation?

Faut-il attacher plus d'importance à une objection d'un autre ordre, tirée de la considération des résultats obtenus sans le secours de l'obligation? Nous ne le pensons pas.

Sans doute, de grands progrès se sont accomplis sous la pression croissante de l'opinion publique. La statistique comparée de l'enseignement primaire en France depuis un demi-siècle, que nous venons de soumettre aux pouvoirs publics, fait honneur à l'esprit de suite et à la persévérance de notre pays. Mais aucun document ne démontre plus clairement, si l'on veut y regarder de près, la nécessité d'une intervention plus énergique de la loi.

Les dernières statistiques dressées à des points de vue différents, et indépendants les uns des autres, par les Ministères de l'Instruction publique, de l'Intérieur et de la Guerre, établissent que, malgré tous les progrès et tous les efforts, il reste encore annuellement environ 10 p. 100 des nouvelles générations qui ne reçoivent pas d'instruction ou ne reçoivent qu'une instruction insuffisante. Une si grande part laissée à l'ignorance ne saurait être le dernier mot d'un pays civilisé; aucune des nations qui nous entourent ne s'y est résignée, et c'est pour réduire par un suprême effort cette couche profondément réfractaire que presque tous les peuples aujourd'hui, même ceux qui répugnent le plus aux interventions gouvernementales, ont inscrit dans leurs lois, et même dans leur constitution, l'instruction obligatoire.

D'autre part, les témoins les mieux informés, les juges les plus compétents, ceux qui voient de près la population adulte et enfantine, attestent hautement qu'à leurs yeux l'obligation n'est pas seulement une déclaration de principes, mais qu'elle est une arme nécessaire pour vaincre, dans des cas trop nombreux, l'apathie, la coupable indifférence, quelquefois les calculs de la cupidité.

Les Conseils généraux de plus de soixante départements ont, depuis 1870, émis des vœux réitérés en faveur de l'instruction obligatoire. Et quant au personnel de l'enseignement et de l'inspection primaire, on n'a pas oublié avec quelle énergie patriotique, dans la grande enquête de 1864, en dépit des formules de l'optimisme officiel, ces fonctionnaires, à la presque unanimité, réclamaient une loi protectrice des droits de l'enfance.

Les dispositions que le Gouvernement vous soumet se rapprochent en beaucoup de points soit du projet de M. Bardoux, soit du texte adopté par la Commission de l'enseignement primaire. Les divergences ne portent que sur des questions secondaires.

Les limites d'âge fixées par l'article 1er sont celles qu'ont admises presque tous les projets présentés depuis 1848. Elles coïncident avec l'âge scolaire déterminé en France par des règlements déjà anciens et qui ne semblent pas donner lieu à discussion.

Nous n'avons pas besoin de faire remarquer que le texte du projet n'impose d'autre obligation que celle d'instruire les enfants, laissant aux parents, comme le disait le projet de M. Bardoux, le soin de donner ou de faire donner, soit dans la famille, soit dans une École publique ou libre, l'instruction à leurs enfants sous la forme et suivant le mode qui leur conviendraient.

Pour faire entrer l'obligation dans les mœurs et dans la pratique, nous comptons sur deux institutions sans l'action desquelles la loi serait lettre morte: l'une toute nouvelle, la Commission scolaire, l'autre déjà ancienne dans bon nombre de communes, mais qui de facultative deviendra obligatoire, la caisse des Écoles. Elles aideront à lutter efficacement contre les deux grandes causes du mal : la négligence et la misère.

En général, dans les divers projets de loi rédigés sur cette matière, et même dans certaines législations étrangères, on semble s'être plus préoccupé du mauvais vouloir et de l'obstination de certaines familles que des difficultés réelles qui résultent pour beaucoup d'autres de leur situation de fortune; ces difficultés, nulle pénalité ne les fera disparaître.

Nous sommes, au contraire, disposés à croire que les cas de résistance aveugle, opiniâtre et systématique deviendront bientôt assez rares dans notre pays; mais la loi s'exécutera d'autant plus aisément que les familles seront témoins des efforts faits par les communes et par l'État pour faciliter aux plus pauvres l'accomplissement du devoir scolaire. C'est l'œuvre féconde entre toutes des caisses des Écoles qui, par des secours de toute nature, contribuera le plus, pensons-nous, à assurer dans la pratique l'assidue fréquentation.

En vous demandant d'en rendre partout l'établissement obligatoire, nous ne vous proposons que de généraliser une institution dont les bienfaits ne sont pas contestés. Depuis plusieurs années, le Parlement inscrit au budget un crédit spécial pour cet objet; l'article 10 du projet de loi propose de garantir aux communes les plus pauvres une part de subvention proportionnelle à leurs efforts.

La distribution des secours dont la caisse disposera se fera par les soins de la Commission scolaire. Il nous a semblé que la réunion de ces deux sortes d'attributions rendrait plus facile à la Commission scolaire l'acceptation et l'exécution de ce mandat.

Si, d'une part, c'est un tribunal de famille qui exhorte, réprimande et au besoin défère à une justice plus rigoureuse les parents récalcitrants, c'est, en même temps, un Comité de patronage et d'assistance qui, informé des besoins et des détresses, a qualité pour y porter remède autant que le permettent les les ressources de la caisse.

Les mesures à prendre pour assurer l'exécution de la loi diffèrent suivant que l'enfant est inscrit à une École ou reste dans la famille.

Tout père ou tuteur est tenu de faire connaître lequel de ces deux modes d'éducation il adopte pour ses enfants (art. 3).

S'il déclare opter pour l'éducation à domicile, la loi lui laisse toute la responsabilité de la marche et du succès de cette éducation; elle ne lui demande que de pouvoir au besoin prouver par un examen sommaire (dont les époques et les conditions seront déterminées par un règlement ministériel) que l'enfant reçoit réellement l'instruction élémentaire dans sa famille (art. 9).

Pour les enfants inscrits dans les Écoles, l'instituteur doit fournir les moyens de vérifier si l'inscription est suivie d'effet, si la fréquentation est réelle et suffisante : de là l'obligation expresse d'un registre d'appel (art. 4 et 5), déjà imposé aujourd'hui aux Écoles publiques, et qui désormais devra se trouver dans toutes les Écoles sans distinction.

La non-fréquentation ou la fréquentation irrégulière une fois constatée donne lieu, d'abord à une enquête de la Commission scolaire, puis à des remontrances qui, faites une première fois en particulier, peuvent prendre le caractère d'une réprimande publique par l'affichage du nom des délinquants; puis enfin, en cas de récidive, à des poursuites devant le juge de paix et à une condamnation aux peines dont est passible la simple contravention.

La définition donnée par la loi des cas d'excuse légitime, la latitude laissée à la Commission scolaire pour l'appréciation des motifs d'absence, la faculté qu'a en outre cette Commission d'accorder des dispenses exceptionnelles dans les conditions et sous les réserves indiquées par les articles 7 et 8, nous semblent constituer un ensemble de mesures prudentes qui devront prévenir, dans l'application, aussi bien l'excès dans la sévérité que l'arbitraire dans l'indulgence.

Projet de loi.

ARTICLE 1er. — L'instruction primaire est obligatoire pour les enfants des deux sexes, de six ans révolus à treize ans révolus.

Elle est donnée dans les Écoles publiques, dans les Écoles libres ou dans les familles.

ART. 2. — Une Commission scolaire est instituée dans chaque commune pour surveiller et encourager la fréquentation des Écoles.

Cette Commission se compose du maire, président; du délégué cantonal, à qui appartient la visite de l'École; de l'instituteur communal et de trois pères de famille désignés par le Conseil municipal et qui pourront être pris en dehors du Conseil. L'Inspecteur primaire fait partie de droit de toutes les Commissions scolaires instituées dans son ressort.

ART. 3. — Chaque année, le maire, d'accord avec la Commission scolaire, dresse la liste des enfants âgés de six à treize ans et invite les pères, tuteurs ou patrons à lui faire savoir s'ils entendent donner à l'enfant dont ils ont la garde, l'instruction dans la famille ou dans une École publique ou libre.

Huit jours avant la rentrée des classes, le maire remet aux directeurs et directrices des Écoles publiques et libres la liste des élèves qui, d'après la déclaration des parents, doivent suivre ces Écoles.

ART. 4. — Tout instituteur ou institutrice public ou libre doit tenir à jour un registre d'appel qui constate, pour chaque classe, la présence ou l'absence des élèves inscrits comme devant suivre l'École.

Un extrait de cette liste est déposé chaque mois à la mairie. Pour tout élève ayant manqué plus de quatre classes dans le mois, l'instituteur doit fournir l'indication des motifs d'absence. Il doit aussi faire connaître les élèves qui ont définitivement quitté son École.

ART. 5. — Tout instituteur ou institutrice public ou libre qui ne se sera pas conformé aux prescriptions de l'article précédent peut, sur le rapport de la Commission scolaire et de l'Inspecteur primaire, être déféré par l'Inspecteur d'Académie au Conseil départemental. Après deux avertissements restés inutiles, le Conseil départemental pourra prononcer la peine de la suspension pendant un mois au plus, et, en cas de récidive, pendant trois mois. L'instituteur suspendu pourra en appeler au Conseil de l'Instruction publique.

ART. 6. — Après quatre absences non justifiées dans le courant du mois, le père, le tuteur ou la personne responsable sera cité à comparaître devant la Commission scolaire, qui, en lui rappelant le texte de la loi, lui expliquera ses devoirs. En cas de récidive, la Commission ordonnera l'inscription des nom, prénoms et qualités de la personne responsable, à la porte de la mairie. La non-comparution est assimilée à la récidive.

En cas de nouvelle récidive, la Commission scolaire, ou, à son défaut, l'Inspecteur primaire devra adresser une plainte au juge de paix. L'infraction sera passible des peines portées aux articles 479 et 480 du code pénal en matière de contravention. L'article 463 du Code pénal pourra toujours être appliqué.

ART. 7. — Les seuls motifs d'absence admissibles sont les suivants :

Maladie de l'enfant, maladie ou décès des parents ou des membres de la famille; empêchement résultant de la difficulté des communications ou d'autres circonstances exceptionnelles appréciées par la Commission scolaire.

ART. 8. — La Commission scolaire pourra accorder aux parents, qui en feront la demande motivée, des dispenses de fréquentation scolaire ne pouvant dépasser deux mois par année. Ces dispenses devront, si elles excèdent quinze jours, être soumises à l'approbation de l'Inspecteur primaire.

La Commission peut aussi, avec l'approbation du Conseil départemental, dispenser les enfants employés hors de la famille, dans l'agriculture et dans les manufactures, d'une des deux classes de la journée.

ART. 9. — Pour les enfants élevés dans la famille, il sera institué un examen public dont les époques et les programmes seront déterminés par un arrêté ministériel, délibéré en Conseil supérieur.

Lorsqu'il sera établi que l'enfant ne reçoit pas l'instruction primaire dans la famille, le père, le tuteur ou la personne responsable seront passibles des peines édictées par l'article 6.

ART. 10. — La caisse des Écoles instituée par l'article 15 de la loi du 10 avril 1867 sera établie dans toutes les communes. Dans les communes subventionnées dont le centime n'excède pas 30 francs, la caisse aura droit, sur le crédit ouvert pour cet objet au Ministère de l'Instruction publique, à une subvention au moins égale au montant des libéralités qu'elle aura reçues, soit de la commune, soit des particuliers.

La répartition des secours se fera par les soins de la Commission scolaire.

ART. 11. — La présente loi sera exécutoire à dater du 1er janvier 1881.

---

20 janvier 1880. **Projet de loi établissant la Gratuité absolue de l'enseignement primaire dans les Écoles publiques, présenté par M. Jules Ferry, Ministre de l'Instruction publique, et par M. Ch. Lepère, Ministre de l'Intérieur[1].**

Séance du 20 Janvier 1880.

Exposé des motifs.

Messieurs, le projet de loi que le Gouvernement a l'honneur de vous présenter est le résultat d'une entente intervenue, après de longues études, entre les deux départements de l'Instruction publique et de l'Intérieur.

1. *Journal officiel* du 18 *janvier* 1880, p. 1896 à 1900.

Consulter le projet de M. BARODET, 1er *décembre* 1877, Tome IV, p. 726. Il donna lieu au rapport du 6 *décembre* 1879, ci-dessus, page 82.

Les deux propositions furent renvoyées à une Commission composée de M. BERT

Il a pour objet d'établir la gratuité absolue de l'enseignement primaire.

Cette situation, vers laquelle notre société démocratique gravite depuis longtemps, ne saurait être ajournée sans dommage pour le bon ordre administratif et financier.

Il serait oiseux de reprendre les débats, qui n'offrent plus désormais qu'un intérêt théorique, sur les mérites comparatifs des deux modes d'entretien de l'École publique : le système de la rétribution scolaire par tête d'élève, c'est-à-dire l'entretien par la famille, et le système de la gratuité absolue, c'est-à-dire l'entretien par la commune ou par l'État.

Si nous étions au début de l'institution, si nous avions encore à opter entre les deux régimes, cette discussion serait à sa place en tête de ce projet de loi; mais depuis longtemps la question n'est plus intacte, et la législation française a fait son choix. Le régime de la rétribution scolaire, avec exemption pour les enfants pauvres, introduit en France par la loi de 1833, rétréci dans ses applications par celle de 1850 ou du moins par les décrets qui l'ont interprétée, ne saurait survivre aux deux profondes atteintes qu'il a reçues depuis quinze ans.

La première est la mesure qui a autorisé l'admission d'un nombre illimité d'élèves gratuits dans les Écoles publiques. Jusqu'en 1866, diverses règles administratives permettaient de restreindre les listes de gratuité aux seuls enfants que l'autorité jugeait à propos de considérer comme indigents. M. Duruy, par le décret du 28 mars 1866, supprima la règle dite du maximum, et par là fit tomber la seule barrière qui pût arrêter l'accroissement indéfini de la gratuité.

Un second coup, plus décisif encore, fut porté au système de la rétribution scolaire par la loi du 10 avril 1867, qui autorisa les communes à établir elles-mêmes la gratuité absolue moyennant une imposition extraordinaire de 4 centimes additionnels au principal des quatre contributions, et qui à cette condition les admit en principe à participer aux subventions de l'État.

L'effet de ces mesures ne se fit pas attendre.

D'une part, les listes de gratuité prirent un tel développement, que le nombre des élèves gratuits dépassa bientôt celui des payants. D'autre part, le plus grand nombre des communes à qui leur situation budgétaire permettait d'établir la gratuité absolue, sans rien demander à l'État, se hâtèrent de l'adopter.

La marche de la gratuité peut être appréciée par les chiffres suivants. Le nombre des élèves gratuits des Écoles publiques était :

En 1833.	29 p. 100 de l'effectif scolaire.	
En 1837.	31	— —
En 1850.	39	— —
En 1863.	38	— —
En 1867.	41	— —
En 1877.	57	— —

(Paul), *Président;* LOCKROY, *Secrétaire;* NOIROT, BLANC (Louis), BRICE (René), LACRETELLE (DE), CHALAMET, BARODET, BOUSQUET, CONSTANS, ALLEMAND, SPULLER, DETHOU, ALLÈGRE, PARRY, CANTAGREL, FLOQUET, DRUMEL, ARMEZ, DESCHANEL, DUVAUX, BOYSSET.

Au nom de cette Commission, M. Paul BERT déposa son rapport à la Chambre des Députés le 11 *mai* 1880.

Voté par la Chambre, le projet donna lieu au rapport de M. RIBIÈRE au Sénat, 5 *mars* 1881.

Adopté par le Sénat, qui modifia l'article 2 (17 *mai*), il fut renvoyé (30 *mai*) à la

La rétribution scolaire entrait dans le total des ressources du budget de l'instruction primaire[1] :

En 1850.	71 p. 100.
En 1865.	44 —
En 1870.	34 —
En 1875.	29 —
En 1876.	28 —
En 1877.	26 —
En 1878.	23 —

Ainsi aujourd'hui, sur trois millions et demi d'enfants admis à l'École primaire, deux millions y sont admis gratuitement.

Sur 80 millions que coûte l'instruction primaire, la rétribution ne produit plus que 18 millions.

En d'autres termes, la gratuité, qui, dans l'esprit de la loi de 1850, devait être l'exception, tend de plus en plus à devenir la règle.

Il ne s'agit donc plus aujourd'hui de savoir si le régime de l'École payante vaut mieux en soi que celui de l'École gratuite.

La seule question qui subsiste est celle-ci : vaut-il mieux laisser la transformation s'opérer graduellement, laisser d'année en année décroître la rétribution scolaire et croître la gratuité jusqu'à ce que l'une ait remplacé l'autre? Ou bien, y a-t-il intérêt pour le pays à régulariser, par une mesure d'ensemble, cette situation fausse, qui va se compliquant de jour en jour, et à renoncer résolument à la fiction d'après laquelle les deux tiers des enfants de la France sont portés au rôle des indigents?

S'il n'y avait à considérer que des communes se suffisant à elles-mêmes, entretenant leurs Écoles de leurs propres deniers, maîtresses par conséquent d'établir à leur gré ou d'ajourner la gratuité, on pourrait, sans grand inconvénient, abandonner à son cours naturel le mouvement en faveur de l'École gratuite.

Mais il y a en France 26 000 communes subventionnées, c'est-à-dire ne parvenant à entretenir le nombre d'Écoles strictement obligatoire sur le pied le plus modeste, qu'avec le secours du Trésor. Pour celles-là, le problème de la gratuité se complique d'un élément nouveau, tout à fait étranger à la question même de la gratuité : l'intervention financière de l'État.

Du moment qu'il est loisible aux communes de cette catégorie, par l'extension indéfinie des listes de gratuité, de tirer, en quelque sorte, à vue sur la caisse de l'État, l'immense majorité n'a plus d'intérêt à maintenir la rétribution scolaire; elles ont au contraire un intérêt direct à en abaisser le montant sans la supprimer légalement. La suppression absolue les obligerait à voter les 4 centimes prescrits par la loi de 1867. En se bornant à réduire la rétribution scolaire de moitié ou des deux tiers par exemple, les Conseils municipaux ont le double avantage de dégrever des frais d'écolage la moitié ou les deux tiers des habitants et de procurer à la commune un accroissement correspondant de la subvention de l'État.

Chambre, à laquelle M. Paul BERT soumit un nouveau rapport (11 *juin*) (*Journal officiel*, *juin* 1881, p. 1056).

Le projet a abouti à la loi du 16 *juin* 1881 (ci-après, *à sa date*).

1. Voir aux *Annexes* le produit des revenus ordinaires des communes et de la rétribution scolaire annexé au présent projet de loi.

La gratuité ainsi réalisée est évidemment une sorte de fraude dont l'État est victime; mais comment empêcher cette fraude? On ne sait pas même à quel moment précis elle commence, jusqu'à quelle limite elle peut être tolérée. Il en résulte que l'État est à la merci d'un nombre infini de petites spéculations dictées par l'intérêt local. D'année en année un plus grand nombre de familles aisées, qui pourraient payer sans effort l'écolage de leurs enfants, en rejettent la charge sur le Trésor public; la dette de la famille est payée par la masse des contribuables; un tel laisser-aller est aussi contraire à l'équité qu'à la bonne administration des deniers publics.

D'un autre côté, est-il possible de revenir aux règles restrictives de la gratuité? Faut-il restaurer les garanties qui protégeaient en d'autres temps la rétribution scolaire? Avons-nous le droit d'ajourner indéfiniment pour les communes les plus nombreuses et les plus pauvres l'établissement d'un régime dont elles ont plus besoin encore que les communes riches et non subventionnées? Exiger qu'elles maintiennent rigoureusement la rétribution scolaire pour ne pas surcharger le budget de l'État, ne serait-ce pas réserver la règle la plus dure pour les plus pauvres, et marcher au rebours de l'esprit démocratique?

Retourner en arrière n'est ni juste ni possible. Théoriquement parlant, le vieux système de la rétribution scolaire pouvait être défendu; la thèse de l'École payante pour les riches, gratuite pour les seuls indigents, a pu toucher, elle touche encore beaucoup de bons esprits. Mais, pour mettre les faits d'accord avec la théorie, il eût fallu maintenir tout un échafaudage de restrictions et de rigueurs que le courant social a emporté. Ce qui subsiste est quelque chose de bâtard, un système mixte et contradictoire, qui est à la fois le plus complexe et le moins moral, le plus coûteux et le moins logique, celui qui fait la part la plus large à l'arbitraire administratif, au favoritisme local, à la mauvaise comptabilité. Il en faut sortir, mais par quelles voies et dans quelles conditions?

La première idée qui se présente à l'esprit est de couper court à tous les abus de l'action communale en supprimant l'action locale elle-même. Au lieu de laisser aux dépenses des Écoles primaires le caractère de dépenses essentiellement locales, on éviterait tout conflit, toute discussion, toute fraude, en leur donnant exclusivement le caractère d'un service public, d'une dépense d'État, acquittée sur les seuls fonds de l'État.

L'instituteur, devenu un fonctionnaire public, ne dépendrait plus que de l'État, qui le payerait directement. La gratuité absolue serait assurée par les ressources de l'État. La commune, quelle qu'elle fût, petite ou grande, riche ou pauvre, n'interviendrait plus dans les choses de l'École que pour assurer aux maîtres et aux élèves le local et le mobilier nécessaires.

Que faudrait-il pour opérer cette radicale transformation? L'inscription au budget de l'État d'une somme suffisante pour couvrir toutes les dépenses de l'instruction primaire. Or, ces dépenses, qui n'ont pas encore atteint, il s'en faut, leur maximum normal, s'élèvent actuellement à 80 millions, rien que pour les dépenses annuelles strictement obligatoires d'après des lois déjà anciennes.

Pour y faire face, il faudrait donc un impôt scolaire, une taxe d'État de 23 à 24 centimes additionnels[1] au principal des quatre contributions directes.

Cette taxe, il est vrai, ferait disparaître environ 40 millions représentant le produit des centimes communaux et des centimes départementaux et de la sub-

1. Le centime, pour toute la France, valant environ 3 400 000 francs. (Note de l'*Exposé*.)

vention de l'État, actuellement affectés aux dépenses obligatoires des Écoles primaires publiques. Il resterait 40 autres millions à trouver par la voie de l'impôt direct, soit de 10 à 12 centimes nouveaux à imposer à tous les contribuables.

Évidemment, s'il n'y avait pas d'autre moyen pour la nation d'assurer le service de l'instruction primaire, il faudrait se résoudre à la frapper de ce lourd impôt, tout en prévoyant de quel poids funeste il pèserait sur la fortune publique et sur l'industrie privée. Mais, avant de recourir à cette ressource si onéreuse, avant d'accabler d'impôts nouveaux le petit contribuable, le petit propriétaire, le petit commerçant, déjà grevés de tant de charges, voyons s'il n'est pas d'autre remède aux abus que nous signalons.

Le tort du législateur n'est pas d'avoir reconnu aux dépenses de l'instruction primaire le caractère d'une dette communale; il n'est pas de conception plus naturelle, plus équitable, plus politique. Le mal vient de ce que les obligations de la commune sont imparfaitement réglées et définies.

Il suffit d'examiner les lois qui régissent la matière pour en découvrir le vice originel : en faisant de l'instruction primaire un service communal, ces lois ont omis d'y affecter partout des ressources fixes, liquides, certaines, équitablement proportionnées aux besoins et à la richesse réelle de chaque commune.

La loi de 1850 dit bien que les dépenses de l'Instruction primaire doivent être acquittées d'abord sur les revenus ordinaires des communes; mais elle ne spécifie pas quels sont ceux des revenus ordinaires qui doivent être affectés à ce service et dans quelle proportion. De là, dès les premières années et surtout quand le développement de l'instruction primaire eut dépassé toutes les prévisions du législateur de 1850, une interminable série de contestations entre l'État et les communes.

Le Ministère de l'Instruction publique soutenait que l'instruction primaire, service obligatoire, devait passer avant toutes les dépenses qualifiées dépenses facultatives par la loi de 1837, quelque utiles, quelque nécessaires même que pussent être lesdites dépenses. Les communes, bientôt soutenues dans leur résistance par le Ministère de l'Intérieur, protestaient contre ce prélèvement en faveur de l'instruction primaire; elles lui reprochaient de paralyser la vie communale, de rendre impossible et inutile l'accroissement des ressources locales, de sacrifier à une seule dépense privilégiée, et déjà assurée en partie par une imposition spéciale, toutes les autres dépenses non moins utiles, non moins impérieusement réclamées par l'intérêt des populations.

De ce conflit entre les deux Ministères, ou plutôt entre deux ordres opposés de revendications également légitimes, le résultat fut, comme il était aisé de le prévoir, qu'aucun principe général ne prévalut, qu'on se contenta de solutions provisoires qui varièrent d'année en année et d'un lieu à l'autre, qu'enfin les communes furent très diversement traitées, suivant que leurs représentants opposèrent une résistance plus ou moins vive aux prélèvements de l'instruction primaire : les unes ne payent presque rien ou absolument rien sur leurs revenus ordinaires; les autres exécutent la loi dans toute sa rigueur.

Finalement, à moins d'entreprendre, œuvre impossible, la revision minutieuse de 25 ou 30 000 budgets communaux, le Ministère de l'Instruction publique était bien obligé d'accepter la part incertaine, précaire et toujours décroissante que les communes lui faisaient dans leurs revenus ordinaires, sauf à combler le déficit avec les deniers de l'État.

Nous croyons qu'il n'est pas impossible de substituer à ce régime d'inégalités et de contradictions un système financier reposant sur des bases uniformes. Et dans le projet qui vous est soumis, nous essayons, tout en conservant les diverses ressources établies par les lois de 1850 à 1875 sauf la rétribution scolaire, de leur donner la fixité et la régularité qui leur ont jusqu'à présent fait défaut.

Au lieu de prendre pour premier élément du budget scolaire municipal la recette variable par excellence, le prélèvement sur les revenus ordinaires, nous donnons pour base à ce budget l'imposition spéciale instituée par les lois en faveur de l'enseignement primaire, savoir :

1° Les 4 centimes spéciaux de l'instruction primaire ;

2° Les quatre autres centimes autorisés par la loi de 1867, en vue d'assurer l'établissement de la gratuité absolue.

Le produit de ces huit centimes communaux sera désormais pour toutes les communes le premier fonds de l'instruction primaire. Il pourra être remplacé dans les communes riches, qui en exprimeraient le désir, par le payement d'une somme équivalente prise sur des ressources quelconques (dons et legs, fondations, revenus ordinaires et extraordinaires).

Si le produit de ces huit centimes suffisait à la commune pour couvrir ses dépenses scolaires, elle n'aurait rien à y ajouter. Dans le cas contraire, qui sera le plus fréquent, la commune, avant de solliciter le concours de l'État, devra recourir à un prélèvement sur ses revenus ordinaires.

Nous nous sommes préoccupés de rechercher quels sont, parmi les revenus ordinaires, ceux qu'il y aurait le moins d'inconvénient à grever de ce prélèvement scolaire. Nous nous sommes trouvés d'accord pour conserver intact aux communes le produit des cinq centimes pour insuffisance de revenu, le produit de l'impôt des patentes, les revenus en nature des biens communaux, et en général les ressources qui peuvent être considérées comme destinées à faire face aux besoins les plus urgents. Mais il nous a semblé qu'il serait possible de réserver pour les Écoles une petite partie des recettes suivantes :

1° Revenus en argent des biens communaux ;

2° Taxe sur les chiens ;

3° Part des communes dans l'impôt sur les chevaux et voitures ;

4° Octrois ;

5° Taxe de voirie et location des halles, foires et marchés.

Nous proposons d'affecter à l'instruction primaire une part de ces revenus qui pourrait s'élever jusqu'au cinquième de leur produit, mais qui ne dépasserait jamais le total de la dépense obligatoire afférente à la commune. En d'autres termes, toute commune disposant des diverses recettes ci-dessus énumérées serait tenue d'en consacrer un cinquième à l'instruction primaire, en outre de ses huit centimes, avant de recourir aux subventions du département et de l'État.

Un relevé, commune par commune, fait très exactement par les deux Ministères de l'Intérieur et de l'Instruction publique d'après les comptes de gestion de 1878, établit que ce prélèvement proportionnel et régulier aura le double avantage de produire au total une somme plus forte et néanmoins de dégrever sensiblement les départements et les communes qui subissent aujourd'hui des prélèvements excessifs, tandis que d'autres y échappent presque entièrement. Nous donnons en appendice le résumé de ces tableaux par département ; en voici le total pour la France :

COMMUNES.	MONTANT de l'ancien prélèvement (1878).	MAXIMUM que pourrait atteindre le nouveau prélèvement.
Communes non subventionnées. . . .	13.284.333 55	33.335.054 (non compris Paris)
Communes subventionnées.	3.390.251 45	4.569.559

Les communes qui n'ont pas de revenus ordinaires passibles de prélèvement, et celles qui, après avoir versé le cinquième des revenus spécifiés plus haut, n'auraient pas complètement couvert leurs dépenses recevraient, comme par le passé, la subvention du département ou celle de l'État.

Pour mieux faire apprécier par des chiffres le fonctionnement du nouveau système, comparé à l'ancien, nous les appliquons l'un et l'autre, dans le tableau ci-dessous, à l'exercice 1878, le dernier dont nous ayons l'état de liquidation. Ce tableau fait voir qu'en prenant pour base une année quelconque, l'application de la loi nouvelle permettrait de faire face aux dépenses sans accroître la subvention de l'État.

DÉPENSES OBLIGATOIRES. { Écoles primaires. . 77 400 000 ; Écoles normales. . 3 900 000 } 81 300 000 fr.

	RESSOURCES	
	d'après l'ancien système. (Liquidation de 1878.)	d'après le nouveau système. (Articles 1-3 du projet.)
Dons et legs	1.000.000	1.000.000
4 centimes spéciaux des communes	12.400.000	a) 13.600.000
4 centimes de la gratuité.	4.800.000	13.600.000
Communes non-subventionnées. 1° Rétribution scolaire . .	5.000.000	»
Communes non-subventionnées. 2° Revenus ordinaires. . .	13.300.000	b) 18.300.000
Communes subventionnées. . . 1° Rétribution scolaire . .	13.000.000	»
Communes subventionnées. . . 2° Revenus ordinaires. . .	3.400.000	c) 4.600.000
Subvention départementale (4 centimes spéciaux)	11.400.000	d) 13.600.000
Prix de pension acquitté par les familles dans les Écoles normales.	400.000	»
Subvention de l'État.	16.600.000	16.600.000
	81.300.000	81.300.000

a) L'excédent en faveur du nouveau système s'explique par le fait qu'un certain nombre de communes ne votent pas intégralement les 4 centimes.

b) On supprime les 5 millions de la rétribution scolaire, mais on prélève 5 millions de plus sur les 33 que pourrait produire le cinquième des revenus ordinaires énumérés en l'article 3.

c) On prélève 1.200.000 fr. de plus sur les revenus ordinaires de ces communes, mais on les décharge de 13 millions de rétribution scolaire.

d) Les 4 centimes départementaux de l'exercice 1878 n'étaient pas perçus partout intégralement : de là la différence en faveur du nouveau système.

Ainsi, le projet de loi qui vous est soumis a pour caractère de permettre l'établissement général et immédiat de la gratuité absolue sans renverser l'économie de la législation qui régit l'enseignement primaire, sans demander à l'État de nouveaux sacrifices.

Ce résultat, obtenu par une simple régularisation des ressources créées par les lois existantes, est également important, qu'on l'envisage au point de vue politique ou au point de vue financier.

Au point de vue politique, il n'est pas bon d'enlever aux dépenses de l'instruction primaire le caractère de dette communale; on risque ainsi d'affaiblir les liens qui existent entre l'École et la commune et de rabaisser le niveau de la vie locale dans le plus grand nombre des communes de France.

Au point de vue financier, il n'est pas indifférent d'épargner à l'État une dépense nouvelle de 18 millions, que le maintien du *statu quo* tendrait à mettre, au bout d'un certain nombre d'années, complètement à sa charge. Au contraire, en laissant l'impôt d'École au compte de la commune, nous ne lui imposons, à vrai dire, aucune charge nouvellle; l'écolage n'est pas supprimé, ce qui, en soi, est une pure chimère, mais il est autrement perçu, sous une forme moins blessante pour les pauvres, plus proportionnelle pour les riches, moins précaire pour l'instituteur, moins onéreuse pour tout le monde.

Enfin, comme nous ne dépassons pas les quatre centimes facultatifs qui, d'après la loi de 1867, donnent droit à la gratuité, nous respectons les droits acquis des communes qui se les sont volontairement imposés, et nous enlevons à la loi nouvelle tout caractère rétroactif.

Ce projet n'anticipe point sur la loi organique dont le Parlement a justement à cœur de hâter l'élaboration, mais qu'il ne dépend pas de lui d'achever à bref délai. Il ne fait en quelque sorte que résoudre des questions financières indépendantes de l'organisation de l'instruction publique; il met fin à une situation budgétaire qui ne peut se prolonger sans détriment et qui ne se règle plus depuis plusieurs années qu'à force de crédits supplémentaires; enfin, en proclamant et en rendant immédiatement exécutoire un des principes les plus importants du programme démocratique, il donne à l'opinion publique une satisfaction qu'il ne conviendrait pas de lui faire attendre jusqu'à l'adoption définitive du nouveau code de l'instruction primaire.

L'article 1er du projet pose le principe : avec la rétribution scolaire, le prix de pension est aboli dans les Écoles normales. C'est une dépense de cinq à six cent mille francs, mais c'est aussi la garantie que désormais les Écoles normales de l'un ou de l'autre sexe ne recevront plus que des candidats se destinant sérieusement, définitivement, aux fonctions de l'enseignement primaire.

L'article 2 transforme les quatre centimes facultatifs de la gratuité en centimes obligatoires pour toutes les communes; il autorise celles qui possèdent d'autres ressources à s'exonérer de cette imposition spéciale, en affectant aux dépenses obligatoires de l'enseignement primaire une part de ces ressources équivalente au produit des quatre centimes.

L'article 3 règle avec précision la matière si obscure et si disputée des prélèvements à faire sur les revenus ordinaires des communes en vertu de l'article 40 de la loi du 15 mars 1850.

L'article 4 ajoute aux Écoles primaires publiques dont les dépenses sont considérées comme obligatoires dans l'état actuel de la législation et de la jurisprudence : les Écoles communales de filles qui existent ou qui seront créées dans les communes de plus de 400 âmes (cette disposition donne une ample satisfaction à la proposition de loi déposée par notre honorable collègue,

M. Lelièvre); — les classes nouvelles qui seront créées dans les Écoles réunissant plus de soixante élèves sous un seul maître; — enfin, dans les communes de plus de 2 000 âmes, les classes intermédiaires entre la Salle d'asile et l'École primaire, comprenant de jeunes enfants des deux sexes, confiées à une institutrice, et connues sous le nom de Classes enfantines.

L'article 5 garantit les instituteurs contre les conséquences pécuniaires de la suppression de la rétribution scolaire; leur traitement actuel consolidé, pour ainsi dire, ne pourra, dans aucun cas, devenir inférieur à celui dont ils auront joui pendant l'année qui aura précédé l'application de la nouvelle loi.

Enfin, l'article 6 a pour but de tenir en éveil, sous le régime du traitement consolidé, l'activité des instituteurs par un système de récompenses dont les détails seront réglés par décrets, et qui motiveront l'inscription d'un crédit spécial dans la loi de finances.

Projet de loi.

ARTICLE 1er. — Il ne sera plus perçu de rétribution scolaire dans les Écoles primaires publiques, ni de prix de pension dans les Écoles normales.

ART. 2. — L'imposition extraordinaire de 4 centimes additionnels au principal des quatre contributions directes autorisée par l'article 8 de la loi du 10 avril 1867 pour l'établissement de la gratuité absolue de l'enseignement primaire est obligatoire pour toutes les communes, comprise dans leurs ressources ordinaires et votée sans le concours des plus imposés.

Les communes auront la faculté de s'exonérer de tout ou partie de cette imposition spéciale en inscrivant au budget avec la même destination une somme égale au produit des centimes supprimés, somme qui pourra être prise soit sur le revenu des dons et legs, soit sur une portion quelconque de leurs ressources ordinaires ou extraordinaires.

ART. 3. — Les prélèvements à effectuer en faveur de l'instruction primaire sur les revenus ordinaires des communes en vertu de l'article 40 de la loi du 15 mars 1850 porteront exclusivement sur les ressources ci-après énumérées :

1° Les revenus en argent des biens communaux;

2° La part revenant à la commune sur l'imposition des chevaux et voitures et sur les permis de chasse;

3° La taxe sur les chiens;

4° Le produit brut des octrois (taxes ordinaires et produits accessoires);

5° Les droits de voirie et les droits de location aux halles, foires et marchés.

Ces revenus sont affectés jusqu'à concurrence d'un cinquième aux dépenses ordinaires et obligatoires afférentes à la commune par le service de ses Écoles primaires publiques.

ART. 4. — Sont mises au nombre des Écoles primaires publiques donnant lieu à une dépense obligatoire pour la commune, à la condition qu'elles soient créées conformément aux prescriptions de l'article 2 de la loi du 10 avril 1867 :

1° Les Écoles communales de filles qui sont ou seront établies dans les communes de plus de 400 âmes;

2° Les classes nouvelles confiées à un adjoint ou à une adjointe et résultant du dédoublement de l'effectif scolaire, dans les Écoles où le registre d'appel aura constaté deux années de suite la présence, pendant cinq mois au moins, de 60 élèves de 6 à 13 ans placés sous la direction d'un seul maître;

3° Dans les communes de plus de 2 000 âmes, les classes intermédiaires entre la Salle d'asile et l'École primaire, dites Classes enfantines, comprenant des enfants des deux sexes, confiés à des institutrices pourvues de brevet de capacité.

ART. 5. — Le traitement des instituteurs et institutrices, titulaires et adjoints, actuellement en exercice, ne pourra dans aucun cas devenir inférieur à celui dont ils ont joui pendant l'année qui aura précédé l'application de la présente loi.

ART. 6. — Un crédit spécial sera inscrit, chaque année, au budget de l'Instruction publique pour établir en faveur des instituteurs et institutrices, titulaires et adjoints, dans les communes subventionnées, un système de récompenses graduées d'après la moyenne des progrès réalisés et des succès obtenus par l'ensemble des élèves de chaque classe.

Un décret déterminera les règles d'après lesquelles ces récompenses spéciales devront être distribuées.

ART. 7. — La présente loi recevra son exécution à partir du 1er janvier 1881.

Loi ayant pour but de rendre obligatoire l'Enseignement de la Gymnastique[1]. 27 janvier 1880.

27 Janvier 1880.

ARTICLE 1er. — L'enseignement de la gymnastique est obligatoire dans tous les établissements d'instruction publique de garçons dépendant de l'État, des départements et des communes.

ART. 2. — Cet enseignement est donné dans les conditions et suivant les programmes arrêtés par le Ministre de l'Instruction publique, selon l'importance des établissements.

ART. 3. — Un rapport sur les résultats de la vérification faite au moins une fois par an, par les soins du Ministre de l'Instruction publique, dans tous les établissements auxquels s'applique la présente loi, sera annexé au budget.

1. Consulter, pour les origines de la loi, le projet de M. GEORGE, sénateur, 18 *mars* 1879, ci-dessus, p. 30.

Voir pour l'application :

Arrêté du 10 *juin* 1879 (*Bull. adm.*, 1879, t. XXII, p. 433), modifiant le programme d'examen pour le certificat d'aptitude à l'enseignement de la gymnastique;

Circulaire du 20 *mai* 1880, aux Recteurs, relative à l'application de la loi du 27 janvier (*Circ.*, t. VIII, p. 301);

— 21 *juin* 1881, aux Recteurs, complétant le programme de l'examen à subir par les aspirants au certificat (*Ibid.*, p. 458);

— 20 *mai* 1882 (Ministre de la Guerre aux généraux), relative à l'organisation des exercices militaires dans les établissements publics (*Rec. des L. et A.*, 1882, p. 491);

Décret du 6 *juillet* 1882, relatif à la formation et à l'organisation des bataillons scolaires, et la note en renvoi (voir ci-après, *à sa date*);

Circulaire du 3 *novembre* 1882, aux Préfets, relative aux appareils de gymnastique qu'une commune doit fournir pour obtenir un subside de l'État (*Circ.*, t. IX, p. 140).

Consulter les documents ci-après :

Circulaire du 21 *avril* 1879, aux Recteurs, relative au remplacement des fusils

ART. 4. — La disposition de l'article 23 de la loi du 15 mars 1850, concernant la gymnastique dans les établissements publics, est abrogée.

ART. 5. — La présente loi entrera en vigueur dans le délai de deux ans à dater de sa promulgation.

---

14 février 1880. **Décret relatif à la collation des Bourses d'Enseignement primaire supérieur[1].**

14 Février 1880[2].

Le Président de la République française,

Sur le rapport du Ministre de l'Instruction publique et des Beaux-Arts,

modèle 1866 par des fusils modèle 1874 pour les exercices militaires dans les établissements d'instruction publique (*Circ.*, t. VIII, p. 136);

— 29 *mars* 1881, aux Recteurs, relative à l'envoi de la 2e partie du Manuel des exercices gymnastiques et militaires (*Ibid.*, p. 486);

— 19 *avril* 1881, aux Préfets, relative à l'enseignement obligatoire de la gymnastique dans les établissements d'instruction publique de garçons (*Ibid.*, p. 495);

— 30 *août* 1881, aux Recteurs, relative à la distribution de fusils destinés à l'enseignement du tir dans les Écoles primaires publiques de garçons (*Ibid.*, p. 558);

— 22 *octobre* 1881, aux Préfets, relative à l'acquisition par les municipalités de fusils d'exercice pour les élèves des Écoles primaires (*Ibid.*, p. 603);

— 21 *mars* 1882, aux Préfets, relative à l'organisation de l'enseignement gymnastique et militaire dans les Écoles primaires publiques de garçons (*Ibid.*, p. 672);

— 21 *mars* 1882, aux Recteurs, prescrivant une enquête sur l'enseignement gymnastique et militaire dans les Écoles normales primaires (*Ibid.*, p. 675);

— 27 *mai* 1882, aux Recteurs, relative à la nomination d'instructeurs militaires dans les établissements d'instruction publique (*Circ.*, t. IX, p. 44);

— 3 *juin* 1882 (Ministre de la Guerre aux Généraux), relative aux réunions en armes des corps ou sociétés organisés dans un but d'instruction militaire (*Rec. des L. et A.*, 1882, p. 517);

— 20 mars 1884, aux Inspecteurs d'Académie, relative aux prix d'instruction militaire et gymnastique décernés par le Ministre de la Guerre aux établissements d'enseignement secondaire et primaire (*Circ.*, t. IX, p. 348);

— 26 *juin* 1885 (Ministre de la Guerre aux Généraux), relative à la concession de dispenses d'appel aux hommes de la réserve et de l'armée territoriale chargés des fonctions d'instructeurs militaires scolaires (*Rec. des L. et A.*, 1885, p. 498);

— 21 *mai* 1889, aux Recteurs, relative à l'enseignement de la gymnastique dans les Écoles normales primaires (*Circ.*, t. X, p. 419);

— 15 *décembre* 1891, aux Préfets et aux Recteurs, relatives à l'installation des gymnases dans les établissements d'enseignement primaire public (*Circ.*, t. XI, p. 510 et 511);

— 16 *août* 1895, aux Recteurs, relative aux exercices de tir dans les Écoles primaires publiques, avec instruction sur le tir à la carabine Flobert (*Bull. adm.*, 1895, t. LVIII, p. 620).

1. Ce décret a été rapporté par le décret du 3 *janvier* 1882 (voir *à sa date*).

2. Consulter la brochure publiée sous le titre : *Enseignement primaire supé-*

Vu la loi de finances du 21 décembre 1879, qui a inscrit au budget du Ministère de l'Instruction publique un crédit destiné à l'entretien de bourses dans les Écoles primaires supérieures,

Décrète :

ARTICLE 1er. — Les candidats aux bourses nationales fondées dans les Écoles primaires supérieures devront justifier, par un examen préalable, qu'ils sont en état de suivre la classe correspondant à leur âge.

Une Commission, nommée par le Ministre de l'Instruction publique et des Beaux-Arts, sera chargée d'examiner les candidats.

Le Ministre déterminera l'époque et la forme des examens.

ART. 2. — Les boursiers nationaux sont nommés par le Ministre de l'Instruction publique et des Beaux-Arts.

Ils reçoivent soit une bourse ou une demi-bourse d'interne, soit une bourse d'externe, suivant la position de fortune des familles, laquelle est établie par un rapport du Préfet.

ART. 3. — Le Ministre peut accorder des promotions de bourses aux élèves qui auront mérité cette faveur par leur bonne conduite et leurs progrès.

Le Ministre peut, en outre, décerner, sous forme d'indemnité prélevée sur le crédit affecté aux bourses d'enseignement primaire supérieur, un prix aux boursiers externes qui auront été jugés dignes de cette récompense. Le montant de ce prix ne pourra pas dépasser le taux moyen de la pension dans les établissements à internat.

ART. 4. — En cas de faute grave, le chef de l'établissement peut rendre provisoirement un boursier à sa famille, sauf à en référer immédiatement à l'autorité supérieure.

La déchéance définitive des boursiers est prononcée par le Ministre.

rieur : I. *Lois et Règlements*; II. *Statistique* (Imp. Natle, mai 1882); — *Historique et Législation des Écoles d'enseignement primaire supérieur*, dans les *Mémoires et Documents scolaires publiés par le Musée pédagogique*, fascicule no 16; — *Le Certificat d'études primaires supérieures* (*Ibid.*, fascicule no 30); — *Bourses d'enseignement primaire supérieur* (*Ibid.*, fascicule no 36); — *Les Bourses de l'enseignement supérieur et professionnel en France et à l'étranger*, par M. ARMAGNAC (*Monographies pédagogiques*, t. II, p. 319 à 371).

Voir la circulaire du 16 *mai* 1878, aux Préfets, relative à la création d'Écoles primaires supérieures (Tome IV, p. 785); — et ci-après, *à leur date*, le décret et l'arrêté du 15 *janvier* 1881, le décret et l'arrêté du 23 *décembre* 1882.

20 février 1880. **Circulaire du Ministre de l'Instruction publique, décidant la réunion des Inspecteurs primaires, des Directeurs et des Directrices d'Écoles normales primaires[1].**

20 Février 1880.

Monsieur le Recteur, j'ai l'honneur de vous informer que je viens de décider qu'à l'occasion de la réunion des sociétés savantes qui aura lieu pendant la semaine de Pâques, un Inspecteur de l'instruction primaire par département et deux Inspecteurs dans les départements qui compteront plus de quatre circonscriptions d'inspection, seront appelés à Paris, à la même époque, ainsi que les

1. Voir le compte rendu du Congrès de 1880 (*Rec. des L. et A.*, 1880, p. 186); — du Congrès de 1881, avec le discours du Vice-Recteur de l'Académie de Paris, président (*Ibid.*, 1881, p. 338);

Les Résolutions adoptées par le personnel enseignant des Écoles normales (1882-1883) (Imp. Nat[le], 2 vol. in 4°, 1882);

Le Congrès international d'Instituteurs au Havre (Imp. Nat[le], 1 vol. in-12, 1885, et dans les *Mémoires et Documents scolaires publiés par le Musée pédagogique*, fascicule n° 5);

Les Congrès pédagogiques d'Instituteurs, par M. Émile COUTURIER (*Monographies pédagogiques,* t. III, p. 627 à 659, Imp. Nat[le], 1889);

Le Congrès international de l'Enseignement primaire en 1889, dans les *Mémoires et Documents scolaires publiés par le Musée pédagogique*, fascicule n° 91;

Les Congrès du Havre, de Nantes, de Bordeaux (1 vol. in-8° de 80 pages, publié par l'Association philotechnique, 1895).

Consulter les circulaires ci-après :

Circulaire du 7 *mars* 1882, aux Recteurs, relative à la préparation des travaux du Congrès pédagogique de 1882 (*Circ.*, t. VIII, p. 662);

— 20 *septembre* 1887, aux Préfets et aux Recteurs, relative aux vœux émis par le Congrès des instituteurs (*Circ.*, t. X, p. 195 et 204);

— 11 *juin* 1888, aux Recteurs, relative à un projet de réunion des directeurs et directrices des Écoles normales au chef-lieu académique (*Ibid.*, p. 291);

— 31 *janvier* 1889, aux Recteurs et aux Préfets, relative à la tenue d'un Congrès international de l'enseignement primaire à l'Exposition de 1889 (*Ibid.*, p. 397);

— 7 *février* 1889 (Vice-Recteur aux Inspecteurs d'Académie), relative au mode d'élection des délégués au Congrès international de l'enseignement primaire (*Rec. des L. et A.*, 1889, p. 98);

— 9 *février* 1889 (Vice-Recteur aux Inspecteurs d'Académie), relative au mode de compter les suffrages dans les élections des délégués au Congrès international de l'enseignement primaire (*Ibid.*, p. 101);

— 12 *février* 1889 (Vice-Recteur aux Inspecteurs d'Académie), relative à la communication de nouvelles instructions au sujet des élections des délégués pour le Congrès international de l'enseignement primaire (*Ibid.*, p. 117);

— 18 *février* 1889 (Vice-Recteur aux Inspecteurs d'Académie), relative aux frais de voyage et de séjour des délégués au Congrès international de l'enseignement primaire (*Ibid.*, p. 118);

— 20 *février* 1889 (Vice-Recteur aux Inspecteurs d'Académie), relative à l'envoi par la poste des bulletins de vote pour l'élection au Congrès international de l'enseignement primaire (*Ibid.*, p. 139);

— 20 *août* 1889, aux Préfets et aux Recteurs, à la suite du Congrès international de l'enseignement primaire, relatives au rôle qu'ont à remplir les instituteurs dans notre société (*Circ.*, t. XI, p. 27);

Lettre du 3 *août* 1892, au Préfet de Vaucluse, relative à la réunion d'un Congrès régional d'instituteurs dans le département de Vaucluse (*Ibid.*, p. 600).

directeurs et directrices d'Écoles normales primaires, pour faire partie d'une section spéciale de pédagogie organisée conformément à la note ci-annexée.

Il vous appartiendra, Monsieur le Recteur, de désigner, sur la proposition des Inspecteurs d'Académie, les Inspecteurs primaires délégués.

La liste nominative des fonctionnaires en question devra m'être transmise avant le 1er mars, afin que je puisse vous adresser, en temps utile, un nombre suffisant de feuilles de voyage.

Ces fonctionnaires voyageront comme toutes les personnes déléguées aux réunions de la Sorbonne, et vous aurez à vous reporter, à cet effet, aux instructions contenues dans la circulaire du 22 janvier 1880[1]. Ils recevront, en outre, l'indemnité mentionnée dans la note ci-jointe.

Je vous prierai de vouloir bien veiller à ce qu'il ne puisse être fait, dans l'espèce, aucun abus des feuilles délivrées par vous, Monsieur le Recteur, aux personnes qui auront été indiquées comme devant être admises aux réunions dont il s'agit.

Recevez, etc.

Signé : JULES FERRY.

Note annexée à la circulaire du 20 février 1880.

Sur la proposition de la Commission des bibliothèques et conférences pédagogiques, M. le Ministre a décidé qu'une première réunion générale d'Inspecteurs primaires, de directeurs et directrices d'Écoles normales aurait lieu à Paris, à l'occasion du Congrès des sociétés savantes, du mardi 30 mars au vendredi 2 avril 1880.

Cette réunion se composera, pour l'année 1880, de :

Un Inspecteur primaire par département (deux Inspecteurs dans les départements comptant plus de quatre circonscriptions d'inspection);

Le directeur de l'École normale d'instituteurs et la directrice de l'École normale d'institutrices.

Les Inspecteurs primaires délégués seront désignés par le Recteur, sur la présentation de l'Inspecteur d'Académie.

L'Administration n'a pas cru devoir arrêter, pour ces réunions, un règlement définitif; elle propose comme sujets d'études les deux questions suivantes :

1° *De l'organisation pédagogique des Écoles primaires à un seul maître;*

2° *Des moyens d'assurer le meilleur recrutement des Écoles normales. Conditions de préparation et d'admission.*

Pour permettre une discussion plus approfondie de ces sujets, la Commission propose de répartir les délégués en cinq sections déterminées d'après l'ordre alphabétique et comprenant chacune environ cinquante membres.

Dans chaque section et pour chacun de ces deux sujets, un rapporteur désigné par l'Administration sera chargé d'exposer la question par un travail écrit qui servira de base à la discussion.

Les sections éliront leurs présidents et secrétaires.

1. *Circ.*, t. VIII, p. 249.

A la suite des débats en section, les cinq rapporteurs se concerteront pour rédiger des propositions adoptées par les sections et sur lesquelles la réunion plénière se prononcera définitivement.

Une note au *Journal général* indiquera la répartition des délégués par section et fera connaître les noms des rapporteurs, auxquels ils pourront adresser à l'avance telles communications qu'ils jugeraient à propos.

Indépendamment du retour gratuit attaché à la carte de voyage, une indemnité d'aller, équivalant à la place en seconde classe, sera accordée à chaque fonctionnaire, ainsi qu'une indemnité de séjour à raison de 10 francs par jour, du mardi au samedi inclusivement.

Les directrices d'Écoles normales pourront être reçues à l'École normale d'institutrices de la Seine.

---

24 février 1880.

Rapport et Décret portant fixation du Traitement des Directrices d'Écoles normales.

24 Février 1880.

1° Rapport au Président de la République.

Monsieur le Président,

Le traitement des directrices d'Écoles normales d'institutrices, tel qu'il est fixé actuellement, est inférieur de 1 000 francs, par classe, à celui des directeurs. Une telle différence n'a pas de raison d'être, et il me paraît équitable de l'atténuer, au moins dans une certaine mesure.

Une autre considération a également appelé mon attention; les maîtresses adjointes de 1re classe reçoivent un traitement de 2 000 francs et sont, en outre, logées et nourries. Les directrices n'ont droit qu'au logement en dehors de leur traitement, qui est, pour la 3e classe, de 2 500 francs. Il en résulte qu'une catégorie de maîtresses adjointes est, en réalité, mieux rétribuée que certaines directrices.

C'est afin de faire cesser ces anomalies que j'ai l'honneur de soumettre à votre signature le projet de décret ci-joint qui a pour objet de porter de 2 500, 3 000 et 3 500 à 3 000, 3 500 et 4 000 francs le traitement des directrices d'Écoles normales d'institutrices.

Veuillez agréer, etc.

Signé : JULES FERRY.

2° Décret.

Le Président de la République française,

Sur le rapport du Ministre de l'Instruction publique et des Beaux-Arts,

Vu le décret du 20 novembre 1872,

Vu la loi de finances en date du 30 mars 1878 et l'arrêté du 11 avril suivant,

Décrète :

ARTICLE 1er. — Le traitement des directrices d'Écoles normales d'institutrices est fixé ainsi qu'il suit à partir du 1er mars prochain :

1re classe.	4 000 francs.
2e classe.	3 500 —
3e classe.	3 000 —

Circulaire du Ministre de l'Intérieur, modifiant le taux d'abonnement des Fournitures classiques concernant les Enfants assistés, élèves des Écoles primaires publiques. 26 février 1880.

26 Février 1880.

Monsieur le Préfet, à raison de l'extension donnée depuis quelques années aux programmes de l'enseignement primaire, le taux d'abonnement aux fournitures classiques concernant les enfants assistés est devenu insuffisant.

Les fournitures dont il s'agit comprennent les règles, les crayons, les plumes, l'encre, le papier et les livres élémentaires.

En 1856, après entente entre les deux départements de l'Intérieur et de l'Instruction publique, le prix mensuel d'abonnement avait été fixé à 0 fr. 50 c. pour les enfants de six à huit ans révolus, et à 0 fr. 70 c. pour les enfants de neuf à douze ans.

De concert avec mon collègue de l'Instruction publique, j'estime que le taux minimum de cet abonnement devrait être élevé à 0 fr. 75 c. pour les enfants au-dessous de neuf ans et à 1 franc pour les enfants ayant dépassé cet âge.

C'est donc sur cette base que vous aurez à établir vos prévisions de dépenses, après avoir demandé l'avis de l'Inspecteur d'Académie.

Toutefois, il convient de remarquer qu'on ne saurait imposer aux instituteurs et institutrices l'obligation de procurer eux-mêmes aux élèves les fournitures de classe, et le Ministre de l'Instruction publique ne pourrait qu'engager les maîtres, le cas échéant, à pourvoir à cette fourniture moyennant des prix reconnus suffisants.

Dans le cas où, pour des motifs reconnus fondés par l'Inspecteur d'Académie, des instituteurs ou des institutrices demanderaient à s'abstenir de cette fourniture, l'Inspecteur des enfants assistés aurait à veiller à ce que, sans dépasser le prix d'abonnement, les pupilles des hospices fussent munis de tous les objets classiques qui leur sont indispensables.

Recevez, etc.

Signé : CH. LEPÈRE.

27 février 1880.

Loi relative au Conseil supérieur de l'Instruction publique et aux Conseils académiques[1].

27 Février 1880.

TITRE Ier. — *Du Conseil supérieur de l'Instruction publique.*

ARTICLE 1er. — Le Conseil supérieur de l'Instruction publique est composé comme suit :

Le Ministre, président;

Cinq membres de l'Institut, élus par l'Institut en assemblée générale et choisis dans chacune des cinq classes;

Neuf conseillers, nommés par décret du Président de la République en conseil des Ministres, sur la présentation du Ministre de l'Instruction publique, et choisis parmi les Directeurs et anciens Directeurs du Ministère de l'Instruction publique, les Inspecteurs généraux et anciens Inspecteurs généraux, les Recteurs et anciens Recteurs, les Inspecteurs et anciens Inspecteurs d'Académie, les professeurs en exercice et anciens professeurs de l'enseignement public;

Deux professeurs du Collège de France, élus par leurs collègues;

Un professeur du Muséum, élu par ses collègues;

Un professeur titulaire des Facultés de théologie catholique, élu par l'ensemble des professeurs, des suppléants et des chargés de cours desdites Facultés[2];

1. Le projet initial fut déposé par M. Jules FERRY à la Chambre des Députés le 15 *mars* 1879 (*Journal officiel* du 29 *mars* 1879, p. 2657 à 2660).

Il fut renvoyé à l'examen d'une Commission composée de MM. Paul BERT, *Président;* HÉRAULT, *Secrétaire;* CHALAMET, CORNIL, DUVAUX, BEAUSSIRE, DETHOU, MARMOTTAN, BOUSQUET, DESCHANEL, GRANIER DE CASSAGNAC père.

M. CHALAMET déposa son rapport le 24 *juin* 1879 à la Chambre, où la discussion eut lieu les 17 et 19 *juillet*.

Le projet amendé fut présenté au Sénat le 22 juillet 1879 et renvoyé à une Commission, dont le rapporteur, M. BARTHÉLEMY SAINT-HILAIRE, déposa les conclusions le 14 *janvier* 1880. La discussion eut lieu les 23, 24, 26, 27, 29, 30, 31 *janvier* et 2 *février* en première délibération; — les 12, 14 et 16 *février* en seconde délibération.

Le projet du Sénat fut voté sans modification par la Chambre des Députés le 19 *février* 1880.

Consulter : *Le Conseil supérieur de l'Instruction publique* (1880-1889), par M. JALLIFFIER (*Monographies pédagogiques*, t. Ier, p. 493 à 549, Imp. Natle, 1889).

2. Les Facultés de théologie catholique ont été supprimées par la loi de finances du 21 *mars* 1885.

Un professeur titulaire des Facultés de théologie protestante, élu par les professeurs, les chargés de cours et les maîtres de conférences;

Deux professeurs titulaires des Facultés de droit, élus au scrutin de liste par les professeurs, les agrégés et les chargés de cours;

Deux professeurs titulaires des Facultés de médecine ou des Facultés mixtes, élus au scrutin de liste par les professeurs, les agrégés en exercice, les chargés de cours et les maîtres de conférences pourvus du grade de docteur;

Un professeur titulaire des Écoles supérieures de pharmacie ou des Facultés mixtes, élu dans les mêmes conditions.

Dans les Facultés mixtes, les professeurs de l'enseignement médical voteront pour les deux professeurs de médecine, et les professeurs de l'enseignement de la pharmacie voteront pour le professeur de pharmacie;

Deux professeurs titulaires des Facultés des sciences, élus au scrutin de liste par les professeurs, les suppléants, les chargés de cours et les maîtres de conférences pourvus du grade de docteur;

Deux professeurs titulaires des Facultés des lettres, élus dans les mêmes conditions;

Deux délégués de l'École normale supérieure, un pour les lettres, l'autre pour les sciences, élus par le directeur, le sous-directeur et les maîtres de conférences de l'École et choisis parmi eux;

Un délégué de l'École normale d'enseignement spécial, élu par le directeur, le sous-directeur et les professeurs de l'École et choisi parmi eux[1];

Un délégué de l'École nationale des Chartes, élu par les membres du Conseil de perfectionnement et les professeurs et choisi parmi eux;

Un professeur titulaire de l'École des Langues orientales vivantes, élu par ses collègues;

Un délégué de l'École polytechnique, élu par le commandant, le commandant en second, les membres du Conseil de perfectionnement, le directeur des études, les examinateurs, professeurs et répétiteurs de l'École et choisi parmi eux;

Un délégué de l'École des Beaux-Arts, élu par le directeur et les professeurs de l'École et choisi parmi eux;

Un délégué du Conservatoire des Arts et Métiers, élu par le directeur, le sous-directeur et les professeurs et choisi parmi eux;

1. L'École normale d'enseignement spécial de Cluny a cessé d'exister en 1891.

Un délégué de l'École centrale des Arts et Manufactures, élu par le directeur et les professeurs de l'École et choisi parmi eux;

Un délégué de l'Institut agronomique, élu par le directeur et les professeurs de cet établissement et choisi parmi eux;

Huit agrégés en exercice de chacun des ordres d'agrégation (grammaire, lettres, philosophie, histoire, mathématiques, sciences physiques ou naturelles, langues vivantes, enseignement spécial), élus par l'ensemble des agrégés du même ordre, qui sont professeurs ou fonctionnaires en exercice dans les Lycées;

Deux délégués des Collèges communaux, élus, l'un dans l'ordre des lettres, l'autre dans l'ordre des sciences, par les principaux et professeurs en exercice dans ces Collèges, pourvus du grade de licencié dans le même ordre;

Six membres de l'enseignement primaire, élus au scrutin de liste par les Inspecteurs généraux de l'instruction primaire, par le Directeur de l'enseignement primaire de la Seine, les Inspecteurs d'Académie des départements, les Inspecteurs primaires, les directeurs et directrices des Écoles normales primaires, la directrice de l'École Pape-Carpantier, les Inspectrices générales et les déléguées spéciales chargées de l'inspection des salles d'asile [1];

Quatre membres de l'enseignement libre, nommés par le Président de la République, sur la proposition du Ministre.

ART. 2. — Tous les membres du Conseil sont nommés pour quatre ans [2]. Leurs pouvoirs peuvent être indéfiniment renouvelés.

ART. 3. — Les neuf membres nommés conseillers par décret du Président de la République, et six conseillers que le Ministre désigne parmi ceux qui procèdent de l'élection, constituent une Section permanente [3].

ART. 4. — La Section permanente a pour fonctions :

D'étudier les programmes et règlements avant qu'ils ne soient soumis à l'avis du Conseil supérieur.

1. Voir les arrêtés ministériels du 2 *juin* 1888, relatifs à la requête formée pour l'annulation de l'élection : 1° d'un député professeur de Faculté et d'une École normale d'enseignement primaire supérieur; 2° d'un Inspecteur d'Académie; et la décision du Conseil d'État (audiences des 21 et 28 juin 1889) annulant les deux élections (*Recueil des Lois et Règlements sur l'Enseignement supérieur*, t. IV, p. 385 et 386; t. V, p. 5).

2. L'arrêté du 20 *mai* 1880 fixe à 25 francs par jour d'absence l'indemnité allouée aux membres du Conseil supérieur qui résident hors du département de la Seine.

Celui du 5 *juillet* de la même année accorde aux membres du Conseil académique : 1° le remboursement des frais de transport; 2° une allocation de 15 francs par jour.

Cf. Rapport de la Commission du Budget annexé au procès-verbal de la séance de la Chambre des Députés du 8 juin 1880 (*Journal officiel* du 27 *juin* 1880, p. 7116).

3. Voir le décret du 11 *mai* 1880, relatif à la constitution du Comité consultatif de l'enseignement public (*Bull. adm.*, 1880, t. XXIII, p. 494).

Elle donne son avis :

Sur les créations de Facultés, Lycées, Collèges, Écoles normales primaires;

Sur les créations, transformations ou suppressions de chaires;

Sur les livres de classe, de bibliothèque et de prix qui doivent être interdits dans les Écoles publiques;

Et enfin sur toutes les questions d'études, d'administration, de discipline ou de scolarité qui lui sont renvoyées par le Ministre.

En cas de vacance d'une chaire dans une Faculté, la Section permanente présente deux candidats, concurremment avec la Faculté dans laquelle la vacance existe.

En ce qui concerne les Facultés de théologie, la Section permanente donne son avis sur la présentation faite au Ministre selon les lois et règlements, auxquels d'ailleurs il n'est rien innové.

ART. 5. — Le Conseil donne son avis :

Sur les programmes, méthodes d'enseignement, modes d'examens, règlements administratifs et disciplinaires relatifs aux Écoles publiques, déjà étudiés par la Section permanente;

Sur les règlements relatifs aux examens et à la collation des grades;

Sur les règlements relatifs à la surveillance des Écoles libres;

Sur les livres d'enseignement, de lecture et de prix qui doivent être interdits dans les Écoles libres comme contraires à la morale, à la Constitution et aux lois;

Sur les règlements relatifs aux demandes formées par les étrangers pour être autorisés à enseigner, à ouvrir ou à diriger une École.

ART. 6. — Un décret, rendu en la forme des règlements d'administration publique, après avis du Conseil supérieur de l'Instruction publique, détermine le tarif des droits d'inscription, d'examen et de diplôme à percevoir dans les établissements d'enseignement supérieur chargés de la collation des grades, ainsi que les conditions d'âge pour l'admission aux grades.

L'article 14 de la loi du 14 juin 1854 est abrogé.

ART. 7. — Le Conseil statue en appel et en dernier ressort sur les jugements rendus par les Conseils académiques en matière contentieuse ou disciplinaire.

Il statue également en appel et en dernier ressort sur les jugements rendus par les Conseils départementaux, lorsque ces jugements prononcent l'interdiction absolue d'enseigner contre un instituteur primaire, public ou libre[1].

1. « La décision d'un Conseil départemental portant suppression d'Écoles et créa-

Lorsqu'il s'agit : 1° de la révocation, du retrait d'emploi, de la suspension des professeurs titulaires de l'enseignement public, supérieur ou secondaire, ou de la mutation pour emploi inférieur des professeurs titulaires de l'enseignement public supérieur; 2° de l'interdiction du droit d'enseigner ou de diriger un établissement prononcée contre un membre de l'enseignement public ou libre; 3° de l'exclusion des étudiants de l'enseignement public ou libre de toutes les Académies, la décision du Conseil supérieur doit être prise aux deux tiers des suffrages.

ART. 8. — Le Conseil se réunit en assemblée générale deux fois par an. Le Ministre peut le convoquer en session extraordinaire.

TITRE II. — *Des Conseils académiques.*

ART. 9. — Il est institué au chef-lieu de chaque Académie un Conseil académique composé :

1° Du Recteur, président;

2° Des Inspecteurs d'Académie;

3° Des doyens des Facultés de théologie catholique ou protestante, de droit, de médecine, des sciences et des lettres, des directeurs des Écoles supérieures de pharmacie de l'État, des directeurs des Écoles de plein exercice et préparatoires de médecine et de pharmacie et des directeurs des Écoles préparatoires à l'enseignement supérieur des sciences et des lettres du ressort;

4° D'un professeur titulaire de chacune de ces Facultés ou Écoles supérieures de pharmacie du ressort, élu dans chacune d'elles par les professeurs, les suppléants, les agrégés en exercice, les chargés de cours et les maîtres de conférences;

5° D'un professeur titulaire des Écoles préparatoires de médecine et de pharmacie du ressort, élu par l'ensemble des professeurs, chargés de cours ou suppléants de ces Écoles, pourvus du grade de docteur ou de pharmacien de 1re classe;

6° D'un professeur titulaire des Écoles préparatoires à l'enseignement supérieur des sciences et des lettres du ressort, élu par l'ensemble des professeurs et chargés de cours;

7° D'un proviseur et d'un principal de l'un des Lycées et Collèges communaux de plein exercice du ressort, désignés par le Ministre;

tion de nouvelles Écoles publiques ne rentre pas dans la catégorie de celles sur lesquelles le Conseil supérieur statue en appel, d'après l'article 7 de la loi du 27 février 1880. » (*Arrêt du Conseil supérieur*, affaire de la commune de *Doué-la-Fontaine* [Maine-et-Loire], 24 juillet 1885.)

8° De deux professeurs de l'ordre des sciences, agrégés ou docteurs, élus au scrutin de liste par les professeurs du même ordre, agrégés ou docteurs, en exercice dans les Lycées du ressort;

9° De deux professeurs de l'ordre des lettres, agrégés ou docteurs, élus dans les mêmes conditions;

10° De deux professeurs des Collèges communaux du ressort, pourvus du grade de licencié, l'un pour l'ordre des lettres, l'autre pour l'ordre des sciences, élus par l'ensemble des professeurs de ces établissements, pourvus des mêmes grades et appartenant au même ordre;

11° De deux membres choisis par le Ministre dans les Conseils généraux, et deux dans les Conseils municipaux, qui concourent aux dépenses de l'enseignement supérieur ou secondaire du ressort.

ART. 10. — Les membres du Conseil académique, nommés par le Ministre ou élus, le sont pour quatre ans[1]. Leurs pouvoirs peuvent être renouvelés. Les pouvoirs des conseillers généraux et des conseillers municipaux cessent avec leur qualité de conseillers généraux et de conseillers municipaux.

ART. 11. — Le Conseil académique donne son avis sur les règlements relatifs aux Collèges communaux, aux Lycées et aux établissements d'enseignement supérieur public; sur les budgets et comptes d'administration de ces établissements; sur toutes les questions d'administration et de discipline concernant ces mêmes établissements, qui lui sont renvoyées par le Ministre.

Il adresse, chaque année, au Ministre, un rapport sur la situation des établissements d'enseignement public, secondaire et supérieur, et sur les améliorations qui peuvent y être introduites.

Il est saisi par le Ministre ou le Recteur des affaires contentieuses ou disciplinaires qui sont relatives à l'enseignement secondaire ou supérieur, public ou libre[2]; il les instruit, et il prononce, sauf recours au Conseil supérieur, les décisions et les peines à appliquer.

L'appel au Conseil supérieur d'une décision du Conseil académique doit être fait dans le délai de quinze jours à partir de la notification qui en est donnée en la forme administrative. Cet appel est

1. Voir la note 2, p. 128.

2. « Les petits séminaires ne sont pas des établissements d'instruction secondaire au sens légal du mot. L'autorité académique n'a connaissance ni de leur ouverture, ni de leur fermeture, ni des mouvements de leur personnel, soit dirigeant, soit enseignant.

« Par suite, les Conseils académiques n'ont aucun moyen de s'enquérir de la réalité du stage accompli dans les petits séminaires et ne sauraient être appelés à délivrer des certificats. » (*Arrêt du Conseil supérieur*, affaires *Magne* et *Dupont*, 24 juillet 1885.)

suspensif; toutefois le Conseil académique pourra, dans tous les cas, ordonner l'exécution provisoire de ses décisions, nonobstant appel.

Les membres de l'enseignement public ou libre, traduits devant le Conseil académique ou le Conseil supérieur, ont le droit de prendre connaissance du dossier, de se défendre ou de se faire défendre de vive voix, ou au moyen de mémoires écrits.

Pour les affaires contentieuses ou disciplinaires intéressant les membres de l'enseignement libre, supérieur ou secondaire, deux membres de l'enseignement libre, nommés par le Ministre, sont adjoints au Conseil académique.

ART. 12. — Le Conseil académique se réunit deux fois par an en session ordinaire. Il peut être convoqué extraordinairement par le Ministre.

ART. 13. — Indépendamment du pouvoir disciplinaire réglé par les articles 7 et 11 de la présente loi, le Ministre de l'Instruction publique peut prononcer contre tout membre de l'enseignement public la réprimande devant le Conseil académique, et la censure devant le Conseil supérieur. Ces décisions ne sont susceptibles d'aucun recours.

ART. 14. — Il peut également prononcer la mutation pour emploi inférieur, en ce qui concerne un professeur de l'enseignement supérieur, sur l'avis conforme du Conseil supérieur, et en ce qui concerne un professeur de l'enseignement secondaire, après avoir pris l'avis de la Section permanente.

ART. 15. — Le Ministre de l'Instruction publique peut prononcer la suspension pour un temps qui n'excédera pas un an, sans privation de traitement. La suspension pour un temps plus long, avec privation totale ou partielle de traitement, ne pourra être prononcée que par le Conseil académique, ou en appel par le Conseil supérieur.

ART. 16. — Sont et demeurent abrogées les dispositions des lois, décrets, ordonnances et règlements contraires à la présente loi.

---

2 mars 1880.

Circulaire du Ministre de l'Instruction publique, relative à l'essai du régime de l'Externat dans les Écoles normales primaires.

2 Mars 1880.

Monsieur le Préfet, plusieurs de vos collègues m'ont consulté sur une question qu'il me paraît utile de signaler à votre attention.

La loi du 9 août 1879, qui rend obligatoire pour les départements l'entretien de deux Écoles normales, doit-elle être entendue comme impliquant la nécessité que ces deux établissements soient des internats, et que tous les élèves y soient pensionnaires?

Rien ne me paraît justifier une interprétation impérative en ce sens.

Sans doute, jusqu'à présent, toutes nos Écoles normales, soit d'instituteurs, soit d'institutrices, ont été construites et organisées en vue de l'internat, et ce n'est qu'à titre exceptionnel qu'ont eu lieu à diverses reprises quelques admissions individuelles d'élèves externes. Mais c'est là un fait qui s'explique par des raisons diverses, inutiles à énumérer; aucune loi n'a donné à cet état de choses le caractère d'une institution immuable.

Or, au moment de créer les établissements nouveaux que leur impose la loi du 9 août, plusieurs départements demandent s'il n'y aurait pas intérêt à essayer d'un autre régime pour l'une des deux Écoles normales.

Quelques-uns proposent d'affecter aux institutrices l'École normale d'instituteurs actuellement existante et d'ouvrir, pour les élèves-maîtres, une autre École normale sans internat; les jeunes gens y suivraient régulièrement les cours, mais logeraient soit dans leur famille, soit chez des professeurs ou des instituteurs autorisés à les recevoir par petits groupes. D'autres départements seraient, au contraire, disposés à conserver l'internat pour les garçons; mais, vu le petit nombre d'institutrices laïques dont ils ont besoin, ils voudraient éviter de construire à grands frais un internat : ils placeraient les élèves-maîtresses, avec des bourses de l'État ou du département, chez une ou plusieurs institutrices qui en auraient la surveillance, et qui, au besoin, pourraient être prises parmi les maîtresses mêmes de l'École normale.

Les raisons d'économie ne sont pas les seules que l'on fasse valoir en faveur du régime de l'externat : on pense que le système de reclusion quasi monastique, qui pouvait convenir aux Écoles normales dirigées par des congrégations religieuses, ne répond pas aussi bien à l'idéal de l'éducation laïque; que l'instituteur et l'institutrice ainsi formés en dehors du monde et de la famille sont placés dans des conditions artificielles toutes différentes de celles où ils devront exercer leurs fonctions; que, d'autre part, l'internat a des inconvénients aussi graves pour les maîtres que pour les élèves, puisque ce système, entraînant une surveillance de jour et de nuit, oblige les maîtres ou les maîtresses à résider dans l'établissement, leur rend la vie de famille à peu près impossible et nous condamnerait, par exemple, à ce résultat bizarre d'exclure à perpétuité les mères de famille de l'éducation des futures institutrices laïques.

Sans prétendre trancher le débat, je ne m'oppose point, en principe, à l'essai qu'on veut tenter; je le suivrai, au contraire, avec un vif intérêt. Je n'y mets qu'une condition : c'est qu'il soit bien entendu qu'à ce nouveau régime l'École normale ne doit rien perdre de son caractère spécial et professionnel. Il faut qu'elle reste, qu'elle devienne de plus en plus une École *sui generis*, un établissement exclusivement voué à la formation du corps enseignant, à l'austère apprentissage d'une vie austère.

Comme l'ancienne École normale, la nouvelle continuera à fermer ses portes aux amateurs, aux indécis, à tous ceux qu'effrayerait l'engagement décennal. Comme l'ancienne, et même plus sévèrement encore, elle demandera compte à ses élèves, à des époques fixées, du progrès accompli, des connaissances acquises, des dispositions manifestées, et elle exclura impitoyablement les jeunes gens dont la conduite ou le travail donneraient lieu à des plaintes graves.

Ce système vaut-il mieux, vaut-il moins que le régime de l'internat? c'est à l'expérience de le dire. Peut-être amènera-t-il dans les prochaines générations de l'École normale quelques défections que l'internat eût prévenues ou du moins ajournées. Mais, par contre, il est permis d'espérer que l'externat contribuera à développer, là où il réussira pleinement, l'esprit d'initiative et le sentiment de la responsabilité dans notre corps d'instituteurs.

Quoi qu'il en soit, il ne s'agit point là d'une de ces tentatives aventureuses que la prudence interdit; c'est, au contraire, l'essai tardif d'un système que nous serons presque les derniers en Europe à inaugurer. L'externat est, en fait, le régime qui a prévalu, après expérience, chez la plupart des nations renommées pour la prospérité de leur instruction publique, en Europe comme en Amérique, dans des pays protestants comme chez des peuples catholiques, dans la race latine comme dans la race germanique.

Si ce système, qui fait la part plus grande à la liberté individuelle, ne devait pas avoir dans notre pays la même fortune, je ne voudrais pas qu'on pût imputer cet échec aux résistances de l'Administration centrale. La loi du 9 août a laissé aux Écoles normales leur caractère d'établissements départementaux : c'est donc à chaque Conseil général, à chaque Préfet, à chaque Inspecteur d'Académie, de rechercher le meilleur mode d'exécution de la loi, et, après l'avoir choisi, de ne rien négliger pour en assurer le succès.

Je vous prie, Monsieur le Préfet, de ne pas laisser passer la session d'avril sans soumettre cette intéressante question au Conseil général de votre département.

Vous voudrez bien m'accuser réception de la présente circulaire et me faire connaître sommairement les propositions que vous présenterez au Conseil général.

Recevez, etc.

Signé : JULES FERRY.

---

16 mars 1880.

Décret relatif aux Élections du Conseil supérieur de l'Instruction publique et des Conseils académiques[1].

16 Mars 1880.

Le Président de la République française,

Sur le rapport du Ministre de l'Instruction publique et des Beaux-Arts,

Vu la loi du 27 février 1880;

Le Conseil d'État entendu,

Décrète :

ARTICLE 1er. — Lorsqu'il y a lieu de procéder à l'élection des membres du Conseil supérieur de l'Instruction publique, le Ministre de l'Instruction publique et des Beaux-Arts fixe, par un arrêté, l'époque des élections. Un délai minimum de quinze jours est obli-

1. Consulter pour l'application la circulaire transmissive du 18 *mars* 1880 aux Recteurs (*Circ.*, t. VIII, p. 269).

gatoire entre la publication de l'arrêté au *Journal officiel* et les élections.

ART. 2. — L'élection a lieu au scrutin secret et à la majorité absolue des suffrages exprimés.

Si un second tour de scrutin est nécessaire, il y est procédé quinze jours après: dans ce cas, la majorité relative suffit.

ART. 3. — Les bulletins sont valables, bien qu'ils portent plus ou moins de noms qu'il n'y a de conseillers à élire.

Les derniers noms inscrits au delà de ce nombre ne sont pas comptés.

Les bulletins blancs ou illisibles, ceux qui ne contiennent pas une désignation suffisante ou dans lesquels les votants se font connaître, n'entrent pas en compte dans le résultat du dépouillement, mais ils sont annexés au procès-verbal.

ART. 4. — En cas d'égalité de suffrages, la préférence se détermine par l'ancienneté des services et par l'âge, si l'ancienneté est la même.

En cas de refus d'un candidat élu à la majorité absolue, il est procédé à une nouvelle élection.

En cas de refus d'un candidat élu à la majorité relative, il est procédé à un nouveau tour de scrutin.

Le délégué élu par plusieurs corps est tenu de faire connaître son option au Ministre dans les trois jours qui suivent l'insertion, au *Journal officiel*, du procès-verbal des opérations électorales.

A défaut d'option dans ce délai, le Ministre, assisté de la Commission instituée par l'article 13, détermine, par la voie du sort, le corps dont l'élu devra être le représentant.

Il sera procédé, quinze jours après, à une nouvelle élection.

En cas de vacance par décès ou démission dans le Conseil supérieur et dans les Conseils académiques, il est pourvu à la vacance dans le délai de trois mois.

L'acceptation, par un membre élu, d'une fonction qui ne lui conserve pas l'éligibilité dans la catégorie spéciale où il est placé, donne lieu également à vacance. Il est alors pourvu au remplacement de ce membre dans le même délai de trois mois.

ART. 5. — Le Ministre de l'Instruction publique et des Beaux-Arts communique l'arrêté fixant la date des élections au Ministre de la Guerre et au Ministre de l'Agriculture et du Commerce, qui prennent les mesures nécessaires pour que l'École polytechnique, le Conservatoire des Arts et Métiers, l'École centrale des Arts et Manufactures, l'Institut agronomique nomment leurs délégués à la date fixée. Le dépouillement des votes est fait par le bureau. Les procès-verbaux de ces élections sont transmis, le jour même, au Ministre de l'Instruction publique et des Beaux-Arts.

ART. 6. — Le Ministre de l'Instruction publique et des Beaux-Arts informe du jour fixé pour les élections : le président de l'Institut, l'administrateur du Collège de France, le directeur du Muséum, le directeur de l'École normale supérieure, le directeur de l'École normale d'enseignement spécial, le président du Conseil de perfectionnement et le directeur de l'École nationale des Chartes, le directeur de l'École des Langues orientales vivantes, le directeur de l'École des Beaux-Arts, qui font procéder à l'élection au jour fixé. Immédiatement après la clôture du scrutin, le dépouillement des votes est fait par le bureau. Procès-verbal des élections est transmis, le jour même, au Ministre.

ART. 7. — Au jour fixé par l'arrêté ministériel, les professeurs de chaque Faculté et des Écoles supérieures de pharmacie se réunissent sous la présidence du doyen ou du directeur. Le scrutin est ouvert durant deux heures. Il a été dressé, au préalable, en double, une liste des électeurs de chaque Faculté ou École, liste certifiée par le Recteur et le doyen ou le directeur. Chaque électeur, en signant cette liste en face de son nom, remet au doyen un pli cacheté ne portant aucun signe extérieur et renfermant son bulletin de vote. Tous les plis cachetés ainsi recueillis sont mis, séance tenante, sous une enveloppe générale avec un exemplaire de la liste émargée et le procès-verbal de la séance. Le tout est scellé, parafé par le doyen et le plus ancien des professeurs, et expédié le même jour au Ministre.

ART. 8. — Les mesures édictées par l'article 7 sont applicables aux agrégés des Lycées et aux professeurs des Collèges communaux. Les votes sont recueillis par le chef de l'établissement assisté du plus âgé et du plus jeune des électeurs présents.

ART. 9. — Les agrégés qui ont obtenu ce titre soit dans les lettres, soit dans les sciences, pendant la période où les agrégations spéciales ont été supprimées, votent avec les agrégés de la classe où ils enseignent actuellement, s'ils sont professeurs; de la dernière classe où ils ont enseigné, s'ils appartiennent actuellement à l'administration des Lycées.

ART. 10. — Les agrégés de l'enseignement classique et de l'enseignement spécial attachés aux Collèges communaux votent avec les professeurs licenciés de ces Collèges.

ART. 11. — Les Inspecteurs généraux de l'enseignement primaire, le Directeur de l'enseignement primaire de la Seine, les Inspecteurs d'Académie des départements, les Inspecteurs primaires, les directeurs et directrices d'École normale, la directrice de l'École Pape-Carpantier, les Inspectrices générales et les déléguées spéciales chargées de l'inspection des salles d'asile votent dans l'Académie de leur résidence.

Le Recteur dresse en double la liste de tous les électeurs de l'Académie qui doivent participer à l'élection des six membres de l'enseignement primaire.

Il doit recevoir, dans la journée fixée pour le vote, les plis cachetés contenant le bulletin de vote et ne portant aucun signe extérieur. Une lettre d'envoi, signée de l'électeur, est jointe au pli; le Recteur, assisté d'un Inspecteur d'Académie et d'un Inspecteur primaire, émarge sur la liste des électeurs les noms de ceux dont il a reçu le vote. Il réunit dans une enveloppe commune tous les plis cachetés et un exemplaire de la liste émargée; il envoie le tout au Ministre.

Art. 12. — Une Commission, présidée par le Vice-Recteur et composée des Inspecteurs de l'Académie de Paris, procède, dans un local accessible aux électeurs, au dépouillement des votes transmis au Ministre, conformément aux articles 7, 8, 9, 10 et 11, ainsi qu'au recensement des votes recueillis conformément aux articles 5 et 6.

Procès-verbal de l'examen des opérations électorales et du dépouillement est publié au *Journal officiel.*

Dans les cinq jours de cette publication, les opérations électorales pourront être attaquées, par tout électeur du même groupe, devant le Ministre, qui statuera dans le délai d'un mois.

La décision du Ministre pourra être déférée au Conseil d'État dans le délai de quinze jours à partir de la notification.

Faute par le Ministre d'avoir prononcé dans le délai d'un mois, la réclamation pourra être portée directement devant le Conseil d'État statuant au contentieux.

Art. 13. — Les mesures édictées dans les articles précédents sont applicables aux élections pour les Conseils académiques. Le Recteur centralise les votes et en fait le dépouillement avec l'assistance d'une Commission de deux Inspecteurs d'Académie au moins, dans un local accessible aux électeurs.

Les trois derniers paragraphes de l'article 12, relatifs aux recours, sont applicables aux opérations électorales des Conseils académiques.

25 mars 1880. **Lettre du Ministre de l'Instruction publique au Préfet de la Marne, autorisant la réunion de plusieurs Délégués cantonaux dans les Cérémonies scolaires.**

25 Mars 1880.

Monsieur le Préfet, vous m'avez adressé, le 17 mars courant, copie d'une délibération par laquelle le Conseil départemental de l'Instruction publique de la Marne a émis le vœu que le délégué cantonal, chargé spécialement de la surveillance d'une ou de plusieurs Écoles, soit autorisé à se faire accompagner par un ou plusieurs de ses collègues, en vue des prix à décerner aux instituteurs par le Conseil général ou de tout autre travail pouvant intéresser l'enseignement.

Vous me demandez d'examiner la question et de vous faire savoir si le vœu dont il s'agit peut recevoir son exécution.

Tout en posant en principe qu'un délégué cantonal doit se borner à inspecter les Écoles dont le Conseil départemental lui a spécialement confié la surveillance, je reconnais que, dans certains cas, comme par exemple dans l'espèce, la réunion de deux ou de plusieurs délégués ne peut être que fort profitable aux intérêts du service.

En l'état, je ne puis, Monsieur le Préfet, qu'approuver la délibération du Conseil départemental, à qui il appartient, d'ailleurs, de prendre les mesures nécessaires pour rendre plus efficace la mission des délégations cantonales.

Recevez, etc.

Signé : JULES FERRY.

---

27 mars 1880. **Circulaire du Ministre de l'Instruction publique, relative à la création d'Écoles communales protestantes.**

27 Mars 1880.

Monsieur le Préfet, je suis saisi depuis quelque temps d'un grand nombre de demandes de création d'Écoles séparées pour les enfants du culte protestant. Ces demandes se présentent dans des circonstances diverses et souvent complexes : elles peuvent cependant se ramener, pour la plupart, à deux espèces très différentes et qui doivent recevoir des solutions opposées.

I. Dans un certain nombre de communes, qui n'ont jusqu'ici qu'une ou plusieurs Écoles congréganistes et qui ne veulent pas y renoncer, soit pour ne pas se priver des avantages d'une fondation, soit pour tout autre motif, la minorité protestante, après avoir longtemps réclamé en vain la création d'Écoles communales spéciales au culte protestant, avait dû se contenter d'une subvention parfois minime de la commune en faveur d'une École libre fondée soit par des particuliers, soit par le consistoire.

Cette minorité a pensé à bon droit que le régime républicain mettrait fin à une situation d'infériorité que la loi n'a pas admise en principe : on ne peut sérieusement ni la condamner à envoyer ses enfants chez des congréganistes, ni lui refuser le bienfait de l'instruction communale gratuite. Elle demande donc la communalisation de ses Écoles consistoriales ou libres; elle requiert le Conseil municipal ou, sur son refus, le Conseil départemental de faire exécuter, même au moyen de l'imposition d'office, l'article 36 de la loi du 15 mars 1850, qui dispose que « dans les communes où les différents cultes sont professés publiquement » des Écoles spéciales à chacun de ces cultes doivent être établies.

Dans ce premier cas, j'estime que le Conseil municipal ne pourrait se soustraire à l'obligation que la loi lui impose, et mon approbation serait acquise à l'avance à la décision du Conseil départemental qui, au besoin, contraindrait la commune à s'exécuter. La seule limite à l'exercice de ce droit des minorités est posée par l'article 36 : un groupe de protestants a droit à une École quand il est assez nombreux pour avoir un lieu de culte public.

II. Les autres affaires qui m'ont été récemment soumises concernent au contraire des communes qui viennent de transformer toutes leurs Écoles congréganistes en Écoles laïques. Cette transformation a entraîné des conséquences qui semblent, au premier abord, défavorables aux Écoles protestantes : le même Conseil qui venait de retirer le caractère communal à des Écoles congréganistes a cru devoir également ou retirer la subvention communale, ou refuser la communalisation à des Écoles protestantes consistoriales. Il a voulu par là marquer clairement que son but n'est pas de favoriser une confession religieuse au détriment d'une autre, mais simplement de créer une École laïque où puissent se trouver réunis les enfants des diverses confessions. Les enfants recevront en commun l'instruction primaire et séparément l'instruction religieuse, donnée aux uns et aux autres par le ministre de leur culte.

C'est ce qu'on a nommé *l'École mixte quant au culte*, catégorie d'Écoles dont l'existence est parfaitement reconnue et déterminée par la loi même de 1850 (*art.* 44). « Dans les communes où il existe des Écoles mixtes, un ministre de chaque culte aura toujours l'entrée de l'École pour veiller à l'éducation religieuse des enfants de son culte. » Seulement cette loi considérait l'École ainsi organisée comme devant être l'exception, non la règle; et elle n'en autorisait la création ou le maintien (*art.* 15) que « à raison des circonstances et provisoirement ». Combien pouvait durer cet état « provisoire » ? on en jugera par ce seul fait que la loi est en vigueur depuis trente ans et que dans tous les départements où existe une population protestante on compte encore des Écoles communales mixtes quant au culte, et que ces Écoles sont souvent au nombre des meilleures du département.

Quand une demande de création d'École protestante séparée vous arrive dans de telles conditions, Monsieur le Préfet, devez-vous l'appuyer auprès du Conseil départemental ? Devez-vous user vous-même des pouvoirs que la loi vous confère pour imposer à la commune qui vient de laïciser ses Écoles congréganistes l'entretien d'Écoles consistoriales ; c'est-à-dire d'une autre sorte d'Écoles congréganistes ? Je ne le crois pas.

Pour réclamer cette création, les consistoires et les populations protestantes n'invoquent que deux arguments sérieux. L'un concerne la situation des élèves, l'autre celle des maîtres.

Ils réclament des Écoles séparées, parce qu'ils craignent que dans l'École commune leurs enfants mêlés aux catholiques ne reçoivent un enseignement religieux contraire à leur foi.

Vous savez, Monsieur le Préfet, combien cette crainte est peu fondée. L'article 45 du règlement modèle de 1851 dit formellement : « Les dispositions relatives à l'enseignement et aux exercices religieux ne sont applicables qu'aux enfants qui appartiennent au culte catholique. » Et en fait, on citerait difficilement, depuis bien des années, une seule École publique laïque où des enfants protestants aient été forcés à apprendre le catéchisme ou les prières catholiques : une lettre du père à l'instituteur, à l'Inspecteur, au délégué cantonal eût suffi pour faire immédiatement cesser cet abus, si par impossible il s'était produit. A supposer, d'ailleurs, que dans quelques parties de la France, le règlement départemental des Écoles eût omis de donner à cet égard toutes les garanties désirables, rien ne serait plus facile que de le reviser et d'y insérer les prescriptions les plus explicites dans le sens que je viens d'indiquer.

La seconde objection que font les protestants a trait à la situation des instituteurs et institutrices actuellement attachés à des Écoles consistoriales subventionnées. La subvention étant retirée, beaucoup de ces Écoles, qui sont dans une situation plus que précaire, se fermeront faute de ressources. Que deviendront les maîtres? La réponse est simple : ils suivront leurs élèves. Ou leur propre École, si elle a quelque importance, sera communalisée, non plus à titre d'École exclusivement protestante, mais comme École laïque ouverte aux deux cultes; ou elle sera réunie à une École laïque existante qui sera déclarée mixte *quant au culte* et qui, grâce à l'accroissement du nombre des élèves, pourra avoir désormais deux classes au lieu d'une. Il appartiendra au Conseil départemental de choisir entre ces deux solutions suivant les cas, suivant la situation locale et l'importance des Écoles.

Il vous appartiendra ensuite, Monsieur le Préfet, suivant que la majorité de la population est catholique ou protestante, suivant l'âge et les titres des candidats, et d'après toutes les autres considérations qui peuvent guider votre choix, de confier la direction de l'École ainsi accrue à un titulaire catholique, qui prendra un adjoint protestant, ou *vice versa*. La présence de maîtres appartenant à des cultes différents dans une École qui reçoit des élèves des deux communions, non seulement n'est pas contraire à la loi, mais elle ne peut offrir que des avantages; notre personnel enseignant n'est point animé de cet esprit sectaire et exclusif qui rendrait ce rapprochement difficile. Et quant à l'École elle-même, elle ne peut que gagner à cette fusion : au point de vue pédagogique, parce qu'une École de deux classes où les enfants sont groupés d'après leur degré d'instruction vaut toujours mieux que deux Écoles d'une seule classe ayant chacune des élèves de tout âge; au point de vue moral, puisque, sans altérer en rien l'enseignement religieux, l'École mixte y ajoutera par surcroît l'idée et la pratique quotidienne de la tolérance, du respect mutuel des croyances.

Je ne vois donc aucun inconvénient à ce que les Conseils départementaux usent largement de la faculté que leur donne l'article 15, de créer ou de maintenir des Écoles destinées à recevoir des enfants de cultes différents : cet article n'a jamais été d'une application plus opportune qu'aujourd'hui.

En réservant l'enseignement religieux aux ministres des différents cultes, il ne fait qu'étendre à l'École primaire publique un état de choses qui fonctionne de temps immémorial, sans inconvénient appréciable, dans tous les établissements publics d'enseignement secondaire. Les pays qui nous avoisinent, l'Italie, la Suisse, la Hollande, la Belgique, n'ont pas d'autre régime scolaire. Il se produit parmi nous, dans ce sens, un mouvement d'opinion incontestable. Est-ce le moment, pour les Conseils départementaux, d'aggraver par des coups d'autorité et dans des localités qui n'en avaient pas jusqu'ici ressenti la nécessité, le régime de l'École exclusivement confessionnelle? N'est-ce pas, au contraire, le cas de profiter des facilités que la loi nous laisse pour accroître le nombre des Écoles laïques, où les enfants de la même patrie se confondent sur les mêmes bancs, sous les mêmes maîtres, tout en assurant à la conscience religieuse les satisfactions et les garanties qu'elle a le droit de réclamer?

En résumé, voici, Monsieur le Préfet, les instructions que je crois devoir vous donner à titre d'indications générales, en vous laissant juge des circonstances particulières qui pourront les modifier :

1° Dans les communes qui n'ont que des Écoles congréganistes, donner satisfaction à la minorité dissidente par la création d'Écoles communales protestantes;

2° Dans les communes qui ont laïcisé toutes leurs Écoles et qui se refusent à créer ou à subventionner des Écoles spécialement protestantes, proposer aux intéressés, suivant les cas, soit la création d'une nouvelle École laïque qui restera *mixte quant au culte*, soit, si le nombre des enfants ne suffit pas pour justifier la création d'une nouvelle École, fondre l'ancienne École protestante subventionnée dans l'École laïque mixte et associer au directeur catholique un adjoint protestant;

3° Saisir le Conseil départemental dans sa prochaine session d'un projet de revision du règlement des Écoles, en ce qui touche l'organisation des Écoles mixtes quant au culte et l'exécution des articles 15 et 44 de la loi organique. Il y aurait lieu notamment de fixer les heures de l'enseignement religieux de telle sorte que les enfants de la minorité non seulement ne soient astreints à aucune pratique contraire à leur foi, mais qu'ils aient les mêmes facilités que les autres pour recevoir de leur côté l'instruction religieuse; d'apporter aux articles 2, 17, 21, 22, 26 les modifications nécessitées par la présence dans une même École d'élèves et de maîtres appartenant à une communion différente. Le règlement ainsi complété devra m'être envoyé à temps pour que je le soumette à l'approbation du Conseil supérieur, dès sa première session.

Vous voudrez bien, Monsieur le Préfet, en m'accusant réception de cette circulaire, me faire connaître les mesures que vous comptez prendre pour l'appliquer aux affaires pendantes que vous avez eu déjà à me signaler dans votre département.

Recevez, etc.

Signé : JULES FERRY.

Rapport et Décrets relatif à la Compagnie de Jésus et aux Congrégations non autorisées. 29 mars 1880.

29 Mars 1880.

1° Rapport au Président de la République.

Monsieur le Président,

C'est un principe de notre droit public qu'aucune congrégation religieuse, soit d'hommes, soit de femmes, ne peut s'établir en France sans une autorisation préalable. Ce principe se trouve notamment formulé dans l'article 11 de la loi organique du Concordat du 18 germinal An X : « Les archevêques et évêques pourront, avec l'autorisation du Gouvernement, établir dans leurs diocèses des chapitres cathédraux et des séminaires. Tous autres établissements ecclésiastiques sont supprimés », ainsi que dans l'article 4 du décret-loi du 3 messidor An XII : « Aucune agrégation ou association d'hommes ou de femmes ne pourra se former à l'avenir sous prétexte de religion, à moins qu'elle n'ait été formellement autorisée par un décret impérial sur le vu des statuts et règlements selon lesquels on se proposerait de vivre dans cette agrégation ou association. »

Nonobstant des dispositions si claires, un grand nombre de congrégations, soit d'hommes, soit de femmes, se sont formées en France, surtout sous le deuxième Empire et depuis les événements de 1870. Un recensement opéré en 1877 constatait l'existence de cinq cents congrégations non autorisées, comprenant près de vingt-deux mille religieux des deux sexes.

Les pouvoirs publics ont tantôt toléré et tantôt cherché à faire cesser cet état de choses, suivant l'exigence des cas et les réclamations de l'opinion. Qui ne se rappelle, par exemple, la célèbre interpellation adressée par M. Thiers au Ministère de M. Guizot, en 1845, et qui se termina par l'adoption, à la presque unanimité de la Chambre des Députés, d'un ordre du jour invitant le Gouvernement à faire appliquer les lois existantes aux congrégations non autorisées? Un fait analogue vient de se reproduire. A la suite de la discussion de la loi sur l'enseignement supérieur, et des déclarations que le cabinet actuel a été amené à faire devant le Sénat, la Chambre des Députés a voté, le 16 mars courant, à une immense majorité, l'ordre du jour suivant :

« La Chambre, confiante dans le Gouvernement et comptant sur sa fermeté pour appliquer les lois relatives aux congrégations non autorisées, passe à l'ordre du jour. »

Le devoir du Pouvoir exécutif est donc de ramener les diverses congrégations non autorisées, éparses sur le territoire de la République, à se conformer aux règles tutélaires tracées par la législation en vigueur, et à fournir les justifications sans lesquelles une plus longue tolérance ne saurait être maintenue. Ces justifications fournies, les pouvoirs publics auront à apprécier quelles sont celles de ces congrégations qui pourront être autorisées.

Toutefois, parmi les congrégations non autorisées, il en est une, de beaucoup la plus importante, dont il est impossible de méconnaître la situation particulière : nous voulons parler de la société de Jésus, qui a été interdite à diverses époques, et contre laquelle le sentiment national s'est toujours prononcé. Il n'est pas un Gouvernement qui oserait en proposer la reconnaissance aux assemblées législatives.

Demander aujourd'hui à cette société de remplir les formalités préliminaires à son autorisation, alors qu'on sait d'avance que cette autorisation lui serait refusée, ne paraîtrait ni convenable ni digne. Il est assurément préférable de lui accorder dès maintenant un délai raisonnable, passé lequel elle devra cesser d'exister à l'état de congrégation. Il ne s'agit pas ici de poursuivre ses membres isolés et de porter atteinte à des droits individuels, ainsi qu'on essaye vainement de le faire croire, mais uniquement d'empêcher une société non autorisée de se manifester par des actes contraires aux lois.

Nous sommes donc amenés, Monsieur le Président, à vous présenter deux décrets séparés pour faire cesser les abus signalés par le vote de la Chambre : un premier décret fixant le délai à l'expiration duquel les établissements de l'ordre des Jésuites en France devront être fermés ; et un second décret réglant les formalités à remplir par toutes les autres congrégations non autorisées. Nous vous prions de vouloir bien les revêtir de votre signature.

Agréez, etc.

Le Garde des Sceaux,
Ministre de la Justice,
Signé : J. CAZOT.

Le Ministre de l'Intérieur
et des Cultes,
Signé : CH. LEPÈRE.

2° Décrets.

I. — Décret relatif à la Compagnie de Jésus.

Le Président de la République française,

Sur le rapport du Ministre de l'Intérieur et des Cultes et du Garde des Sceaux, Ministre de la Justice,

Vu l'article 1er de la loi des 13-19 février 1790, portant : « La loi constitutionnelle du royaume ne reconnaîtra plus de vœux monastiques solennels des personnes de l'un ni de l'autre sexe; en conséquence, les ordres et congrégations réguliers dans lesquels on fait de pareils vœux sont et demeurent supprimés en France, sans qu'il puisse en être établi de semblables à l'avenir » ;

Vu l'article 1er [1], titre Ier, de la loi du 18 août 1792;

Vu l'article 11 de la loi organique du Concordat du 18 germinal An X, portant : « Les archevêques et évêques pourront, avec l'autorisation du Gouvernement, établir dans leurs diocèses des chapitres cathédraux et des séminaires. Tous autres établissements ecclésiastiques sont supprimés » ;

Vu le décret-loi du 3 messidor An XII, qui prononce la dissolution immédiate de la congrégation ou association connue sous le nom de Pères de la Foi, d'Adorateurs de Jésus ou Pacanaristes, et porte que « seront pareillement dissoutes toutes autres agrégations ou associations formées sous prétexte de religion et non autorisées » ;

Vu les articles 291 et 292 du Code pénal[2] et la loi du 10 avril 1834[3] ;

1. Voir le texte de cet article, Tome I, p. 23.

2. Voici le texte de ces articles :

« ART. 291. — Nulle association de plus de vingt personnes, dont le but sera de se réunir tous les jours ou à certains jours marqués pour s'occuper d'objets religieux, littéraires, politiques ou autres, ne pourra se former qu'avec l'agrément du Gouvernement, et sous les conditions qu'il plaira à l'autorité publique d'imposer à la société.

« Dans le nombre des personnes indiqué par le présent article, ne sont pas comprises celles domiciliées dans la maison où l'association se réunit.

« ART. 292. — Toute association de la nature ci-dessus exprimée qui se sera formée sans autorisation, ou qui, après l'avoir obtenue, aura enfreint les conditions à elle imposées, sera dissoute.

« Les chefs, directeurs ou administrateurs de l'association, seront en outre punis d'une amende de seize francs à deux cents francs. »

3. Voici le texte de la loi du 10 *avril* 1834 :

« ART. 1er. — Les dispositions de l'article 291 du Code pénal sont applicables aux

Considérant qu'antérieurement aux lois et décret susvisés, la société de Jésus a été supprimée en France, sous l'ancienne monarchie, par divers arrêts et édits, notamment l'arrêt du Parlement de Paris du 6 août 1762, l'édit du mois de novembre 1764, l'arrêt du Parlement de Paris du 9 mai 1767, l'édit de mai 1777;

Qu'un arrêt de la Cour de Paris du 18 août 1826, rendu toutes les chambres assemblées, déclare que « l'état actuel de la législation s'oppose formellement au rétablissement de la société dite de Jésus, sous quelque dénomination qu'elle se présente », et qu'il appartient à la haute police du royaume de dissoudre tous établissements, toutes agrégations ou associations qui sont ou seraient formés au mépris des arrêts, édits, lois et décret susénoncés;

Que, le 21 juin 1826, la Chambre des Députés a renvoyé au Gouvernement des pétitions signalant l'existence illégale des Jésuites;

Que, le 3 mai 1845, la Chambre des Députés a voté un ordre du jour tendant à ce qu'il leur fût fait application des lois existantes, et que le Gouvernement se mît en devoir de réaliser leur dispersion;

Que, le 16 mars 1880, à la suite de débats dans l'une et l'autre Chambre, qui avaient plus particulièrement visé l'ordre des Jésuites, la Chambre des Députés a réclamé l'application des lois aux congrégations non autorisées;

Qu'ainsi, sous les régimes qui se sont succédé, tant avant qu'après la Révolution de 1789, les pouvoirs publics ont constamment affirmé leur droit et leur volonté de ne pas supporter l'existence de la société de Jésus toutes les fois que cette société, abusant de la tolérance qui lui avait été accordée, a tenté de se reformer et d'étendre son action,

Décrète :

ARTICLE 1er. — Un délai de trois mois, à dater du présent décret, est accordé à l'agrégation ou association non autorisée dite de

associations de plus de vingt personnes, alors même que ces associations seraient partagées en sections d'un nombre moindre, et qu'elles ne se réuniraient pas tous les jours ou à des jours marqués. — L'autorisation donnée par le Gouvernement est toujours révocable.

« ART. 2. — Quiconque fait partie d'une association non autorisée sera puni de deux mois à un an d'emprisonnement, et de 50 francs à 1 000 francs d'amende. — En cas de récidive, les peines pourront être portées au double. — Le condamné pourra, dans ce dernier cas, être placé sous la surveillance de la haute police pendant un temps qui n'excédera pas le double du maximum de la peine. — L'article 463 du Code pénal pourra être appliqué dans tous les cas.

ART. 3. — Seront considérés comme complices et punis comme tels ceux qui auront prêté ou loué sciemment leur maison ou appartement pour une ou plusieurs réunions d'une association non autorisée. »

Jésus pour se dissoudre, en exécution des lois ci-dessus visées, et évacuer les établissements qu'elle occupe sur le territoire de la République.

Ce délai sera prolongé jusqu'au 31 août 1880 pour les établissements dans lesquels l'enseignement littéraire ou scientifique est donné, par les soins de l'association, à la jeunesse.

Art. 2. — Le Ministre de l'Intérieur et des Cultes et le Garde des Sceaux, Ministre de la Justice, sont chargés, chacun en ce qui le concerne, de l'exécution du présent décret, qui sera inséré au *Bulletin des Lois* et au *Journal officiel.*

II. — Décret relatif aux congrégations non autorisées.

Le Président de la République française,

Sur le rapport du Ministre de l'Intérieur et des Cultes et du Garde des Sceaux, Ministre de la Justice,

Vu l'article 1er de la loi des 13-19 février 1790, portant : « La loi constitutionnelle du royaume ne reconnaîtra plus de vœux monastiques solennels des personnes de l'un ni de l'autre sexe : en conséquence, les ordres et congrégations réguliers dans lesquels on fait de pareils vœux sont et demeurent supprimés en France, sans qu'il puisse en être établi de semblables à l'avenir » ;

Vu l'article 1er, titre Ier, de la loi du 18 août 1792[1] ;

Vu l'article 11 de la loi organique du Concordat du 18 germinal An X, portant : « Les archevêques et évêques pourront, avec l'autorisation du Gouvernement, établir dans leurs diocèses des chapitres cathédraux et des séminaires. Tous autres établissements ecclésiastiques sont supprimés » ;

Vu le décret-loi du 3 messidor An XII, décidant que « seront dissoutes toutes congrégations ou associations formées sous prétexte de religion et non autorisées » ; que « les lois qui s'opposent à l'admission de tout ordre religieux dans lequel on se lie par des vœux perpétuels continueront d'être exécutées selon leur forme et teneur » ; qu' « aucune agrégation ou association d'hommes ou de femmes ne pourra se former à l'avenir sous prétexte de religion, à moins qu'elle n'ait été formellement autorisée par un décret impérial, sur le vu des statuts et règlements selon lesquels on se proposerait de vivre dans cette agrégation ou association » ; que, néanmoins, les agrégations y dénommées continueront d'exister en conformité des arrêtés qui les ont autorisées, « à la charge par les-

1. Voir le texte de cet article, Tome Ier, p. 23.

dites agrégations de présenter, sous le délai de six mois, leurs statuts et règlements, pour être vus et vérifiés en Conseil d'État, sur le rapport du conseiller d'État chargé de toutes les affaires concernant les cultes » ;

Vu la loi du 24 mai 1825, portant qu' « aucune congrégation religieuse de femmes ne sera autorisée qu'après que les statuts, dûment approuvés par l'évêque diocésain, auront été vérifiés et enregistrés au Conseil d'État, en la forme requise pour les bulles d'institution canonique » ;

Que « ces statuts ne pourront être approuvés et enregistrés s'ils ne contiennent la clause que la congrégation est soumise, dans les choses spirituelles, à la juridiction de l'ordinaire » ;

Qu' « après la vérification et l'enregistrement, l'autorisation sera accordée par une loi à celles de ces congrégations qui n'existaient pas au 1er janvier 1825 » ;

Qu' « à l'égard de celles de ces congrégations qui existaient antérieurement au 1er janvier 1825, l'autorisation sera accordée par une ordonnance du roi » ;

Qu' « enfin, il ne sera formé aucun établissement d'une congrégation religieuse de femmes déjà autorisée s'il n'a été préalablement informé sur la convenance et les inconvénients de l'établissement, et si l'on ne produit, à l'appui de la demande, le consentement de l'évêque diocésain et l'avis du Conseil municipal de la commune où l'établissement devra être formé, et que l'autorisation spéciale de former l'établissement sera accordée par ordonnance du roi, laquelle sera insérée dans la quinzaine au *Bulletin des Lois* » ;

Vu le décret-loi du 31 janvier 1852, portant que « les congrégations et communautés religieuses de femmes pourront être autorisées par un décret du Président de la République :

« 1° Lorsqu'elles déclareront adopter, quelle que soit l'époque de leur fondation, des statuts déjà vérifiés et enregistrés en Conseil d'État et approuvés pour d'autres communautés religieuses;

« 2° Lorsqu'il sera attesté par l'évêque diocésain que les congrégations qui présenteront des statuts nouveaux au Conseil d'État existaient antérieurement au 1er janvier 1825;

« 3° Lorsqu'il y aura nécessité de réunir plusieurs communautés qui ne pourraient plus subsister séparément;

« 4° Lorsqu'une association religieuse de femmes, après avoir été d'abord reconnue comme communauté régie par une supérieure locale, justifiera qu'elle était réellement dirigée, à l'époque de son autorisation, par une supérieure générale, et qu'elle avait formé, à cette époque, des établissements sous sa dépendance;

« Et qu'en aucun cas, l'autorisation ne sera accordée aux congrégations religieuses de femmes qu'après que le consentement de l'évêque diocésain aura été représenté »;

Vu les articles 291 et 292 du Code pénal, et la loi du 10 avril 1834[1],

Décrète :

ARTICLE 1er. — Toute congrégation ou communauté non autorisée est tenue, dans le délai de trois mois à dater du jour de la promulgation du présent décret, de faire les diligences ci-dessous spécifiées, à l'effet d'obtenir la vérification et l'approbation de ses statuts et règlements et la reconnaissance légale pour chacun de ses établissements actuellement existants de fait.

ART. 2. — La demande d'autorisation devra, dans le délai ci-dessus imparti, être déposée au secrétariat général de la préfecture de chacun des départements où l'association possède un ou plusieurs établissements.

Il en sera donné récépissé.

Elle sera transmise au Ministre de l'Intérieur et des Cultes, qui instruira l'affaire.

ART. 3. — A l'égard des congrégations d'hommes, il sera statué par une loi;

A l'égard des congrégations de femmes, suivant les cas et les distinctions établies par la loi du 24 mai 1825 et par le décret du 31 janvier 1852, il sera statué par une loi ou par un décret rendu en Conseil d'Etat.

ART. 4. — Pour les congrégations qui, aux termes de l'article 2 de la loi du 24 mai 1825 et du décret du 31 janvier 1852, peuvent être autorisées par décret rendu en Conseil d'État, les formalités à suivre pour l'instruction de la demande seront celles prescrites par l'article 3 de la loi précitée de 1825, auquel il n'est rien innové.

ART. 5. — Pour toutes les autres congrégations, les justifications à produire à l'appui de la demande d'autorisation seront celles énoncées ci-dessous.

ART. 6. — La demande d'autorisation devra contenir la désignation du supérieur ou des supérieurs, la détermination du lieu de leur résidence et la justification que cette résidence est et restera fixée en France. Elle devra indiquer si l'association s'étend à l'étranger, ou si elle est renfermée dans le territoire de la République.

1. Voir ces textes en renvoi, p. 143.

ART. 7. — A la demande d'autorisation devront être annexés: 1° la liste nominative de tous les membres de l'association; cette liste devra spécifier pour chaque membre quel est le lieu de son origine, et s'il est Français ou étranger; 2° l'état de l'actif et du passif, ainsi que des revenus et charges de l'association et de chacun de ses établissements; 3° un exemplaire des statuts et règlements.

ART. 8. — L'exemplaire des statuts dont la production est requise devra porter l'approbation des évêques des diocèses dans lesquels l'association a des établissements, et contenir la clause que la congrégation ou communauté est soumise, dans les choses spirituelles, à la juridiction de l'ordinaire.

ART. 9. — Toute congrégation ou communauté qui, dans le délai ci-dessus imparti, n'aura pas fait la demande d'autorisation, avec les justifications prescrites à l'appui, encourra l'application des lois en vigueur[1].

ART. 10. — Le Ministre de l'Intérieur et des Cultes et le Garde des Sceaux, Ministre de la Justice, sont chargés, chacun en ce qui le concerne, de l'exécution du présent décret, qui sera inséré au *Journal officiel* et au *Bulletin des Lois*.

---

18 avril 1880. **Circulaire du Ministre de l'Instruction publique, relative à la liquidation des Pensions de retraite des instituteurs et institutrices primaires publics[2].**

18 Avril 1880.

Monsieur le Préfet, mon administration a déjà à diverses reprises, et notamment par une circulaire du 21 septembre 1876[3], appelé votre sollicitude sur la situation malheureuse dans laquelle se trouvent les instituteurs et institutrices

1. « Le fait par le directeur d'un établissement libre d'instruction d'avoir coopéré à la reconstitution d'une congrégation dissoute en employant des membres de cette congrégation dans des conditions qui caractérisent, non l'exercice d'un droit individuel, mais la persistance de l'action commune et du but commun, tombe sous l'application de l'article 68 de la loi du 15 mars 1850. » (*Arrêts du Conseil supérieur de l'Instruction publique*, 5, 8, 10, 11 *janvier* 1881; 25, 27 *juillet* 1881; 28 *décembre* 1881.)

2. Consulter la loi du 17 *août* 1876 (Tome IV, p. 646) et ses origines (p. 457 et 463); — les circulaires des 25 *février* et 9 *septembre* 1874 (Tome IV, p. 513, 535); 12 *janvier* 1875 (*Circ.*, t. VII, p. 446).

3. Voir cette circulaire (*Circ.*, t. VII, p. 608).

Consulter également les circulaires ci-après :

Du 21 *mai* 1879, aux Recteurs, relative aux formalités à remplir pour la liquida-

entre la cessation de leurs fonctions et le moment où ils sont mis en possession de leur certificat d'inscription, c'est-à-dire à partir du jour où ils ne reçoivent plus de traitement jusqu'à l'époque où ils peuvent toucher pour la première fois les arrérages de leur pension de retraite; et rien ne semble avoir encore été fait pour remédier à un état de choses des plus préjudiciables à leurs légitimes intérêts : certains d'entre eux, en effet, restent ainsi sans ressources pendant plus d'une année.

Un aussi long retard n'est justifié par aucun motif.

Si pour l'accomplissement des diverses et nombreuses formalités prescrites par la loi au sujet d'une liquidation, opération qui incombe directement à mon Ministère, il faut un délai d'environ six mois, qu'il n'est pas, vous le savez, possible d'abréger, il n'en est pas de même du temps que nécessite le travail préparatoire dont vous avez l'initiative, savoir : l'instruction préalable de la demande de pension, la réunion des pièces exigées par les loi et règlement de 1853, et votre proposition d'admission à la retraite; et je crois devoir vous soumettre des moyens plus propres que par le passé à en accélérer le résultat.

Dans les cas les plus fréquents, c'est au 1er octobre, c'est-à-dire à la rentrée des classes, que vous arrêtez les services des fonctionnaires : votre administration, à qui est réservé le soin de les remplacer, sait évidemment longtemps à l'avance que tels ou tels instituteurs cesseront d'être en activité à la fin de l'année scolaire.

Comme, d'autre part, le traitement des vacances est dû à tout maître qui a terminé l'année classique et a assisté à la distribution des prix, et que, par conséquent, rien ne s'oppose à ce que la moyenne de ses émoluments soit à l'avance régulièrement calculée et établie, je vous engage à m'adresser dès le mois d'août, pour cette catégorie d'instituteurs, vos propositions de mise à la retraite; et ainsi, Monsieur le Préfet, non seulement aucun retard ne viendra

tion de la pension due aux veuves d'instituteurs et aux enfants mineurs nés d'un précédent mariage (*Circ.*, t. VIII, p. 150);

— 15 *décembre* 1880, aux Préfets, relative à l'établissement des états de services des instituteurs publics admis à la retraite (*Ibid.*, p. 411);

— 16 *décembre* 1880, aux Préfets, relative à la production du rapport du chef hiérarchique indépendamment des certificats médicaux (*Ibid.*, p. 413);

— 17 *juin* 1881, aux Recteurs, relative à la nécessité d'opérer régulièrement sur le traitement des instituteurs et des institutrices les retenues pour le service des pensions de retraite (*Ibid.*, p. 515);

— 25 *novembre* 1881, aux Préfets, relative à l'élévation du minimum de la pension de retraite de divers instituteurs et institutrices : 600 fr. pour les fonctionnaires retraités avant la loi du 17 août 1876; 400 fr. pour ceux qui l'ont été depuis en raison d'infirmités; 200 fr. pour les veuves (*Ibid.*, p. 615);

— 1er *juin* 1882, aux Préfets, relative aux mesures à prendre pour garantir aux fonctionnaires détachés dans les colonies leurs droits à une pension de retraite (*Circ.*, t. IX, p. 55);

Lettre du 28 *décembre* 1882, au Préfet de la Nièvre, rappelant les pièces à produire dans le cas de liquidation à la suite d'infirmités contractées dans l'exercice des fonctions (*Rec. des L. et A.*, 1882, p. 1265);

Circulaire du 15 *octobre* 1883, aux Préfets, relative à la nécessité de hâter l'envoi des dossiers et d'abréger les formalités réglementaires (*Circ.*, t. IX, p. 281);

— 25 *octobre* 1883, aux Préfets, modifiant les modèles pour le certificat d'exercice des instituteurs (*Ibid.*, p. 284);

— 18 *juillet* 1885, aux Préfets, relative aux conditions d'admission à la retraite des instituteurs et des institutrices (voir ci-après *à sa date*), et la note en renvoi.

s'ajouter au délai réglementaire de six mois, à dater de mon arrêté d'admission, mais ce délai lui-même se trouvera en réalité réduit pour eux, puisqu'il n'y aura plus qu'un intervalle de quatre mois et demi ou cinq mois entre la cessation du traitement et la jouissance de la pension.

Quant à ceux qui demandent leur retraite ou à ceux que vous êtes obligé de remplacer *dans le cours de l'année*, je vous prie d'inviter MM. les Inspecteurs à réunir sans retard les éléments de leurs dossiers et à vous les transmettre en même temps que les propositions de remplacement.

Il n'est pas aussi facile de diminuer la durée de l'instruction en ce qui concerne les fonctionnaires en instance de pension *pour infirmités;* mais vous voudrez bien tenir la main à ce que les agents placés sous vos ordres fassent comprendre aux intéressés combien il leur importe de fournir au plus tôt les certificats nécessaires.

Dans les cas qui font l'objet des deux paragraphes précédents, je vous recommanderai de m'adresser vos propositions chaque fois qu'il y aura lieu, même pour une espèce isolée, et sans attendre un travail d'ensemble, qui aboutirait à un retard au préjudice des premiers intéressés.

Il est une autre cause de lenteur que je dois vous signaler, c'est l'irrégularité de certaines pièces que je suis obligé de renvoyer à votre administration pour être rectifiées ou complétées, et j'appelle à ce sujet toute votre attention sur les recommandations suivantes :

1° On ne doit compter, comme valables pour le droit à pension, que les années postérieures à l'âge de 20 ans et à l'obtention du brevet de capacité.

2° Les années de services dans l'enseignement libre ne peuvent jamais être comprises dans la supputation des années donnant droit à la retraite; il en est de même du temps passé en congé ou en inactivité *sans traitement*.

3° Le temps de congé ou d'inactivité *avec traitement* compte pour la retraite, mais le traitement afférent à ce temps ne saurait entrer dans le décompte de la moyenne, lors même qu'il serait égal ou supérieur au traitement d'activité. La période dont il s'agit est tout entière valable pour constituer le droit à pension, mais elle n'est liquidable que jusqu'à concurrence de cinq ans.

4° Le traitement moyen doit être établi d'après celui des six années, *consécutives* ou *non*, pendant lesquelles l'instituteur aura joui des émoluments les plus élevés[1].

5° Les quatre certificats exigés des fonctionnaires qui n'ont pas vingt-cinq ans de services accomplis doivent mentionner, non pas que les infirmités dont ils excipent ont été contractées *dans* ou *pendant* l'exercice de leurs fonctions, mais qu'elles *résultent* de l'exercice même de ces fonctions; et les attestations médicales doivent, autant que possible, au moyen d'un développement destiné à éclairer mon Administration et le Conseil d'État, démontrer le lien qui peut rattacher la maladie invoquée à l'accomplissement des devoirs professionnels du fonctionnaire. Ces quatre certificats seront distincts, une même personne ne pouvant donner d'attestation à deux titres différents.

6° Le fonctionnaire qui compte vingt-cinq ans de services, mais qui n'a pas encore atteint sa 55e année, peut être dispensé de la condition d'âge, moyennant la production de deux certificats médicaux qui le déclarent *hors d'état de continuer ses fonctions*. Il n'est pas nécessaire, dans ce cas, d'établir que la

1. L'allocation de 100 francs accordée aux titulaires de la médaille d'argent est maintenue aux instituteurs lorsqu'ils ne sont plus en exercice (*Circulaire* du 10 *février* 1882) (*Circ.*, t. VIII, p. 655).

maladie ou l'infirmité résulte de l'exercice des fonctions. S'il meurt avant d'avoir été admis à la retraite, quel que soit son âge, et par cela seul qu'il a vingt-cinq ans de services, il passe son droit à sa veuve ou à ses orphelins mineurs.

7° Il n'en est pas de même de celui qui meurt avant d'avoir accompli vingt-cinq ans d'exercice : il ne peut transmettre à sa veuve qu'un droit qui lui aurait été conféré à lui-même avant son décès, c'est-à-dire son admission à la retraite pour cause d'infirmités. Il importe donc que les infirmités soient constatées avant la mort, et qu'une proposition de mise à la retraite me soit faite en temps opportun; en un mot, qu'il soit apporté la plus grande célérité dans ces circonstances, puisque la moindre négligence aurait pour effet de priver de tout droit la veuve ou les enfants du fonctionnaire.

8° Les actes de l'état civil doivent être rédigés sur papier timbré et légalisés; la formalité du timbre n'est pas exigée pour les personnes qui sont dans un état d'indigence reconnu; mais, dans ce cas, il faut que mention soit faite, sur l'extrait même, du motif pour lequel il a été délivré sur papier libre.

9° Les certificats de non séparation de corps sont délivrés par le greffier du tribunal, par le maire ou par le juge de paix. Le greffier a qualité pour fournir cette attestation sous sa seule signature. Le certificat du maire, de même que celui du juge de paix, ne peut être valable que s'il a été rédigé en présence et sur l'attestation de deux témoins.

10° (*Instruction nouvelle*). Les services n'étant comptés qu'à partir non seulement de l'âge de 20 ans, mais encore de l'obtention du brevet de capacité, mention doit être faite de la date de ce brevet sur l'état de services et certifiée par le Préfet sur le vu du brevet ou d'une copie authentique[1].

Telles sont, Monsieur le Préfet, les diverses mesures que j'ai l'honneur de vous proposer, et pour l'exécution desquelles je me permets de compter sur votre actif et obligeant concours, persuadé que vous y verrez comme moi le moyen le plus sûr et le plus rapide de mettre une nombreuse et intéressante classe de fonctionnaires en possession de droits si légitimement acquis.

Vous voudrez bien m'accuser réception de la présente circulaire.

Recevez, etc.

Signé : JULES FERRY.

1. « Un maître adjoint à l'École primaire du Collège Chaptal, pourvu du brevet supérieur de capacité, nommé par le Préfet sur la proposition de l'Inspecteur d'Académie, peut revendiquer, pour le règlement de sa pension de retraite et en qualité d'instituteur public, le bénéfice de la loi du 17 août 1876. » (*Arrêt du Conseil d'État*, affaire *Bruneau*, 14 novembre 1879.)

« Un Inspecteur primaire qui, tout en restant attaché, à ce titre, à l'Administration de l'Instruction publique, autorisé à remplir les fonctions de chef de division dans une préfecture et touchant, en cette qualité, un traitement payé partie par l'État, partie par le département, n'est pas en droit d'exiger que le calcul du traitement moyen servant de base à sa pension de retraite se fasse sur ce traitement tout entier. — La pension doit être liquidée d'après le traitement dont il aurait joui s'il eût été rétribué uniquement par l'État (loi du 9 juin 1853, art. 4 et 6). » (*Arrêt du Conseil d'État*, affaire *Foucault*, 30 mai 1884.)

« Lorsqu'un instituteur est décédé sans avoir demandé sa mise à la retraite avec pension à titre exceptionnel, sa veuve ne peut pas réclamer une pension. » (*Arrêt du Conseil d'État*, affaire *veuve Jacquemin*, 4 mai 1888.)

4 mai 1880.

Décret relatif à l'Indemnité de sortie accordée aux Élèves-maîtres des Écoles normales.

4 Mai 1880[1].

Le Président de la République française,
Sur le rapport du Ministre de l'Instruction publique et des Beaux-Arts;
Vu le décret du 19 avril 1862 et spécialement l'article 5 dudit décret,
Décrète :

ARTICLE 1er. — L'indemnité[2] mentionnée en l'article 5 du décret du 19 avril 1862 et qui, aux termes de cet article, ne doit pas excéder 100 francs, pourra désormais être portée à 200 francs, au profit des élèves-maîtres boursiers qui passeront avec succès, à leur sortie de l'École normale, les examens du brevet complet[3].

---

7 mai 1880.

Circulaire du Ministre de l'Instruction publique, relative aux Excursions et Voyages de vacances.

7 Mai 1880.

Monsieur le Recteur, je m'empresse de porter à votre connaissance deux mesures que j'ai cru devoir prendre pour encourager chez nos jeunes instituteurs les fortes et solides études. M. le Président de la République a bien voulu, sur ma proposition, signer un décret modifiant l'article 5 du décret du 19 avril 1862. Désormais *l'élève-maître boursier, au sortir de l'École normale*, recevra une indemnité non plus de 100 francs, mais de 200 francs, s'il a obtenu le brevet complet.

Outre cette faveur, qui a pour but de faciliter à l'élite de nos élèves-maîtres les débuts dans la carrière, j'ai cherché une autre récompense qui pût profiter en même temps à leur développement intellectuel, et je crois l'avoir trouvée dans une institution déjà ancienne, longtemps abandonnée chez nous, et reprise avec succès, en ces dernières années, notamment par les Écoles primaires

1. Consulter pour l'application la circulaire ci-après du 7 *mai* 1880.
2. « Les élèves-maîtres ou élèves-maîtresses qui, au sortir de l'École normale, entrent dans l'enseignement secondaire, n'ont pas droit à cette indemnité. Les dispositions des décrets des 19 avril 1862 et 4 mai 1880 ne leur seront applicables que lorsqu'ils auront obtenu un poste dans l'enseignement primaire. » (*Décision relative à un élève-maître nommé maître d'études à Péronne et à deux élèves-maîtresses nommées institutrices adjointes aux cours secondaires d'Amiens.*)
3. Cette disposition a été rapportée par l'art. 79 du décret du 18 *janvier* 1887 (voir ci-après *à sa date*).

supérieures de Paris. Je veux parler des *voyages d'instruction* pendant les vacances.

Les excursions de vacances que je désire organiser dans l'intérêt de nos meilleurs élèves d'Écoles normales doivent être essentiellement des voyages d'études, des expéditions, je ne dirai pas scientifiques, mais mûrement préparées, bien dirigées et animées de l'esprit d'observation méthodique. Sous la conduite d'un maître instruit et expérimenté, que je choisirai de préférence parmi les maîtres adjoints chargés pendant l'année du lourd fardeau de la surveillance, les jeunes gens s'accoutumeront à voir par eux-mêmes, à voir beaucoup et surtout à bien voir : monuments historiques, débris archéologiques, sites pittoresques, accidents topographiques, phénomènes naturels, productions de l'industrie et de l'agriculture, traditions locales, coutumes et langage, tout doit leur être matière à études et à réflexion. Dans ces conditions, le voyage pourra porter tous ses fruits, sans être nécessairement très lointain ni de bien longue durée. Suivant le nombre des élèves-maîtres qui demanderont à prendre part au voyage, on pourra organiser plusieurs caravanes scolaires et envoyer de préférence les écoliers des provinces du Nord dans celles du Midi et ceux du Centre au bord de la mer; en leur ménageant à tous des spectacles nouveaux, on leur fera mieux connaître et mieux aimer leur pays.

On pourra plus tard, quand l'institution sera organisée et consacrée par son succès même, étendre le cercle de ces voyages scolaires; les diriger, par exemple, au delà des frontières, dans les pays limitrophes où l'enseignement primaire et les études pédagogiques sont en honneur; nouvelles sources de fécondes observations et de comparaisons salutaires.

J'attends les meilleurs effets de ce contact journalier qui rapprochera, pendant le voyage de vacances, les plus distingués de nos élèves-maîtres. Par là, sans doute, bien des préjugés d'école ou de province pourront être combattus et dissipés.

On exigera des jeunes voyageurs une relation écrite sur les objets qui les auront particulièrement frappés ou intéressés : les meilleurs passages de ces mémoires pourront être reproduits dans les Bulletins départementaux d'enseignement primaire.

Vous voudrez bien, Monsieur le Recteur, en m'accusant réception de la présente circulaire, m'envoyer la liste nominative des élèves-maîtres qui ont obtenu le brevet complet dans les deux sessions de 1879 et dans la première de 1880, et que vous me proposeriez pour faire partie de la première expédition qui sera organisée pour les vacances prochaines. Aussitôt après la session de juillet, vous y ajouterez les noms des nouveaux élèves-maîtres parvenus au brevet complet. Je vous ferai savoir ultérieurement à quelle date, dans quelle région et dans quelles conditions matérielles aura lieu ce premier voyage des élèves-maîtres.

Recevez, etc.

Signé : JULES FERRY.

11 mai 1880.

Décret portant Règlement intérieur du Conseil supérieur de l'Instruction publique[1].

11 Mai 1880.

Le Président de la République française,

Sur le rapport du Ministre de l'Instruction publique et des Beaux-Arts;

Vu la loi du 27 février 1880,

Décrète :

ARTICLE 1er. — Le Président de la République désigne chaque année, sur la proposition du Ministre de l'Instruction publique, un vice-président et un secrétaire du Conseil supérieur de l'Instruction publique, choisis parmi les membres du Conseil.

ART. 2. — Un arrêté ministériel fixe l'ouverture et la durée des sessions.

ART. 3. — A l'ouverture de la session, le Ministre fait distribuer au Conseil la liste des affaires qui seront traitées dans la session.

Sur la proposition du Ministre, le Conseil se divise en Commissions entre lesquelles sont réparties les affaires inscrites à l'ordre du jour. En matière disciplinaire ou contentieuse, les Commissions sont élues au scrutin secret.

Les Commissions nomment leur président et leur secrétaire.

ART. 4. — Les conseillers qui veulent soumettre une proposition au Conseil, la présentent par écrit au président.

Cette proposition est renvoyée de droit à la Section permanente. Après l'avis de la Section, le Ministre décide si le Conseil doit être saisi de la proposition.

ART. 5. — En matière contentieuse ou disciplinaire, les affaires sont inscrites au secrétariat du Conseil supérieur, d'après l'ordre de leur arrivée, sur un registre à ce destiné.

Elles sont jugées suivant l'ordre de leur inscription et dans la plus prochaine session.

Les rapports sont faits par écrit; ils sont déposés, avec le dossier, au secrétariat par les rapporteurs, un jour franc avant le jour fixé pour la délibération et sont tenus à la disposition des intéressés et des membres du Conseil.

En matière disciplinaire, la Section permanente et le Conseil su-

1. Ce décret a été rapporté par le décret du 11 *mars* 1898 (voir *à sa date* au Tome VI).

périeur sont tenus d'entendre l'inculpé et son conseil dans leurs explications, si l'inculpé en fait la demande.

Art. 6. — La présence de la moitié plus un des membres du Conseil est nécessaire pour la validité des délibérations.

En cas de partage, si la matière n'est ni contentieuse ni disciplinaire, la voix du président est prépondérante; si la matière est contentieuse, il en est délibéré de nouveau, et les membres qui n'ont pas assisté à la délibération sont spécialement convoqués. S'il y a, de nouveau, partage dans la deuxième délibération, la voix du président est prépondérante.

En matière disciplinaire, toute décision doit être prise aux deux tiers des suffrages.

Art. 7. — Les séances du Conseil ne sont pas publiques.

Les procès-verbaux des séances sont transcrits en double expédition sur des registres spéciaux; ils sont signés par le président et par le secrétaire.

Les avis et décisions du Conseil sont publiés au *Journal général* et au *Bulletin administratif du Ministère de l'Instruction publique*. Les procès-verbaux ne peuvent être rendus publics, à moins de décision spéciale du Ministre.

Art. 8. — Les décrets ou arrêtés qui interviennent sur l'avis du Conseil supérieur portent la mention : *Le Conseil supérieur de l'Instruction publique entendu.*

Art. 9. — En matière contentieuse ou disciplinaire, les décisions du Conseil sont notifiées par le Ministre.

Les parties ont toujours le droit d'en obtenir expédition.

Art. 10. — La Section permanente est présidée par le Ministre, qui délègue, quand il le juge convenable, un membre de la Section pour le remplacer.

Rapport et Arrêté instituant une Commission chargée d'examiner les Questions relatives à la Décoration des Écoles au moyen de cartes et tableaux, et à la constitution de petites Collections artistiques destinées aux Musées scolaires.

1° Rapport au Ministre de l'Instruction publique. 12 mai 1880.

12 Mai 1880.

Monsieur le Ministre, votre Administration a été saisie depuis quelque temps d'un certain nombre de propositions dont l'examen mérite une attention particulière.

D'une part, on vous demande si, au moment où des milliers d'Écoles se construisent, il n'y aurait pas intérêt à faire examiner divers modes de décoration murale de locaux scolaires (peintures et cartes à fresque, dessins, tableaux d'enseignement historique et scientifique, etc.).

D'autre part, dans beaucoup de villes, chefs-lieux de département, d'arrondissement ou de canton, il s'organise, en ce moment, soit par souscription, soit par les libéralités des particuliers ou des Conseils municipaux, de petits musées scolaires ouverts au public, et l'on peut se demander si, à côté des petites collections destinées à l'enseignement proprement dit, il n'y aurait pas lieu d'y envoyer de votre part, à titre d'encouragement, un choix d'objets pouvant servir à inaugurer une sorte de premier enseignement artistique tout à fait populaire et purement intuitif, par exemple des albums contenant la reproduction des principaux chefs-d'œuvre de la peinture, de la sculpture, de l'architecture, ou encore des séries de sujets choisis pour les projections photographiques.

Enfin, et là même ou les deux propositions qui précèdent ne pourraient être suivies d'effet, ne conviendrait-il pas de réformer l'imagerie scolaire et enfantine, et d'en tirer tous les services qu'elle peut rendre indirectement à l'instruction populaire?

Serait-il impossible de substituer aux grossières enluminures, aux images niaises, aux bons points, et aux accessits en papier gaufré, une ou plusieurs séries de récompenses consistant en bonnes gravures de grandeur différente, depuis celle qui servirait de récompense hebdomadaire ou mensuelle jusqu'à la grande feuille reproduisant, par exemple, un des chefs-d'œuvre de la chalcographie du Louvre, qui serait donnée en prix, et qui, soigneusement conservée par la famille, introduirait dans les plus humbles demeures comme un reflet des musées? Notre histoire, en particulier, ne pourrait-elle pas être presque tout entière illustrée de la sorte? Cette diffusion par l'imagerie populaire des plus grands souvenirs de notre vie publique ne tentera-t-elle pas des artistes distingués? Les ressources inappréciables dont dispose l'Administration des Beaux-Arts ne vous permettraient-elles pas de donner une impulsion puissante à cette forme nouvelle de l'instruction et de l'éducation nationale?

Quoi qu'il en soit, je suis sûr, Monsieur le Ministre, de répondre à vos intentions en vous proposant de ne pas laisser perdre plus longtemps dans l'isolement et dans l'indécision les forces et les bonnes volontés qui ne demandent qu'à être dirigées. Conformément à la marche que vous avez choisie jusqu'ici pour vos divers projets de réforme, j'ai l'honneur de vous demander de vouloir bien soumettre à une Commission spéciale l'étude des diverses questions qui se rapportent à ce qu'on pourrait appeler *l'enseignement par l'image* dans l'école ou dans la famille. Cette Commission, où devraient être représentées les compétences très diverses qu'exige cette étude, pourrait examiner les projets qui vous sont déjà, ou qui vous seraient prochainement soumis par les auteurs et les éditeurs, provoquer de nouveaux efforts dans un sens bien déterminé, peut-être même vous demander de mettre au concours un certain nombre de travaux.

Si vous agréez cette proposition, je vous prierai de vouloir bien revêtir de votre signature le projet d'arrêté ci-joint et de désigner les membres qui composeraient la Commission.

Veuillez agréer, etc.

Le Directeur de l'Enseignement primaire,
Signé : F. BUISSON.

2° Arrêté.

27 mai 1880.

27 Mai 1880.

Le Ministre de l'Instruction publique et des Beaux-Arts,

Sur le rapport du Directeur de l'Enseignement primaire en date du 12 mai 1880,

Arrête :

Article 1er. — Il est institué au Ministère de l'Instruction publique une Commission[1] chargée d'étudier les diverses questions relatives :

1° A la décoration des Écoles au moyen de tableaux, peintures, cartes, dessins;

2° A la constitution de petites collections artistiques destinées aux musées scolaires;

3° Au choix de séries de gravures destinées à être données en récompense aux enfants des Écoles[2].

Circulaire du Ministre de l'Instruction publique, rappelant les Règlements relatifs aux Expéditions postales en franchise[3].

1er juin 1880.

1er Juin 1880.

Monsieur le Préfet, M. le Ministre des Postes et des Télégraphes me fait connaître que, le 20 avril dernier, un procès-verbal a été dressé pour consta-

1. L'article 2 de l'arrêté du 27 *mai* 1880 nommait les membres de cette Commission, qui était composée de : M. le Ministre de l'Instruction publique et des Beaux-Arts, *Président;* M. le Sous-Secrétaire d'État au département des Beaux-Arts, *Vice-Président;* MM. de Baudot, Berger, Charles Bigot, Buisson, Charton, Gréard, Guillaume, Hauréau, Janssen, de Laborde, Paul Mantz, Henri Martin, Stanislas Meunier, Monod, Muntz, Pillet, Antonin Proust, de Ronchaud, Ém. Trélat; MM. Stanislas Meunier, Pillet et Mantz remplissaient les fonctions de *secrétaires.*

2. Consulter les documents suivants :

Circulaire du 26 *avril* 1881, aux Préfets, relative à l'enseignement du dessin et à l'installation de musées départementaux (*Rec. des L. et A.*, 1881, p. 358);

Rapport présenté au Sous-Secrétaire d'État des Beaux-Arts au sujet des travaux de la Commission de l'enseignement du dessin (*Ibid.*, 1881, p. 376);

Rapport au Ministre et *Arrêté* du 18 *juillet* 1882, constituant des Comités consultatifs permanents pour l'examen des objets destinés à la décoration des Écoles, à l'imagerie scolaire et aux petits musées artistiques (*Ibid.*, 1882, p. 619);

Rapports et *Procès-verbaux* de la Commission de décoration des Écoles et de l'imagerie (in-4° de 89 pages, Imp. Natle, 1881);

Rapport de M. Havard, 14 *mars* 1885 (*Bull. adm.*, 1885, t. XXXVII, p. 349).

3. Ces instructions ont été rappelées et confirmées par la circulaire du 27 *juillet* 1880 portant :

« Il convient de rappeler à ces fonctionnaires que le paragraphe 1er de l'article 10

ter l'envoi, sous le contreseing d'un instituteur, d'un pli adressé à son Inspecteur d'Académie, et contenant une lettre destinée au président de la société de secours mutuels des instituteurs.

Or, ajoute mon collègue, « l'expédition en franchise de cette lettre concernant uniquement des intérêts privés constitue une contravention à l'article 1er de l'ordonnance du 17 novembre 1844, qui n'accorde l'exemption de taxe qu'à la correspondance exclusivement relative au service de l'État.

« L'instituteur s'est ainsi exposé à l'application des dispositions de l'article 6 du décret du 24 août 1848, qui punit d'une amende de 150 à 200 francs les contraventions en matière de franchise postale. »

J'ai cru, Monsieur le Préfet, devoir porter à votre connaissance et le fait qui s'est produit et la dépêche de mon collègue, M. le Ministre des Postes et des Télégraphes, afin que vous puissiez à l'occasion prémunir les instituteurs contre les suites que pourrait entraîner pour eux l'oubli des règlements relatifs aux expéditions en franchise.

Recevez, etc.

Signé : JULES FERRY.

---

3 juin 1880.

Jugement du Tribunal de Commerce de la Seine.

Audience du 3 Juin 1880.

MAITRESSE DE PENSION. — CRÉANCE COMPRENANT INDISTINCTEMENT LES FRAIS DE SUBSISTANCE ET D'ENSEIGNEMENT D'UNE ÉLÈVE. — PRIVILÈGE DE L'ARTICLE 2101 DU CODE CIVIL.

La pension d'une élève chez une maîtresse de pension ne constitue une créance privilégiée qu'en ce qui concerne les fournitures de subsistances. En conséquence, il appartient au juge d'en distraire la partie afférente aux frais d'enseignement et aux avances qui ont été faites à l'élève et de déterminer la partie privilégiée.

M. C..., négociant, faisait élever sa fille chez madame K...., maîtresse de pension, à laquelle il restait devoir une somme de 1 436 fr. 55 c., lorsqu'il fut déclaré en faillite.

de l'ordonnance du 17 novembre 1844 exclut formellement de la franchise postale les publications de librairie ne concernant pas le service public et non achetées des fonds de l'État.

« Toute infraction à cette ordonnance pourrait donner lieu à des poursuites judiciaires, et le contrevenant serait passible d'une amende de 150 à 300 francs, conformément à la loi du 25 prairial An IX, sur le transport des lettres en fraude, dont les dispositions sont reproduites par l'article 6 du décret du 24 août 1851, ainsi conçu : « Il est interdit à tout fonctionnaire ou agent de l'Administration d'envoyer « dans un paquet administratif, ou de contresigner pour les affranchir, des lettres « étrangères au service qui lui est confié. »

« Je vous prie, Monsieur le Préfet, de vouloir bien inviter les fonctionnaires de mon département à l'observation scrupuleuse de ces prescriptions, et leur rappeler les pénalités auxquelles ils s'exposeraient en négligeant de s'y conformer. »

Mme K.... a prétendu que sa créance devait être admise par privilège, en vertu de l'article 2101 du Code civil. Suivant elle, cet article, en accordant aux maîtres de pension un privilège pour les fournitures de subsistances pendant la dernière année, n'avait pas attaché un sens étroit et limitatif au mot subsistances, et il en doit être ainsi, vu l'impossibilité de déterminer en fait ce qui, dans le prix de la pension, incombe à la vie matérielle et ce qui est la part de l'enseignement.

Le syndic M. S.... ayant refusé d'admettre la créance de Mme K.... par privilège, celle-ci a porté la contestation devant le tribunal, qui a rendu le jugement suivant :

« Le tribunal,

« Attendu qu'il appert des termes de l'article 2101 du Code civil qu'il restreint le privilège accordé aux maîtres de pension aux seules fournitures de subsistances; que tout privilège est de droit étroit et ne peut être étendu au delà des prescriptions de la loi; que la créance de dame K.... comprend dans son ensemble les soins et leçons relatifs à l'instruction, des avances et débours, et les fournitures de subsistances; qu'il y a lieu tout d'abord d'exclure de l'admission privilégiée une somme de 136 fr. 75 c. représentant des avances et débours; que, pour le surplus de la créance s'élevant à 1 299 fr. 80 c., il convient de rechercher quelle est la portion qui représente les fournitures de subsistances ; que le syndic offre d'admettre dame K.... au passif privilégié pour la somme de 443 fr. 75 c., soit à raison de 1 fr. 25 c. par jour, du 1er mai 1878 au 19 avril 1879, jour de la faillite; qu'il convient de fixer à 2 francs par jour la portion de la créance qui doit être admise par privilège; d'où il suit qu'il y a lieu de déclarer les offres du syndic insuffisantes et de l'obliger à admettre la dame K.... au passif de la faillite C.... par privilège pour 710 francs et chirographairement pour 726 fr. 55 c. :

« Par ces motifs,

« Déclare les offres du syndic insuffisantes;

« Dit que le syndic de la faillite C.... sera tenu d'admettre dame K.... au passif de ladite faillite pour la somme de 710 francs par privilège, et pour celle de 726 fr. 55 c. chirographairement;

« Déclare dame K... mal fondée dans le surplus de sa demande et l'en déboute;

« Dit que les dépens seront employés en frais de syndicat. »

Décret relatif au Certificat d'aptitude à l'Inspection primaire et à la Direction des Écoles normales[1].

5 juin 1880.

5 Juin 1880.

Le Président de la République française,

Sur le rapport du Ministre de l'Instruction publique et des Beaux-Arts,

1. Décret rapporté par le décret du 23 *décembre* 1882 (voir ci-après *à sa date*).

Vu les lois des 15 mars 1850 et 9 août 1879;
Vu l'article 5 de l'ordonnance du 18 novembre 1845;
Vu les décrets des 29 juillet 1850 et 2 juillet 1866;
Le Conseil supérieur de l'Instruction publique entendu,
Décrète :

ARTICLE 1er. — Nul ne peut être nommé Inspecteur de l'instruction primaire[1], directeur ou directrice[2] d'École normale, s'il n'a été déclaré apte à ces fonctions après un examen spécial dont le programme sera déterminé par arrêté du Ministre de l'Instruction publique, pris en Conseil supérieur.

ART. 2. — Ne peuvent être admis à cet examen[3] que les candidats qui justifient :

1° De vingt-cinq ans d'âge;

2° D'un stage soit de deux ans comme maître adjoint dans une École normale ou comme professeur dans un établissement d'enseignement secondaire public, soit de cinq ans comme instituteur public titulaire ou adjoint. Ce dernier délai de cinq ans sera réduit à trois ans pour les commis d'inspection en exercice depuis deux ans au moins[4];

3° De l'un des titres ci-après désignés : diplôme de bachelier ès

1. Consulter les circulaires du 1er *novembre* 1879, sur la nomination des Inspecteurs primaires (*Circ.*, t. VIII, p. 218); — du 21 *juin* 1880, interprétative du décret du 5 *juin* 1880 (*Ibid.*, p. 312).

La circulaire du 12 *mai* 1881 insiste sur les avantages du certificat créé par le décret du 5 *juin* 1880 :

« Monsieur le Recteur, j'ai été consulté plusieurs fois sur le degré de valeur que j'attache à la possession par les candidats à l'inspection primaire, des certificats d'aptitude créés par le décret du 5 juin 1880.

« L'ancien certificat d'aptitude à l'inspection permet légalement de prétendre à une nomination; mais je donnerai la préférence aux candidats qui y auront ajouté le nouveau titre, et surtout à ceux qui, justifiant déjà de ce titre, auront pris, en outre, les certificats d'aptitude à l'enseignement des Écoles normales, ou, au moins, l'un de ces certificats.

« Je vois, dans de telles garanties, un double avantage : il n'est pas douteux, d'abord, qu'un Inspecteur primaire possédant ces divers grades n'exerce sur son personnel une action plus efficace; en second lieu, il se trouverait immédiatement remplir les conditions réglementaires pour la direction d'une Ecole normale, qu'il pourrait solliciter ultérieurement sans compromettre son autorité d'Inspecteur en s'exposant aux risques d'un nouvel examen. »

2. Voir, *Bull. adm.*, 1879, t. XXII, p. 897, l'avis énumérant les conditions à remplir pour être déclarée apte aux fonctions de directrice d'École normale et de maîtresse adjointe, et consulter la circulaire du 4 *novembre* 1879, relative aux examens que doivent subir les aspirantes à ces fonctions (*Circ.*, t. VIII, p. 222).

3. Consulter l'arrêté du 14 *juin* 1884, ouvrant une session, à la date du 16 juillet 1884, spécialement réservée aux fonctionnaires des colonies (*Bull. adm.*, 1884, t. XXXIV, p. 339).

4. Des dispenses totales ou partielles de stage pourront être accordées, après avis du Recteur de l'Académie dans laquelle réside le candidat, par décision spéciale du

lettres ou ès sciences, brevet de capacité pour l'enseignement secondaire spécial, brevet complet de l'instruction primaire.

Art. 3. — Les aspirants et aspirantes[1] à la direction d'une École normale devront, en outre, justifier du certificat d'aptitude à l'enseignement dans les Écoles normales, à moins qu'ils ne soient munis des deux diplômes de bachelier ou d'une des licences ès lettres ou ès sciences.

Art. 4. — Pendant les cinq années qui suivront la publication du présent décret, les maîtresses adjointes comptant au moins cinq ans d'exercice comme titulaires pourront, par décision ministérielle rendue sur le rapport du Comité consultatif, être dispensées de produire le certificat d'aptitude à l'enseignement dans les Écoles normales.

Art. 5. — Les articles 38, 39 et 40[2] du décret du 29 juillet 1850 sont abrogés.

Décret instituant un Certificat d'aptitude à l'enseignement dans les Écoles normales[3].

5 juin 1880.

5 Juin 1880[4].

Le Président de la République française,

Sur le rapport du Ministre de l'Instruction publique et des Beaux-Arts,

Vu la loi du 9 août 1879;

Vu l'article 7 du décret du 2 juillet 1866;

Le Conseil supérieur de l'Instruction publique entendu,

Décrète :

Ministre, prise en Conseil supérieur (*Décret du* 19 *juillet* 1880, *Bull. adm.*, t. XXIII, p. 842). Ce décret a été abrogé par le décret du 27 *juillet* 1885 (voir ci-après *à sa date*).

1. Consulter la circulaire du 20 *août* 1880 (*Circ.*, t. VIII, p. 348). Il y est dit : « Contrairement à l'usage suivi jusqu'à ce jour, la direction [des Écoles normales d'institutrices] pourra à l'avenir être confiée à des personnes mariées. » Il y a lieu de prendre les dispositions en conséquence pour l'aménagement des locaux d'habitation.

2. Voir, pour les origines des nouvelles dispositions, la *circulaire* aux Recteurs du 22 *mai* 1879 (*Circ.*, t. VIII, p. 151).

3. Décret abrogé par le décret du 28 *juillet* 1885 (voir ci-après *à sa date*).

4. Voir la circulaire du 18 *février* 1880, relative à l'institution d'un concours pour les fonctions de maître adjoint (*Circ.*, t. VIII, p. 257), et la note insérée le même jour au *Journal officiel*.

ARTICLE 1er. — Nul ne peut être nommé définitivement aux fonctions de l'enseignement dans les Écoles normales primaires d'instituteurs ou d'institutrices, s'il n'a été déclaré apte à ces fonctions soit dans l'ordre des lettres, soit dans l'ordre des sciences, après un examen spécial dont le programme sera déterminé par un arrêté ministériel pris en Conseil supérieur.

ART. 2. — Ne peuvent être admis à cet examen que les candidats qui justifient :

1° De vingt et un ans d'âge;

2° D'un stage de deux ans au moins dans l'enseignement public[1];

3° De l'un des titres suivants :

Diplôme de bachelier ès lettres ou ès sciences, brevet de capacité pour l'enseignement secondaire spécial, brevet complet de l'enseignement primaire.

ART. 3. — Les maîtres adjoints et les maîtresses adjointes pourvus du certificat d'aptitude à l'enseignement des Écoles normales primaires ont droit au titre de professeur d'École normale primaire; mais ce titre ne peut leur être conféré que s'ils sont âgés de vingt-cinq ans et s'ils comptent trois années d'exercice dans l'enseignement primaire public.

---

5 juin 1880.

Arrêté relatif au Certificat d'aptitude à l'Inspection primaire et à la Direction des Écoles normales[2].

5 Juin 1880.

Le Ministre de l'Instruction publique et des Beaux-Arts,
Vu le décret du 5 juin 1880;
Le Conseil supérieur de l'Instruction publique entendu,
Arrête :

ARTICLE 1er. — Une Commission est nommée chaque année par le Ministre de l'Instruction publique pour examiner l'aptitude des candidats aux fonctions d'Inspecteur de l'instruction primaire, de directeur ou directrice d'École normale.

ART. 2. — Cette Commission est composée de cinq membres, auxquels sont adjointes, avec voix délibérative, deux directrices d'Écoles

1. Voir la note de l'article 2 du décret du même jour, p. 160, relatif à l'Inspection primaire et à la Direction des Écoles normales.
2. Arrêté rapporté par l'arrêté du 23 *décembre* 1882 (voir ci-après *à sa date*).

normales pour l'examen des aspirantes à la direction des Écoles normales d'institutrices.

ART. 3. — Les candidats sont tenus de se faire inscrire du 1er au 15 juillet, au secrétariat de l'inspection académique, d'indiquer les lieux où ils ont résidé et les fonctions qu'ils ont remplies depuis dix ans, et de faire les justifications exigées par l'article 2 du décret du 5 juin 1880.

ART. 4. — L'examen a lieu dans le courant du mois d'octobre. L'ouverture de la session est fixée par le Ministre[1].

ART. 5. — L'examen se compose :

D'épreuves écrites, lesquelles sont éliminatoires;

D'épreuves orales;

D'épreuves pratiques.

ART. 6. — Les épreuves écrites sont subies au chef-lieu du département, sous la présidence de l'Inspecteur d'Académie. Elles ont lieu en deux jours consécutifs, les mêmes pour toute la France.

Elles comprennent deux compositions : l'une sur un sujet de pédagogie, l'autre sur un sujet d'administration scolaire; les deux sujets sont envoyés par l'Administration centrale; quatre heures sont accordées pour chaque rédaction.

Les compositions sont adressées, avec le procès-verbal de la séance, par l'Inspecteur d'Académie, au Recteur, qui les transmet au Ministre.

ART. 7. — La Commission prononce l'admission aux épreuves orales et pratiques.

Ces épreuves ont lieu à Paris.

ART. 8. — Les épreuves orales consistent en interrogations.

L'examen porte sur les matières énumérées dans le programme détaillé annexé au présent arrêté; il a une durée de quarante-cinq minutes environ pour chaque candidat.

ART. 9. — L'épreuve pratique consiste dans l'inspection d'une École ou d'une salle d'asile, inspection suivie immédiatement d'un compte rendu verbal.

ART. 10. — Après la clôture des examens, la Commission dresse la liste des candidats qu'elle juge dignes d'obtenir le certificat d'aptitude aux fonctions d'Inspecteur primaire, de directeur ou directrice d'École normale[2].

1. Voir la *circulaire* du 21 *juin* 1880, relative à l'exécution du décret (*Circ.*, t. VIII, p. 312), et le *Rapport* du 27 *octobre* 1880, indiquant les mesures propres à faciliter la préparation par correspondance (*Rec. des L. et A.*, 1880, p. 937).

2. Consulter le Rapport du Vice-Recteur de l'Académie de Paris, président du jury, sur les résultats du premier examen (*décembre* 1879) pour les emplois de directrice dans les Écoles normales d'institutrices (*Bull. adm.*, 1880, t. XXIII, p. 105).

Cette liste est soumise à l'approbation du Ministre, qui délivre les certificats.

ART. 11. — L'arrêté du 16 décembre 1850 est rapporté.

Programme annexé à l'Arrêté du 5 juin 1880 relatif au Certificat d'aptitude à l'inspection primaire et à la direction des Écoles normales.

I. PÉDAGOGIE.

1° L'ÉDUCATION (Principes généraux).

Éducation physique. — Hygiène générale. — Jeux et exercices de l'enfant. — Gymnastique.

Éducation des sens. — Petits exercices d'observation.

Éducation intellectuelle. — Notions sur les facultés intellectuelles. — Leur développement aux divers âges. — Leur culture et leur application aux divers ordres de connaissances. — Rôle de la mémoire, du jugement, du raisonnement, de l'imagination. — La méthode : ses différents procédés ; analyse et synthèse ; induction et déduction.

Éducation morale. — Volonté. — Liberté de l'homme étudiée dans l'enfant. — Conscience morale ; responsabilité ; devoirs. — Rapports des devoirs et des droits. — Culture de la sensibilité dans l'enfant. — Modification des caractères et formation des habitudes. — Diversité naturelle des instincts et des caractères.

2° L'ÉCOLE (Éducation et instruction en commun).

Écoles : École maternelle (salle d'asile). — Écoles primaires, élémentaires et supérieures. — Cours complémentaires. — Organisation matérielle. — Locaux et mobiliers ; matériel d'enseignement. — Collections. — Bibliothèques.

Organisation pédagogique. — Classement des élèves ; programmes ; emploi du temps ; journal de classe.

Formes de l'enseignement : intuition ; enseignement par l'aspect ; exposition ; interrogations ; exercices oraux ; devoirs écrits et correction ; promenades scolaires.

Étude des procédés particuliers applicables à l'enseignement de chacune des parties du programme.

Examens. — Certificats d'études primaires. — Compositions et concours.

Discipline. — Récompenses ; punitions ; émulation ; sentiment de la dignité chez l'enfant. — Action personnelle du maître et conditions de son autorité ; ses rapports avec les élèves et les familles.

3° HISTOIRE DE LA PÉDAGOGIE.

Principaux pédagogues et leurs doctrines. — Analyse des ouvrages les plus importants.

II. LÉGISLATION ET ADMINISTRATION.

Lois, décrets, règlements, principales circulaires.

Écoles normales primaires. — Conditions d'établissement ; recrutement ; programme des études ; enseignement ; régime intérieur ; gestion économique ; budget ; Commission de surveillance.

Écoles primaires. — Différentes sortes d'Écoles publiques ; dispositions relatives à la création et à l'entretien des Écoles communales ; Écoles mixtes quant au sexe et mixtes quant au culte; admission des enfants dans les Écoles. Gratuité. Construction; aménagement et hygiène des locaux scolaires. Pensionnats annexés aux Écoles publiques. Écoles primaires supérieures; bourses nationales. Comptabilité des Écoles publiques; comptabilité communale et départementale se rapportant au service de l'Instruction primaire; registres scolaires. Écoles libres tenant lieu d'Écoles publiques; établissements d'instruction primaire libres.

Salles d'asile. — Leurs rapports avec la classe élémentaire; leur histoire; leur réglementation spéciale.

Annexes de l'École. — Bibliothèque populaire des Écoles; autres bibliothèques populaires; cours d'adultes et d'apprentis; conférences et cours publics; musées scolaires; caisses des Écoles; caisses d'épargne scolaires; atelier de travail manuel; gymnastique.

Personnel. — Instituteurs et institutrices titulaires et adjoints, publics et libres; nomination; situation légale; devoirs professionnels; engagement décennal; traitements; pensions de retraite.

Associations vouées à l'enseignement; personnes civiles; libéralités faites aux personnes civiles en vue de l'instruction primaire.

Autorités préposées à la surveillance et à la direction de l'enseignement primaire.

Inspecteurs; leurs attributions et leurs rapports avec les autorités, avec le personnel enseignant.

Bibliothèques pédagogiques.

Conférences pédagogiques.

Arrêté relatif à l'examen du Certificat d'aptitude à l'enseignement dans les Écoles normales[1].

5 juin 1880.

5 Juin 1880.

Le Ministre de l'Instruction publique et des Beaux-Arts,

Vu le décret du 5 juin 1880;

Le Conseil supérieur de l'Instruction publique entendu,

Arrête :

ARTICLE 1er. — Deux Commissions sont nommées chaque année par le Ministre de l'Instruction publique pour examiner l'aptitude des candidats aux fonctions de l'enseignement dans les Écoles normales, l'une pour l'ordre des sciences, l'autre pour l'ordre des lettres.

ART. 2. — Chacune de ces deux Commissions est composée de cinq membres, auxquels sont adjointes, avec voix délibérative pour l'examen des aspirantes, deux dames examinatrices.

1. Arrêté rapporté par l'arrêté du 26 *décembre* 1882 (voir ci-après *à sa date*).

ART. 3. — Les candidats[1] sont tenus de se faire inscrire du 1er au 30 juin, au secrétariat de l'Inspection académique, d'indiquer les lieux où ils ont résidé et les fonctions qu'ils ont remplies depuis dix ans et de faire les justifications exigées par l'article 2 du décret du 5 juin 1880.

ART. 4. — L'examen a lieu du 1er juillet au 15 août, aux jours fixés par le Ministre[2].

ART. 5. — L'examen se compose :

D'épreuves écrites, lesquelles sont éliminatoires;

D'épreuves orales;

D'épreuves pratiques.

ART. 6. — Les épreuves écrites ont lieu au chef-lieu du département, sous la présidence de l'Inspecteur d'Académie.

Elles comprennent : pour les lettres, 1° une composition sur un sujet de littérature, d'histoire ou de morale; 2° une composition sur une question de méthode ou d'éducation;

Pour les sciences, 1° une composition sur une question d'arithmétique et de géométrie, sur les sciences physiques et naturelles et sur l'agriculture; 2° une composition sur une question de méthode appliquée à l'enseignement des sciences.

Les sujets sont tirés des programmes de l'enseignement dans les Écoles normales.

Quatre heures sont accordées pour chaque composition; les deux compositions de chaque série se font en deux jours consécutifs, les mêmes pour toute la France.

Les textes de composition sont envoyés par l'Administration centrale.

Les compositions sont adressées, avec le procès-verbal de la séance, par l'Inspecteur d'Académie, au Recteur, qui les transmet au Ministre.

1. Consulter la circulaire du 24 *mai* 1881 en ce qui concerne l'enquête préalable sur les antécédents des candidats (*Circ.*, t. VIII, p. 504).

2. Consulter *L'École normale de Saint-Cloud*, par M. JACOULET (*Monographies pédagogiques*, t. II, p. 666 à 683, Imp. Nat[le], 1889).

Voir les documents suivants :

Rapport du 27 *octobre* 1880, indiquant les mesures propres à faciliter la préparation par correspondance (*Rec. des L. et A.*, 1880, p. 937);

Arrêté du 9 *mars* 1881, instituant, à Paris, à l'usage des maîtres adjoints, des cours préparatoires au certificat d'aptitude (*Bull. adm.*, 1881, t. XXIV, p. 513);

Circulaire du 10 *mars* 1881, interprétative de l'arrêté précédent (*Circ.*, t. VIII, p. 476);

Arrêté du 8 *octobre* 1881, instituant des cours préparatoires au professorat des Écoles normales (*Bull. adm.*, 1881, t. XXIV, p. 1579);

Note publiée au *Rec. des L. et A.*, 1881, p. 1105;

Note insérée au *Journal officiel* du 13 *mars* 1882.

ART. 7. — La Commission prononce l'admission aux épreuves orales et pratiques. Ces épreuves ont lieu à Paris.

ART. 8. — Les épreuves orales consistent dans la correction raisonnée, après une heure de préparation à huis clos, d'un devoir d'élève-maître. Ces épreuves auront une durée de quarante-cinq minutes environ pour chaque candidat.

ART. 9. — Les épreuves pratiques consisteront dans une leçon de même durée environ, que le candidat devra faire après trois heures de préparation, en présence de la Commission, à une division d'élèves-maîtres sur un sujet tiré au sort. Cette leçon sera accompagnée d'interrogations adressées aux élèves.

ART. 10. — Les candidats qui voudront faire constater, en outre, leur aptitude à l'enseignement du chant et de la musique et à celui des langues vivantes devront en faire la déclaration au moment de l'inscription. Ils auront à faire une classe spéciale sur ces matières d'enseignement. Il sera fait mention dans le certificat des matières facultatives pour lesquelles le candidat aura subi l'examen avec succès.

ART. 11. — Après la clôture des examens, la Commission dresse, par ordre de mérite, la liste des candidats qu'elle juge dignes d'obtenir le certificat d'aptitude à l'enseignement des Écoles normales.

Cette liste est soumise à l'approbation du Ministre, qui délivre les certificats.

---

5 juin 1880.

Arrêté relatif à l'organisation de Conférences pédagogiques dans chaque canton[1].

5 Juin 1880.

Le Ministre de l'Instruction publique et des Beaux-Arts,

Vu l'arrêté du 10 février 1837;

Vu les rapports de MM. les Recteurs, en réponse à la circulaire du 29 octobre 1878;

1. Voir *Les Conférences pédagogiques*, par M. R. AUBERT (*Monographies pédagogiques*, t. III, p. 571 à 623, Imp. Nat[le], 1889).
Consulter les circulaires ci-après :
Du 10 *juin* 1879, aux Recteurs, relative à l'examen des meilleures méthodes dans les conférences pédagogiques (*Circ.*, t. VIII, p. 162);
— 10 *août* 1880, aux Recteurs, relative au rétablissement et au développement des conférences pédagogiques (*Ibid.*, p. 339);
— 20 *août* 1880, aux Préfets, recommandant de proposer aux Conseils généraux l'ouverture de crédits pour les dépenses des conférences pédagogiques (*Ibid.*, p. 347);
— 3 *juillet* 1882, aux Préfets, instituant des cours spéciaux de gymnastique et des

Vu l'avis du Comité consultatif de l'enseignement primaire, en date du 6 février 1880,

Le Conseil supérieur de l'Instruction publique entendu,

Arrête :

ARTICLE 1er. — Des conférences pédagogiques d'instituteurs et d'institutrices publics sont organisées dans chaque canton par l'autorité académique. Deux ou plusieurs cantons pourront être réunis.

Le Recteur, sur la proposition de l'Inspecteur d'Académie, pourra décider que la même conférence sera commune aux instituteurs et aux institutrices.

La présidence appartient de droit à l'Inspecteur d'Académie, ou, à son défaut, à l'Inspecteur primaire. Les membres de la conférence nomment chaque année un vice-président et un secrétaire choisis parmi eux.

ART. 2. — Il ne sera traité, dans ces conférences, que de matières de pédagogie théorique et pratique.

ART. 3. — A la dernière réunion de chaque année scolaire, la conférence propose les questions à traiter au cours de l'année suivante. La liste de ces questions est arrêtée et publiée, dans le plus bref délai possible, par l'Inspecteur d'Académie.

ART. 4. — La présence aux conférences pédagogiques est obligatoire pour tous les instituteurs et institutrices publics titulaires; elle l'est aussi pour les instituteurs adjoints, toutes les fois que leur présence n'est pas nécessaire à l'École. Des dispenses peuvent être accordées par l'Inspecteur d'Académie.

ART. 5. — Les instituteurs et institutrices libres peuvent, sur leur demande, être autorisés par l'Inspecteur d'Académie à assister aux conférences.

ART. 6. — Le nombre, la date et le lieu des réunions sont fixés par l'autorité académique.

ART. 7. — Une copie du procès-verbal de chaque séance est envoyée à l'Inspecteur primaire.

conférences pédagogiques pour les instituteurs, pendant les vacances, dans toutes les Écoles normales primaires (*Circ.*, t. IX, p. 80);

— 5 *octobre* 1889 (Vice-Recteur aux Inspecteurs d'académie), relative aux conférences pédagogiques tenues par le personnel des Écoles normales primaires (*Rec. des L. et A.*, 1889, p. 713).

Arrêté relatif aux examens du Brevet de capacité pour les fonctions d'Instituteur et d'Institutrice[1]. 5 juin 1880.

5 Juin 1880.

Le Ministre de l'Instruction publique et des Beaux-Arts,
Vu le décret du 3 juillet 1866,
Vu l'arrêté en date du même jour,
Le Conseil supérieur de l'Instruction publique entendu,
Arrête :

ARTICLE 1er. — Les sujets de composition qui doivent être traités par les candidats au brevet simple sont les mêmes pour toute la France.

Ils sont envoyés par le Ministre aux Recteurs, qui les font parvenir, sous pli cacheté, deux jours avant l'ouverture des sessions des Commissions d'examen, à chaque Inspecteur d'Académie de leur ressort.

ART. 2. — Le brevet simple est conféré aux candidats qui ont obtenu un minimum de 25 points, dont 20 au moins pour les quatre épreuves orales autres que l'instruction morale et religieuse.

ART. 3. — Toutes les notes données aux candidats, soit pour les épreuves écrites, soit pour les épreuves orales, doivent être arrêtées par la Commission d'examen tout entière.

ART. 4. — Les élèves-maîtres et les élèves-maîtresses des Écoles normales peuvent être autorisés, sur la proposition du directeur ou de la directrice de l'École, à se présenter aux examens du brevet simple avant la fin de leurs études.

Une dispense sera exceptionnellement accordée à ceux de ces candidats qui ne se trouveraient pas dans les conditions d'âge fixées par l'article 50 du décret du 29 juillet 1850.

ART. 5. — Sont abrogées les dispositions de l'arrêté du 3 juillet 1866, en ce qu'elles ont de contraire au présent arrêté.

1. Arrêté rapporté par l'arrêté du 5 *janvier* 1881, art. 30 (voir ci-après *à sa date*).

7 juin 1880.

Règlement scolaire modèle pour servir à la rédaction des Règlements départementaux relatifs aux Écoles primaires publiques[1].

7 Juin 1880.

Le Ministre de l'Instruction publique et des Beaux-Arts,
Vu l'article 2 de la loi du 28 juin 1833;
Vu les lois des 15 mars 1850 et 10 avril 1867;
Vu le statut des Écoles primaires en date du 25 avril 1834;
Vu la circulaire du 12 novembre 1835;
Vu la circulaire du 17 août 1851 et le règlement y annexé;
Vu la circulaire du 18 novembre 1871;
Le Conseil supérieur de l'Instruction publique entendu,
Arrête :

ARTICLE 1er. — Pour être admis dans une École, les enfants doivent avoir plus de six ans et moins de quatorze. En dehors de ces limites, ils ne pourront être admis sans une autorisation spéciale de l'Inspecteur d'Académie.

Dans les communes qui n'ont pas de salle d'asile, l'âge d'admission sera abaissé à cinq ans.

ART. 2. — Tout enfant qui demandera son admission dans une École devra présenter un bulletin de naissance.

L'instituteur s'assurera qu'il a été vacciné, ou qu'il a eu la petite vérole, et qu'il n'est pas atteint de maladies ou d'infirmités de nature à nuire à la santé des autres élèves.

ART. 3. — Le vœu des pères de famille sera toujours consulté et suivi, en ce qui concerne la participation de leurs enfants à l'instruction religieuse.

ART. 4. — La garde de la classe est commise à l'instituteur : il ne permettra pas qu'on la fasse servir à aucun usage étranger à sa destination, sans une autorisation spéciale du Préfet.

ART. 5. — Pendant la durée de la classe, l'instituteur ne pourra, sous aucun prétexte, être distrait de ses fonctions professionnelles, ni s'occuper d'un travail étranger à ses devoirs scolaires.

ART. 6. — Les enfants ne pourront, sous aucun prétexte, être détournés de leurs études pendant la durée des classes.

ART. 7. — L'entrée de l'École est formellement interdite à toute

1. Voir la circulaire du 23 *septembre* 1880 (*Circ.*, t. VIII, p. 358), et ci-après, *à sa date*, l'arrêté du 6 *janvier* 1881, qui modifie le présent règlement.

personne autre que celles qui sont préposées par la loi à la surveillance de l'enseignement.

ART. 8. — L'instituteur n'établira aucune distinction entre les élèves payants et les élèves gratuits. Les uns et les autres seront réunis dans les mêmes locaux et participeront aux mêmes leçons.

ART. 9. — Les classes dureront trois heures le matin et trois heures le soir. Celle du matin commencera à huit heures, et celle de l'après-midi à une heure; elles seront coupées par une récréation d'un quart d'heure.

Suivant les besoins des localités, les heures d'entrée et de sortie pourront être modifiées par l'Inspecteur d'Académie, sur la demande des autorités locales et l'avis de l'Inspecteur primaire.

ART. 10. — Les enfants se présenteront à l'École dans un état de propreté convenable.

La visite de propreté sera faite par l'instituteur au commencement de chaque classe.

ART. 11. — Quand l'instituteur prendra la direction d'une École, il devra, de concert avec le maire ou son délégué, faire le récolement du mobilier scolaire, des livres de la bibliothèque, des archives scolaires, et, s'il y a lieu, de son mobilier personnel et de celui de ses adjoints.

Le procès-verbal de cette opération, signé par les deux parties, constituera l'instituteur responsable des objets désignés à l'inventaire.

En cas de changement de résidence, l'instituteur provoquera, avant son départ, un nouveau récolement du mobilier.

ART. 12. — Un tableau portant le prix de tous les objets que l'instituteur sera autorisé à fournir aux élèves sera affiché dans l'École, après avoir été visé par l'Inspecteur primaire.

ART. 13. — La classe sera blanchie ou lessivée tous les ans, et tenue dans un état constant de propreté et de salubrité. A cet effet, elle sera balayée et arrosée tous les jours; l'air y sera fréquemment renouvelé; même en hiver, les fenêtres seront ouvertes pendant l'intervalle des classes.

ART. 14. — Le français sera seul en usage dans l'École.

ART. 15. — Toute représentation théâtrale est interdite dans les Écoles publiques.

ART. 16. — Aucun livre ni brochure, aucun imprimé ni manuscrit étrangers à l'enseignement ne peuvent être introduits dans l'École, sans l'autorisation écrite de l'Inspecteur d'Académie.

ART. 17. — Toute pétition, quête, souscription ou loterie y sont également interdites.

ART. 18. — Les seules punitions dont l'instituteur puisse faire usage sont :

Les mauvais points;

La réprimande;

La privation partielle de la récréation;

La retenue après la classe, sous la surveillance de l'instituteur;

L'exclusion temporaire.

Cette dernière peine ne pourra dépasser deux jours. Avis en sera donné immédiatement par l'instituteur aux parents de l'enfant, aux autorités locales et à l'Inspecteur primaire.

Une exclusion de plus longue durée ne pourra être prononcée que par l'Inspecteur d'Académie.

ART. 19. — Il est absolument interdit d'infliger aucun châtiment corporel.

ART. 20. — Les classes vaqueront le jeudi et le dimanche de chaque semaine, et les jours de fêtes réservées.

ART. 21. — Les jours de congés extraordinaires sont :

Une semaine à l'occasion des fêtes de Pâques;

Le premier jour de l'an, ou le lendemain, si ce jour est un dimanche ou un jeudi;

Le lundi de la Pentecôte;

Le lendemain de la Toussaint, le matin seulement;

Les jours de fêtes patronales;

Les jours de fêtes nationales.

ART. 22. — L'époque et la durée des vacances seront fixées chaque année par le Préfet, en Conseil départemental.

ART. 23. — L'instituteur ne pourra ni intervertir les jours de classe, ni s'absenter, sans y avoir été autorisé par l'Inspecteur primaire, et sans avoir donné avis de cette autorisation aux autorités locales.

Si l'absence doit durer plus de trois jours, l'autorisation de l'Inspecteur d'Académie est nécessaire.

Un congé de plus de huit jours ne peut être donné que par le Préfet. Dans les circonstances graves et imprévues, l'instituteur pourra s'absenter, sans autre condition que de donner immédiatement avis de son absence aux autorités locales et à l'Inspecteur primaire.

ART. 24. — Tout ce qui se rapporte à l'organisation pédagogique (emploi du temps, programme d'études, classement des élèves, etc.) sera réglé par le Conseil départemental, sur la proposition de l'Inspecteur d'Académie, et soumis à l'approbation du Recteur.

ART. 25. — Les dispositions de ce règlement sont applicables aux Écoles de filles.

Art. 26. — Le règlement-modèle en date du 17 août 1851 est et demeure abrogé.

Art. 27. — Les autorités préposées par la loi à la surveillance de l'instruction primaire sont chargées de l'exécution du présent règlement.

Décret portant Règlement pour la Nomination et les Attributions des Professeurs départementaux d'agriculture[1].

9 juin 1880.

9 Juin 1880.

Le Président de la République française,

Sur le rapport des Ministres de l'Agriculture et du Commerce et de l'Instruction publique et des Beaux-Arts,

Vu la loi du 16 juin 1879 relative à l'enseignement départemental et communal de l'agriculture ;

Le Conseil d'État entendu,

Décrète :

Article 1er. — Tout concours[2] à ouvrir dans un département pour la nomination aux fonctions de professeur départemental d'agriculture est annoncé trois mois au moins à l'avance par l'insertion d'un avis au *Journal officiel.*

Dans le délai de deux mois à partir de cette insertion, les candidats adressent leur demande d'admission au concours, soit au Ministère de l'Agriculture et du Commerce, soit à la préfecture du département de leur résidence. Ils joignent à leur demande : un extrait de naissance, un certificat de bonnes vie et mœurs et une note faisant connaître leurs antécédents, leurs titres et travaux scientifiques.

Art. 2. — Le Ministre de l'Agriculture et du Commerce prépare la liste des candidats admis à concourir.

Cette liste est arrêtée définitivement, d'accord avec le Ministre de l'Instruction publique et des Beaux-Arts.

Art. 3. — Le jury se réunit au jour fixé par l'arrêté du Ministre de l'Agriculture et du Commerce qui l'a constitué, à l'effet de prendre connaissance des dossiers des candidats et de fixer l'ordre des épreuves.

1. Consulter *L'Enseignement de l'Agriculture* dans les *Mémoires et Documents scolaires publiés par le Musée pédagogique*, fascicule n° 34.

2. Voir le programme de l'examen d'admission aux fonctions de professeur d'agriculture (*Rec. des L. et A.*, 1881, p. 306).

ART. 4. — Le concours comprend trois natures d'épreuves :

Une épreuve écrite, des épreuves orales et des épreuves pratiques.

Le programme du concours, arrêté comme il est dit à l'article 4 de la loi du 16 juin 1879, est publié au *Journal officiel* avec l'avis prescrit par l'article 1er du présent règlement.

ART. 5. — Le procès-verbal des opérations du jury est adressé, avec les dossiers des candidats, au Ministre de l'Agriculture et du Commerce, qui le transmet à son collègue de l'Instruction publique et des Beaux-Arts, avec un projet d'arrêté de nomination.

L'original de l'arrêté reste déposé au Ministère de l'Agriculture et du Commerce.

ART. 6. — Les professeurs départementaux d'agriculture peuvent être révoqués par un seul des deux Ministres, après avis de son collègue.

Cette décision entraîne la révocation complète du fonctionnaire.

ART. 7. — Le traitement des professeurs départementaux d'agriculture est payé, par moitié, sur les fonds du budget de chacun des deux Ministères de l'Agriculture et du Commerce et de l'Instruction publique et des Beaux-Arts.

ART. 8. — Les professeurs départementaux d'agriculture sont divisés en quatre classes, dont les traitements sont fixés ainsi qu'il suit :

1re classe.	4 500 francs.
2e —	4 000 —
3e —	3 500 —
4e —	3 000 —

La première nomination est toujours faite à la 4e classe.

L'élévation d'une classe à la classe immédiatement supérieure ne peut avoir lieu qu'après trois années d'exercice au moins.

La décision est prise entre les deux Ministres de l'Agriculture et du Commerce et de l'Instruction publique et des Beaux-Arts.

ART. 9. — Les frais de tournée de professeur départemental d'agriculture, mis à la charge du département par l'article 7 de la loi du 16 juin 1879, sont fixés dans chaque département par le Conseil général, sans pouvoir être inférieurs à la somme de 500 francs.

Cette dépense ne sera pas imputée sur les fonds affectés au service de l'Instruction primaire.

ART. 10. — Les professeurs départementaux d'agriculture sont nommés spécialement pour le département dans lequel ils ont concouru.

Toutefois, ils peuvent être appelés, en vertu d'un arrêté pris de concert entre les deux Ministres, à passer dans un autre département se trouvant dans des conditions de culture analogues.

ART. 11. — Les professeurs départementaux d'agriculture qui acceptent des fonctions électives dans le département où ils sont nommés sont considérés comme démissionnaires.

ART. 12. — Les attributions[1] du professeur départemental d'agriculture comprennent, dans les conditions déterminées par les articles suivants :

1° L'enseignement agricole à l'École normale primaire[2], et, s'il y a lieu, dans les autres établissements d'instruction publique;

2° Les conférences agricoles dans les campagnes;

3° Les travaux ou missions dont il peut être chargé par le Préfet du département ou par le Ministre de l'Agriculture et du Commerce.

ART. 13. — Le programme du cours fait à l'École normale primaire est arrêté par le Ministre de l'Instruction publique et des Beaux-Arts, le Conseil supérieur de l'Instruction publique entendu, après avis du Ministre de l'Agriculture et du Commerce.

Ce cours est suivi par les élèves de 2e et de 3e année; il est fait à raison de deux leçons par semaine, complétées par un exercice pratique ou une excursion agricole.

ART. 14. — Les conférences agricoles dans les campagnes sont faites suivant un programme arrêté chaque année par le Ministre de l'Agriculture et du Commerce.

Elles sont au nombre de vingt-six au moins par an.

Les localités où elles ont lieu sont déterminées par le Préfet.

ART. 15. — Un compte rendu de ces conférences est adressé par le professeur, à la fin de chaque année, au Préfet du département, pour être transmis au Ministre de l'Agriculture et du Commerce, ainsi qu'au Conseil général.

ART. 16. — Indépendamment des attributions spécifiées dans les articles qui précèdent, le professeur départemental d'agriculture doit fournir au Préfet tous les renseignements intéressant l'agriculture du département.

ART. 17. — Les Ministres de l'Agriculture et du Commerce et de l'Instruction publique et des Beaux-Arts sont chargés, chacun en ce qui le concerne, de l'exécution du présent décret.

1. Consulter la circulaire du Ministre de l'Agriculture et du Commerce en date du 15 *janvier* 1881, aux professeurs départementaux, relative à leurs attributions et à leur enseignement (*Rec. des L. et A.*, 1881, p. 302).

2. Consulter la circulaire du 18 *juin* 1883, relative à l'enseignement de l'agriculture dans les Écoles normales (*Circ.*, t. IX, p. 238).

16 juin 1880. **Arrêté relatif aux Examens pour le Certificat d'études primaires[1].**

16 Juin 1880[2].

Le Ministre de l'Instruction publique et des Beaux-Arts,

Vu les circulaires ministérielles en date des 20 août et 22 décembre 1866,

Le Conseil supérieur de l'Instruction publique entendu,

Arrête :

ARTICLE 1er. — Des Commissions cantonales sont nommées par les Recteurs, sur la proposition des Inspecteurs d'Académie, pour juger l'aptitude des aspirants et des aspirantes au certificat d'études primaires élémentaires[3]. Ces Commissions se réunissent chaque année, sur la convocation de l'Inspecteur d'Académie, soit au chef-lieu de canton, soit dans une commune centrale désignée à cet effet. L'Inspecteur primaire du ressort fait nécessairement partie de ces Commissions. Chaque Commission nomme son président, son vice-président et son secrétaire.

ART. 2. — A l'époque et dans les délais prescrits par l'Inspecteur d'Académie, chaque instituteur dresse, pour son École, l'état des candidats au certificat d'études.

Cet état porte :

Les nom et prénoms;

La date et le lieu de naissance;

La demeure de la famille;

La signature de chaque candidat.

L'état visé et certifié par le maire, est transmis, en temps opportun, à l'Inspecteur primaire. Aucun candidat ne peut être inscrit s'il n'a au moins douze ans au 1er octobre de l'année de l'examen.

ART. 3. — Les épreuves de l'examen sont de deux sortes : les épreuves écrites et les épreuves orales.

1. Un arrêté du 24 *décembre* 1880 porte que « le titre de certificat d'études primaires est exclusivement réservé aux diplômes délivrés par les Commissions instituées en vertu de l'article 1er de l'arrêté du 16 juin 1880. » Voir *Bull. adm.*, t. XXIII, p. 1641.

2. Voir la circulaire du 27 *septembre* 1880 aux Recteurs (*Circ.*, t. VIII, p. 367). Voir *Le Certificat d'études primaires élémentaires*, par M. I. CARRÉ (*Monographies pédagogiques*, t. III, p. 445 à 503, Imp. Natle, 1889).

3. Dans plusieurs départements, il a été institué, pour les élèves des Écoles privées, un *certificat d'instruction primaire*. Il convient de ne pas le confondre avec le certificat d'études primaires, dont le modèle est joint à la circulaire rectorale du 20 *novembre* 1885. (Voir aux *Documents annexes*.)

Les épreuves écrites ont lieu à huis clos, sous la surveillance des membres de la Commission; elles comprennent :

1° Une dictée d'orthographe de vingt-cinq lignes au plus; le point final de chaque phrase est indiqué;

La dictée peut servir d'épreuve d'écriture;

2° Deux questions d'arithmétique portant sur les applications du calcul et du système métrique, avec solution raisonnée;

3° Une rédaction d'un genre simple (récit, lettre, etc.).

Les jeunes filles exécuteront, en outre, un travail de couture usuelle, sous la surveillance d'une dame désignée à cet effet[1].

Les textes et les sujets de compositions, choisis par l'Inspecteur d'Académie, sont remis, à l'ouverture des épreuves, sous pli cacheté, au président de la Commission.

Les compositions portent en tête et sous pli fermé les noms et prénoms des candidats, avec l'indication de l'École à laquelle ils appartiennent; ce pli n'est ouvert qu'après l'achèvement de la correction des copies et l'inscription des notes données pour chacune d'elles.

ART. 4. — Le temps accordé pour chaque épreuve et le chiffre servant à en apprécier le mérite sont déterminés ainsi qu'il suit :

NATURE DES ÉPREUVES.	TEMPS DONNÉ POUR LES ÉPREUVES.	CHIFFRE MAXIMUM D'APPRÉCIATION.
Orthographe*	»	10
Écriture	»	10
Calcul	Une heure.	10
Rédaction	Idem.	10
Couture	Idem.	10

* *Nota.* — Le texte est lu préalablement à haute voix, dicté, puis relu, et cinq minutes sont accordées aux candidats pour se corriger.

Tout élève ayant fait plus de cinq fautes d'orthographe dans la dictée est éliminé.

La dictée d'orthographe est corrigée d'après les règles suivantes :

Chaque demi-faute fait diminuer le maximum d'un point;

Une faute d'orthographe usuelle compte une faute;

Une faute d'orthographe grammaticale, une faute;

L'accent changeant la nature du mot, une demi-faute;

1. Consulter la circulaire du 30 *juin* 1881, relative à l'ouverture d'un nouveau cours de coupe et d'assemblage des vêtements pour les institutrices et les maîtresses adjointes des Écoles normales (*Circ.*, t. VIII, p. 520).

Les autres fautes d'accent, les fautes de cédille, de trait d'union, de tréma, de majuscule, de ponctuation, appréciées par le jury, sont évaluées, dans leur ensemble, une faute ou une demi-faute.

La nullité d'une épreuve entraîne l'élimination.

Les compositions sont corrigées, séance tenante, par les membres de la Commission.

L'indication de la note est portée en tête de chaque copie et sur un tableau dressé à cet effet.

Ne sont admis aux épreuves orales que les candidats qui ont obtenu, pour la première série d'épreuves, au moins la moyenne de 20 points (garçons) ou de 25 points (filles).

ART. 5. — Les épreuves orales ont lieu en présence des maîtres et maîtresses. Elles comprennent :

La lecture expliquée;

L'analyse d'une phrase de la lecture ou d'une phrase écrite au tableau noir ;

Les éléments de l'histoire et de la géographie de la France;

Des questions d'application pratique sur le calcul et sur le système métrique.

Les épreuves orales sont appréciées de la même manière que les épreuves écrites, c'est-à-dire au moyen d'un chiffre variant de 0 à 10.

La durée de l'ensemble des épreuves, pour chaque candidat, ne doit pas excéder vingt-cinq minutes.

ART. 6. — Les points obtenus pour les épreuves orales sont ajoutés aux points obtenus pour les épreuves écrites.

Nul n'est définitivement déclaré apte à recevoir le certificat d'études s'il n'a obtenu la moitié au moins du total maximum des points accordés pour les deux catégories d'épreuves, soit 40 points pour les garçons, 45 points pour les filles.

ART. 7. — Outre les matières énoncées aux articles 3 et 5 du présent règlement, l'examen peut comprendre : un exercice de dessin linéaire et des interrogations sur l'agriculture.

Il sera fait mention sur le certificat des matières complémentaires pour lesquelles le candidat aura obtenu la note 5.

ART. 8. — Le procès-verbal de l'examen est transmis à l'Inspecteur d'Académie, qui, après avoir vérifié la régularité des opérations, délivre, s'il y a lieu, le certificat d'études[1].

1. Aux termes d'une décision du 4 *octobre* 1881, reproduite dans une circulaire du Vice-Recteur, en date du 5 *octobre*, la délivrance du certificat d'études est gratuite. Les candidats qui désirent l'obtenir sur parchemin ont à se procurer un imprimé dans le commerce.

Consulter l'arrêté du 24 *décembre* 1880 (*Bull. adm.*, 1880, t. XXIII, p. 1641) et la

ART. 9. — Le surplus des dispositions à prendre pour assurer la marche des examens et les opérations des Commissions sera réglé par les autorités départementales.

Dans le mois qui suit la clôture des sessions, l'Inspecteur d'Académie adresse au Recteur un compte rendu statistique des résultats obtenus dans son département. Le Recteur adresse au Ministre un compte rendu analogue pour tous les départements de son ressort.

Arrêté concernant les Livres classiques des Écoles primaires publiques[1].

16 juin 1880.

16 Juin 1880.

Le Ministre de l'Instruction publique et des Beaux-Arts,

La Section permanente du Conseil supérieur de l'Instruction publique entendue,

Arrête :

ARTICLE 1er. — Il est dressé, chaque année et dans chaque département, une liste des livres reconnus propres à être mis en usage dans les Écoles primaires publiques élémentaires et supérieures.

ART. 2. — A cet effet, les instituteurs et institutrices titulaires de chaque canton, munis du brevet, réunis en conférence spéciale, établissent, au plus tard dans la première quinzaine du mois de juillet, une liste des livres qu'ils jugent propres à être mis en usage dans les Écoles primaires publiques.

circulaire du 27 *janvier* 1881 (*Circ.*, t. VIII, p. 429), relative à la désignation des autorités scolaires compétentes pour la délivrance du certificat d'études.

1. Voir *La Librairie scolaire*, par M. Paul DELALAIN (*Monographies pédagogiques* publiées à l'occasion de l'Exposition universelle de 1889, t. III, p. 43 à 71, Imp. Natle, 1889); — la *Bibliographie de l'Enseignement primaire*, par M. D'OLLENDON (*Ibid.*, p. 75 à 184); — *La Presse pédagogique, les Bulletins départementaux, les Périodiques scolaires*, par M. BEURIER (*Ibid.*, p. 185 à 229).

Consulter les documents suivants :

Arrêté du 12 *mars* 1879, instituant une Commission chargée d'examiner les ouvrages destinés à être introduits dans les Écoles, bibliothèques, et à être donnés en prix (*Bull. adm.*, t. XXII, p. 217);

Circulaire du 10 *juin* 1879, aux Recteurs, relative au choix des livres classiques destinés aux Écoles primaires, et à l'examen des meilleures méthodes dans les conférences pédagogiques (*Circ.*, t. VIII, p. 162);

Rapport du 6 *novembre* 1879, présenté au Ministre de l'Instruction publique par le Directeur de l'enseignement primaire (*Rec. des L. et A.*, 1879, p. 644);

Circulaire du 7 *octobre* 1880, relative au choix des livres classiques dans les Écoles primaires publiques (*Circ.*, t. VIII, p. 387);

Arrêté du 18 *janvier* 1887, art. 20 à 22 (voir ci-après *à sa date*).

ART. 3. — Toutes les listes ainsi dressées sont transmises à l'Inspecteur d'Académie. Une Commission siégeant au chef-lieu du département, et composée des Inspecteurs primaires, du directeur et de la directrice des Écoles normales et des maîtres adjoints de ces établissements, réunis sous la présidence de l'Inspecteur d'Académie, revise les listes cantonales et arrête un projet de catalogue. Ce catalogue n'est définitif qu'après avoir reçu l'approbation du Recteur.

ART. 4. — Sont rapportés, en ce qu'ils ont de contraire au présent règlement, les arrêtés du 22 juillet 1873 et du 3 juillet 1875.

---

17 juin 1880.

Arrêté portant Règlement pour la Construction et l'Ameublement des maisons d'école[1].

17 Juin 1880.

Le Ministre de l'Instruction publique et des Beaux-Arts,

Vu l'instruction du 30 juillet 1858, déterminant les conditions d'installation des Écoles;

Vu la circulaire du 19 janvier 1875 concernant le voisinage des maisons d'école;

Vu la circulaire du 15 juin 1876 relative aux constructions scolaires;

Vu la loi du 1er juin 1878 portant création d'une caisse spéciale pour la construction des maisons d'école;

Vu l'instruction du 16 août 1878 pour l'exécution de ladite loi;

Vu l'arrêté du 30 mars 1879 qui institue une Commission spéciale pour l'étude des questions relatives aux bâtiments et au matériel scolaires[2];

1. Voir *Constructions scolaires*, par MM. Georges PETIT et Marcel LAMBERT (*Monographies pédagogiques*, t. VI, p. 1-88, Imp. Natle, 1889).

Voir la circulaire transmissive du 30 *juillet* 1880 (*Circ.*, t. VIII, p. 337).

Consulter ci-après, *à leur date*, les instructions du 28 *juillet* 1882.

2. Aux termes de cet arrêté, la Commission était chargée : 1° D'élaborer et de soumettre au Ministre une instruction générale sur les conditions que doit remplir une installation scolaire (emplacement, construction, ventilation, chauffage, aménagement, mobilier de l'École primaire et de l'École normale);

2° De réunir une collection des plans d'Écoles et des modèles de mobilier qu'elle jugera répondre le mieux aux divers besoins des établissements scolaires urbains et ruraux, mixtes et spéciaux, des diverses régions de la France;

3° D'examiner, soit dans les cas particuliers qui lui seront soumis par l'Administration, soit d'une manière théorique et générale, les améliorations de toute sorte que l'État pourrait recommander aux communes et aux départements qui lui soumettent des projets de construction ou d'appropriation.

Vu les délibérations de ladite Commission ;

Le Conseil supérieur de l'Instruction publique entendu,

Arrête comme il suit les dispositions à observer pour la construction et l'ameublement des Écoles primaires publiques :

I. — CONDITIONS GÉNÉRALES.

EMPLACEMENT.

1. Le terrain destiné à recevoir une École doit être central, bien aéré, d'un accès facile et sûr, éloigné de tout établissement bruyant, malsain ou dangereux, à 100 mètres au moins des cimetières actuels.

Le sol, s'il n'est exempt d'humidité, sera assaini par le drainage.

2. L'étendue superficielle du terrain sera évaluée à raison de 10 mètres au moins par élève; elle ne pourra en aucun cas être inférieure à 500 mètres.

3. L'orientation de l'École sera déterminée suivant le climat de la région et en tenant compte des conditions hygiéniques de la localité.

4. Dans les communes où le même bâtiment contiendra l'École et la mairie, les deux services devront être complètement séparés. L'École sera installée au rez-de-chaussée.

5. Dans la position relative des divers locaux scolaires, on devra avoir égard à l'orientation, à la configuration et aux dimensions de l'emplacement, aux ouvertures libres sur le ciel et à la distance des constructions voisines.

L'École et le logement de l'instituteur seront établis sur des emplacements distincts, ou au moins indépendants l'un de l'autre.

Les classes et le préau couvert, mis en communication immédiate, seront dégagés au moins sur deux faces opposées, de manière à recevoir la plus grande quantité d'air et de lumière.

Cette disposition, favorable à la salubrité, a en outre l'avantage de faciliter la surveillance et d'offrir un abri couvert pour aller de la classe au lieu de la récréation ou aux cabinets.

CONSTRUCTION.

6. L'épaisseur des murs ne sera dans aucun cas moindre de 0m 40, si les murs sont construits en moellons, et de 0m 35, s'ils sont construits en briques.

7. Les matériaux trop perméables, tels que les grès tendres, les mollasses, les briques mal cuites, etc., seront exclus de la construction.

La tuile sera employée pour la toiture de préférence à l'ardoise et surtout au métal.

8. Le sol du rez-de-chaussée sera exhaussé de 0m 60 à 0m 70 au-dessus du niveau extérieur.

Les pentes du terrain entourant la construction seront aménagées de façon à en éloigner les eaux.

9. Si le plancher du rez-de-chaussée ne peut être établi sur cave, il sera isolé du sol par des espaces vides.

10. Dans tout groupe scolaire, les bâtiments affectés aux divers services (École de garçons, École de filles, Salle d'asile) seront distincts les uns des autres.

On évitera de placer une Salle d'asile entre l'École des garçons et l'École des filles.

11. L'effectif d'un groupe complet ne devra jamais dépasser 750 élèves, savoir : 300 garçons; 300 filles; 150 enfants à la Salle d'asile.

II. — CLASSE.

DISPOSITIONS COMMUNES A TOUTES LES SALLES DE CLASSE.

12. Le nombre maximum des places par classe sera de 50 dans les Écoles à une classe et de 40 dans les Écoles à plusieurs classes.

13. La surface de la salle de classe sera calculée de façon à assurer à chaque élève un minimum de 1^{m} 25 à 1^{m} 50.

La capacité de la salle de classe sera calculée de façon à assurer à chaque élève un minimum de 5 mètres cubes.

14. La classe sera de forme rectangulaire.

15. L'éclairage unilatéral sera adopté toutes les fois que les conditions suivantes pourront être réunies :

1° Possibilité de disposer d'un jour suffisant;

2° Proportion convenable entre la hauteur des fenêtres et la largeur de la classe;

3° Établissement de baies percées sur la face opposée à celle de l'éclairage ($1^{m} \times 2^{m}$) et destinées à servir à l'aération et à l'introduction du soleil pendant l'absence des élèves.

Lorsque l'éclairage sera unilatéral, le jour viendra nécessairement de la gauche des élèves.

16. Lorsque les conditions qui précèdent ne pourront être réalisées, on aura recours à l'éclairage bilatéral, avec éclairage plus intense à la gauche qu'à la droite.

17. On ne percera jamais de baies d'éclairage dans le mur qui fait face à la table du maître, ni, à plus forte raison, dans celui qui fait face aux élèves.

18. L'éclairage par un plafond vitré est interdit.

19. Les fenêtres seront rectangulaires.

En cas d'éclairage unilatéral, le linteau des fenêtres sera placé au moins à une hauteur égale aux deux tiers de la largeur de la classe. Dans tous les cas, le dessous du linteau des fenêtres devra atteindre le niveau du plafond (*art.* 24).

20. L'appui des fenêtres sera taillé en glacis sur les deux faces et élevé de 1^{m} 20 au-dessus du sol.

21. Que la classe soit éclairée d'un côté ou de plusieurs côtés, par une baie unique ou par plusieurs fenêtres, les dimensions de ces ouvertures devront toujours être calculées de façon que la lumière éclaire toutes les tables.

Dans le cas d'éclairage bilatéral, les baies placées à la gauche des élèves seront au moins égales en largeur à l'espace occupé par les tables.

22. La largeur des trumeaux séparant les fenêtres sera aussi réduite que possible.

23. Les fenêtres seront divisées en deux parties. La partie inférieure, dont la hauteur sera égale aux trois cinquièmes de la hauteur totale, s'ouvrira à battants. La partie supérieure, formée de panneaux mobiles, s'ouvrira à l'intérieur.

24. La hauteur sous plafond sera au moins de 4 mètres.

Si l'éclairage est unilatéral, cette hauteur devra être au moins égale aux deux tiers de la largeur de la classe augmentés de l'épaisseur du mur dans lequel les fenêtres sont percées.

25. Les plafonds seront plans et unis; ils seront exécutés en plâtre.

Sur le plafond il sera tracé une ligne indiquant la direction nord-sud.

26. Il n'existera pas de corniches autour des murs.

27. Les angles formés par la rencontre des murs latéraux avec les cloisons et les plafonds seront remplacés par des surfaces arrondies concaves d'un rayon de 0m 10.

28. Tous les parements des murs de la classe seront recouverts d'un enduit qui les rendra lisses et unis (stuc, plâtre peint à l'huile; la teinte la plus favorable est la teinte gris de lin).

A la hauteur de 1m 20, à défaut de boiserie, le revêtement sera exécuté en ciment à prise lente.

29. Le sol des classes sera revêtu d'un parquet en bois dur, scellé sur bitume, lorsque la chose sera possible.

30. Les portes des classes seront de préférence à un seul vantail et auront 0m 90 de largeur. Suivant les besoins de la surveillance et la disposition des locaux, elles seront pleines ou vitrées.

31. Des portes de communications pourront être pratiquées dans les cloisons séparant deux classes contiguës.

32. La classe de l'École mixte ne sera plus divisée par une cloison séparant les garçons des filles.

Les filles et les garçons seront groupés séparément.

Les garçons pourront, par exemple, occuper les bancs les plus rapprochés du maître, et les filles ceux du fond de la classe. Un intervalle de 0m 80 sera réservé entre enx.

33. Les poêles devront remplir les conditions suivantes :

1° La surface de chauffe sera proportionnée aux dimensions de la salle à chauffer, de façon qu'en moyenne la température des salles atteigne 14 degrés centigrades et ne dépasse pas 16 degrés. Chaque classe sera munie d'un thermomètre placé à une assez grande distance du poêle.

2° Il y aura un poêle par classe ou pour deux classes contiguës.

3° Le poêle prendra à l'extérieur l'air pur nécessaire à la combustion et à la ventilation.

4° Il sera pourvu d'un réservoir à eau muni d'une surface d'évaporation.

5° Il devra être garni d'une double enveloppe métallique ou d'une enveloppe de terre cuite.

6° Il sera entouré d'une grille en fer.

7° Il ne devra être muni ni de four ni de chauffe-plats.

8° Il est interdit de faire passer le tuyau obliquement au-dessus de la tête des élèves.

9° Un espace libre de 1m 25 sera laissé entre le poêle et les élèves.

10° Lorsqu'un agent sera chargé de l'allumage et de l'entretien des poêles d'une École, ces poêles auront leur ouverture de chargement à l'extérieur de la classe.

11° Le poêle en fonte à feu direct est interdit.

12° Des tuyaux d'échappement seront disposés de façon à assurer la ventilation.

34. Une distance d'au moins 2 mètres sera laissée, en tête de la classe, pour la table du maître, entre le mur qui fait face aux élèves et le premier rang de tables.

Les tables-bancs ne devront jamais être placées à moins de 0m 60 des murs.

35. La largeur des couloirs longitudinaux ménagés entre les lignes des tables-bancs sera au minimum de 0m 50.

36. Un intervalle de 0^m 10 au moins sera laissé entre le dossier de chaque banc et l'arête de la table suivante.

37. Les dispositions à observer pour l'aménagement d'une classe de 48 ou de 50 élèves prise comme type pourront varier suivant quatre hypothèses.

PRÉAUX.

38. La surface du préau découvert sera calculée à raison de 5 mètres au moins par élève; elle ne pourra avoir moins de 200 mètres.

39. Le sol sera sablé et non pavé ou bitumé. Le bitume et le pavage ne pourront être employés que pour les passages et les trottoirs, lesquels ne feront jamais saillie.

40. Les pentes du sol seront aménagées de façon à assurer le facile et prompt écoulement des eaux.

Les eaux ménagères ne devront jamais traverser les préaux.

Dans le cas où le terrain serait en déclivité, la pente ne devra pas dépasser 0^m 02 par mètre.

41. Le préau découvert ne sera planté d'arbres qu'à une distance des classes de 6 mètres au moins. On tiendra compte, dans la disposition des arbres, de l'espace nécessaire aux exercices et aux jeux des enfants.

42. Des bancs fixes en petit nombre pourront être établis au pourtour du préau.

La hauteur de ces bancs sera de 0^m 30 à 0^m 35, la largeur de 0^m 22; ils seront de préférence en bois dur. Les points d'appui seront disposés de manière à ne pas gêner le balayage; le siège sera à claire-voie.

43. Une fontaine avec vasque fournira de l'eau potable.

44. Dans les Écoles mixtes, des préaux distincts seront établis pour les garçons et pour les filles.

45. La surface du préau couvert sera calculée à raison de 2 mètres par élève.

46. Des lavabos y seront installés.

47. Il pourra être pourvu de tables mobiles pour les élèves qui prendront à l'École le repas du milieu du jour.

48. Une cuisine pourra être aménagée pour préparer ou réchauffer les aliments.

GYMNASE.

49. Dans toute École, des dispositions doivent être prises pour l'enseignement de la gymnastique. A défaut d'une salle spéciale, il sera établi au moins un abri pour l'installation des appareils les plus élémentaires.

50. Dans les établissements qui comportent un gymnase proprement dit, un portique sera établi pour recevoir les appareils et agrès nécessaires.

51. La même salle de gymnastique pourra recevoir à des heures différentes les garçons et les filles d'une même École.

PRIVÉS.

52. Toute École devra être munie de privés dans les proportions suivantes: quatre pour la première centaine d'élèves, et deux pour chaque centaine suivante.

53. Les privés seront placés dans le préau découvert, de manière que le maître puisse, de tous les points de l'École, exercer une surveillance. Ils

devront être préservés avec le plus grand soin de l'action solaire directe; disposés de telle sorte que les vents régnants ne rejettent pas les gaz dans les bâtiments ni dans la cour.

54. Les cases auront 0m 70 de largeur et 1 mètre à 1m 10 de longueur.

55. Les parois seront recouvertes de plaques de faïence, ou d'ardoise, ou d'un enduit de ciment.

56. Les orifices des cases seront autant que possible fermés hermétiquement.

57. Quand l'orifice sera sans fermeture, on devra employer des appareils propres à déterminer une aspiration suffisante et forcer l'air à entrer par l'orifice.

58. Le siège en pierre ou en ciment aura une saillie de 0m20 au-dessus du sol; ce siège formera un plan incliné vers l'orifice. Les angles seront arrondis (*art.* 27).

59. Le sol sera construit en matériaux imperméables et légèrement incliné vers le siège. L'issue ménagée à la base du siège sera placée au-dessus de la fermeture de l'appareil.

60. Les portes seront surélevées de 0m20 à 0m25 au-dessus du sol et auront 1 mètre au plus de hauteur.

61. Les urinoirs seront en nombre au moins égal à celui des privés.

62. Les cases des urinoirs seront formées de plaques d'ardoises ou autres matériaux imperméables et auront 0m40 de largeur, 0m35 à 0m40 de profondeur et 1m30 au moins de hauteur.

63. Dans les écoles mixtes, il y aura des privés distincts pour les garçons et pour les filles.

64. Un service d'eau sera établi dans les privés et dans les urinoirs toutes les fois que la chose sera possible.

65. Les fosses mobiles devront être préférées aux fosses fixes; ces dernières seront de petite dimension.

Logement du Personnel.

66. Toute École comptant quatre classes et plus devra comprendre :

Un cabinet pour le directeur;

Une salle d'attente pour les parents, proportionnée à l'importance de l'École;

Une pièce pouvant servir de vestiaire et de réfectoire pour les maîtres.

67. L'instituteur-directeur est, dans ces Écoles, le seul fonctionnaire logé à l'École. Son logement se composera d'une salle à manger, de trois pièces dont deux à feu, d'une cuisine, de privés et d'une cave.

La superficie totale de ce logement sera de 100 à 120 mètres.

68. Le logement du gardien-concierge, établi au rez-de-chaussée, comprendra une loge, une cuisine, deux chambres dont une à feu, un privé et une cave.

69. Les Écoles à une classe comprendront toutes un logement d'instituteur, se composant d'une cuisine, de deux ou trois pièces à feu, de privés et d'une cave.

La superficie totale de ce logement sera de 60 à 70 mètres.

70. Les maîtres adjoints logés dans ces écoles auront au moins une pièce à feu et un cabinet.

71. Aucune communication directe ne devra exister entre les classes et le logement de l'instituteur.

JARDIN.

72. Un jardin clos, d'une étendue minima de 300 mètres, sera annexé à toutes les Écoles rurales.

ENCEINTE.

73. L'École et ses annexes seront séparées de la voie publique par un mur d'appui ou par une grille.

III. — SERVICES ANNEXES.

Dispositions spéciales aux Écoles comptant quatre classes et plus.

SALLES DE DESSIN.

74. Une salle distincte sera affectée à l'enseignement du dessin.

75. La superficie de cette salle sera calculée à raison de 2m50 environ par élève, étant donné que le nombre des places n'excédera pas 50.

76. Une pièce servant au dépôt des modèles sera annexée à la salle de dessin.

ATELIERS D'OUVRAGES MANUELS.

77. Chaque École de garçons comprendra un atelier outillé pour les travaux manuels les plus élémentaires.

78. Dans les Écoles de filles, une salle sera aménagée pour l'enseignement des travaux à l'aiguille.

79. Dans les Écoles à une classe, l'atelier d'ouvrages manuels pourra être placé dans une partie du préau couvert.

VESTIAIRE.

80. Chaque classe aura un vestiaire spécial. Toutefois le même vestiaire peut servir à deux classes contiguës. Les dimensions en seront calculées de façon que chaque enfant ait à sa disposition sur les parements des murs une longueur de 0m25. Les paniers seront disposés sur des rayons à claire-voie. Des portemanteaux scellés aux murs recevront les vêtements.

81. Dans les Écoles rurales, le vestibule pourra servir de vestiaire.

COULOIRS, PASSAGES.

82. Les classes seront indépendantes les unes des autres.

L'entrée des élèves se fera par des couloirs ou galeries d'une largeur de 2 mètres, recevant directement l'air et la lumière.

83. Les parements des murs de ces couloirs seront disposés de façon à recevoir des dessins et des collections d'objets utiles à l'enseignement.

ESCALIERS.

84. Les classes qui ne pourront pas être installées au rez-de-chaussée seront desservies par des escaliers droits et sans partie circulaire.

85. Les volées de 13 à 15 marches seront séparées par un palier de repos d'une longueur égale au moins à celle de l'emmarchement.

86. Les marches auront 1m50 de largeur, 0m28 à 0m30 de foulée, et au maximum 0m16 de hauteur.

87. Les barreaux seront espacés de 0m13 d'axe en axe; la main courante sera garnie de boutons saillants placés à 1 mètre de distance au plus. Une seconde main courante sera disposée le long des murs.

88. Toute École recevant plus de 200 élèves devra avoir un escalier à chaque extrémité du bâtiment.

89. Un privé sera réservé pour le personnel des maîtres.

IV. — MOBILIER.

CLASSES.

90. Les tables-bancs seront à une ou deux places, mais de préférence à une place.

Quatre types seront établis pour les Écoles des communes dans lesquelles il n'existe pas de salles d'asile (Écoles à classe unique) :

Le type I pour les enfants dont la taille varie de 1 mètre à 1m10 ;

Le type II, pour ceux de 1m11 à 1m20 ;

Le type III, pour ceux de 1m21 à 1m35 ;

Le type IV, pour ceux de 1m36 à 1m50.

Trois types seulement, les types II, III et IV, seront adoptés dans les Écoles qui ne reçoivent les enfants qu'à 6 ans, c'est-à-dire au sortir de la Salle d'asile (Écoles à plusieurs classes).

Un cinquième type pourra être établi pour les enfants dont la taille excéderait 1m50.

On inscrira sur chaque table-banc le numéro du type auquel elle appartient, avec indication de la taille correspondante. *Exemple :* III, 1m21 à 1m35.

Les instituteurs devront mesurer leurs élèves, une fois par an, à l'époque de la rentrée des classes.

91. La tablette à écrire aura au-dessus du plancher, mesures prises au bord de la table, les dimensions ci-dessous :

	TYPES.				
	1er	2e	3e	4e	5e
Hauteur au-dessus du sol.	0m,44	0m,49	0m,55	0m,62	0m,70
Largeur d'arrière en avant.	0 35	0 37	0 39	0 42	0 45
Longueur pour la table-banc à une seule place.	0 55	0 55	0 60	0 60	0 60
Longueur par place d'enfant pour la table-banc à deux places.	0 50	0 50	0 55	0 55	0 55
Soit pour les deux places. . .	1 00	1 00	1 10	1 10	1 10

L'inclinaison variera de 15 à 18 degrés, sans être jamais inférieure à 15 degrés.

92. Le banc sera fixe, légèrement incliné en arrière, et aura les dimensions ci-dessous :

	TYPES.				
	1er	2e	3e	4e	5e
Hauteur au-dessus du sol, prise au milieu du banc.	0m,27	0m,30	0m,34	0m,39	0m,45
Largeur d'avant en arrière.	0 21	0 23	0 25	0 27	0 30
Longueur (banc à une place).	0 50	0 50	0 55	0 55	0 55
Longueur (banc à deux places).	0 45	0 45	0 50	0 50	0 50
Soit pour le banc double. . . .	0 90	0 90	1 00	1 00	1 00

93. Le dossier du banc à une seule place et du banc à deux places consistera en une traverse de 0m10 de largeur dressée droite avec arêtes abattues; il aura les dimensions suivantes :

	TYPES.				
	1er	2e	3e	4e	5e
Hauteur de l'arête supérieure au-dessus du siège à.	0m,19	0m,21	0m,24	0m,26	0m,28
Longueur égale à celle du banc pour la table-banc à une seule place.	0 50	0 50	0 55	0 55	0 55
Et pour la table-banc à deux places. . .	0 90	0 90	1 00	1 00	1 00

94. Le banc et le dossier seront continus, toutes les arêtes seront abattues.

La tablette à écrire peut être mobile ou fixe.

Suivant qu'on fera emploi de l'une ou de l'autre, les règles ci-dessous énoncées devront être observées :

TABLE-BANC A TABLETTE MOBILE.

1° Situation où la tablette est rapprochée de l'enfant.

	TYPES.				
	1er	2e	3e	4e	5e
La verticale tombant de l'arête de la tablette devra rencontrer le banc à une distance du bord antérieur de ce banc égale à.	0m,03	0m,04	0m,05	0m,06	0m,07
L'intervalle entre l'arête de la tablette et le dossier sera de.	0 18	0 18	0 19	0 22	0 26

2° *Situation où la tablette est éloignée de l'enfant.*

	TYPES.				
	1er	2e	3e	4e	5e
Entre ladite verticale et le bord antérieur du banc l'intervalle sera égal à	0m,09	0m,10	0m,11	0m,12	0m,13

95. La tablette dite *à bascule*, formée de deux parties se repliant l'une sur l'autre au moyen de charnières, est interdite.

TABLE-BANC A TABLETTE FIXE.

96. La distance entre le banc et la tablette sera nulle, c'est-à-dire que la verticale tombant de l'arête de la table rencontrera le bord antérieur du banc.
97. Un casier pour les livres sera ménagé sous la tablette à écrire.
98. Un encrier mobile de verre ou de porcelaine à orifice étroit sera adapté à la table et placé à la droite de chaque élève.
99. Les traverses, barres d'attache, barres d'appui pour les pieds, reposant les unes et les autres sur le plancher, sont interdites.
100. Une table avec tiroirs, posée sur une estrade de 0m30 à 0m32 (hauteur de deux marches), servira de bureau pour le maître.
101. Il ne sera fait usage que du tableau ardoisé.

CLASSES DE DESSIN.

102. Les tables seront simples, les élèves devant être placés sur une même ligne et recevoir le jour de gauche à droite.

Elles seront à deux places; elles auront 1m30 de longueur, 0m65 de largeur et 0m85 de hauteur (0m75 seulement pour la taille inférieure). Elles seront horizontales, afin de pouvoir servir au dessin géométrique. Elles porteront au bord opposé à l'élève une tablette horizontale fixe et continue, d'une largeur de 0m12 environ, et d'une élévation au-dessus de la table de 0m07.

Cette tablette est destinée à recevoir le matériel nécessaire au travail et permet à l'élève, suivant les besoins, d'incliner sa planche.

Au milieu de la tablette et sur le bord antérieur sera placée verticalement une planche de 0m30 de largeur, sur 0m48 de hauteur, ayant en avant une saillie circulaire de 0m05 de rayon. Cette planche servira de support au modèle graphié pour le dessin géométrique, ou au bas-relief pour le dessin d'art.

Elle sera soutenue à sa partie supérieure par une tige en fer fixée aux extrémités de la table.

103. Pour le dessin à main levée, l'élève assis sur un tabouret posera l'une des extrémités du carton sur ses genoux, l'autre sur le bord de la table; il se trouvera ainsi à une distance convenable de l'objet à reproduire, distance qu'on évalue approximativement à deux fois la plus grande dimension du modèle.
104. Les tables devront être fixées au sol. Les tabourets seront au contraire mobiles et de trois hauteurs différentes : 0m35, 0m45 pour le dessin d'art, 0m70 pour le dessin géométrique.

105. A l'extrémité de la salle sera aménagé l'hémicycle pour le dessin d'après relief, bas-relief et ronde bosse. Il sera formé de deux ou de trois rangs de gradins ou demi-cercles concentriques, avec barres d'appui, de préférence en fer.

106. Un tableau, destiné aux explications et aux leçons orales, sera placé au fond de l'hémicycle.

Aucune dérogation ne pourra être apportée aux prescriptions du présent règlement sans l'avis conforme du Comité d'examen des projets de constructions scolaires institué au Ministère de l'Instruction publique.

---

18 juin 1880.

Circulaire du Ministre de l'Instruction publique, relative à l'inscription des Enfants de troupe sur les listes d'admissions gratuites dans les Écoles primaires.

18 Juin 1880.

Monsieur le Préfet, mon collègue, M. le Ministre de la Guerre, a appelé mon attention sur la nécessité d'admettre gratuitement les enfants de troupe âgés de moins de dix ans dans les Écoles publiques de leur résidence.

Aux termes de l'article 10 du décret du 6 juillet 1878, ces enfants demeurent chez leurs parents et doivent, lorsqu'ils ont accompli leur dixième année, savoir lire et écrire, sous peine d'être rayés des contrôles. Or la plupart pourraient n'être pas toujours en mesure de satisfaire à cette condition, s'ils n'obtenaient gratuitement l'entrée à l'École : ils appartiennent, en effet, le plus souvent à des familles sans fortune, pour lesquelles la rétribution scolaire serait une charge au-dessus de leurs ressources. En réalité, il s'agit donc d'élèves se trouvant dans la catégorie de ceux auxquels l'article 24 de la loi du 15 mars 1850 accorde le bénéfice de l'instruction gratuite.

Mais les enfants de troupe ont surtout des droits particuliers à la bienveillance de l'Administration, et c'est à ce titre qu'il convient de leur accorder à tous, indistinctement, la gratuité de l'instruction primaire. Veuillez, en conséquence, intervenir auprès des municipalités pour qu'ils soient inscrits sur les listes d'admissions gratuites, et prendre d'ailleurs à cette fin toutes les dispositions que vous jugerez utiles.

Je vous prie de m'accuser réception de la présente circulaire. Vous voudrez bien aussi me faire connaître le résultat des instructions données par vous pour en assurer la prompte exécution.

Recevez, etc.

Signé : JULES FERRY.

---

26 juin 1880.

Décret portant Règlement intérieur des Conseils académiques.

26 Juin 1880.

Le Président de la République française,

Sur le rapport du Ministre de l'Instruction publique et des Beaux-Arts,

Vu les articles 11, 12 et 13 de la loi du 27 février 1880,

Décrète :

ARTICLE 1er. — Le Conseil académique est présidé par le Recteur. En cas d'empêchement, le Recteur délègue avec l'autorisation du Ministre, ou à condition de lui en référer, un vice-président pour le remplacer.

Le secrétaire de l'Académie remplit les fonctions de secrétaire du Conseil, sans voix délibérative.

ART. 2. — Le Conseil se réunit deux fois par an, en session ordinaire, avant les vacances et après la rentrée.

La durée de chaque session est fixée par les lettres de convocation.

Le Recteur, avec l'autorisation du Ministre, convoque le Conseil en session extraordinaire.

ART. 3. — A l'ouverture de chaque session, le Recteur fait distribuer au Conseil la liste des affaires qui seront traitées dans la session.

ART. 4. — La première session est spécialement consacrée à l'examen de la situation de l'enseignement secondaire public; la seconde, à l'examen de la situation de l'enseignement supérieur public.

Le Conseil examine, en outre, dans sa première session ordinaire, les comptes des établissements d'enseignement supérieur et secondaire pour l'exercice précédent, et, dans la seconde session, les budgets des mêmes établissements pour l'exercice suivant.

ART. 5. — Sur la proposition du Recteur, le Conseil se divise en Commissions de l'enseignement supérieur, de l'enseignement secondaire et de la comptabilité.

Le Conseil nomme, quand il y a lieu, au scrutin secret, une Commission des affaires disciplinaires et contentieuses.

Le Recteur est membre de droit de toutes les Commissions; il les préside quand il y assiste; elles nomment leurs rapporteurs; en l'absence du Recteur, elles nomment leur président.

ART. 6. — Les rapports présentés au Conseil sur la comptabilité des Lycées et Collèges et sur la situation des établissements d'enseignement secondaire sont préparés par les Inspecteurs d'Académie.

Les rapports concernant la situation de l'enseignement supérieur sont préparés par les doyens et les directeurs des Écoles.

ART. 7. — Les membres qui veulent soumettre une proposition au Conseil la font parvenir par écrit au Recteur, avant l'ouverture de la session. Cette proposition est renvoyée à la Commission compétente.

Dans un rapport adressé au Recteur, la Commission émet l'avis qu'il y a lieu, soit de discuter immédiatement la proposition, soit de l'ajourner à une session ultérieure, soit de ne pas la prendre en considération.

ART. 8. — En matière disciplinaire, la Commission spéciale instruit l'affaire et fait un rapport. Ce rapport et le dossier des pièces à l'appui sont mis à la disposition de l'inculpé, au secrétariat de l'Académie, un jour franc avant la délibération du Conseil.

Au jour fixé pour la délibération, la Commission donne lecture de son rapport; l'inculpé et, s'il en fait la demande, son conseil sont ensuite introduits et entendus dans leurs observations; après qu'ils se sont retirés, le président met l'affaire en délibération et le Conseil statue.

ART. 9. — La présence de la moitié plus un des membres est nécessaire pour la validité des délibérations.

En cas de partage, lorsque la matière n'est ni disciplinaire ni contentieuse, la voix du président est prépondérante; si la matière est contentieuse, il en est délibéré à nouveau et les membres qui n'ont pas assisté à la délibération sont spécialement convoqués; s'il y a de nouveau partage dans la deuxième délibération, la voix du président est prépondérante; si la matière est disciplinaire, l'avis favorable à l'inculpé prévaut.

Lorsqu'il s'agit : 1° de la révocation, du retrait d'emploi, de la suspension des professeurs titulaires de l'enseignement public supérieur ou secondaire, ou de la mutation pour emploi inférieur des professeurs titulaires de l'enseignement public supérieur; 2° de l'interdiction du droit d'enseigner ou de diriger un établissement prononcée contre un membre de l'enseignement libre secondaire ou supérieur; 3° de l'exclusion d'un étudiant de l'enseignement public ou libre de toutes les Académies, la décision du Conseil doit être prise aux deux tiers des suffrages.

ART. 10. — A la suite de chaque session, une copie des procès-verbaux est adressée au Ministre.

ART. 11. — Les procès-verbaux ne peuvent être rendus publics à moins de décision spéciale du Ministre. En matière disciplinaire ou contentieuse, les intéressés ont toujours le droit d'obtenir une copie certifiée de la décision qui les concerne.

Décret déterminant les Époques auxquelles auront lieu les nominations d'Officiers d'Académie et d'Officiers de l'Instruction publique. 30 juin 1880.

30 Juin 1880.

Le Président de la République française,

Sur le rapport du Ministre de l'Instruction publique et des Beaux-Arts,

Décrète :

ARTICLE 1er. — Les nominations d'officiers d'Académie et d'officiers de l'Instruction publique auront lieu aux trois époques suivantes :

1° Au 1er janvier;

2° Au 14 juillet;

3° A l'époque de la réunion à Paris des Sociétés savantes des départements.

Loi concernant : 1° la Caisse des Lycées nationaux, Collèges communaux et Écoles primaires; 2° l'ouverture d'un crédit de 17 millions de francs, à titre de subvention à ladite caisse[1]. 3 juillet 1880.

3 Juillet 1880.

TITRE Ier. — *Des Dépenses à faire sur les fonds de l'État.*

ARTICLE 1er. — Une somme de 58 200 000 francs, payable en six annuités, à partir de 1880, est mise à la disposition du Ministre de l'Instruction publique et des Beaux-Arts, pour les dépenses extraordinaires des Lycées.

Cette somme sera employée, jusqu'à concurrence de 50 200 000 fr., à la construction et à l'amélioration des bâtiments, et, pour le surplus, c'est-à-dire 8 000 000 de francs, à l'acquisition du mobilier scolaire des Lycées nationaux.

1. Consulter les documents suivants :

1° *Proposition de loi* portant création d'une Caisse des bâtiments d'instruction publique avec une dotation de 200 millions sur les propriétés de l'État, présentée par MM. PARENT (Savoie), Paul BERT et LOCKROY, 24 *mai* 1879 (*Journal officiel* du 17 *juillet* 1879, p. 6901);

2° *Rapport* sur ce projet par M. DUVAUX, 26 *juin* 1879 (*Journal officiel*, *ibid.*);

3° *Projet de loi* concernant la Caisse des Lycées et sa dotation présenté par

ART. 2. — Une somme de 12 000 000 de francs, payable en six annuités, à partir de 1880, est également mise à la disposition du même Ministre, pour être employée à l'amélioration et à la construction des Collèges communaux, et à l'acquisition du mobilier scolaire de ces établissements.

ART. 3. — Les demandes des communes et des départements

M. Jules FERRY, 27 *septembre* 1879, et rappelant la proposition BARDOUX du 9 *novembre* 1878 (*Journal officiel* du 4 *décembre* 1879, p. 10635 et 10636);

4° *Rapport* sur ce projet par M. BARDOUX, 4 *décembre* 1879, suivi du vote de la Chambre des Députés en date du 18 *décembre* 1879 (*Journal officiel* du 23 *décembre* 1879, p. 11489 à 11491);

5° *Second rapport* de M. BARDOUX, 21 *juin* 1880 (*Journal officiel* du 9 *juillet* 1880, p. 7832 et 7833).

Consulter, pour la construction et l'entretien des Écoles, l'ensemble des documents suivants :

Circulaire du 15 *mai* 1879, aux Préfets, rappelant les conditions formelles des subventions ou emprunts accordés, sur les fonds de l'Instruction publique, pour construction de maisons d'école (*Circ.*, t. VIII, p. 146);

— 16 *août* 1879, aux Préfets, relative à l'examen des demandes de subventions pour acquisition, construction et réparation de maisons d'école et salles d'asile, transmises par les Conseils généraux (*Ibid.*, p. 187);

— 23 *février* 1880, aux Préfets, relative à la construction des maisons d'école (*Ibid.*, p. 260);

— 30 *juillet* 1880, aux Préfets, relative à l'envoi d'un nouveau règlement pour la construction et l'ameublement des maisons d'école (*Ibid.*, p. 337);

— 20 *août* 1880, aux Préfets, relative à l'aménagement des Écoles normales primaires d'institutrices (*Ibid.*, p. 348);

— 20 *avril* 1881, aux Préfets, rappelant les renseignements à prendre dans les enquêtes pour les projets de construction ou d'appropriation de maisons d'école (*Ibid.*, p. 496);

— 28 *décembre* 1881, aux Recteurs, relative à l'exécution de l'arrêté du 8 novembre 1881 instituant des Commissions départementales chargées de l'examen des projets de construction de maisons d'école (*Ibid.*, p. 622);

— 9 *mars* 1882, aux Préfets, dispensant certaines communes de verser au compte des cotisations municipales le cinquième de leurs revenus affecté aux dépenses de l'instruction primaire, avec recommandation de l'employer à l'achat de maisons d'école (*Ibid.*, p. 664);

Lettre du 2 *mai* 1882, au Préfet du Morbihan, relative à la construction et à l'installation de maisons d'école dans ce département (*Circ.*, t. IX, p. 27);

— 2 *mai* 1882, au Préfet de la Vendée, relative à la construction d'Écoles de hameau dans ce département (*Ibid.*, p. 29);

Circulaire du 28 *juillet* 1882, aux Préfets, relative à la construction et à l'installation des maisons d'école et des Écoles maternelles (*à sa date*);

— 24 *octobre* 1882, aux Préfets, relative aux loyers des maisons d'école (*Circ.*, t. IX, p. 131);

— 30 *janvier* 1883, aux Préfets, relative au fonctionnement des Commissions départementales des bâtiments scolaires (*Ibid.*, p. 166);

— 29 *juin* 1883, aux Préfets, relative à la modification de la procédure à suivre pour les projets de construction et d'amélioration des maisons d'école (*Ibid.*, p. 243);

Lettre du 28 *août* 1883 (Préfet des Deux-Sèvres aux maires du département), relative aux loyers des maisons d'école et aux indemnités de logement accordées aux instituteurs et institutrices (*Rec. des L. et A.*, 1883, p. 984);

Circulaire du 10 *octobre* 1883, aux Préfets, relative à l'application de l'arrêté du

tendant à obtenir une subvention de l'État seront instruites par le Recteur, conformément aux règlements, et transmises ensuite par ce fonctionnaire au Ministre de l'Instruction publique, accompagnées d'un avant-projet des constructions projetées, ainsi que des délibéra-

29 juin 1883, réglant la procédure à suivre pour les emprunts à la Caisse des Écoles, le contrôle et la réception des constructions scolaires (*Circ.*, t. IX, p. 278);

Du 19 *avril* 1884, aux Préfets, relative au classement des nouvelles demandes de subvention et d'emprunt pour maisons d'école (*Ibid.*, p. 356);

— 5 *juin* 1884, aux Préfets, relative au contrôle des travaux de maisons d'école (*Ibid.*, p. 383);

— 30 *avril* 1885, aux Préfets, relative aux frais d'installation et d'entretien des Écoles normales primaires (*Ibid.*, p. 476);

— 10 *juillet* 1885, aux Préfets, relative aux subventions de l'État pour construction et installation d'établissements scolaires (*Ibid.*, p. 500);

— 14 *août* 1885, aux Préfets, relative à l'application de la loi du 20 juin 1885 en ce qui concerne l'établissement des dossiers de projets de constructions scolaires (*Ibid.*, p. 517);

— 14 *septembre* 1885, aux Préfets, relative à l'application de la loi du 20 juin 1885 concernant les constructions scolaires (*Ibid.*, p. 529);

— 9 *janvier* 1886, aux Préfets, relative à la régularisation des loyers des maisons d'école (*à sa date*);

— 16 *février* 1886, aux Préfets, relative à l'exécution du décret du 15 février 1886 fixant la contribution proportionnelle de l'État dans le payement des annuités communales pour constructions et appropriations d'Ecoles primaires publiques (*Circ.*, t. IX, p. 672);

— 2 *avril* 1886, aux Préfets, relative au calcul des subventions de l'État pour les constructions d'établissements d'enseignement primaire (*Ibid.*, p. 689);

— 12 *juin* 1886, aux Préfets, relative au versement semestriel des allocations consenties par l'État pour constructions scolaires (*Ibid.*, p. 748);

— 1er *avril* 1887, aux Recteurs, relative aux dépenses de constructions entreprises par le Ministère de l'Instruction publique ou avec son concours (*Circ.*, t. X, p. 107);

— 11 *décembre* 1887, aux Préfets, rappelant qu'un jardin doit être annexé à chaque École primaire (*à sa date*);

— 12 *mars* 1889 (Ministre de l'Intérieur aux Préfets), relative aux modifications apportées dans les prêts à consentir aux communes par la Caisse des dépôts et consignations (*Rec. des L. et A.*, 1889, p. 469);

— 4 *avril* 1889 (Ministre de l'Intérieur aux Préfets), relative aux modifications apportées dans les prêts à consentir aux communes par le Crédit foncier (*Ibid.*, p. 469);

— 12 *février* 1891, aux Préfets, relative à la surveillance des travaux de construction ou d'appropriation de maisons d'école (*Circ.*, t. XI, p. 414);

— 10 *juillet* 1891, aux Préfets, relative au taux des emprunts scolaires (*Ibid.*, p. 473);

— 6 *août* 1891, aux Préfets, relative aux obligations imposées aux communes pour l'installation des Écoles publiques et le logement des instituteurs (*Ibid.*, p. 480);

— 18 *mars* 1892, aux Préfets, relative à l'emploi de sommes provenant des rabais d'adjudication pour les travaux de construction et d'appropriation d'établissements scolaires (*Ibid.*, p. 570);

— 17 *juin* 1892, aux Préfets, relative à la procédure à suivre pour la détermination de l'emplacement destiné à l'installation d'une École primaire communale (*Ibid.*, p. 591);

— 29 *août* 1892, aux Préfets, relative à l'obligation de consulter les Conseils d'hygiène dans les questions de construction de maisons d'école (*Ibid.*, p. 605);

— 3 *février* 1894, aux Préfets, relative à la construction de maisons d'école et au payement des subventions (*Bull. adm.*, 1894, t. LV, p. 134);

tions du Conseil municipal et, s'il y a lieu, du Conseil général, indiquant les sommes votées par ces assemblées[1].

ART. 4. — Les communes, pour être admises au bénéfice de la subvention de l'État, devront préalablement établir qu'elles ont consenti, soit par elles-mêmes, soit avec le concours du département, tous les sacrifices que comporte leur situation financière, et qu'elles ne sont pas en mesure de couvrir la totalité de la dépense de construction, d'agrandissement ou de restauration des Lycées ou des Collèges communaux.

ART. 5. — Le Ministre de l'Instruction publique est chargé d'arrêter les plans et devis des constructions et réparations, et de surveiller l'exécution des travaux.

ART. 6. — Les subventions allouées aux communes ne leur seront définitivement acquises que si les travaux sont mis à exécution dans un délai qui ne pourra excéder deux ans. Ce délai sera compté à partir du jour où l'arrêté qui alloue la subvention aura été signé.

Si, à l'expiration de ce délai, la commune n'a pas rempli cette condition, la subvention sera considérée comme non avenue.

Dans le cas où le projet serait ultérieurement repris, le Ministre de l'Instruction publique devra statuer à nouveau.

Les versements du Trésor ne seront opérés que sur la production d'un certificat dont la forme sera déterminée par le Ministre de l'Instruction publique, établissant que la commune a déjà fait emploi, sur ses propres ressources, pour les dépenses d'acquisition, d'appropriation et de construction des Lycées et Collèges, de sommes proportionnelles à sa part contributive, et que les plans et devis arrêtés par le Ministre ont été exactement suivis.

Du 24 *février* 1894, aux Préfets, relative au même objet (*Ibid.*, p. 203);

— 12 *décembre* 1895, aux Préfets, relative au classement des demandes de subvention pour constructions scolaires (*Ibid.*, 1895, t. LVIII, p. 920);

— 23 *juin* 1896, aux Préfets, relative à l'instruction des projets de constructions scolaires (*Ibid.*, 1896, t. LX, p. 6);

— 30 *avril* 1897, aux Préfets, relative au dénombrement de 1896 et à la détermination des Écoles obligatoires et des Écoles facultatives (*Ibid.*, 1897, t. LXI, p. 641);

— 24 *juillet* 1897, aux Préfets, relative aux subventions pour constructions scolaires (*Ibid.*, 1897, t. LXII, p. 499).

1. Consulter, pour l'application de la loi en général et de l'article 3 en particulier, la circulaire du 18 *août* 1880 (*Circ.*, t. VIII, p. 343), qui mentionne les pièces à produire, rappelle les conditions d'emprunt et porte le tarif des sommes à payer par semestre pour chaque 100 francs empruntés à la Caisse, suivant le nombre d'années de remboursement. L'échelle varie de 2 francs pour 30 ans à 50 francs pour 1 an (voir *Bull. adm.*, 1880, t. XXIII, p. 1045).

TITRE II. — *Des Avances à faire aux départements et aux communes.*

ART. 7. — Une somme 50 400 000 francs, payable en six annuités, à partir de 1880, est mise, à titre d'avance remboursable, à la disposition des départements et des communes pour pourvoir aux dépenses d'acquisition, de construction et d'appropriation des Lycées nationaux[1].

ART. 8. — Une autre somme de 15 000 000 de francs, également payable en six annuités, à partir de la même époque, est mise, à titre d'avance remboursable, à la disposition des départements et des communes dûment autorisés à emprunter, pour pourvoir aux dépenses d'acquisition, de construction et d'appropriation des Collèges communaux.

ART. 9. — Les communes et les départements, admis ou non à profiter de la subvention de l'État, peuvent être appelés à participer aux avances prévues par les articles 7 et 8.

Lorsque les demandes d'emprunt auront été reconnues admissibles, les emprunts ne pourront avoir lieu que s'ils sont autorisés par une loi, un décret ou un arrêté préfectoral, suivant le cas, conformément aux lois en vigueur.

TITRE III. — *De la Caisse des Lycées, Collèges et Écoles primaires.*

ART. 10. — La Caisse pour la construction des Écoles, créée par la loi du 1er juin 1878, prendra le nom de *Caisse des Lycées, Collèges et Écoles primaires.*

Cette caisse sera divisée en deux sections chargées, sous la garantie de l'État, la première section :

1° De payer aux Lycées les subventions qui leur auront été accordées;

2° De faire aux départements et aux communes les avances prévues par la présente loi;

3° De payer aux Collèges communaux les subventions qui leur ont été allouées;

La deuxième section : de faire le service des subventions et des

1. Voir la circulaire du 23 *février* 1880, aux Préfets, relative au payement des subventions accordées pour les constructions, et le rapport y annexé (*Circ.*, t. VIII, p. 260).

avances pour la construction des Écoles primaires, dans les conditions de la loi du 1er juin 1878, modifiées par la présente loi.

ART. 11. — La Caisse des Lycées, Collèges et Écoles primaires pourvoira au payement des subventions et avances ci-dessus stipulées, soit avec des fonds qui seront mis à sa disposition par le Trésor, moyennant intérêt, soit avec le produit de la négociation de titres créés et émis dans les conditions du dernier paragraphe de l'article 8 de la loi du 11 juillet 1868 sur les chemins vicinaux.

L'intérêt réglé annuellement sera servi au Trésor au taux de trois pour cent en ce qui concerne les subventions, et de un et un quart pour cent en ce qui concerne les avances.

Est abrogé l'article 8 de la loi du 1er juin 1878.

ART. 12. — Les subventions payées par la Caisse des Lycées, Collèges et Écoles lui seront remboursées, en capital et intérêt, au moyen de vingt-huit annuités de 6 500 000 francs chacune, à inscrire à un chapitre distinct du budget du Ministère de l'Instruction publique, à partir de l'exercice 1880.

Est abrogé, en conséquence, à partir dudit exercice 1880, l'article 9 de la loi précitée du 1er juin 1878.

La dotation ci-dessus de 6 500 000 francs sera ordonnancée au profit de la caisse et payée par le Trésor dans les trois premiers mois de chaque année.

Les crédits nécessaires seront ouverts, chaque année, par la loi de finances.

En cas d'insuffisance du fonds de dotation et des ressources propres à la caisse, il lui sera tenu compte, par le Trésor, tant de ses dépenses complémentaires d'intérêt et d'amortissement que de ses frais de gestion.

ART. 13. — Les avances seront faites pour trente ans au plus. Elles seront remboursées à la Caisse des Lycées, Collèges et Écoles au moyen du versement semestriel d'une somme de deux francs par chaque cent francs empruntés.

Ce versement, continué pendant soixante semestres, libérera la commune ou le département en intérêts et amortissement.

Des termes de remboursement plus courts pourront être stipulés. Dans ce cas, les versements semestriels devront être calculés de manière à tenir compte à la caisse, en outre de l'amortissement, d'un intérêt fixé à un et un quart pour cent l'an.

Les mêmes conditions seront appliquées aux avances à faire et aux annuités non échues et restant à payer pour les avances déjà faites par la Caisse des Écoles.

Est abrogé l'article 10 de la loi du 1er juin 1878.

ART. 14. — Il sera passé, entre la Caisse des Lycées, Collèges et Écoles et les départements ou les communes dûment autorisés à contracter des emprunts, des traités particuliers relatant la quotité et les termes d'exigibilité des avances consenties par la Caisse, ainsi que les conditions de remboursement de ces avances.

ART. 15. — Lorsqu'un département aura accordé à une commune des subventions annuelles destinées au remboursement des avances consenties par la Caisse des Lycées, Collèges et Écoles, ces subventions pourront, s'il y a lieu, être recouvrées conformément aux dispositions de l'article 61, paragraphe 1er de la loi du 10 août 1871.

ART. 16. — Les fonds prêtés à la Caisse spéciale par le Trésor ou réalisés au moyen d'obligations, conformément à l'article 11, seront remboursés aux ayants droit, savoir :

En ce qui concerne les subventions, au moyen des ressources de la dotation stipulée en faveur de la Caisse par l'article 12, et dans un délai de vingt-huit ans au plus tard;

En ce qui concerne les fonds employés en avances, au moyen des remboursements en capital opérés par les communes ou les départements, et dans les conditions de temps fixées pour ces remboursements, conformément à l'article 13.

ART. 17. — Chaque année, les Ministres de l'Instruction publique et des Finances rendront compte au Président de la République de la distribution des subventions et des avances[1], de la marche des travaux et des opérations de la Caisse des Lycées, Collèges et Écoles, par un rapport qui sera distribué au Sénat et à la Chambre des Députés[2].

TITRE IV. — *De la Subvention extraordinaire allouée pour la construction des Lycées, Collèges et Écoles primaires.*

ART. 18. — Indépendamment de la somme de 70 200 000 francs allouée par la présente loi, sous réserve de remboursement, une somme de 17 000 000 de francs est accordée à la Caisse des Lycées, Collèges et Écoles primaires, à titre de subvention extraordinaire. Cette somme sera mise à la disposition du Ministre de l'Instruction publique pour les dépenses d'acquisition, de construction et d'appropriation de Lycées et Collèges, dans des proportions et à des époques qui seront déterminées par décrets.

1. Voir ces Rapports, *Rec. des L. et A.*, 1881, p. 128; 1882, p. 131; 1883, p. 168; 1884, p. 161; 1885, p. 161; 1886, p. 157; 1887, p. 180; 1888, p. 94; 1889, p. 124; 1890, p. 206; 1891, p. 144.

2. Voir, ci-après *à sa date*, la loi du 20 *juin* 1885, qui établit un nouveau régime.

ART. 19. — Il est ouvert, à cet effet, au Ministre de l'Instruction publique, sur l'exercice 1880, en sus des crédits accordés par la loi de finances du 21 décembre 1879 et par des lois spéciales, un crédit extraordinaire de 17 000 000 de francs à inscrire à un chapitre spécial portant le numéro 35 *bis* et intitulé : *Subvention extraordinaire à la Caisse des Lycées, Collèges et Écoles primaires.*

ART. 20. — Il sera pourvu au crédit extraordinaire ci-dessus au moyen d'un prélèvement sur l'excédent de recettes de l'exercice 1877.

ART. 21. — Les sommes non employées et qui auront été versées en compte courant au Trésor ne porteront pas intérêt au profit de la Caisse des Lycées, Collèges et Écoles primaires.

TITRE V. — *Régularisation des Crédits ouverts au Budget de 1880.*

ART. 22. — Est et demeure annulé le crédit de 1 500 000 francs ouvert au budget de l'exercice 1880. (Ministère de l'Instruction publique, 1re section, chapitre 30. — Dépenses extraordinaires des Lycées).

Sont réduits de 5 000 000 de francs les crédits ouverts dans le budget du même Ministère et du même exercice, au chapitre 35. (Instruction primaire. — Traitements. — Maisons d'école. — Encouragements).

ART. 23. — Il est ouvert au Ministre de l'Instruction publique, sur l'exercice 1880, un crédit extraordinaire de 6 500 000 francs qui fera l'objet d'un chapitre distinct portant le n° 30 et libellé : *Remboursements, par annuités, à la Caisse des Lycées, Collèges et Écoles primaires.*

---

13 juillet 1880. **Décret relatif à la Création d'une École normale supérieure d'institutrices.**

13 Juillet 1880.

Le Président de la République française,

Sur le rapport du Ministre de l'Instruction publique et des Beaux-Arts, présenté après avis conforme de la Section permanente du Conseil supérieur de l'Instruction publique,

Vu la loi du 9 août 1879;

Vu les décrets et arrêtés du 5 juin 1880,

Décrète :

ARTICLE 1er. — Il est créé une École normale supérieure d'institutrices, préparatoire à l'enseignement et à la direction des Écoles normales de filles.

ART. 2. — Il sera pourvu aux dépenses d'installation et d'appropriation de cet établissement au moyen des crédits inscrits au chapitre 34 du budget du Ministère de l'Instruction publique.

ART. 3. — Le siège de cet établissement sera fixé par décret[1]. L'École normale du département où il sera situé sera annexée comme École d'application audit établissement.

Proposition de loi relative à l'Enseignement élémentaire des enfants du plus grand nombre, présentée par M. Laroche-Joubert, député[2]. 15 juillet 1880.

Séance du 15 Juillet 1880.

Exposé des motifs.

Messieurs, il n'est pas un Français digne de ce nom qui n'éprouve le désir de voir l'instruction se généraliser, se répandre, ne fût-ce qu'en germe, dans le moindre hameau, jusque sous la plus humble chaumière.

1. Voir, pour les origines, la proposition de M. CHALAMET, 29 *janvier* 1878, Tome IV, p. 767, et ci-dessus, p. 16, le Rapport en date du 13 *mars* 1879.

Le décret du 31 *juillet* 1880 fixa le siège de l'École à Iseure (Allier); celui du 15 *octobre* suivant décida l'installation à Fontenay-aux-Roses.

Consulter, à titre de renseignement, l'arrêté du 14 *octobre* 1881, qui organise l'École d'enseignement secondaire de Sèvres (*Bull. adm.*, 1881, t. XXIV, p. 1617).

Consulter l'*École normale supérieure d'enseignement primaire de Fontenay-aux-Roses*, par M. PÉCAUT (*Monographies pédagogiques*, t. II, p. 637 à 665, Imp. Natle, 1889).

Consulter les documents suivants :

Circulaire du 23 *septembre* 1880, aux Recteurs, relative au concours d'admission (*R. des L. et A.*, 1880, p. 747) ;

— 9 *novembre* 1880, aux Recteurs, relative à l'admission temporaire des maîtresses adjointes à l'École normale supérieure d'institutrices (*Circ.*, t. VIII, p. 406);

— 8 *janvier* 1881, aux Recteurs, relative au concours d'admission en 1881 (*Ibid.*, p. 418);

— 24 *mai* 1881, aux Recteurs, relative à une enquête préalable sur les antécédents des aspirantes (*Ibid.*, p. 504);

— 29 *juillet* 1882, aux Recteurs, relative aux demandes d'admission (*Ibid.*, p. 94);

— 28 *septembre* 1882, aux Recteurs, relative à l'ouverture d'un concours supplémentaire d'admission (*Rec. des L. et A.*, 1882, p. 855);

— 8 *mai* 1884, aux Recteurs, relative au concours d'admission (*Rec. des L. et A.*, 1884, p. 304);

Avis relatif au concours de 1886 (*Rec. des L. et A.*, 1886, p. 314);

Décret du 18 *janvier* 1887 (ci-après *à sa date*), titre Ier, chap. VI, art. 90-96.

— 30 *décembre* 1882 (ci-après *à sa date*), relatif à la création de l'École normale primaire supérieure de Saint-Cloud.

2. La proposition fut déposée une première fois le 29 *juillet* 1876 et donna lieu à

Décréter l'instruction gratuite et obligatoire serait une excellente mesure, à laquelle applaudiraient tous les bons citoyens; mais la loi sera impuissante à nous procurer l'immense bienfait de la diffusion des lumières, tant qu'on n'aura pas commencé par résoudre les trois problèmes suivants :

1° Mettre les Écoles à la proximité de tous;

2° Créer un nombre d'instituteurs et d'institutrices en rapport avec les besoins qui résulteraient de l'obligation;

3° Enfin, créer des moyens d'existence pour les enfants que leurs parents, faute de ressources suffisantes, sont obligés de faire travailler.

Aux trois empêchements permanents que je viens d'indiquer s'en joint un quatrième qui, pour n'être que temporaire, n'en est pas moins sérieux.

Je veux parler des mauvais temps, des chemins impraticables, de la saison rigoureuse. On doit comprendre combien il est difficile, dans l'hiver, d'envoyer à des Écoles lointaines de tout jeunes enfants, par la pluie battante et à travers la neige et la gelée; quand, la nuit venue, ces pauvres petits êtres, mal vêtus, mal nourris, débiles, sont obligés de revenir seuls au toit paternel, pour eux tout est souffrance et danger.

Cependant, n'est-ce pas assez déjà que les parents se soient privés du travail utile qu'eussent pu donner leurs enfants? Faut-il qu'ils soient encore astreints à les conduire à l'École et à les en ramener?

Or il arrive souvent que des enfants n'ayant pu, dans le bas âge, sous l'empire des causes que je viens d'énoncer, recevoir la moindre instruction élémentaire, éprouveraient plus tard le besoin de réparer le temps perdu. Alors ils ont grandi, ils sont forts et en toute saison ils pourraient se rendre à une École éloignée; mais l'amour-propre se met de la partie; ils rougissent, eux plus âgés, de se trouver inférieurs à des bambins qui, grâce à de meilleures circonstances, ont pu être initiés de bonne heure aux mystères de l'alphabet.

Donc, et c'est là le but de ma proposition de loi, en attendant que nous possédions un nombre suffisant d'Écoles, d'instituteurs et d'institutrices, en attendant aussi que l'amélioration matérielle du sort du plus grand nombre[1] permette la suppression du travail des enfants en bas âge, procurons aux plus pauvres, à ceux qui sont plus éloignés des centres d'instruction, le moyen d'apprendre au moins à lire et même, autant que possible, à lire, écrire et compter.

Il faut créer cent enseignants là où il n'y a qu'un instituteur.

Il faut faire de l'enseignement une propagande philanthropique.

Il faut que, partout, celui qui sait quelque chose, se fasse un devoir charitable et ait le droit d'enseigner gratuitement en utilisant, pour ce soin précieux, les heures de loisir.

Des personnes qui ne possèdent que l'instruction la plus bornée peuvent toujours suffire pour inculquer à l'enfant les premières notions de l'abécédaire, de l'écriture, surtout pour lui donner le goût précieux de l'étude.

Cette tutelle bienveillante et désintéressée, en en faisant disparaître les motifs, dissiperait la fausse honte qui empêche une foule de jeunes gens, complètement illettrés, de se rendre à l'École, quand ils ont la force de braver les intempéries et la mauvaise saison.

un rapport de M. DEVÈS. Elle le fut une seconde fois le 18 *janvier* 1878, et donna lieu à un rapport de M. PATISSIER, 10 *mai* 1878. (Voir Tome IV, p. 629, 709, 783.)

1. Amélioration que la participation du travailleur aux bénéfices du patron et du propriétaire rural permettra de réaliser, dès que le bienfait de la coopération sera assez répandu dans toute la France. (Note de l'*Exposé*.)

L'enseignement dont je parle se pratiquerait surtout aux jours de chômage, lorsque le mauvais temps ne permet pas d'aller aux champs. On utiliserait ainsi ces veillées d'hiver, qui se consument dans un babil inutile, dans les récits d'absurdes légendes, trop souvent même dans la médisance et surtout au cabaret.

C'est avec la conviction d'émettre une idée nouvelle et utile que j'ai l'honneur de vous soumettre la proposition de loi suivante :

Proposition de loi.

ARTICLE 1er. — Toute personne, soit du sexe masculin, soit du sexe féminin, jouissant de ses droits civils, est autorisée à enseigner ce qu'elle sait à ceux qui, autour d'elle, ne savent rien, toutes les fois que ces derniers se trouvent habiter à plus d'un kilomètre d'une École publique.

ART. 2. — Aucune rétribution n'est due, de la part des parents, à ces instructeurs volontaires.

ART. 3. — Toute personne qui justifiera avoir, gratuitement, enseigné à lire à un enfant, recevra, de la part du Ministre de l'Instruction publique, un diplôme de félicitations qu'elle aura droit d'afficher chez elle.

ART. 4. — Toute personne qui justifiera avoir, gratuitement, enseigné à lire à cinq enfants, ou à lire, écrire et calculer à un enfant, recevra, de la part du même Ministre, une médaille de bronze gravée à son nom et un diplôme de félicitations.

ART. 5. — Toute personne qui justifiera avoir, gratuitement, enseigné à lire, écrire et calculer à cinq enfants et plus, recevra, de la part du même Ministre, une médaille d'argent gravée à son nom et un diplôme de félicitations.

ART. 6. — Sur les médailles sera gravé, d'un côté, l'exergue suivant : « *Ministère de l'Instruction publique* » ; de l'autre : « *Honneur aux instructeurs de l'enfance* ».

ART. 7. — Les instructeurs volontaires ont le droit de porter ces médailles sur leurs vêtements.

ART. 8. — La justification est faite au moyen d'une déclaration du maire, approuvée par délibération du Conseil municipal de la commune qu'habitent les enfants enseignés.

ART. 9. — Il sera mis, chaque année, à la disposition du Ministre de l'Instruction publique, une somme suffisante pour pourvoir aux dépenses que la présente loi nécessitera.

ART. 10. — Un règlement d'administration publique pourvoira aux prescriptions de détail que ne saurait comporter l'étendue d'un projet de loi.

Décret autorisant des Dispenses de stage pour les aspirants aux Certificats d'aptitude à l'enseignement et à la direction des Écoles normales primaires. 19 juillet 1880.

19 Juillet 1880.

(Voir *Décret du 5 juin* 1880, p. 160, note relative à l'article 2.)

---

20 sept. 1880. **Circulaire du Ministre de l'Instruction publique, rappelant les Formalités nécessaires pour les Mutations dans le personnel des instituteurs et institutrices publics.**

20 Septembre 1880.

Monsieur le Préfet, mon attention a été appelée à diverses reprises sur les difficultés auxquelles donnent lieu les nominations d'instituteurs et d'institutrices, faites dans d'autres départements que celui dans lequel exercent ces maîtres et ces maîtresses.

Il arrive souvent que, pour obtenir un poste mieux rétribué, ou plus rapproché de leur famille, des instituteurs adressent une demande d'emploi à l'Administration d'un département voisin, sans prendre la peine d'en avertir leurs supérieurs hiérarchiques, et que l'Inspecteur d'Académie accueille cette demande sans consulter et même sans prévenir son collègue du département où ces maîtres étaient en fonctions.

Vous comprendrez aisément combien cette façon de procéder présente d'inconvénients, au point de vue de la discipline et du bon ordre du service scolaire.

Je crois devoir vous rappeler que la circulaire ministérielle du 13 mai 1861 impose à tout instituteur l'obligation d'obtenir un *exeat* avant de quitter son poste, et cette prescription me semble suffisante pour éviter le renouvellement des abus qui me sont signalés.

Je vous prie, en conséquence, Monsieur le Préfet, de ne procéder à l'avenir à aucune nomination d'instituteur provenant d'un autre département, sans vous assurer que ces maîtres sont pourvus d'une lettre d'*exeat* délivrée par le Préfet de ce département.

Il importe, en effet, non seulement que vous soyez exactement renseigné sur les antécédents de l'instituteur, mais encore que l'Administration académique du département, dans lequel se produit une mutation, en soit informée en temps utile, afin de pouvoir prendre ses mesures pour assurer le service scolaire. J'ajouterai que, comme sanction à ces instructions que vous voudrez bien porter à la connaissance des intéressés, tout maître qui abandonnerait son poste sans *exeat* s'exposerait aux peines disciplinaires prévues par l'article 30 de la loi du 15 mars 1850.

Recevez, etc.

Signé : JULES FERRY.

---

2 octobre 1880. **Circulaire du Ministre de l'Instruction publique, relative à la Coopération des instituteurs, secrétaires de mairie, aux travaux des Commissions de classement des animaux de réquisition [1].**

2 Octobre 1880.

Monsieur le Préfet, mon collègue, M. le Ministre de la Guerre, m'a fait connaître que les opérations de classement des animaux de réquisition qui ont eu

1. Consulter les circulaires :
Du 25 *juillet* 1883, aux Préfets, rappelant que les instituteurs, secrétaires de mai-

lieu dernièrement, en exécution de la loi du 3 juillet 1877, avaient rencontré, dans certaines communes, des difficultés sérieuses, résultant du refus de coopération de la part d'instituteurs remplissant les fonctions de secrétaires de mairie. Le motif invoqué par ces maîtres était l'obligation, prescrite par le règlement, de n'être pas distraits de leur service scolaire.

Bien qu'il soit désirable que l'article 13 du nouveau règlement modèle reçoive une entière application, sous peine de voir bientôt se renouveler les nombreux abus auxquels on a voulu mettre un terme, je pense que le classement des animaux de réquisition offre, au point de vue de la défense nationale, une importance assez considérable pour justifier une mesure d'exception en faveur des opérations qu'il nécessite et qui rendent indispensable la présence du secrétaire de mairie.

M. le Ministre de la Guerre me fait observer, en effet, que les Commissions ont à parcourir plusieurs communes par jour et sont souvent obligées de fonctionner aux heures de classe. Le classement des animaux de réquisition n'ayant d'ailleurs lieu qu'une fois par an et ne durant que deux ou trois heures environ par chaque commune, la fermeture de l'École qui pourra résulter du concours de l'instituteur, secrétaire de mairie, ne durera pas plus d'une demi-journée chaque année, et ne portera, en conséquence, qu'un faible préjudice à l'enseignement.

Je vous prie donc, Monsieur le Préfet, de faire savoir à tous les instituteurs de votre département qui remplissent en même temps les fonctions de secrétaires de mairie, qu'ils sont tenus d'assister aux opérations des Commissions de classement des animaux de réquisition, au jour et à l'heure indiqués, même lorsque les Commissions tiendront séance pendant les heures de classe. En leur absence, l'École sera fermée, à moins que les élèves ne puissent être confiés à l'instituteur adjoint.

Il est bien entendu que cette infraction au règlement scolaire, autorisée exceptionnellement en vue d'un service public et d'un intérêt général, ne saurait, en aucun cas, être invoquée comme précédent.

Recevez, etc.

Signé : JULES FERRY.

Circulaire du Ministre de l'Instruction publique, relative à la Nomination des femmes d'instituteurs aux fonctions d'adjointe, même dans les Écoles de garçons. 8 octobre 1880.

8 Octobre 1880.

Monsieur le Préfet, dans les Écoles mixtes qui comptent un certain effectif de population, il arrive souvent que l'instituteur se fait aider dans sa tâche par une personne de sa famille, à qui, sans titre officiel, il confie le soin de

rie, doivent coopérer aux travaux des Commissions de classement des animaux de réquisition (*Circ.*, t. IX, p. 254);

Du 30 *avril* 1895, aux Préfets, relative à la coopération des instituteurs, secrétaires de mairie, aux travaux des Commissions de classement des animaux de réquisition (*Bull. adm.*, 1895, t. LVII, p. 440);

— 17 *avril* 1896, aux Préfets, relative au même objet (*Ibid.*, 1896, t. LIX, p. 474).

faire la classe aux plus jeunes enfants pour pouvoir s'occuper avec plus de fruit de l'instruction des aînés. Il a été reconnu que cette manière de procéder produisait de bons résultats : elle permet d'améliorer l'enseignement, elle facilite la fréquentation, en donnant aux familles la certitude que leurs enfants trouveront à l'École des soins pour ainsi dire maternels.

J'ai été consulté à diverses reprises sur le point de savoir si, par analogie, la femme d'un instituteur, dirigeant une École spéciale de garçons, pouvait légalement être nommée adjointe de son mari, dans le cas où cette École serait pourvue d'un emploi d'adjoint régulièrement créé.

Il semble, au premier abord, qu'une nomination faite dans ces conditions serait entachée d'irrégularité, en ce sens que l'emploi créé est un emploi d'adjoint et non d'adjointe; mais cette irrégularité de pure forme ne saurait être un obstacle à la réalisation de la mesure si elle est bonne en elle-même.

Or, il me paraît incontestable que, dans beaucoup de communes dépourvues de salles d'asile, et où, par conséquent, l'École doit recevoir des enfants tout jeunes, une adjointe, qui sera la femme, ou la mère, ou la fille de l'instituteur, rendrait plus de services qu'un maître étranger, souvent jeune et novice. Plus directement intéressée à la prospérité de l'École, elle apporterait à sa tâche plus de zèle et de dévouement : une femme, d'ailleurs, a toujours sur de petits enfants une action plus efficace et plus bienfaisante.

J'assimilerai donc, sans hésiter, le cas particulier dont il s'agit, celui d'une École de garçons, à ceux que je vous ai signalés dans ma circulaire du 30 octobre 1879.

Dans toute commune où l'École de garçons d'une part, l'École de filles de l'autre, sont encombrées par un trop grand nombre d'élèves de moins de sept ans, le mieux est de réunir ces tout petits enfants dans une salle spéciale, et de former, avec ce trop-plein des deux Écoles, une bonne classe préparatoire, sorte d'intermédiaire entre l'asile et l'École. Cette classe enfantine sera naturellement dirigée par une femme, et je ne vois aucun inconvénient à ce qu'elle soit annexée, suivant les convenances des locaux, soit à l'École des garçons, soit à l'École des filles.

J'ai décidé, en conséquence, qu'à l'avenir vous pourrez approuver la nomination faite par l'instituteur titulaire (aux termes de l'article 34 de la loi du 15 mars 1850) d'une personne de sa famille, femme, fille, sœur ou mère, aux fonctions d'adjointe, sous les réserves et conditions ci-après :

1° L'École dirigée par l'instituteur devra être celle d'une commune où il n'existe pas de salle d'asile;

2° La personne présentée devra être munie du brevet de capacité ou provisoirement du brevet des salles d'asile;

3° Elle sera exclusivement chargée de la division des plus jeunes enfants.

Vous voudrez bien, Monsieur le Préfet, m'accuser réception de la présente circulaire.

Recevez, etc.

Signé : JULES FERRY.

Loi sur les Écoles manuelles d'apprentissage[1]. 11 déc. 1880.

11 Décembre 1880.

ARTICLE 1er. — Les Écoles d'apprentissage fondées par les communes ou les départements pour développer chez les jeunes gens qui se destinent aux professions manuelles la dextérité nécessaire et les connaissances techniques sont mises au nombre des établissements d'enseignement primaire publics.

Les Écoles publiques d'enseignement primaire complémentaire dont le programme comprend des cours ou des classes d'enseignement professionnel sont assimilées aux Écoles manuelles d'apprentissage.

ART. 2. — Les Écoles manuelles d'apprentissage et autres Écoles à la fois primaires et professionnelles fondées et entretenues par les

1. Consulter *L'Enseignement professionnel, étude sur la législation en vigueur*, par M. Georges PAULET (*Mémoires et Documents scolaires publiés par le Musée pédagogique*, fascicule n° 83); — *Programmes généraux des Écoles manuelles d'apprentissage* (*Ibid.*, fascicule n° 74); — *Écoles manuelles d'apprentissage et Écoles professionnelles* (*Ibid.*, fascicule n° 46); — *L'Enseignement manuel et professionnel* en Allemagne et dans les pays du Nord (*Ibid.*, fascicule n° 14); — *Instruction spéciale sur l'enseignement du Travail manuel dans les Écoles normales d'instituteurs et les Écoles primaires élémentaires et supérieures* (*Ibid.*, fascicule n° 8).

Consulter également *Les Écoles primaires supérieures, Écoles d'apprentissage et Écoles nationales professionnelles*, par MM. Félix MARTEL et Georges FERRAND (*Monographies pédagogiques*, t. II, p. 261 à 315, Imp. Natle, 1889).

Voir, *à sa date*, la loi du 28 *mars* 1882, qui a introduit dans le programme des Écoles primaires les travaux manuels et l'usage des outils des principaux métiers (art. 1er); — l'arrêté du 27 *juillet* 1882 (*à sa date*), qui accorde de deux à trois heures à cet enseignement; — la note du *Journal officiel* du 29 *septembre* 1882, qui détermine les conditions d'admission à l'École normale du travail manuel, installée dans les anciens locaux de l'École Pape-Carpantier; — la circulaire du 9 *juillet* 1883 (Ministre du Commerce aux Préfets), prescrivant une enquête sur l'enseignement technique à ses divers degrés (*Rec. des L. et A.*, 1883, p. 727).

Pour les origines de la loi, consulter :

La *Proposition de loi* de M. Martin NADAUD, 6 *mars* 1877 (Tome IV, p. 671);

Le *Projet de loi* de M. Paul BERT, 14 *janvier* 1878 (*Ibid.*, p. 759);

Le *Rapport* de M. Martin NADAUD, 6 *mai* 1878 (*Ibid.*, p. 783);

Le *Compte rendu* des séances de la Chambre des Députés, 20 *décembre* 1878, 15 *février* 1879, jour du vote à la Chambre;

Le *Rapport* de M. TOLAIN au Sénat, 12 *février* 1880;

La *Discussion* des 30 *avril* et 3 *mai* 1880 au Sénat;

Le *Rapport supplémentaire* de M. TOLAIN, 29 *juin* 1880 (*Journal officiel* du 23 *juillet* 1880, p. 8583);

La *Discussion* des 8 et 9 *juillet* 1880, précédant le vote du Sénat;

Le *Rapport* de M. Martin NADAUD, 29 *novembre* 1880 (*Journal officiel* du 4 *décembre* 1880, p. 11917).

La Chambre vota la loi le 30 *novembre* 1880.

établissements libres sont mises au nombre des établissements désignés par l'article 56 de la loi du 15 mars 1850, comme pouvant participer aux subventions inscrites au budget de l'Instruction publique.

ART. 3. — Les établissements désignés dans les articles 1 et 2 de la présente loi pourront également participer aux subventions inscrites au budget du Ministère de l'Agriculture et du Commerce, sous le titre de : *Subventions à des établissements d'enseignement technique.*

ART. 4. — Le programme d'enseignement de chacun de ces établissements est arrêté d'après un plan élaboré par les fondateurs, et approuvé par les Ministres de l'Instruction publique et de l'Agriculture et du Commerce.

ART. 5. — Dans les Écoles fondées par les départements ou les communes, le directeur est nommé en la même forme que tous les instituteurs publics, sur la présentation du Conseil municipal si l'École est fondée par une commune, ou du Conseil général si l'École est fondée par le département.

Le personnel chargé de l'enseignement professionnel est nommé par le maire si c'est une École communale, ou par le Préfet si c'est une École départementale, sur la désignation de la Commission de surveillance et de perfectionnement instituée auprès de l'établissement par le Conseil municipal ou par le Conseil général.

Dans les Écoles libres, tout le personnel est choisi par les fondateurs.

ART. 6. — Un règlement d'administration publique déterminera les conditions d'application de la présente loi.

---

17 déc. 1880.

Proposition de loi ayant pour objet la création d'un Orphelinat national, présentée par M. Caze, député[1].

Séance du 17 Décembre 1880.

Messieurs, le régime des enfants trouvés, abandonnés et assistés mérite d'être l'objet de votre spéciale sollicitude. Car on y rencontre à la fois le devoir et l'intérêt de l'État : le devoir d'étendre la protection sur les déshérités, et l'intérêt de conserver à notre nationalité des forces qui vont se perdant tous les jours.

On n'a jamais contesté l'obligation qui incombe à la nation de prendre soin de la vie et de l'éducation des enfants que le malheur de la naissance, la misère

1. *Journal officiel* du 31 *décembre* 1880, p. 13140 à 13142.

ou le crime ont jetés sans appui dans le monde. La méthode suivie pour accomplir ce devoir a pu varier, mais le principe est resté invariablement écrit dans nos traditions et dans nos lois. Je n'ai pas besoin de vous rappeler comment l'institution des tours a fonctionné sous l'ancien régime, comment elle a été consacrée par la loi du 27 brumaire An V, comment le décret impérial du 19 janvier 1861 et la loi du 5 mai 1869, ont continué la série des actes législatifs, par lesquels notre pays entendait réaliser cette pensée bienfaisante, dont la Révolution avait proclamé la formule, en adoptant, au nom de la République, tous les enfants trouvés.

Quant à l'intérêt de l'État de sauvegarder les forces d'expansion de notre nationalité, il est plus pressant que jamais.

Les statistiques nous apprennent :

Que le mouvement de la population se ralentit en France au point que l'excédent moyen des naissances sur les décès est devenu à peu près nul;

Que le chiffre des naissances va diminuant chaque année;

Que la mortalité des nourrissons atteint un chiffre effrayant[1] ;

Que la proportion moyenne des mort-nés, qui était en 1858 de 4 sur 100 naissances, est aujourd'hui de 20 pour 100 ;

Sans compter ce que les pratiques abortives enlèvent à chaque génération.

Je n'ai pas la prétention d'examiner et de résoudre ce problème alarmant, dont les deux termes se précisent par les deux faits suivants, à savoir :

Que la mortalité générale diminue, et que la mortalité des enfants augmente.

Mortalité générale.

De 1821 à 1830.	31,75 sur 1.000 habitants.
De 1831 à 1840.	28,07 —
De 1841 à 1850.	27,03 —
De 1851 à 1860.	26,08 —
En 1873	23,03 —

Mortalité des enfants au-dessous d'un an.

De 1840 à 1849.	182 sur 1.000 habitants.
De 1850 à 1856.	196 —
De 1857 à 1866.	205 —

Le nœud du problème est dans la condition des naissances. Pour nous servir d'une expression populaire, *il se perd* aujourd'hui plus d'enfants qu'il y a trente ans. Il y a là tout un ensemble de phénomènes qu'il appartient à la philosophie sociale, à la médecine légale, à la statistique d'analyser et de classer, la décroissance des naissances, la mortalité des nourrissons, la proportion des mort-nés, la progression des infanticides et des avortements constatés ou présumés. Ce sont des symptômes menaçants de dépopulation.

Ils doivent préoccuper le législateur tout autant que le moraliste; et je vous prie, pour le moment, de n'en retenir qu'une chose : c'est que, s'ils se développent, ils compromettront dans un avenir prochain la force de notre patrie, car ils la mettront dans une situation d'infériorité numérique au regard des races rivales, qui, elles, voient leur population s'accroître.

1. Le Dr Brochard l'évalue à 100 000 par an. (Note de l'*Exposé.*)

Ainsi, veiller sur les jeunes générations, c'est pour l'État une question de sauvegarde de l'indépendance nationale.

Quels sont les moyens à la disposition de l'État?

Messieurs, j'estime que dans cette matière, ce qu'il peut est la mesure de ce qu'il doit.

A-t-il fait jusqu'ici tout ce qu'il a pu?

Examinons d'abord son action sur les naissances.

Sa protection s'est exercée non seulement sur les enfants qui n'ont pas de famille, mais encore sur ceux qui naissent dans des conditions légitimes. Et la loi votée en 1874 sur l'initiative de M. le docteur Roussel a étendu aux nourrissons la surveillance tutélaire de l'Administration.

Il s'en faut cependant que l'État puisse encore se louer du succès de ses efforts.

Pour les nourrissons, la loi est encore aux débuts de son application, et nous ne pouvons pas juger de son efficacité.

Mais pour les enfants trouvés et abandonnés, notre critique a un vaste champ d'étude.

Ici, Messieurs, l'État était maître absolu. Il trouvait sous sa main des enfants dévêtus des soins maternels et jetés comme épaves sur la voie publique. Il les adoptait. Qu'en a-t-il fait?

Les controverses sont vives sur ce sujet. Vous savez avec quelle passion des hommes également animés de convictions sincères agitent depuis un siècle le débat entre le régime des tours et le régime des secours à domicile. Les deux systèmes ont été successivement pratiqués.

La pratique a révélé au compte de chacun d'eux des avantages et des inconvénients spéciaux, et chaque parti ne s'est pas fait faute de les mettre en relief. Mais ce qui surprend dans cette longue polémique, c'est de voir chaque système condamné tour à tour au nom de la morale. Sous l'effort de la dispute, la statistique même devient aussi contradictoire que la morale; et l'on voit concurremment le régime des tours et le régime des secours à domicile réclamer l'avantage pour la conservation de la vie des enfants[1].

Sur cette mêlée des opinions planent deux vérités :

La première est une énergique revendication au nom de l'intérêt de l'État, d'une organisation plus sévère du régime des enfants sans famille; la seconde est l'insuffisance lamentable des efforts accomplis jusqu'ici.

Cette insuffisance ressort des documents que je vous citais tout à l'heure sur la mortalité des enfants trouvés. Il est difficile d'appeler adoption un régime qui laisse mourir plus de la moitié des enfants qu'il recueille. Mais ce n'est pas seulement par les pertes qu'elle fait sur le nombre des enfants recueillis, que l'organisation actuelle révèle son impuissance, c'est aussi et surtout par ceux qu'elle laisse périr, faute de les recueillir. La proportion des mort-nés dans les naissances illégitimes est accablante. En voici le tableau :

1839	1 sur 20
1843	1 sur 17
1855	1 sur 14
1871	1 sur 11

1. Lire le Rapport de M. BÉRENGER où cette controverse est exposée avec une impartialité magistrale (Sénat, impressions 1877, n° 41).

C'est près d'un dixième; et ce dixième représente annuellement des milliers d'enfants.

Comme il est impossible de ne pas attribuer au crime une bonne part de ces mort-nés, on ne pense pas sans effroi à tout ce que cela suppose de pratiques abortives. Et l'on n'est point étonné d'entendre les partisans du système des tours déclarer que c'est leur suppression qui pousse les malheureuses femmes à effacer leur faute par un crime, et de voir rendre ainsi l'État responsable de cet anéantissement d'existences qui ne sont appelées à la vie que pour disparaître.

Les faits disent donc très haut que sur la catégorie des naissances illégitimes, celles sur laquelle l'État peut exercer une action directe, ses combinaisons sont inadéquates au résultat poursuivi, et que le bienfait ne répond pas à l'intention.

On en peut dire autant pour les enfants abandonnés. L'État n'a pas seulement le devoir de veiller sur la vie des enfants. Sa protection doit s'étendre aussi sur l'éducation de ceux qui, nés dans des conditions illégitimes et malheureuses, ont échappé à une mort précoce. Pour eux, la protection de l'État est encore plus défectueuse que pour les nouveau-nés. Les statistiques de la préfecture de police et du Ministère de la Justice sur le vagabondage le prouvent surabondamment. Et les généreux efforts tentés cette année par le Directeur de l'Assistance publique de la Seine, M. Charles Quentin, indiquent à l'État tout le bien qui reste à faire.

Quels progrès l'État doit-il accomplir pour approcher de la réalisation de cette formule léguée par la Révolution, l'adoption des pupilles de la République?

Je crois qu'il est nécessaire de pratiquer ici un éclectisme très large. Il faut coordonner les résultats de l'expérience, prendre aux divers régimes qui ont été expérimentés ce qu'ils ont eu de bon et grouper autour d'une institution d'État toutes les créations que l'esprit de fraternité a pu susciter dans ce pays pour la protection de l'enfance.

Telle est la mission très haute et très complexe que je vous propose de confier à une institution qui prendrait le nom d'Orphelinat national.

La lecture des articles du projet de loi, qui règlent ses attributions, vous montrera qu'il ne s'agit pas d'absorber dans une centralisation oppressive les œuvres qui devront la vie à l'initiative des départements, des communes ou des particuliers.

Il ne s'agit pas de supprimer des efforts, des dévouements, mais de les grouper en respectant leur individualité, de leur fournir par l'inspectorat un concours éclairé, et de leur assurer ce qui manque en général à ces entreprises restreintes, le placement de leurs élèves.

C'est ici, en effet, que se présente la seconde innovation que j'ai l'honneur de vous proposer.

Je vous demande de décider que l'Orphelinat national recevra la faculté de distribuer à ses pupilles une partie des terres domaniales dans les colonies de la France. C'est une œuvre qu'il pourra mener à bien en créant, dans chaque colonie, une succursale chargée de recevoir et de placer les enfants envoyés par l'Administration centrale.

Je ne vous propose pas de faire transplanter ainsi dans nos colonies tous les enfants qui seront recueillis et élevés au compte de la nation, il ne saurait être question d'enlever ceux dont le placement en apprentissage en France offrirait des chances de succès. Cette émigration n'engloberait que ceux dont le placement serait défectueux et menacerait de tourner au désavantage à la fois de l'enfant et de la société qui l'élève.

M'objectera-t-on que c'est une expatriation que je propose? Je répondrai qu'une expatriation qui a pour dernier terme de donner à un enfant déshérité une propriété à l'ombre du drapeau français dans une de nos colonies, n'est pas une expatriation; qu'en envoyant ses enfants porter la force et le génie de la France au service de ses lointaines entreprises coloniales, la nation leur demande le prix légitime des soins dont elle les a entourés.

On dit, Messieurs, que la race française ne colonise pas. Contre cette négation, protestent la persistance de l'élément français au Canada et le nom même de la Louisiane aux États-Unis.

Il est vrai qu'aujourd'hui ce mouvement d'expansion de notre race s'est ralenti et pour ainsi dire arrêté.

Faut-il s'en étonner et s'en plaindre? L'œuvre de la Révolution française n'a-t-elle pas consisté précisément à réduire tous les griefs des Français contre le régime politique et social, sous lequel ils sont appelés à vivre? Et la disparition de toutes les aspérités du régime féodal et de l'intolérance religieuse, la liberté du travail, la libre accession à la propriété, la constitution démocratique de notre armée et de nos administrations civiles, tous ces bienfaits qui se résument dans l'égalité devant la loi, n'ont-ils pas supprimé les causes qui, ailleurs, déterminent des masses d'hommes à rompre le lien qui les rattache à leur terre natale, et à quitter une patrie inhospitalière en lui laissant une malédiction pour adieu?

Le régime de nos lois, Messieurs, a conspiré avec notre climat, pour faire de notre France le pays du monde que ses habitants consentent le moins à quitter.

Une statistique récente nous donne à cet égard un très éclatant témoignage. Vous savez quelle attraction exercent les États-Unis sur notre vieille Europe depuis qu'au mirage de ses mines d'or est venue s'ajouter la féerie des richesses agricoles du Far-West. Eh bien, voici le relevé des immigrants que cette République a reçus du 1er juillet 1879 au 30 juin 1880[1].

Allemagne	84 638
Irlande	71 603
Angleterre	59 454
Écosse	12 640
Suède	39 186
Norvège	19 895
Autriche	12 904
Danemark	6 576
Suisse	6 156
France	4 313

Ce n'est pas le bonheur qui pousse ces émigrants vers la conquête d'un sol qui ne leur offre d'autre hospitalité que celle d'une vie à demi-sauvage. Et si la France figure dans cette liste pour un chiffre négligeable, ce fait est à l'honneur de sa civilisation.

Il est vrai qu'on peut attribuer ce défaut d'émigration à l'arrêt de la population. Mais est-ce une gloire bien enviable pour un peuple que d'avoir chaque année à rejeter de son sein l'excédent de sa population?

La colonisation que je vous propose d'organiser se distingue de ces émigrations forcées en ce qu'au lieu de rompre le lien national, elle le maintient; au

1. *Times*, 26 *novembre* 1880.

lieu de laisser se perdre sur la surface du globe et se fondre, dans des nationalités diverses, ces essaims annuels échappés de la mère-patrie, elle les fixe sur des contrées qui sont des prolongations de la patrie elle-même. En un mot, c'est l'émigration de la prévoyance, au lieu d'être l'émigration de la misère.

Vous remarquerez que les enfants abandonnés et vagabonds doivent particulièrement fournir les éléments de cette colonisation. Si l'on veut voir là une espèce de déportation, n'est-il pas permis de répondre que cette mesure est bien moins sévère que celle qui est réclamée depuis quelque temps par de nombreuses pétitions. De bien des points de la France on demande à la Chambre de décider la transportation dans une colonie de certaines catégories de récidivistes. Ne vaut-il pas mieux prendre l'enfant au début de cette vie de vagabondage qui doit fatalement le conduire au crime? Et l'arracher de la prison, n'est-ce pas l'excuse de l'arracher au pays natal?

En résumé, conserver à la France une part des générations annuelles qui lui échappent par une mort précoce, et peupler nos colonies plutôt que nos pénitenciers, telle est la pensée du projet de loi que j'ai l'honneur de soumettre à votre examen.

Proposition de loi.

Dispositions générales.

ARTICLE 1er. — Il sera créé par les soins du Ministre de l'Intérieur, du Ministre de la Marine et des Colonies et du Ministre de l'Agriculture et du Commerce, une institution destinée à recueillir, à élever et à placer les enfants trouvés ou abandonnés.

Cette institution prendra le nom d'*Orphelinat national.*

ART. 2. — L'Orphelinat national aura son siège et son administration centrale à Paris.

ART. 3. — Il établira des succursales dans chacune des colonies appartenant à la France.

ART. 4. — Il y aura dans chaque arrondissement un hospice où les enfants trouvés pourront être reçus.

Dans chaque hospice destiné à recevoir des enfants trouvés, il y aura un tour où ils devront être déposés.

CHAPITRE Ier. — *De l'Administration centrale.*

ART. 5. — L'orphelinat national aura sous sa direction des établissements fondés et administrés par lui et, sous sa surveillance, les services départementaux des enfants assistés et les services hospitaliers des enfants trouvés.

ART. 6. — Les établissements fondés par l'Orphelinat recevront :

1° Les orphelins de père et mère qui n'auront aucune ressource personnelle;

2° Les enfants moralement abandonnés dont les parents ont dû être destitués de l'autorité paternelle et ceux qui ont été recueillis en état de mendicité ou de vagabondage, mais qui n'ont pas subi de condamnation;

3° Les enfants moralement abandonnés qui ont subi une condamnation;

4° Les enfants qui, par suite des décisions dont il sera parlé plus bas, ne devront pas être maintenus dans le service des enfants assistés et dans celui des enfants trouvés.

Chacune de ces catégories d'enfants sera recueillie dans des établissements distincts.

L'Orphelinat pourra aussi recevoir des enfants qui lui seront remis par les orphelinats fondés, soit par les départements, soit par les communes, soit par les particuliers.

Les enfants ne seront reçus qu'au-dessous de l'âge de seize ans révolus.

ART. 7. — Les enfants recueillis dans les établissements de l'Orphelinat recevront une instruction professionnelle, agricole ou industrielle et seront ou placés en France, ou répartis entre les succursales des colonies.

ART. 8. — L'Administration centrale établira chaque année, par les soins de ses Inspecteurs, la liste des enfants assistés et des enfants trouvés dont le placement est défectueux et qu'il importe, dans leur intérêt, de recueillir dans les établissements de l'Orphelinat.

ART. 9. — Elle proposera, chaque année, la répartition des pupilles de l'Orphelinat entre les succursales des colonies.

Cette répartition sera soumise à la sanction du Ministre de l'Intérieur pour l'Algérie et du Ministre de la Marine pour les Colonies.

ART. 10. — Les enfants du sexe féminin recueillis par l'Orphelinat seront placés soit dans des asiles spéciaux créés par lui, soit dans des établissements privés, soit dans les succursales des colonies.

La direction de l'Orphelinat placera à la tête de ses asiles le personnel des inspections des salles d'asile, et établira auprès d'eux des comités de dames patronnesses.

CHAPITRE II. — *Des Succursales.*

ART. 11. — Les succursales auront pour mission de recevoir les pupilles, envoyés par l'Orphelinat national et de les placer dans la colonie conformément aux articles 12, 13, 14, 15, 16, 17, 18, 19 et 20 ci-après.

ART. 12. — La moitié des terrains, composant dans chaque colonie le domaine de l'État, sera réservée aux colonisations organisées par l'Orphelinat national.

ART. 13. — Un décret du Président de la République, rendu sur la proposition du Ministre de la Marine, déterminera dans les communes créées, ou à créer, au fur et à mesure de leur création, les lots de terres attribués aux colonisations prévues par l'article 11.

ART. 14. — Chaque pupille mâle recevra par les soins de la succursale un lot de terre de 15 hectares dont il deviendra propriétaire conformément aux conditions réglées par les articles ci-après.

ART. 15. — Les lots de 15 hectares destinés à un nombre déterminé de pupilles du même âge seront groupés en domaine.

ART. 16. — Ils seront exploités directement par les pupilles sous les ordres d'un chef de domaine désigné par la succursale.

Les droits et la responsabilité du chef de domaine, les obligations des pupilles, le mode d'habitation et d'exploitation du domaine seront déterminés par le règlement intérieur des succursales.

ART. 17. — Le fruit du travail des pupilles sera consacré à leur entretien, à la construction d'une maison sur le lot de terre qui leur est assigné, à la constitution d'un pécule.

ART. 18. — A sa majorité, le pupille sera définitivement propriétaire du lot qu'il aura cultivé.

ART. 19. — Le Conseil d'administration de la succursale pourra différer la remise du titre de propriété au pupille qui n'aurait pas rempli les conditions de travail et de bonne conduite imposées par le règlement.

Dans ce cas, le pupille sera mis en possession de son lot de terre qu'il cultivera à ses risques et périls. S'il justifie que pendant cinq années consécutives à dater de sa mise en possession, il a habité et cultivé sa terre, le Conseil d'administration de la succursale devra lui conférer le titre définitif de propriété.

ART. 20. — Les enfants du sexe féminin envoyés aux succursales des colonies seront placés par les soins du Conseil d'administration dans des familles de colons.

Les familles qui se chargeront de l'entretien et de l'éducation d'une pupille recevront une concession de 20 hectares de terre dont elles auront l'usufruit.

Lorsque la pupille atteindra sa majorité ou sera émancipée soit par le mariage, soit par une décision du Conseil d'administration de la succursale, elle deviendra propriétaire de la moitié du lot de 20 hectares assigné à sa famille adoptive; et le père, ou à son défaut, la mère de famille, ou à défaut de l'un et de l'autre, leurs ayants droits, deviendront propriétaires de l'autre moitié, à charge par eux de fournir à la pupille un trousseau et un pécule dont le montant sera déterminé au moment de la concession par le Conseil d'administration de la succursale.

ART. 21. — Les droits de la tutelle sont dévolus aux Conseils d'administration de l'orphelinat et des succursales sur tous les enfants recueillis. Ces droits pourront être délégués par décision spéciale de ces Conseils.

ART. 22. — Un décret déterminera ceux des enfants mâles qui seront mis chaque année à la disposition du Ministre de la Guerre et du Ministre de la Marine.

ART. 23. — Il n'est rien changé aux règles relatives à la reconnaissance des enfants trouvés ou abandonnés. Mais, avant d'exercer aucun droit, les parents devront, s'ils en ont les moyens, rembourser toutes les dépenses faites par l'Administration publique ou par les hospices.

Dans aucun cas, l'enfant réclamé ne pourra être soustrait aux obligations qui lui auraient été imposées par l'État.

L'enfant réclamé perdra le bénéfice des articles 14 et 20 de la présente loi.

ART. 24. — Un règlement d'administration publique déterminera le mode d'exécution de la présente loi.

Loi sur l'Enseignement secondaire des jeunes filles.

21 déc. 1880.

21 Décembre 1880.

ARTICLE 1er. — Il sera fondé par l'État, avec le concours des départements et des communes, des établissements destinés à l'enseignement secondaire des jeunes filles.

ART. 2. — Ces établissements seront des externats.

Des internats pourront y être annexés sur la demande des Conseils municipaux et après entente entre eux et l'État. Ils seront soumis au même régime que les Collèges communaux.

ART. 3. — Il sera fondé par l'État, les départements et les communes, au profit des internes et des demi-pensionnaires, tant élèves qu'élèves-maîtresses, des bourses dont le nombre sera déterminé dans le traité constitutif qui interviendra entre le Ministre, le département et la commune où sera créé l'établissement.

ART. 4. — L'enseignement comprend :

1° L'enseignement moral;

2° La langue française, la lecture à haute voix et au moins une langue vivante;

3° Les littératures anciennes et modernes;

4° La géographie et la cosmographie;

5° L'histoire nationale et un aperçu de l'histoire générale;

6° L'arithmétique, les éléments de la géométrie, de la chimie, de la physique et de l'histoire naturelle;

7° L'hygiène;

8° L'économie domestique;

9° Les travaux à l'aiguille;

10° Des notions de droit usuel;

11° Le dessin;

12° La musique;

13° La gymnastique.

ART. 5. — L'enseignement religieux sera donné, sur la demande des parents, par les ministres des différents cultes, dans l'intérieur des établissements, en dehors des heures des classes.

Les ministres des différents cultes seront agréés par le Ministre de l'Instruction publique.

Ils ne résideront pas dans l'établissement.

ART. 6. — Il pourra être annexé aux établissements d'enseignement secondaire un cours de pédagogie.

ART. 7. — Aucune élève ne pourra être admise dans les établissements d'enseignement secondaire sans avoir subi un examen constatant qu'elle est en état d'en suivre les cours.

ART. 8. — Il sera, à la suite d'un examen, délivré un diplôme aux jeunes filles qui auront suivi les cours des établissements publics d'enseignement secondaire.

ART. 9. — Chaque établissement est placé sous l'autorité d'une directrice.

L'enseignement est donné par des professeurs hommes ou femmes munis de diplômes réguliers.

Arrêté portant Règlement de l'École normale supérieure d'institutrices[1]. 24 déc. 1880.

24 Décembre 1880.

Le Président du Conseil, Ministre de l'Instruction publique et des Beaux-Arts,

Vu les décrets des 13 et 31 juillet et du 15 octobre 1880;

Le Conseil supérieur de l'Instruction publique entendu,

Arrête :

ARTICLE 1er. — L'École normale supérieure d'institutrices est destinée à préparer des professeurs d'Écoles normales primaires de filles.

Il pourra être admis à l'École des élèves déjà pourvues de l'un des deux certificats d'aptitude aux fonctions de professeur, qui voudraient se préparer à l'examen du certificat d'aptitude aux fonctions de directrice. Les aspirantes de cette catégorie ne seront pas astreintes à l'examen d'entrée; le Ministre, après avis du Recteur, décidera de leur admission.

ART. 2. — L'École est gratuite. Elle se recrute au concours. Elle est entretenue au moyen de bourses fondées par l'État, par les départements, par les communes ou par les particuliers.

ART. 3. — Les aspirantes doivent remplir les conditions suivantes :

1° Avoir vingt ans au moins et vingt-cinq ans au plus, au 1er octobre de l'année où elles se présentent. Des dispenses d'âge pourront être accordées. Nulle ne sera admise à se présenter plus de trois fois;

2° Être pourvue du brevet supérieur;

3° Avoir contracté un engagement décennal.

ART. 4. — L'examen d'admission comprendra les trois séries d'épreuves instituées par l'arrêté du 5 juin 1880 pour le certificat d'aptitude à l'enseignement des Écoles normales.

ART. 5. — Le cours d'études de l'École embrassera deux années.

Pour l'année scolaire 1880-81, et par suite de la nécessité de pourvoir immédiatement aux emplois nouveaux, le cours d'études sera resserré en une seule année.

ART. 6. — Le programme comprendra :

1. Rapprocher ce document de l'arrêté du 30 *décembre* 1882 (voir *à sa date*). Consulter la circulaire transmissive du 8 *janvier* 1881 aux Recteurs (*Circ.*, t. VIII, p. 418).

1° Un cours de psychologie et de morale appliquées à l'éducation et un cours d'histoire critique des doctrines pédagogiques;

2° Des cours sur les diverses matières enseignées dans les Écoles normales primaires;

3° Des conférences faites par les élèves et des exercices pratiques tant à l'École même que dans les Écoles primaires, les Écoles normales, etc.;

4° Pour les aspirantes aux fonctions de directrice, un cours de législation et d'administration scolaires.

ART. 7. — Les aspirantes au professorat ou à la direction sont tenues de se présenter, à la fin du cours d'études, à l'examen en vue duquel elles ont suivi les cours de l'École.

---

24 déc. 1880. **Rapport supplémentaire fait au nom de la Commission[1] chargée d'examiner la proposition de loi de M. Barodet et de plusieurs de ses collègues sur l'Instruction primaire (classement et traitements des instituteurs), par M. Paul Bert, député.**

Séance du 24 Décembre 1880[2].

Messieurs, les lois que vous avez récemment votées sur la *gratuité* et sur l'*obligation* de l'instruction primaire vont gravement modifier la situation matérielle des instituteurs. L'obligation augmentera dans une notable proportion le nombre de leurs élèves, et par suite la somme des efforts qui leur sont imposés. D'autre part, la suppression de la rétribution scolaire fait disparaître la proportionnalité entre la rémunération et le travail, qui était le seul argument en faveur de l'état de choses ancien.

En elle-même, du reste, la gratuité se lie intimement à la question de traitement. Vous avez eu soin de déclarer qu'aucun des instituteurs actuellement en exercice n'en pourrait subir de conséquences fâcheuses et ne verrait son traitement diminuer. Mais cette juste et sage mesure n'a pas résolu toutes les difficultés. Les intéressés s'inquiètent; ils demandent si ce traitement pourra être diminué par suite d'un changement de résidence, et se plaignent de ne voir plus bien clairement les conditions de leur avancement. Une réglementation nouvelle est nécessaire, et elle ne peut être faite que par une loi.

D'autre part, les traitements des instituteurs, malgré les améliorations dues

1. Cette Commission était composée de MM. BERT (Paul), *Président;* LOCKROY, *Secrétaire;* NOIROT, BLANC (Louis), BRICE (René), CHALAMET, BARODET, BOUSQUET, ALLEMAND, SPULLER, DETHOU, ALLÈGRE, PARRY, CANTAGREL, FLOQUET, DRUMEL, ARMEZ, DESCHANEL, DUVAUX, BOYSSET.

2. Voir ci-dessus, p. 82, le projet du 6 *décembre* 1879. Cette proposition fut détachée du projet général de la Commission parlementaire.

Le rapport de M. Paul BERT fut discuté et le projet voté à la séance de la Chambre des Députés, 28 *juillet* 1881, l'une des dernières de la législature. Il fut transmis au Sénat, qui, à la rentrée suivante, adopta comme règle de ne retenir à son ordre du jour que les projets de loi déposés par le Gouvernement. — Celui-ci ne reçut aucune suite.

à la loi du 19 juillet 1875, sont insuffisants dans l'immense majorité des cas. Il suffit pour le prouver d'énoncer quelques résultats généraux empruntés aux statistiques.

En 1876[1] le nombre des instituteurs et des institutrices titulaires était de 56796. Le traitement total qui leur était attribué s'élevait à 54 427 950 fr. Il en ressort un traitement moyen de 958 fr. Pour les 23 267 adjoints et adjointes, le traitement moyen était de 363 fr. : 1 franc par jour. La statistique de 1878 nous indique une situation un peu améliorée, et cela grâce aux effets de la loi de 1875; mais elle montre cependant que *le tiers des instituteurs et les trois quarts des institutrices ont un traitement inférieur à 1 000 fr., et qu'un instituteur seulement sur 10 et une institutrice sur 17 ont un traitement supérieur à 1 500 fr.* Celui de 2 000 fr. n'est atteint et dépassé que par un instituteur sur 25 et une institutrice sur 45. Encore le quart de ces privilégiés habitent le département de la Seine.

Un aussi déplorable état de choses n'a que trop longtemps duré. Nous venons vous demander de faire un effort digne de vous, de la République et de la nation, en donnant aux maîtres de l'enfance une rémunération plus en rapport avec le rôle qu'ils jouent, les services qu'ils rendent, et les exigences croissantes à tous les points de vue de leur situation.

La proposition de loi que nous avons l'honneur de vous soumettre n'est que la reproduction, sauf quelques modifications de détail, de divers articles de la proposition d'ensemble dont nous avons déposé le rapport le 6 décembre 1879. Il nous suffira donc de peu de mots pour en expliquer et en justifier les dispositions.

La première modification qu'elle apporte à la législation actuelle est l'établissement d'un *stage* de deux années, que devra subir le jeune breveté avant d'être admis à titre définitif dans le corps enseignant. Cette épreuve accomplie, il prend rang dans la quatrième classe des instituteurs *titulaires*. En créant le stagiaire, nous avons simultanément supprimé *l'adjoint*, tel qu'il est aujourd'hui défini par la loi.

Dans l'état actuel des choses, en effet, les adjoints constituent une catégorie à part, exerçant soit dans les Écoles nombreuses, soit dans les Écoles de hameau, et à qui la durée de leurs services dans ces diverses fonctions n'est pas comptée dans l'avancement, lorsqu'ils deviennent instituteurs titulaires. Or il y a là une injustice flagrante, car cette durée est souvent considérable, de bons adjoints étant soigneusement maintenus dans les Écoles où les directeurs sont insuffisants : de là des plaintes fréquentes et justifiées.

Avec la disposition que nous vous proposons, tout cela disparaît. Notre stagiaire subit une épreuve destinée à montrer si aux connaissances théoriques attestées par ses brevets il unit les aptitudes particulières nécessaires à l'instituteur; pendant son stage ou après son stage, il peut être remercié sans que son renvoi ait le caractère disciplinaire et le frappe d'une déchéance morale. Il y a là une garantie expérimentale contre des choix qu'on a souvent lieu de regretter plus tard. Puis, quand le stagiaire est devenu titulaire, il peut ou bien rester adjoint (ce qu'il aura été jusque-là dans l'immense majorité des cas), ou bien prendre la direction d'une École; dans l'un ou l'autre cas, il est soumis à une règle unique d'avancement, et l'on comprend parfaitement que des Écoles de grandes villes arrivent à n'avoir comme adjoints que des instituteurs de première classe.

1. Voir notre Rapport général (nº 1981) : Annexe A, Tableaux XV et XLII. (Note du *Rapport*.)

La seconde modification est plus importante. D'après la loi de 1875, les instituteurs et les institutrices titulaires sont divisés en quatre classes; la promotion à une classe supérieure a lieu, de droit, après cinq années passées dans la classe immédiatement inférieure, et ne peut avoir lieu avant l'expiration de cette période.

Ainsi l'avancement a lieu exclusivement à l'ancienneté. Et cela est sage, puisque la classe n'attribue à l'instituteur qu'un minimum de traitement[1]. La loi a voulu garantir à un jeune homme entrant à vingt ans dans l'enseignement, qu'à trente-cinq ans il aurait au moins 1 200 francs de traitement. La rétribution scolaire ou éventuelle, dans les communes qui ont établi la gratuité, peut l'élever notablement; mais ce surcroît dépend de la commune où il exerce, si bien qu'un simple déplacement peut le faire disparaître et réduire l'instituteur à son minimum légal, à la portion congrue.

Le système que nous vous présentons est tout différent. La division en classes attribuera aux instituteurs non le minimum du traitement, mais le traitement tout entier, fourni désormais, en vertu de la loi sur la gratuité, par des ressources fixes provenant des budgets communaux et départementaux et du budget de l'État. Cette classe, et par suite ce traitement, seront attachés non à la résidence, mais à la personne. Il en résultera que les changements de localité ne pourront plus, sauf les exceptions assez rares présentées par certaines communes qui font à leurs instituteurs des avantages spéciaux, être sérieusement préjudiciables à l'instituteur, au moins pour ce qui a rapport à sa situation matérielle. Une très grande liberté sera donc donnée à l'Administration, et, d'autre part, les instituteurs qui auront rendu d'importants services pourront être récompensés par un avancement qu'on ne sera plus forcé de leur faire acheter au prix d'un déplacement. Sans doute, l'avancement sur place sera toujours une exception, mais il permettra de donner satisfaction à des nécessités qui, bien qu'exceptionnelles elles-mêmes, se rencontrent assez fréquemment.

La conséquence de ce nouvel état de choses est de ne pas laisser à l'ancienneté un droit absolu ou même prépondérant par rapport à l'avancement. Le mérite et non l'âge doivent justifier la hiérarchisation sérieuse.

Le Ministre de l'Instruction publique aura donc à déterminer, par un règlement, le nombre des instituteurs qui doivent appartenir à chaque classe, et cela pour chaque département, afin d'éviter les sollicitations indiscrètes. La première classification une fois faite, les avancements auraient lieu chaque année, au prorata des places vacantes, comme cela a lieu dans l'enseignement secondaire.

Et maintenant, comment sera faite cette classification première? L'idée la plus simple, c'est de conserver chaque instituteur dans la classe à laquelle il appartient actuellement. Mais cela ne serait pas juste, puisque les avancements qui donnaient seulement droit à un minimum de traitement avaient lieu exclusivement à l'ancienneté, tandis que ceux qui donneront désormais droit au traitement total devront avoir lieu suivant le mérite. De plus, on arriverait en suivant ce système à de graves difficultés financières.

1. Instituteurs titulaires : 4e classe, 900 fr.; 3e classe, 1 000 fr.; 2e classe, 1 100 fr.; 1re classe, 1 200 fr. — Institutrices titulaires : 3e classe, 700 fr.; 2e classe, 800 fr.; 1re classe, 900 fr. — Adjoints, 700 fr. et 800 fr.; adjointes, 600 fr. et 650 fr.

En effet, nous vous proposons de fixer les traitements comme suit :

Instituteurs et institutrices stagiaires			900 fr.
—	—	de 5e classe	1 000 à 1 200
—	—	4e —	1 300 à 1 500
—	—	3e —	1 600 à 1 800
—	—	2e —	1 900 à 2 200
—	—	1re —	2 200 à 2 600

Or, les documents qui nous ont été transmis par le Ministère de l'Instruction publique[1], nous montrent que sur 56 693 instituteurs et institutrices titulaires, il y en a 23 802 appartenant à la 1re classe, c'est-à-dire que cette catégorie, qui devrait être à la fois l'élite et l'exception, est la plus nombreuse des quatre, ce qui s'explique aisément, puisqu'il suffit pour l'atteindre de quinze ans d'exercice chez les instituteurs et de dix ans chez les institutrices. Or un traitement moyen de 2 300 fr. exigerait pour cette catégorie seule une dépense de 54 millions. En continuant le calcul pour chaque classe, on arrive, pour les titulaires seulement, à 100 millions environ, auxquels il faudrait ajouter une vingtaine de millions au moins pour les adjoints, soit en tout 120 millions environ.

Nous ne croyons pas nécessaire d'imposer immédiatement à notre budget un supplément de dépenses d'une quarantaine de millions, surtout pour consacrer un état de choses qui ne correspond pas à une juste rétribution des mérites.

On pourrait se tirer d'affaire en déclarant que chaque instituteur entrera d'emblée dans la classe à laquelle correspond son traitement actuel. Il n'y aurait ainsi aucun surcroît de dépense. Mais cette classification consacrerait de véritables injustices, car les traitements varient suivant les localités, suivant des circonstances que rien ne règle, et qui n'ont aucun rapport avec la valeur personnelle des instituteurs, valeur que la classe devra désormais indiquer.

Il nous a paru préférable de faire un nouveau classement des instituteurs,

1. *Classement des instituteurs et institutrices publics* (1880).

I. Nombre des instituteurs titulaires :		
De 4e classe	8 046	34 782
De 3e —	6 595	
De 2e —	5 689	
De 1re —	14 552	
II. Nombre des institutrices titulaires :		
De 3e classe	8 096	21 911
De 2e —	4 565	
De 1re —	9 250	
Total		56 693
III. Nombre des instituteurs adjoints :		
Chargés d'une École de hameau	1 734	12 354
Attachés à une École principale	10 620	
IV. Nombre des institutrices adjointes :		
Chargées d'une École de hameau	2 053	9 728
Attachées à une École principale	7 675	
Total		22 082
Total général		78 775

et de les répartir en tenant compte à la fois de l'ancienneté des services, des diplômes et des mérites individuels. Mais il serait bien spécifié que, dans cette nouvelle mise en ordre, la situation pécuniaire d'aucun des intéressés ne pourrait déchoir.

L'Administration, consultée à ce propos, a déclaré que ce travail pourrait être fait aisément et rapidement. Nous vous proposons de désigner, pour l'exécution, une Commission où deux membres du Conseil départemental seront appelés à siéger à côté des Inspecteurs et des directeurs des Écoles normales.

Vous avez dû remarquer, Messieurs, que nous avons introduit dans notre proposition une innovation importante, en vous proposant de mettre absolument sur le pied d'égalité les instituteurs et les institutrices. C'est que rien ne nous a paru justifier l'état d'infériorité dans lequel on a maintenu jusqu'ici ces dernières. Égaux sont, des deux côtés, les brevets de capacité, égaux les services rendus, égales les responsabilités et les charges sociales; donc, selon nous, égaux doivent être les traitements.

Que si maintenant nous cherchons à nous faire une idée des dépenses qu'entraînera la mise en jeu de notre proposition, il est aisé de voir qu'elles varieront suivant le nombre des instituteurs que le Gouvernement croira devoir attribuer à chaque classe.

Nous pouvons nous en faire une idée par l'examen du tableau ci-dessous, dans lequel nous avons pris pour base de calcul un nombre rond de 80 000 instituteurs et institutrices (il y en avait, en 1879, 78 775) :

Classes.	Proportion centésimale des instituteurs de chaque classe.	Nombre des instituteurs de chaque classe.	Dépenses (En calculant sur le traitement moyen de chaque classe).
1re . . .	1	800	800 × 2 400 fr. = 1,9 millions.
2e. . . .	4	3 200	3 200 × 2 200 » = 6,7 —
3e. . . .	10	8 000	8 000 × 1 700 » = 13,6 —
4e. . . .	25	20 000	2 000 × 1 400 » = 28,0 —
5e. . . .	35	28 000	28 000 × 1 100 » = 30,8 —
Stagiaires .	25	20 000	20 000 × 900 » = 18,0 —
	100	80 000	99 millions.

Or, la dépense de ce chef s'est élevée en 1880 à 79 000 000 de francs. C'est donc, en nombre rond, 20 000 000 dont nous vous demandons d'inscrire au budget la dépense annuelle. Si lourde que soit cette charge, nous pensons que vous n'hésiterez pas à l'accepter. Elle se justifie suffisamment déjà dans l'état actuel des choses par la situation déplorable dans laquelle végètent la plupart des maîtres de l'enfance. Mais sa nécessité apparaît plus évidente encore lorsqu'on songe aux conditions nouvelles exigées des futurs instituteurs, à la difficulté croissante des épreuves du brevet, à la somme croissante de travail imposée au maître dans l'École, au nombre croissant des élèves qu'il aura à diriger. Ajoutez que nous considérons, avec tout le corps enseignant, comme absolument nécessaire d'interdire aux instituteurs ces emplois de secrétaire de mairie, de chantre à l'église, etc., où ils perdent aujourd'hui un temps précieux, et qui diminuent ou leur indépendance ou leur dignité. Enfin, la suppression de l'exemption militaire, suppression désirée des instituteurs eux-mêmes, sollicitée même par eux au nom de leur dignité personnelle et de leur autorité sur leurs élèves, impose à l'État le devoir de compenser par des avantages matériels la perte d'une situation privilégiée. Et veuillez remarquer qu'il ne s'agit, en définitive, que d'assurer à nos instituteurs un traitement moyen de 1 225 francs !

L'explication détaillée des articles n'exigera que peu de mots.

L'art. 1er pose le principe de la division des fonctionnaires de l'enseignement primaire en stagiaires et titulaires. On voit que nous les embrassons dans une formule d'ensemble, qu'ils enseignent dans les Écoles ou dans les Salles d'asile.

Les art. 2 et 3 déterminent le nombre des classes et les conditions auxquelles est subordonné l'avancement.

Les art. 4, 5, 6 et 7 règlent les traitements. On voit que, dans chaque classe, il y a un maximum et un minimum de traitement, et que chaque promotion de classe entraîne une augmentation de 100 francs au moins.

Le maximum que nous avons établi (2 600 fr.) est inférieur au chiffre des appointements que, dans certaines grandes villes, et surtout à Paris, des municipalités généreuses ont alloués à leurs instituteurs. Mais nous espérons que les dispositions nouvelles n'influeront en rien sur le bon vouloir de ces municipalités, et qu'elles continueront à faire, pour l'instruction et l'éducation de leurs jeunes citoyens, des sacrifices qui seront, dans l'état nouveau comme dans l'état ancien, absolument volontaires.

Des suppléments sont attribués aux directeurs d'Écoles primaires supérieures, aux instituteurs munis du brevet supérieur et à ceux qui dirigent une classe d'adultes.

L'allocation de 100 francs aux titulaires de la médaille d'argent devient viagère. Nous donnons ainsi satisfaction à une proposition de loi présentée par notre honorable collègue, M. Barodet.

Les art. 8, 9 et 10 préparent la transition, indiquent la composition du jury chargé de faire le classement nouveau, et font en sorte qu'aucune atteinte ne puisse être portée à la situation des instituteurs actuellement en exercice.

L'art. 11 interdit aux instituteurs toute fonction administrative, toute profession industrielle et commerciale; et nous comprenons sous cette rubrique les emplois de clerc, chantre, bedeau, sonneur, etc., que les nécessités actuelles ont imposés à trop de pauvres instituteurs. L'art. 12 tempère la rigueur de ce principe pour ce qui a rapport au secrétariat de la mairie. Si graves que soient les inconvénients d'une situation qui, par une étrange confusion des forces et des responsabilités, met l'instituteur dans la subordination du maire, et parfois le maire dans la dépendance de l'instituteur, la difficulté de remplacer immédiatement celui-ci dans nombre de petites communes nous a déterminés à accorder un sursis de dix ans pour l'exécution complète de l'art. 11. D'ici là, les difficultés, qu'on a beaucoup exagérées du reste, s'aplaniront, les progrès de l'instruction auront suscité un personnel qui paraît manquer actuellement, et les communes trouveront sans peine le secrétaire de mairie, que parfois elles chercheraient en vain aujourd'hui.

Proposition de loi.

ARTICLE 1er. — Les instituteurs, institutrices et maîtresses de Salles d'asile munis de leurs brevets, ne peuvent être nommés, à titre définitif, qu'après un stage de deux ans au moins accompli dans une École publique; ils sont alors dits titulaires.

Les instituteurs stagiaires devront être âgés de dix-huit ans accomplis; les institutrices stagiaires et maîtresses stagiaires dans les salles d'asile, de dix-sept ans accomplis; les directeurs et directrices d'Écoles primaires et primaires supérieures et les directrices de Salles d'asile, de vingt et un ans accomplis.

ART. 2. — Les instituteurs titulaires, les institutrices titulaires et les maîtresses titulaires d'Écoles enfantines sont réparties en cinq classes.

Les promotions de classe, qui peuvent être faites sur place, n'auront lieu qu'au bout de quatre années d'exercice dans la classe inférieure.

Un tableau d'avancement, dressé chaque année par l'Inspecteur d'Académie et les Inspecteurs primaires réunis en Conseil, sera publié dans le Bulletin scolaire du département.

Les directrices de Salles d'asile munies d'un brevet d'institutrice pourront être nommées institutrices avec la classe qu'elles avaient comme directrices.

Les institutrices pourront, si elles prennent le brevet de maîtresse de salle d'asile, être nommées directrices avec la classe qu'elles avaient comme institutrices.

ART. 3. — Des décrets, délibérés en Conseil supérieur de l'Instruction publique, détermineront le nombre des instituteurs attribués à chaque classe et leur répartition par département.

ART. 4. — Le traitement des instituteurs stagiaires est de 900 francs; celui des instituteurs et institutrices titulaires et des directrices d'Écoles enfantines

De 5e classe est de	1 000 à 1 200	francs.
De 4e classe est de	1 300 à 1 500	—
De 3e classe est de	1 600 à 1 800	—
De 2e classe est de	1 900 à 2 200	—
De 1re classe est de	2 200 à 2 600	—

Avec, en Algérie, le quart colonial en sus.

Ces divers traitements seront augmentés de 300 francs pour les directeurs et directrices d'Écoles primaires supérieures.

L'obtention du brevet supérieur donne lieu à une augmentation de traitement de 200 francs.

ART. 5. — Une indemnité fixée par le Ministre de l'Instruction publique, après avis du Conseil départemental, sera accordée annuellement aux instituteurs et institutrices dirigeant une classe d'adultes.

ART. 6. — L'obtention de la médaille d'argent entraînera une allocation supplémentaire et viagère de 100 francs. Cette allocation sera caduque en cas de révocation ou de démission, à moins que la démission ne soit fondée sur des raisons de santé reconnues valables par le Conseil départemental.

ART. 7. — Les indemnités et allocations attribuées en vertu des trois articles précédents, ainsi que les suppléments de traitement que pourraient allouer les communes à leurs instituteurs, et la prime accordée aux instituteurs algériens pour la connaissance de la langue arabe, seront l'objet de retenues au profit du Trésor public, et compteront dans la liquidation de la retraite.

ART. 8. — Un nouveau classement des instituteurs sera opéré dans le délai de six mois, à partir de la promulgation de la présente loi. Ce classement sera fait par une Commission présidée par l'Inspecteur d'Académie, et composée des Inspecteurs primaires, des directeurs et directrices d'Écoles normales primaires et de deux délégués du Conseil départemental, nommés par ce Conseil.

ART. 9. — Les fonctionnaires enseignants actuellement en exercice qui jouissent d'un traitement supérieur à celui qui, en vertu de l'article 4, est attaché à la classe à laquelle ils appartiennent, conserveront ce traitement tant qu'ils exerceront dans les mêmes conditions.

Ceux dont le traitement dépasse 2 600 francs ou 2 900 francs, s'ils sont à la tête d'une École primaire supérieure, recevront, si la commune refuse de leur donner le complément, une indemnité sur les fonds de l'État pendant toute la durée de leurs fonctions dans les mêmes conditions.

Ce supplément de traitement sera l'objet de retenues au profit du Trésor public et comptera dans la liquidation de la retraite.

ART. 10. — A partir de la promulgation de la présente loi, l'article 6 sera applicable aux instituteurs déjà mis à la retraite et pourvus antérieurement de la médaille d'argent.

ART. 11. — Toute fonction administrative, toute profession commerciale et industrielle est interdite aux instituteurs et institutrices publics et aux maîtresses des Salles d'asile.

ART. 12. — Pendant le laps de dix années, à partir de la promulgation de la présente loi, les instituteurs communaux pourront être autorisés par l'Inspecteur d'Académie, le Conseil départemental entendu, à exercer les fonctions de secrétaire de mairie dans les communes où cette dérogation à l'article précédent aura été reconnue nécessaire.

ART. 13. — Sont abrogés les articles 1, 2, 3, 4, 5, 9 de la loi du 19 juillet 1875.

Circulaire du Ministre de l'Instruction publique, recommandant de ne pas confier aux instituteurs primaires la garde des Boîtes de secours dans les communes. 30 déc. 1880.

30 Décembre 1880.

Monsieur le Préfet, par ma circulaire en date du 3 mai 1880[1], je vous ai demandé de vouloir bien examiner, avec MM. les maires de votre département, s'il n'y aurait pas d'inconvénient à confier aux instituteurs primaires la garde de la boîte de secours de M. Barion dans les communes qui auraient trouvé bon d'en faire l'acquisition.

Pour achever de m'éclairer sur cette question, et pour examiner une proposition de M. Barion, tendant à introduire la boîte de secours dans les Écoles normales primaires, j'ai institué, avec mon collègue de l'Agriculture et du Commerce, une Commission spéciale, qui s'est réunie, au Ministère, le 27 novembre dernier.

Cette Commission a conclu à l'unanimité au rejet de la proposition de M. Barion en ce qui concerne les Écoles normales, et a, en outre, émis le vœu que, dans les communes qui achèteront la boîte de secours, ce ne soit pas à l'instituteur que M. le maire en confie la garde.

La Commission a considéré, en effet, qu'une boîte renfermant des substances toxiques, et dont la clef peut être égarée ou oubliée, ne serait point placée sans danger dans les Écoles normales et les Écoles primaires. Il y a, d'autre part, à craindre que l'instituteur ne sache pas toujours résister à la tentation de pra-

1. *Bull. adm.*, 1880, t. XXIII, p. 463.

tiquer illégalement la médecine et la pharmacie. Enfin, de fâcheux dissentiments peuvent naître entre les habitants de la commune et l'instituteur, quand celui-ci, fidèle à la consigne, refusera tel ou tel médicament.

Ces considérations me paraissent fondées, et je vous prie en conséquence, Monsieur le Préfet, de ne considérer ma circulaire du 3 mai dernier que comme un commencement d'informations sur une question qui était recommandée à ma sollicitude par mon collègue M. le Ministre de l'Intérieur.

Recevez, etc.

Signé : JULES FERRY.

---

4 janvier 1881.

Décret relatif aux Brevets de capacité pour l'Enseignement primaire[1].

4 Janvier 1881[2].

Le Président de la République française,

Sur le rapport du Président du Conseil, Ministre de l'Instruction publique et des Beaux-Arts,

Vu les articles 23, 25 et 46 de la loi du 15 mars 1850;

Vu l'article 9 de la loi du 21 juin 1865;

Vu l'article 16 de la loi du 10 avril 1867;

Vu l'article 3 de la loi du 19 juillet 1875;

Vu l'article 50 du décret du 29 juillet 1850;

Vu le décret du 2 mai 1870;

Le Conseil supérieur de l'Instruction publique entendu,

Décrète :

TITRE Ier. — *Des Titres de Capacité.*

ARTICLE 1er. — Le brevet de capacité exigé par l'article 25 de la loi du 15 mars 1850, pour exercer la profession d'instituteur primaire public ou libre, portera le nom de *Brevet de capacité de second ordre* ou *Brevet élémentaire*[3].

1. Consulter l'*Enquête sur le Brevet de capacité, Rapports des Recteurs* (in-8°, 122 pages, Imp. Natle, 1880);

La *circulaire* du 6 *novembre* 1879, aux Recteurs, sur l'opportunité d'une revision des programmes (*Circ.*, t. VIII, p. 225);

La *circulaire* du 25 *février* 1881, aux Recteurs, sur l'application des nouveaux règlements (*Ibid.*, p. 469).

2. Ce décret a été abrogé par le décret du 30 *décembre* 1884 (voir ci-après *à sa date*).

3. Voir *Les Examens du personnel de l'enseignement primaire*, par M. JOST (*Monographies pédagogiques*, t. III, p. 233 à 377, Imp. Natle, 1889);

Titres et Brevets de capacité (*Mémoires et Documents scolaires publiés par le Musée pédagogique*, fascicule n° 48);

L'Enquête sur la Réforme des Brevets de capacité de l'enseignement primaire en 1884 (Imp. Natle).

ART. 2. — Le brevet de capacité comprenant les matières facultatives de l'enseignement primaire, et auquel est attaché l'émolument fixé par l'article 3 de la loi du 19 juillet 1875, portera le nom de *Brevet de capacité de premier ordre* ou *Brevet supérieur*.

ART. 3. — Il est institué, en outre, sous le nom de *Certificat d'aptitude pédagogique*[1], un titre complémentaire de l'un ou de l'autre brevet, destiné à constater plus particulièrement l'aptitude des instituteurs ou des institutrices à la direction des Écoles publiques comprenant plusieurs classes.

TITRE II. — *Des Conditions d'admission.*

ART. 4. — Pour se présenter devant une Commission d'examen en vue d'obtenir le brevet supérieur, tout candidat doit justifier de la possession du brevet élémentaire et avoir dix-sept ans au 1er janvier de l'année dans laquelle il se présente[2].

ART. 5. — Pour se présenter aux examens du brevet élémentaire, le candidat doit avoir au moins seize ans au 1er janvier de l'année dans laquelle il se présente[3].

ART. 6. — Les candidats au certificat d'aptitude pédagogique doivent avoir au moins vingt et un ans révolus au moment de leur examen et justifier de deux ans d'exercice au moins dans l'enseignement public ou libre à compter de l'époque où ils ont obtenu le brevet élémentaire.

ART. 7. — Aucune dispense d'âge ni de stage ne pourra être accordée.

TITRE III. — *Des Sessions d'examen.*

ART. 8. — Les Commissions d'examen tiennent au moins deux sessions par an pour le brevet élémentaire et le brevet supérieur, une au moins pour le certificat d'aptitude pédagogique.

ART. 9. — Pour l'examen relatif au certificat d'aptitude pédagogique, la Commission est présidée par l'Inspecteur d'Académie et comprend nécessairement deux Inspecteurs primaires.

ART. 10. — Les Commissions ne peuvent délibérer régulièrement

1. Voir *Le Certificat d'aptitude pédagogique*, par M. BERGER (*Mémoires et Documents scolaires publiés par le Musée pédagogique*, fascicule n° 29).

2. Voir ci-après le décret du 27 *juillet* 1882 (*à sa date*), fixant l'âge normal de dix-sept ans à la date de l'ouverture de la session, et l'article 107 du décret du 18 *janvier* 1887 (*à sa date*).

3. Voir ci-après le décret du 27 *juillet* 1882 (*à sa date*), fixant l'âge normal de seize ans à la date de l'ouverture de la session, et l'article 107 du décret du 18 *janvier* 1887 (*à sa date*).

qu'autant que cinq de leurs membres sont présents. Les délibérations sont prises à la majorité des suffrages. En cas de partage, la voix du président est prépondérante.

TITRE IV. — *Des Épreuves.*

ART. 11. — Un arrêté ministériel, pris en Conseil supérieur, déterminera, conformément aux lois et décrets en vigueur, le programme des examens à subir, le choix des sujets de composition et le mode de jugement des épreuves[1].

ART. 12. — L'article 50 du décret du 29 juillet 1850 et le décret du 2 mai 1870 sont et demeurent abrogés.

---

5 janvier 1881.

Arrêté portant Règlement des Examens du Brevet de capacité[2].

5 Janvier 1881.

Le Président du Conseil, Ministre de l'Instruction publique et des Beaux-Arts,

Vu les articles 23, 25 et 46 de la loi du 15 mars 1850;

Vu l'article 9 de la loi du 21 juin 1865;

Vu l'article 16 de la loi du 10 avril 1867;

Vu l'article 3 de la loi du 19 juillet 1875;

Vu l'article 50 du décret organique du 29 juillet 1850;

Vu le décret et l'arrêté du 15 janvier 1877;

Vu le décret du 4 janvier 1881;

Le Conseil supérieur de l'Instruction publique entendu,

Arrête :

TITRE Ier. — *Des Sessions d'examen.*

ARTICLE 1er. — Les deux sessions réglementaires d'examen pour les brevets de capacité de l'enseignement primaire ont lieu chaque année et dans chaque département : l'une en mars, l'autre en juillet.

Des sessions extraordinaires peuvent être autorisées par le Mi-

1. Consulter (*Circ.*, t. IX, p. 362) la circulaire du 8 *mai* 1884, aux Recteurs, relative aux modifications à apporter dans les examens du brevet de capacité (Enquête sur les points suivants : nombre, nature et degré des divers brevets de capacité; programmes correspondants; 2° examens, date, forme, lieu, organisation, épreuves, corrections; 3° Commissions d'examen, composition, mode de nomination).

2. Arrêté rapporté par l'arrêté du 30 *décembre* 1884 (voir ci-après *à sa date*).

nistre de l'Instruction publique, soit pour toute la France, soit dans un ou plusieurs départements.

La date précise de chaque session est fixée un mois à l'avance par le Ministre. Le Ministre fixe également un mois à l'avance la date de la session d'examen pour le certificat d'aptitude pédagogique.

Pour les deux sessions ordinaires, les compositions ont lieu le même jour et à la même heure dans tous les départements.

ART. 2. — Les sujets de composition sont envoyés, sous pli cacheté, par le Ministre.

Ils doivent être parvenus à l'inspection académique trois jours avant la date fixée pour les compositions.

Le pli est ouvert, séance tenante, par le président de la Commission, en présence des candidats.

Dans le cas où, à l'ouverture du pli, une erreur de transmission serait constatée, l'Inspecteur d'Académie ou, à son défaut, le président de la Commission choisirait d'urgence le sujet de la composition.

ART. 3. — Les épreuves écrites sont examinées et jugées par la Commission réunie, qui prononce l'admission aux épreuves orales, et dresse, par ordre d'inscription, la liste des candidats admis à ces épreuves.

Quand le nombre des candidats inscrits est trop considérable, il peut être formé plusieurs Commissions composées de sept membres et procédant séparément dans les conditions susindiquées.

ART. 4[1]. — Pour procéder à l'examen oral, la Commission ne peut, dans aucun cas, se subdiviser en Sous-Commissions de moins de trois membres. Le procès-verbal des séances constatera que cette prescription a été observée.

ART. 5. — A la fin de la session, le procès-verbal des opérations de la Commission, signé par le président et le secrétaire, est envoyé au Recteur, qui le transmet au Ministre[2].

1. Voir, pour l'application, la circulaire du 29 *janvier* 1881, aux Préfets (*Circ.*, t. VIII, p. 431). — Rien n'est changé à la situation des ministres des cultes dans l'examen, bien que l'épreuve spéciale de religion ait été supprimée.

2. Consulter les circulaires :

Du 27 *octobre* 1879, aux Recteurs, rappelant les instructions qui prescrivent de mentionner la qualité de *laïque* ou de *congréganiste* (*Circ.*, t. VIII, p. 215);

— 10 *juin* 1881, aux Recteurs, déclarant qu'il ne s'agit que d'une information statistique, et qu'il n'y a pas lieu de voir dans la demande d'indication une indiscrétion ou une investigation alarmante (*Ibid.*, p. 507).

Aux termes d'une décision du 4 *octobre* 1881, reproduite dans une circulaire du Vice-Recteur de l'Académie de Paris en date du 5, la délivrance des brevets est faite à titre gratuit sur papier libre. Les candidats qui désirent l'obtenir sur parchemin ont à se procurer un imprimé dans le commerce.

TITRE II. — *De l'Inscription des candidats et de la Surveillance des examens.*

ART. 6. — Tout candidat au brevet de capacité est tenu de se faire inscrire au bureau de l'Inspecteur d'Académie dix jours au moins avant l'ouverture de la session et de déposer à l'appui de sa demande d'inscription :

1° Un extrait de son acte de naissance;

2° Une déclaration écrite de sa main faisant connaître s'il veut subir uniquement l'examen du brevet élémentaire ou s'il se présente en même temps aux épreuves du brevet supérieur. La signature du candidat doit être légalisée par le maire de la commune où il réside.

ART. 7. — Le candidat refusé à une session peut toujours se présenter à la première session ordinaire ou extraordinaire qui suit.

ART. 8. — Ne sont pas admis à l'examen, et, dans tous les cas, n'ont pas droit à la délivrance du brevet, les aspirants qui se trouvent dans les cas d'incapacité prévus par l'article 26 de la loi du 15 mars 1850.

ART. 9. — A l'ouverture de la session, le président de la Commission fait l'appel des aspirants inscrits. Chaque aspirant, à l'appel de son nom, vient apposer sa signature sur le registre, afin de constater son identité.

ART. 10. — Toute communication entre les aspirants pendant les épreuves, toute fraude ou tentative de fraude entraîne l'exclusion.

TITRE III. — *De l'Examen du Brevet élémentaire.*

ART. 11. — L'examen se divise en épreuves écrites et en épreuves orales.

Pour les épreuves écrites, les candidats sont réunis soit ensemble, soit par séries, sous la surveillance de membres de la Commission désignés par le président.

Parmi les personnes chargées de la surveillance se trouvera nécessairement dans chaque série, s'il y en a plusieurs, un Inspecteur primaire; et, en outre, pour l'examen des aspirantes, une dame déléguée par le Préfet.

ART. 12. — Les épreuves écrites pour l'examen des aspirants ou aspirantes au brevet élémentaire sont au nombre de quatre, savoir :

1° Une page d'écriture à main posée, comprenant une ligne en gros dans chacun des trois principaux genres (cursive, bâtarde et ronde), une ligne de cursive en moyen, et quatre lignes de cursive en fin;

2° Une dictée d'orthographe d'une page environ dont le texte est pris dans un auteur classique. Ce texte, lu d'abord à haute voix, est ensuite dicté posément, puis relu. Dix minutes sont accordées aux candidats pour relire et corriger leur travail;

3° Un exercice de composition française;

4° La solution raisonnée de deux problèmes d'arithmétique comprenant l'application des quatre règles (nombres entiers et fractions) et du système métrique.

Il est accordé une heure et demie pour chacune des épreuves de composition française et d'arithmétique, trois quarts d'heure pour la page d'écriture.

ART. 13. — Les épreuves orales pour le brevet élémentaire sont au nombre de quatre, savoir :

1° Lecture de français dans un recueil de morceaux choisis en prose et en vers; chaque aspirant lira un passage de prose et un passage de poésie; lecture du latin. — Des questions sont adressées aux aspirants sur le sens des mots et la liaison des idées dans les morceaux français qu'ils ont lus;

2° Analyse d'une phrase au tableau noir;

3° Questions d'arithmétique et de système métrique;

4° Questions sur les éléments de l'histoire et de la géographie de la France.

Au cours de ces épreuves, des questions sur les procédés d'enseignement des diverses matières comprises dans le programme obligatoire seront adressées aux candidats. Il sera tenu compte de ces réponses spéciales dans l'appréciation des diverses épreuves.

Dix minutes sont consacrées à chacune de ces épreuves.

ART. 14. — Les aspirantes au brevet élémentaire subissent les épreuves déterminées aux articles 12 et 13 du présent arrêté.

De plus, entre les épreuves écrites et les épreuves orales, elles exécutent, sous la surveillance de dames désignées à cet effet, les travaux à l'aiguille prescrits par l'article 48 de la loi du 15 mars 1850.

Parmi ces travaux, et au premier rang, sont les ouvrages de couture usuelle.

TITRE IV. — *De l'Examen du Brevet supérieur*[1].

ART. 15. — Toutes les épreuves du brevet supérieur, soit écrites, soit orales, doivent être subies dans une même session.

1. Voir la circulaire du 12 *septembre* 1881, qui autorise l'ouverture d'une session extraordinaire en novembre 1881 (*Bull. adm.*, 1881, t. XXIV, p. 1399).

ART. 16. — Les épreuves écrites sont les suivantes :

1° Une composition comprenant deux questions, l'une sur l'arithmétique et la géométrie appliquée aux opérations pratiques, l'autre sur les sciences physiques et naturelles avec leurs applications les plus usuelles à l'hygiène, à l'industrie, à l'agriculture et à l'horticulture (quatre heures sont accordées pour cette composition);

2° Une composition comprenant une ou plusieurs questions soit sur la langue et la littérature françaises, soit sur l'histoire et la géographie[1] (trois heures);

3° Une composition de dessin[2] (dessin linéaire et d'ornement ou dessin d'imitation) (trois heures).

ART. 17. — Pour les épreuves orales, les matières sont réparties en six groupes ci-après énumérés :

1° Arithmétique appliquée aux opérations pratiques, notions d'algèbre, tenue des livres, éléments de géométrie, arpentage et nivellement;

2° Notions de physique, chimie, histoire naturelle, avec leurs applications aux usages de la vie, à l'industrie, à l'agriculture et à l'horticulture;

3° Histoire de France et notions d'histoire générale, géographie générale;

4° Langue française : lecture expliquée d'un auteur français pris sur une liste qui sera dressée tous les trois ans par le Ministre[3]; — histoire de la littérature française : notions sommaires;

5° Chant;

6° Gymnastique[4].

Chacun de ces groupes donne lieu à une interrogation qui peut porter sur une ou plusieurs des matières énumérées dans le para-

1. Article modifié par l'arrêté du 28 *juillet* 1881, qui ajoute : « *soit sur l'instruction morale et civique* », avec application dès la session de juillet 1882.

2. L'épreuve sera faite désormais d'après un modèle en relief (*Circulaire du 20 février* 1883).

Voir la note accompagnant l'envoi de la collection réduite choisie pour les Écoles normales par le Comité des modèles dans sa séance du 6 avril 1883 (*Rec. des L. et A.*, 1883, n° 22, p. 450).

Voir la circulaire du 1er *mai* 1883 et les trois instructions y annexées au sujet des épreuves de dessin (*Circ.*, t. IX, p. 217).

3. Voir *Les Auteurs du Brevet supérieur* (*Mémoires et Documents scolaires publiés par le Musée pédagogique*, fascicule n° 42).

Voir *Les Auteurs français de l'enseignement primaire*, par M. HÉMON (*Monographies pédagogiques*, t. III, p. 382 à 441, Impr. Natle, 1889).

Consulter l'arrêté du 10 *juin* 1881, qui fixe la liste triennale des auteurs pour les sessions de 1881 à 1884 (*Bull. adm.*, 1881, t. XXIV, p. 911).

4. Le certificat d'aptitude à l'enseignement de la gymnastique ne dispense pas de l'épreuve spéciale au brevet supérieur (*Décision du Ministre reproduite dans une circulaire du Vice-Recteur en date du* 4 *mai* 1881).

graphe. Aucune de ces interrogations ne dure plus d'un quart d'heure.

A chaque groupe correspond une note donnée conformément aux prescriptions du titre VI.

ART. 18. — Tout candidat qui en a fait la demande au moment de son inscription est admis à subir une épreuve spéciale sur les langues vivantes. L'examen comprend : 1° une épreuve écrite (thème et version; durée, 2 heures[1]); 2° une épreuve orale consistant à traduire couramment vingt lignes au moins d'un auteur étranger.

ART. 19. — Les matières de l'examen pour les aspirantes au brevet supérieur sont les mêmes que pour les aspirants, moins les notions d'arpentage et de nivellement, sous réserve des différences de programmes indiquées dans l'article 20.

ART. 20. — Les épreuves écrites ou orales du brevet supérieur ne dépasseront dans aucun cas le programme d'enseignement des Écoles normales d'instituteurs pour les aspirants, ni celui des Écoles normales d'institutrices pour les aspirantes.

TITRE V. — *Du Certificat d'aptitude pédagogique*[2].

ART. 21. — Le certificat d'aptitude pédagogique ne peut être conféré qu'après examen subi conformément aux prescriptions des articles 3, 6 et 7 du décret du 4 janvier 1881.

ART. 22. — L'examen se compose de trois épreuves : 1° une composition française sur un sujet relatif à la tenue de l'École ou aux procédés d'enseignement (cette épreuve est éliminatoire); 2° une correction orale de devoir d'élève faite devant le jury après une demi-heure de préparation dans un lieu clos et sans secours étranger; 3° une leçon faite devant le jury et dont le sujet, tiré au sort, pourra être une leçon de choses, une leçon d'instruction morale et civique, de langue française, d'histoire, de géographie, d'arithmétique ou d'agriculture. Cette épreuve sera subie après une heure de préparation dans les mêmes conditions que la précédente.

1. Le temps a été porté de 2 à 3 heures par la circulaire du 26 *mai* 1883 (*Rec. des L. et A.*, 1883, p. 424).
Voir également, ci-après *à sa date*, l'arrêté du 14 *janvier* 1884, qui a modifié cet article.

2. Consulter, pour l'application, les circulaires du 25 *février* et du 13 *août* 1881 (*Circ.*, t. VIII, p. 459 et 547).

TITRE VI. — *Du Jugement des épreuves*[1].

ART. 23. — Le jury exprime la valeur de chacune des épreuves par les notes qui suivent : *Très bien; bien; passable; mal; nul.*

ART. 24. — Pour l'épreuve d'orthographe, cinq fautes entraînent la nullité; trois ou quatre fautes, la note *mal;* deux fautes, la note *passable;* une faute et une demi-faute, la note *bien;* la dictée ayant moins d'une demi-faute donne seule droit à la note *très bien.*

ART. 25. — A tous les degrés d'examen, les notes données par la Commission sont le résultat de l'appréciation faite en commun de chaque épreuve.

ART. 26. — A tous les degrés d'examen, la note *nul* sur l'une des matières obligatoires entraîne l'ajournement.

A l'examen oral comme à l'examen écrit du brevet élémentaire et à l'examen oral du brevet supérieur, deux notes *mal* entraînent l'ajournement, à moins qu'elles ne soient compensées par deux notes *très bien* obtenues pour d'autres épreuves que celles de la couture, du chant et de la gymnastique.

Aux épreuves écrites du brevet supérieur et du certificat d'aptitude pédagogique, une note *mal* est éliminatoire.

ART. 27. — Pour les langues vivantes, il n'est fait mention du résultat de l'examen sur le brevet que si le candidat a obtenu au moins la note *passable* pour chacune des deux épreuves.

ART. 28. — *Disposition transitoire.* — Les instituteurs ou institutrices qui, ayant déjà une ou plusieurs mentions inscrites sur leur brevet, voudront s'assurer la possession du brevet supérieur, auront la faculté de le compléter en un seul examen dans le délai de deux ans à partir de la publication du présent arrêté[2].

ART. 29. — Le présent arrêté est exécutoire à partir du jour de sa publication[3].

ART. 30. — Les arrêtés du 3 juillet 1866 et du 5 juin 1880 sont et demeurent rapportés.

1. Voir les instructions pour la correction des compositions des brevets de capacité (*Rec. des L. et A.*, 1880, p. 481).
2. Ce délai a été prorogé d'une année par arrêté du 27 *juillet* 1882 (voir ci-après à *sa date*).
3. Voir, au sujet de l'exécution du présent arrêté, l'avis inséré au *Journal officiel* du 2 *février* 1881.

Arrêté modifiant le Règlement des Écoles primaires publiques[1]. 6 janvier 1881.

6 Janvier 1881.

Le Président du Conseil, Ministre de l'Instruction publique et des Beaux-Arts,

Vu l'article 2 de la loi du 28 juin 1833;

Vu les lois des 15 mars 1850 et 10 avril 1867;

Vu le statut des Écoles primaires en date du 25 avril 1834;

Vu la circulaire du 12 novembre 1835;

Vu la circulaire du 17 août 1851 et le règlement y annexé;

Vu la circulaire du 18 novembre 1871;

Le Conseil supérieur de l'Instruction publique entendu,

Arrête :

ARTICLE 1er. — Pour être admis dans une École, les enfants doivent avoir plus de six ans et moins de quatorze. En dehors de ces limites, ils ne pourront être admis sans une autorisation spéciale de l'Inspecteur d'Académie.

Dans les communes qui n'ont pas de Salle d'asile, l'âge d'admission sera abaissé à cinq ans.

ART. 2. — Tout enfant qui demandera son admission dans une École devra présenter un bulletin de naissance.

L'instituteur s'assurera qu'il a été vacciné, ou qu'il a eu la petite vérole, et qu'il n'est pas atteint de maladies ou d'infirmités de nature à nuire à la santé des autres élèves.

ART. 3. — Le vœu des pères de famille sera toujours consulté et suivi, en ce qui concerne la participation de leurs enfants à l'instruction religieuse.

Ce vœu sera formulé par *oui* ou par *non* dans une colonne spéciale sur le registre matricule au moment de l'inscription des élèves.

Dans toute École mixte quant au culte, les enfants reçoivent en commun l'instruction primaire; ils reçoivent séparément l'instruction religieuse, donnée aux uns et aux autres, en dehors des heures de classe ordinaire, par le ministre de leur culte.

ART. 4. — La garde de la classe est commise à l'instituteur : il ne permettra pas qu'on la fasse servir à aucun usage étranger à sa destination, sans une autorisation spéciale du Préfet.

1. Voir l'arrêté du 7 *juin* 1880 (ci-dessus, p. 170); — la circulaire du 23 *septembre* 1880 aux Préfets (*Circ.*, t. VIII, p. 358); — la circulaire du 1er *février* 1881 aux Préfets (*Ibid.*, p. 434).
Rapprocher du Règlement du 18 *juillet* 1882 (ci-après *à sa date*).

ART. 5. — Pendant la durée de la classe, l'instituteur ne pourra, sous aucun prétexte, être distrait de ses fonctions professionnelles, ni s'occuper d'un travail étranger à ses devoirs scolaires.

ART. 6. — Les enfants ne pourront, sous aucun prétexte, être détournés de leurs études pendant la durée des classes.

Ils ne seront envoyés à l'église pour les catéchismes ou pour les exercices religieux qu'en dehors des heures de classe. L'instituteur n'est pas tenu de les y surveiller. Il n'est pas tenu davantage de les y conduire, sauf le cas prévu au paragraphe 3 de l'article 9 ci-après.

Toutefois, pendant la semaine qui précède la première communion, l'instituteur autorisera les élèves à quitter l'École aux heures où leurs devoirs religieux les appellent à l'église.

ART. 7. — L'entrée de l'École est formellement interdite à toute personne autre que celles qui sont préposées par la loi à la surveillance de l'enseignement.

ART. 8. — L'instituteur n'établira aucune distinction entre les élèves payants et les élèves gratuits. Les uns et les autres seront réunis dans les mêmes locaux et participeront aux mêmes leçons.

ART. 9. — Les classes dureront trois heures le matin et trois heures le soir. Celle du matin commencera à huit heures, et celle de l'après-midi à une heure; elles seront coupées par une récréation d'un quart d'heure.

Suivant les besoins des localités, les heures d'entrée et de sortie pourront être modifiées par l'Inspecteur d'Académie, sur la demande des autorités locales et l'avis de l'Inspecteur primaire.

Les enfants qui ne sont pas rendus à leur famille dans l'intervalle des classes, demeurent sous la surveillance de l'instituteur jusqu'à l'heure où ils quittent définitivement la maison d'école.

ART. 10. — Les enfants se présenteront à l'École dans un état de propreté convenable.

La visite de propreté sera faite par l'instituteur au commencement de chaque classe.

ART. 11. — Quand l'instituteur prendra la direction d'une École, il devra, de concert avec le maire ou son délégué, faire le récolement du mobilier scolaire, des livres de la bibliothèque, des archives scolaires, et, s'il y a lieu, de son mobilier personnel et de celui de ses adjoints.

Le procès-verbal de cette opération, signé par les deux parties, constituera l'instituteur responsable des objets désignés à l'inventaire.

En cas de changement de résidence, l'instituteur provoquera, avant son départ, un nouveau récolement du mobilier.

ART. 12. — Un tableau portant le prix de tous les objets que l'instituteur sera autorisé à fournir aux élèves sera affiché dans l'École, après avoir été visé par l'Inspecteur primaire.

ART. 13. — La classe sera blanchie ou lessivée tous les ans, et tenue dans un état constant de propreté et de salubrité. A cet effet, elle sera balayée et arrosée tous les jours; l'air y sera fréquemment renouvelé; même en hiver, les fenêtres seront ouvertes pendant l'intervalle des classes.

ART. 14. — Le français sera seul en usage dans l'École.

ART. 15. — Toute représentation théâtrale est interdite dans les Écoles publiques.

ART. 16. — Aucun livre ni brochure, aucun imprimé ni manuscrit étrangers à l'enseignement ne peuvent être introduits dans l'École, sans l'autorisation écrite de l'Inspecteur d'Académie.

ART. 17. — Toute pétition, quête, souscription ou loterie y sont également interdites.

ART. 18. — Les seules punitions dont l'instituteur puisse faire usage sont :

Les mauvais points;

La réprimande;

La privation partielle de la récréation;

La retenue après la classe, sous la surveillance de l'instituteur;

L'exclusion temporaire.

Cette dernière peine ne pourra dépasser deux jours. Avis en sera donné immédiatement par l'instituteur aux parents de l'enfant, aux autorités locales et à l'Inspecteur primaire.

Une exclusion de plus longue durée ne pourra être prononcée que par l'Inspecteur d'Académie.

ART. 19. — Il est absolument interdit d'infliger aucun châtiment corporel.

ART. 20. — Les classes vaqueront le jeudi et le dimanche de chaque semaine, et les jours de fêtes réservées.

ART. 21. — Les jours de congés extraordinaires sont :

Une semaine à l'occasion des fêtes de Pâques;

Le premier jour de l'an, ou le lendemain, si ce jour est un dimanche ou un jeudi;

Le lundi de la Pentecôte;

Le lendemain de la Toussaint, le matin seulement;

Les jours de fêtes patronales;

Les jours de fêtes nationales.

ART. 22. — L'époque et la durée des vacances seront fixées chaque année par le Préfet, en Conseil départemental.

ART. 23. — L'instituteur ne pourra ni intervertir les jours de classe, ni s'absenter, sans y avoir été autorisé par l'Inspecteur primaire, et sans avoir donné avis de cette autorisation aux autorités locales.

Si l'absence doit durer plus de trois jours, l'autorisation de l'Inspecteur d'Académie est nécessaire.

Un congé de plus de huit jours ne peut être donné que par le Préfet. Dans les circonstances graves et imprévues, l'instituteur pourra s'absenter, sans autre condition que de donner immédiatement avis de son absence aux autorités locales et à l'Inspecteur primaire.

ART. 24. — Tout ce qui se rapporte à l'organisation pédagogique (emploi du temps, programme d'études, classement des élèves, etc.) sera réglé par le Conseil départemental, sur la proposition de l'Inspecteur d'Académie, et soumis à l'approbation du Recteur.

ART. 25. — Les dispositions de ce règlement sont applicables aux Écoles de filles.

ART. 26. — Le règlement-modèle en date du 17 août 1851 est et demeure abrogé.

ART. 27. — Les autorités préposées par la loi à la surveillance de l'instruction primaire sont chargées de l'exécution du présent règlement.

---

8 janvier 1881. **Décret portant institution d'un Certificat d'aptitude aux fonctions de Professeur des classes élémentaires de l'Enseignement classique[1].**

8 Janvier 1881.

Le Président de la République française,

Sur la proposition du Président du Conseil, Ministre de l'Instruction publique et des Beaux-Arts;

Le Conseil supérieur de l'Instruction publique entendu,

Décrète :

ARTICLE 1er. — Un concours aura lieu chaque année, au mois d'août, à Paris[2], pour la délivrance d'un certificat d'aptitude aux fonctions de professeur des classes élémentaires de l'enseignement classique.

1. Modifié en partie par le décret du 31 *juillet* 1894.

2. Aux termes de la circulaire du 13 *juin* 1881, les épreuves écrites peuvent être subies au chef-lieu de chaque Académie, comme celles de l'Agrégation (*Circ.*, t. VIII, p. 509).

ART. 2[1]. — Les candidats devront être âgés de vingt-deux ans accomplis au moment de l'ouverture des épreuves et produire l'un des titres ci-après : diplôme de bachelier ès lettres; diplôme de bachelier ès sciences complet ou restreint; brevet de Cluny; brevet de l'enseignement spécial; certificat d'aptitude pédagogique primaire avec brevet supérieur.

ART. 3. — Le jury sera composé d'un Inspecteur d'Académie, président, de trois membres de l'enseignement secondaire, classique ou spécial, de deux membres de l'enseignement primaire, d'un professeur d'allemand.

ART. 4. — Les épreuves porteront sur la langue française, l'histoire et la géographie, l'allemand, les sciences physiques et naturelles, les sciences mathématiques, les principes élémentaires de la pédagogie, conformément à un programme qui sera arrêté par le Ministre de l'Instruction publique, après avis du Conseil supérieur[2].

ART. 5. — Aux concours de 1881 à 1884, les candidats pourront demander un sursis pour l'examen de la langue allemande; mais ils devront avoir subi cet examen dans un délai de deux ans, sous peine de péremption des autres épreuves.

ART. 6. — Les professeurs pourvus du certificat complet d'aptitude à l'enseignement des classes élémentaires jouiront des avantages accordés aux maîtres élémentaires pourvus de la licence (*Décret du* 8 *janvier* 1877). Ceux qui n'auront point satisfait aux épreuves sur la langue allemande n'auront droit qu'au traitement des maîtres élémentaires pourvus du baccalauréat (*Décret du* 1er *janvier* 1879).

Décret relatif aux Établissements d'Enseignement primaire supérieur[3].

15 janvier 1881.

15 Janvier 1881.

Le Président de la République française,

Sur le rapport du Président du Conseil, Ministre de l'Instruction publique et des Beaux-Arts;

1. Consulter l'article 2 du décret du 31 *juillet* 1894, qui a modifié le présent article (*Bull. adm.*, 1894, t. LVI, p. 175).

2. Consulter l'arrêté du 8 *janvier* 1881, fixant ce programme (*Bull. adm.*, 1881, t. XXIV, p. 56).

3. Consulter les circulaires :

Du 12 *février* 1881, aux Préfets, relative à la répartition de subventions aux établissements d'enseignement primaire supérieur (*Circ.*, t. VIII, p. 451);

— 5 *mai* 1881 (Vice-Recteur de Paris aux Inspecteurs d'Académie), relative à la

Vu les lois de finances du 30 mars 1878, du 22 décembre 1878 et du 21 décembre 1879;

Vu la loi de finances du 22 décembre 1880, portant règlement du budget de l'exercice 1881;

Vu les lois du 15 mars 1850, du 21 juin 1865, du 10 avril 1867, du 16 juin 1879, des 27 janvier et 11 décembre 1880;

Vu le décret du 14 février 1880, relatif aux bourses d'enseignement primaire supérieur[1];

Considérant qu'en rattachant au chapitre 34 du budget de l'exercice 1881 les crédits affectés à l'enseignement primaire supérieur, le législateur a indiqué non seulement son intention de pourvoir dans une mesure plus large que par le passé aux besoins de ce service, mais encore son désir d'étendre et de régulariser l'enseignement primaire supérieur;

Considérant que, pour répondre à ces intentions, il importe de déterminer les conditions que doivent remplir les établissements d'enseignement primaire supérieur pour être admis à participer dans une mesure quelconque aux encouragements de l'État;

Le Conseil supérieur de l'Instruction publique entendu,

Décrète :

participation des Écoles primaires supérieures de filles aux subventions et bourses de l'État (*Rec. des L. et A.*, 1881, p. 425).

Rapprocher le décret du 14 *février* 1880, p. 120, du décret du 23 *décembre* 1882, ci-après *à sa date*.

Consulter, ci-après *à leur date*, les décret et arrêté du 23 *décembre* 1882, relatifs à l'institution d'un certificat d'études primaires supérieures; — le décret du 27 *juillet* 1885, qui abroge le présent décret.

Voir les circulaires :

Du 14 *avril* 1882, aux Directeurs des Écoles primaires supérieures, relative aux notes à transmettre sur les élèves boursiers de l'État dans les Écoles primaires supérieures (*Circ.*, t. IX, p. 15);

— 20 *février* 1883, aux Préfets, relative à l'enseignement des langues vivantes dans les Écoles primaires supérieures (*Ibid.*, p. 185);

— 3 *octobre* 1884, aux Préfets, relative au recrutement du personnel des Écoles primaires supérieures (*Ibid.*, p. 416);

— 5 *février* 1885, aux Inspecteurs d'Académie, relative aux concours pour les bourses d'enseignement primaire supérieur (*Ibid.*, p. 454);

— 28 *septembre* 1885, aux Inspecteurs d'Académie, relative à une enquête sur le nombre des Écoles primaires supérieures ayant le caractère d'Écoles d'apprentissage ou professionnelles (*Ibid.*, p. 535);

— 28 *septembre* 1885, aux Inspecteurs d'Académie, relative aux prolongations de bourses dans les Écoles primaires supérieures de filles (*Ibid.*, p. 534);

— 30 *janvier* 1886, aux Préfets, relative aux trousseaux accordés par l'État aux boursiers (*Ibid.*, p. 630);

— 10 *mars* 1886, aux Inspecteurs d'Académie, relative aux concours pour l'obtention des bourses en 1886 (*Ibid.*, p. 680) : pièces à produire, séries de candidats, notation des épreuves. Il ne peut être accordé (*art.* 27 *de la loi de finances du* 8 *août* 1885) qu'une seule bourse de l'État dans une famille, si nombreuse qu'elle soit.

1. Consulter ce document, ci-dessus, p. 120, ainsi que les notes en renvoi.

ARTICLE 1er. — Les établissements publics d'enseignement primaire supérieur sont rangés dans deux catégories :

Les Écoles d'un an annexées à l'École élémentaire, et qui prennent le nom de *Cours complémentaire*;

Les *Écoles primaires supérieures* proprement dites, ayant un personnel distinct et comprenant au moins deux années d'études[1].

ART. 2. — Les établissements publics d'enseignement primaire supérieur pourront recevoir des encouragements de l'État dans la limite des crédits disponibles, lorsqu'ils rempliront les conditions énumérées dans les articles 4 et 5.

Les encouragements accordés aux cours complémentaires et aux Écoles d'enseignement primaire supérieur consisteront en :

1° Concessions de bourses[2];

2° Concessions de matériel d'enseignement, soit en nature, soit sous forme de subvention;

3° Subventions pour dépenses du personnel.

Les établissements publics situés dans des communes de plus de 50 000 âmes ne pourront recevoir que des concessions de bourses et de matériel.

ART. 3. — Les établissements libres pourront, sous les conditions déterminées par l'article 5, recevoir des élèves boursiers. Il pourra aussi leur être attribué des concessions de matériel, mais seulement en nature.

ART. 4. — Les communes qui solliciteront le concours de l'État pour leurs Écoles primaires supérieures devront remplir les conditions suivantes :

1° Être pourvues d'Écoles primaires ordinaires dont le nombre soit en rapport avec les prescriptions de la loi et dont l'installation satisfasse aux conditions exigées par le règlement du 17 juin 1880 pour la construction et l'ameublement des maisons d'école;

2° S'engager à entretenir l'École primaire supérieure pour une durée de cinq années au moins;

3° Assurer à tous les élèves la gratuité de l'enseignement (les frais de pension seulement dans les internats restant à la charge des familles), ou, s'il est établi une rétribution scolaire, s'engager à en verser le produit intégralement dans la caisse des Écoles de la commune, créée en vertu de l'article 15 de la loi du 10 avril 1867;

1. Voir, ci-après *à sa date*, le décret du 18 *janvier* 1887, art. 30 à 41, qui contient de nouvelles dispositions sur les *Cours complémentaires* et les *Écoles primaires supérieures*, et qui a été lui-même modifié par le décret du 21 *janvier* 1893.

2. Voir, ci-après *à leur date*, le décret et l'arrêté du 3 *janvier* 1882, concernant les bourses d'enseignement primaire supérieur.

4° Voter pour le directeur de l'École un traitement de 2 800 francs au moins, dont les deux tiers soient couverts par les ressources communales, le troisième étant demandé à l'État.

Les communes qui solliciteront des encouragements de l'État pour l'entretien d'un *cours complémentaire* devront remplir les trois premières conditions seulement.

ART. 5. — Pour participer aux encouragements de l'Etat, les établissements d'enseignement primaire supérieur devront se conformer à certaines règles d'organisation qui seront l'objet d'un arrêté ministériel pris après avis du Conseil supérieur[1].

Cet arrêté déterminera le minimum des conditions à remplir pour avoir droit aux subventions de l'État en ce qui concerne : 1° les titres de capacité du personnel; 2° l'état des locaux; 3° l'effectif scolaire; 4° les programmes d'études; 5° l'examen pour l'obtention des bourses.

ART. 6. — Dans le cas où les conditions prévues par les articles 4 et 5 auront été remplies, les encouragements de l'État aux établissements d'instruction primaire supérieure seront réglés comme suit:

1° Il pourra être attribué à tout établissement d'enseignement primaire supérieur un nombre de bourses que le Ministre de l'Instruction publique déterminera d'après les besoins du service. Les titulaires de ces bourses seront choisis, conformément aux prescriptions du décret du 14 février 1880, parmi les élèves pourvus du certificat d'aptitude et déclarés admissibles à la suite d'un concours qui aura lieu chaque année dans le courant de juillet;

2° Il pourra être attribué à tout établissement d'enseignement primaire supérieur une ou plusieurs concessions de matériel d'enseignement (matériel pour la gymnastique, la musique, la géographie, les sciences physiques et naturelles, etc.);

3° Il pourra être attribué aux *Cours complémentaires* annexés à des Écoles publiques une allocation de 300 francs pouvant s'élever par augmentations successives à 600 francs, comme supplément au traitement du directeur de l'École. Cette allocation sera passible de retenue;

4° Il pourra être attribué aux *Écoles primaires supérieures publiques* une subvention destinée à former le traitement d'un maître sur deux ou de deux maîtres sur trois : ce traitement pourra, suivant les cas, être calculé d'après le nombre des leçons, à raison de 100 francs par heure et par an, ou bien être un traitement fixe de 1 600 francs au minimum et de 2 000 francs au maximum;

1. Voir, ci-contre, p. 243, l'arrêté du 15 *janvier* 1881.

5° Enfin il pourra être attribué aux *Écoles primaires supérieures publiques* une subvention représentant le tiers du traitement du directeur fixé comme il est dit à l'article 4, paragraphe 4.

Arrêté pris en exécution du Décret du 15 janvier 1881 relatif à l'Enseignement primaire supérieur[1]. 15 janvier 1881.

15 Janvier 1881.

Le Président du Conseil, Ministre de l'Instruction publique et des Beaux-Arts,

Vu le décret du 15 janvier 1881, relatif à l'enseignement primaire supérieur;

Le Conseil supérieur de l'Instruction publique entendu,

Arrête :

ARTICLE 1er. — Pour participer aux encouragements de l'État[2], les *Cours complémentaires* et les *Écoles primaires supérieures* doivent, en ce qui concerne le personnel, remplir les conditions suivantes :

L'instituteur qui dirigera le cours complémentaire devra posséder soit le brevet avec mention au moins des deux premières séries d'épreuves facultatives mentionnées à l'article 17 de l'arrêté ministériel du 3 juillet 1866, soit le certificat d'aptitude pédagogique institué par le décret du 4 janvier 1881.

Il devra être assisté d'un adjoint au moins, pour la tenue de l'École élémentaire, laquelle devra d'ailleurs posséder ses trois cours réglementaires (cours élémentaire, moyen, supérieur).

Dans l'École primaire supérieure de deux ans, le personnel devra être constitué comme suit :

Un directeur pourvu du brevet supérieur ou du brevet de l'École de Cluny, ou encore du diplôme de bachelier ès lettres ou ès sciences, complété d'ailleurs comme l'établit le règlement du 15 janvier 1877. Le directeur sera toujours chargé d'un enseignement;

Deux maîtres chargés plus particulièrement, l'un des matières

1. Arrêté abrogé par le décret du 27 *juillet* 1885, art. 12 (voir ci-après *à sa date*).

2. « Les Écoles primaires supérieures de filles sont comprises implicitement dans le décret du 15 *janvier* 1881, et admises, au même titre et dans les mêmes conditions que les Écoles primaires supérieures de garçons, à participer aux encouragements de l'État. » (*Lettre du Ministre au Vice-Recteur de Paris*, 3 *mai* 1881.)

scientifiques, l'autre des matières littéraires. Au-dessous de cinquante élèves et s'il n'y a pas d'internat, l'École pourra n'avoir qu'un maître;

Un auxiliaire pour le travail manuel (fer, bois, jardinage, etc.).

Dans l'École primaire supérieure comprenant trois années d'études, le personnel devra être constitué comme suit :

Un directeur pourvu du certificat d'aptitude à l'enseignement des Écoles normales (il sera toujours chargé d'un enseignement);

Trois maîtres, dont l'un devra posséder le brevet supérieur;

Un professeur de langues vivantes;

Un professeur de dessin, qui pourra être l'un des maîtres adjoints;

Un auxiliaire pour le travail manuel.

Dans les Écoles primaires supérieures comprenant plus de trois années d'études, il devra y avoir au moins autant de professeurs que de classes.

ART. 2. — En ce qui concerne les conditions de local :

1° Le Cours complémentaire devra toujours être fait dans une salle distincte;

2° L'École de deux ans devra disposer au moins de deux salles de classe; d'une salle de dessin pouvant recevoir, à défaut d'autre local, les collections et le matériel d'enseignement; d'un atelier; d'un gymnase lorsqu'il n'y aura pas un gymnase municipal à la disposition des élèves;

3° L'École primaire supérieure de trois ans devra disposer de trois salles de classe; d'une salle de dessin pouvant recevoir, à défaut d'autre local, les collections et le matériel d'enseignement scientifique; d'un atelier; d'un gymnase.

ART. 3. — En ce qui concerne le nombre des élèves, les conditions sont les suivantes :

Le Cours complémentaire devra compter six élèves au moins;

Dans l'École de deux ans, il y aura au minimum : vingt élèves en première année; dix élèves en deuxième année.

Dans l'École de trois ans : trente élèves en première année; vingt élèves en deuxième année; dix élèves en troisième année.

Tous ces élèves ne seront reçus que sur la présentation du certificat d'études ou après avoir subi un examen d'admission équivalent à l'examen du certificat d'études, et justifié qu'ils sont dans leur douzième année.

ART. 4. — Le programme minimum des matières d'enseignement est déterminé ainsi qu'il suit :

COURS COMPLÉMENTAIRE.

MORALE. — Principes de morale. — Devoirs et droits du citoyen.
LANGUE FRANÇAISE. — Revision de la grammaire. — Lecture expressive avec explication des textes. — Exercices de rédaction.
ÉCRITURE. — Exercices de calligraphie applicable aux écritures commerciales.
HISTOIRE. — Personnages célèbres de l'antiquité. — Grandes époques de l'histoire de France. — Progrès des institutions nationales.
GÉOGRAPHIE. — Résumé de la géographie générale. — Géographie physique, administrative, agricole, industrielle et commerciale de la France. — Les villes principales. — Lecture et tracé des cartes.
ARITHMÉTIQUE. — Revision de l'arithmétique. — Système métrique, avec la pratique des mesures de surface et de volume. — Exercices élémentaires de tenue des livres.
PHYSIQUE ET CHIMIE. — Notions usuelles. — Instruments simples et d'un emploi fréquent. — Expériences d'une exécution facile.
HISTOIRE NATURELLE. — Notions élémentaires sur la structure de l'homme. — Conseils d'hygiène pratique. — Animaux domestiques. — Animaux utiles et nuisibles de la région.
DESSIN. — Exercices de tracé avec et sans instruments. — Dessin à main levée d'après les objets usuels.
MUSIQUE. — Étude résumée des principes du chant. — Exercices.
GYMNASTIQUE. — Mouvements d'ensemble et exercices d'agilité.

ÉCOLES PRIMAIRES SUPÉRIEURES DE DEUX ANS.

MORALE. — Principes de morale. — Devoirs et droits du citoyen.
LANGUE FRANÇAISE. — Revision de la grammaire. — Lecture expressive avec explication des textes. — Exercices de composition française.
ÉCRITURE. — Exercices de calligraphie appliquée aux écritures commerciales.
HISTOIRE. — Principaux personnages de l'antiquité. — Histoire de France. — Formation du territoire. — Progrès des institutions nationales. — Rapports de la France avec les autres peuples depuis le milieu du XVe siècle.
GÉOGRAPHIE. — Géographie générale. — Géographie physique, administrative, agricole, industrielle et commerciale de la France. — Lecture et tracé des cartes.
MATHÉMATIQUES. — Arithmétique. — Système métrique. — Emploi des procédés élémentaires de l'algèbre pour la solution des problèmes usuels. — Principes de la tenue des livres. — Notions élémentaires de géométrie. — Applications à la mesure des surfaces et des volumes.
PHYSIQUE ET CHIMIE. — Notions élémentaires et usuelles. — Principales découvertes modernes. — Applications à l'industrie et à l'agriculture de la région.
HISTOIRE NATURELLE. — Notions sur la structure et les fonctions de l'homme, des animaux et des plantes. — Exercices pratiques. — Applications à l'hygiène et à l'agriculture.
DESSIN. — Dessin géométrique. — Tracé des lignes et des surfaces. — Représentation des solides. — Dessin d'ornement d'après le relief.
CHANT. — Chœurs à trois parties.
GYMNASTIQUE. — Mouvements d'ensemble. — Exercices avec appareils. — Exercices militaires.
TRAVAIL MANUEL. — Fer, bois, jardinage, etc.

ÉCOLES PRIMAIRES SUPÉRIEURES DE TROIS ANS ET PLUS.

MORALE. — Principes de morale. — Devoirs et droits du citoyen. — Notions sommaires d'économie politique.

Langue française. — Étude raisonnée de la grammaire et de l'orthographe. — Etymologies et familles de mots. — Lecture expressive avec explication des textes. — Exercices de composition et de style. — Notions d'histoire littéraire.
Écriture. — Principes et exercices d'écriture cursive, ronde et bâtarde.
Histoire. — Principaux personnages de l'antiquité. — Histoire de France jusqu'à nos jours. — Progrès des institutions nationales. — Principales époques de l'histoire générale (histoire ancienne, moyen âge, histoire moderne).
Géographie. — Géographie physique et politique des cinq parties du monde. — Étude spéciale de la géographie de la France, y compris l'organisation administrative. — Géographie économique. (Dans les trois années, tracé de cartes géographiques.)
Langues vivantes. — Une langue vivante au moins[1].
Mathématiques. — 1re *année :* Arithmétique théorique et pratique. — Premiers éléments de géométrie usuelle. — 2e *année :* Compléments d'arithmétique. — Éléments d'algèbre. — Géométrie plane et ses applications. — 3e *et* 4e *années :* Principes d'algèbre pour la résolution des équations du premier degré; principes élémentaires de trigonométrie rectiligne pour la résolution des triangles. — Notions élémentaires de géométrie dans l'espace et applications. — Courbes usuelles.
Comptabilité. — Premières notions du commerce et de la comptabilité. — Tenue des livres. — Comptes courants portant intérêts.
Physique. — Phénomènes les plus importants et principales théories de la physique. — Découvertes modernes et applications scientifiques aux usages de la vie.
Chimie. — Exercices d'observation et examen de quelques faits familiers servant d'introduction à l'étude de la chimie. — Les métalloïdes et les métaux les plus utiles. — Lois de la chimie. — Notions de chimie organique.
Histoire naturelle. — Organes et fonctions de l'homme et des animaux. — Étude pratique des principaux groupes d'animaux et de végétaux. — Applications à l'hygiène et à l'industrie locale. — Principaux faits de la géologie et examen des minéraux les plus connus.
Dessin. — Dessin géométrique. — Lignes, surfaces. — Éléments de lavis. — Solides. — Procédés des tracés de pénétration et de projection. — Procédés de perspective. — Croquis cotés. — Organes de machines et plans de bâtiments. — Dessin d'après le relief. — Figure d'après la bosse.
Chant. — Chœurs à trois parties.
Gymnastique. — Mouvements d'ensemble. — Exercices avec appareils. — Exercices militaires.
Travail manuel. — Fer, bois, jardinage, etc.

Art. 5. — Les candidats aux bourses de l'État dans les établissements d'enseignement primaire supérieur devront, pour être admis au concours institué par le décret du 14 février 1880, produire: 1° leur acte de naissance; 2° le certificat d'études primaires; 3° un certificat de vaccine; 4° un certificat de bonne conduite signé du chef de l'établissement où ils ont fait leurs études.

Les candidats sont divisés en deux séries comprenant : la première, les enfants âgés de douze à quatorze ans; la seconde, les enfants âgés de quatorze à seize ans au 1er octobre de l'année de l'examen.

1. Voir la note insérée au *Bull. adm.*, 1884, t. XXXIV, p. 184, sur les bourses de séjour à l'étranger.

Chaque série de candidats aura à subir des épreuves écrites (qui seront éliminatoires) et des épreuves orales réparties comme suit :

ÉPREUVES ÉCRITES.

PREMIÈRE SÉRIE. De 12 à 14 ans.	DEUXIÈME SÉRIE. De 14 à 16 ans.
1° Dictée d'orthographe.	1° Dictée d'orthographe.
2° Composition d'arithmétique (arithmétique pratique : les quatre règles, la règle de trois, la règle d'intérêt, les fractions, le système métrique).	2° Composition d'arithmétique et de géométrie plane.
3° Composition française.	3° Composition française.

ÉPREUVES ORALES.

1° Lecture avec interrogation sur la syntaxe.	1° Lecture; explications grammaticales; analyse logique.
2° Questions d'arithmétique.	2° Questions d'arithmétique et de géométrie.
3° Questions d'histoire et de géographie de la France.	3° Questions d'histoire de France et de géographie générale.

Des instructions ministérielles détermineront les détails de l'examen, le choix des sujets, la durée et le mode de jugement des épreuves.

Décret relatif au Régime des Écoles normales primaires et aux Conditions d'admission dans ces Écoles[1]. 22 janvier 1881.

22 Janvier 1881.

Le Président de la République française,

Sur le rapport du Président du Conseil, Ministre de l'Instruction publique et des Beaux-Arts,

Vu les articles 35 de la loi du 15 mars 1850, 9 de la loi du 21 juin 1865, 16 de la loi du 10 avril 1867;

Vu les lois des 16 juin 1879, 27 janvier et 11 décembre 1880;

Vu les décrets du 24 mars 1851 et du 2 juillet 1866;

Le Conseil supérieur de l'Instruction publique entendu,

Décrète :

ARTICLE 1er. — L'enseignement dans les Écoles normales primaires, soit d'instituteurs, soit d'institutrices, comprend, en dehors

1. Décret rapporté par le décret du 29 *juillet* 1881, art. 40 (voir ci-après *à sa date*).

de l'instruction religieuse réservée aux ministres des différents cultes :

1° L'instruction morale et civique;

2° La lecture;

3° L'écriture;

4° La langue et les éléments de la littérature française;

5° L'histoire, et particulièrement l'histoire de France jusqu'à nos jours;

6° La géographie, et particulièrement celle de la France;

7° Le calcul, le système métrique, l'arithmétique appliquée aux opérations pratiques; des notions de calcul algébrique; des notions de tenue des livres;

8° La géométrie, l'arpentage et le nivellement (pour les élèves-maîtres seulement);

9° Des notions de sciences physiques applicables aux usages de la vie[1];

10° Des notions de sciences naturelles avec leurs principales applications;

11° L'agriculture (pour les élèves-maîtres); l'économie domestique (pour les élèves-maîtresses); l'horticulture;

12° Le dessin;

13° Le chant;

14° La gymnastique;

15° Les travaux manuels (pour les élèves-maîtres); les travaux d'aiguille (pour les élèves-maîtresses);

16° La pédagogie.

L'étude d'une ou de plusieurs langues vivantes, ainsi que l'étude de la musique instrumentale, peut être autorisée par le Recteur, sur la proposition de la Commission de surveillance.

Le Recteur peut aussi, s'il y a lieu, accorder aux élèves l'autorisation de suivre des cours accessoires faits à titre temporaire, soit dans l'École, soit au dehors.

Un arrêté ministériel pris en Conseil supérieur déterminera d'une manière générale les programmes d'enseignement des diverses matières, ainsi que le temps assigné à chacune d'elles[2]. La répartition exacte des heures de cours dans les trois années sera faite par le

1. Voir le *Catalogue du Matériel des sciences physiques et naturelles et de l'enseignement agricole* prévu pour les Écoles normales (Fascicule de 48 pages in-4°; Imp. Nat^le, janvier 1881).

2. Voir les programmes d'enseignement pour l'instruction religieuse, l'instruction morale et civique et la pédagogie, dans l'arrêté du 22 *janvier* 1881 (*Bull. adm.*, 1881, t. XXIV, p. 158).

directeur ou la directrice de l'École normale, et soumise, après avis de la Commission de surveillance, à l'approbation du Recteur.

ART. 2. — L'instruction religieuse est donnée aux élèves, suivant la religion qu'ils professent, par les ministres des différents cultes nommés aumôniers ou agréés par le Ministre de l'Instruction publique.

Le vœu des pères de famille sera toujours consulté et suivi en ce qui concerne la participation de leurs enfants à l'instruction religieuse.

ART. 3. — Tout élève sortant d'une École normale d'instituteurs ou d'institutrices est tenu de se présenter, à la session de juillet, pour l'obtention du brevet supérieur[1].

ART. 4. — Les matières de l'examen d'admission aux Écoles normales primaires seront les mêmes que celles du brevet de capacité élémentaire. Le directeur et un maître adjoint au moins de l'École normale feront nécessairement partie de la Commission d'examen.

Des instructions ministérielles détermineront la forme et les conditions de l'examen, conformément aux prescriptions du titre III de l'arrêté du 5 janvier 1881[2].

ART. 5. — Les articles 1 et 2 du décret du 2 juillet 1866 sont et demeurent rapportés.

Circulaire du Ministre de l'Instruction publique, relative à la Désignation et au Classement des Écoles de hameau[3]. 9 février 1881.

9 Février 1881.

Monsieur le Préfet, mon attention s'est portée sur la situation des instituteurs et des institutrices chargés de la direction d'Écoles dites *de hameau*.

La loi du 10 avril 1867, qui mentionne, pour la première fois, l'*École de hameau*, n'a pas défini ce qu'il fallait entendre par cette dénomination. En présence du silence de la loi, mon Administration a dû, pour ménager les ressources des communes tout autant que pour ne pas surcharger outre mesure les fonds de subvention, adopter une jurisprudence qui n'est pas favorable à

1. Voir, en ce qui concerne l'examen du brevet élémentaire, la circulaire du 23 *mai* 1879 aux Recteurs; elle pose la question de savoir s'il doit être subi à la fin de la seconde année d'études (*Circ.*, t. VIII, p. 153).

2. Consulter la circulaire du 17 *juin* 1881 aux Recteurs, relative aux examens d'admission. Elle règle la question des Commissions et des formes de l'examen (*Circ.*, t. VIII, p. 510).

3. Voir *Les Écoles de hameau*, par M. POITRINEAU, dans les *Monographies pédagogiques*, t. VI, p. 91 à 204 (Imp. Nat[le], 1889).

cette intéressante catégorie de maîtres, et qui offre de plus l'inconvénient de créer des inégalités choquantes.

En effet, tandis que certaines Écoles dites *de chef-lieu*, et qui ne réunissent qu'un très petit nombre d'élèves, sont dirigées par des instituteurs titulaires, d'autres Écoles situées dans des sections de communes et qui comptent 60 à 70 élèves sont confiées à des adjoints.

On a cherché, dans quelques départements, à tourner la difficulté en introduisant, pour certaines Écoles, une dénomination nouvelle, celle d'*Écoles de section*, et en réservant le titre d'*Écoles de hameau* pour les établissements placés à la portée des feux disséminés.

Cette interprétation était encore trop vague pour pouvoir être admise. Où finissait la section? où commençait le hameau? C'est ce qu'il a paru impossible de déterminer.

Il semble donc difficile de prendre l'agglomération dans la commune pour base d'une modification à l'état actuel.

Dans cette situation, j'ai pensé qu'il serait plus équitable de s'appuyer sur le chiffre de la population scolaire pour le classement de l'École, et de considérer comme École de hameau celle qui réunit moins de 25 élèves.

Avant de prendre une décision à cet égard, j'ai besoin de savoir quelles seraient, au point de vue financier, les conséquences de la mesure.

Je vous prie donc, Monsieur le Préfet, de vouloir bien, pour votre département, évaluer l'augmentation de dépense qui se produirait si l'on confiait à des titulaires les Écoles qui, dans ces trois dernières années, ont compté au moins 25 élèves, si l'on plaçait au rang d'Écoles de hameau les établissements dans lesquels la population scolaire a été inférieure à ce chiffre[1].

Pour obtenir le renseignement que je vous demande, vous aurez à tenir compte de deux éléments : 1° augmentation de dépense pour les Écoles qui, actuellement dirigées par des adjoints, seraient élevées au rang d'Écoles principales; 2° diminution de dépense pour les établissements actuellement confiés à des titulaires et qui deviendraient Écoles de hameau.

Vous voudrez bien m'indiquer ces deux chiffres en me donnant votre avis sur la mesure dont il s'agit.

Je désire avoir votre réponse avant le 25 février prochain.

Recevez, etc.

Signé : JULES FERRY.

---

10 février 1881. **Circulaire du Ministre de l'Instruction publique, relative à la Création d'emplois d'Inspecteurs honoraires attachés au service de l'Administration académique départementale.**

10 Février 1881.

Monsieur le Recteur, vous savez quelle importance l'Administration et, au-dessus d'elle, le Parlement attribuent à cette institution pédagogique essentiellement française qui s'appelle l'inspection de l'enseignement primaire. Depuis un demi-siècle qu'elle existe chez nous, cette institution a fait ses preuves, et les services qu'elle a rendus sont tels, on peut le dire, qu'elle n'a

1. Voir, ci-après *à sa date*, le décret du 10 *octobre* 1881.

plus d'adversaires. Constituée d'abord très faiblement comme une sorte de délégation bénévole et temporaire des Comités d'arrondissement, condamnée pendant longtemps à opérer par tâtonnements et à se recruter plutôt d'après la bonne volonté que d'après la compétence, l'inspection primaire s'est fait à elle-même, par la force des choses ou plutôt par son mérite propre, la place importante qu'elle occupe dans notre organisme scolaire. D'autres pays ont pu nous devancer par la perfection de l'outillage ou des méthodes, aucun peut-être n'a aussitôt ni aussi résolument que nous attaché les destinées de son enseignement national à la composition homogène et à l'incessante activité d'un corps officiel d'Inspecteurs laïques. Aujourd'hui qu'il est pris nécessairement dans l'élite du corps enseignant, qu'il est nommé au concours des épreuves professionnelles dont le niveau vient encore de s'élever tout récemment, l'Inspecteur primaire est un des fonctionnaires d'État dont l'autorité, dans ses modestes limites, est le mieux établie, et le plus aisément acceptée.

Mais la faveur même dont l'inspection primaire a été l'objet de la part de l'Université et de l'opinion publique a eu pour conséquence d'augmenter peu à peu ses attributions, et le moment est venu d'arrêter ce mouvement d'extension qui menace de compromettre la fonction elle-même.

Au service de l'instruction proprement dite, qui est sa tâche essentielle, l'Inspecteur a vu successivement s'ajouter diverses sortes de travaux qui, pris isolément, semblaient peu considérables, mais qui, s'accumulant en raison même du développement de l'enseignement primaire, constituent aujourd'hui dans certains arrondissements une suite d'occupations si continues qu'elle ne laisse plus à l'inspection elle-même qu'un temps par trop restreint.

Ce sont, d'une part, les travaux de cabinet; de l'autre, les séances des diverses Commissions.

On s'est beaucoup plaint de la multiplicité des travaux de cabinet : rapports de toutes sortes, comptes rendus des visites d'inspection et de leurs résultats, notes sur les mouvements du personnel, états de situation, avis motivés sur les affaires communales, de constructions d'Écoles, de budgets scolaires, enquêtes sur les demandes d'emploi, de secours, de renseignements, etc. De réels efforts ont été faits pour réduire ces écritures au strict minimum, et je ne saurais trop vous recommander d'insister vous-même, Monsieur le Recteur, auprès de MM. les Inspecteurs d'Académie, pour que l'Administration préfectorale apporte à cet égard la plus grande réserve dans ses demandes aux Inspecteurs, et qu'elle leur épargne, dans l'intérêt des Écoles, toutes les copies qui ne sont pas indispensables, les double et triple expéditions, la reproduction à la main de tous les états qui peuvent être imprimés ou autographiés, la confection de statistiques qui n'auraient pas un caractère de nécessité bien marquée, etc.

Mais, même en s'appliquant à opérer toutes les réductions possibles, il ne faut pas se flatter de décharger nos Inspecteurs de ce genre de travaux : le personnel augmente, les créations se multiplient et surtout elles se diversifient, une réglementation nouvelle suscite de toute part des initiatives qu'il faut tantôt stimuler, tantôt contenir, mais toujours diriger; l'avis de l'Inspecteur devient de plus en plus nécessaire aux communes, aux délégations cantonales, aux instituteurs, il est de plus en plus précieux à ses chefs hiérarchiques. C'est le progrès même de l'enseignement primaire qui oblige l'Inspecteur à être, en quelque sorte, constamment sur la brèche, qui fait de lui le guide naturel et le conseil de toutes les bonnes volontés. Nous n'aurions garde de nous en plaindre.

Il ne saurait non plus nous déplaire qu'on réclame sa présence et ses conseils dans les diverses Commissions départementales et cantonales. Il n'en est pas moins vrai que tel Inspecteur de chef-lieu, membre et secrétaire du Conseil départemental de l'instruction publique, membre nécessaire des Commissions d'examen du brevet de capacité, du certificat d'études des candidats aux bourses d'enseignement primaire ou secondaire, membre des délégations cantonales, des Commissions centrales et locales pour le choix des livres classiques, obligé de présider les conférences pédagogiques de chaque canton, souvent appelé en outre à prêter son concours à d'autres administrations pour des examens spéciaux, depuis ceux du volontariat jusqu'à ceux des ponts et chaussées, — cet Inspecteur, dis-je, n'a plus qu'exceptionnellement le loisir de procéder dans les Écoles de sa circonscription à une inspection approfondie.

Que faire pour obvier à cette accumulation de travaux accessoires manifestement préjudiciables à la fonction essentielle de l'Inspecteur? Les Chambres ont trouvé et appliqué, avec leur largesse accoutumée envers l'enseignement primaire, le premier et le meilleur de tous les remèdes : interprétant libéralement l'article 20 de la loi de 1850, elles ont dédoublé un certain nombre d'arrondissements et ont créé successivement dix postes nouveaux en 1876, vingt-trois en 1878, dix en 1879, vingt-cinq en 1880, ce qui porte aujourd'hui le nombre total de ces fonctionnaires à 442 pour nos trois cent soixante arrondissements.

Je ne suis pas d'avis, pour le moment, de solliciter du Parlement de nouvelles et trop rapides augmentations du personnel. Avant de les réclamer, il est du devoir de l'Administration de tirer le meilleur parti possible des ressources dont elle dispose. Dans presque tous les chefs-lieux d'Académie, dans beaucoup de chefs-lieux de département il serait facile d'attacher à l'inspection académique au moins un fonctionnaire de plus sans créer un poste de plus. A Paris, par exemple, n'est-il pas évident que le seul service des examens, des Commissions scolaires et des enquêtes administratives étrangères à l'inspection proprement dite occuperait facilement et de la façon la plus sérieuse deux ou trois Inspecteurs? Quelle difficulté verrait-on à réserver ces fonctions, qui exigent une expérience consommée, aux doyens de l'inspection, à des fonctionnaires qui approchent de l'âge de la retraite et qui seront obligés de la demander prématurément, si l'on exige d'eux jusqu'à la fin de leur carrière la même et écrasante multiplicité de travail que de leurs collègues plus jeunes?

On concilierait les divers intérêts en créant dans tout chef-lieu qui vous paraît, Monsieur le Recteur, présenter un nombre d'affaires suffisant, un emploi d'Inspecteur primaire honoraire chargé non pas à lui seul, mais principalement, de ce service sédentaire en quelque sorte, dont l'importance s'accroît tous les jours. A sa pension de retraite s'ajouterait une indemnité qui lui permettrait de conserver, bien au delà de la limite d'âge ordinaire, des ressources égales à celles de son traitement d'activité. Je n'ai pas besoin, d'ailleurs, de vous faire remarquer, Monsieur le Recteur, ce qu'auraient de particulièrement honorable ces fonctions de doyen de l'inspection primaire du département, cette résidence au chef-lieu, cette participation aux travaux les plus intéressants des Commissions d'études pédagogiques et de l'administration académique. Grâce à cette mesure, d'excellents fonctionnaires qui voient leurs forces physiques les trahir, et qui ne suffisent pas à mener de front le service actif, le travail de bureau et les longues séances des examens, auraient tout intérêt à devancer la limite extrême de la retraite et à s'assurer cette situation, digne couronnement et juste récompense de leurs longs services.

De la sorte, au lieu de demander aux Chambres l'inscription immédiate au budget de soixante ou quatre-vingts nouveaux postes d'Inspecteurs et une dépense annuelle de 3 à 400 000 francs, il suffirait de prélever sur les ressources générales du budget de l'enseignement primaire, — accrues, s'il y a lieu, d'une somme qui serait relativement peu considérable, — les indemnités à ajouter pour chaque fonctionnaire au montant de la pension de retraite. Ayant ainsi déchargé les Inspecteurs d'une partie notable des affaires qui, aujourd'hui, les arrachent à l'inspection, ayant d'autre part assuré aux examens la présence constante de juges tout spécialement autorisés par leur expérience, par leur caractère, par leur âge, nous aurons le loisir de discerner quels sont les arrondissements où l'extension du service actif, les difficultés de communication, les besoins spéciaux de l'organisation scolaire justifieraient la création, à titre définitif, d'emplois d'Inspecteurs. Et nous ne courrons plus le risque de demander précipitamment aux Chambres de dédoubler un arrondissement qui n'est peut-être en souffrance que par un accroissement passager des affaires, et de demander à une augmentation du personnel les ressources que pourrait fournir une meilleure répartition du travail.

C'est dans cet esprit, Monsieur le Recteur, que je vous prie de procéder, pour tous les départements de votre Académie, à l'examen de la situation en ce qui concerne le service de l'inspection. Je vous recommande, de la façon la plus formelle, de prendre pour base de ce travail mon arrêté du 15 octobre 1879, qui, en élevant le taux des frais de tournées, exige que toute École, si loin qu'elle se trouve reléguée, reçoive au moins une fois par an la visite de l'Inspecteur et donne lieu à un rapport circonstancié.

Jusqu'à ce que nous puissions faire plus et mieux, ce minimum d'inspection effective doit être absolument atteint partout et sans exception. Les Chambres, en augmentant pour cette année de 40 000 francs le crédit des frais de tournées, ont supprimé le dernier prétexte qu'on pouvait invoquer pour justifier l'insuffisance des inspections. Je ne réduirai pour aucun département le chiffre des frais de tournées que vous me proposerez de fixer, mais je ne saurais trop vous redire que ces fonds doivent être *exclusivement* affectés aux tournées d'inspection et non à des indemnités quelconques pour les séances d'examen, les conférences pédagogiques, etc., indemnités que vous me demanderez, si vous les jugez nécessaires, mais que j'imputerai sur d'autres fonds.

Si, ce relevé fait, il vous est bien démontré que le temps manque à un ou plusieurs Inspecteurs pour remplir le programme tracé par mon arrêté du 15 octobre 1879, vous voudrez bien, avant de recourir à d'autres moyens, examiner la combinaison que je viens de vous exposer. Je n'ai pris à cet égard qu'une décision de principe, me réservant de l'appliquer à votre Académie dans la mesure et sous la forme que vous-même me proposerez. Je ne doute pas que des demandes ne vous soient adressées prochainement par des Inspecteurs désireux d'occuper ces postes de confiance; vous voudrez bien me transmettre ces demandes avec votre avis, afin que je puisse procéder le plus tôt possible aux nominations.

Veuillez m'accuser réception de la présente circulaire et me faire connaître les mesures que vous aurez prises pour en assurer l'exécution.

Veuillez agréer, etc.

Signé : JULES FERRY.

26 février 1881.

Arrêté instituant une Commission administrative près l'École normale supérieure d'institutrices[1].

26 Février 1881.

Le Président du Conseil, Ministre de l'Instruction publique et des Beaux-Arts,

Arrête :

ARTICLE 1er. — Il est établi une Commission administrative près l'École normale supérieure d'institutrices.

ART. 2. — La Commission surveille et contrôle l'administration matérielle de l'École.

1° Elle vérifie par ses délégués : si le service économique est régulièrement organisé; si la maison est tenue avec tout le soin que réclame le bien-être des élèves; si les prescriptions réglementaires sur l'hygiène et la nourriture sont scrupuleusement observées; si les fournitures de toute nature sont faites dans de bonnes conditions et soumises à un contrôle efficace.

2° Un ou deux membres désignés par la Commission assistent à l'inventaire des approvisionnements qui existent dans les magasins de l'École et en constatent l'état; le résultat du contrôle est consigné, avec tous les détails nécessaires, sur le procès-verbal de l'inventaire.

3° La Commission examine le projet de budget préparé par l'administration de l'École et y mentionne ses propositions; le rapport et la délibération sont transmis au Ministre avec le projet de budget.

4° La Commission exprime son avis sur l'opportunité et sur l'utilité de toutes les demandes de crédits supplémentaires ou extraordinaires concernant le service matériel et économique, ainsi que les travaux de construction ou de réparation.

5° La Commission discute les modes de marchés proposés par l'administration de l'École, et qui doivent être soumis au Ministre; elle arrête, sauf approbation du Ministre, les cahiers des charges et les clauses et conditions des marchés de toute nature.

6° La Commission vérifie le compte de l'administration, ainsi que

1. Rendu applicable à l'École normale de Saint-Cloud le 14 *mars* 1882 et à l'École Pape-Carpantier par arrêté du 20 *décembre* 1882. — Voir l'arrêté du 14 *mars* précité, qui nomme les membres de la Commission (*Bull. adm.*, 1882, t. XXV, p. 662).

Le présent arrêté a été rapporté par l'arrêté du 2 *mars* 1884 (voir ci-après *à sa date*).

toutes les dépenses qui s'y rattachent, et expose dans un rapport motivé son opinion, tant sur le compte lui-même que sur le résultat de la gestion de la directrice pendant l'année écoulée; dans ce rapport, il mentionne expressément toutes les améliorations qu'il juge utile d'introduire dans les divers services.

7° La Commission donne son avis sur toutes les améliorations, de quelque nature qu'elles soient, à introduire dans le régime de l'École.

ART. 3. — La Commission se réunit au moins une fois par mois. Elle est, en outre, convoquée par le président toutes les fois que les besoins du service l'exigent.

Les réunions ont lieu dans une salle de l'École.

La présence de quatre membres au moins est nécessaire pour valider les opérations du bureau.

En cas de partage d'opinion, la voix du président sera prépondérante.

Il est tenu procès-verbal des séances sur un registre particulier qui est coté et paraphé par le président, et qui reste déposé dans l'établissement[1].

Circulaire du Ministre de l'Instruction publique, relative à la Création d'emplois d'Instituteurs suppléants[2]. 12 mai 1881.

12 Mai 1881.

Monsieur le Préfet, mon attention a été appelée sur l'utilité qu'il y aurait à créer, dans chaque département, un certain nombre d'emplois d'instituteurs suppléants, chargés, en cas de maladie des instituteurs titulaires, de remplacer momentanément ces fonctionnaires dans la direction de leur École.

Vous avez été certainement frappé, comme je l'ai été moi-même, des consé-

1. Voir la composition de la Commission, *Bull. adm.*, 1881, t. XXIV, p. 481.
2. Rapprocher de la circulaire du 10 *février* 1881, ci-dessus, p. 250.
Consulter la circulaire du 9 *novembre* 1881 aux Préfets (*Circ.*, t. IX, p. 612). Il est créé à la charge de l'État, le traitement étant prélevé sur le fonds de subventions, c'est-à-dire sur les crédits inscrits à l'article 4 du sous-chapitre 2 du budget départemental, ou à défaut sur ceux du chap. 34, art. 1er, § 1er, du Ministère :
« Un emploi d'instituteur suppléant dans les départements où le nombre des Écoles laïques est inférieur à 400;
« Deux emplois dans ceux où il y a de 400 à 600 Écoles, et trois au-dessus de 600.
« Quant aux institutrices suppléantes, il y en aura une ou deux, suivant les besoins.
« Le traitement des instituteurs suppléants sera de 1 200 fr., celui des institutrices de 1 000 fr.; dans ce chiffre sera comprise l'indemnité de logement.
« En ce qui concerne les allocations à attribuer aux instituteurs suppléants pour leurs frais de déplacement, ces allocations devront être acquittées au moyen de crédits que les Conseils généraux ouvriront sur les ressources propres des départements. »

quences extrêmement regrettables qu'entraîne l'absence de ces suppléants, particulièrement quand il s'agit d'Écoles à un seul maître. Qu'arrive-t-il, en effet, quand ce maître tombe malade? Si sa maladie est de courte durée, les familles prennent patience, et le dommage qu'en éprouvent les enfants peut facilement se réparer. Il n'en est déjà plus de même lorsque l'École reste fermée au delà d'une semaine : non seulement les élèves perdent un temps précieux, mais, de plus, pendant ces vacances forcées, ils contractent des habitudes fâcheuses, dont il est impossible que leurs études ne se ressentent pas, lorsqu'ils en reprennent le cours. Le mal est bien autrement grave lorsque, la maladie de l'instituteur se prolongeant, les classes demeurent suspendues pendant plusieurs semaines, comme cela arrive encore fréquemment. Dans ce cas, et quel que soit leur désir de ménager une situation digne d'intérêt, les familles et les autorités locales vous adressent leurs réclamations et vous n'avez, Monsieur le Préfet, qu'un moyen de donner satisfaction à ces justes doléances, c'est de nommer un instituteur suppléant. Mais à ce suppléant il faut une indemnité, et, comme il n'y a qu'un traitement inscrit au budget municipal, cette indemnité est nécessairement prélevée sur le traitement du titulaire. Elle ne saurait être inférieure à un traitement mensuel d'adjoint, c'est-à-dire à cinquante francs environ; et prise sur un traitement qui ne s'élève qu'à cent et même à soixante-quinze francs, elle constitue une charge écrasante pour le modique budget de l'instituteur malade. En sorte que vous vous trouvez dans cette alternative, ou de laisser en souffrance les intérêts scolaires qui vous sont confiés, ou de diminuer, jusqu'à les réduire presque à néant, les ressources d'un malheureux fonctionnaire, et cela précisément au moment où ses besoins et ses dépenses s'accroissent.

Aussi n'est-il pas rare de voir des maîtres atteints par la maladie dissimuler leur état à leurs chefs, se le dissimuler à eux-mêmes, et compromettre leur santé, plutôt que de se résigner à la cruelle nécessité d'une suppléance.

L'Administration ne saurait rester indifférente en présence de pareilles situations.

Je n'ignore pas que, dans la plupart des départements, il existe des sociétés de secours mutuels qui viennent en aide à ceux de leurs membres qui sont malades; mais je sais aussi que ces utiles associations ont des ressources limitées, que leurs statuts sont sévères, qu'elles peuvent tout au plus payer les honoraires des médecins et les mémoires des pharmaciens, et qu'elles ne peuvent, en aucun cas, prendre en même temps à leur charge l'indemnité allouée à un suppléant.

Vous remarquerez d'ailleurs, Monsieur le Préfet, que le service de l'instruction primaire est le seul qui n'ait pas à sa disposition de ces agents auxiliaires, qui lui seraient cependant plus nécessaires qu'à aucun autre service, eu égard au personnel extrêmement considérable de ses fonctionnaires. Dans toutes les autres administrations, il y a des surnuméraires, des employés auxiliaires qui font, quand il est nécessaire, des intérims, sans qu'il en résulte un dommage pour le fonctionnaire empêché. Ajouterai-je que dans l'enseignement congréganiste, lorsqu'un instituteur est malade, la congrégation ne l'abandonne pas et est en mesure de lui trouver un suppléant ? Nous ne pouvons souffrir, Monsieur le Préfet, que nos Écoles et notre personnel laïques soient l'objet d'une moindre sollicitude.

Du reste, l'institution des maîtres suppléants n'est point une nouveauté; grâce à la généreuse initiative de quelques Conseils généraux, elle existe dans plusieurs départements, et c'est parce que je sais les services qu'elle y rend, que je vous serais particulièrement reconnaissant si vous parveniez à l'organiser, à bref délai, dans le département que vous administrez.

Il vous appartiendra, Monsieur le Préfet, après vous en être entendu avec M. l'Inspecteur d'Académie, de déterminer, suivant les besoins de votre département, le nombre des emplois de cette nature qu'il y aurait lieu de créer. Toutefois, mais sans rien vouloir prescrire à cet égard, je crois devoir vous faire connaître qu'à mon avis il conviendrait de nommer un instituteur suppléant ou une institutrice suppléante dans chaque circonscription scolaire. Ces auxiliaires, ayant le titre et le traitement d'instituteur adjoint, seraient à la disposition de l'administration départementale et seraient envoyés où besoin serait, pour y faire des suppléances. Entre temps ils seraient attachés aux bureaux de l'Inspection académique ou de l'Inspecteur primaire, et pourraient être chargés de l'expédition de certaines écritures. Un crédit, dont vous calculerez l'importance, serait inscrit au budget départemental, pour, avec les cartes de voyage à prix réduit délivrées par les Inspecteurs, couvrir leurs frais de déplacement. L'Inspection académique veillerait, d'une part, à ce que ces auxiliaires ne fussent pas détournés de leurs véritables fonctions et, d'autre part, à ce que les suppléances ne se prolongeassent pas au delà du nécessaire. Les traitements des suppléants seraient soumis à retenue, et vous les choisiriez de préférence parmi les bons élèves-maîtres sortants, à condition de ne pas les laisser plus d'une année dans ces fonctions provisoires.

Quant à la dépense qui résultera de l'organisation de ce service, je ne doute pas que, dans sa sollicitude pour les Écoles et pour les maîtres, le Conseil général de votre département, sous les yeux duquel je vous prie de placer la présente circulaire lors de sa plus prochaine session, ne consente à en prendre une partie à sa charge, en l'inscrivant dans son budget au chapitre des dépenses facultatives. En ce qui me concerne, je suis disposé à venir en aide à ces assemblées, en participant pour une part à la dépense totale, et dût-il en résulter un léger accroissement de dépense pour le budget de l'État, je m'adresserai avec confiance au Parlement, dont le concours est acquis d'avance à tout ce qui intéresse le progrès de notre enseignement national.

Je vous prie, Monsieur le Préfet, d'étudier cette importante question, au moment où vous allez préparer le budget départemental de 1882, de manière à être en mesure de la soumettre au Conseil général dans sa session du mois d'août.

Vous voudrez bien m'accuser réception de cette circulaire et me tenir au courant des mesures que vous comptez prendre pour en assurer l'effet.

Recevez, etc.

Signé : Jules Ferry.

Cour de Cassation (Chambre criminelle).

20 mai 1881.

Audience du 20 Mai 1881.

Ouverture d'École. — Affaire du R. P. Labrosse. — Pourvoi du ministère public. — Rejet.

Le directeur d'un établissement d'enseignement ne cesse pas sa fonction par cela qu'une personne a fait à l'autorité la déclaration qu'elle voulait lui suc-

céder. Cette déclaration n'est que conditionnelle; elle n'a d'effet qu'autant que le successeur est agréé.

Conséquemment, le directeur en fonctions ne doit pas être considéré comme ayant renoncé à sa direction par le fait de la déclaration conditionnelle de son successeur. Il continue sa direction et il n'est pas en contravention pour l'avoir continuée sans avoir fait, lui, une déclaration nouvelle.

La Cour,

Ouï M. le conseiller Gast en son rapport, Me Sabatier, avocat du défendeur, en ses observations, et M. l'avocat général Ronjat en ses conclusions;

Sur le moyen tiré de la violation prétendue des articles 60 et 66 de la loi du 15 mars 1850, en ce que l'arrêt attaqué aurait à tort relaxé des poursuites pour ouverture illicite d'un établissement particulier d'instruction secondaire, le prévenu Labrosse, qui devait être considéré comme déchu du bénéfice de la déclaration au moyen de laquelle il avait ultérieurement régularisé l'ouverture de son collège;

Attendu que des constatations de l'arrêt attaqué il résulte que Labrosse n'a jamais abandonné la direction de l'établissement d'instruction secondaire, qu'il avait ouvert à Tours en 1875, après avoir fait la déclaration exigée et rempli toutes les formalités prescrites par la loi du 15 mars 1850, et que, conséquemment, à la rentrée des classes en octobre 1880, il n'aurait pas créé une École nouvelle, mais ne faisait que présider à la continuation des études dans un établissement fonctionnant légalement;

Attendu que si, dans l'intervalle du mois d'août au mois d'octobre 1880, l'archevêque de Tours a déclaré, dans une lettre au Ministre des Cultes, qu'il prenait cette institution sous son haut patronage, et si diverses personnes ont fait les déclarations nécessaires pour succéder à Labrosse, il est constaté, d'autre part, par l'arrêt attaqué, que le prévenu, bien qu'il ait connu ces interventions successives, a néanmoins toujours subordonné à son remplacement effectif le projet qu'il avait formé d'abandonner la direction de son établissement;

Attendu qu'en se fondant sur ces constatations, l'arrêt attaqué a décidé qu'eût-elle existé, la renonciation de Labrosse aux droits que lui conférait sa déclaration de 1875, n'ayant été que conditionnelle, n'avait pu, à raison de la défaillance de la condition à laquelle elle était soumise, lui enlever le bénéfice de cette déclaration;

Attendu que, loin d'être incompatible avec les dispositions de la loi du 15 mars 1850, une renonciation conditionnelle d'un chef d'établissement particulier d'instruction au droit de diriger son École apparait, au contraire, d'après l'économie de cette loi, comme un moyen naturel et souvent indispensable pour régulariser la substitution d'un directeur à un autre;

Attendu, dès lors, qu'en statuant ainsi qu'il l'a fait, l'arrêt attaqué, non seulement n'a pas violé la loi du 15 mars 1850, mais s'est, au contraire, conformé à son esprit et l'a sainement interprétée;

Par ces motifs,

Rejette, etc.

Loi relative aux Titres de capacité de l'enseignement primaire[1]. 16 juin 1881.

16 Juin 1881.

ARTICLE 1er. — Nul ne peut exercer les fonctions d'instituteur ou d'institutrice titulaire, d'instituteur adjoint chargé d'une classe ou d'institutrice adjointe chargée d'une classe, dans une École publique ou libre[2], sans être pourvu du brevet de capacité pour l'enseignement primaire[3].

1. Consulter, pour les origines de la loi, le projet du 20 *mai* 1879, ci-dessus, p. 54. Consulter également le Rapport de M. FERROUILLAT, sénateur, 3 *mars* 1881 (*Journal officiel* du 12 *mars* 1881, p. 233-236, Annexe nº 78).

2. Consulter les circulaires ci-après :

Du 17 *avril* 1882, aux Préfets, relative à l'application de la loi aux ouvroirs et orphelinats (ci-après *à sa date*);

— 22 *avril* 1882, aux Préfets, relative au mode de justification du brevet de capacité (*Circ.*, t. IX, p. 22);

— 22 *septembre* 1882, aux Préfets, relative aux titres de capacité exigés des instituteurs et institutrices publics, titulaires et adjoints (*Ibid.*, p. 117);

— 20 *mars* 1883 (Ministre de la Guerre aux Préfets), relative à l'application de la loi du 16 juin 1881 sur les titres de capacité au point de vue de la validité de l'engagement décennal souscrit par les instituteurs (*Rec. des L. et A.*, 1883, p. 241);

— 13 *septembre* 1884, aux Préfets, relative aux titres de capacité exigés désormais des instituteurs et des institutrices (*Circ.*, t. IX, p. 414).

Voir également la circulaire suivante adressée par le Vice-Recteur de l'Académie de Paris aux Inspecteurs d'Académie, le 3 *décembre* 1886 :

« Monsieur l'Inspecteur, j'ai été consulté sur la question de savoir si l'article 1er de la loi du 16 juin 1881 sur les titres de capacité était applicable aux simples surveillants, auxiliaires ou moniteurs.

« M. le Ministre, dont j'ai pris l'avis, me répond :

« Ce point a été nettement établi lors de la discussion au Sénat. L'article n'est pas applicable.

« Il est certain que, sous la dénomination d'auxiliaires, de surveillants ou de moniteurs, des chefs d'établissements privés chercheront à maintenir ou à employer des maîtres qui ne pouvaient demeurer dans les Écoles ou y entrer à titre d'adjoints, et que la loi sera tournée. Tracer des règles précises pour saisir la fraude n'est guère possible. L'inspection primaire doit veiller à ce que les personnes dont il s'agit se renferment dans leur rôle restreint et ne donnent pas un véritable enseignement. C'est par des visites inopinées que MM. les Inspecteurs primaires, sur le tact et la perspicacité desquels l'Administration doit compter en cette délicate recherche, s'assureront qu'il en est ainsi. Lorsque l'abus sera constaté d'une manière irrécusable, ils n'hésiteront pas à poursuivre la répression, à titre d'exemple. Mais c'est là, je le répète, une question à résoudre d'après les circonstances, et par espèce. »

3. L'article 161 du Code pénal, relatif à la fabrication ou falsification de certificats, ne s'applique qu'aux certificats propres à attirer sur ceux qui en sont porteurs une bienveillance purement volontaire de la part du Gouvernement ou des particuliers, et non à ceux qui confèrent légalement des droits et des capacités. Dès lors, le fait par un individu d'avoir falsifié, sur le brevet de capacité pour l'instruction primaire délivré à un autre, la date indicative de l'âge de l'impétrant et d'avoir fait usage de ce certificat ainsi falsifié, ne constitue pas simplement le délit prévu par l'article 161 du Code pénal, mais bien les crimes de faux et d'usage d'une pièce fausse réprimés par les articles 162, 147 et 148 du même Code. (*Arrêt de la Cour de cassation du* 31 *décembre* 1841.)

Toutes les équivalences admises par le paragraphe 2 de l'article 25 de la loi du 15 mars 1850 sont abolies.

ART. 2. — Nulle ne peut exercer les fonctions de directrice ou de sous-directrice de Salle d'asile publique ou libre, sans être pourvue du certificat d'aptitude à la direction des Salles d'asile, institué par l'article 20, paragraphe 1er, du décret du 21 mars 1855[1].

ART. 3. — Les personnes occupant, sans les brevets et certificats susénoncés, les fonctions énumérées aux articles précédents devront, dans le laps d'un an à partir de la promulgation de la loi, se présenter devant les Commissions d'examen instituées pour décerner lesdits brevets et certificats[2].

Celles qui auront échoué auront le droit de se présenter de nouveau aux sessions ordinaires ou extraordinaires tenues dans le cours des années suivantes, jusqu'à la rentrée des classes du mois d'octobre 1884.

Toutefois, les adjoints qui auront contracté, conformément à l'article 20 de la loi du 27 juillet 1872, l'engagement de se vouer pendant dix ans à la carrière de l'enseignement, et qui viendraient à échouer aux examens ci-dessus, conserveront le bénéfice de la dispense, à titre conditionnel, du service militaire.

ART. 4. — Les prescriptions de la présente loi ne s'appliqueront pas :

1° Aux directeurs d'École publique ou libre qui, au 1er janvier 1881, exerçaient les fonctions de directeur en vertu des équivalences établies par la loi du 15 mars 1850;

2° Aux directrices d'École et de Salle d'asile publiques ou libres qui, au 1er janvier 1881, comptaient trente-cinq ans d'âge et cinq ans au moins de services en qualité de directrices;

3° Aux adjoints ou adjointes d'École publique ou libre, ainsi qu'aux sous-directrices de Salle d'asile publique ou libre qui, au 1er janvier 1881, comptaient trente-cinq ans d'âge et cinq ans au moins de services comme adjoints ou adjointes chargés d'une classe ou comme sous-directrices d'une Salle d'asile, sans toutefois que cette exemption leur permette d'obtenir ultérieurement la direction d'une École ou d'une Salle d'asile en dehors des conditions prescrites par les articles 1er et 2 de la présente loi.

1. L'article 62 de la loi du 30 *octobre* 1886 (voir *à sa date*), en assimilant les directrices d'Écoles maternelles publiques aux institutrices publiques, a supprimé le titre de capacité distinct pour les Écoles maternelles.

2. Consulter la circulaire du 11 *août* 1881, relative à la tenue de sessions extraordinaires pour les examens des brevets, et à la réunion de renseignements spéciaux en vue de l'application de la loi sur les titres de capacité (*Circ.*, t. VIII, p. 542).

Loi établissant la Gratuité absolue de l'Enseignement primaire dans les Écoles publiques[1]. 16 juin 1881.

16 Juin 1881.

ARTICLE 1er. — Il ne sera plus perçu de rétribution scolaire dans

1. Consulter, pour les origines de la loi, le Projet du 20 *janvier* 1880, ci-dessus, p. 110; — le Rapport de M. RIBIÈRE, sénateur, 5 *mars* 1881 (*Journal officiel* du 12 *mars* 1881, p. 236-239); — les Circulaires du 31 *mars* 1879 aux Préfets, prescrivant une enquête sur les subventions nécessaires aux communes qui voudraient établir la gratuité absolue de l'enseignement primaire (*Circ.*, t. VIII, p. 129), et du 18 *juin* 1880 aux Préfets, relative à l'inscription des enfants de troupe sur les listes de gratuité (ci-dessus, p. 190).

Consulter, pour les conséquences de l'adoption de la gratuité, les documents suivants :

Circulaires des 4 et 22 *juillet* 1881 (Ministre de l'Intérieur aux Préfets), relatives aux modifications apportées dans les budgets communaux par l'adoption de la gratuité (*Rec. des L. et A.*, 1881, p. 529 et 582);

Circulaire du 8 *août* 1881, aux Recteurs, relative à la préparation du budget des Écoles normales primaires, modifié par la loi du 16 juin 1881, établissant la gratuité de l'enseignement primaire (*Circ.*, t. VIII, p. 539);

— 16 *août* 1881, aux Préfets, relative aux contingents communaux pour les ressources applicables à l'enseignement primaire (*Ibid.*, p. 550);

— 22 *septembre* 1881, aux Préfets, relative à des instructions complémentaires sur l'application de la gratuité (*Ibid.*, p. 562);

— 25 *septembre* 1881, aux Préfets, prescrivant de remplacer par des Écoles légalement obligatoires les classes gratuites annexées à des Écoles payantes (*Ibid.*, p. 564);

— 27 *septembre* 1881 (Ministre des Finances aux Trésoriers-payeurs généraux), relative aux conséquences financières de la gratuité (*Rec. des L. et A.*, 1881, p. 965);

— 6 *janvier* 1882, aux Préfets, relative à l'établissement des états de dépenses de l'enseignement primaire pour le second semestre de 1881 (*Circ.*, t. VIII, p. 626);

— 22 *janvier* 1882, aux Préfets, relative à la liquidation des dépenses des Écoles primaires publiques pour l'année 1881 (*Ibid.*, p. 634);

— 18 *avril* 1882, aux Préfets, relative à l'établissement d'un état de dépenses présumées des Écoles primaires publiques pour l'année 1882 (*Circ.*, t. IX, p. 19);

— 25 *octobre* 1883, aux Préfets, modifiant les modèles pour le certificat d'exercice des instituteurs et institutrices et pour le décompte des dépenses et des revenus scolaires (*Ibid.*, p. 284);

— 12 *mai* 1884, aux Préfets, relative à l'établissement des budgets communaux en ce qui concerne les ressources et les dépenses obligatoires de l'enseignement primaire (ci-après *à sa date*);

— 27 *janvier* 1885, aux Préfets, relative à la répartition entre les communes du crédit de quatorze millions affecté à l'allègement des charges municipales résultant de la gratuité (*Circ.*, t. IX, p. 446);

— 29 *janvier* 1885, aux Préfets, relative à la liquidation des dépenses ordinaires des Écoles primaires publiques en 1884 (*Ibid.*, p. 450);

— 28 *mars* 1885, aux Préfets, relative à l'état des dépenses et des ressources des Écoles primaires publiques en 1885 (*Ibid.*, p. 470);

— 18 *mai* 1885, aux Préfets, relative au règlement des budgets communaux pour 1886, en ce qui concerne les dépenses de l'enseignement primaire (*Ibid.*, p. 483);

— 25 *février* 1886, aux Préfets, relative aux subventions accordées par l'État aux Écoles privées dans des communes non encore pourvues d'Écoles publiques (ci-après *à sa date*);

les Écoles primaires publiques, ni dans les Salles d'asile publiques[1].

Le prix de pension dans les Écoles normales est supprimé[2].

ART. 2[3]. — Les quatre centimes spéciaux créés par les articles 40 de la loi du 15 mars 1850 et 7 de la loi du 19 juillet 1875[4], pour le service de l'instruction primaire, sont obligatoires pour toutes les communes, compris dans leurs ressources ordinaires et votés sans le concours des plus imposés[5].

Les communes auront la faculté de s'exonérer de tout ou partie de ces quatre centimes en inscrivant au budget, avec la même destination, une somme égale au produit des centimes supprimés, somme qui pourra être prise soit sur le revenu des dons et legs, soit sur une portion quelconque de leurs ressources ordinaires et extraordinaires.

Du 9 *mars* 1887, aux Préfets, relative à la liquidation des dépenses ordinaires des Écoles primaires publiques en 1886 (*Circ.*, t. X, p. 80);

— 12 *novembre* 1888, aux Préfets, relative à la liquidation des dépenses de l'enseignement primaire en 1888 (*Ibid.*, p. 369);

— 15 *janvier* 1890, aux Préfets, relative à la liquidation des dépenses de l'enseignement primaire en 1889 (*Ibid.*, p. 73);

— 25 *mars* 1891, aux Préfets, relative à la liquidation des dépenses de l'enseignement primaire en 1890 (*Ibid.*, p. 429);

— 7 *février* 1892, aux Préfets, relative à la liquidation des dépenses de l'enseignement primaire en 1892 (*Ibid.*, p. 559);

— 17 *août* 1892, aux Préfets, relative au compte définitif des dépenses imputables sur les fonds de l'État en 1891 (*Ibid.*, p. 603).

1. Consulter, pour l'application, l'Annexe du Projet de loi du 20 *janvier* 1880 (*Journal officiel* du 9 *juillet* 1880, p. 7833-7834), et le Projet de loi portant ouverture d'un crédit supplémentaire, 30 *juin* 1881 (*Journal officiel*, Chambre, *juillet* 1881, p. 1221).

2. Voir la circulaire du 5 *juillet* 1881 aux Préfets, portant que la rétribution scolaire cesse d'être recouvrée depuis le 1er juillet (*Circ.*, t. VIII, p. 521); — la circulaire du 8 *août* 1881 aux Recteurs, pour l'application de ce paragraphe, ainsi que la circulaire aux Préfets, portant la même date (*Ibid.*, p. 539 et 541).

3. Les articles 2 à 6 ont été abrogés par l'article 54 de la loi du 19 *juillet* 1889.

4. Les trois premiers centimes avaient été créés par l'article 40 de la loi du 15 *mars* 1850, le quatrième par l'article 7 de la loi du 19 *juillet* 1875.

Les indemnités extraordinaires accordées aux Inspecteurs primaires ne peuvent pas être prélevées sur les quatre centimes (*Circulaire du Vice-Recteur de Paris aux Inspecteurs d'Académie*, 28 *février* 1882, *Rec. des L. et A.*, 1882, p. 201).

5. Consulter les décisions suivantes :

« Le Conseil municipal ne peut voter une imposition extraordinaire de plus de 4 centimes additionnels pour combler le déficit provenant à la fois de l'insuffisance des recettes ordinaires et des recettes spéciales à l'enseignement primaire. » (*Arrêt du Conseil d'État,* 13 *février* 1880.)

« Le Préfet ne peut rayer d'office au budget communal un crédit régulièrement voté et approuvé. » (*Arrêt du Conseil d'État*, 3 *décembre* 1880.)

« Lorsqu'un maire refuse d'employer un crédit régulièrement voté pour une dépense facultative (prix et couronnes pour les Écoles), le Préfet peut mandater d'office et déléguer un tiers pour effectuer la dépense. » (*Arrêt du Conseil d'État,* 8 *juin* 1888.)

ART. 3. — Les prélèvements à effectuer en faveur de l'instruction primaire sur les revenus ordinaires des communes, en vertu de l'article 40 de la loi du 15 mars 1850, porteront exclusivement sur les ressources ci-après énumérées :

1° Les revenus en argent des biens communaux;

2° La part revenant à la commune sur l'imposition des chevaux et voitures et sur les permis de chasse;

3° La taxe sur les chiens;

4° Le produit net des taxes ordinaires d'octroi;

5° Les droits de voirie et les droits de location aux halles, foires et marchés.

Ces revenus sont affectés, jusqu'à concurrence d'un cinquième[1], aux dépenses ordinaires et obligatoires afférentes à la commune pour le service de ses Écoles primaires publiques[2].

Sont désormais exemptées de tout prélèvement sur leurs revenus ordinaires les communes dans lesquelles la valeur du centime additionnel au principal des quatre contributions directes n'atteint pas vingt francs.

ART. 4.— Les quatre centimes spéciaux établis par les articles 40 de la loi du 15 mars 1850, 14 de la loi du 10 avril 1867, et 7 de la loi du 19 juillet 1875[3], au principal des quatre contributions directes, pour le service de l'instruction primaire, sont obligatoires pour les départements.

Toutefois, les départements auront la faculté de s'exonérer de tout ou partie de cette imposition, en inscrivant à leur budget, avec la même destination, une somme égale au produit des centimes supprimés, somme qui pourra être prise soit sur le revenu des dons et legs, soit sur une portion quelconque de leurs ressources ordinaires ou extraordinaires.

ART. 5. — En cas d'insuffisance des ressources énumérées aux articles 2, 3 et 4 de la présente loi, les dépenses seront couvertes par une subvention de l'État.

ART. 6. — Le traitement des instituteurs et institutrices, titu-

1. Voir la décision du Conseil d'État, 6 *juillet* 1888, relative au prélèvement à opérer sur le cinquième des revenus ordinaires communaux, et au remboursement de ce prélèvement sur le fonds spécial voté par le Parlement : « Il appartient à l'Administration de répartir la subvention suivant son appréciation, en tenant compte des besoins des communes. » (*Rec. des L. et A.*, 1888, p. 542).

2. Le prélèvement du cinquième a été supprimé par l'article 28 de la loi du 19 *juillet* 1889.

3. Les deux premiers centimes ont été créés par l'article 40 de la loi du 15 *mars* 1850, le troisième par l'article 14 de la loi du 10 *avril* 1867, le quatrième par l'article 7 de la loi du 19 *juillet* 1875.

laires et adjoints, actuellement en exercice, ne pourra, dans aucun cas, devenir inférieur aux plus élevés des traitements dont ils auront joui pendant les trois années qui auront précédé l'application de la présente loi[1].

Le taux de rétribution servant à déterminer le montant du traitement éventuel, établi par l'article 9 de la loi du 10 avril 1867, sera fixé, chaque année, par le Ministre, sur la proposition du Préfet, après avis du Conseil départemental.

Un décret fixera la quotité des traitements en ce qui concerne les Salles d'asile ou les Classes enfantines.

ART. 7[2]. — Sont mises au nombre des Écoles primaires publiques donnant lieu à une dépense obligatoire pour la commune, à la condition qu'elles soient créées conformément aux prescriptions de l'article 2 de la loi du 10 avril 1867 :

1° Les Écoles communales de filles qui sont ou seront établies dans les communes de plus de 400 âmes[3];

2° Les Salles d'asile;

3° Les classes intermédiaires entre la Salle d'asile et l'École primaire, dites Classes enfantines[4], comprenant des enfants des deux sexes et confiées à des institutrices pourvues du brevet de capacité ou du certificat d'aptitude à la direction des Salles d'asile.

---

9 juillet 1881.

Décret portant création, à Vierzon, d'une École nationale d'enseignement primaire supérieur et professionnel.

9 Juillet 1881.

Le Président de la République française,

Sur le rapport du Président du Conseil, Ministre de l'Instruction publique et des Beaux-Arts, et du Ministre de l'Agriculture et du Commerce,

Vu la loi du 11 décembre 1880;

1. Voir les arrêtés du 7 *février* 1882 et du 22 *juillet* 1884 (*à leur date*); — la circulaire du 8 *novembre* 1882 (Ministre de l'Intérieur aux Préfets), relative à l'examen des crédits proposés pour les suppléments de traitement accordés par les communes aux instituteurs et institutrices publics; — et les lois des 19 *juillet* 1889 et 25 *juillet* 1893.

2. Modifié par l'article 15 de la loi du 30 *octobre* 1886 (voir *à sa date*).

3. Consulter la circulaire du 11 *mars* 1882 aux Préfets, relative à la création de ces Écoles (*Circ.*, t. VIII, p. 667).

4. « Si, dans une prescription d'ordre financier, la loi du 16 juin 1881 a mis les

Vu la délibération du Conseil municipal de Vierzon en date du 4 juillet 1881,

Décrète :

ARTICLE 1er. — Il est créé une École nationale d'enseignement primaire supérieur et d'enseignement professionnel préparatoire à l'apprentissage, destinée à servir de type pour les établissements de même nature qui seront fondés par application de la loi susvisée.

ART. 2. — Le siège de cet établissement est fixé à Vierzon (Cher).

ART. 3. — Le Ministre de l'Instruction publique et des Beaux-Arts et le Ministre de l'Agriculture et du Commerce sont chargés, chacun en ce qui le concerne, de l'exécution du présent décret.

Arrêté réglant les récompenses honorifiques à décerner aux Instituteurs et Institutrices et aux Directrices et Sous-Directrices d'Écoles maternelles publiques[1]. 20 juillet 1881.

20 Juillet 1881.

Le Président du Conseil, Ministre de l'Instruction publique et des Beaux-Arts,

Vu l'article 15, paragraphes 4 et 5, de la loi du 15 mars 1850;

Vu la loi du 16 juin 1881;

Vu les articles 7 et 8 de la loi du 14 juin 1854;

Vu l'article 21 du décret du 22 août 1854;

Classes enfantines au nombre des Écoles primaires, elle n'a pas pour cela constitué les Écoles enfantines en Écoles publiques.

« Les Écoles enfantines libres n'ont pas non plus d'existence légale.

« Par suite, la déclaration d'ouverture d'une École libre enfantine n'est pas recevable et ne peut donner lieu à aucune opposition.

« Est sans valeur l'opposition d'un maire à l'annexion d'une Classe enfantine à l'École libre. » (*Arrêt du Conseil supérieur*, affaire Chollet, 27 *décembre* 1884.)

1. Consulter les circulaires :

Du 28 *juin* 1884, aux Recteurs, relative à la fondation du prix Pape-Carpantier en faveur de directrices d'Écoles maternelles (*Circ.*, t. IX, p. 391);

— 24 *février* 1885 (Vice-Recteur de Paris aux Inspecteurs d'Académie), relative à la distribution des récompenses aux instituteurs pour le service des bibliothèques scolaires (*Rec. des L. et A.*, 1885, p. 202);

— 15 *février* 1886, aux Recteurs, relative à l'attribution du prix Pape-Carpantier en 1886 (*Circ.*, t. IX, p. 670);

— 21 *avril* 1886, aux Recteurs et aux Préfets, relative aux distinctions honorifiques universitaires (*Ibid.*, p. 698 et 702);

— 20 *mars* 1888, aux Recteurs, relative à l'attribution du prix Pape-Carpantier en 1888 (*Rec. des L. et A.*, 1888, p. 174);

— 29 *novembre* 1891, aux Recteurs, relative aux distinctions universitaires (*Circ.*, t. XI, p. 500);

— 16 *mars* 1892, aux Préfets, relative à l'attribution des prix spéciaux pour l'en-

Vu l'arrêté du 21 août 1858;

Le Conseil supérieur de l'Instruction publique entendu,

Arrête :

ARTICLE 1er. — Les médailles et mentions honorables seront décernées aux instituteurs et institutrices titulaires, adjoints et adjointes publics ou libres, pourvus du brevet ou du certificat d'aptitude pédagogique, aux directrices et sous-directrices d'Écoles maternelles (Salles d'asile) pourvues du certificat d'aptitude, dans chaque département, sur la proposition du Préfet, après avis du Conseil départemental et du Recteur de l'Académie.

Les instituteurs adjoints et les institutrices adjointes pourvus du brevet supérieur ou du certificat d'aptitude pédagogique, les sous-directrices d'Écoles maternelles pourvues, outre le certificat d'aptitude, du brevet élémentaire, peuvent seuls prétendre à la médaille de bronze et à la médaille d'argent.

ART. 2. — Il peut être accordé, chaque année, par département, une médaille d'argent pour cinq cents instituteurs titulaires et adjoints;

seignement agricole et horticole à décerner aux instituteurs et institutrices primaires (*Bull. adm.*, 1892, t. LI, p. 329);

Du 31 *mai* 1892, aux Inspecteurs d'Académie, relative à la fondation d'un prix de dessin en faveur d'un instituteur primaire (*Circ.*, t. XI, p. 585);

— 19 *janvier* 1893, aux Préfets, relative aux renseignements à fournir sur les candidats aux prix spéciaux d'enseignement agricole (*Ibid.*, p. 625);

— 30 *mars* 1893, aux Inspecteurs d'Académie, relative à l'attribution du prix de dessin de la fondation Eugène Monnier en faveur d'un instituteur (*Ibid.*, p. 667);

— 27 *avril* 1893, aux Préfets, relative à la distribution de médailles aux instituteurs et institutrices primaires qui se sont distingués par l'activité de leur propagande en faveur de la Caisse nationale des retraites pour la vieillesse (*Ibid.*, p. 671);

— 13 *janvier* 1895, aux Préfets, relative aux récompenses décernées aux instituteurs et institutrices publics et privés qui ont contribué le plus activement à propager les vaccinations et les revaccinations dans les Écoles primaires (*Bull. adm.*, 1895, t. LVII, p. 38);

— 25 *février* 1896, aux Préfets, relative aux récompenses attribuées aux instituteurs et institutrices pour les cours d'adultes (*Bull. adm.*, 1896, t. LIX, p. 261);

— 11 *juin* 1896, aux Préfets, relative aux récompenses à accorder aux collaborateurs des cours d'adultes (*Ibid.*, p. 619);

— 2 *mars* 1897, aux Inspecteurs d'Académie, relative aux récompenses à attribuer en 1897 aux personnes ayant participé à l'enseignement dans les cours d'adultes (*Bull. adm.*, 1897, t. LXI, p. 295);

— 27 *mars* 1897, aux Recteurs, relative aux récompenses attribuées pour les cours d'adultes (*Ibid.*, p. 467);

— 14 *février* 1898, aux Inspecteurs d'Académie, relative à l'attribution de récompenses en 1898 pour participation aux cours d'adultes (*Bull. adm.*, 1898, t. LXIII, p. 195);

— 19 *février* 1898, aux Préfets et aux Recteurs, relative aux distinctions et aux récompenses honorifiques à attribuer aux personnes ayant participé aux œuvres post-scolaires en 1897-1898 (*Ibid.*, p. 225 et 228).

Deux médailles d'argent, lorsque le nombre des instituteurs titulaires et adjoints atteindra huit cents;

Trois médailles d'argent, lorsque le nombre des instituteurs titulaires et adjoints atteindra douze cents;

Une médaille de bronze par deux cents instituteurs titulaires et adjoints;

Une mention honorable par cent instituteurs titulaires et adjoints.

Les mêmes règles sont applicables aux institutrices titulaires et adjointes.

Une récompense honorifique (médaille d'argent, médaille de bronze ou mention honorable) peut être accordée, chaque année, par département, aux directrices et sous-directrices d'Écoles maternelles remplissant les conditions indiquées à l'article 1er.

Deux récompenses peuvent être accordées lorsque le nombre des directrices et sous-directrices dépasse cent.

ART. 3. — Nul instituteur titulaire ou adjoint, nulle institutrice titulaire ou adjointe, nulle directrice ou sous-directrice d'École maternelle ne peut obtenir une mention honorable s'il ne compte au moins cinq ans de services et vingt-cinq ans d'âge.

Nul ne peut obtenir une médaille de bronze s'il n'a reçu la mention honorable depuis deux années au moins.

Nul ne peut obtenir une médaille d'argent s'il n'a reçu la médaille de bronze depuis deux années au moins.

ART. 4. — L'arrêté précité du 21 août 1858 et l'arrêté du 7 mai 1862 sont et demeurent rapportés.

Arrêté modifiant l'article 16 de l'Arrêté du 5 janvier 1881 relatif aux Examens du Brevet supérieur. 28 juillet 1881.

28 Juillet 1881.

(Voir *Arrêté du 5 janvier* 1881, p. 232, note 1.)

Décret relatif à l'Organisation des Écoles normales primaires [1]. 29 juillet 1881.

29 Juillet 1881.

Le Président de la République française,

Sur le rapport du Président du Conseil, Ministre de l'Instruction publique et des Beaux-Arts;

1. Voir les Règlements et Programmes d'études des Écoles normales dans le fasci-

Vu les articles 35 de la loi du 15 mars 1850, 9 de la loi du 21 juin 1865, 16 de la loi du 10 avril 1867 et 45 de la loi du 10 août 1871;

Vu les lois des 16 juin et 9 août 1879, 27 janvier et 11 décembre 1880;

Vu la loi du 16 juin 1881;

Vu les décrets du 24 mars 1851, du 2 juillet 1866 et du 4 janvier 1881;

Le Conseil supérieur de l'Instruction publique entendu,

Décrète :

TITRE Ier. — *De l'Organisation des Écoles normales*[1].

ARTICLE 1er. — Les Écoles normales relèvent du Recteur, sous l'autorité du Ministre de l'Instruction publique.

ART. 2. — Le régime des Écoles normales est l'internat. L'internat est gratuit[2].

Sur la proposition du Recteur, et avec l'approbation du Ministre de l'Instruction publique, les Écoles normales peuvent recevoir des demi-pensionnaires et des externes, à titre également gratuit et aux mêmes conditions d'admission.

ART. 3. — Tous les ans, le Ministre, sur la proposition du Recteur, et après avis du Conseil départemental, fixe le nombre des élèves-maîtres à admettre en première année, dans chaque École normale, en qualité d'internes, de demi-pensionnaires ou d'externes.

ART. 4. — La durée du cours d'études est de trois ans.

ART. 5. — A partir de dix-huit ans, si l'élève-maître est pourvu du brevet élémentaire, les années passées à l'École normale comptent pour la réalisation de l'engagement de servir dix ans dans l'enseignement public, pour les deux années de stage exigées des candidats au certificat d'aptitude pédagogique et pour l'avancement dans les fonctions d'enseignement primaire.

ART. 6. — Une École primaire, dans laquelle les élèves s'exercent

cule n° 6 des ***Mémoires et Documents scolaires publiés par le Musée pédagogique.***

Consulter la circulaire du 18 *octobre* 1881, relative à la réorganisation des Écoles normales, et l'Instruction spéciale annexée sur l'application des programmes d'enseignement (*Circ.*, t. VIII, p. 577).

Voir le titre Ier, chapitre v, du décret du 18 *janvier* 1887.

1. Voir le décret du 24 *avril* 1883, portant organisation d'une École normale à Saint-Denis de la Réunion (*Rec. des L. et A.*, 1883, p. 365).

2. Voir la circulaire du 5 *juillet* 1881 aux Recteurs, relative à la suppression du prix de pension dans les Écoles normales en exécution de la loi du 16 juin 1881 (*Circ.*, t. VIII, p. 521).

à la pratique de l'enseignement, est annexée à chaque École normale[1].

Il y a, en outre, auprès de chaque École normale d'institutrices, une École maternelle (Salle d'asile).

Le directeur de l'École annexe a, suivant le titre de capacité dont il est pourvu, le rang de professeur ou de maître adjoint.

Dans aucun cas, il ne peut être chargé d'un service de surveillance à l'École normale.

TITRE II. — *De l'Enseignement dans les Écoles normales*[2].

ART. 7[3]. — L'enseignement dans les Écoles normales primaires, soit d'instituteurs, soit d'institutrices, comprend, en dehors de l'instruction religieuse réservée aux ministres des différents cultes[4] :

1° L'instruction morale et civique[5];

2° La lecture;

3° L'écriture;

4° La langue et les éléments de la littérature française;

5° L'histoire et particulièrement l'histoire de France jusqu'à nos jours;

6° La géographie et particulièrement celle de la France;

7° Le calcul, le système métrique, l'arithmétique appliquée aux opérations pratiques; des notions de calcul algébrique; des notions de tenue des livres;

8° La géométrie, l'arpentage et le nivellement (pour les élèves-maîtres seulement);

9° Les éléments des sciences physiques avec leurs principales applications[6];

1. Consulter la circulaire du 21 *octobre* 1880 aux Recteurs, relative à la situation des maîtres et des maîtresses adjointes d'École normale, au roulement du service à l'École annexe, à l'allègement du service de surveillance et à la participation des élèves à ce service (*Circ.*, t. VIII, p. 399); et la circulaire du 9 *novembre* 1881 aux Recteurs, relative au choix des maîtres chargés de la direction des Écoles primaires annexées aux Écoles normales (*Ibid.*, p. 608).

2. Consulter la circulaire du 3 *avril* 1882 aux Recteurs, relative à l'entretien et au développement des bibliothèques des Écoles normales (*Circ.*, t. IX, p. 7).

3. Modifié par le décret du 9 *janvier* 1883 (ci-après *à sa date*).

4. Consulter pour l'emploi du temps, la répartition des matières d'enseignement et les Programmes d'études, les arrêtés du 3 *août* 1881 (*Bull. adm.*, 1881, t. XXIV, p. 1181 et 1216). L'emploi du temps a été modifié par les arrêtés des 18 *janvier* 1887, art. 97 (ci-après *à sa date*) et 10 *janvier* 1889 (ci-après *à sa date*).

5. Consulter la circulaire du 16 *octobre* 1888 (Vice-Recteur de Paris aux Inspecteurs d'Académie), relative à l'enseignement moral et civique (*Rec. des L. et A.*, 1888, p. 778).

6. Consulter la brochure : *Matériel des sciences physiques et naturelles et de*

10° Les éléments des sciences naturelles avec leurs principales applications;

11° L'agriculture[1] (pour les élèves-maîtres); l'économie domestique (pour les élèves-maîtresses); l'horticulture;

12° Le dessin[2];

13° Le chant[3];

14° La gymnastique et, pour les élèves-maîtres, les exercices militaires;

15° Les travaux manuels (pour les élèves-maîtres); les travaux d'aiguille (pour les élèves-maîtresses)[4];

16° La pédagogie[5];

17° A titre facultatif, l'étude d'une ou de plusieurs langues vivantes[6].

L'étude de la musique instrumentale peut être autorisée par le Recteur, sur la proposition du directeur.

Le Recteur peut aussi accorder aux élèves, à titre temporaire,

l'enseignement agricole dans les Écoles normales, in-4°, 48 pages (Imp. Nat[le], janvier 1881).

1. Voir le *Plan général d'un cours d'agriculture et d'horticulture dans les Écoles normales*, in-4°, 16 pages (Imp. Nat[le], août 1881).

Consulter la circulaire du 18 *juin* 1883 aux Recteurs, relative à l'enseignement de l'agriculture dans les Écoles normales primaires (*Circ.*, t. IX, p. 238).

2. Voir :

La note accompagnant l'envoi de la collection réduite choisie pour les Écoles normales par le Comité des modèles dans sa séance du 6 *avril* 1883 (*Rec. des L. et A.*, 1883, p. 450);

La circulaire du 1er *mai* 1883 aux Recteurs et les trois instructions y annexées, au sujet des épreuves de dessin au brevet supérieur (*Circ.*, t. IX, p. 217);

La circulaire du 6 *février* 1884 aux Inspecteurs d'Académie, relative à l'inspection de l'enseignement du dessin dans les Écoles normales (*Ibid.*, p. 329);

La circulaire du 29 *février* 1884, relative aux sessions normales de préparation à l'enseignement du dessin dans les Écoles normales primaires (*Ibid.*, p. 347).

3. Voir ci-après, *à sa date*, l'arrêté du 23 *janvier* 1882.

4. Consulter la circulaire du 16 *mars* 1880 aux Recteurs, relative à la délégation de maîtresses adjointes et d'institutrices pour suivre les cours normaux de coupe et d'assemblage de la ville de Paris (*Circ.*, t. VIII, p. 267);

La circulaire du 6 *juillet* 1880 aux Recteurs, portant indication de la date à laquelle auront lieu les cours, et exposant les méthodes qui y seront appliquées (*Ibid.*, p. 329);

La circulaire du 30 *juin* 1881 aux Recteurs, relative à l'ouverture d'un nouveau cours de coupe et d'assemblage des vêtements pour des institutrices et des maîtresses adjointes d'Écoles normales (*Ibid.*, p. 520);

La circulaire du 30 *octobre* 1885 aux Recteurs, relative à l'enseignement du travail manuel dans les Écoles normales (*Circ.*, t. IX, p. 571).

5. Voir la circulaire du 3 *juillet* 1882 aux Préfets, instituant des conférences pédagogiques pour les instituteurs pendant les vacances dans toutes les Écoles normales primaires.

6. Voir la note relative aux bourses de séjour à l'étranger (*Bull. adm.*, 1884, p. 183).

l'autorisation de suivre des cours accessoires faits soit dans l'École, soit au dehors.

Un arrêté ministériel pris en Conseil supérieur déterminera, d'une manière générale, l'emploi du temps, les programmes d'enseignement des diverses matières, ainsi que le nombre d'heures assigné à chacune d'elles[1].

La répartition des heures de cours est faite par le directeur, sous l'approbation du Recteur.

TITRE III. — *De la Direction et du Personnel enseignant.*

ART. 8. — Le directeur de l'École normale est nommé par le Ministre de l'Instruction publique, conformément aux prescriptions du décret du 5 juin 1880.

Indépendamment de la direction matérielle et morale de l'établissement et de la surveillance de l'enseignement, il est chargé des conférences pédagogiques ainsi que des cours de pédagogie et d'instruction morale et civique.

ART. 9[2]. — L'enseignement est donné : 1° par des professeurs, nommés par le Ministre, conformément aux prescriptions du décret du 5 juin 1880; 2° par des maîtres adjoints[3] pourvus du brevet supérieur et du certificat d'aptitude pédagogique, et délégués par le Ministre; 3° par des professeurs auxiliaires et des maîtres spéciaux, délégués par le Recteur, après création d'emploi par le Ministre.

Il y a dans chaque École normale, outre le directeur de l'École

1. Voir ci-dessus la note de la page 267.

Voir aussi la circulaire du 30 *avril* 1885 aux Recteurs, relative à la revision du programme d'études des Écoles normales, et les propositions y annexées de la Commission (*Circ.*, t. IX, p. 477).

Consulter la circulaire du 30 *septembre* 1885 aux Recteurs, au sujet des mesures transitoires prises pour l'année scolaire 1885-1886 (*Ibid.*, p. 536). Les programmes de la première année ont été modifiés en raison du nouveau règlement du brevet de capacité.

2. Voir ci-après, *à sa date*, le décret du 25 *juillet* 1883, qui modifie cet article.

3. Voir ci-dessus, p. 269, la note 1 en renvoi à l'art. 6 du présent décret.

Consulter les circulaires :

Du 19 *mars* 1880 (Vice-Recteur de Paris aux Inspecteurs d'Académie), reproduisant une décision ministérielle du 13 *mars*, aux termes de laquelle l'allocation supplémentaire de 100 francs attribuée en application de la loi du 19 *juillet* 1875 (art. 4) ne peut être maintenue à un maître adjoint, quel que soit son service dans une École normale;

— 5 *juillet* 1880, aux Recteurs, relative à la situation des maîtres adjoints qui résident dans les Écoles normales et sont admis à la table commune (*Circ.*, t. VIII, p. 326);

— 12 *août* 1881, aux Recteurs, relative à l'organisation des cadres du personnel (*Ibid.*, p. 544).

annexe, au moins deux professeurs ou maîtres adjoints de l'ordre des lettres et autant de l'ordre des sciences.

ART. 10. — Des ministres des différents cultes professés par les élèves sont attachés à l'École normale en qualité d'aumôniers. Ils sont nommés par le Ministre. Ils résident hors de l'établissement.

ART. 11. — Un professeur ou un maître adjoint, désigné par le Ministre, sur la proposition du Recteur, est chargé, sous le contrôle du directeur, des fonctions d'économe de l'École normale[1].

Le cautionnement qu'il devra fournir sera fixé par le Ministre de l'Instruction publique de concert avec le Ministre des Finances[2].

Il donne, par semaine, huit heures au moins, dix heures au plus d'enseignement.

Les autres professeurs et maîtres adjoints (à l'exception du directeur de l'École annexe, qui doit trente heures de classe) donnent dix-huit heures au moins et vingt heures au plus d'enseignement par semaine.

Chaque année, le Recteur, sur la proposition du directeur, arrête la répartition du service entre les différents maîtres.

ART. 12. — Un règlement spécial déterminera les règles de la comptabilité et de la gestion économique dans les Écoles normales[3].

ART. 13. — Le directeur et le fonctionnaire chargé de l'économat habitent dans l'établissement. Ils ne sont pas nourris.

ART. 14[4]. — Les professeurs et les maîtres adjoints sont externes; ils sont déchargés de la surveillance intérieure. Ils sont tenus toutefois, en dehors des heures d'enseignement, de diriger les promenades, de surveiller les travaux d'agriculture et d'horticul-

1. Consulter les circulaires :

Du 12 *août* 1881, aux Recteurs, relative aux aptitudes du fonctionnaire chargé de l'économat (*Circ.*, t. VIII, p. 544);

— 16 *septembre* 1881, aux Recteurs, relative au traitement des fonctionnaires chargés de l'économat (*Ibid.*, p. 560);

— 23 *février* 1882 (Vice-Recteur de Paris aux Inspecteurs d'Académie), relative au rôle de l'économe d'École normale (*Rec. des L. et A.*, 1882, p. 202);

— 18 *mars* 1882, aux Recteurs, relative à l'installation des économes dans les Écoles normales primaires (*Circ.*, t. VIII, p. 670).

2. Voir ci-après, *à sa date*, le décret du 30 *septembre* 1881.

3. Voir ci-après, *à leur date*, les décrets des 1er *août* 1881, 29 *juillet* 1882, 16 *avril* 1883 et 29 *mars* 1890.

4. Voir ci-après, *à sa date*, l'arrêté du 25 *juillet* 1883, qui modifie cet article.

Consulter les circulaires :

Du 21 *octobre* 1880, aux Recteurs, précisant la situation des maîtres adjoints et maîtresses adjointes dans les Écoles normales primaires, réglant le service de l'École annexe et de la surveillance intérieure, et autorisant les élèves-maîtres à participer à cette surveillance dans une certaine mesure (*Circ.*, t. VIII, p. 399);

— 10 *mars* 1881, aux Recteurs, relative à la désignation de maîtres adjoints appe-

ture et, s'il y a lieu, les travaux manuels, ainsi que de participer aux examens et aux conférences pédagogiques aux jours et heures fixés par le directeur.

Les professeurs et les maîtres adjoints qui en feront la demande pourront, sur la proposition du directeur, être autorisés par le Recteur à remplir les fonctions de surveillance. En échange de ce service, ils auront droit au logement, à la nourriture et aux prestations en nature.

Dans le cas où il ne se trouverait pas dans le personnel enseignant un nombre de maîtres suffisant pour assurer la surveillance, le Recteur peut, à titre provisoire, et sur la proposition du directeur, déléguer, pour prendre part à ce service, d'anciens élèves de l'École, pourvus du brevet supérieur. L'émolument qui leur sera alloué, en outre du logement et de la nourriture, sera soumis à la retenue.

ART. 15[1]. — Dans les Écoles normales d'institutrices, les maîtresses adjointes ne peuvent résider hors de l'établissement qu'avec l'autorisation du Recteur.

ART. 16. — L'Inspecteur d'Académie fait au moins deux fois par an l'inspection de l'École.

Le directeur assiste au moins une fois par mois à l'une des leçons de chacun des professeurs et maîtres adjoints.

Tous les trois mois au moins, il réunit en Conseil les professeurs et maîtres adjoints et examine avec eux toutes les questions qui intéressent l'enseignement et la discipline.

TITRE IV. — *De l'Admission des Élèves-maîtres*[2].

ART. 17. — Tout candidat à l'École normale doit justifier, au moment de son inscription, qu'il avait, au 1er janvier de l'an-

lés à suivre les cours préparatoires au certificat d'aptitude à l'enseignement des Écoles normales (*Ibid.*, p. 476);

— 12 *août* 1881, aux Recteurs, relative au service de la surveillance (*Circ.*, t. VIII, p. 544);

— 12 *juin* 1883, relative aux fonctions de surveillant, aux emplois de maîtres délégués et de professeur externe dans les Écoles normales (*Circ.*, t. IX, p. 233);

— 5 *février* 1884, aux Recteurs, relative à la situation et aux obligations des maîtres adjoints et maîtresses adjointes délégués dans les Écoles normales primaires (*Ibid.*, p. 328);

— 3 *août* 1886, relative aux délégations de maîtresses adjointes, les diplômées faisant défaut (*Ibid.*, p. 766).

1. Voir ci-dessus les renvois relatifs à l'article 14.

2. Consulter les circulaires :

Du 17 *juin* 1881, aux Recteurs, relative aux examens d'admission aux Écoles normales primaires (*Circ.*, t. VIII, p. 510);

née[1] dans laquelle il se présente, quinze ans au moins, dix-huit ans au plus, et qu'il est pourvu du certificat d'études[2] primaires institué par l'arrêté du 16 juin 1880.

Toutefois, le Ministre pourra, par décision spéciale, autoriser l'inscription de candidats âgés de plus de dix-huit ans et pourvus du certificat d'études. Aucune autre dispense ne sera accordée.

ART. 18. — L'inscription des candidats a lieu du 1er au 31 mars sur un registre ouvert à cet effet dans les bureaux de l'Inspecteur d'Académie.

Aucune inscription n'est reçue qu'autant que le candidat a déposé les pièces suivantes :

1° Sa demande d'inscription portant indication de l'École ou des Écoles qu'il a fréquentées depuis l'âge de douze ans;

2° Son acte de naissance;

3° Son certificat d'études primaires;

4° L'engagement de servir pendant dix ans dans l'enseignement public. Cette pièce est accompagnée d'une déclaration, par laquelle le père ou le tuteur du candidat l'autorise à contracter cet engagement, et s'engage lui-même à rembourser les frais d'études de son fils ou pupille, dans le cas où celui-ci quitterait volontairement l'École ou les fonctions de l'enseignement, avant la réalisation de son engagement.

— 30 *janvier* 1882 (Directeur de l'enseignement primaire aux Inspecteurs d'Académie), autorisant l'inscription pour le concours d'admission aux Écoles normales primaires de candidats non encore pourvus du certificat d'études primaires (*Rec. des L. et A.*, 1882, p. 179);

— 20 *mai* 1882, aux Recteurs, relative à la session annuelle d'examen pour l'admission aux Ecoles normales primaires (*Circ.*, t. IX, p. 40);

— 29 *avril* 1885, aux Inspecteurs d'Académie, relative aux dispenses d'âge pour l'admission aux Écoles normales primaires (*Ibid.*, p. 475);

— 8 *juin* 1885, aux Recteurs, modifiant les conditions de l'internement des candidats dans les Écoles normales primaires pendant les examens d'admission (*ci-après à sa date*).

1. Voir la note interprétative insérée au *Journal officiel* du 25 *mars* 1882.

Aux termes du décret du 27 *juillet* 1882 : « Transitoirement et pendant un délai de trois ans à partir de la promulgation de ce décret, les candidats aux Écoles normales pourront se présenter à l'examen d'admission, s'ils justifient qu'ils auront atteint l'âge de 15 ans avant le 1er octobre de l'année où ils se présentent. »

Les élèves qui bénéficient de cette disposition sont de droit inscrits aux examens du brevet de capacité sans avoir besoin d'une dispense d'âge (*Décision du Ministre*, 21 *juin* 1883).

2. L'inscription des candidats qui ne justifient pas du certificat peut être reçue à condition qu'ils le produisent avant le concours (*Circulaire* du Directeur de l'enseignement primaire aux Inspecteurs d'Académie, 30 *janvier* 1882, *Rec. des L. et A.*, 1882, p. 179).

Voir la circulaire du 20 *novembre* 1886 aux Recteurs, relative aux résultats du brevet de capacité pour les Écoles normales, et à la modification des conditions d'admission à ces Écoles (*Circ.*, t. X, p. 15).

L'acte de naissance, l'engagement décennal, la déclaration du père ou du tuteur sont rédigés sur papier timbré, et dûment légalisés.

ART. 19. — Du mois d'avril au mois de juin, une enquête est faite par les soins de l'Inspecteur d'Académie et des Inspecteurs primaires sur les antécédents et la conduite du candidat.

Au vu des pièces exigées et d'après le résultat de l'enquête, la Commission de surveillance arrête, dans la première quinzaine de juillet, la liste des candidats admis à subir les examens d'entrée à l'École.

ART. 20[1]. — Les candidats inscrits sur cette liste sont examinés par une Commission nommée par le Recteur, et dont font nécessairement partie le directeur et un professeur au moins de l'École normale.

Un arrêté ministériel, pris sur l'avis du Conseil supérieur, déterminera la forme et les conditions de cet examen.

ART. 21. — Les candidats déclarés admissibles sont soumis à la visite du médecin de l'École, assisté d'un médecin assermenté, et ils ne peuvent prendre part aux épreuves définitives que s'il est constaté qu'ils ont été vaccinés ou qu'ils ont eu la petite vérole, et qu'ils ne sont atteints d'aucune infirmité ou vice de constitution qui les rendent impropres aux fonctions d'enseignement.

ART. 22. — Les candidats admis définitivement sont classés par ordre de mérite sur une liste qui est immédiatement transmise au Recteur, avec les procès-verbaux de l'examen.

Le Recteur prononce l'admission des élèves-maîtres, d'après l'ordre de mérite, conformément aux prescriptions de l'article 3.

A la liste primitive est jointe une liste supplémentaire, également dressée par ordre de mérite, et suivant laquelle le Recteur prononce, en cas de vacances, les admissions ultérieures.

TITRE V. — *Des Obligations des Élèves-maîtres.*

ART. 23[2]. — Tous les élèves-maîtres sont tenus de se présenter aux examens du brevet élémentaire de capacité[3] à la fin de la première année et à ceux du brevet supérieur à la fin du cours d'études.

Tous les ans, au mois d'août, sur le vu des notes obtenues par les

1. Cet article a été supprimé par le décret du 9 *janvier* 1883, art. 2 (voir *à sa date*).

2. Modifié par le décret du 26 *décembre* 1885 (voir *à sa date*).

3. Consulter les circulaires :

Du 23 *mai* 1879, aux Recteurs, posant la question de savoir s'il y a lieu d'autoriser

élèves dans les examens de fin d'année, et sur la proposition du directeur délibérée dans le conseil des professeurs dont il est fait mention à l'article 16, le Recteur arrête la liste des élèves admis à passer de première en deuxième année, et de deuxième en troisième année.

ART. 24[1]. — A la fin de la première année, les épreuves du brevet élémentaire tiennent lieu d'examen de passage. Ceux des élèves de cette année qui n'ont pas obtenu le brevet sont rendus à leur famille. Toutefois, sur l'avis favorable du conseil des professeurs, ils peuvent être maintenus provisoirement sur la liste des élèves de deuxième année, à la condition pour eux d'obtenir le brevet à la plus prochaine session ordinaire ou extraordinaire. S'ils échouent une seconde fois, ils cessent de faire partie de l'École.

ART. 25. — Dans le cas de maladie prolongée, un élève-maître peut, sur la proposition du directeur et de la Commission de surveillance, être autorisé par le Recteur à redoubler une année.

ART. 26. — Tout élève-maître qui quitte volontairement l'École ou qui est exclu pour raison disciplinaire, ou tout ancien élève-maître qui rompt l'engagement prescrit par l'article 18, est tenu de restituer le prix de la pension dont il a joui.

Sur la proposition du Recteur et l'avis motivé de la Commission de surveillance, le Ministre peut accorder des sursis pour le payement des sommes dues, ainsi qu'une remise partielle ou totale de ces mêmes sommes.

TITRE VI. — *De la Commission de surveillance.*

ART. 27. — Il est institué auprès de chaque École normale une Commission de surveillance nommée pour trois ans.

Chaque Commission est composée ainsi qu'il suit :

L'Inspecteur d'Académie, président;

Six membres nommés par le Recteur, dont deux conseillers généraux.

Quand le Recteur assiste aux séances, il prend la présidence et a voix prépondérante.

En l'absence du Recteur et de l'Inspecteur d'Académie, le doyen d'âge préside la séance.

les élèves-maîtres à subir l'examen du brevet élémentaire à la fin de la deuxième année (*Circ.*, t. VIII, p. 153);
— 11 *octobre* 1879, aux Recteurs, qui accorde cette autorisation pour laquelle l'agrément du directeur de l'École est nécessaire (*Ibid.*, p. 207).

1. Modifié par le décret du 26 *décembre* 1885 (voir *à sa date*).

Le directeur assiste aux réunions de la Commission avec voix délibérative.

ART. 28. — La Commission de surveillance est chargée, sous l'autorité du Recteur :

1° De veiller aux intérêts matériels de l'École et de s'assurer, par des visites mensuelles, du maintien de la discipline et de la bonne tenue de l'établissement;

2° De rédiger le règlement intérieur de l'École;

3° D'arrêter la liste d'admissibilité des candidats, conformément aux prescriptions de l'article 19;

4° De désigner à la nomination du Recteur le médecin de l'École;

5° De préparer le budget de l'École et d'examiner le compte de gestion qui lui est soumis par le directeur. A la suite de cette dernière opération, elle adresse au Recteur, en double expédition, un rapport contenant ses appréciations; une de ces expéditions, accompagnée du compte de gestion et des observations du Recteur, est envoyée au Ministre.

ART. 29. — Chaque année, au mois de juillet, la Commission reçoit du directeur un rapport sur la situation matérielle et morale de l'École : elle en délibère et adresse au Recteur ses observations et propositions dans la même forme que ci-dessus.

ART. 30. — Toutes les délibérations de la Commission de surveillance concernant la situation matérielle de l'École et les améliorations à réaliser sont transmises par le Recteur au Préfet, qui les place sous les yeux du Conseil général.

TITRE VII. — *Du Régime intérieur et de la Discipline.*

ART. 31[1]. — L'enseignement et les exercices religieux ont lieu aux jours et heures fixés par les aumôniers, d'accord avec le directeur.

Le vœu des pères de famille sera toujours consulté et suivi en ce qui concerne la participation de leurs enfants à l'enseignement et aux exercices religieux.

ART. 32. — Tous les jeudis et tous les dimanches, ainsi que les jours de fête, les élèves-maîtres sont conduits en promenade[2].

ART. 33. — Des sorties peuvent être autorisées par le directeur,

1. Modifié par le décret du 9 *janvier* 1883, art. 1er (voir *à sa date*).
2. « Monsieur le Recteur, un usage depuis longtemps en vigueur dans un certain nombre d'Écoles normales consiste à ne laisser sortir les lettres écrites par les élèves

le dimanche, dans des conditions qui seront déterminées par le règlement intérieur de l'École.

ART. 34. — Les vacances de Pâques commencent le jeudi saint et finissent le lundi qui suit la semaine de Pâques.

Les grandes vacances durent sept semaines : les dates de la sortie et de la rentrée sont fixées par le Recteur[1].

et à n'autoriser l'entrée de celles qui leur sont adressées que lorsqu'elles ont été lues par le chef de l'établissement.

« Ce système, qui a pour objet d'établir un contrôle que je considère comme excessif, présente de sérieux inconvénients.

« En supposant que cette investigation ait fait découvrir chez quelques élèves-maîtres, et ce seraient là des cas tout à fait exceptionnels, des habitudes répréhensibles, il n'en est pas moins vrai que le procédé est peu convenable dans le fond et dans la forme. En effet, il ne faut pas perdre de vue qu'il s'agit presque toujours de correspondances entre les élèves et leur famille, sur des sujets intimes, parfois délicats, toujours personnels, et dans lesquels des étrangers, quels que soient leur titre et leurs fonctions dans l'établissement, ne doivent pas intervenir.

« J'ai donc résolu de supprimer absolument, dans toutes les Écoles normales, l'usage d'après lequel les lettres reçues ou écrites par les élèves sont lues par le chef de l'établissement.

« Dans les Écoles normales d'instituteurs, les élèves-maîtres correspondront en toute liberté, à moins que les familles n'expriment des intentions contraires.

« En ce qui concerne les Écoles normales d'institutrices, je reconnais qu'il convient de prendre certains ménagements, et j'ai adopté la combinaison suivante. La directrice demandera aux parents la liste des personnes avec lesquelles ils autorisent leur fille à correspondre; les lettres qui seront écrites aux élèves devront porter sur l'enveloppe la signature de la personne dont elles émanent; celles qui ne porteront pas cette signature seront transmises à la famille.

« Je vous prie de m'accuser réception de la présente circulaire, et d'adresser aux directeurs et directrices d'Écoles normales les instructions nécessaires pour en assurer l'exécution.

« Recevez, etc.

« *Signé* : J. DUVAUX. »

(*Circulaire du* 26 *décembre* 1882.)

1. « Monsieur le Recteur, des intérêts très sérieux ne permettent pas que, pendant les vacances, les Écoles normales soient complètement abandonnées par les fonctionnaires de ces établissements. On ne saurait admettre, en effet, que les relations de l'Administration et des familles avec les Écoles normales puissent être interrompues à une époque quelconque de l'année; d'ailleurs, la garde de la caisse, des approvisionnements, du matériel, du jardin, etc., ne peut être laissée sans contrôle à des domestiques, quelque confiance qu'ils méritent. La présence d'un fonctionnaire, au moins, est donc indispensable.

« Après le pénible travail de l'année scolaire, chacun ayant droit au repos des vacances, il ne serait pas juste de faire porter exclusivement tout le poids du service sur le directeur et sur l'économe. L'équité veut que les maîtres internes, qui jouissent d'avantages relativement considérables en raison même de la surveillance dont ils sont chargés, soient appelés à prêter leur concours pendant les vacances. Je ne doute pas que ce ne soit le sentiment du personnel des Écoles normales, et qu'une entente ne se fasse très facilement entre les fonctionnaires sur la répartition du service spécial dont il s'agit. Leur bon esprit m'est un sûr garant des dispositions de chacun à tenir compte des convenances particulières des autres et à ne pas se montrer trop exigeant pour soi-même.

« Vous voudrez donc bien, Monsieur le Recteur, inviter les directeurs et les directrices d'Écoles normales à faire, de concert avec les fonctionnaires désignés dans la

ART. 35. — Tous les élèves ont un costume d'uniforme pour les sorties et les promenades. Les élèves internes sont entretenus aux frais de l'État.

ART. 36. — Les seules punitions que les élèves peuvent encourir sont :

1° La privation de sortie, prononcée par le directeur;

2° La réprimande, devant les élèves réunis, infligée, suivant la gravité de la faute, par le directeur, la Commission de surveillance, l'Inspecteur d'Académie, le Recteur;

3° L'exclusion temporaire, pour un temps qui ne peut excéder quinze jours, prononcée par le Recteur sur le rapport de la Commission de surveillance;

4° L'exclusion définitive, prononcée par le Ministre, sur la proposition du Recteur.

ART. 37. — Tout élève qui s'est rendu coupable d'une faute grave peut être remis immédiatement à sa famille par le directeur, à la charge par lui d'en référer sans délai à l'Inspecteur d'Académie et de saisir la Commission de surveillance.

ART. 38. — Toutes les dispositions du présent décret sont applicables aux Écoles normales d'institutrices.

ART. 39. — Le présent décret sera exécutoire à partir du 1er septembre 1881.

ART. 40. — Les décrets du 24 mars 1851, du 2 juillet 1866 et du 22 janvier 1881 sont rapportés.

Décret relatif au Classement et au Traitement des Fonctionnaires des Écoles normales primaires.

30 juillet 1881.

30 Juillet 1881.

Le Président de la République française,

Sur le rapport du Ministre de l'Instruction publique et des Beaux-Arts,

Vu le décret du 5 juin 1880 créant un certificat d'aptitude à l'enseignement des Écoles normales primaires et conférant, sous cer-

présente circulaire, des propositions relatives au service des vacances. Ces propositions vous seront soumises et je vous en laisse entièrement juge. Votre décision sera notifiée, par vos soins, au chef de chaque établissement.

« Recevez, etc.

« *Signé :* R. GOBLET. »

(*Circulaire du 7 août* 1885.)

taines conditions d'âge et de services, le titre de professeur aux maîtres adjoints et maîtresses adjointes pourvus du certificat d'aptitude;

Vu le décret du 29 juillet 1881, et notamment les articles 9, 10, 11 et 14, qui modifient la situation des professeurs, maîtres adjoints, maîtresses adjointes, aumôniers, et instituent des emplois de maîtres chargés de la surveillance,

Décrète :

ARTICLE 1er. — Les directeurs, professeurs, maîtres adjoints et maîtresses adjointes d'Écoles normales primaires sont répartis en trois classes.

Les traitements afférents à chacune de ces classes sont fixés ainsi qu'il suit :

ÉCOLES NORMALES D'INSTITUTEURS.

Directeurs :

3e classe	4 000 francs.
2e —	4 500 —
1re —	5 000 —

Maîtres adjoints (externes) :

3e classe	2 200 francs.
2e —	2 500 —
1re —	2 800 —

Professeurs (externes) :

3e classe	2 500 francs.
2e —	2 800 —
1re —	3 100 —

ÉCOLES NORMALES D'INSTITUTRICES.

Directrices :

3e classe	3 000 francs.
2e —	3 500 —
1re —	4 000 —

Maîtresses adjointes (internes) :

3e classe	1 400 francs.
2e —	1 700 —
1re —	2 100 —

Professeurs (internes) :

3e classe	1 700 francs.
2e —	2 100 —
1re —	2 400 —

Il sera alloué aux professeurs et maîtresses adjointes autorisés à résider hors de l'établissement en vertu de l'article 15 du décret du 29 juillet 1881, un supplément de traitement de 500 francs.

ART. 2. — Le fonctionnaire chargé de l'économat reçoit, outre son traitement fixe, une indemnité annuelle de 500 francs soumise à la retenue[1].

ART. 3. — Les aumôniers des Écoles normales d'instituteurs et d'institutrices sont répartis en trois classes.

Le traitement afférent à chaque classe est fixé ainsi qu'il suit :

3e classe.	1 000 francs.
2e —	1 200 —
1re —	1 500 —

ART. 4. — Le traitement des maîtres chargés de la surveillance est fixé au taux unique de 1 000 francs, et celui des maîtresses adjointes chargées du même service au taux unique de 800 francs.

ART. 5. — Les professeurs auxiliaires chargés de cours spéciaux (professeurs de Facultés, Lycées et Collèges) sont rétribués au moyen d'une indemnité calculée à raison de 150 à 300 francs l'heure.

Les maîtres auxiliaires chargés d'enseignements accessoires (chant, dessin, musique instrumentale, gymnastique, etc.) sont rétribués au moyen d'une indemnité calculée à raison de 100 à 200 francs l'heure.

ART. 6. — Les modifications résultant du présent décret ne pourront, dans aucun cas, avoir pour conséquence la réduction du traitement des titulaires actuellement en fonctions.

ART. 7. — Les dispositions contraires au présent décret sont et demeurent rapportées.

Décret relatif à l'Organisation des Écoles manuelles d'apprentissage.

30 juillet 1881.

30 Juillet 1881.

Le Président de la République française,

Sur le rapport du Ministre de l'Instruction publique et des Beaux-Arts et du Ministre de l'Agriculture et du Commerce;

1. Consulter pour les avantages assurés aux économes la circulaire du 16 *septembre* 1881 (*Circ.*, t. VIII, p. 560). Le professeur ou maître économe donne 8 ou 10 heures au plus d'enseignement par semaine; il est logé et reçoit, à titre de traitement sup-

Vu la loi du 11 décembre 1880 sur les Écoles manuelles d'apprentissage, notamment l'article 6 ainsi conçu :

« Un règlement d'administration publique déterminera les conditions d'application de la présente loi » ;

Vu la loi du 15 mars 1850 ;

Vu la loi du 10 avril 1867 ;

Vu la loi du 1er juin 1878 et la loi du 3 juillet 1880 ;

Vu la loi du 16 juin 1881 ;

Le Conseil d'État entendu,

Décrète :

ARTICLE 1er. — Les Écoles manuelles d'apprentissage qui font l'objet de la loi du 11 décembre 1880 sont divisées en deux catégories :

1° Les Écoles manuelles d'apprentissage publiques ou libres, fondées en vue de développer chez les jeunes gens qui se destinent aux professions manuelles la dextérité nécessaire et les connaissances techniques ;

2° Les Écoles publiques d'enseignement primaire complémentaire dont le programme comprend des cours ou des classes d'enseignement professionnel, et les Écoles libres à la fois primaires et professionnelles.

TITRE Ier. — *Dispositions relatives aux Écoles publiques.*

ART. 2. — La création, la construction et l'entretien des Écoles publiques rentrant dans l'une ou l'autre des deux catégories établies par l'article 1er sont soumis aux dispositions des lois du 15 mars 1850, du 10 avril 1867, du 3 juillet 1880 et du 16 juin 1881.

Toutefois, s'il s'agit d'établissements de la première catégorie, la création en est autorisée par le Ministre de l'Agriculture et du Commerce, le Conseil supérieur de l'enseignement technique entendu, après approbation du Ministre de l'Instruction publique pour la partie scolaire.

S'il s'agit d'établissements de la deuxième catégorie, la création en est autorisée par le Ministre de l'Instruction publique, après

plémentaire en plus du traitement normal de sa classe, une indemnité de 500 fr. soumise à retenue. La maîtresse économe est traitée comme ses collègues chargées de fonctions d'enseignement. Elle doit 8 ou 10 heures au plus de cours comme l'économe des Écoles de garçons, et reçoit comme lui un traitement supplémentaire de 500 fr. Elle peut en outre échanger contre une allocation de 500 fr. son droit à la nourriture et aux prestations en nature.

approbation par le Ministre de l'Agriculture et du Commerce du programme d'enseignement professionnel.

ART. 3. — Les plans et devis des projets de constructions destinées aux Écoles publiques de l'une ou de l'autre des deux catégories seront approuvés par le Ministre de l'Instruction publique, après avis favorable donné par le Ministre de l'Agriculture et du Commerce, le Conseil supérieur de l'enseignement technique entendu sur la disposition des locaux affectés à l'enseignement professionnel.

ART. 4. — Les modifications à apporter aux programmes des Écoles publiques déjà existantes et rentrant dans l'une ou l'autre des catégories ci-dessus indiquées, en vue de faire bénéficier ces Écoles des dispositions de la loi du 11 décembre 1880, seront autorisées suivant la distinction établie par les paragraphes 2 et 3 de l'article 2 du présent décret[1].

ART. 5. — La subvention de l'État, prévue par l'article 5 de la loi du 16 juin 1881, est imputée, savoir :

Pour les établissements de la première catégorie, sur le budget du Ministère de l'Agriculture et du Commerce, et, pour les établissements de la deuxième catégorie, sur le budget du Ministère de l'Instruction publique.

TITRE II. — *Dispositions générales.*

ART. 6. — En exécution des articles 2 et 3 de la loi du 11 décembre 1880, il pourra être accordé à tous les établissements énumérés à l'article 1er du présent décret, soit publics, soit libres, indistinctement, tant par le Ministre de l'Instruction publique que par celui de l'Agriculture et du Commerce, des subventions éven-

1. Consulter le rapport de la Commission constituée le 31 *mai* 1881, et les programmes y annexés. Cette Commission était composée comme suit : MM. TOLAIN, sénateur, membre du Conseil supérieur de l'enseignement technique, *Président;* GIRARD, Directeur du Commerce intérieur au Ministère de l'Agriculture et du Commerce, *Vice-Président;* DE BAGNAUX, Directeur du Secrétariat et de la Comptabilité au même Ministère; F. BUISSON, Inspecteur général de l'enseignement primaire au Ministère de l'Instruction publique; JACQUEMART, Inspecteur général des Écoles d'arts et métiers et de l'enseignement technique, *Rapporteur;* MARGUERIN, ancien administrateur des Écoles primaires supérieures de Paris; DE MONTMAHOU, Inspecteur général de l'Instruction publique; SALICIS, répétiteur à l'École Polytechnique; WORMS, docteur en médecine, médecin de la Préfecture de la Seine; DEBRAS, sous-chef du 1er bureau de l'enseignement primaire, *Secrétaire.*

Voir les circulaires du 28 *septembre* 1885 aux Inspecteurs d'Académie, relative à une enquête sur le nombre d'Écoles primaires supérieures ayant le caractère d'Écoles d'apprentissage ou professionnelles (*Circ.*, t. IX, p. 534); et du 30 *juin* 1888 aux Préfets, relative à la régularisation des Écoles manuelles d'apprentissage et des établissements d'enseignement primaire supérieur assimilés à ces Écoles (*Circ.*, t. X, p. 301).

tuelles sous forme d'allocations pécuniaires, d'outillage, de modèles, de livres et d'appareils d'enseignement, ainsi que de bourses et de subsides alimentaires aux élèves.

Pour participer à ces subventions, les communes, les départements et les associations libres devront :

1° S'engager à entretenir l'établissement en faveur duquel la subvention est sollicitée pendant une durée de cinq ans au moins;

2° Justifier que le personnel remplit les conditions nécessaires pour assurer l'enseignement compris dans le programme de l'établissement, et que le local répond aux besoins de l'enseignement donné dans ledit établissement.

Toutefois, les subventions éventuelles ne seront accordées aux associations libres que pour des Écoles fondées ou entretenues depuis deux ans au moins, et dont le programme d'enseignement aura été soumis à l'examen de l'autorité à laquelle ces subventions seront demandées.

ART. 7. — Les communes ou les départements qui sollicitent ces subventions devront assurer à tous les élèves la gratuité de l'enseignement, les frais de pension seulement, dans les internats, restant à la charge des familles.

ART. 8. — Un arrêté spécial, pris conformément aux prescriptions des paragraphes 2 et 3 de l'article 2 du présent décret, fixera pour chacune des catégories d'Écoles les conditions auxquelles pourront être accordés les bourses et les subsides alimentaires.

ART. 9. — Les Ministres de l'Instruction publique et des Beaux-Arts et de l'Agriculture et du Commerce sont chargés, chacun en ce qui le concerne, de l'exécution du présent décret.

1er août 1881. **Décret portant Règlement pour l'Administration et la Comptabilité intérieures des Écoles normales primaires[1].**

1er Août 1881.

Le Président de la République française,

Sur le rapport du Président du Conseil, Ministre de l'Instruction publique et des Beaux-Arts;

1. Consulter *L'Organisation et l'Administration matérielle des Écoles normales*, par M. CLERC (*Monographies pédagogiques*, t. II, p. 457 à 633, Imp. Natle, 1889).

Voir *La Comptabilité des Écoles normales; Guide légal et administratif des Économes* (*Mémoires et Documents scolaires publiés par le Musée pédagogique*, fascicule n° 61, Imp. Natle, 1888).

Vu les lois du 15 mars 1850, du 9 août 1879 et du 16 juin 1881;

Vu le règlement de comptabilité du Ministère de l'Instruction publique en date du 16 octobre 1867;

Vu le décret relatif à l'organisation des Écoles normales primaires en date du 29 juillet 1881;

Le Conseil supérieur de l'Instruction publique entendu,

Décrète :

TITRE Ier. — De l'Administration des Écoles normales primaires.

SECTION Ire. — *Des frais d'entretien des Élèves-maîtres.*

ARTICLE 1er. — Le montant des frais d'entretien des élèves-maîtres est fixé chaque année par le Ministre, sur la proposition de la Commission de surveillance, du Recteur et du Préfet.

ART. 2. — Les sommes allouées pour l'entretien des élèves-maîtres sont payées d'avance et par termes, ainsi qu'il suit :

Trois dixièmes en janvier, pour les mois de janvier, de février et de mars;

Trois dixièmes en avril, pour les mois d'avril, de mai et de juin;

Un dixième en juillet, pour les mois de juillet, d'août et de septembre;

Trois dixièmes en octobre, pour les mois d'octobre, de novembre et de décembre.

Les frais d'entretien sont dus à partir du commencement du terme pendant lequel l'élève-maître est entré à l'École.

ART. 3. — Quand deux départements sont réunis pour une École normale, les sommes représentant les frais d'entretien des élèves-maîtres sont centralisées à la caisse du trésorier-payeur général du département où est située l'École.

SECTION II. — *Du Régime intérieur. — Des Prestations en nature.*

ART. 4. — La Commission de surveillance règle, sur la proposition du directeur et sous réserve de l'approbation du Ministre, toutes les questions relatives au personnel de service, à la nourriture, au logement, au chauffage, à l'éclairage et à l'entretien des élèves-maîtres et des maîtres internes chargés de la surveillance.

ART. 5. — La Commission de surveillance décide si les approvisionnements de l'École ont lieu par voie d'adjudication ou de marchés à l'amiable, conformément aux prescriptions du décret du

31 mai 1862. Elle désigne ceux des articles de consommation qui, ne pouvant être l'objet d'un marché préalable, seront acquis au comptant.

Les marchés à l'amiable sont passés chaque année par l'économe sous le contrôle du directeur et approuvés par la Commission de surveillance. Ils sont calculés de manière que les fournitures n'aient lieu qu'au fur et à mesure des besoins. En aucun cas, les approvisionnements ne peuvent excéder les besoins de la consommation moyenne d'une année.

ART. 6. — Il est établi dans chaque École une table commune à laquelle sont admis les maîtres chargés de la surveillance. Une somme de cinq cents francs est allouée pour l'entretien de chacun d'eux.

Aucun autre fonctionnaire de l'École, aucune personne étrangère à l'établissement, ne peuvent être autorisés à prendre leurs repas à la table commune.

ART. 7. — La fourniture du trousseau est à la charge des familles.

ART. 8. — Les dépenses d'infirmerie ne sont applicables qu'aux élèves-maîtres et aux maîtres internes.

Il n'est dû de chauffage et d'éclairage particuliers que pour le cabinet du directeur et celui de l'économe, pour la salle des réunions de la Commission de surveillance et pour les chambres des maîtres internes. Ces prestations seront fixées par la Commission de surveillance.

ART. 9. — Aucune autre prestation en nature n'est autorisée, si ce n'est celle de draps, de serviettes de toilette et de linge de table pour les maîtres internes et les gens de service.

ART. 10. — Le jardin dépendant de l'École est affecté exclusivement aux besoins de l'établissement. Il est consacré soit à la promenade, soit aux récréations et aux travaux d'horticulture des élèves-maîtres, soit à la production de légumes et de fruits, qui sont consommés dans l'établissement ou vendus à son profit.

TITRE II. — **De la Comptabilité intérieure.**

SECTION Ire. — *Forme et rédaction du Budget.*

ART. 11. — Chaque École normale a son budget.

Le directeur est ordonnateur des dépenses.

ART. 12. — Les recettes du budget se composent[1] :

1. L'économe d'une École normale est assimilé autant que possible aux économes des Lycées. Il est agent comptable et a donc qualité pour encaisser toutes les recettes

1° Des reports des années antérieures, destinés à solder les dépenses constatées ou provenant de restes disponibles;

2° Du prélèvement sur les 4 centimes spéciaux du département et, s'il y a lieu, de la subvention de l'État;

3° De l'évaluation en argent des produits du jardin et des propriétés de l'École, consommés en nature;

4° Des sommes provenant de la vente des produits du jardin et des propriétés de l'École;

5° Des remboursements pour dégradations et objets perdus;

6° Du produit de la vente du mobilier réformé;

7° Du revenu des biens de l'École.

Art. 13. — Les dépenses du budget comprennent :

1° Les traitements du personnel;

2° Les dépenses de nourriture;

3° Les dépenses de blanchissage du linge et de menu raccommodage du linge et des effets d'habillement;

4° Les frais du service intérieur;

5° Les dépenses diverses.

Art. 14. — Tous les ans, avant le 15 juin, la Commission de surveillance dresse, de concert avec le directeur, le projet de budget pour l'année suivante. Elle reproduit dans la première colonne du cadre de ce budget les allocations de l'année précédente pour la recette et la dépense.

Les dépenses de nourriture sont évaluées par tête d'élève et de maître admis à la table commune; il n'est pas tenu compte, dans cette évaluation, des gens de service nourris gratuitement. Les dépenses de blanchissage sont évaluées par tête d'élève et de maître interne.

L'Inspecteur d'Académie, président de la Commission de surveillance, adresse au Recteur, en triple expédition, le projet de budget arrêté par ladite Commission, avec un extrait de sa délibération et les pièces à l'appui.

Art. 15. — Avant le 15 juillet, le Recteur envoie au Préfet du département deux des trois expéditions du budget, et joint à cet envoi ses observations et son avis sur les propositions de la Commission de surveillance. La troisième expédition du budget est adressée par le Recteur au Ministre de l'Instruction publique,

prévues au budget de l'École, ainsi que pour en acquitter toutes les dépenses sans exception, lorsqu'elles ont été ordonnancées par le Directeur et dans la limite des crédits régulièrement ouverts. — Voir la circulaire du 23 *février* 1882 (Vice-Recteur de Paris aux Inspecteurs d'Académie), reproduisant les termes d'une décision ministérielle (*Rec. des L. et A.*, 1882, p. 202).

avec ses propositions personnelles et ses observations, s'il y a lieu.

ART. 16. — Le Préfet soumet ce projet de budget au Conseil général[1] à la session d'août et le transmet au Ministre, dans les quinze jours qui suivent la clôture de cette session.

ART. 17. — Le budget est réglé définitivement par le Ministre de l'Instruction publique, qui en transmet une ampliation au Recteur de l'Académie, et une autre au Préfet.

SECTION II. — *Recettes du Budget.*

ART. 18. — Toutes les sommes provenant des fonds de l'État et du département, et celles qui sont centralisées au Trésor par l'intermédiaire des trésoriers-payeurs généraux, sont versées dans la caisse de l'École sur mandat du Préfet, délivré au nom de l'économe[2].

Les pièces à produire par l'économe à l'appui de chaque mandat sont :

En ce qui concerne les recettes des restes disponibles et des reports des années antérieures, les états des dépenses que ces restes et ces reports sont destinés à solder;

En ce qui concerne les termes échus pour frais d'entretien des élèves, l'état nominatif des élèves-maîtres présents à l'École. Cet état est dressé aux époques ci-après indiquées :

En janvier, pour les trois dixièmes échus le 31 décembre;

En avril, pour les trois dixièmes échus le 31 mars;

En juillet, pour les trois dixièmes échus le 30 juin;

En octobre, pour le dixième échu le 30 septembre;

En ce qui concerne le produit de la vente du mobilier réformé, la liste des objets hors d'usage dont le Recteur a autorisé la vente, sur la demande de la Commission de surveillance;

En ce qui concerne le fermage des propriétés de l'École, le bail à ferme desdites propriétés. Cette pièce est réintégrée dans la caisse de l'École aussitôt que la somme dont elle justifie le versement a été payée.

ART. 19. — Les recettes énumérées aux paragraphes 3, 4 et 5 de l'article 12 sont les seules qui soient perçues directement par la caisse de l'École.

1. Voir la circulaire du 8 *août* 1881 aux Préfets, relative à la préparation du budget des Écoles normales primaires (*Circ.*, t. VIII, p. 541).

2. Consulter la circulaire du 11 *février* 1882 aux Préfets, relative au mode d'ordonnancement des subventions allouées pour les traitements du personnel et les dépenses diverses des Écoles normales (*Circ.*, t. VIII, p. 656).

La valeur des produits du jardin et des propriétés de l'École consommés à la table des élèves et des maîtres est établie d'après le cours des denrées aux marchés de la ville, et l'économe fait recette de cette valeur dans ses livres de comptabilité.

Le montant de la vente des produits du jardin non consommés pour les besoins de l'établissement, et celui des remboursements pour dégradations ou objets perdus, sont perçus par la caisse au fur et à mesure qu'ils ont lieu, sur des états dressés par l'économe et approuvés par le président de la Commission de surveillance.

Art. 20. — L'économe délivre, pour toutes les sommes qu'il reçoit directement ou sur mandat, une quittance détachée d'un livre-souche.

Section III. — *Dépenses du Budget.*

Art. 21. — Les dépenses du budget ne peuvent être soldées que sur un mandat de payement délivré par l'ordonnateur des dépenses.

Art. 22. — Les mandats de payement mentionnent le chapitre du budget sur lequel ils sont imputables. Ils portent le même numéro d'ordre que celui des registres de comptabilité. Les pièces justificatives à produire par la partie prenante y sont indiquées.

Art. 23. — Un seul et même mandat ne peut comprendre des dépenses imputables sur deux chapitres différents.

Art. 24. — Les mandats de payement sont accompagnés du mémoire des fournitures faites à l'École. Chaque mémoire, rédigé en triple expédition, dont une sur papier timbré, est certifié exact et véritable par le fournisseur et acquitté par lui. L'économe certifie de plus que les fournitures qui sont portées au mémoire ont été reçues par lui et sont entrées dans le magasin de l'École.

Art. 25. — Les dépenses qui, par leur nature, doivent être payées au comptant pour les besoins journaliers de l'École sont effectuées après approbation par l'ordonnateur des dépenses. Elles sont l'objet d'un mandat de régularisation collectif en fin de mois.

Art. 26. — La valeur des produits et objets consommés en nature, portée en recette aux termes de l'article 12, est aussi portée en dépense et mandatée comme les dépenses visées à l'article 25.

Art. 27. — Les mandats pour les honoraires du médecin, pour les gages des gens de service, sont accompagnés d'états émargés distincts, dressés tous les mois.

Art. 28. — Les dépenses ne peuvent être faites que dans les limites des crédits spéciaux inscrits à chaque chapitre et à chaque article. En cas d'insuffisance de crédit, le Recteur, sur la proposition de la Commission de surveillance, adresse au Ministre une demande spéciale de crédit supplémentaire ou de virement de crédit, selon les cas. Lorsque le Ministre a statué, il notifie sa décision d'une part au Recteur qui en transmet une copie certifiée au président de la Commission de surveillance, et d'autre part au Préfet qui la notifie au trésorier-payeur général du département. Cette décision est mentionnée sur les mandats de payement.

SECTION IV. — *Gestion économique. — Tenue et vérification des Écritures.*

ART. 29. — La gestion financière des Écoles normales est établie par année et par exercice.

L'état de situation de la caisse et l'état de situation du magasin font connaître le mouvement des fonds et celui des approvisionnements, du 1er janvier au 31 décembre.

Le compte des recettes et des dépenses du budget ou compte de l'exercice présente le résumé de toutes les opérations de l'exercice qui s'étend du 1er janvier au 31 mai de l'année suivante.

ART. 30. — Toutes les dépenses d'un exercice, constatées le 31 mai à la clôture de cet exercice et non acquittées le 30 juin, sont soldées sur les sommes reportées à l'exercice suivant.

ART. 31. — L'économe tient six registres[1], savoir : le livre-souche, le journal de caisse, le sommier, le livre du magasin, le livre d'inventaire général du mobilier, le registre-matricule de l'École.

Tous ces registres sont cotés et parafés par l'Inspecteur d'Académie ou par son délégué.

Chaque article y a son numéro d'ordre et sa date d'inscription. Il ne peut y avoir aucune interversion dans la série des numéros ni dans les dates. Toute rature ou surcharge est approuvée par l'ordonnateur des dépenses.

Le livre du magasin est seul excepté de la prescription ci-dessus en ce qui concerne le numéro d'ordre des articles.

La Commission de surveillance, et particulièrement l'ordonnateur des dépenses, vérifient ces divers registres toutes les fois qu'ils le jugent convenable, et y consignent le résultat de leur vérification.

La même vérification est faite par l'Inspecteur d'Académie, le Recteur et les Inspecteurs généraux en tournée.

1. Consulter pour l'application de cet article la circulaire du 31 *mars* 1882 aux Recteurs (*Circ.*, t. IX, p. 5).

Art. 32. — Le livre à souche ne comprend que le nombre de feuillets nécessaires pour les besoins présumés de l'année. L'économe y inscrit, en toutes lettres et en chiffres, toutes les sommes qu'il reçoit, au fur et à mesure qu'elles sont versées dans la caisse de l'École, avec le numéro d'ordre, la date du jour et la nature de la recette. Il remplit en même temps la quittance placée à côté du talon, en y reproduisant les mêmes renseignements. Cette quittance est immédiatement détachée du livre-souche.

Lorsque ces quittances doivent être timbrées, cette formalité est remplie au moyen de l'apposition d'un timbre mobile, oblitéré avec une griffe.

Art. 33. — Le journal de caisse est divisé en deux parties, placées en regard l'une de l'autre; les recettes y sont inscrites sur le folio de gauche, les dépenses sur celui de droite. L'économe indique dans le libellé de l'enregistrement la nature de chaque recette et de chaque dépense; il en inscrit le montant séparément et par article, en toutes lettres et en chiffres, avec la date et dans l'ordre de la recette et de la dépense.

Les articles du journal de caisse, pour la recette comme pour la dépense, forment deux séries de numéros d'ordre non interrompues; les numéros des recettes et les dates d'inscription concordent avec ceux du livre-souche.

Lorsqu'il y a, au 1er janvier, un reliquat ou solde en caisse de l'année précédente, ce reliquat forme le premier article de la recette sur le journal de caisse; mais il n'y est pas donné de numéro d'ordre. Il est inscrit simplement sous la rubrique : *Solde en caisse au 31 décembre* 188 .

Art. 34. — Le sommier présente le dépouillement et sert au contrôle des recettes et des dépenses inscrites au journal de caisse. L'économe y inscrit ces recettes et ces dépenses immédiatement après les avoir portées sur le journal de caisse.

Chaque recette et chaque dépense, libellée comme au journal, est classée dans chacun des chapitres du budget auquel elle est afférente, et dans chaque chapitre à la colonne de l'exercice auquel elle appartient. Les numéros et les dates d'inscription des articles pour la recette et pour la dépense concordent avec ceux du journal de caisse.

Les recettes et les dépenses sont totalisées pour chaque chapitre dans une colonne distincte. Elles sont récapitulées pour chaque exercice et ensuite totalisées.

A la fin de chaque trimestre, l'économe additionne les sommes portées dans chaque colonne, en ayant soin de comprendre dans son addition, lorsqu'il y a lieu, les totaux des trimestres antérieurs.

Art. 35. — Le livre du magasin comprend tous les approvisionnements de l'École[1]. Les denrées achetées pour le compte de l'établissement y sont inscrites avec la date de leur entrée dans le magasin, l'indication de la quantité et de la valeur. Au fur et à mesure qu'elles sont livrées à la consommation, l'économe en inscrit la sortie avec la date du jour où il fait la livraison, l'indication de la quantité livrée et de sa valeur.

Le registre est divisé en comptes particuliers selon la nature et la destination des différentes provisions. Un seul compte général comprend les produits du jardin et des propriétés de l'École consommés dans l'établissement.

Pour les consommations journalières du pain et de la viande et pour les achats au comptant, l'économe tient une main courante d'inscription quotidienne, et en porte le relevé sur le livre du magasin tous les quinze jours seulement, en indiquant avec exactitude les entrées et les sorties.

A la fin de chaque trimestre, il fait la balance des entrées et des sorties pour chaque compte du registre, et dresse un inventaire de tous les approvisionnements qui existent dans le magasin.

Le détail des approvisionnements en magasin au 31 décembre, tel qu'il résulte de l'inventaire dressé à la fin du 4e trimestre, est porté en tête de chacun des comptes particuliers du livre de magasin pour l'année suivante.

Art. 36. — Le livre d'inventaire général du mobilier présente, avec un numéro d'ordre général et chacune à sa date, toutes les acquisitions faites pour le mobilier de l'École, le matériel d'enseignement, la bibliothèque, le cabinet de physique, les ustensiles de ménage, etc.

Les objets hors d'usage, réformés avec l'autorisation du Recteur, sont maintenus sur le livre d'inventaire; mais la décision qui en

1. En ce qui concerne les approvisionnements de l'École, la Commission de surveillance décide s'ils doivent avoir lieu à la suite de marchés passés à l'amiable ou par voie d'adjudication, ou enfin si l'économe doit faire les marchés de gré à gré. Toutefois les marchés pour fournitures excédant 3 000 fr. sont l'objet d'une adjudication avec concurrence et publicité, sauf dans les cas prévus à l'art. 69 du décret du 31 *mai* 1862. Ces contrats doivent être soumis à l'approbation du Recteur. Les marchés à l'amiable sont passés par l'économe sous le contrôle du Directeur et approuvés par la Commission de surveillance. S'il s'agit de l'approbation de baux, les Écoles normales étant des établissements départementaux, c'est à l'administration départementale que la décision appartient. — *Circulaire* du 23 *février* 1882 (Vice-Recteur de Paris aux Inspecteurs d'Académie), reproduisant les termes de la décision ministérielle (*Rec. des L. et A.*, 1882, p. 202).

autorise la réforme est mentionnée en regard, dans la colonne d'observations.

Le directeur fait dresser par les maîtres adjoints qui le secondent deux registres particuliers, extraits du livre d'inventaire et contenant, l'un le catalogue raisonné et la classification méthodique de tous les livres de la bibliothèque de l'École, l'autre le catalogue raisonné de tous les instruments de physique, chimie, arpentage, dessin, etc. Un troisième catalogue semblable est établi, par les soins d'un de ces maîtres, pour les livres classiques à l'usage journalier des élèves.

Chacun de ces catalogues particuliers a sa série spéciale de numéros pour chaque classification d'objets; une colonne de renvoi au livre d'inventaire indique, en regard de l'objet, le numéro qu'il porte sur ce livre. Ils sont soumis, comme les autres registres, au contrôle des autorités qui ont mission d'inspecter l'établissement.

Art. 37. — Le registre matricule de l'École est destiné à constater l'entrée et la sortie des élèves-maîtres, et les fonctions auxquelles ils ont été appelés en sortant.

Tous les ans, dans la première quinzaine de décembre, le directeur adresse à l'Inspecteur d'Académie un extrait certifié de ce registre indiquant les noms des anciens élèves-maîtres qui n'ont pas encore accompli la période décennale de leur service dans l'instruction publique.

Sur le vu de cette liste, l'Inspecteur d'Académie dresse un état nominatif des anciens élèves-maîtres qui sont passibles de remboursements aux termes de l'article 26 du décret du 25 juillet 1851 et le transmet au Préfet avec l'indication de la somme dont chacun d'eux est redevable. Le Préfet rend cet état exécutoire et l'adresse au trésorier-payeur général pour qu'il opère le recouvrement des sommes qui y sont mentionnées.

Art. 38. — Le directeur ordonnateur des dépenses vérifie et arrête la caisse de l'École une fois par mois. Il inscrit le résultat de sa vérification sur le livre à souche, le journal de caisse et le sommier.

Art. 39. — A la fin de chaque trimestre, l'Inspecteur d'Académie, et, en cas d'absence ou d'empêchement, son délégué, procède, de concert avec un délégué du Préfet, et en présence du directeur ordonnateur des dépenses et de l'économe, à la vérification trimestrielle de la caisse et de la comptabilité.

Ils constatent d'abord l'état de la caisse, puis se font représenter le livre à souche, le journal de caisse et le sommier, et après s'être assurés de la parfaite identité et exactitude des sommes, des dates et des numéros d'ordre qui y ont été consignés, ils en arrêtent les totaux et indiquent le résultat de cette vérification.

Ils procèdent ensuite à la vérification de l'inventaire des approvisionnements en magasin dressé par l'économe, visé et approuvé par l'ordonnateur des dépenses, et le comparent avec la balance des entrées et des sorties, établie sur le livre du magasin. Ils vérifient également les quantités portées en balance sur le livre du magasin avec les approvisionnements existants. Le résultat de cette vérification est constaté par la signature qu'ils apposent au bas de l'inventaire dressé par l'économe.

Immédiatement après, ils dressent un procès-verbal de la vérification trimestrielle à laquelle ils ont procédé. Ce procès-verbal est établi en double expédition, dont une reste déposée à l'École.

Art. 40. — A la suite de la vérification trimestrielle de la caisse et du magasin, le directeur adresse à l'Inspecteur d'Académie, pour être transmise au Ministre, l'une des deux expéditions du procès-verbal ci-dessus mentionné et un bordereau récapitulatif des recettes et des dépenses.

Ce bordereau est visé par l'ordonnateur des dépenses. Il indique séparément les recettes et les dépenses faites antérieurement au trimestre et pendant le trimestre, avec distinction, s'il y a lieu, des deux exercices auxquels elles sont afférentes. Il fait ressortir le solde en caisse du trimestre, dont l'économe demeure comptable. L'économe joint à ce bordereau l'état des créances et l'état des dettes de l'École.

Art. 41. — L'économe est tenu de verser à la Caisse des dépôts et consignations les sommes qui ne sont pas jugées nécessaires aux besoins du service courant, lorsqu'à la suite d'une vérification mensuelle, trimestrielle ou extraordinaire de la comptabilité, l'ordonnateur des dépenses, l'Inspecteur d'Académie et le délégué du Préfet, le Recteur ou un Inspecteur général ont constaté que les fonds en caisse étaient trop considérables.

Ces dépôts, dont il est donné récépissé à l'économe, peuvent être retirés selon les besoins de l'École. Les ordres de dépôt et les demandes de retrait émanent du président de la Commission de surveillance.

Art. 42. — En cas de changement de l'économe, l'Inspecteur d'Académie arrête, en présence du directeur et conjointement avec l'ancien économe ou son représentant légitime et le nouvel économe, tous les registres de comptabilité, et constate par un procès-verbal que les écritures sont au courant[1].

1. Consulter la circulaire du 18 *mars* 1882 aux Recteurs, relative à l'installation des économes (*Circ.*, t. VIII, p. 670).

Ce procès-verbal indique le montant des valeurs trouvées en caisse, celui des créances et des dettes, la valeur et la quantité des approvisionnements existant en magasin. Le nouvel économe prend ces objets en charge et en devient responsable.

Il est procédé de la même manière pour la constatation et la prise en charge du mobilier de l'établissement.

Une copie des procès-verbaux dressés à cette occasion, certifiée par le membre de la Commission de surveillance délégué, est envoyée au Recteur pour être transmise au Ministre.

Art. 43. — Tous les ans, dans les cinq derniers jours du 4e trimestre, et à chaque changement de directeur, il est procédé, en présence d'un délégué du Préfet, d'un membre de la Commission de surveillance désigné par le Recteur, du directeur de l'École et de l'économe, au récolement du mobilier et du matériel de l'établissement. Le procès-verbal de cette opération est adressé en double expédition au Préfet, qui transmet une de ces expéditions au Ministre.

Section V. — *Rédaction des états de situation et du compte de l'exercice. — Apurement du compte.*

Art. 44. — Tous les ans, dans les dix premiers jours de janvier, l'économe soumet à la Commission de surveillance, en triple expédition, l'état de situation de la caisse et l'état de situation du magasin pour l'année précédente.

Le président de la Commission adresse les trois expéditions de ces deux états au Recteur de l'Académie, avant le 20 janvier, avec un extrait de la délibération qui a été prise à ce sujet.

Avant le 1er février, le Recteur en envoie une expédition au Ministre, et une autre au Préfet, avec ses observations personnelles. La troisième reste déposée dans les archives de l'Académie.

Art. 45. — L'état de situation de la caisse présente le résumé de toutes les opérations de caisse de l'année qui ont été inscrites au journal de caisse; il constate les valeurs qui se trouvaient en caisse au 31 décembre de l'année précédente, le montant par chapitres de toutes les sommes reçues et payées pendant le cours de l'année et les valeurs restant en caisse à la fin de l'année.

Art. 46. — L'état de situation du magasin présente le résumé du mouvement des approvisionnements de l'année qui ont été inscrits au livre du magasin; il constate la valeur totale des approvisionnements qui se trouvaient en magasin au 31 décembre de l'année précédente, la valeur par chapitres des denrées qui sont entrées dans le magasin et qui en sont sorties pendant le cours de l'année, la valeur totale des approvisionnements restant en magasin à la fin de l'année.

Les produits du jardin et des propriétés consommés en nature forment un article spécial de l'état de situation du magasin.

Art. 47. — Tous les ans, dans la première quinzaine de juin, l'économe présente à l'ordonnateur des dépenses le compte de l'exercice qui vient de se clore le 31 mai, et y joint les pièces justificatives des dépenses; ce compte est dressé en triple expédition. Il présente le détail des opérations de l'exercice seulement; il établit, par le relevé des états de présence, les droits acquis au profit de l'École; il présente, par chapitres, les sommes à recouvrer et les sommes à payer, et, dans chaque chapitre, par année distincte, les recouvrements et les payements effectués, ainsi que les sommes restant à recouvrer ou à payer en fin d'exercice. Les diverses opérations de caisse y sont résumées dans des tableaux récapitulatifs, dont le dernier présente la dépense nette de l'exercice. La balance de l'exercice, en excédent ou en déficit, est établie par la comparaison de la recette et de la dépense nettes.

Deux tableaux complémentaires, placés l'un au commencement, l'autre à la fin du compte, offrent le résumé général de la situation financière de l'École au 31 mai de l'année précédente, et au 31 mai de l'année courante. Cette situation est établie en actif et en passif.

L'actif se compose : 1° de l'excédent des recouvrements sur les payements, tant de l'exercice auquel s'applique le compte que des exercices antérieurs; 2° du montant des créances; 3° de la valeur des approvisionnements en magasin; 4° du solde en caisse. Les capitaux placés en rentes sur l'État, ou employés à des acquisitions et réparations extraordinaires, ne sont rappelés que pour mémoire; ils ne font pas partie de l'actif.

Le passif se compose du montant des dettes de l'École.

Art. 48. — L'ordonnateur des dépenses soumet le compte de l'exercice à l'approbation de la Commission de surveillance, le 30 juin au plus tard, et l'accompagne d'un rapport détaillé sur les diverses parties du service. Il constate dans ce rapport l'exactitude et la régularité des recettes, et fournit des explications sur les sommes restant à recouvrer et sur les causes du retard dans le recouvrement. Il examine successivement les diverses consommations, les compare avec celles de l'exercice précédent, il en explique les différences et indique les améliorations introduites ou à introduire.

Art. 49. — La Commission de surveillance prend une délibération sur le compte qui lui est soumis par l'ordonnateur des dépenses. Le résultat de sa délibération est adressé par le président, le 5 juillet au plus tard, au Recteur de l'Académie, avec trois expéditions du compte et les pièces à l'appui.

ART. 50. — Le Recteur transmet, avant le 15 juillet, une de ces expéditions au Préfet et l'autre au Ministre; il y joint ses observations personnelles.

ART. 51. — Dans la seconde quinzaine de juillet, le Préfet soumet au Conseil de préfecture, selon les cas prévus par l'ordonnance royale du 7 juillet 1844, le compte des recettes et des dépenses du budget pour l'exercice clos.

Le Conseil de préfecture apure ce compte avant le 31 juillet, et dans les dix premiers jours d'août, le Préfet adresse au Ministre de l'Instruction publique l'arrêté d'apurement.

ART. 52. — Les dispositions du présent règlement sont applicables à l'administration et à la comptabilité intérieures des Écoles normales primaires d'institutrices.

Circulaire du Ministre de l'Instruction publique, relative à la conduite à tenir par les membres de l'Université pendant la période des Élections législatives[1]. 1er août 1881.

1er Août 1881.

Monsieur le Recteur, à l'approche des élections générales, vous n'avez certainement pas besoin qu'on vous rappelle les principes et les convenances qui commandent au corps enseignant et aux administrateurs attachés à l'Instruction publique la réserve la plus scrupuleuse au milieu des luttes électorales. Mais les souvenirs de la candidature officielle sont encore si près de nous qu'il peut être utile d'insister une fois de plus sur des recommandations que je vous ai souvent adressées, et dont les fonctionnaires placés sous vos ordres ne sauraient trop se pénétrer.

Rien n'est assurément plus loin de notre pensée que de réduire nos inspecteurs, nos professeurs, nos maîtres de tout ordre au rôle de spectateurs indifférents de ces grands débats publics où l'avenir du pays est engagé.

Nul ne doit, dans la France républicaine, se désintéresser de la chose publique, et ceux qui ont charge d'élever la jeunesse française moins que tous les autres.

Mais, plus nous avons besoin de professeurs qui aiment le pays et ses libres institutions, plus nous sommes tenus de leur assurer effectivement l'indépen-

1. Consulter, Tome IV, p. 284, la circulaire de M. Jules SIMON en date du 24 *avril* 1871, sur la conduite que doivent tenir les membres de l'Université; ci-après, *à leur date*, les circulaires de M. GOBLET, en date du 8 *septembre* 1885 et du 22 *janvier* 1886; la circulaire de M. RAMBAUD en date du 16 *avril* 1898.

dance sans laquelle leurs meilleures leçons manqueraient d'autorité. C'est le premier devoir, en même temps que l'intérêt véritable du Gouvernement, de faire pénétrer profondément dans l'esprit public et dans la pratique journalière le respect de l'indépendance professionnelle du corps enseignant.

Il faut qu'on sache bien, et que par des exemples irrécusables on voie avec la dernière évidence que le Gouvernement ne veut en aucun cas, à aucun degré, faire de l'instituteur un serviteur électoral à son usage, ni souffrir qu'il devienne, de gré ou de force, l'agent politique de qui que ce soit. C'est en ce sens que je traçais, cette année même, aux délégués de l'enseignement primaire, réunis à Paris, leurs devoirs en vue des élections prochaines.

Je leur ai déclaré que je mettais mon honneur à ce que le corps enseignant reprît sous mon administration sa liberté politique, comme il a reconquis sa liberté de conscience. Cette parole sera tenue. Aucun inspecteur, aucun instituteur n'invoquera en vain ma protection contre des abus d'autorité ou d'influence, de quelque part qu'ils se produisent. Je vous demande de m'aider énergiquement, Monsieur le Recteur, à introduire parmi nous ces mœurs nouvelles. C'est le plus signalé service que nous puissions rendre à la cause universitaire et à la cause républicaine.

Recevez, etc.

Signé : JULES FERRY.

---

2 août 1881.

Loi ayant pour objet d'augmenter de 120 millions de francs le fonds de dotation de la Caisse des Lycées, Collèges et Écoles primaires[1].

2 Août 1881.

TITRE Ier. — *Des Dépenses à faire sur les fonds de l'État.*

ARTICLE 1er. — Une somme de 10 000 000 de francs, payable en six annuités, à partir de 1882, est mise à la disposition du Ministre de l'Instruction publique et des Beaux-Arts pour les dépenses des établissements d'enseignement secondaire de jeunes filles.

ART. 2. — Les dispositions des articles 3, 4 et 5 et les trois premiers paragraphes de l'article 6 de la loi du 3 juillet 1880 sont applicables à la subvention de 10 000 000 de francs allouée par l'article 1er ci-dessus.

ART. 3. — Les versements du Trésor ne seront opérés que sur la production d'un certificat dont la forme sera déterminée par le Ministre de l'Instruction publique, établissant que la commune a déjà fait emploi, sur ses propres ressources, pour les dépenses de

1. Le Projet de loi fut déposé le 14 *mai* 1881 à la Chambre des Députés au nom du Gouvernement et voté le 19 *juillet*.

l'établissement d'enseignement secondaire de jeunes filles, de sommes proportionnelles à sa part contributive, et que les plans et devis arrêtés par le Ministre ont été exactement suivis.

ART. 4. — Une somme de 50000000 de francs, payable en six annuités, à partir de 1882, est mise à la disposition du Ministre de l'Instruction publique et des Beaux-Arts pour augmenter le fonds de dotation affecté aux Écoles primaires par la loi du 1er juin 1878.

Sur ce fonds le Ministre pourra prélever, jusqu'à concurrence du dixième, les ressources nécessaires pour la création d'établissements d'instruction primaire institués par l'État, aux époques et dans des conditions déterminées par décret.

Le reste du crédit sera réparti par l'Administration de l'Instruction publique, au prorata des besoins et des sacrifices consentis, entre les communes qui, aux termes de l'article 68 de la loi du 10 août 1871, auront été l'objet de propositions du Conseil général du département.

ART. 5. — Les dispositions de la loi du 1er juin 1878, qui n'ont pas été abrogées par celle du 3 juillet 1880, sont applicables à l'augmentation de subvention accordée par l'article 4 de la présente loi.

TITRE II. — *Des Avances à faire aux départements et aux communes.*

ART. 6. — Une somme de 10 000 000 de francs, payable en six annuités, à partir de 1882, est mise, à titre d'avance remboursable, à la disposition des départements et des communes dûment autorisés à emprunter pour pourvoir aux dépenses des établissements d'enseignement secondaire de jeunes filles.

ART. 7. — Les communes et les départements, admis ou non à profiter de la subvention de l'État, peuvent être appelés à participer aux avances prévues par l'article 6 ci-dessus.

Lorsque les demandes d'emprunt auront été reconnues admissibles, les emprunts ne pourront avoir lieu que s'ils sont autorisés par une loi, un décret ou un arrêté préfectoral suivant le cas, conformément aux lois en vigueur.

ART. 8. — Une somme de 50000000 de francs, payable en six annuités, à partir de 1882, est mise, à titre d'avance remboursable, à la disposition des communes dûment autorisées à emprunter, en sus de l'avance de 60 millions autorisée par le paragraphe 2 de l'article 1er de la loi du 1er juin 1878, pour l'amélioration ou la construction de leurs bâtiments scolaires et l'acquisition des mobiliers scolaires,

Les départements, dûment autorisés, conformément à l'article 5 de la loi du 9 août 1879, à emprunter pour la construction et l'installation des Écoles normales primaires, sont admis à participer à l'avance de 50 millions prévue par le paragraphe 1er du présent article.

ART. 9. — Seront admises à participer aux avances autorisées par le deuxième paragraphe de l'article 1er de la loi du 1er juin 1878 et par l'article 8 ci-dessus les communes qui consentiraient à contribuer aux dépenses de construction et d'installation des Écoles normales primaires.

ART. 10. — Les dispositions contenues dans l'article 6 de la loi du 1er juin 1878 sont également applicables à l'avance de 50 millions autorisée par l'article 8 de la présente loi.

TITRE III. — *De la Caisse des Lycées, Collèges et Écoles primaires.*

ART. 11. — L'article 10 de la loi du 3 juillet 1880 est modifié ainsi qu'il suit :

La caisse pour la construction des Écoles, créée par la loi du 1er juin 1878, prendra le nom de « Caisse des Lycées, Collèges et Écoles primaires ».

Cette caisse sera divisée en deux sections, chargées, sous la garantie de l'État :

La première section :

1° De payer aux Lycées les subventions qui leur auront été accordées;

2° De faire aux départements et aux communes les avances prévues pour les établissements d'enseignement secondaire par la loi du 3 juillet 1880 et par la présente loi;

3° De payer aux Collèges communaux de garçons et de filles les subventions qui leur auront été allouées;

La deuxième section :

De faire le service des subventions et des avances pour la construction des Écoles primaires et le service des avances pour les Écoles normales primaires, dans les conditions des lois des 1er juin 1878 et 3 juillet 1880, modifiées par la présente loi.

ART. 12. — La Caisse des Lycées, Collèges et Écoles primaires pourvoira au payement des subventions et avances stipulées aux articles 1er, 4, 6, 8 et 9 de la présente loi, soit avec des fonds qui seront mis à sa disposition par le Trésor, moyennant intérêt, soit avec le produit de la négociation de titres créés et émis dans les conditions du dernier paragraphe de l'article 8 de la loi du 11 juillet 1868 sur les chemins vicinaux.

L'intérêt réglé annuellement sera servi au Trésor au taux de 3 pour 100 en ce qui concerne les subventions, et de 1 1/4 pour 100 en ce qui concerne les avances.

Art. 13. — Les subventions payées par la Caisse des Lycées, Collèges et Écoles, en vertu des articles 1er et 4 de la présente loi, lui seront remboursées, en capital et intérêt, au moyen de vingt-six annuités de 3 356 000 fr. chacune, à ajouter, à partir de 1882, au chapitre du budget du Ministère de l'Instruction publique, créé par l'article 23 de la loi du 3 juillet 1880, sous le titre de « Remboursement, par annuités, à la Caisse des Lycées, Collèges et Écoles primaires ».

La dotation ci-dessus de 3 356 000 fr. sera ordonnancée au profit de la caisse et payée par le Trésor dans les trois premiers mois de chaque année.

Les crédits nécessaires seront ouverts chaque année par la loi de finances.

En cas d'insuffisance du fonds de dotation et des ressources propres à la caisse, il lui sera tenu compte par le Trésor tant de ses dépenses complémentaires d'intérêt et d'amortissement que de ses frais de gestion.

Art. 14. — Les avances autorisées par les articles 6, 8 et 9 de la présente loi seront faites pour trente ans au plus. Elles seront remboursées à la Caisse des Lycées, Collèges et Écoles au moyen du versement semestriel d'une somme de 2 francs par chaque 100 fr. empruntés.

Ce versement, continué pendant soixante semestres, libérera la commune ou le département en intérêts et amortissement.

Des termes de remboursement plus courts pourront être stipulés. Dans ce cas, les versements semestriels devront être calculés de manière à tenir compte à la caisse, en outre de l'amortissement, d'un intérêt fixé à un et un quart pour cent l'an.

Art. 15. — Il sera passé, entre la Caisse des Lycées, Collèges et Écoles et les départements ou les communes dûment autorisés à contracter des emprunts, des traités particuliers relatant la quotité et les termes d'exigibilité des avances consenties par la caisse, ainsi que les conditions de remboursement de ces avances.

Art. 16. — Lorsqu'un département aura accordé à une commune des subventions annuelles destinées au remboursement des avances consenties par la caisse des Lycées, Collèges et Écoles, ces subventions pourront, s'il y a lieu, être recouvrées conformément aux dispositions de l'article 61, paragraphe 1er, de la loi du 10 août 1871[1].

ART. 17. — Les fonds prêtés à la caisse spéciale par le Trésor ou réalisés au moyen d'obligations, conformément à l'article 12 de la présente loi, seront remboursés aux ayants droit, savoir :

En ce qui concerne les subventions, au moyen des ressources de la dotation stipulée en faveur de la caisse par l'article 13 de la présente loi et dans un délai de vingt-sept ans au plus tard, à partir de 1882;

En ce qui concerne les fonds employés en avances, au moyen des remboursements en capital par les communes ou les départements, et dans les conditions de temps fixées pour ces remboursements conformément à l'article 14.

ART. 18. — Les deux annuités de douze millions chacune, payables en 1882, à titre de subventions et d'avances pour la construction des Écoles primaires et l'établissement d'Écoles normales primaires, pourront être réalisées en 1881, dans les conditions déterminées par la loi du 1er juin 1878.

---

2 août 1881.

Décret relatif à l'Organisation des Écoles maternelles (Salles d'asile).

2 Août 1881.

Le Président de la République française,

Sur le rapport du Président du Conseil, Ministre de l'Instruction publique et des Beaux-Arts,

Vu l'article 57 de la loi du 15 mars 1850[2];

Vu les articles 1, 6 et 7 de la loi du 16 juin 1881, relative à la gratuité de l'enseignement primaire[3];

Vu l'article 2 de la loi du 16 juin 1881, relative aux titres de capacité de l'enseignement primaire[4];

Le Conseil supérieur de l'Instruction publique entendu,

Décrète :

1. Voici le texte de ce paragraphe :
« Si un Conseil général omet d'inscrire au budget un crédit suffisant pour l'acquittement des dépenses...... ou pour l'acquittement des dettes exigibles, il y est pourvu au moyen d'une contribution spéciale, portant sur les quatre contributions directes, et établie par un décret, si elle est dans les limites du maximum fixé annuellement par la loi de finances, ou par une loi, si elle doit excéder ce maximum. »

2. Voir le texte de cet article, Tome III, p. 338.

3. Voir le texte de ces articles, p. 261-262.

4. Voir le texte de cet article, p. 260.

Titre Ier. — *Dispositions communes aux Écoles maternelles publiques et libres. (Organisation, surveillance et direction.)*

Article 1er. — Les Écoles maternelles[1] (Salles d'asile), publiques ou libres, sont des établissements d'éducation où les enfants des deux sexes reçoivent les soins que réclame leur développement physique, intellectuel et moral.

Les enfants peuvent y être admis dès l'âge de deux ans accomplis et y rester jusqu'à ce qu'ils aient atteint l'âge de sept ans.

Art. 2. — L'enseignement dans les Écoles maternelles comprend :

1° Les premiers principes d'éducation morale; des connaissances sur les objets usuels; les premiers éléments du dessin, de l'écriture et de la lecture; des exercices de langage; des notions d'histoire naturelle et de géographie; des récits à la portée des enfants;

2° Des exercices manuels;

3° Le chant et des mouvements gymnastiques gradués.

Art. 3. — Les Écoles maternelles sont exclusivement dirigées par des femmes.

Art. 4. — Nulle ne peut diriger une École maternelle avant l'âge de 21 ans accomplis, et sans être pourvue du certificat d'aptitude à la direction des Écoles maternelles.

1. Consulter, au sujet des Écoles maternelles et des Salles d'asile, les documents ci-après :

Manuel des Salles d'asile, par M. Cochin (in-8° de 336 pages avec planches, chez Hachette, 4e édition, 1853);

Conseils sur la direction des Salles d'asile, par Mme Pape-Carpantier (in-18 de 179 pages, chez Hachette, 4e édition, 1872);

Enseignement pratique dans les Salles d'asile, par la même;

Guide des Salles d'asile, par M. Jubé de la Perrelle (in-8° de 142 pages, avec planches et figures, chez Hachette, 1853);

L'Éducation maternelle dans l'École, par Mme Kergomard (in-18 de 316 pages, chez Hachette, 1886);

Marie Pape-Carpantier, par M. Émile Gossot (in-18 de 244 pages, chez Hachette, 1890);

Les Salles d'asile en France, par le même (in-18 de 230 pages, chez Hachette, 1884);

Madame Sauvan, par le même (in-18 de 230 pages, chez Hachette, 1880);

Écoles maternelles, Dictionnaire de pédagogie, par M. F. Buisson, p. 1863 à 1877, 1re partie;

Vie d'Oberlin, par M. Frédéric Bernard (in-18 de 216 pages, chez Hachette, 1879);

Législation des Écoles maternelles, par M. Albert Durand (in-8° de 459 pages, chez Ract et Falquet, 1882);

La collection de l'*Ami de l'Enfance* et de l'*École maternelle*, journaux spéciaux d'éducation.

Nulle ne peut diriger une École maternelle annexée à un Cours normal avant l'âge de 25 ans, ni sans avoir exercé pendant cinq ans dans les Écoles maternelles publiques ou libres.

Nulle ne peut être sous-directrice d'École maternelle avant l'âge de 18 ans, ni sans justifier du certificat d'aptitude à la direction des Écoles maternelles.

ART. 5. — Sont incapables de tenir une École maternelle publique ou libre, les personnes qui se trouvent dans les cas prévus par l'article 26 de la loi du 15 mars 1850.

ART. 6. — Indépendamment des autorités instituées par la loi pour la surveillance et l'inspection des Écoles, l'inspection des Écoles maternelles est exercée :

1° Par les Inspectrices générales;

2° Par les Inspectrices départementales.

Les Inspectrices générales et départementales sont nommées par le Ministre.

ART. 7. — Nulle ne peut être nommée Inspectrice générale sans avoir au moins 35 ans d'âge et cinq ans de service dans l'enseignement public ou libre et sans être pourvue : 1° du brevet supérieur; 2° du certificat d'aptitude à la direction des Écoles maternelles; 3° du certificat d'aptitude à l'inspection des Écoles maternelles.

Une Inspectrice générale fait partie du Comité consultatif de l'enseignement primaire au Ministère de l'Instruction publique.

ART. 8. — Nulle ne peut être nommée Inspectrice départementale[1] sans avoir 30 ans d'âge et trois ans de service dans l'enseignement public ou libre, et sans être pourvue : 1° du brevet supérieur ou, à son défaut, du brevet élémentaire complété par le certificat d'aptitude pédagogique; 2° du certificat d'aptitude à la direction des Écoles maternelles; 3° du certificat d'aptitude à l'inspection des Écoles maternelles.

Les Inspectrices départementales visitent deux fois par an, au moins, les Écoles maternelles de leur ressort et adressent à l'Inspecteur d'Académie un rapport spécial sur chaque École, à la suite de chaque inspection.

Elles donnent leur avis sur la nomination et la révocation des directrices et sous-directrices d'Écoles maternelles publiques, ainsi que sur les récompenses qui peuvent leur être accordées.

ART. 9[2]. — L'examen pour l'obtention du certificat d'aptitude à

1. Consulter la circulaire du 28 *mars* 1882 aux Recteurs, qui astreint les Inspectrices départementales aux mêmes règles que les Inspecteurs primaires (*Circ.*, t. VIII, p. 679).

2. Article rapporté par le décret du 23 *décembre* 1882, art. 5 (ci-après *à sa date*).

l'inspection des Écoles maternelles comprend les épreuves suivantes :

1° Épreuve écrite : un sujet de pédagogie appliqué aux Écoles maternelles;

2° Épreuve orale : questions de législation et d'administration concernant les Écoles maternelles;

3° Épreuve pratique : inspection d'une École maternelle et rapport à la suite de cette inspection.

Un arrêté ministériel déterminera les conditions de cet examen[1].

Art. 10. — Il peut être établi, dans chaque commune où il existe des Écoles maternelles, un ou plusieurs Comités de dames patronnesses présidés par le maire.

Les membres du Comité de patronage sont nommés par le Préfet, sur la proposition de l'Inspecteur d'Académie et après avis du maire.

Ce Comité a pour attribution exclusive de veiller à l'observation des prescriptions de l'hygiène, à la bonne tenue de l'établissement et au bon emploi des fonds ou des dons en nature recueillis en faveur des enfants.

Art. 11. — L'inspection des Écoles maternelles libres porte sur la morale, l'hygiène et la salubrité. Elle ne peut porter sur l'enseignement que pour vérifier s'il n'est pas contraire à la morale, à la Constitution et aux lois.

Titre II. — *Écoles maternelles publiques.*

Art. 12. — Dans les Écoles maternelles publiques, les enfants seront divisés en deux sections suivant leur âge et le développement de leur intelligence.

Art. 13. — Les premiers principes d'éducation morale seront donnés dans les Écoles maternelles publiques, non sous forme de leçons distinctes et suivies, mais par des entretiens familiers, des questions, des récits, des chants destinés à inspirer aux enfants le sentiment de leurs devoirs envers la famille, envers la patrie, envers Dieu. Ces premiers principes devront être indépendants de tout enseignement confessionnel.

Art. 14. — Les connaissances sur les objets usuels comportent des explications très élémentaires sur le vêtement, l'habitation et l'alimentation, sur les couleurs et les formes, sur la division du temps, les saisons, etc.

1. Voir ci-après, *à sa date*, l'arrêté du 27 *juillet* 1882.

ART. 15. — Les exercices de langage ont pour but d'habituer les enfants à parler et à rendre compte de ce qu'ils ont vu et compris.

Les morceaux de poésie qu'on leur fait apprendre seront courts et simples.

ART. 16. — L'enseignement du dessin comprend :

1° Des combinaisons de lignes au moyen de lattes, bâtonnets, etc.;

2° La représentation sur l'ardoise de ces combinaisons et de dessins faciles faits par la maîtresse au tableau quadrillé;

3° La reproduction sur l'ardoise des objets usuels les plus simples.

ART. 17. — La lecture et l'écriture seront, autant que possible, enseignées simultanément.

Les exercices doivent toujours être collectifs.

ART. 18. — L'enseignement du calcul comprend :

1° L'étude de la formation des nombres de 1 à 10;

2° L'étude de la formation des dizaines de 10 à 100;

3° Les quatre opérations, sous la forme la plus élémentaire, appliquées d'abord à la première dizaine;

4° La représentation des nombres par les chiffres;

5° Des applications très simples du système métrique (mètre, litre, monnaie).

Cet enseignement sera donné au moyen d'objets mis entre les mains des enfants, tels que lattes, bâtonnets, cubes, etc.

Les enfants seront exercés au calcul mental sur toutes les combinaisons de nombres qu'ils auront faites.

ART. 19. — Les éléments d'histoire naturelle comprennent la désignation des parties principales du corps humain, des notions sur les animaux les plus connus, les végétaux et les minéraux usuels.

Cet enseignement est donné à l'aide d'objets réels et de collections formées autant que possible par les enfants et les maîtresses.

ART. 20. — L'enseignement de la géographie est descriptif; il s'appuie sur l'observation des lieux où vit l'enfant.

Il comprend :

1° L'orientation (points cardinaux);

2° Des notions sur la terre et les eaux;

3° Quelques indications sur les fleuves, les montagnes et les principales villes de France.

ART. 21. — Les récits porteront principalement :

1° Sur les grands faits de l'histoire nationale;

2° Sur des leçons de choses.

ART. 22. — Les exercices manuels consisteront en tressage, tissage, pliage, petits ouvrages de tricot.

Les travaux de couture et tous autres travaux de nature à fatiguer les enfants sont interdits.

Art. 23. — L'enseignement du chant[1] comprend :

Les exercices d'intonation et de mesure les plus simples, les chants à l'unisson et à deux parties qui accompagnent les jeux gymnastiques et les évolutions. Les chants sont appropriés à l'étendue de la voix des enfants. Pour ces exercices, les directrices se serviront du diapason.

Art. 24. — Les exercices gymnastiques seront gradués de manière à favoriser le développement physique de l'enfant. Ils se composeront de mouvements, de marches, d'évolutions et de jeux dirigés par la maîtresse.

Art. 25. — Les leçons ne devront jamais durer plus d'un quart d'heure ou vingt minutes; elles seront toujours séparées par des chants, des exercices gymnastiques, des marches ou des évolutions.

Art. 26. — Les conditions dans lesquelles doivent être établies les Écoles maternelles publiques, tant au point de vue des bâtiments que de l'ameublement, seront l'objet d'un règlement spécial.

Art. 27. — Le matériel d'enseignement de l'École maternelle comprend nécessairement les objets suivants :

Un claquoir, un sifflet;

Un ou plusieurs tableaux noirs, dont un, au moins, sera quadrillé;

Une méthode de lecture en tableaux et plusieurs collections d'images;

Un nécessaire métrique;

Un globe terrestre et une carte murale de la France;

Un boulier;

Des collections de bûchettes ou bâtonnets, des lattes, des cubes, etc.;

Une collection de jouets;

Des ardoises quadrillées d'un côté et unies de l'autre;

Un diapason.

Art. 28. — Aucun enfant n'est reçu dans une École maternelle, s'il n'est muni d'un billet d'admission signé par le maire et s'il ne produit un certificat de médecin, dûment légalisé, constatant qu'il n'est atteint d'aucune maladie contagieuse et qu'il a été vacciné.

Art. 29. — Lorsqu'un enfant est présenté dans une École maternelle, la directrice fait connaître aux parents les conditions réglementaires auxquelles ils devront se conformer.

1. Consulter l'arrêté du 23 *juillet* 1883, fixant les programmes de l'enseignement du chant (*Bull. adm.*, 1883, t. XXXI, p. 123).

ART. 30. — Un mois de vacances est successivement accordé chaque année aux directrices et sous-directrices d'Écoles maternelles.

ART. 31. — Les enfants seront toujours repris avec bienveillance. Ils ne devront jamais être frappés.

ART. 32. — Un médecin nommé par le maire visite une fois par semaine les Écoles maternelles.

Il inscrit ses observations sur un registre particulier.

ART. 33. — Les directrices et les sous-directrices des Écoles maternelles publiques sont nommées et révoquées dans la même forme que les institutrices publiques. Les mêmes peines disciplinaires leur sont applicables et dans la même forme qu'aux institutrices.

Les directrices sont choisies, autant que possible, parmi les sous-directrices.

Chaque année, la directrice adresse à l'Inspectrice départementale un rapport détaillé sur tout ce qui concerne l'établissement qu'elle dirige.

ART. 34. — Dans toute École maternelle publique recevant plus de cinquante enfants, la directrice est aidée par une sous-directrice.

Dans toute École maternelle publique recevant plus de vingt-cinq enfants, la directrice est assistée par une femme de service.

ART. 35. — Les directrices et sous-directrices d'Écoles maternelles publiques pourvues du brevet de capacité sont assimilées aux institutrices titulaires et adjointes pour la fixation du taux de traitement, les conditions de l'avancement et du logement.

ART. 36. — La femme de service est nommée, dans chaque École maternelle publique, par la directrice, avec agrément du maire; elle est révoquée dans la même forme.

ART. 37. — Un règlement des Écoles maternelles publiques de chaque département sera rédigé par le Conseil départemental, d'après les indications générales d'un règlement modèle arrêté par le Ministre de l'Instruction publique en Conseil supérieur[1].

TITRE III. — *Écoles maternelles libres.*

ART. 38. — Quiconque veut ouvrir ou diriger une École maternelle libre doit se conformer préalablement aux dispositions prescrites par les articles 25 et 27 de la loi du 15 mars 1850, et 1, 2 et 3 du décret du 17 octobre 1850.

1. Voir ci-après, *à sa date*, l'arrêté du 2 *août* 1881, contenant un règlement modèle.

Le Préfet peut faire opposition à l'ouverture de l'École maternelle, dans les cas prévus par l'article 28 de la loi du 15 mars 1850 et par l'article 4 du décret du 7 octobre 1850. L'opposition est jugée par le Conseil départemental, contradictoirement et à bref délai. Le recours est admis lorsque l'opposition est faite à la personne. Si le maire refuse d'approuver le local, il est statué à cet égard par le Conseil départemental.

A défaut d'opposition, l'École maternelle peut être ouverte à l'expiration du mois.

Art. 39. — Le Conseil départemental peut, par application de l'article 30 de la loi du 15 mars 1850, censurer, suspendre pour un temps qui ne pourra excéder six mois, ou interdire de l'exercice de sa profession, dans la commune où elle réside, une directrice ou une sous-directrice d'École maternelle libre.

Il peut frapper d'interdiction absolue une directrice ou une sous-directrice d'École maternelle libre ou publique, sauf appel devant le Conseil supérieur de l'Instruction publique, dans les délais légaux.

Titre IV. — *Examens.*

Art. 40[1]. — Il est institué, dans chaque département, une Commission d'examen chargée de constater l'aptitude des personnes qui aspirent à diriger les Écoles maternelles.

La Commission tient une session ordinaire par an. La date de l'ouverture de la session est fixée par le Ministre.

Les membres de la Commission d'examen sont nommés pour trois ans par le Conseil départemental de l'Instruction publique.

La Commission d'examen se compose :

De l'Inspecteur d'Académie, président;

D'un Inspecteur de l'instruction primaire faisant fonctions de secrétaire;

D'un ou plusieurs membres de l'enseignement public ou libre;

De l'Inspectrice départementale.

Les Commissions ne peuvent délibérer qu'autant que cinq de leurs membres sont présents. Les délibérations sont prises à la majorité des suffrages. En cas de partage, la voix du président est prépondérante.

Pour procéder à l'examen oral, la Commission ne peut, dans aucun cas, se subdiviser en Sous-Commissions de moins de trois membres.

1. Cet article a été rapporté par le décret du 30 *décembre* 1884 (voir *à sa date*).

Art. 41. — Les certificats d'aptitude sont délivrés au nom du Recteur par l'Inspecteur d'Académie dans les départements, et, à Paris, par le Vice-Recteur.

Art. 42[1]. — Nulle n'est admise devant une Commission d'examen avant l'âge de 18 ans, et sans avoir déposé entre les mains de l'Inspecteur d'Académie, un mois avant l'ouverture de la session :

1° Son acte de naissance;

2° Des certificats attestant sa moralité et indiquant les lieux où elle a résidé et les occupations auxquelles elle s'est livrée depuis trois ans au moins.

Aucune dispense d'âge ne pourra être accordée, sauf dans le cas où l'aspirante serait déjà pourvue du brevet de capacité.

Art. 43. — L'examen se compose de deux parties distinctes :

1° Un examen d'instruction;

2° Un examen pratique.

L'examen d'instruction comprend :

Des épreuves écrites;

Des épreuves orales.

Épreuves écrites[2] :

1° Une dictée d'orthographe de vingt lignes environ tirée d'un texte simple et facile; la dictée sert d'épreuve d'écriture;

2° La solution raisonnée de deux questions d'arithmétique portant sur les applications du calcul et du système métrique;

3° Une rédaction d'un genre simple (lettre, récit, rapport);

4° Un dessin au trait sur ardoise d'après un objet usuel.

Les aspirantes exécuteront en outre des travaux à l'aiguille.

Épreuves orales :

1° Principes d'éducation morale;

2° Lecture; explication du texte et questions de grammaire;

3° Géographie; notions générales, géographie de la France;

4° Histoire de France (grands faits et grands hommes);

5° Notions élémentaires d'histoire naturelle et d'hygiène applicables aux leçons de choses;

6° Chant (un exercice sur un chant très simple).

1. Cet article a été rapporté par le décret du 30 *décembre* 1884 (voir *à sa date*).

2. Aux termes de la circulaire du 10 *mai* 1884 aux Recteurs (*Circ.*, t. IX, p. 366), il est accordé comme au brevet : 1° pour la dictée, le temps nécessaire pour l'écrire et la relire; 2° pour l'arithmétique, 1 heure 1/2; 3° pour la composition française, 1 heure 1/2; 4° pour le dessin, 1 heure 1/2.

Aux termes d'une décision ministérielle du 12 *août* 1885 notifiée le 14 août par le Vice-Recteur aux Inspecteurs d'Académie, le jury ne doit pas prononcer l'élimination après les épreuves écrites, mais seulement après l'examen d'instruction.

L'examen pratique a lieu dans une École maternelle, préalablement désignée, et où les aspirantes ont le droit d'assister aux exercices deux jours avant l'examen.

Cet examen se compose des exercices ordinaires de l'École; il est accordé une heure pour la préparation de la leçon.

L'aspirante doit remplir les fonctions de directrice pendant une partie de la séance, et celle de sous-directrice pendant l'autre partie.

Une heure est donnée à chaque aspirante pour préparer sa leçon; les sujets sont tirés au sort.

Le jury exprime la valeur de chacune des épreuves par les notes qui suivent : *Très bien; — Bien; — Passable; — Mal; — Nul.*

Pour l'épreuve d'orthographe, cinq fautes entraînent la nullité; trois ou quatre fautes, la note *mal*; deux fautes, la note *passable*; une faute et une demi-faute, la note *bien*; la dictée ayant moins d'une demi-faute donne seule droit à la note *très bien*.

Les notes données par la Commission sont le résultat de l'appréciation faite en commun de chaque épreuve.

La note *nul* sur l'une des matières entraîne l'ajournement.

A chacun des examens, deux notes *mal* entraînent l'ajournement, à moins qu'elles ne soient compensées par deux notes *très bien*.

Art. 44. — Il pourra être créé, dans chaque Académie, aux frais de l'État, un cours normal des Écoles maternelles analogue à celui qui existe à Paris sous le nom d'École Pape-Carpantier.

Un décret ultérieur déterminera les conditions d'existence de ces établissements[1].

Art. 45. — Les décrets du 16 mai 1854 et du 21 mars 1855, les arrêtés du 22 mars 1855, du 28 mars 1857, du 5 août 1859 et du 30 juillet 1875 sont et demeurent rapportés.

Arrêté portant Règlement scolaire modèle pour servir à la rédaction des Règlements départementaux relatifs à la tenue des Écoles maternelles publiques. 2 août 1881.

2 Août 1881.

Le Président du Conseil, Ministre de l'Instruction publique et des Beaux-Arts.

1. Voir ci-après, *à sa date*, le décret du 27 *juillet* 1882.
Voir aussi, *à leur date*, le décret du 27 *juillet* 1882 et l'arrêté du 28 *juillet* 1882, relatifs à la réorganisation de l'École Pape-Carpantier, ainsi que la circulaire du 29 *juillet* 1882 aux Recteurs (*Circ.*, t. IX, p. 91).

Vu l'article 37 du décret du 2 août 1881;
Arrête :

ARTICLE 1er. — Pour être admis dans une École maternelle, les enfants doivent avoir plus de deux ans et moins de sept ans.

ART. 2. — Tout enfant dont l'admission dans une École maternelle est demandée doit présenter un bulletin de naissance et un certificat de médecin constatant qu'il a été vacciné ou qu'il a eu la petite vérole, et qu'il n'est pas atteint de maladies ou d'infirmités de nature à nuire à la santé des autres enfants.

ART. 3[1]. — Les Écoles maternelles publiques sont ouvertes, du 1er mars au 1er novembre, depuis 7 heures du matin jusqu'à 7 heures du soir; du 1er novembre au 1er mars, depuis 8 heures du matin jusqu'à 6 heures du soir.

Les Écoles maternelles ne peuvent être fermées que les dimanches et jours fériés, savoir : le 1er et le 2 janvier, le lundi de Pâques, le jour de l'Ascension, le lundi de la Pentecôte, le jour de l'Assomption, le jour de la Toussaint, le jour de Noël et les jours de fête nationale.

Les heures d'entrée et de sortie des enfants peuvent être modifiées, pour chaque commune, suivant les convenances locales, sur l'avis de l'Inspecteur d'Académie, par le Conseil départemental. Les parents devront se conformer exactement à la règle ainsi établie, sous peine d'exclusion des enfants après avertissement.

ART. 4. — Les parents qui négligent de venir chercher leurs enfants aux heures indiquées par les règlements sont avertis. En cas de récidive, l'enfant est rendu à sa famille. L'exclusion toutefois ne peut être prononcée que par le maire, sur la proposition de la directrice, et après avis du Comité de patronage. Les parents qui en feront la demande pourront reprendre leurs enfants à midi.

ART. 5. — A l'arrivée des enfants à l'École maternelle, la directrice doit s'assurer par elle-même de leur état de santé et de propreté, de la quantité et de la qualité des aliments qu'ils apportent.

L'enfant amené à l'École maternelle dans un état de maladie n'est pas reçu; s'il devient malade dans le courant de la journée, il est reconduit chez ses parents, et, en cas d'urgence, envoyé chez le médecin de l'établissement.

1. Voir la circulaire du 4 *avril* 1884 aux Préfets (*Circ.*, t. IX, p. 355), en ce qui concerne les vacances des Écoles maternelles. Les Écoles à une seule maîtresse jouiront des congés accordés par le règlement actuel; ces Écoles seront en outre fermées du jeudi avant Pâques au jeudi après Pâques et pendant la semaine qui suit la distribution des prix dans la commune.

Les enfants fatigués ou indisposés sont déposés sur un lit de camp.

Art. 6. — En cas d'absence réitérée d'un enfant, la directrice s'enquiert des causes de cette absence. Elle en donne, dans tous les cas, avis à la présidente du Comité de patronage, qui fait visiter, s'il y a lieu, cet enfant dans sa famille.

Art. 7. — A l'entrée et à la sortie de chaque classe, les enfants sont conduits en ordre aux lieux d'aisances; ils sont toujours surveillés par la directrice et la sous-directrice. L'après-midi, avant la rentrée en classe, les enfants sont également conduits en ordre au lavabo.

Art. 8. — Il est donné aux enfants, à titre de récompense, des bons points, des images ou des jouets. A la fin de chaque mois, les bons points sont échangés contre des images ou des jouets.

Art. 9. — Les seules punitions permises sont les suivantes :

Interdiction, pour un temps très court, du travail et des jeux en commun;

Retrait des bons points.

Art. 10. — Il est interdit de surcharger la mémoire des enfants de dialogues ou scènes dramatiques en vue des solennités publiques.

Art. 11. — Les directrices d'Écoles maternelles publiques tiennent :

1° Un registre sur lequel sont inscrits les noms et prénoms des enfants, la date de leur naissance, la date du certificat du médecin, la date de l'admission, la date de la sortie, les noms, demeure et profession des parents ou tuteurs; ce registre contiendra, en outre, une colonne d'observations; il y sera joint un répertoire par lettre alphabétique pour faciliter les recherches;

2° Un registre sur lequel le médecin inscrit ses observations;

3° Un carnet destiné au relevé des présences mensuelles;

4° Un catalogue du mobilier et du matériel d'enseignement, avec indication des entrées et des sorties.

Ces registres seront visés par les Inspecteurs et les Inspectrices à chacune de leurs visites.

Art. 12. — Il est interdit aux directrices et sous-directrices d'accepter des parents aucune espèce de cadeaux.

Art. 13. — Il ne pourra être introduit dans l'École maternelle aucun livre, aucune brochure ni manuscrit étranger à l'enseignement.

Art. 14. — Toute pétition, quête, souscription ou loterie est interdite dans l'École maternelle.

ART. 15. — L'École maternelle sera tenue dans un état constant de salubrité et de propreté.

Elle sera balayée et arrosée tous les jours.

L'air y sera fréquemment renouvelé.

ART. 16. — Il ne peut être toléré aucune espèce d'animaux domestiques dans les parties de l'École maternelle réservées aux enfants.

ART. 17. — Le règlement général et le règlement spécial sont affichés dans toutes les Écoles maternelles et à la mairie de toutes les communes possédant une de ces Écoles.

---

23 sept. 1881.

Arrêté relatif à la répartition des Crédits pour Subventions de l'État aux communes en faveur des Caisses des Écoles.

23 Septembre 1881.

Le Président du Conseil, Ministre de l'Instruction publique et des Beaux-Arts,

Vu la loi du 10 avril 1867, article 15,

Vu la loi de finances en date du 29 juillet 1881,

Arrête :

Le crédit inscrit au budget du Ministère de l'Instruction publique, chapitre 35, article 2, § 8, sera réparti d'après les règles suivantes :

Toute commune subventionnée pour l'instruction primaire qui créera une caisse des Écoles, conformément aux dispositions de l'article 15 de la loi du 10 avril 1867, recevra, en faveur de cette caisse, si elle en fait la demande, une allocation de l'État qui ne pourra, en aucun cas, excéder 300 francs, mais qui, jusqu'à concurrence de ce chiffre, sera égale à la somme que la commune aura elle-même inscrite chaque année à son budget au profit de la caisse des Écoles.

Cette règle sera observée jusqu'à épuisement des crédits inscrits au budget de l'État.

En cas d'insuffisance de ces crédits, la répartition sera faite en suivant l'ordre où les demandes seront parvenues au Ministère de l'Instruction publique.

Circulaire du Ministre de l'Instruction publique, prescrivant l'établissement d'Écoles primaires gratuites de filles dans les communes qui en sont dépourvues[1]. 25 sept. 1881.

25 Septembre 1881.

Monsieur le Préfet, les rapports de MM. les Inspecteurs généraux de l'enseignement primaire m'ont signalé dans un certain nombre de départements une situation à laquelle les lois récentes m'obligent à mettre un terme.

Certaines communes, importantes par le chiffre de la population, n'ont jusqu'à présent, au lieu d'Écoles publiques de filles, que des classes gratuites, ouvertes soit dans des Écoles réputées communales, soit dans des Écoles libres tenant lieu d'Écoles publiques. Ces classes sont confiées, moyennant une subvention généralement très faible, à une congrégation qui dirige dans la même commune de florissantes Écoles libres payantes.

Ni la lettre, ni l'esprit de la loi du 16 juin dernier, qui a prescrit l'établissement immédiat de la gratuité dans notre enseignement primaire national, ne me permettent de considérer désormais, comme remplissant leurs obligations légales, les communes qui ont recours à ce mode d'enseignement au rabais.

Les rapports de l'inspection générale sont aussi explicites qu'unanimes dans l'appréciation de ces « classes pauvres », annexées par charité aux Écoles que fréquentent les enfants de familles aisées. Tous les inconvénients qui résultaient de la division des élèves des Écoles publiques en *payants* et *gratuits* reparaissent dans cette combinaison, et ils reparaissent singulièrement aggravés, parce que les enfants pauvres n'ont même plus de contact avec les autres, qu'on ne leur donne ni les mêmes maîtres, ni les mêmes leçons, parce que, les déclarant *à priori* moins aptes à l'étude, et leur attribuant de moindres besoins intellectuels, on leur réserve un enseignement amoindri et des cours presque mécaniques dépourvus de tout ce qui fait la valeur et la noblesse de l'éducation; enfin, parce qu'il est de l'intérêt de la congrégation religieuse qui dirige les deux établissements rivaux de ne pas se faire concurrence à elle-même et de ne pas affaiblir le prestige de son École libre payante en élevant, comme ce serait son devoir, l'École communale gratuite à un égal degré de prospérité. Il est contre la nature des choses de demander à une association humaine, quelque charitable qu'on la suppose, de réserver l'élite de son personnel, les meilleures méthodes, les leçons les plus soignées, à un modeste établissement communal qui, s'il était tenu comme nos lois le veulent aujourd'hui, ne le céderait en rien à l'institution privilégiée.

D'autre part, les raisons qui lui ont fait longtemps tolérer cet état de choses, c'est-à-dire la pénurie des ressources communales et l'économie parfois considérable que réalisait la commune en se dispensant d'entretenir une véritable École publique, ont aujourd'hui entièrement disparu. Qu'elle ait une ou deux Écoles, qu'elle ait deux instituteurs ou qu'elle en ait dix, la commune n'a pas désormais à payer davantage; sa contribution se réduit uniformément aux quatre centimes obligatoires. Le prélèvement même sur ses revenus ordinaires, dont elle est redevable en principe, est aboli en fait, grâce aux libéralités du Parlement, de sorte que ce sont les fonds de subvention de l'État qui supportent tous les accroissements de la dépense scolaire annuelle.

1. Consulter ci-après, *à leur date,* les circulaires des 12 et 21 *mai* 1884.

Dans ces conditions, la commune étant désintéressée dans la question des frais d'entretien, et la responsabilité de l'exécution de la loi incombant désormais à l'État, je ne puis que vous recommander d'une façon pressante le plus prompt retour possible à un état de choses régulier, c'est-à-dire l'établissement d'une École primaire publique de filles, indépendante de l'École libre payante, dans les communes qui, par économie ou par tout autre motif, se sont jusqu'à présent soustraites à l'application de la loi.

La seule difficulté qui pourra se présenter dans quelques-unes de ces communes sera la nécessité d'acquérir ou de construire un local scolaire; mais je compte sur vous, Monsieur le Préfet, pour expliquer aux municipalités que leur budget bénéficie, à partir du 1er janvier prochain, d'abord de l'abolition des centimes extraordinaires, et ensuite de l'abolition du prélèvement sur les revenus ordinaires (sans compter la suppression pour les familles des lourdes charges de la rétribution scolaire); que dès lors il ne leur sera ni difficile ni onéreux d'affecter une partie des fonds devenus libres à un emprunt à la Caisse des Écoles. L'État y ajoutera immédiatement, et aussi largement qu'il le faudra, les subventions nécessaires pour faire face à la dépense.

Par conséquent, rien ne doit vous arrêter, Monsieur le Préfet, dans la mise à exécution des prescriptions légales. Je vous invite à provoquer le plus prochainement possible, de la part du Conseil départemental de l'Instruction publique, le retrait des dispenses provisoires qui ont pu être accordées aux communes pour les exempter de créer les Écoles légalement obligatoires; aussitôt que le Conseil départemental aura décidé, en vertu des articles 1er et 2 de la loi du 10 avril 1867, la création d'Écoles primaires de filles, notamment dans les chefs-lieux d'arrondissement et dans les chefs-lieux de canton, dont je vous envoie ci-inclus la liste et qui ne peuvent être plus longtemps réduits à ce régime déplorable de classes annexées à des couvents, vous voudrez bien faire les diligences nécessaires pour que les nouvelles Écoles puissent s'ouvrir dans le plus bref délai.

Veuillez m'accuser réception de la présente circulaire, et me faire connaître les mesures que vous comptez prendre pour en assurer l'exécution.

Recevez, etc.

Signé : JULES FERRY.

---

30 sept. 1881.

Décret fixant le taux du Cautionnement à verser par les Économes des Écoles normales primaires.

30 Septembre 1881.

Le Président de la République française,

Vu l'article 14 de la loi de finances du 8 août 1847;

Vu le décret du 31 octobre 1849, relatif aux cautionnements des agents comptables ressortissant au département de l'Instruction publique;

Vu l'article 11 du décret du 29 juillet 1881, relatif à l'organisation des Écoles normales primaires;

Sur le rapport du Président du Conseil, Ministre de l'Instruction publique et des Beaux-Arts, et du Ministre des Finances,

Décrète :

ARTICLE 1er. — Les cautionnements des économes des Écoles normales primaires sont fixés à cinq pour cent de l'ensemble des recettes de la dernière année expirée. Dans tous les cas, le cautionnement ne pourra être inférieur à 5 000 francs[1].

Il ne sera pas tenu compte des coupures de recettes qui ne correspondront pas à une fraction de 500 francs.

ART. 2. — Les cautionnements des économes seront versés, à Paris, à la caisse centrale du Trésor, et, dans les départements, aux caisses des receveurs des finances.

ART. 3. — Le Ministre de l'Instruction publique et le Ministre des Finances sont chargés, chacun en ce qui le concerne, de l'exécution du présent décret, qui sera inséré au *Journal officiel* et au *Bulletin des Lois*.

Rapport et Décret ayant pour objet le Classement des Écoles de section de commune qui ont reçu pendant l'année au moins vingt-cinq élèves.

10 octobre 1881.

10 Octobre 1881.

1° Rapport au Président de la République.

Monsieur le Président,

Le paragraphe 4 de l'article 2 de la loi du 10 avril 1867 est ainsi conçu :

« Le Conseil départemental détermine, sur l'avis du Conseil municipal, le cas où, à raison des circonstances, il peut être établi une ou plusieurs Écoles de hameau, dirigées par des adjoints ou des adjointes. »

Cette disposition a donné lieu à des divergences d'interprétation. Mais, à l'époque où la loi fut promulguée, elle avait pour objet de donner une existence légale aux Écoles créées ou à créer en dehors de l'École ou des Écoles placées au chef-lieu des communes.

Jusqu'alors une commune avait rempli toutes ses obligations lorsqu'elle entretenait une École, qui d'ordinaire était située au chef-lieu.

Pour établir des Écoles dans les sections de commune et pour que les dépenses d'entretien de ces établissements fussent obligatoires, il fallait une loi.

L'article précité a introduit la disposition qui faisait défaut.

Cependant il fallait ménager les ressources des communes et, en même temps,

1. Consulter la circulaire du 18 *mars* 1882 aux Recteurs, relative à l'installation des économes dans les Écoles normales primaires (*Circ.*, t. VIII, p. 670).

ne pas grever le Trésor public, qui intervient toutes les fois que la commune a fourni son contingent.

C'est pour ce motif que la loi de 1867 a déclaré que les Écoles de hameau seraient dirigées par des adjoints ou des adjointes.

On a discuté, à différentes époques, le sens du terme : *Écoles de hameau.* On voulait reconnaître au Conseil départemental le droit de décider, au moment où il créait une École dans une section de commune, si l'établissement serait dirigé par un titulaire, ou s'il serait considéré comme une École de hameau confiée à un instituteur adjoint.

En l'absence d'une définition précise, l'Administration a jusqu'ici résisté à cette prétention, et elle a classé parmi les Écoles de hameau toute École située dans une section de commune. Elle était guidée d'abord par une raison d'économie et, d'autre part, elle ne pouvait pas reconnaître au Conseil départemental le droit de créer arbitrairement une dépense qui, dans les communes subventionnées, retombait à la charge du Trésor public.

L'expérience a démontré que cette interprétation, quelque logique qu'elle puisse être, aurait pour résultat de faire naître des situations défavorables aux intérêts bien entendus de l'enseignement.

Il est apparu qu'il y avait des sections de commune fort importantes où l'École recevait jusqu'à soixante ou soixante-dix enfants. Du moment que cette École était classée parmi les Écoles de hameau, elle devait être dirigée par un adjoint, qui, aussitôt qu'il avait fait ses preuves, demandait à passer dans une École de chef-lieu. Il est difficile, dans ce cas, de lui refuser l'avancement auquel il a droit, mais il s'ensuit des changements réitérés qui sont très préjudiciables aux études.

Aussi, dès la fin de 1879, l'Administration s'était préoccupée de cette importante question, et elle avait prescrit une enquête pour rechercher une solution[1].

Plus récemment, au Congrès pédagogique, qui a eu lieu en avril dernier, les instituteurs et les institutrices ont émis à l'unanimité le vœu que les maîtres et maîtresses chargés de la direction des Écoles de hameau aient le rang de titulaire et jouissent des mêmes avantages que les instituteurs et institutrices de chef-lieu.

J'ai promis à cette époque de tenir compte de ce vœu. C'est pour réaliser cette promesse que je viens aujourd'hui vous soumettre des propositions qui ont pour but d'améliorer la situation de toute une intéressante catégorie de fonctionnaires.

J'ai donc l'honneur de vous proposer de ne reconnaître comme *Écoles de hameau*, dans le sens qui a été donné à ce terme par la loi du 10 avril 1867, que les Écoles qui comptent moins de vingt-cinq élèves.

La dépense qui résultera de cette nouvelle disposition s'élèvera à environ 230 000 francs.

Le budget de mon Ministère paraît pouvoir supporter ce surcroît de dépenses.

Si vous voulez bien adopter ces vues, je vous prierai de vouloir bien revêtir de votre signature le projet de décret ci-joint.

J'ai l'honneur d'être, etc.

Signé : JULES FERRY.

1. Voir, *à sa date*, la circulaire du 9 *février* 1881 aux Préfets.

2° Décret.

Le Président de la République française,

Sur le rapport du Président du Conseil, Ministre de l'Instruction publique et des Beaux-Arts;

Vu l'article 2 de la loi du 10 avril 1867, lequel est ainsi conçu : « Le Conseil départemental détermine, sur l'avis du Conseil municipal, le cas où, à raison des circonstances, il peut être établi une ou plusieurs Écoles de hameau dirigées par des adjoints ou adjointes »;

Considérant qu'il importe de déterminer d'une manière précise quelles sont les Écoles qui doivent être placées au rang d'Écoles de hameau,

Décrète :

Article 1er. — Toute École établie dans une section de commune qui aura reçu pendant l'année au moins vingt-cinq élèves de 5 à 13 ans, sera considérée comme École ordinaire, et l'instituteur adjoint ou l'institutrice adjointe qui la dirige sera élevé au rang d'instituteur ou d'institutrice pour jouir des avantages attachés à ce titre[1].

Art. 2. — L'École ainsi classée ne pourra, en cas de diminution de l'effectif scolaire, être replacée au rang d'École de hameau qu'en vertu d'une décision du Conseil départemental.

Décret fixant le Traitement des directrices et sous-directrices des Écoles maternelles, des institutrices et des adjointes dans les Classes enfantines.

10 octobre 1881.

10 Octobre 1881.

Le Président de la République française,

Sur le rapport du Ministre de l'Instruction publique et des Beaux-Arts,

Vu l'article 6, paragraphe 3, de la loi du 16 juin 1881, établissant la gratuité de l'enseignement primaire;

Vu l'article 7 de la loi du 16 juin 1881 sur les titres de capacité de l'enseignement primaire;

1. Consulter la lettre du 2 *mai* 1881 au Préfet de la Vendée, au sujet de la construction d'Écoles de hameau dans ce département (*Circ.*, t. IX, p. 29).

Vu l'article 4 du décret du 2 août 1881 sur les Écoles maternelles,
Décrète :

ARTICLE 1er. — A partir du 1er janvier 1882, les directrices et sous-directrices des Écoles maternelles publiques exerçant dans les conditions fixées, soit par l'article 2, soit par l'article 4 de la loi du 16 juin 1881 sur les titres de capacité de l'enseignement primaire, recevront un traitement calculé conformément aux dispositions de l'article 9 de la loi du 10 avril 1867.

ART. 2. — Les traitements minima des directrices et sous-directrices d'Écoles maternelles sont fixés de la manière suivante :

Directrice de 3e classe	700 francs.
— 2e —	800 —
— 1re —	900 —
Sous-directrice.	600 —

ART. 3. — La directrice qui débute appartient à la dernière classe. La promotion à une classe supérieure est de droit après cinq ans passés dans la classe immédiatement inférieure, et ne peut avoir lieu avant l'expiration de cette période.

ART. 4. — Les directrices et sous-directrices d'Écoles maternelles pourvues du brevet complet auront droit à un traitement minimum supérieur de 200 francs aux taux fixés par l'article 2. Celles qui seront pourvues du brevet élémentaire auront droit à une augmentation de 100 francs.

ART. 5. — Les directrices et sous-directrices qui auront obtenu la médaille d'argent dans les conditions fixées par le décret du 20 juillet 1881, auront droit à une allocation supplémentaire annuelle de 100 francs.

ART. 6. — Les institutrices et adjointes dans les Écoles enfantines sont assimilées, en ce qui concerne le traitement, aux directrices et sous-directrices des Écoles maternelles.

ART. 7. — Les traitements des directrices et sous-directrices d'Écoles maternelles, ainsi que ceux des institutrices et adjointes dans les Classes enfantines, seront mandatés par le Préfet et acquittés suivant le mode établi en matière de cotisations municipales.

Ils seront payés mensuellement, et par douzièmes, sur le vu d'un état dressé par l'Inspecteur d'Académie.

Décret relatif à l'ouverture d'une Exposition de modèles de Constructions scolaires. 10 octobre 1881.

10 Octobre 1881.

Le Président de la République française,

Sur le rapport du Président du Conseil, Ministre de l'Instruction publique et des Beaux-Arts,

Vu les lois des 1er juin 1878, 3 juillet 1880 et 2 août 1881, constituant une Caisse des Lycées, Collèges et Écoles primaires;

Vu le règlement adopté en Conseil supérieur de l'Instruction publique, en date du 17 juin 1880, et relatif à la construction et à l'installation des locaux scolaires;

Vu le rapport présenté, le 11 avril 1881, au Ministre de l'Instruction publique par la Commission spéciale chargée d'étudier les questions relatives à l'amélioration des locaux scolaires et à la décoration des Écoles.

Vu les propositions présentées par les Comités permanents institués près du Ministère pour l'examen des projets de bâtiments scolaires et les projets de décoration de ces bâtiments;

Considérant qu'il importe, pour répondre aux vœux fréquemment exprimés par les Conseils généraux et par les Conseils municipaux, que l'Administration de l'Instruction publique puisse joindre aux prescriptions réglementaires et communiquer à titre consultatif un certain nombre de plans-types satisfaisant à toutes les exigences de l'hygiène et de la pédagogie, pouvant être étudiés comme modèles et fournissant aux architectes et aux municipalités des indications détaillées sur tous les perfectionnements dont l'art des constructions scolaires est susceptible,

Décrète :

Article 1er. — Il sera ouvert, le 1er février 1882[1], à l'École des Beaux-Arts, une exposition de projets d'édifices scolaires : Lycées, Écoles normales, Écoles primaires supérieures et professionnelles, Écoles primaires à une ou plusieurs classes, Écoles maternelles (Salles d'asile).

1. Consulter pour l'application l'arrêté du 9 *novembre* 1881 (*Rec. des L. et A.*, 1881, p. 1071). Cet arrêté reporte au 1er juin 1882 la date de l'ouverture de l'exposition; elle eut lieu dans les salles du rez-de-chaussée du Palais de l'Industrie (*Rec. des L. et A.*, 1882, p. 160).

ART. 2. — Pourront être admis à cette exposition : les plan, élévation et coupe d'édifices scolaires construits, en voie de construction ou destinés à être exécutés.

ART. 3. — Aucun projet ne sera reçu sans une désignation expresse de la région de la France ou de l'Algérie à laquelle il est destiné.

Les plans devront être accompagnés soit du programme donné par les autorités locales, soit d'une note faisant connaître exactement les conditions climatériques et topographiques, ainsi que les nécessités scolaires en vue desquelles ils ont été étudiés.

ART. 4.—Les projets exposés devront comprendre des indications complètes en ce qui touche : 1° la disposition générale; 2° le mode de construction; 3° la décoration intérieure et extérieure; 4° l'ameublement de l'édifice; 5° les devis estimatifs détaillés avec précision.

ART. 5. — Pour les emplacements et les dimensions des salles et des différentes parties de l'édifice, pour les aménagements intérieurs et pour le mobilier, les auteurs de plans devront se conformer aux règlements publiés par l'Administration pour la construction et l'ameublement des édifices scolaires; s'ils s'en écartent, ils devront motiver les modifications proposées.

ART. 6. — Outre les projets d'ensemble, seront admis à l'exposition : les projets de décoration générale; les projets de décoration partielle (plafonds, préaux, salles de classe, d'étude, de dessin, réfectoire), les objets décoratifs en nature destinés à la constitution d'un petit musée d'art scolaire.

Les exposants indiqueront à quelle catégorie d'Écoles se rapportent ces projets partiels.

ART. 7. — Un jury, institué par le Ministre, examinera les projets exposés et désignera ceux qu'il aura jugés dignes d'être récompensés. Il pourra, en outre, désigner ceux dont il recommanderait l'acquisition.

ART. 8. — A la suite de l'exposition et sur la proposition du jury dont il est fait mention en l'article 7, il pourra être accordé aux diverses catégories de projets ci-dessous énumérés des récompenses consistant en une médaille et en prix dont suit le détail :

PROJETS.	1er PRIX.	2e PRIX.	DEUX MENTIONS HONORABLES.
	Fr.	Fr.	Chacune.
Projet de lycée.	10 000	5 000	2 000 fr.
Projet d'École normale.	10 000	5 000	2 000
Projet d'École primaire supérieure ou École professionnelle	6 000	3 000	1 000
Projet d'École primaire urbaine à plusieurs classes.	5 000	2 500	1 000
Projet d'École primaire rurale à une ou deux classes	2 500	1 200	600
Projet d'École maternelle (salle d'asile) ou classe enfantine.	2 000	1 000	500
Projets partiels pour décoration de locaux scolaires.	1 500	1 000	500

ART. 9. — Les dépenses résultant soit de la délivrance des prix ci-dessus énumérés, soit des frais généraux de l'exposition, seront acquittées par la Caisse des Lycées, Collèges et Écoles primaires, conformément aux prescriptions de l'article 4, paragraphe 2 de la loi du 2 août 1881.

Arrêté relatif aux Registres et Écritures scolaires[1]. 14 octobre 1881.

14 Octobre 1881.

Le Président du Conseil, Ministre de l'Instruction publique et des Beaux-Arts,

Arrête :

ARTICLE 1er. — Les seuls registres dont la tenue soit exigée des instituteurs et des institutrices publics sont :

1° Le registre matricule ;

1. Voir les circulaires suivantes :
Du 1er *août* 1879, aux Préfets, relative à une modification du modèle du registre d'appel des Écoles primaires publiques (*Circ.*, t. VIII, p. 181);
— 20 *décembre* 1879, aux Préfets, relative à la fourniture des registres d'appel (*Ibid.*, p. 243);
— 14 *octobre* 1881, aux Recteurs, transmissive de l'arrêté (ci-après *à sa date*);
— 10 *novembre* 1881, aux Préfets, relative à l'envoi d'un nouveau registre matricule des Écoles primaires (*Circ.*, t. VIII, p. 614);
— 14 *janvier* 1890, aux Inspecteurs d'Académie, relative au registre matricule d'inscription des élèves admis dans les Écoles primaires publiques (*Circ.*, t. XI, p. 72);
— 12 *novembre* 1890, aux Inspecteurs d'Académie, relative à la tenue du registre d'inscription des élèves dans les Écoles primaires publiques (*Ibid.*, p. 311).

2° Le registre d'appel ou de présence;

3° Le registre de l'inventaire du mobilier de l'École et du matériel d'enseignement;

4° Le registre de l'inventaire du mobilier personnel, s'il y a lieu;

5° Le catalogue des livres de la bibliothèque populaire de l'École publique, avec le registre des recettes et dépenses et le registre des entrées et des sorties.

ART. 2. — La tenue des quatre premiers de ces registres est obligatoire pour les directrices d'École maternelle.

ART. 3. — Les instituteurs, institutrices et directrices d'École maternelle sont tenus, en outre, à toutes les écritures d'ordre et de statistique qui peuvent leur être demandées par les Administrations centrale et départementale[1].

ART. 4. — L'arrêté du 17 avril 1866 est rapporté.

---

14 octobre 1881. **Circulaire du Ministre de l'Instruction publique, relative à la tenue des Registres et Écritures scolaires.**

14 Octobre 1881.

Monsieur le Recteur, j'ai l'honneur de vous adresser une ampliation d'un arrêté en date de ce jour déterminant les registres et écritures scolaires dont la tenue sera seule obligatoire désormais pour les instituteurs, les institutrices et les directrices des Écoles maternelles.

Comme vous le remarquerez, cet arrêté, qui rapporte celui du 17 avril 1866, simplifie considérablement les écritures auxquelles étaient tenus les fonctionnaires de l'enseignement primaire.

La loi sur la gratuité a eu pour effet de rendre désormais inutiles et le registre des rôles de la rétribution scolaire, et le registre des déclarations d'abonnements. Ces deux registres sont supprimés.

J'ai également cru pouvoir supprimer sans inconvénient le rapport annuel que devaient adresser les directeurs et les directrices d'École à l'Inspecteur de leur circonscription, et où celui-ci était censé puiser les renseignements nécessaires à la rédaction de ses états de situation.

Tous les renseignements dont peuvent avoir besoin MM. les Inspecteurs primaires se trouvent dans le registre matricule, et les états récapitulatifs qui l'accompagnent.

J'ai dû faire remanier aussi, pour les mettre en harmonie avec les lois nouvelles, le registre matricule et le registre de présence ou d'appel, et j'adresse-

1. Voir les circulaires suivantes :

Du 2 *août* 1887, aux Préfets, relative à l'attribution aux archives départementales d'un des exemplaires des journaux remis au dépôt légal (*Circ.*, t. X, p. 158);

— 12 *août* 1887, aux Préfets, relative aux archives des préfectures et sous-préfectures (*Ibid.*, p. 164).

rai sous peu de jours à MM. les Inspecteurs d'Académie le nouveau modèle de ces registres, dont la tenue exacte et à jour doit être plus que jamais rigoureusement exigée et soigneusement contrôlée.

Enfin, et sur la demande presque unanime de MM. les Inspecteurs d'Académie réunis récemment à Paris en conférence, j'ai décidé la suppression du journal de classe.

La tenue de ce journal avait sa raison d'être alors que, pour beaucoup d'instituteurs, la nécessité de préparer consciencieusement leur classe n'était ni clairement démontrée ni impérieusement sentie. Mais nous n'en sommes plus là aujourd'hui; cette vérité pédagogique qu'il n'est pas de bonne classe sans une bonne préparation est reconnue et proclamée par les maîtres eux-mêmes; l'habitude de cette préparation journalière des leçons est heureusement entrée dans les mœurs scolaires.

On semblerait donc manifester à l'égard du corps enseignant une méfiance qu'il ne mérite pas, et on lui imposerait sans profit un surcroît fastidieux d'écritures en exigeant plus longtemps la constatation matérielle de ce travail préalable.

Les bons instituteurs n'en continueront pas moins de faire chaque jour eux-mêmes, avec le même soin, avant d'entrer en classe, le choix des textes, des exemples, des exercices qu'ils comptent donner, de lire d'avance les morceaux qu'ils devront expliquer, de rassembler les objets dont ils auront besoin pour la leçon de choses, de régler enfin la marche de leur enseignement; quant aux autres, ce ne serait pas en les obligeant à jeter à la hâte quelques lignes sur un registre pour simuler une préparation qu'ils n'auraient pas faite, qu'on parviendrait à améliorer leur enseignement.

Tout au plus le journal de classe a-t-il cet avantage de permettre à l'inspection de s'exercer plus rapidement et plus sûrement, par la comparaison des indications qu'il contient, avec le programme de l'enseignement et les cahiers des élèves.

Mais si, comme il est à désirer, et comme vous le recommanderez une fois de plus, en cette occasion, les maîtres ont pris soin de remplacer les cahiers multiples, qui ont été si longtemps et si malheureusement en honneur dans les Écoles, par le cahier unique de devoirs journaliers, et si chacun des devoirs consignés dans ce cahier porte exactement la date du jour où il a été fait, l'examen de ces devoirs et du registre de présence suffit amplement à contrôler la régularité des exercices et leur sage distribution.

J'ajoute que si je ne suis pas touché par les mérites du journal de classe, je suis frappé au contraire des avantages que présenterait l'introduction dans les Écoles du carnet de correspondance avec les familles. Un père a le droit de savoir ce que son enfant fait à l'École, et un instituteur doit éprouver le besoin d'appuyer son autorité sur celle du chef de famille. Un échange de communications qui s'établirait aussi régulièrement que possible, et qui serait inspiré par un sentiment de confiance réciproque, tournerait au profit de l'éducation et de l'instruction des élèves : se sentant en quelque sorte surveillé à l'École par son père, et à la maison paternelle par son maître, comment un enfant ne redoublerait-il pas de vigilance? Je ne voudrais pas toutefois faire de cette correspondance avec les familles, quels que soient les résultats heureux qu'à mon sens elle doive produire, une obligation rigoureuse pour les maîtres; je me contente de leur signaler ce moyen pédagogique, déjà employé avec succès par l'élite de nos instituteurs.

J'insiste enfin et tout particulièrement sur la tenue exacte des trois registres qui concernent les bibliothèques populaires annexées aux Écoles publiques. Aujourd'hui que, grâce aux libéralités des communes, des départements, des particuliers et de l'État, ces bibliothèques prennent une véritable extension, et que le goût des bons livres gagne de proche en proche, il importe de conserver avec soin ce dépôt des modestes richesses littéraires mises à la disposition des élèves et des populations.

Je vous prie, Monsieur le Recteur, de vouloir bien donner aux instructions contenues dans cette circulaire, ainsi qu'à l'arrêté qui l'accompagne, la plus grande publicité dans votre Académie.

Recevez, etc.

Signé : JULES FERRY.

---

26 octobre 1881. **Décret relatif à la répartition de Subventions aux communes pour contribuer aux charges de la Gratuité de l'enseignement primaire[1].**

26 Octobre 1881.

Le Président de la République française,

Sur le rapport du Président du Conseil, Ministre de l'Instruction publique et des Beaux-Arts,

Vu la loi du 16 juin 1881, prescrivant un prélèvement d'un cinquième sur certains revenus ordinaires des communes, à l'effet d'acquitter les dépenses des Écoles primaires publiques;

Vu la loi de finances en date du 29 juillet 1881 ;

Le Conseil d'État entendu,

Décrète :

ARTICLE 1er. — Les communes où le produit du centime est inférieur à 25 000 francs et où les revenus annuels n'atteignent pas 5 000 000, recevront en 1882, sur les fonds portés au chapitre 36 du budget de l'Instruction publique, une subvention extraordinaire destinée à leur rembourser la totalité du prélèvement d'un cinquième ordonnée sur les revenus ordinaires énumérés en l'article 3 de la loi du 16 juin 1881.

Ce prélèvement sera déterminé d'après les recettes prévues aux budgets communaux de 1882.

ART. 2. — Les communes où le produit du centime est supérieur à 25 000 francs et où les revenus annuels atteignent 5 000 000, ne

1. Consulter les circulaires :

Du 9 *mars* 1882, aux Préfets, qui dispense certaines communes de verser au compte des cotisations municipales le cinquième de leurs revenus, et qui recommande de l'employer à l'achat de maisons d'école (*Circ.*, t. VIII, p. 664);

— 18 *avril* 1882, aux Préfets, relative à l'établissement d'un état de prévision des dépenses, commune par commune (*Circ.*, t. IX, p. 19).

recevront, en 1882, de subvention sur les fonds portés au chapitre 36 du budget de l'Instruction publique, qu'après acquittement des allocations accordées en vertu des dispositions de l'article précédent.

Dans ce cas, la somme disponible sera répartie entre elles, proportionnellement au montant du prélèvement fixé par la loi du 16 juin 1881 et déterminé conformément à l'article ci-dessus.

Art. 3. — Le Président du Conseil, Ministre de l'Instruction publique et des Beaux-Arts, le Ministre de l'Intérieur et des Cultes, et le Ministre des Finances sont chargés, chacun en ce qui le concerne, de l'exécution du présent décret.

Décret déterminant les classes et les traitements des Directeurs et des Instituteurs adjoints des Écoles primaires supérieures[1].

29 octobre 1881.

29 Octobre 1881.

Le Président de la République française,

Sur le rapport du Président du Conseil, Ministre de l'Instruction publique et des Beaux-Arts;

Vu la loi du 19 juillet 1875, fixant les traitements et les conditions d'avancement des instituteurs publics;

Vu la loi du 11 décembre 1880 et le règlement d'administration publique en date du 30 juillet 1881;

Vu les lois de finances du 22 décembre 1880 et du 29 juillet 1881, rattachant les crédits de l'enseignement primaire supérieur à ceux de l'enseignement primaire proprement dit;

Vu la loi du 16 juin 1881, établissant la gratuité dans les établissements d'enseignement primaire public de tout ordre;

Vu le décret du 14 février 1880;

Vu le décret et l'arrêté du 15 janvier 1881,

Décrète :

Article 1er. — Les directeurs et instituteurs adjoints des Écoles primaires supérieures sont répartis en quatre classes, et le traitement minimum de chaque classe est fixé ainsi qu'il suit :

1. Voir la brochure : *Enseignement primaire supérieur*, règlements, statistique (105 pages in-4°, Imp. Natle, mai 1882). — La première partie de ce document (Législation) a été adressée aux Inspecteurs d'Académie le 7 décembre 1881.
Consulter la circulaire du 6 *novembre* 1881 aux Préfets, transmissive du décret du 29 octobre 1881 et du Rapport au Président de la République, sur l'organisation de l'enseignement primaire supérieur (*Circ.*, t. VIII, p. 605).

Directeurs : 4e classe, 2 000 francs ; 3e classe, 2 200 francs ; 2e classe, 2 500 francs ; 1re classe, 2 800 francs ;

Adjoints : 4e classe, 1 200 francs ; 3e classe, 1 400 francs ; 2e classe, 1 600 francs ; 1re classe, 1 800 francs.

ART. 2. — La promotion d'une classe à la classe supérieure est de droit, pour les directeurs, après cinq années, et pour les adjoints après trois années passées dans la classe immédiatement inférieure, et ne peut avoir lieu avant l'expiration de cette période que par décision spéciale du Conseil départemental de l'Instruction publique.

ART. 3. — Les directeurs et adjoints des Écoles primaires supérieures jouissent des avantages spécifiés aux articles 3 (paragraphe 1er) et 4 de la loi du 19 juillet 1875.

ART. 4. — Les directeurs et adjoints qui débutent appartiennent à la dernière classe. Toutefois, ceux qui étaient déjà titulaires ou adjoints dans les Écoles primaires élémentaires conservent la classe à laquelle ils appartenaient, et, dans aucun cas, leur traitement ne peut devenir inférieur à celui dont ils jouissaient.

ART. 5. — Les directeurs et adjoints des Écoles primaires supérieures et les directeurs de cours complémentaires d'un an[1] reçoivent, en outre des traitements minima fixés par l'article 1er, un traitement éventuel soumis à retenue et calculé d'après le nombre des élèves qui fréquentent l'École primaire supérieure ou le cours complémentaire.

Aucun élève n'entre dans le calcul de l'éventuel s'il n'est régulièrement inscrit sur le registre matricule et s'il n'a fréquenté au moins pendant sept mois l'école ou le cours.

Sur l'avis du Conseil départemental, le Préfet détermine tous les ans, sous réserve de l'approbation du Ministre, le taux de cette allocation supplémentaire dans chaque École.

Cette allocation peut varier de 10 à 20 francs par élève, suivant la résidence et d'après le résultat de l'enseignement.

ART. 6. — Le montant de l'éventuel dans toute École qui a des instituteurs adjoints est divisé en deux parts égales : l'une est attribuée au directeur, l'autre est partagée également entre les adjoints.

Les directeurs de cours complémentaires reçoivent la totalité de l'éventuel.

ART. 7. — Les indemnités ou suppléments de traitements que les

1. Voir la circulaire du 9 *août* 1884 aux Préfets, relative au traitement des directeurs des cours complémentaires (*Circ.*, t. IX, p. 399).

directeurs et adjoints des Écoles primaires supérieures et les directeurs de cours complémentaires peuvent recevoir des communes sont prélevées sur les ressources ordinaires ou extraordinaires des budgets municipaux, autres que celles provenant des quatre centimes spéciaux. Elles peuvent être soumises à la retenue.

Art. 8. — Les professeurs spéciaux de langues vivantes, de dessin et d'agriculture attachés aux Écoles primaires supérieures reçoivent une indemnité annuelle non soumise à la retenue et calculée d'après le nombre d'heures d'enseignement qu'ils donnent chaque semaine dans l'École.

Cette indemnité peut varier de 100 à 200 francs pour chaque heure d'enseignement donnée par semaine : le montant en est fixé par le Préfet, sur l'avis du Conseil départemental et sauf approbation du Ministre.

Art. 9. — Les auxiliaires chargés de l'enseignement de la gymnastique et de la direction des travaux manuels dans les Écoles primaires supérieures reçoivent, dans les conditions spécifiées à l'article 8, une indemnité annuelle qui peut varier de 50 à 100 francs.

Art. 10. — Tous les ans, chaque directeur d'École primaire supérieure règle la répartition des heures d'enseignement entre les différents maîtres attachés à son École. Ce règlement est exécutoire après approbation de l'Inspecteur d'Académie.

Art. 11. — Toutes les dispositions ci-dessus sont applicables aux Écoles primaires supérieures de filles.

Art. 12. — Il sera pourvu à la dépense résultant du présent décret au moyen des ressources énumérées aux articles 2, 3, 4 et 5 de la loi du 16 juin 1881.

Art. 13. — Les traitements fixes sont mandatés par le Préfet, sur le vu d'un état dressé chaque année par l'Inspecteur d'Académie. Ils sont payés mensuellement et par douzièmes.

Art. 14. — Les traitements éventuels ainsi que les indemnités allouées aux professeurs spéciaux et aux auxiliaires sont mandatés dans la même forme que les traitements fixes. Ils sont payés trimestriellement et par quarts.

Art. 15. — Les dispositions du décret et de l'arrêté du 15 janvier 1881 contraires au présent décret sont et demeurent rapportées.

Art. 16. — Le présent décret sera exécutoire à dater du 1er janvier 1882.

1er nov. 1881.

Règlement du Musée pédagogique et de la Bibliothèque centrale de l'Enseignement primaire[1].

1er Novembre 1881[2].

ARTICLE 1er. — Le Musée pédagogique constitue un centre d'informations sur l'instruction primaire, tant en France qu'à l'étranger.

Il comprend, en outre, une exposition permanente de tous les objets servant à l'éducation.

ART. 2. — Il est divisé en 4 sections :

1° *Matériel scolaire* (plans de maisons d'école, types de mobiliers de classe);

2° *Appareils d'enseignement* (tableaux, modèles, collections géographiques; scientifiques et technologiques);

3° *Bibliothèque centrale* (livres pour les maîtres, livres pour les élèves, bibliothèques scolaires, bibliothèques populaires) ;

4° *Documents relatifs à l'histoire de l'éducation.*

ART. 3. — Le Musée est placé sous le contrôle d'un Conseil d'administration nommé par le Ministre de l'Instruction publique.

Le Conseil se réunit en séance ordinaire au commencement de chaque trimestre.

Il statue sur toutes les questions d'ordre général.

ART. 4. — Les collections du Musée sont formées :

1° Par les dons des auteurs, éditeurs ou fabricants, sauf l'agrément du Conseil d'administration;

2° Par les envois du Ministère de l'Instruction publique et des autres départements ministériels et par les envois des administrations scolaires de l'étranger;

3° Par les acquisitions que le Conseil d'administration aura reconnues utiles.

ART. 5. — Le Musée reçoit, à titre de dépôt temporaire, après avis du Conseil d'administration, les livres et les objets d'enseignement sur lesquels les auteurs ou éditeurs veulent appeler l'attention.

Il ne sera tenu de conserver ces livres ou objets que trois mois au plus à partir du jour de la réception.

Ceux qui n'auraient pas été admis par le Conseil d'administration devront être enlevés par les auteurs ou éditeurs dans un délai de quinzaine à compter du jour où l'avis leur en aura été donné; ce délai expiré, ils leur seront renvoyés à leurs frais.

L'administration du Musée n'est pas responsable des dépréciations pouvant résulter de l'exposition des objets.

ART. 6. — Le Conseil désigne les publications périodiques auxquelles le Musée pourra s'abonner, ainsi que les livres et objets d'enseignement d'origine française ou étrangère qui seront jugés dignes d'être acquis sur les crédits alloués au Musée.

Il désigne également, le cas échéant, les livres ou objets qu'il y aurait lieu de retrancher des collections.

1. Ce règlement a été rapporté et remplacé par de nouvelles dispositions en juin 1887.

2. Consulter ci-dessus, p. 39, le rapport et le décret portant création du Musée pédagogique (13 *mai* 1879).

ART. 7. — Le Musée est ouvert de 10 heures à 4 heures :

Aux personnes munies de cartes de travail, tous les jours (le lundi excepté);

Au public, les dimanches et jeudis.

Les cartes de travail sont délivrées par l'administration du Musée et par le Ministère de l'Instruction publique (direction de l'enseignement primaire).

ART. 8. — Les livres et les publications périodiques seront remis, dans la salle de lecture du Musée, aux personnes qui en feront la demande sur bulletin signé. Il pourra être donné communication des catalogues de la Bibliothèque.

Les objets susceptibles d'être déplacés seront, dans les mêmes conditions, mis à la disposition des personnes munies de cartes de travail.

Les visiteurs qui auront reçu en communication des livres ou objets d'études devront, avant de quitter la salle, les restituer au bibliothécaire ou à l'employé de service.

ART. 9. — Les prêts au dehors ne seront faits qu'à titre exceptionnel, sur autorisation spéciale du directeur et pour un délai maximum d'un mois.

Aucun ouvrage ne pourra être prêté qu'autant que cet ouvrage ne fera pas partie des séries réservées.

Toute détérioration donnera lieu au remboursement du prix de l'ouvrage.

Bibliothèque circulante du Musée pédogogique.

En vue d'aider à la préparation des candidats au professorat dans les Écoles normales d'instituteurs et d'institutrices, à l'inspection de l'enseignement primaire et à celle des Écoles maternelles, il est institué, au Musée pédagogique de Paris, une bibliothèque circulante. Elle est divisée en trois sections :

I. — Section des lettres (grammaire, critique et histoire littéraires, histoire générale et géographie);

II. — Section des sciences (arithmétique, géométrie et algèbre élémentaires; physique et chimie; histoire naturelle, agriculture et hygiène);

III. — Section de pédagogie (psychologie, morale, instruction civique, éducation générale, méthodes d'enseignement, législation scolaire).

Le catalogue de cette bibliothèque sera envoyé à toute personne qui le demandera, par lettre affranchie, à l'Inspecteur général, directeur du Musée pédagogique.

Les demandes de livres devront être adressées à M. le Ministre de l'Instruction publique.

Elles porteront en tête cette mention : *Bibliothèque circulante du Musée pédagogique. — Demande de livres.* — Elles feront connaître :

A. Le titre exact des objets demandés;

B. Le temps pendant lequel on désire les conserver, ce temps ne pouvant, en aucun cas, excéder deux mois;

C. L'adresse de l'emprunteur, avec l'indication de la ligne de chemin de fer et de la station qui desservent sa résidence.

La première demande de livres devra être soumise au visa de l'Inspecteur d'Académie ou de l'Inspecteur primaire, lequel attestera que l'auteur de la demande se prépare réellement à un examen pour un des emplois indiqués plus haut.

Les livres demandés seront envoyés comme colis postaux par les soins du directeur du Musée pédagogique. Ils devront lui être retournés dans les mêmes conditions par l'emprunteur, à l'expiration du délai indiqué au bulletin d'expédition. Le port, au retour, sera seul à la charge de l'emprunteur.

Pour chaque envoi, le nombre des volumes ne pourra former un poids supérieur à trois kilogrammes.

Les livres empruntés devront avoir été retournés au Musée pédagogique pour obtenir un autre prêt. Il ne serait pas donné suite aux demandes des personnes qui, à deux reprises, n'auraient pas effectué le renvoi des ouvrages au temps fixé.

En cas de perte ou de détériorations graves des livres prêtés, l'emprunteur sera tenu d'en payer le prix d'après le catalogue, ou de les remplacer au Musée pédagogique.

---

5 nov. 1881. **Circulaire du Ministre de l'Instruction publique, relative à la communication des Condamnations à la peine de l'Interdiction absolue d'enseigner prononcées par les Conseils départementaux.**

5 Novembre 1881.

Monsieur le Préfet, j'ai eu plus d'une fois le regret de constater que des membres de l'enseignement public ou libre, frappés par décisions des Conseils départementaux de la peine de l'interdiction absolue d'enseigner, parvenaient, à l'aide de manœuvres frauduleuses, à tromper la surveillance des autorités scolaires, et à rentrer, à un titre ou à un autre, soit dans des Écoles libres, soit même dans des Écoles publiques.

Pour prévenir, autant qu'il est possible, le retour d'une semblable violation de la loi, j'ai décidé que désormais vous seriez régulièrement informé de toutes les condamnations à la peine de l'interdiction absolue qui pourront être prononcées par les Conseils départementaux. S'il se trouvait qu'un appel ayant été interjeté, le Conseil supérieur n'ait pas cru devoir confirmer la sentence des premiers juges, je vous en informerais également.

De votre côté, vous voudrez bien à l'avenir tenir un registre exact de toutes les notifications de cette nature que je vous adresserai, et vous vous concerterez avec M. l'Inspecteur d'Académie pour en assurer tout l'effet.

A cette occasion, je crois devoir appeler votre attention sur une coutume fâcheuse qui semble prévaloir en matière disciplinaire. Il arrive parfois que, quelle que soit la faute commise par un membre de l'enseignement, on se borne à prononcer contre lui la peine de la révocation. Assurément c'est là une mesure qui entraîne de graves conséquences et que vous ne devez prendre qu'après mûr examen. Mais si rigoureuse qu'elle soit, elle ne saurait toujours suffire, surtout lorsqu'il s'agit de manquements constatés à la probité ou aux mœurs.

Dans ce cas, vous ne devez pas hésiter à recourir à la juridiction du Conseil départemental et à provoquer une répression qui débarrasse à jamais l'enseignement de maîtres indignes.

Il en est de même des élèves-maîtres qui peuvent être exclus des Écoles normales à raison de faits graves intéressant la moralité. Ceux-là non plus ne sont pas dignes d'entrer dans le corps enseignant, et il y aurait une coupable imprudence à leur confier la direction d'une classe. Lors donc que les motifs qui auront amené l'exclusion d'un élève-maître me paraîtront de nature à justifier cette mesure, je vous signalerai le coupable, et vous veillerez à ce que l'accès des Écoles publiques lui soit interdit. Si votre droit ne va pas jusqu'à empêcher un directeur d'École libre de prendre dans sa maison un tel auxiliaire, vous l'aurez du moins averti des dangers auxquels il expose et lui-même et les enfants qui lui sont confiés.

Recevez, etc.

Signé : JULES FERRY.

Arrêté créant dans chaque département une Commission spéciale pour l'examen des projets de construction de Maisons d'école, pour le contrôle et la réception des Travaux[1]. 8 nov. 1881.

8 Novembre 1881.

Le Président du Conseil, Ministre de l'Instruction publique,

Vu l'arrêté du 14 juillet 1858, relatif à l'exécution des travaux de construction de maisons d'école et au mode de payement des subventions;

Vu la loi du 1er juin 1878 portant création d'une Caisse pour la construction des maisons d'école;

Vu l'instruction du 16 août 1878 pour l'exécution de ladite loi;

Vu l'arrêté en date du 24 septembre 1880 qui institue au Ministère un Comité des bâtiments scolaires;

Vu les règlements pour la construction et l'ameublement des maisons d'école;

Considérant qu'il importe d'assurer la bonne exécution des travaux de construction et la juste répartition des ressources communales et des subventions des départements et de l'État;

Arrête :

ARTICLE 1er. — Il est créé dans chaque département une Commission spéciale pour l'examen des projets de construction de maisons d'école, pour le contrôle et la réception des travaux.

Cette Commission est composée comme il suit :

L'Inspecteur d'Académie, président[2];

1. Voir les circulaires suivantes :

Du 28 *décembre* 1881, aux Préfets, transmissive de l'arrêté du 8 novembre;

— 28 *janvier* 1882, aux Préfets, relative à la création d'Écoles primaires de tout ordre et d'emplois dans ces Écoles (*à sa date*), ainsi que la note en renvoi à cette circulaire;

— 30 *janvier* 1883, aux Préfets, rappelant les attributions de la Commission départementale des bâtiments scolaires (*Circ.*, t. IX, p. 166);

— 30 *mai* 1884, aux Préfets, relative à l'enquête générale sur la situation matérielle de l'enseignement primaire en France (*Ibid.*, p. 381);

— 5 *juin* 1884, aux Préfets, relative au contrôle nécessaire des travaux de maisons d'école (*Ibid.*, p. 383).

2. Il est de droit commun que le Préfet assiste, quand il le juge nécessaire, aux

Un conseiller général;
L'ingénieur en chef;
L'architecte du département;
L'inspecteur primaire de l'arrondissement;
Un contrôleur-rapporteur des bâtiments scolaires, désigné par le Ministre, sur la proposition du Préfet.

Tout projet de construction d'École, transmis à l'administration préfectorale, sera soumis par l'Inspecteur d'Académie à la Commission, qui donnera son avis sur le projet présenté par la commune, tant au point de vue des convenances scolaires que sous le rapport de la dépense. Un extrait de la délibération de la Commission sera produit à l'appui de la demande de subvention ou d'emprunt et le dossier sera ensuite envoyé à l'examen du Conseil départemental et du Conseil général.

Lorsque le projet aura été approuvé par le Ministre, l'une des copies des plans et devis sera remise au contrôleur-rapporteur chargé de vérifier sur place si les travaux sont exécutés conformément aux règles de bonne construction et suivant les dispositions du projet approuvé.

Le contrôleur-rapporteur sera tenu de faire trois visites au moins, la première lors du tracé des fondations, la seconde au cours de l'exécution et la troisième à l'achèvement de la construction, pour la réception des travaux. A la suite de chacune de ces visites, il adressera un rapport à l'Inspecteur d'Académie, qui en saisira la Commission à sa plus prochaine réunion.

L'état de propositions de payement des secours accordés aux communes, qui doit être transmis chaque mois par le Préfet, sera toujours accompagné de la copie de la délibération de la Commission, constatant la bonne exécution des travaux et l'opportunité du payement proposé.

Concurremment avec ce contrôle exercé par la Commission, des inspections pourront être faites par les membres du Comité des bâtiments scolaires institué au Ministère. Pour la réception des travaux de construction d'Écoles nationales ou d'Écoles normales, la présence d'un membre du Comité est toujours nécessaire.

Une indemnité sera allouée pour chaque projet au contrôleur-rapporteur; le chiffre en sera fixé par la Commission et porté au devis.

Il n'est d'ailleurs rien changé à la procédure suivie pour l'instruction des demandes de subventions et d'emprunts.

séances des Commissions qui ont à s'occuper des affaires d'intérêt départemental, et, quand il y assiste, il en a la présidence (*Bull. adm.*, 1882, t. XXV, p. 638).

ART. 2. — Le Préfet de chaque département est chargé de l'exécution du présent arrêté.

Circulaire du Ministre de l'Instruction publique, relative aux Fonctions remplies dans les Églises par les Instituteurs primaires publics. 26 déc. 1881.

26 Décembre 1881.

Monsieur le Préfet, mon attention a été récemment appelée par plusieurs de vos collègues sur la situation des instituteurs qui remplissent à l'église des fonctions subalternes de chantre, bedeau, sonneur, etc.

Divers corps électifs, et notamment le Conseil général de la Somme, ont émis le vœu qu'elles leur soient absolument et immédiatement interdites. D'un autre côté, le personnel enseignant a manifesté, à maintes reprises, le désir de se consacrer tout entier à sa tâche et de n'avoir plus à compter avec les exigences de ces services accessoires qui font tort dans la pratique au service essentiel.

Mes sentiments sont tout à fait d'accord avec ces vœux, et le projet de loi que prochainement je soumettrai aux Chambres leur donnera complète satisfaction.

D'ores et déjà, l'article 32 de la loi du 15 mars 1850 pourrait sans doute être interprété de manière à interdire aux instituteurs communaux tout service d'église.

Mais je crois qu'il serait prématuré d'édicter, dès aujourd'hui, cette interdiction d'une façon absolue. Car ces services subalternes à l'église, si peu en rapport qu'ils soient avec les fonctions de l'instituteur dont ils absorbent le temps, lui apportent du moins une rémunération pécuniaire qui supplée à l'insuffisance trop souvent manifeste de son traitement.

Je pense donc qu'il convient d'attendre la loi qui va régler, dans des conditions plus dignes de notre temps, et le sort matériel et la situation morale des instituteurs.

Jusque-là, et précisément en vue de ménager la transition, la seule mesure dont vous puissiez, ce me semble, prendre l'initiative, serait de proposer au Conseil général et aux Conseils municipaux d'allouer, par exception, pour cette période transitoire, une indemnité aux instituteurs qui renoncent aux avantages de ce cumul de services, sans en être encore dédommagés par l'élévation du taux légal des traitements. Les fonds nécessaires pour assurer cette indemnité, dont vous régleriez la distribution, ne seraient ni très élevés, ni très difficiles à trouver en ce moment : le Conseil général les prélèverait sur les fonds affectés aux dépenses facultatives de l'enseignement primaire par les Conseils municipaux, fonds qui sont aujourd'hui dégrevés de plusieurs dépenses que l'État a prises à sa charge, comme les bourses des Écoles normales, les traitements d'instituteurs suppléants, etc. ; et, quant aux Conseils municipaux, la plupart d'entre eux les ont sous la main, par suite des sommes relativement importantes qu'a rendues disponibles, en 1882, la suppression du prélèvement sur les revenus ordinaires.

Quoi qu'il en soit, et sans préjuger le résultat des propositions qu'il vous appartiendra de soumettre à ces assemblées, il y a, dès à présent, un point au moins de la question sur lequel il ne doit pas subsister un instant d'équivoque ou d'hésitation. On m'assure que, dans quelques communes reculées, l'instituteur, même tout prêt à renoncer à un petit supplément de ressources, se croit encore obligé par les règlements ou moralement tenu d'assister le prêtre dans les cérémonies religieuses. Je considère comme nécessaire que vous fassiez bien connaître, Monsieur le Préfet, à tout le personnel enseignant, qu'à cet égard, et sans qu'il soit besoin d'attendre des lois nouvelles, il est absolument libre.

Si, par impossible, quelques instituteurs, pour avoir refusé d'accepter ou de continuer ces fonctions subalternes à l'église, se voyaient susciter des difficultés dans leur commune, je vous prie de m'en rendre compte immédiatement, afin que j'aie à protéger leur liberté par tous les moyens que les lois actuelles mettent à ma disposition.

Recevez, etc.

Signé : PAUL BERT.

---

31 déc. 1881. **Rapport du Ministre de la Marine, approuvé par le Président de la République française, portant augmentation du Traitement des directrices et sous-directrices des Écoles maternelles (Salles d'asile) de la Marine.**

31 Décembre 1881.

Monsieur le Président,

Les directrices et les sous-directrices des Écoles maternelles relevant du département de l'Instruction publique reçoivent, depuis la promulgation du décret du 10 octobre 1881, un supplément de traitement de 200 francs lorsqu'elles sont pourvues du brevet supérieur, et de 100 francs lorsqu'elles ne possèdent que le brevet élémentaire.

Le Ministère de la Marine compte deux Écoles maternelles (Salles d'asile) instituées, l'une à Indret, et l'autre à Brest, et il m'a paru équitable d'étendre cette disposition au personnel dirigeant de ces Écoles.

J'ai, en conséquence, l'honneur de vous proposer de décider que les directrices et les sous-directrices des Écoles maternelles (Salles d'asile) de la Marine auront droit à un supplément annuel de 200 francs ou de 100 francs, suivant qu'elles seront pourvues du brevet complet ou seulement du brevet élémentaire.

Si vous voulez bien approuver cette proposition, je vous prierai de revêtir le présent rapport de votre signature.

Je vous prie d'agréer, etc.

Le Ministre de la Marine,
Signé : GOUGEARD.

Approuvé :
Le Président de la République,
Signé : JULES GRÉVY.

Décret relatif à l'institution de Comités de patronage auprès des Écoles primaires supérieures. 2 janvier 1882.

2 Janvier 1882.

Le Président de la République française,
Sur le rapport du Ministre de l'Instruction publique et des Cultes;
Vu la loi du 15 mars 1850, article 44, § 1er,
Le Conseil supérieur de l'Instruction publique entendu,
Décrète :

ARTICLE 1er. — Il est institué auprès de chaque École primaire supérieure publique un Comité de patronage dont la nomination et les attributions seront déterminées par un arrêté ministériel rendu sur l'avis du Conseil supérieur de l'Instruction publique.

Arrêté relatif au mode de nomination et aux attributions des Comités de patronage institués auprès des Écoles primaires supérieures. 2 janvier 1882.

2 Janvier 1882.

Le Ministre de l'Instruction publique et des Cultes,
Vu le décret du 2 janvier 1882;
Le Conseil supérieur de l'Instruction publique entendu,
Arrête :

ARTICLE 1er. — Les Comités de patronage institués par le décret du 2 janvier 1882 sont nommés, pour trois ans, par arrêté ministériel, sur la proposition du Recteur de l'Académie.

Des dames patronnesses font nécessairement partie des Comités institués auprès des Écoles primaires supérieures de jeunes filles.

ART. 2. — Chaque Comité nomme son président et son secrétaire. Il est tenu registre de ses délibérations.

L'Inspecteur de l'enseignement primaire fait partie de tous les Comités de patronage de sa circonscription.

Le Recteur et l'Inspecteur d'Académie sont membres de droit de tous les Comités institués dans leur ressort; ils ont voix délibérative. Quand l'un ou l'autre assiste aux délibérations du Comité, il préside la séance.

ART. 3. — Le Comité se réunit au moins deux fois par an, sur la convocation de son président; il peut être convoqué extraordinairement par l'Inspecteur d'Académie ou par le président.

ART. 4. — Le Comité veille aux intérêts matériels des élèves et à la bonne tenue de l'École.

Il prend sous son patronage les élèves de l'École; il s'occupe de placer les plus méritants, à la fin de leurs études. Il surveille d'une façon plus particulière les élèves boursiers.

Il donne son avis sur l'installation matérielle de l'École et sur les mesures à prendre pour mettre l'enseignement en rapport avec les industries locales.

Ses délibérations sont adressées à l'Inspecteur d'Académie, qui les transmet, suivant les cas, au Préfet ou au Ministre.

ART. 5. — Il fait, tous les ans, un rapport spécial sur chacun des boursiers de l'État. Ce rapport est transmis au Ministre par l'Inspecteur d'Académie, qui y joint ses observations.

Il donne son avis sur les promotions et prolongations de bourses, sur le transfert ou la déchéance des boursiers nationaux.

Chacun de ses membres peut assister aux examens de passage.

ART. 6. — A chacune de ses réunions ordinaires, le Comité délègue un ou plusieurs de ses membres, avec mission de visiter, au moins une fois par mois, l'établissement placé sous son patronage.

Les délégués rendent compte au Comité, lors de sa plus prochaine réunion, des résultats de leurs visites.

---

3 janvier 1882.

Décret concernant les Bourses d'Enseignement primaire supérieur[1].

3 Janvier 1882.

Le Président de la République française,

Vu les lois de finances du 2 décembre 1879, du 22 décembre 1880 et du 29 juillet 1881;

Vu la loi du 16 juin 1881, article 7;

Vu les décrets du 14 février 1880 et du 15 janvier 1881;

Vu le décret du 2 janvier 1882;

Sur la proposition du Ministre de l'Instruction publique et des Cultes,

Le Conseil supérieur de l'Instruction publique entendu,

Décrète :

1. Décret rapporté par le décret du 18 *janvier* 1887, art. 43 et suiv. (voir ci-après *à sa date*).

22.

ARTICLE 1er. — L'État fonde et entretient des bourses nationales dans les établissements publics d'enseignement primaire supérieur de garçons et de filles.

Ces bourses sont de trois sortes :

1° Bourses d'internat;

2° Bourses de demi-pension;

3° Bourses familiales.

ART. 2. — Les boursiers nationaux sont placés soit dans les Écoles primaires supérieures, qui réunissent les conditions prescrites par le décret du 15 janvier 1881, soit dans des familles agréées par l'autorité universitaire.

ART. 3. — Les bourses nationales de tout ordre sont obtenues au concours, et attribuées par le Ministre de l'Instruction publique d'après l'ordre d'admissibilité des candidats et en tenant compte de la position de fortune de leur famille ou des services publics rendus par leurs parents.

Les conditions et la forme du concours seront déterminées par un arrêté ministériel rendu sur l'avis du Conseil supérieur de l'Instruction publique.

ART. 4. — Les établissements libres d'enseignement primaire supérieur, désignés par le Ministre, peuvent recevoir des boursiers nationaux aux mêmes conditions que les établissements publics.

Ils peuvent recevoir, en outre, des boursiers externes.

ART. 5. — Le Ministre détermine chaque année, pour chaque département, le nombre des bourses.

Le nombre des candidats déclarés admissibles après concours est au plus le triple de celui des bourses attribuées à chaque département.

ART. 6. — Les bourses nationales sont attribuées pour deux années; une prolongation d'études peut être accordée aux boursiers de l'État[1].

ART. 7. — En cas de faute grave, les chefs d'établissements peuvent rendre provisoirement un boursier à sa famille, sauf à en référer immédiatement au Préfet par l'intermédiaire de l'Inspecteur d'Académie, et au Comité de patronage institué par le décret du 2 janvier 1882.

Le Ministre prononce la déchéance des boursiers sur le rapport du directeur de l'établissement, après délibération du Comité de patronage.

1. Voir la circulaire du 8 *mai* 1884 aux Recteurs, relative aux examens que doivent subir, à la fin de leurs études, les boursiers de l'État dans les Écoles primaires supérieures (*Circ.*, t. IX, p. 360).

ART. 8. — Des fractions de bourse pourront être accordées par le Ministre, à titre de complément, aux boursiers départementaux et communaux qui se trouveront dans les conditions indiquées par l'article 3.

ART. 9. — Le décret du 14 février 1880 est rapporté.

---

3 janvier 1882.

Arrêté relatif aux Examens d'aptitude aux Bourses de l'État et au Régime des boursiers dans les Écoles primaires supérieures[1].

3 Janvier 1882.

Le Ministre de l'Instruction publique et des Cultes,

Vu les articles 3 et 4 du décret du 3 janvier 1882;

Le Conseil supérieur de l'Instruction publique entendu,

Arrête :

I. — Du Concours.

ARTICLE 1er. — Tous les ans, au chef-lieu de chaque département, il est ouvert un concours d'aptitude aux bourses fondées par l'État.

Le concours a lieu du 15 au 30 avril[2]. La date en est fixée par le Ministre; elle est la même pour tous les départements. Elle est annoncée un mois au moins avant l'ouverture de la session.

ART. 2. — Les sujets de composition sont choisis par le Ministre et adressés, sous pli cacheté, au président de la Commission d'examen, quatre jours au moins avant l'ouverture du concours.

ART. 3. — La Commission d'examen est nommée, dans chaque département, par le Recteur de l'Académie.

Elle se compose :

De l'Inspecteur d'Académie, président;

D'un Inspecteur de l'enseignement primaire, secrétaire;

D'un directeur ou d'une directrice d'École primaire supérieure, et de deux professeurs de l'enseignement secondaire public.

ART. 4. — Les candidats aux bourses doivent se faire inscrire dans les bureaux de l'inspection académique, du 20 mars au 10 avril.

Chacun d'eux joint à sa demande d'inscription :

1° Son acte de naissance;

1. Arrêté modifié par l'arrêté du 18 *janvier* 1887 (ci-après *à sa date*).

2. Voir la note insérée au *Journal officiel* du 13 *janvier* 1882 au sujet du concours de 1882, et la circulaire du 24 *juillet* 1882 aux Inspecteurs d'Académie (*Circ.*, t. IX, p. 83).

2° Son certificat d'études primaires;

3° Un certificat de vaccine;

4° Un certificat de bonne conduite signé par le chef de l'établissement où il a fait ses études.

Si le candidat n'est pas encore pourvu du certificat d'études primaires, il est admis à concourir conditionnellement, à la charge par lui d'obtenir ce certificat à la première session qui suit l'examen.

Dans sa demande d'inscription, et suivant la série à laquelle il appartient, le candidat désigne l'établissement dans lequel il désire être placé; il est, autant que possible, tenu compte de son désir.

ART. 5. — Les candidats sont divisés en deux séries, et subissent un examen différent suivant la série à laquelle ils appartiennent.

La première série comprend les candidats âgés de 12 ans au moins et de 14 ans au plus, au 1er octobre de l'année de l'examen; la seconde série comprend les candidats âgés de 14 ans au moins et de 16 ans au plus, à la même date.

ART. 6. — Les candidats des deux séries subissent des épreuves écrites et des épreuves orales.

ART. 7. — Les épreuves écrites et les épreuves orales sont réparties comme suit dans chaque série :

ÉPREUVES ÉCRITES.

Première série. (De 12 à 14 ans.)

1° Dictée d'orthographe servant d'épreuve d'écriture;

2° Composition d'arithmétique;

3° Composition française.

Deuxième série. (De 14 à 16 ans.)

1° Dictée d'orthographe servant d'épreuve d'écriture;

2° Composition d'arithmétique et de géométrie plane;

3° Composition française;

4° Composition de dessin.

ÉPREUVES ORALES.

Première série.

1° Lecture expliquée, avec interrogation sur la grammaire et analyse grammaticale d'une phrase;

2° Interrogations sur l'arithmétique;

3° Interrogations sur l'histoire et la géographie de la France, et particulièrement sur la géographie du département;

4° Interrogations sur l'instruction morale et civique.

Deuxième série.

1° Lecture expliquée, avec interrogations sur la grammaire et analyse grammaticale et logique d'une phrase;

2° Interrogations sur l'arithmétique et la géométrie plane;

3° Interrogations sur l'histoire de France et sur la géographie générale, et particulièrement sur la géographie de la France;

4° Interrogations sur l'instruction morale et civique;

5° Interrogations sur les éléments des sciences physiques et naturelles.

ART. 8. — La dictée d'orthographe, dans la première série, comprend quinze lignes environ et vingt lignes dans la deuxième. Elle est lue à haute voix, dictée lentement et relue.

La ponctuation n'est pas dictée.

La composition d'arithmétique, dans la première série, comprend un ou deux problèmes sur les quatre règles, sur le système métrique, les fractions ordinaires et décimales, la règle de trois et la règle d'intérêts; dans la deuxième série, elle comprend : 1° un problème d'arithmétique portant sur les matières ci-dessus énumérées, et, en outre, sur les règles d'alliage et de mélange; 2° une question sur la géométrie plane.

La composition française, dans la première série, consiste dans un récit ou une lettre d'un genre simple, dans l'explication d'un proverbe ou d'une pensée morale; dans la deuxième série, elle pourra porter, en outre, sur une question d'instruction morale et civique.

ART. 9. — Il est accordé aux candidats dix minutes pour relire leur composition d'orthographe; une heure et demie pour les compositions de la première série, et deux heures pour les compositions de la seconde.

ART. 10. — Les épreuves écrites commencent le matin à neuf heures et le soir à une heure et demie; elles ont lieu dans l'ordre suivant : première série, matin : orthographe, arithmétique; soir : composition française.

Deuxième série, matin : orthographe, composition française; soir : dessin, arithmétique et géométrie.

ART. 11. — Dans les deux séries, l'épreuve d'orthographe est appréciée comme suit :

Pour une dictée sans faute : 10 points;

Avec une demi-faute : 9 points;

Avec une faute : 8 points, et ainsi de suite, chaque demi-faute enlevant un point.

Les fautes contre la grammaire et l'orthographe d'usage sont comptées pour une faute. Il peut y avoir, dans le même mot, une faute contre la grammaire et une faute contre l'orthographe d'usage.

Chaque faute d'accentuation compte pour un quart, à moins qu'elle ne dénature le sens du mot, auquel cas elle compte pour une demi-faute.

Les lettres majuscules, les cédilles, les traits d'union, etc., omis ou placés là où il n'en faut pas, comptent 1/8 de faute, sans que l'ensemble puisse dépasser une demi-faute.

Les fautes de ponctuation sont évaluées dans leur ensemble et ne peuvent compter pour plus d'une demi-faute. Toutefois celles qui dénotent l'inintelligence du texte peuvent être comptées pour un quart de faute.

ART. 12. — Toutes les autres épreuves, soit orales, soit écrites, y compris l'écriture, sont appréciées d'après l'échelle de 0 à 10.

Toute épreuve nulle, soit à l'examen écrit, soit à l'examen oral, entraîne l'ajournement du candidat.

Les compositions écrites sont éliminatoires.

Pour les épreuves écrites, tout candidat de la première série qui n'a pas obtenu 15 points, et tout candidat de la seconde qui n'a pas obtenu 20 points est ajourné.

Pour les épreuves orales, tout candidat de la première série qui n'a pas obtenu 20 points, et tout candidat de la seconde qui n'a pas obtenu 25 points est ajourné.

ART. 13. — L'épreuve orale sur l'instruction morale et civique ne sera obligatoire qu'en 1883. Au concours de 1882, il suffira que les candidats de la première série obtiennent une moyenne de 15 points, et ceux de la deuxième série une moyenne de 20 points à l'examen oral, pour être déclarés admissibles.

ART. 14. — Immédiatement après l'examen, l'Inspecteur d'Académie adresse au Ministre la liste des candidats déclarés admissibles en conformité avec l'article 5 du décret en date de ce jour; il y joint le tableau des notes obtenues par chacun d'eux dans chaque épreuve, ainsi que les compositions écrites et les dossiers des candidats admis.

ART. 15. — Les bourses nationales sont attribuées par le Ministre, avant la fin du mois de septembre.

Il n'est fait de nominations ultérieures de boursiers qu'au cas où des bourses deviendraient vacantes dans le cours de l'année.

L'admissibilité résultant du concours n'est valable que pour une année.

II. — Du Régime des Boursiers.

ART. 16. — Le montant des bourses entretenues par l'État, dans les établissements publics ou libres d'enseignement primaire supérieur, est fixé d'après le tarif maximum suivant :

Bourses d'internat.	500 fr.	par an.
Bourses de demi-pension. . . .	250	—
Bourses familiales.	400	—
Bourses d'externat dans les établissements libres	100	—

Le montant des bourses sera ordonnancé à la fin de chaque trimestre, aux chefs d'établissements, sur la production d'un état dressé par eux et approuvé par le Préfet; aux chefs de famille, sur le vu d'un état de présence dressé par le directeur de l'établissement.

ART. 17[1]. — Les boursiers de la première série (de 12 à 14 ans) peuvent, à l'expiration de leur cours de deux ans, obtenir une bourse de la deuxième série (de 14 à 16 ans), à la condition pour eux de subir avec succès l'examen de cette dernière série.

ART. 18. — Les boursiers de la deuxième série (de 14 à 16 ans) peuvent, à l'expiration de leur cours de deux ans, obtenir une prolongation de bourse, sur la proposition de l'Inspecteur d'Académie et après un rapport favorable du directeur de l'École et du Comité de patronage de l'École.

ART. 19. — Des dégrèvements de trousseau, ainsi que des remises de fournitures classiques, peuvent être accordées par le Ministre aux candidats dont les familles justifient ne pouvoir pas en supporter les frais.

Ces dégrèvements et remises sont prélevés sur le fonds des bourses d'enseignement primaire supérieur, jusqu'à concurrence de 1/20 de la totalité de ce fonds.

La subvention de l'État pour ces deux objets ne peut pas être supérieure à 300 francs pour la première année et à 60 francs pour la seconde.

ART. 20. — Deux fois par an, au 1er janvier et au 1er août, les

1. Modifié par un arrêté du 25 *juillet* 1885 (voir *à sa date*).

directeurs des Écoles où se trouvent des boursiers de l'État adressent à l'Inspecteur d'Académie des notes sur la conduite et le travail de chacun de ces boursiers. Ces notes sont transmises au Ministre par l'Inspecteur d'Académie, qui y joint ses observations s'il y a lieu.

Sont également transmis au Ministre, et par la même voie, les résultats des examens de passage des boursiers et toute délibération du Comité de surveillance les concernant.

ART. 21. — Tous les ans, dans le courant du mois de juillet, les boursiers qui ne sont pas arrivés au terme de leur bourse, subissent un examen de passage devant un Inspecteur primaire, assisté du directeur et des professeurs de l'École.

Les boursiers qui n'ont pas satisfait aux examens de passage peuvent être déchus de la bourse dont ils jouissent.

ART. 22. — Tous les ans, au mois de décembre, le Ministre publie un état des boursiers nationaux nommés dans le courant de l'année, avec mention sommaire des motifs de la concession.

Circulaire du Ministre de l'Instruction publique aux Préfets, rappelant les Prescriptions légales applicables au Personnel enseignant des Écoles publiques congréganistes. 3 janvier 1882.

3 Janvier 1882.

Monsieur le Préfet, je suis informé que le nombre des maîtres ou des maîtresses employés dans les Écoles publiques congréganistes est presque toujours supérieur à celui des emplois régulièrement créés dans ces Écoles, et qu'il s'y trouve ainsi tout un personnel auxiliaire qui remplit des fonctions d'enseignement, sans avoir aucun titre qui l'y autorise.

La présence de ces maîtres et de ces maîtresses constitue une illégalité qu'il importe de faire cesser sous quelque forme qu'elle se produise. Les moyens employés pour contrevenir ainsi à la loi sont de différentes sortes : je signalerai ceux auxquels on recourt le plus habituellement.

Dans presque toutes les Écoles congréganistes de garçons et dans les Écoles importantes de filles, on rencontre, en dehors du personnel enseignant, une personne qui, pour l'Administration et aux yeux du public, est chargée des soins domestiques ou du « temporel », comme on dit dans les congrégations. Jusque-là, il n'y a rien à dire ; mais où commence l'abus, c'est quand cette personne est introduite dans l'École sous prétexte, — et le prétexte se présente fréquemment, — d'aider ou de remplacer un maître empêché ou incapable de diriger seul une classe trop nombreuse. Le plus souvent, l'instruction de cet agent inférieur est nulle, et parfois son éducation laisse beaucoup à désirer ; sa place n'est pas à l'École, et partout où l'inspection l'y rencontrera, elle devra l'en faire sortir, et vous signaler sa présence illégale.

Dans certaines Écoles de filles, trop peu importantes pour qu'il ait paru nécessaire d'y attacher une adjointe, on trouve néanmoins presque toujours une auxiliaire qui habite, sans droit, la maison communale, et qui exerce, sans titre, les fonctions d'institutrice. On l'a donnée comme compagne à l'institutrice titulaire, et voici comment les choses se passent trop souvent : les élèves sont abandonnées à la direction de l'auxiliaire, qui n'a pas de nomination, que l'Administration ne connaît pas, et qui n'offre aucune garantie au point de vue de l'enseignement, tandis que la directrice, qui s'est ainsi créé des loisirs, se livre soit à des pratiques de piété, que nous n'aurions pas à apprécier si elles ne prenaient pas le temps dû à un service public, soit à une propagande active, destinée à recruter son École aux dépens de l'École voisine, soit même à la tenue illégale d'une pharmacie et à d'autres occupations non moins étrangères à l'enseignement. Institutrice de nom, la directrice n'apparaît que de loin en loin dans l'École; quand l'Inspecteur s'y présente, elle est souvent fort empêchée pour lui donner sur les études les renseignements qu'il réclame. Elle ne s'en remet à personne du soin de voir les familles, mais elle se décharge le plus possible sur son auxiliaire de l'instruction des enfants, qui devient ce qu'elle peut en de pareilles mains.

D'autres fois, grâce à cette sorte d'association, les congrégations parviennent à maintenir indéfiniment à la tête d'une École une maîtresse ou vieillie ou infirme, et, dans les deux cas, hors d'état d'enseigner. Assurément les droits de la vieillesse sont respectables ; mais les droits de l'enfance ne le sont pas moins, et d'ailleurs c'est le devoir des congrégations d'assurer une retraite honorable à ceux de leurs membres que l'âge ou les infirmités rendent incapables de remplir plus longtemps leurs fonctions. Ne serait-il pas étrange, en effet, que l'Administration, usant du droit qui lui appartient, pût mettre d'office à la retraite des instituteurs laïques, lorsque les besoins du service l'exigent, et se trouvât désarmée quand il s'agit d'instituteurs congréganistes? Une telle inégalité de traitement, alors qu'elle ne causerait pas un grave préjudice aux intérêts scolaires, serait une injustice dont nous ne saurions assumer la responsabilité. En tout cas, il y a dans cette École une auxiliaire qui enseigne sans avoir qualité pour le faire ; il y a une véritable usurpation de fonctions : il vous appartient, Monsieur le Préfet, de remettre à leur place les choses et les personnes.

Enfin, dans certaines grandes Écoles, on constate un luxe de personnel dont l'utilité est loin d'être démontrée, et dont la présence serait difficile à justifier : il se forme ainsi dans l'École et autour de l'École une véritable communauté, dont les membres se soutiennent et s'entr'aident, ce qui est leur droit, mais aussi se suppléent, comme bon leur semble, dans la direction des classes, ce qui est une infraction à la loi.

Toutes ces pratiques, Monsieur le Préfet, constituent autant d'abus, que vous avez le devoir de réprimer; et, s'il en était besoin, il me suffirait, pour vous y déterminer, de rappeler les règles scolaires qui fixent la constitution des Écoles publiques. La première de ces règles est que nul ne peut remplir des fonctions dans l'enseignement public, s'il n'a été nommé à ces fonctions; la seconde est que, dans chaque École, le nombre des maîtres doit être égal à celui des classes, à moins que le directeur, en raison de l'importance de son École, n'ait été régulièrement déchargé de la direction particulière d'une classe, ou que des cours accessoires n'aient été dûment autorisés ; la troisième enfin est que « l'entrée de l'École est formellement interdite à toutes personnes autres que celles qui sont préposées par la loi à la surveillance de l'enseignement ».

Je vous prie, Monsieur le Préfet, d'assurer, de concert avec l'inspection, la stricte observation de ces règles, et de prendre les mesures nécessaires pour mettre fin aux abus sur lesquels je viens d'appeler votre attention.

Recevez, etc.

Signé : PAUL BERT.

Décret modifiant l'article 3 du Décret du 5 juin 1880, relatif au titre de Professeur d'École normale primaire[1]. 4 janvier 1882.

4 Janvier 1882.

Le Président de la République française,

Sur le rapport du Ministre de l'Instruction publique et des Cultes;

Vu le décret du 5 juin 1880;

Vu le décret du 30 juillet 1881;

Le Conseil supérieur de l'Instruction publique entendu,

Décrète[2] :

ARTICLE 1er. — L'article 3 du décret du 5 juin 1880 est modifié ainsi qu'il suit :

« Les maîtres adjoints et les maîtresses adjointes pourvus du certificat d'aptitude à l'enseignement dans les Écoles normales prennent le titre de professeur d'Écoles normales primaires et jouissent du traitement attaché à ces fonctions. »

Arrêté concernant les Examens d'admission aux Écoles normales primaires d'instituteurs et d'institutrices[3]. 6 janvier 1882.

6 Janvier 1882.

Le Ministre de l'Instruction publique et des Cultes,

Vu les lois des 15 mars 1850, 9 août 1879 et 16 juin 1881;

Vu le décret du 29 juillet 1881, titre IV;

Le Conseil supérieur de l'Instruction publique entendu,

Arrête :

ARTICLE 1er. — Il est ouvert, à la fin de chaque année scolaire[4], dans tous les départements de France et d'Algérie, un concours

1. Décret abrogé par le décret du 28 *juillet* 1885 (ci-après *à sa date*).
2. Voir la note publiée au *Journal officiel* le 13 *janvier* 1882.
3. Modifié par l'arrêté du 18 *janvier* 1887, art. 86 à 95 (ci-après *à sa date*).
4. Consulter, pour l'application, la circulaire du 20 *mai* 1882 aux Recteurs (*Circ.*, t. IX, p. 40).

d'admission aux Écoles normales primaires dont la date est fixée par le Ministre ; en cas d'insuffisance du nombre des candidats déclarés admissibles, un second concours peut être ouvert par le Ministre, sur la proposition du Recteur, avant la rentrée des classes.

ART. 2. — Les candidats se font inscrire, à l'époque et dans les conditions fixées par l'article 18 du décret du 29 juillet 1881, dans les bureaux de l'Inspecteur d'Académie du département où ils ont l'intention de se présenter.

ART. 3. — Le concours d'admission aux Écoles normales primaires comprend deux séries d'épreuves : la première a pour objet d'arrêter la liste d'admissibilité ; la seconde, la liste d'admission définitive, conformément aux articles 20 et 22 du décret du 29 juillet 1881.

ART. 4. — Les épreuves de la première série sont des épreuves écrites au nombre de cinq, savoir :

1° Une dictée d'orthographe ;

2° Une épreuve d'écriture ;

3° Un exercice de composition française ;

4° La solution raisonnée d'une ou plusieurs questions relatives à l'arithmétique et au système métrique ;

5° Une composition de dessin.

La dictée d'orthographe se composera de vingt lignes environ. Le texte sera d'abord lu à haute voix, puis dicté lentement et relu. On ne dictera pas la ponctuation.

L'épreuve d'écriture comprendra une ligne en grosse bâtarde, une ligne en grosse ronde, et, en cursive, deux lignes en gros, deux en moyen, et quatre en fin.

L'exercice de composition française consistera en un récit ou une lettre d'un genre simple, ou dans une question d'instruction morale et civique.

La composition d'arithmétique comprendra, — outre la solution d'un ou deux problèmes portant sur les nombres entiers, les fractions ordinaires et décimales et le système métrique, — l'explication raisonnée d'une règle.

La composition de dessin consistera en un exercice de dessin à vue d'un genre facile. Elle sera exigée, pour la première fois, au concours d'admission en 1883.

Il est accordé trois quarts d'heure pour l'épreuve d'écriture, dix minutes pour relire la dictée, une heure et demie pour chacune des autres compositions.

Ces épreuves auront lieu dans le cours d'une même journée et dans le lieu fixé par l'Inspecteur d'Académie. Les trois premières se feront le matin, les deux autres l'après-midi, dans l'ordre déterminé plus haut.

Les sujets de composition sont choisis par le Ministre, qui les fait parvenir aux Inspecteurs d'Académie trois jours avant l'examen.

ART. 5. — Chaque composition porte, outre le nom, les prénoms et l'adresse du candidat, la désignation de l'École normale pour laquelle il se présente.

La liste des candidats déclarés admissibles aux épreuves définitives est dressée par ordre alphabétique; elle contient au plus le double du nombre des places vacantes.

Aussitôt après la correction des épreuves écrites, les candidats admissibles sont convoqués par l'Inspecteur d'Académie au siège de l'École normale des instituteurs pour les aspirants, de l'École normale des institutrices pour les aspirantes. Ils y subissent : 1° l'examen médical prescrit par l'article 21 du décret du 29 juillet; 2° la seconde série des épreuves d'admission.

ART. 6. — Cette seconde série se compose d'épreuves orales pendant la durée desquelles les candidats sont logés et nourris gratuitement à l'École normale.

Les épreuves orales portent successivement sur :

1° La langue française;

2° L'arithmétique et le système métrique;

3° Les éléments de l'histoire de France et de la géographie;

4° Le résumé d'une leçon faite par un professeur de l'École; ce résumé devra être rédigé en une demi-heure, immédiatement après la leçon.

Chacune de ces épreuves durera pour chaque candidat une demiheure au moins.

ART. 7. — Les aspirants et les aspirantes seront tenus, en outre, de subir deux épreuves dont la nullité entraîne l'ajournement : une épreuve de musique et de chant et une épreuve de gymnastique; enfin les aspirantes subissent une épreuve de couture et les aspirants une épreuve sur les exercices militaires.

Les épreuves de musique et de chant, de gymnastique et d'exercices militaires ne seront obligatoires qu'à partir du concours de 1883.

ART. 8. — Ces épreuves terminées, la Commission arrête le classement par ordre de mérite des candidats qu'elle juge pouvoir être admis d'après l'ensemble des épreuves mentionnées aux articles 4 et 6, ainsi que la liste supplémentaire comprenant les candidats qui pourraient être appelés à occuper les places devenues vacantes, en conformité de l'article 22 du décret du 29 juillet 1881.

Les résultats du concours sont proclamés avant le départ des candidats.

ART. 9. — L'arrêté du 31 décembre 1867 est rapporté.

---

18 janvier 1882.

Décret relatif à l'enseignement du Dessin dans les établissements d'instruction publique[1].

18 Janvier 1882.

Le Président de la République française,

Vu le décret en date du 14 novembre 1881, créant un Ministère des Arts, et plaçant dans ses attributions la surveillance de l'enseignement du dessin dans les Lycées, les Collèges, les Écoles normales et les Écoles primaires;

Sur le rapport du Ministre de l'Instruction publique et des Cultes et du Ministre des Arts,

Décrète :

ARTICLE 1er. — Les professeurs de dessin sont nommés par le Ministre de l'Instruction publique et des Cultes dans les Lycées, les Collèges, les Écoles normales primaires; par les Préfets, dans les Écoles primaires et primaires supérieures; ils sont choisis parmi les professeurs pourvus de l'un des deux certificats d'aptitude à l'enseignement du dessin[2] institués par décret du 6 août 1880, ou d'un des diplômes qui seront ultérieurement créés pour les établissements universitaires.

Nul ne pourra être nommé professeur titulaire dans un Lycée s'il n'est pourvu du brevet supérieur de dessin.

En l'absence de candidats pourvus de l'un ou l'autre brevet, des

1. Voir :

Le Rapport du Sous-Secrétaire d'Etat des Beaux-Arts au Ministre de l'Instruction publique et des Beaux-Arts, et l'arrêté du Ministre en date du 24 *mars* 1879, fixant les conditions d'admission au certificat de capacité pour l'enseignement du dessin (*Bull. adm.*, 1879, t. XXII, p. 236);

L'arrêté du 14 *janvier* 1881, fixant le programme de l'enseignement du dessin dans les Écoles primaires (*Bull. adm.*, 1881, t. XXIV, p. 101);

L'arrêté du 10 *mai* 1881, pris sur la proposition du Sous-Secrétaire d'État des Beaux-Arts, relatif à la nomination d'un Conseil de perfectionnement de l'enseignement du dessin (*Ibid.*, p. 782).

2. Voir l'arrêté du Ministre des Arts en date du 21 *janvier* 1882, qui institue une session normale de conférences à l'École nationale des Beaux-Arts, du 10 au 15 avril, pour la préparation au certificat d'aptitude à l'enseignement du dessin (*Bull. adm.*, 1882, t. XXV, p. 257).

professeurs non diplômés pourront être chargés de cours à titre provisoire, mais seulement après avis du Ministre des Arts.

ART. 2. — Aucun avancement ne pourra être accordé à un professeur de dessin par le Ministre de l'Instruction publique et des Cultes, ou par les Préfets, sans que le Ministre des Arts ait été consulté au préalable.

Le Ministre des Arts pourra, d'autre part, après avoir pris l'avis du Ministre de l'Instruction publique et des Cultes, accorder des récompenses aux professeurs de dessin qui lui auront été particulièrement signalés.

Des allocations spéciales seront notamment attribuées par le Ministre des Arts aux professeurs de dessin des Collèges, des Écoles normales primaires, des Écoles primaires supérieures et des Écoles primaires, pourvus du brevet supérieur de dessin, ainsi qu'aux instituteurs et institutrices qui joindront à leur enseignement celui du dessin; dans ce dernier cas, le chiffre de ces allocations sera proportionné au nombre des élèves suivant le cours de dessin et aux résultats obtenus.

ART. 3. — L'inspection générale de l'enseignement du dessin dans les établissements universitaires sera faite par les délégués du Ministre des Arts.

Des copies des rapports de l'inspection générale seront transmises par le Ministre des Arts au Ministre de l'Instruction publique et des Cultes.

ART. 4. — Le Ministre des Arts pourra accorder aux établissements universitaires des indemnités pour la réfection ou l'amélioration du matériel scolaire (bancs, table, etc.) relatif à l'enseignement du dessin; ces subventions ne dépasseront, en aucun cas, la moitié de la somme prévue pour la dépense totale.

Des collections de modèles pourront également être accordées, à titre d'encouragements, par le Ministre des Arts, aux établissements universitaires.

ART. 5. — A l'époque des vacances, le Ministre des Arts, de concert avec le Ministre de l'Instruction publique et des Cultes, organisera, dans les Écoles normales ou dans les Écoles spéciales des beaux-arts et du dessin, des cours de dessin destinés aux instituteurs et aux institutrices.

Le Ministre des Arts pourra de même, de concert avec le Ministre de l'Instruction publique et des Cultes, organiser des sessions normales pour la préparation des candidats aux diplômes de professeur de dessin.

ART. 6. — Le sujet de la composition de dessin pour le concours général des Lycées et Collèges de Paris et de Versailles sera choisi par un délégué du Ministre des Arts.

La Commission chargée de corriger la composition sera nommée par le Ministre des Arts.

ART. 7. — Les jurys chargés d'examiner les candidats aux certificats d'aptitude à l'enseignement du dessin institués par le décret du 6 août 1880 ou aux autres diplômes de même ordre qui seraient ultérieurement créés par le Ministre de l'Instruction publique et des Cultes, après avis du Conseil supérieur de l'Instruction publique, seront nommés par le Ministre des Arts : ils comprendront deux membres désignés par le Ministre de l'Instruction publique et des Cultes.

ART. 8. — Le Ministre des Arts déterminera les règles à suivre pour la construction des salles de dessin et pour le choix du matériel scolaire nécessaire à l'enseignement du dessin.

ART. 9. — Les Commissions d'examen pour le brevet supérieur de l'enseignement primaire comprendront désormais obligatoirement un examinateur spécial pour le dessin ; le choix de cet examinateur devra être soumis préalablement par les Préfets à l'approbation du Ministre des Arts.

ART. 10. — Le Ministre des Arts soumet au Conseil supérieur de l'Instruction publique les projets relatifs à l'enseignement du dessin.

ART. 11. — Le Ministre de l'Instruction publique et des Cultes et le Ministre des Arts sont chargés, chacun en ce qui le concerne, de l'exécution du présent décret.

---

23 janvier 1882.

Arrêté instituant une Commission de l'enseignement du Chant et nommant les membres de cette Commission[1].

23 Janvier 1882.

Le Ministre de l'Instruction publique et des Cultes,

Vu la loi de finances du 29 juillet, chapitre 32, article 2, paragraphe 2 (crédit de 20 000 fr. en faveur du chant dans les Écoles);

1. Voir les *Travaux de la Commission de l'enseignement du chant, Rapports et Programmes*, 1 vol. in-8° de 191 pages, publié par le Ministère de l'Instruction publique (Imp. Nat^le^, février 1884).

Voir aussi la circulaire du 12 *juillet* 1883, relative à la concession de pianos et d'harmoniums aux établissements d'enseignement primaire élémentaire et d'enseignement primaire supérieur.

Vu les rapports sur l'enseignement du chant dans les Écoles primaires, présentés au Ministre de l'Instruction publique par MM. Saint-Saëns, Bourgault-Ducoudray, Gustave Chouquet, Mercadier, Danhauser, Vervoitte, Dupaigne et Chevé;

Vu les demandes adressées à l'Administration centrale par les auteurs ou éditeurs de méthodes et d'appareils relatifs au même enseignement;

Arrête :

ART. 1er. — Une Commission est instituée auprès du Ministère de l'Instruction publique à l'effet d'élaborer un projet d'organisation de l'enseignement du chant dans les Écoles normales et les Écoles primaires, et de présenter un rapport d'ensemble sur cette question.

ART. 2. — Cette Commission est chargée, en outre, d'examiner les méthodes, procédés et appareils destinés à faciliter et à répandre l'enseignement de la musique élémentaire[1].

Arrêté instituant une Commission de l'Hygiène des Écoles[2]. 24 janvier 1881.

24 Janvier 1882.

Le Ministre de l'Instruction publique et des Cultes,

Vu le règlement modèle des Écoles primaires en date du 6 janvier 1881;

1. L'article 3 constituait comme suit la Commission, sous la présidence du Ministre et la vice-présidence du Sous-Secrétaire d'État : MM. DE BAGNAUX, BAUDOUIN, BOURGAULT-DUCOUDRAY, CAHEN, CHEVÉ, CHOUQUET, DANHAUSER, DUPAIGNE, FOUQUE, GUÉRAULT, JAVAL, LENIENT, MADIER DE MONTJAU, MASSENET, MEMBRÉE, MERCADIER, RAVAISSON, SAINT-SAËNS, VAUCORBEIL, VERVOITTE; BUISSON, *Secrétaire général;* PELLETIER et LAURENT, *Secrétaires.*

2. Voir les *Rapports et Documents* présentés au Ministre par la Commission, 1 vol. grand in-8° de 252 pages (Imp. Natle, 1885); — la *Question du surmenage*, dans les *Mémoires et Documents scolaires publiés par le Musée pédagogique*, fascicule n° 60 (Imp. Natle, 1888); — *Discours sur l'Éducation physique*, par le docteur BLATIN (*Ibid.*, fascicule n° 67); — *Documents relatifs à l'Inspection médicale des Écoles primaires* (*Ibid.*, fascicule n° 113).

En ce qui concerne les maladies épidémiques et contagieuses, voir le fascicule n° 85 des *Mémoires et Documents scolaires publiés par le Musée pédagogique* (1889); — les arrêtés du 18 *janvier* 1893, art. 2, et du 18 *août* 1893 (*à leur date*).

Consulter les circulaires :

Du 14 *novembre* 1879, aux Recteurs, relative à l'organisation d'un service d'inspection médicale des Écoles primaires publiques dans chaque département, à l'aide

Vu le règlement relatif à la construction des maisons d'école en date du 17 juin 1880;

Vu le règlement relatif à l'organisation des Écoles maternelles en date du 2 août 1881;

Vu les projets de règlement pour la construction et l'installation des Écoles normales et des Écoles maternelles élaborés par la Commission des bâtiments scolaires instituée par arrêté du 30 mars 1879;

du concours des médecins de canton, qui, au cours de leurs visites de clientèle, visiteraient les Écoles, et adresseraient aux maires et aux familles les observations et conseils nécessaires (*Circ.*, t. VIII, p. 232);

— 30 *décembre* 1880, aux Préfets, recommandant de ne pas confier aux instituteurs primaires la garde des boîtes de secours dans les communes (*à sa date*);

— 25 *septembre* 1882, aux Recteurs, relative aux précautions à prendre pour les maladies contagieuses (*Circ.*, t. IX, p. 119);

— 26 *mars* 1885, aux Préfets, relative aux subventions à accorder aux instituteurs pour traitement thermal (*Ibid.*, p. 468);

— 1er *mars* 1888, aux Recteurs, relative aux précautions à prendre pour les élèves atteints de maladies contagieuses et à la durée de la période d'isolement (*Circ.*, t. X, p. 252);

— 15 *juin* 1888, aux Préfets, rappelant les dispositions de l'arrêté du 18 décembre 1848, relatif à l'hygiène scolaire (*Ibid.*, p. 297);

— 10 *octobre* 1888, aux Préfets et aux Recteurs, relative aux mesures préventives à prendre contre la contagion de la pelade (*Ibid.*, p. 359);

— 12 *mai* 1889, aux Préfets, relative aux certificats de revaccination prescrits par l'arrêté du 29 décembre 1888 (*Ibid.*, p. 416);

— 25 *juillet* 1889, aux Préfets, relative au concours des instituteurs pour la préparation de la statistique sanitaire (*Circ.*, t. XI, p. 8);

— 15 *mars* 1890, aux Recteurs, relative aux précautions à prendre à l'égard des élèves atteints de maladies contagieuses (*Ibid.*, p. 121);

— 25 *mars* 1890, aux Préfets, relative aux prescriptions à observer dans les Écoles primaires en cas de maladies contagieuses (*Ibid.*, p. 128);

— 14 *avril* 1890, aux Préfets, relative aux demandes de secours pour traitement thermal en faveur des instituteurs et institutrices primaires publics (*Ibid.*, p. 145);

— 8 *décembre* 1890, aux Recteurs, relative à la qualité de l'eau mise comme boisson à la disposition des élèves des Écoles normales primaires (*Ibid.*, p. 318);

— 1er *mai* 1891, aux Préfets, relative aux secours à accorder aux instituteurs qui suivent un traitement thermal (*Ibid.*, p. 442);

— 30 *septembre* 1891, aux Recteurs, relative aux mesures à prendre contre la conjonctivite granuleuse dans les établissements d'instruction publique (*Ibid.*, p. 490);

— 29 *septembre* 1892, aux Recteurs, relative aux mesures d'hygiène à prendre dans les établissements d'instruction publique (*Ibid.*, p. 609);

— 13 *mars* 1893, aux Préfets, relative aux mesures d'hygiène à prendre dans les établissements publics et privés d'enseignement primaire (*Ibid.*, p. 655);

— 24 *août* 1894, aux Préfets, rappelant les prescriptions relatives à l'avis du Conseil d'hygiène dans le cas d'ouverture d'École (*Bull. adm.*, 1894, t. LVI, p. 256);

— 2 *août* 1895, aux Préfets, relative au rapport présenté par la Commission chargée d'étudier les mesures à prendre pour combattre l'alcoolisme (*Bull. adm.*, 1895, t. LVIII, p. 283);

— 14 *mars* 1896, aux Préfets, relative aux maladies épidémiques et contagieuses (*Bull. adm.*, 1896, t. LIX, p. 355);

— 4 *janvier* 1897, aux Recteurs, relative aux prescriptions hygiéniques à prendre en cas d'ouverture d'Écoles publiques ou privées (*Bull. adm.*, 1897, t. LXI, p. 4).

Vu le rapport présenté par M. le docteur Gariel[1] au nom d'une Sous-Commission chargée de l'étude spéciale de l'hygiène de la vue;

Considérant que ces trois derniers documents soulèvent un certain nombre de questions intéressant à la fois l'hygiène et la pédagogie, et dont il est nécessaire de continuer l'étude à ce double point de vue, tant par la discussion théorique des méthodes que par voie expérimentale, avant de les régler par décision ministérielle,

Arrête :

ARTICLE 1er. — Il est institué au Ministère de l'Instruction publique une Commission de l'hygiène des Écoles.

ART. 2. — Cette Commission est chargée d'étudier les questions relatives, soit au mobilier scolaire, soit au matériel d'enseignement, soit aux méthodes et aux procédés d'instruction dans leurs rapports avec l'hygiène.

Elle résumera ses travaux dans un projet de règlement d'ensemble à soumettre au Conseil supérieur.

ART. 3. — Cette Commission est autorisée à procéder dans les établissements d'instruction publique de Paris et des départements aux expériences, inspections et constatations qu'elle jugera nécessaires. Un ou plusieurs de ses membres pourront, en outre, être chargés de visiter à l'étranger les établissements dont l'étude mériterait un examen spécial.

ART. 4. — Les dépenses occasionnées par les travaux de cette Commission seront prélevées sur le chapitre 33 du budget[2].

Circulaire du Ministre de l'Instruction publique, relative à la Création d'Écoles primaires de tout ordre et d'Emplois dans ces Écoles[3]. 28 janvier 1882.

28 Janvier 1882.

Monsieur le Préfet, il s'est produit depuis quelques années, sur tous les points de la France, un mouvement considérable autant que fécond en faveur

1. Voir ce rapport à la page 181 du volume *Hygiène des Écoles primaires*, in-8° de 252 pages (Imp. Natle, 1884).

2. L'article 5 nommait membres de la Commission, sous la présidence du Ministre : MM. GRÉARD, *Vice-Président*, DE BAGNAUX, BERGER, BROUARD, BUISSON, CARRIOT, CREUTZER, CUISSART, DELON, GARIEL, GAVARRET, DE SAINT-GERMAIN, GODIN, JACOULET, JAVAL, LENIENT, DE MONTMAHOU, ONIMUS, PANAS, PÉCAUT, Bernard PÉREZ, PERRIN, RIANT, E. TRÉLAT, U. TRÉLAT, VACCA, WORMS, MASSON, GAUTHIER-VILLARS, Mmes DELABROUSSE, DILLON, FERRAND, DE FRIEDBERG, FLEURY, MARCHEF-GIRARD, MILLARD, TOUSSAINT; M. PELLETIER, *Secrétaire*.

3. Consulter les circulaires ou lettres suivantes :

Du 16 *août* 1879, aux Préfets, relative au prompt envoi des demandes de secours

de l'instruction populaire : de tous côtés, des Écoles nouvelles se sont fondées, les anciennes Écoles se sont agrandies, et, comme conséquence, le nombre des maîtres s'est accru dans une notable proportion. En établissant la gratuité absolue à tous les degrés de l'enseignement primaire et en réduisant à quatre centimes la charge des communes dans les dépenses scolaires, les lois du 16 juin et du 29 juillet 1881 ont eu pour effet d'imprimer une impulsion nou-

pour maisons d'école appuyées par ordre d'urgence par les Conseils généraux, de façon à ce que les solutions interviennent dans l'intervalle de deux sessions (*Circ.*, t. VIII, p. 187);

— 30 *octobre* 1879, au Préfets, relative à la formation de petites salles d'asile avec les élèves de moins de six ans de l'École de garçons et de l'École de filles dans les communes de plus de 500 âmes (*Ibid.*, p. 216);

— 13 *novembre* 1879, aux Préfets, relative à la distinction des Écoles en trois catégories : Écoles publiques, Écoles libres tenant lieu d'Écoles publiques, Écoles libres proprement dites (*Ibid.*, p. 229);

— 20 *avril* 1881, aux Préfets, portant instruction pour la préparation des projets de construction ou d'appropriation de maisons d'école : population de la commune, du hameau, de la section; population scolaire, tend-elle à s'accroître ou à diminuer? existe-t-il déjà des Écoles dans la commune? emplacement, salubrité, voisinage, aération, lumière, choix du terrain (*Ibid.*, p. 496);

— 6 *novembre* 1881, aux Préfets, relative à la création et à l'organisation des Écoles primaires supérieures, et à la transmission du décret du 29 octobre 1881 (*Ibid.*, p. 605);

— 11 *mars* 1882, aux Préfets, relative à la production des dossiers tendant à la création d'Écoles de filles dans les communes de 400 à 500 habitants (*Ibid.*, p. 667);

— 28 *avril* 1882, aux Préfets, recommandant, au lieu d'augmenter le nombre des classes dans les Écoles existantes, de multiplier les groupes scolaires (*Circ.*, t. IX, p. 25);

— 2 *mai* 1882, au Préfet du Morbihan, relative à la construction et à l'installation de maisons d'école dans ce département (*Ibid.*, p. 27);

— 2 *mai* 1882, au Préfet de la Vendée, relative à la construction d'Écoles de hameau dans ce département (*Ibid.*, p. 29);

— 29 *mai* 1882, aux Préfets, relative aux conditions de création d'emplois de deuxième adjoint et de deuxième adjointe dans les Écoles (*Ibid.*, p. 45);

— 28 *juillet* 1882, aux Préfets, rappelant les prescriptions de la circulaire du 28 janvier 1882 (*Ibid.*, p. 89);

— 20 *octobre* 1882, aux Inspecteurs d'Académie, relative au mode d'envoi et à la répartition du matériel destiné à l'enseignement de la géographie et du système métrique dans les Écoles (*Ibid.*, p. 128);

— 24 *octobre* 1882, aux Préfets, relative aux loyers de maisons d'école (*Ibid.*, p. 131);

— 28 *août* 1883 (Préfet des Deux-Sèvres aux maires de son département), relative aux loyers de maisons d'école et aux indemnités de logement accordées aux instituteurs (*Rec. des L. et A.*, 1883, p. 986);

— 21 *mai* 1884, aux Préfets, relative à la création d'Écoles primaires de tout ordre (ci-après *à sa date*);

— 23 *juillet* 1884, aux Préfets, relative aux créations d'Écoles et d'emplois scolaires (*Circ.*, t. IX, p. 393);

— 1er *juin* 1886, aux Préfets, relative aux créations d'Écoles et d'emplois à la charge des communes (*Ibid.*, p. 743);

— 30 *juillet* 1886, aux Préfets, relative aux créations d'Écoles et d'emplois scolaires (*Ibid.*, p. 764);

— 16 *mai* 1887, aux Préfets, relative à la détermination, par les Conseils départementaux, des Écoles primaires publiques de tout degré à créer ou à maintenir (*Circ.*, t. X, p. 133).

velle à ce mouvement, qui ne peut manquer d'aller encore en grandissant jusqu'au jour prochain où le grand service de l'Instruction primaire sera pourvu de tous ses organes. J'ajoute qu'en se départant des conditions rigoureuses que, pour des raisons d'ordre financier, elle avait cru devoir mettre, jusqu'à ces temps derniers, à la création d'emplois d'adjoints et d'adjointes, l'Administration a contribué dans une large mesure à provoquer les demandes qui lui arrivent de toutes parts.

Il faut se réjouir de cette salutaire agitation, née des besoins de notre société démocratique, encouragée par l'opinion publique et favorisée par les libéralités des Chambres. Mais, plus ce courant devient puissant, plus il est de notre devoir, Monsieur le Préfet, de le diriger et de le régler, afin de ne rien fonder que de solide et d'utile, afin de ne point dépenser au hasard les ressources que le Parlement met si généreusement à notre disposition, et aussi afin de ne pas compromettre par la multiplicité de ses rouages une organisation qui peut être complète sans cesser d'être simple. Nous devons nous empresser de donner satisfaction à tous les besoins légitimes ; mais l'intérêt des finances de l'État, engagées plus que jamais dans les dépenses de l'instruction primaire, comme aussi l'intérêt bien entendu de l'enseignement lui-même, nous commande d'être en garde contre les entraînements irréfléchis des municipalités et contre notre propre désir de répondre à leur empressement.

Or l'examen des demandes de création d'Écoles ou de création d'emplois qui affluent à mon Ministère m'a amené à constater plus d'une fois que ces demandes ne répondaient pas toujours à un besoin indiscutable et à un sentiment exact des véritables nécessités scolaires. Il m'a paru surtout que certaines de ces questions n'avaient pas toujours fait l'objet d'une étude suffisamment attentive, ou tout au moins que, si cette étude avait été faite consciencieusement, les dossiers soumis à mon appréciation ne renfermaient pas tous les éléments qui me sont nécessaires pour donner ou refuser mon approbation en toute connaissance de cause.

Il semblerait, à voir la facilité que l'on apporte à demander et la parcimonie avec laquelle on mesure les informations, que plus l'Administration se montre libérale, moins on doive prendre souci de motiver ses demandes et de la renseigner exactement. Souffrir que de tels errements s'établissent au milieu de nous, ce serait, Monsieur le Préfet, faire revivre et accréditer cette détestable maxime que l'État c'est l'ennemi, auquel on peut, impunément et sans compter, imposer toutes les exigences et, au besoin, tous les caprices.

Je vous demande de réagir énergiquement contre cette tendance, et, pour vous y aider, je crois devoir vous tracer les règles qu'il est indispensable de suivre, toutes les fois qu'il s'agit de créer une École ou un emploi.

Je tiens par-dessus tout à simplifier le plus possible ces règles et à ne vous demander désormais comme documents justificatifs que ceux qui me sont absolument nécessaires pour éclairer ma décision ; mais plus ces règles seront simples, plus vous devrez veiller à ce qu'elles soient fidèlement observées.

Création d'Écoles et d'emplois. — L'instruction ministérielle du 9 août 1870 avait entouré de précautions multipliées à l'infini les demandes de création d'Écoles ou d'emplois : les dossiers de ces sortes d'affaires devaient comprendre jusqu'à dix-sept pièces. La loi sur la gratuité de l'enseignement nous permet heureusement de réduire le nombre de ces documents, dont la production, justifiée par les nécessités de l'époque, ne serait plus aujourd'hui qu'une entrave inutile à la prompte expédition des affaires. Les communes, exonérées de toute dépense scolaire quand elles ont versé leur part contributive, fixée à quatre centimes par la loi du 16 juin 1881 et la loi de finances du 29 juillet suivant, ne sont plus tenues désormais à justifier de leur situation financière. Vous n'aurez donc plus à leur demander de produire ni l'état de cette situation établie par le percepteur, ni la copie certifiée de leur budget pour l'exercice courant, ni le compte de gestion municipale, ni le décompte des dépenses scolaires, ni l'état des traitements des maîtres qu'elles emploient, ni même la liste nominative, presque toujours fictive, des enfants appelés à fréquenter l'École ou la classe dont la création est demandée. Sur ce dernier point, je me borne à rappeler que les règlements scolaires ont fixé les conditions d'âge que doivent remplir les élèves pour être admis dans les Écoles primaires et les Écoles maternelles : c'est à l'Inspecteur primaire, qui certifie exact l'état dont je parlerai tout à l'heure, à s'entourer de tous les renseignements dont il a besoin pour dégager sa responsabilité.

Mais vous voudrez bien vous attacher à ce que les dossiers que vous m'adresserez à l'avenir soient invariablement composés comme suit :

I. La délibération motivée du Conseil municipal sur le projet de création. Cette délibération sera accompagnée : 1° d'un plan topographique de la commune, dans le cas où il s'agit de créer une École dans une section ou dans un hameau ; 2° dans tous les cas, d'un plan complet ou partiel, orienté et coté, de la maison d'école existante ou en voie de construction ;

II. Un état conforme à l'un des modèles annexés à la présente instruction, et faisant connaître, avec divers renseignements statistiques, l'organisation scolaire de la commune ;

III. Un rapport de l'Inspecteur d'Académie ;

IV. La délibération du Conseil départemental ;

V. Votre propre avis.

Ces différentes pièces seront renfermées sous un bordereau d'envoi, dont je vous adresse également le modèle.

Il n'est pas inutile d'entrer dans quelques détails pour faire ressortir l'utilité et l'importance de chacun de ces documents.

I. La délibération du Conseil municipal étant la pièce initiale de l'affaire, ce document doit être suffisamment motivé pour servir utilement de point de départ au reste de l'instruction. Vous inviterez en conséquence les Conseils municipaux à vouloir bien consigner dans leurs délibérations les principales raisons qui militent en faveur du projet qu'ils présentent, et vous insisterez particulièrement pour que ces délibérations soient toujours accompagnées d'un plan, orienté et coté, de la maison d'école, et, suivant les cas, d'un plan topographique, exact et clair, de la commune.

S'il s'agit de créer une École dans un hameau, ce dernier plan est indispensable pour que le Conseil départemental et vous-même puissiez vous rendre compte de la nécessité de la création demandée, et apprécier en même temps la convenance de l'emplacement choisi. Il devra comprendre l'indication des différents hameaux dont la commune se compose, la population de chacun d'eux, la distance qui les sépare du chef-lieu, les routes qui les relient entre eux et avec l'agglomération centrale où se trouve l'École principale. Si l'École à fonder dans un hameau est destinée à desservir plusieurs agglomérations appartenant à des communes différentes, le plan devra comprendre en outre les portions de territoire des communes appelées à profiter de la même École. Une légende très sommaire, portée sur ce plan et renfermant les indications que le dessin ne peut fournir, complétera utilement ces divers renseignements.

Le plan de la maison d'école est non moins nécessaire, soit qu'il s'agisse d'une École à ouvrir, soit qu'il s'agisse d'un emploi d'adjoint à créer.

Dans le premier cas, vous avez besoin de savoir, et j'ai besoin de savoir moi-même dans quelles conditions les élèves et leur maître seront placés, et je suis résolu à ne donner mon adhésion au projet qu'autant que ces conditions seront satisfaisantes[1] et garantiront le succès de l'École. Il est arrivé trop souvent,

1. Consulter les arrêts ci-après résumés du Conseil supérieur de l'Instruction publique, qui peuvent se rattacher à l'article 165 du décret du 18 *janvier* 1887 :

« Le voisinage de deux auberges situées à une certaine distance du local scolaire n'offre aucun danger pour la moralité des élèves. » (Affaire *Vernejoul*, 24 mars 1887.)

« Le voisinage d'un cabaret, regrettable sans doute, n'est pas de nature à empêcher l'ouverture d'une Ecole. » (Affaire *Lavieil*, 24 décembre 1887.)

« Le voisinage d'un café, situé à 50 mètres de distance, ne peut mettre obstacle à l'ouverture d'une École. » (Affaire *Jacquemart*, 28 décembre 1888.)

« Le voisinage d'une buvette n'est pas à lui seul une cause suffisante pour empêcher l'ouverture d'une École. » (Affaire *Salesse*, 26 décembre 1887.)

« La distance de 80 mètres entre le local projeté pour une École et le cimetière est suffisante. » (Affaire *Clément*, 29 décembre 1883.)

« La proximité du cimetière ne peut être présentée comme un obstacle à l'ouverture d'une École, lorsqu'il est constaté que le local n'est pas adossé au cimetière, dont le séparent une rue et une cour, et que les infiltrations, à supposer qu'il s'en produise malgré la nature du sol, n'auraient pas leur écoulement vers l'École. Les prescriptions ministérielles relatives à la distance où les maisons d'école doivent être des cimetières ne s'appliquent pas expressément aux Écoles libres. » (Affaire *Aly*, 6 janvier 1887.)

« Un local scolaire, malgré le voisinage du cimetière, peut offrir des conditions suffisantes de salubrité. » (Affaire *Larroque*, 21 juillet 1888.)

« Le voisinage du cimetière peut créer des dangers pour la santé des élèves, à cause des infiltrations. » (Affaire *Texier*, 21 juillet 1888.)

« La proximité du cimetière ne peut être présentée comme un obstacle à l'ouverture d'une École libre alors que le local où elle doit s'installer avait été primitivement choisi par l'autorité académique pour une École publique, qu'il a été occupé pendant six ans par l'École communale de garçons et qu'il n'a pas été abandonné pour cause d'insalubrité. » (Affaire *Isard*, 29 juillet 1887.)

« Le voisinage d'un cimetière n'est pas nécessairement une cause d'insalubrité. » (Affaire De *Grollenumd*, 14 janvier 1898.)

« Le voisinage d'une étable dépendant d'une ferme, d'ailleurs peu importante, ne constitue pas un danger pour l'hygiène des enfants. » (Affaire *Ardassus*, 26 décembre 1887.)

« Bien que le local destiné à une École soit défectueux, si les conditions n'en sont point telles qu'il ne puisse être affecté à son usage, il n'y a pas lieu de s'opposer à l'ouverture. » (Affaire *Thomas*, 25 juillet 1884, affaire *Eberling*, 26 juillet 1884.)

« Il n'y a pas lieu de maintenir une opposition parce que le local destiné à l'École pourrait être meilleur, s'il ne présente aucun danger, ni pour la santé ni pour la moralité des élèves. » (Affaire *Vissac*, 27 décembre 1884.)

« Ni l'élévation du plafond, ni la hauteur de l'appui des fenêtres ne sont des causes d'insalubrité. » (Affaire *Savel*, 23 décembre 1887.)

« L'insuffisance de la hauteur peut en partie être compensée par la largeur et la longueur de la salle. » (Affaire *Chièze*, 28 décembre 1888.)

en effet, que dans leur hâte d'ouvrir un nouvel établissement scolaire, les municipalités n'ont pris aucune des précautions les plus élémentaires pour assurer son existence ; qu'on s'est installé dans n'importe quel local, avec n'importe quel mobilier, parfois dans une salle de mairie, d'autres fois dans une maison qu'on a louée sans se préoccuper de sa convenance, d'autres fois même dans une maison prêtée, en possession de laquelle le propriétaire demandait à rentrer avant qu'on eût pu pourvoir à une autre installation. On a cru, en un mot, et c'est un grand tort, qu'il suffisait, en quelque sorte, de mettre un écriteau sur une maison pour en faire une École. C'était le plus souvent un provisoire; mais qui ne sait combien longtemps le provisoire dure souvent! Aussi cette École sur laquelle on fondait les plus belles espérances n'a point réussi : elle végète ou se meurt. Au surplus, l'État, qui prend aujourd'hui à sa charge la plus grande partie et parfois la totalité de la dépense résultant de ces créations, a le droit et le devoir de s'enquérir de l'usage qui sera fait de ses libéralités et des fruits qu'elles porteront.

Dans le second cas, il faut que nous sachions non seulement si l'emploi à créer répond à un véritable besoin, mais encore si la classe nouvelle est suffisamment spacieuse et saine pour recevoir les élèves qu'on entend y placer, et si le maître qui doit la diriger aura un logement personnel convenable.

Il n'est pas rare, en effet, qu'un Conseil municipal demande aujourd'hui la création d'un emploi d'adjoint ou d'adjointe, alors que le nombre des élèves ne justifie pas cette création, mais pour cette seule raison que la salle d'école ne peut recevoir les cinquante et quelques enfants dont l'École se compose, et qu'il en coûterait quelque argent à la commune pour agrandir cette salle. On

« Un local indiqué pour la tenue d'une École peut être spacieux et bien aéré malgré sa hauteur inférieure de 20 centimètres à la hauteur réglementaire exigée pour les Écoles publiques. » Affaire *Droussent*, 28 décembre 1888.)

« Une construction bien faite, pourvue de larges ouvertures, en pleine campagne, ne peut être considérée comme malsaine, par cela seul qu'elle est élevée sur un terrain déclive et suivie d'un talus dont la pente, sur une largeur de 5 m. 40, n'est à sa plus grande hauteur que de 1 mètre. Une pente de 10 centimètres par mètre sur une longueur de 79 mètres n'est pas absolument excessive. » (Affaire *Larrebat*, 24 décembre 1887.)

« L'arrêté du 28 juillet 1882 relatif à la construction des Écoles primaires élémentaires ne concerne pas les Écoles libres. » (Affaire *Aubert*, 21 juillet 1888.)

« Le local, quoique ne convenant pas à la tenue d'une Ecole proprement dite, peut être accepté pour un cours d'adultes de quelques élèves se réunissant quatre fois par semaine pendant quatre mois. » (Affaire *Drouin*, 21 juillet 1888.)

« Une École libre ne peut s'installer dans le local affecté à une École publique. La déclaration ne peut viser le cas où le local serait enlevé à la commune qui en est possesseur et même propriétaire. » (Affaire *Lanoé*, 27 décembre 1888.)

« Il n'y a pas lieu de tenir compte du motif de l'opposition d'un maire fondé sur la contiguïté du local de l'École privée avec l'École publique transférée dans le local occupé précédemment par l'École privée. » (Affaire *Meudre*, 27 décembre 1888.)

« Les motifs d'opposition tirés de l'absence de logement de l'institutrice dans l'École et du manque d'eau de puits ou de source dans les locaux scolaires ne sauraient être admis que par une interprétation abusive de la loi. » (Affaire *Desclos*, 27 décembre 1888.)

« Bien que défectueuses sur quelques points, les conditions d'installation d'une École peuvent n'être pas de nature à en empêcher l'ouverture. » (Affaire *Hocquard*, 28 décembre 1888.)

trouve plus commode de demander un adjoint, dont le traitement sera payé sur les fonds de la subvention, que de se mettre en frais pour donner aux locaux scolaires une installation convenable ; on découvre alors dans la maison commune une petite pièce obscure, mal aérée, un réduit parfois, que l'on décore du nom de classe et où l'on entasse de malheureux enfants sous la direction d'un maître non moins malheureux ; ou bien, — ce qui ne vaut pas mieux au point de vue pédagogique, et ce que vous ne sauriez accepter davantage, — on prétend installer dans la même salle deux maîtres qui se gêneront mutuellement dans leur enseignement, ou qui seront trop facilement tentés de se suppléer dans l'accomplissement de la tâche commune.

D'autres fois, c'est le logement de l'adjoint dont on ne prend aucun souci. Assurément nous ne pouvons pas exiger que les communes offrent partout, et pour les classes et pour le logement des maîtres, des installations confortables ; mais il y a un minimum de convenances scolaires et de conditions hygiéniques au-dessous duquel il n'est pas possible de descendre, et c'est ce minimum que nous devons chercher et trouver dans le plan coté et orienté de la maison d'école. Toutes les fois qu'on ne l'y rencontrera pas, le Conseil départemental devra refuser son avis favorable. Quant à moi, gardien des deniers publics et de la bonne organisation scolaire, je suis fermement décidé, le cas échéant, à ne point donner mon approbation à de tels projets.

Il serait entendu, d'ailleurs, que s'il s'agissait de créer un emploi d'adjoint dans une de ces grandes Écoles comme en possèdent certaines villes, vous n'auriez pas à exiger le plan complet des locaux scolaires : un plan partiel, celui de l'étage où doit se trouver la classe à ouvrir, serait suffisant.

II. L'état destiné à faire connaître la situation d'une commune au point de vue de son organisation scolaire achèvera d'éclairer la question. Il permettra d'apprécier, d'une part, si la création demandée est utile, et, d'autre part, si la combinaison proposée est la meilleure. Il peut arriver, en effet, qu'en étudiant de près l'organisation scolaire d'une commune on découvre un moyen plus pratique et moins onéreux de donner satisfaction aux besoins constatés. Autant c'est une mauvaise chose, au point de vue pédagogique, d'accroître indéfiniment le nombre des classes et des maîtres dans une même École, autant il faut prendre garde de créer des Écoles ou des classes qui ne recevraient pas un nombre suffisant d'élèves : dans le premier cas, l'encombrement rend la direction difficile et compromet parfois les résultats de l'enseignement ; dans le second, la rareté des élèves empêche de mettre dans l'École l'émulation et la vie, qui sont la source de tout progrès. Ce sont deux écueils également dangereux, que l'examen attentif de l'état dont je parle permettra d'éviter.

Cet examen servira encore à s'assurer qu'on ne créera point une classe et un emploi d'adjoint dans une École, alors que dans l'École voisine ou les Écoles voisines il y a un nombre suffisant de places disponibles. Il permettra enfin de reconnaître si, dans certaines communes, au lieu de créer deux emplois d'adjoint et d'adjointe dans les Écoles spéciales, il ne suffirait pas, ce qui est souvent infiniment préférable, d'organiser une petite École maternelle ou une classe enfantine.

Il ne m'échappe pas que l'état dont je m'occupe n'aura pas la même valeur dans tous les cas, et que, concluant quand il s'agit d'une commune rurale, il sera moins probant et plus difficile à établir quand il s'agira d'une ville ou d'une commune importante. Dans ce dernier cas, il suffira qu'il présente le tableau de l'organisation scolaire du quartier dans lequel l'École ou l'emploi doit être créé. C'est assez, d'ailleurs, qu'il soit utile dans la généralité des cas pour que vous en exigiez toujours la production. Cet état sera établi par l'Inspecteur primaire : nul, en effet, n'est mieux en situation que ce fonctionnaire pour connaître les diverses situations scolaires, pour les étudier de près et donner un avis compétent.

III. Quant au rapport de l'Inspecteur d'Académie, je n'hésite pas à dire que, de toutes les pièces du dossier, c'est ce document qui doit avoir à vos yeux et aux miens l'importance la plus décisive. C'est dans ce rapport que je chercherai et que je souhaite trouver la discussion de ces questions, toujours délicates et complexes, de création d'Écoles ou d'emplois, l'exposé des arguments qui militent pour ou contre ces sortes de projets, l'analyse concluante des motifs tirés de la délibération du Conseil municipal, de l'étude du plan de la commune et du plan de l'École, de l'état de la situation scolaire, de tous les renseignements enfin que ce chef de service a par devers lui, ou qu'il est en mesure de se procurer.

Ce rapport sera substantiel, fortement motivé et disposé dans un ordre méthodique. MM. les Inspecteurs d'Académie ne devront plus se contenter de vous adresser, ainsi que j'ai eu le regret de le constater trop souvent, un avis succinct, une sorte de consultation banale sur tous les projets qui passent par leurs bureaux; ils se contenteront moins encore de vous transmettre, comme cela arrive fréquemment, le rapport de leur subordonné, l'Inspecteur primaire, avec une approbation pure et simple. Cette dernière pratique peut être commode, mais elle ne saurait être admise, pour plus d'une raison : d'abord, si le rapport de l'Inspecteur primaire suit le dossier, que reste-t-il dans les bureaux de l'Inspecteur d'Académie? et si ce rapport contient des réserves, formule des conditions, comment ce chef de service en retrouvera-t-il la trace quand il faudra exiger l'exécution de ces conditions, l'accomplissement des engagements pris? D'autre part, c'est l'Inspecteur d'Académie qui, le plus souvent, est le promoteur de ces sortes de créations : il en devient ainsi, devant le Conseil départemental et devant l'Administration supérieure, l'éditeur responsable : ne faut-il pas, dès lors, pour couvrir sa propre responsabilité, qu'il ait dans ses archives la minute du rapport qui a déterminé la décision prise?

IV. Le plus souvent, les extraits des délibérations des Conseils départementaux sont d'un laconisme qui ne se concilie pas toujours avec l'importance de la question et du débat auquel elle a donné lieu. Assurément, je ne voudrais pas demander au secrétaire du Conseil de reproduire, dans tous les cas, les développements qu'a pu prendre la discussion; mais il peut se présenter telle affaire où j'aie intérêt à connaître les principales considérations qui ont déterminé l'assemblée, les objections qui ont pu être faites, les réserves qui ont été jugées utiles, et, parfois, le nombre des membres qui se sont prononcés pour ou contre le projet.

V. L'instruction ayant été ainsi conduite, il est clair que votre avis personnel ne saurait être que sommaire dans la plupart des cas. Cependant cet avis devrait être motivé si le projet avait rencontré une certaine opposition, soit dans le Conseil municipal, soit dans le Conseil départemental, et surtout si vous n'aviez pas partagé le sentiment de la majorité; à l'occasion, il devra faire en outre mention des considérations d'ordre administratif qui peuvent vous faire souhaiter l'adoption ou le rejet du projet.

Après ce qui précède, j'ai à peine besoin d'ajouter que chaque affaire doit faire l'objet d'une étude particulière et d'un dossier spécial. Je refuserais, *a priori*, mon approbation à toute demande collective de création d'emplois ou d'Écoles qui me serait adressée.

Écoles maternelles et Écoles enfantines. — En assimilant aux Écoles ordinaires les Écoles maternelles et les Écoles enfantines, la loi du 16 juin 1881 a soulevé plusieurs questions sur lesquelles quelques-uns de vos collègues ont cru devoir me consulter, et qu'il est utile, en effet, de résoudre, pour assurer l'exacte application de la loi nouvelle.

Les Écoles maternelles sont connues : il serait superflu d'insister sur leur caractère et sur leur organisation, aujourd'hui réglée par le décret du 2 août dernier. Mais en vertu de l'article 7 de la loi du 16 juin, elles ne peuvent donner lieu à une dépense dans laquelle l'État n'intervient qu'autant qu'elles ont été créées conformément à l'article 2 de la loi du 10 avril 1867. Point de difficultés en ce qui concerne les Écoles maternelles à fonder; il suffira de suivre les règles tracées plus haut pour la création d'Écoles primaires élémentaires.

Mais on s'est demandé, d'une part, si les Écoles maternelles qui existent actuellement doivent recevoir une consécration nouvelle, une sorte d'investiture conforme aux prescriptions de la loi du 16 juin 1881, et, d'autre part, quelles sont celles qui doivent être jugées dignes de cette consécration légale.

Sur le premier point, la réponse ne saurait être douteuse : jusqu'à la promulgation de la loi de 1881, c'était assez, pour qu'une Salle d'asile fût légalement ouverte, que l'Inspecteur d'Académie « eût reconnu qu'elle réunissait les conditions de salubrité prescrites » (*décret du* 21 *mars* 1855, *art.* 5). Cette garantie pouvait suffire, alors que l'entretien des Salles d'asile constituait une dépense purement communale. Elle n'a plus paru suffisante aux auteurs de la loi de juin, qui a mis cette dépense à la charge de l'État dans la presque totalité des cas. Il faut désormais la sanction du Conseil départemental et l'approbation ministérielle. Il est donc nécessaire que vous fassiez procéder à une enquête sur toutes les salles d'asile ou Écoles maternelles de votre département, que vous formiez pour chacune d'elles un dossier conforme à celui qui est prescrit pour les créations nouvelles, et que toutes les questions d'installation, de salubrité, de direction, soient étudiées par espèce, afin que le Conseil départemental et mon Administration soient en mesure de prendre une décision éclairée.

Vous remarquerez, en outre, et le Conseil départemental ne perdra pas de vue que l'École maternelle, telle que nous la concevons aujourd'hui, ne ressemble plus à la salle d'asile d'autrefois, à cette sorte de refuge où l'on se contentait de garder les enfants et de les occuper machinalement. L'École maternelle a sa place, et une place considérable, parmi les établissements scolaires; c'est une véritable maison d'éducation, dont il importe d'entourer la création d'autant plus de garanties que les enfants qu'elle reçoit sont plus jeunes, et leur esprit plus accessible aux bonnes ou aux mauvaises directions.

Sur le second point, une loi dira bientôt, je l'espère, quelles sont les communes où la tenue d'une École maternelle doit être obligatoire, et quelles sont celles où leur entretien constituera une dépense facultative. En attendant, j'estime qu'il faut incliner à penser que, dans la très grande majorité des cas, les Salles d'asile actuellement existantes répondent à un besoin réel. Toutefois, selon ce qui vient d'être dit, le Conseil départemental voudra, avant de leur conférer un titre officiel, s'assurer qu'elles remplissent bien les conditions d'installation et de direction reconnues désormais indispensables, et il se refusera sans hésitation à consacrer l'existence de celles qui ne seraient, en réalité, que des garderies, créées pour répondre à des besoins douteux ou pour assurer le recrutement de telle ou telle École, et qui, n'ayant d'Écoles maternelles que le nom, ne mériteraient ni d'être encouragées par lui ni d'être entretenues par l'État. Dans ce cas, la Salle d'asile perdra le caractère d'établissement primaire public, auquel elle n'a pas de titres sérieux, et elle ne pourra subsister, s'il y a lieu, que comme établissement privé, en se soumettant aux règlements qui régissent l'ouverture et le fonctionnement des Écoles libres.

J'insiste encore sur ce point, que c'est par des décisions d'espèce, et non par des décisions d'ensemble, que le Conseil départemental devra procéder.

Les Écoles enfantines sont moins connues, et leur organisation n'a pas encore été l'objet d'une réglementation spéciale : il ne sera donc pas superflu de vous donner à ce sujet des instructions sommaires, qui, d'ailleurs, m'ont été demandées par plusieurs de vos collègues.

Il y a deux sortes d'Écoles enfantines : les unes, en petit nombre, sont établies dans les villes importantes et forment la transition entre l'École maternelle et l'École primaire; les autres, plus répandues, tiennent lieu, dans les communes rurales, d'Écoles maternelles, et préparent les jeunes enfants à suivre les Écoles spéciales de filles ou de garçons.

Les Écoles enfantines des villes sont les véritables Écoles intermédiaires : ce sont d'ordinaire des établissements spéciaux, indépendants des autres établissements scolaires, ayant leur existence propre et recevant simultanément, ou séparément, les enfants des deux sexes, soit qu'ils viennent de leurs familles, soit qu'ils sortent de l'École maternelle. Ces Écoles doivent être dirigées par des femmes pourvues au moins du certificat d'aptitude à la direction des Écoles maternelles, et, s'il est possible, du brevet élémentaire. L'enseignement y doit être la continuation de celui de l'École maternelle et le commencement de celui qui est donné à l'École primaire; de même, la méthode à suivre est celle des salles d'asile, pour les plus jeunes enfants, unie à celle du cours élémentaire des Écoles primaires pour les élèves les plus âgés. Un règlement fixera bientôt sans doute et le programme de cet enseignement et les conditions d'âge que doivent remplir les élèves qui demandent à être reçus dans ces Écoles. Toutefois, et sans préjuger à cet égard les décisions du Conseil supérieur, on peut dire, d'une façon générale, que l'âge régulier de la fréquentation des Écoles enfantines est de six à huit ans. Il est à présumer, d'ailleurs, que le soin de fixer définitivement ces limites sera laissé aux Conseils départementaux, meilleurs juges que toute autre autorité des convenances locales et des moyens de leur donner satisfaction.

Quant à l'organisation matérielle des Écoles enfantines, c'est là encore une question qui n'est point réglée; mais la nature même de ces Écoles indique assez clairement comment elle sera résolue. Placées entre l'École maternelle et l'École primaire, elles doivent réunir les conditions d'installation recommandées pour la division supérieure de l'une et pour la division inférieure de l'autre. Au surplus, la règle à suivre en cela, comme dans toute question d'installation scolaire, est tracée par le bon sens et par le sentiment exact des besoins de l'enfance : que les Écoles soient absolument saines, c'est le premier point à obtenir; qu'elles soient gaies ensuite, et, s'il se peut, confortables, afin que les enfants y fassent un facile apprentissage de la vie d'écolier, c'est le second but à atteindre; et quand une École, de quelque nature qu'elle soit, remplira ces conditions, le Conseil départemental peut en toute assurance en décider la création : mon approbation ne fera pas défaut.

L'École enfantine ou intermédiaire, telle que je viens d'essayer de la décrire, a sa place marquée dans une organisation scolaire habilement hiérarchisée, et partout où elle peut se fonder, il convient d'en encourager la création. Malheureusement elle ne peut se rencontrer que dans les villes riches et populeuses où il existe une ou plusieurs Écoles maternelles, et l'on ne saurait en recommander ailleurs l'établissement. Mais il est une autre sorte d'École enfantine qui peut être organisée très utilement, et à peu de frais, dans la plupart des communes rurales de quelque importance, et dont il est plus nécessaire encore de favoriser la création.

Cette classe enfantine, d'ordre moins élevé, est destinée à remplacer, en partie du moins, l'École maternelle, dans les localités où un établissement de ce genre ne serait en rapport ni avec le chiffre de la population, ni avec l'importance des ressources communales. On commence à se rendre compte des très grands services que ces sortes de classes peuvent rendre, et leur nombre s'accroît rapidement. On en fait d'ordinaire, et avec raison, une annexe de l'École primaire, de préférence de l'École des filles. On y réunit les enfants des deux sexes, dont il importe de s'occuper de bonne heure, tant dans l'intérêt de leurs familles que dans l'intérêt de leur propre éducation, mais dont la présence à l'École ordinaire serait une cause d'embarras pour les maîtres et une source d'ennui, sans profit pour eux-mêmes. Dans une classe enfantine, les enfants sont placés sous la direction d'une institutrice, pourvue nécessairement d'un titre de capacité (certificat d'aptitude à la direction des Écoles maternelles ou brevet élémentaire). Si des nécessités locales ont fait annexer l'École enfantine à l'École de garçons, cette institutrice doit être la femme, la fille ou la parente à un degré rapproché de l'instituteur. Si, ce qui est préférable, elle a été annexée à l'École de filles, la directrice peut être une adjointe de cette École. Pour installer une pareille classe, il suffit d'une salle assez spacieuse, d'un préau séparé et sain, d'un mobilier scolaire et d'un matériel d'enseignement en rapport avec l'âge des enfants. L'organisation de ces petites Écoles offre cet avantage considérable d'entraîner une dépense d'installation facile à supporter, de dégager les Écoles spéciales, et de rendre le plus souvent inutile la création d'emplois d'adjoints et d'adjointes. A ces divers titres, elles se recommandent tout particulièrement à votre sympathie et à celle du Conseil départemental.

Quant à l'âge des enfants à admettre dans ces petites classes, c'est encore au Conseil départemental à en décider. Il faut remarquer toutefois que, n'ayant pas l'organisation et l'installation des Écoles maternelles, ni celles des Écoles intermédiaires, il serait dangereux d'y recevoir les enfants d'aussi bonne heure que dans les unes et de les y retenir aussi tard que dans les autres : quatre ans, au minimum, et sept ans ou exceptionnellement huit ans, au maximum, telles sont les limites qui semblent pouvoir être adoptées.

Je ne saurais vous demander trop instamment, Monsieur le Préfet, d'encourager l'établissement, mais l'établissement dans de bonnes conditions d'hygiène et d'instruction, de ces différentes sortes d'Écoles destinées aux jeunes enfants. On fait largement aujourd'hui tout ce qui est nécessaire pour leurs aînés ; il faut absolument faire quelque chose pour ces enfants eux-mêmes, le faire vite et le faire bien : tout l'avenir de l'enseignement primaire dépend, en grande partie, du développement que prendront et de la direction que recevront les Écoles maternelles et enfantines de tout ordre. Je compte sur votre concours dévoué, d'abord pour en multiplier le nombre dans votre département, ensuite pour en assurer, de concert avec le Conseil départemental, la bonne installation.

Écoles primaires supérieures. — Il me reste, Monsieur le Préfet, à vous entretenir des Écoles primaires supérieures. De ce côté encore, il se produit, sur tous les points de la France, une généreuse émulation. Mais ici, plus qu'ailleurs peut-être, il faut se prémunir contre les entraînements d'un zèle louable. Une École primaire élémentaire peut, à la rigueur, et en attendant mieux, n'être que passable; une École primaire supérieure doit être bonne à tous les égards. Quand donc une commune vous demandera de la doter d'un de ces établissements, vous ne perdrez pas de vue qu'il en doit résulter une dépense considérable pour l'État, et vous voudrez bien vous enquérir avec le plus grand soin de l'utilité de la création demandée, de ses chances de succès, des conditions matérielles d'installation que l'on entend assurer aux classes, et, s'il y a lieu, au pensionnat, de l'outillage que l'on compte mettre à la disposition des élèves et des maîtres, de la convenance, enfin, au point de vue des nécessités locales, de l'enseignement que l'on se propose d'y donner. Le dossier de chacune de ces créations sera constitué comme celui des Écoles ordinaires, et le rapport de l'Inspecteur d'Académie devra comprendre les développements spéciaux que comporte ou plutôt qu'exige la matière.

Je ne saurais, d'ailleurs, vous tracer à cet égard une meilleure règle de conduite que celle qui est formulée dans le rapport que mon honorable prédécesseur a adressé à M. le Président de la République à la date du 29 octobre 1881, et dans la circulaire du 6 novembre suivant. Vous avez reçu, en leur temps, ces deux documents; je vous prie de vouloir bien vous y reporter, à l'occasion, ainsi qu'aux décrets et arrêtés des 2 et 3 janvier 1882, relatifs aux Comités de patronage et aux bourses de l'enseignement primaire supérieur.

Telles sont, Monsieur le Préfet, les instructions que je crois devoir vous adresser et à la stricte observation desquelles je vous recommande instamment de veiller. Si toutes les affaires de création d'Écoles et d'emplois que vous aurez à soumettre à mon examen sont instruites et traitées suivant les règles que je viens d'indiquer, leur prompte solution ne se fera pas attendre, et ce sera tout profit pour les communes qui demandent avec impatience le complément de leur organisation scolaire pour l'instruction primaire, dont les besoins sont encore grands malgré tout ce qui a été fait, pour les finances publiques enfin, dont nous devons surveiller l'emploi avec une sollicitude d'autant plus attentive qu'elles sont mises plus libéralement à notre disposition.

Je vous prie de vouloir bien m'accuser réception de la présente circulaire, d'en placer un exemplaire sous les yeux du Conseil départemental lors de sa plus prochaine réunion, et de le porter le plus promptement possible à la connaissance des municipalités de votre département.

Je vous en adresse d'ailleurs un nombre d'exemplaires suffisant pour que vous puissiez en faire remettre un à l'Inspecteur d'Académie et à chacun des Inspecteurs primaires de votre département.

Quant aux divers modèles d'état relatif à la situation scolaire, je vous prie de les faire imprimer et de les mettre sans retard à la disposition des mêmes Inspecteurs.

Recevez, etc.

Signé : PAUL BERT.

Arrêté relatif aux Traitements des instituteurs et institutrices, titulaires et adjoints[1]. 7 février 1882.

7 Février 1882[2].

Le Ministre de l'Instruction publique et des Beaux-Arts,

Vu les lois du 10 avril 1867 (art. 9), du 19 juillet 1875 (art. 1er) et du 16 juin 1881 (art. 6),

Vu la loi de finances du 29 juillet 1881 et le règlement d'administration publique du 26 octobre 1881;

Vu les propositions transmises par les Préfets, après avis des Conseils départementaux de l'Instruction publique, relativement au taux du traitement éventuel, en exécution du § 2 de l'art. 6 de la loi du 16 juin 1881;

Considérant que le rapprochement des textes législatifs ci-dessus énumérés donne lieu à des difficultés d'interprétation et d'application qui ne pourront être complètement résolues que par la promulgation d'une loi nouvelle sur les traitements des instituteurs; mais qu'en attendant il importe d'appliquer à une situation transitoire, qui ne saurait se prolonger au delà de l'année courante, des règles précises et équitables;

Considérant que la loi de finances du 29 juillet 1881 n'a abrogé

1. Voir, entre autres, les circulaires suivantes :

Du 20 *septembre* 1880, aux Préfets, relative à la liquidation, en cas de mutation d'un instituteur, des sommes qui auraient été payées en sus des émoluments légaux (*Circ.*, t. VIII, p. 356);

— 24 *février* 1882, aux Préfets, relative au mandatement des traitements (*Ibid.*, p. 660);

— 8 *novembre* 1882 (Ministre de l'Intérieur aux Préfets), relative aux suppléments de traitement accordés par les communes aux instituteurs et institutrices publics (*Rec. des L. et A.*, 1882, p. 1152);

— 21 *février* 1883, aux Préfets, concernant la liquidation des traitements pour l'année 1882 (*Ibid.*, 1883, p. 248);

— *septembre* 1883 (Sous-Secrétaire d'État à l'Intérieur aux Préfets), relative aux suppléments de traitements facultatifs (*Ibid.*, 1883, p. 904);

— 25 *octobre* 1883, aux Préfets, modifiant les modèles pour le certificat d'exercice des instituteurs et pour le décompte des dépenses et des revenus scolaires (*Circ.*, t. IX, p. 284);

— 15 *février* 1885, aux Préfets, disposant que l'allocation complémentaire des instituteurs titulaires de la médaille d'argent ne doit plus être soumise au service des retenues ni comprise dans le traitement moyen (*Circ.*, t. IX, p. 460).

Voir la note ministérielle relative à la liquidation des dépenses des Écoles primaires en 1882, celle qui concerne les allocations accordées aux instituteurs pour la possession du brevet de capacité ou l'inscription sur la liste de mérite (*Rec. des L. et A.*, 1883, p. 246).

2. Cet arrêté a été rapporté par l'arrêté du 21 *juillet* 1884 (ci-après *à sa date*).

aucune des dispositions de la loi du 16 juin 1881, mais qu'elle a seulement ouvert au budget de l'État un crédit spécial de 15 millions destiné à alléger les charges des communes en les dégrevant, pour l'année 1882, de tout ou partie du prélèvement du cinquième;

Que pour interpréter l'article 6 de la loi du 16 juin 1881 sur la gratuité, il ne faut pas le détacher du système dont il fait partie; qu'en le prenant isolément et dans sa rigueur littérale, on s'exposerait à en tirer des conséquences financières excessives que le législateur n'a certainement pas voulues;

Que la garantie qui résulte du § 1er de cet article ne peut s'appliquer aux traitements facultatifs assurés aux instituteurs par un certain nombre de communes qu'à la condition qu'elles auront fait état des ressources prévues par les articles 2 et 3 de ladite loi,

Arrête :

Jusqu'à la promulgation d'une nouvelle loi déterminant les traitements des fonctionnaires de l'enseignement primaire public, et par mesure transitoire limitée à l'exercice 1882, les traitements des instituteurs et institutrices publics, titulaires et adjoints, seront établis d'après les règles ci-après déterminées :

I

Les instituteurs et institutrices, titulaires et adjoints, n'ayant actuellement que les traitements minima fixés par la loi du 19 juillet 1875 continueront à être régis par ladite loi, et conséquemment auront droit aux augmentations, promotions de classe et allocations spécifiées par les articles 1er à 6.

II

Les instituteurs et institutrices, titulaires et adjoints, ayant eu dans une des trois dernières années (1879-1881) un traitement supérieur au taux fixé par la loi du 19 juillet 1875, conserveront, pour l'année 1882, le supplément de traitement le plus élevé dont ils aient joui dans ces trois années, quelle que soit la provenance dudit supplément (montant de la rétribution scolaire, produit de l'éventuel, traitement fixe consenti par la commune ou allocations sujettes à retenue). Ce supplément leur reste acquis sous la garantie de l'État, même après un changement de résidence, sauf dans les deux cas suivants : 1° si l'instituteur a été envoyé sur sa demande dans un poste inférieur; 2° s'il a été déplacé par mesure disciplinaire après réprimande ou suspension. Dans ces deux cas, il appartiendra au Préfet de déterminer la réduction qui pourra être apportée dans les suppléments de traitement, sans que jamais le traitement du fonctionnaire puisse s'abaisser au-dessous des limites fixées par la loi de 1875.

Néanmoins, les traitements facultatifs et suppléments de traitement, sujets à retenue, dont les instituteurs et institutrices, titulaires et adjoints, ont joui pendant les trois dernières années, ne seront à la charge de l'État qu'après que les communes auront fait emploi des ressources prévues par les articles 2 et 3 de la loi du 16 juin 1881 et par la loi de finances du 29 juillet, conformément aux bases de répartition établies par le règlement d'administration publique du 26 octobre.

III

Les instituteurs adjoints et les institutrices adjointes, nommés titulaires, ne pourront, en aucun cas, recevoir un traitement inférieur au traitement fixe qu'ils recevaient comme adjoints.

IV

En cas de vacance d'un des postes d'instituteur ou d'institutrice titulaire auxquels sont attachés actuellement des traitements supérieurs au taux légal, le fonctionnaire nommé à ce poste ne pourra, en aucun cas, ni recevoir un traitement inférieur à celui dont il jouissait lui-même dans sa précédente résidence, ni recevoir un traitement supérieur à celui qui était alloué à son prédécesseur. La fixation du chiffre du traitement entre ces deux limites sera faite par le Préfet, sous réserve de l'approbation ministérielle pour toute augmentation de traitement dépassant 300 francs.

V

Les instituteurs et institutrices qui débutent dans les fonctions de l'enseignement public soit comme titulaires, soit comme adjoints, recevront les traitements déterminés par la loi du 19 juillet 1875. Les suppléments de traitement qui peuvent leur être alloués restent à la charge des communes.

VI

Les taux de rétribution qui ont servi à fixer le traitement éventuel des instituteurs et institutrices en 1881 sont maintenus pour l'année 1882, sans que la fixation de ces taux puisse avoir pour effet ni diminution dans le traitement de ces fonctionnaires, ni augmentations autres que celles prévues par les précédentes dispositions du présent arrêté.

VII

Les dispositions du présent arrêté s'appliquent aux nominations et mutations postérieures à la promulgation de la loi du 16 juin 1881.

---

7 février 1882.

Proposition de loi sur l'Organisation de l'Enseignement primaire, présentée par M. Paul Bert, député[1].

Séance du 7 Février 1882.

Exposé des motifs.

Messieurs, les importantes lois sur l'instruction primaire récemment votées par les Chambres n'ont que très peu modifié la partie administrative de ce grand service. La fondation d'Écoles normales primaires pour instituteurs et institutrices a été rendue obligatoire, les brevets de capacité ont été exigés de tous les fonctionnaires enseignants, la gratuité de l'École publique a été éta-

1. Voir ci-après le projet de M. Jules FERRY (16 *février* 1882), relatif à la nomination et au traitement des instituteurs et institutrices et aux Conseils départementaux et communaux.

Voir :

1° Le Rapport de M. Paul BERT, 20 *juin* 1882, Annexe 993 du *Journal officiel* de *juillet* 1882, p. 1835 à 1852;

2° Le Rapport supplémentaire de M. Paul BERT, 9 *février* 1884, Annexe 2609 du *Journal officiel* de *février* 1884, p. 80 à 85;

3° L'Avis de la Commission du Budget par M. Jules ROCHE, 14 *février* 1884, Annexe 2629 du *Journal officiel* de *mars* 1884, p. 117 à 120;

4° Le deuxième Rapport supplémentaire par M. Paul BERT, député, Séance du 16 *février* 1884, *Journal officiel* de *mars* 1884, Annexe n° 2638, p. 133 à 137;

5° L'Avis supplémentaire de la Commission du Budget, par M. Jules ROCHE, député, Séance du 18 *février* 1884, *Journal officiel* de *mars* 1884, Annexe n° 2641, p. 137 et 138.

Le Projet de loi sur l'organisation de l'enseignement primaire a été adopté par la Chambre des Députés le 18 mars 1884;

6° Projet de loi, adopté par la Chambre des Députés, sur l'organisation de l'enseignement primaire, présenté au Sénat par M. FALLIÈRES, Ministre de l'Instruction publique, Séance du 7 *avril* 1884, *Journal officiel* de *juin* 1884, Annexe n° 139, p. 220 à 223;

7° Le Rapport fait au nom de la Commission par M. FERROUILLAT, sénateur, Séance du 24 *novembre* 1885, *Journal officiel* de *mai* 1886, Annexe n° 16, p. 15 à 29.

Le Projet de loi a été adopté par le Sénat avec modifications le 2 mars 1886 en première délibération, et le 30 mars 1886 en deuxième délibération;

8° Le Projet de loi adopté par le Sénat, présenté à la Chambre des Députés par M. René GOBLET, Ministre de l'Instruction publique, Séance du 3 *avril* 1886, *Journal officiel* du 20 *juin* 1886, Annexe n° 600, p. 573 à 577;

9° Le Rapport fait au nom de la Commission par M. Jules STEEG, député, Séance

blie, l'obligation de l'instruction et la neutralité de ses programmes au point de vue confessionnel ont été acceptées par les deux Chambres et auront sans doute bientôt force de loi. Mais l'organisation même des services est à peu près restée ce qu'elle était depuis les lois de 1850 et 1854. Les conditions de nomination des instituteurs, la discipline à laquelle ils sont soumis, les attributions et la composition des Conseils départementaux et des délégations cantonales, le rôle des congrégations religieuses dans l'enseignement public, les fonctions des Inspecteurs d'Académie n'ont pas changé depuis de longues années. Les traitements des instituteurs, bien qu'améliorés par une série de dispositions législatives, ne sont pas en rapport avec les services immenses rendus par ces fonctionnaires, tandis que la loi sur la gratuité ne peut que diminuer leurs ressources pécuniaires.

Aussi, la nécessité de régler à nouveau, par une loi d'ensemble, les conditions du fonctionnement de tous les services de l'instruction primaire s'impose avec un caractère d'urgence au Gouvernement et aux Chambres. C'est cette loi que nous venons soumettre à vos délibérations.

Elle améliore dans une proportion notable les conditions matérielles où se trouvent placés les instituteurs et surtout les institutrices, et elle permet de les dégager d'occupations qui empiétaient sur leur temps et sur leur liberté. Elle remplace les Inspecteurs d'Académie par des Directeurs départementaux de l'instruction primaire, qui se dévoueront exclusivement à cette branche du service. Elle modifie dans un sens libéral la composition des Conseils départementaux, et la met en harmonie avec celles des Conseils académiques et du Conseil supérieur. Elle entoure l'exercice des fonctions d'instituteur de garanties jusqu'ici inconnues. L'avancement est déterminé par des règles fixes, et toutes précautions sont prises pour que la durée des services soit récompensée et que le choix lui-même soit à l'abri du caprice. Les peines disciplinaires ne pourront plus être prononcées comme à huis clos, mais elles seront la conséquence de débats contradictoires devant les tribunaux universitaires.

du 7 *juin* 1886, *Journal officiel* du 30 *décembre* 1886, Annexe n° 781, p. 1889 à 1899.

Le Projet a été adopté par la Chambre des Députés le 28 octobre 1886. Il est devenu la loi du 30 *octobre* 1886.

Consulter :

Le Recueil de Documents parlementaires relatifs à la discussion de la loi sur l'organisation de l'enseignement primaire à la *Chambre des Députés* (Paris, Impr. et Libr. centrale des Chemins de fer, 20, rue Bergère, 1884);

Les Mémoires et Documents scolaires publiés par le Musée pédagogique, Fascicule n° 1 : *Le Projet de Loi sur l'organisation de l'enseignement primaire* (1882-1884). *Recueil de documents parlementaires relatifs à la discussion de cette loi à la Chambre des Députés;*

— Fascicule n° 18 : *La Loi sur l'organisation de l'enseignement primaire* (1886). *Recueil de Documents parlementaires relatifs à la discussion de cette loi à la Chambre des Députés;*

— Fascicule n° 10 : *La Loi sur l'organisation de l'enseignement primaire* (1886). *Recueil de Documents parlementaires relatifs à la discussion de cette loi au Sénat* (1re *délibération*);

— Fascicule n° 11 : *La Loi sur l'organisation de l'enseignement primaire* (1886). *Recueil de Documents parlementaires relatifs à la discussion de cette loi au Sénat* (2e *délibération*);

La Nomination des instituteurs, par E. CUISSART, député, 1896; in-12 de 64 pages (Paris, Picard et Kaan).

Enfin la laïcisation du personnel enseignant dans les Écoles publiques est proclamée, en principe, et immédiatement appliquée, avec tous les tempéraments qu'imposent les nécessités du service.

Nous croyons que ces dispositions répondent non seulement aux exigences de la situation, mais aux volontés de la nation. Quelques-unes d'entre elles exigeront sans doute des sacrifices budgétaires importants. En vain rédigerait-on des programmes et proclamerait-on des principes, si l'on ne préparait aux hommes chargés de les appliquer des situations dignes de leurs services et de leurs mérites.

Mais, dans les questions d'instruction publique, la générosité des Chambres ne s'est jamais lassée depuis plusieurs années. Nous avons la confiance qu'elle répondra encore à notre appel.

Ce projet de loi comprend cinq titres.

Le premier renferme des dispositions générales qui sont communes à l'enseignement public et à l'enseignement privé; le deuxième est relatif à l'enseignement public et au personnel chargé de donner cet enseignement; le troisième se rapporte à l'enseignement privé; le quatrième traite des autorités préposées à l'enseignement; le cinquième enfin contient les dispositions transitoires que tout établissement nouveau comporte.

Sans entrer dans le détail des 82 articles qui composent ce projet de loi, nous nous proposons, en insistant sur les points essentiels, d'en mettre en lumière le caractère général, d'en montrer l'économie et, s'il nous est permis de le dire, d'en faire ressortir la supériorité sur la législation actuelle.

Mais ce serait manquer à l'équité que de ne pas appeler tout spécialement votre attention sur les rapports de ces dispositions avec celles qu'avait rédigées la Commission de l'Instruction primaire de la dernière Assemblée. Nous trouvons dans ces rapports à la fois une autorité plus grande et une plus sûre garantie de succès.

TITRE Ier (Art. 1 à 6). — *Dispositions générales.*

Le projet de loi consacre, vous n'en serez pas surpris, le grand principe de la liberté de l'enseignement. Reconnaissant l'existence légale des Écoles privées comme des Écoles publiques, il devait déterminer et confondre dans un même chapitre les conditions auxquelles ces deux sortes d'Écoles peuvent exister; il devait définir ensuite les divers degrés d'enseignement par où l'enfant doit passer depuis le jour où il quitte, en quelque sorte les bras de sa mère, jusqu'au jour où l'École le rend à la société; il devait enfin énumérer les conditions de nationalité, de moralité, d'âge et de capacité auxquelles sont tenus, sans distinction, tous ceux qui prétendent à l'honneur d'enseigner. C'est là l'objet des six articles qui composent le titre Ier.

TITRE II (Art. 7 à 41).

Ce titre, le plus considérable du projet, est relatif à l'enseignement public, et comprend cinq chapitres. Il règle les obligations de l'État, des départements et des communes, en ce qui concerne l'établissement des Écoles publiques (chapitre Ier), et en ce qui concerne l'entretien de ces Écoles une fois fondées (chapitre II); il proclame le principe de la laïcité de l'enseignement public et détermine les conditions à remplir pour diriger une quelconque des Écoles primaires (chapitre III); il fixe la situation des instituteurs publics au point de vue de la nomination, du classement et de l'avancement (chapitre IV); il réglemente enfin la discipline du corps enseignant primaire (chapitre V).

a) Désormais, et sous certaines réserves faites aux articles 73, 74 et 75, le personnel enseignant sera laïque comme l'enseignement lui-même. C'est là le fait considérable qui domine le titre Ier, et l'on peut dire le projet de loi tout entier. Ce principe n'a plus besoin d'être défendu ni même justifié devant vous; il a cause gagnée aussi devant l'opinion publique; nous ne nous y arrêterons donc que pour le signaler et nous féliciter d'avoir été appelé à l'inscrire dans un texte de loi.

b) Jusqu'à ce jour, la loi imposait aux communes le devoir de fonder et d'entretenir des Écoles avec le concours du département et de l'État; nous avons renversé les termes de cette proposition, et nous croyons rentrer dans la vérité des faits en disant que l'État fonde et entretient les Écoles avec le concours des départements et des communes. Nous rendons ainsi à l'État une de ses principales prérogatives, qui est de diriger l'enseignement public, et nous lui imposons un de ses devoirs les moins contestables, qui est d'assurer à tous le bienfait de l'instruction. C'est la grande tradition de 1792 que nous vous proposons de renouer : c'est la doctrine de ceux qui pensent que l'État n'a pas d'obligation plus sacrée que de former des hommes pour la société et la patrie, que nous vous convions à adopter. Cette doctrine, vous l'avez d'ailleurs implicitement consacrée en votant la loi du 16 juin 1881 qui, moyennant une imposition fixe de la part des départements et des communes, met à la charge de l'État toutes les dépenses d'ordre scolaire.

Si vous consacrez ce principe, les Écoles seront véritablement des établissements publics, soustraits aux influences dont il est superflu de rappeler les dangers, et, par voie de conséquence, les instituteurs seront des fonctionnaires publics relevant exclusivement de l'État et des autorités préposées par la loi à la direction de l'enseignement et du personnel enseignant : les uns et les autres y gagneront en indépendance, en sécurité, en dignité. Avec cette notion de l'École, tout se simplifie et s'éclaire : aux communes, le devoir de suffire, avec le concours du département et de l'État, à toutes les dépenses de construction et d'installation des maisons d'école; à l'État, la charge de pourvoir, avec le concours des communes et des départements, à toutes les dépenses du personnel.

L'article 13 fait cesser la même fiction en ce qui concerne les Écoles normales, qui deviennent des établissements de l'État, au même titre et aux mêmes conditions que les Écoles primaires.

c) En ce qui concerne le personnel enseignant, les articles 17 à 23 disent à quelles conditions on peut être instituteur public et établissent une sorte de hiérarchie entre les membres du corps enseignant, suivant la nature des emplois qu'ils occupent et des Écoles où ils exercent. Vous remarquerez certainement et vous approuverez, je l'espère, la condition de stage mise à l'entrée de la carrière : pour être définitivement jugé digne d'instruire la jeunesse, il faut offrir, sinon des garanties certaines, du moins des présomptions rassurantes d'aptitude professionnelle, ou, comme on disait autrefois, de vocation. Ce n'est donc pas trop exiger de jeunes gens de dix-huit ans que de leur demander de subir cette épreuve avant de les admettre dans les cadres du personnel.

Mais, cette épreuve subie avec succès, il a paru qu'il serait injuste de refuser le titre d'instituteur, et de maintenir, parfois pendant de longues années, dans des situations inférieures, des maîtres qui n'ont d'autre tort que de s'attacher à une École et d'y remplir les fonctions d'auxiliaires du directeur. Ils seront désormais instituteurs au même titre que ceux qui sont placés à la tête d'une École, et ils auront droit au même avancement et aux mêmes avantages pécuniaires.

Nous avons cru devoir aussi décharger de la direction d'une classe spéciale, et honorer d'un titre en rapport avec l'importance de leur situation les instituteurs et les institutrices qui dirigent une École primaire élémentaire considérable. En les assimilant, pour le rang, à leurs collègues de l'enseignement primaire supérieur, nous avons pensé faire acte d'équité d'abord, et de sage administration ensuite. C'est en leur offrant de tels avantages que nous parviendrons à retenir dans l'enseignement primaire élémentaire les maîtres d'élite dont nos grandes Écoles ont besoin.

Dans le même ordre d'idées, nous avons réservé le titre de professeur pour les maîtres des Écoles primaires supérieures qui seront pourvus du certificat d'aptitude à l'enseignement dans les Écoles normales et qui offriront ainsi la garantie de capacité la plus haute qu'on puisse exiger des membres du corps enseignant primaire.

Ajoutons que, s'inspirant d'une décision déjà prise, le projet de loi (article 24) a voulu assurer l'indépendance et la dignité des instituteurs publics en leur interdisant formellement toutes fonctions extra-scolaires, à l'exception de celles de secrétaire de mairie, qu'à notre grand regret nous nous voyons obligés de leur laisser remplir encore pendant une période de dix années (article 78).

d) Une des questions les plus graves et les plus difficiles à résoudre que nous ayons rencontrées dans l'élaboration de ce projet de loi est assurément celle qui se rapporte à la nomination des instituteurs publics. Les termes de ce problème délicat et complexe sont trop connus pour qu'il soit nécessaire de les poser à nouveau. Si nous n'avions eu qu'à tenir compte des vœux du corps enseignant, et si nous avions cru pouvoir suivre notre propre inclination, nous vous aurions proposé de rendre d'ores et déjà la nomination des instituteurs à leurs chefs universitaires. Mais, après un mûr examen de la question et des hésitations que vous comprendrez sans peine, il ne nous a pas semblé que le moment fût encore venu de rompre avec une tradition vieille de trente années et qui, après tout, s'explique et se justifie par des considérations de plus d'une sorte.

On peut dire d'abord, au point de vue théorique, que l'investiture gouvernementale, qui fait le fonctionnaire, est toujours donnée, dans tous les services publics, soit par les Ministres, soit par un Préfet (finances, postes, police, etc.). Au point de vue pratique, qui me touche davantage, on ne peut se dissimuler que le personnel de nos futurs Directeurs départementaux n'est peut-être pas suffisamment préparé à exercer l'autorité qu'on voudrait leur confier et qu'il n'est pas prouvé qu'ils soient en situation de résister avec autant d'indépendance que le Préfet aux influences extra-scolaires qui ne manquent pas de s'exercer sur eux. Sans doute la nomination par le Préfet introduit la politique dans l'École; mais la nomination par le Directeur départemental l'en exclurait-elle? Il est permis d'en douter.

Ce n'est cependant pas sans de longues hésitations et une véritable anxiété que je me décide à renoncer à une solution que j'avais acceptée depuis plusieurs années.

Mais, en examinant de très près toutes les réclamations qui se sont élevées depuis plusieurs années contre les pouvoirs des Préfets sur le personnel de l'instruction primaire, il m'a semblé reconnaître que c'est beaucoup moins la nomination qui est incriminée que les peines disciplinaires et les changements ruineux de résidence. On s'est élevé surtout contre le manque de garantie pour les fonctionnaires d'un système qui permet de les frapper sans les entendre, de les ruiner et de les désespérer, soit par la voie brutale de la révocation, soit par la voie hypocrite du déplacement. Il nous a semblé que la question du personnage chargé de la nomination passerait au second plan, lorsque des garanties sérieuses seraient données à ses subordonnés. Ainsi, dans ce projet, nous avons eu soin d'entourer l'application des peines disciplinaires de garanties qui auront pour résultat de rehausser la situation du personnel enseignant, de lui assurer la sécurité dont il a besoin, et cette indépendance sagement limitée qui est la condition indispensable de l'exercice régulier de ses fonctions.

e) Après la question de la nomination des instituteurs, nul problème ne présentait plus de difficultés que leur rémunération. Il fallait, à la fois, sauvegarder les intérêts du Trésor public, déjà si lourdement grevé par toutes les dépenses scolaires généreusement consenties par le Parlement, et assurer enfin aux fonctionnaires de l'enseignement primaire une rémunération en rapport avec l'importance de leurs fonctions, et avec les difficultés croissantes de la vie matérielle. Il fallait, en outre, régler leur avancement de manière que leurs ressources s'accrussent en même temps que grandiraient leurs charges de famille, et récompenser, d'autre part, le travail et la valeur professionnelle par une série d'avantages sagement gradués. En d'autres termes, nous avons pensé qu'il était nécessaire et juste de faire, dans l'avancement, une part assurée à l'ancienneté et une part non moins certaine au mérite.

Vous apprécierez, Messieurs, si nous avons suffisamment résolu ce problème en adoptant les bases suivantes : répartition des instituteurs en cinq classes, avec des traitements minima différents pour chaque classe et pouvant s'accroître, d'un côté, par le mérite des fonctionnaires, les résultats de leur enseignement, les charges que leur impose la résidence, et, d'un autre côté, par la possession des divers brevets de capacité qui sont proposés à leur juste ambition et dont l'obtention doit avoir pour résultat l'élévation progressive de l'enseignement primaire; — les trois classes inférieures accessibles à tous en vertu de la seule ancienneté des services; — les deux premières ouvertes seulement aux instituteurs les plus méritants et dans une proportion restreinte; — les directrices des Écoles maternelles assimilées aux autres institutrices; une augmentation de traitement pouvant s'élever jusqu'à 500 francs pour les fonctionnaires de l'enseignement primaire supérieur; le classement à l'ancienneté remis au Directeur départemental et le classement au choix confié au Conseil départemental; — enfin une véritable investiture conférée par le Ministre aux instituteurs de première classe et les mettant à l'abri de tout déplacement. Telles sont les principales règles que nous vous proposons d'adopter pour le classement et l'avancement non seulement des instituteurs, mais encore des institutrices. Pourvues des mêmes titres, ayant à supporter les mêmes charges que les instituteurs, il nous a semblé qu'il n'était ni possible ni juste de retenir plus longtemps les institutrices dans une situation inférieure : il y a là un intérêt social et une raison d'équité qui ne vous échapperont pas et qui vous détermineront à sanctionner de votre vote nos propositions.

f) Quant à la discipline du corps enseignant, nous l'avons remise, suivant les cas, aux mains du Directeur départemental, du Préfet ou du Recteur; mais nous avons toujours pris soin de réserver les droits de la défense. Nous avons supprimé la peine de la suspension telle que l'avait entendue la loi de 1850; cette peine nous a paru une arme trop commode à manier, et par cela même dangereuse : on n'améliore pas un fonctionnaire en le suspendant et en le privant de son traitement; s'il est indigne de rester dans l'enseignement, qu'on le révoque ou qu'on l'interdise; s'il n'a commis qu'une faute professionnelle, il y a d'autres peines à lui appliquer que celle qui détruit sa considération et qui supprime le pain de sa famille. Nous avons maintenu cependant la suspension, non comme une peine, mais comme une mesure préparatoire à une poursuite ou tout au moins à une instruction portant sur un fait grave; mais, dans ce cas, le traitement est maintenu : l'instituteur suspendu est un prévenu qui attend des juges, et non un condamné auquel on enlève tout d'abord ses moyens d'existence.

Nous avons introduit, au contraire, dans l'échelle des pénalités, une mesure répressive qui nous semble devoir produire des effets aussi certains et plus équitables que la suspension : c'est la rétrogradation de classe, qui atteint sûrement l'instituteur négligent, tout en sauvegardant la considération dont il ne peut se passer.

Nous avons pris soin aussi, à mesure que la peine s'élevait d'un degré, de placer plus haut le juge chargé de l'appliquer. C'est d'abord le Directeur départemental, puis le Préfet en Conseil départemental, puis le Recteur en Conseil académique. Quel que soit le juge, l'inculpé a toujours le droit d'être entendu, et quel que soit le jugement, il peut toujours en appeler à une juridiction supérieure, du Conseil départemental au Conseil académique, du Conseil académique au Conseil supérieur. Si l'on ajoute à cela qu'un changement de résidence ne peut être imposé à un instituteur appartenant à la première classe que par décision du Ministre, et que, pour une des quatre dernières classes, il faut l'avis d'une Commission élue du Conseil départemental, on trouvera sans doute qu'il était difficile d'entourer de plus de garanties la situation des membres du personnel enseignant.

TITRE III (Art. 42 à 51).

Le titre III est relatif à l'enseignement privé. L'État n'intervient dans cet enseignement que pour le surveiller et assurer l'exécution des dispositions légales qui le régissent. Il ne se reconnaît pas le droit de le diriger, encore moins de l'inspirer, pas plus dans son esprit que dans ses programmes et dans ses méthodes. Mais il se doit à lui-même et il doit à la société de veiller à ce que ceux qui se livrent à cet enseignement remplissent certaines conditions d'âge, de moralité et de capacité que la présente loi définit, et qu'ils se soumettent à l'accomplissement de certaines formalités préalables, destinées à permettre le contrôle de l'État et à assurer l'exécution de la loi. C'est l'objet du titre III, qui n'innove guère d'ailleurs dans la législation actuellement en vigueur. On remarquera cependant que l'article 51 assimile aux Écoles privées et soumet à la même réglementation les Écoles ouvertes dans les hôpitaux, les hospices, les colonies agricoles, les ouvroirs, les pénitenciers, etc.; c'était une lacune de l'ancienne législation et une source de difficultés et de contestations que le projet de loi fait disparaître.

TITRE IV (Art. 52 à 72).

Le titre IV dénomme les autorités préposées à l'enseignement. Ces autorités sont les Directeurs départementaux assistés des Inspecteurs et des Inspectrices primaires, le Conseil départemental, les Comités cantonaux et les Comités locaux institués par la loi sur l'obligation.

a) A la tête d'un service aussi considérable et aussi important que celui de l'enseignement primaire, il fallait placer, dans chaque département, un fonctionnaire investi de pouvoirs étendus et dont l'autorité accrue lui permît d'exercer librement et efficacement son action sur la direction de l'enseignement et du personnel enseignant. Ce fonctionnaire prend le nom de Directeur départemental. Son rôle et ses attributions ont été définis au cours de cet exposé.

b) Il est secondé dans son administration par un personnel rendu plus nombreux d'Inspecteurs primaires et par un auxiliaire nouveau, l'Inspectrice départementale. La bonne tenue des Écoles et les progrès de tout l'enseignement primaire ne peuvent être assurés qu'autant que l'inspection s'exerce fréquemment et qu'elle peut être, en quelque sorte, toujours présente. Aussi n'avons-nous pas hésité à vous proposer d'augmenter dans une proportion notable le nombre des Inspecteurs. Nous avons pensé en même temps que l'inspection des Écoles maternelles et enfantines, des Écoles de filles, pour certaines parties de l'enseignement, et, dans tous les cas, des pensionnats de jeunes filles, ne pouvait se faire utilement que par une femme, et nous vous demandons, en conséquence, de placer dans chaque département une Inspectrice primaire, cette création devant amener la suppression des Inspectrices départementales des Salles d'asile.

c) Inspecteurs et Inspectrices relèvent du Directeur départemental. Mais à côté d'eux, fonctionnent les Comités cantonaux, les Conseils départementaux et les Conseils académiques. Tour à tour tribunaux et conseils consultatifs, ces assemblées prêtent le secours de leurs lumières aux administrateurs chargés du service de l'enseignement primaire, en même temps qu'elles offrent un recours et une garantie au personnel enseignant.

La loi du 27 février 1880 a remis à l'élection la majeure partie des membres des Conseils supérieur et académiques; nous vous proposons de suivre la même méthode en ce qui concerne les Comités cantonaux et les Conseils départementaux; il n'est que juste, en effet, que le personnel enseignant ait ses représentants dans ces Conseils qui décident sur les choses et les personnes de l'enseignement primaire. Nous espérons que vous approuverez la composition nouvelle de ces assemblées, ainsi que les attributions que le projet de loi confère à chacune d'elles. Nous espérons de même que vous approuverez la création, dans et par le Conseil départemental, d'une Commission qui, composée par partie de membres élus et de membres nommés, n'est autre chose qu'une représentation du Conseil départemental lui-même. C'est un rouage nouveau que nous introduisons dans l'Administration de l'enseignement primaire, mais dont l'utilité n'échappera à personne : sorte de Conseil permanent du Directeur départemental, plus facile à réunir et à consulter que le Conseil départemental, il prête sa force et son appui au chef du service de l'instruction primaire, en même temps qu'il limite et éclaire son autorité, toutes les fois qu'il s'agit du personnel.

TITRE V (Art. 73 à 82).

Le titre V se compose des dispositions transitoires que l'application de toute loi nouvelle entraîne toujours avec elle.

L'une de ces dispositions assigne un délai de deux ans à la laïcisation complète des Écoles publiques de garçons actuellement dirigées par des congréganistes.

En ce qui concerne les Écoles de filles, nous n'avons pas cru utile de fixer un délai pour leur laïcisation; mais, pour empêcher l'occupation indéfinie des importantes Écoles de filles par les congréganistes, nous vous demandons de décider qu'à partir de la promulgation de la présente loi il ne sera plus fait de nomination de directrice d'Écoles, au sens défini par les articles 19 et 20 du projet de loi.

Quant aux instituteurs congréganistes, il ne sera plus fait de nomination dans cette catégorie de maîtres, à partir de la promulgation de la loi.

Une autre des dispositions transitoires du titre V proroge jusqu'au 31 décembre 1884 le délai accordé aux communes pour se pourvoir de locaux scolaires qui leur appartiennent en propre. Jusque-là, mais jusque-là seulement, l'État pourra intervenir dans les dépenses résultant de la location d'immeubles à usage d'Écoles. Ce délai a paru nécessaire pour permettre aux municipalités de construire ou d'approprier des maisons d'école; mais il serait inadmissible que l'État consentît à se substituer plus longtemps aux communes dans l'accomplissement d'un devoir qui leur incombe, et que leur impose formellement d'ailleurs l'article 12.

Enfin, le projet de loi ne reconnait plus les donations et legs faits aux communes et qui auraient pour conséquence de leur imposer une catégorie d'instituteurs ou d'institutrices. De telles libéralités sont restrictives du droit des communes et de l'Administration; une fois acceptées, elles sont une entrave à l'exercice de ce droit et une source de contestations et de procès qu'il importe de prévenir. Quant aux libéralités conditionnelles dont les communes jouissent aujourd'hui, elles demeureront acquises, sauf indemnité à payer par elles aux ayants droit, avec le secours de l'État, quand il sera nécessaire. De telle façon, l'avenir ne sera jamais engagé, et les engagements imprudents du passé pourront être légalement dénoués.

Telles sont les principales dispositions du projet de loi que nous soumettons avec confiance à vos délibérations, persuadés que, si vous l'amendez et l'améliorez dans quelques-uns de ses articles, vous en retiendrez au moins, pour les sanctionner de votre vote, les parties essentielles et en quelque sorte vitales. Si, comme nous en avons l'espérance, vous votez cette loi, vous aurez comblé les vœux de ce nombreux personnel des instituteurs, auquel vous portez avec raison un si vif intérêt; vous aurez, en tenant des promesses fréquemment renouvelées, mis fin à l'état d'incertitude et de malaise dont ce personnel souffre, et dans lequel il s'agite, non sans danger pour lui et pour l'instruction elle-même; vous aurez enfin donné satisfaction aux légitimes espérances du pays, qui attend depuis longtemps et avec impatience qu'une constitution définitive et conforme à l'esprit moderne et républicain soit donnée à ce grand service de l'éducation populaire.

Proposition de loi.

TITRE Ier. — Dispositions générales.

ARTICLE 1er. — L'enseignement primaire est donné :

1° Dans les Écoles maternelles;

2° Dans les Écoles primaires élémentaires;

3° Dans les Écoles primaires supérieures et dans les Écoles manuelles d'apprentissage, telles que les définit la loi du 11 décembre 1880.

ART. 2. — Les établissements d'enseignement primaire de tout ordre peuvent être publics, c'est-à-dire fondés et entretenus par l'État, les départements ou les communes, ou privés, c'est-à-dire fondés et entretenus par des particuliers ou des associations.

ART. 3. — Des règlements spéciaux, délibérés en Conseil supérieur de l'Instruction publique, détermineront les règles d'après lesquelles seront réparties, entre les diverses sortes d'Écoles énumérées à l'article 1er, les matières de l'enseignement primaire, telles que les a fixées la loi du 1882[1], ainsi que les conditions d'admission des élèves dans chacune de ces Écoles.

ART. 4. — Nul ne peut exercer les fonctions d'enseignement dans les Écoles primaires publiques ou privées s'il n'est Français et s'il ne remplit, en outre, les conditions fixées par la loi du 16 juin 1881 sur les titres de capacité et les conditions d'âge établies par la présente loi.

Est incapable d'exercer ces fonctions quiconque a encouru une condamnation judiciaire pour crime ou délit contraire à la probité et aux mœurs, a été interdit par le Conseil académique ou a été privé par jugement de tout ou partie des droits mentionnés en l'article 42 du code pénal.

ART. 5. — L'enseignement est donné par des instituteurs dans les Écoles de garçons, par des institutrices dans les Écoles de filles, dans les Écoles maternelles, les Classes enfantines et les Écoles mixtes quant au sexe.

Toutefois, le Conseil départemental peut, à titre provisoire et par une autorisation toujours révocable, permettre à un instituteur de diriger une École mixte, à la condition qu'il lui soit adjoint une maîtresse de travaux de couture.

Dans les Écoles de garçons, les femmes peuvent être admises à enseigner à titre d'adjointes, sous la condition d'être épouse, sœur ou parente en ligne directe du directeur de l'École.

ART. 6. — Nul ne peut enseigner dans une École primaire de quelque degré que ce soit avant l'âge de dix-huit ans pour les instituteurs et dix-sept ans pour les institutrices.

Nul ne peut diriger une École quelconque avant l'âge de vingt-un ans.

Nul ne peut diriger une École recevant des internes avant l'âge de vingt-cinq ans révolus.

TITRE II. — De l'enseignement public.

CHAPITRE Ier. — *De l'établissement des Écoles publiques.*

ART. 7. — Toute commune doit être pourvue au moins d'une École primaire publique. Toutefois, le Conseil départemental peut, sous réserve de l'approbation du Ministre, autoriser une commune à se réunir à une ou plusieurs communes voisines pour l'entretien d'une École.

Lorsque la commune ou la réunion de communes compte 400 habitants et au-dessus, elle doit avoir au moins une École spéciale pour les filles, à moins d'être autorisée par le Conseil départemental à remplacer ses Écoles spéciales par des Écoles mixtes quant au sexe.

ART. 8. — Outre les Ecoles du chef-lieu, des Écoles mixtes quant au sexe devront être établies dans des hameaux, partout où le Conseil départemental en aura déclaré la création nécessaire et possible.

La circonscription de ces Écoles pourra s'étendre sur plusieurs communes.

1. C'est la loi sur l'obligation, votée par la Chambre, modifiée par le Sénat, modifiée de nouveau par la Chambre, et actuellement en instance devant le Sénat. (Note de l'*Exposé*.)

ART. 9. — Une École maternelle ou une classe enfantine sera établie dans chaque commune comptant 2 000 âmes de population agglomérée. Le Conseil départemental pourra accorder des dispenses de cette obligation, mais seulement à titre provisoire.

ART. 10. — Il sera établi dans chaque canton, pour chaque sexe, une École primaire supérieure qui pourra être professionnelle, ou au moins un cours d'enseignement primaire complémentaire annexé à une École publique.

Le Conseil départemental pourra dispenser de cette obligation les communes des cantons où se trouvent des établissements publics d'enseignement secondaire. Il pourra aussi autoriser deux ou plusieurs cantons voisins à se réunir pour la fondation d'une École primaire supérieure.

ART. 11. — Le Conseil départemental de l'instruction publique, après avoir pris l'avis des Conseils municipaux et celui des Comités cantonaux institués par l'article 68 de la présente loi, détermine, sous réserve de l'approbation du Ministre, le nombre, la nature et le siège des Écoles primaires publiques de tout degré qu'il y a lieu d'établir ou de maintenir dans chaque commune, ainsi que le nombre des maîtres qui y sont attachés.

Le Conseil départemental pourra, après avis du Conseil municipal et du Comité cantonal, autoriser un instituteur ou une institutrice à recevoir des élèves internes en nombre déterminé et dans des conditions déterminées.

ART. 12. — L'établissement des Écoles primaires publiques de tout ordre, le logement de chacun des membres du personnel enseignant attaché à ces Écoles, l'entretien ou la location des bâtiments ou de leurs dépendances, l'acquisition et l'entretien du mobilier scolaire, le chauffage et l'éclairage des classes, la rémunération des gens de service, sont des dépenses obligatoires pour les communes. Elles sont acquittées sur des ressources autres que celles qui proviennent des quatre centimes spéciaux de l'enseignement primaire.

Toutefois, l'État peut intervenir dans les dépenses de construction, d'acquisition et d'appropriation des locaux, ainsi que dans l'acquisition du mobilier scolaire par des subventions réglées conformément aux dispositions de la loi de juillet 1881 sur la Caisse des Lycées et Écoles.

ART. 13. — L'établissement des Écoles normales avec leur École annexe, l'entretien des bâtiments, l'acquisition et l'entretien du mobilier scolaire, le chauffage et l'éclairage des différents services sont des dépenses obligatoires pour les départements. Il y est pourvu à l'aide de ressources départementales autres que les quatre centimes spéciaux de l'enseignement primaire.

Il en est de même pour les dépenses nécessitées par l'installation et le fonctionnement du Conseil départemental et du bureau du Directeur départemental de l'enseignement primaire.

L'État peut intervenir dans les dépenses d'installation des Écoles normales par des subventions qui, à partir de la promulgation de la présente loi, pourront être prises sur la Caisse des Lycées et Écoles.

CHAPITRE II. — *De l'entretien des Écoles primaires publiques.*

ART. 14. — La dépense scolaire annuelle de l'enseignement primaire public, à tous les degrés, comprend :

1° Les traitements du personnel enseignant de tout ordre;

2° Le traitement des fonctionnaires chargés de l'inspection et de l'administration ;

3° L'entretien et le renouvellement du matériel d'enseignement.

Un règlement d'administration publique et des arrêtés ministériels, rendus après avis du Conseil supérieur, fixeront, pour chaque catégorie d'Écoles publiques, le nombre et la nature des objets formant le matériel obligatoire d'enseignement, ainsi que les conditions dans lesquelles il sera mis à la disposition des Écoles, des maîtres et des élèves.

ART. 15. — Il est pourvu aux dépenses ordinaires de l'enseignement primaire public au moyen :

1° Des dons et legs;

2° Des quatre centimes communaux spéciaux à l'instruction primaire ou d'une somme égale prélevée sur les revenus ordinaires des communes conformément aux dispositions de l'article 2 de la loi du 16 juin 1881 sur la gratuité;

3° Des quatre centimes départementaux créés par les articles 40 de la loi du 15 mars 1850 et 7 de la loi du 19 juillet 1875;

4° Des fonds de subvention de l'État.

ART. 16. — Une délibération du Conseil municipal, approuvée par le Préfet, peut créer dans toute commune une Caisse des Écoles destinée à encourager et à faciliter la fréquentation de l'École par des récompenses aux élèves et par des secours aux parents, à organiser et entretenir des bibliothèques et des musées. Cette Caisse est administrée par la Commission municipale scolaire établie par la loi du 1882 sur l'obligation.

Le revenu de la Caisse se compose de dons et de cotisations des particuliers et de subventions de la commune, du département et de l'État.

Plusieurs communes peuvent être autorisées à se réunir pour la formation et l'entretien d'une seule Caisse.

Le service de la Caisse des Écoles est fait gratuitement par le percepteur.

CHAPITRE III. — *Du Personnel enseignant. — Conditions requises.*

ART. 17. — L'enseignement dans les Écoles publiques est donné conformément aux prescriptions de la loi du 1882 et d'après un plan d'études qui sera délibéré en Conseil supérieur.

Pour chaque département, le Conseil départemental arrêtera l'organisation pédagogique des diverses catégories d'établissements par des règlements spéciaux, qui seront soumis au Conseil supérieur de l'Instruction publique.

ART. 18. — Dans les Écoles publiques de tout ordre, l'enseignement est exclusivement confié à un personnel laïque.

ART. 19. — Les instituteurs et institutrices placés à la tête d'une École publique comptant une ou plusieurs classes sont dits instituteurs ou institutrices titulaires.

A la tête de toute École comptant au moins 250 élèves, il devra être placé un instituteur ou institutrice, qui prendra le titre de directeur ou directrice et ne sera pas attaché à l'une des classes, mais les surveillera toutes.

Prennent également le titre de directeurs ou directrices les instituteurs ou institutrices qui dirigent des Écoles primaires supérieures.

ART. 20. — Nul ne peut être nommé directeur ou directrice d'École publique avant l'âge de vingt-cinq ans et s'il n'est muni du certificat d'aptitude pédagogique (institué par le décret du 4 janvier 1881). Le brevet supérieur de capacité sera en outre exigé pour la direction d'une École primaire supérieure.

ART. 21. — Les instituteurs et institutrices titulaires sont secondés, dans les

Écoles à plusieurs classes, par des auxiliaires en nombre déterminé par le Conseil départemental.

Ces auxiliaires sont ou des stagiaires ou des titulaires employés en qualité d'adjoints chargés de classe sous la direction du titulaire chargé de l'École.

ART. 22. — Nul ne peut être nommé instituteur stagiaire avant l'âge de dix-huit ans, institutrice stagiaire avant l'âge de dix-sept ans.

Les stagiaires sont tenus d'avoir : dans les Écoles maternelles, le certificat d'aptitude à la direction des Écoles maternelles; dans les Écoles élémentaires, le brevet de capacité ; dans les classes enfantines, l'un ou l'autre de ces deux brevets.

ART. 23. — Nul ne peut être nommé instituteur titulaire et être chargé de la direction soit d'une classe, soit d'une École, s'il n'a fait un stage de deux ans au moins dans une École publique et s'il n'a été porté sur la liste d'admissibilité aux fonctions d'instituteur dressée par le Conseil départemental conformément à l'article .

Le titulaire chargé d'une École devra, en outre, avoir vingt-un ans révolus au moment de sa nomination.

Le temps passé à l'École normale compte aux élèves-maîtres à partir de dix-huit ans et aux élèves-maîtresses à partir de dix-sept ans pour l'accomplissement du stage.

Des dispenses de stage peuvent être accordées par le Ministre, sur l'avis du Conseil départemental.

Les instituteurs adjoints dans les Écoles primaires supérieures devront avoir vingt-un ans et être munis du brevet supérieur. Ils prennent le titre de professeurs s'ils sont pourvus du certificat d'aptitude au professorat des Écoles normales institué par le décret du 5 juin 1880.

ART. 24. — Sont interdits aux instituteurs et institutrices de tout ordre : les fonctions administratives, les professions commerciales et industrielles, les emplois rémunérés ou gratuits dans les services ecclésiastiques.

CHAPITRE IV. — *Nomination et Traitement du personnel enseignant.*

ART. 25. — Les instituteurs et institutrices stagiaires sont nommés et peuvent être déplacés ou révoqués par le Directeur départemental.

Ils reçoivent pendant la durée du stage un traitement annuel de 800 à 900 fr.

ART. 26. — Le Conseil départemental dresse chaque année et complète, s'il y a lieu, au cours de l'année, une liste des instituteurs et institutrices admissibles aux fonctions de titulaire, soit pour être chargés d'une École, soit pour être chargés d'une classe en qualité d'adjoint.

Le Directeur départemental, après avis de la Commission du personnel dont il est fait mention à l'article 64, arrête d'après cette liste d'admissibilité les présentations aux postes vacants et les soumet au Préfet.

La nomination est prononcée par le Préfet.

ART. 27. — Les instituteurs et institutrices titulaires, soit qu'ils exercent comme adjoints, soit qu'ils dirigent une École, sont répartis en cinq classes.

La promotion a lieu à l'ancienneté et de cinq en cinq ans jusqu'à la troisième classe inclusivement ; elle se fait au choix pour la deuxième et la première, après trois ans au moins de séjour dans la classe précédente.

La proportion des instituteurs et institutrices appartenant aux deux classes supérieures ne dépassera jamais le cinquième du nombre total des fonctionnaires. Cette proportion pourra être différente pour les instituteurs et les institutrices.

Le nombre afférent à chacune de ces deux classes pour chaque département sera fixé annuellement par le Ministre de l'Instruction publique sur la proposition du Conseil départemental et d'après les rapports de l'inspection générale, dans les limites des crédits ouverts chaque année par la loi de finances.

Toutes les promotions peuvent se faire sur place.

Art. 28. — Les droits à l'avancement par ancienneté sont constatés et la promotion est prononcée par le Directeur départemental.

Les promotions au choix sont faites par le Directeur départemental, sur la liste préparée par le Conseil départemental.

En outre, la promotion à la première classe est soumise à l'approbation ministérielle.

Art. 29. — Aucun déplacement ne peut être imposé aux instituteurs et institutrices de première classe que par décision du Ministre.

Pour les autres classes, le changement de résidence pour nécessités de service est prononcé par le Préfet en la même forme que la nomination, sur la proposition du Directeur départemental, après avis de la Commission du personnel, et sauf recours de l'instituteur au Ministre de l'Instruction publique.

Les mêmes règles seront applicables à l'admission à la retraite.

Art. 30. — Le classement au choix dans les deux premières classes sera particulièrement déterminé par la valeur professionnelle des maîtres et par les résultats de leur enseignement. Il sera établi sur le vu de rapports et de propositions émanant des Inspecteurs primaires.

Un règlement, délibéré en Conseil supérieur, règlera le mode de fonctionnement de l'Inspection primaire, ainsi que les procédés de constatation et d'appréciation auxquels elle aura recours.

Art. 31. — Les traitements afférents aux cinq classes d'instituteurs et d'institutrices titulaires sont fixés comme suit :

5e classe	1 000 fr.
4e —	1 300
3e —	1 600
2e —	1 900
1re —	2 200

Les instituteurs et institutrices chargés d'un cours d'enseignement complémentaire recevront un supplément de traitement de 300 fr., et les directeurs et directrices d'École primaire supérieure un supplément pouvant varier de 300 à 500 fr.; le Préfet en fixera le chiffre sur la proposition du Conseil départemental et sous réserve de l'approbation du Ministre.

Art. 32. — Des suppléments de traitement pourront être attribués aux instituteurs de chaque classe en raison du mérite, des charges de famille ou de la résidence. Ils seront alloués, chaque année, par le Directeur départemental, assisté de la Commission instituée par l'article 64.

Ces suppléments de traitement varieront de 100 à 200 fr. dans les trois dernières classes, de 100 à 400 fr. dans les deux premières. Ils seront soumis à la retenue.

Une moitié, au plus, des instituteurs de chaque classe pourront recevoir ces allocations supplémentaires.

Art. 33. — Une indemnité fixée par le Ministre de l'Instruction publique, après avis du Conseil départemental, sera accordée annuellement aux instituteurs et institutrices dirigeant une classe d'adultes.

Un règlement délibéré en Conseil supérieur déterminera les conditions auxquelles ces classes devront satisfaire.

ART. 34. — Tout instituteur ou institutrice en exercice dans une École publique recevra un supplément de traitement de 100 fr. pour l'obtention d'un des titres ci-après désignés :

Brevet supérieur,

Certificat d'aptitude pédagogique,

Certificat d'aptitude au professorat des Écoles normales,

Certificat d'aptitude à l'Inspection primaire.

Ces diverses allocations pourront se cumuler.

ART. 35. — L'obtention de la médaille d'argent entraînera une allocation supplémentaire et viagère de 100 francs. Cette allocation sera caduque en cas de révocation ou de démission, à moins que la démission ne soit fondée sur des raisons de santé reconnues valables par le Conseil départemental.

ART. 36. — Les indemnités ou allocations attribuées en vertu des quatre articles précédents, ainsi que tous les suppléments de traitement que pourraient allouer les communes à leurs instituteurs, et la prime accordée aux instituteurs algériens pour la connaissance de la langue arabe, seront l'objet de retenues au profit du Trésor public et compteront dans la liquidation de la retraite.

ART. 37. — Le Ministre de l'Instruction publique peut autoriser le Préfet, sur l'avis du Conseil départemental, à nommer un certain nombre d'instituteurs suppléants et d'institutrices suppléantes pour remplacer les titulaires malades.

Les traitements des suppléants sont calculés de la même façon que ceux des autres instituteurs.

ART. 38. — A la demande des Conseils municipaux, et par décision du Conseil départemental, il peut être établi dans les Écoles publiques des études surveillées en dehors des heures de classe réglementaires.

Ce surcroît de travail ne peut être imposé à aucun maître.

Les maîtres qui s'en chargeront recevront une indemnité annuelle, dont le taux sera fixé par le Conseil départemental.

L'entretien de ces études constitue une dépense facultative qui reste à la charge de la commune.

CHAPITRE V. — *Des Peines disciplinaires.*

ART. 38. — Les peines disciplinaires applicables au personnel de l'enseignement primaire public sont :

1° La réprimande simple;

2° La réprimande devant le Conseil départemental ;

3° La rétrogradation de classe;

4° La révocation ;

5° L'interdiction absolue.

ART. 39. — La réprimande simple et la réprimande devant le Conseil départemental sont prononcées par le Directeur départemental.

La rétrogradation de classe est prononcée par le Directeur départemental, après avis motivé de la Commission permanente du Conseil, le fonctionnaire entendu ou dûment appelé.

La révocation est prononcé par le Préfet, après avis motivé du Conseil départemental, le fonctionnaire inculpé ayant le droit de comparaître devant le Conseil et d'obtenir au préalable communication des pièces du dossier.

Le fonctionnaire révoqué peut, dans le délai de dix jours à partir de la signification du jugement, interjeter appel devant le Conseil académique.

ART. 40. — L'interdiction absolue est prononcée par le Recteur après jugement du Conseil académique, le fonctionnaire inculpé ayant le droit de comparaître et d'obtenir communication préalable du dossier.

Le fonctionnaire interdit peut, dans le délai de vingt jours, interjeter appel devant le Conseil supérieur de l'Instruction publique.

Un décret rendu en la forme des règlements d'administration publique déterminera les règles de la procédure pour l'instruction, le jugement et l'appel.

ART. 41. — Dans les cas graves et urgents, le Directeur départemental, s'il juge que l'intérêt d'une École exige cette mesure, a droit de prononcer la suspension provisoire d'un instituteur pendant la durée de l'enquête disciplinaire, à la condition de saisir de l'affaire le Conseil départemental dès sa plus prochaine séance.

Cette suspension ne peut emporter la privation de traitement.

Elle ne peut durer en aucun cas plus de deux mois.

TITRE III. — De l'Enseignement privé.

ART. 42. — Les directeurs et directrices d'Écoles privées sont entièrement libres dans le choix des méthodes, des programmes et des livres, sauf ceux qui auront été interdits par le Conseil supérieur de l'Instruction publique.

ART. 43. — Tout directeur, toute directrice d'École privée est libre de donner à son établissement le titre et le caractère qu'il lui convient, sous les réserves ci-après.

Aucune École privée ne pourra prendre le titre d'École primaire supérieure, si le directeur ou la directrice, ou au moins un des membres du personnel enseignant, n'est muni du brevet supérieur.

Aucune École privée ne pourra être mixte quant au sexe, s'il existe dans la commune une École publique ou privée spéciale aux filles. Aucune École privée ne pourra recevoir des enfants au-dessous de six ans, s'il existe dans la commune une École maternelle publique.

ART. 44. — Tout instituteur qui veut ouvrir une École privée doit préalablement déclarer son intention au maire de la commune où il veut s'établir, et lui désigner le local.

Le maire remet immédiatement au postulant un récépissé de sa déclaration et fait afficher celle-ci à la porte de la mairie pendant un mois.

Si le maire juge que le local proposé ne remplit pas les conditions réglementaires, il forme, dans les trois jours, opposition à l'ouverture de l'École, après avoir pris l'avis de la Commission municipale scolaire, et en informe le postulant.

Les mêmes déclarations devront être faites en cas de changement du local de l'École, ou en cas d'admission d'élèves internes.

ART. 45. — La déclaration adressée au maire doit l'être simultanément au Directeur départemental; elle est accompagnée, en outre, des diplômes du postulant, de l'extrait de son casier judiciaire, de l'indication des lieux où il a résidé et des professions qu'il a exercées pendant les dix années précédentes, du plan des locaux affectés à l'établissement, et, s'il appartient à une association, d'une copie des statuts de cette association. Le Directeur départemental, soit d'office, soit sur la plainte du Procureur de la République, peut former opposition à l'ouverture d'une École privée, dans l'intérêt des mœurs publiques ou de l'hygiène.

En outre, lorsqu'il s'agira d'un instituteur public révoqué et voulant s'établir comme instituteur privé dans la commune où il exerçait, l'opposition pourra être faite dans l'intérêt de l'ordre public.

A défaut d'opposition, l'École est ouverte à l'expiration du mois, sans autre formalité.

ART. 46. — Les oppositions à l'ouverture d'une École privée sont jugées contradictoirement par le Conseil départemental dans le plus bref délai possible.

Appel peut être interjeté de la décision du Conseil départemental, soit par le Directeur départemental, soit par le postulant, dans les dix jours à partir de la notification de cette décision. Il est soumis au Conseil supérieur dans sa plus prochaine session et jugé contradictoirement dans le plus bref délai possible.

L'instituteur appelant pourra se faire assister d'un conseil ou représenter devant le Conseil départemental et devant le Conseil supérieur.

L'appel est suspensif de l'ouverture de l'École.

ART. 47. — Les Écoles ouvertes sans déclaration ou avant l'expiration du délai spécifié par l'article 44 seront fermées par les soins du maire, soit d'office, soit sur la plainte de l'autorité universitaire.

ART. 48. — Quiconque aura ouvert ou dirigé une École sans avoir les qualités spécifiées aux articles 4, 5 et 6, ou sans avoir fait les déclarations prescrites par les articles 44 et 45, ou avant l'expiration du délai spécifié en l'article 45, dernier paragraphe, ou, enfin, en contravention avec les prescriptions de l'article 43, sera poursuivi devant le tribunal correctionnel du lieu du délit et condamné à une amende de 50 à 500 francs.

L'École sera fermée.

En cas de récidive, le délinquant sera condamné à un emprisonnement de six jours à un mois et à une amende de 100 à 1 000 francs.

Les peines spécifiées au paragraphe précédent seront prononcées contre celui qui, dans le cas d'opposition formée à l'ouverture de son École, l'aura néanmoins ouverte avant qu'il ait été statué sur cette opposition, ou bien au mépris de la décision du Conseil départemental qui aurait accueilli l'opposition.

ART. 49. — Tout instituteur privé pourra, sur la plainte du Directeur départemental, être traduit pour cause de faute grave dans l'exercice de ses fonctions, d'inconduite ou d'immoralité, devant le Conseil départemental, et être censuré ou interdit de l'exercice de la profession, soit dans la commune où il exerce, soit dans le département, selon la gravité de la faute commise.

Il peut enfin être frappé d'interdiction absolue par le Conseil académique, dans la même forme et suivant la même procédure que l'instituteur public.

En cas d'interdiction limitée ou absolue, l'instituteur privé peut faire appel devant le Conseil supérieur dans les formes et selon la procédure indiquée à l'article 40.

ART. 50. — Tout directeur d'École privée qui refusera de se soumettre à la surveillance et à l'inspection des autorités scolaires dans les conditions établies par la présente loi, sera traduit devant le tribunal correctionnel de l'arrondissement et condamné à une amende de 100 à 1 000 francs.

En cas de récidive, l'amende sera de 500 à 2 000 francs.

Si le refus a donné lieu à deux condamnations dans l'année, la fermeture de l'établissement pourra être ordonnée par le jugement qui prononcera la seconde condamnation.

L'article 463 du Code pénal pourra être appliqué.

ART. 51. — Sont assujetties aux mêmes conditions relativement au programme, au personnel et aux inspections les Écoles ouvertes dans les hôpitaux, hospices, colonies agricoles, ouvroirs, maisons de pénitence, refuges ou autres établissements analogues, administrés par des particuliers.

Les administrateurs pourront être passibles des peines édictées par les articles 48, 49 et 50 de la présente loi.

TITRE IV. — **Des autorités préposées à l'enseignement.**

CHAPITRE Ier. — *Du Directeur départemental et des Inspecteurs.*

§ 1er. — Du Directeur départemental.

ART. 52. — Il est institué dans chaque département, en résidence au chef-lieu, un fonctionnaire chargé de diriger, surveiller et administrer l'enseignement primaire.

Ce fonctionnaire prend le titre de Directeur départemental de l'enseignement primaire.

ART. 53. — Le Directeur départemental est nommé par le Ministre de l'Instruction publique.

ART. 54. — Les Directeurs départementaux devront être munis du diplôme d'Inspecteur primaire et de l'un des diplômes de licencié ès lettres ou licencié ès sciences des Facultés de l'État.

Les proviseurs, les professeurs agrégés des Lycées et des Facultés, en exercice depuis plus de cinq ans, seront dispensés de produire le diplôme d'Inspecteur primaire.

ART. 55. — Les Directeurs départementaux sont divisés en trois classes, la classe étant attachée à la personne et non à la résidence.

L'avancement d'une classe à l'autre ne peut avoir lieu avant trois ans au moins d'exercice dans la classe inférieure.

§ 2. — Des Inspecteurs primaires.

ART. 56. — Il y aura dans chaque département un nombre d'Inspecteurs primaires suffisant pour que chacun d'eux n'ait que cent Écoles publiques au plus à inspecter.

Les circonscriptions d'inspection sont déterminées par arrêtés ministériels.

ART. 57. — Il y aura dans chaque département au moins une Inspectrice primaire, spécialement chargée d'inspecter les pensionnats et les Écoles de filles. Son service sera réglé par le Directeur départemental.

ART. 58. — Nul ne sera nommé aux fonctions d'Inspecteur ou d'Inspectrice primaire s'il n'a obtenu le certificat d'aptitude à ces fonctions, institué par le décret du 5 juin 1880.

Les Inspecteurs et Inspectrices primaires sont nommés par le Ministre.

ART. 59. — Les Inspecteurs et Inspectrices sont divisés en trois classes; aucune promotion ne peut avoir lieu qu'après trois ans de grade.

ART. 60. — Toute École publique ou privée devra être inspectée au moins deux fois par an, et trois fois au moins si l'École contient des élèves internes.

ART. 61. — L'inspection générale de l'enseignement primaire sera organisée par des décrets rendus sur la proposition du Ministre de l'Instruction publique.

Les emplois d'Inspectrices départementales des salles d'asile sont supprimés.

CHAPITRE II. — *Des Comités de l'enseignement primaire et du Conseil départemental.*

ART. 62. — Il est institué, dans chaque département, un Conseil de l'enseignement primaire composé ainsi qu'il suit :

1° Le Préfet, président;

2° Le Directeur départemental, vice-président;

3° Le directeur de l'École normale d'instituteurs et la directrice de l'École normale d'institutrices;

4° Deux conseillers généraux nommés par le Ministre;

5° Un membre nommé par les instituteurs et institutrices titulaires publics dans chaque circonscription d'inspection primaire. Ce membre pourra être pris en dehors du personnel enseignant;

6° Deux Inspecteurs de l'enseignement primaire nommés par le Ministre.

Les membres élus du Conseil départemental le sont pour trois ans. Ils sont rééligibles.

ART. 63. — Dans le département de la Seine, le nombre des conseillers généraux et des Inspecteurs primaires sera de six et celui des membres élus par les instituteurs sera de dix, à raison de un pour deux arrondissements.

ART. 64. — Le Conseil départemental nomme dans son sein et au scrutin secret une Commission chargée de connaître de toutes les questions relatives au personnel, et composée du Directeur départemental, président, du directeur de l'École normale d'instituteurs, de la directrice de l'École normale d'institutrices, de deux des membres élus et d'un Inspecteur de l'enseignement primaire, remplissant les fonctions de secrétaire.

ART. 65. — Le Conseil départemental se réunit de droit au moins une fois par trimestre, le Directeur départemental pouvant toujours le convoquer, selon les besoins du service.

En outre des attributions qui lui sont conférées par les dispositions de la présente loi, le Conseil départemental :

Veille à l'application des programmes, des méthodes et des règlements édictés par le Conseil supérieur;

Arrête les règlements relatifs au régime intérieur des établissements d'instruction primaire;

Détermine les Écoles publiques auxquelles, d'après le nombre des élèves, il doit être attaché un instituteur adjoint;

Délibère sur les rapports et propositions du Directeur départemental, des Comités cantonaux et des Commissions municipales scolaires;

Donne son avis sur les réformes qu'il juge utile d'introduire dans l'enseignement, sur les secours et encouragements à accorder aux Écoles primaires;

Entend et discute tous les ans un rapport général du Directeur départemental sur l'état et les besoins des Écoles publiques et des Écoles normales, et sur l'état des Écoles privées; ce rapport et cette discussion sont adressés au Ministre de l'Instruction publique.

ART. 66. — La présence de la moitié plus un des membres du Conseil est nécessaire pour la validité de ses délibérations.

En cas de partage des voix, celle du président est prépondérante.

Les Conseils départementaux peuvent appeler dans leur sein les membres de l'enseignement et toutes les autres personnes dont l'expérience leur paraîtrait devoir être utilement consultée.

Les personnes ainsi consultées n'ont pas voix délibérative.

ART. 67. — Les membres du Conseil départemental peuvent inspecter tous les établissements d'instruction primaire, publics ou privés, du département.

§ 1er. — Des Comités cantonaux.

ART. 68. — Il est institué dans chaque canton un Comité de l'enseignement primaire composé comme suit :

Le conseiller général, président;

Le ou les conseillers d'arrondissement;

Un directeur et une directrice d'Écoles publiques, élus par tous les instituteurs et institutrices titulaires publics du canton;

De délégués des communes du canton, à raison de un par cinq communes, sans que leur nombre puisse être inférieur à trois, nommés par l'ensemble des Commissions municipales scolaires du canton.

Les membres élus le sont pour trois ans; ils sont rééligibles.

ART. 69. — Le Comité cantonal se réunit au moins une fois tous les trois mois, dans une des communes du canton.

L'Inspecteur et l'Inspectrice primaires du ressort ont le droit d'assister à ces réunions, avec voix délibérative.

Les membres du Comité cantonal ont leur entrée dans les Écoles publiques et privées du canton; chaque École devra recevoir au moins une fois tous les trois mois la visite de l'un d'eux.

ART. 70. — Le Comité cantonal est appelé à donner son avis :

Sur le nombre des Écoles communales à ouvrir et sur l'établissement des Écoles de hameau;

Sur la réunion de plusieurs communes pour l'entretien d'une seule École;

Sur l'établissement des Écoles primaires supérieures et des Écoles maternelles dans les communes où il n'est pas obligatoire;

Sur les autorisations relatives à l'établissement des Écoles mixtes quant aux sexes;

Sur l'organisation des cours d'adultes;

Sur la fixation de l'heure et de la durée des classes, de l'époque et de la durée des vacances;

Sur les améliorations qu'il juge utile d'introduire dans les Écoles primaires publiques du canton.

Il rédige, tous les ans, sur l'état des Écoles et de l'instruction primaire dans le canton, un rapport qu'il adresse au Conseil départemental.

ART. 71. — A Paris, il y aura un Comité par arrondissement municipal.

Il sera composé :

Du maire, président;

Des conseillers municipaux de l'arrondissement;

De deux directeurs et de deux directrices d'Écoles publiques, élus par les instituteurs et institutrices titulaires publics de l'arrondissement.

ART. 72. — Les titres Ier et II de la loi du 15 mars 1850, les lois du 10 avril 1867, du 19 juillet 1875 et du 17 août 1876 et l'article 3 de la loi du 16 juin 1881 sur la gratuité sont abrogés.

TITRE V. — **Dispositions transitoires.**

ART. 73. — Chaque année, le Ministre de l'Instruction publique fera connaître, par un rapport présenté aux Chambres, dans quelles limites les ressources du matériel lui auront permis d'assurer l'exécution des diverses prescriptions contenues au titre II, chapitre Ier, de la présente loi.

ART. 74. — En ce qui concerne le personnel enseignant des Écoles publiques de garçons, aucune nomination nouvelle d'instituteur congréganiste n'aura lieu à partir de la promulgation de la présente loi.

Dans le délai de deux ans, à partir de la même date, toutes les Écoles primaires publiques de garçons devront être confiées à un personnel exclusivement laïque.

ART. 75. — En ce qui concerne le personnel enseignant des Écoles publiques de filles, il ne sera fait, à partir de la promulgation de la présente loi, aucune nomination d'institutrice congréganiste au poste de directrice d'École, dans le sens où ce titre a été défini par les articles 19 et 20.

Chaque année le Ministre fera connaître, par un rapport présenté aux Chambres, dans quelles limites l'article 18 de la présente loi aura reçu son exécution.

ART. 76. — Les directrices d'Écoles maternelles publiques, actuellement en exercice, seront assimilées aux institutrices publiques; celles qui exercent sans diplôme de capacité, en bénéficiant des dispenses prévues par la loi du 16 juin sur les titres de capacité, seront rangées dans les 5e et 4e classes.

ART. 77. — Jusqu'au 31 décembre 1884, et pour les communes qui n'auront pu jusque-là se rendre propriétaires des immeubles destinés à leurs Écoles, l'État pourra continuer de prendre à sa charge tout ou partie de la dépense résultant de la location des bâtiments servant à la tenue des classes ou au logement des maîtres. Passé ce délai, l'article 12 de la présente loi recevra son entière exécution.

ART. 78. — Tout directeur d'École privée actuellement existante devra, dans les trois mois qui suivront la promulgation de la présente loi, faire savoir au Directeur départemental si son École doit être classée parmi les Écoles maternelles, primaires ou primaires supérieures. Il lui adressera, en même temps, ses diplômes, son casier judiciaire, et lui indiquera s'il appartient à une association religieuse, les mêmes pièces et indications étant exigées de ses instituteurs adjoints.

ART. 79. — Pendant le laps de dix années à partir de la promulgation de la présente loi, les instituteurs communaux pourront être autorisés par le Directeur départemental, le Conseil départemental entendu, à exercer les fonctions de secrétaire de mairie dans les communes où cette dérogation à l'article 24 aura été reconnue nécessaire.

ART. 80. — Les donations et legs faits sous la condition que les Salles d'asile et Écoles seraient dirigées par des congréganistes, ou auraient un caractère confessionnel, resteront acquis aux communes, sauf indemnité, s'il y a lieu, en cas de réclamation dans le délai de six mois à partir de la promulgation de la présente loi.

L'État pourra intervenir par voie de subvention dans le payement de cette indemnité.

A l'avenir, les conditions tendant à imposer à une commune le choix d'un personnel enseignant congréganiste ou ayant un caractère confessionnel tomberont sous l'application de l'article 900 du Code civil.

ART. 81. — Les Conseils départementaux, les Comités cantonaux, les Commissions municipales scolaires seront organisés dans les trois mois qui suivront la promulgation de la présente loi. Ne seront admis à prendre part à ces élections que les instituteurs et institutrices titulaires en exercice et munis du brevet de capacité.

ART. 82. — Les Inspecteurs d'Académie actuellement en fonctions pourront être nommés Directeurs départementaux sans remplir les conditions exigées par l'article 70 de la présente loi.

Aucune condition nouvelle ne sera imposée aux directeurs d'Écoles normales et aux Inspecteurs primaires actuellement en fonctions.

Arrêté relatif aux examens des Certificats d'aptitude à l'enseignement des Travaux à l'aiguille[1]. 16 février 1882.

16 Février 1882.

Le Ministre de l'Instruction publique et des Beaux-Arts,

Vu la loi du 11 décembre 1880;

Vu le décret du 15 janvier 1881;

Vu le décret du 29 juillet 1881;

Vu l'arrêté du 3 août 1881;

Considérant que les lois et règlements en vigueur font du travail manuel une partie obligatoire du programme des Écoles primaires, primaires supérieures et professionnelles, tant pour les filles que pour les garçons;

Considérant qu'il importe que des règlements spéciaux rendus sur l'avis du Conseil supérieur déterminent exactement pour chaque catégorie d'Écoles les exercices dont se composera cette partie de l'enseignement, le temps qui leur sera assigné et les garanties d'aptitude spéciale à exiger des maîtres et maîtresses;

Considérant, d'autre part, que parmi ces enseignements nouveaux, celui de la couture, de la coupe et de la confection des vêtements est déjà entré dans la pratique et a été organisé avec succès tant à Paris que dans les départements, et que de nombreuses demandes d'institutrices désireuses d'en être chargées rendent nécessaire la délivrance d'un titre provisoire constatant leur aptitude;

Considérant que ce titre devra ultérieurement être mis en rapport avec les règlements d'ensemble qui fixeront l'organisation de l'enseignement des divers travaux manuels,

Arrête :

ARTICLE 1er. — Il est institué, à titre provisoire, deux certificats d'aptitude à l'enseignement des travaux d'aiguille (premier et second ordre).

1. La session d'examen s'ouvrit le 11 avril 1882 à l'École normale des institutrices de la Seine.

Voir ci-après, *à sa date*, l'arrêté du 20 *juillet* 1883, qui a annulé le présent arrêté, et l'avis publié au *Bull. adm.*, 1884, t. XXXIII, p. 376.

ART. 2. — Le certificat d'aptitude de premier ordre prend le titre de *Certificat d'aptitude à la direction des cours normaux de couture et de confection des vêtements.*

Il est exigé des professeurs et maîtresses adjointes d'Écoles normales chargées de cet enseignement, et des directrices des cours normaux de couture, de coupe et de confection créés par les villes et les départements. Il donne le droit d'enseigner dans les établissements scolaires de tout ordre.

ART. 3. — Ne peuvent être admises à l'examen du certificat d'aptitude de premier ordre que les aspirantes qui appartiennent à l'enseignement public ou libre et qui justifient :

1° De la possession du brevet élémentaire et du certificat d'aptitude de second ordre;

2° De la connaissance de deux méthodes de coupe au moins, à désigner, au choix des aspirantes, parmi celles dont un exemplaire aura été déposé au Musée pédagogique.

ART. 4. — Le certificat d'aptitude de second ordre prend le titre de *Certificat d'aptitude à l'enseignement de la couture et de la confection dans les Écoles communales.*

Il est exigé de toute institutrice qui voudra diriger une classe de couture, de coupe et d'assemblage dans une École primaire ou professionnelle.

ART. 5. — Ne peuvent être admises à l'examen du certificat d'aptitude de second ordre que les aspirantes qui appartiennent à l'enseignement public ou libre et qui justifient :

1° De la possession du brevet élémentaire;

2° De la connaissance d'une méthode de coupe, au moins, à désigner, au choix des aspirantes, parmi celles dont un exemplaire aura été déposé au Musée pédagogique.

ART. 6. — Le *Certificat d'aptitude à la direction des cours normaux de couture et de confection des vêtements* est conféré par une Commission d'examen nommée chaque année par le Ministre.

La Commission d'examen tient une session par an, dans le courant de la semaine qui suit Pâques. L'ouverture de la session est fixée par le Ministre.

ART. 7. — Toute demande d'inscription devra être adressée, quinze jours au moins avant la date fixée pour l'ouverture de la session, au Ministère de l'Instruction publique (Direction de l'enseignement primaire, 6e bureau).

Chaque aspirante devra joindre à sa demande une copie de son brevet de capacité et indiquer sur quelles méthodes elle désire subir l'examen.

ART. 8. — L'examen se compose :

1° D'une épreuve de lingerie : coupe et confection d'une chemise de femme et d'un pantalon d'enfant;

2° D'une des deux épreuves suivantes qui sont tirées au sort : confection d'un corsage à basques pour grande personne, ou d'une robe princesse pour petite fille.

Les exercices se rattachant à l'une ou à l'autre de ces épreuves sont au nombre de quatre :

1° Les aspirantes sont appelées, chacune à leur tour et d'après leur ordre de classement, à faire, devant le jury, une leçon au tableau noir d'après deux méthodes désignées par elles conformément à l'article 3 du présent arrêté; elles compareront ces méthodes et auront à répondre à des questions théoriques sur l'enseignement méthodique de la coupe et des travaux d'aiguille en général; sur l'emploi et le maniement de la machine à coudre. — Cette épreuve est éliminatoire;

2° Chaque aspirante prend les mesures sur le mannequin qui lui a été désigné et dessine, d'après ces mesures et conformément aux principes de la méthode indiquée dans sa demande, le patron du vêtement qu'elle aura ensuite à confectionner;

3° Coupe et assemblage du vêtement d'après le tracé du patron qui aura fait l'objet de la première épreuve; premier essayage sur les mannequins qui ont servi à prendre les mesures; rectifications, s'il y a lieu, en expliquant pourquoi on les fait et d'après quel principe;

4° Couture d'une partie du corsage; façon d'une boutonnière; essayage définitif.

ART. 9. — Les points se comptent de 1 à 20. Les aspirantes n'ayant pas obtenu la moyenne dans la première épreuve ne sont pas admises à continuer l'examen.

ART. 10. — Le *Certificat d'aptitude à l'enseignement de la couture et de la confection dans les Écoles communales* est conféré par des Commissions locales nommées par le Recteur de l'Académie et composées de cinq membres au moins.

ART. 11. — Les Commissions locales tiennent une session par an.

ART. 12. — Toute demande d'inscription devra être adressée, quinze jours au moins avant la date fixée pour l'ouverture de la session, au Recteur de l'Académie.

Chaque aspirante devra joindre à sa demande une copie de son brevet de capacité et indiquer sur quelle méthode elle préfère subir l'examen.

ART. 13. — L'examen se compose :

1° D'une épreuve de couture : une pièce d'ensemble présentant les différents points de couture;

2° D'une des deux épreuves suivantes qui sont tirées au sort : confection d'un corsage à basques pour grande personne, ou d'une robe princesse pour petite fille.

Les exercices se rattachant à l'une ou à l'autre de ces deux épreuves sont au nombre de quatre :

1° Les aspirantes sont appelées, chacune à leur tour et d'après leur ordre de classement, à faire, devant le jury, une leçon au tableau noir d'après la méthode qu'elles ont apprise. Elles auront à répondre à des questions théoriques sur l'enseignement méthodique de la coupe et des travaux d'aiguille en général; sur l'emploi et le maniement de la machine à coudre;

2° Chaque aspirante prend les mesures sur le mannequin qui lui a été désigné et dessine, d'après ces mesures et conformément aux principes de la méthode indiquée dans sa demande, le patron du vêtement qu'elle aura ensuite à confectionner;

3° Coupe et assemblage du vêtement d'après le tracé du patron qui aura fait l'objet de la première épreuve; premier essayage sur les mannequins qui ont servi à prendre les mesures; rectifications, s'il y a lieu, en expliquant pourquoi on les fait et d'après quel principe;

4° Couture d'une partie du corsage; façon d'une boutonnière; essayage définitif.

ART. 14. — L'enseignement complet de la coupe et de l'assemblage comporte, au maximum, de vingt-cinq à trente leçons de deux heures et demie à trois heures chacune.

Dans les cours normaux, l'enseignement obligatoire comprendra :

1° Les travaux usuels d'aiguille;

2° La confection de robes à corsage rond et de robes à corsage à basques;

3° La confection de robes et de tabliers princesse pour petite fille.

L'enseignement des autres vêtements, dont les patrons peuvent être donnés dans les différentes méthodes de coupe, est facultatif.

L'ordre des matières et la répartition du temps sont réglés par les professeurs.

ART. 15. — L'enseignement sera tout à la fois théorique et pratique. On commencera par donner aux élèves une idée générale des méthodes et des principes qui leur servent de base. On passera ensuite à l'application de la méthode particulière dont la directrice du cours a fait choix.

ART. 16. — Le présent arrêté recevra son exécution à titre provisoire, jusqu'au moment où une réglementation générale de l'enseignement des divers travaux manuels dans l'École primaire, l'École primaire supérieure et l'École normale, aura été arrêtée en Conseil supérieur de l'Instruction publique.

Projet de loi relatif à la Nomination et au Traitement des instituteurs et des institutrices, aux Conseils départementaux et cantonaux de l'enseignement primaire, présenté par M. Jules Ferry, Ministre de l'Instruction publique et des Beaux-Arts[1]. 16 février 1882.

Séance du 16 Février 1882.

Exposé des motifs.

Messieurs, le projet que le Gouvernement a l'honneur de soumettre à vos délibérations est destiné à compléter la série des mesures législatives au moyen desquelles le Parlement a poussé si avant, dans le cours des trois dernières années, la réforme de notre organisation scolaire. Divisant la difficulté pour la mieux résoudre, la précédente législature a pourvu successivement aux nécessités les plus urgentes.

En ce qui touche le personnel enseignant, de qui dépend dans une si large mesure la valeur de l'enseignement, elle a commencé par assurer l'avenir, en rendant obligatoire l'établissement des Écoles normales (*loi du* 9 *août* 1879); elle a courageusement résolu d'élever le niveau du personnel enseignant actuellement en exercice, en imposant à tous le brevet de capacité (*loi du* 16 *juin* 1881). En ce qui touche l'enseignement lui-même, non seulement elle a pris soin de rattacher à l'enseignement primaire l'enseignement professionnel et la préparation à l'apprentissage, affirmant ainsi le caractère pratique de l'éducation populaire (*lois du* 11 *décembre* 1880, *du* 16 *juin* 1879 *et du* 27 *janvier* 1880); elle a fait plus : elle nous a rendu l'instrument de toutes les réformes pédagogiques en reconstituant le Conseil supérieur (*loi du* 27 *février* 1880). Enfin, elle a déterminé, par la loi du 16 juin 1881 sur la gratuité et par le projet de loi actuellement en instance devant le Sénat sur l'obligation et la laïcité de l'enseignement primaire, les trois caractères distinctifs de l'École nationale sous le régime démocratique.

Une dernière question reste à régler; c'est celle qui a trait à la situation des instituteurs publics, à leur nomination, à leur traitement, à leur avancement, à la discipline de ce grand corps qui compte aujourd'hui près de 90 000 fonctionnaires. Les lois récentes qui viennent d'être énumérées ont profondément modifié la condition du personnel enseignant : on exige de lui des titres de plus en plus sérieux; on lui impose une responsabilité toujours plus lourde; on étend d'année en année la portée de l'œuvre qu'on lui confie; on a raison d'en vouloir faire l'agent le plus actif de l'éducation nationale.

1. Voir ci-dessus, p. 370, la proposition de loi de M. Paul BERT, 7 *février* 1882, et la liste en renvoi des documents auxquels il y a lieu de se reporter.

Un tel rôle est-il compatible avec la situation précaire que lui faisaient les lois anciennes, avec un traitement variable, souvent insuffisant, forcément dépendant de l'aisance ou de la libéralité des familles et des communes, avec l'absence de toute garantie contre l'arbitraire des déplacements ruineux ou des mesures disciplinaires prononcées à huis clos et sans recours?

Évidemment non ; aussi de tous côtés s'accorde-t-on à reconnaître la nécessité de mettre la situation matérielle et morale des instituteurs en harmonie avec les devoirs nouveaux qu'on leur impose et les services qu'on attend d'eux. Une loi nouvelle est nécessaire, elle est urgente, personne ne le conteste, aussi bien pour mettre l'ordre et la clarté dans les traitements que pour garantir à cette importante fraction du corps enseignant la sécurité du lendemain.

Mais pour arriver à ce résultat si désirable, est-il nécessaire d'embrasser dans un projet d'ensemble, comme vient de le faire un de nos honorables collègues, M. Paul Bert, toute l'organisation administrative de l'enseignement primaire?

Cette codification aura certainement son utilité; elle se fera quelque jour, avant qu'il soit longtemps, par la simple juxtaposition de toutes les lois partielles édictées sur la matière.

Mais le monument qu'on voudrait ériger à cette heure, au prix d'inévitables lenteurs, serait nécessairement incomplet, puisqu'il laisserait en dehors les lois fondamentales sur la gratuité, l'obligation, la laïcité, les titres de capacité. Toutes ces lois, d'ailleurs, sans exception, ont prévu, comme il était nécessaire, une période de transition régie par des dispositions spéciales assez compliquées: il sera sage d'attendre, pour codifier nos lois scolaires, que nous ayons éliminé de la législation organique et définitive tout le détail de ces mesures passagères; que nous soyons en possession d'un état de choses sinon parfait, au moins normal et régulier; que, par l'exécution plus complète des lois récentes, tous nos départements aient leurs Écoles normales, toutes nos communes leurs Écoles, tous nos maîtres leurs brevets, toutes nos classes leurs élèves. Alors il sera facile de condenser dans une loi générale, en les corrigeant sur quelques points d'après l'expérience acquise, les lois fragmentaires par lesquelles l'œuvre d'ensemble se sera graduellement accomplie.

La méthode de reconstruction partielle et progressive, que le Gouvernement et la précédente législature ont appliquée de concert, a été féconde en résultats pratiques; nous vous proposons de régler dans le même esprit les deux seules questions de véritable urgence qui soient demeurées en dehors des lois récentes: la nomination et le traitement des instituteurs publics d'une part, et d'autre part la réorganisation des Conseils départementaux et cantonaux de l'enseignement primaire.

Sur le second point, il est à peine besoin d'insister. Le projet du Gouvernement, comme la proposition de loi qui vous est soumise, n'a d'autre objet que d'étendre aux Conseils de l'enseignement primaire les mêmes règles de composition et les mêmes garanties de compétence et d'impartialité que la loi du 27 février 1880 a appliquées au Conseil supérieur et aux Conseils académiques. Le Conseil départemental serait érigé en tribunal universitaire, de façon à assurer au personnel de l'enseignement primaire les avantages d'un débat public et d'une juridiction indépendante.

Sur la question si controversée de la nomination des instituteurs, c'est à la solution la plus libérale, et l'on peut ajouter la plus impatiemment attendue, qu'après mûre réflexion nous vous demandons de vous rallier. Le Gouvernement vous propose de rendre les instituteurs à leurs chefs hiérarchiques et de les faire rentrer définitivement, comme on le leur promet depuis longtemps, dans la famille universitaire. Tous les fonctionnaires de l'Université sont nommés, soit par le Ministre, soit par le Recteur. Seuls les instituteurs sont restés jusqu'ici dans la dépendance absolue d'une autorité étrangère à l'Université et qui décide souverainement de leur sort.

En principe, cette exception à la règle commune ne se justifie pas : plus la position du fonctionnaire est humble et fragile, plus il semble naturel de la mettre sous la sauvegarde de l'autorité la plus compétente pour apprécier ses titres, la plus portée à ménager ses droits, la moins exposée à lui faire subir le contre-coup des exigences ou des nécessités de la politique locale.

La loi du 14 juin 1854, qui a fait passer la nomination des instituteurs des Recteurs aux Préfets, n'était pas une loi scolaire; c'était, de l'aveu même de ses auteurs, une loi politique : s'il en a été fait, depuis quelques années, une application modérée, grâce à la prudence et au bon esprit des Préfets républicains, l'histoire du second Empire et les grandes réactions de 1873 et de 1877 nous ont fait voir quel parti peuvent en tirer les gouvernements peu scrupuleux. Cet état de choses a pu être toléré comme une transition, défendu comme un expédient; il ne saurait être, par une assemblée républicaine, consacré comme un principe.

En fait, il y avait jusqu'ici, nous nous hâtons d'en convenir, une sérieuse difficulté pratique à faire passer des Préfets aux Recteurs la nomination de ce nombreux personnel. Le traitement de l'instituteur se composait d'éléments qui variaient avec sa résidence : la rétribution scolaire, l'éventuel, les traitements spéciaux ou suppléments de traitement garantis par les communes, les allocations qu'y ajoutaient certaines municipalités, sans parler des revenus accessoires provenant de services étrangers à l'École et notamment des emplois subalternes remplis à l'église par l'instituteur. Dans ces conditions, il eût été téméraire, même en créant tout un service de bureaux auprès de chacun des Recteurs, de songer à leur confier un travail aussi compliqué, aussi délicat que celui des déplacements et des avancements des instituteurs, et d'exiger d'eux la connaissance minutieuse de la situation administrative et financière de quelques milliers de communes. De plus, tant que la situation matérielle de l'instituteur dépendait nécessairement des ressources et des dispositions des municipalités, le Préfet était l'intermédiaire naturel et l'arbitre autorisé : lui seul avait qualité pour imposer officiellement ou officieusement les transactions jugées équitables. Mais cette situation n'existe plus; la loi du 16 juin, en supprimant la rétribution scolaire et les centimes extraordinaires, la loi de finances du 29 juillet, en supprimant, pour presque toutes les communes de France, l'élément variable du prélèvement sur les revenus ordinaires, qu'il serait désormais si difficile de rétablir; enfin cette disposition capitale de la loi sur la gratuité, qui oblige l'État à garantir et, par conséquent, à prendre à sa charge les traitements actuels des instituteurs, ont enlevé à la situation matérielle de ces fonctionnaires le caractère aléatoire qui tenait à la variété en quelque sorte infinie des résidences. Le traitement sera désormais attaché non au poste, mais à la personne. Par ce seul fait, le travail des nominations et mutations des instituteurs aura perdu sa principale difficulté, et il pourra être transféré du Préfet au Recteur non seulement sans inconvénient, mais avec de sérieux avantages pour le bien du service.

Dans l'immense majorité des cas, le travail des déplacements se fera, comme aujourd'hui, après avis des Inspecteurs primaires, par les soins de l'Inspecteur d'Académie, qui n'aura qu'à soumettre au Recteur, comme il les soumettait au

Préfet, les nombreuses dispositions prises d'accord avec les postulants, et sans opposition ni difficulté d'aucune part.

Dans les cas contestés, les seuls où la question offre un véritable intérêt, il nous a paru que l'autorité la plus capable de défendre efficacement et librement non pas l'intérêt seul de l'instituteur, mais l'intérêt du service, qui n'est jamais distinct en réalité de l'intérêt du pays, est non pas celle du Préfet, mais celle du Recteur.

Moins accessible, par la nature même de ses devoirs et de ses fonctions, aux influences locales, qui ne s'inspirent pas toujours des besoins de l'enseignement, plus dégagé de toute considération étrangère au bien du service, le Recteur, directement placé sous l'autorité du Ministre, n'en sera pas moins sensible à toutes les raisons graves, et particulièrement aux raisons sérieuses d'ordre politique.

S'agit-il, même dans la plus humble commune, d'une véritable question d'intérêt public? Importe-t-il de déplacer un instituteur qui n'aura pas démérité au point de vue professionnel, mais qui se sera mêlé à des intrigues locales, qui aura pris part à des querelles électorales, et dont le maintien créerait des difficultés à l'Administration, à la municipalité, aux autorités locales?

Ces autorités ne manqueront pas de signaler le fait au Recteur, et le Recteur y sera aussi attentif que pourrait l'être le Préfet; il ne jugera pas moins sévèrement, il n'hésitera pas à donner satisfaction aux plaintes reconnues légitimes.

Ajoutons qu'en enlevant au Préfet les questions de personnel proprement dites, nous lui laissons, comme il convient, l'examen, le contrôle, la haute direction de tout ce qui, dans l'enseignement primaire, intéresse ou engage les municipalités et le département. Il reste président du Conseil départemental, et, à ce titre, il est appelé à exercer l'action la plus directe et la plus heureuse sur le développement de notre instruction nationale, particulièrement sur l'organisation matérielle et administrative de nos établissements scolaires.

Pour les peines disciplinaires, l'originalité du projet consiste dans le droit de recours accordé à tous les degrés au fonctionnaire inculpé : frappé par l'Inspecteur d'Académie de rétrogradation de classe, il peut se pourvoir devant le Conseil départemental; révoqué par le Recteur, il peut en appeler à la Section permanente du Conseil supérieur; interdit par jugement du Conseil académique, il a recours au Conseil supérieur.

Il resterait à parler du système proposé pour le traitement des instituteurs. Un traitement fixe leur est assuré sur des bases qui répondent sensiblement au traitement de fait que l'État garantit pour la présente année 1882. Mais, outre que l'échelle de ces traitements serait, pour un certain nombre d'instituteurs, très peu élevée si rien ne venait s'y ajouter, il a paru nécessaire de maintenir un principe que toute notre législation a jusqu'ici consacré : c'est qu'il est bon d'entretenir l'émulation, de stimuler l'activité, les efforts de l'instituteur, en un mot de le tenir constamment en haleine. On obtenait ce résultat sous le régime précédent au moyen de la rétribution scolaire et de l'éventuel calculé par tête d'élève. Ce mode d'encouragement ayant disparu, nous proposons d'y substituer un système de primes ou allocations éventuelles, décernées par l'Inspecteur d'Académie, après constatation du mérite professionnel, des résultats obtenus, ainsi que des charges de famille ou de résidence.

En résumé, le projet que nous vous soumettons nous semble de nature à réaliser, dans la situation matérielle et morale des instituteurs, la triple amélioration qui depuis si longtemps est en vain réclamée par l'opinion publique :

Leur garantir l'indépendance professionnelle, en les défendant contre l'abus des influences politiques, sans en faire cependant des fonctionnaires inamovibles;

Leur donner des juges, sans affaiblir en eux le sentiment de la hiérarchie;

Leur assurer enfin une situation pécuniaire convenable et digne, sans les soustraire à la loi salutaire du travail et à l'aiguillon salutaire de l'émulation.

Projet de loi.

Titre Ier. — *Des Conseils départementaux et des Comités cantonaux de l'enseignement primaire.*

Article 1er. — Le Conseil départemental de l'enseignement primaire est composé ainsi qu'il suit :

Le Préfet, président;

L'Inspecteur d'Académie, vice-président;

Quatre membres du Conseil général nommés par le Ministre;

Le directeur de l'École normale d'instituteurs;

La directrice de l'École normale d'institutrices;

Deux Inspecteurs primaires nommés par le Recteur;

Des représentants de l'enseignement primaire public, élus par les instituteurs et institutrices titulaires publics, à raison de un représentant pour 250 électeurs, les directrices d'Écoles maternelles comprises; une place au moins sera réservée à une institutrice.

Pour les affaires contentieuses et disciplinaires intéressant les membres de l'enseignement libre, deux membres de l'enseignement libre, nommés par le Ministre, sont adjoints au Conseil départemental.

Art. 2. — Pour le département de la Seine, le Conseil devra compter six conseillers généraux, six Inspecteurs primaires, six représentants de l'enseignement primaire public et quatre membres de l'enseignement libre.

Art. 3. — Un règlement d'administration publique déterminera le nombre des membres à élire pour chaque département et les formes de l'élection.

Art. 4. — Tous les membres du Conseil sont nommés pour trois ans. Leurs pouvoirs peuvent être indéfiniment renouvelés. Les pouvoirs des conseillers généraux cessent avec leur qualité de conseillers généraux.

Art. 5. — Le Conseil se réunit une fois par mois. En cas d'urgence et sur la demande de l'Inspecteur d'Académie, le Préfet le convoque en session extraordinaire.

Art. 6. — Il est institué dans chaque canton un Comité de l'enseignement primaire composé comme suit :

L'Inspecteur primaire, président;

Un instituteur et une institutrice publics élus par les instituteurs et institutrices titulaires des Écoles publiques du canton;

Des délégués des communes du canton, à raison de un par cinq communes, sans que leur nombre puisse être inférieur à trois, nommés par les membres des Commissions scolaires du canton;

Les membres élus le sont pour trois ans; ils sont rééligibles.

Le Comité cantonal se réunit au moins une fois tous les trois mois dans une des communes du canton.

Les membres du Comité cantonal ont leur entrée dans les Écoles publiques et libres du canton.

Art. 7. — Le Comité cantonal est appelé à donner son avis :

Sur le nombre des Écoles communales à ouvrir et sur l'établissement des Écoles de hameau;

Sur la réunion de plusieurs communes pour l'entretien d'une seule École;

Sur l'établissement des Écoles primaires supérieures, des classes enfantines et des Écoles maternelles;

Sur les autorisations relatives à l'établissement des Écoles mixtes quant au sexe;

Sur l'organisation des cours d'adultes;

Sur la fixation de l'heure et de la durée des classes, de l'époque et de la durée des vacances.

Il rédige tous les ans, sur l'état des Écoles et de l'instruction primaire dans le canton, un rapport qu'il adresse au Conseil départemental.

A Paris et à Lyon, la Commission scolaire d'arrondissement remplira les fonctions de Comité cantonal.

ART. 8. — Les Conseils départementaux et les Comités cantonaux seront constitués dans les trois mois qui suivront la promulgation de la présente loi.

Seront seuls appelés à prendre part à l'élection les instituteurs et institutrices titulaires munis du brevet de capacité, et les directrices d'Écoles maternelles munies du certificat d'aptitude.

TITRE II. — *De la Nomination et du Traitement des instituteurs publics.*

ART. 9. — Le personnel de l'enseignement primaire public comprend :

1° Des stagiaires;

2° Des titulaires.

Nul ne peut être nommé instituteur stagiaire avant l'âge de dix-huit ans, institutrice stagiaire avant l'âge de dix-sept ans.

Nul ne peut être nommé instituteur titulaire s'il n'a fait un stage de deux ans au moins dans une École publique, s'il n'est âgé de vingt et un ans et s'il n'a été porté sur la liste d'admissibilité aux fonctions d'instituteur dressée par le Conseil départemental.

Le temps passé à l'École normale compte aux élèves-maîtres à partir de dix-sept ans pour l'accomplissement du stage.

ART. 10. — Les instituteurs et institutrices titulaires peuvent être chargés soit de la direction d'une École, soit de la direction d'une classe, sous l'autorité d'un autre instituteur.

L'instituteur titulaire qui dirige une École de plus de cinq classes prend le titre et exerce les fonctions de directeur d'École, sans être spécialement attaché à aucune classe.

Nul ne peut être nommé directeur d'École s'il n'est muni du certificat d'aptitude pédagogique et s'il n'est âgé de vingt-cinq ans au moins. Le brevet supérieur est en outre exigé pour la direction d'une École primaire supérieure.

ART. 11. — Les instituteurs et institutrices stagiaires sont nommés et révoqués par l'Inspecteur d'Académie, sur le rapport de l'Inspecteur primaire.

ART. 12. — Les instituteurs et institutrices titulaires sont nommés par le Recteur, sur la présentation de l'Inspecteur d'Académie.

Cette présentation est faite par l'Inspecteur d'Académie, après avis des Inspecteurs primaires du département réunis en Comité sous sa présidence.

Nul ne peut être compris sur une liste de présentation s'il ne figure sur la liste d'admissibilité préalablement dressée par le Conseil départemental.

ART. 13. — Les instituteurs et institutrices titulaires sont répartis en cinq classes.

La promotion a lieu à l'ancienneté et de cinq en cinq ans jusqu'à la troisième classe inclusivement. Elle se fait au choix pour la deuxième et la première, après trois ans au moins de séjour dans la classe précédente, et elle est de droit après six ans.

Toutes les promotions peuvent se faire sur place. Elles sont prononcées par le Recteur, sur la proposition de l'Inspecteur d'Académie et après avis du Comité des Inspecteurs.

ART. 14. — Les traitements afférents aux fonctions d'instituteur et d'institutrice sont fixés comme suit :

	Instituteurs.	Institutrices.
Stagiaires.	800 à 900 fr.	700 à 800 fr.
Titulaires 5e classe	1 000	800
— 4e classe	1 200	1 000
— 3e classe	1 500	1 200
— 2e classe	1 800	1 500
— 1re classe	2 100	1 800

ART. 15. — Il pourra être attribué, chaque année, à un nombre d'instituteurs et d'institutrices ne dépassant pas la moitié du nombre total de ces fonctionnaires, une allocation éventuelle variant de 100 à 200 francs dans les trois dernières classes, de 200 francs à 400 francs dans les classes supérieures.

Ces allocations, non sujettes à la retenue, sont décernées par l'Inspecteur d'Académie après avis du Comité des Inspecteurs primaires en raison du mérite des maîtres, des résultats de l'enseignement, des charges de famille ou de la résidence.

Elles sont imputables sur les fonds de subvention de l'État.

ART. 16. — Les instituteurs et institutrices titulaires dirigeant une École primaire supérieure ou un Cours d'enseignement primaire complémentaire ont droit à un supplément de traitement, sujet à retenue, de 300 francs au minimum, de 500 francs au plus.

Le Recteur fixera le chiffre de ce supplément de traitement sur la proposition de l'Inspecteur d'Académie.

ART. 17. — L'obtention de la médaille d'argent entraînera une allocation supplémentaire et viagère de 100 francs sujette à retenue. Cette allocation sera caduque en cas de révocation ou de démission.

ART. 18. — Tout instituteur ou institutrice, en exercice dans une École publique, recevra un supplément de traitement de 100 francs pour l'obtention d'un des diplômes ci-après désignés :

Brevet supérieur;

Certificat d'aptitude pédagogique;

Certificat d'aptitude au professorat des Écoles normales;

Certificat d'aptitude à l'inspection primaire.

Ces divers suppléments peuvent être cumulés; ils sont sujets à retenue.

ART. 19. — Les peines disciplinaires applicables au personnel de l'enseignement primaire public sont :

1° La réprimande;

2° La rétrogradation de classe;

3° La révocation;

4° L'interdiction absolue.

ART. 20. — La réprimande est prononcée par l'Inspecteur d'Académie.

La rétrogradation de classe est prononcée par l'Inspecteur d'Académie après avis du Comité des Inspecteurs primaires et sauf recours au Conseil départemental.

La révocation est prononcée par le Recteur sur la proposition de l'Inspecteur d'Académie.

Le fonctionnaire révoqué peut, dans les vingt jours à partir de la signification de la sentence, interjeter appel devant la Section permanente du Conseil supérieur de l'Instruction publique.

ART. 21. — L'interdiction absolue est prononcée par le Recteur en Conseil académique, le fonctionnaire inculpé ayant le droit d'obtenir communication des pièces du dossier et de comparaître devant le Conseil pour présenter sa défense.

Le fonctionnaire interdit peut, dans le délai de vingt jours à partir de la signification de la sentence, interjeter appel devant le Conseil supérieur de l'instruction publique.

ART. 22. — Dans les cas graves et urgents, le Préfet peut prononcer, sur la proposition de l'Inspecteur d'Académie et par mesure conservatoire, la suspension de l'instituteur, à la condition de saisir le Conseil départemental dans sa plus prochaine session.

Cette suspension n'emporte pas de privation de traitement et elle ne saurait en aucun cas excéder deux mois.

ART. 23. — Dans les cinq années qui suivront la promulgation de la présente loi, toutes les Écoles primaires publiques de garçons seront pourvues de maîtres laïques.

Partout où les Conseils municipaux en feront la demande, des institutrices laïques seront chargées des Écoles de filles dans l'année qui suivra la demande.

ART. 24. — Toute profession commerciale et industrielle, toute profession administrative, tout emploi rémunéré ou gratuit étranger à l'enseignement, sont interdits aux instituteurs et institutrices publics.

Il n'est fait d'exception que pour les fonctions de secrétaire de mairie dans les communes désignées par le Conseil départemental de l'Instruction publique.

ART. 25. — Sont abrogés les articles 10, 11, 12, 31, 32, 33, 42, 43 de la loi du 15 mars 1850, les articles 9, 10, 11, 12, 13 de la loi du 10 avril 1867, et la loi du 19 juillet 1875, relative au traitement des instituteurs et institutrices.

---

27 février 1882. **Circulaire du Vice-Recteur de l'Académie de Paris, relative aux Formalités à remplir pour l'ouverture d'un Établissement libre d'Enseignement secondaire de jeunes filles.**

27 Février 1882.

Monsieur l'Inspecteur, à la suite d'une déclaration faite à l'Académie, j'ai dû faire remarquer à M. le Ministre que la loi du 21 décembre 1880 n'a pas prévu les formalités relatives à l'ouverture d'un établissement privé d'enseignement secondaire pour les jeunes filles.

M. le Ministre me répond : « En attendant que le Parlement ait statué sur la question dont il s'agit, rien ne s'oppose à ce qu'on suive provisoirement la procédure usitée pour l'ouverture des établissements libres d'enseignement primaire.

« Si donc quelques demandes analogues à celle dont fait mention votre lettre du 1er février vous étaient adressées avant la promulgation de la loi qui est en préparation, vous voudriez bien inviter les postulantes à se conformer aux prescriptions de la loi du 15 mars 1850 et du décret du 30 décembre suivant, comme si elles avaient en vue la création d'une École primaire privée; la situation des établissements ainsi fondés serait régularisée ultérieurement. »

Je m'empresse de porter ces instructions à votre connaissance, et je vous prie d'en assurer, en ce qui vous concerne, l'exécution.

Recevez, etc.

Signé : GRÉARD.

Proposition de loi relative à l'organisation de l'Enseignement communal et privé, présentée par MM. de Lanessan, Dutailly, Beauquier, Henri Maret, Clemenceau, Ernest Lefèvre, de Hérédia, Tony Révillon, Desmons, Camille Pelletan, A. Naquet, Leconte (Indre), Turigny, E. Girodet, Roselli Mollet, Clovis Hugues, Ch. Boudeville, Leydet, Barodet, Peytral, Talandier, G. Laporte, Boudeville, députés. 28 février 1882.

Séance du 28 Février 1882.

Exposé des motifs.

Messieurs, les gouvernements monarchiques qui se sont succédé en France depuis le commencement du siècle se sont efforcés de concentrer entre leurs mains toutes les forces intellectuelles du pays.

Faisant de l'instruction publique un des éléments principaux de leur domination, ils semblent s'être donné pour tâche de façonner tous les cerveaux d'après un modèle uniforme. Depuis les plus humbles instituteurs des communes rurales jusqu'aux professeurs les plus éminents des Facultés, tous les membres du corps enseignant n'ont été considérés par ces gouvernements que comme des agents du pouvoir central, destinés à répandre la crainte et la vénération de ce pouvoir, en même temps qu'à imprimer aux esprits des enfants et des jeunes gens des habitudes de discipline et d'obéissance indispensables pour faire des sujets dociles. Il semble que les législateurs aient redouté par-dessus tout l'ingérence des communes dans l'enseignement, car ils les ont traitées plus mal que les particuliers. Nos lois actuelles obligent les communes à payer l'instruction qui se donne sur leur territoire, mais elles ne leur accordent aucun droit de contrôle sur cette instruction et leur refusent absolument le pouvoir de créer des établissements d'enseignement secondaire et supérieur, tandis que la loi de 1850 et celle du 18 mars 1880 le concèdent à tous les citoyens.

Nos gouvernements républicains n'ont pas échappé à cet esprit de centralisation. C'est lui qui a dicté la loi de 1850 qui régit encore, en grande partie, notre enseignement public; c'est lui qui anime les projets dont vous avez été saisis récemment par M. Paul Bert et par M. Jules Ferry.

Dans la proposition de loi que nous avons l'honneur de vous soumettre, nous nous sommes, au contraire, inspirés des principes de décentralisation et de liberté qui nous paraissent devoir présider à l'organisation d'une république démocratique.

Nous avons pensé qu'il convient de laisser à chaque citoyen et à chaque groupe naturel de la société le soin d'établir l'enseignement qui leur paraît répondre le mieux à leurs besoins.

Nous ne prétendons pas enlever à l'État, représentant de la totalité des citoyens qui composent la nation, le pouvoir d'exercer une surveillance utile aux intérêts de tous; nous ne lui contestons pas davantage le droit de donner l'enseignement à tous les degrés. Mais, considérant, d'une part, que chaque citoyen a le droit (nous dirions même volontiers le devoir) de contribuer au développement intellectuel de ses semblables et de leur communiquer le fruit de ses travaux; et, d'autre part, que les diverses parties de notre vaste pays ont des besoins qui varient avec leurs conditions agricoles, industrielles et commerciales, nous vous proposons de déclarer libre l'enseignement privé et de confier aux communes la tâche de diriger elles-mêmes l'instruction primaire de leurs enfants, en leur laissant toute latitude pour créer, concurremment avec l'État, des établissements d'instruction secondaire et supérieure.

En ce qui concerne l'enseignement privé, l'État n'a pas d'autre droit, selon nous, à faire valoir que celui de veiller à ce que les maîtres ne violent aucune des lois générales de la nation.

Nous ne faisons de réserves qu'en ce qui concerne les maîtres des Écoles primaires privées; nous exigeons d'eux les brevets et certificats imposés aux instituteurs primaires. En dehors de cette condition, qui est nécessitée par le droit qu'auront les maîtres privés de donner l'instruction primaire obligatoire exigée par la loi, nous laissons l'enseignement privé absolument libre, et nous accordons à tous les maîtres qui le donnent le droit de s'inspirer des croyances religieuses des familles qui leur confient des enfants. Nous n'imposons même aucune garantie officielle de capacité aux maîtres de l'enseignement privé secondaire et supérieur, laissant aux citoyens le soin de juger eux-mêmes la valeur de ceux auxquels ils confient leurs enfants.

Relativement à l'organisation de l'enseignement public communal, nous nous sommes nécessairement placés à un point de vue différent. Nous accordons aux communes le droit de créer et d'entretenir des établissements d'instruction de tout ordre et de tout degré; nous laissons aux Conseils municipaux, à des conditions déterminées, le soin d'organiser leur enseignement public, de nommer les maîtres, de choisir les méthodes, d'établir les programmes d'enseignement, et nous abandonnons à leur direction l'enseignement primaire. Mais nous n'avons pas perdu de vue le devoir qu'a l'État de veiller à ce que l'enseignement public soit donné gratuitement, et par des maîtres compétents.

Ouvertes à tous indistinctement et gratuitement, les Écoles communales doivent être fermées à tout enseignement et à toute pratique de nature à froisser les sentiments des familles dont elles reçoivent les enfants. Afin d'atteindre ce but, nous interdisons, dans l'intérieur des établissements communaux d'instruction publique, l'enseignement des religions et les pratiques religieuses, et, par mesure nécessaire de précaution, nous interdisons aux communes de choisir leurs maîtres parmi les membres des congrégations religieuses ou les ministres des différents cultes.

En résumé, nous distinguons, dans la proposition de loi que nous avons l'honneur de vous soumettre, l'enseignement privé, auquel nous concédons toutes les libertés, aux risques et périls de ceux qui s'adressent à lui, de l'enseignement public communal, auquel nous imposons toutes les conditions de neutralité religieuse, de gratuité et de compétence que les citoyens ont le droit d'exiger dans tous les établissements d'instruction créés, au profit de tout le monde, par un pouvoir public.

Une revue rapide des principales parties de notre proposition suffira pour faire comprendre les différences qu'elle présente avec celles dont vous êtes déjà saisis.

Jusqu'à ce jour, l'État a été seul maître des programmes et des méthodes de l'enseignement primaire; seul il a procédé à la nomination et à l'avancement des instituteurs. A l'exemple de l'Amérique et de la Suisse, nous confions aux communes les Écoles primaires, en leur laissant le soin de diriger comme elles l'entendront l'instruction de leurs enfants. Il ne nous paraît pas douteux qu'il y ait avantage à conformer les programmes aux conditions des milieux dans lesquels les enfants sont destinés à vivre, et nous pensons qu'à chaque commune, envisagée comme une association naturelle d'intérêts habituellement identiques ou similaires, incombe le soin de mettre ses programmes d'enseignement en rapport avec les besoins de ses habitants.

Nous trouvons également un avantage considérable à confier aux communes le soin de choisir leurs instituteurs. Ces derniers seront par là soustraits aux influences politiques du pouvoir central; ils se confineront davantage dans leurs fonctions pédagogiques, et il ne manquera pas de s'établir entre eux une concurrence destinée à favoriser les plus capables et les plus zélés, en les faisant rechercher par les communes les plus peuplées et les plus riches.

Comme la compétence des Conseils municipaux en matière d'instruction primaire pourrait, dans bien des cas, ne pas être suffisante, nous plaçons à côté d'eux une Commission cantonale de l'instruction primaire, destinée à étudier toutes les questions relatives à cette instruction, et à soumettre aux Conseils municipaux les propositions sur lesquelles ils sont appelés à délibérer. Nous aurions voulu, à l'exemple de certains cantons de la Suisse, pouvoir faire élire cette Commission par tous les électeurs de la commune; mais les communes françaises sont si restreintes en surface et fréquemment si pauvres en hommes instruits, que nous avons dû renoncer à ce projet. Nous faisons élire la Commission d'instruction primaire par tous les conseillers municipaux du canton et par les membres de l'enseignement primaire.

Contrairement à la législation actuelle, qui refuse aux communes, même les plus importantes, le droit de prendre aucune part à la direction des établissements d'instruction secondaire et supérieure, dont les frais d'installation et d'entretien leur incombent cependant dans des proportions souvent très fortes, nous autorisons toutes les communes à créer et à entretenir à leurs frais des établissements de cette nature, nous leur laissons le soin d'en établir les programmes et d'en choisir les maîtres; mais nous exigeons, en retour de cette concession, les conditions de gratuité conformes aux principes démocratiques; nous imposons aux Conseils municipaux l'obligation de se faire assister par des Commissions compétentes de l'enseignement secondaire et supérieur, et nous voulons que les professeurs possèdent les diplômes imposés dans les établissements similaires de l'État.

En accordant aux communes le droit de créer et d'entretenir des établissements publics d'instruction secondaire et supérieure, nous nous proposons de faire surgir entre ces établissements et ceux de l'État une concurrence qui ne pourra être que profitable à notre enseignement public étouffé par la centralisation à outrance à laquelle il est soumis.

Afin que cette concurrence puisse produire tous ses fruits, nous accordons aux élèves le droit de passer d'une Faculté à une autre sans perdre leurs inscriptions, ainsi que cela se fait dans les universités allemandes. Dans le même but, il nous a paru nécessaire de concéder aux Facultés communales le droit de conférer des diplômes semblables à ceux que délivrent les Facultés de l'État, à la seule condition que l'État surveille les examens et les conditions dans lesquelles ils sont passés.

Nous refusons, au contraire, aux établissements privés le droit de conférer aucun brevet ou diplôme semblables à ceux de l'État, mais nous ne leur imposons aucune des conditions qui sont exigées des établissements communaux.

Telles sont, Messieurs, les principales dispositions de notre proposition de loi; nous vous laissons le soin d'en apprécier la valeur.

Proposition de loi.

TITRE Ier. — *Dispositions générales.*

ARTICLE 1er. — Dans les conditions prescrites par la présente loi, les communes sont tenues de créer et d'entretenir des Écoles maternelles ou infantiles et des Écoles primaires élémentaires.

Elles sont autorisées à créer et à entretenir des établissements d'instruction primaire supérieure, d'instruction secondaire et supérieure, des Écoles professionnelles et tous autres établissements d'instruction théorique et pratique.

ART. 2. — Les instituteurs, maîtres et professeurs de tout ordre, de l'un et l'autre sexe, des établissements communaux d'instruction doivent être pourvus des certificats, brevets ou diplômes exigés dans les établissements similaires de l'État.

Ils doivent être Français ou naturalisés Français, jouir de leurs droits civils et politiques, n'avoir subi aucune condamnation judiciaire pour crime ou délit contraire à la probité ou aux mœurs, et n'appartenir à aucune congrégation religieuse.

ART. 3. — L'enseignement des religions et les pratiques religieuses sont interdits dans l'intérieur des établissements d'instruction créés par les communes.

ART. 4. — Tous les établissements d'instruction créés par les communes, en vertu de l'article 1er, sont placés sous la dépendance des Conseils municipaux, qui président à l'établissement des programmes, à la nomination du personnel, etc., dans les conditions prescrites par la présente loi.

ART. 5. — L'État entretient, dans chaque département, des inspecteurs destinés à surveiller les établissements communaux et privés d'instruction, en vue d'assurer l'exécution des lois.

TITRE II. — *Établissements communaux d'Instruction primaire élémentaire.*

ART. 6. — Toute commune doit être pourvue d'une École maternelle ou infantile recevant les enfants des deux sexes de trois à sept ans, et d'une École primaire élémentaire pour les enfants de sept à douze ans.

Les Écoles primaires élémentaires peuvent être mixtes ou ne recevoir que des enfants d'un seul sexe; dans ce dernier cas, il doit exister, dans chaque commune, une École spéciale pour les filles.

ART. 7. — En cas d'insuffisance de population, deux communes peuvent être autorisées à se réunir pour créer et entretenir les Écoles maternelles ou infantiles et primaires élémentaires ordonnées par la présente loi.

L'autorisation est accordée par décret, sur la demande des communes intéressées.

Art. 8. — Les Écoles maternelles ou infantiles et primaires élémentaires sont publiques et gratuites.

En cas d'insuffisance de ressources, l'État vient en aide aux communes pour la construction, l'installation, l'entretien, la solde du personnel, au moyen de subventions votées par les Chambres sur la demande des Conseils municipaux.

Art. 9. — L'enseignement est donné par des institutrices dans les Écoles maternelles ou infantiles, par des instituteurs ou des institutrices dans les Écoles mixtes, par des institutrices dans les Écoles primaires élémentaires de filles, par des instituteurs dans les Écoles primaires élémentaires de garçons. Toutefois, dans les Écoles de garçons, il peut exister des maîtresses adjointes placées sous la direction d'un instituteur.

Art. 10. — Les institutrices chargées de la direction d'une École maternelle ou infantile et les instituteurs ou institutrices chargés de la direction d'une École primaire élémentaire peuvent être assistés par des adjoints ou des adjointes.

Art. 11. — Les directrices et adjointes des Écoles maternelles ou infantiles, les adjoints et les adjointes des Écoles primaires élémentaires doivent être pourvus au moins du certificat d'aptitude pédagogique et être âgés de dix-sept ans.

Les directeurs et directrices des Écoles primaires élémentaires doivent être pourvus du brevet de capacité et être âgés d'au moins vingt et un ans.

Art. 12. — Le traitement des instituteurs et institutrices des Écoles infantiles ou maternelles et des Écoles primaires élémentaires est déterminé par les Conseils municipaux.

Il ne peut être inférieur à 1 000 fr. pour les adjointes des Écoles infantiles et maternelles.

Il est de 1 200 fr. au moins pour les adjoints et adjointes des Écoles primaires élémentaires.

Il est de 1 500 fr. au moins pour les directeurs des Écoles primaires élémentaires.

Tous les maîtres doivent être logés, chauffés et éclairés aux frais de la commune.

Les Conseils municipaux restent maîtres d'élever le traitement suivant le mérite des fonctionnaires.

Une retenue de 5 p. 100, au profit du Trésor public, est faite sur tous les traitements des directeurs et directrices, adjoints et adjointes des Écoles maternelles, infantiles et primaires, élémentaires ou supérieures, en vue de l'établissement de la retraite, qui sera établie conformément aux lois actuellement en vigueur.

Art. 13. — Les Conseils municipaux peuvent allouer, à titre de récompense ou comme indemnité de cours faits aux adultes, des gratifications annuelles aux maîtres et maîtresses qui s'en montrent dignes.

Ces gratifications ne sont pas soumises à la retenue.

Art. 14. — Il existe dans chaque canton une Commission cantonale de l'instruction primaire composée de :

Cinq conseillers municipaux élus par tous les conseillers des communes du canton ;

Cinq électeurs du canton, élus par tous les conseillers municipaux du canton;

Cinq maîtres ou maîtresses de l'enseignement primaire, élus par tous les maîtres et adjoints du canton, le Conseil général et les conseillers d'arrondissement du canton.

ART. 15. — Les membres de la Commission de l'instruction primaire ont droit à une indemnité établie par le Conseil général et prélevée sur les fonds départementaux.

ART. 16. — La Commission de l'instruction primaire est élue pour quatre ans. Toutefois, les conseillers municipaux, d'arrondissement, et le conseiller général qui en font partie sont remplacés lors du renouvellement des assemblées auxquelles ils appartiennent.

Les membres de la Commission qui viennent à mourir doivent être remplacés dans le délai d'un mois.

ART. 17. — Les Préfets sont chargés des mesures à prendre pour les élections des Commissions de l'instruction primaire.

ART. 18. — La Commission de l'instruction primaire est chargée de l'étude de toutes les questions relatives à l'organisation et au fonctionnement des Écoles maternelles, infantiles, primaires élémentaires, professionnelles et primaires supérieures.

Elle fait aux Conseils municipaux du canton toutes les propositions relatives à la création des Écoles, à la nomination, à l'avancement, aux traitements, aux gratifications, à la révocation du personnel des Écoles.

Elle propose aux Conseils municipaux les méthodes d'enseignement, les programmes, le matériel scolaire qu'elle juge convenable d'introduire dans les Écoles communales.

Elle indique les mesures hygiéniques à prendre, les soins à donner aux enfants, les secours à accorder aux parents nécessiteux.

Elle surveille l'enseignement et la tenue des Écoles et adresse, chaque trimestre, aux Conseils municipaux, un rapport sur tous les objets de sa compétence.

ART. 19. — Les Conseils municipaux statuent par leurs délibérations sur toutes les questions qui leur sont soumises par la Commission de l'instruction primaire.

ART. 20. — Les maîtres des Écoles maternelles ou infantiles et primaires élémentaires sont nommés par les Conseils municipaux, d'après une liste double, dressée par la Commission de l'instruction primaire.

ART. 21. — Les mesures disciplinaires et la révocation des maîtres des Écoles communales sont proposées par la Commission de l'instruction primaire et votées par les Conseils municipaux.

ART. 22. — Le maire est chargé de l'exécution de toutes les décisions relatives aux Écoles de la Commune prises par le Conseil municipal.

Dans les communes possédant un grand nombre d'Écoles, le maire peut être assisté par une direction de l'instruction primaire dont tous les actes sont soumis au contrôle du Conseil municipal.

ART. 23. — Le Conseil municipal établit le budget des dépenses des Écoles de la commune à l'aide :

1° Des recettes ordinaires de la commune;

2° Des quatre centimes communaux spéciaux à l'instruction primaire;

3° Des quatre centimes départementaux créés par l'article 40 de la loi du 15 mars 1850 et l'article 7 de la loi du 19 juillet 1875;

4° Des subventions accordées par l'État;

5° Des dons et legs faits à la commune.

TITRE III. — *Écoles communales professionnelles.*

ART. 24. — Les Écoles professionnelles créées par les communes en vertu de l'article 1er de la présente loi sont construites, installées et entretenues aux frais des communes.

L'État intervient dans les dépenses en cas d'insuffisance des ressources.

ART. 25. — L'enseignement donné par les Écoles professionnelles est gratuit. Il se compose d'une partie professionnelle et d'une partie théorique. Le niveau de cette dernière doit être au moins égal au niveau de l'enseignement primaire élémentaire.

ART. 26. — Les Conseils municipaux établissent les programmes, nomment et révoquent le personnel, votent le budget des Écoles professionnelles dans les conditions prescrites par les articles 18, 19, 20 et 21 de la présente loi.

TITRE IV. — *Ecoles communales primaires supérieures.*

ART. 27. — Les Écoles primaires supérieures créées par les communes en vertu de l'article 1er de la présente loi sont construites, installées et entretenues aux frais des communes.

Toutefois, le département et l'État peuvent intervenir par des subventions dans les frais de construction, d'installation et d'entretien de ces Écoles.

ART. 28. — Dans les Écoles primaires supérieures créées par les communes, la moitié des places au moins doit être réservée aux élèves des Écoles primaires ou professionnelles de la commune.

ART. 29. — L'enseignement des Écoles primaires communales supérieures est gratuit pour les élèves externes.

ART. 30. — Les Conseils municipaux décident toutes les questions relatives à l'organisation, aux programmes, au personnel, etc., des Écoles primaires supérieures, dans les conditions prescrites par les articles 18, 19, 20 et 21 de la présente loi.

TITRE V. — *Établissements communaux d'Instruction secondaire.*

ART. 31. — L'article 27 de la présente loi est applicable aux établissements d'instruction secondaire créés et entretenus par les communes.

ART. 32. — Dans les établissements d'instruction secondaire créés par les communes, l'enseignement est gratuit pour les élèves externes : un tiers au moins des places d'internat doit être accordé gratuitement, après concours, aux élèves des Écoles primaires de la commune.

ART. 33. — Lorsque les parents en feront la demande, les élèves internes recevront l'instruction religieuse, en dehors des classes ordinaires.

ART. 34. — Dans les communes qui ont créé et entretiennent des établissements d'instruction secondaire, il existe une Commission de l'instruction secondaire composée de quinze membres élus dans les conditions suivantes :

Cinq membres du Conseil municipal élus par leurs collègues;

Cinq membres élus par le Conseil municipal parmi les électeurs de la commune;

Cinq membres élus par tous les professeurs appartenant aux établissements communaux d'instruction secondaire.

Les membres de cette Commission sont élus pour un an. Ils reçoivent une indemnité votée par le Conseil municipal et prélevée sur les ressources de la commune.

Art. 35. — La Commission d'instruction secondaire choisit les méthodes d'enseignement, établit les programmes des études, règle l'ordre des travaux, l'installation des classes, des laboratoires, des salles, des cours de récréation, des dortoirs, le régime alimentaire des élèves, la distribution du temps, et généralement toutes les questions relatives à l'organisation, à l'installation, aux études des établissements communaux d'enseignement secondaire; elle fait les propositions relatives à la nomination, au traitement, à l'avancement, aux peines disciplinaires, à la révocation du personnel.

Ses propositions ne sont exécutoires qu'après un vote du Conseil municipal, dans les conditions prescrites par les articles 18, 19, 20 et 21 de la présente loi.

Le maire et la direction de l'enseignement secondaire sont chargés de l'exécution des délibérations du Conseil municipal.

Titre VI. — *Établissements communaux d'Instruction supérieure.*

Art. 36. — Les communes peuvent créer et entretenir des Facultés et Écoles secondaires et de plein exercice, semblables à celles de l'État, des Écoles professionnelles supérieures, telles que : Écoles de chimie ou de physique industrielles, des mines, du commerce, d'économie politique, des beaux-arts, etc.

L'article 27 de la présente loi est applicable à ces établissements.

Art. 37. — L'enseignement est gratuit dans tous les établissements d'instruction supérieure créés par les communes.

L'internat n'existe pas dans ces établissements.

Art. 38. — Les Conseils municipaux peuvent entretenir dans les établissements d'instruction supérieure des boursiers nommés au concours parmi les élèves des établissements secondaires de la commune.

Art. 39. — Dans les communes qui possèdent des établissements communaux d'instruction supérieure, il existe une Commission de l'enseignement supérieur, composée de quinze membres nommés de la façon suivante :

Cinq conseillers municipaux élus par leurs collègues;

Cinq électeurs de la commune nommés par le Conseil municipal;

Cinq professeurs de l'enseignement supérieur communal, élus par leurs collègues.

Les membres de cette Commission sont élus pour un an. Ils reçoivent une indemnité votée par le Conseil municipal et prélevée sur les ressources de la commune.

Art. 40. — La Commission de l'enseignement supérieur étudie toutes les questions relatives à la création des établissements d'enseignement supérieur, à leur installation, à la nomination, aux traitements, à la révocation du personnel, etc.

Ses propositions ne sont exécutoires qu'après un vote du Conseil municipal, dans les conditions prescrites par les articles 18, 19, 20 et 21 de la présente loi.

Le maire et la direction de l'enseignement supérieur communal sont chargés de l'exécution des délibérations du Conseil municipal.

Art. 41. — Les établissements communaux d'instruction supérieure sont autorisés, en se conformant aux prescriptions légales, à délivrer des diplômes semblables à ceux que confère l'Université nationale et entraînant les mêmes droits.

Les jurys d'examens chargés de conférer ces diplômes sont assistés d'un Inspecteur délégué par le Ministre de l'Instruction publique, chargé de veiller à ce que les examens soient subis dans les mêmes conditions qu'auprès de l'Université nationale.

Les diplômes doivent porter l'indication des établissements qui les ont délivrés.

ART. 42. — Les élèves des Facultés communales peuvent, sans perdre leurs inscriptions, passer dans une Faculté de l'État et réciproquement, ou dans une autre Faculté communale.

TITRE VII. — *De l'Enseignement privé*

ART. 43. — Tout citoyen jouissant de ses droits civils et politiques, et n'ayant subi aucune condamnation judiciaire pour crime ou délit contraire à la probité ou aux mœurs, est autorisé à créer des établissements privés d'enseignement de tout ordre et à professer dans ces établissements.

Les maîtres des Écoles primaires élémentaires privées sont tenus de justifier des certificats et brevets exigés des instituteurs et adjoints des Écoles primaires communales.

ART. 44. — Les directeurs d'établissements d'enseignement privé sont tenus d'adresser au Ministre de l'Instruction publique une déclaration indiquant la nature de l'établissement qu'ils se proposent d'ouvrir, et un plan détaillé de cet établissement.

Cette déclaration doit être faite six mois au moins avant l'ouverture des cours. Il en est délivré récépissé à l'intéressé.

ART. 45. — Les établissements d'enseignement privé sont soumis à la surveillance des Inspecteurs de l'État, chargés de veiller à l'exécution des lois et des prescriptions hygiéniques.

ART. 46. — Les établissements d'enseignement privé sont entièrement libres dans le choix des méthodes, des programmes et des livres. Ils ne sont soumis à aucune mesure restrictive relativement à l'enseignement des religions, aux pratiques religieuses et au caractère laïque ou religieux des maîtres.

ART. 47. — Les établissements d'enseignement privé ne peuvent délivrer ni brevets, ni diplômes.

Les élèves de ces établissements qui désirent obtenir ces titres sont tenus de subir devant les jurys de l'Université nationale les examens qu'ils comportent, en justifiant de la durée d'études exigée des élèves de l'Université pour chaque examen.

ART. 48. — Toutes les dispositions des lois, décrets et circulaires qui sont contraires à la présente loi sont abrogées.

28 février 1882.

Proposition de loi sur la Retraite des instituteurs et institutrices, présentée par MM. Paul Bert et Dethou, députés[1].

Séance du 28 Février 1882.

Exposé des motifs.

Messieurs, les Chambres républicaines ont toujours témoigné le plus vif intérêt à l'enseignement primaire et fait en sa faveur les plus importants sacrifices. Cependant, le personnel enseignant a jusqu'à présent peu profité, au point de vue financier, de ces dispositions généreuses. Sans doute, la proposition de loi dont j'ai eu l'honneur de saisir la Chambre le 17 février dernier, et le projet à peu près identique déposé consécutivement par le Gouvernement donneront, quand ils seront votés, satisfaction à des besoins urgents et légitimes, sous le rapport des traitements annuels.

Mais les conditions de la retraite n'ont point été modifiées et restent ce qu'elles sont depuis la loi du 17 avril 1876; c'est-à-dire que l'instituteur n'a droit à une pension qu'à l'âge de cinquante-cinq ans, après vingt-cinq ans de service.

Cette loi, dont je m'honore d'avoir eu l'initiative, marquait un sensible progrès sur l'état de choses antérieur. Elle a cependant paru insuffisante non seulement aux intéressés, mais à tous ceux qui s'occupent d'enseignement primaire.

En réalité, l'âge de cinquante-cinq ans correspond généralement à trente-cinq ans de services. Or, c'est là trop demander.

La profession d'instituteur est matériellement fort rude. Les organes respiratoires sont particulièrement surmenés. Quantité d'instituteurs succombent à des maladies de poitrine, et celles du larynx atteignent la grande majorité d'entre eux, empoisonnent leur vie, et trop souvent les forcent à quitter l'enseignement bien avant l'époque de la retraite.

1. Consulter les documents suivants :

Proposition de loi de M. DUVAUX, 8 *novembre* 1878, relative à la retraite des fonctionnaires de l'enseignement secondaire (*Journal officiel* du 26 *novembre* 1878, p. 10998 et 10999);

Proposition de loi de MM. ÉTIENNE, DESSOLIERS, etc., 27 *février* 1883 (ci-après *à sa date*);

Proposition de loi de M. REMOIVILLE, tendant à modifier l'article 8 de la loi du 9 juin 1853, 19 *novembre* 1885 (*Journal officiel* de *mai* 1886, Documents parlementaires, Chambre, p. 241-242).

Rapport sur la proposition de M. Remoiville présenté par M. TURREL, 13 *novembre* 1886 (*Journal officiel* du 1er *mai* 1887, p. 1053 et 1054);

Proposition de MM. DU MESNILDOT, LIAIS, etc., relative à la limite d'âge de mise à la retraite des fonctionnaires de tout ordre, 23 *novembre* 1886 (ci-après *à sa date*);

Proposition de loi tendant à la liquidation des pensions civiles actuelles et à la réorganisation sur des bases nouvelles du service des pensions à venir, présentée par M. HUBBARD, 2 *juillet* 1887 (*Journal officiel* du 21 *septembre* 1889, p. 1405). La proposition n'a pas été distribuée;

Proposition de loi de M. Jacques PIOU, relative à la limite d'âge, et Rapport sur ladite proposition par M. Jules ROCHE, 4 *février* 1889 (ci-après *à sa date*).

Voir aussi *Les Pensions de retraite des Instituteurs*, réponse de la « Correspondance générale », grand in-8°, 47 pages (Paris, Hachette, 1897).

D'un autre côté, l'intérêt public n'est point toujours satisfait par ce si long emploi d'un même homme. Les matières de l'enseignement augmentent sans cesse, les méthodes se perfectionnent, les livres et le matériel scolaire changent. Toutes ces améliorations restent trop souvent lettre morte pour le vieil instituteur qu'a envahi et pétrifié la routine. Et alors on voit ce spectacle lamentable d'un instituteur qui a conquis par son mérite une situation importante, puis qui, devenu insuffisant au bout de vingt-cinq ou trente ans, est renvoyé dans des communes de plus en plus petites, les seules où, dit l'Administration, on puisse encore l'utiliser.

Spectacle lamentable pour un vieux et dévoué serviteur qui n'a eu d'autre tort que de s'être usé au service de la nation, plus lamentable encore pour les enfants confiés à ses soins, alors qu'il est découragé et se sent frappé d'une sorte de dégradation. Or, ces enfants, dans ces pauvres villages où les lectures sont rares, où ne pénètre aucune lumière, auraient plutôt droit encore à un instituteur d'élite que ceux des villes, dont l'intelligence trouve mille occasions de stimulation et de développement.

De tout cela il faut accuser le trop long temps de services exigé pour la mise à la retraite.

On l'a senti depuis longtemps, car le projet de décret de septembre 1791, rédigé par Talleyrand, disait déjà :

« Tout maître d'École primaire aura, après vingt ans d'exercice, son traitement pour retraite. »

En 1831, le projet de loi déposé par M. Barthe, Ministre de l'Instruction publique et des Cultes, disait dans son article 13 :

« A partir de la promulgation de la loi, les communes verseront annuellement dans les caisses des receveurs d'arrondissement, une somme égale au vingtième du traitement fixe de chaque instituteur; laquelle somme sera placée en rentes sur l'État, à l'effet d'assurer des pensions de retraite aux instituteurs, soit au bout de trente ans de services, soit après dix ans au moins de services en cas d'infirmités contractées pendant les fonctions. »

Et, peu de mois après, le Ministère ayant changé, M. Emmanuel Las Cazes, député, déposait une proposition de loi où la pension de retraite était accordée après vingt années de services.

La loi du 9 juin 1853 a exigé, pour le droit à la retraite, trente ans de services et soixante ans d'âge. La pension était basée sur la moyenne des traitements et émoluments de toute nature soumis à retenue dont l'ayant droit avait joui pendant les six dernières années d'exercice. Elle était réglée pour chaque année de services à un soixantième de ce traitement moyen. Pour avoir droit à une retraite pour infirmités graves, résultant de l'exercice des fonctions, il fallait avoir cinquante ans d'âge et trente ans de services.

En un mot, l'enseignement primaire était considéré comme un service sédentaire.

La loi du 17 août 1876 a eu pour but de le faire classer parmi les services actifs. Donc, cinquante-cinq ans d'âge et vingt-cinq ans de services, pour la retraite régulière; quarante-cinq ans d'âge et quinze ans de services pour la retraite motivée sur des infirmités.

Enfin, comme le règlement des retraites donnait encore trop souvent des chiffres dérisoires, j'avais demandé et obtenu que le minimum de la retraite régulière fût de 600 fr. pour les hommes et de 500 fr. pour les femmes. Au budget de 1881, un amendement signé par moi et par mes collègues de la Commission de l'instruction primaire a fait établir à 400 fr. le minimum de la retraite pour infirmités.

Mais ces améliorations successives me paraissent encore insuffisantes. Exiger d'un instituteur l'âge de cinquante-cinq ans pour avoir droit à la pension de retraite, c'est contraindre un grand nombre de ces fonctionnaires, épuisés avant l'âge, à se retirer sans nulle retraite, ou avec la faible pension motivée sur leurs infirmités.

Il me semble que c'est la durée des services qui doit ici entrer exclusivement en ligne de compte quand il s'agit de la retraite, et qu'il était bon de se rapprocher du principe de 1791. Mais j'ai cru devoir porter à vingt-cinq ans la durée exigée.

En présence de cette amélioration considérable, il n'y avait plus lieu de compter, comme l'a fait la loi de 1876, l'avantage donné aux élèves des Écoles normales de voir compter pour la retraite leurs années d'études à l'École après l'âge de vingt ans. Ainsi, l'âge de la retraite possible s'abaissera à quarante-cinq ans pour l'instituteur sorti de l'École normale avant vingt ans.

Enfin, il m'a paru nécessaire de supprimer également la condition d'âge pour l'obtention de la retraite liquidée pour infirmités, et de ne garder que la durée des services. C'est une conséquence du principe plus haut posé.

En conséquence, j'ai l'honneur de soumettre à vos délibérations la proposition de loi suivante :

Proposition de loi.

ARTICLE 1er. — Les instituteurs et institutrices primaires auront droit à la pension de retraite après vingt-cinq années de services, sans condition d'âge.

ART. 2. — Les années passées dans d'autres services publics compléront pour les vingt-cinq ans de retraite, pourvu que le fonctionnaire ait exercé vingt ans dans l'enseignement public.

ART. 3. — La pension de retraite sera basée sur la moyenne des traitements et émoluments de toute nature, sujets à retenue, dont l'ayant droit aura joui pendant les six années qui auront produit le chiffre le plus élevé.

ART. 4. — La pension sera de la moitié du traitement moyen établi comme il vient d'être dit, avec accroissement pour chaque année de services, en sus de vingt-cinq, d'un cinquantième de ce traitement.

En aucun cas, elle ne pourra ni excéder les trois quarts de ce traitement moyen, ni être inférieure à 600 fr.

ART. 5. — Peuvent également être mis à la retraite, s'ils comptent dans l'instruction publique ou dans les services actifs quinze ans de services, les instituteurs et institutrices que des infirmités graves, résultant de l'exercice de leurs fonctions, mettent dans l'impossibilité de les continuer.

Dans ce cas, la pension sera liquidée à raison d'un cinquantième du traitement moyen par chaque année de service.

Elle ne pourra, dans aucun cas, être inférieure à 400 fr.

ART. 6. — La loi du 17 août 1876 est abrogée.

Néanmoins, pour toutes les dispositions de la loi du 9 juin 1853, auxquelles il n'est pas dérogé par celles de la présente loi, les instituteurs restent classés dans le service actif.

Projet de résolution tendant à faire nommer une Commission d'enquête de dix-huit membres chargés de recueillir tous les renseignements nécessaires sur la situation comparative des Écoles laïques et congréganistes, présenté par M. de Gavardie, sénateur [1]. 11 mars 1882.

Séance du 11 Mars 1882.

Messieurs, considérant qu'un grand nombre de familles se trouvent dans la cruelle nécessité de priver leurs enfants d'instruction religieuse et de subventionner des Écoles dont elles ne peuvent profiter, malgré l'apparence trompeuse de la gratuité ; qu'elles s'imposent un nouveau sacrifice en soutenant les Écoles congréganistes ;

Considérant que, partout où ces dernières Écoles existent encore, le nombre des élèves qui les fréquentent est supérieur à celui des Écoles laïques, et que les besoins réels de l'instruction publique sont assurés par la libre concurrence;

Que les communes, dont l'adhésion à cette transformation des Écoles est simplement supposée et n'a jamais fait l'objet d'un vote formel, seul décisif, des pères et mères de famille, supportent sans nécessité des charges onéreuses pour leur budget ;

Considérant que le budget de l'État est grevé d'une charge énorme et également inutile ;

Considérant, d'ailleurs, que l'instruction proprement dite et l'éducation surtout sont inférieures dans les Écoles laïques ;

Que, dans ces conditions, contestées par les partisans de l'instruction obligatoire et laïque, une enquête peut seule éclairer l'opinion publique, et qu'elle doit nécessairement être ordonnée avant le vote définitif de la loi sur l'instruction primaire, vote qui aurait pour effet d'étendre et d'aggraver le mal ci-dessus signalé,

Le sénateur soussigné propose au Sénat la résolution suivante :

Projet de résolution.

ARTICLE UNIQUE. — Une Commission, composée de dix-huit membres et investie des pouvoirs ordinaires des Commissions d'enquête parlementaire, sera élue dans les bureaux pour recueillir tous renseignements nécessaires sur la situation comparative des Écoles laïques et congréganistes.

Décret relatif à la Construction d'Écoles de hameau dans le département du Finistère. 14 mars 1882.

14 Mars 1882.

Le Président de la République française,

Sur le rapport du Ministre de l'Instruction publique et des Beaux-Arts,

1. Voir le rapport de M. RIBIÈRE, sénateur, 26 *avril* 1883 (*Journal officiel* de *mai* 1883, p. 747 et 748).

Consulter le *Rapport* de la Commission de statistique *sur les résultats des laïcisations scolaires* (in-8° de 182 pages, Imp. Nat^{le}, 1891).

Vu l'article 14 de la loi du 1er juin 1878, qui impose aux communes l'obligation de pourvoir à l'installation de leurs maisons d'école;

Vu l'article 4, paragraphe 2, de la loi du 2 août 1881, lequel est ainsi conçu : « Sur ce fonds (50 000 000 fr.), le Ministre pourra prélever jusqu'à concurrence du dixième les ressources nécessaires pour la création d'établissements d'instruction primaire institués par l'État, aux époques et dans des conditions déterminées par décret »;

Vu la délibération du Conseil général du Finistère, en date du 26 août 1881, portant qu'une somme de 50 000 francs par an, imputable sur les fonds du département, sera affectée au service de l'enseignement primaire, à titre de subvention aux communes, pour acquisition et réparation de maisons d'école;

Vu le rapport du Préfet du Finistère et les propositions de l'inspection académique, concernant la construction de cinquante Écoles de hameau dans cinquante communes des arrondissements de Quimper, Brest, Châteaulin et Morlaix;

Vu les projets d'installation de cinquante Écoles nouvelles approuvées par l'Administration de l'Instruction publique, et les devis évaluant la dépense totale à 900 000 francs;

Vu le décret rendu le 25 octobre 1881 à l'effet de construire dans l'arrondissement de Quimperlé dix-huit Écoles de hameau placées dans des communes trop étendues pour que l'École communale établie au chef-lieu puisse répondre aux besoins de la population;

Considérant que les raisons d'intérêt général qui ont provoqué les mesures adoptées pour l'arrondissement de Quimperlé existent aussi pour les autres arrondissements du Finistère,

Décrète :

ARTICLE 1er. — Une somme de 900 000 francs sera mise à la disposition de M. le Préfet du Finistère, pour être affectée à la construction de cinquante Écoles de hameau, qui devront être placées dans les communes des arrondissements de Quimper, Brest, Châteaulin et Morlaix, choisies parmi celles dont le territoire est le plus étendu et les ressources les plus restreintes.

ART. 2. — Les Écoles devront être construites dans le délai de deux années prévu par la loi du 1er juin 1878, et conformément aux dispositions des projets approuvés.

ART. 3. — Les sommes seront versées, sur les propositions du Préfet du Finistère, au fur et à mesure des besoins de cette création et de l'exécution des travaux, mais sans que la part contributive de l'État puisse jamais dépasser le chiffre de 18000 francs par École, le surplus de la dépense, s'il y a lieu, devant toujours être couvert soit par les ressources ou les emprunts de la commune, soit par les subsides du département.

Arrêté relatif à l'obtention des Primes pour la connaissance de la Langue arabe accordées aux fonctionnaires de l'Enseignement primaire en Algérie. 17 mars 1882.

17 Mars 1882.

Le Ministre de l'Instruction publique et des Beaux-Arts,

Vu l'arrêté du 6 janvier 1882, aux termes duquel l'École préparatoire à l'enseignement supérieur des lettres d'Alger délivre des brevets et des diplômes de langue arabe ;

Vu le rapport du Recteur de l'Académie d'Alger en date du 14 février 1882,

Arrête :

ARTICLE 1er. — A partir du 1er avril 1882, les fonctionnaires de l'enseignement primaire, en Algérie, ne peuvent obtenir les indemnités accordées à titre de *primes pour la connaissance de la langue arabe* que s'ils justifient :

1° Pour la prime de 300 francs, du brevet de la langue arabe institué par l'arrêté susvisé du 6 janvier 1882;

2° Pour la prime de 500 francs, du diplôme de la langue arabe institué par ledit arrêté.

Loi établissant l'Obligation et la Laïcité de l'Enseignement primaire[1]. 28 mars 1882.

28 Mars 1882.

ARTICLE 1er. — L'enseignement primaire comprend :

1. Voir, pour les origines, le projet présenté par M. Jules FERRY le 20 *janvier* 1880, ci-dessus, p. 105.
Il donna lieu à un rapport de M. Paul BERT, 11 *mai* 1880.
La discussion générale eut lieu à la Chambre des Députés les 4, 14, 16, 17, 18 et 20 *décembre* 1880, et la discussion des articles les 21, 23 et 24 du même mois.
Transmis au Sénat le 21 *janvier* 1881, le projet, sur le rapport de M. RIBIÈRE,

L'instruction morale et civique[1];

21 *mai*, vint en première délibération les 3, 4, 10, 11, 13, 14 *juin* 1881, et en seconde délibération les 1er, 2, 4, 5, 6, 7, 8, 12 *juillet* suivant.

Il fit retour à la Chambre le 19 *juillet*, y fut l'objet d'un nouveau rapport de M. Paul BERT, 23 *juillet*, et fut adopté le 25.

Soumis de nouveau au Sénat le 26 *juillet* 1881, il fut discuté (Rapport de M. RIBIÈRE, 6 *mars* 1882) les 11, 13, 14, 16, 18, 20, 21 et 23 mars 1882.

Consulter ci-après, *à leur date*, la proposition de loi de MM. BAUDRY D'ASSON et autres tendant à la modification de la loi du 28 mars 1882, 16 *mai* 1889; — le Rapport sur ladite proposition présenté par M. JACQUIER, député (conclusion négative), 3 *juin* 1889.

Pour l'application générale de la loi, consulter l'ensemble des documents ci-après :

Circulaire du 29 *mars* 1882, aux Préfets, relative à la formation de Commissions municipales scolaires, au développement des Caisses des Écoles, et à une enquête sur l'insuffisance des locaux scolaires, en exécution de la loi du 28 mars 1882 (*Circ.*, t. IX, p. 1);

— 13 *juin* 1882, aux Préfets, relative aux attributions et à la compétence des Commissions scolaires instituées par la loi du 28 mars 1882 (*Ibid.*, p. 62);

— 30 *août* 1882 (Préfet de la Seine aux maires du département), relative à l'application de la loi du 28 mars 1882 concernant l'enseignement primaire obligatoire (*Rec. des L. et A.*, 1882, p. 787);

— 7 *septembre* 1882, aux Préfets, relative au mode de fonctionnement des Commissions municipales scolaires et à l'envoi de formules pour les déclarations exigées des pères de famille au sujet du choix du mode d'instruction à donner à leurs enfants (*Circ.*, t. IX, p. 102);

— 12 *septembre* 1882 (Préfet de la Seine aux maires du département), relative aux déclarations exigées par la loi du 28 mars 1882 sur l'enseignement primaire obligatoire (*Rec. des L. et A.*, 1882, p. 820);

— 2 *novembre* 1882, aux Préfets, relative à l'application de la loi du 28 mars 1882 en ce qui concerne la neutralité de l'École au point de vue confessionnel (*Circ.*, t. IX, p. 136);

— 10 *novembre* 1882 (Préfet du Nord aux Sous-Préfets et maires du département), relative à l'exécution de la loi du 28 mars 1882 en ce qui concerne les enfants employés dans l'industrie (*Rec. des L. et A.*, 1882, p. 1126);

— 23 *décembre* 1882 (Préfet de l'Allier aux Inspecteurs primaires du département), relative au contrôle exercé par les Commissions municipales scolaires sur l'inscription des enfants dans les Écoles publiques et libres (*Ibid.*, p. 1267);

— 26 *février* 1883, aux Préfets, relative à l'application aux mousses de la loi du 28 mars 1882 sur l'enseignement primaire obligatoire (*Circ.*, t. IX, p. 186);

— 24 *mars* 1884, aux Instituteurs, relative à la fréquentation des Écoles (*Ibid.*, p. 356);

— 12 *septembre* 1884, aux Préfets, relative à l'examen que doivent subir, à partir de la deuxième année d'études, les enfants instruits dans la famille (*Ibid.*, p. 408);

— 21 *janvier* 1885, aux Instituteurs primaires publics, relative au recensement de la population scolaire des Écoles primaires en 1885 (*Ibid.*, p. 445);

— 31 *juillet* 1888, aux Préfets, relative à la convention conclue entre la France et la Suisse, en vue d'assurer la fréquentation des Écoles primaires par les enfants des deux pays (*Circ.*, t. X, p. 321);

— 10 *novembre* 1888, aux Préfets, relative au moyen d'assurer la régularité de la fréquentation des Écoles primaires publiques par les enfants assistés (*Ibid.*, p. 368).

Pour l'enseignement des diverses matières du programme, consulter le *Recueil des Monographies pédagogiques* publiées à l'occasion de l'Exposition universelle de 1889, t. IV (Imp. Natle).

1. Consulter les circulaires : du 17 *novembre* 1883, aux Recteurs et aux Instituteurs, sur l'enseignement moral et civique dans les Écoles (ci-après *à sa date*); —

La lecture et l'écriture[1];
La langue et les éléments de la littérature française[2];
La géographie, particulièrement celle de la France[3];
L'histoire, particulièrement celle de la France jusqu'à nos jours;
Quelques notions usuelles de droit et d'économie politique;
Les éléments des sciences naturelles, physiques et mathématiques; leurs applications à l'agriculture[4], à l'hygiène, aux arts industriels; les travaux manuels[5] et l'usage des outils des principaux métiers;
Les éléments du dessin[6], du modelage et de la musique[7];
La gymnastique[8];
Pour les garçons, les exercices militaires[8];
Pour les filles, les travaux à l'aiguille.

du 16 *octobre* 1888 (Vice-Recteur de Paris aux Inspecteurs d'Académie), relative à l'enseignement moral et civique dans les Écoles normales (*Rec. des L. et A.*, 1888, p. 777);

Rapprocher la circulaire du 10 *juin* 1881 aux Préfets rappelant aux instituteurs les prescriptions relatives à la protection des animaux (*Circ.*, t. VIII, p. 501).

Voir les rapports sur l'enseignement de la morale dans les Écoles primaires du ressort de l'Académie de Paris adressés au Vice-Recteur par M. Évellin, Inspecteur d'Académie, les 10 *décembre* 1894, 17 *octobre* 1895, 25 *octobre* 1896, au *Bulletin de l'Instruction primaire des départements*. — Voir notamment celui du 19 *novembre* 1897, *Revue internationale de l'Enseignement*, 15 *février* 1898, p. 162, *Revue pédagogique*, *février* 1898, p. 97, *fascicule tiré à part*, chez Guérin et Nicolle.

1. Consulter la circulaire du 23 *octobre* 1879, aux Inspecteurs d'Académie, relative à l'institution de concours de lecture entre les élèves des Écoles primaires publiques (*Circ.*, t. VIII, p. 214).

2. Voir la circulaire du 27 *avril* 1891, aux Préfets, relative à l'interdiction de l'abus des exigences grammaticales dans la dictée (*Circ.*, t. XI, p. 436).

3. Voir les circulaires du 12 *juillet* 1879, aux Inspecteurs primaires, relative à une enquête sur le matériel existant ou à fournir dans les Écoles primaires publiques pour l'enseignement de la géographie (*Circ.*, t. VIII, p. 175), et du 20 *octobre* 1882, aux Inspecteurs primaires, relative au mode d'envoi et à la répartition du matériel destiné à l'enseignement de la géographie dans les Ecoles primaires publiques (*Circ.*, t. IX, p. 128).

4. Voir ci-dessus, p. 62, la loi du 16 *juin* 1879 et les documents auxquels elle renvoie.

5. Voir la circulaire du 30 *octobre* 1885, aux Recteurs, sur l'enseignement du travail manuel dans les Écoles normales (*Circ.*, t. IX, p. 571).

6. Voir :

L'*Instruction spéciale sur l'enseignement du dessin* (*Mémoires et Documents scolaires publiés par le Musée pédagogique*, fascicule n° 35, 1888);

La circulaire du 26 *avril* 1881, aux Préfets, relative à l'enseignement du dessin et à l'installation des Musées des départements (*Rec. des L. et A.*, 1881, p. 358);

La circulaire du 6 *février* 1884, aux Inspecteurs d'Académie, relative à l'inspection de l'enseignement du dessin dans les Écoles normales (*Circ.*, t. IX, p. 329).

7. Consulter, ci-dessus, l'arrêté du 23 *janvier* 1882 et la note en renvoi, p. 352. — Voir le programme de l'enseignement du chant dans les Écoles primaires, fixé par arrêté du 23 *juillet* 1883 (*Bull. adm.*, 1883, t. XXXI, p. 123).

8. Voir ci-dessus, p. 119, la loi du 27 *janvier* 1880, qui a rendu l'enseignement

L'article 23 de la loi du 15 mars 1850 est abrogé.

ART. 2. — Les Écoles primaires publiques vaqueront un jour par semaine, en outre du dimanche, afin de permettre aux parents de faire donner, s'ils le désirent, à leurs enfants l'instruction religieuse[1], en dehors des édifices scolaires.

L'enseignement religieux est facultatif dans les Écoles privées.

ART. 3. — Sont abrogées les dispositions des articles 18 et 44 de la loi du 15 mars 1850, en ce qu'elles donnent aux ministres des cultes un droit d'inspection, de surveillance et de direction dans les Écoles primaires publiques et privées et dans les Salles d'asile, ainsi que le paragraphe 2 de l'article 31 de la même loi qui donne aux Consistoires le droit de présentation pour les instituteurs appartenant aux cultes non catholiques.

ART. 4. — L'instruction primaire est obligatoire pour les enfants des deux sexes âgés de six ans révolus à treize ans révolus[2]; elle peut être donnée soit dans les établissements d'instruction primaire ou secondaire, soit dans les Écoles publiques ou libres, soit dans les familles, par le père de famille lui-même ou par toute personne qu'il aura choisie.

Un règlement déterminera les moyens d'assurer l'instruction primaire aux enfants sourds-muets et aux aveugles[3].

de la gymnastique obligatoire, et ci-après, *à sa date*, le décret du 6 *juillet* 1882 sur la création des bataillons scolaires.

Consulter les fascicules n°s 49 et 116 des *Mémoires et Documents scolaires publiés par le Musée pédagogique :*

N° 49. *L'Enseignement de la Gymnastique dans les établissements d'enseignement primaire* (1887), in-8° de 84 pages;

N° 116. *Manuel d'exercices gymnastiques et de jeux scolaires*, in-8° de 276 pages.

1. Voir la circulaire du 2 *novembre* 1882, relative aux emblèmes religieux et à la neutralité de l'École au point de vue confessionnel (*Circ.*, t. IX, p. 136).

2. Voir *L'Enseignement obligatoire et les Commissions scolaires*, par M. E. DREYFUS-BRISAC, dans le *Recueil des Monographies pédagogiques* publiées à l'occasion de l'Exposition universelle de 1889, t. Ier, p. 343 à 347 (Imp. Nat^le, 1889).

Consulter la circulaire du 30 *mai* 1884, aux Préfets, relative à la fréquentation scolaire et à l'enquête générale sur la situation matérielle de l'enseignement en France (*Circ.*, t. IX, p. 381); — le Rapport relatif à la statistique de 1882 à 1887, en date du 5 *juin* 1889 (*Rec. des L. et A.*, 1889, p. 354 à 357).

3. La Commission chargée d'élaborer le règlement fut constituée par arrêté du 19 *juin* 1882. Sur ses conclusions, M. le Ministre de l'Intérieur a créé, par arrêté du 3 *septembre* 1884, deux diplômes, l'un du premier degré constatant l'aptitude au professorat, l'autre du degré supérieur constatant l'aptitude à former des professeurs.

Consulter la réglementation spéciale pour les aveugles et les sourds-muets (*Lois et Règlements* par J. D'ESTOURNELLES DE CONSTANT, in-8° de 1108 pages, Imp. Nat^le, 1890) :

Ordonnance du 21 *février* 1841, concernant le mode d'organisation et d'administration des établissements généraux de bienfaisance et d'utilité publique;

Art. 5[1]. — Une Commission municipale scolaire est instituée dans chaque commune, pour surveiller et encourager la fréquentation des Écoles[2].

Elle se compose du maire, président; d'un des délégués du canton et, dans les communes comprenant plusieurs cantons, d'autant de délégués qu'il y a de cantons, désignés par l'Inspecteur d'Académie; de membres désignés par le Conseil municipal en nombre égal, au plus, au tiers des membres de ce Conseil.

A Paris et à Lyon, il y a une Commission pour chaque arrondissement municipal. Elle est présidée, à Paris, par le maire; à Lyon, par un des adjoints; elle est composée d'un des délégués cantonaux désigné par l'Inspecteur d'Académie, de membres désignés par le Conseil municipal au nombre de trois à sept par chaque arrondissement.

Le mandat des membres de la Commission scolaire, désignés par le Conseil municipal, durera jusqu'à l'élection d'un nouveau Conseil municipal.

Il sera toujours renouvelable.

L'Inspecteur primaire fait partie de droit de toutes les Commissions scolaires instituées dans son ressort[3].

Arrêté du 22 *juin* 1841, sur les attributions des Commissions consultatives;

Arrêté du 3 *septembre* 1884, ci-dessus rappelé;

Arrêté du 14 *août* 1886, concernant les professeurs des institutions de sourds-muets, et les conditions dans lesquelles ils peuvent être détachés dans les départements;

Arrêté du 26 *février* 1888, créant une classe enfantine à l'institution des filles de Bordeaux;

Règlement du 14 *juin* 1889, pour l'Institution des Jeunes Aveugles de Paris.

1. Cet article 5, relatif aux Commissions scolaires, a été modifié et remplacé par les articles 54, 55, 56, 57, 58 et 60 de la loi du 30 *octobre* 1886 (voir *à sa date*).

2. Voir les circulaires suivantes :

Du 29 *mars* 1882, aux Préfets, relative à la formation des Commissions scolaires (*Circ.*, t. IX, p. 1);

— 13 *juin* 1882, aux Préfets, relative aux attributions et à la compétence de ces Commissions (*Ibid.*, p. 62);

— 30 *août* 1882 (Préfet de la Seine aux maires du département), relative à l'ensemble de la loi du 28 mars 1882, et particulièrement aux Commissions scolaires (*Rec. des L. et A.*, 1882, p. 787);

— 7 *septembre* 1882, aux Préfets, relative à l'établissement par les Commissions scolaires de la liste des enfants d'âge scolaire (*Circ.*, t. IX, p. 102).

3. Consulter, pour l'application, les décisions suivantes de la jurisprudence :

« Le Ministre a qualité pour déférer au Conseil d'État, pour excès de pouvoirs, la délibération d'une Commission scolaire. » (*Arrêt du Conseil d'État*, 16 mars 1883.)

« La Commission scolaire qui autoriserait la publicité des séances dans lesquelles elle statue sur les excuses des pères de famille commettrait un excès de pouvoirs. Il n'appartient pas aux corps administratifs, en l'absence d'une disposition spéciale de la loi, d'ordonner la publicité de leurs séances. » (*Même arrêt.*)

ART. 6. — Il est institué un certificat d'études primaires; il est décerné après un examen public auquel pourront se présenter les enfants dès l'âge de onze ans[1].

Ceux qui, à partir de cet âge, auront obtenu le certificat d'études

« La Commission excède ses pouvoirs en statuant sur une excuse fondée sur la nature de l'enseignement donné et des livres en usage à l'École. » (*Arrêt du Conseil d'État*, 8 août 1884.)

« Les Commissions scolaires ne sont pas des autorités subordonnées au Ministre de l'Instruction publique dans le sens du décret du 2 novembre 1864; lorsque le Ministre n'a pas statué dans les quatre mois sur un recours, le Conseil d'État ne peut pas être saisi du recours directement. » (*Arrêt du Conseil d'État*, 8 août 1884.)

« La Commission scolaire n'est légalement constituée que lorsqu'un délégué cantonal a été désigné par l'Inspecteur d'Académie pour prendre part à ses délibérations. Sinon, celles-ci doivent être considérées comme nulles. » (*Arrêt de la Cour de cassation*, 3 août 1883.)

« Les Commissions scolaires, étant des corps administratifs et prononçant seulement des mesures préparatoires pour assurer l'exécution de la loi, ne sont pas tenues, lors d'une deuxième infraction, de faire comparaître le père de famille ou la personne responsable pour lui infliger l'affichage. Bien que qualifié peine par la loi, l'affichage n'est, en effet, dans l'esprit du législateur et dans l'ordre gradué des mesures qu'il prescrit, qu'une mise en demeure plus énergique de se conformer à la loi, après que l'avertissement, prononcé pour une première infraction, est demeuré sans effet. S'il est toujours loisible à la Commission d'entendre, même dans ce cas, le père de famille, aucune disposition légale ne lui en impose l'obligation. La loi ne prescrit pas davantage l'accomplissement de cette formalité préalablement à la plainte qui doit être adressée au juge de paix, dans le cas d'une nouvelle infraction. Cette décision, prise uniquement à titre préparatoire, n'intéresse à aucun degré les droits de la défense, lesquels se produisent librement et dans toute leur plénitude devant la juridiction saisie par la plainte. » (*Arrêt de la Cour de cassation*, 14 décembre 1883.)

« Le prétendu moyen d'excuse opposé comme défense à la poursuite pour cause d'absences, et tiré de ce que la neutralité de l'enseignement serait violée dans l'École par la mise entre les mains d'un manuel qui méconnaîtrait ce principe, ne peut être légalement présenté devant le tribunal, son appréciation ne relevant que de l'autorité chargée de la surveillance de l'enseignement public. » (*Arrêt de la Cour de cassation*[*], 5 décembre 1883.)

1. Consulter, *à leur date*, le décret du 27 *juillet* 1882, relatif au certificat d'études primaires, et l'arrêté du 24 *juillet* 1888, art. 254 et suivants, complétant l'arrêté organique du 18 janvier 1887.

Voir également les circulaires suivantes, se rapportant au certificat d'études primaires élémentaires :

Du 27 *septembre* 1880, aux Recteurs, relative à la réglementation du certificat d'études primaires (*Circ.*, t. VIII, p. 367);

— 27 *janvier* 1881, aux Recteurs, relative aux autorités scolaires compétentes pour délivrer ce certificat (*Ibid.*, p. 429);

— 15 *octobre* 1885, aux Recteurs, relative à l'ouverture d'une session extraordinaire du certificat d'études primaires élémentaires (*Rec. des L. et A.*, 1885, p. 958);

[*] La jurisprudence de la Cour de cassation est conforme à celle du Conseil d'État qui, à la date du 21 mars 1883, avait annulé pour excès de pouvoirs une décision de la Commission scolaire de Lavaur (Tarn), aucune disposition de la loi ne donnant qualité aux Commissions scolaires pour contrôler les matières ou les méthodes de l'enseignement. Ce point ne saurait plus aujourd'hui être remis en discussion, l'article 58, dernier paragraphe, de la loi du 30 octobre 1886, déclarant en termes exprès que « la Commission scolaire ne peut, dans aucun cas, s'immiscer dans l'appréciation des matières et des méthodes d'enseignement ».

primaires, seront dispensés du temps de scolarité obligatoire qui leur restait à passer.

ART. 7. — Le père, le tuteur, la personne qui a la garde de l'enfant, le patron chez qui l'enfant est placé devra, quinze jours au moins avant l'époque de la rentrée des classes, faire savoir au maire de la commune[1] s'il entend faire donner à l'enfant l'instruction dans la famille ou dans une École publique ou privée; dans ces deux derniers cas, il indiquera l'École choisie[2].

— 20 *novembre* 1885, aux Recteurs, relative à un nouveau modèle du certificat d'études primaires (*Circ.*, t. IX, p. 576);

— 3 *juin* 1890, aux Recteurs, relative à l'étude des modifications possibles dans es examens du certificat d'études primaires (*Ibid.*, p. 173);

— 2 *mai* 1892, aux Inspecteurs d'Académie, relative à la fixation de la date des examens du certificat d'études primaires (*Ibid.*, p. 580);

— 12 *janvier* 1898, aux Inspecteurs d'Académie, relative aux modifications apportées à l'examen du certificat d'études primaires élémentaires par l'arrêté du 31 juillet 1897 (*Bull. adm.*, 1898, t. LXIII, p. 13).

1. Consulter la circulaire du 7 *septembre* 1882, aux Préfets, relative à l'envoi de formules pour les déclarations prescrites par l'article 7 (*Circ.*, t. IX, p. 102).

2. Consulter les décisions suivantes de la jurisprudence :

« L'article 7 prescrit à la personne qui a la garde de l'enfant de déclarer à la mairie si elle entend lui faire donner l'instruction dans la famille ou dans une École publique ou privée, et, dans ce dernier cas, de faire connaître l'École choisie; mais le texte n'exige pas que cette personne retire un récépissé de sa déclaration, et il n'impose pas surtout à l'instituteur l'obligation de s'assurer avant de recevoir un élève que cette déclaration a été faite. » (*Arrêt du Conseil d'État*, 14 février 1890.)

« Le fait de faire donner à son enfant l'instruction primaire par un précepteur dans la famille ne dispense pas le père de la déclaration exigée par l'article 7. » (*Arrêts de la Cour de cassation*, 14, 15 et 21 décembre 1883.)

Les deux considérants suivants, où sont très nettement déterminés le devoir et le droit du père de famille, méritent d'être reproduits :

« Attendu que la déclaration est prescrite en termes formels par l'article 7; que, si son omission ne donne pas lieu par elle-même à l'application d'aucune pénalité, elle a, comme conséquence, aux termes de l'article 8, l'inscription d'office de l'enfant à l'une des Écoles publiques de la commune; que, par l'effet de cette inscription, l'enfant est obligé à la fréquentation scolaire et que ses absences dûment constatées donnent lieu, suivant les cas, aux mesures prévues par les articles 12, 13, 14;

« Attendu que la situation légale ainsi créée *peut sans doute cesser d'exister à tout instant à la seule volonté du père de famille, toujours libre de changer son enfant d'École*, mais que c'est à la condition d'une déclaration régulière; que, tant que cette déclaration n'a pas été faite au maire, l'obligation pour l'enfant de fréquenter l'École à laquelle il est inscrit, de même que la sanction prononcée contre les parents ou les personnes responsables, subsistent. »

« L'inscription d'office d'un enfant en âge scolaire sur les registres d'une École publique ne peut être opérée par le maire qu'après que la personne responsable a reçu un avis individuel, à l'effet de la mettre en demeure de faire la déclaration prévue et définie par l'article 7 de la loi du 28 mars 1882. La publication, par la voie d'affiches, dans les formes administratives, de l'époque de la rentrée des classes ne peut pas tenir lieu de cette mise en demeure individuelle.

« A défaut de cet avis, l'inscription d'office est irrégulière et ne peut faire courir le devoir de la fréquentation scolaire, ni, en conséquence, servir de base à l'applica-

Les familles domiciliées à proximité d'une ou plusieurs Écoles publiques ont la faculté de faire inscrire leurs enfants à l'une ou l'autre de ces Écoles, qu'elle soit ou non sur le territoire de leurs communes, à moins qu'elle ne compte déjà le nombre maximum d'élèves autorisé par les règlements.

En cas de contestation, et sur la demande soit du maire, soit des parents, le Conseil départemental statue en dernier ressort.

ART. 8. — Chaque année le maire dresse, d'accord avec la Commission municipale scolaire, la liste de tous les enfants âgés de six à treize ans, et avise les personnes qui ont charge de ces enfants de l'époque de la rentrée des classes.

En cas de non-déclaration, quinze jours avant l'époque de la rentrée, de la part des parents et autres personnes responsables, il inscrit d'office l'enfant à l'une des Écoles publiques[1] et en avertit la personne responsable.

Huit jours avant la rentrée des classes[2], il remet aux directeurs d'Écoles publiques et privées la liste des enfants qui doivent suivre leurs Écoles. Un double de ces listes est adressé par lui à l'Inspecteur primaire[3].

ART. 9. — Lorsqu'un enfant quitte l'École, les parents ou les per-

tion des pénalités édictées pour réprimer les manquements à ce devoir. » (*Arrêts de la Cour de cassation*, 26 mai, 3 août et 28 décembre 1883.)

« La déclaration est obligatoire, et il ne suffit pas qu'elle porte que l'enfant n'ira pas à l'École publique; elle doit porter de plus qu'il recevra l'instruction dans la famille. Le juge ne peut acquitter le père de famille qui s'est abstenu de faire la déclaration en alléguant qu'il est de notoriété publique que l'enfant du prévenu reçoit dans la famille les leçons d'un précepteur. » (*Arrêt de la Cour de cassation*, 21 décembre 1883.)

1. Consulter le procès-verbal de la séance du Sénat du 18 mars 1882 : « L'inscription d'office d'un enfant à l'une des Écoles publiques n'implique pas l'obligation de fréquenter cette École publique. »

« Aux termes de l'article 8 de la loi du 28 mars 1882, le maire est tenu, à peine de nullité de sa poursuite, de donner avis au père de famille de l'inscription d'office de son enfant sur les registres de l'École communale. En l'absence de l'accomplissement de cette formalité, que le juge de police est souverain pour décider en fait, ce père de famille ne peut être ni poursuivi ni condamné comme récidiviste. » (*Arrêt de la Cour de cassation*, 4 août 1883.)

2. « L'obligation scolaire ne commence qu'à la condition qu'il ait été donné avis de l'époque de la rentrée des classes; mais il n'est pas nécessaire que l'indication de cette rentrée soit faite quinze jours au moins avant l'époque fixée pour la reprise des cours, comme le texte des articles 7 et 8 pourrait le faire supposer. Il suffit qu'elle ait lieu à une époque quelconque, et c'est seulement quinze jours après cet avis que l'obligation scolaire prend naissance. » (*Arrêts de la Cour de cassation*, 4 août et 21 décembre 1883.)

3. Consulter la circulaire du 7 *septembre* 1882, à laquelle sont annexés les modèles d'imprimés relatifs à l'application de la loi du 28 mars 1882 (*Circ.*, t. IX, p. 102 et 105).

sonnes responsables doivent en donner immédiatement avis au maire et indiquer de quelle façon l'enfant recevra l'instruction à l'avenir[1].

ART. 10. — Lorsqu'un enfant manque momentanément l'école, les parents ou les personnes responsables doivent faire connaître au directeur ou à la directrice les motifs de son absence[2].

Les directeurs et les directrices doivent tenir un registre d'appel qui constate, pour chaque classe, l'absence des élèves inscrits. A la fin de chaque mois, ils adresseront au maire et à l'Inspecteur primaire un extrait de ce registre, avec l'indication du nombre des absences et des motifs invoqués.

Les motifs d'absence seront soumis à la Commission scolaire. Les

1. Consulter l'arrêt de la Cour de cassation du 14 décembre 1883, affaire *Comandon* (changement d'École, absence de déclaration).

« Aux termes de l'article 9, lorsqu'un enfant quitte l'École, le père doit en donner immédiatement avis au maire, avec indication de la façon dont l'enfant recevra l'instruction à l'avenir. D'autre part, d'après l'article 15, la Commission scolaire peut, sur la demande motivée des parents ou tuteurs, accorder aux enfants des dispenses de fréquentation scolaire ne dépassant pas trois mois par année en dehors des vacances, et le paragraphe 2 du même article ajoute que cette disposition n'est pas applicable aux enfants qui suivent leurs parents ou tuteurs, lorsque ces derniers s'absentent temporairement de la commune; qu'il suffit, dans ce cas, d'un avis donné, verbalement ou par écrit, au maire ou à l'instituteur. Il a été jugé que, dans l'hypothèse d'une absence temporaire et périodique, par exemple lorsque, tous les ans, le père ou le tuteur quitte la campagne pour la ville, ou réciproquement, à des époques restant les mêmes, la disposition qu'il convient d'appliquer est l'article 15, paragraphe 2, et non l'article 9. Le père ou le tuteur est simplement tenu d'aviser, verbalement ou par écrit, le maire ou l'instituteur. » (*Arrêt de la Cour de cassation*, 20 décembre 1883.)

« Le renvoi de l'École communale dont un enfant a été l'objet, dispense par là même le père de famille de faire la déclaration prescrite par l'article 9. » (*Arrêt de la Cour de cassation*, 14 novembre 1884.)

2. Voir le procès-verbal de la séance du Sénat du 14 juin 1881 (aucune peine ne peut être infligée aux parents qui ont refusé de faire connaître les motifs d'excuse); — du 18 mars 1882 (étendue du pouvoir d'appréciation des Commissions scolaires, et maladie des parents considérée comme cause d'excuse).

Aux termes d'une décision ministérielle du 15 *novembre* 1882, l'article 10 n'est pas applicable aux chefs d'établissements d'enseignement secondaire.

Consulter la circulaire du 23 *décembre* 1882 (Préfet de l'Allier aux Inspecteurs primaires du département), relative au contrôle exercé par les Commissions municipales scolaires sur l'inscription des enfants dans les Écoles publiques et libres (*Rec. des L. et A.*, 1882, p. 1267).

« L'indication du nom et de la demeure des personnes responsables n'est point expressément imposée; mais elle est indispensable aux Commissions scolaires des grandes villes, et elle figure d'ailleurs dans le cadre adopté pour l'extrait du registre d'appel. Si, après avertissement, un directeur d'École privée persistait dans son refus de remplir entièrement les colonnes dudit extrait, il y aurait lieu de lui appliquer les dispositions de l'article 11 de la loi. » (*Lettre au Préfet du Nord*, 13 mars 1883) (*Rec. des L. et A.*, 1883, p. 466).

« Ni le juge de police ni la Commission scolaire ne sont compétents pour excuser

seuls motifs réputés légitimes sont les suivants : maladie de l'enfant[1], décès d'un membre de la famille, empêchements résultant de la difficulté accidentelle des communications. Les autres circonstances exceptionnellement invoquées seront également appréciées par la Commission.

ART. 11. — Tout directeur d'École privée qui ne se sera pas conformé aux prescriptions de l'article précédent sera, sur le rapport de la Commission scolaire et de l'Inspecteur primaire, déféré au Conseil départemental[2].

Le Conseil départemental pourra prononcer les peines suivantes: 1° l'avertissement; 2° la censure; 3° la suspension pour un mois au plus, et, en cas de récidive dans l'année scolaire, pour trois mois au plus.

ART. 12. — Lorsqu'un enfant se sera absenté de l'École quatre fois dans le mois[3], pendant au moins une demi-journée, sans justification admise par la Commission municipale scolaire, le père, le tuteur ou la personne responsable sera invité, trois jours au moins à l'avance, à comparaître[4], dans la salle des actes de la mairie, devant ladite Commission, qui lui rappellera le texte de la loi et lui expliquera son devoir.

En cas de non-comparution, sans justification admise, la Commission appliquera la peine énoncée dans l'article suivant.

ART. 13. — En cas de récidive dans les douze mois qui suivront la première infraction[5], la Commission municipale scolaire ordonnera

l'absence de l'enfant de l'École, en se fondant sur l'allégation de la nature des livres employés à l'École. » (*Arrêt de la Cour de cassation*, 15 décembre 1883.)

1. A la date du 23 *janvier* 1883, le Ministre des Finances a décidé que les certificats de médecin délivrés pour cet objet seraient exempts du timbre en application de l'article 16 de la loi du 13 brumaire An VII; il est seulement nécessaire que ces documents portent l'indication de leur destination (*Rec. des L. et A.*, 1883, p. 466).

2. Consulter le 2e rapport de M. RIBIÈRE au Sénat (Infractions commises par les instituteurs libres; — Appel devant le Conseil supérieur).

Voir aussi le procès-verbal de la séance du Sénat du 18 mars 1882 pour le sens du mot *récidive*.

3. « Lorsque quatre absences ont eu lieu, l'infraction est commise, et la Commission peut immédiatement procéder, selon les cas, à la citation ou à la plainte, sans attendre la fin du mois pendant lequel se calculent les quatre absences. Cet article fixe un maximum de durée en disant que ces quatre absences doivent avoir lieu dans le mois; mais il ne fixe pas de minimum, en ce sens qu'il ne faut pas nécessairement attendre l'expiration avant d'agir par la citation, par l'avertissement, par l'affichage ou par la plainte. » (*Arrêt de la Cour de cassation*, 21 décembre 1883.)

4. Consulter l'article 157 du décret du 18 *janvier* 1887 (*à sa date*), sur la comparution personnelle.

5. Consulter la discussion au Sénat, 18 mars 1882.

Il s'agit, comme à l'article 11, non de la récidive au sens juridique du mot, qui n'existe que s'il y a eu une peine précédente, mais de la simple récidive d'un fait.

l'inscription pendant quinze jours ou un mois, à la porte de la mairie, des nom, prénoms et qualités de la personne responsable, avec indication du fait relevé contre elle[1].

La même peine sera appliquée aux personnes qui n'auront pas obtempéré aux prescriptions de l'article 9.

ART. 14. — En cas d'une nouvelle récidive, la Commission scolaire ou, à son défaut, l'Inspecteur primaire devra adresser une plainte au juge de paix[2]. L'infraction sera considérée comme une contravention et pourra entraîner condamnation aux peines de police, conformément aux articles 479, 480 et suivants du Code pénal[3].

L'article 463 du même Code est applicable.

ART. 15. — La Commission scolaire pourra accorder aux enfants demeurant chez leurs parents ou leur tuteur, lorsque ceux-ci en fe-

1. Voir *Arrêt de la Cour de cassation*, 14 décembre 1883, affaire *Noché d'Aulnay* : « En cas de récidive et d'affichage, la comparution du père de famille n'est pas nécessaire. »

« Un père de famille ne peut pas demander l'annulation, pour excès de pouvoirs, d'une décision par laquelle une Commission scolaire, le considérant à tort comme en état de récidive, lui aurait fait une fausse application de l'article 13 de la loi, en prescrivant l'affichage de son nom à la porte de la mairie. » (*Avis du Conseil d'État*, 13 novembre 1885.)

« Est entachée d'irrégularité la décision d'une Commission scolaire prescrivant l'affichage à raison d'absence de l'enfant à l'École, alors qu'elle est rendue contre le père de famille cité pour la première fois, et qu'il a comparu, sur cette citation, devant ladite Commission. » (*Arrêt de la Cour de cassation*, 14 novembre 1884.)

2. Voir le procès-verbal de la séance du Sénat, 5 juillet 1881. (Déclaration du rapporteur : « Le juge de paix peut examiner les excuses; il ne doit pas nécessairement condamner en cas d'infraction. »)

3. Voir *Arrêt de la Cour de cassation*, 21 décembre 1883, affaire *Goubaux*. (Vérification par le juge de la légalité des délibérations des Commissions scolaires.)

« Les nouvelles infractions d'absences, commises en récidive après l'affichage, mais avant la condamnation en simple police du prévenu, ne peuvent motiver une nouvelle poursuite. Elles ne peuvent pas davantage servir à constituer la récidive. » (*Arrêt de la Cour de cassation*, 15 décembre 1883.)

Cette décision a été rendue dans l'espèce suivante :

Le 22 avril 1882, une Commission scolaire, ayant constaté derechef les absences non justifiées d'un enfant, avait, par application de l'article 14 de la loi, saisi d'une plainte le juge de paix, qui, à la date du 2 juin suivant, infligea au père une amende de 2 francs. Ce jugement liquidait de droit toutes les infractions antérieures à sa date. Or, quatre jours après qu'il avait été rendu, la Commission scolaire avait cru pouvoir porter une nouvelle plainte à raison d'absences qui avaient eu lieu, non pas depuis le jugement, mais depuis la première plainte et dans l'intervalle.

« Le juge de simple police saisi, par la plainte de la Commission scolaire, d'une prévention de nouvelle récidive, peut et doit, avant tout, à l'effet de vérifier s'il est complètement saisi, rechercher si les délibérations prises par la Commission ont été légales et régulières. » (*Arrêt de la Cour de cassation*, 8 août 1883.)

« L'article 14 de la loi du 28 mars, qui se sert de ces expressions : « en cas de « nouvelle récidive », doit être entendu dans le sens d'une « troisième infraction »; il n'est pas nécessaire, dès lors, pour saisir le juge de police, que deux affichages

ront la demande motivée, des dispenses de fréquentation scolaire ne pouvant dépasser trois mois par année en dehors des vacances[1].

Ces dispenses devront, si elles excèdent quinze jours, être soumises à l'approbation de l'Inspecteur primaire[2].

Ces dispositions ne sont pas applicables aux enfants qui suivront leurs parents ou tuteurs, lorsque ces derniers s'absenteront temporairement de la commune. Dans ce cas, un avis donné verbalement ou par écrit au maire ou à l'instituteur suffira.

La Commission peut aussi, avec l'approbation du Conseil départemental, dispenser les enfants employés dans l'industrie et arrivés à l'âge de l'apprentissage d'une des deux classes de la journée[3]; la même faculté sera accordée à tous les enfants employés, hors de leur famille, dans l'agriculture.

ART. 16. — Les enfants qui reçoivent l'instruction dans la famille doivent, chaque année, à partir de la fin de la deuxième année d'instruction obligatoire, subir un examen[4] qui portera sur les matières

aient été ordonnés précédemment par la Commission scolaire. Le contrevenant à qui l'affichage a été infligé, qu'il ait ou non comparu, devient, en cas d'infraction nouvelle, passible des peines portées par l'article 14 et justiciable du tribunal de simple police. » (*Arrêt de la Cour de cassation*, 4 août 1883.)

« Lorsque, à la suite d'infractions diverses et successives à la loi du 28 mars, le père de famille a subi l'avertissement, l'affichage et le renvoi devant le tribunal de simple police, la loi n'exige pas, pour les contraventions immédiatement postérieures au jugement de ce tribunal, que la nouvelle série d'infractions soit soumise préalablement à la Commission pour être réprimée par les seules sanctions qu'elle prononce, avant que le père contrevenant puisse être de nouveau déféré au tribunal de police. » (*Arrêt de la Cour de cassation*, 21 décembre 1883.)

1. Consulter le procès-verbal de la séance du Sénat, 20 mars 1883. (Dispenses d'assiduité scolaire; explication donnée par M. RIBIÈRE, rapporteur).

2. Voir, page 424, note 4, l'arrêt de la Cour de cassation du 20 décembre 1883.

3. Voir les circulaires :

Du 10 *novembre* 1882 (Préfet du Nord aux Sous-Préfets et maires), relative à l'exécution de la loi du 28 mars 1882, en ce qui concerne les enfants employés dans l'industrie (*Rec. des L. et A.*, 1882, p. 1126);

— 26 *février* 1883, aux Préfets, relative aux dispenses de fréquentation de l'école (*Circ.*, t. IX, p. 186).

4. Voir, *à sa date*, l'arrêté du 24 *juillet* 1888, articles 263 à 271, et la circulaire du 12 *septembre* 1884, aux Préfets, relatifs à l'examen que doivent subir les enfants instruits dans la famille (*Circ.*, t. IX, p. 408).

Consulter le procès-verbal de la séance du Sénat, 21 mars 1882. (Les cours faits dans les grandes villes, surtout pour les jeunes filles, sont considérés comme Écoles libres; les enfants qui les fréquentent sont dispensés de l'examen annuel.)

L'article 16, tel qu'il avait été voté d'abord par la Chambre, obligeait les enfants qui reçoivent l'instruction dans la famille à subir pendant l'âge de la scolarité un examen à la fin de chaque année. Le Sénat, modifiant cette disposition, n'institua plus qu'un examen obligatoire seulement pour l'enfant âgé de 10 ans révolus. La Chambre n'accepta pas cette grave modification; elle maintint pour les enfants qui ne vont pas à l'École la nécessité d'un examen annuel, en retardant seulement d'une

de l'enseignement correspondant à leur âge dans les Écoles publiques, dans des formes et suivant des programmes qui seront déterminés par arrêtés ministériels rendus en Conseil supérieur.

Le jury d'examen sera composé de : l'Inspecteur primaire ou son délégué, président; un délégué cantonal; une personne munie d'un diplôme universitaire ou d'un brevet de capacité; les juges seront choisis par l'Inspecteur d'Académie. Pour l'examen des filles, la personne brevetée devra être une femme.

Si l'examen de l'enfant est jugé insuffisant et qu'aucune excuse ne soit admise par le jury, les parents sont mis en demeure d'envoyer leur enfant dans une École publique ou privée dans la huitaine de la notification, et de faire savoir au maire quelle École ils ont choisie.

En cas de non-déclaration, l'inscription aura lieu d'office, comme il est dit à l'article 8.

ART. 17. — La Caisse des Écoles, instituée par l'article 15 de la loi du 10 avril 1867, sera établie dans toutes les communes[1].

Dans les communes subventionnées dont le centime n'excède pas 30 fr., la Caisse aura droit, sur le crédit ouvert pour cet objet au Ministère de l'Instruction publique, à une subvention au moins égale au montant des subventions communales[2].

La répartition des secours se fera par les soins de la Commission scolaire[3].

année le début de ces examens. Dès lors, les enfants qui ont atteint ou qui vont atteindre l'âge de 8 ans doivent être astreints à subir l'examen. Le rapport de M. Paul Bert sur ce point particulier porte d'ailleurs : « Nous retardons seulement d'une « année le début de ces examens qui ne commenceront par conséquent à être passés « qu'à 8 ans révolus. »

1. Consulter *Les Caisses des Écoles*, par Ernest CADET, dans le *Recueil des Monographies pédagogiques* (t. V, p. 3 à 31).

Voir aux *Documents annexes* les modèles de statuts pour l'établissement de Caisses des Écoles.

Voir la *lettre* du 31 *mai* 1883 du Préfet de l'Aube, relative au mandatement des subventions communales au nom du trésorier de la Caisse des Écoles (*Rec. des L. et A.*, 1883, p. 540);

L'*avis du Conseil d'État*, 11 novembre 1885 : « La Caisse des Écoles accepte les legs qui sont faits aux fabriques pour les enfants pauvres des Écoles laïques ou congréganistes »;

L'*avis du Conseil d'État*, 14 juin 1894 : « Une loi serait nécessaire pour autoriser les Caisses des Écoles à entretenir, sur les ressources de leur budget, les études surveillées dans les Écoles primaires publiques. » (*Bull. adm.*, 1894, t. LV, p. 550).

2. Le paragraphe 2 a été abrogé par l'article 54 de la loi du 19 *juillet* 1889 (voir *à sa date*).

3. Consulter pour l'application les circulaires ou lettres suivantes :

Du 29 *mars* 1882, aux Préfets, relative au développement des Caisses des Écoles (*Circ.*, t. IX, p. 1);

— 31 *mai* 1883 (Préfet de l'Aube aux Sous-Préfets, maires et receveurs munici-

ART. 18. — Des arrêtés ministériels, rendus sur la demande des Inspecteurs d'Académie et des Conseils départementaux, détermineront chaque année les communes où, par suite d'insuffisance des locaux scolaires, les prescriptions des articles 4 et suivants sur l'obligation ne pourraient être appliquées.

Un rapport annuel, adressé aux Chambres par le Ministre de l'Instruction publique, donnera la liste des communes auxquelles le présent article aura été appliqué.

---

31 mars 1882. **Rapport sommaire fait au nom de la 4e Commission d'initiative parlementaire[1], chargée d'examiner la proposition de résolution de M. Cantagrel ayant pour objet la nomination d'une Commission chargée de préparer un projet de loi sur l'Éducation des enfants abandonnés et sur les moyens d'assurer la Subsistance aux citoyens malheureux, par M. Franck-Chauveau, député[2].**

Séance du 31 Mars 1882.

Messieurs, notre honorable collègue M. Cantagrel a déposé un projet de résolution ainsi conçu :

« ARTICLE UNIQUE. — Il sera nommé dans les bureaux une Commission de 33 membres chargée d'étudier et de préparer un projet de loi tendant à appliquer les principes et les promesses inscrites aux Constitutions de 1791 et de 1793, sur l'éducation des enfants abandonnés, et sur les moyens d'assurer la subsistance aux citoyens malheureux, soit en leur procurant du travail, soit en assurant l'existence à ceux qui sont hors d'état de travailler. »

paux du département), relative au mandatement des subventions communales au nom du trésorier de la Caisse des Écoles (*Rec. des L. et A.*, 1883, p. 540);

— 5 *octobre* 1886, aux Préfets, relative à la justification de l'emploi des fonds par la Caisse des Écoles (*Circ.*, t. IX, p. 779);

— 27 *juillet* 1889, aux Préfets, relative à un nouveau mode de répartition du crédit annuel destiné aux Caisses des Écoles par application de la loi du 19 juillet 1889 (*Circ.*, t. XI, p. 10);

— 2 *mai* 1890, aux Préfets, relative aux subventions à accorder aux Caisses des Écoles (*Ibid.*, p. 152);

— 17 *février* 1893, aux Préfets, relative à une enquête sur la situation des Caisses des Écoles au 31 décembre 1892 (*Ibid.*, p. 647);

— 10 *juillet* 1895, aux membres des Caisses des Écoles, relative aux services qu'ils peuvent rendre pour l'instruction des enfants (*Bull. adm.*, 1895, t. LVIII, p. 21);

1. Cette Commission était composée de MM. COUTURIER, *Président;* VIETTE, *Secrétaire;* Albert FERRY, SILHOL, RÉCIPON, LABUSSIÈRE, SOURIGUES, PELISSE, DREUX, DUCHASSEINT, FRÉBAULT, FOUROT, LA VIEILLE, FRANCK-CHAUVEAU, BERNOT, ORDINAIRE, BUYAT, MÉNARD-DORIAN, Jules ROCHE, LEFÈVRE (Seine), GIRODET, THIESSÉ.

2. La proposition de résolution de M. CANTAGREL fut déposée le 9 *mars* 1882 à la Chambre. Le texte en est reproduit au présent rapport (voir Annexe 569, *Journal officiel, mars* 1882, p. 751).

M. Cantagrel invoque, à l'appui de ce projet, des considérations historiques et humanitaires très dignes d'attention, et votre Commission rend hommage à la sollicitude dont sa proposition témoigne pour des intérêts éminemment respectables.

Mais en même temps, elle estime que la forme dans laquelle est présentée cette proposition n'est pas assez précise et n'offre pas aux délibérations de la Chambre une garantie suffisante pour qu'il soit possible de la prendre en considération.

Sauf des circonstances tout à fait exceptionnelles, c'est sous la forme de projets de loi que l'initiative parlementaire doit s'exercer; le vrai moyen de saisir la Chambre d'une question, c'est de lui présenter un texte législatif, résultat d'études déjà faites, non de l'inviter à se livrer à un travail préparatoire, à des discussions théoriques qui absorberaient son temps, au détriment des affaires et des débats pratiques qui constituent son domaine.

Ne serait-il pas à craindre, en effet, si l'usage s'accréditait de voter de semblables propositions, que le travail législatif n'en souffrît sérieusement, et qu'on en vînt à substituer trop aisément de simples propositions d'études à la présentation de textes législatifs étudiés et mûris? Et qu'arriverait-il si le Gouvernement lui-même, suivant cet exemple, au lieu de soumettre des projets de loi aux délibérations du Parlement, l'invitait purement et simplement à se saisir de telle ou telle question, à l'examiner et à la résoudre?

De semblables procédés risqueraient d'amoindrir l'autorité des Chambres et de discréditer le régime parlementaire; votre Commission n'a point cru pouvoir les autoriser de son acquiescement.

La proposition de notre honorable collègue touche à un sujet des plus intéressants; elle peut constituer un très utile appel à l'opinion, aux recherches des publicistes et des philanthropes; elle aurait tout naturellement sa place et sa raison d'être dans une académie de législation, dans une société d'études sociales ou politiques; mais elle ne saurait être considérée comme une œuvre législative, et c'est en se plaçant à ce point de vue que votre Commission ne croit pas pouvoir vous demander de la prendre en considération.

Arrêté portant Réorganisation des Cours d'adultes [1]. 4 avril 1882.

4 Avril 1882.

Le Ministre de l'Instruction publique et des Beaux-Arts,

Considérant que les résultats actuels des Cours d'adultes ne sont pas en rapport avec l'importance des sacrifices de l'État, et qu'il y

1. Consulter les documents suivants :

Circulaire du 4 *avril* 1882, aux Préfets, transmissive de l'arrêté du 4 avril (*Circ.*, t. IX, p. 11);

— 5 *avril* 1882, aux Préfets, relative à la répartition du crédit affecté aux cours d'adultes pendant l'année scolaire 1881-1882 (*Rec. des L. et A.*, 1882, p. 444);

— 19 *mai* 1883, aux Préfets, relative aux indemnités à allouer aux directeurs et directrices des cours d'adultes (*Circ.*, t. IX, p. 225);

a lieu de réorganiser l'institution pour la mettre à même de seconder d'une manière plus efficace le progrès de l'enseignement populaire,

Arrête :

ARTICLE 1er. — Les cours d'adultes comprendront à l'avenir :

1° Des cours élémentaires destinés exclusivement aux illettrés proprement dits;

2° Des cours spéciaux ou complémentaires pour les jeunes gens qui désireront continuer l'instruction acquise à l'École;

3° Des lectures publiques ou conférences populaires.

ART. 2. — Le crédit de 1 050 000 francs inscrit au budget de 1882 sous la rubrique : « *Subventions pour indemnités aux directeurs*

— 20 *mai* 1885, aux Préfets, relative aux subventions destinées aux cours d'adultes (*Ibid.*, p. 484);

— 10 *août* 1894, aux Recteurs, relative aux cours d'adultes et d'apprentis (*Bull. adm.*, 1894, t. LVI, p. 203);

Décret du 11 *janvier* 1895, relatif à l'établissement de cours d'adultes subventionnés (*à sa date*);

Rapport du 23 *juillet* 1895, adressé au Ministre de l'Instruction publique par M. Ed. PETIT, sur l'organisation et la propagation des cours d'adultes et des conférences populaires (*Bull. adm.*, 1895, t. LVIII, p. 312);

Décret du 24 *janvier* 1896, réservant un contingent spécial de distinctions honorifiques pour l'enseignement des adultes (*à sa date*);

Circulaire du 30 *janvier* 1896, aux Recteurs, relative aux moyens de combattre l'alcoolisme par les cours d'adultes (*Bull. adm.*, 1896, t. LIX, p. 172);

— 25 *mars* 1896, aux Préfets, relative aux cours d'adultes et d'adolescents (*Ibid.*, p. 416);

— 28 *mars* 1896, aux Inspecteurs d'Académie, relative à la franchise des clichés photographiques employés dans les conférences populaires (*Ibid.*, p. 419);

— 11 *juin* 1896, aux Préfets, relative aux récompenses à accorder aux collaborateurs des cours d'adultes (*Ibid.*, p. 619);

Décret du 25 *juillet* 1896, augmentant le contingent spécial des distinctions honorifiques à attribuer pour l'enseignement des adultes (*à sa date*);

Circulaire du 11 *novembre* 1896, aux Préfets, relative à l'enseignement dans les cours et conférences d'adultes (*Bull. adm.*, 1896, t. LX, p. 873);

— 27 *mars* 1897, aux Préfets, relative aux récompenses attribuées pour les cours d'adultes (*Bull. adm.*, 1897, t. LXI, p. 468);

— 29 *octobre* 1897, aux Préfets, relative au développement et aux progrès des cours d'adultes (*Bull. adm.*, 1897, t. LXII, p. 1091);

Arrêté du 1er *février* 1898, attribuant des récompenses aux instituteurs et institutrices publics pour l'enseignement des adultes (*à sa date*);

Circulaire du 14 *février* 1898, aux Inspecteurs d'Académie, relative aux cours d'adultes et aux conférences populaires (*Bull. adm.*, 1898, t. LXIII, p. 195);

— 19 *février* 1898, aux Préfets et aux Recteurs, relative aux distinctions et aux récompenses honorifiques à attribuer aux personnes ayant participé aux œuvres postscolaires;

— 19 *février* 1898, aux Préfets, relative aux sommes à attribuer, pour l'année scolaire 1897-1898, aux instituteurs et institutrices publics pour leur participation aux cours d'adultes (*Bull. adm.*, 1898, t. LXIII, p. 229).

et aux directrices de cours d'adultes », sera employé comme il suit :

1° Une rémunération de 25 francs par adulte sera allouée à tout instituteur ou à toute institutrice appartenant à l'enseignement public qui justifiera avoir appris à lire, à écrire et à compter à un illettré ;

2° Une rémunération de 15 francs par adulte ayant régulièrement suivi les cours, sans toutefois que l'indemnité totale puisse être supérieure à 150 francs, sera accordée aux instituteurs ou institutrices de l'enseignement public qui auront fait des cours spéciaux ou complémentaires en faveur des jeunes gens désireux de continuer l'instruction acquise par eux à l'École ;

3° Une indemnité variable, calculée en raison du nombre des séances et des dépenses accessoires auxquelles elles auront donné lieu, pourra, sur la proposition de l'Inspecteur d'Académie, être accordée aux personnes, agréées par le Conseil départemental, qui auront fait des lectures publiques ou des conférences sur des sujets déterminés et approuvés par cette assemblée.

ART. 3. — Les dispositions du présent arrêté ne seront provisoirement applicables qu'aux communes où le produit du centime est inférieur à 10000 francs et où les revenus annuels n'atteignent pas un million[1].

Circulaire du Ministre de l'Instruction publique, relative à l'application aux Ouvroirs et Orphelinats de la loi du 16 juin 1881, concernant les Titres de capacité. 7 avril 1882.

17 Avril 1882.

Monsieur le Préfet, j'ai été consulté sur la question de savoir si les dispositions des lois sur l'instruction primaire, et notamment la loi du 16 juin 1881 relative aux titres de capacité, sont applicables aux orphelinats.

L'affirmative ne saurait être douteuse. Tous les établissements, quelle que soit leur dénomination, où des enfants reçoivent, avec l'enseignement professionnel, tout ou partie des connaissances formant le programme de l'enseignement primaire sont de véritables Écoles. C'est ce qui résulte de textes formels, aussi bien que de la jurisprudence.

L'ordonnance du 16 juillet 1833, rendue pour l'exécution de la loi du 28 juin 1833, dit expressément dans l'article 17 : « Est considérée comme École primaire toute réunion habituelle d'enfants de différentes familles qui a pour but l'étude de tout ou partie des objets compris dans l'enseignement primaire. »

La Cour de cassation, par arrêt du 2 mars 1860, a décidé que les établissements désignés sous le nom d'*ouvroirs* étaient soumis, pour ce qui concerne

1. Cet arrêté a été rapporté par l'arrêté du 22 *juillet* 1884 (*à sa date*).

leur ouverture et leur exploitation, aux formalités imposées aux établissements d'instruction primaire, lorsque les jeunes filles qui y sont admises reçoivent, avec l'enseignement professionnel, l'enseignement des Salles d'asile, des Écoles primaires et des Classes d'adultes.

A diverses reprises, le Conseil de l'Instruction publique a été appelé à examiner la question qui se représente aujourd'hui, et il l'a résolue dans le même sens que la Cour de cassation, ainsi qu'il résulte des textes ci-après.

I. — 30 *octobre* 1838.

« ART. 1er. — Les ouvroirs sont des établissements d'instruction primaire dans lesquels les jeunes filles sont particulièrement exercées aux travaux d'aiguille ou à d'autres travaux manuels, en même temps qu'elles reçoivent des leçons d'instruction morale et religieuse, de lecture, d'écriture, de calcul et de dessin linéaire.

« ART. 2. — Les ouvroirs sont soumis à la surveillance des autorités préposées à l'instruction primaire par la loi du 28 juin 1833 et l'ordonnance royale du 23 juin 1836.

« ART. 3. — Ils seront dirigés par des institutrices régulièrement brevetées. »

II. — 26 *juillet* 1833.

« Le Conseil, consulté sur la question de savoir si une École ouverte dans un hospice est, par là même, hors du domaine de la loi; si l'instituteur est dispensé de remplir les formalités imposées aux autres instituteurs, et si la surveillance cesse d'en appartenir aux Comités,

« Décide que la loi du 28 juin 1833 n'autorise aucunement une telle exception; qu'une École ouverte dans un hospice rentre dans la distinction que donne l'article 17 de l'ordonnance du 16 juillet courant, et doit être soumise à toutes les dispositions qui régissent les Écoles primaires. »

III. — 21 *avril* 1837.

« Le Conseil, vu la lettre du 18 mars dernier, par laquelle MM. les administrateurs des hospices de la ville de Senlis, après avoir exposé qu'il existe à Senlis un hospice *dit* de Saint-Lazare où l'on reçoit des enfants des deux sexes, demandent si le Comité d'arrondissement doit exercer une surveillance sur ces enfants, et s'il a le droit de les faire inspecter par des membres ou des délégués;

« Attendu que la loi soumet toutes les Écoles primaires, sans distinction, à la surveillance des Comités locaux et des Comités d'arrondissement, et qu'il ne peut y avoir d'exception pour les Écoles qui dépendent d'un hospice,

« Est d'avis que les Comités d'arrondissement de Senlis doivent s'entendre avec la Commission administrative des hospices de cette ville pour que les diverses surveillances concourent, sans se contrarier, au plus grand bien de l'École établie dans l'hospice de Saint-Lazare. »

IV. — 15 *juillet* 1854.

« Le Conseil est d'avis que les Écoles tenues dans les hospices de la ville de Beaune doivent être soumises à l'inspection. »

De ces textes, qu'on pourrait multiplier, il ressort avec évidence qu'il n'a jamais été admis qu'il fût loisible à un établissement quelconque, en prenant le nom d'*ouvroir*, d'*asile*, d'*orphelinat*, de *maison d'éducation*, de *colonie*, de *refuge*, ou tout autre, ou bien en se rattachant soit à un établissement hospitalier, soit à un établissement industriel, de se dérober à l'application des lois relatives à l'enseignement primaire public et privé. Ces établissements ont sans doute un double caractère, un double rôle : d'une part, ils remplacent la famille, et à cet égard échappent au contrôle de l'État dans la même mesure que le père de famille ou le tuteur; mais, d'autre part, ils donnent et doivent donner aux enfants en âge scolaire le minimum d'instruction primaire exigé par les lois, et à ce point de vue ils sont soumis, comme toute École libre, à la surveillance, à l'inspection et à toutes les dispositions qui régissent les Écoles primaires.

Je n'hésiterai pas à recommander à l'autorité académique d'user des droits que la loi lui confère dans un intérêt évident d'ordre public. Les directeurs ou directrices d'orphelinats, asiles, ouvroirs, etc., qui refuseraient de se soumettre aux prescriptions légales devraient être déférés au tribunal correctionnel, par application de l'article 29 de la loi du 15 mars 1850.

Vous voudrez bien donner des instructions dans ce sens à qui de droit.

Recevez, etc.

Signé : Jules Ferry.

Circulaire du Ministre de l'Instruction publique, relative à la Surveillance des élèves des Écoles primaires en dehors des heures de classe. 22 avril 1

22 Avril 1882.

Monsieur le Préfet, quelques faits regrettables viennent d'appeler mon attention sur une question dont l'importance ne vous échappera pas; je veux parler de la surveillance des élèves des Écoles primaires en dehors des heures de classe.

Sans doute l'instituteur ne peut ni ne doit se substituer à la famille : sa tâche est assez lourde, dans la classe même, pour qu'on n'ajoute point de nouvelles obligations et une responsabilité plus étendue à celles qui lui incombent. Mais en fait, dans les villes au moins, le père et la mère retenus par le travail de chaque jour ne peuvent, même quand ils en comprennent la nécessité, exercer sur leurs enfants la surveillance nécessaire au moment où ceux-ci ne sont plus sous l'œil du maître.

Je n'ai pas à énumérer ici les dangers de toute nature que courent les enfants de 5 à 13 ans ainsi livrés à eux-mêmes. Sans parler d'accidents et de rixes, heureusement rares, mais qui ne sauraient l'être assez pour nous rassurer complètement, n'est-il pas à craindre que quelques-uns des élèves de nos Écoles urbaines ne s'habituent ainsi au vagabondage, avec toutes ses dangereuses conséquences?

Les municipalités de la plupart de nos grandes villes l'ont compris : soucieuses de l'éducation morale des enfants des classes laborieuses non moins que de leur instruction, elles ont accordé sur les ressources communales des allocations supplémentaires aux instituteurs, à qui elles demandent en retour de surveiller leurs élèves, soit pendant les récréations et les intervalles des classes, soit pendant une étude du soir consacrée au travail personnel de l'enfant.

Il est à souhaiter que d'aussi utiles mesures se généralisent. Le budget de l'instruction publique, sur lequel pèsent depuis quelques années tant de charges nouvelles, ne met à ma disposition aucune ressource applicable à cette institution. Je ne puis donc qu'en laisser l'initiative et l'entretien aux municipalités, à qui les lois du 16 juin et du 29 juillet 1881 ont fait remise de sommes importantes et qui voudront continuer à en consacrer une partie aux dépenses facultatives de l'enseignement primaire.

C'est à vous, Monsieur le Préfet, qu'il appartient de vous concerter avec quelques-unes de ces municipalités et avec l'Inspecteur d'Académie pour introduire ce perfectionnement dans notre système scolaire où il n'existe pas encore, pour en accroître l'efficacité partout où une prévoyante initiative l'a déjà constitué. Toutefois, quelque intérêt que présente pour les familles l'organisation de ce service supplémentaire, je ne voudrais pas acheter cet avantage au prix d'un surcroît de fatigue pour les maîtres ou d'une prolongation excessive des heures de classe pour les élèves. Deux choses doivent être bien entendues et ne plus retomber en discussion : d'une part, ce ne sont pas les maîtres chargés de la classe ordinaire qui auront à s'imposer deux ou trois heures de plus chaque jour : ou le service ne se fera pas, ou il se fera soit par roulement entre divers maîtres, soit par les soins de maîtres auxiliaires spéciaux; d'autre part, cette séance ne sera pas une sorte de classe ajoutée aux autres, mais se partagera en récréation et en étude, laissant à l'élève beaucoup plus d'initiative que la classe proprement dite et n'ayant pour but que de suppléer à la famille dans l'intérêt des enfants pendant la fin de la journée.

Moyennant l'observation de cette double règle, il convient de laisser aux autorités municipales et scolaires le soin de fixer les détails d'une organisation qui devra varier suivant la nature des besoins et les habitudes prises.

La seule disposition que vous ayez à interdire, la loi vous en faisant un devoir, c'est celle qui consisterait à exiger une rétribution quelconque de la part des élèves qui participeraient à ces études surveillées : ces études peuvent exister ou non; mais, là où elles se feront, elles doivent être mises, comme tous les exercices de l'École, gratuitement à la disposition de tous.

Je vous prie, Monsieur le Préfet, de me faire connaître, dans un court délai, les mesures prises pour l'exécution des présentes instructions.

Recevez, etc.

Signé : JULES FERRY.

---

26 mai 1882.

Arrêté relatif aux conditions de Création d'emplois de deuxième adjoint et de deuxième adjointe dans les Écoles primaires publiques[1].

26 Mai 1882.

Le Ministre de l'Instruction publique et des Beaux-Arts,
Vu l'article 2 de la loi du 10 avril 1867;

1. Consulter la circulaire du 28 *janvier* 1882, ci-dessus, p. 355, et la circulaire du 29 *mai* 1882, transmissive du présent arrêté (*Circ.*, t. IX, p. 45).

Vu l'article 7 de la loi du 16 juin 1881;

Vu le règlement modèle des Écoles primaires, en date du 6 janvier 1881,

Arrête :

Dans toute commune dépourvue d'École maternelle, aucun emploi de deuxième adjoint ou de deuxième adjointe ne sera créé dans les Écoles primaires publiques qu'après qu'il aura été pourvu à l'installation d'une Classe enfantine constituée conformément à l'article 7 de la loi du 16 juin 1881.

Circulaire du Ministre de la Justice et des Cultes, relative à la Situation légale des Maîtrises.

4 juillet 1882

4 Juillet 1882.

Monsieur le Préfet, j'ai été dans ces derniers temps, à plusieurs reprises, consulté soit par le Ministre de l'Instruction publique et des Beaux-Arts, soit par un certain nombre de vos collègues, sur le point suivant :

Les établissements entretenus par des fabriques cathédrales ou paroissiales, ou dépendant plus ou moins directement desdites fabriques et confiés aux soins d'ecclésiastiques appartenant au clergé séculier ou régulier, dans lesquels sont enseignées tout ou partie des matières composant le programme des Écoles primaires des différents degrés ou même des Écoles secondaires, peuvent-ils exciper du titre de *maîtrise,* soit qu'ils se le soient spontanément attribué, soit même qu'ils le tiennent d'actes réguliers de l'autorité publique, pour se soustraire à l'application des règles du droit commun en matière d'enseignement, notamment soit en ce qui concerne les règles qui président à l'ouverture des institutions de cette nature, soit en ce qui concerne leur inspection?

Je crois devoir porter à votre connaissance les instructions suivantes que j'ai données en réponse, et qui ne sont que le rappel et la confirmation de la jurisprudence constamment maintenue par l'Administration.

Les maîtrises sont astreintes à toutes les dispositions des lois scolaires, notamment à l'inspection académique, à moins toutefois qu'elles ne se composent que de simples classes de plain-chant.

Dès 1819, le Ministre de l'Intérieur reconnaissait que : « Des ecclésiastiques réunissant près d'eux huit, dix et quelquefois jusqu'à trente élèves de tous âges qu'ils instruisent gratuitement ou moyennant rétribution, sont de véritables instituteurs rentrant de droit dans la classe commune, comme ils y rentrent de fait. Ils doivent se munir de diplômes ou cesser des fonctions que les instituteurs légalement autorisés peuvent seuls remplir. »

La Cour de cassation, d'autre part, n'a jamais varié dans la jurisprudence inaugurée par ses arrêts célèbres des 15 décembre 1834 et 23 mars 1835, où elle reconnaissait que le législateur *n'a jamais entendu dispenser de la soumission à l'Université les élèves destinés, à quelque titre que ce soit, au service des autels;* que cette soumission tenait à l'un des principes constitutifs de l'Université, et que, *ni dans les décrets impériaux ni dans les ordonnances royales, il ne se trouvait aucune disposition exceptionnelle à ces principes.*

Si, depuis cette époque, la liberté d'enseignement a été proclamée, c'est sous la réserve de certaines garanties, vérifications et inspections, et il y a lieu de soumettre les maîtrises à l'empire des règles du droit commun sans qu'elles puissent invoquer le bénéfice d'aucun privilège ou d'aucune exception.

Recevez, etc.

Pour le Garde des Sceaux, Ministre de la Justice et des Cultes,

Le Conseiller d'État, Directeur général des Cultes,

Signé : FLOURENS.

---

6 juillet 1882.

Décret relatif à la formation et à l'organisation de Bataillons scolaires[1].

6 Juillet 1882.

Le Président de la République française,

Sur les rapports des Ministres de la Guerre, de l'Instruction publique et des Beaux-Arts, et de l'Intérieur;

Vu l'article 1er de la loi du 28 mars 1882, qui met la gymnastique et les exercices militaires au nombre des matières d'enseignement des Écoles primaires publiques de garçons;

1. Consulter les documents suivants :

Circulaire du 20 *mai* 1882 (Ministre de la Guerre), relative à l'organisation des exercices militaires dans les établissements d'instruction publique (*Rec. des L. et A.*, 1882, p. 491);

Arrêté du 6 *juillet* 1882 (Ministres de la Guerre, de l'Instruction publique et de l'Intérieur), relatif au mode de délivrance des fusils et munitions scolaires et à l'exécution du tir (*Ibid.*, p. 582);

Circulaire du 8 *juillet* 1882 (Ministre de la Guerre aux généraux), relative à la régularisation de la situation des bataillons déjà existants et à la formation de bataillons scolaires nouveaux (*Ibid.*, p. 591);

Arrêté du 30 *juillet* 1882 (Ministre de la Guerre), relatif au poinçonnage des fusils destinés aux bataillons scolaires (*Ibid.*, p. 642);

Circulaire du 31 *octobre* 1882 (Ministre de la Guerre aux généraux), relative à l'organisation de l'enseignement des exercices militaires dans les établissements publics d'instruction qui n'ont pas de bataillons scolaires (*Ibid.*, p. 1045);

Arrêté du 20 *décembre* 1882 (Ministres de la Guerre, de l'Instruction publique et de l'Intérieur), relatif aux exercices militaires dans les établissements d'instruction pour les enfants qui ne font pas partie des bataillons scolaires (*Ibid.*, p. 1252);

— 30 *décembre* 1882 (Ministre de la Guerre), relatif aux armes dont peuvent faire usage les élèves appartenant aux établissements libres (*Ibid.*, p. 1253);

Circulaire du 6 *avril* 1883 (Ministre de la Guerre aux généraux), relative au poinçonnage des fusils scolaires (*Rec. des L. et A.*, 1883, p. 531);

— 16 *avril* 1883, aux Préfets, relative à la concession de drapeaux aux bataillons scolaires et à une enquête sur la formation de ces bataillons (*Circ.*, t. IX, p. 208);

— 25 *avril* 1883 (Ministre de la Guerre aux généraux), autorisant l'adaptation

Vu la loi du 27 janvier 1880, qui rend l'enseignement de la gymnastique obligatoire dans tous les établissements d'instruction publique de garçons;

Vu le décret du 29 juillet 1881 et l'arrêté du 3 août fixant le programme de cet enseignement dans les Écoles normales d'instituteurs;

Vu l'article 6 de la loi du 27 juillet 1872 sur le recrutement de l'armée;

Vu les articles 8 et 10 de la loi du 24 juillet 1873 relative à l'organisation générale de l'armée;

Vu l'article 54 de la loi du 13 mars 1875 relative à la constitution des cadres et des effectifs de l'armée active et de l'armée territoriale;

Vu le décret du 2 avril 1875 relatif à l'organisation militaire des douaniers;

Vu le décret du 2 avril 1875 relatif à l'organisation militaire du corps forestier;

Vu le décret du 29 décembre 1875 sur l'organisation des corps de sapeurs-pompiers;

Vu les procès-verbaux de la Commission mixte formée de délégués des trois Ministères de la Guerre, de l'Intérieur et de l'Instruction publique, chargée de préparer un règlement relatif à l'instruction militaire dans les établissements d'instruction,

Décrète :

ARTICLE 1er. — Tout établissement public d'instruction primaire ou secondaire ou toute réunion d'Écoles publiques comptant de deux

d'épées-baïonnettes aux fusils scolaires de manœuvre employés dans les bataillons scolaires (*Rec. des L. et A.*, 1883, p. 404);

Arrêté du 25 *mai* 1883 (Ministres de la Guerre, de l'Instruction publique et de l'Intérieur), relatif aux prises d'armes, revues et défilés des bataillons scolaires (*Ibid.*, p. 442);

Circulaire du 1er *septembre* 1883 (Ministre de la Guerre aux généraux), relative aux autorisations de passer en revue les groupes d'enfants non constitués en bataillons scolaires (*Ibid.*, p. 729);

Arrêté du 25 *septembre* 1883 (Ministres de la Guerre, de l'Instruction publique et de l'Intérieur), relatif aux conditions exigées pour la composition des bataillons scolaires (*Ibid.*, p. 799);

Circulaire du 28 *septembre* 1883 (Ministre de la Guerre aux commandants de corps d'armée), relative à la tenue des instructeurs des bataillons scolaires n'appartenant pas à l'armée (*Rec. des L. et A.*, 1883, p. 1028);

— 6 *mai* 1884, aux Préfets, faisant connaître que des drapeaux seront accordés à des bataillons scolaires à l'occasion de la Fête nationale (*Bull. adm.*, 1884, t. XXXV, p. 30);

Arrêtés des 1er et 23 *juillet* 1884, relatifs à la distribution de drapeaux à des bataillons scolaire (*Ibid.*, p. 31 et 139);

— du 30 *juin* 1885, relatif à la distribution de drapeaux à des bataillons scolaires (*Bull. adm.*, 1885, t. XXXVIII, p. 31).

cents à six cents élèves âgés de 12 ans et au-dessus pourra, sous le nom de *bataillon scolaire*, rassembler ses élèves pour les exercices gymnastiques et militaires pendant toute la durée de leur séjour dans les établissements d'instruction.

ART. 2. — Aucun bataillon scolaire ne sera constitué sans un arrêté d'autorisation rendu par le Préfet. Cette autorisation ne pourra être accordée qu'après que le groupe d'enfants destiné à former le bataillon aura été reconnu capable d'exécuter l'école de compagnie.

Il sera procédé à cette constatation par les soins d'une Commission de trois membres, savoir : deux officiers désignés par l'autorité militaire et l'Inspecteur d'Académie ou son délégué.

ART. 3. — Tout bataillon scolaire, après sa constitution, devra être inspecté au moins une fois par an par la Commission désignée à l'article 2.

ART. 4. — Tout bataillon scolaire recevra du Ministre de l'Instruction publique un drapeau spécial, qui sera déposé, chaque année, dans celle des Écoles dont les enfants auront obtenu, au cours de l'année, les meilleures notes d'inspection militaire.

ART. 5. — Chaque bataillon scolaire se composera de quatre compagnies, dont chacune comprendra au moins cinquante enfants.

ART. 6. — Ne pourront faire partie du bataillon les élèves que le médecin attaché à l'établissement aura déclarés hors d'état de participer aux exercices gymnastiques et militaires du bataillon.

ART. 7. — Tout bataillon scolaire est placé sous les ordres d'un instructeur en chef et d'instructeurs adjoints désignés par l'autorité militaire.

La répartition des élèves dans les diverses compagnies est faite sur la proposition des chefs d'établissements par l'instructeur en chef.

ART. 8. — Un maître au moins de chaque établissement scolaire dont les élèves font partie du bataillon devra assister aux réunions du bataillon. Ces réunions auront toujours lieu, sauf autorisation spéciale de l'Inspecteur d'Académie, en dehors des heures de classe réglementaires.

ART. 9. — Le bataillon scolaire ne pourra être armé que de fusils conformes à un modèle adopté par le Ministre de la Guerre et poinçonnés par l'autorité militaire. Ces fusils, dont la fabrication sera abandonnée à l'industrie privée, devront présenter les trois conditions suivantes : n'être pas trop lourds pour l'âge des enfants; comporter tout le mécanisme du fusil de guerre actuel; n'être pas susceptibles de faire feu, même à courte portée.

Ces fusils seront déposés à l'École.

ART. 10. — Pour les exercices du tir à la cible, les élèves des bataillons scolaires âgés de quatorze ans au moins, et que l'instructeur en chef aura désignés comme aptes à y prendre part, seront conduits au stand ou au champ de tir et y seront exercés avec le fusil scolaire spécial dans les conditions qui seront réglées par un arrêté des Ministres de la Guerre et de l'Instruction publique.

ART. 11. — Aucun uniforme ne sera obligatoire. Les uniformes qui pourraient être adoptés par les bataillons scolaires devront être autorisés par le Ministre de l'Instruction publique.

Les Caisses des Écoles pourront seules être autorisées par le Préfet à fournir aux élèves, dans des conditions à déterminer par des règlements locaux, tout ou partie des objets d'habillement ou d'équipement jugés nécessaires.

ART. 12. — Les établissements libres d'instruction primaire et secondaire qui déclareront se soumettre à toutes les prescriptions du présent décret sont autorisés, soit à incorporer leurs élèves dans le bataillon scolaire du canton, soit, si leur effectif est suffisant, à former des bataillons scolaires distincts, qui seront à tous égards assimilés à ceux des Écoles publiques.

ART. 13. — Les Ministres de la Guerre, de l'Instruction publique et de l'Intérieur sont chargés, chacun en ce qui le concerne, de l'exécution du présent décret.

Règlement scolaire modèle pour servir à la rédaction des Règlements départementaux relatifs aux Écoles primaires publiques[1].

18 juillet 1882.

18 Juillet 1882.

Le Ministre de l'Instruction publique et des Beaux-Arts,
Vu la loi du 28 mars 1882;
Le Conseil supérieur de l'Instruction publique entendu,
Arrête :

1. Voir les circulaires suivantes :
Du 30 *avril* 1880, aux Préfets, relative à la revision des Règlements départementaux de l'instruction publique en ce qui concerne les Écoles mixtes quant au culte (*Circ.*, t. VIII, p. 294);
— 23 *septembre* 1880, aux Préfets, relative à l'application du nouveau Règlement scolaire pouvant servir de modèle aux Règlements scolaires départementaux (*Ibid.*, p. 358);
— 1er *février* 1881, aux Préfets, relative aux modifications apportées par le Conseil supérieur de l'Instruction publique au Règlement modèle des Écoles primaires publiques (*Ibid.*, p. 434).

Le règlement scolaire modèle pour servir à la rédaction des règlements départementaux des Écoles primaires publiques, en date du 6 janvier 1881, est modifié ainsi qu'il suit[1] :

ARTICLE 1er. — Pour être admis dans une École[2], les enfants doivent avoir plus de six ans et moins de quatorze. En dehors de ces limites, ils ne pourront être admis sans une autorisation spéciale de l'Inspecteur d'Académie.

Dans les communes qui n'ont pas de Salle d'asile, l'âge d'admission sera abaissé à cinq ans.

ART. 2[3]. — Tout enfant qui demandera son admission dans une École devra présenter un bulletin de naissance.

L'instituteur s'assurera qu'il a été vacciné, ou qu'il a eu la petite vérole, et qu'il n'est pas atteint de maladies ou d'infirmités de nature à nuire à la santé des autres élèves.

ART. 3. — La garde de la classe est commise à l'instituteur : il ne permettra pas qu'on la fasse servir à aucun usage étranger à sa destination, sans une autorisation spéciale du Préfet[4].

ART. 4. — Pendant la durée de la classe, l'instituteur ne pourra, sous aucun prétexte, être distrait de ses fonctions professionnelles, ni s'occuper d'un travail étranger à ses devoirs scolaires[5].

ART. 5. — Les enfants ne pourront, sous aucun prétexte, être détournés de leurs études pendant la durée des classes[6].

Ils ne seront envoyés à l'église pour les catéchismes ou pour les exercices religieux qu'en dehors des heures de classe. L'instituteur n'est pas tenu de les y surveiller. Il n'est pas tenu davantage de les y conduire, sauf le cas prévu au paragraphe 3 de l'article 7 ci-après.

Toutefois, pendant la semaine qui précède la première commu-

1. Consulter ci-dessus, p. 170 et 235, les Règlements du 7 *juin* 1880 et du 6 *janvier* 1881, et, ci-après, le Règlement annexé à l'arrêté du 18 *janvier* 1887 (*à sa date*).
2. Voir la circulaire du 21 *mars* 1888 (Vice-Recteur de Paris aux Inspecteurs d'Académie), relative à l'interdiction de l'enseignement dans les garderies (*Rec. des L. et A.*, 1888, p. 175).
3. Cet article a été modifié par l'arrêté du 29 *décembre* 1888 (voir *à sa date*).
4. Voir les circulaires : du 30 *août* 1882, aux Préfets, autorisant l'usage des salles d'École pour des adjudications (*à sa date*) ; — du 3 *mai* 1893, aux Recteurs, relative à l'utilisation des locaux scolaires pour le logement ou le cantonnement des troupes (*Circ.*, t. XI, p. 676).
5. Voir les circulaires : du 27 *décembre* 1881, aux Préfets, relative aux fonctions remplies dans les églises par les instituteurs publics (*Circ.*, t. VIII, p. 620) ; — du 2 *février* 1885, aux Préfets, maintenant aux instituteurs primaires publics la permission de se livrer, en dehors des heures de classe, aux opérations d'arpentage (*Circ.*, t. IX, p. 454).
6. Voir la circulaire du 31 *juillet* 1891, aux Préfets, relative à l'adoption de l'heure légale (*Circ.*, t. XI, p. 478).

nion, l'instituteur autorisera les élèves à quitter l'École aux heures où leurs devoirs religieux les appellent à l'église.

ART. 6. — L'entrée de l'École est formellement interdite à toute personne autre que celles qui sont préposées par la loi à la surveillance de l'enseignement.

ART. 7. — Les classes dureront trois heures le matin et trois heures le soir. Celle du matin commencera à huit heures, et celle de l'après-midi à une heure; elles seront coupées par une récréation d'un quart d'heure.

Suivant les besoins des localités, les heures d'entrée et de sortie pourront être modifiées par l'Inspecteur d'Académie, sur la demande des autorités locales et l'avis de l'Inspecteur primaire.

Les enfants qui ne sont pas rendus à leur famille dans l'intervalle des classes, demeurent sous la surveillance de l'instituteur jusqu'à l'heure où ils quittent définitivement la maison d'école[1].

ART. 8. — Les enfants se présenteront à l'École dans un état de propreté convenable.

La visite de propreté sera faite par l'instituteur au commencement de chaque classe.

ART. 9. — Quand l'instituteur prendra la direction d'une École, il devra, de concert avec le maire ou son délégué, faire le récolement du mobilier scolaire[2], des livres de la bibliothèque, des archives scolaires, et, s'il y a lieu, de son mobilier personnel et de celui de ses adjoints.

Le procès-verbal de cette opération, signé par les deux parties, constituera l'instituteur responsable des objets désignés à l'inventaire.

En cas de changement de résidence, l'instituteur provoquera, avant son départ, un nouveau récolement du mobilier.

ART. 10. — Un tableau portant le prix de tous les objets que l'in-

1. Voir la circulaire du 22 *avril* 1882, aux Préfets, relative à la surveillance des élèves des Écoles primaires en dehors des heures de classe (*à sa date*); — la lettre du 30 *novembre* 1882 (Préfet des Vosges aux Inspecteurs d'Académie), relative à la surveillance des élèves des Écoles primaires publiques par les instituteurs en dehors des heures de classe réglementaires (*Rec. des L. et A.*, 1882, p. 1153).

2. Voir les circulaires :

Du 12 *juillet* 1879, aux Inspecteurs primaires, relative à une enquête sur le matériel existant ou à fournir dans les Écoles primaires publiques pour l'enseignement de la géographie (*Circ.*, t. VIII, p. 175);

— 20 *octobre* 1882, aux Inspecteurs primaires, relative au mode d'envoi et à la répartition du matériel destiné à l'enseignement de la géographie et du système métrique dans les Écoles primaires publiques (*Circ.*, t. IX, p. 128);

— 3 *novembre* 1882, aux Préfets, relative à la fourniture des appareils de gymnastique dans les Écoles primaires de garçons (*Ibid.*, p. 140).

stituteur sera autorisé à fournir aux élèves sera affiché dans l'École, après avoir été visé par l'Inspecteur primaire.

ART. 11. — La classe sera blanchie ou lessivée tous les ans, et tenue dans un état constant de propreté et de salubrité. A cet effet, elle sera balayée et arrosée tous les jours; l'air y sera fréquemment renouvelé; même en hiver, les fenêtres seront ouvertes pendant l'intervalle des classes.

ART. 12. — Le français sera seul en usage dans l'École.

ART. 13. — Toute représentation théâtrale est interdite dans les Écoles publiques.

ART. 14. — Aucun livre ni brochure, aucun imprimé ni manuscrit étrangers à l'enseignement ne peuvent être introduits dans l'École, sans l'autorisation écrite de l'Inspecteur d'Académie[1].

ART. 15. — Toute pétition, quête, souscription ou loterie y sont également interdites[2].

ART. 16. — Les seules punitions dont l'instituteur puisse faire usage sont :

Les mauvais points;

La réprimande;

La privation partielle de la récréation;

La retenue après la classe, sous la surveillance de l'instituteur;

L'exclusion temporaire.

Cette dernière peine ne pourra dépasser trois jours. Avis en sera donné immédiatement par l'instituteur aux parents de l'enfant, aux autorités locales et à l'Inspecteur primaire.

Une exclusion de plus longue durée ne pourra être prononcée que par l'Inspecteur d'Académie.

ART. 17. — Il est absolument interdit d'infliger aucun châtiment corporel[3].

ART. 18. — Les jours de congés extraordinaires sont :

Une semaine à l'occasion des fêtes de Pâques;

Le premier jour de l'an, ou le lendemain, si ce jour est un dimanche ou un jeudi;

1. Voir la circulaire du 13 *janvier* 1880, aux Préfets, relative à la suppression du catalogue spécial des livres à donner en prix dans les Écoles primaires publiques, et à l'institution d'une Commission chargée de proposer des souscriptions aux ouvrages de ce genre (*Circ.*, t. VIII, p. 244).

2. Consulter les circulaires : du 18 *novembre* 1883, aux Préfets, interdisant aux instituteurs et institutrices de conduire leurs élèves aux réunions publiques (*Circ.*, t. IX, p. 315); — du 2 *mars* 1893, aux Préfets, relative aux demandes de renseignements adressées par des agences aux instituteurs (*Circ.*, t. XI, p. 653).

3. Consulter la circulaire du 18 *décembre* 1893, aux Inspecteurs d'Académie, relative à l'Union française pour le sauvetage de l'enfance (*Circ.*, t. XI, p. 761).

Le lundi de la Pentecôte;
Le lendemain de la Toussaint, le matin seulement;
Les jours de fêtes patronales;
Les jours de fêtes nationales[1].

1. Voir les circulaires :
Du 27 *juin* 1881, aux Préfets, relative à la célébration de la Fête nationale du 14 juillet (*Circ.*, t. VIII, p. 519);
— 5 *juillet* 1881, aux Recteurs, accordant un jour de congé extraordinaire dans les Écoles à l'occasion de la Fête nationale (*Rec. des L. et A.*, 1881, p. 516);
— 5 *juillet* 1887, aux Préfets, relative au congé de la Fête nationale (*Ibid.*, 1887, p. 510);
— 24 *avril* 1889, aux Recteurs, relative au congé accordé à l'occasion des fêtes commémoratives du Centenaire de 1789 (*Circ.*, t. X, p. 414);
— 30 *janvier* 1895, aux Préfets, relative à la concession d'un jour de congé à l'occasion de l'élection présidentielle (*Bull. adm.*, 1895, t. LVII, p. 91).
Consulter les documents ci-après concernant :
1° *Le lundi de Pâques et le lundi de la Pentecôte :*
Projet de loi du Gouvernement déclarant *jours fériés légaux* le lundi de Pâques et le lundi de la Pentecôte, présenté à la Chambre des Députés le 26 *novembre* 1885; Exposé des motifs, p. 380 du *Journal officiel* de *mai* 1886 (Annexes);
Rapport sur ce projet par M. REMOIVILLE, 22 *décembre* 1885, p. 70 du *Journal officiel* de *mars* 1886 (Annexes);
Adoption du projet par la Chambre, 29 *décembre* 1885;
Exposé des motifs au Sénat le 26 janvier 1886, p. 85 du *Journal officiel* de *mai* 1886 (Annexes);
Rapport de M. MUNIER au Sénat, 20 *février* 1886, p. 107 du *Journal officiel* de *mai* 1886 (Annexes);
Discussion et adoption du projet par le Sénat, 2 *mars* 1886;
Promulgation au *Journal officiel* du 9 *mars* 1886.
2° *La Fête nationale :*
Proposition de loi de M. RASPAIL, ayant pour objet d'établir un jour de fête nationale, présentée à la Chambre des Députés le 21 *mai* 1880, p. 5520 du *Journal officiel* du 22 *mai* 1880 (Procès-verbal) :
ART. UNIQUE :
« La République adopte comme jour de fête nationale annuelle la date du 14 juillet. »
Rapport de M. ACHARD sur cette proposition et adoption par la Chambre, 8 *juin* 1880 (Procès-verbal, p. 6267 du *Journal officiel* du 9 *juin* 1880);
Transmission au Sénat, 14 *juin* 1880, p. 6916 du *Journal officiel* du 24 *juin* 1880;
Rapport de M. Henri MARTIN au Sénat (séance du 24 *juin* 1880, p. 8524 du *Journal officiel* du 22 *juillet* 1880);
Discussion et adoption du projet par le Sénat, 29 *juin* 1880;
Promulgation au *Journal officiel* du 6 *juillet* 1880.
3° *La fête nationale annuelle du Travail :*
Proposition de loi ayant pour objet l'établissement d'un jour de *fête nationale annuelle du Travail*, par M. MICHELIN, député, présentée à la Chambre des Députés le 8 *février* 1894.
La proposition comprenait un seul article : « La date du premier mai est adoptée comme jour de fête nationale annuelle du Travail. » (*Journal officiel* du 1er *mars* 1894, p. 136). — Renvoyée à la Commission d'initiative parlementaire.
4° *La fête de Jeanne d'Arc :*
Proposition de loi ayant pour objet l'institution d'une *fête nationale de Jeanne*

ART. 19. — L'époque et la durée des vacances seront fixées chaque année par le Préfet, en Conseil départemental[1].

d'Arc, fête du Patriotisme, présentée au Sénat par M. J. FABRE et 127 sénateurs, le 15 *mars* 1894, p. 102 du *Journal officiel* du 29 *mai* 1894;

Rapport sommaire de M. J. FABRE sur le projet, 16 *mars* 1894, p. 106 du *Journal officiel* du 29 *mai* 1894;

Rapport au nom de la Commission par le même, 10 *mai* 1894, p. 131 du *Journal officiel* du 1er *juin* 1894 (Annexes);

Déclaration d'urgence et discussion au Sénat le 8 *juin* 1894;

Adoption par le Sénat le 19 *juin* 1894;

Transmission à la Chambre des Députés le même jour;

Résolution de la Chambre des Députés, qui n'inscrit pas le projet à son ordre du jour, 21 *mars* 1898;

Rapport de M. ÉVELLIN, Inspecteur d'Académie, au Conseil académique de Paris, 2 *décembre* 1897 (*Revue Bleue*, 5 *février* 1898); — *Revue des grandes journées parlementaires*, 1898, fascicule de la *Fête de Jeanne d'Arc*.

5° *Le lendemain de la Fête nationale :*

Proposition de loi tendant à déclarer férié le *lendemain de la Fête nationale* lorsque celle-ci tombe un dimanche, présentée par M. BERTEAUX à la Chambre des Députés, 9 *juillet* 1895, p. 2076 du *Journal officiel* du 10 *juillet* 1895 (Procès-verbal). — Par 228 voix contre 220 la Chambre n'a pas adopté.

6° *Le travail du dimanche :*

Proposition de loi ayant pour objet d'interdire le *travail du dimanche*, présentée par M. DE BAUDRY D'ASSON, 17 *mars* 1896, p. 528 du *Journal officiel* du 18 *mars* 1896 (Procès-verbal);

Rapport sur ce projet par M. Paul HAYEZ, 11 *juin* 1896, concluant au rejet de la proposition, p. 458 du *Journal officiel* du 21 *juin* 1896 (Annexes);

La Chambre décide, 11 *juin* 1896, que le rapport sera imprimé et distribué, p. 930 du *Journal officiel* du 12 *juin* 1896.

7° *Les fêtes républicaines :*

Proposition de résolution ayant pour objet la nomination dans les bureaux de la Chambre d'une Commission de 22 membres chargée de préparer un projet substituant aux fêtes légales actuelles des *Fêtes républicaines* choisies parmi les dates les plus mémorables de la Révolution, présentée à la Chambre des Députés par M. DUTREIX le 25 *octobre* 1894, p. 1397 du *Journal officiel* du 8 *novembre* 1894 (Annexes);

Rapport sommaire sur ce projet par M. COUTURIER, 22 *novembre* 1894, proposant de « repousser la prise en considération », p. 1995 du *Journal officiel* du 10 *décembre* 1894 (Annexes);

La Chambre décide, le 22 *novembre* 1894, que le rapport sera imprimé et distribué, p. 1368 du *Journal officiel* du 23 *novembre* 1894.

1. Voir les circulaires suivantes :

Du 4 *avril* 1884, aux Préfets, relative aux vacances des Écoles maternelles (*Circ.*, t. IX, p. 355);

— 13 *juin* 1894, aux Préfets, relative à la fixation de l'époque des grandes vacances dans les Écoles publiques (*Bull. adm.*, 1894, t. LV, p. 522);

— 10 *juin* 1895, aux Préfets, relative à la réduction de la durée des vacances dans les Écoles maternelles (*Ibid.*, 1895, t. LVII, p. 627);

— 31 *juillet* 1895, aux Préfets (*Ibid.*, 1895, t. LVIII, p. 209), et 27 *juillet* 1896 (*Ibid.*, 1896, t. LX, p. 213), relatives à la fixation des vacances dans les Écoles primaires publiques;

— 12 *juillet* 1897, aux Préfets, relative à la durée des grandes vacances dans les Écoles primaires publiques (*Ibid.*, 1897, t. LXII, p. 89);

— 30 *mars* 1898, aux Préfets, relative au même objet (*Ibid.*, 1898, t. LXIII, p. 431).

ART. 20. — L'instituteur ne pourra ni intervertir les jours de classe, ni s'absenter, sans y avoir été autorisé par l'Inspecteur primaire, et sans avoir donné avis de cette autorisation aux autorités locales.

Si l'absence doit durer plus de trois jours, l'autorisation de l'Inspecteur d'Académie est nécessaire.

Un congé de plus de huit jours ne peut être donné que par le Préfet. Dans les circonstances graves et imprévues, l'instituteur pourra s'absenter, sans autre condition que de donner immédiatement avis de son absence aux autorités locales et à l'Inspecteur primaire.

ART. 21. — Les dispositions de ce règlement sont applicables aux Écoles de filles.

ART. 22. — Le règlement modèle en date du 17 août 1851 est et demeure abrogé.

ART. 23. — Les autorités préposées par la loi à la surveillance de l'instruction primaire sont chargées de l'exécution du présent règlement.

Décret fixant transitoirement la limite d'âge pour les Candidats aux Écoles normales primaires.

27 juillet 1882.

27 Juillet 1882.

Le Président de la République française,

Sur le rapport du Ministre de l'Instruction publique et des Beaux-Arts,

Vu l'article 17 du décret du 29 juillet 1881, relatif à l'organisation des Écoles normales;

Considérant qu'il importe de faciliter le recrutement des Écoles normales afin de pourvoir aux nouveaux emplois qu'exige l'application de la loi du 28 mars 1882 sur l'obligation de l'instruction primaire;

Le Conseil supérieur de l'Instruction publique entendu,

Décrète :

ARTICLE 1er. — Transitoirement, et pendant un délai de trois ans à partir de la promulgation du présent décret, les candidats aux Écoles normales pourront se présenter aux examens d'admission, s'ils justifient qu'ils auront atteint l'âge de quinze ans avant le 1er octobre de l'année où ils se présentent.

Décret portant modification des articles 4 et 5 du Décret du 4 janvier 1881, relatif aux examens du Brevet supérieur et du Brevet simple.

27 Juillet 1882.

Le Président de la République française,

Sur le rapport du Ministre de l'Instruction publique et des Beaux-Arts,

Vu le décret du 4 janvier 1881, relatif aux brevets de capacité;

Le Conseil supérieur de l'Instruction publique entendu,

Décrète :

ARTICLE 1er. — Les articles 4 et 5 du décret du 4 janvier 1881[1] sont modifiés ainsi qu'il suit :

« ART. 4. — Pour se présenter devant une Commission d'examen en vue d'obtenir le brevet supérieur, tout candidat doit justifier de la possession du brevet élémentaire et avoir dix-sept ans à la date de l'ouverture de la session.

« ART. 5. — Pour se présenter aux examens du brevet simple, le candidat doit avoir au moins seize ans à la date de l'ouverture de la session. »

---

27 juillet 1882.

Décret relatif à l'Examen du Certificat d'études primaires.

27 Juillet 1882.

Le Président de la République française,

Sur le rapport du Ministre de l'Instruction publique et des Beaux-Arts;

Vu l'article 6 de la loi du 28 mars 1882;

Le Conseil supérieur de l'Instruction publique entendu,

Décrète :

ARTICLE 1er. — L'examen public auquel doivent se présenter les enfants qui désirent obtenir le certificat d'études institué par l'article 6 de la loi du 28 mars 1882 aura lieu à l'expiration de chaque année scolaire.

ART. 2. — Pour être admis à subir cet examen, les enfants devront avoir au moins 11 ans à l'époque où il aura lieu.

1. Voir ces articles, p. 227. Ils indiquaient que l'âge d'admission était compté au 1er janvier de l'année, et non à la date d'ouverture de la session.
Rapprocher du décret du 30 *décembre* 1884, art. 3 et 4 (*à sa date*).

ART. 3. — Les dispositions de l'arrêté ministériel du 16 juin 1880 relatives au mode de l'examen pour le certificat d'études primaires élémentaires, à la nature des épreuves et aux conditions d'admission, sont applicables à l'examen dont il s'agit.

Décret portant organisation de Cours normaux pour la préparation de Directrices d'Écoles maternelles[1].

27 juillet 1882.

27 Juillet 1882.

Le Président de la République française,

Sur le rapport du Ministre de l'Instruction publique et des Beaux-Arts,

Vu les articles 1er et 7 de la loi du 16 juin 1881;

Vu l'article 6 du décret du 29 juillet 1881;

Vu les articles 17-26 du même décret;

Vu l'article 44 du décret du 2 août 1881;

Le Conseil supérieur de l'Instruction publique entendu,

Décrète :

ARTICLE 1er. — Des Cours normaux pour préparer des directrices d'Écoles maternelles seront annexés aux Écoles normales d'institutrices[2].

ART. 2. — Les élèves sont admises au concours. Le nombre des élèves à admettre est fixé, chaque année, par le Ministre, sur la proposition du Recteur.

ART. 3. — Le régime des Cours normaux est l'externat. L'enseignement est gratuit.

Les élèves seront logées dans des familles ou des institutions, les unes et les autres agréées par l'Administration. Il pourra être pourvu à leur entretien au moyen de bourses fournies par l'État, par les départements et par les communes.

ART. 4. — La durée du cours est d'une année scolaire.

ART. 5. — Les conditions de l'examen d'admission sont les mêmes que celles qui ont été déterminées par l'arrêté du 6 janvier 1882 pour l'admission des élèves-maîtresses dans les Écoles normales.

1. Consulter la circulaire du 20 *juillet* 1883, aux Recteurs (*Circ.*, t. IX, p. 253). — Les cours normaux étant peu nombreux, les épreuves de l'examen d'admission se confondront avec celles des Écoles normales. Les aspirantes, classées par ordre de mérite, auront droit d'option.

2. Voir l'arrêté du 26 *novembre* 1882 établissant une Commission de surveillance près le Cours normal de Paris (*Bull. adm.*, 1882, t. XXVIII, p. 492).

ART. 6. — Les personnes appartenant à l'enseignement public ou libre et pourvues du brevet élémentaire, ainsi que les directrices et sous-directrices d'Écoles publiques maternelles actuellement en fonctions, pourront être admises à suivre temporairement les cours.

ART. 7. — Le programme d'enseignement dans les Cours normaux comprend :

1° Un cours d'instruction générale portant sur les matières du cours de première année des Écoles normales d'institutrices;

2° Un cours de pédagogie : Principes généraux d'éducation; étude des méthodes et des procédés d'enseignement particulièrement applicables à l'éducation de la première enfance;

3° Des exercices pratiques dans l'École maternelle annexée à l'École normale.

ART. 8. — Le plan d'études des Cours normaux, le mode et les conditions de participation de leurs élèves aux leçons et exercices de l'École normale seront arrêtés par le Recteur après avis de la Commission de surveillance.

ART. 9. — Les élèves, à leur sortie, devront se présenter aux examens du certificat d'aptitude à la direction des Écoles maternelles.

---

27 juillet 1882.

Décret portant Réorganisation de l'École Pape-Carpantier[1].

27 Juillet 1882.

Le Président de la République française,

Sur le rapport du Ministre de l'Instruction publique et des Beaux-Arts,

Vu l'article 7 de la loi du 16 juin 1881 qui met les Salles d'asile (Écoles maternelles) au nombre des Ecoles primaires publiques donnant lieu à une dépense obligatoire;

Vu le décret du 10 octobre 1881, rendu en application de l'article 6 de la loi du 16 juin et qui assimile les traitements des directrices d'Écoles maternelles et d'Écoles enfantines à ceux des institutrices, et leur assure un supplément pour la possession de chacun des deux brevets de capacité;

1. Voir Tome IV, page 834, le décret du 19 *décembre* 1878.
Voir ci-après, *à leur date*, les arrêtés des 28 *juillet* 1882 et 10 *septembre* 1886, concernant le siège et l'organisation de l'École Pape-Carpantier; — le décret du 8 *janvier* 1891 (*à sa date*), qui a supprimé cette École et donné le nom de *Pape-Carpantier* à l'École maternelle annexée à l'École normale d'institutrices de la Seine.
Consulter la circulaire transmissive du 28 *juillet* 1882 (*Circ.*, t. IX, p. 91).

Vu l'article 44 du décret du 2 août 1881 qui prévoit la création dans chaque Académie d'un Cours normal des Écoles maternelles analogue à celui qui existe actuellement à Paris, sous le nom de *Pape-Carpantier;*

Vu les arrêtés des 28 avril 1848, 5 avril 1850 et 30 juillet 1875, relatifs à l'organisation des cours pratiques des Salles d'asile;

Vu le décret du 19 décembre 1878 donnant à cet établissement le nom d'*École Pape-Carpantier;*

Le Conseil supérieur de l'Instruction publique entendu,

Décrète :

ARTICLE 1er. — L'École Pape-Carpantier sera désormais destinée à former des directrices et des professeurs pour les Cours normaux d'Écoles maternelles institués dans les diverses Académies, soit comme établissements indépendants, soit comme annexes de l'École normale d'institutrices.

ART. 2. — L'École est gratuite; elle se recrute au concours; elle est entretenue au moyen de bourses fondées par l'État, par les départements, par les communes ou par les particuliers.

ART. 3. — Les aspirantes doivent remplir les conditions suivantes :

1° Avoir vingt ans au moins et trente ans au plus dans l'année où elles se présentent. Des dispenses d'âge pourront être accordées; aucune aspirante ne sera admise à se présenter plus de trois fois;

2° Être pourvues du certificat d'aptitude à la direction des Écoles maternelles, et en outre, soit du brevet supérieur, soit du brevet élémentaire complété par le certificat d'aptitude pédagogique;

3° Avoir contracté l'engagement de se consacrer pendant dix ans à l'enseignement public.

ART. 4[1]. — L'examen d'admission comprend trois séries d'épreuves :

Épreuves écrites éliminatoires (au chef-lieu du département, sous la présidence de l'Inspecteur d'Académie), savoir :

1° Une composition sur une matière prise dans le programme des Écoles maternelles;

2° Une composition sur une question de méthode appliquée à l'éducation de la première enfance.

Trois heures sont accordées pour chaque composition; les textes sont envoyés par l'Administration centrale; les épreuves sont corri-

1. Cet article a été modifié par le décret du 26 *décembre* 1882 (voir ci-après, *à sa date*) supprimant les épreuves pratiques.

gées et l'admissibilité prononcée par une Commission siégeant à Paris.

Épreuves orales consistant en interrogations, lecture expliquée et correction d'un devoir d'élève-maîtresse.

Épreuves pratiques consistant en leçons faites dans une École maternelle ou dans une Classe enfantine.

ART. 5. — Toute aspirante admise après concours à l'École de Fontenay peut opter pour l'École Pape-Carpantier et y entrer sans nouvel examen.

ART. 6. — Le cours d'études de l'École sera d'une année; il sera suivi d'un examen de sortie auquel toutes les élèves devront se présenter.

ART. 7. — Le programme d'enseignement de l'École comprendra:

1° Un cours de psychologie et de morale appliquées à l'éducation et un cours d'histoire critique des doctrines pédagogiques, portant particulièrement sur l'éducation de la première enfance;

2° Des cours sur les diverses matières enseignées dans les cours normaux des Écoles maternelles;

3° Des conférences et des exercices pratiques, tant à l'École même que dans les Écoles maternelles et les Classes enfantines;

4° Des notions sur la législation et l'administration des Écoles maternelles et des Classes enfantines.

ART. 8. — L'arrêté du 30 juillet 1875 et tous les règlements relatifs à l'organisation actuelle de l'École sont et demeurent rapportés.

ART. 9. — Le siège de l'École sera fixé, le nombre des élèves à admettre sera déterminé et la Commission de surveillance sera nommée par arrêté ministériel.

---

27 juillet 1882.

Arrêté déterminant les conditions de l'Examen pour l'obtention du Certificat d'aptitude à l'inspection départementale des Écoles maternelles[1].

27 Juillet 1882.

Le Ministre de l'Instruction publique et des Beaux-Arts,

Vu le décret du 2 août 1881, portant règlement général pour l'établissement des Écoles maternelles, et spécialement l'article 9 de ce décret;

1. Arrêté rapporté par l'arrêté du 23 *décembre* 1882, art. 11 (*à sa date*).

Le Conseil supérieur de l'Instruction publique entendu,
Arrête :

ARTICLE 1er. — Les aspirantes au certificat d'aptitude à l'inspection des Écoles maternelles doivent :

1° Être âgées de vingt-cinq ans au 1er janvier de l'année où a lieu l'examen;

2° Justifier de trois ans au moins de services dans l'enseignement public ou libre;

3° Être pourvues, indépendamment du certificat d'aptitude à la direction d'une École maternelle, soit du brevet supérieur, soit du brevet élémentaire complété par le certificat d'aptitude pédagogique.

ART. 2. — L'examen se compose de trois sortes d'épreuves :

Épreuve écrite. — Un sujet de pédagogie appliquée aux Écoles maternelles. — Trois heures sont accordées pour cette composition.

Épreuve orale. — Questions, tirées au sort, sur la législation et l'administration des Écoles maternelles. — La durée de l'épreuve ne dépassera pas une demi-heure. Une demi-heure de préparation est accordée aux aspirantes. Elles ne devront avoir aucun livre.

Épreuve pratique. — Inspection d'une École maternelle et rapport oral sur cette inspection.

ART. 3. — Toutes les épreuves ont lieu à Paris.

ART. 4. — La Commission d'examen dresse la liste d'admission par ordre de mérite.

Arrêté réglant l'Organisation pédagogique et le Plan d'études des Écoles primaires publiques.

27 juillet 1882.

27 Juillet 1882.

Le Ministre de l'Instruction publique et des Beaux-Arts,

Vu la loi du 28 mars 1882, relative à l'enseignement primaire obligatoire;

Vu les lois du 15 mars 1850 et du 10 avril 1867;

Vu les lois du 11 décembre 1880, relative à l'enseignement primaire complémentaire et professionnel, du 6 juin 1879, relative à l'enseignement de l'agriculture, du 27 janvier 1880, relative à l'enseignement obligatoire de la gymnastique;

Vu la loi du 16 juin 1881, relative à la gratuité de l'enseignement primaire public;

Vu le règlement modèle en date du 6 janvier 1881, modifié le 18 juillet 1882;

Le Conseil supérieur de l'Instruction publique entendu,

Arrête :

ARTICLE 1er. — L'enseignement primaire dans les Écoles publiques est partagé en trois cours[1] :

Cours élémentaire;

Cours moyen;

Cours supérieur.

La constitution de ces trois cours est obligatoire dans toutes les Écoles, quel que soit le nombre des classes et des élèves.

ART. 2. — Dans toute commune où, à défaut d'École maternelle, les enfants au-dessous de l'âge scolaire sont reçus à l'École primaire par application de l'article 2 du règlement modèle, il pourra être établi une Classe enfantine dans les conditions prévues par l'article 7 de la loi du 16 juin 1881.

Si dans une École il se trouve plus de dix élèves munis du certificat d'études qui, après avoir terminé le cours supérieur, désirent continuer leur instruction, il pourra être établi un cours complémentaire d'une année, conformément aux prescriptions des décret et arrêté du 15 janvier 1881.

ART. 3. — La durée des études se divise comme il suit :

Classe enfantine : un ou deux ans, suivant que les enfants entrent à 6 ou à 5 ans.

Cours élémentaire : deux ans, de 7 à 9 ans.

Cours moyen : deux ans, de 9 à 11 ans.

Cours supérieur : deux ans, de 11 à 13 ans.

Cours complémentaire d'enseignement primaire supérieur : un an.

ART. 4. — Dans les Écoles qui n'ont qu'un maître et qu'une classe, il ne pourra être établi aucune division ni dans le cours moyen ni dans le cours supérieur; il n'en pourra être établi plus de deux pour les enfants au-dessous de neuf ans.

ART. 5. — Dans les Écoles qui n'ont que deux maîtres, l'un sera chargé du cours moyen et du cours supérieur, l'autre du cours élé-

1. Voir les circulaires :

Du 8 *septembre* 1881, aux Recteurs, relative à la convocation des Inspecteurs d'Académie à Paris pour l'examen des questions concernant la nouvelle organisation de l'enseignement primaire (*Circ.*, t. VIII, p. 559);

— 15 *juin* 1894, aux Recteurs, relative aux observations critiques et vœux concernant les programmes d'enseignement des Écoles primaires (*Bull. adm.*, 1894, t. LV, p. 539).

mentaire, y compris, s'il y a lieu, la division des enfants au-dessous de 7 ans.

ART. 6. — Dans les Écoles qui ont trois maîtres, chaque cours forme une classe distincte.

ART. 7. — Dans les Écoles à quatre classes, le cours élémentaire comptera deux classes, chacun des deux autres cours une seule classe.

ART. 8. — Dans les Écoles à cinq classes, le cours élémentaire comptera deux classes, le cours moyen deux, le cours supérieur une.

ART. 9. — Dans les Écoles à six classes, chacun des trois cours formera deux classes, à moins que le nombre des élèves du cours supérieur ne permette de les réunir en une seule classe.

ART. 10. — Toutes les fois qu'un même cours comprendra deux classes, l'une formera la première année du cours, l'autre la seconde.

Ces deux classes suivront le même programme; mais les leçons et les exercices seront gradués de telle sorte que les élèves puissent dans la seconde année revoir, approfondir et compléter les études de la première.

ART. 11. — Au-dessus de six classes, quel que soit le nombre des maîtres, aucun cours ne devra former plus de deux années. Les classes en plus du nombre de six, non compris la classe enfantine, seront des classes parallèles destinées à dédoubler l'effectif soit de la première, soit de la seconde année.

ART. 12. — Chaque année, à la rentrée, les élèves, suivant leur degré d'instruction, sont répartis par le directeur dans les diverses classes des trois cours, sous le contrôle de l'Inspecteur primaire.

Le certificat d'études donne droit à l'entrée dans le cours supérieur.

ART. 13. — Chaque élève, à son entrée à l'École, recevra un cahier spécial qu'il devra conserver pendant toute la durée de sa scolarité. Le premier devoir de chaque mois dans chaque ordre d'études sera écrit sur ce cahier par l'élève, en classe et sans secours étranger, de telle sorte que l'ensemble de ces devoirs permette de suivre la série des exercices et d'apprécier les progrès de l'élève d'année en année. Ce cahier restera déposé à l'École[1].

1. Voir *Le Cahier de devoirs mensuels*, dans les *Mémoires et Documents scolaires publiés par le Musée pédagogique*, fascicule n° 43.
Consulter les circulaires :
Du 25 *août* 1884, aux Inspecteurs d'Académie, relative à l'application de l'article 13 de l'arrêté du 27 juillet 1882 (*à sa date*);
— 25 *mars* 1887, aux Préfets, relative à l'examen des cahiers de devoirs mensuels par les délégués cantonaux (*Circ.*, t. X, p. 98);

ART. 14. — Tout concours entre les Écoles publiques auquel ne participerait pas l'ensemble des élèves de l'un au moins des trois cours est formellement interdit.

ART. 15. — L'enseignement donné dans les Écoles primaires publiques se rapporte à un triple objet : éducation physique, éducation intellectuelle, éducation morale. Les leçons et exercices gradués qu'il comporte sont répartis dans le cours d'études conformément aux programmes annexés au présent arrêté[1].

ART. 16. — Au commencement de chaque année scolaire, le tableau de l'emploi du temps par jour et par heure est dressé par le directeur de l'École, et, après approbation de l'Inspecteur primaire, il est affiché dans les salles de classe.

La répartition des exercices doit satisfaire aux conditions générales ci-après déterminées :

I. — Chaque séance doit être partagée en plusieurs exercices différents, coupés soit par la récréation réglementaire, soit par des mouvements et des chants.

II. — Les exercices qui demandent le plus grand effort d'attention, tels que les exercices d'arithmétique, de grammaire, de rédaction, seront placés de préférence le matin.

III. — Toute leçon, toute lecture, tout devoir, sera accompagné d'explications orales et d'interrogations.

IV. — La correction des devoirs et la récitation des leçons ont lieu pendant les heures de classe auxquelles se rapportent ces devoirs et ces leçons. Dans la règle, les devoirs sont corrigés au tableau noir en même temps que se fait la visite des cahiers. Les rédactions sont corrigées par le maître en dehors de la classe.

V. — Les trente heures de classe par semaine (non compris le temps que les élèves peuvent consacrer soit à domicile, soit dans des études surveillées, à la préparation des devoirs et des leçons) devront être réparties d'après les indications suivantes :

1° Il y aura chaque jour, dans les deux premiers cours, au moins une leçon qui, sous la forme d'entretien familier, ou au moyen d'une lecture appropriée, sera consacrée à l'instruction morale ; dans le

— 31 *août* 1887, aux Inspecteurs d'Académie, relative à l'application de l'article 15 de l'arrêté du 18 janvier 1887 (*Ibid.*, p. 184) ;

— 30 *juin* 1890, aux Inspecteurs d'Académie, relative à l'envoi par les instituteurs et institutrices de cahiers de devoirs mensuels (*Circ.*, t. XI, p. 227) ;

— 1er *juin* 1891, aux Inspecteurs d'Académie, relative à la tenue du cahier de devoirs mensuels (*Ibid.*, p. 467) ;

— 13 *janvier* 1895, aux Inspecteurs d'Académie, relative au cahier de devoirs mensuels (*Bull. adm.*, 1895, t. LVII, p. 20).

1. Voir ces programmes, *Bull. adm.*, 1882, p. 219-256.

cours supérieur, cette leçon sera, autant que possible, le développement méthodique du programme de morale;

2° L'enseignement du français (exercices de lecture, lectures expliquées, leçons de grammaire, exercices orthographiques, dictées, analyses, récitations, exercices de composition, etc.) occupera tous les jours environ deux heures;

3° L'enseignement scientifique occupera en moyenne, et suivant les cours, d'une heure à une heure et demie par jour, savoir : trois quarts d'heure ou une heure pour l'arithmétique et les exercices qui s'y rattachent, le reste pour les sciences physiques et naturelles (avec leurs applications), présentées d'abord sous la forme de leçons de choses et, plus tard, étudiées méthodiquement;

4° L'enseignement de l'histoire et de la géographie, auquel se rattache l'instruction civique, comportera environ une heure de leçon tous les jours;

5° Le temps consacré aux exercices d'écriture proprement dite sera d'une heure au moins par jour dans le cours élémentaire, et se réduira graduellement à mesure que les divers devoirs dictés ou rédigés pourront en tenir lieu;

6° L'enseignement du dessin, commencé par des leçons très courtes dès le cours élémentaire, occupera dans les deux autres cours deux ou trois leçons chaque semaine;

7° Les leçons de chant[1] occuperont de une à deux heures par semaine, indépendamment des exercices de chant, qui auront lieu tous les jours, soit dans les intervalles qui séparent les autres exercices scolaires, soit à la rentrée et à la sortie des classes;

8° La gymnastique, outre les évolutions et les exercices sur place qui peuvent accompagner les mouvements de classe, occupera tous les jours ou au moins tous les deux jours une séance dans le courant de l'après-midi.

En outre, dans les communes où les bataillons scolaires sont constitués, les exercices de bataillon ne pourront avoir lieu que le jeudi et le dimanche; le temps à y consacrer sera déterminé par l'instructeur militaire de concert avec le directeur de l'École;

9° Enfin, pour les garçons aussi bien que pour les filles, deux ou trois heures par semaine seront consacrées aux travaux manuels.

ART. 17. — Les conditions que devront remplir les locaux scolaires seront déterminées par une instruction spéciale rédigée par la Commission des bâtiments scolaires du Ministère de l'Instruction

1. Voir les programmes de l'enseignement du chant, fixés par l'arrêté du 27 *juillet* 1883 (*Bull. adm.*, 1883, t. XXXI, p. 123-126).

publique. Cette instruction tiendra lieu du règlement du 17 juin 1880, lequel est rapporté.

---

28 juillet 1882. **Arrêté relatif à l'Organisation pédagogique des Écoles maternelles publiques[1].**

28 Juillet 1882.

Le Ministre de l'Instruction publique et des Beaux-Arts,
Vu l'article 7 de la loi du 16 juin 1881;
Vu le décret du 2 août 1881,
Arrête :

ARTICLE 1er. — Aucune École maternelle publique ne devra recevoir plus de 150 enfants, à moins d'une autorisation spéciale de l'autorité académique.

ART. 2. — Dans toutes les Écoles maternelles publiques, les enfants, quel que soit leur nombre, sont divisés en deux sections, conformément aux prescriptions du décret du 2 août (art. 12); chaque section, si le nombre des élèves l'exige, peut être subdivisée en groupes dont chacun est confié à une des maîtresses attachées à l'École.

ART. 3. — Le classement des enfants sera fait chaque année par la directrice à l'époque de la rentrée des Écoles primaires sous le contrôle de l'Inspectrice et, à son défaut, de l'Inspecteur primaire.

ART. 4. — Les divers cours de l'École maternelle, tels qu'ils sont définis par l'article 2 du décret du 2 août 1881, ont pour objet de commencer l'éducation physique, l'éducation intellectuelle et l'éducation morale des jeunes enfants. Les exercices qu'ils comprennent seront répartis d'après les indications des programmes ci-annexés.

ART. 5. — Le détail de la répartition des heures par semaine est arrêté pour chaque École maternelle par la directrice après approbation de l'Inspectrice ou, à son défaut, de l'Inspecteur primaire.

ART. 6. — Il sera rédigé, par les soins de la Commission des bâtiments scolaires, une instruction[2] relative aux conditions d'installation matérielle des Écoles maternelles publiques. Cette instruction

1. Consulter le *Recueil des Monographies pédagogiques* publiées à l'occasion de l'Exposition universelle de 1889, t. VI : *Histoire de l'Éducation enfantine publique*, par Mlle MATRAT, p. 211 à 257; — les *Écoles maternelles*, par Mme KERGOMARD, p. 261 à 309.

2. Voir le programme d'études du 28 *juillet* 1882 concernant les Écoles maternelles au *Bull. adm.*, 1882, t. XXVII, p. 246.

tiendra lieu du règlement spécial prévu par l'article 26 du décret du 2 août 1881.

Arrêté relatif au Transfert de l'École Pape-Carpantier dans les bâtiments de l'ancienne sous-préfecture de Sceaux. 28 juillet 1882.

28 Juillet 1882.

Le Ministre de l'Instruction publique et des Beaux-Arts,

Vu le décret du 27 juillet 1882, relatif à l'organisation de l'École Pape-Carpantier,

Arrête :

L'École Pape-Carpantier est transférée à Sceaux (Seine) dans les bâtiments affectés à l'ancienne sous-préfecture. Elle est placée, pour tout ce qui concerne le régime des études, sous l'autorité de l'Inspecteur général préposé aux études de l'École normale supérieure des institutrices de Fontenay[1].

Arrêté des Ministres de l'Instruction publique et du Commerce, relatif à la création de Cours normaux préparatoires à l'enseignement du Travail manuel dans les Écoles normales et dans les Écoles primaires supérieures[2]. 28 juillet 1882.

28 Juillet 1882.

Le Ministre de l'Instruction publique et des Beaux-Arts et le Ministre du Commerce,

Vu la loi du 11 décembre 1880;

Vu la loi du 28 mars 1882;

Vu l'arrêté du 6 janvier 1882,

Arrêtent :

1. Voir Tome IV, page 834, le décret du 19 *décembre* 1878; — ci-dessus, p. 450, le décret du 27 *juillet* 1882, portant réorganisation de l'École Pape-Carpantier; — l'arrêté du 10 *septembre* 1886 (*à sa date*), portant nouvelle organisation de l'École et son transfert à l'École normale de Versailles.

2. Consulter la note du *Journal officiel*, 29 *septembre* 1882, sur les conditions d'admission à l'École du travail manuel.

Voir l'arrêté du 3 *octobre* 1882 ouvrant un concours pour l'admission aux Cours normaux du travail manuel (*Bull. adm.*, t. XXVIII, p. 23).

Les locaux précédemment occupés par l'École Pape-Carpantier seront provisoirement affectés à l'installation de Cours normaux préparatoires à l'enseignement du travail manuel dans les Écoles normales et dans les Écoles primaires supérieures.

---

28 juillet 1882.

Instruction spéciale pour la Construction des Écoles maternelles adoptée par le Comité des bâtiments scolaires[1].

28 Juillet 1882.

L'École maternelle comprend :

1° Un vestibule d'entrée formant salle d'attente pour les parents;

2° Une ou deux salles d'exercices, conformément aux dispositions du décret du 2 août 1881 ;

3° Un préau couvert ou fermé;

4° Une cuisine pour préparer ou réchauffer les aliments des enfants;

5° Une cour de récréation avec petit jardin;

6° Un abri avec privés et urinoirs pour les enfants;

7° Un logement pour la directrice, et, s'il y a lieu, un logement pour la sous-directrice.

I. — CONDITIONS GÉNÉRALES.

ARTICLE 1er. — Le terrain destiné à une École maternelle doit être central, dans de bonnes conditions d'aération, d'un accès facile et sûr, éloigné de tout établissement bruyant, insalubre et dangereux, à 100 mètres au moins des cimetières.

Le sol, s'il est humide, sera assaini par un drainage.

L'étendue superficielle du terrain sera évaluée à raison de 8 mètres environ par élève; elle ne pourra toutefois être inférieure à 400 mètres.

ART. 2. — La disposition des bâtiments sera déterminée suivant le climat de la région, en tenant compte des conditions hygiéniques, de l'exposition, de la configuration et des dimensions de l'emplacement, des ouvertures libres sur le ciel et surtout de la distance des constructions voisines.

Quand l'École maternelle fera partie d'un groupe scolaire, on évitera de la placer entre l'École de garçons et l'École de filles.

ART. 3. — Tous les locaux à l'usage des enfants seront situés au rez-de-chaussée.

Le rez-de-chaussée sera exhaussé de trois marches de 0m,15 au-dessus du niveau extérieur.

ART. 4. — Aucun service étranger ne pourra être installé dans les bâtiments de l'École.

II. — SALLES D'EXERCICES.

ART. 5. — Lorsqu'il y aura deux salles d'exercices, elles ne pourront être contiguës. Elles devront être l'une et l'autre en communication avec le préau

1. Voir ci-dessus, p. 180, l'arrêté du 17 *juin* 1880.

Consulter la circulaire du 28 *juillet* 1882, transmissive de la présente instruction aux Préfets (*Circ.*, t. IX, p. 89).

couvert, soit directement, soit par des couloirs ou galeries d'au moins $1^m,50$ de largeur.

ART. 6. — Les salles d'exercices seront de forme rectangulaire.

Leur surface sera calculée de façon à assurer à chaque enfant un minimum de $0^m,80$.

La hauteur sous plafond sera de 4 mètres; la largeur maximum de 8 mètres.

ART. 7. — Le sol sera parqueté en bois dur, scellé, autant que possible, sur bitume.

Toutefois, on admettra les bois de sapin et de pin dans les régions où ils sont seuls en usage, sous la condition qu'ils seront employés par lames étroites et passés à l'huile de lin bouillante.

Si le plancher n'est pas établi sur caves, il sera posé sur une plate-forme ou couche de matériaux imperméables.

ART. 8. — Les plafonds seront plans et unis.

Une ligne indiquant le nord-sud y sera tracée.

Il n'existera pas de corniche autour des murs.

Les angles formés par la rencontre des murs, cloisons, seront arrondis sur un rayon de $0^m,10$.

Tous les parements intérieurs seront recouverts d'un enduit lisse permettant de fréquents lavages.

Sur une hauteur de 1 mètre, le revêtement devra être en boiserie.

ART. 9. — Les portes seront, de préférence, à un seul vantail et auront $0^m,90$ de largeur.

Les portes donnant directement des salles d'exercices sur l'extérieur (rues, chemins ou cours) sont interdites.

ART. 10. — L'éclairage par le plafond est interdit.

Les fenêtres devront être établies sur les deux murs longitudinaux des salles d'exercices.

Elles seront rectangulaires ou légèrement cintrées. Le nombre en sera calculé et les dimensions proportionnées de façon que la lumière arrive dans toutes les parties de la salle.

La distance entre le dessous du linteau et le dessous du plafond sera d'environ $0^m,20$.

L'appui, taillé en glacis sur les deux faces, ne sera pas à plus de $1^m,20$ du sol.

Les châssis seront, dans le sens de la hauteur, divisés en deux parties s'ouvrant séparément pour la ventilation.

ART. 11. — On installera dans chaque salle un poêle pourvu d'un réservoir d'eau avec surface d'évaporation.

Ce poêle sera garni d'une double enveloppe métallique ou d'une enveloppe de terre cuite.

Il sera entouré d'une grille en fer et ne contiendra ni four ni chauffe-plats.

Le tuyau de fumée ne devra, en aucun cas, passer au-dessus de la tête des enfants.

Les élèves ne pourront être placés à une distance du poêle moindre de $1^m,25$.

Le poêle en fonte à feu direct est interdit.

ART. 12. — Des dispositions seront prises pour assurer, concurremment avec le chauffage, une ventilation convenable de toutes les parties de la salle.

Les orifices d'accès de l'air pur, qui devra être pris immédiatement à l'extérieur, et les orifices d'échappement de l'air vicié auront une section suffisante pour prévenir les obstructions.

III. — Préaux. Vestiaire. Lavabos. Lits de repos.

Art. 13. — La surface du préau sera de $0^{m},80$ environ par élève; la hauteur de 4 mètres sous plafond.

Le préau sera construit conformément aux prescriptions des articles 5, 6, 7, 8, 9, 10, 11 et 12 qui précèdent.

Le mobilier comprendra :

Des portemanteaux pour les vêtements et des rayons à claire-voie disposés le long des parois;

Deux ou trois lits de camp en bois;

Des bancs fixes avec dossiers établis au pourtour;

Des bancs et des tables mobiles pour le repas des enfants.

Art. 14. — Des lavabos seront installés à l'une des extrémités du préau, dans une partie fermée par une claire-voie de $1^{m},20$ de hauteur, avec portes d'entrée et de sortie.

La hauteur des cuvettes au-dessus du sol ne dépassera pas $0^{m},50$. Il y en aura une par dix enfants.

Le sol de cette partie du préau sera carrelé, cimenté, dallé ou bitumé.

IV. — Cuisine.

Art. 15. — La cuisine devra être en communication facile avec le préau.

Elle prendra l'air et le jour directement de l'extérieur.

Le sol sera carrelé, dallé ou cimenté.

V. — Cours de récréation. Jardin.

Art. 16. — La surface de la cour de récréation sera calculée à raison de 3 mètres environ par enfant; elle ne pourra avoir toutefois moins de 150 mètres.

Art. 17. — Le sol sera sablé. Le bitume, le pavage ou le ciment ne pourront être employés que pour les passages et les trottoirs.

Les passages et les trottoirs ne feront jamais saillie.

Dans le cas où le terrain serait en déclivité, la pente ne devra pas dépasser $0^{m},03$ par mètre.

Le nivellement du sol sera établi de façon à assurer l'écoulement des eaux.

Les eaux ménagères ne devront jamais traverser la cour à ciel ouvert.

Art. 18. — La cour de récréation sera plantée d'arbres placés à distance convenable des bâtiments et disposés de façon à ménager l'espace nécessaire aux exercices et aux jeux des enfants. Un petit jardin pourra y être annexé.

Une fontaine d'eau potable sera installée dans la cour.

Des bancs en bois, à lames et à dossier, seront établis au pourtour.

VI. — Privés.

Art. 19. — Toute École maternelle devra être munie de privés distincts pour chaque sexe et d'urinoirs pour les garçons.

Les privés et les urinoirs seront mis en communication par un abri avec le préau ou les salles d'exercices.

Art. 20. — Les privés seront disposés de façon que les vents régnants ne rejettent pas les gaz dans les bâtiments ni dans la cour.

Ils seront divisés par cases. Il y aura une case pour quinze enfants environ.

Chaque case aura $0^m,55$ de largeur sur $0^m,80$ de profondeur.

ART. 21. — Le siège sera couvert d'une lunette en bois. Il aura une hauteur d'environ $0^m,23$ et sera légèrement incliné en avant.

L'orifice, de forme oblongue, aura environ $0^m,20$ sur $0^m,14$. Il ne sera pas à plus de $0^m,05$ du bord.

La cuvette sera munie d'un appareil obturateur.

ART. 22. — Les urinoirs seront en nombre au moins égal à celui des privés.

Les cases auront environ $0^m,35$ de largeur, $0^m,25$ de profondeur et $0^m,70$ de hauteur.

ART. 23. — Les parois et le sol des privés et des urinoirs seront en matériaux imperméables. Tous les angles seront arrondis.

Une pente sera ménagée pour l'écoulement des liquides vers le siège, avec ouverture d'échappement au-dessus de la fermeture de l'appareil obturateur.

Un service d'eau sera établi pour le nettoyage.

ART. 24. — Les fosses seront fixes ou mobiles.

Les fosses mobiles, quel que soit le système de vidange adopté, seront préférées toutes les fois qu'il sera possible de les établir; elles seront pourvues d'un ventilateur.

Les fosses fixes seront de petite dimension, sans jamais avoir toutefois moins de 2 mètres de long, de large et de haut. Elles seront voûtées, construites en matériaux imperméables et enduites de ciment.

Elles seront étanches et le fond sera disposé en forme de cuvette; les angles extérieurs seront arrondis sur un rayon de $0^m,25$.

Elles seront établies loin des puits.

Elles seront munies d'un tuyau d'évent, qui sera élevé au-dessus de la toiture des privés aussi haut que l'exigera la disposition des constructions voisines.

ART. 25. — Les urinoirs et les privés n'auront pas de fermeture.

Ils seront masqués par une cloison pleine placée à $0^m,60$ du bord des cases. Cette cloison, élevée de $0^m,15$ au-dessus du sol, n'aura pas plus de $0^m,70$ de hauteur.

VII. — LOGEMENTS.

ART. 26. — Le logement de la directrice comprendra deux ou trois pièces à feu, une cuisine, des privés intérieurs et une cave. La superficie totale sera de 70 mètres carrés.

ART. 27. — Le logement de l'adjointe comprendra une pièce à feu et un cabinet.

ART. 28. — L'École et les logements seront distincts. Ils n'auront aucune communication directe.

Instruction spéciale pour la Construction des Écoles primaires élémentaires adoptée par le Comité des bâtiments scolaires [1]. 28 juillet 1882.

28 Juillet 1882.

L'École primaire élémentaire comprend :

1° Un vestiaire distinct ou un vestibule pouvant servir de vestiaire;

1. Cette instruction ne vise pas les Écoles libres (*Arrêt du Conseil supérieur*, 21 juillet 1888).

2° Une ou plusieurs classes;

3° Un préau couvert avec gymnase et, s'il y a lieu, un petit atelier pour le travail manuel élémentaire;

4° Une cour de récréation et un jardin, partout où il sera possible;

5° Des privés et des urinoirs;

6° Un logement pour l'instituteur ou l'institutrice et, s'il y a lieu, des logements pour les adjoints et les adjointes.

En outre, s'il y a lieu, pour les Écoles de plus de trois classes :

1° Un logement de concierge;

2° Une pièce d'attente pour les parents;

3° Un cabinet pour l'instituteur ou l'institutrice;

4° Une pièce pour les adjoints ou les adjointes;

5° Une salle de dessin avec un cabinet pour dépôt de modèles;

6° Un atelier pour le travail manuel dans les Écoles de garçons ou une salle de couture et de coupe dans les Écoles de filles;

7° Un gymnase.

(Dans les Écoles doubles, le logement du concierge, la salle de dessin et le gymnase pourront être communs.)

I. — CONDITIONS GÉNÉRALES.

ARTICLE 1er. — Le terrain destiné à recevoir une École doit être central, bien aéré, d'un accès facile et sûr, éloigné de tout établissement bruyant, malsain ou dangereux, à 100 mètres au moins des cimetières.

Le sol sera assaini par le drainage.

ART. 2. — La superficie du terrain sera évaluée à raison de 10 mètres environ par élève; elle ne pourra toutefois avoir moins de 500 mètres.

L'École et ses annexes seront entourées d'une clôture.

ART. 3. — La disposition des bâtiments sera déterminée suivant le climat de la région, en tenant compte des conditions hygiéniques, de l'exposition, de la configuration et des dimensions de l'emplacement, des ouvertures libres sur le ciel et surtout de la distance des constructions voisines.

ART. 4. — Dans les communes où le même bâtiment contiendra l'École et la mairie, les deux services devront être complètement séparés.

Aucun service étranger à l'École ne pourra être installé dans les bâtiments scolaires.

ART. 5. — L'épaisseur des murs ne sera, dans aucun cas, moindre de $0^m,45$ s'ils sont construits en moellons, et de $0^m,35$ s'ils sont construits en briques.

ART. 6. — Les matériaux trop perméables seront exclus de la construction. La tuile et l'ardoise seront employées pour la couverture de préférence au métal.

ART. 7. — Le sol du rez-de-chaussée sera exhaussé de $0^m,60$ au-dessus du niveau extérieur.

Les pentes du terrain entourant la construction seront aménagées de façon à en éloigner les eaux.

ART. 8. — Si le plancher n'est pas établi sur caves, il sera posé sur une plate-forme ou couche de matériaux imperméables.

ART. 9. — Dans tout groupe scolaire, les bâtiments affectés aux diverses Écoles seront indépendants les uns des autres et auront des entrées distinctes.

On évitera de placer l'École maternelle entre l'École de garçons et l'École de filles.

ART. 10. — L'effectif d'un groupe complet ne devra pas dépasser 750 élèves, savoir : 300 garçons, 300 filles et 150 enfants pour l'École maternelle.

II. — LOGEMENT DU CONCIERGE.

ART. 11. — Lorsque l'École aura un concierge, son logement sera établi au rez-de-chaussée et comprendra : une loge, une cuisine, une ou deux pièces, des privés et une cave.

La pièce d'attente pour les parents sera située à proximité de la loge du concierge.

III. — VESTIAIRES. COULOIRS. ESCALIERS.

ART. 12. — Chaque classe aura, autant que possible, un vestiaire; toutefois, le même vestiaire pourra servir à deux ou à plusieurs classes contiguës. On y établira des portemanteaux pour les vêtements et des rayons pour les paniers ou les sacs à provisions.

Dans les Écoles rurales, le vestibule pourra servir de vestiaire.

ART. 13. — Chaque classe aura une entrée indépendante. Les portes ne devront pas ouvrir directement sur la rue, ni sur les cours.

ART. 14. — Lorsque les classes seront desservies par des galeries ou couloirs, ces galeries auront une largeur minima de 1m,50 et recevront directement l'air et la lumière.

ART. 15. — Les classes installées aux étages seront desservies par des escaliers droits sans partie circulaire.

Les volées de 13 à 16 marches seront séparées par un palier de repos.

Les marches auront, au minimum, 1m,35 de largeur, 0m,28 à 0m,30 de foulée, et, au maximum, 0m,16 de hauteur.

Les barreaux seront espacés de 0m,13 d'axe en axe. La main courante sera garnie de boutons saillants placés à 1 mètre de distance au plus. Une seconde main courante sera disposée le long des murs.

ART. 16. — Toute École recevant 300 élèves aux étages devra être desservie par deux escaliers.

IV. — CLASSE.

ART. 17. — Le nombre maximum des places par classe sera de 50.

ART. 18. — La classe sera de forme rectangulaire. La surface sera calculée à raison de 1m,25 par élève.

La hauteur sous plafond ne sera jamais moindre de 4 mètres.

ART. 19. — Les dimensions des baies seront calculées de façon que la lumière éclaire toutes les tables. La largeur des trumeaux sera aussi réduite que possible.

Les fenêtres seront rectangulaires et légèrement cintrées.

L'intervalle entre la partie haute de la fenêtre et le niveau des plafonds sera d'environ 0m,20.

Les appuis seront taillés en glacis sur les deux faces, et élevés de 1m,20 au-dessus du sol.

Lorsque l'éclairage sera unilatéral, le jour viendra nécessairement de la gauche des élèves, et les conditions suivantes sont exigées :

1° La hauteur de la classe devra être égale aux deux tiers environ de sa largeur;

2° Des baies d'aération seront percées dans la face opposée à celle de l'éclairage.

Dans tous les cas, la distance de la face ou des faces d'éclairage aux constructions voisines ne sera jamais inférieure à 8 mètres.

ART. 20. — On ne percera jamais de baies d'éclairage dans le mur qui fait face à la table du maître, ni dans celui qui fait face aux élèves.

L'éclairage par un plafond vitré est interdit.

ART. 21. — Les châssis de fenêtres seront, dans le sens de la hauteur, divisés en deux parties, s'ouvrant séparément pour la ventilation.

ART. 22. — Les plafonds seront plans et unis. Une ligne indiquant le nord-sud y sera tracée.

Il n'existera pas de corniche autour des murs.

Les angles formés par la rencontre des murs ou cloisons entre eux, ou avec les plafonds, seront arrondis sur un rayon de $0^m,10$.

Tous les parements intérieurs seront recouverts d'un enduit lisse permettant de fréquents lavages.

A la hauteur de $1^m,20$, à défaut de boiserie, le revêtement sera exécuté en ciment.

ART. 23. — Le sol des classes sera parqueté en bois dur, scellé, autant que possible, sur bitume.

Toutefois, on admettra les bois de sapin et de pin dans les régions où ils sont seuls en usage, sous la condition qu'ils seront employés par lames étroites et passés à l'huile de lin bouillante.

ART. 24. — Les portes des classes seront de préférence à un seul vantail, et auront $0^m,90$ de largeur.

ART. 25. — La classe de l'École mixte ne sera pas divisée par une cloison.

Les filles et les garçons seront groupés séparément.

ART. 26. — On installera dans chaque salle un poêle pourvu d'un réservoir d'eau avec surface d'évaporation.

Ce poêle devra être garni d'une double enveloppe métallique ou d'une enveloppe de terre cuite.

Il sera entouré d'une grille en fer et ne contiendra ni four, ni chauffe-plats.

Le tuyau de fumée ne devra, en aucun cas, passer au-dessus de la tête des enfants.

Les élèves ne pourront être placés à une distance du poêle moindre de $1^m,25$.

Le poêle en fonte à feu direct est interdit.

ART. 27. — Des dispositions seront prises pour assurer, concurremment avec le chauffage, une ventilation convenable de toutes les parties de la salle de classe. Les orifices d'accès de l'air pur, qui devra être pris immédiatement à l'extérieur, et les orifices d'échappement de l'air vicié auront une section suffisante pour prévenir les obstructions.

V. — SALLE DE DESSIN. ATELIER POUR LE TRAVAIL MANUEL ÉLÉMENTAIRE.

ART. 28. — Dans les Écoles de quatre classes et plus, une salle distincte sera affectée à l'enseignement du dessin. La superficie de cette salle sera calculée à raison de $1^m,50$ au minimum par place. Un cabinet pour le dépôt des modèles y sera annexé.

ART. 29. — Dans toutes les Écoles de garçons, un atelier sera installé pour le travail manuel élémentaire. Dans les Écoles de moins de trois classes, cet atelier pourra être aménagé sous le préau.

Dans toutes les Écoles de filles de plus de trois classes, une salle sera aménagée pour les travaux de couture et de coupe.

VI. — PRÉAU COUVERT. DÉPENDANCES DU PRÉAU. GYMNASE.

ART. 30. — Toute École sera pourvue d'un préau couvert ou abri. La surface sera de 1m,25 environ par élève, la hauteur de 4 mètres sous plafond.

Il pourra y être installé des lavabos, ainsi que des tables mobiles pour les repas des élèves.

ART. 31. — Un fourneau pourra être établi à proximité du préau pour préparer ou réchauffer les aliments des enfants.

ART. 32. — A défaut d'une salle spéciale pour l'enseignement de la gymnastique, une partie du préau ou abri sera affectée à l'installation des appareils.

Le portique pourra être dressé dans la cour de récréation.

VII. — COUR DE RÉCRÉATION. JARDIN.

ART. 33. — La surface de la cour de récréation sera calculée à raison de 5 mètres au moins par élève; elle ne pourra avoir moins de 200 mètres.

ART. 34. — Le sol sera sablé. Le bitume, le pavage ou le ciment ne pourront être employés que pour les passages et les trottoirs.

Les passages et les trottoirs ne feront jamais saillie.

Le nivellement du sol sera établi de façon à assurer l'écoulement des eaux.

Les eaux ménagères ne devront pas traverser la cour à ciel ouvert.

ART. 35. — La cour de récréation pourra comprendre un petit jardin à l'usage des enfants. Elle sera plantée d'arbres placés à une distance convenable des bâtiments.

Des bancs fixes seront établis au pourtour de la cour. Une fontaine ou une pompe y sera installée.

Dans les Écoles mixtes, la cour sera divisée par une claire-voie.

VIII. — PRIVÉS ET URINOIRS. FOSSES.

ART. 36. — Toute École devra être munie de privés à raison de deux cabinets par classe dans les Écoles de garçons, et de trois cabinets par classe dans les Écoles de filles.

Un cabinet sera réservé pour les maîtres.

ART. 37. — Les privés seront placés dans la cour de façon à être facilement surveillés.

Ils seront disposés de telle sorte que les vents régnants ne rejettent pas les gaz dans les bâtiments ni dans la cour.

Les cases auront 0m,70 de largeur et 1m,10 de longueur environ. Les portes ouvriront en dehors et seront munies de tampons en caoutchouc; elles seront surélevées de 0m,20 au-dessus du sol et auront 1m,10 de hauteur.

Le siège, en pierre, ciment ou fonte, aura 0m,20 de hauteur; il sera incliné de toutes parts vers l'orifice.

L'orifice, de forme oblongue, aura environ 0m,20 sur 0m,14; il sera à 0m,10 du devant.

La cuvette sera munie d'un appareil obturateur.

Dans les Écoles mixtes, il y aura des privés distincts pour les garçons et pour les filles.

ART. 38. — Les Écoles de garçons seront munies d'urinoirs en nombre au moins égal à celui des privés. Les cases auront environ 0m,35 de profondeur sur 0m,30 de hauteur; elles seront espacées de 0m,40.

Un service d'eau sera établi pour le nettoyage.

ART. 39. — Les parois et le sol seront en matériaux imperméables; tous les angles seront arrondis.

Une pente sera ménagée pour l'écoulement des liquides vers le siège avec l'ouverture d'échappement au-dessus de la fermeture de l'appareil obturateur.

ART. 40. — Les fosses seront fixes ou mobiles.

Les fosses mobiles, quel que soit le système de vidange adopté, seront préférées toutes les fois qu'il sera possible de les établir; elles seront pourvues d'un ventilateur.

Les fosses fixes seront de petite dimension, sans jamais avoir toutefois moins de 2 mètres de long, de large et de haut. Elles seront voûtées, construites en matériaux imperméables et enduites de ciment.

Elles seront étanches et le fond sera disposé en forme de cuvette; les angles extérieurs seront arrondis sur un rayon de $0^{m},25$.

Elles seront établies loin des puits.

Elles seront munies d'un tuyau d'évent qui sera élevé au-dessus de la toiture des privés, aussi haut que l'exigera la disposition des constructions voisines.

IX. — LOGEMENT DE L'INSTITUTEUR. LOGEMENTS DES ADJOINTS.

ART. 41. — Le logement de l'instituteur se composera d'une salle à manger, de deux ou trois pièces, d'une cuisine, des privés et d'une cave. La superficie totale sera de 70 à 90 mètres carrés.

Le cabinet de l'instituteur sera situé au rez-de-chaussée et autant que possible à proximité des classes et du parloir.

ART. 42. — Aucune communication directe ne devra exister entre les classes et le logement de l'instituteur.

ART. 43. — Le logement des maîtres adjoints comprendra une chambre et un cabinet.

ART. 44. — Un même escalier pourra desservir plusieurs logements.

ART. 45. — Dans les Écoles de quatre classes et plus, une pièce située au rez-de-chaussée servira de vestiaire et de réfectoire pour les maîtres adjoints.

---

28 juillet 1882.

Résumé des instructions relatives à la Construction et à l'Appropriation des Établissements scolaires.

28 Juillet 1882.

I. — PRÉPARATION DU DOSSIER DU PROJET DE CONSTRUCTION.

Tout dossier de construction ou d'amélioration d'établissement scolaire comprend nécessairement les pièces suivantes :

1° Programme des conditions que doit remplir le projet;

2° Extrait de la délibération prise par le Conseil municipal ou le Conseil général, suivant le cas;

3° Budget de la commune ou du département;

4° Situation financière de la commune délivrée par le receveur municipal;

5° Extrait du plan cadastral de la commune portant indication : 1° de l'emplacement de la construction projetée; 2° des emplacements des cimetières, de la mairie et des autres Écoles de la commune; 3° des mares, cours d'eau, cabarets, établissements insalubres ou dangereux existant dans le voisinage;

6° Projet de la construction comprenant les plans, élévations, coupes, devis et cahiers des charges en simple expédition[1];

7° Avis motivé de la Commission départementale des bâtiments scolaires;

8° Rapport de l'Inspecteur primaire, de l'Inspecteur d'Académie ou du Recteur[2];

9° Extrait de la délibération du Conseil départemental de l'Instruction publique;

10° Extrait de la délibération du Conseil général[3].

Le dossier ainsi préparé est transmis au Ministère de l'Instruction publique.

Après avis du Comité central des bâtiments scolaires, le Ministre approuve le projet ou le renvoie pour être modifié, s'il y a lieu.

Avant qu'il soit procédé à l'adjudication, il est dressé une expédition du projet, rectifié, s'il y a lieu, conformément aux dispositions approuvées.

Cette expédition, transmise au Préfet, sert au contrôle de l'exécution.

II. — Demande de subvention et d'autorisation d'emprunt.

Toute demande de subvention ou d'autorisation d'emprunt à la Caisse des Écoles doit être faite par le maire de la commune et appuyée :

1° D'une copie de l'acte d'autorisation ministérielle[4];

2° D'une copie de la délibération relative à l'emprunt prise par le Conseil municipal;

3° Des pièces justificatives à l'appui suivant la nature des ressources offertes en garantie du prêt[5].

Aussitôt après approbation du projet par le Ministre, il est statué sur la demande de subvention et d'autorisation d'emprunt.

Les payements de la subvention sont effectués à la suite de propositions du Préfet, accompagnées :

1° D'une déclaration du maire portant qu'il a été fait emploi des ressources votées par le Conseil municipal;

2° D'un certificat de l'Inspecteur d'Académie visant les délibérations de la Commission départementale des bâtiments scolaires relatives à la marche des travaux et constatant que les dispositions du projet approuvé ont été suivies.

La subvention n'est soldée qu'après la réception définitive des travaux, constatée par la Commission départementale et vérifiée, s'il y a lieu, par un délégué du Comité des bâtiments scolaires[6].

1. Voir l'arrêté du 14 *juillet* et les circulaires du 30 *juillet* 1858, du 15 *juin* 1876 et du 17 *juin* 1880.

2. Voir la circulaire du 20 *avril* 1881; l'arrêté du 8 *novembre* et les circulaires du 28 *décembre* 1881 et du 28 *juillet* 1882.

3. Voir la loi du 10 *août* 1871 et la circulaire du 15 *juin* 1876.

4. Voir les articles 3, 5 et 7 de la loi du 24 *juillet* 1867.

5. Voir la loi du 1er *juin* 1878, le décret du 10 *août* 1878, l'instruction du 16 *août* 1878, les lois du 3 *juillet* 1880 et du 2 *août* 1881; les instructions de la Caisse pour la construction des Écoles relatives aux emprunts, *juin* 1878.

6. Voir l'arrêté du 14 *juillet* 1858, l'instruction du 16 *août* 1878, la circulaire du 15 *mai* 1879 et l'arrêté du 8 *novembre* 1881.

29 juillet 1882. **Décret portant Règlement pour l'Administration et la Comptabilité intérieures des Écoles normales primaires[1].**

29 Juillet 1882.

Le Président de la République française,

Sur le rapport du Ministre de l'Instruction publique et des Beaux-Arts et du Ministre des Finances;

Vu les lois des 15 mars 1850, 9 août 1879 et 16 juin 1881;

Vu le règlement de comptabilité du Ministère de l'Instruction publique en date du 16 octobre 1867;

Vu le décret relatif à l'organisation des Écoles normales primaires en date du 29 juillet 1881;

Vu le décret du 1er août 1881, portant règlement pour l'administration et la comptabilité intérieures des Écoles normales primaires;

Vu le décret du 30 septembre 1881, relatif au cautionnement des économes des Écoles normales primaires;

Le Conseil supérieur de l'Instruction publique entendu,

Décrète :

TITRE Ier. — De l'Administration des Écoles normales primaires.

SECTION Ire. — *Des frais d'entretien des Élèves-maîtres.*

ARTICLE 1er. — Le montant des frais d'entretien des élèves-maîtres est fixé chaque année par le Ministre de l'Instruction publique, sur la proposition de la Commission de surveillance, du Recteur et du Préfet.

ART. 2. — Les sommes provenant des fonds de l'État et du département et destinées à acquitter dans les Écoles normales primaires les dépenses du personnel, les frais d'entretien des élèves-maîtres et les dépenses diverses, sont mandatées par le Préfet, au commencement de chaque trimestre, savoir :

Les dépenses du personnel et les dépenses diverses, sur le vu d'un état de prévision remis par l'économe à la Préfecture et visé par le directeur de l'École;

Les dépenses afférentes à l'entretien des élèves-maîtres, dans les proportions suivantes :

1. Les articles 3, 5, 29, 31, 32, 35, 46, 50, 51 et 54 du présent décret ont été modifiés par le décret du 16 *avril* 1883 (voir ci-après *à sa date*).

Consulter l'instruction du 23 *avril* 1883, aux Recteurs, pour l'application des décrets du 29 juillet 1882 et du 16 avril 1883 (*Circ.*, t. IX, p. 211).

Trois dixièmes en janvier, pour les mois de janvier, de février et de mars;

Trois dixièmes en avril, pour les mois d'avril, de mai et de juin;

Un dixième en juillet, pour les mois de juillet, d'août et de septembre;

Trois dixièmes en octobre, pour les mois d'octobre, de novembre et de décembre.

Les frais d'entretien sont dus à partir du commencement du terme pendant lequel l'élève-maître est entré à l'École.

ART. 3[1]. — Quand deux départements sont réunis pour une École normale, les sommes représentant les frais d'entretien des élèves-maîtres sont centralisées à la caisse du trésorier-payeur général du département où est située l'École.

SECTION II. — *Du Régime intérieur. — Des Prestations en nature.*

ART. 4. — La Commission de surveillance règle, sur la proposition du directeur et sous réserve de l'approbation du Ministre, toutes les questions relatives au personnel de service, à la nourriture, au logement, au chauffage, à l'éclairage et à l'entretien des élèves-maitres et des maîtres internes chargés de la surveillance.

ART. 5[1]. — La Commission de surveillance décide si les approvisionnements de l'École ont lieu par voie d'adjudication ou de marchés à l'amiable, conformément aux prescriptions du décret du 31 mai 1862. Elle désigne ceux des articles de consommation qui, ne pouvant être l'objet d'un marché préalable, seront acquis au comptant.

Les marchés à l'amiable sont passés chaque année par l'économe sous le contrôle du directeur et approuvés par la Commission de surveillance. Ils sont calculés de manière que les fournitures n'aient lieu qu'au fur et à mesure des besoins. En aucun cas, les approvisionnements ne peuvent excéder les besoins de la consommation moyenne d'une année.

ART. 6. — Il est établi dans chaque École une table commune à laquelle sont admis les maîtres chargés de la surveillance. Une somme de cinq cents francs est allouée pour l'entretien de chacun d'eux.

Aucun autre fonctionnaire de l'École, aucune personne étrangère à l'établissement, ne peuvent être autorisés à prendre leurs repas à

1. Cet article a été modifié par le décret du 16 *avril* 1883 (voir *à sa date*).

la table commune. Des exceptions pourront cependant être autorisées par le Recteur dans les Écoles normales d'institutrices.

ART. 7. — La fourniture du trousseau est à la charge des familles.

ART. 8. — Les dépenses d'infirmerie ne sont applicables qu'aux élèves-maîtres et aux maîtres internes.

Il n'est dû de chauffage et d'éclairage particuliers que pour le cabinet du directeur et celui de l'économe, pour la salle des réunions de la Commission de surveillance et pour les chambres des maîtres internes. Ces prestations seront fixées par la Commission de surveillance.

ART. 9. — Aucune autre prestation en nature n'est autorisée, si ce n'est celle de draps, de serviettes de toilette et de linge de table pour les maîtres internes et les gens de service.

ART. 10. — Le jardin dépendant de l'École est affecté exclusivement aux besoins de l'établissement. Il est consacré soit à la promenade, soit aux récréations et aux travaux d'horticulture des élèves-maîtres, soit à la production de légumes et de fruits, qui sont consommés dans l'établissement ou vendus à son profit.

TITRE II. — **De la Comptabilité intérieure.**

SECTION Ire. — *Forme et rédaction du Budget.*

ART. 11. — Chaque École normale a son budget.

Le directeur est ordonnateur des dépenses.

ART. 12. — Les recettes du budget se composent :

1° Des reports des années antérieures, destinés à solder les dépenses constatées ou provenant de restes disponibles;

2° Du prélèvement sur les 4 centimes spéciaux du département et, s'il y a lieu, de la subvention de l'État;

3° De l'évaluation en argent des produits du jardin et des propriétés de l'École, consommés en nature;

4° Des sommes provenant de la vente des produits du jardin et des propriétés de l'École;

5° Des remboursements pour dégradations et objets perdus;

6° Du produit de la vente du mobilier réformé;

7° Du revenu des biens de l'École.

ART. 13. — Les dépenses du budget comprennent :

1° Les traitements du personnel;

2° Les dépenses de nourriture;

3° Les dépenses de blanchissage du linge et de menu raccommodage du linge et des effets d'habillement;

4° Les frais du service intérieur;

5° Les dépenses diverses.

ART. 14. — Tous les ans, avant le 15 juin, la Commission de surveillance dresse, de concert avec le directeur, le projet de budget pour l'année suivante. Elle reproduit dans la première colonne du cadre de ce budget les allocations de l'année précédente pour la recette et la dépense.

Les dépenses de nourriture, y compris celles des gens de service nourris gratuitement, sont évaluées par tête d'élève et de maître admis à la table commune. Les dépenses de blanchissage sont évaluées par tête d'élève et de maître interne.

L'Inspecteur d'Académie, président de la Commission de surveillance, adresse au Recteur, en triple expédition, le projet de budget arrêté par ladite Commission, avec un extrait de sa délibération et les pièces à l'appui.

ART. 15. — Avant le 15 juillet, le Recteur envoie au Préfet du département deux des trois expéditions du budget, et joint à cet envoi ses observations et son avis sur les propositions de la Commission de surveillance. La troisième expédition du budget est adressée par le Recteur au Ministre de l'Instruction publique, avec ses propositions personnelles et ses observations, s'il y a lieu.

ART. 16. — Le Préfet soumet ce projet de budget au Conseil général à la session d'août et le transmet au Ministre, dans les quinze jours qui suivent la clôture de cette session.

ART. 17. — Le budget est réglé définitivement par le Ministre de l'Instruction publique, qui en transmet une ampliation au Recteur de l'Académie et une autre au Préfet.

SECTION II. — *Recettes du Budget.*

ART. 18. — Toutes les sommes provenant des fonds de l'État et du département, et celles qui sont centralisées au Trésor par l'intermédiaire des trésoriers-payeurs généraux, sont versées dans la caisse de l'École sur mandat du Préfet, délivré au nom de l'économe.

ART. 19. — Les recettes énumérées aux paragraphes 3, 4 et 5 de l'article 12 sont les seules qui soient perçues directement par la caisse de l'École.

La valeur des produits du jardin et des propriétés de l'École consommés à la table des élèves et des maîtres est établie d'après le cours des denrées aux marchés de la ville, et l'économe fait recette *pour ordre* de cette valeur dans ses livres de comptabilité.

Le montant de la vente des produits du jardin non consommés pour les besoins de l'établissement, et celui des remboursements pour dégradations ou objets perdus, sont perçus par la caisse au fur et à mesure qu'ils ont lieu, sur des états dressés par l'économe et approuvés par le président de la Commission de surveillance.

ART. 20. — L'économe délivre, pour toutes les sommes qu'il reçoit directement ou sur mandat, une quittance détachée d'un livre à souche, sauf le cas prévu à l'article 43 ci-après.

SECTION III. — *Dépenses du Budget.*

ART. 21. — Les dépenses du budget de l'École ne peuvent être soldées que sur un mandat de payement délivré par le directeur ordonnateur des dépenses.

ART. 22. — Les mandats de payement mentionnent le chapitre du budget sur lequel ils sont imputables. Ils portent le même numéro d'ordre que celui des registres de comptabilité. Les pièces justificatives à produire par la partie prenante y sont indiquées.

ART. 23. — Un seul et même mandat ne peut comprendre des dépenses imputables sur deux chapitres différents.

ART. 24. — Les dépenses du personnel sont justifiées dans la comptabilité de l'économe au moyen d'états nominatifs portant quittance des parties prenantes et, s'il y a lieu, au moyen des copies des décisions ou arrêtés de nomination.

ART. 25. — Les économes des Écoles normales primaires sont chargés d'exercer mensuellement les retenues pour pensions civiles sur les traitements des professeurs et fonctionnaires de l'École qui y sont assujettis et d'en verser le montant à la trésorerie générale. A l'appui de chaque versement, il est produit, comme titre de perception provisoire, un duplicata de l'état de traitements certifié par le directeur et indiquant le montant et la nature des retenues à exercer.

A la fin du mois de décembre, il est remis à la trésorerie générale, pour servir de titre de perception définitif, dans la forme des états de traitement, un état nominatif des fonctionnaires, présentant pour l'année entière le montant des traitements et celui des retenues revenant au Trésor. Cet état doit être certifié par le directeur de l'École et visé par le Recteur.

ART. 26. — Les mandats de payement concernant les dépenses du matériel sont accompagnés du mémoire des fournitures faites à l'École. Chaque mémoire, rédigé en triple expédition, dont une sur papier timbré, est certifié exact et véritable par le fournisseur et acquitté par lui. L'économe certifie de plus que les fournitures qui sont portées au mémoire ont été reçues par lui et sont entrées dans le magasin de l'École.

ART. 27. — Les dépenses qui, par leur nature, doivent être payées au comptant pour les besoins journaliers de l'École sont effectuées après approbation par l'ordonnateur des dépenses. Elles font l'objet d'un mandat de régularisation collectif en fin de mois, quittancé pour ordre par l'économe.

ART. 28. — La valeur des produits et objets consommés en nature, portée en recette aux termes de l'article 12, est aussi portée en dépense et mandatée comme les dépenses visées à l'article 27.

ART. 29[1]. — Les mandats pour les honoraires du médecin, pour les gages des gens de service, sont accompagnés d'états émargés distincts, dressés tous les mois.

ART. 30. — Les dépenses ne peuvent être faites que dans les limites des crédits spéciaux inscrits à chaque chapitre et à chaque article. En cas d'insuffisance de crédit, le Recteur, sur la proposition de la Commission de surveillance, adresse au Ministre une demande spéciale de crédit supplémentaire ou de virement de crédit, selon les cas. Lorsque le Ministre a statué, il notifie sa décision d'une part au Recteur qui en transmet une copie certifiée au président de la Commission de surveillance, et d'autre part au Préfet.

SECTION IV. — *Gestion économique. — Tenue et vérification des écritures.*

ART. 31[1]. — La gestion financière des Écoles normales est établie par année et par exercice.

L'état de situation de la caisse et l'état de situation du magasin font connaître le mouvement des encaisses et celui des approvisionnements, du 1er janvier au 31 décembre.

Le compte des recettes et des dépenses du budget ou compte de l'exercice présente le résumé de toutes les opérations de l'exercice qui s'étend du 1er janvier au 31 mai de l'année suivante.

ART. 32[1]. — Toutes les dépenses d'un exercice, constatées le 31 mai à la clôture de cet exercice et non acquittées le 30 juin, sont soldées sur les sommes reportées à l'exercice suivant.

ART. 33. — L'économe tient six registres, savoir : le livre à souche, le journal de caisse, le sommier, le livre du magasin, le livre d'inventaire général du mobilier, le registre matricule de l'École.

1. Cet article a été modifié par le décret du 16 *avril* 1883 (voir *à sa date*).

Tous ces registres sont cotés et parafés par l'Inspecteur d'Académie ou par son délégué.

Chaque article y a son numéro d'ordre et sa date d'inscription. Il ne peut y avoir aucune interversion dans la série des numéros ni dans les dates. Toute rature ou surcharge est approuvée par l'ordonnateur des dépenses.

Le livre du magasin est seul excepté de la prescription ci-dessus en ce qui concerne le numéro d'ordre des articles.

La Commission de surveillance, et particulièrement l'ordonnateur des dépenses, vérifient ces divers registres toutes les fois qu'ils le jugent convenable, et y consignent le résultat de leur vérification.

La même vérification est faite par l'Inspecteur d'Académie, le Recteur et les Inspecteurs généraux en tournée.

ART. 34. — Le livre à souche ne comprend que le nombre de feuillets nécessaires pour les besoins présumés de l'année. L'économe y inscrit, en toutes lettres et en chiffres, toutes les sommes qu'il reçoit, au fur et à mesure qu'elles sont versées dans la caisse de l'École, avec le numéro d'ordre, la date du jour et la nature de la recette. Il remplit en même temps la quittance placée à côté du talon, en y reproduisant les mêmes renseignements. Cette quittance est immédiatement détachée du livre à souche.

Lorsque ces quittances doivent être timbrées, cette formalité est remplie au moyen de l'apposition d'un timbre mobile, oblitéré avec la griffe R. S. fournie par l'Administration des Finances.

ART. 35[1]. — Le journal de caisse est divisé en deux parties, placées en regard l'une de l'autre; les recettes y sont inscrites sur le folio de gauche, les dépenses sur celui de droite. L'économe indique dans le libellé de l'enregistrement la nature de chaque recette et de chaque dépense; il en inscrit le montant séparément et par article, en toutes lettres et en chiffres, avec la date et dans l'ordre de la recette et de la dépense.

Les articles du journal de caisse, pour la recette comme pour la dépense, forment deux séries de numéros d'ordre non interrompues; les numéros des recettes et les dates d'inscription concordent avec ceux du livre à souche.

Lorsqu'il y a, au 1er janvier, un reliquat ou solde en caisse de l'année précédente, ce reliquat forme le premier article de la recette sur le journal de caisse; mais il n'y est pas donné de numéro d'ordre. Il est inscrit simplement sous la rubrique : *Solde en caisse au 31 décembre* 188 .

1. Cet article a été modifié par le décret du 16 *avril* 1883 (voir *à sa date*).

ART. 36. — Le sommier présente le dépouillement et sert au contrôle des recettes et des dépenses inscrites au journal de caisse. L'économe y inscrit ces recettes et ces dépenses immédiatement après les avoir portées sur le journal de caisse.

Chaque recette et chaque dépense, libellée comme au journal, est classée dans chacun des chapitres du budget auquel elle est afférente, et dans chaque chapitre à la colonne de l'exercice auquel elle appartient. Les numéros et les dates d'inscription des articles pour la recette et pour la dépense concordent avec ceux du journal de caisse.

Les recettes et les dépenses sont totalisées pour chaque chapitre dans une colonne distincte. Elles sont récapitulées pour chaque exercice et ensuite totalisées.

A la fin de chaque trimestre, l'économe additionne les sommes portées dans chaque colonne, en ayant soin de comprendre dans son addition, lorsqu'il y a lieu, les totaux des trimestres antérieurs.

ART. 37. — Le livre du magasin comprend tous les approvisionnements de l'École. Les denrées achetées pour le compte de l'établissement y sont inscrites avec la date de leur entrée dans le magasin, l'indication de la quantité et de la valeur. Au fur et à mesure qu'elles sont livrées à la consommation, l'économe en inscrit la sortie avec la date du jour où il fait la livraison, l'indication de la quantité livrée et de sa valeur.

Le registre est divisé en comptes particuliers selon la nature et la destination des différentes provisions. Un seul compte général comprend les produits du jardin et des propriétés de l'École consommés dans l'établissement.

Pour les consommations journalières du pain et de la viande et pour les achats au comptant, l'économe tient une main courante d'inscription quotidienne, et en porte le relevé sur le livre du magasin tous les quinze jours seulement, en indiquant avec exactitude les entrées et les sorties.

A la fin de chaque trimestre, il fait la balance des entrées et des sorties pour chaque compte du registre, et dresse un inventaire de tous les approvisionnements qui existent dans le magasin.

Le détail des approvisionnements en magasin au 31 décembre, tel qu'il résulte de l'inventaire dressé à la fin du 4e trimestre, est porté en tête de chacun des comptes particuliers du livre de magasin pour l'année suivante.

ART. 38. — Le livre d'inventaire général du mobilier présente, avec un numéro d'ordre général et chacune à sa date, toutes les acquisitions faites pour le mobilier de l'École, le matériel d'enseignement, la bibliothèque, le cabinet de physique, les ustensiles de ménage, etc.

Les objets hors d'usage, réformés avec l'autorisation du Recteur, sont maintenus sur le livre d'inventaire; mais la décision qui en autorise la réforme est mentionnée en regard, dans la colonne d'observations.

Le directeur fait dresser par les maîtres adjoints qui le secondent deux registres particuliers, extraits du livre d'inventaire et contenant, l'un le catalogue raisonné et la classification méthodique de tous les livres de la bibliothèque de l'École, l'autre le catalogue raisonné de tous les instruments de physique, chimie, arpentage, dessin, etc. Un troisième catalogue semblable est établi, par les soins d'un de ces maîtres, pour les livres classiques à l'usage journalier des élèves.

Chacun de ces catalogues particuliers a sa série spéciale de numéros pour chaque classification d'objets; une colonne de renvoi au livre d'inventaire indique, en regard de l'objet, le numéro qu'il porte sur ce livre. Ils sont soumis, comme les autres registres, au contrôle des autorités qui ont mission d'inspecter l'établissement.

ART. 39. — Le registre matricule de l'École est destiné à constater l'entrée et la sortie des élèves-maîtres, et les fonctions auxquelles ils ont été appelés en sortant.

Tous les ans, dans la première quinzaine de décembre, le directeur adresse à l'Inspecteur d'Académie un extrait certifié de ce registre indiquant les noms des anciens élèves-maîtres qui n'ont pas encore accompli la période décennale de leur service dans l'instruction publique.

Sur le vu de cette liste, l'Inspecteur d'Académie dresse un état nominatif des anciens élèves-maîtres qui sont passibles de remboursements aux termes de l'article 26 du décret du 29 juillet 1881 et le transmet au Préfet avec l'indication de la somme dont chacun d'eux est redevable. Le Préfet rend cet état exécutoire et l'adresse au trésorier-payeur général pour qu'il opère le recouvrement des sommes qui y sont mentionnées.

ART. 40. — Le directeur ordonnateur des dépenses vérifie et arrête la caisse de l'École une fois par mois. Il inscrit le résultat de sa vérification sur le livre à souche, le journal de caisse et le sommier.

ART. 41. — A la fin de chaque trimestre, et notamment le 31 décembre de chaque année, l'Inspecteur d'Académie, ou, en cas d'absence ou d'empêchement, son délégué, procède, de concert avec un délégué du Préfet, et en présence du directeur ordonnateur des dépenses et de l'économe, à la vérification trimestrielle de la caisse et de la comptabilité.

Ils constatent d'abord l'état de la caisse, puis se font représenter le livre à souche, le journal de caisse et le sommier, et après s'être assurés de la parfaite identité et exactitude des sommes, des dates et des numéros d'ordre qui y ont été consignés, ils en arrêtent les totaux et indiquent le résultat de cette vérification.

Ils procèdent ensuite à la vérification de l'inventaire des approvisionnements en magasin dressé par l'économe, visé et approuvé par l'ordonnateur des dépenses, et le comparent avec la balance des entrées et des sorties, établie sur le livre du magasin. Ils vérifient également les quantités portées en balance sur le livre du magasin avec les approvisionnements existants. Le résultat de cette vérification est constaté par la signature qu'ils apposent au bas de l'inventaire dressé par l'économe.

Immédiatement après, ils dressent un procès-verbal de la vérification trimestrielle à laquelle ils ont procédé. Ce procès-verbal est établi en double expédition, dont une reste déposée à l'École.

ART. 42. — A la suite de la vérification trimestrielle de la caisse et du magasin, le directeur adresse à l'Inspecteur d'Académie, pour être transmise au Ministre, l'une des deux expéditions du procès-verbal ci-dessus mentionné et un bordereau récapitulatif des recettes et des dépenses.

Ce bordereau est visé par l'ordonnateur des dépenses. Il indique séparément les recettes et les dépenses faites antérieurement au trimestre et pendant le trimestre, avec distinction, s'il y a lieu, des deux exercices auxquels elles sont afférentes. Il fait ressortir le solde en caisse du trimestre, dont l'économe demeure comptable. L'économe joint à ce bordereau l'état des créances et l'état des dettes de l'École.

ART. 43. — L'économe est tenu de verser au Trésor, à titre de placement de fonds sans intérêts, toutes les sommes qui sont reconnues par le directeur excéder les besoins de l'établissement.

Ce versement est fait par sommes rondes de 500 francs, et donne lieu à la délivrance par le receveur des finances d'autant de récépissés de 500 francs qu'en comporte la totalité du versement. Ces récépissés figurent dans l'encaisse de l'économe.

Au fur et à mesure des besoins de l'École, les dépôts de fonds sont retirés sur la représentation des récépissés, au dos desquels le directeur établit et signe un ordre de retrait de fonds. Cet encaissement ne donne pas lieu à la délivrance d'une quittance à souche; l'économe se borne à quittancer pour ordre les récépissés rendus au Trésor.

ART. 44. — En cas de changement de l'économe, l'Inspecteur d'Académie arrête, en présence du directeur et conjointement avec l'ancien économe ou son représentant légitime et le nouvel économe, tous les registres de comptabilité, et constate par un procès-verbal que les écritures sont au courant.

Ce procès-verbal indique le montant des valeurs trouvées en caisse, celui des créances et des dettes, la valeur et la quantité des approvisionnements existant en magasin. Le nouvel économe prend ces objets en charge et en devient responsable.

Il est procédé de la même manière pour la constatation et la prise en charge du mobilier de l'établissement.

Une copie des procès-verbaux dressés à cette occasion, certifiée par le membre de la Commission de surveillance délégué, est envoyée au Recteur pour être transmise au Ministre.

ART. 45. — En cas de maladie, de congé ou d'absence dûment justifiée, l'économe de l'École normale primaire peut, à titre exceptionnel, être remplacé par un fondé de pouvoirs à son choix, dûment agréé par le Recteur. Ce fondé de pouvoirs agit pour le compte et sous l'entière responsabilité de l'économe.

Dans le cas de décès, de démission ou de révocation de l'économe, le Recteur nomme un gérant intérimaire qui en remplit les fonctions jusqu'au jour de l'installation de son successeur. Avis de cette nomination est donné au trésorier-payeur général. La gestion du gérant intérimaire, qui est tout à fait distincte de celle de l'ancien ou du nouveau titulaire, donne lieu à une remise de service conformément aux dispositions de l'article précédent.

ART. 46[1]. — Tous les ans, dans les cinq derniers jours du 4e trimestre, et à chaque changement de directeur, il est procédé, en présence d'un délégué du Préfet, d'un membre de la Commission de surveillance désigné par le Recteur, du directeur de l'École et de l'économe, au récolement du mobilier et du matériel de l'établissement. Le procès-verbal de cette opération est adressé en double expédition au Préfet, qui transmet une de ces expéditions au Ministre.

SECTION V. — *Rédaction des états de situation et du compte de l'exercice. — Apurement du compte.*

ART. 47. — Tous les ans, dans les dix premiers jours de janvier, l'économe soumet à la Commission de surveillance, en triple expé-

1. Cet article a été modifié par le décret du 16 *avril* 1883 (voir *à sa date*).

dition, l'état de situation de la caisse et l'état de situation du magasin pour l'année précédente.

Le président de la Commission adresse les trois expéditions de ces deux états au Recteur de l'Académie, avant le 20 janvier, avec un extrait de la délibération qui a été prise à ce sujet.

Avant le 1er février, le Recteur en envoie une expédition au Ministre, et une autre au Préfet, avec ses observations personnelles. La troisième reste déposée dans les archives de l'Académie.

ART. 48. — L'état de situation de la caisse présente le résumé de toutes les opérations de caisse de l'année qui ont été inscrites au journal de caisse; il constate les valeurs qui se trouvaient en caisse au 31 décembre de l'année précédente, le montant par chapitres de toutes les sommes reçues et payées pendant le cours de l'année et les valeurs restant en caisse à la fin de l'année.

ART. 49. — L'état de situation du magasin présente le résumé du mouvement des approvisionnements de l'année qui ont été inscrits au livre du magasin; il constate la valeur totale des approvisionnements qui se trouvaient en magasin au 31 décembre de l'année précédente, la valeur par chapitre des denrées qui sont entrées dans le magasin et qui en sont sorties pendant le cours de l'année, la valeur totale des approvisionnements restant en magasin à la fin de l'année.

Les produits du jardin et des propriétés consommés en nature forment un article spécial de l'état de situation du magasin.

ART. 50[1]. — Tous les ans, dans la première quinzaine de juin, le directeur de l'École normale primaire ferme le compte administratif qui vient de se clore le 31 mai; ce compte est dressé en triple expédition. Il présente le détail des opérations de l'exercice seulement; il établit, par le relevé des états de présence, les droits acquis au profit de l'École; il présente, par chapitre, les sommes à recouvrer et les sommes à payer, et, dans chaque chapitre, par année distincte, les recouvrements et les payements effectués, ainsi que les sommes restant à recouvrer ou à payer en fin d'exercice. Les diverses opérations de caisse y sont résumées dans des tableaux récapitulatifs, dont le dernier présente la dépense nette de l'exercice. La balance de l'exercice, en excédent ou en déficit, est établie par la comparaison de la recette et de la dépense nettes.

Deux tableaux complémentaires, placés l'un au commencement, l'autre à la fin du compte, offrent le résumé général de la situation financière de l'École au 31 mai de l'année précédente, et au 31 mai

1. Cet article a été modifié par le décret du 16 *avril* 1883 (voir *à sa date*).

de l'année courante. Cette situation est établie en actif et en passif.

L'actif se compose : 1° de l'excédent des recouvrements sur les payements, tant de l'exercice auquel s'applique le compte que des exercices antérieurs; 2° du montant des créances; 3° de la valeur des approvisionnements en magasin; 4° du solde en caisse. Les capitaux placés en rentes sur l'État, ou employés à des acquisitions et réparations extraordinaires, ne sont rappelés que pour mémoire; ils ne font pas partie de l'actif.

Le passif se compose du montant des dettes de l'École.

ART. 51[1]. — L'ordonnateur des dépenses soumet le compte administratif de l'exercice à l'approbation de la Commission de surveillance, le 30 juin au plus tard, et l'accompagne d'un rapport détaillé sur les diverses parties du service. Il constate dans ce rapport l'exactitude et la régularité des recettes, et fournit des explications sur les sommes restant à recouvrer et sur les causes du retard dans le recouvrement. Il examine successivement les diverses consommations, les compare avec celles de l'exercice précédent, il en explique les différences et indique les améliorations introduites ou à introduire.

ART. 52. — La Commission de surveillance prend une délibération sur le compte qui lui est soumis par le directeur de l'École. Le résultat de sa délibération est adressé par le président, le 5 juillet au plus tard, au Recteur de l'Académie, avec trois expéditions du compte.

ART. 53. — Le Recteur transmet, avant le 15 juillet, une de ces expéditions au Préfet et l'autre au Ministre; il y joint ses observations personnelles.

ART. 54[1]. — Dans les quinze premiers jours du mois de juin de chaque année, l'économe établit le compte des recettes et des dépenses qu'il a faites en numéraire pendant l'année précédente, ainsi que le compte des matières.

Le compte en deniers embrasse : 1° les opérations des douze premiers mois de l'exercice, formant la deuxième partie de la gestion expirée; 2° les opérations complémentaires du même exercice, formant la première partie de la gestion suivante. Il est établi dans la forme prescrite, pour les Lycées, par l'article 239 du règlement du 16 octobre 1867 sur la comptabilité des dépenses du Ministère de l'Instruction publique. Il est accompagné des pièces justificatives à l'appui, ainsi que du procès-verbal de vérification de la caisse au 31 décembre.

1. Cet article a été modifié par le décret du 16 *avril* 1883 (voir *à sa date*).

Le compte en matières est établi et justifié conformément à l'article 241 du même règlement.

Les comptes de gestion des économes des Écoles normales, quel que soit le chiffre des recettes et des dépenses, sont réglés et apurés par la Cour des Comptes. Ils doivent lui parvenir avant le 1er août de la seconde année de l'exercice.

SECTION VI. — *Cautionnements des Économes.*

ART. 55. — Les cautionnements des économes des Écoles normales primaires sont fixés à cinq pour cent de l'ensemble des recettes de la dernière année expirée. Dans tous les cas, le cautionnement ne pourra être inférieur à 3 000 francs.

Il ne sera pas tenu compte des coupures de recettes qui ne correspondent pas à une fraction de cautionnement de 500 francs.

L'économe qui a cessé d'exercer ses fonctions peut obtenir la restitution des deux premiers tiers de son cautionnement, sur la production d'un certificat délivré par le Recteur et constatant que ses comptes sont réguliers et qu'il n'existe aucun débet à sa charge.

ART. 56. — Les cautionnements des économes seront versés, à Paris, à la caisse centrale du Trésor, et, dans les départements, aux caisses des receveurs des finances.

ART. 57. — Les dispositions du présent règlement sont applicables à l'administration et à la comptabilité intérieures des Écoles normales primaires d'institutrices.

ART. 58. — Sont et demeurent abrogés le décret du 1er août 1881 sur la comptabilité des Écoles normales primaires et celui du 30 septembre 1881 relatif au cautionnement des économes.

ART. 59. — Le Ministre de l'Instruction publique et des Beaux-Arts et le Ministre des Finances sont chargés, chacun en ce qui le concerne, de l'exécution du présent décret.

Circulaire du Ministre de l'Instruction publique, autorisant l'usage des Salles d'École pour les Adjudications. 30 août 1882.

30 Août 1882.

Monsieur le Préfet, mon attention a été appelée sur les difficultés que rencontrent souvent, dans les communes rurales, les notaires qui demandent à faire usage des salles d'École pour les adjudications publiques.

Je ne vois aucun inconvénient à ce que ces officiers ministériels aient à leur disposition les salles d'École, pourvu que les adjudications n'aient lieu que les jeudis et dimanches ou, à la rigueur, les autres jours après 4 heures.

Les communes bénéficieront, au contraire, de cette tolérance, car elles auront le droit d'exiger des notaires, au bénéfice de la Caisse des Écoles, une redevance fixée ainsi qu'il suit par séance :

5 francs pour une adjudication de 1 000 francs et au-dessus, quel que soit le nombre des lots;

2 fr. 50 cent. si la somme est inférieure à 1 000 francs.

Veuillez porter à la connaissance de MM. les maires ces dispositions, concertées avec mes collègues de la Justice et de l'Intérieur.

Recevez, etc.

Signé : J. DUVAUX.

---

16 déc. 1882.

Proposition de loi sur l'Obligation de l'Éducation militaire, présentée par M. Paul Bert, député.

Séance du 16 Décembre 1882.

Messieurs, en inaugurant, le 25 janvier 1882, les travaux de la Commission « d'éducation militaire », que je venais d'instituer au Ministère de l'Instruction publique, je lui proposais, entre autres projets, d'étudier un difficile problème :

« Je serais bien aise, lui disais-je, que vous me mettiez en mesure de donner à mes idées assez de précision pour que je puisse présenter au Parlement un projet de loi qui permettrait d'organiser entre l'âge où finit l'enseignement primaire et celui où commence le service militaire, une série d'exercices, de manœuvres, afin d'empêcher l'enfant de nos Écoles d'oublier avant d'entrer au régiment tout ce qu'il aurait déjà appris. »

On sait par suite de quelles circonstances la Commission dut cesser ses travaux. Je reprends, en conséquence, pour mon propre compte, la question que je lui avais soumise, et j'appelle sur elle et sur la solution que j'en donne toute la sollicitude du Parlement.

La loi sur l'obligation de l'instruction primaire, votée par la Chambre des Députés le 24 décembre 1880 et par le Sénat le 23 mars 1882, met au nombre des matières de l'enseignement pour les garçons « les exercices militaires » (art. 1er).

Les motifs de cette disposition sont tellement évidents et tellement graves, qu'elle n'a exigé ni explications ni discussions. Les représentants de tous les partis politiques ont été d'accord pour reconnaître la nécessité de préparer, dès l'École, les futurs défenseurs de la patrie, de leur donner, d'une part, la connaissance élémentaire du maniement des armes et des exercices militaires, de l'autre, le respect de la discipline et la notion des devoirs du soldat. On peut dire, sans crainte d'être démenti, que si l'obligation scolaire eût été réduite à cette partie de l'enseignement civique, elle aurait réuni tous les suffrages.

Or, l'œuvre du Parlement est tellement incomplète sous ce rapport qu'on peut se demander si elle pourra porter des fruits utiles. L'obligation scolaire est terminée à l'âge de treize ans. De treize à vingt, le futur soldat n'aura-t-il pas eu le temps d'oublier tout ce qu'il a appris et de l'oublier à un tel point que son éducation nouvelle n'ait rien à utiliser de ces lointains souvenirs? De plus, il s'en faut qu'à treize ans il ait reçu une éducation militaire, je ne dis pas complète, mais suffisamment avancée : les exercices de tir, par exemple, lui seront presque inconnus. Le but que la loi s'est proposé d'atteindre semble à peu près manqué.

On a parlé et l'on parle encore, pour remédier à cet état de choses, d'encourager, d'organiser même des compagnies de jeunes volontaires qui, avec l'autorisation et sous la surveillance du Ministre de la Guerre, entretiendraient et développeraient chez leurs membres et les connaissances techniques et l'ardeur patriotique. Mais les inconvénients et l'insuffisance de cette manière de procéder frappent les yeux. D'un côté, l'existence permanente de ces corps de volontaires armés pourrait présenter à la longue, et dans certaines circonstances politiques, de véritables dangers. D'autre part, les jeunes gens qui s'enrôleront dans ces corps sont précisément ceux pour lesquels l'éducation militaire serait au régiment le plus facile à faire, ceux qui ont déjà les aptitudes, le goût, le sentiment du métier de soldat. Ce sont les autres, précisément, sur lesquels il y aurait intérêt à agir, et les autres se garderont de se créer volontairement des charges et des ennuis.

Qu'on ait des compagnies de jeunes volontaires, nous n'y voyons que des avantages, sous la condition qu'elles seront soumises à l'autorité absolue du Ministre de la Guerre, comme les autres éléments constitutifs de l'armée. Elles serviront à éveiller les vocations, à échauffer de bonne heure le sentiment patriotique, et pourront devenir de précieuses pépinières de sous-officiers. Mais cette organisation ne résoudra pas la difficulté. Et la masse des jeunes élèves de nos Écoles n'en aura pas moins oublié, quand elle arrivera au régiment, les leçons militaires données par l'instituteur.

Il n'y a qu'un remède à cet état de choses : prolonger jusqu'à l'âge de soldat, pour l'éducation militaire, les exigences de la loi d'obligation. D'autres nations les ont déjà prolongées bien au delà de treize ans, pour les notions générales de l'enseignement ; il ne peut paraître excessif de les appliquer alors qu'il s'agit de la partie de l'enseignement civique d'où peut dépendre le salut de la patrie.

Mais comment organiser cette obligation nouvelle? Comment en assurer l'exécution? Qui rendre responsable des infractions à ses exigences?

Il m'a semblé qu'il n'était pas possible de donner, par un dispositif légal, une satisfaction complète à ces légitimes questions. Un règlement d'administration publique peut seul entrer dans le détail des faits, déterminer la nature, le nombre, les époques des exercices exigés. La loi doit se borner à proclamer le principe, à prescrire l'obligation, à indiquer les responsabilités.

Sous ce dernier rapport, j'ai cru qu'il convenait de distinguer, parmi ces mineurs à qui est imposée l'obligation, ceux qui ont moins et ceux qui ont plus de seize ans. C'est, comme chacun sait, l'âge que le Code pénal a pris pour limite supérieure des actes délictueux et criminels commis sans discernement.

Aux enfants qui ont moins de cet âge, nous n'imposons aucune responsabilité personnelle. Ce sont leurs parents, ce sont en un mot les personnes que la loi sur l'obligation déclare responsables, qui pourront encourir la pénalité. Au-dessus de seize ans, c'est le jeune homme qui sera responsable et puni, s'il est nécessaire, mais ses parents peuvent l'être aussi, et cela est juste, puisqu'ils ont encore autorité sur lui, et pourraient l'empêcher d'obéir à la loi. Il appartiendra aux juges de discerner les responsabilités.

Quant aux pénalités, il m'a semblé qu'il n'en fallait pas imaginer d'autres que celles qui sont instituées par la loi sur l'obligation. Seulement, comme il ne s'agit pas ici d'enlever d'une manière continue l'enfant à sa famille, et qu'il n'y aurait pas aux infractions à la loi les excuses qu'il a été nécessaire d'admettre pour l'obligation purement scolaire, je demande qu'on passe outre aux remontrances, pour aller d'emblée aux affichages, puis, en cas de récidive, aux pénalités véritables.

Jusqu'à l'âge de seize ans, l'obligation de l'enseignement militaire sera accomplie dans l'École, sous la surveillance et par les soins des agents du Ministère de l'Instruction publique; les enfants se joindraient aux bataillons scolaires qui ont été organisés en exécution de l'article 1er de la loi du 28 mars 1882. Après seize ans, les réunions de jeunes gens auront lieu dans les emplacements et aux époques que déterminera le Ministre de la Guerre, et les exercices seront dirigés par les officiers qu'il aura désignés.

J'espère que ces innovations seront bien accueillies non seulement du Parlement, mais des populations. On sentira que le surcroît léger de charges qu'elles imposeront a une utilité nationale de premier ordre, et que seules elles peuvent amener une diminution sérieuse dans la durée du service militaire.

Proposition de loi.

ARTICLE 1er. — L'instruction militaire, rendue obligatoire pour tous les jeunes garçons par les articles 1 et 4 de la loi du 28 mars 1882, devra être prolongée de 13 ans révolus jusqu'à l'âge du tirage au sort.

ART. 2. — De 13 à 16 ans, elle sera donnée dans les bataillons scolaires institués en exécution de l'article 1er de la susdite loi, par les soins des fonctionnaires du Ministère de l'Instruction publique.

Au-dessus de 16 ans, elle sera donnée par des officiers, sous la direction du Ministre de la Guerre.

ART. 3. — Un règlement d'administration publique déterminera les lieux et les époques de réunions, ainsi que la durée et la nature des exercices militaires.

ART. 4. — Les pénalités sont celles qu'ont édictées les articles 13 et 14 de la loi du 28 mars 1882.

Quand l'enfant a moins de 16 ans, elles frappent les parents ou les personnes responsables de la garde de l'enfant. Quand il a plus de 16 ans, elles frappent soit ces personnes, soit les mineurs eux-mêmes, soit les uns et les autres.

---

22 déc. 1882.

Arrêté fixant les conditions des Examens prescrits par la loi du 28 mars 1882 pour les Enfants qui reçoivent l'instruction dans la famille.

22 Décembre 1882.

Le Ministre de l'Instruction publique et des Beaux-Arts
Arrête :

ARTICLE 1er. — L'examen que doivent subir, chaque année, à partir de la fin de la deuxième année d'instruction obligatoire jusqu'à l'âge de 13 ans révolus, les enfants qui reçoivent l'instruction dans la famille, a lieu à la maison commune ou dans une salle d'école.

Art. 2. — La liste des enfants astreints à subir l'examen est dressée par le maire et envoyée à l'Inspecteur d'Académie avant le 1er mai.

Art. 3. — L'examen est subi soit dans le mois qui suit la rentrée des classes, soit dans celui qui la précède. La date en est fixée, pour chaque localité, par l'Inspecteur d'Académie.

Art. 4. — La convocation tant du jury d'examen que des enfants à examiner se fait, quinze jours au moins à l'avance, par les soins de l'Inspecteur primaire.

Art. 5. — L'examen consiste en épreuves écrites : il n'y a lieu à épreuves orales qu'autant que les premières auraient été jugées insuffisantes. En ce cas, les deux séries d'épreuves ont lieu le même jour.

Art. 6. — Les épreuves écrites consistent soit en devoirs écrits sous la dictée et sous le contrôle du jury, soit dans les devoirs faits à domicile et communiqués avec une attestation d'authenticité par le père de famille conformément à la formule ci-annexée.

Le jury a toujours le droit de faire procéder à de nouvelles épreuves en sa présence.

Dans le cas où les épreuves écrites se font en présence du jury, elles portent sur les matières ci-après :

De 8 à 9 ans : Écriture.

De 9 à 10 ans : Écriture. — Premiers éléments d'arithmétique (addition, soustraction).

De 10 à 11 ans : Dictée d'orthographe usuelle. Éléments d'arithmétique : les quatre règles, opérations sur des nombres entiers.

De 11 à 12 ans : Dictée d'orthographe usuelle. — Notions du système métrique. — La géographie de la France.

De 12 à 13 ans : Dictée d'orthographe usuelle. — Éléments d'arithmétique et de système métrique. — Les grands faits et les grands hommes de l'histoire de France.

Art. 7. — Les épreuves orales comprennent une épreuve de lecture et de courtes interrogations sur tout ou partie des matières énumérées dans l'article 6.

L'épreuve de lecture se fera dans les recueils de morceaux choisis en usage dans les Écoles publiques ou dans les classes élémentaires des Lycées.

Art. 8. — Les enfant dont les parents en feront la demande pourront être examinés sur toutes les autres parties du programme des Écoles primaires, tel qu'il résulte du règlement d'organisation pédagogique du 27 juillet 1882.

Modèle de la formule d'attestation d'authenticité des Devoirs produits pour justifier de l'Instruction donnée à domicile.

(Annexe à l'arrêté du 22 décembre 1882.)

Je soussigné (*nom et prénoms*) , père (ou tuteur) de (*nom et prénoms*) de l'enfant , né le et que je me suis engagé, par ma déclaration en date du , à faire instruire à domicile, conformément aux prescriptions de la loi du 28 mars 1882, atteste que les cahiers ci-joints sont les cahiers de l'enfant, et contiennent des devoirs écrits par lui seul dans le cours de la présente année. En foi de quoi, il a signé avec moi la présente déclaration.

Fait à , le 188 .

(*Signature du père.*)

(*Signature de l'enfant.*)

---

23 déc. 1882.

Décret relatif au Certificat d'aptitude à l'Inspection primaire et à la Direction des Écoles normales.

23 Décembre 1882.

Le Président de la République française,

Sur le rapport du Ministre de l'Instruction publique et des Beaux-Arts,

Vu les lois des 15 mars 1850 et 9 août 1879;

Vu l'article 5 de l'ordonnance du 18 novembre 1845;

Vu les décrets des 29 juillet 1850 et 5 juin 1880;

Le Conseil supérieur de l'Instruction publique entendu,

Décrète :

ARTICLE 1er. — Nul ne peut être nommé Inspecteur de l'enseignement primaire, directeur ou directrice d'École normale, s'il n'a été déclaré apte à ces fonctions après un examen dont le programme[1] sera déterminé par arrêté du Ministre de l'Instruction publique pris en Conseil supérieur.

ART. 2. — Ne peuvent être admis à cet examen que les candidats qui justifient :

1° De vingt-cinq ans d'âge;

2° Du certificat d'aptitude au professorat des Écoles normales, à

1. Voir le programme annexé à l'arrêté du 23 *décembre* 1882, relatif au certificat d'aptitude à l'inspection primaire et à la direction des Écoles normales (*Bull. adm.*, 1882, t. XXVIII, p. 757).

moins qu'ils ne possèdent, soit le titre d'agrégé ou de licencié ès lettres ou ès sciences, soit les diplômes de bachelier ès lettres et de bachelier ès sciences complet. Ce dernier peut être remplacé par le baccalauréat de l'enseignement secondaire spécial.

ART. 3[1]. — Pendant les trois années qui suivront la publication du présent décret, les maîtres adjoints et les maîtresses adjointes d'Écoles normales comptant au moins cinq ans d'exercice comme titulaires, ainsi que les professeurs des Collèges et Lycées ayant le même temps d'exercice, pourront, par décision ministérielle rendue sur le rapport du Comité consultatif, être dispensés de produire le certificat d'aptitude au professorat. La même disposition s'applique aux candidats qui ont été déclarés admissibles à l'une des sessions postérieures au décret du 5 juin 1880.

ART. 4. — Les femmes peuvent être admises aux examens du certificat d'aptitude à l'inspection de l'enseignement primaire aux conditions ci-dessus déterminées. Les personnes pourvues de ce certificat pourront seules être chargées par le Ministre de fonctions, délégations ou missions relatives à l'inspection spéciale des Écoles de filles et des Écoles maternelles.

ART. 5. — Sont rapportées toutes les dispositions antérieures contraires au présent décret, notamment les articles 38, 39 et 40 du décret du 29 juillet 1850, le décret du 5 juin 1880 et l'article 9 du décret du 2 août 1881 sur les Écoles maternelles.

Décret instituant un Certificat d'études primaires supérieures.

23 déc. 1882.

23 Décembre 1882.

Le Président de la République française,

Sur le rapport du Ministre de l'Instruction publique et des Beaux-Arts,

Vu le décret du 3 janvier 1882;

Le Conseil supérieur de l'Instruction publique entendu,

Décrète :

ARTICLE 1er. — Il est institué un certificat d'études primaires supérieures.

ART. 2. — Le certificat d'études primaires supérieures est obtenu à la suite d'un examen dont les conditions seront déterminées par

1. Modifié par l'arrêté du 24 *juillet* 1883 (voir *à sa date*).

un arrêté ministériel rendu sur l'avis du Conseil supérieur de l'Instruction publique[1].

ART. 3. — Tous les élèves qui ont été titulaires d'une bourse de l'État dans une École primaire supérieure, et qui ont suivi le cours d'études complet sont tenus de se présenter à la fin de leur scolarité à l'examen du certificat d'études primaires supérieures. Tout établissement, public ou libre, qui demande à recevoir des boursiers de l'État, doit s'engager à les présenter avant leur sortie à cet examen.

---

23 déc. 1882.

Arrêté relatif à l'examen du Certificat d'aptitude à l'Inspection primaire et à la Direction des Écoles normales.

23 Décembre 1882.

Le Ministre de l'Instruction publique et des Beaux-Arts,

Vu le décret du 23 décembre 1882;

Le Conseil supérieur de l'Instruction publique entendu,

Arrête :

ARTICLE 1er. — Une Commission est nommée chaque année par le Ministre de l'Instruction publique pour examiner l'aptitude des candidats aux fonctions d'Inspecteur de l'enseignement primaire, d'Inspectrice des Écoles de filles ou des Écoles maternelles, de directeur ou directrice d'École normale.

ART. 2. — Cette Commission est composée de cinq membres au moins, auxquels sont adjointes, avec voix délibérative, deux directrices d'Écoles normales pour l'examen des aspirantes.

ART. 3. — Les candidats sont tenus de se faire inscrire, du 1er au 16 juillet, au secrétariat de l'inspection académique, d'indiquer les lieux où ils ont résidé et les fonctions qu'ils ont remplies depuis dix ans, et de faire les justifications exigées par l'article 2 du décret du 23 décembre 1882.

ART. 4. — L'examen a lieu dans le courant du mois d'octobre. L'ouverture de la session est fixée par le Ministre.

ART. 5. — L'examen se compose :

D'épreuves écrites, lesquelles sont éliminatoires;

D'épreuves orales;

D'épreuves pratiques.

1. Voir la circulaire du 4 *juillet* 1883, aux Recteurs, relative à la tenue de la première session du certificat d'études primaires (*Circ.*, t. IX, p. 246).

ART. 6. — Les épreuves écrites sont subies au chef-lieu du département, sous la surveillance de l'Inspecteur d'Académie ou d'un délégué agréé par le Recteur. Elles ont lieu en deux jours consécutifs, les mêmes pour toute la France.

Elles comprennent deux compositions : l'une sur un sujet de pédagogie, l'autre sur un sujet d'administration scolaire; les deux sujets sont envoyés par l'Administration centrale; quatre heures sont accordées pour chaque rédaction.

Les compositions sont adressées, avec le procès-verbal de la séance, par l'Inspecteur d'Académie, au Ministre.

ART. 7. — La Commission prononce l'admission aux épreuves orales et pratiques.

Ces épreuves ont lieu à Paris.

ART. 8. — Les épreuves orales portent sur les matières énumérées dans le programme détaillé annexé au présent arrêté; elles comprennent :

1° L'explication d'un passage pris dans un des auteurs qui auront été désignés pour l'examen de l'année par le Ministre, sur la proposition de la Commission;

2° L'exposé de vive voix d'une question relative à un des points du programme. Cette question, tirée au sort, sera traitée par le candidat après trois heures de préparation à huis clos. Cet exposé ne durera pas plus d'une demi-heure.

ART. 9. — L'épreuve pratique consiste dans l'inspection d'une classe d'École normale, d'une École primaire supérieure, d'une École élémentaire ou d'une École maternelle, inspection suivie d'un compte rendu verbal.

ART. 10. — Après la clôture des examens, la Commission dresse la liste des candidats qu'elle juge dignes d'obtenir le certificat d'aptitude à l'inspection primaire et à la direction des Écoles normales.

Cette liste est soumise à l'approbation du Ministre, qui délivre les certificats.

ART. 11. — Sont rapportées toutes les dispositions antérieures contraires au présent arrêté, et notamment les arrêtés du 16 décembre 1850, du 5 juin 1880 et celui du 27 juillet 1882 relatif aux Inspectrices des Écoles maternelles.

23 déc. 1882.

Arrêté fixant les conditions de l'Examen pour l'obtention du Certificat d'études primaires supérieures[1].

23 Décembre 1882.

Le Ministre de l'Instruction publique et des Beaux-Arts,
Vu le décret du 23 décembre 1882;
Le Conseil supérieur de l'Instruction publique entendu,
Arrête :

ARTICLE 1er. — A la fin de chaque année scolaire s'ouvrira, dans chaque département, une session d'examen pour l'obtention du certificat d'études primaires supérieures.

Les centres d'examen sont fixés par le Ministre.

La date de cette session est fixée par le Ministre; elle est la même pour tous les départements. Elle est annoncée un mois au moins à l'avance.

ART. 2. — Les sujets de composition sont adressés par le Ministre, sous pli cacheté, à l'Inspecteur d'Académie quatre jours au moins avant l'ouverture de l'examen. Tous les sujets d'épreuves sont

1. Consulter, *à leur date*, le décret du 14 *février* 1880, p. 120; — le décret et l'arrêté du 15 *janvier* 1881 avec la note en renvoi, p. 239; — le décret du 3 *janvier* 1882, p. 340; — l'arrêté du 29 *décembre* 1888; — le décret du 18 *janvier* 1893, qui modifie l'examen.

Voir les circulaires suivantes :

Du 20 *juin* 1883 (Vice-Recteur de Paris aux Inspecteurs d'Académie), rappelant l'obligation pour tous les boursiers de l'État de subir l'examen du certificat d'études primaires supérieures (*Rec. des L. et A.*, 1883, p. 496);

— 4 *juillet* 1883, aux Recteurs, relative à la première session du certificat d'études primaires supérieures (*Circ.*, t. IX, p. 246);

— 20 *juillet* 1883 (Vice-Recteur aux Inspecteurs d'Académie), portant le modèle du certificat d'études à délivrer, publié aux *Documents annexes* (*Rec. des L. et A.*, 1883, p. 557);

— 25 *juillet* 1883 (Vice-Recteur de Paris aux Inspecteurs d'Académie), portant que les candidats non pourvus du certificat d'études primaires, mais en possession du brevet élémentaire, peuvent être admis à se présenter à l'examen du certificat d'études primaires supérieures (*Rec. des L. et A.*, 1883, p. 670);

— 10 *mai* 1884, aux Recteurs, relative aux épreuves du travail manuel dans l'examen du certificat d'études primaires supérieures (*Circ.*, t. IX, p. 367);

— 29 *juin* 1885, aux Inspecteurs d'Académie, relative à la statistique des résultats des examens du certificat d'études primaires supérieures (*Ibid.*, p. 496);

— 3 *juillet* 1889, aux Recteurs, relative au choix du sujet de la composition scientifique dans les épreuves du certificat d'études primaires supérieures (*Circ.*, t. XI, p. 6);

— 28 *octobre* 1890, aux Recteurs, sur le même sujet (*Ibid.*, p. 307);

— 17 *juin* 1892, aux Inspecteurs d'Académie, modifiant la détermination du lieu où sont subies les épreuves écrites (*Ibid.*, p. 590).

pris dans le programme des Écoles primaires supérieures de trois ans.

ART. 3. — Les Commissions d'examens sont nommées dans chaque département par le Recteur d'Académie.

Elles se composent de cinq membres choisis parmi les Inspecteurs primaires, les professeurs de l'enseignement secondaire ou supérieur, et les professeurs et maîtres adjoints d'École normale en exercice ou en retraite.

Pour l'examen des filles, deux membres au moins seront des femmes.

Le président est autorisé à adjoindre, s'il y a lieu, à la Commission, pour les épreuves professionnelles dont il est parlé à l'article 10 du présent arrêté, un examinateur spécial.

En cas de partage, la voix du président est prépondérante.

ART. 4. — L'examen se compose d'épreuves écrites, d'épreuves orales et d'épreuves pratiques.

ART. 5. — Les épreuves écrites, qui sont éliminatoires, comprennent quatre compositions qui ont lieu en deux jours consécutifs.

1° Composition française (lettre, récit, compte rendu, développement d'une maxime, etc.);

2° Composition d'histoire et de géographie;

3° Composition de mathématiques et de sciences physiques et naturelles;

4° Composition de dessin géométrique ou de dessin d'ornement.

ART. 6. — Il est accordé trois heures pour chacune de ces compositions.

ART. 7. — L'admissibilité sera prononcée d'après l'ensemble des compositions écrites.

ART. 8. — Les épreuves orales comprennent nécessairement un examen de langue vivante[1].

Ces épreuves ne peuvent excéder la durée d'une heure.

ART. 9. — Les épreuves pratiques comprennent le travail manuel, le chant, et, pour les garçons, la gymnastique et les exercices militaires.

ART. 10. — Les candidats peuvent demander à être, en outre, interrogés et éprouvés sur les matières de l'enseignement professionnel qui excèdent le programme des Écoles primaires supérieures proprement dites.

1. Une circulaire du 20 *février* 1883 a invité les Préfets à prendre sans aucun retard les mesures indispensables pour organiser l'enseignement des langues vivantes dans toutes les Écoles où il est obligatoire et où il n'était pas encore donné.

Ces épreuves facultatives ne peuvent durer plus de trois quarts d'heure.

Le résultat de ces épreuves professionnelles est mentionné au certificat d'études primaires supérieures.

ART. 11. — Après la clôture des examens, la Commission dresse, par ordre de mérite, la liste des candidats qu'elle juge dignes d'obtenir le certificat d'études primaires supérieures. Le dossier complet de l'examen de chaque candidat est transmis au Recteur qui délivre les certificats.

ART. 12. — Il pourra être accordé par le Ministre, à titre de récompense exceptionnelle, à des élèves qui auront obtenu avec le plus de succès le certificat d'études primaires supérieures, une bourse de voyage à l'étranger en vue de se fortifier dans la connaissance des langues vivantes.

---

26 déc. 1882.

Décret relatif à l'Inspection et à la Surveillance des classes de jeunes filles dans les Internats et les Externats primaires communaux et privés.

26 Décembre 1882.

Le Président de la République française,

Sur le rapport du Ministre de l'Instruction publique et des Beaux-Arts;

Vu les articles 50 et 53 de la loi du 15 mars 1850;

Vu les deux lois du 16 juin 1881;

Vu les articles 10 et 11 de la loi du 28 mars 1882;

Vu les articles 10, 11 et 12 du décret du 31 décembre 1853;

Le Conseil supérieur de l'Instruction publique entendu,

Décrète :

ARTICLE 1er. — Toutes les classes de jeunes filles dans les internats comme dans les externats primaires communaux et libres tenus soit par des institutrices laïques, soit par des associations religieuses cloîtrées ou non cloîtrées, sont soumises, quant à l'inspection et à la surveillance de l'enseignement, aux autorités instituées par la loi.

ART. 2. — Dans tous les internats de jeunes filles tenus par des institutrices laïques ou par des associations religieuses cloîtrées ou non cloîtrées, l'inspection des locaux affectés aux pensionnaires et du régime intérieur du pensionnat est confiée à des dames déléguées par le Ministre de l'Instruction publique.

ART. 3. — Le décret du 31 décembre 1853 est et demeure abrogé.

Décret modifiant les épreuves de l'Examen d'admission à l'École Pape-Carpantier.

26 déc. 1882.

26 Décembre 1882.

Le Président de la République française,

Sur le rapport du Ministre de l'Instruction publique et des Beaux-Arts,

Le Conseil supérieur de l'Instruction publique entendu,

Décrète :

ARTICLE 1er. — L'article 4 du décret du 27 juillet 1882, relatif à la réorganisation de l'École Pape-Carpantier, est modifié ainsi qu'il suit :

« ART. 4. — L'examen d'admission comprend deux séries d'épreuves :

« *Épreuves écrites* éliminatoires (au chef-lieu du département, sous la présidence de l'Inspecteur d'Académie), savoir :

« 1° Une composition sur une matière prise dans le programme des Écoles maternelles ;

« 2° Une composition sur une question de méthode appliquée à l'éducation de la première enfance.

« Trois heures sont accordées pour chaque composition ; les textes sont envoyés par l'Administration centrale ; les épreuves sont corrigées et l'admissibilité prononcée par une Commission siégeant à Paris.

« *Épreuves orales* comprenant : des interrogations, des lectures expliquées, la correction de devoirs, etc. »

Arrêté relatif au Certificat d'aptitude à l'enseignement dans les Écoles normales primaires[1].

26 déc. 1882.

26 Décembre 1882.

Le Ministre de l'Instruction publique et des Beaux-Arts,

Vu le décret du 5 juin 1880 ;

Le Conseil supérieur de l'Instruction publique entendu,

Arrête :

1. Arrêté rapporté par l'arrêté du 28 *juillet* 1885 (voir *à sa date*).

ARTICLE 1er. — Deux Commissions sont nommées chaque année par le Ministre de l'Instruction publique pour examiner l'aptitude des candidats aux fonctions de l'enseignement dans les Écoles normales, l'une pour l'ordre des sciences, l'autre pour l'ordre des lettres.

ART. 2. — Chacune de ces deux Commissions est composée de cinq membres, auxquels sont adjointes, avec voix délibérative pour l'examen des aspirantes, deux dames directrices ou professeurs d'École normale.

ART. 3. — Les candidats sont tenus de se faire inscrire, du 1er au 30 juin, au secrétariat de l'inspection académique, d'indiquer les lieux où ils ont résidé et les fonctions qu'ils ont remplies depuis dix ans, et de faire les justifications exigées par l'article 2 du décret du 5 juin 1880.

ART. 4. — L'examen a lieu du 1er juillet au 15 août, aux jours fixés par le Ministre.

ART. 5. — L'examen se compose :

D'épreuves écrites, lesquelles sont éliminatoires;

D'épreuves orales;

D'épreuves pratiques.

ART. 6[2]. — Les épreuves écrites ont lieu au chef-lieu du département, sous la surveillance de l'Inspecteur d'Académie ou d'un délégué agréé par le Recteur.

Elles comprennent :

Pour les lettres : 1° une composition sur un sujet de littérature, de grammaire ou d'histoire et de géographie; 2° une composition sur un sujet de psychologie ou de morale; 3° une composition sur une question de pédagogie;

Pour les sciences : 1° une composition sur une question de mathématiques; 2° une composition sur une question de physique, de chimie ou de sciences naturelles avec leurs applications; 3° une composition sur une question de méthode appliquée à l'enseignement des sciences.

Les sujets sont tirés des programmes de l'enseignement dans les Écoles normales.

Trois heures sont accordées pour chaque composition; les trois compositions de chaque série se font en deux jours consécutifs, les mêmes pour toute la France.

Les sujets sont envoyés par l'Administration centrale.

Les compositions sont adressées, avec le procès-verbal de la séance, par l'Inspecteur d'Académie, au Ministre.

2. Modifié par l'arrêté du 20 *juillet* 1883 (voir *à sa date*).

Art. 7. — La Commission prononce l'admission aux épreuves orales et pratiques. Ces épreuves ont lieu à Paris.

Art. 8. — Les épreuves orales comprennent : 1° la correction raisonnée d'un devoir d'élève-maître ; 2° la lecture expliquée d'une page prise dans un des auteurs classiques portés au programme du brevet supérieur. Il sera accordé, pour la préparation à huis clos de la première épreuve, trois quarts d'heure, et, pour celle de la seconde, un quart d'heure. Le devoir à corriger et la leçon à faire ne porteront pas sur le même ordre d'études. Ces épreuves réunies auront une durée de 45 minutes environ pour chaque candidat.

Art. 9[1]. — Les épreuves pratiques consisteront dans une leçon que le candidat devra faire, en présence de la Commission, à une division d'élèves-maîtres, sur un sujet tiré au sort. Cette leçon sera précédée d'une préparation à huis clos dont la durée ne dépassera pas trois heures, et pour laquelle le candidat ne devra recourir à aucun secours étranger (livres, rédactions, notes, etc.). Le candidat devra compléter sa leçon par des interrogations adressées aux élèves.

La durée totale de l'épreuve ne dépassera pas trois quarts d'heure.

Art. 10. — Les candidats qui voudront faire constater, en outre, leur aptitude à l'enseignement du chant et de la musique et à celui des langues vivantes devront en faire la déclaration. Ils auront à faire une classe spéciale sur ces matières d'enseignement. Il sera fait mention dans le certificat des matières facultatives pour lesquelles le candidat aura subi l'examen avec succès.

Art. 11. — Après la clôture des examens, la Commission dresse par ordre de mérite la liste des candidats qu'elle juge dignes d'obtenir le certificat d'aptitude à l'enseignement dans les Écoles normales.

Cette liste est soumise à l'approbation du Ministre, qui délivre les certificats.

Disposition transitoire.

Art. 12. — Les maîtres adjoints d'École normale pourvus du brevet supérieur et qui comptaient dix ans d'exercice comme maîtres adjoints et 40 ans d'âge à la date du 5 juin 1880, recevront le titre de professeur d'École normale et jouiront du traitement qui y est attaché.

Art. 13. — L'arrêté du 5 juin 1880 est rapporté.

1. Modifié par l'arrêté du 20 *juillet* 1883 (voir *à sa date*).

30 déc. 1882. **Décret portant création, à Saint-Cloud, d'une École normale primaire supérieure d'instituteurs [1].**

30 Décembre 1882.

Le Président de la République française,

Sur le rapport du Ministre de l'Instruction publique et des Beaux-Arts,

Vu la loi du 9 août 1879;

Vu la loi de finances du 29 décembre 1882;

Vu le décret du 5 juin 1880 et l'arrêté en date du même jour;

Vu l'article 2, § 2, de la loi du 17 août 1876;

Vu les arrêtés du 9 mars et du 8 octobre 1881, et l'arrêté du 21 avril 1882;

Le Conseil supérieur de l'Instruction publique entendu,

Décrète :

ARTICLE 1er. — Une École normale supérieure d'enseignement primaire, destinée à préparer des professeurs pour les Écoles normales d'instituteurs, est créée à Saint-Cloud [2].

ART. 2. — L'École est gratuite; elle se recrute au concours.

ART. 3. — La durée des études est de deux années. Un arrêté ministériel, pris en Conseil supérieur de l'Instruction publique, déterminera les conditions du concours d'admission, le régime de l'École et le programme de l'enseignement.

---

30 déc. 1882. **Arrêté réglant les Conditions d'admission, le Régime et les Programmes d'enseignement de l'École normale primaire supérieure d'instituteurs à Saint-Cloud.**

30 Décembre 1882.

Le Ministre de l'Instruction publique et des Beaux-Arts,

Vu le décret du 30 décembre 1882;

1. Les Cours normaux de Saint-Cloud, institués par arrêté du 9 mars 1881 (*Bull. adm.*, 1881, t. XXIV, p. 513), sont transformés, par ce décret, en École normale, correspondant, en ce qui concerne les professeurs des Écoles normales d'instituteurs, à l'École normale de Fontenay-aux-Roses pour la préparation des professeurs des Écoles normales d'institutrices.

2. Voir ci-dessus, p. 200, le décret du 13 *juillet* 1880, relatif à la création de l'École normale supérieure de Fontenay-aux-Roses;

— ci-après, *à sa date*, le décret du 18 *janvier* 1887, chap. IV, art. 90 et suivants, ainsi que la note en renvoi.

Vu le décret du 29 juillet et l'arrêté du 3 août 1881;
Vu le décret du 5 juin 1880 et l'arrêté en date du même jour;
Vu les arrêtés des 9 mars et 8 octobre 1881 et 21 avril 1882;
Le Conseil supérieur de l'Instruction publique entendu,
Arrête :

ARTICLE 1er. — Les études à l'École normale supérieure d'enseignement primaire de Saint-Cloud comprennent les matières enseignées dans les Écoles normales primaires et énumérées dans le décret du 29 juillet 1881 et l'arrêté du 3 août de la même année.

ART. 2. — L'École peut recevoir des internes et des externes.

Le nombre des élèves internes est fixé à quarante.

ART. 3. — Les élèves sont répartis en deux sections : la section des sciences et la section des lettres. Les cours de psychologie et de morale, d'instruction civique et d'économie politique, d'histoire contemporaine, de législation et d'administration scolaires sont communs aux élèves de la section des lettres et à ceux de la section des sciences. Il sera établi un cours spécial de composition et de littérature française pour les élèves de la section des sciences.

ART. 4. — Le directeur et les professeurs forment le Conseil de l'École. Ce Conseil est convoqué et présidé par le directeur. Il se prononce sur l'aptitude des élèves de première année à passer en deuxième année, arrête la liste des livres dont les élèves feront usage, et, en général, règle la direction à donner aux études.

ART. 5. — Un concours d'admission à l'École de Saint-Cloud est ouvert tous les ans, du 15 septembre au 15 octobre. Un arrêté fixe chaque année la date de l'ouverture de ce concours, qui est annoncé deux mois à l'avance.

ART. 6. — Pour être admis à concourir, les candidats doivent :

Avoir vingt ans au moins et vingt-cinq ans au plus au 1er octobre de l'année où ils se présentent;

Avoir contracté un engagement décennal, dans les termes de l'article 18 du décret du 29 juillet 1881;

Être pourvus de l'un des titres suivants : brevet supérieur, diplôme de bachelier ès lettres ou ès sciences, diplôme de bachelier de l'enseignement secondaire spécial;

Et produire un certificat de médecin constatant leur aptitude à remplir les fonctions de l'enseignement.

ART. 7. — Des dispenses d'âge pourront être exceptionnellement accordées par le Ministre sur la proposition du Recteur.

ART. 8. — Les inscriptions seront reçues, dans les départements, au secrétariat de l'inspection académique; à Paris, au Ministère de l'Instruction publique (6e bureau de la Direction de l'enseignement primaire), quinze jours au moins avant l'ouverture des concours. A leur demande d'inscription les candidats joignent leur extrait de naissance, leurs diplômes, une notice individuelle faisant connaître les diverses fonctions qu'ils ont remplies dans l'enseignement public ou libre.

La liste des candidats admis à prendre part au concours est arrêtée par le Ministre.

ART. 9. — Nul aspirant n'est admis à se présenter plus de trois fois.

ART. 10. — L'examen d'admission comprend des épreuves écrites et des épreuves orales. Les épreuves écrites se font au chef-lieu du département, sous la surveillance de l'Inspecteur d'Académie, ou, à son défaut, d'un délégué agréé par le Recteur.

Elles comprennent trois compositions, savoir :

Pour les candidats de la section des lettres :

1° Une composition française (dont le sujet pourra être un récit, une lettre, une analyse littéraire, la discussion d'une maxime, le développement d'une règle de grammaire, etc.);

2° Une composition sur un sujet d'histoire de France qui pourra être accompagné de questions géographiques;

3° Une composition sur un sujet de pédagogie;

Pour les candidats de la section des sciences :

1° Une composition sur un sujet de mathématiques;

2° Une composition sur des sujets de physique, de chimie et de sciences naturelles;

3° Une composition sur un sujet de pédagogie.

La composition de pédagogie pourra être commune aux aspirants des lettres et à ceux des sciences.

La durée de chacune de ces compositions est de trois heures.

Les sujets de composition sont choisis par le Ministre, sur la proposition de la Commission, et adressés aux Inspecteurs d'Académie sous un pli cacheté, qui est ouvert en présence des candidats.

Les compositions sont, immédiatement après chaque séance, adressées au Ministre par l'Inspecteur d'Académie, qui y joint le procès-verbal de la séance.

ART. 11. — Les compositions écrites sont corrigées à Paris par une Commission nommée chaque année par le Ministre.

Les candidats reconnus admissibles sont appelés à Paris pour y subir les épreuves orales.

ART. 12. — Les épreuves orales consistent en interrogations, lectures, corrections de devoirs, exposés faits de vive voix après une courte préparation.

Arrêté fixant les Conditions du concours pour l'Admission à l'École normale primaire supérieure d'institutrices à Fontenay-aux-Roses. 30 déc. 1882.

30 Décembre 1882.

Le Ministre de l'Instruction publique et des Beaux-Arts,
Vu le décret du 13 juillet 1880;
Vu le décret du 15 octobre 1881;
Vu l'arrêté du 24 décembre 1880;
Le Conseil supérieur de l'Instruction publique entendu,
Arrête :

ARTICLE 1er. — Un concours pour l'admission à l'École normale primaire supérieure d'institutrices, à Fontenay-aux-Roses, est ouvert tous les ans, dans le courant du mois de juillet. Un arrêté fixe chaque année la date de l'ouverture de ce concours, qui est annoncée deux mois au moins à l'avance.

ART. 2. — Pour être admises à concourir, les aspirantes doivent être célibataires ou veuves;

Avoir vingt ans au moins et vingt-cinq ans au plus au 1er octobre de l'année où elles se présentent;

Avoir contracté un engagement décennal dans les termes de l'article 18 du décret du 29 juillet 1881;

Être pourvues du brevet supérieur ou d'un diplôme de bachelier;

Et produire un certificat de médecin constatant leur aptitude à remplir les fonctions de l'enseignement.

ART. 3. — Des dispenses d'âge pourront être exceptionnellement accordées par le Ministre, sur la proposition du Recteur.

ART. 4. — Les inscriptions sont reçues, dans les départements, au secrétariat de l'inspection académique; à Paris, au Ministère de l'Instruction publique (6e bureau de la Direction de l'enseignement primaire).

La liste d'inscription est close quinze jours au moins avant l'ouverture du concours.

A leur demande d'inscription les aspirantes joignent leur extrait de naissance, leurs diplômes et une notice individuelle faisant connaître les diverses fonctions qu'elles ont remplies dans l'enseignement public ou libre.

La liste des aspirantes admises à prendre part au concours est arrêtée par le Ministre.

ART. 5. — Nulle aspirante n'est admise à se présenter plus de trois fois.

ART. 6. — L'examen d'admission comprend des épreuves écrites, qui sont éliminatoires, et des épreuves orales.

ART. 7. — Les épreuves écrites se font au chef-lieu du département où l'inscription a été reçue; elles ont lieu sous la surveillance de l'Inspecteur d'Académie ou, à son défaut, d'un délégué agréé par le Recteur.

Elles comprennent trois compositions :

Pour les aspirantes de la section des lettres :

1° Une composition française (dont le sujet pourra être un récit, une lettre, une analyse littéraire, la discussion d'une maxime, le développement d'une règle de grammaire, etc.);

2° Une composition sur un sujet d'histoire de France qui pourra être accompagné de questions géographiques;

3° Une composition sur un sujet de pédagogie;

Pour les aspirantes de la section des sciences :

1° Une composition sur un sujet de mathématiques;

2° Une composition sur des sujets de physique, de chimie et de sciences naturelles;

3° Une composition sur un sujet de pédagogie.

La composition de pédagogie pourra être commune aux aspirantes des lettres et à celles des sciences.

La durée de chacune de ces compositions est de trois heures.

Les sujets de composition sont choisis par le Ministre, sur la proposition de la Commission d'examen, et adressés aux Inspecteurs d'Académie sous un pli cacheté, qui est ouvert en présence des aspirantes.

Les compositions sont, immédiatement après chaque séance, adressées au Ministre par l'Inspecteur d'Académie, qui y joint le procès-verbal de la séance.

ART. 8. — Les compositions écrites sont corrigées à Paris par une Commission nommée chaque année par le Ministre.

Les aspirantes reconnues admissibles sont appelées à Paris pour y subir les épreuves orales.

ART. 9. — Les épreuves orales consistent en interrogations, lectures, corrections de devoirs, exposés faits de vive voix après une courte préparation, etc.

Décret relatif au mode de Nomination des Commissions d'examen pour les Brevets de capacité de l'enseignement primaire[1].

9 janvier 1883

9 Janvier 1883.

Le Président de la République française,

Sur le rapport du Ministre de l'Instruction publique et des Beaux-Arts,

Vu l'article 46 de la loi du 15 mars 1850;

Vu la loi du 28 mars 1882;

Vu le décret du 4 janvier 1881;

Le Conseil supérieur de l'Instruction publique entendu,

Décrète :

ARTICLE 1er. — Les Commissions d'examen chargées de juger l'aptitude des aspirants et aspirantes au brevet de capacité sont nommées, chaque année, par le Conseil départemental. Chacune de ces Commissions se compose de sept membres et choisit son président.

Un Inspecteur de l'enseignement primaire et deux membres de l'enseignement public ou libre en font nécessairement partie.

Décret modifiant les articles 7 et 31 du Décret du 29 juillet 1881, relatif aux Matières d'enseignement et aux Exercices religieux dans les Écoles normales primaires.

9 janvier 1883

9 Janvier 1883.

Le Président de la République française,

Sur le rapport du Ministre de l'Instruction publique et des Beaux-Arts,

Vu la loi du 28 mars 1882;

1. Voir la circulaire du 29 *janvier* 1881, aux Préfets, relative à la nomination des Commissions d'examen et à la situation faite aux ministres des cultes par le décret du 4 *janvier* 1881 (*Circ.*, t. VIII, p. 431).

« Le décret du 9 janvier 1883, écrivait le Ministre le 25 *janvier* 1883, a eu seulement pour objet d'éliminer des Commissions d'examen pour le brevet de capacité, « en tant que membres de droit, les ministres des cultes qui en faisaient nécessairement partie d'après la législation antérieure. Mais rien ne s'oppose à ce qu'un ministre du culte soit désigné par le Conseil départemental si son concours paraît utile. « En ce cas, il sera membre de la Commission d'examen en vertu de l'élection et non « plus en vertu de la loi. Comme vous l'avez pensé, les Conseils départementaux « restent maîtres de leur choix. »

Vu la loi de finances du 29 décembre 1882;
Le Conseil supérieur de l'Instruction publique entendu,
Décrète :

ARTICLE 1er. — Les articles 7 et 31 du décret du 29 juillet 1881 sont modifiés ainsi qu'il suit :

« ART. 7. — L'enseignement dans les Écoles normales primaires, soit d'instituteurs, soit d'institutrices, comprend :

« 1° L'instruction morale et civique;

« 2° La lecture;

« 3° L'écriture;

« 4° La langue et les éléments de la littérature française;

« 5° L'histoire, et particulièrement l'histoire de France jusqu'à nos jours;

« 6° La géographie, et particulièrement celle de la France;

« 7° Le calcul, le système métrique, l'arithmétique appliquée aux opérations pratiques, des notions de calcul algébrique, des notions de tenue des livres;

« 8° La géométrie, l'arpentage et le nivellement (pour les élèves-maîtres seulement);

« 9° Les éléments des sciences physiques avec leurs principales applications;

« 10° Les éléments des sciences naturelles avec leurs principales applications;

« 11° L'agriculture (pour les élèves-maîtres); l'économie domestique (pour les élèves-maîtresses); l'horticulture;

« 12° Le dessin;

« 13° Le chant;

« 14° La gymnastique et, pour les élèves-maîtres, les exercices militaires;

« 15° Les travaux manuels (pour les élèves-maîtres); les travaux à l'aiguille (pour les élèves-maîtresses);

« 16° La pédagogie;

« 17° A titre facultatif, l'étude d'une ou de plusieurs langues vivantes.

« L'étude de la musique instrumentale peut être autorisée par le Recteur, sur la proposition du directeur.

« Le Recteur peut aussi accorder aux élèves, à titre temporaire, l'autorisation de suivre des cours accessoires faits soit dans l'École, soit au dehors.

« Un arrêté ministériel pris en Conseil supérieur déterminera, d'une manière générale, l'emploi du temps, les programmes d'enseignement des diverses matières, ainsi que le nombre d'heures assigné à chacune d'elles.

« La répartition des heures de cours est faite par le directeur, sous l'approbation du Recteur.

« ART. 31. — Les élèves auront toute facilité pour suivre les pratiques de leur culte. Dans les Écoles normales d'institutrices, les élèves-maîtresses seront, sur leur demande, conduites aux offices. »

ART. 2. — L'article 20 dudit décret est supprimé.

Circulaire du Ministre de l'Instruction publique, relative au Chauffage des Salles de classe dans les Écoles primaires publiques[1]. 15 janvier 1883.

15 Janvier 1883.

Monsieur le Préfet, je suis consulté sur la question de savoir à qui incombe la dépense du chauffage des salles de classe dans les Écoles publiques, et si elle peut continuer, comme cela a lieu encore dans un certain nombre de localités, à être supportée, soit en nature, soit en argent, par les familles des élèves.

Avant l'établissement de la gratuité absolue, on pouvait comprendre que le chauffage fût laissé à la charge des familles des enfants qui payaient la rétribution scolaire, la commune n'intervenant pour sa quote-part que comme représentant les élèves reçus gratuitement. Ce mode de procéder avait été admis par la circulaire de l'un de mes prédécesseurs, en date du 9 août 1870. Mais aujourd'hui que la distinction des élèves payants et des élèves gratuits n'existe plus en vertu de la loi, on doit reconnaître que les frais de chauffage des salles de classe sont devenus une charge essentiellement communale.

Vous voudrez bien porter cette circulaire à la connaissance des municipalités et des instituteurs.

Recevez, etc.

Signé : DUVAUX.

Cour de Cassation (Chambre criminelle). 26 janvier 1883.

26 et 27 Janvier 1883.

ENSEIGNEMENT. — OUVERTURE D'ÉCOLE PRIMAIRE LIBRE. — MINISTRE DU CULTE. — ONCLE D'ENFANTS ORPHELINS OU ABANDONNÉS. — INSTRUCTION EN COMMUN.

I. L'article 66 de la loi du 15 mars 1850 sur l'enseignement, qui autorise les ministres des cultes reconnus par l'État à donner l'instruction secondaire à

1. Voir ci-dessus, p. 35, la lettre du 29 *mars* 1879, au Préfet de la Loire, relative au recouvrement des frais de chauffage des Écoles primaires.

quatre jeunes gens se destinant aux Écoles ecclésiastiques, implique virtuellement l'autorisation de donner l'instruction primaire. C'est un *a fortiori*. Conséquemment, ce ministre des cultes ne commet pas une contravention en donnant l'instruction à quatre enfants, dont un seul reçoit l'instruction secondaire.

II. Le ministre du culte, en même temps oncle de trois enfants orphelins ou abandonnés, doit être considéré comme exerçant les pouvoirs de père de famille; il peut, en conséquence, recueillir et donner chez lui l'instruction primaire à ses trois neveux, indépendamment des quatre jeunes gens que l'article 66 l'autorise à instruire. C'est un acte légal en même temps qu'une œuvre de charité.

III. On ne peut induire que l'instruction a été donnée en commun à ces sept enfants par le ministre du culte dont s'agit, de ce que ces sept enfants ont été trouvés réunis dans une même salle, alors qu'il n'est pas constaté que ce prêtre leur fait la leçon simultanément. Ces enfants pouvaient, en effet, être réunis pour toute autre cause au moment où le procès-verbal de la contravention a été dressé.

Cette instruction en commun étant une condition nécessaire d'ouverture d'École primaire, les juges n'étaient pas tenus de se prononcer sur cet élément, lorsque ni le procès-verbal de la contravention ni la citation elle-même ne le relèvent.

(*Arrêt de la Cour de cassation*, affaire Fèvre, 26 et 27 *janvier* 1883).

---

13 février 1883.

Décret relatif à l'Organisation de l'Enseignement primaire en Algérie[1].

13 Février 1883.

Le Président de la République française,

Sur le rapport du Ministre de l'Instruction publique et des Beaux-Arts et du Ministre des Finances, d'après les propositions du Gouverneur général de l'Algérie, et la Section permanente du Conseil supérieur de l'Instruction publique entendue;

Vu les lois du 10 avril 1867, du 19 juillet 1875, du 16 juin 1881 et du 28 mars 1882;

Vu l'article 21 de la loi de finances du 29 décembre 1882;

Vu les chapitres 34 et 37 du budget de l'Instruction publique (exercice 1883) ouvrant au Ministre les crédits nécessaires pour faire participer les communes algériennes aux subventions de l'État en faveur de l'instruction primaire;

1. Consulter *Les Lois et Règlements scolaires de l'Algérie* dans les *Mémoires et Documents scolaires publiés par le Musée pédagogique*, fascicule n° 41.

Voir, pour les antécédents, la lettre du 11 *octobre* 1880, au Gouverneur général de l'Algérie, relative à la création d'Écoles primaires publiques françaises dans la Grande Kabylie (*Rec. des L. et A.*, 1880, p. 913).

Vu les décrets des 16 août 1848, 15 août 1875 et 27 mai 1878, relatifs à l'organisation de l'instruction publique en Algérie,

Décrète :

TITRE Ier. — Obligations des communes. — Ressources et dépenses relatives à l'établissement et à l'entretien des Écoles.

ARTICLE 1er. — Toute commune algérienne de plein exercice ou mixte est tenue d'entretenir une ou plusieurs Écoles primaires publiques, ouvertes gratuitement aux enfants européens et indigènes.

ART. 2. — Le nombre des Écoles publiques de garçons ou de filles à établir soit au chef-lieu, soit dans les sections de la commune, ainsi que le nombre des instituteurs adjoints et des institutrices adjointes, est fixé, conformément aux prescriptions de l'article 2 de la loi du 10 avril 1867, par le Conseil départemental de l'instruction publique, sur l'avis du Conseil municipal. Toutefois, les décisions prises par le Conseil départemental ne sont exécutoires qu'après avoir reçu l'approbation du Gouverneur général de l'Algérie.

Le Gouverneur général adresse au Ministre de l'Instruction publique, au commencement de chaque année, le tableau des créations opérées au cours de l'année précédente.

ART. 3. — Les frais de première installation des locaux scolaires (construction, acquisition ou appropriation des maisons d'école et des locaux nécessaires à l'habitation des maîtres), les frais d'entretien de l'immeuble, ainsi que les dépenses d'acquisition et de réparation du mobilier de classe et du mobilier personnel des instituteurs et institutrices, sont à la charge des communes. Les communes algériennes peuvent, aux mêmes conditions que les communes de la métropole, participer aux avances et aux subventions de la Caisse des Lycées et Écoles, conformément aux lois en vigueur[1].

Des décrets spéciaux détermineront la nature et la quotité des ressources que les communes algériennes pourront être admises à affecter comme gage de leurs emprunts à ladite Caisse.

ART. 4. — Sont obligatoires pour toutes les communes algériennes de plein exercice ou mixtes, et doivent être inscrites à leur budget ordinaire, sous le nom de *dépenses annuelles de l'enseignement primaire*, les dépenses ci-après énumérées :

1° Le traitement du personnel enseignant, calculé, jusqu'à la pro-

1. Voir ci-après, *à sa date*, le décret du 29 *septembre* 1883, relatif aux emprunts faits à la Caisse des Lycées, Collèges et Écoles par les communes algériennes.

mulgation d'une loi spéciale, d'après les taux minima fixés par le décret du 27 mai 1878[1].

Ce traitement est accru, s'il y a lieu, des suppléments prévus dans les articles 5 et 6 ci-après.

Le passage d'une classe à l'autre est de droit après cinq années d'exercice dans la classe inférieure; il peut avoir lieu au bout de trois années pour les instituteurs désignés comme les plus méritants par le Comité des Inspecteurs primaires réuni sous la présidence de l'Inspecteur d'Académie. Le nombre des promotions faites avant le délai de cinq ans ne pourra dépasser chaque année le tiers de l'effectif de la classe.

Le premier classement sera fait d'après le chiffre des traitements actuels et d'après le nombre des années de service, chaque période de quatre années donnant droit à une promotion;

2° Dans le cas où la commune ne fournit pas le logement et le mobilier personnel aux instituteurs et institutrices, une indemnité représentative de ces avantages, et dont le taux est fixé par le Conseil municipal, sous réserve de l'approbation du Préfet.

Dans le cas où la commune n'est pas propriétaire de la maison d'école, le loyer des locaux scolaires;

4° Les frais de chauffage des salles de classe;

5° Les imprimés scolaires nécessaires à l'inscription des élèves et à la constatation des absences.

ART. 5. — Par application de l'article 6 de la loi du 16 juin 1881, le traitement des instituteurs et des institutrices actuellement en exercice en Algérie ne pourra, en aucun cas, devenir inférieur au plus élevé des traitements dont ils auront joui pendant les trois années qui ont précédé la publication du présent décret.

En conséquence, les traitements supérieurs aux taux minima du décret de 1878 et les divers suppléments de traitements sujets à retenue pour la retraite constitueront une dépense obligatoire pour les communes, aussi longtemps que les titulaires actuels resteront en fonctions.

ART. 6. — Une allocation annuelle de 100 francs, soumise à retenue, est acquise à tout instituteur ou institutrice d'Algérie pour la possession de chacun des titres ci-après énumérés : brevet supérieur; certificat d'aptitude pédagogique; certificat d'aptitude au professorat des Écoles normales; certificat d'aptitude à l'inspection.

La prime pour la connaissance de la langue arabe constitue également un supplément de traitement passible de retenue.

1. Voir Tome IV, page 794.

La possession de la médaille d'argent donne lieu à une indemnité viagère de 100 francs.

ART. 7[1]. — Il est pourvu aux dépenses annuelles obligatoires de l'enseignement primaire :

1° A l'aide des ressources communales;

2° A l'aide d'une subvention de l'État.

Il est fait emploi de ces deux ressources dans les proportions ci-après déterminées :

En ce qui concerne les traitements obligatoires tels qu'ils sont fixés par le paragraphe 1er de l'article 4 du présent décret, la commune est tenue de contribuer jusqu'à concurrence d'une somme représentant le sixième du produit de l'octroi de mer; le surplus est à la charge de l'État.

Pour couvrir les autres dépenses obligatoires, énumérées aux articles 4, 5 et 6 du présent décret, la contribution de la commune devra être portée du sixième au tiers de l'octroi de mer pour que la subvention de l'État soit exigible.

ART. 8. — Par application de l'article 7 de la loi du 16 juin 1881, sont mises au nombre des Écoles primaires publiques donnant lieu à une subvention de l'État après épuisement des ressources communales fixées dans l'article 7 .

1° Les Écoles communales de filles qui sont ou seront établies dans les communes de plus de 400 âmes;

2° Les Écoles maternelles ou Salles d'asile;

3° Les classes intermédiaires entre l'École maternelle et l'École primaire, dites Classes enfantines, comprenant des enfants des deux sexes et confiées à des institutrices pourvues du brevet de capacité ou du certificat d'aptitude à la direction des Écoles maternelles.

Les directrices et sous-directrices d'Écoles maternelles ou de Classes enfantines sont assimilées, en ce qui concerne la nomination, le traitement et l'avancement, aux institutrices titulaires et aux institutrices adjointes (*art.* 9 *du décret du* 15 *août* 1875 *et art.* 1er *du décret du* 27 *mai* 1878). Elles ont droit aux allocations prévues par l'article 6. En outre, par application du décret du 10 octobre 1881 (art. 6), la possession du brevet de capacité joint au certificat d'aptitude leur donne droit à une augmentation de traitement de 100 francs.

ART. 9. — Nul ne peut être employé comme auxiliaire, moniteur ou monitrice dans une École primaire publique quelconque, soit à titre gratuit, soit avec traitement, s'il n'est pourvu au moins du cer-

1. Article modifié par le décret du 16 *octobre* 1886 (voir *à sa date*).

tificat d'études primaires et agréé à cet effet par l'Inspecteur d'Académie sur la proposition du directeur de l'École.

ART. 10. — Les instituteurs et institutrices seront payés mensuellement sur un mandat délivré par le Préfet d'après un état dressé par l'Inspecteur d'Académie.

Le versement sera effectué par le receveur des contributions directes à titre de cotisations municipales, suivant le mode indiqué à l'article 8 de la loi du 19 juillet 1875.

TITRE II. — Organisation de l'enseignement primaire public.

ART. 11. — L'enseignement primaire dans les Écoles publiques d'Algérie comprend les matières énumérées dans l'article 1er de la loi du 28 mars 1882, savoir :

L'instruction morale et civique;

La lecture et l'écriture;

La langue française;

La géographie, particulièrement celle de l'Algérie;

L'histoire, particulièrement celle de la France et de l'Algérie jusqu'à nos jours;

Quelques notions usuelles de droit et d'économie politique;

Des éléments des sciences naturelles, physiques et mathématiques, leurs applications à l'agriculture, à l'hygiène, aux arts industriels; travaux manuels et usage des outils des principaux métiers;

Les éléments du dessin, du modelage et de la musique;

La gymnastique;

Pour les garçons, les exercices militaires;

Pour les filles, les travaux à l'aiguille.

ART. 12. — Sont applicables aux Écoles d'Algérie :

1° La loi du 16 juin 1881, relative aux titres de capacité, ainsi que les décrets et arrêtés pris en exécution de la loi, en date des 4 et 5 janvier 1881, 28 juillet 1881, 27 juillet 1882 et 9 janvier 1883;

2° Le règlement modèle des Écoles primaires publiques du 18 juillet 1882 et celui des Écoles maternelles en date du 2 août 1881;

3° Le règlement pédagogique des Écoles primaires publiques du 27 juillet 1882 et celui des Écoles maternelles du 28 juillet 1882, ainsi que le règlement du 9 juillet 1882 relatif aux bataillons scolaires;

4° Le règlement relatif au choix des livres reconnus propres à être mis en usage dans les Écoles primaires publiques, en date du

16 juin 1880. Les conférences pédagogiques consacrées à l'examen de ces livres auront lieu, autant que possible, à la suite des vacances de Pâques;

5° Le règlement relatif aux récompenses honorifiques, en date du 20 juillet 1881, avec l'addition suivante :

Tout instituteur ou institutrice qui aura fait recevoir dix élèves à l'École normale ou dix indigènes au certificat d'études pourra obtenir la médaille d'argent, en dehors du contingent réglementaire, quelles que soient ses années de services et ses récompenses honorifiques antérieures.

ART. 13. — Les Écoles primaires publiques vaqueront un jour par semaine en outre du dimanche, afin de permettre aux parents de faire donner, s'ils le désirent, à leurs enfants l'instruction religieuse en dehors des édifices scolaires.

Toutefois, dans les communes où le Conseil municipal le demanderait, en l'absence de locaux convenables, et par suite de conditions spéciales à l'Algérie, le Préfet pourra, à titre exceptionnel, et par une autorisation provisoire toujours révocable, accorder l'usage des édifices scolaires en dehors des heures de classe pour l'instruction religieuse des enfants appartenant aux différents cultes.

Les Écoles publiques n'ont pas de caractère confessionnel : elles reçoivent indistinctement les enfants des différents cultes.

Les élèves peuvent être dispensés par l'Inspecteur d'Académie de l'obligation d'assister à l'école aux jours considérés dans leur religion comme jours fériés. Dans les Écoles comptant plusieurs classes et recevant des élèves de plusieurs cultes, des arrêtés du Recteur pourront modifier les jours de congé suivant les besoins du service.

L'enseignement religieux est facultatif dans les Écoles privées.

ART. 14. — Est applicable à l'Algérie l'article 3 de la loi du 28 mars 1882.

TITRE III. — Obligation de l'enseignement primaire.

ART. 15. — Dans les communes de plein exercice et dans les communes mixtes, l'instruction primaire est obligatoire pour les enfants des deux sexes âgés de six ans révolus à treize ans révolus, quelle que soit la nationalité des parents. Elle peut être donnée soit dans les établissements d'instruction primaire ou secondaire, soit dans les Écoles publiques ou libres, soit dans les familles par le père de famille lui-même ou par toute personne qu'il aura choisie. Le présent article ne sera applicable à la population indigène musulmane, même dans les communes de plein exercice, que dans les conditions déterminées par l'article 34.

Le règlement de la métropole, déterminant les moyens d'assurer l'instruction primaire aux enfants sourds-muets et aux aveugles, sera applicable à l'Algérie.

ART. 16. — Une Commission scolaire est instituée dans chaque commune pour encourager et surveiller la fréquentation des Écoles.

Elle se compose du maire, président; d'un délégué du Préfet; d'un délégué de l'Inspecteur d'Académie et de membres désignés par le Conseil municipal en nombre égal au plus au tiers des membres de ce Conseil.

Le mandat des membres désignés par le Conseil municipal durera jusqu'à l'élection d'un nouveau Conseil municipal; il sera toujours renouvelable.

L'Inspecteur primaire fait partie de droit de toutes les Commissions scolaires instituées dans son ressort : il doit être convoqué à chacune de leurs réunions.

Si le Préfet ou l'Inspecteur d'Académie assiste à la réunion, il en prend de droit la présidence.

ART. 17. — Il est institué un certificat d'études primaires élémentaires; il est décerné après un examen public, auquel pourront se présenter les enfants dès l'âge de onze ans.

Ceux qui, à partir de cet âge, auront obtenu le certificat d'études primaires seront dispensés du temps de scolarité obligatoire qui leur restait à passer.

Il est institué en outre un certificat d'études primaires supérieures.

Les règlements ministériels relatifs à l'un et à l'autre de ces certificats d'études, en date des 16 juin 1880, 27 juillet et 23 décembre 1882, sont applicables à l'Algérie. Toutefois, il pourra être ajouté à l'un ou à l'autre certificat d'études une épreuve facultative portant sur la langue arabe et comprenant un examen écrit et un examen oral, dont le programme sera déterminé par un arrêté spécial du Recteur.

ART. 18. — Le père, le tuteur, la personne qui a la garde de l'enfant, le patron chez qui l'enfant est placé, devra, quinze jours au moins avant l'époque de la rentrée des classes, faire savoir au maire de la commune s'il entend faire donner à l'enfant l'instruction dans la famille ou dans une École publique ou privée; dans ces deux derniers cas, il indiquera l'École choisie.

Les familles domiciliées à proximité d'une ou de plusieurs Écoles publiques ont la faculté de faire inscrire leurs enfants à l'une ou l'autre de ces Écoles, qu'elle soit ou non sur le territoire de leur commune, à moins qu'elle ne compte déjà le nombre maximum d'élèves autorisé par les règlements.

En cas de contestation, et sur la demande soit du maire, soit des parents, le Conseil départemental statue en dernier ressort.

ART. 19. — Chaque année le maire dresse, d'accord avec la Commission municipale scolaire, la liste de tous les enfants âgés de six à treize ans, et avise les personnes qui ont charge de ces enfants de l'époque de la rentrée des classes.

En cas de non-déclaration, quinze jours avant l'époque de la rentrée, de la part des parents et autres personnes responsables, il inscrit d'office l'enfant à l'une des Écoles publiques et en avertit la personne responsable.

Huit jours avant la rentrée des classes, il remet aux directeurs d'Écoles publiques et privées la liste des enfants qui doivent suivre leurs Écoles. Un double de ces listes est adressé par lui à l'Inspecteur primaire.

ART. 20.—Lorsqu'un enfant quitte l'École, les parents ou les personnes responsables doivent en donner immédiatement avis au maire et indiquer de quelle façon l'enfant recevra l'instruction à l'avenir.

ART. 21. — Lorsqu'un enfant manque momentanément l'école, les parents ou les personnes responsables doivent faire connaître au directeur ou à la directrice les motifs de son absence.

Les directeurs et les directrices doivent tenir un registre d'appel qui constate, pour chaque classe, l'absence des élèves inscrits. A la fin de chaque mois, ils adresseront au maire et à l'Inspecteur primaire un extrait de ce registre, avec l'indication du nombre des absences et des motifs indiqués.

Les motifs d'absence seront soumis à la Commission scolaire. Les seuls motifs réputés légitimes sont les suivants : maladie de l'enfant, décès d'un membre de la famille, empêchements résultant de la difficulté accidentelle des communications. Les autres circonstances exceptionnellement invoquées seront également appréciées par la Commission.

ART. 22. — Tout directeur d'École privée qui ne se sera pas conformé aux prescriptions de l'article précédent sera, sur le rapport de la Commission scolaire et de l'Inspecteur primaire, déféré au Conseil départemental.

Le Conseil départemental pourra prononcer les peines suivantes : 1° l'avertissement; 2° la censure; 3° la suspension pour un mois au plus, et, en cas de récidive dans l'année scolaire, pour trois mois au plus.

Le décret du 26 décembre 1882 relatif à l'inspection des Écoles de filles est applicable à l'Algérie.

ART. 23. — Lorsqu'un enfant se sera absenté de l'école quatre fois dans le mois, pendant au moins une demi-journée, sans justification admise par la Commission municipale scolaire, le père, le tuteur ou la personne responsable sera invité, trois jours au moins à l'avance, à comparaître, dans la salle des actes de la mairie, devant ladite Commission, qui lui rappellera le texte de la loi et lui expliquera son devoir.

En cas de non-comparution, sans justification admise, la Commission appliquera la peine énoncée dans l'article suivant.

ART. 24. — En cas de récidive dans les douze mois qui suivront la première infraction, la Commission municipale scolaire ordonnera l'inscription pendant quinze jours ou un mois, à la porte de la mairie, des nom, prénoms et qualités de la personne responsable, avec indication du fait relevé contre elle.

La même peine sera appliquée aux personnes qui n'auront pas obtempéré aux prescriptions de l'article 20.

ART. 25. — En cas d'une nouvelle récidive, la Commission scolaire ou, à son défaut, l'Inspecteur primaire devra adresser une plainte au juge de paix. L'infraction sera considérée comme une contravention et pourra entraîner condamnation aux peines de police, conformément aux articles 479, 480 et suivants du Code pénal.

L'article 463 du même Code est applicable.

ART. 26. — La Commission scolaire pourra accorder aux enfants demeurant chez leurs parents ou leur tuteur, lorsque ceux-ci en feront la demande motivée, des dispenses de fréquentation scolaire ne pouvant dépasser trois mois par année en dehors des vacances.

Ces dispenses devront, si elles excèdent quinze jours, être soumises à l'approbation de l'Inspecteur primaire.

Ces dispositions ne sont pas applicables aux enfants qui suivront leurs parents ou tuteurs, lorsque ces derniers s'absenteront temporairement de la commune. Dans ce cas, un avis donné verbalement ou par écrit au maire ou à l'instituteur suffira.

La Commission peut aussi, avec l'approbation du Conseil départemental, dispenser les enfants employés dans l'industrie et arrivés à l'âge de l'apprentissage d'une des deux classes de la journée; la même faculté sera accordée à tous les enfants employés, hors de leur famille, dans l'agriculture.

ART. 27. — Les enfants qui reçoivent l'instruction dans leur famille doivent, chaque année, à partir de la fin de la deuxième année d'instruction obligatoire, subir l'examen établi par l'arrêté ministériel du 22 décembre 1882, lequel est rendu applicable à l'Algérie.

ART. 28. — Il est établi dans toutes les communes une Caisse des Écoles destinée à encourager et à faciliter la fréquentation assidue de l'École par des distributions de récompenses, de fournitures scolaires et de secours en nature aux élèves. La répartition de ces diverses allocations se fera par les soins de la Commission scolaire, à laquelle l'instituteur est adjoint comme secrétaire.

Le service de la Caisse est fait gratuitement par le receveur des contributions directes en qualité de trésorier, ou, à son défaut, par l'instituteur.

Un règlement spécial rendu par le Gouverneur général, sur la proposition du directeur, déterminera les conditions du fonctionnement de la Caisse.

Le revenu de la Caisse se compose de cotisations volontaires, de subventions des communes, du département et de l'État. Elle peut recevoir, avec l'autorisation du Gouverneur général, des dons et legs. Plusieurs communes peuvent être autorisées à se réunir pour la formation et l'entretien de cette Caisse.

Dans les communes dont la population européenne est inférieure à 1000 habitants, la subvention de l'État est au moins égale à la subvention de la commune.

ART. 29. — Des arrêtés du Gouverneur général, rendus sur le rapport du Recteur après avis des Conseils départementaux, détermineront chaque année les communes ou les fractions de communes dans lesquelles, par suite des distances, de l'insuffisance des locaux scolaires ou des difficultés de communication, les prescriptions du titre III du présent décret n'auront pu être appliquées.

La liste nominative de ces communes ou sections, avec indication du chiffre de la population y afférente, sera jointe au rapport annuel adressé aux Chambres par le Ministre, en vertu de l'article 18 de la loi du 28 mars 1882.

TITRE IV[1]. — Dispositions spéciales relatives à l'instruction des indigènes.

§ 1er. *Dispositions générales.*

ART. 30. — Il est établi pour les indigènes une prime pour la connaissance de la langue française. Cette prime sera de 300 francs.

1. Le titre IV de ce décret a été rapporté par le décret du 9 *décembre* 1887 (voir *à sa date*).

La dépense sera imputée sur le budget de l'Instruction publique.

Les formes de l'examen et les conditions du droit à cette prime seront réglées par arrêté ministériel après avis des Conseils départementaux et du Conseil académique[1].

ART. 31. — Les examens du certificat d'études primaires élémentaires, institué par l'article 17 du présent décret, porteront, pour les indigènes, sur les épreuves ci-après énumérées :

Langue française : lecture, écriture, notions usuelles et sommaires de grammaire et d'orthographe constatées par une dictée et une explication orale.

Calcul : les quatre règles; règle de trois. Notions essentielles du système métrique.

Notions très sommaires sur la géographie et l'histoire de la France et de l'Algérie.

Langue arabe ou berbère : lecture et écriture.

Pour les jeunes filles, la couture en plus.

Pour les jeunes gens, facultativement la gymnastique et le travail manuel.

Un arrêté du Recteur réglera le mode d'examen et d'appréciation.

ART. 32. — L'indigène muni du certificat d'études établi par l'article 31 pourra être employé comme moniteur dans les Écoles publiques, et recevoir en cette qualité le traitement prévu par l'article 39.

ART. 33. — Il pourra être accordé aux élèves indigènes des Écoles publiques qui se distingueront par leur assiduité et par leur travail des primes de fréquentation et des encouragements sous la forme de dons en nature (aliments, vêtements, chaussures, livres, fournitures scolaires).

ART. 34. — Des arrêtés du Gouverneur général détermineront, à mesure que le nombre des locaux scolaires le permettra, les communes ou les fractions de communes dans lesquelles les prescriptions du titre III, relatives à l'obligation scolaire, seront applicables aux indigènes.

ART. 35. — Dans toute École publique, la liberté de conscience des enfants indigènes est formellement garantie : ils ne peuvent être astreints à aucune pratique incompatible avec leur religion, et ont droit, en particulier, à l'application de l'article 13.

ART. 36. — Il sera établi dans chacun des départements d'Algérie des cours normaux destinés à préparer les indigènes aux fonctions

1. Voir ci-après, *à sa date*, l'arrêté du 1er *octobre* 1883, relatif aux examens pour l'obtention de cette prime.

de l'enseignement. Le nombre, le siège et l'organisation de ces cours normaux seront déterminés par le Ministre de l'Instruction publique, sur la proposition du Gouverneur général et du Recteur. La dépense résultant de l'établissement et de l'entretien de ces cours sera supportée par le budget de l'Instruction publique.

Il pourra être établi dans les mêmes conditions des cours normaux spécialement destinés à l'étude de l'arabe ou du berbère pour les instituteurs et institutrices français.

Art. 37. — Le Ministre de l'Instruction publique mettra au concours un ou plusieurs livres scolaires spécialement destinés à l'instruction élémentaire des indigènes.

§ 2. *Dispositions relatives aux communes de plein exercice et aux communes mixtes*[1].

Art. 38. — Dans les communes de plein exercice et les communes mixtes, les enfants indigènes sont reçus aux Écoles publiques aux mêmes conditions que les Européens; ils sont soumis aux mêmes règles d'hygiène, de propreté et d'assiduité. Nul enfant ne peut être reçu dans une École publique s'il n'est vacciné ou n'a eu la petite vérole.

Art. 39. — Dans toute École publique comptant au moins vingt-cinq élèves indigènes, l'instruction de ces élèves, pendant la durée du cours élémentaire, sera confiée de préférence à un adjoint indigène muni du brevet de capacité, ou, à son défaut, à un auxiliaire ou moniteur indigène muni du certificat d'études.

L'adjoint breveté sera assimilé pour le traitement et l'avancement aux adjoints français, par dérogation au paragraphe 4 de l'article 1er du décret du 27 mai 1878.

Les moniteurs pourvus du certificat d'études recevront : 1° un traitement fixe, qui pourra s'élever par augmentations successives, à un an au moins d'intervalle, de 400 à 900 francs; 2° une allocation éventuelle de 1 franc par élève et par mois de présence.

Les adjoints et moniteurs indigènes sont nommés par le Recteur dans la même forme que les adjoints français; toutefois cette nomination dans les communes mixtes devra être faite sur la présentation du Préfet.

Art. 40. — Il pourra être créé pour les enfants indigènes des deux sexes de quatre à huit ans des Écoles enfantines dirigées par des institutrices munies du brevet de capacité ou du diplôme des

1. Consulter, *à sa date*, le décret du 1er *février* 1885.

Salles d'asile. Elles pourront être assistées par des monitrices indigènes rétribuées de la même façon que les moniteurs.

ART. 41. — Toutes les créations d'Écoles dans les communes mixtes seront faites après décision du Conseil départemental dans les conditions prescrites par les articles 1 et 2 du présent décret. Cette décision pourra être provoquée, à défaut de la Commission municipale, soit par l'autorité administrative, soit par l'inspection académique.

§ 3. *Dispositions relatives aux communes indigènes.*

ART. 42[1]. — Dans les communes indigènes, des Écoles peuvent être créées par décision du Gouverneur général sur la proposition du général commandant la division ou à la requête de l'Inspecteur d'Académie, et, dans les deux cas, après avis du Conseil départemental.

Pour l'établissement de ces Écoles, les communes pourront recevoir des subventions de la Caisse des Lycées et Écoles. Le traitement des instituteurs sera à la charge de l'État, les autres dépenses à la charge de la commune.

ART. 43. — L'enseignement sera donné dans les Écoles des communes indigènes en français et en arabe.

ART. 44. — Les Écoles des communes indigènes seront de deux sortes :

Écoles principales ou du centre dirigées par un instituteur français;

Écoles préparatoires ou de section confiées à des adjoints ou à des moniteurs indigènes, sous la surveillance du directeur de l'École principale.

ART. 45. — Le directeur de l'École principale est nommé par le Gouverneur général, sur la présentation du Recteur. Il doit remplir les conditions suivantes :

Être pourvu du brevet de capacité;

Être marié;

Avoir résidé deux ans au moins en Algérie;

Avoir obtenu la prime de langue arabe;

S'engager à exercer pendant cinq ans au moins dans une commune indigène, sauf un cas de force majeure.

Il recevra un traitement de début de 3 000 francs, avec augmentation annuelle de 100 fr.; à ce traitement pourront s'ajouter les allocations prévues par l'article 6 du présent décret.

1. Consulter l'article 2 du décret du 1er *février* 1885 (*à sa date*).

Il aura un logement, avec jardin ou champ.

Il aura droit en outre, si la résidence l'exige, au nombre de prestations en nature que l'autorité militaire locale déterminera pour assurer ses approvisionnements.

Il aura droit, tous les deux ans, à l'époque des vacances, au transport gratuit pour lui et sa famille sur un point quelconque de l'Algérie, ainsi qu'à l'autorisation du passage gratuit en France et au parcours à demi-tarif sur les chemins de fer français.

Il recevra un supplément de traitement de 200 francs par an, passible de retenue, pour chaque École préparatoire qui s'ouvrira sous la conduite d'un de ses élèves.

ART. 46. — La mère, la femme, la fille ou la sœur de l'instituteur peut être chargée de la surveillance et du soin des plus jeunes enfants et recevoir à ce titre une allocation de 500 à 800 francs. Si elle est brevetée et peut diriger une École enfantine, elle recevra un traitement de 1 500 francs, susceptible d'augmentations annuelles de 100 francs.

ART. 47. — Les adjoints et les moniteurs indigènes chargés des Écoles préparatoires seront nommés et rétribués comme il est dit à l'article 39.

ART. 48. — Pour assurer la prompte exécution des mesures prescrites par le titre IV du présent décret, le Ministre de l'Instruction publique mettra à la disposition du Recteur d'Alger, par une délégation temporaire, un Inspecteur d'Académie, et, s'il y a lieu, un ou plusieurs Inspecteurs primaires, avec mission d'organiser, sous les ordres du Recteur, le service de l'instruction primaire des indigènes.

ART. 49. — Sont et demeurent rapportées les dispositions des règlements antérieurs contraires au présent décret.

ART. 50. — Le Ministre de l'Instruction publique et des Beaux-Arts, le Ministre des Finances et le Gouverneur général de l'Algérie sont chargés, chacun en ce qui le concerne, de l'exécution du présent décret.

Décret complétant les mesures relatives à l'Organisation de l'Enseignement primaire en Algérie.

16 février 1883.

16 Février 1883.

Le Président de la République française,

Sur le rapport du Ministre de l'Instruction publique et des Beaux-Arts et du Ministre des Finances,

Décrète :

ARTICLE UNIQUE. — Les dispositions additionnelles ci-après énoncées prendront place à la suite de l'article 49 du décret du 13 février 1883, relatif à l'organisation de l'enseignement primaire en Algérie :

« ART. 50. — *Dispositions transitoires.* — Le présent décret sera exécutoire à dater du jour de sa publication. Toutefois, les prescriptions relatives aux traitements du personnel enseignant auront leur effet pour l'exercice tout entier, et le calcul de ces traitements sera établi à compter du 1er janvier 1883. Il en sera de même des prescriptions de l'article 7, relatives à la contribution des communes, avec la réserve suivante : afin d'éviter au cours de l'exercice commencé un nouveau remaniement des budgets communaux lors du vote de la loi soumise aux délibérations du Parlement, et qui fixera les traitements des instituteurs en France et en Algérie, le second paragraphe de l'article 7, qui porte du sixième au tiers de l'octroi de mer la contribution communale pour faire face à la seconde série de dépenses obligatoires, n'entrera en vigueur qu'après la promulgation de ladite loi; jusqu'à cette date, et par mesure transitoire, la contribution des communes sera limitée au premier sixième prévu par l'article précité.

« ART. 51 et dernier. — Le Ministre de l'Instruction publique et des Beaux-Arts, le Ministre des Finances et le Gouverneur général de l'Algérie sont chargés, chacun en ce qui le concerne, de l'exécution du présent décret. »

---

27 février 1883.

Arrêté relatif à la date de concession des Médailles et Mentions honorables au Personnel enseignant des Écoles maternelles.

27 Février 1883.

Le Président du Conseil, Ministre de l'Instruction publique et des Beaux-Arts,

Vu l'arrêté du 20 juillet 1881;

Considérant qu'il importe de fixer une date précise et uniforme pour la concession des récompenses honorifiques faites chaque année aux instituteurs, institutrices et directrices d'Écoles maternelles;

Qu'en présence des avantages attribués à la médaille d'argent, la mesure dont il s'agit est particulièrement nécessaire en ce qui concerne cette récompense,

Arrête :

Les médailles et mentions honorables seront décernées, chaque année, le 14 juillet, aux instituteurs, institutrices et directrices d'Écoles maternelles, dans la forme prescrite par l'arrêté susvisé.

Proposition de loi[1] relative aux Modifications à apporter à la Loi du 9 juin 1853 sur les Pensions civiles, présentée par MM. Étienne, Dessoliers, Letellier, Mauguin, Treille, Thomson, députés. 28 février 1883.

Séance du 27 Février 1883.

Exposé des motifs.

Messieurs, il est aujourd'hui généralement admis que l'État a le devoir d'assurer des ressources suffisantes à ceux de ses employés ou agents réunissant certaines conditions d'âge et de services. La loi du 9 juin 1853 détermine les conditions ainsi que les chiffres des pensions à allouer pour chaque catégorie de fonctionnaires.

Depuis longtemps déjà, cette loi est l'objet de nombreuses critiques, tant de la part des employés de l'État que de celle des législatures qui se sont succédé depuis 1871. A l'époque de nos récents désastres et lorsqu'il s'agissait d'arriver à l'équilibre de nos budgets, on fut surtout frappé des conséquences financières de la loi de 1853. En effet, contrairement aux prévisions de ses auteurs, cette loi imposait à l'État des charges considérables ; le chiffre des pensions s'élevait d'année en année hors de toute proportion, tandis que les recettes provenant des diverses retenues sur les traitements étaient loin de suivre la même progression. C'est en suite de ces considérations, et conformément aux avis émis à plusieurs reprises par les Commissions du budget, que le Gouvernement déposa un projet de loi portant création d'une Caisse nationale de prévoyance pour les fonctionnaires et employés civils et abrogeant par suite la loi de 1853. Adopté par le Sénat, il vous est aujourd'hui soumis.

Mais ce projet de loi, outre qu'il n'aurait d'effet que dans un temps assez éloigné — puisqu'il ne saurait s'appliquer aux agents en fonctions actuellement — et qu'il grèverait de suite et dans une assez forte proportion les finances de l'État, a de plus l'inconvénient d'écarter presque toutes les améliorations à la loi de 1853 demandées par les employés du Gouvernement. Ceux-ci, en effet, réclament depuis longtemps une revision de la législation sur les pensions de retraite et surtout une augmentation du chiffre de ces pensions.

1. Consulter les documents suivants :
Projet de loi de MM. Paul Bert et Dethou, 28 *février* 1882, ci-dessus, p. 412;
Projet de loi de MM. Alfred Letellier, Étienne, etc., 19 *avril* 1886 (*Journal officiel* de *décembre* 1886, p. 1549 et 1550). Ce dernier projet reproduit les dispositions de celui du 27 *février* 1883.

Du moment où l'on admet, ce qui pour nous ne fait aucun doute, que l'allocation d'une pension de retraite à ses employés est une obligation à laquelle un Gouvernement ne peut se soustraire, on voudra bien reconnaître que cette pension doit être suffisante pour assurer au fonctionnaire retraité une situation en rapport avec celle qu'il occupait pendant son activité. Or, les conditions de la vie matérielle ont bien changé depuis 1853; le renchérissement de toutes les choses indispensables rend nécessaire une augmentation des pensions accordées aux fonctionnaires retraités : vous l'avez si bien compris qu'en ce qui concerne les militaires, vous n'avez pas hésité à améliorer, sous ce rapport, leur situation dans une large proportion. C'est ce que nous venons vous demander de faire pour les fonctionnaires et employés civils. Du reste, aujourd'hui, avec le service obligatoire, ces derniers peuvent, de vingt à quarante ans, être amenés à courir les mêmes risques, à partager les mêmes dangers que les militaires. L'assimilation qu'ils réclament se justifie donc d'elle-même, et nous espérons que vous voudrez la leur accorder.

Certes, si la situation était la même qu'en 1871, nous ne viendrions pas vous proposer une loi qui doit augmenter les charges de notre budget, mais il est loin d'en être ainsi. La France républicaine s'est rapidement relevée de ses désastres; son commerce et son industrie ont pris un nouvel essor et ses finances ont atteint un tel degré de prospérité que, moins de dix ans après cette funeste époque, des dégrèvements importants s'élevant annuellement à plus de 300 millions réduisaient d'autant les charges des contribuables.

Dans ces conditions, l'État n'a-t-il pas le devoir de s'assurer le concours des gens actifs, dévoués, intelligents? Et il ne peut le faire qu'en leur garantissant des avantages au moins équivalents à ceux que leur offrent le commerce, la banque et l'industrie. C'est là, entre toutes, une dépense utile autant que productive, car elle assurera d'une manière efficace le bon recrutement des diverses administrations publiques.

Nous allons maintenant passer rapidement en revue les principales modifications que nous nous proposons d'apporter à la loi de 1853.

Tout d'abord notre nouvel article 5 maintient le droit à la pension à trente ans de service pour la partie sédentaire, et vingt-cinq ans pour la partie active; mais nous abaissons respectivement les limites d'âge exigées à 55 ans et 50 ans; en outre, nul fonctionnaire ne pourra être maintenu en exercice après 62 ans accomplis.

Nous pensons qu'un fonctionnaire qui a consacré vingt-cinq ou trente ans au service de l'État a droit à sa retraite s'il croit devoir la prendre; d'un autre côté, il est nécessaire d'empêcher que des fonctionnaires ne restent en place à un âge où ils ne peuvent plus rendre de services en rapport avec le traitement dont ils sont pourvus.

Notre article 6 propose de calculer la pension sur la moyenne des traitements des trois dernières années de service, au lieu des six dernières années. Notre but est de ne pas réduire, comme cela a lieu actuellement, la pension à un chiffre trop inférieur à celui du traitement dont jouit le fonctionnaire au moment de sa mise à la retraite.

Sur l'article 7 portent les modifications les plus importantes, celles qui ont trait à l'établissement du chiffre des pensions de retraite. Ainsi qu'on le verra en parcourant le tableau annexé à notre projet, lequel serait destiné à remplacer les sections II et III du tableau n° 3 de la loi du 9 juin 1853, nous avons suivi une progression décroissante pour le calcul de ces pensions en attribuant la plus forte proportion aux traitements inférieurs.

Ainsi pour le traitement de 900 francs et ceux au-dessous, nous proposons d'accorder comme pension de retraite les 50 soixantièmes du traitement moyen ; puis, partant du traitement de 1 000 francs, pour lequel nous descendons déjà à 48 soixantièmes, nous réduisons progressivement le coefficient de 2 soixantièmes par 1 000 francs de traitement en plus jusqu'à 9 000 francs; la diminution est ensuite de 4 soixantièmes pour les traitements de 15 000, 20 000 francs et au-dessus. Ce dernier chiffre correspond à une pension de 8 800 francs, maximum qui ne pourrait être dépassé en aucun cas.

Il restait à déterminer le chiffre des pensions pour les traitements intermédiaires non portés au tableau. Nous avons introduit dans le texte de la loi une disposition qui indique sur quelle base, en ce cas, devra être calculée la pension. Tout traitement intermédiaire aura droit d'abord à la pension allouée au traitement immédiatement inférieur, et, en outre, pour la fraction excédant ce dernier traitement, à une somme calculée, au marc le franc, sur la différence existant entre ladite pension et celle qui lui est immédiatement supérieure.

Pour mieux faire comprendre le mode de calcul qui vient d'être indiqué, nous allons donner deux exemples : soit deux fonctionnaires prenant leur retraite, sans avoir droit à aucune bonification, l'un avec le traitement moyen de 3 600 francs, et l'autre avec celui de 13 225 francs.

Dans le premier cas, le traitement moyen de 3 600 francs donnera droit à 2 200 francs (pension du traitement de 3 000 francs immédiatement inférieur) et, en outre, pour les 600 francs (fraction excédant ce dernier traitement) à 360 francs, somme calculée au marc le franc sur 600 francs (différence existant entre ladite pension et celle qui lui est immédiatement supérieure, 2 800).

$$\text{Soit : } 2\,200 + 600/1\,000 \times 600 = 2\,560 \text{ francs.}$$

Dans le deuxième cas, le traitement étant de 13 225 francs, l'on obtiendra en opérant de même :

$$6\,000 + 500/3\,000 \times 1\,225 = 6\,204 \text{ francs.}$$

Le système que nous proposons a de plus l'avantage de donner toujours une pension plus élevée à tout traitement supérieur à un autre, si minime que soit la différence qui les sépare ; tandis que, dans bien des cas, il n'en est pas ainsi sous le régime de la loi de 1853.

Une autre anomalie du tarif de 1853 consiste à ne tenir aucun compte, pour tous les traitements au-dessus de 3 200 francs des années de services en sus de celles exigées pour avoir droit à la pension. Ainsi, tel fonctionnaire, ayant 40 ans de services, ne sera pas traité plus favorablement que celui qui en a 30 et qui a droit, par suite, à ses 30 soixantièmes, soit à la moitié de son traitement, maximum de la pension. Nous croyons qu'il est équitable que toute année supplémentaire de services donne droit à une bonification. Étant admis que le minimum de la pension est acquis après 25 ou 30 ans de services, chaque année en sus produirait un accroissement d'un 50e ou d'un 60e de ce minimum, sans cependant pouvoir jamais excéder les maximums qui sont indiqués au tarif annexé au présent projet et qui sont calculés de telle sorte qu'ils ne peuvent être atteints par les fonctionnaires de la partie sédentaire que tout autant qu'ils sont entrés dans l'administration à l'âge de vingt ans et qu'ils en sortiront à la limite d'âge, c'est-à-dire à soixante-deux ans.

Pour les fonctionnaires de la partie active, ce maximum pourra être atteint à 55 ans par ceux qui auront débuté à 20 ans.

Par l'article 13 modifié, nous fixons aux deux cinquièmes, au lieu du tiers, les pensions des veuves des fonctionnaires et nous réduisons à deux ans le temps de mariage exigé pour donner droit à pension.

Les autres modifications que nous proposons sont peu importantes et ont pour but de régler des questions secondaires. Il suffira, du reste, de comparer les articles que nous vous demandons de substituer à ceux de la loi de 1853 avec ces derniers, pour en reconnaître le bien fondé.

Proposition de loi.

ARTICLE 1er. — Les articles 5, 6, 7, 8, 10, 11, 12, 13, 14, 15, 20, 22, 31 et 33 de la loi du 9 juin 1853, sur les pensions civiles, sont abrogés et remplacés par les dispositions suivantes :

ART. 5. — Le droit à la pension de retraite est acquis à 55 ans d'âge et après 30 ans accomplis de services.

Il suffit de 50 ans d'âge et 25 ans de services pour les fonctionnaires qui ont passé 15 ans dans la partie active.

La partie active comprend les emplois et grades indiqués au tableau annexé à la loi du 9 juin 1853, sous le n° 2.

Aucun autre emploi ne peut être compris au service actif ni assimilé à un emploi de ce service qu'en vertu d'une loi.

Est nécessairement admis à la retraite tout fonctionnaire ayant atteint l'âge de soixante-deux ans. Il ne sera fait de dérogation à cette limite d'âge que dans les cas déterminés par une loi ou par un règlement d'administration publique.

Toutefois pourra être admis d'office à la retraite celui qui, réunissant les conditions d'âge et de durée de services stipulées aux deux premiers paragraphes du présent article, serait reconnu par le Ministre hors d'état de continuer ses fonctions.

ART. 6. — La pension est basée sur la moyenne des traitements et émoluments de toute nature soumis à retenues, dont l'ayant droit a joui pendant les six années d'exercice.

Néanmoins, dans les cas prévus par l'article 4, la moyenne ne pourra excéder celles de traitements et émoluments dont le fonctionnaire aurait joui s'il eût été rétribué directement par l'État.

ART. 7. — Le tarif de la pension de retraite est fixé conformément au tableau annexé à la présente loi, lequel remplacera les sections 2 et 3 du tableau n° 3 de la loi du 9 juin 1853.

Les traitements intermédiaires non portés audit tableau donneront droit à la pension de retraite au traitement immédiatement inférieur, et en outre, pour la fraction excédant ce dernier traitement, à une somme calculée au marc le franc sur la différence existant entre ladite pension et celle qui lui est immédiatement supérieure.

Pour les traitements au-dessous de 900 francs, la pension sera de 50 soixantièmes du traitement moyen.

Il sera alloué, pour chaque année de services en sus des 30 ou 25 ans exigés par l'article 5, un soixantième pour la partie sédentaire et un cinquantième pour la partie active du minimum de la pension acquise, sans toutefois jamais pouvoir excéder les maximums déterminés au tableau annexé à la présente loi.

ART. 8. — Les services dans les armées de terre et de mer concourent avec les services civils pour établir le droit à pension, et seront comptés pourvu toutefois que la durée des services civils soit au moins de douze ans dans la partie sédentaire ou de dix ans dans la partie active.

Si les services militaires de terre ou de mer ont été déjà rémunérés par une pension, la liquidation est opérée d'après le minimum attribué au grade par les tarifs en vigueur sur les pensions militaires, au moment où le fonctionnaire aura quitté le service militaire.

ART. 10. — Les services rendus hors d'Europe sont comptés pour moitié en sus de leur durée effective, sans toutefois que cette bonification puisse réduire de plus d'un cinquième le temps de service effectif exigé pour constituer le droit à pension.

Le supplément accordé à titre de traitement colonial n'entre pas dans le calcul du traitement moyen.

Après quinze années de services rendus hors d'Europe, la pension est liquidée à 50 ans d'âge.

A l'égard des agents extérieurs du département des affaires étrangères et des fonctionnaires de l'enseignement, le temps d'inactivité durant lequel ils ont été assujettis à la retenue est compté comme service effectif, et ne peut être admis dans la liquidation pour plus de cinq ans.

ART. 11. — Peuvent exceptionnellement obtenir pension quels que soient leur âge et la durée de leur activité :

1° Les fonctionnaires et employés qui auront été mis hors d'état de continuer leurs fonctions soit par suite d'un acte de dévouement dans un intérêt public, ou en exposant leurs jours pour sauver la vie d'un de leurs concitoyens, soit par suite de lutte ou combat, soutenu dans l'exercice de leurs fonctions;

2° Ceux qu'un accident ou une infirmité, résultant notoirement de l'exercice de leurs fonctions, met dans l'impossibilité de les continuer.

ART. 12. — Dans les cas prévus par le paragraphe 1er de l'article précédent le fonctionnaire aura droit au minimum de la pension fixée par le tableau annexé à la présente loi, en prenant son dernier traitement pour base de liquidation.

Dans les cas prévus par le paragraphe 2, la pension est réglée, suivant que l'ayant droit appartient à la partie sédentaire ou à la partie active, à raison d'un trentième ou d'un vingt-cinquième, par année de services, du minimum de la pension fixée audit tableau, en prenant également son dernier traitement pour base de liquidation.

ART. 13. — A droit à la pension la veuve du fonctionnaire qui a obtenu une pension de retraite en vertu de la présente loi ou qui a accompli la durée du service exigé par l'article 5, pourvu que le mariage ait été contracté deux ans avant la cessation des fonctions du mari.

La pension est des deux cinquièmes de celle que le mari avait obtenue ou à laquelle il aurait eu droit.

Le droit de pension n'existe pas pour la veuve dans le cas de séparation de corps prononcée sur la demande du mari.

ART. 14. — Ont droit à la pension :

1° La veuve du fonctionnaire ou employé qui, dans l'exercice ou à l'occasion de ses fonctions, a perdu la vie dans un naufrage, dans un service commandé ou dans un cas spécifié au paragraphe 1er de l'article 11 soit immédiatement, soit par suite de l'événement;

2° La veuve dont le mari aura perdu la vie par un de ces accidents prévus au paragraphe 2 de l'article 11 ou par suite de cet accident.

Dans le premier cas, la pension est de la moitié de celle que le mari aurait obtenue ou aurait pu obtenir par application de l'article 12 (premier paragraphe).

Dans le second cas, la pension est des deux cinquièmes de celle que le mari aurait obtenue ou aurait pu obtenir en vertu dudit article (deuxième paragraphe).

Dans les cas spécifiés au présent article, il suffit que le mariage ait été contracté antérieurement à l'événement qui a amené la mort ou la mise en retraite du mari.

ART. 15. — Dans le cas où un employé décède après quinze ans de services, sa veuve, si le mariage a été contracté deux ans avant le décès, aura droit à une pension égale aux deux cinquièmes de celle que le mari aurait pu obtenir, en raison de la durée effective de ses services, en prenant son traitement moyen pour base de liquidation.

ART. 20. — Il sera porté chaque année au budget du Ministère des Finances le crédit nécessaire pour faire face, pendant le cours de l'exercice, aux pensions à servir en vertu des dispositions de la présente loi.

Ce crédit figurera sur un article spécial dudit budget.

Dans le cas, toutefois, où les prévisions budgétaires seraient reconnues insuffisantes en cours d'exercice, l'augmentation de crédit nécessaire sera l'objet d'une loi spéciale.

ART. 22. — Toute demande de pension est adressée au Ministre du département auquel appartient le fonctionnaire. Cette demande doit, à peine de déchéance, être présentée, avec les pièces à l'appui, dans le délai de cinq ans à partir, savoir : pour le titulaire, du jour où il aura été admis à faire valoir ses droits à la retraite, et, pour la veuve, du jour du décès du fonctionnaire.

Les demandes de secours annuels pour les orphelins doivent être présentées dans le même délai, à partir du jour du décès de leur père ou de celui de leur mère.

En attendant la liquidation de la pension, il sera servi au fonctionnaire admis à la retraite une provision mensuelle suffisante dont la quotité sera déterminée par le Ministre des Finances, sur la proposition de l'administration à laquelle appartient le fonctionnaire, et prélevée sur le crédit des pensions civiles.

ART. 31. — Le cumul de deux pensions est autorisé dans la limite de 8 800 francs, pourvu qu'il n'y ait pas double emploi dans les années de services présentées pour la liquidation.

La disposition qui précède n'est pas applicable aux pensions que des lois spéciales ont affranchies des prohibitions de cumul.

ART. 33. — Tout fonctionnaire qui passera d'un service sujet à la retenue dans un service qui en est affranchi pourra, sur sa demande, continuer à subir la retenue et aura droit à pension dans les conditions déterminées par la présente loi.

Celui qui, au contraire, passera d'un service affranchi de la retenue dans un service qui y est sujet, pourra, à son gré, ne pas subir la retenue et continuer à être régi par la loi sous laquelle il se trouvait antérieurement placé au point de vue de la retraite.

Dans ces deux cas l'option devra être déclarée avant tout ordonnancement du traitement afférent aux nouvelles fonctions.

ART. 2. — Sont abrogées toutes les dispositions contraires aux modifications apportées par la présente loi aux lois et règlements en vigueur sur les pensions civiles.

Annexe à la proposition de loi.

Tarifs destinés à remplacer ceux qui font l'objet des 2e et 3e sections du tableau n° 3 annexé à la loi du 9 juin 1853.

TRAITEMENT MOYEN des trois dernières années.	COEFFICIENT GRADUÉ servant de base à l'établissement des tarifs ci-contre.	MINIMUM DE LA PENSION à 30 ans de service pour la partie sédentaire et à 25 ans pour la partie active.	ACCROISSEMENT POUR CHAQUE ANNÉE de service au delà de 30 ans (partie sédentaire) — 1/60 du minimum.	ACCROISSEMENT POUR CHAQUE ANNÉE de service au delà de 25 ans (partie active) — 1/50 du minimum.	MAXIMUM DE LA PENSION accroissement compris.
900 »	50/60	750 »	12 50	15 »	900 »
1.000 »	48/60	800 »	13 33	16 »	960 »
2.000 »	46/60	1.533 »	25 55	30 66	1.840 »
3.000 »	44/60	2.200 »	36 66	44 »	2.640 »
4.000 »	42/60	2.800 »	46 66	56 »	3.360 »
5.000 »	40/60	3.333 »	55 55	66 66	4.000 »
6.000 »	38/60	3.800 »	63 33	76 »	4.560 »
7.000 »	36/60	4.200 »	70 »	84 »	5.040 »
8.000 »	34/60	4.533 »	75 55	90 66	5.440 »
9.000 »	32/60	4.800 »	80 »	96 »	5.760 »
12.000 »	30/60	6.000 »	100 »	120 »	7.200 »
15.000 »	26/60	6.500 »	108 33	130 »	7.800 »
20.000 »	22/60	7.333 »	122 21	146 66	8.800 »
Au-dessus.	22/60	»	»	»	8.800 »
Fonctionnaires et agents à salaires et remises.					
Conservateurs des hypothèques et receveurs de l'enregistrement et du timbre de 1re classe.					4.500 »
Conservateurs des hypothèques et receveurs de l'enregistrement et du timbre de 2e classe.					3.200 »

Loi relative à l'augmentation des Fonds de subvention et d'avances mis à la disposition de la Caisse des Lycées, Collèges et Écoles primaires, et à l'obligation de construire des Maisons d'école dans les chefs-lieux de commune et dans les hameaux[1].

20 Mars 1883.

TITRE Ier. — *Des subventions allouées aux communes sur les fonds de l'État et des avances à faire aux départements et aux communes.*

ARTICLE 1er. — Le fonds de subvention de 110 000 000 de francs affecté aux Écoles primaires par les lois du 1er juin 1878 et du 2 août 1881 est augmenté de 40 000 000 de francs payables en trois annuités à partir de 1883.

ART. 2. — Il sera pourvu à cette dépense au moyen d'un prélèvement d'égale somme sur l'excédent de recettes de l'exercice 1880.

ART. 3. — Il est ouvert au Ministre de l'Instruction publique et des Beaux-Arts, sur l'exercice 1883, en sus des crédits accordés par la loi de finances et par des lois spéciales, un crédit extraordinaire de 13 333 333 francs 33 cent. à inscrire à un chapitre spécial classé à la première section (service de l'Instruction publique) sous le n° 41 et intitulé : « Complément de subvention à la Caisse des Lycées, Collèges et Écoles primaires. »

ART. 4. — La somme de 110 000 000 de francs, mise à titre d'avances remboursables par les deux lois précitées à la disposition des départements et des communes dûment autorisés à emprunter, est augmentée de 80 000 000 de francs payables en trois annuités à partir de 1883.

1. Consulter l'arrêté du 29 *juin* 1883 (ci-après *à sa date*);

Les circulaires du 26 *mars* 1883, aux Préfets, relative à la répartition des fonds de la Caisse (*Circ.*, t. IX, p. 195);

— du 10 *octobre* 1883, aux Préfets, relative à la procédure à suivre pour les emprunts à la Caisse (*Ibid.*, p. 278);

— du 19 *avril* 1884, aux Préfets, relative au classement des nouvelles demandes de subvention et d'emprunt pour maisons d'école (*Ibid.*, p. 356);

Le décret du 14 *mai* 1884, qui fait concession gratuite aux communes du Finistère et de la Vendée, sur le territoire desquelles des Écoles de hameau ont été construites aux frais de l'État, de la pleine propriété desdites Écoles (*Bull. adm.*, 1884, t. XXXIII p. 199);

Les listes des subventions accordées et des emprunts autorisés pour installation de maisons d'école (*Bull. adm.*, 1884, t. XXXIV, p. 20, 95, 216, 282, 309, 347, 392; t. XXXV, p. 54, 126, 149, 244, 332, 477; t. XXXVI, p. 88, 175, 232, 292, 371, 501;

La loi du 20 *juin* 1885 (*à sa date*);

La circulaire du 5 *juillet* 1887, aux Préfets, relative aux opérations de la Caisse du 1er juin 1878 au 20 juin 1885 (*Circ.*, t. X, p. 142).

ART. 5. — Les départements sont admis à participer auxdites avances, à l'effet de fournir aux communes les subventions qui leur sont allouées sur le budget départemental pour la construction de leurs maisons d'école.

ART. 6. — Les dispositions des lois des 1er juin 1878 et 2 août 1881, relatives aux conditions de réalisation et d'emploi des subventions et des avances mises à la disposition des départements et des communes, et notamment les articles 3, 4, 5 et 6 de la loi du 1er juin 1878 et les articles 4, 8, 9, 12, 14, 15 et 17 de la loi du 2 août 1881, sont applicables à la dotation complémentaire de 40 millions de francs et au supplément d'avances de 80 millions de francs accordés par la présente loi.

Toutefois, la dotation complémentaire de 40 millions de francs sera versée à la Caisse des Lycées, Collèges et Écoles au moyen du crédit prévu aux articles 2 et 3 de la présente loi, et ne donnera lieu à aucun décompte d'intérêts au profit du Trésor.

ART. 7. — L'annuité de 20 millions de francs pour solde des subventions et avances consenties à la Caisse des Lycées, Collèges et Écoles, dont il ne devait être fait emploi qu'en 1887, conformément à la loi du 2 août 1881, pourra être appliquée à l'année 1883, en augmentation du montant des annuités fixées pour ladite année par la loi du 3 juillet 1880 et par celle du 2 août 1881 précitée.

TITRE II. — *De l'obligation de construire des Maisons d'école dans les chefs-lieux de commune et dans les hameaux.*

ART. 8. — Toute commune est tenue de pourvoir à l'établissement de maisons d'école au chef-lieu et dans les hameaux[1] ou centres de

1. « La loi n'impose la création que lorsque les hameaux sont éloignés du chef-lieu ou distants les uns des autres d'au moins 3 kilom., et qu'il se trouve dans ces villages ou hameaux au moins 20 enfants en bas âge. » (*Conseil d'État*, 26 décembre 1885.)

« La délibération par laquelle le Conseil départemental décide la création d'une classe enfantine ne peut être déférée au Conseil d'État pour excès de pouvoirs tant qu'elle n'a pas été approuvée par le Ministre. Elle ne constitue jusque-là qu'une simple mesure d'instruction. » (*Arrêt du Conseil d'État*, 20 janvier 1888.)

« Le Conseil départemental peut, malgré l'opposition du Conseil municipal, décider la suppression d'une École de filles établie au chef-lieu dans une commune qui compte 500 habitants et au-dessus et qui est pourvue d'une ou de plusieurs Écoles de hameau, mais à la condition que la circonscription scolaire du chef-lieu ait été réduite de telle sorte qu'une École mixte puisse suffire. » (*Avis du Conseil d'État*, 27 juin 1888.)

« Le Conseil départemental, malgré l'avis contraire du Conseil municipal, ne peut rendre temporaires les Écoles mixtes et uniques établies dans certaines petites com-

population éloignés dudit chef-lieu ou distants les uns des autres de 3 kilomètres, et réunissant un effectif d'au moins 20 enfants d'âge scolaire.

ART. 9. — Lorsque la création d'une École aura été décidée, conformément aux lois et règlements, les frais d'acquisition, de construction et d'appropriation des locaux scolaires ou les frais de location de l'immeuble, ainsi que les frais d'acquisition du mobilier scolaire, constituent pour la commune une dépense obligatoire[1].

Il est pourvu à la dépense soit par un prélèvement sur les ressources disponibles de la commune, soit par un emprunt contracté à la Caisse spéciale, soit enfin par des subventions du département et de l'État.

ART. 10. — A défaut d'un vote du Conseil municipal ou sur son refus, le Préfet, après avis du Conseil général, et, si cet avis n'est

munes où la fréquentation n'est possible et assurée que pendant une moitié de l'année. » (*Avis du Conseil d'État*, 27 juin 1888.)

« C'est aux Conseils départementaux qu'il appartient de fixer le siège et l'emplacement des Écoles, sauf approbation du Ministre. » (*Avis du Conseil d'État*, 2 juillet 1889.)

« Le Préfet peut autoriser l'adjudication des travaux de construction d'une École, alors que le Conseil municipal a rejeté l'exécution du projet. Il peut fixer la dépense et augmenter le crédit voté par le Conseil municipal. Un particulier n'a pas le droit de déférer au Conseil d'État, comme entaché d'excès de pouvoirs, cet arrêté préfectoral. » (*Arrêt du Conseil d'État*, 18 novembre 1881.)

« Lorsqu'une commune n'a pas demandé dans le délai légal l'annulation de décrets déclarant d'utilité publique la construction d'un groupe scolaire, cette commune n'est pas fondée à contester la validité de l'arrêté préfectoral qui a délégué, à la suite des refus réitérés du maire, l'Inspecteur primaire pour procéder à l'exécution desdits décrets. Cet arrêté n'a pas besoin d'être précédé de l'avis du Conseil de préfecture. » (*Arrêt du Conseil d'État*, 15 juin 1888.)

« Le Ministre de l'Instruction publique peut, sur la demande du Conseil municipal et l'avis conforme du Conseil départemental, approuver la création d'une École de filles dans une commune de moins de 400 habitants, et d'une École maternelle dans une commune de moins de 2000 âmes ou de moins de 1200 âmes de population agglomérée, à la condition que le Conseil municipal ait assuré le fonctionnement de ces Écoles sur les seules ressources du budget communal pendant l'année scolaire au moins. » (*Avis du Conseil d'État*, 5 juin 1888.)

« Un Préfet n'excède pas ses pouvoirs en ordonnant de sa propre autorité la suppression d'une École publique régulièrement instituée, bien que cette suppression ait été votée par le Conseil départemental, et alors que la décision de cette assemblée n'a pas reçu l'approbation du Ministre de l'Instruction publique. » (*Arrêts du Conseil d'État*, 7 février 1879, 16 janvier 1880.)

« Les contribuables qui ont souscrit un abonnement pour le payement de la contribution scolaire ne peuvent arguer du remplacement d'un maître congréganiste par un maître laïque pour demander l'annulation de la souscription. » (*Arrêt du Conseil d'État*, affaire Combe et autres, 28 décembre 1883.)

1. « Lorsqu'une École est régulièrement établie, la dépense afférente à cette École est obligatoire pour la commune tant que l'École n'a pas été supprimée par le Conseil départemental. » (*Arrêt du Conseil d'État*, 28 mai 1886.)

pas favorable, en vertu d'un décret du Président de la République rendu en Conseil d'État, pourvoit d'office, par un arrêté, au payement des frais de construction et d'appropriation de maisons d'école louées[1] ou acquises, et d'acquisition de mobiliers scolaires, soit par un prélèvement sur les ressources disponibles de la commune, soit par des subventions du département ou de l'État, soit enfin par un emprunt contracté à la Caisse des Lycées, Collèges et Écoles.

Lorsque, dans les conditions énoncées au paragraphe précédent, un emprunt à la Caisse des Lycées, Collèges et Écoles aura été jugé nécessaire, le maire, ou, sur son refus, un délégué spécial, nommé en exécution de l'article 15 de la loi du 18 juillet 1837, empruntera à cette Caisse, après y avoir été autorisé, la somme nécessaire.

Il sera pourvu au service de l'emprunt au moyen d'une imposition spéciale, établie conformément au paragraphe 4 de l'article 39 de la loi du 18 juillet 1837.

L'emplacement de l'École à construire est désigné par le Conseil municipal, et, à défaut, par le Préfet, deux mois après que le Conseil municipal aura été régulièrement mis en demeure.

Lorsque le Conseil général aura refusé de classer une demande de subvention ou ne se sera pas prononcé dans la session qui suivra celle dans laquelle il aura été dûment saisi, la subvention de l'État pourra être accordée par décret rendu après avis du Conseil d'État.

L'article 15 de la loi du 1er juin 1878 est abrogé.

ART. 11. — La somme de 17 000 000 de francs accordée à la Caisse des Lycées, Collèges et Écoles primaires à titre de subvention extraordinaire, par l'article 18 de la loi du 3 juillet 1880, pour les dépenses d'acquisition, de construction et d'appropriation de Lycées et Collèges, peut être appliquée par le Ministre de l'Instruction publique aux dépenses de même nature concernant les Lycées et Collèges de jeunes filles.

1. « Une commune ne peut déférer directement au Conseil d'État un arrêté préfectoral qui la met en demeure de passer un bail de locaux scolaires et approuvant ledit bail passé d'office. L'autorité judiciaire est seule compétente. » (*Conseil d'État*, 26 décembre 1885.)

16 avril 1883. **Décret portant modification du Décret du 29 juillet 1882 sur l'Administration et la Comptabilité intérieures des Écoles normales primaires[1].**

16 Avril 1883.

Le Président de la République française,

Sur le rapport du Président du Conseil, Ministre de l'Instruction publique et des Beaux-Arts, et du Ministre des Finances,

Décrète :

ARTICLE 1er. — Sont modifiés ainsi qu'il suit les articles 3, 5, 29, 31, 32, 35, 46, 50, 51 et 54 du décret du 29 juillet 1882 portant règlement pour l'administration et la comptabilité intérieures des Écoles normales primaires :

« ART. 3. — Quand deux départements sont réunis pour l'entretien d'une École normale, les sommes destinées aux dépenses annuelles de l'établissement sont centralisées à la caisse du trésorier-payeur général du département où est située l'École.

« ART. 5. — La Commission de surveillance décide si les approvisionnements de l'École ont lieu par voie d'adjudication ou de marchés à l'amiable, conformément aux prescriptions réglementaires. Elle désigne ceux des articles de consommation qui, ne pouvant être l'objet d'un marché préalable, seront acquis au comptant.

« Les marchés à l'amiable sont passés chaque année par le directeur après autorisation de la Commission de surveillance. Ils sont calculés de manière que les fournitures n'aient lieu qu'au fur et à mesure des besoins. En aucun cas, les approvisionnements ne peuvent excéder les besoins de la consommation moyenne d'une année.

« ART. 29. — Les mandats pour les gages des gens de service sont accompagnés d'états émargés distincts, dressés tous les mois.

« ART. 31. — La gestion financière des Écoles normales est établie par année et par exercice.

« L'état de situation de la caisse et l'état de situation du magasin

1. Consulter l'instruction du 23 *avril* 1883, aux Recteurs, pour l'application des décrets du 29 *juillet* 1882 et du 16 *avril* 1883 relatifs à l'administration et à la comptabilité intérieures des Écoles normales (*Circ.*, t. IX, p. 211);

Les circulaires des 18 et 30 *avril* 1885 (*Ibid.*, p. 472 et 476), 12 *mars* et 11 *août* 1886 (*Ibid.*, p. 683 et 767), 1er *mars* 1887 (*Circ.*, t. X, p. 76), concernant la comptabilité des Écoles normales;

Les circulaires des 10 *juin* 1886 (*Circ.*, t. IX, p. 747) et 9 *novembre* 1888 (*Ibid.*, p. 367), relatives au contrôle de la perception des droits sur les boissons livrées aux établissements d'instruction publique.

font connaître le mouvement des encaisses et celui des approvisionnements, du 1er janvier au 31 décembre.

« Le compte des recettes et des dépenses du budget ou compte de l'exercice présente le résumé de toutes les opérations de l'exercice qui s'étend du 1er janvier au 30 juin de l'année suivante.

« ART. 32. — Toutes les dépenses d'un exercice, constatées le 31 mai et non acquittées le 30 juin, sont soldées sur les sommes reportées à l'exercice suivant.

« ART. 35. — Le journal de caisse est divisé en deux parties, placées en regard l'une de l'autre; les recettes y sont inscrites sur le folio de gauche, les dépenses sur celui de droite. L'économe indique dans le libellé de l'enregistrement la nature de chaque recette et de chaque dépense; il en inscrit le montant séparément et par article, avec la date et dans l'ordre de la recette et de la dépense.

« Les articles du journal de caisse, pour la recette comme pour la dépense, forment deux séries de numéros d'ordre non interrompues; les numéros des recettes et les dates d'inscription concordent avec ceux du livre à souche.

« Lorsqu'il y a, au 1er janvier, un reliquat ou solde en caisse de l'année précédente, ce reliquat forme le premier article de la recette sur le journal de caisse; mais il n'y est pas donné de numéro d'ordre. Il est inscrit simplement sous la rubrique : *Solde en caisse au 31 décembre* 188 .

« ART. 46. — Tous les ans, dans les cinq derniers jours du 4e trimestre, et à chaque changement d'économe, il est procédé, en présence d'un délégué du Préfet, d'un membre de la Commission de surveillance désigné par le Recteur, du directeur de l'École et de l'économe, au récolement du mobilier et du matériel de l'établissement. Le procès-verbal de cette opération est adressé en double expédition au Préfet, qui transmet une de ces expéditions au Ministre.

« ART. 50. — Tous les ans, le 1er juillet, le directeur de l'École normale primaire ferme le compte administratif de l'exercice qui vient de se clore au 30 juin; ce compte est dressé en triple expédition. Il présente le détail des opérations de l'exercice seulement; il indique, par chapitre, les sommes à recouvrer et les sommes à payer, et, dans chaque chapitre, les recouvrements et les payements effectués, ainsi que les sommes restant à recouvrer ou à payer en fin d'exercice. Pour l'appréciation des dépenses nettes, il constate l'augmentation ou la diminution des approvisionnements portés aux inventaires, ainsi que des produits en nature réservés pour l'établissement. La situation de l'exercice, en excédent ou en déficit, est établie, dans un tableau récapitulatif, par la comparaison de la recette et de la dépense.

« Deux tableaux complémentaires, placés l'un au commencement, l'autre à la fin du compte, offrent le résumé général de la situation financière de l'École au 30 juin de l'année précédente, et au 30 juin de l'année courante. Cette situation est établie en actif et en passif.

« L'actif se compose : 1° de l'excédent des recouvrements sur les payements, tant de l'exercice auquel s'applique le compte que des exercices antérieurs; 2° du montant des créances; 3° de la valeur des approvisionnements en magasin. Les capitaux placés en rentes sur l'État, ou employés à des acquisitions et réparations extraordinaires, ne sont rappelés que pour mémoire; ils ne font pas partie de l'actif.

« Le passif se compose du montant des dettes de l'École.

« ART. 51. — L'ordonnateur des dépenses soumet le compte administratif de l'exercice à l'approbation de la Commission de surveillance, dans les premiers jours de juillet, et l'accompagne d'un rapport détaillé sur les diverses parties du service. Il constate dans ce rapport l'exactitude et la régularité des recettes, et fournit des explications sur les sommes restant à recouvrer et sur les causes du retard dans le recouvrement. Il examine successivement les diverses consommations, les compare avec celles de l'exercice précédent; il en explique les différences et indique les améliorations introduites ou à introduire.

« ART. 54. — A la fin du mois de juin de chaque année, l'économe établit le compte des recettes et des dépenses qu'il a faites en numéraire pendant l'année précédente, ainsi que le compte des matières.

« Le compte en deniers embrasse : 1° les opérations des douze premiers mois de l'exercice, formant la deuxième partie de la gestion expirée; 2° les opérations complémentaires du même exercice, formant la première partie de la gestion suivante. Il est établi dans la forme prescrite, pour les Lycées, par l'article 239 du règlement du 16 octobre 1867 sur la comptabilité des dépenses du Ministère de l'Instruction publique. Il est accompagné des pièces justificatives à l'appui, ainsi que du procès-verbal de vérification de la caisse au 1 décembre.

« Le compte en matières est établi et justifié conformément à l'article 241 du même règlement.

« Les comptes de gestion des économes des Écoles normales, quel que soit le chiffre des recettes et des dépenses, sont réglés et apurés par la Cour des Comptes. Ils doivent lui parvenir avant le 1er octobre de la seconde année de l'exercice. »

ART. 2. — Le Président du Conseil, Ministre de l'Instruction publique et des Beaux-Arts, et le Ministre des Finances sont chargés, chacun en ce qui le concerne, de l'exécution du présent décret.

Arrêté instituant à Constantinople une Commission d'examen des Brevets de capacité pour l'instruction primaire. 24 avril 1883.

24 Avril 1883.

Le Président du Conseil, Ministre de l'Instruction publique et des Beaux-Arts,

Vu l'arrêté du 5 janvier 1881, concernant les examens du brevet de capacité;

Vu l'avis de M. le Ministre des Affaires étrangères, en date du 10 octobre 1882,

Arrête :

ARTICLE 1er. — Il est institué à Constantinople une Commission d'examen chargée d'apprécier l'aptitude des aspirants et des aspirantes aux brevets de capacité pour l'instruction primaire.

ART. 2. — Cette Commission se compose de sept membres nommés par M. l'ambassadeur de la République française et choisis par lui : *cinq* parmi les professeurs du Collège de Galata-Séraï, *deux* dans le personnel de l'ambassade ou de la colonie.

ART. 3. — La présidence de la Commission appartient à l'ambassadeur ou à son représentant.

ART. 4. — La Commission devra se conformer, autant que possible, aux prescriptions de l'arrêté du 5 janvier 1881, portant réglementation des examens du brevet de capacité[1].

ART. 5. — Les brevets accordés par la Commission sont déclarés équivalents aux brevets accordés en France, aux conditions suivantes.

ART. 6. — Lesdits brevets, ainsi que les compositions écrites des candidats et le procès-verbal des examens, seront transmis au Ministère de l'Instruction publique et soumis à l'appréciation du Comité

1. Voir, *à sa date*, l'arrêté du 25 *juillet* 1889, ajoutant les langues grecque et turque pour l'épreuve de langue vivante aux examens du brevet supérieur devant la Commission de Constantinople.

consultatif de l'enseignement primaire. L'équivalence sera délivrée, sur l'avis conforme de ce Comité, dans les conditions déterminées par l'article 5 du règlement d'administration publique en date du 22 août 1854.

---

21 mai 1883. **Lettre du Ministre de l'Instruction publique au Préfet de la Seine, reconnaissant aux Inspecteurs du service des enfants assistés le droit d'entrer dans les Écoles primaires.**

21 Mai 1883.

Monsieur le Préfet, par votre dépêche du 9 mai courant, vous m'avez demandé si, en présence des difficultés qui se sont élevées à l'occasion des visites de MM. les Inspecteurs des enfants assistés de la Seine dans les Écoles publiques, il y a lieu de maintenir à ces fonctionnaires leur droit d'entrer dans les Écoles, conformément à la circulaire du Ministre de l'Intérieur, en date du 12 février 1856.

Sans doute, les lois actuelles, et notamment la loi du 28 mars 1882, déterminent les autorités préposées à la surveillance des Écoles publiques. Mais elles se placent à un point de vue général, c'est-à-dire au point de vue de tous les enfants qui fréquentent ou doivent fréquenter l'École.

Les Inspecteurs des enfants assistés ne visitent, au contraire, les Écoles primaires que dans les intérêts de cette catégorie d'enfants et pour le bien du service dont ils sont chargés.

Il n'y a donc pas contrariété entre la circulaire du 12 février 1856 et les lois actuelles.

J'estime, en conséquence, que l'entrée des Écoles primaires doit, en ce qui concerne les enfants assistés, continuer à être accordée à MM. les Inspecteurs de ce service.

Recevez, etc.

Signé : JULES FERRY.

---

26 mai 1883. **Tribunal correctionnel d'Angers.**

26 Mai 1883.

DIFFAMATION ENVERS UN ANCIEN INSTITUTEUR. — INCOMPÉTENCE DU TRIBUNAL CORRECTIONNEL. — LOI DU 29 JUILLET 1881 (art. 31 et 45).

Un instituteur public doit être considéré soit comme un fonctionnaire public, soit comme un citoyen chargé d'un service et d'un mandat public. Dès lors, la diffamation dont il se prétend l'objet, à raison de ses fonctions, ne peut être jugée que par la Cour d'assises.

Et il en est ainsi encore bien qu'il ait cessé d'être instituteur.

Arrêté relatif à la Procédure à suivre pour les Projets de construction et d'amélioration des maisons d'école[1]. 29 juin 1883.

29 Juin 1883.

Le Président du Conseil, Ministre de l'Instruction publique et des Beaux-Arts,

Vu les lois des 1er juin 1878, 2 août 1881, 20 mars 1883;

Vu le décret du 10 août 1878 et l'instruction ministérielle du 16 août suivant,

Arrête :

ARTICLE 1er. — Les arrêtés préfectoraux autorisant les communes, soit à acquérir des immeubles pour établissement d'Écoles, soit à exécuter des travaux de construction ou appropriation de bâtiments scolaires, devront, à peine de nullité, viser les traités passés entre les communes et la Caisse des Lycées, Collèges et Écoles.

ART. 2. — Aucun projet de construction de maison d'école dont le devis dépasse 50 000 francs ne sera présenté au Conseil général s'il n'a été approuvé par le Comité départemental des bâtiments civils.

Les projets entraînant une dépense inférieure à ce chiffre pourront en outre être soumis au même Comité, dans tous les cas où le Préfet jugera son avis nécessaire.

ART. 3. — Pour l'examen de tout projet scolaire, l'Inspecteur d'Académie est nécessairement appelé au sein du Comité des bâtiments civils. Il a voix délibérative.

ART. 4. — Un extrait de la délibération du Comité des bâtiments civils sera produit à l'appui de la demande de subvention ou d'emprunt.

ART. 5. — Lorsque le projet de construction aura été approuvé par le Ministre, l'une des copies des plans et devis sera remise à l'Inspecteur primaire, chargé de contrôler les travaux.

ART. 6. — La réception des travaux sera faite par le maire de la commune et par l'Inspecteur primaire de l'arrondissement.

1. Voir les circulaires :
Du 29 *juin* 1883, aux Préfets, transmissive de l'arrêté (*Circ.*, t. IX, p. 243);
— 10 *octobre* 1883, aux Préfets, relative à l'application de l'arrêté du 29 juin 1883 (*Ibid.*, p. 278);
— 30 *mai* 1884, relative à l'enquête générale sur la situation matérielle de l'enseignement primaire en France (*Ibid.*, p. 381);
— 5 *juin* 1884, relative au contrôle nécessaire des travaux de maisons d'école *Ibid.*, p. 383).

Le Préfet pourra en outre, au cours de l'exécution et si les circonstances l'exigent, charger un membre du Comité des bâtiments civils, ou un délégué choisi par cette assemblée, de vérifier sur place la marche des travaux.

ART. 7. — Le payement des secours accordés par le Ministre ne sera effectué que si l'état de propositions est accompagné d'un certificat de réception des travaux.

Des acomptes sur les subventions pourront toutefois être payés sur la production d'un certificat constatant l'état d'avancement des travaux.

ART. 8. — Pour les constructions d'Écoles nationales ou d'Écoles normales, la réception des travaux sera faite par le Préfet ou par son délégué, assisté d'un membre du Comité des bâtiments scolaires institué au Ministère.

ART. 9[1]. — Une indemnité de 100 francs sera allouée pour chaque projet de construction d'École à l'Inspecteur primaire. Cette indemnité sera portée au devis.

Il ne sera accordé aucune autre indemnité à l'Inspecteur primaire pour missions relatives aux maisons d'école.

ART. 10. — L'arrêté du 8 novembre 1881 est et demeure rapporté.

ART. 11. — Le Préfet et l'Inspecteur d'Académie de chaque département sont chargés, chacun en ce qui le concerne, de l'exécution du présent arrêté.

---

20 juillet 1883. **Arrêté relatif au Certificat d'aptitude à l'enseignement du Travail manuel[2].**

20 Juillet 1883.

Le Président du Conseil, Ministre de l'Instruction publique et des Beaux-Arts;

Vu la loi du 11 décembre 1880 et le décret du 30 juillet 1881;

Vu l'article 1er de la loi du 28 mars 1882;

Vu les décret et arrêté du 15 janvier 1881;

Vu l'article 7 du décret du 29 juillet 1881;

Le Conseil supérieur de l'Instruction publique entendu,

Arrête :

1. Article rapporté par l'article unique de l'arrêté du 18 *février* 1886, ainsi conçu : « L'article 9 de l'arrêté du 29 juin 1883 est et demeure rapporté. »
2. Arrêté rapporté par l'arrêté du 28 *juillet* 1885 (voir *à sa date*).

ARTICLE 1er. — Il est créé un certificat d'aptitude à l'enseignement du travail manuel[1].

ART. 2. — Nul n'est admis à se présenter aux examens du certificat d'aptitude à l'enseignement du travail manuel s'il n'est muni du brevet supérieur ou d'un baccalauréat.

Les candidats doivent être âgés de vingt ans à l'époque de l'examen; des dispenses peuvent être accordées par le Ministre.

ART. 3. — L'examen se compose :

D'épreuves générales, lesquelles sont éliminatoires;

D'épreuves spéciales.

ART. 4[2]. — *Pour les aspirants*, les épreuves générales comprennent :

1° Une composition de géométrie (2 heures);

2° Une composition de dessin géométrique : croquis coté d'un objet en relief et mise au net à une échelle déterminée (3 heures);

3° Une épure de géométrie descriptive (3 heures);

4° Un dessin d'ornement d'après le plâtre et une épreuve de modelage d'après un modèle simple (4 heures).

Les épreuves spéciales comprennent :

1° Une manipulation de physique ou de chimie ou une épreuve pratique d'histoire naturelle, au choix du candidat (4 heures);

2° L'exécution d'une pièce en fer ou en bois, d'après un croquis coté (4 heures).

A la suite de chacune de ces épreuves, les candidats seront tenus de rendre compte, par écrit, des procédés qu'ils auront employés;

3° L'appréciation de travaux d'élèves (travaux graphiques, ouvrages manuels);

4° Une épreuve orale portant sur les matières premières mises à la disposition du candidat au cours des épreuves spéciales. La durée de cet exercice n'excédera pas un quart d'heure.

ART. 5[3]. — *Pour les aspirantes*, les épreuves générales comprennent[4] :

1. Voir la circulaire du 30 *octobre* 1885, aux Recteurs, relative à l'enseignement du travail manuel dans les Écoles normales primaires (*Circ.*, t. IX, p. 571).

2. Modifié par l'arrêté du 2 *janvier* 1885 (voir *à sa date*).

3. Modifié par l'arrêté du 2 *janvier* 1885 (voir *à sa date*).

4. Un arrêté ministériel du 16 février 1882 avait institué, à titre provisoire, et jusqu'à ce que la question eût pu être réglée par le Conseil supérieur, deux certificats d'aptitude à l'enseignement des travaux d'aiguille.

L'arrêté du 20 *juillet* 1883, pris en Conseil supérieur, a organisé définitivement le certificat d'aptitude à l'enseignement du travail manuel et a fait entrer la couture, la coupe et l'assemblage dans la série des épreuves exigées des aspirantes. Ce diplôme

1° Une composition écrite sur l'hygiène ou l'économie domestique (3 heures);

2° Une leçon de choses faite devant des élèves d'École primaire ou d'École maternelle (après une heure de préparation à huis clos);

3° Une composition de dessin d'ornement spécialement appliqué aux travaux de femmes (3 heures).

Les épreuves spéciales comprennent :

1° Une manipulation très élémentaire de physique ou de chimie ou une épreuve pratique d'histoire naturelle, au choix de l'aspirante (3 heures);

2° Un travail de ménage d'après le programme d'économie domestique des Écoles normales d'institutrices ou l'exécution d'ouvrages d'aiguille (couture, tricot, crochet, broderie, coupe et assemblage des vêtements, etc.).

ART. 6. — Les candidats qui en feront la demande pourront subir une ou plusieurs des épreuves facultatives ci-après énumérées, qui donneront lieu à une mention sur le certificat d'aptitude :

1° Calligraphie;

2° Dessin d'imitation d'après la bosse;

3° Gymnastique, escrime et exercices militaires;

4° Topographie, arpentage, nivellement, jaugeage des cours d'eau;

5° Agriculture et horticulture;

6° Exécution d'un ouvrage manuel appartenant à un métier laissé au choix du candidat.

ART. 7. — Les épreuves éliminatoires auront lieu sous la présidence de l'Inspecteur d'Académie, au chef-lieu du département; les épreuves définitives, à Paris.

ART. 8. — La Commission d'examen est nommée chaque année par le Ministre de l'Instruction publique. Les sujets des épreuves écrites seront envoyés par l'Administration centrale.

ART. 9[1]. — Une session d'examen pour l'obtention du certificat d'aptitude à l'enseignement du travail manuel aura lieu chaque année, immédiatement à la suite de la session d'examen pour le professorat des Écoles normales.

doit donc seul subsister et il peut seul être considéré comme un titre ayant une valeur officielle.

Les examens établis dans quelques villes, à Paris notamment, et les attestations délivrées à la suite de ces examens sous le nom de *certificat de coupe et d'assemblage, brevet de maîtresse de couture*, etc., dépendent absolument des autorités locales et n'ont d'autre valeur que celle qui leur est attribuée par ces autorités elles-mêmes (*Bull. adm.*, 1884, t. XXXIII, p. 376).

1. Modifié par l'arrêté du 2 *janvier* 1885 (voir *à sa date*).

Les candidats munis du certificat d'aptitude au professorat des Écoles normales (ordre des sciences) seront dispensés des deux premières épreuves générales.

Réciproquement, les candidats pourvus du certificat d'aptitude à l'enseignement du travail manuel, qui se présenteront aux examens du professorat des Écoles normales (ordre des sciences), seront dispensés de la première des épreuves écrites [1].

ART. 10. — Les instituteurs et les professeurs d'École normale munis du certificat d'aptitude à l'enseignement du travail manuel jouiront d'un supplément de traitement de 300 francs, passible de retenue aussi longtemps qu'ils seront en fonctions dans l'enseignement public.

Arrêté modifiant les articles 6 et 9 de l'Arrêté du 26 décembre 1882 relatif aux examens pour le Certificat d'aptitude à l'enseignement dans les Écoles normales primaires. 20 juillet 1883.

20 Juillet 1883.

Le Président du Conseil, Ministre de l'Instruction publique et des Beaux-Arts,

Vu le décret du 26 décembre 1882 ;

Le Conseil supérieur de l'Instruction publique entendu,

Arrête :

Les articles 6 et 9 de l'arrêté du 26 décembre 1882 sont modifiés comme suit :

« ART. 6. — Les épreuves écrites ont lieu au chef-lieu du département, sous la surveillance de l'Inspecteur d'Académie ou d'un délégué agréé par le Recteur.

« Elles comprennent, pour les lettres : 1° une composition sur un sujet de littérature, de grammaire ou d'histoire et de géographie; 2° une composition sur un sujet de psychologie ou de morale; 3° une composition sur une question de pédagogie;

« Pour les sciences : 1° une composition sur une question de mathématiques et l'exécution d'un dessin géométrique; 2° une composition sur une question de physique, de chimie ou de sciences naturelles avec leurs applications; 3° une composition sur une question de méthode appliquée à l'enseignement des sciences.

1. Disposition abrogée par l'arrêté du 4 *janvier* 1885 (voir *à sa date*).

« Les sujets sont tirés des programmes de l'enseignement dans les Écoles normales.

« Les candidats pourvus du certificat d'aptitude à l'enseignement du travail manuel seront dispensés de la première des épreuves écrites de l'ordre des sciences.

« Quatre heures sont accordées pour chaque composition; les trois compositions de chaque série se font en deux jours consécutifs, les mêmes pour toute la France.

« Les sujets sont envoyés par l'Administration centrale.

« Les compositions sont adressées, avec le procès-verbal de la séance, par l'Inspecteur d'Académie au Ministre.

« ART. 9. — Les épreuves pratiques consisteront dans une leçon que le candidat devra faire, en présence de la Commission, à une division d'élèves-maîtres, sur un sujet tiré au sort. Cette leçon sera précédée d'une préparation à huis clos dont la durée ne dépassera pas trois heures et pour laquelle le candidat ne devra recourir à aucun secours étranger (livres, rédactions, notes, etc.). Le candidat devra compléter sa leçon par des interrogations adressées aux élèves.

« Dans le cours de leur exposition orale, les candidats de l'ordre des sciences devront exécuter devant le jury les expériences se rapportant au sujet qu'ils ont à traiter. A cet effet, des instruments de physique, des appareils de chimie, des échantillons d'histoire naturelle seront mis à leur disposition. »

---

23 juillet 1883.

Arrêté relatif aux épreuves de Chant dans l'examen d'admission aux Écoles normales.

23 Juillet 1883.

Le Président du Conseil, Ministre de l'Instruction publique et des Beaux-Arts,

Vu les décrets du 29 juillet 1881 et du 9 janvier 1883;

Vu l'arrêté du 6 janvier 1882 et particulièrement l'article 7;

Le Conseil supérieur de l'Instruction publique entendu,

Arrête :

ARTICLE UNIQUE. — L'examen que doivent subir pour le chant et la musique les candidats à l'École normale comprendra trois épreuves orales, savoir :

1° Une interrogation sur les matières du cours moyen des Écoles primaires;

2° La lecture à vue d'un morceau de solfège facile, écrit en clef de *sol* dans les tons de *ut* majeur, *fa* majeur, *sol* majeur, *ré* mineur ou *la* mineur (mesure à 2, 3 ou 4 temps);

3° Une dictée orale très simple.

Il sera tenu compte au candidat de l'exécution du chant avec paroles et de la connaissance d'un instrument (orgue, piano ou violon).

Décret modifiant l'article 3 du Décret du 23 décembre 1882 relatif au Certificat d'aptitude à l'inspection primaire et à la direction des Écoles normales. 24 juillet 1883.

24 Juillet 1883.

Le Président de la République française,

Sur le rapport du Président du Conseil, Ministre de l'Instruction publique et des Beaux-Arts,

Le Conseil supérieur de l'Instruction publique entendu,

Décrète :

ARTICLE 1er. — L'article 3 du décret du 23 décembre 1882, relatif à l'examen du certificat d'aptitude aux fonctions d'Inspecteur primaire, de directeur et directrice d'École normale, est modifié comme suit :

« ART. 3. — Pendant les trois années qui suivront la publication du présent décret, les maîtres adjoints et les maîtresses adjointes d'École normale, comptant au moins cinq ans d'exercice comme titulaires, ainsi que les professeurs des Collèges et Lycées ayant le même temps d'exercice, pourront, par décision ministérielle rendue sur le rapport du Comité consultatif, être dispensés de produire le certificat d'aptitude au professorat des Écoles normales. La même disposition s'applique aux candidats qui ont été déclarés admissibles à l'une des sessions d'examens postérieures au décret du 5 juin 1880, ainsi qu'aux instituteurs et institutrices qui avaient, à la date du 23 décembre 1882, plus de trente ans d'âge et cinq ans d'exercice comme titulaires. »

---

25 juillet 1883. **Décret portant modification des articles 9 et 14 du Décret du 29 juillet 1881, relatif à l'Organisation des Écoles normales primaires.**

25 Juillet 1883.

Le Président de la République française,

Sur le rapport du Président du Conseil, Ministre de l'Instruction publique et des Beaux-Arts,

Vu le décret du 29 juillet 1881, relatif à l'organisation des Écoles normales primaires;

Le Conseil supérieur de l'Instruction publique entendu,

Décrète :

ARTICLE 1er. — L'article 9 du décret du 29 juillet 1881 est modifié ainsi qu'il suit :

« ART. 9. — L'enseignement est donné : 1° par des professeurs nommés par le Ministre, conformément aux prescriptions du décret du 5 juin 1880; 2° par des maîtres adjoints pourvus du brevet supérieur et du certificat d'aptitude pédagogique, délégués par le Ministre[1]; 3° par des professeurs auxiliaires et des maîtres spéciaux, nommés ou délégués par le Ministre[2]. »

ART. 2. — L'article 14, § 3, du même décret est modifié ainsi qu'il suit :

« Si aucun des professeurs ou maîtres adjoints ne demande à remplir les fonctions de surveillance, un maître pourvu du brevet supérieur peut être délégué pour ce service. Il devra, dans tous les cas, être chargé d'une partie de l'enseignement, suivant son aptitude.

« Il est délégué par le Ministre. L'émolument qui lui est alloué, en outre du logement et de la nourriture, est soumis à retenue. »

1. Consulter les circulaires :
Du 12 *juin* 1883, relative à la répartition du service dans les Écoles normales (*Circ.*, t. IX, p. 233);
— 5 *février* 1884, concernant les maîtres adjoints et les maîtresses adjointes délégués (*Ibid.*, p. 328);
— 7 *février* 1884, relative aux modifications à apporter au régime intérieur des Écoles normales, discipline, action éducatrice, surveillance par les élèves (*Ibid.*, p. 330);
— 30 *novembre* 1884, relative au recrutement du personnel des Écoles normales (ci-après *à sa date*).

2. Voir ci-après, *à sa date*, l'arrêté du 4 *avril* 1884, sur la nomination ministérielle des maîtres spéciaux.

Décret relatif aux Emprunts faits par les communes algériennes à la Caisse des Lycées, Collèges et Écoles. 29 sept. 1883.

29 Septembre 1883.

Le Président de la République française,

Sur le rapport du Président du Conseil, Ministre de l'Instruction publique et des Beaux-Arts, et du Ministre des Finances, d'après les propositions du Gouverneur de l'Algérie, et la Section permanente du Conseil supérieur de l'Instruction publique entendue,

Vu les lois des 10 avril 1867, 19 juillet 1875, 16 juin 1881 et 28 mars 1882;

Vu l'article 21 de la loi de finances du 29 décembre 1882;

Vu les décrets des 16 août 1848, 15 août 1875, 27 mai 1878, relatifs à l'organisation de l'instruction publique en Algérie;

Vu l'article 3 du décret du 13 février 1883,

Décrète :

ARTICLE 1er. — Les sommes affectées par les communes algériennes au remboursement de leurs emprunts à la Caisse des Lycées, Collèges et Écoles seront prises sur les ressources ordinaires des communes, et dans le cas où ces ressources viendraient à manquer, les communes seront imposées d'office sur la part de l'octroi de mer leur revenant. La quotité de ce prélèvement sera fixée pour chaque emprunt par le traité passé entre la Caisse et la commune.

ART. 2. — Dans le cas où le payement des annuités pour remboursement d'emprunt à la Caisse des Lycées, Collèges et Écoles primaires ne serait pas effectué aux échéances fixées, le montant en sera prélevé d'office sur la part du produit de l'octroi de mer revenant à la commune qui aura contracté ledit emprunt.

1er octobre 1883. **Arrêté relatif aux examens pour l'obtention de la Prime instituée par l'article 30 du décret du 13 février 1883 en faveur des Indigènes algériens qui connaissent la langue française.**

1er Octobre 1883.

Le Président du Conseil, Ministre de l'Instruction publique et des Beaux-Arts,

Vu l'article 30 du décret du 13 février 1883, relatif à l'organisation de l'instruction primaire en Algérie, ainsi conçu :

« Il est établi pour les indigènes une prime pour la connaissance de la langue française. Cette prime sera de 300 francs. La dépense sera imputée sur le budget de l'Instruction publique.

« Les formes de l'examen et les conditions du droit à cette prime seront réglées par arrêté ministériel, après avis des Conseils départementaux et du Conseil académique » ;

Vu les délibérations des Conseils départementaux de l'Instruction publique d'Alger, d'Oran et de Constantine, et du Conseil académique d'Alger,

Arrête :

ARTICLE 1er. — Les examens pour l'obtention de la prime instituée par l'article 30 du décret du 13 février 1883 ont lieu à la fin de chaque année scolaire, devant une Commission de trois membres nommés par le Recteur de l'Académie d'Alger, et dans les villes déterminées par ce fonctionnaire.

La date et le lieu des examens sont annoncés au moins un mois à l'avance.

ART. 2. — L'examen comprend des épreuves écrites et des épreuves orales.

ART. 3. — Les épreuves écrites se composent de :

1° Une dictée consistant en une page d'environ vingt-cinq lignes;

2° Une composition française consistant en une lettre ou en une courte narration sur un sujet familier (trois heures sont accordées pour cette épreuve);

3° Une page d'écriture cursive et ronde fin, moyen et gros (une heure est accordée pour cette épreuve).

ART. 4. — Le maximum des points pour chacune des épreuves écrites est ainsi fixé à :

15 pour la dictée;

20 pour la composition française;

10 pour la page d'écriture.

ART. 5. — Les épreuves écrites sont éliminatoires. Pour être admis aux épreuves orales, les candidats doivent avoir obtenu au moins 25 points. Le maximum de fautes toléré pour la dictée est fixé à 6. La nullité sur l'une des épreuves écrites entraîne l'ajournement.

ART. 6. — Les épreuves orales se composent de :

1° Un exercice de conversation;

2° Lecture et explication d'un texte en prose;

3° Interrogation sur les principes de la grammaire.

Le résultat de chacune de ces trois épreuves est noté par un nombre variant de 0 à 15.

La durée de l'examen oral de chaque candidat n'excède pas trois quarts d'heure.

Comme pour les épreuves écrites, la nullité de l'une des épreuves orales entraîne l'ajournement.

ART. 7. — Pour être admis définitivement, les candidats doivent avoir obtenu un minimum de 25 points.

ART. 8. — Les candidats doivent être âgés de 18 ans au moins et 25 ans au plus à l'époque de l'examen. Ils produiront, indépendamment de l'acte constatant qu'ils remplissent la condition d'âge ci-dessus :

1° Un certificat de bonnes vie et mœurs délivré par le maire ou l'administrateur de la commune de leur résidence;

2° Un extrait du casier judiciaire;

3° Un certificat constatant qu'ils ont étudié au moins pendant deux ans dans un ou plusieurs établissements d'instruction publique, ou dans un ou plusieurs établissements d'instruction libre autorisés par l'État.

Circulaire du Ministre de l'Instruction publique, relative à l'Enseignement moral et civique dans les Écoles primaires. 17 nov. 1883.

17 Novembre 1883.

Monsieur le Recteur, dans l'un des derniers débats parlementaires auxquels a donné lieu la question des *Manuels d'instruction morale et civique*, je répétais la déclaration que j'ai souvent faite, à savoir, que cette partie de notre enseignement exigeait une réserve absolue et le souci le plus scrupuleux de la neutralité religieuse; j'annonçais aussi, parmi les diverses mesures que je croyais devoir prendre, l'intention de consulter le Conseil supérieur sur les dispositions qu'il y aurait peut-être lieu d'ajouter à l'arrêté du 16 juin 1880 pour garantir plus sûrement encore ce respect de la neutralité.

Dès le mois de juillet dernier, j'ai saisi en effet de cet important objet la Section permanente, à laquelle il appartient, suivant le texte de la loi, « d'étudier les projets de règlements avant qu'ils soient soumis à l'avis du Conseil supérieur ». Après de longues délibérations, la Section permanente a émis l'avis que les seules modifications à apporter au régime actuellement en vigueur, quant au choix des livres scolaires, étaient d'ordre administratif et ne touchaient en rien au principe même de l'arrêté du 16 juin; qu'il appartient au Recteur, sous l'autorité du Ministre, de veiller à l'organisation des conférences cantonales et à la bonne direction de leurs travaux, et qu'enfin le redoublement de précautions promis par le Gouvernement pour assurer la neutralité s'exercerait plus efficacement sous la forme de prescriptions directes du Ministre et par voie de circulaire, que par l'addition de dispositions nouvelles au texte même du règlement.

C'est à la suite de cet avis, Monsieur le Recteur, que je vous ai demandé communication de la liste des livres adoptés dans chaque département de votre ressort par les conférences cantonales d'instituteurs pour l'année scolaire 1883-1884.

L'examen de ces listes m'a conduit à prendre quelques décisions qui contribueront, je l'espère, à faire mieux comprendre et mieux pratiquer le nouvel enseignement que la loi du 28 mars confie nos instituteurs.

D'abord, j'ai constaté que le nombre des traités ou manuels d'instruction morale ou civique inscrits dans la série A du catalogue était très inégal dans les différents départements.

Il importe, en pareille matière, que la plus grande liberté de choix soit donnée aux instituteurs et qu'elle leur soit également assurée sur tous les points du territoire. Aussi, après avoir fait relever les titres de tous les ouvrages inscrits dans cette série, et après avoir pris connaissance des observations de MM. les Recteurs, ai-je jugé utile de fondre en une seule liste, plus étendue et plus compréhensive, celles des divers départements. Par ce moyen, il n'y aura pas un instituteur en France qui ne soit libre de choisir entre tous les manuels qui ont obtenu, ne fût-ce que dans une seule Académie, le suffrage de ses collègues.

Je vous envoie cette liste générale en vous invitant à la faire publier dans chaque département de votre ressort. Vous remarquerez en la parcourant que quelques ouvrages spéciaux relatifs au droit usuel, à l'économie politique, à l'histoire, et d'autres encore qui ne sont que des livres de lecture depuis longtemps en usage, et qu'on avait inscrits par erreur dans la série A, ne se retrouvent pas dans notre liste collective; ce n'est pas qu'ils aient été supprimés, ils sont simplement reportés dans les séries B, F et P, auxquelles ils appartiennent : la série A ne devait en effet contenir que les manuels proprement dits; elle recevrait une extension indéfinie si l'on y rattachait tous les ouvrages qui, de près ou de loin, contribuent à l'instruction morale et patriotique et offrent des sujets de lecture qui s'y rapportent. Quant à ceux que vous m'aviez signalés comme proposés par une ou deux conférences cantonales, mais ajournés par le Comité départemental pour être renvoyés à nouvel examen, il conviendra d'attendre une résolution définitive pour les inscrire au catalogue.

Il demeure bien entendu que cette liste pourra s'accroître chaque année, si des choix nouveaux sont faits par les instituteurs. Dès aujourd'hui, je suis informé que plusieurs livres tout récemment parus auraient sans aucun doute figuré dans les propositions de plusieurs départements s'ils étaient parvenus en temps utile aux conférences cantonales. Ces conférences seront réunies à nouveau aux mois de mars et d'avril prochains, et elles pourront compléter la liste actuelle.

En même temps et pour donner à nos instituteurs tous les moyens désirables d'étude, de discussion et de comparaison, j'ai décidé que toute bibliothèque pédagogique qui en fera la demande avant la fin de l'année courante, recevra par les soins de mon Administration tous ceux des ouvrages portés dans la liste ci-jointe[1] qu'elle ne posséderait pas encore. Nous obtiendrons ainsi ce résultat que tous les instituteurs et institutrices du canton pourront, en quelques semaines, au moyen d'un service de circulation qui fera passer chaque volume de main en main, prendre connaissance de tous les manuels qui leur sont proposés et choisir, après examen, celui ou ceux qu'ils jugeront convenir le mieux à leur école.

Enfin, comme la valeur de l'enseignement nouveau doit dépendre, avant tout, de l'idée que s'en font les instituteurs et de l'effort personnel qu'ils y apportent, j'ai cru devoir m'adresser directement à eux dans une sorte d'instruction pédagogique concernant l'enseignement moral et civique, le caractère qu'il doit avoir dans les trois cours, l'usage et l'abus des livres, les mesures à prendre et les efforts à faire pour mettre la neutralité religieuse dans son vrai jour et à l'abri de toute atteinte. Vous trouverez ci-inclus plusieurs exemplaires de cette cir-

1. Voici cette liste :

Noms des auteurs et titres des Manuels d'instruction morale et civique, adoptés dans les Conférences cantonales d'instituteurs et les Commissions départementales pour l'année scolaire 1883-1884.

(Application de l'arrêté du 16 juin 1880.)

I. — Instruction morale.

MM. BARRAU : *Livre de Morale pratique.*
BURDEAU : *L'Instruction morale à l'École.*
Mme COIGNET : *La Morale dans l'Éducation.*
MM. FRANCK : *La Morale pour tous.*
MABILLEAU : *Cours de Morale.*
STAHL : *Morale familière.*

II. — Instruction civique.

MM. AMBRUSTER : *Instruction civique.*
P. BERT : *L'Instruction civique à l'École.*
CH. BIGOT : *Le Petit Français.*
MAURICE ALOEK : *La Commune, le Département, la France.*
F. I. C. : *Essai d'Enseignement civique.*
MABILLEAU : *Cours d'Instruction civique.*
ROUSSELOT : *Le petit Livre de l'Homme et du Citoyen.*
SCHEUCER : *L'École civique.*
JULES SIMON : *Le Livre du petit Citoyen.*
THOMAS et GUÉRIN : *Enseignement civique.*

III. — Instruction morale et civique.

MM. ALLOU : *Cours de Morale et Notions d'Enseignement civique.*
COMPAYRÉ : *Éléments d'Instruction morale et civique.*
Mme HENRY GRÉVILLE : *L'Instruction morale et civique à l'usage des jeunes Filles.*
MM. LALOI : *Première année d'Instruction morale et civique.*
LIARD : *Morale et Enseignement civique.*
HENRI MARION : *Devoirs et Droits de l'homme.*
MÉZIÈRES : *Éducation morale et Instruction civique.*
JULES STEEG : *Instruction morale et civique.*

culaire et je sais d'avance que, de concert avec MM. les Inspecteurs d'Académie, vous m'aiderez tout particulièrement en cette circonstance à faire pénétrer dans l'esprit des maîtres les principes que je me suis efforcé de leur inspirer.

Recevez, etc.

Signé : JULES FERRY.

---

17 nov. 1883.

Circulaire du Ministre de l'Instruction publique, relative à l'Enseignement moral et civique dans les Écoles primaires.

17 Novembre 1883.

Monsieur l'Instituteur, l'année scolaire qui vient de s'ouvrir sera la seconde année d'application de la loi du 28 mars 1882. Je ne veux pas la laisser commencer sans vous adresser personnellement quelques recommandations, qui sans doute ne vous paraîtront pas superflues après la première expérience que vous venez de faire du régime nouveau. Des diverses obligations qu'il vous impose, celle assurément qui vous tient le plus à cœur, celle qui vous apporte le plus lourd surcroît de travail et de souci, c'est la mission qui vous est confiée de donner à vos élèves l'éducation morale et l'instruction civique : vous me saurez gré de répondre à vos préoccupations en essayant de bien fixer le caractère et l'objet de ce nouvel enseignement ; et, pour y mieux réussir, vous me permettrez de me mettre un instant à votre place, afin de vous montrer, par des exemples empruntés au détail même de vos fonctions, comment vous pourrez remplir à cet égard tout votre devoir et rien que votre devoir.

La loi du 28 mars se caractérise par deux dispositions qui se complètent sans se contredire : d'une part, elle met en dehors du programme obligatoire l'enseignement de tout dogme particulier ; d'autre part, elle y place au premier rang l'enseignement moral et civique. L'instruction religieuse appartient aux familles et à l'église, l'instruction morale à l'école.

Le législateur n'a donc pas entendu faire une œuvre purement négative. Sans doute il a eu pour premier objet de séparer l'école de l'église, d'assurer la liberté de conscience et des maîtres et des élèves, de distinguer enfin deux domaines trop longtemps confondus, celui des croyances qui sont personnelles, libres et variables, et celui des connaissances qui sont communes et indispensables à tous, de l'aveu de tous. Mais il y autre chose dans la loi du 28 mars : elle affirme la volonté de fonder chez nous une éducation nationale et de la fonder sur des notions du devoir et du droit que le législateur n'hésite pas à inscrire au nombre des premières vérités que nul ne peut ignorer.

Pour cette partie capitale de l'éducation, c'est sur vous, Monsieur, que les pouvoirs publics ont compté. En vous dispensant de l'enseignement religieux, on n'a pas songé à vous décharger de l'enseignement moral : c'eût été vous enlever ce qui fait la dignité de votre profession. Au contraire, il a paru tout naturel que l'instituteur, en même temps qu'il apprend aux enfants à lire et à écrire, leur enseigne aussi ces règles élémentaires de la vie morale qui ne sont pas moins universellement acceptées que celles du langage et du calcul.

En vous conférant de telles fonctions, le Parlement s'est-il trompé ? A-t-il trop présumé de vos forces, de votre bon vouloir, de votre compétence ? Assurément il eût encouru ce reproche s'il avait imaginé de charger tout à coup quatre-vingt mille instituteurs et institutrices d'une sorte de cours *ex professo* sur les principes, les origines et les fins dernières de la morale. Mais qui jamais a conçu rien de semblable ? Au lendemain même du vote de la loi, le Conseil supérieur de l'Instruction publique a pris soin de vous expliquer ce qu'on attendait de vous, et il l'a fait en des termes qui défient toute équivoque. Vous trouverez ci-inclus un exemplaire des programmes qu'il a approuvés et qui sont pour vous le plus précieux commentaire de la loi : je ne saurais trop vous recommander de les relire et de vous en inspirer. Vous y puiserez la réponse aux deux critiques opposées qui vous parviennent. Les uns vous disent : votre tâche d'éducateur moral est impossible à remplir. Les autres : elle est banale et insignifiante. C'est placer le but ou trop haut ou trop bas. Laissez-moi vous expliquer que la tâche n'est ni au-dessus de vos forces ni au-dessous de votre estime; qu'elle est très limitée et pourtant d'une très grande importance, — extrêmement simple, mais extrêmement difficile.

J'ai dit que votre rôle en matière d'éducation morale est très limité. Vous n'avez à enseigner, à proprement parler, rien de nouveau, rien qui ne vous soit familier comme à tous les honnêtes gens. Et quand on vous parle de mission et d'apostolat, vous n'allez pas vous y méprendre : vous n'êtes point l'apôtre d'un nouvel évangile ; le législateur n'a voulu faire de vous ni un philosophe, ni un théologien improvisé. Il ne vous demande rien qu'on ne puisse demander à tout homme de cœur et de sens. Il est impossible que vous voyiez chaque jour tous ces enfants qui se pressent autour de vous, écoutant vos leçons, observant votre conduite, s'inspirant de vos exemples, à l'âge où l'esprit s'éveille, où le cœur s'ouvre, où la mémoire s'enrichit, sans que l'idée vous vienne aussitôt de profiter de cette docilité, de cette confiance, pour leur transmettre, avec les connaissances scolaires proprement dites, les principes mêmes de la morale, j'entends simplement de cette bonne et antique morale que nous avons reçue de nos pères, et que nous nous honorons tous de suivre dans les relations de la vie, sans nous mettre en peine d'en discuter les bases philosophiques.

Vous êtes l'auxiliaire et, à certains égards, le suppléant du père de famille; parlez donc à son enfant comme vous voudriez que l'on parlât au vôtre : avec force et autorité, toutes les fois qu'il s'agit d'une vérité incontestée, d'un précepte de la morale commune ; avec la plus grande réserve, dès que vous risquez d'effleurer un sentiment religieux dont vous n'êtes pas juge.

Si parfois vous étiez embarrassé pour savoir jusqu'où il vous est permis d'aller dans votre enseignement moral, voici une règle pratique à laquelle vous pourrez vous tenir. Au moment de proposer à vos élèves un précepte, une maxime quelconque, demandez-vous s'il se trouve à votre connaissance un seul honnête homme qui puisse être froissé de ce que vous allez dire. Demandez-vous si un père de famille, je dis un seul, présent à votre classe et vous écoutant, pourrait de bonne foi refuser son assentiment à ce qu'il vous entendrait dire. Si oui, abstenez-vous de le dire; si non, parlez hardiment; car ce que vous allez communiquer à l'enfant, ce n'est pas votre propre sagesse, c'est la sagesse du genre humain, c'est une de ces idées d'ordre universel que plusieurs siècles de civilisation ont fait entrer dans le patrimoine de l'humanité. Si étroit que vous semble peut-être un cercle d'action ainsi tracé, faites-vous un devoir d'honneur de n'en jamais sortir, restez en deçà de cette limite plutôt que de vous exposer à la franchir : vous ne toucherez jamais avec trop de scrupule à cette chose délicate et sacrée, qui est la conscience de l'enfant.

Mais une fois que vous vous êtes ainsi loyalement enfermé dans l'humble et sûre région de la morale usuelle, que vous demande-t-on? Des discours? des dissertations savantes? de brillants exposés, un docte enseignement? Non, la famille et la société vous demandent de les aider à bien élever leurs enfants, à en faire des honnêtes gens. C'est dire qu'elles attendent de vous non des paroles, mais des actes, non pas un enseignement de plus à inscrire au programme, mais un service tout pratique que vous pouvez rendre au pays plutôt encore comme homme que comme professeur.

Il ne s'agit plus là d'une série de vérités à démontrer, mais, ce qui est tout autrement laborieux, d'une longue suite d'influences morales à exercer sur de jeunes êtres à force de patience, de fermeté, de douceur, d'élévation dans le caractère et de puissance persuasive. On a compté sur vous pour leur apprendre à bien vivre par la manière même dont vous vivez avec eux et devant eux. On a osé prétendre pour vous à ce que, d'ici à quelques générations, les habitudes et les idées des populations au milieu desquelles vous aurez exercé attestent les bons effets de vos leçons de morale. Ce sera dans l'histoire un honneur particulier pour notre corps enseignant d'avoir mérité d'inspirer aux Chambres françaises cette opinion, qu'il y a dans chaque instituteur, dans chaque institutrice un auxiliaire naturel du progrès moral et social, une personne dont l'influence ne peut manquer en quelque sorte d'élever autour d'elle le niveau des mœurs. Ce rôle est assez beau pour que vous n'éprouviez nul besoin de l'agrandir. D'autres se chargeront plus tard d'achever l'œuvre que vous ébauchez dans l'enfant et d'ajouter à l'enseignement primaire de la morale un complément de culture philosophique ou religieuse. Pour vous, bornez-vous à l'office que la société vous assigne et qui a aussi sa noblesse, poser dans l'âme des enfants les premiers et solides fondements de la simple moralité.

Dans une telle œuvre, vous le savez, Monsieur, ce n'est pas avec des difficultés de théorie et de haute spéculation que vous avez à vous mesurer; c'est avec des défauts, des vices, des préjugés grossiers. Ces défauts, il ne s'agit pas de les condamner — tout le monde ne les condamne-t-il pas? — mais de les faire disparaître par une succession de petites victoires obscurément remportées. Il ne suffit donc pas que vos élèves aient compris et retenu vos leçons, il faut surtout que leur caractère s'en ressente : ce n'est pas dans l'École, c'est surtout hors de l'École qu'on pourra juger ce qu'a valu votre enseignement

Au reste, voulez-vous en juger vous-même dès à présent et voir si votre enseignement est bien engagé dans cette voie, la seule bonne : examinez s'il a déjà conduit vos élèves à quelques réformes pratiques. Vous leur avez parlé, par exemple, du respect dû à la loi : si cette leçon ne les empêche pas, au sortir de la classe, de commettre une fraude, un acte, fût-il léger, de contrebande ou de braconnage, vous n'avez rien fait encore; la leçon de morale n'a pas porté.

Ou bien vous leur avez expliqué ce que c'est que la justice et que la vérité : en sont-ils assez profondément pénétrés pour aimer mieux avouer une faute que la dissimuler par un mensonge, pour se refuser à une indélicatesse ou à un passe-droit en leur faveur?

Vous avez flétri l'égoïsme et fait l'éloge du dévouement : ont-ils, le moment d'après, abandonné un camarade en péril pour ne songer qu'à eux-mêmes? Votre leçon est à recommencer.

Et que ces rechutes ne vous découragent pas. Ce n'est pas l'œuvre d'un jour de former ou de réformer une âme libre. Il y faut beaucoup de leçons sans doute, des lectures, des maximes écrites, copiées, lues et relues; mais il y faut surtout des exercices pratiques, des efforts, des actes, des habitudes. Les enfants ont en morale un apprentissage à faire, absolument comme pour la lecture ou le calcul. L'enfant qui sait reconnaître et assembler des lettres ne sait pas encore lire; celui qui sait les tracer l'une après l'autre ne sait pas écrire. Que manque-t-il à l'un et à l'autre ? La pratique, l'habitude, la facilité, la rapidité et la sûreté de l'exécution. De même, l'enfant qui répète les premiers préceptes de la morale ne sait pas encore se conduire, il faut qu'on l'exerce à les appliquer couramment, ordinairement, presque d'instinct; alors seulement la morale aura passé de son esprit dans son cœur et elle passera de là dans sa vie ; il ne pourra plus la désapprendre.

De ce caractère tout pratique de l'éducation morale à l'École primaire, il me semble facile de tirer les règles qui doivent vous guider dans le choix de vos moyens d'enseignement.

Une seule méthode vous permettra d'obtenir les résultats que nous souhaitons. C'est celle que le Conseil supérieur vous a recommandée : peu de formules, peu d'abstractions, beaucoup d'exemples et surtout d'exemples pris sur le vif de la réalité. Ces leçons veulent un autre ton, une autre allure que tout le reste de la classe, je ne sais quoi de plus personnel, de plus intime, de plus grave. Ce n'est pas le livre qui parle, ce n'est même plus le fonctionnaire, c'est pour ainsi dire le père de famille dans toute la sincérité de sa conviction et de son sentiment.

Est-ce à dire qu'on puisse vous demander de vous répandre en une sorte d'improvisation perpétuelle sans aliment et sans appui du dehors? Personne n'y a songé, et bien loin de vous manquer, les secours extérieurs qui vous sont offerts ne peuvent vous embarrasser que par leur richesse et leur diversité. Des philosophes et des publicistes, dont quelques-uns comptent parmi les plus autorisés de notre temps et de notre pays, ont tenu à honneur de se faire vos collaborateurs, ils ont mis à votre disposition ce que leur doctrine a de plus pur et de plus élevé. Depuis quelques mois, nous voyons grossir presque de semaine en semaine le nombre des Manuels d'instruction morale et civique. Rien ne prouve mieux le prix que l'opinion publique attache à l'établissement d'une forte culture morale par l'école primaire. L'enseignement laïque de la morale n'est donc estimé ni impossible, ni inutile, puisque la mesure décrétée par le législateur a éveillé aussitôt un si puissant écho dans le pays.

C'est ici cependant qu'il importe de distinguer de plus près entre l'essentiel et l'accessoire, entre l'enseignement moral qui est obligatoire, et les moyens d'enseignement qui ne le sont pas.

Si quelques personnes, peu au courant de la pédagogie moderne, ont pu croire que nos livres scolaires d'instruction morale et civique allaient être une sorte de catéchisme nouveau, c'est là une erreur que ni vous, ni vos collègues, n'avez pu commettre. Vous savez trop bien que, sous le régime de libre examen et de libre concurrence qui est le droit commun en matière de librairie classique, aucun livre ne vous arrive imposé par l'autorité universitaire. Comme tous les ouvrages que vous employez, et plus encore que tous les autres, le livre de morale est entre vos mains un auxiliaire et rien de plus, un instrument dont vous vous servez sans vous y asservir.

Les familles se méprendraient sur le caractère de votre enseignement moral si elles pouvaient croire qu'il réside surtout dans l'usage exclusif d'un livre même excellent. C'est à vous de mettre la vérité morale à la portée de toutes les intelligences, même de celles qui n'auraient pour suivre vos leçons le secours d'aucun manuel ; et ce sera le cas tout d'abord dans le cours élémentaire. Avec de tout jeunes enfants qui commencent seulement à lire, un manuel spécial de morale et d'instruction civique serait manifestement inutile. A ce premier degré, le Conseil supérieur vous recommande, de préférence à l'étude prématurée d'un traité quelconque, ces causeries, familières dans la forme, substantielles au fond, ces explications à la suite des lectures et des leçons diverses, ces mille prétextes que vous offrent la classe et la vie de tous les jours pour exercer le sens moral de l'enfant.

Dans le cours moyen, le manuel n'est autre chose qu'un livre de lectures qui s'ajoute à ceux que vous possédez déjà. Là encore, le Conseil, loin de vous prescrire un enchaînement rigoureux de doctrines, a tenu à vous laisser libre de varier vos procédés d'enseignement : le livre n'intervient que pour vous fournir un choix tout fait de bons exemples, de sages maximes et de récits qui mettent la morale en action.

Enfin dans le cours supérieur, le livre devient surtout un utile moyen de reviser, de fixer et de coordonner; c'est comme le recueil méthodique des principales idées qui doivent se graver dans l'esprit du jeune homme.

Mais, vous le voyez, à ces trois degrés, ce qui importe ce n'est pas l'action du livre, c'est la vôtre. Il ne faudrait pas que le livre vînt en quelque sorte s'interposer entre vos élèves et vous, refroidir votre parole, en émousser l'impression sur l'âme des élèves, vous réduire au rôle de simple répétiteur de la morale. Le livre est fait pour vous, et non vous pour le livre. Il est votre conseiller et votre guide, mais c'est vous qui devez rester le guide et le conseiller par excellence de vos élèves.

Pour vous donner tous les moyens de nourrir votre enseignement personnel de la substance des meilleurs ouvrages, sans que le hasard des circonstances vous enchaîne exclusivement à tel ou tel manuel, je vous envoie la liste complète des traités d'instruction morale ou d'instruction civique qui ont été, cette année, adoptés par les instituteurs dans les diverses Académies; la bibliothèque pédagogique du chef-lieu de canton les recevra du Ministère, si elle ne les possède déjà, et les mettra à votre disposition. Cet examen fait, vous restez libre ou de prendre un de ces ouvrages pour en faire un des livres de lecture habituelle de la classe; ou bien d'en employer concurremment plusieurs, tous pris, bien entendu, dans la liste générale ci-incluse; ou bien encore vous pouvez vous réserver de choisir vous-même, dans différents auteurs, des extraits destinés à être lus, dictés, appris. Il est juste que vous ayez à cet égard autant de liberté que vous avez de responsabilité. Mais quelque solution que vous préfériez, je ne saurais trop vous le redire, faites toujours bien comprendre que vous mettez votre amour-propre, ou plutôt votre honneur, non pas à faire adopter tel ou tel livre, mais à faire pénétrer profondément dans les jeunes générations l'enseignement pratique des bonnes règles et des bons sentiments.

Il dépend de vous, Monsieur, j'en ai la certitude, de hâter par votre manière d'agir le moment où cet enseignement sera partout non pas seulement accepté, mais apprécié, honoré, aimé, comme il mérite de l'être. Les populations mêmes dont on a cherché à exciter les inquiétudes ne résisteront pas longtemps à l'expérience qui se fera sous leurs yeux. Quand elles vous auront vu à l'œuvre; quand elles reconnaîtront que vous n'avez d'autre arrière-pensée que de leur rendre leurs enfants plus instruits et meilleurs; quand elles remarqueront que vos leçons de morale commencent à produire de l'effet, que leurs enfants rapportent de votre classe de meilleures habitudes, des manières plus douces et plus respectueuses, plus de droiture, plus d'obéissance, plus de goût pour le travail, plus de soumission au devoir, enfin tous les signes d'une incessante amélioration morale, alors la cause de l'École laïque sera gagnée, le bon sens du père et le cœur de la mère ne s'y tromperont pas; et ils n'auront pas besoin qu'on leur apprenne ce qu'ils vous doivent d'estime, de confiance et de gratitude.

J'ai essayé de vous donner, Monsieur, une idée aussi précise que possible d'une partie de votre tâche qui est, à certains égards, nouvelle, qui de toutes est la plus délicate; permettez-moi d'ajouter que c'est aussi celle qui vous laissera les plus intimes et les plus durables satisfactions. Je serais heureux si j'avais contribué par cette lettre à vous montrer toute l'importance qu'y attache le gouvernement de la République et si je vous avais décidé à redoubler d'efforts pour préparer à notre pays une génération de bons citoyens.

Recevez, etc.

Signé : JULES FERRY.

Circulaire du Ministre de l'Instruction publique, interdisant aux instituteurs et institutrices de conduire leurs élèves aux Réunions publiques. 18 nov. 1883.

18 Novembre 1883.

Monsieur le Préfet, à l'occasion d'un récent incident, dont l'opinion publique s'est vivement émue, mais qui n'avait pas l'importance que certains journaux se sont plu à lui donner, je crois devoir appeler votre attention sur la nécessité d'interdire formellement aux instituteurs et institutrices publics de conduire leurs élèves aux réunions ou conférences offrant un caractère politique, quel que soit d'ailleurs l'orateur qui doive prendre la parole.

Il convient en effet, pour prévenir toutes difficultés, d'adopter une règle uniforme et absolue.

Veuillez donner des instructions dans ce sens aux Inspecteurs primaires et porter cette décision à la connaissance du personnel placé sous vos ordres, par la voie du *Bulletin départemental.*

Recevez, etc.

Signé : JULES FERRY.

Décret portant création d'une École normale spéciale pour l'enseignement du Travail manuel[1]. 1er janvier 1884.

1er Janvier 1884

Le Président de la République française,

Sur le rapport du Ministre de l'Instruction publique et des Beaux-Arts,

1. Par décret du 4 *septembre* 1884, l'École spéciale de travail manuel a été réunie à l'École normale supérieure de Saint-Cloud.

Par mesure spéciale pour la promotion 1884-1885, les candidats à l'École spéciale

Vu la loi du 11 décembre 1880 et le décret du 30 juillet 1881;
Vu la loi de finances du 29 décembre 1883;
Vu l'arrêté du 20 juillet 1883,
Décrète :

ARTICLE 1er. — Il est créé une École normale spéciale destinée à la préparation des maîtres pour l'enseignement du travail manuel dans les Écoles normales d'instituteurs et dans les Écoles normales supérieures.

ART. 2. — Il sera pourvu aux dépenses de cet établissement au moyen des crédits inscrits au chapitre 52 du budget du Ministère de l'Instruction publique.

1er janvier 1884. **Arrêté réglant le service de l'Inspection générale de l'Enseignement primaire[1].**

1er Janvier 1884.

Le Ministre de l'Instruction publique et des Beaux-Arts,

Vu l'arrêté en date du 21 mars 1882, établissant sept circonscriptions d'inspection générale de l'enseignement primaire;

Considérant que l'institution de deux certificats d'aptitude à l'enseignement dans les Écoles normales, l'un pour les lettres, l'autre pour les sciences, comporte une inspection distincte pour chacun de ces deux ordres d'enseignement;

Considérant que l'extension donnée à l'enseignement du dessin, du chant et des langues vivantes dans les établissements d'instruction primaire nécessite une inspection spéciale de ces diverses matières du programme;

Considérant qu'en présence du développement qu'a reçu dans ces

de travail manuel et les candidats à l'École de Saint-Cloud (section des sciences) ont subi un même examen d'admission.

Les conditions du concours ont été réglées par l'arrêté du 4 *septembre* 1884 (*Bull. adm.*, 1884, t. XXXV, p. 341 et 342).

1. Consulter les document suivants :

Rapport du Directeur de l'enseignement primaire (15 *février* 1882), approuvé par le Ministre, sur la modification du service de l'inspection générale de l'enseignement primaire (*Bull. adm.*, 1882, t. XXV, p. 612);

Circulaire du 5 *novembre* 1879, aux Préfets, relative à l'organisation de l'inspection départementale des Salles d'asile (*Circ.*, t. VIII, p. 224);

— 28 *mars* 1882, aux Recteurs, relative aux fonctions des Inspectrices départementales des Écoles maternelles (*Ibid.*, p. 679);

— 21 *mai* 1883, au Préfet de la Seine, reconnaissant aux Inspecteurs du service des enfants assistés le droit d'entrer dans les Écoles primaires (voir p. 536).

dernières années l'enseignement primaire supérieur, il importe de régler le mode d'inspection des Écoles primaires supérieures et des Cours complémentaires,

Arrête :

ARTICLE 1er. — Le service de l'inspection générale dans les Écoles normales d'instituteurs et d'institutrices, dans les Écoles primaires supérieures, dans les Cours complémentaires, comprend :

1° Inspection des lettres ;

2° Inspection des sciences ;

3° Inspection du chant et des langues vivantes ;

4° Inspection du dessin ;

5° Inspection des boursiers de l'État dans les Écoles primaires supérieures et relations avec les Comités de patronage.

ART. 2. — Les Inspecteurs généraux visitent les Écoles normales, les Écoles primaires supérieures et les Cours complémentaires, spécialement au point de vue de l'ordre d'enseignement auquel ils appartiennent.

ART. 3. — L'inspection du chant et de la musique et l'inspection des langues dans les Écoles normales et dans les Écoles primaires supérieures forment un service distinct.

ART. 4. — L'inspection du dessin, dans les Écoles normales d'instituteurs et d'institutrices et dans les Écoles primaires supérieures, est confiée aux Inspecteurs spéciaux du dessin, chacun pour la région à laquelle il a été attaché par arrêté en date du 3 octobre 1881.

Décret affectant les Écoles normales primaires d'institutrices au Recrutement du personnel enseignant des Écoles maternelles et des Écoles enfantines. 14 janvier 1884.

14 Janvier 1884.

Le Président de la République française,

Vu les lois du 9 août 1879 et du 16 juin 1881 ;

Vu les articles 6 et 18 du décret du 29 juillet 1881, relatif à l'organisation des Écoles normales primaires ;

Vu l'article 2 de l'arrêté du 3 août 1881 ;

Le Conseil supérieur de l'Instruction publique entendu,

Décrète :

ARTICLE 1er. — Les Écoles normales d'institutrices ont pour objet d'assurer le recrutement du personnel enseignant non seulement pour les Écoles primaires, mais encore pour les Écoles maternelles et les Classes enfantines.

ART. 2. — Des instructions ministérielles régleront les modifications à apporter à l'emploi du temps et aux programmes des Écoles normales d'institutrices pour assurer l'application du présent décret.

---

14 janvier 1884. **Arrêté modifiant l'article 18 de l'Arrêté du 5 janvier 1881, relatif aux épreuves de Langues vivantes dans les examens pour le Brevet supérieur de capacité de l'enseignement primaire.**

14 Janvier 1884.

Le Ministre de l'Instruction publique et des Beaux-Arts,

Vu l'arrêté du 5 janvier 1881, concernant les examens pour les brevets de capacité;

Considérant que l'expérience a démontré l'insuffisance du temps accordé par l'article 18 de l'arrêté précité pour les épreuves écrites de langues vivantes;

Le Conseil supérieur de l'Instruction publique entendu,

Arrête :

L'article 18 de l'arrêté du 5 janvier 1881 est modifié comme suit:

« Tout candidat qui en a fait la demande au moment de son inscription est admis à subir une épreuve spéciale sur les langues vivantes. L'examen comprend :

« 1° Une épreuve écrite, thème et version (durée, trois heures);

« 2° Une épreuve orale consistant à traduire couramment vingt lignes au moins d'un auteur étranger. »

---

12 février 1884. **Proposition de loi ayant pour objet la création de Crèches communales, présentée par M. Georges Escande, député [1].**

Séance du 12 Février 1884.

Exposé des motifs.

Messieurs, parmi les nombreuses institutions créées en vue de venir en aide aux populations ouvrières, il en est une dont l'expérience a révélé l'utilité et dont la création s'impose : c'est la crèche. Les crèches ont été jusqu'à ce jour

1. Voir le *Journal officiel* de *février* 1884 (Documents parlementaires, Chambre), p. 110-113.

laissées à l'initiative privée. Mais les résultats obtenus et les besoins révélés justifient l'intervention des communes et de l'État, que notre proposition a pour but de provoquer et de régler.

I.

Les crèches ont pour but la garde du nourrisson pendant la journée, afin de faciliter à la mère le travail hors du domicile.

Leur organisation et leur fonctionnement sont très simples :

La crèche modèle comprend deux salles : la salle de garde et le dortoir ; une cour et des accessoires.

La salle de garde est destinée à l'enfant éveillé ; elle est meublée de petits fauteuils et de la « pouponnière », sorte de galerie qui permet aux enfants de s'essayer à marcher.

Le dortoir est meublé de petits lits en fer et construit sur des proportions qui assurent de 7 à 8 mètres cubes d'air à chaque enfant.

La cour est aussi nécessaire que les salles, afin d'élever le plus possible les enfants au grand air.

Les accessoires indispensables sont : les cabinets, les lavabos et une petite cuisine.

La directrice peut être logée dans l'établissement; mais cela n'est pas indispensable, la crèche ne s'ouvrant que vers sept heures du matin et se fermant vers six heures du soir.

Le fonctionnement est des plus simples: avant d'aller au travail, la mère apporte à la crèche son nourrisson ; elle revient à midi le faire teter, plus souvent si elle peut ou si c'est nécessaire, et le reprend à six heures, la journée de travail finie. La directrice de la crèche surveille l'enfant, le tient propre, le nourrit, le fait examiner par le médecin, etc.

La première crèche fut créée, en 1844, par M. Marbeau. Il en conçut l'idée en visitant les salles d'asile de Paris du 1er arrondissement, et la consigna dans un rapport au Préfet de la Seine, puis dans une brochure[1].

« Une femme, dit-il, apporte son enfant à la crèche qu'on vient d'ouvrir. Comment auriez-vous fait, lui demande-t-on, sans la crèche ? — Comme je fis pour son frère : il est mort à quatorze mois, faute de soins ! Il vivrait encore si la crèche eût existé six mois plus tôt. »

La première crèche réussit au delà des espérances des fondateurs : ils en créèrent de nouvelles avec empressement. Voilà la première expérience.

Cette institution correspond, en effet, à un besoin si réel qu'il a donné lieu à une industrie qui existe encore : les « gardeuses » ou les « sevreuses ». M. Marbeau la dépeint ainsi : « Elle était (la sevreuse) à son poste, gardant trois petits enfants sur le carreau, dans une misérable chambre. Comment nourrissez-vous celui qui tette ? — La mère vient l'allaiter aux heures de repas », me répondit-elle. Voilà le service à rendre à la mère. Les gardeuses s'en chargent; mais il est malheureusement trop vrai que toute industrie qui s'applique à l'enfant le surveille moins qu'elle ne l'exploite et ajoute trop de dangers à son utilité. Il ne peut être bon que la misère confie ses enfants à une autre misère. Au reste, les sevreuses sont rares et coûteuses, et, à défaut d'elles, c'est l'aîné des enfants qui garde le nourrisson : c'est alors l'impuissance confiée à la turbulence.

1. *Des Crèches, ou moyen de diminuer la misère en augmentant la population* (Paris, 1845).

Les crèches furent donc accueillies avec grande faveur. En 1858, leur nombre s'élevait à 84, réparties dans 35 départements. La Seine en comptait 25. Elles avaient 2 071 berceaux et recevaient 6 279 enfants.

M. Bloch, dans la *Statistique de la France*, fait remarquer qu'une statistique de 1850 portait à 400 le nombre des crèches. Est-ce une erreur, ou, en 1858, la première ardeur avait-elle disparu? Je l'ignore; mais il me paraît incontestable que les espérances du début furent complètement déçues. En 1868, d'après le dernier exposé de la situation de l'Empire, il n'y aurait eu que 22 crèches approuvées [1]. Dans la statistique des œuvres privées, on en signale en plus 33.

Cette œuvre avait pourtant, dès 1862, été mise sous le patronage de l'impératrice et organisée par un décret et un règlement encore en vigueur. Depuis, à défaut de l'administration, les sociétés de bienfaisance et de rares publicistes se sont occupés de ces questions, et il semble que l'attention publique et les préoccupations du législateur se sont surtout portées vers les enfants, après le sevrage, et vers la mère, au seul moment de l'accouchement.

C'est qu'une idée a prévalu : il faut laisser, dit-on, l'enfant à la mère; et ce principe excellent, exploité par la sensiblerie, dont il faut tant se méfier, quand on s'occupe de bienfaisance, a amené ce résultat : que pour ne pas séparer l'enfant de sa mère, pendant quelques heures, on a rendu inévitables bien des abandons. Les crèches ne se sont donc pas multipliées comme il eût été désirable; et, d'après la statistique du Ministère de l'Intérieur, nous sommes dans une situation à peu de chose près semblable à celle de 1858.

31 départements possèdent des crèches, et parmi ces départements quelques-uns n'ont qu'une crèche contenant de 12 à 20 enfants. Le nombre des enfants recueillis est de 6 954.

Paris compte 30 crèches avec 3 261 enfants. Si les chiffres sont exacts, il est à craindre que la plupart des crèches existantes ne contiennent un trop grand nombre d'enfants.

La banlieue compte 13 crèches recueillant 634 enfants.

54 départements n'ont pas de crèches.

L'État inscrit au budget du Ministère de l'Intérieur, chapitre 4, une somme de 120 000 francs environ.

Cette situation n'est pas en rapport avec les besoins, ni à Paris, ni dans les départements, où la population industrielle est nombreuse. On trouve l'expression de ce besoin, pour Paris, dans les rapports relatifs à l'assistance publique; et, pour les départements, le Conseil général d'Amiens émettait, en 1882, le vœu que les crèches soient assimilées aux établissements scolaires et admises à participer à la distribution des fonds alloués par l'État en faveur de l'instruction. Les sociétés maternelles, les sociétés protectrices de l'enfance ont créé des crèches; les bureaux de bienfaisance et les Conseils municipaux ont approuvé et souvent aidé ces créations; mais, par suite des préjugés ou du manque d'argent, le développement désirable ne s'est pas produit. Nous allons en rechercher les causes et essayer d'en indiquer les remèdes.

II.

On s'est, peut-être fort mal à propos, comme je l'ai dit, apitoyé sur le nourrisson séparé de sa mère pendant quelques heures de la journée, et il ne serait pas impossible que cette compassion malentendue n'ait arrêté le développement

1. M. Bloch, *Statistique de la France*, t. Ier, p. 328 et 330.

des crèches. Il est en effet facile de faire du sentiment sur ce point, et il serait très désirable que la société fût assez bien ordonnée pour que la mère, après l'accouchement, n'eût d'autre occupation que les deux seules dont elle est capable : la direction du ménage et l'éducation de son enfant. Malheureusement, il n'en est rien, et bien grand est le nombre des mères que la misère oblige de reprendre le travail quotidien aussitôt que commence la fragile convalescence qui suit l'accouchement.

Étudions cette situation dans les milieux ouvriers. La mère vient d'accoucher : fort heureuse si l'accouchement a eu lieu à l'hôpital ; mais dans ce cas, au neuvième jour, elle sort avec son enfant. C'est la règle absolue. Accouchement, chômage, dépenses pour l'enfant, ont, dans la plupart des cas, épuisé toutes les réserves. Si la femme est mariée, le mari doit subvenir à toutes les dépenses; mais si c'est une fille-mère, qui l'aidera ? S'il y a chômage, que fera le mari ? Ce que nous savons de l'état des populations industrielles nous permet de dire que la femme légitime, aussi bien que la fille-mère, auront, dans le plus grand nombre de cas, un besoin urgent de travailler pour vivre. Il en est de même des femmes employées dans les bureaux : si la nécessité de veiller constamment sur leurs pauvres enfants doit les mettre dans l'obligation d'abandonner leur emploi, elles hésiteront entre leur emploi et le mariage. De là pour la société des conséquences d'un autre ordre et également préjudiciables à la nation.

Comment sortir d'embarras?

La mère travaillera-t-elle et gardera-t-elle son enfant ? Dans ce cas, c'est la séparation journalière et l'enfant confié à des gardeuses ou à ses frères et sœurs; c'est la séparation sans la crèche, c'est-à-dire sans garantie.

La mère abandonnera-t-elle l'enfant ? — La société lui répond à la fois : non, en offrant des secours pour prévenir l'abandon; oui, en lui ouvrant ses hospices. Bien souvent la mère commence par accepter les secours et finit par abandonner son enfant. C'est que les secours, quoique distribués largement, sont insuffisants.

Des rapports de M. Quentin, directeur de l'Assistance publique, il résulte que le nombre des femmes qui les réclament s'augmente chaque année, dans une proportion notable : de 3 127, en 1881, il s'est élevé à 3 522 en 1882. Le résultat de cette pratique est excellent au point de vue de l'abandon et de la mortalité : en 1882, par exemple, sur 3 522 enfants allaités par leur mère, 19 seulement ont été abandonnés, tandis que sur 276 enfants placés en nourrice, le nombre des abandonnés est de 37.

La mortalité s'abaisse dans des proportions analogues. La mortalité des nourrissons allaités par la mère, qui était de 15,73 pour 100 en 1881, descend à 14,28 pour 100 en 1882. La mortalité des enfants mis en nourrice est bien plus élevée.

Il faut donc faciliter à la mère l'allaitement de son enfant, et les secours à domicile ont cet effet. Mais suffisent-ils? Évidemment non : ce n'est pas 15 francs, 20 francs, 25 francs même par mois, distribués pendant les premiers mois de l'allaitement, qui peuvent résoudre ce problème. L'État ne peut pourtant pas remplacer, par un secours accordé régulièrement pendant deux ans, le produit du travail journalier. Il faut donc que la mère et la fille-mère reviennent à l'atelier. C'est, en effet, ce qui se passe.

L'ouvrière, à peine accouchée, se met au travail, s'épuise et nourrit à peine; l'enfant se développe mal, devient malade, et il faut, en fin de compte, le porter à l'hospice; souvent trop tard. « Habituellement, disait le savant et regretté professeur Parrot, médecin de l'hospice des Enfants assistés, les père et mère ne consentaient à s'en séparer que lorsqu'ils étaient arrivés aux dernières limites de cachexie. En cet état, il n'est pas surprenant qu'ils aient succombé après quelques jours et même au bout de quelques heures. » L'enfant meurt et la femme est épuisée : quel résultat social !

On trouve la confirmation de ce fait dans l'âge auquel une partie des enfants sont abandonnés. Si on examine le tableau fourni par l'Assistance publique, on voit qu'en 1882, à Paris, sur 2 746 enfants abandonnés, 732 l'ont été du huitième au quinzième jour, c'est-à-dire au moment qui correspond à la sortie de l'hôpital et à la reprise du travail.

A partir de ce moment, le nombre diminue : il est cependant considérable.

	Enfants admis à l'hospice.
De 15 à 30 jours après l'accouchement. . .	261
De 1 mois à 3 mois	215
De 3 mois à 6 mois	155
De 6 mois à 12 mois.	244
Total.	875

Si on ajoute à ce chiffre celui des enfants admis à l'hospice avant le quinzième jour, et qui s'élève à 732, on voit que le total des enfants de un jour à un an admis à l'hospice de Paris s'élève au nombre de 1 607.

Si on examine en outre l'état civil de tous ces enfants, on remarque que 457 sont des enfants légitimes et 372 ont été reconnus. Parmi ces derniers, 65 l'ont été par le père lui-même.

Ne paraît-il pas évident que, si on a fait admettre à l'hospice ces enfants reconnus ou légitimes, tardivement abandonnés, c'est après avoir essayé de les garder et n'avoir cédé qu'à la misère?

Les secours à domicile ne sont donc pas suffisants. Un autre rouage est nécessaire : c'est la crèche, véritable institution des mères de famille.

Les femmes qui se trouvent, après l'accouchement, dans la dure situation que j'indiquais sont nombreuses en France. Paris, d'abord, en fournit beaucoup : c'est une des villes où la femme s'adonne au plus grand nombre de travaux, et où s'accentue le plus cette tendance à donner à la femme le moyen de gagner sa vie. Aussi voit-on des magasins, des ateliers, des bureaux peuplés de femmes. Que ces femmes deviennent mères, il faudra qu'elles sacrifient l'enfant au gagne-pain ou le gagne-pain à l'enfant, faute de pouvoir concilier les besoins de l'enfant et les exigences du travail. Il en sera de même dans les villes où la population industrielle est nombreuse : dans le Nord, le Pas-de-Calais, l'Aveyron, le Gard, la Loire et dans au moins une ou deux villes des 57 départements qui n'ont pas de crèche; partout où la femme est occupée, dans nos 5 503 ateliers de tissage, dans les ateliers de confection, d'habillement, qui occupent plus d'un million de femmes et dans les bureaux qui, fort heureusement enfin, s'ouvrent à elles.

Ce besoin sera rarement remarqué dans les campagnes; mais c'est précisément les villes qui augmentent sans cesse en population. Un sixième de la population totale est déjà dans les villes de plus de 30 000 habitants. L'industrie occupe 1 251 811 femmes ; le commerce 289 411 ; et combien d'autres sont prises dans la journée, sans que la statistique nous le révèle, notamment à Paris, où faire des ménages est une profession si répandue. Dans ces populations, la natalité augmente, mais la mortalité en détruit tous les heureux effets,

Et, s'il naît un million d'enfants par an, combien en reste-t-il au bout de la seconde année?

La crèche, ainsi comprise, a des conséquences sociales qui la justifient. Elle a en même temps des conséquences physiologiques morales et financières qui répondront aux dernières objections qui pourraient se produire.

Physiologiquement, l'enfant s'élèvera mieux. Je ne veux pas insister sur le milieu plus hygiénique, sur les soins, la meilleure nourriture, avantages évidents, mais sur l'allaitement lui-même, parce qu'on peut faire à ce sujet une objection.

On dira que la mère, surtout dans les premiers mois, ne fera pas téter assez souvent son enfant. Il est incontestable (et je regrette d'aborder des considérations aussi spéciales) qu'une ou deux tétées de plus seraient utiles; mais il ne faut pas juger la situation que nous créons sur les règles de l'allaitement modèle, mais sur ce qui se passerait sans la crèche. On verra alors qu'à la préoccupation constante de son enfant mal gardé, mal nourri, nous substituons la tranquillité d'esprit pour la mère; aux irrégularités de la vie, une régularité que la santé réclame, et qu'il n'est pas un médecin qui ne reconnaisse que cette situation est bonne et pour la santé de la mère et pour la santé de l'enfant.

La famille y gagnera en moralité, en affection réciproque. Le fondateur des crèches, M. Marbeau, prévoyait avec raison ces conséquences; l'expérience les a confirmées. Entre autres bons effets, une directrice de crèche m'en signalait un des plus intéressants : c'est le mariage de plusieurs filles-mères, réhabilitées par l'éducation même de leur enfant.

Le bien-être et la moralité des familles sont déjà pour la société un avantage qui justifierait cette mesure aussi bien que la conservation des enfants.

Enfin, à mesure que les crèches recevront un plus grand nombre d'enfants, le nombre des secours à domicile diminuera, le nombre des enfants admis à l'hospice diminuera également, et si, pendant les premiers temps, les dépenses diminuées d'un côté se reproduisent de l'autre, on peut prévoir l'époque où, grâce aux crèches, les dépenses générales de l'assistance s'abaisseront, et où, avec moins de frais, de meilleurs résultats seront obtenus.

III

Partout où les crèches existent, on voit qu'elles sont intimement liées à la fois à notre système de prévoyance sociale et à notre organisation scolaire; et dans les centres ouvriers qui en manquent leur défaut se fait vivement sentir et pour les populations et pour l'État.

L'État, les communes et les départements organisent de leur mieux les maternités, les salles d'accouchement, les secours aux femmes en couche. C'est un besoin social qu'on essaye de satisfaire le mieux possible. Puis on s'occupe avec le même soin de la salle d'asile, qui tient à la fois de l'institution de prévoyance et de l'institution scolaire.

Et, à ce double point de vue, on s'efforce de remplacer les leçons, impressions et enseignements que chaque enfant devrait recevoir de la présence, de l'exemple et des paroles de sa mère et de préparer cet enfant à l'École primaire. Mais entre l'accouchement et les Salles d'asile, il y a une période de deux ans : et combien sont dures à tous égards, et pour la mère et pour l'enfant, ces deux années de l'allaitement et du sevrage! Des secours de toutes sortes distribués par l'Assistance publique y pourvoient; s'ils sont insuffisants, l'hospice s'ouvre comme nous l'avons vu. Secours et hospice au reste semblent plutôt destinés aux filles-mères; il semble même que c'est uniquement elles que l'on avait en vue au début. Par une extension très louable, on s'est mis à accorder aussi des secours aux femmes mariées pour prévenir l'abandon. Tout cela améliore une situation individuelle pour un jour, mais ne remédie pas à une situation générale et durable.

Ce qu'il faut, c'est ajouter à nos institutions d'assistance une institution non de secours journaliers et passagers, mais de prévoyance et d'économie progressive, c'est rendre à la mère cette chose si nécessaire : la liberté du travail, c'est créer enfin une institution qui protège et conserve l'enfant à la famille et, par le bien qu'elle fait aux individus, amoindrisse dans l'avenir les charges de la société. Nous avons vu que la crèche répond à ce programme.

Nous ne calquerons pas cette organisation sur les organisations scolaire et communale. Il importe d'éviter aux communes et à l'État toute dépense qui ne serait pas rigoureusement nécessaire. Mais il n'importe pas moins de faire cette dépense dans les milieux où ce besoin s'est manifesté. Les grandes villes, les chefs-lieux de département en général, la plupart des villes dont la population dépasse 5 à 6 000 âmes, partout où l'industrie, le commerce ou un travail journalier quelconque arrachent la femme au foyer, cette institution peut être immédiatement adoptée. Ces villes ont en général des ressources suffisantes pour cela et font pour l'assistance des dépenses considérables qui ne produisent pas de grands effets. Notre proposition, au reste, ne leur impose pas l'obligation de créer des crèches, elle leur facilite cette création.

Nous croyons que la dépense devant profiter à la fois à la société et à la commune, l'État et la commune doivent y participer. Au lieu de donner au Conseil municipal, déjà chargé d'attributions, cette mission, nous la confions aux bureaux de bienfaisance. Cela rentre tout à fait dans leurs attributions d'assistance, et il est grand temps de les pousser dans la voie des institutions de prévoyance, au lieu de les laisser ne s'occuper que de distributions de secours, au jour le jour, sans rien faire pour diminuer le nombre des indigents ou supprimer quelqu'une des causes multiples de l'indigence.

Déjà plusieurs Commissions administratives sont entrées dans cette voie. L'enquête de 1874 sur les bureaux de bienfaisance constate que les 304 bureaux, dont la dépense est supérieure à 10 000 francs, ont dépensé 2 167 francs pour les crèches.

Mais si on détaille les dépenses faites par ces bureaux, on voit combien ils peuvent faire davantage. Ils ont fait, en effet, dans l'ordre de l'enseignement, si richement doté depuis, ce qui rend leur intervention inutile, les dépenses suivantes :

Salles d'asile.	30 736 fr.
Écoles.	84 940
Pensions payées aux lycées.	2 967
Pensions payées aux institutions de jeunes filles.	270
Pensions payées aux séminaires.	2 154
En tout, une dépense de.	120 237 fr.

L'immense développement donné à la gratuité, la création de bourses dans toutes les Écoles : primaires supérieures, professionnelles, Lycées, etc., rendent cette dépense inutile. Ne peut-elle pas être plus utilement affectée aux crèches?

Ces bureaux devaient donner aussi des secours aux filles-mères et à un grand nombre de femmes mariées. Le développement du service de l'Assistance publique a diminué également les charges de ces bureaux. Ces secours ont atteint, en effet, en 1871, près de 3 500 000 francs. Depuis, ils ont augmenté chaque année.

Enfin, la même enquête constate qu'en général la situation des bureaux de bienfaisance est bonne. Il suffit, pour voir que rien n'a changé à cet égard, de jeter un coup d'œil sur la situation financière des communes en 1884, publiée par M. le Ministre de l'Intérieur. A part de rares exceptions, on constate que les revenus des bureaux sont importants; et, si on examine seulement ceux qui dépensent 10 000 francs, on voit que beaucoup sont dans des villes privées de crèches et peuplées d'ouvriers. Ce sont ceux dont il faut éveiller l'initiative.

Ces principes posés, nous allons exposer rapidement la façon dont il est possible de les appliquer.

IV

ART. 1 et 2. — Les Commissions administratives des bureaux de bienfaisance, pour créer des crèches, devront, dans la plupart des cas, faute des ressources disponibles, avoir recours à l'emprunt et grever l'avenir. La délibération décidant l'emprunt, comme les budgets des bureaux de bienfaisance, devra être soumise au Conseil municipal et approuvée par l'autorité supérieure.

Pour répondre à la crainte de voir les Commissions affecter une trop grande partie de leurs ressources à cet objet, nous croyons utile de leur imposer un maximum, qui sera le cinquième des ressources ordinaires. Si, après ce vote, une circonstance particulière nécessite dans la commune des secours extraordinaires, les quêtes que les bureaux ont toujours le droit de faire combleront le déficit momentané.

ART. 3. — L'État viendra en aide aux communes dans des proportions limitées et qui ne pourront dépasser, pour chaque crèche, la moitié de la dépense. L'expérience démontre la nécessité de prévenir les exagérations qu'entraîne si souvent avec lui le plaisir de donner.

Nous ne croyons pas indispensable de créer une caisse spéciale affectée au service des subventions ou des emprunts, pour les crèches, et nous ne croyons pas possible, dans la situation actuelle de la Caisse des Écoles, de décider que les emprunts seront faits à cette caisse. Les Commissions s'adresseront aux mêmes établissements que les Conseils municipaux, quand ceux-ci ont des emprunts à contracter.

ART. 4. — La subvention que nous proposons d'inscrire au budget, pour la première année, sera d'un million. Cela est suffisant pour provoquer l'initiative dans 40 à 45 communes; et si, chaque année, un pareil nombre de crèches étaient ouvertes, en dix ou quinze ans, il en existerait partout où elles seraient nécessaires.

Les Conseils municipaux, les Conseils généraux, les sociétés de charité maternelle aideraient à ce mouvement, et, tandis que l'organisation des crèches créerait un supplément de dépenses, d'autre part des économies seraient réalisées sur divers chapitres du budget du Ministère de l'Intérieur consacrés à l'assistance, tout spécialement sur les chapitres 44, 41 et 48 : relatifs aux enfants assistés, aux secours aux hospices et aux sociétés de charité maternelle, et qui s'élèvent au chiffre de 1 676 000 francs par an.

ART. 5. — Par cet article, nous prescrivons au Ministre de l'Intérieur de faire dresser des plans types, afin de réaliser ces constructions au meilleur marché possible. Sous ce rapport, l'expérience que nous venons de faire pour les maisons d'école doit nous servir. Elle nous prouve que de pareils plans pouvaient être faits, puisqu'il en existe un grand nombre; qu'on aurait dû commencer par imposer aux Conseils leur examen. S'il en eût été ainsi, les dépenses auraient été moins considérables.

Jamais l'économie ne fut plus indiquée que dans le maniement des ressources destinées à la bienfaisance; aussi n'avons-nous pas hésité à prescrire le refus de toute subvention aux projets qui, au lieu d'être conformes aux plans types plus économiques, comporteraient des dépenses de luxe.

Art. 6. — Nous ne croyons pas qu'il y ait lieu de créer un corps spécial pour la direction des crèches. Le bureau de bienfaisance est parfaitement apte à choisir une personne capable de remplir cet emploi, et nous avons cru bon de donner aux bureaux cette attribution et la responsabilité qui en découle, persuadé que c'est le meilleur moyen d'éveiller et d'entretenir sa sollicitude.

Si nous faisons intervenir le Préfet dans la nomination, c'est afin de soustraire la directrice, une fois nommée, à toutes les fluctuations des questions de clocher, et de la défendre contre des décisions souvent prises *ab irato*. De plus, les bureaux de bienfaisance étant nommés en partie par les Préfets, il était naturel d'associer cet administrateur à leur décision.

Art. 7. — La conséquence du choix des directrices par les bureaux est qu'ils auront à subvenir à leurs traitements.

Il y a à cela un avantage sérieux : c'est qu'au lieu d'un traitement uniforme pour la France, le traitement variera selon les villes et les régions et sera calculé sur les besoins et les exigences véritables de la vie.

L'État pourra accorder des subventions pour le traitement.

Art. 8. — L'inspection des crèches sera confiée à la fois à l'Inspecteur des enfants assistés, à l'Inspecteur d'Académie et à l'Inspectrice des salles d'asile. Non pas que ceux-ci aient à introduire dans les crèches un commencement d'enseignement, qui serait assurément prématuré, mais parce qu'accoutumés à voir les enfants réunis, leur expérience ne peut être que très utile et que, dans le cas où des enfants seraient conservés trop longtemps dans les crèches, les Inspecteurs pourraient faire cesser cette irrégularité.

Art. 9. — Nous demandons enfin qu'on refasse le règlement d'administration publique du 2 juin 1862, tout à fait insuffisant sur plusieurs points et en contradiction avec les idées de la majorité, notamment à l'article 14, qui accorde aux prêtres un droit d'inspection incompatible avec les principes d'une société laïque.

Nous avons, en conséquence, l'honneur de vous soumettre la proposition de loi suivante :

Proposition de loi.

Article 1er. — Les Commissions administratives des bureaux de bienfaisance qui, après avis du Conseil municipal, auront décidé la création de crèches seront autorisées à affecter à cette création une partie de leurs ressources ordinaires ou extraordinaires et à contracter des emprunts.

Art. 2. — La part des ressources ordinaires affectée à la création des crèches ne pourra excéder le cinquième de ces ressources.

Art. 3. — Des subventions pour la construction et le mobilier des crèches seront accordées par le Ministre de l'Intérieur. La subvention ne pourra jamais dépasser la moitié de la dépense prévue.

Art. 4. — Un crédit d'un million sera inscrit au chapitre 48 du budget du

Ministère de l'Intérieur, sous la rubrique : Subventions aux communes pour la création des crèches.

ART. 5. — Le Ministre de l'Intérieur fera dresser des plans-types qui seront communiqués à toute Commission qui décidera la construction d'une crèche. Les subventions ne seront accordées que pour les projets dressés conformément à ces plans.

ART. 6. — Les directrices de crèches seront nommées par le Préfet, sur la proposition de la Commission administrative du bureau de bienfaisance.

ART. 7. — Les traitements du personnel seront fixés par la Commission administrative du bureau de bienfaisance et inscrits à son budget.

Des subventions pourront être accordées par le Ministre de l'Intérieur.

ART. 8. — L'inspection des Salles d'asile est confiée à l'Inspecteur des enfants assistés. Elles seront visitées par les Inspecteurs primaires et d'Académie et par les Inspectrices générales des Salles d'asile.

Les crèches privées seront soumises aux mêmes inspections et aux mêmes visites.

ART. 9. — L'organisation intérieure et le fonctionnement des crèches sera fixé par un règlement d'administration publique.

Le décret réglementaire du 2 juin 1862 est abrogé.

Décret relatif à la Comptabilité et à la Gestion économique des Écoles normales supérieures d'enseignement primaire.

1er mars 1884

1er Mars 1884.

Le Président de la République française,

Sur le rapport du Ministre de l'Instruction publique et des Beaux-Arts et du Ministre des Finances,

Vu le décret du 13 juillet 1880, qui a créé l'École normale supérieure d'enseignement primaire préparatoire au professorat des Écoles normales d'institutrices;

Vu le décret du 27 juillet 1882, réorganisant l'École Pape-Carpantier destinée à former des directrices et professeurs pour les cours normaux d'Écoles maternelles;

Vu le décret du 30 décembre 1882, portant création de l'École normale supérieure d'enseignement primaire préparatoire au professorat des Écoles normales d'instituteurs;

Vu le règlement de comptabilité du Ministère de l'Instruction publique, en date du 16 octobre 1867;

Vu les décrets des 29 juillet 1882 et 16 avril 1883, portant règlement pour l'administration et la comptabilité intérieures des Écoles normales primaires;

Vu le décret du 1er janvier 1884, créant une École normale spécialement destinée à la préparation des maîtres pour l'enseignement du travail manuel,

Décrète :

ARTICLE 1er. — Les Écoles normales supérieures d'enseignement primaire sont soumises, pour le régime intérieur, la gestion économique, les budgets, la tenue et la vérification des écritures, la reddition et l'apurement des comptes et l'économat, aux prescriptions des décrets susvisés du 29 juillet 1882 et du 16 avril 1883, sauf les modifications ci-après.

ART. 2. — Les subventions de l'État, applicables aux dépenses des Écoles normales supérieures d'enseignement primaire, sont ordonnancées, au commencement de chaque trimestre, par le Ministre de l'Instruction publique, au nom des économes de ces établissements, sur la production d'états justificatifs.

ART. 3. — Les Commissions administratives des Écoles normales supérieures d'enseignement primaire[1] ont les mêmes attributions que les Commissions de surveillance des Écoles normales primaires, en ce qui concerne la préparation du budget et l'examen des comptes.

ART. 4. — Tous les ans, avant le 1er décembre, la Commission administrative dresse, de concert avec le directeur ou la directrice, le projet de budget pour l'année suivante. Ce projet et toutes les pièces à l'appui sont envoyés, en double expédition, au Ministre de l'Instruction publique, au plus tard le 10 du même mois.

Le Ministre règle définitivement le budget, et en adresse une ampliation au directeur ou à la directrice avant le 31 décembre.

ART. 5. — Une Sous-Commission, composée de membres de la Commission administrative, procède, à la fin de chaque trimestre, à la vérification de la caisse et de la comptabilité, et à l'examen de l'inventaire trimestriel du magasin.

---

2 mars 1884. **Arrêté réglant les conditions dans lesquelles les Commissions administratives des Écoles normales supérieures d'enseignement primaire devront exercer leurs attributions.**

2 Mars 1884.

Le Ministre de l'Instruction publique et des Beaux-Arts,

Vu le décret du 1er mars 1884 ;

1. Voir l'arrêté du 1er *mars* 1884 portant institution des Commissions administratives des Écoles Pape-Carpantier, de Saint-Cloud et de Travail manuel (*Bull. adm.*, 1884, t. XXXIII, p. 363 et 364).

Vu l'arrêté du même jour instituant les Commissions administratives des Écoles normales supérieures d'enseignement primaire[1];

Considérant qu'il y a lieu de régler les conditions dans lesquelles ces Commissions devront exercer leurs attributions,

Arrête :

ARTICLE 1er. — La Commission administrative délibère, chaque année, sur le projet de budget préparé par l'administration de l'École; elle y inscrit ses propositions et consigne ses observations dans un rapport spécial qui est adressé au Ministre.

Elle exprime son avis sur l'opportunité et l'utilité de toutes les demandes de crédits supplémentaires ou extraordinaires concernant le service matériel et économique.

ART. 2. — La Commission examine s'il y a lieu de procéder à une adjudication publique, ou d'autoriser le directeur ou la directrice à passer des marchés à l'amiable, dans les conditions déterminées par le décret du 18 novembre 1882. Elle désigne les articles de consommation qui, ne pouvant être l'objet d'un marché préalable, seront acquis au comptant.

Elle arrête, sauf approbation du Ministre, les cahiers des charges, clauses et conditions relatives aux adjudications.

Les marchés à l'amiable que le directeur ou la directrice a été autorisé à passer sont approuvés par le président de la Commission.

ART. 3. — Chaque année, la Commission désigne ceux de ses membres qui devront procéder, à la fin de chaque trimestre, en présence du directeur ou de la directrice et de l'économe, à la vérification de la caisse et de la comptabilité et à l'examen de l'inventaire du magasin. Ces délégués arrêtent les registres de comptabilité, et un procès-verbal constatant les résultats de leur contrôle est adressé au Ministre.

ART. 4. — La Commission examine le compte d'administration présenté par le directeur ou la directrice, le 30 juin de chaque année, et fait connaître son appréciation au Ministre, dans une délibération motivée.

Elle vérifie, en outre, l'état de situation de la caisse et l'état de situation du magasin, établis par l'économe à la fin de l'année.

ART. 5. — La Commission se réunit au moins une fois par trimestre, soit dans une des salles de l'École, soit à Paris, au Ministère de l'Instruction publique. Elle peut, en outre, être convoquée par le président toutes les fois que les besoins du service l'exigent.

1. *Bull. adm.*, 1884, t. XXXIII, p. 363 et 364.

La présence de quatre membres au moins est nécessaire pour la validité des délibérations.

En cas de partage d'opinion, la voix du président est prépondérante.

Il est dressé procès-verbal des séances sur un registre particulier qui est visé et paraphé par le président, et qui reste déposé aux archives de l'École.

ART. 6. — L'arrêté du 26 février 1881, relatif aux attributions de l'ancienne Commission administrative, est rapporté.

---

21 mars 1884.

Cour de Cassation (Chambre criminelle).

21 Mars 1884.

ENSEIGNEMENT. — OUVERTURE D'ÉCOLE MATERNELLE OU SALLE D'ASILE. — GARDERIE D'ENFANTS. — ABSENCE DE CONTRAVENTION.

La personne complètement illettrée qui réunit dans un local loué par elle des enfants de deux à six ans, pour les garder, qui ne leur donne aucune leçon et qui se borne à leur faire dire quelques prières et à leur réciter, pour les distraire, quelques contes n'ayant aucun rapport avec l'histoire, ne doit pas être considérée comme ayant ouvert, sans autorisation, une École maternelle ou Salle d'asile, en contravention aux articles 29 et 57 de la loi du 15 mars 1850 et au décret du 2 août 1881.

C'est, comme l'a fort bien dit l'arrêt attaqué de la Cour de Montpellier, une véritable *garderie* d'enfants, ne tombant sous l'application d'aucune loi pénale.

Pour démontrer la justesse de l'appréciation de l'arrêt attaqué, il suffit de rappeler que le décret du 2 août 1881 entend par École maternelle ou Salle d'asile les établissements d'éducation où les enfants des deux sexes reçoivent les soins que réclame leur développement physique, intellectuel et moral; que les exercices qui y sont donnés comprennent les premiers principes d'éducation morale, des connaissances sur les objets usuels, les premiers éléments du dessin, de l'écriture et de la lecture, des exercices de langage, des notions d'histoire naturelle et de géographie, des récits à la portée des enfants, des exercices manuels, le chant, et des mouvements gymnastiques gradués.

Telle est la variété innombrable de matières que prescrit de donner aux enfants au-dessous de six ans, dans les Salles d'asile, le décret du 2 août 1881; or, on prétendrait vainement que la personne dont s'agit, complètement illettrée, gardant des enfants de deux ans, auxquels elle apprend quelques prières et récite quelques contes pour les distraire, a ouvert une École de cette nature.

(*Affaire* Anne Audouard et Claire Caussy.)

Arrêté relatif aux Collections du Musée pédagogique. 2 avril 1884.

2 Avril 1884.

Le Ministre de l'Instruction publique et des Beaux-Arts
Arrête :

ARTICLE 1er. — Il sera constitué au Musée pédagogique deux collections-types : l'une, d'ouvrages destinés aux bibliothèques pédagogiques; l'autre, d'ouvrages destinés aux bibliothèques scolaires.

ART. 2. — Il sera fait envoi au Musée pédagogique d'un exemplaire de chacun des ouvrages auxquels le Ministère aura souscrit pour les bibliothèques pédagogiques et les bibliothèques scolaires.

ART. 3. — MM. les Directeurs de l'Enseignement primaire et du Secrétariat sont chargés, chacun en ce qui le concerne, de l'exécution du présent arrêté.

Arrêté relatif à la Nomination ministérielle des Maîtres spéciaux attachés aux Écoles normales primaires. 4 avril 1884.

4 Avril 1884.

Le Ministre de l'Instruction publique et des Beaux-Arts,

Vu le décret du 25 juillet 1883, portant modification de l'article 9 du décret du 29 juillet 1881 relatif à l'organisation des Écoles normales primaires,

Arrête :

Les maîtres spéciaux attachés aux Écoles normales d'instituteurs et d'institutrices pourront recevoir une nomination ministérielle s'ils sont pourvus du certificat d'aptitude correspondant à l'enseignement dont ils sont chargés.

Circulaire du Ministre de l'Instruction publique, relative aux Ressources et aux Dépenses obligatoires des communes pour l'Enseignement primaire. 12 mai 1884.

12 Mai 1884.

Monsieur le Préfet, au moment où les Conseils municipaux vont être appelés à dresser les budgets des communes pour 1885, il me paraît utile de rappeler dans quelles conditions ces budgets doivent être établis, en ce qui concerne les ressources et les dépenses obligatoires de l'enseignement primaire.

D'après la législation en vigueur, que résume la loi du 16 juin 1881, les communes se divisent en deux catégories, suivant que la valeur du centime additionnel au principal des quatre contributions directes n'atteint pas ou dépasse la somme de vingt francs.

Toutes, sans distinction, sont tenues d'employer jusqu'à due concurrence, pour faire face aux dépenses obligatoires de l'enseignement primaire, deux sortes de ressources :

1° Le produit des dons et legs;

2° Le produit des quatre centimes spéciaux.

Les communes dont la valeur du centime dépasse vingt francs sont tenues, s'il y a lieu, d'ajouter une troisième ressource aux deux précédentes : c'est, jusqu'à due concurrence, le cinquième de certains revenus ordinaires énumérés dans l'article 3 de la loi du 16 juin 1881.

En cas d'insuffisance de ces diverses ressources, à quelque catégorie qu'appartienne la commune, les dépenses sont couvertes par le département, dans les limites du produit de ses quatre centimes spéciaux, et, si le département lui-même n'y peut suffire, par une subvention de l'État.

Il n'y aurait jamais eu matière à difficulté si, d'une part, l'application de la loi du 16 juin 1881 n'avait été modifiée, en fait, par le vote postérieur d'une subvention spéciale de l'État, destinée, celle-là, non plus à combler les insuffisances des communes et des départements, mais à exonérer les communes de la seconde catégorie (à l'exception de Paris, Lyon, Marseille, Bordeaux et Lille) du prélèvement total ou partiel de leur cinquième, et si, de l'autre, les dépenses étaient restées partout les mêmes.

Cette subvention, fixée par les lois de finances à 15 millions pour 1882, à 14 pour les exercices suivants, était assez élevée, à l'origine, pour que les communes admises à y participer n'aient eu à fournir, comme celles où la valeur du centime n'excède pas vingt francs, que le produit de leurs dons et legs et celui de leurs quatre centimes spéciaux. Pour la plupart d'entre elles, en effet, la part reçue sur les quatorze millions égalait la totalité de leur cinquième, et s'il y avait encore insuffisance, c'est l'État qui, sur la subvention prévue par la loi du 16 juin 1881, était appelé à faire le surplus. Pour les autres, c'est-à-dire pour celles dont la part sur les quatorze millions était inférieure au produit du cinquième, comme elles recevaient une somme égale à celle qui était nécessaire pour couvrir totalement la dépense, elles avaient aussi complète satisfaction que les premières.

De cette situation il résulte que, pour les premières, les dépenses ont pu s'accroître sans que, naturellement, les budgets communaux en aient ressenti le contre-coup, tandis que, pour les autres, leur part dans les quatorze millions restant la même, l'accroissement des dépenses devait forcément peser sur le surplus disponible du cinquième, la subvention de l'État prévue par la loi du 16 juin 1881 ne pouvant profiter aux communes qu'après épuisement complet de ce cinquième.

Il est arrivé que certaines communes qui se trouvaient dans ce dernier cas se sont crues autorisées à négliger l'application des règles que nous venons de rappeler, et qu'au lieu de faire servir jusqu'à due concurrence au payement de leurs dépenses nouvelles le surplus disponible de leur cinquième, elles en ont laissé le fardeau à la charge exclusive de l'État. Le malentendu ne s'étant manifesté qu'après le vote des budgets communaux, à une époque où l'on ne pouvait porter remède à la situation sans bouleverser l'équilibre de ces budgets, les Chambres ont cru devoir voter, pour 1884, un crédit supplémentaire de 4 millions pour acquitter, cette année, les dépenses qui ont été laissées ainsi à la charge de l'État.

C'est là une faveur dont le texte même de la loi indique le caractère exceptionnel et transitoire, et dont le Gouvernement ne propose pas le renouvellement en 1885.

Vous veillerez donc à ce que les communes, très peu nombreuses du reste, qui vont bénéficier, cette année, de ce supplément de subvention, uniquement destiné à leur donner le temps de régulariser leur situation budgétaire, ne le reportent pas à leur crédit pour l'exercice prochain.

Ces communes, comme toutes les autres, prendront pour bases du prochain budget celles du dernier budget dont les comptes sont définitivement arrêtés, c'est-à-dire celles de l'exercice 1882. Elles recevront de l'État, à titre d'exonération d'une partie du prélèvement du cinquième, exactement la même somme qu'en 1882 [1]. Si les dépenses obligatoires se sont accrues depuis lors, et si la somme allouée en 1882 ne suffit pas à les solder en 1885, la commune devra faire emploi du surplus de son cinquième avant de recourir à l'État.

Pour tout remettre en harmonie avec les prescriptions de la loi, il ne suffit pas de se préoccuper de la destination des ressources, il faut encore éviter avec soin de laisser confondre les dépenses facultatives, qui doivent être laissées, dans tous les cas, à la charge exclusive des communes, avec les dépenses obligatoires, au service desquelles l'État ne doit concourir qu'après complet épuisement des ressources obligatoires communales et départementales.

Les dépenses obligatoires comprennent : d'une part, les *traitements des instituteurs et institutrices*; de l'autre, le montant des locations, indemnités de logement et frais d'imprimés scolaires.

Pour cette seconde catégorie de dépenses, il n'y a nulle difficulté : elle est imputable, après épuisement des deux premières ressources communales, sur le cinquième des revenus ordinaires, et ne peut donner lieu qu'à la subvention de l'État prévue par la loi du 16 juin 1881, lorsque le cinquième est épuisé.

C'est sur les dépenses de la première catégorie, c'est-à-dire sur les traitements du personnel enseignant, que je crois devoir appeler spécialement votre attention.

Par ce mot de *traitements* il faut entendre :

1° Pour les instituteurs et institutrices entrés en fonctions postérieurement à la promulgation de la loi du 16 juin 1881, les traitements minima tels qu'ils résultent de la loi du 19 juillet 1875 ;

2° Pour les instituteurs et institutrices qui étaient en fonctions avant le 16 juin 1881, le plus élevé des traitements dont ils avaient joui pendant les trois années précédentes, à un titre quelconque, c'est-à-dire soit comme traitement fixe, soit comme produit de la rétribution scolaire et de l'éventuel, soit comme supplément communal soumis à retenue (article 6 de la loi du 16 juin).

En conséquence, toutes les allocations, tous les suppléments votés en sus du traitement garanti, pour les instituteurs en exercice le 16 juin 1881, ou en sus

1. 14 millions ont suffi, en 1882, pour les traitements des instituteurs et institutrices; le surplus avait été affecté aux autres dépenses obligatoires que les lois de finances postérieures ont laissées, sans exonération possible, à la charge du cinquième communal.

du minimum légal pour les débutants, sont à la charge exclusive des communes, l'État ne devant y participer en aucun cas.

Telles sont, Monsieur le Préfet, les instructions dont les communes intéressées se feront un devoir de ne pas se départir. Vous vous empresserez de les leur faire connaître en temps utile, car il faut qu'avant de commencer l'examen de leurs budgets, elles sachent, avec une certitude absolue, les obligations qui leur incombent.

Recevez, etc.

Signé : A. FALLIÈRES.

---

17 mai 1884.

Décret autorisant la fondation d'un Prix biennal, sous le nom de « Prix Pape-Carpantier »[1].

17 Mai 1884.

Le Président de la République française,

Sur le rapport du Ministre de l'Instruction publique et des Beaux-Arts,

Vu la proposition faite au Ministre de l'Instruction publique d'accepter une somme de 7 000 francs, montant de la souscription faite en 1879 par les Inspecteurs primaires et un certain nombre d'instituteurs, à Lyon, dans le but d'élever un monument à la mémoire de la dame Pape-Carpantier, proposition faite à la charge pour ledit Ministère d'instituer un prix biennal sous le nom de « Prix Pape-Carpantier » ;

La Section de l'Intérieur, des Cultes, de l'Instruction publique et des Beaux-Arts du Conseil d'État entendue,

Décrète :

ARTICLE 1er. — Le Ministre de l'Instruction publique et des Beaux-Arts est autorisé à accepter, au nom de l'État, la somme de 7 000 francs, montant de la souscription Pape-Carpantier, à la charge de fonder un prix biennal qui sera délivré, conformément au désir exprimé par le Comité de souscription, sous le nom de « Prix Pape-Carpantier », et dans les formes ordinaires, à une directrice d'École maternelle méritante, pourvue d'une nomination officielle et exerçant soit en France, soit en Algérie.

Ladite somme de 7 000 francs sera placée en rente 3 pour 100, avec mention de la destination des arrérages.

1. Consulter, pour l'application, la circulaire du 28 *juin* 1884 aux Recteurs (*Circ.*, t. IX, p. 391).

Circulaire du Ministre de l'Instruction publique, relative à la création d'Écoles primaires de tout ordre[1]. 21 mai 1884.

21 Mai 1884.

Monsieur le Préfet, l'instruction du 28 janvier 1882[2] qui, en simplifiant l'application de l'article 2 de la loi du 10 avril 1867, a fixé les règles à suivre pour la création d'Écoles primaires de tout ordre, a eu les heureux résultats qu'en attendait l'Administration.

Les dossiers incomplètement ou incorrectement établis sont devenus une exception de plus en plus rare. Mais les facilités mêmes que ce nouveau régime offre aux communes et le grand nombre d'emplois à créer pour appliquer entièrement la loi du 28 mars sur l'instruction obligatoire amènent en ce moment une telle affluence de demandes, qu'il est impossible de les accueillir toutes à la fois, et qu'il importe de les classer en quelque sorte par degré d'urgence.

Je crois nécessaire, pour éviter toute difficulté, de vous donner, à cet égard, quelques instructions complémentaires, qu'il vous suffira de communiquer au Conseil départemental et aux municipalités pour faire reconnaître la nécessité de s'y conformer.

I. — *Demandes à transmettre immédiatement et demandes à ajourner.*

Il est inutile de soumettre à mon approbation des projets de création virtuelle d'École ou de classe, tant que les locaux destinés à cette École ou à cette classe ne sont pas assurés. En effet, quand bien même j'aurais, sur votre demande, statué en principe sur l'utilité de l'établissement d'une École ou d'une classe dans telle commune, cette approbation crée l'École légalement, mais elle ne crée pas les ressources nécessaires pour que l'École entre en exercice. De là, parfois, un fâcheux malentendu. La municipalité à qui vous notifiez que le Ministre autorise la création d'une École peut croire que, du même coup, le Ministre autorise la construction de la maison d'école et, par conséquent, promet le secours qui lui a été ou qui va lui être demandé à cet effet.

Or, cette seconde partie de l'opération exigeant d'abord l'avis favorable du Conseil général, puis l'examen par mon administration des plans et devis, enfin l'allocation d'un subside à fixer dans la limite des crédits qui me sont ouverts, il peut s'écouler plusieurs mois entre la décision de principe portant qu'une École sera établie et la décision financière permettant de l'établir.

Je vous demande donc, à l'avenir, de ne me saisir d'aucun dossier de création d'École ou de classe sans me faire savoir expressément si les locaux de classe

1. Consulter les circulaires :

Du 25 *septembre* 1881, aux Préfets, prescrivant l'établissement d'Écoles gratuites de filles dans les communes qui en sont dépourvues, p. 315;

— 12 *mai* 1884, aux Préfets, relative aux ressources et aux dépenses obligatoires des communes pour l'enseignement primaire, p. 571;

— 9 *janvier* 1886, relative à l'acquisition, à la construction, à la régularisation des loyers de maisons d'école (*à sa date*).

2. *Circ.*, t. VIII, p. 642.

et les logements de maîtres sont dès à présent assurés, ou si, au contraire, l'ouverture de l'École est subordonnée à des conditions d'installation matérielle non encore remplies.

La commune se chargeant de fournir le local, le mobilier et le logement de l'instituteur, ou, à défaut d'installation définitive, assurant une installation provisoire convenable, vous pourrez m'adresser immédiatement la demande; elle vous sera retournée avec approbation, s'il y a lieu, dans un délai qui n'excédera jamais un mois.

S'agit-il, au contraire, d'une double affaire, contenant à la fois une demande de création et une demande de subvention, il n'y a intérêt pour personne à traiter l'une sans l'autre. Envoyez-moi simultanément les deux dossiers connexes; je vous les retournerai quand il me sera possible de statuer sur l'un et sur l'autre.

II. — *Classement des demandes par ordre d'urgence.*

Quel ordre devez-vous suivre pour classer les demandes de création d'emplois, et particulièrement de postes d'adjoint ou d'adjointe? Le même évidemment que la force des choses impose aux Conseils généraux dans le classement des demandes de secours pour les constructions. Il faut parer d'abord aux besoins les plus urgents, c'est-à-dire à ceux des localités qui offrent le plus grand nombre d'enfants réellement dépourvus de moyens d'instruction.

Dans l'impossibilité où nous nous trouvons d'organiser instantanément toutes les Écoles que réclamera l'application intégrale de la loi du 28 mars, nous devons aller tout droit au plus pressé, et c'est vous, Monsieur le Préfet, qui, d'accord avec le Conseil départemental, pouvez le plus sûrement guider mes choix.

Au lieu de me transmettre, suivant le hasard des circonstances ou par ordre d'inscription, toutes les demandes qui peuvent vous parvenir, demandez-moi des Écoles d'abord pour les centres déshérités, pour ceux où la population enfantine privée d'Écoles n'atteint pas seulement le minimum fixé par la loi, mais le dépasse notablement.

Demandez-moi des maîtres non pas pour toutes les classes qu'il serait bon de dédoubler, mais tout d'abord pour celles qui ont encore un effectif de 70 ou 80 élèves. Dans un moment où de si lourdes charges pèsent sur le budget de l'Instruction publique, les communes comprendront bien que, puisque beaucoup d'entre elles doivent attendre, ce sont celles où les besoins sont les plus pressants qui doivent attendre le moins.

III. — *Demandes relatives aux Écoles maternelles.*

Parmi les créations d'Écoles qu'on vous propose, il en est que vous ne devez encourager qu'après vous être assuré qu'elles répondent à des besoins réels et qu'il n'existe aucun autre moyen d'y satisfaire plus économiquement.

Cette observation s'applique particulièrement aux *Écoles maternelles* que l'on tend, en ce moment, à multiplier inconsidérément au lieu de se borner à établir des *Classes enfantines*. Vous savez, Monsieur le Préfet, que l'École maternelle, longtemps nommée *Salle d'asile*, reçoit les enfants de 2 à 7 ans; c'est assez dire qu'elle rend un double service : elle sert d'asile aux tout jeunes enfants de 2 à 4 ans que leurs mères ne peuvent garder, et elle sert de première École aux enfants de 5 à 7 ans qui encombraient l'École primaire. De là, la nécessité de deux locaux distincts, de deux personnes et le plus souvent de trois, à cause des soins matériels qu'exigent des enfants de cet âge.

Dans ces conditions, l'École maternelle ou la Salle d'asile coûte fort cher à la commune pour l'installation, et à l'État pour l'entretien du personnel. Il ne faut donc l'établir que dans les centres de population où les industries locales emploient un certain nombre de mères de famille dans des ateliers et leur rendent ainsi impossible la surveillance de leurs enfants.

Partout, au contraire, où la femme, même réduite à gagner sa vie par un travail quotidien, n'est pas constamment hors de sa maison et garde ses enfants auprès d'elle au moins pendant les trois ou quatre premières années, il ne faut certes pas la pousser à s'en décharger. Une pression administrative en vue de multiplier les Salles d'asile là où elles n'ont pas véritablement de raison d'être, serait un contresens. Lors donc que vous avez à émettre votre avis sur une création projetée d'École maternelle, veuillez examiner, non seulement, comme on le fait aujourd'hui, si le chiffre de la population paraît suffisant pour alimenter une Salle d'asile, mais encore si la nature des industries du pays et le nombre des femmes occupées dans les ateliers obligent de recourir à ce moyen pour assurer aux tout jeunes enfants instruction et éducation.

Une révision à laquelle je viens de faire procéder à l'occasion de la statistique quinquennale m'a fait découvrir des faits qui appellent de sérieuses réflexions. Je remarque dans certains départements un nombre considérable de Salles d'asile anciennes, et même d'Écoles maternelles nouvellement créées, qui comptent à peine 20 ou 25 inscriptions, ce qui ne représente pas une douzaine d'enfants présents en moyenne, la plupart au-dessous de quatre ans. Il y aurait évidemment abus, je ne dis pas seulement à augmenter le nombre d'établissements qui rendent si peu de services, mais même à les maintenir partout où l'expérience aura permis d'en constater le peu d'utilité.

IV. — *Demandes relatives aux Classes enfantines.*

L'instruction du 28 janvier 1882, l'arrêté du 26 mai suivant, la circulaire qui l'accompagnait, ont expliqué dans le plus grand détail l'utilité des Classes enfantines et l'avantage que trouvent les communes et l'État, dans la plupart des cas, à les substituer aux Salles d'asile proprement dites. Ces classes d'initiation, recevant des enfants des deux sexes de 4 à 7 ans, soulagent à la fois l'École de garçons et l'École de filles et dispensent de créer dans l'une et dans l'autre un nouvel emploi d'adjoint. Toujours confiées à des femmes, elles prolongent les bienfaits de la méthode d'éducation maternelle et évitent d'astreindre les tout jeunes enfants à la discipline de l'École qui, pour eux, est prématurée. Je ne saurais donc trop vous recommander, Monsieur le Préfet, de faire adopter par les conseillers municipaux et par le Conseil départemental le système des classes enfantines annexées aux Écoles de filles, de préférence à la création de toutes pièces d'une Salle d'asile ou École maternelle.

Mais, même pour les Classes enfantines, il est bien entendu que la raison déterminante de leur création doit être de décharger les Écoles primaires encombrées de jeunes enfants. Là où cet encombrement n'existerait pas, où l'École proprement dite n'atteindrait par exemple qu'un effectif inférieur à 40 élèves, il est évident que la création d'une Classe enfantine ne s'imposerait pas; je ne la favoriserais donc qu'au vu du dossier et après m'être assuré, pour chaque espèce, qu'on a produit devant le Conseil départemental la preuve de l'urgence de la mesure proposée.

V. — *Demandes relatives aux Écoles de filles dans les communes de 400 à 500 âmes.*

La loi du 16 juin 1881 rend-elle obligatoire la création d'une École distincte de filles dans les communes de 400 à 500 âmes? Quelques Conseils départementaux paraissent avoir interprété dans le sens de l'affirmative l'article 7 de cette loi. Il suffit de se reporter aux délibérations de la Chambre pour redresser cette erreur.

Ce que le législateur a voulu assurer par cet article, c'est une assimilation de traitement au bénéfice des institutrices exerçant dans les communes de 400 à 500 âmes. Il n'a nullement édicté l'obligation pour les municipalités ou pour l'État de créer des Écoles de filles dans ces communes; il s'est borné à décider qu'une fois ces Écoles créées, les maîtresses qui les dirigent rentreront dans le droit commun et seront nommées, payées et retraitées aux mêmes conditions que toutes les autres.

Il vous appartient donc, Monsieur le Préfet, d'écarter ou de faire écarter par le Conseil départemental les demandes de création de ce genre, lorsque vous jugerez que l'École mixte suffit à la population scolaire.

Il ne faut pas perdre de vue en effet que les communes, étant aujourd'hui dispensées, dans la plupart des cas, d'accroître leur part contributive, seront plus disposées qu'autrefois à solliciter des créations nouvelles, puisqu'elles sont assurées d'avance de n'avoir pas à participer au surcroît de dépenses qui en résultera pour l'État.

VI. — *Procédure à suivre dans les affaires donnant lieu à une imposition d'office.*

J'ai été consulté par quelques-uns de vos collègues sur la procédure à suivre dans le cas où la création d'Écoles entraînerait une imposition d'office, par application des lois de 1850 et 1867 ou de la loi du 20 mars 1883.

Ces affaires étant en très petit nombre et pouvant donner lieu à des procédures différentes suivant la nature des créations projetées et suivant la situation budgétaire des communes, je crois devoir vous recommander de m'adresser par espèce vos propositions sur chacune des affaires, avant de les engager devant le Conseil général. J'aurai soin de vous faire parvenir en temps utile mes instructions, en vous retournant les dossiers et en vous faisant connaître, dans chaque cas, les pièces à produire et les formalités à remplir.

J'ai la confiance, Monsieur le Préfet, que les instructions qui précèdent auront pour résultat de ménager les ressources budgétaires de l'État et des communes, d'accélérer l'examen des demandes que vous me soumettrez, en distinguant celles qui sont susceptibles de solution immédiate de celles qui doivent être nécessairement ajournées, enfin de guider et d'éclairer les décisions que j'aurai à prendre. Nos communs efforts aboutiront ainsi à améliorer sans brusques secousses la situation scolaire sur tout le territoire et à restreindre aux plus justes bornes les délais que le temps et la prudence imposent à l'exécution définitive de la loi.

Recevez, etc.

Signé : A. FALLIÈRES.

Circulaire du Ministre de l'Instruction publique, relative aux Voyages à prix réduit des instituteurs et des institutrices sur les chemins de fer. 26 mai 1884.

26 Mai 1884.

Monsieur le Préfet, M. le Ministre des Travaux publics vient de me donner l'assurance qu'il est aujourd'hui parfaitement entendu avec les compagnies de chemins de fer que les instituteurs et institutrices primaires pourront désormais voyager à demi-tarif, aussi souvent qu'ils le voudront, et non plus seulement deux fois par an, comme par le passé, à la seule condition d'avoir une autorisation de l'Inspecteur d'Académie ou de l'Inspecteur primaire. Mais cette autorisation, pour être valable, devra être donnée dans les formes suivantes, qui sont absolument de rigueur et dont l'inexécution entrainerait *ipso facto* la nullité du bon de demi-tarif.

En aucune circonstance et sous aucun prétexte, l'Inspecteur ne devra délivrer plusieurs autorisations par avance et en bloc.

Pour chaque autorisation donnée spécialement (et, le cas échéant, avec bon distinct pour l'aller et le retour), l'Inspecteur veillera à ce que toutes les indications de la demande de demi-place laissées en blanc sur le modèle de carte dressé par les compagnies et que vous trouverez ci-joint soient exactement remplies.

La demande de demi-place devra être datée et signée de la propre main de l'Inspecteur, l'emploi d'une griffe étant formellement interdit.

Sur la carte, le motif des déplacements, en dehors d'une affaire de service, sera énoncé en ces termes : « Permission régulière. »

Mon collègue insiste vivement sur la nécessité de la stricte observation des règles ci-dessus exposées. De nombreux abus se sont produits, des fraudes même ont été commises; des personnes absolument étrangères au département de l'Instruction publique ont obtenu des compagnies des billets de demi-place avec des bons qui leur avaient été prêtés par des instituteurs. De semblables faits ne sauraient se renouveler sans compromettre le maintien de la faveur accordée. Je vous prie donc d'adresser à qui de droit, sur ce point particulier, les recommandations les plus formelles.

Recevez, etc.

Signé : A. FALLIÈRES.

[Voir d'autre part le *Modèle de la Carte.*]

Modèle de la carte portant demande de demi-place sur les chemins de fer en faveur des instituteurs (ou institutrices) primaires publics.

MINISTÈRE
DE
L'INSTRUCTION PUBLIQUE.

SOUCHE

de la demande de demi-place pour le parcours
d
à
en faveur de
M
institut primaire publi
à
départ[t] de

Cette souche sera retirée par la gare du départ qui délivrera un billet à demi-tarif.

MINISTÈRE DE L'INSTRUCTION PUBLIQUE.

MINISTÈRE
DE L'INSTRUCTION PUBLIQUE.

DEMANDE DE DEMI-PLACE.

La compagnie des chemins de fer d
est priée de délivrer un billet à demi-tarif pour le parcours de la gare d
à la gare d à M
institut primaire publi , se rendant à
pour le motif ci-après :

Valable pendant un délai de dix jours à partir du (a)

(*Signature de l'Inspecteur d'Académie ou de l'Inspecteur primaire*).

(*Signature du titulaire*).

(*Sceau de l'Inspecteur d'Académie*).

NOTA. — La présente carte est essentiellement personnelle ; elle ne peut servir à obtenir la réduction de demi-tarif concédée par la compagnie de chemin de fer qu'autant que toutes les indications en auront été exactement remplies et qu'elle sera présentée à la gare de départ accompagnée de sa souche. Elle n'est valable que sur le réseau d'une seule compagnie et pour un seul voyage; elle sera retirée à l'arrivée avec le billet de demi-place. En cours de voyage, elle devra être présentée à toute réquisition des agents de la compagnie et le porteur pourra être requis d'y apposer une nouvelle signature pour la constatation de son identité.

(a) *Cette demande doit être datée et signée par l'Inspecteur lui-même, faute de quoi elle sera considérée comme nulle, retirée des mains du porteur et signalée à l'autorité compétente.*

Circulaire du Ministre de l'Instruction publique, relative aux Voyages à prix réduit des Instituteurs et Institutrices primaires publics. 15 juillet 1884.

15 Juillet 1884.

Monsieur le Préfet, ma circulaire du 26 mai dernier vous a fait connaître les conditions auxquelles les instituteurs et institutrices primaires publics pourront désormais et en tout temps voyager à demi-tarif sur les chemins de fer.

La mise en vigueur du nouveau régime a subi quelques retards que j'ai dû signaler à M. le Ministre des Travaux publics. Mon collègue me fait savoir que trois compagnies, celles du Nord, de l'Est et du Midi, l'ont avisé qu'elles avaient donné à leurs agents les instructions nécessaires. Les quatre autres grandes compagnies, ainsi que les compagnies secondaires, ne sauraient tarder à faire la même communication. En attendant, j'appelle votre attention sur la nécessité de compléter les indications du modèle de la carte annexé à ma circulaire du 26 mai par celle de la résidence du maître admis à bénéficier de la réduction du tarif. Cette mention figure bien sur la souche, mais cette souche reste à la gare de départ et ne se prête pas, comme la feuille détachée, au contrôle de route. Le modèle dont il s'agit devra donc être remplacé par celui que vous trouverez ci-joint.

Dans le cas où des formules incomplètes auraient déjà été imprimées, les compagnies ne se refuseraient pas à les accepter, pourvu que la mention omise y fût ajoutée à la main.

Recevez, etc.

Signé : A. FALLIÈRES.

[*Le modèle annexé à la circulaire était identique au modèle ci-contre, sauf une légère modification dans le libellé de la demande, qui était complétée par l'indication de la résidence de l'instituteur :*

Au lieu de :

« institut primaire publi se rendant à... »,

la nouvelle formule porte :

« institut primaire publi , *en résidence à* , *département d* , se rendant à... »]

1. Consulter ci-dessus, p. 65, l'arrêté du 23 *juin* 1879, fixant les conditions exigées pour les voyages à demi-tarif; — la circulaire du 26 *mai* 1884, aux Préfets, relative aux conditions à remplir par les bénéficiaires (p. 579).

21 juillet 1884.

Arrêté réglant les conditions dans lesquelles doit être établi le Traitement des instituteurs et des institutrices en 1884[1].

21 Juillet 1884.

Le Ministre de l'Instruction publique et des Beaux-Arts,

Vu les lois du 10 avril 1867 (art. 9), du 19 juillet 1875 (art. 1er) et du 16 juin 1881 (art. 6);

Vu la loi de finances du 30 janvier 1884 (art. 12);

Vu les propositions transmises par les Préfets, après avis des Conseils départementaux de l'Instruction publique, pour la fixation

1. Voir l'arrêté du 7 *février* 1882 (ci-dessus, p. 367) et la circulaire du 15 *novembre* 1881, aux Préfets, relative à l'envoi d'états pour les traitements (*Circ.*, t. IX, p. 432). — Il y a lieu de tenir compte de la population flottante pour la fixation du taux de l'éventuel. L'éventuel est alloué pour tout élève qui aura assisté au moins à la moitié des classes. Lorsqu'un mois est interrompu par les vacances, le calcul est fait proportionnellement. Dans les Écoles à plusieurs classes, si le directeur est chargé de classe, chaque maître reçoit une part proportionnelle aux inscrits de sa classe; si le directeur n'est pas chargé de classe, sa part est égale à celle de l'adjoint qui a la classe la plus nombreuse. Si deux maîtres se sont succédé dans la même classe, le partage se fait au prorata du temps d'exercice.

Consulter aussi les documents suivants :

Lettre du 2 *avril* 1879, au Recteur de l'Académie de Besançon, reconnaissant que les brevets complets délivrés sous l'empire de la loi de 1850 dans la 2e session de l'année 1866 donnent droit à l'augmentation de cent francs fixée par l'article 3 de la loi du 19 juillet 1875 (*Rec. des L. et A.*, 1879, p. 149);

Circulaire du 28 *avril* 1879, aux Préfets, rappelant les pièces à fournir pour le service du traitement des instituteurs et institutrices primaires publics (*Circ.*, t. VIII, p. 141);

— 17 *juin* 1881, aux Préfets, relative aux retenues à opérer sur le traitement des instituteurs et institutrices pour le service des pensions de retraite;

— 24 *février* 1882, aux Préfets, relative au mandatement du traitement des instituteurs et institutrices primaires publics (*Circ.*, t. VIII, p. 660);

— 21 *mars* 1882, aux Préfets, relative au versement régulier des contingents communaux destinés au payement du traitement des instituteurs (*Ibid.*, p. 676);

— 8 *novembre* 1882 (Ministre de l'Intérieur aux Préfets), relative aux suppléments de traitement accordés par les communes aux instituteurs et institutrices publics (*R. des L. et A.*, 1882, p. 1152);

— 9 *août* 1884, aux Préfets, relative au traitement des directeurs de cours complémentaires (*Circ.*, t. XI, p. 399);

— 15 *février* 1885, aux Préfets, relative à l'allocation complémentaire due aux instituteurs et institutrices titulaires de la médaille d'argent (*Ibid.*, p. 460);

— 20 *février* 1885, aux Préfets, disposant que les prescriptions relatives à la fixation des traitements ne sont pas applicables lorsqu'il existe des conventions particulières (*Circ.*, t. IX, p. 462);

— 20 *février* 1888, aux Inspecteurs d'Académie, relative à un modèle de fiche à établir pour chacun des instituteurs des différents ordres (*Circ.*, t. X, p. 248);

— 17 *juillet* 1888, aux Recteurs, relative à la retenue à exercer sur les allocations supplémentaires accordées aux instituteurs et institutrices de la dernière classe *à sa date*).

du taux de rétribution devant servir à calculer le traitement éventuel des instituteurs et institutrices en 1884,

Arrête :

ARTICLE 1er. — Les instituteurs et institutrices titulaires et adjoints ayant eu, dans une des trois années qui ont précédé l'application de la loi du 16 juin 1881, un traitement supérieur au taux fixé par la loi du 19 juillet 1875, conservent le supplément de traitement le plus élevé dont ils ont joui dans ces trois années, quelle que soit la provenance dudit supplément (montant de la rétribution scolaire, produit de l'éventuel, traitement fixe consenti par la commune, ou allocations communales sujettes à retenue).

ART. 2. — Les instituteurs et institutrices titulaires qui, par suite d'un changement de résidence, ont obtenu depuis 1882 un supplément de traitement dans les conditions spécifiées à l'article 4 de l'arrêté du 7 février de ladite année, continueront à jouir de ce supplément, sous la garantie de l'État.

ART. 3. — Le taux de rétribution devant servir à déterminer le montant du traitement éventuel des instituteurs et institutrices est fixé, par élève et par mois de présence dûment constatée, de la manière suivante :

1° Pour les Écoles maternelles et pour les Écoles enfantines, 0 fr. 50 c.;

2° Pour les Écoles primaires élémentaires de garçons et de filles, à 1 franc dans les communes dont la population est inférieure à 5000 habitants; à 1 fr. 25 dans les communes de 5000 à 50000; à 1 fr. 50 dans les communes d'une population supérieure à 50000.

ART. 4. — Dans toute École divisée en plusieurs classes, le produit de l'éventuel sera réparti entre les membres du personnel enseignant proportionnellement au nombre des élèves inscrits dans chaque classe; le directeur non chargé de classe reçoit une part égale à celle du maître qui a la classe la plus nombreuse.

ART. 5. — Le traitement des instituteurs et institutrices titulaires, ainsi que des directrices d'Écoles maternelles et d'Écoles enfantines, est calculé de la manière suivante :

1° Un traitement fixe de 200 francs;

2° Le produit de l'éventuel;

3° Le supplément nécessaire, s'il y a lieu, pour former, avec le traitement fixe et l'éventuel, le minimum déterminé par l'article 1er de la loi du 19 juillet 1875, ou le traitement garanti dans les conditions indiquées aux articles 1 et 2 du présent arrêté.

ART. 6. — Le traitement des adjoints, adjointes et sous-directrices d'Écoles maternelles, est formé de la part d'éventuel qui leur est attribuée par l'article 4, et d'un supplément, s'il y a lieu, pour parfaire le minimum fixé par l'article 1er de la loi du 19 juillet 1875, ou le traitement prévu à l'article 1er ci-dessus.

ART. 7. — L'arrêté du 7 février 1882 est rapporté.

Les présentes dispositions sont exécutoires pour l'année 1884.

---

22 juillet 1884.

Décret relatif aux Subventions qui pourront être accordées aux communes pour les Cours d'adultes.

22 Juillet 1884.

Le Président de la République française,

Sur le rapport du Ministre de l'Instruction publique et des Beaux-Arts,

Vu les articles 54, 55 et 77 de la loi du 15 mars 1850;

Vu les articles 2 et 7 de la loi du 10 avril 1867;

La Section permanente du Conseil supérieur de l'Instruction publique entendue,

Décrète :

ARTICLE 1er. — Pour participer aux subventions de l'État, les cours d'adultes doivent être établis conformément à l'article 2 de la loi du 10 avril 1867, après avis du Conseil municipal, par décision du Conseil départemental de l'Instruction publique soumise à l'approbation du Ministre.

Ces subventions ne seront accordées que dans les limites fixées, chaque année, par la loi de finances.

ART. 2. — La subvention de l'État ne peut être accordée à des cours d'adultes, après épuisement des ressources communales, que si ces cours sont gratuits pour tous les élèves, s'ils durent cinq moi au moins, si la commune se charge des frais de chauffage et d'éclairage, et si elle contribue en outre à la rémunération des instituteurs qui dirigent ces cours. Cette subvention ne sera accordée qu'aux communes qui auront justifié de l'insuffisance de leurs ressources; elle ne pourra en aucun cas être supérieure à la moitié de la dépense.

ART. 3. — Un arrêté ministériel déterminera les conditions d'organisation des cours d'adultes.

Arrêté déterminant les Conditions d'organisation des Cours d'adultes[1]. 22 juillet 1884.

22 Juillet 1884.

Le Ministre de l'Instruction publique et des Beaux-Arts,

Vu le décret du 22 juillet 1884;

Vu l'arrêté du 4 avril 1882;

La Section permanente du Conseil supérieur de l'Instruction publique entendue,

Arrête[2] :

ARTICLE 1er. — Tout Conseil municipal qui a l'intention d'ouvrir, à la rentrée de l'année scolaire, un ou plusieurs cours d'adultes, et de solliciter en leur faveur les subventions de l'État, fait connaître cette intention par une délibération adressée au Préfet avant le 15 juin.

Cette délibération est soumise à l'examen du Conseil départemental, qui décide la création d'un cours subventionné, sous réserve de l'approbation ministérielle.

ART. 2. — Aucun instituteur public ne peut être contraint de diriger un cours d'adultes. Les conditions de rémunération sont fixées de gré à gré entre la commune et l'instituteur.

ART. 3. — Les classes d'adultes comprennent les cours destinés aux illettrés et les cours spéciaux pour les jeunes gens qui désirent compléter leur instruction.

ART. 4. — Dans les classes destinées aux adultes dépourvus de l'instruction élémentaire, l'enseignement comprend : la lecture, l'écriture, l'orthographe, le calcul et les éléments du système métrique.

Dans les cours de répétition ou de perfectionnement, l'enseignement porte sur les matières énumérées à l'article 1er de la loi du 28 mars 1882, et les élèves sont, autant que possible, répartis en groupes correspondant aux divisions de l'École du jour (cours élémentaire, moyen, supérieur).

ART. 5. — Dans les huit jours qui suivent l'ouverture de la classe d'adultes, l'instituteur ou l'institutrice adresse à l'Inspecteur primaire et au délégué cantonal un état indiquant : d'une part, les adultes illettrés; d'autre part, les adultes ayant un commencement

1. Cet arrêté a été abrogé par le décret du 11 *janvier* 1895 (voir *à sa date*).
2. Consulter la circulaire du 20 *mai* 1885, aux Préfets, relative aux subventions pour les cours d'adultes (*Circ.*, t. IX, p. 484).

d'instruction. Cet état, certifié par l'instituteur ou par l'institutrice et visé par le maire de la commune, doit comprendre : les noms, prénoms, dates et lieux de naissance, professions et domiciles des élèves, ainsi que l'indication des Écoles qu'ils ont précédemment fréquentées.

Si des adultes sont ultérieurement admis au cours, un état supplémentaire semblable au précédent est produit à la fin du mois dans lequel a lieu l'admission.

ART. 6. — Les cours sont ouverts au moins cinq mois pendant l'année; les dates d'ouverture et de clôture de ces cours sont fixées par le maire, sur la proposition de l'instituteur.

Les cours ont lieu au moins trois fois par semaine; chaque séance est d'une heure et demie.

ART. 7. — Pour être admis dans les classes d'adultes, les élèves doivent être âgés de 13 ans au moins.

Dans les centres importants, les élèves de 13 à 16 ans forment une classe distincte.

ART. 8. — Une feuille de présence est déposée le 1er du mois dans chaque cours d'adultes. Elle contient les noms et prénoms des élèves et renferme autant de colonnes qu'il y a de jours de classe dans le mois. Les élèves y apposent leur signature, chaque jour, à leur arrivée en classe.

A la fin de chaque mois, ces feuilles sont adressées par l'instituteur ou l'institutrice à l'Inspecteur primaire; elles doivent servir, en fin d'année, de pièce justificative pour le payement de la subvention due aux cours d'adultes.

ART. 9. — Les cahiers contenant les devoirs faits chaque jour par les élèves doivent être conservés par l'instituteur ou l'institutrice et tenus à la disposition des autorités scolaires.

ART. 10. — Il sera attribué à l'instituteur, pour tout élève comptant au moins 50 présences dans l'année, une rétribution annuelle de 12 francs. Toutefois le montant total de l'indemnité ne saurait excéder 150 francs par cours et par an.

ART. 11. — La dépense, quel qu'en soit le chiffre, est répartie entre les communes et l'État, conformément à l'article 2 du décret susvisé.

ART. 12. — A la clôture des cours, l'Inspecteur d'Académie dresse, d'après les documents fournis par l'Inspecteur primaire, l'état des indemnités à payer, avec indication de la part afférente aux communes; il transmet cet état avec les pièces justificatives au Préfet, qui l'adresse au Ministre, en y joignant ses propositions pour la répartition de la subvention de l'État.

Art. 13. — Les cours d'adultes dans lesquels les prescriptions du décret du 22 juillet 1884 et celles du présent arrêté auront été observées, pourront seuls être admis à participer aux subventions de l'État.

Art. 14. — L'arrêté du 4 avril 1882 est rapporté.

Disposition transitoire.

Art. 15. — Pour l'année 1884-1885, la délibération prescrite par l'article 1er du présent arrêté pourra être adressée au Préfet jusqu'au 1er octobre 1884.

Instructions du Ministre de l'Instruction publique, relatives à la tenue du Cahier de devoirs mensuels dans les Écoles primaires [1]. 25 août 1884.

25 Août 1884.

Monsieur l'Inspecteur d'Académie, l'arrêté du 27 juillet 1882 porte dans son article 13 : « Chaque élève, à son entrée à l'École, recevra un cahier spécial qu'il devra conserver pendant toute la durée de sa scolarité. Le premier devoir de chaque mois, dans chaque ordre d'études, sera écrit sur ce cahier, par l'élève, en classe et sans secours étranger, de telle sorte que l'ensemble de ces devoirs permette de suivre la série des exercices et d'apprécier les progrès de l'élève d'année en année. Ce cahier restera déposé à l'École. »

Il est inutile d'insister sur les services que peut rendre ce recueil de devoirs mensuels continué pendant toute la vie scolaire de chaque élève. J'ai appris avec plaisir le parti qu'on a su tirer immédiatement de ce nouveau moyen d'émulation et de contrôle dans plusieurs départements : un certain nombre d'Inspecteurs primaires et de directeurs d'école expérimentés ont réussi, dès l'année dernière, non seulement à le faire entrer dans la pratique des Écoles, mais encore à y intéresser également les élèves, les maîtres des différentes classes, les autorités locales et les familles elles-mêmes.

C'était bien répondre à mes intentions et à celles du Conseil supérieur, qui a vu dans cette modeste institution le point de départ de diverses améliorations pour notre organisation pédagogique.

Habituer les élèves et leurs parents à mesurer les progrès de chaque enfant

1. Voir ci-dessus, p. 455, l'article 13 de l'arrêté du 27 *juillet* 1882.
Consulter l'article 20 de l'arrêté du 30 *décembre* 1884 (ci-après *à sa date*);
Les articles 15, 158, 162 de l'arrêté du 18 *janvier* 1887 (ci-après *à sa date*);
La circulaire du 25 *mars* 1887, aux Préfets, relative à l'examen des cahiers de devoirs mensuels par les délégués cantonaux (*à sa date*);
La circulaire du 31 *août* 1887, aux Inspecteurs d'Académie, relative à l'application de l'article 15 de l'arrêté du 18 janvier 1887 (*à sa date*);
La circulaire du 1er *juin* 1891, aux Inspecteurs d'Académie, relative à la tenue du cahier de devoirs mensuels (*Circ.*, t. XI, p. 467);
La circulaire du 13 *janvier* 1895, aux Inspecteurs d'Académie, relative au cahier de devoirs mensuels (*Bull. adm.*, 1895, t. LVII, p. 20).

par comparaison non avec les autres, mais avec lui-même, de manière à proportionner le mérite non pas au succès, mais à l'effort; — habituer les maîtres à s'assurer périodiquement si la classe tout entière et non pas seulement l'élite de la classe suit bien le progrmme et profite bien des leçons dans toutes les parties de l'enseignement; — habituer enfin les Inspecteurs à prendre pour base des appréciations qu'ils ont à porter sur le personnel, non plus seulement les impressions recueillies au cours d'une visite, les notes résultant de quelques interrogations, mais un ensemble de documents précis, se complétant et se corrigeant les uns les autres, auxquels on peut toujours recourir, qui permettent d'entrer dans tout le détail de la vie scolaire et d'être scrupuleusement équitable envers chaque École, chaque maître et chaque élève : telles sont les avantages qu'on peut attendre à bon droit du cahier de devoirs mensuels.

L'expérience déjà faite sur plusieurs points de la France a tellement confirmé notre attente que je crois devoir vous recommander, Monsieur l'Inspecteur d'Académie, de ne rien négliger pour que l'emploi de ce cahier se généralise le plus possible; je vous autorise à y attacher vous-même telles sanctions que vous jugerez à propos. Je voudrais qu'à la rentrée d'octobre toutes les Écoles primaires pussent le distribuer à leurs élèves et que les Inspecteurs primaires s'appliquassent à en bien faire comprendre le but, à le faire dresser avec intelligence et régularité, à prévenir au début surtout les malentendus et les négligences qui pourraient compromettre l'institution.

Je ne tiens nullement à l'uniformité d'exécution; il me semble bon, au contraire, de laisser à chaque Inspecteur primaire et même à chaque instituteur assez d'initiative pour qu'il prenne intérêt à la bonne tenue et au perfectionnement graduel de ce recueil où s'inscrira d'elle-même en quelque sorte l'histoire de l'École. Les seules prescriptions qui doivent dominer les diversités de détail sont indiquées par le cahier-modèle, dont vous avez reçu plusieurs exemplaires. Ce cahier devra présenter sinon exactement un devoir par mois dans tous les genres d'exercices scolaires, du moins un nombre de spécimens suffisant pour permettre d'apprécier, au cours de l'année, à cinq ou six dates différentes, les progrès de l'élève dans chaque ordre d'études. Il importe que les devoirs soient corrigés à la marge par les instituteurs et qu'ils portent une note, qui pourrait être, pour la facilité des comparaisons, exprimée par un chiffre de 1 à 10. Il est bien entendu que les devoirs seront toujours faits en classe et toujours par l'élève seul, sans secours étranger; sa signature et celle de l'instituteur l'attesteront.

Pour le format et les dimensions du cahier, pour la pagination qui est indispensable, pour l'indication de la date qui ne l'est pas moins, les fournisseurs devront se conformer aux conditions du modèle ci-joint.

Je vous demanderai d'adresser à M. le Recteur, à la fin de l'année scolaire, le résumé des instructions que vous aurez données pour l'emploi du nouveau cahier, ainsi qu'un rapport sur les résultats qui auront pu être constatés.

Recevez, etc.

Signé : A. FALLIÈRES.

Circulaire du Ministre de l'Instruction publique, relative au Recrutement du personnel des Écoles normales[1]. 30 nov. 1884.

30 Novembre 1884.

Monsieur le Recteur, je crois devoir porter dès à présent à votre connaissance diverses mesures que je viens de prendre pour l'année 1885 et qui intéressent le recrutement du personnel des Écoles normales et de l'inspection primaire.

I.

J'ai décidé d'abord qu'à partir de 1885, les examens des différents certificats d'aptitude (inspection primaire, direction et professorat des Écoles normales, admission aux Écoles de Saint-Cloud, de Fontenay et de Sceaux) se feront tous sans exception dans le cours des mois de juillet et d'août, au lieu d'être, comme à présent, répartis les uns avant, les autres après les vacances.

La principale raison qui m'oblige à les placer tous à la fin de l'année scolaire, c'est d'éviter, après la rentrée d'octobre, des déplacements de personnel qui troubleraient la marche de l'enseignement dans les Écoles normales. C'est en effet sur ces établissements que portent aujourd'hui la plupart des vacances qui suivent chaque session d'examen. Et il importe que mon administration ait sous les yeux, assez longtemps à l'avance, la liste complète des mutations à opérer pour pouvoir procéder, avant l'ouverture des classes et en une seule fois, à un mouvement d'ensemble de nominations et de promotions qui donne autant que possible satisfaction à tous les intérêts.

Je vous saurai gré de faire connaître sans retard cette décision à toutes les écoles normales de votre ressort; j'en informe en même temps les candidats antérieurement admissibles à l'un ou à l'autre des examens précités.

II.

La seconde mesure n'est pas à proprement parler une innovation, elle ne fait que confirmer des instructions plusieurs fois répétées et notamment celles de ma circulaire du 5 février dernier. Il me paraît nécessaire de rappeler une fois de plus aux jeunes maîtres délégués dans les Écoles normales que cette délégation leur a été accordée, comme le porte expressément l'arrêté qui la leur confère, *à titre provisoire*. Elle a eu pour but de leur donner des facilités de préparation et en quelque sorte de stage exceptionnellement favorables, qui doivent les mener plus vite à la possession du certificat d'aptitude au professorat des sciences ou des lettres. Il est évident qu'une telle faveur ne peut se renouveler indéfiniment, ni même se prolonger au delà d'un petit nombre d'années; les délégués qui, faute de travail ou de capacité, n'auront pu se faire reconnaître définitivement aptes à ces fonctions, ne sauraient demander qu'on les y maintienne de préférence à ceux de leurs collègues qui offrent à l'Administration la garantie d'un titre supérieur, publiquement obtenu au concours.

1. Voir ci-dessus, p. 544, le décret du 25 *juillet* 1883.
Consulter la circulaire du 7 *octobre* 1885, relative à la suppression des cours complémentaires et des cours accessoires dans les Écoles normales (*Circ.*, t. IX, p. 549). — L'indemnité fixée resta allouée aux intéressés jusqu'au 1er janvier suivant.

Pour qu'il n'y ait à cet égard ni surprise, ni malentendu, et surtout pour que les jeunes délégués qui devront renoncer à la carrière des Écoles normales ne laissent pas passer l'époque annuelle des nominations sans songer à se pourvoir d'un autre poste, vous les préviendrez qu'ils ne doivent plus désormais compter sur le renouvellement de leur délégation dans le cas où, après une année d'exercice, ils n'auraient pas été déclarés admissibles aux épreuves écrites du professorat. Le résultat de ces épreuves étant connu au commencement de la deuxième quinzaine de juillet, il leur sera facile de prendre en temps utile les mesures nécessaires pour solliciter, suivant leurs grades et leur convenance, un autre emploi dans l'enseignement primaire, dans l'enseignement primaire supérieur ou professionnel, ou dans l'enseignement secondaire spécial.

Il va de soi que la même mesure s'étend aux Écoles normales d'institutrices. La seule différence à prévoir est que, pour les institutrices, nous devrons encore recourir pendant une année ou deux aux délégations provisoires, parce qu'il reste une trentaine d'établissements nouveaux à ouvrir en 1885 et 1886. Pour les Écoles normales d'instituteurs au contraire, les cadres du personnel sont complets, et la session annuelle du professorat nous donnera selon toute apparence un nombre de sujets plus que suffisant pour combler tous les vides. Par conséquent il n'y aura plus désormais de délégation provisoire dans les Écoles normales d'instituteurs, et c'est ce que je vous prie de répondre en mon nom aux candidats dont vous recevriez les demandes, désormais sans objet.

III.

Quelques-uns de vos collègues m'ont consulté sur une autre question : Convient-il d'encourager les professeurs d'École normale à se charger, moyennant un supplément de rémunération, des enseignements accessoires, pour lesquels l'École est le plus souvent obligée de recourir à des maîtres du dehors (chant, musique, dessin, gymnastique, langues vivantes, etc.)?

J'estime qu'il y a lieu de les y encourager et qu'on pourra souvent leur accorder la préférence, mais à une condition expresse : c'est qu'ils justifieront d'une compétence au moins égale à celle des professeurs étrangers et qu'ils posséderont les titres spéciaux requis pour ces divers enseignements. Ce principe posé, je verrai avec plaisir nos professeurs, les plus jeunes surtout, s'appliquer à étendre leurs connaissances, s'efforcer de joindre à leur diplôme de sciences ou de lettres, les uns le certificat d'aptitude à l'enseignement d'une langue vivante que l'arrêté du 31 juillet 1883 leur a rendu accessible, d'autres le certificat d'aptitude à l'enseignement de la gymnastique, à celui des travaux manuels, d'autres un des diplômes de capacité pour l'enseignement du dessin, d'autres encore une mention spéciale d'aptitude à l'enseignement musical, à la suite des épreuves facultatives annexées à la session du professorat, et que je me propose de fortifier dès cette année.

Si quelques-uns des candidats les plus méritants vous paraissent avoir besoin, pour se préparer à l'un de ces examens, de facilités spéciales, telles qu'une bourse de séjour à l'étranger pour l'étude des langues vivantes, l'admission à la session normale de Pâques pour le dessin, des conférences ou des répétitions pendant les vacances pour d'autres études, vous pouvez être assuré, Monsieur le Recteur, que l'Administration étudiera vos propositions avec le vif désir d'y donner la suite la plus favorable.

IV.

Enfin il est dans les Écoles normales d'institutrices une classe de maîtresses qui me paraissent avoir des titres particuliers à vos encouragements et à ceux de l'Administration supérieure, je veux parler des maîtresses adjointes chargées des Écoles annexes et surtout des Écoles maternelles annexes. J'ai décidé que, pendant la présente année scolaire, un certain nombre d'entre elles, qui me seront désignées par l'administration académique et par l'inspection générale, seront appelées à l'École Pape-Carpantier à Sceaux pour y suivre des cours et des exercices spécialement faits à leur intention et destinés à les guider en vue de la direction de l'École annexe. Vous allez recevoir des instructions pour la date d'ouverture de ces cours et pour les conditions d'admission, ainsi que pour le remplacement temporaire des maîtresses momentanément détachées du service.

J'espère, Monsieur le Recteur, que ces diverses mesures montreront une fois de plus au personnel enseignant le très vif intérêt que les Écoles normales ne cessent de nous inspirer, et je suis persuadé que beaucoup de nos jeunes professeurs saisiront avec empressement les moyens que l'Administration leur offre d'améliorer leur situation en accroissant leurs mérites professionnels.

Je vous prie de m'accuser réception de cette circulaire et de me faire savoir dans un bref délai la suite que vous aurez pu donner aux différentes instructions qu'elle renferme.

Recevez, etc.

Signé : A. FALLIÈRES.

Décret fixant le nombre des Inspectrices générales des Écoles maternelles[1]. 30 déc. 1884.

30 Décembre 1884.

Le Président de la République française,

Sur le rapport du Ministre de l'Instruction publique et des Beaux-Arts,

Vu les décrets des 21 mars 1855, 20 févier 1870, 22 mars 1879 et 2 août 1881,

Décrète :

ARTICLE 1er. — Le nombre des Inspectrices générales des Écoles maternelles est fixé à quatre.

ART. 2. — Le présent décret aura son effet à dater du 1er janvier 1885.

1. Voir l'arrêté du 1er *janvier* 1884 réglant le service de l'inspection générale (ci-dessus, p. 556);

L'arrêté du 28 *décembre* 1885, fixant trois classes de traitements pour les Inspectrices départementales (ci-après *à sa date*).

30 déc. 1884. **Décret relatif aux Titres de capacité pour l'Enseignement primaire**[1].

30 Décembre 1884.

Le Président de la République française,

Sur le rapport du Ministre de l'Instruction publique et des Beaux-Arts,

Vu les articles 25 et 46 de la loi de 1850;

Vu l'article 9 de la loi du 21 juin 1865;

Vu l'article 16 de la loi du 10 avril 1867;

Vu l'article 3 de la loi du 19 juillet 1875;

Vu la loi du 15 juin 1879 sur l'enseignement de l'agriculture;

Vu la loi du 27 janvier 1880 sur l'enseignement de la gymnastique;

Vu la loi du 16 juin 1881 sur les titres de capacité;

Vu les articles 6 et 7 de la loi du 16 juin 1881 sur la gratuité;

Vu l'article 1er de la loi du 28 mars 1882;

Vu le décret du 4 janvier 1881 relatif aux brevets de capacité;

Vu le décret du 2 août 1881 concernant les Écoles maternelles;

Vu le décret du 29 juillet 1881 sur l'organisation des Écoles normales;

Le Conseil supérieur de l'Instruction publique entendu,

Décrète :

TITRE Ier.

ARTICLE 1er. — Les titres de capacité pour l'enseignement primaire sont :

1° Le brevet élémentaire;

2° Le brevet supérieur;

3° Le certificat d'aptitude à la direction des Écoles maternelles.

ART. 2. — Il est institué en outre un examen pratique, complémentaire de l'un ou de l'autre brevet. Cet examen, destiné à constater l'aptitude à la direction d'une École publique, est accessible à tous les membres de l'enseignement primaire public ou libre.

Les candidats qui auront subi l'examen avec succès recevront une attestation signée de l'Inspecteur d'Académie et qui prendra le nom de *Certificat d'aptitude pédagogique*.

1. Consulter, pour l'application, la circulaire interprétative du 29 *mai* 1886 aux Recteurs (*Circ.*, t. IX, p. 724).

Le décret du 30 *décembre* 1884 a été modifié par le décret du 18 *janvier* 1887, art. 106 et 117 à 122 (voir *à sa date*).

TITRE II.

ART. 3. — Pour se présenter aux examens du brevet élémentaire, tout candidat doit avoir au moins seize ans au 1er janvier de l'année dans laquelle il se présente[1].

ART. 4. — Pour se présenter devant une Commission d'examen en vue d'obtenir le brevet supérieur, tout candidat doit justifier de la possession du brevet élémentaire et avoir dix-huit ans révolus à l'ouverture de la session dans laquelle il se présente.

ART. 5. — Les candidats au certificat d'aptitude pédagogique doivent avoir au moins vingt et un ans révolus au moment de leur examen et justifier de deux ans d'exercice au moins dans l'enseignement public ou libre.

ART. 6. — Les aspirantes au certificat d'aptitude à la direction des Écoles maternelles doivent avoir au moins vingt et un ans au moment de leur examen. Cette condition d'âge ne sera pas imposée aux aspirantes déjà pourvues du brevet élémentaire.

ART. 7. — Aucune dispense d'âge ni de stage ne pourra être accordée pour aucun examen[2].

Les années passées dans les Écoles normales comptent comme années de stage.

TITRE III.

ART. 8. — Les Commissions d'examen tiennent deux sessions par an pour le brevet élémentaire, pour le brevet supérieur et pour le certificat d'aptitude à la direction des Écoles maternelles.

Il y aura chaque année une session au moins pour le certificat d'aptitude pédagogique.

ART. 9. — Les Commissions d'examen pour les certificats d'aptitude pédagogique et d'aptitude à la direction des Écoles maternelles sont composées de cinq membres au moins. Elles sont nommées annuellement par le Recteur; elles comprennent nécessairement : 1° l'Inspecteur d'Académie, président, et, en cas d'empêchement de sa part, un suppléant désigné par le Recteur; 2° deux Inspecteurs

1. Aux termes d'un décret du 26 *juillet* 1885, les dispositions du décret du 27 *juillet* 1882 qui déterminent les conditions d'âge restent en vigueur pour 1886; les articles 3 et 4 du décret du 30 *décembre* 1884 ne seront exécutoires qu'à partir du 1er janvier 1887.

2. Consulter la note insérée au *Bull. adm.*, 1885, t. XXXVIII, p. 377, au sujet des dispenses d'âge pour les brevets de capacité. — L'âge est fixé comme suit : en 1886, brevet élémentaire, 16 ans; brevet supérieur, 17 ans, au jour de l'ouverture de la session. — A partir du 1er janvier 1887, brevet élémentaire, 16 ans au 1er janvier; brevet supérieur, 18 ans à l'ouverture de la session.

primaires, dont l'un est chargé des fonctions de secrétaire; 3° le directeur ou, à son défaut, un professeur de l'École normale d'instituteurs pour l'examen des aspirants, la directrice ou une maîtresse de l'École normale d'institutrices pour l'examen des aspirantes.

ART. 10. — Les Commissions ne peuvent délibérer régulièrement sur l'admissibilité ou l'admission définitive des candidats qu'autant que cinq de leurs membres sont présents. Les délibérations sont prises à la majorité des suffrages. En cas de partage, la voix du président est prépondérante.

TITRE IV.

ART. 11. — Les épreuves écrites ou orales ne dépasseront dans aucun cas le niveau moyen des programmes du cours supérieur des Écoles primaires pour le brevet élémentaire, ni des programmes des Écoles normales d'instituteurs et d'institutrices pour le brevet supérieur.

Un arrêté ministériel, pris en Conseil supérieur, déterminera, conformément aux lois et décrets en vigueur, le programme des examens à subir, le choix des sujets de composition et le mode de jugement des épreuves.

ART. 12. — Le décret du 4 janvier 1881 et les articles 40 et 42 du décret du 2 août 1881 sont rapportés.

ART. 13. — Le présent décret est exécutoire à partir du 1er janvier 1886.

---

30 déc. 1884.

Arrêté portant règlement des Examens relatifs aux titres de capacité de l'Enseignement primaire[1].

30 Décembre 1884.

Le Ministre de l'Instruction publique et des Beaux-Arts,

Vu le décret du 30 décembre 1884,

Arrête :

TITRE Ier. — *Des Sessions d'examen.*

ARTICLE 1er. — Les sessions réglementaires d'examen ont lieu chaque année et dans chaque département aux époques ci-après déterminées :

1. Cet arrêté a été modifié par l'arrêté du 18 *janvier* 1887, art. 134 à 153 (*voir à sa date*).

Au mois de juillet et au mois d'octobre, pour les deux brevets de capacité et pour le certificat d'aptitude à la direction des Écoles maternelles ;

Au mois d'avril, pour le certificat d'aptitude pédagogique.

Des sessions extraordinaires peuvent être autorisées par le Ministre de l'Instruction publique soit pour toute la France, soit dans un ou plusieurs départements.

La date précise de chaque session est fixée au moins un mois à l'avance par le Ministre pour tous les examens.

Pour les sessions ordinaires, les compositions commencent le même jour dans tous les départements, sous réserve de l'exception ci-après :

A Paris, la première session réglementaire d'examen pour le brevet élémentaire commencera dans la première quinzaine de juin.

Art. 2. — Les sujets de composition sont envoyés, sous pli cacheté, par le Ministre.

Ils doivent être parvenus à l'inspection académique trois jours avant la date fixée pour les compositions.

Le pli est ouvert, séance tenante, par le président de la Commission, en présence des candidats.

Dans le cas où, à l'ouverture du pli, une erreur de transmission serait constatée, l'Inspecteur d'Académie ou, à son défaut, le président de la Commission choisirait d'urgence le sujet de la composition.

Art. 3. — Les épreuves écrites peuvent être corrigées par des Sous-Commissions de deux membres au moins; la Commission réunie prononce l'admission aux épreuves orales. Elle dresse, par ordre alphabétique, la liste des candidats admis à ces épreuves.

Quand le nombre des candidats inscrits est trop considérable, il peut être formé plusieurs Commissions composées de sept membres procédant séparément, ou successivement s'il y a lieu, dans les conditions susindiquées.

Des examinateurs spéciaux seront nommés pour les épreuves d'agriculture, de langues vivantes, de dessin, de chant et de gymnastique, et prendront part aux travaux de la Commission avec voix délibérative pour les épreuves seulement en vue desquelles ils ont été désignés.

Art. 4. — Pour procéder à l'examen oral, la Commission ne peut, dans aucun cas, se subdiviser en Sous-Commissions de moins de trois membres.

Art. 5. — A la fin de la session, le procès-verbal des opérations de la Commission, signé par le président et le secrétaire, est envoyé au Recteur qui le transmet au Ministre, avec le rapport du président et celui de l'Inspecteur d'Académie sur les résultats de chaque examen.

TITRE II. — *De l'Inscription des candidats et de la Surveillance des examens.*

ART. 6. — Tout candidat à un brevet de capacité doit se faire inscrire au bureau de l'Inspecteur d'Académie quinze jours au moins avant l'ouverture de la session et déposer :

1° Un extrait de son acte de naissance;

2° Une demande d'inscription écrite et signée par lui.

ART. 7. — Les candidats qui se trouvent dans les conditions prévues par l'article 4 du décret peuvent subir les épreuves du brevet supérieur dans la même session que celles du brevet élémentaire, s'ils en font la demande au moment de leur inscription.

ART. 8. — Les aspirants et aspirantes au certificat d'aptitude pédagogique doivent produire :

1° Le diplôme du brevet de capacité;

2° Un certificat de l'Inspecteur d'Académie attestant qu'ils ont enseigné au moins pendant deux ans dans des établissements publics ou libres.

ART. 9. — Le candidat refusé à une session peut toujours se présenter à la première session, ordinaire ou extraordinaire, qui suit.

ART. 10. — A l'ouverture de la session, le président de la Commission fait l'appel des candidats inscrits. Chaque candidat, à l'appel de son nom, vient apposer sa signature sur le registre de présence, afin de constater son identité.

ART. 11. — Les candidats sont réunis, soit ensemble, soit par séries, sous la surveillance de membres de la Commission désignés par le président.

Parmi les personnes chargées de la surveillance se trouvera nécessairement dans chaque série, s'il y en a plusieurs, un Inspecteur primaire; et, en outre, pour l'examen des aspirantes, une dame déléguée par le Préfet.

ART. 12. — Toute communication entre les candidats pendant les épreuves, toute fraude ou tentative de fraude entraîne l'exclusion.

TITRE III. — *De l'Examen du Brevet élémentaire.*

ART. 13. — L'examen comprend trois séries d'épreuves[1].

1. Consulter la circulaire du 30 *septembre* 1885, aux Recteurs, relative aux pro-

ART. 14. — *Épreuves de la première série.* — Les épreuves de la première série pour l'examen des aspirants et des aspirantes au brevet élémentaire sont au nombre de quatre, savoir :

1° Une dictée d'orthographe d'une page environ; le texte, lu d'abord à haute voix, est ensuite dicté posément, puis relu. Dix minutes sont accordées aux candidats pour relire et corriger leur travail;

2° Une page d'écriture à main posée, comprenant une ligne en gros dans chacun des trois principaux genres (cursive, bâtarde et ronde), une ligne de cursive en moyen, quatre lignes de cursive en fin;

3° Un exercice de composition française (lettre ou récit d'un genre très simple, explication d'un proverbe, d'une maxime, d'un précepte de morale ou d'éducation);

4° Une question d'arithmétique et de système métrique et la solution raisonnée d'un problème comprenant l'application des quatre règles (nombres entiers, fractions, mesure des surfaces et des volumes simples).

Il est accordé une heure et demie pour chacune des épreuves de composition française et d'arithmétique, trois quarts d'heure pour la page d'écriture.

ART. 15. — *Épreuves de la deuxième série*[1]. — Les épreuves de la deuxième série (épreuves orales) sont au nombre de cinq :

1° Lecture expliquée; la lecture se fera dans un recueil de morceaux choisis en prose et en vers; des questions seront adressées aux candidats sur le sens des mots, la liaison des idées, la construction et la grammaire;

2° Questions d'arithmétique et de système métrique;

3° Questions sur les éléments de l'histoire nationale et de l'instruction civique; sur la géographie de la France avec tracé d'une carte au tableau noir;

4° Questions et exercices très élémentaires de solfège;

5° Questions sur les notions les plus élémentaires des sciences physiques et naturelles dans leurs rapports avec l'agriculture et l'horticulture.

grammes des Écoles normales (*Circ.*, t. IX, p. 536). Ceux de la première année ont dû être modifiés en raison du nouveau règlement du brevet de capacité; — la circulaire du 20 *novembre* 1886, relative aux résultats du brevet de capacité pour les Écoles normales (*Circ.*, t. X, p. 15).

1. Consulter la circulaire du 10 *juin* 1886, relative à l'appréciation distincte des épreuves orales et des épreuves pratiques (*Circ.*, t. IX, p. 746). La moitié du maximum, soit 22 points 1/2 pour la 2e série et pour la 3e, 10 en ce qui concerne les aspirantes et 7 1/2 en ce qui concerne les aspirants, doit être obtenue à l'examen.

Dix minutes au maximum sont consacrées à chacune de ces épreuves.

ART. 16. — *Épreuves de la troisième série.* — Pour les épreuves de la troisième série, les aspirants devront :

1° Exécuter à main levée un croquis coté d'un objet usuel de forme très simple [plan, coupe, élévation]; (durée de l'épreuve : une heure au maximum);

2° Exécuter les exercices les plus élémentaires de gymnastique prévus par le programme des Écoles primaires (durée de l'épreuve : dix minutes au maximum).

Les aspirantes devront : 1° exécuter un dessin au trait d'après un objet usuel (durée de l'épreuve : une demi-heure); 2° exécuter sous la surveillance de dames désignées à cet effet les travaux à l'aiguille prescrits par l'article 1er de la loi du 28 mars 1882 (durée de l'épreuve : trois quarts d'heure au maximum).

TITRE IV. — *De l'Examen du Brevet supérieur.*

ART. 17. — Toutes les épreuves du brevet supérieur, soit écrites, soit orales, doivent être subies dans une même session.

ART. 18. — Les épreuves de la première série sont au nombre de trois, savoir :

1° Une composition comprenant deux questions, l'une sur l'arithmétique (et, en outre, sur la géométrie appliquée aux opérations pratiques, pour les aspirants seulement), l'autre sur les sciences physiques ou naturelles avec leurs applications les plus usuelles à l'hygiène, à l'industrie, à l'agriculture et à l'horticulture (quatre heures sont accordées pour cette composition);

2° Une composition française [littérature ou morale] (quatre heures);

3° Une composition en dessin, d'après un modèle en relief (trois heures).

ART. 19. — Pour les épreuves de la deuxième série, les matières sont réparties en six groupes ci-après énumérés :

1° Questions sur la morale et l'éducation;

2° Langue française : lecture expliquée d'un auteur français pris sur une liste qui sera dressée tous les trois ans par le Ministre et publiée une année à l'avance; des questions d'histoire littéraire limitée aux principaux auteurs du XVIe au XIXe siècle seront posées aux candidats à l'occasion de cette lecture;

3° Histoire de France depuis 1610 et éléments d'histoire générale depuis la même date; géographie de la France et notions de géographie générale;

4° Arithmétique appliquée aux opérations pratiques, tenue des livres; et, en outre, pour les aspirants seulement, notions très élémentaires de calcul algébrique, éléments de géométrie, arpentage et nivellement;

5° Notions de physique, de chimie et d'histoire naturelle, et, en outre, pour les aspirants seulement, d'agriculture et d'horticulture;

6° Traduction à livre ouvert d'une vingtaine de lignes d'un texte facile anglais, allemand, italien, espagnol ou arabe, au choix du candidat.

Chacun de ces groupes donne lieu à une interrogation qui ne peut durer plus d'un quart d'heure.

A chaque groupe correspond une note donnée conformément aux prescriptions du titre VII.

TITRE V. — *Du Certificat d'aptitude pédagogique.*

ART. 20. — L'examen du certificat d'aptitude pédagogique comporte :

1° Une composition française sur un sujet relatif à la tenue et à la direction d'une École. Cette épreuve est éliminatoire (durée de l'épreuve : deux heures);

2° Une leçon très simple faite de vive voix par le candidat dans les limites du programme de l'un des trois cours de l'École primaire élémentaire;

3° La correction d'un devoir d'élève désigné par le jury et l'appréciation d'un cahier de devoirs mensuels.

Il sera accordé pour ces deux épreuves (leçon et correction) une heure et demie de préparation en lieu clos sans secours étrangers;

4° Des questions de pédagogie pratique et élémentaire seront posées aux candidats à l'occasion des épreuves précédentes.

TITRE VI. — *Du Certificat d'aptitude à la direction des Écoles maternelles.*

ART. 21. — L'examen des aspirantes au certificat d'aptitude à la direction des Écoles maternelles se compose de deux parties distinctes :

1° Un examen d'instruction;

2° Un examen pratique.

L'examen d'instruction comprend des épreuves écrites et des épreuves orales.

Épreuves écrites :

1° Une dictée d'orthographe de vingt lignes environ tirée d'un texte simple et facile; la dictée sert d'épreuve d'écriture;

2° La solution raisonnée de deux questions d'arithmétique portant sur les applications du calcul et du système métrique;

3° Une rédaction d'un genre simple (lettre, récit, rapport);

4° Un dessin au trait sur l'ardoise, d'après un objet usuel.

Les aspirantes exécuteront en outre des travaux à l'aiguille.

Épreuves orales :

1° Principes d'éducation morale;

2° Lecture, explication de texte et questions de grammaire;

3° Géographie; notions générales, géographie de la France;

4° Histoire de France (grands faits et grands hommes);

5° Notions élémentaires d'histoire naturelle et d'hygiène applicables aux leçons de choses;

6° Chant (un exercice sur un chant très simple).

Examen pratique.

L'examen pratique a lieu dans une École maternelle préalablement désignée et où les aspirantes ont le droit d'assister aux exercices deux jours avant l'examen.

Cet examen se compose des exercices ordinaires de l'École; il est accordé une heure pour la préparation de la leçon.

L'aspirante doit remplir les fonctions de directrice pendant une partie de la séance, et celle de sous-directrice pendant l'autre partie.

Une heure est donnée à chaque aspirante pour préparer sa leçon; les sujets sont tirés au sort.

ART. 22. — Les aspirantes déjà munies du brevet n'auront à subir que les épreuves de l'examen pratique pour obtenir le certificat d'aptitude à la direction des Écoles maternelles.

TITRE VII. — *Du Jugement des épreuves.*

ART. 23. — Les diverses Commissions d'examen expriment la valeur de chacune des épreuves tant orales qu'écrites, par des chiffres de 0 à 10 pour toutes les épreuves de tous les examens, excepté pour celles du chant et de la gymnastique. Le chiffre 5 est la note la plus élevée pour ces dernières épreuves.

La note 10 ou 9 correspond à *très bien.*

—	8	—	*bien.*
—	7 ou 6	—	*assez bien.*
—	5	—	*passable.*
—	4 et 3	—	*faible.*
—	2 et 1	—	*mal.*
—	0	—	*nul.*

ART. 24. — A tous les degrés d'examen, les notes données par la Commission sont le résultat de l'appréciation faite en commun de chaque épreuve.

ART. 25.— Dans tous les examens, la note *nul* sur l'un des groupes de matières énumérées aux articles 14, 15, 16, 18, 19, 20 et 21 du présent arrêté entraîne l'ajournement.

ART. 26. — Nul n'est admissible s'il n'a obtenu la moitié du maximum des points aux épreuves de la première série.

Nul n'est admis définitivement s'il n'a obtenu également la moitié du maximum des points aux épreuves de la deuxième et de la troisième série[1].

DISPOSITIONS TRANSITOIRES.

ART. 27. — Le présent arrêté sera exécutoire à partir du 1er janvier 1886, sauf pour l'épreuve des langues vivantes, qui ne sera obligatoire qu'à partir du 1er janvier 1888.

ART. 28. — L'arrêté du 4 janvier 1881 est rapporté.

Arrêté modifiant l'Arrêté du 20 juillet 1883 sur le Certificat d'aptitude à l'enseignement du Travail manuel.

2 janvier 1885.

2 Janvier 1885.

Le Ministre de l'Instruction publique et des Beaux-Arts,

Sur le rapport des Commissions d'examen pour la délivrance du certificat d'aptitude à l'enseignement du travail manuel;

Le Conseil supérieur de l'Instruction publique entendu,

Arrête :

1. Le groupement des notes doit être compris comme suit, aux termes d'une décision ministérielle en date du 12 *juillet* 1886, notifiée le 15 par le Vice-Recteur aux Inspecteurs d'Académie :

« 1° Pour les épreuves écrites, seront éliminés les *aspirants* et *aspirantes* qui « n'obtiendront pas 20 points, moitié du maximum 40, pour 4 épreuves;

ARTICLE UNIQUE. — Les articles 4, 5 et 9 de l'arrêté du 20 juillet 1883 sont modifiés comme suit :

« ART. 4. — *Pour les aspirants*, les épreuves générales comprennent :

« 1° Une composition de dessin géométrique, consistant en une mise au net exécutée d'après un croquis coté qui sera distribué à tous les candidats (3 heures) ;

« 2° Une épure de géométrie descriptive sur la ligne droite et le plan (3 heures) ;

« 3° Un dessin d'ornement en perspective d'après le plâtre (3 heures) ;

« Les épreuves spéciales comprennent :

« 1° Une manipulation de physique ou de chimie ou une épreuve pratique d'histoire naturelle, au choix du candidat (4 heures) ;

« 2° Une épreuve de modelage d'après un modèle simple (3 heures) ;

« 3° Une épreuve de dessin géométrique, consistant dans le relevé d'un organe de machine ou d'une machine simple, relevé fait par les candidats sous la forme d'un croquis coté (3 heures) ;

« 4° L'exécution d'une pièce en fer ou en bois, d'après un croquis coté (4 heures).

« A la suite de chacune de ces épreuves, les candidats seront tenus de rendre compte, par écrit, des procédés qu'ils auront employés ;

« 5° L'appréciation de travaux d'élèves (travaux graphiques, ouvrages manuels) ;

« 6° Une épreuve orale portant sur les matières premières mises à la disposition du candidat au cours des épreuves spéciales.

« ART. 5. — *Pour les aspirantes*, les épreuves générales comprennent :

« 1° Une composition de dessin géométrique, représentation d'un objet usuel de forme simple, d'après un croquis coté (3 heures) ;

« 2° Une composition de dessin d'ornement spécialement appliqué aux travaux de femmes (3 heures).

« Les épreuves spéciales comprennent :

« 1° Une leçon de choses faite devant des élèves d'École primaire

« 2° Pour les épreuves orales, seront éliminés les *aspirants* et *aspirantes* qui « n'obtiendront pas 22 points 1/2, moitié du maximum 45, pour les 5 épreuves;

« 3° Pour les épreuves de la 3e série, seront éliminées les *aspirantes* qui n'obtien- « dront pas 10 points, moitié du maximum 20, pour les 2 épreuves;

« 4° Pour les épreuves de la 3e série, seront éliminés les *aspirants* qui n'obtien- « dront pas 7 points 1/2, moitié du maximum 15, pour les 2 épreuves de cette série « pour les garçons. »

ou d'École maternelle (après une heure de préparation à huis clos);

« 2° Une manipulation très élémentaire de physique ou de chimie, ou une épreuve pratique d'histoire naturelle, ou un travail de cartographie (carte géographique ou plan topographique), au choix de l'aspirante (3 heures), dans les limites du programme des Écoles normales d'institutrices;

« 3° Un travail de ménage d'après le programme d'économie domestique des Écoles normales d'institutrices, ou l'exécution d'ouvrages d'aiguille (couture, tricot, crochet, broderie, coupe et assemblage des vêtements, etc.).

« ART. 9. — Une session d'examen pour l'obtention du certificat d'aptitude à l'enseignement du travail manuel aura lieu chaque année, immédiatement à la suite de la session d'examen pour le professorat des Écoles normales. »

Arrêté portant modification de l'Arrêté du 20 juillet 1883, relatif à l'examen pour le Certificat d'aptitude au professorat des Écoles normales. 4 janvier 1885

4 Janvier 1885.

Le Ministre de l'Instruction publique et des Beaux-Arts,
Le Conseil supérieur de l'Instruction publique entendu,
Arrête :

Est abrogée la disposition de l'arrêté du 20 juillet 1883 relatif à l'examen pour le certificat d'aptitude au professorat des Écoles normales, par laquelle les candidats pourvus du certificat d'aptitude à l'enseignement du travail manuel étaient dispensés de la première des épreuves écrites de l'ordre des sciences dans l'examen du professorat.

Arrêté relatif au choix des sujets de Composition pour les différents concours et examens de l'Enseignement primaire. 21 janvier 1885.

21 Janvier 1885.

Le Ministre de l'Instruction publique et des Beaux-Arts,
Vu les décrets et arrêtés réglant les conditions des différents examens et concours pour l'enseignement primaire,
Arrête :

ARTICLE 1er. — Le choix des sujets de composition pour les différents concours et examens de l'enseignement primaire est arrêté, au moins un mois avant l'ouverture de chaque session, par le Ministre.

ART. 2. — Tous les sujets soumis à l'approbation du Ministre sont préalablement examinés par une Commission prise dans le sein du Conseil supérieur et du Comité consultatif de l'enseignement primaire.

ART. 3. — Il pourra, en outre, être adjoint à cette Commission des membres spéciaux chargés de la préparation ou de l'appréciation des textes relatifs aux langues étrangères, à la musique, au travail manuel, etc., avec voix délibérative pour la partie des examens en vue de laquelle ils ont été appelés, ainsi qu'un Inspecteur primaire faisant fonctions de secrétaire adjoint.

ART. 4. — La Commission propose toujours au Ministre deux sujets au choix, pour chaque épreuve.

ART. 5. — Le Vice-Recteur de l'Académie de Paris et le Directeur de l'Enseignement primaire font de droit partie de la Commission.

Le chef du 6e bureau de la Direction de l'Enseignement primaire remplit les fonctions de secrétaire; il est chargé de la centralisation des sujets, de la correction des épreuves et, en général, de l'exécution des décisions de la Commission.

1er février 1885.

Décret relatif à l'Organisation de l'Instruction primaire en Algérie[1].

1er Février 1885.

Le Président de la République française,

Sur le rapport du Ministre de l'Instruction publique et des Beaux-Arts;

Vu le décret du 13 février 1883 sur l'organisation de l'instruction primaire en Algérie, et notamment le titre IV, § 3, de ce décret, concernant la création d'Écoles de centre et de sections dans les communes indigènes, la nomination et les traitements du personnel enseignant de ces Écoles;

Vu les propositions du Gouverneur général de l'Algérie,

Décrète :

1. Décret rapporté par le décret du 9 *décembre* 1887 (voir *à sa date*).

ARTICLE 1er. — Outre les Écoles établies et entretenues conformément aux dispositions du titre Ier et du titre IV, § 2, du décret du 13 février 1883, il pourra être créé dans les communes mixtes et dans les communes de plein exercice, par application des dispositions de l'article 44 du décret précité, des Écoles principales dirigées par un instituteur français et des Écoles préparatoires ou de sections confiées à des adjoints ou à des moniteurs indigènes sous la surveillance du directeur de l'École principale.

Les créations faites chaque année le seront dans les limites du crédit ouvert annuellement par les lois de finances pour encourager le développement de l'instruction primaire chez les indigènes en Algérie.

Le Gouverneur général déterminera dans les arrêtés de création quelles seront les Écoles principales.

Le personnel de ces Écoles jouira seul des avantages exceptionnels stipulés aux articles 45 et 46 du décret du 13 février 1883, à l'exception des prestations en nature prévues au paragraphe 9 de l'article 45 susvisé.

Le directeur de l'École principale devra justifier du brevet de la langue arabe ou de l'admissibilité à la prime de la langue kabyle.

ART. 2. — Contrairement aux dispositions du paragraphe 1er de l'article 42 du décret précité relatives aux communes indigènes, les communes mixtes dans lesquelles des Écoles de centre auront été créées participeront, en tout état de cause, aux dépenses annuelles obligatoires du personnel et du matériel de toutes les Écoles primaires, sans distinction, existant sur leur territoire, jusqu'à concurrence du sixième du produit de leur octroi de mer.

ART. 3. — Le Ministre de l'Instruction publique et des Beaux-Arts et le Gouverneur général de l'Algérie sont chargés, chacun en ce qui le concerne, de l'exécution du présent décret.

Arrêté relatif au Droit à pension des maîtres spéciaux des Écoles normales primaires[1].

14 février 1885.

14 Février 1885.

Le Ministre de l'Instruction publique et des Beaux-Arts,

Vu les décrets des 29 juillet 1881 et 25 juillet 1883;

1. Consulter la circulaire transmissive du même jour (*Circ.*, t. IX, p. 459).

Vu l'arrêté du 4 avril 1884,

Arrête :

Les maîtres spéciaux des Écoles normales primaires pourvus d'une nomination ministérielle, conformément aux dispositions du décret du 25 juillet 1883 et de l'arrêté du 4 avril 1884, sont admis au bénéfice de la loi du 9 juin 1853 sur les pensions civiles.

Ils supporteront en conséquence, à dater du jour de leur nomination ministérielle, les retenues prescrites par la loi susvisée et par le décret du 9 novembre 1853.

---

23 mars 1885.

Arrêté relatif à la fixation du Traitement éventuel des instituteurs et institutrices en 1885.

23 Mars 1885.

Le Ministre de l'Instruction publique et des Beaux-Arts,

Vu les lois du 10 avril 1867 (art. 9), du 19 juillet 1875 (art. 1er) et du 16 juin 1881 (art. 6);

Vu l'arrêté du 21 juillet 1884;

Vu la loi de finances du 21 mars 1885;

Vu les propositions transmises par les Préfets, après avis des Conseils départementaux de l'Instruction publique, pour la fixation du taux de rétribution devant servir à calculer le traitement éventuel des instituteurs et institutrices en 1885,

Arrête :

ARTICLE 1er. — Le taux de rétribution devant servir à déterminer le montant du traitement éventuel des instituteurs et institutrices est fixé, pour la présente année, par élève et par mois de présence dûment constatée, de la manière suivante :

1° Pour les Écoles maternelles et pour les Écoles enfantines, à 0 fr. 50 cent.;

2° Pour les Écoles primaires élémentaires de garçons et de filles, à 1 franc dans les communes dont la population est inférieure à 5 000 habitants; à 1 fr. 25 cent. dans les communes de 5 000 à 50 000 habitants; à 1 fr. 50 cent. dans les communes d'une population supérieure à 50 000 habitants.

ART. 2. — Le produit de l'éventuel sera réparti entre les titulaires et les adjoints ou adjointes, conformément à l'arrêté du 21 juillet 1884, dont toutes les dispositions sont maintenues.

Proposition de loi tendant à accorder au père de famille de sept enfants vivants la faculté d'en faire élever un aux frais de l'État, présentée par MM. Bernard (Doubs), Paul Bert, Viette, Duclaud, députés. 8 avril 1885.

Séance du 8 Avril 1885.

Exposé des motifs.

Messieurs, la loi du 29 nivôse An XIII (19 janvier 1805) est ainsi conçue :

« Tout père de famille, ayant sept enfants vivants, pourra en désigner un, parmi les mâles, lequel, lorsqu'il sera arrivé à l'âge de dix ans révolus, sera élevé aux frais de l'État dans un Lycée ou dans une École d'arts et métiers. Le choix du père sera déclaré au sous-préfet dans le délai de trois mois de la naissance du dernier enfant; ce délai expiré, la déclaration ne sera plus admise.

« Si le père décède dans l'intervalle des trois mois, le choix en appartiendra à la mère.

« Si la mère décède dans le même intervalle, le choix appartiendra au tuteur. »

Si nous nous reportons à l'exposé des motifs, nous voyons par quelles raisons de haute moralité le conseiller d'État, M. Regnault de Saint-Jean-d'Angély, justifie le projet de loi présenté au Corps législatif.

« L'intérêt, le bonheur des pères de famille, dit l'exposé des motifs, ont toujours fixé la pensée des gouvernements justes et éclairés.

. . . .

« Parmi les chefs de famille, à l'existence desquels est liée l'existence de tout ce qui vit près d'eux dans l'asile du travail, il est juste de distinguer les citoyens qui, ayant une postérité plus nombreuse, ajoutent davantage à la richesse de l'État, dont la population est une portion importante.

« À toutes les époques et dans tous les pays où l'administration a conçu des idées grandes et utiles, équitables et généreuses, les pères de nombreux enfants ont été l'objet d'une attention particulière qui est allée chercher la fécondité pour l'encourager. Une récompense pécuniaire a paru peu convenable; un moyen plus noble s'est offert : trente-deux Lycées sont organisés, plusieurs départements offriront bientôt une École d'arts et métiers. C'est par une place dans ces établissements qu'on doit récompenser, encourager le père de famille qui comptera sept enfants. Il pourra indiquer, parmi eux, celui qu'il croira le plus propre à étudier, ou les arts libéraux et les sciences, ou un art mécanique, une profession utile.

« La sagesse des administrateurs locaux leur fera juger si l'enfant doit être destiné pour un Lycée ou pour une École d'arts.

« Ils n'oublieront pas que, dans toutes les classes de la société, il faut favoriser le développement des dispositions heureuses de l'enfant ou de la jeunesse pour les beaux-arts, la littérature, les sciences; mais qu'il ne faut pas indistinctement encourager à les cultiver ceux qui, avec des dispositions ordinaires, pourraient ensuite se trouver plutôt embarrassés qu'enrichis de connaissances médiocres qui donnent souvent plus de prétentions que de ressources.

« Ainsi les enfants seront placés avec discernement, selon leurs moyens personnels, l'état de leurs parents, leurs vœux, leurs ressources, leurs convenances.

« Ainsi la société payera noblement pour elle, et utilement pour les citoyens, la dette dont elle est tenue envers le chef d'une postérité nombreuse. »

Le rapporteur de la Section de l'Intérieur au Tribunat donne, dans les termes suivants, son approbation au projet de loi :

« Quand une loi, dit-il, se présente avec tous les caractères qui peuvent lui concilier la faveur publique, c'est une tâche facile et désirable que d'être appelé, je ne dirai pas à la défendre (car qui voudrait l'attaquer?), mais d'avoir à compter ses titres à l'approbation du législateur, à la reconnaissance des citoyens.

« Si j'entreprends de montrer aujourd'hui que cette loi tend à honorer le mariage, à augmenter la population, en l'améliorant, à associer l'intérêt de l'État à celui des familles; qu'elle est l'une des plus belles pensées d'une autorité prévoyante et paternelle, je ne ferai que classer de nouveau les idées qui vous ont été complètement développées par le rapporteur du Conseil d'État. »

Cette loi, qui se justifie par des raisons d'un ordre si élevé, n'est plus, depuis longtemps, appliquée, il faut bien le reconnaître, et cela malgré les réclamations incessantes des intéressés.

En effet, s'il est vrai que dans les décrets portant nomination de boursiers, figurent quelques élèves appartenant à des familles de sept enfants vivants et plus, rien n'indique que leur nomination soit uniquement fondée sur les dispositions de la loi de nivôse.

Les réponses des Ministres aux nombreuses pétitions que les Commissions ne cessent de leur renvoyer, ne laissent même aucun doute sur ce point. Dans leur pensée, la loi de nivôse, si elle n'a pas été formellement abrogée, est tombée en désuétude, et le père de famille, qui se trouve dans les conditions qu'elle prévoit, n'est plus aujourd'hui fondé à en réclamer le bénéfice.

En d'autres termes, le nombre des enfants peut être un titre à l'obtention d'une bourse de l'État, mais il ne constitue pas un droit pour le père de famille et ne dispense pas celui qui la demande de se soumettre aux prescriptions réglementaires du décret du 15 janvier 1881.

Cette opinion, à notre avis, est très contestable, et notre regretté collègue, M. Guichard, dans un rapport intéressant, nous paraît avoir répondu d'une manière péremptoire aux fins de non-recevoir invoquées par l'Administration pour se soustraire à l'application rigoureuse de la loi de nivôse, fins de non-recevoir tirées soit de l'inexécution de la loi, de la désuétude, soit du défaut de crédits inscrits au budget.

Il faut, comme il est dit dans l'exposé des motifs, de la loi de nivôse, consulter les dispositions de l'enfant, l'élever en vue de la profession qu'il doit exercer, mais il serait contraire à l'esprit de la loi, ainsi que le fait remarquer M. Guichard, ce serait la rendre inapplicable à l'égard des familles les plus pauvres, que de faire subir des examens d'étude à un enfant que l'État doit élever précisément parce que sa famille est supposée dans l'impossibilité de subvenir aux charges que lui impose le nombre de ses enfants, et par conséquent aux dépenses qu'exigent les examens nécessaires pour entrer dans un Lycée ou une École d'arts et métiers.

De nombreuses pétitions, on le sait, sont adressées aux Chambres par des pères de famille qui réclament le bénéfice de loi de nivôse. Les Commissions, n'hésitant pas à reconnaître que ces demandes sont justifiées, concluent invariablement au renvoi des pétitions aux Ministres compétents en les priant d'y faire droit, et invariablement aussi les Ministres répondent par une fin de non-recevoir.

Cet état de choses est très regrettable, et il nous a paru nécessaire de faire cesser, en la rajeunissant en quelque sorte, les difficultés, les controverses auxquelles donne lieu chaque jour l'application d'une loi qui répond à une idée juste et à de très légitimes préoccupations.

Le projet que nous présentons ne fait, en définitive, que reproduire, avec quelques modifications qui en rendent l'application plus large et plus facile, le texte même de l'ancienne loi.

La loi de nivôse dit :

« Tout père de famille, ayant sept enfants vivants, pourra en désigner un parmi les mâles... »

Nous supprimons ces mots : « parmi les mâles », estimant que toute distinction est aujourd'hui inutile.

D'un autre côté, la déclaration du père, de la mère ou du tuteur sera faite à la mairie, dans un délai de six mois de la naissance du dernier enfant.

Nous pensons qu'un crédit spécial ne sera pas nécessaire pour assurer l'exécution de la loi, et que celui qui est inscrit chaque année au budget sera peut-être suffisant.

Nous avons l'honneur, en conséquence, de soumettre à l'examen de la Chambre une proposition de loi ainsi conçue :

Proposition de loi[1].

ARTICLE 1er. — La loi du 29 nivôse An XIII est modifiée ainsi qu'il suit :

« Tout père de famille ayant sept enfants vivants pourra demander que l'un d'eux, désigné par lui et arrivé à l'âge de dix ans révolus, soit élevé aux frais de l'État, dans un établissement d'instruction publique ou dans une École professionnelle, industrielle, commerciale ou agricole. »

ART. 2. — La déclaration du père de famille ou, en cas de décès du père, celle de la mère ou du tuteur sera faite à la mairie dans les six mois de la naissance du dernier enfant.

Ce délai expiré, la déclaration ne sera plus reçue.

Décret exonérant les communes du versement des Sommes restant dues pour solde de leurs contingents applicables aux Traitements obligatoires des instituteurs et institutrices, pour 1883 et les exercices antérieurs. 2 mai 1885.

2 Mai 1885.

Le Président de la République française,

Vu la loi de finances du 29 décembre 1882, article 21 ;

Vu la loi de finances du 21 mars 1885, article 22 ;

1. Voir ci-après l'article 27 de la loi de finances du 8 *août* 1885 (*à sa date*).

Sur la proposition des Ministres de l'Instruction publique, de l'Intérieur et des Finances,

Décrète :

ARTICLE 1er. — Les communes qui ont épuisé la totalité de leurs ressources de 1883 et dont les budgets pour les exercices postérieurs ne présentent pas d'excédent disponible, sont exonérées du versement des sommes restant dues pour solde de leurs contingents applicables aux traitements obligatoires des instituteurs et institutrices, pour 1883 et les exercices antérieurs.

ART. 2. — La subvention nécessaire pour ce dégrèvement sera prélevée sur les crédits de l'exercice 1883.

ART. 3. — Les Ministres de l'Instruction publique, de l'Intérieur et des Finances sont chargés, chacun en ce qui le concerne, de l'exécution du présent décret.

---

18 mai 1885.

Arrêté relatif aux Passages gratuits en Algérie et en Tunisie

18 Mai 1885.

Le Ministre de l'Instruction publique, des Beaux-Arts et des Cultes,

Vu l'arrêté du 8 mars 1862, relatif aux frais de passage en Algérie des fonctionnaires du Ministère de l'Instruction publique, des Beaux-Arts et des Cultes;

Vu la loi de finances du 21 mars 1885;

Considérant qu'en raison des réductions de crédit opérées par la loi précitée, il importe de régler à nouveau, pour les fonctionnaires de l'Instruction publique, le service des passages gratuits à bord des bâtiments chargés de la correspondance entre la France et l'Algérie,

Arrête :

ARTICLE 1er. — Ont droit au passage, aux frais du Ministère de l'Instruction publique, des Beaux-Arts et des Cultes, sur les paquebots faisant la correspondance entre la France, l'Algérie et la Tunisie :

1° Les Inspecteurs généraux en tournée d'inspection, les fonctionnaires chargés, par l'Administration de l'Instruction publique, d'une mission en Algérie et en Tunisie;

1. Consulter la circulaire transmissive du 5 *juin* 1885 (*Circ.*, t. IX, p. 487).

2° Les fonctionnaires, employés et gens de service de l'Administration académique, de l'enseignement supérieur, de l'enseignement secondaire et de l'enseignement primaire, lorsqu'ils se rendent à leur poste, lorsqu'ils ont obtenu un congé, soit d'inactivité, soit de convalescence, lorsqu'ils sont admis à la retraite, ou lorsqu'ils sont appelés d'Algérie à un emploi en France;

3° Les instituteurs ou institutrices primaires appelés de France en Algérie par le Recteur de l'Académie d'Alger;

4° Les femmes, enfants, pères et mères desdits fonctionnaires ou employés les accompagnant dans les cas ci-dessus désignés ou revenant en France, lorsque lesdits fonctionnaires sont décédés en activité de service.

ART. 2. — Le Ministre peut, par une décision spéciale, accorder des permis de passage, dans les limites des crédits inscrits chaque année dans la loi de finances :

1° Aux fonctionnaires et employés compris dans les deux premiers paragraphes de l'article 1er, lorsqu'ils ont obtenu des congés pour affaires particulières ou lorsqu'ils se déplacent à l'époque des vacances.

Il ne pourra, dans ce dernier cas, être accordé de permis que tous les deux ans au maximum;

2° A une personne attachée au service des fonctionnaires qui ont droit à un passage de première classe.

ART. 3. — Les permis de passage sont délivrés uniquement par le Ministre de l'Instruction publique, des Beaux-Arts et des Cultes, ou par ses délégués.

La Direction de la Comptabilité générale doit être immédiatement avisée des concessions de passage gratuit.

ART. 4. — Le classement, à bord des paquebots, des personnes qui ont obtenu des permis de passage reste fixé conformément aux indications contenues dans le tableau annexé à l'arrêté du 8 mars 1862.

ART. 5. — Sont et demeurent rapportées les dispositions de l'arrêté du 8 mars 1862, relatives aux fonctionnaires de l'Instruction publique, qui sont contraires aux dispositions du présent arrêté.

8 juin 1885. **Circulaire du Ministre de l'Instruction publique, relative à l'Internat dans les Écoles normales pendant les examens d'admission.**

8 Juin 1885.

Monsieur le Recteur, lorsqu'en 1881, mon administration s'est occupée de l'organisation à donner aux Écoles normales, elle a d'abord porté son attention sur les facilités dont il fallait entourer le recrutement de ces établissements, alors au début d'une période de transformation. Aussi le 17 juin 1881, conformément à un vœu exprimé par le Congrès pédagogique de 1880, il avait été décidé que les candidats reçus aux épreuves orales du concours d'admission seraient internés dans l'École pendant la durée des épreuves, aux frais de l'État. Cette mesure, qui pouvait se justifier à l'époque où elle a été prise, a produit des résultats diversement appréciés. Elle entraîne d'ailleurs des frais considérables, qui ont été certainement en augmentant, et devront s'accroître encore dans quelque temps avec l'ouverture des Écoles en construction. Toutefois, comme d'après la plupart des avis qui me sont parvenus à la suite de ma circulaire du 21 mars dernier[1], l'internement a produit de bons résultats, les dispositions de la circulaire du 17 juin précitée resteront applicables en principe. Mais j'ai résolu d'y apporter les modifications suivantes qui m'ont été suggérées par la majorité des opinions émises à cet égard par vous et vos collègues :

1° Les candidats reçus à l'examen oral ne devront séjourner à l'École normale qu'une semaine au plus, temps qui me paraît largement suffisant pour subir les épreuves dans de bonnes conditions ;

2° La dépense étant, d'après les chiffres que j'ai sous les yeux, très minime pour chaque candidat, elle cessera à partir de la prochaine session d'être à la charge de l'État, pour être supportée désormais par les familles.

Vous aurez chaque année à déterminer par candidat le montant de ces frais. La somme ainsi fixée sera versée entre les mains de l'économe par chaque intéressé au moment où il sera interné.

1. Voici le texte de cette circulaire :

« Aux termes de la circulaire du 17 juin 1881, les candidats admissibles aux épreuves orales du concours d'admission dans les Écoles normales passent, aux frais de l'État, dans l'établissement, 8 à 10 jours, comme temps d'épreuves.

« Cette dépense entame d'une façon considérable, pour les 152 Écoles normales actuellement en exercice, les crédits affectés à l'entretien de ces établissements. Elle s'est considérablement accrue depuis 1881 avec le nombre toujours croissant des Écoles normales et des élèves, et elle doit s'élever beaucoup encore au fur et à mesure que s'ouvriront les établissements en construction.

« Aussi vous prierai-je de vouloir bien me faire savoir si les mesures prises en exécution de ma circulaire précitée ont amené de bons résultats par comparaison avec ce qui aurait eu lieu sans leur application. Si l'effet obtenu ne justifiait pas complètement les sacrifices que l'État s'est imposés, il conviendrait de revenir à l'état de choses antérieur, et de décider qu'à l'avenir les familles supporteront elles-mêmes les frais d'entretien de leurs enfants pendant la période indiquée plus haut. Il ne me paraîtrait pas y avoir à cela d'inconvénients sérieux, puisque ces frais, si considérables dans leur ensemble, ne sont pas une trop lourde charge pour chaque candidat en particulier.

« J'attends votre réponse dans le plus bref délai possible. »

Veuillez donner connaissance de cette circulaire à MM. les directeurs et à Mmes les directrices des Écoles normales de votre ressort. Il conviendra que ces dispositions soient portées par l'Inspection académique le plus tôt possible à la connaissance des familles.

Recevez, etc.

Signé : RENÉ GOBLET.

Loi relative aux Subventions de l'État pour constructions et appropriations[1]. 20 juin 1885.

20 Juin 1885.

ARTICLE 1er[2]. — Le fonds de subvention de 277 200 000 francs mis à la disposition de la Caisse des Lycées, Collèges et Écoles primaires par les lois des 1er juin 1878, 3 juillet 1880, 20 mars 1883 et 30 janvier 1884, est augmenté de 34 000 000 de francs, payables à partir du 1er janvier 1886, par fractions qui seront déterminées, chaque année, par la loi de finances.

Le montant de cette subvention supplémentaire sera affecté, jusqu'à concurrence de 22 000 000 de francs, aux établissements d'enseignement supérieur, et à concurrence de 12 000 000 de francs, aux établissements d'enseignement secondaire, dont la construction, la reconstruction ou l'agrandissement sont à la charge de l'État.

En conséquence, chaque année le Gouvernement soumettra aux Chambres les projets de travaux qu'il se propose de réaliser dans le cours de l'exercice suivant, et la loi de finances déterminera le montant des sommes nécessaires pour y faire face, à prendre sur le fonds de subvention dont il vient d'être parlé.

ART. 2. — La somme de 265 400 000 francs, mise à titre d'avances remboursables par les lois des 1er juin 1878, 3 juillet 1880, 2 août 1881 et 20 mars 1883, à la disposition des départements et des communes dûment autorisés à emprunter pour la construction, la reconstruction ou l'agrandissement des Lycées, Collèges et Écoles primaires, est réduite d'une somme de 34 000 000 de francs.

ART. 3. — Le complément de subvention, mis à la disposition de la Caisse des Lycées, Collèges et Écoles primaires, en vertu des

1. Voir pour l'application le décret du 9 *juillet* 1885 et celui du 15 *février* 1886 (ci-après *à leur date*).

2. Consulter la circulaire du 2 *avril* 1886, aux Préfets, reproduisant une consultation du Conseil d'État (25 mars et 1er avril 1886), relative au calcul de la subvention de l'État (*Circ.*, t. IX, p. 689).

articles 1er et 2 de la présente loi, lui sera remboursé en capital et intérêts au moyen de trente annuités de 1 612 000 francs chacune à ajouter, à partir de 1886 inclusivement, par fractions correspondantes au capital employé, chaque année, au chapitre du budget ordinaire de l'Instruction publique, créé par l'article 23 de la loi du 3 juillet 1880, sous le titre : « Remboursements par annuités à la Caisse des Lycées, Collèges et Écoles primaires. »

La dotation ci-dessus de 1 612 000 francs sera ordonnancée au profit de la Caisse et payée par le Trésor dans les trois premiers mois de chaque année.

Les crédits nécessaires seront ouverts, chaque année, par la loi de finances.

En cas d'insuffisance du fonds de dotation et des ressources propres à la caisse, il lui sera tenu compte par le Trésor, tant de ces dépenses complémentaires d'intérêt et d'amortissement que de ses frais de gestion.

ART. 4. — Le Ministre de l'Instruction publique est autorisé à prendre, au nom de l'État, l'engagement de rembourser, à titre de subvention, aux départements et aux villes ou communes, dans les conditions déterminées par la présente loi, partie des annuités nécessaires au service de l'intérêt et de l'amortissement des emprunts par eux contractés pour la construction, la reconstruction ou l'agrandissement de leurs établissements d'enseignement public, supérieur, secondaire et primaire.

Les départements pourront se substituer aux communes pour tout ou partie de ces emprunts.

Toutefois, en ce qui concerne les établissements d'enseignement supérieur et secondaire, le Ministre de l'Instruction publique devra soumettre, chaque année, aux Chambres, en même temps que le budget de son Ministère, les projets spéciaux à l'occasion desquels il se proposerait de prendre, dans l'exercice suivant, l'engagement de subvention dont il est parlé au présent article.

ART. 5. — Les subventions dont il est parlé à l'article précédent ne pourront être accordées qu'aux conditions suivantes :

1° Les emprunts devront être régulièrement autorisés et remboursables au moyen d'annuités égales comprenant l'intérêt et l'amortissement, dans un délai qui ne pourra être moindre de trente années ni dépasser quarante années;

2° Les travaux devront être exécutés conformément aux plans approuvés et régulièrement reçus, à l'exclusion de toute dépense qui n'aurait pas l'instruction publique pour objet.

Dans le cas où les dépenses faites n'atteindraient pas le montant des évaluations, la subvention de l'État serait réduite proportionnellement à l'économie réalisée.

ART. 6. — En ce qui concerne les établissements d'enseignement supérieur et secondaire, les départements et les villes pourront prélever, sur leurs ressources disponibles, tout ou partie des sommes nécessaires pour couvrir les dépenses. Dans ce cas, la subvention de l'État portera sur une annuité, comprenant l'intérêt à 4 pour 100 et l'amortissement en quarante ans, calculé au même taux, du montant des dépenses effectuées au moyen desdites ressources.

ART. 7. — Les subventions accordées par le Ministre de l'Instruction publique pour les établissements d'enseignement supérieur et d'enseignement secondaire ne pourront dépasser, pour l'ensemble des opérations, 50 pour 100 des annuités nécessaires au service des emprunts contractés ou afférents aux prélèvements faits sur des ressources disponibles conformément à l'article 6.

ART. 8[1]. — En ce qui concerne les établissements d'enseignement primaire, la subvention de l'État sera calculée d'après un chiffre maximum de dépense totale, déterminée pour chaque catégorie d'établissement par le tableau A, annexé à la présente loi, déduction faite des ressources communales disponibles.

La proportion dans laquelle l'État contribuera au payement des annuités ne pourra, en aucun cas, être supérieure à 80 pour 100 ni inférieure à 15 pour 100. Elle sera déterminée en raison inverse de la valeur du centime communal, en raison directe des charges extraordinaires de la commune, et encore en raison de l'importance des travaux scolaires à exécuter par elle, conformément à des règles qui seront établies par un décret rendu sur la proposition des Ministres de l'Instruction publique, de l'Intérieur et des Finances.

Toutefois les communes dont le centime communal représente une valeur supérieure à 6 000 francs ne pourront recevoir aucune

1. Voir les circulaires :

Du 26 *février* 1880 (Ministre de l'Intérieur aux Préfets), relative au point de départ du remboursement des emprunts faits à la Caisse des Écoles (*Rec. des L. et A.*, 1880, p. 247);

— 18 *août* 1880, aux Recteurs, relative à l'exécution du décret du 3 juillet 1880, et à l'application du règlement du 13 août 1880, concernant la Caisse des Écoles (*Circ.*, t. VIII, p. 343).

— 26 *mars* 1883, aux Préfets, relative à la répartition des fonds de la Caisse des Écoles (*Ibid.*, p. 195);

— 12 *juin* 1886, aux Préfets, relative au versement semestriel des allocation consenties par l'État pour constructions scolaires, et le modèle y annexé (*Circ.*, t. IX p. 740);

— 5 *juillet* 1887, aux Préfets, relative aux opérations de la Caisse des Écoles primaires du 1er juin 1878 au 20 juin 1885 (*Circ.*, t. X, p. 142).

subvention de l'État pour la construction, la reconstruction ou l'agrandissement de leurs Écoles primaires.

ART. 9. — La loi de finances de chaque exercice, à partir de 1885 inclusivement, déterminera le chiffre maximum des subventions par annuités payables pendant l'année suivante et les années ultérieures que le Ministre de l'Instruction publique est autorisé à accorder conformément aux articles 4, 5, 6, 7 et 8 ci-dessus.

En conséquence, un chapitre spécial sera ouvert chaque année au budget de l'Instruction publique sous ce titre : « Subventions aux départements, villes ou communes, destinées à faire face au payement de partie des annuités dues par eux et nécessaires au remboursement des emprunts qu'ils ont contractés pour la construction de leurs établissements publics d'enseignement supérieur, d'enseignement secondaire et d'enseignement primaire. »

ART. 10. — Le maximum des subventions payables par annuités, à partir de 1886 inclusivement, que le Ministre de l'Instruction publique est autorisé à accorder pendant l'année 1885, est fixé à quinze cent mille francs, savoir[1] :

1° Cent douze mille six cents francs pour l'enseignement supérieur ;

1. A la suite des négociations engagées par M. le Ministre des Finances avec le Crédit foncier, cet établissement a bien voulu consentir à prêter aux départements, villes et communes, dans les conditions de la loi du 20 juin 1885, et suivant les taux indiqués au tableau ci-dessous, les sommes nécessaires à l'installation de leurs établissements scolaires.

Annuités à payer, amortissement compris, pour rembourser un capital de 100 francs, avec intérêts à 4 fr. 60 p. 100, l'annuité étant payable par semestre.

DURÉE du remboursement.	ANNUITÉS.
30 ans	6f178,990
31 —	6 086,108
32 —	5 999,927
33 —	5 919,828
34 —	5 845,263
35 —	5 775,747
36 —	5 710,849
37 —	5 650,185
38 —	5 593,410
39 —	5 540,215
40 —	5 490,322

(*Bull. adm.*, 1885, t. XXXVIII, p. 376.)

Par une circulaire en date du 4 *avril* 1889, le Ministre de l'Intérieur écrit aux Préfets :

« M. le Gouverneur du Crédit foncier de France vient de m'informer que le Conseil d'administration de cet établissement a décidé, le 12 mars dernier, que le taux

2° Cent soixante-cinq mille quatre cents francs pour l'enseignement secondaire;

3° Douze cent vingt-deux mille francs pour l'enseignement primaire.

En exécution du paragraphe 3 de l'article 4 ci-dessus, sont approuvés les projets spéciaux relatifs à l'enseignement supérieur et à l'enseignement secondaire, énumérés dans les tableaux B et C annexés à la présente loi[1].

Décret relatif à l'application de la Loi du 20 juin 1885[2]. 9 juillet 1885.

9 Juillet 1885.

Le Président de la République française,

Sur le rapport des Ministres de l'Instruction publique, des Beaux-Arts et des Cultes, de l'Intérieur et des Finances,

Décrète :

d'intérêt des prêts aux départements, communes et établissements publics serait fixé dorénavant ainsi qu'il suit :

« A 4 fr. 60 p. 100 pour les emprunts de moins de 100 000 fr.;

« A 4 fr. 50 p. 100 pour les emprunts de 100 000 à 499 999 fr.;

« Et à 4 fr. 35 p. 100 pour les emprunts de 500 000 fr. et au-dessus.

« Ces conditions sont également applicables aux emprunts à contracter pour constructions scolaires, en exécution de la loi du 20 juin 1885, c'est-à-dire aux emprunts dont les annuités d'amortissement doivent être payées en partie au moyen de subventions de l'État. »

Par une autre circulaire en date du 12 *mars* 1889, le Ministre de l'Intérieur écrivait aux Préfets :

« M. le Directeur général de la Caisse des dépôts et consignations vient de m'informer que les prêts consentis par la Caisse aux départements, aux communes et autres établissements publics seront désormais soumis aux conditions suivantes :

« Le délai de remboursement sera de vingt ans au maximum. Toutefois, pour le prêt dont l'amortissement ne s'effectuerait pas par annuités ou demi-annuités égales, ce délai serait limité à douze années, sauf dans des cas exceptionnels que la Commission de surveillance se réserve d'apprécier.

« Quant au taux d'intérêt, il est réduit à 4 fr. 25 pour les prêts remboursables en dix ans ou plus, et à 4 p. 100 pour les opérations d'une durée n'excédant pas neuf ans. »

Voir, p. 199, la note, qui permet de consulter les divers rapports sur les opérations de la Caisse.

1. Voir ces tableaux, *Bull. adm.*, 1885, t. XXXVII, p. 668-670.

2. Consulter pour l'exécution la circulaire transmissive du 10 *juillet* 1885, aux Préfets (*Circ.*, t. IX, p. 500) et les tableaux y annexés (voir aux *Annexes*); — la circulaire du 14 *septembre* 1885, aux Préfets (*Circ.*, t. IX, p. 529), et les tableaux y annexés (voir aux *Annexes*).

Ce décret a été rapporté par le décret du 15 *février* 1886 (voir *à sa date*).

ARTICLE 1er. — La proportion suivant laquelle l'État contribuera au payement des annuités communales pour constructions et appropriations d'Écoles primaires sera fixée, conformément aux tableaux ci-annexés[1], savoir :

1° Tableau A, fixant la proportion de la subvention à allouer en raison de la valeur du centime communal;

2° Tableau B, fixant la proportion de la subvention à allouer en sus de celle que détermine le tableau A, en raison des charges de la commune, y compris les centimes pour insuffisance de revenus;

3° Tableau C, fixant la proportion de la subvention à allouer en raison de la dépense à effectuer, laquelle subvention s'ajoutera à celles que déterminent les tableaux A et B.

ART. 2. — Les dispositions du présent décret ne sont pas applicables aux départements de l'Algérie.

Un décret ultérieur déterminera les conditions spéciales de répartition des subventions aux communes de ces départements.

ART. 3. — Lorsque le chiffre de la subvention à allouer par suite de l'application des coefficients des tableaux A, B et C susindiqués dépassera 80 pour 100, il devra être ramené à 80 pour 100, conformément à l'article 9, § 2, de la loi. Sont exceptés les cas prévus par la disposition n° 2 du tableau C, suivant laquelle le Ministre de l'Instruction publique pourra accorder aux communes dont le centime communal n'atteint pas la valeur de 5 francs, une subvention supérieure à 80 pour 100 de la dépense. Le rapport annuel présenté aux Chambres contiendra la liste nominative des communes auxquelles aura été appliqué ce traitement exceptionnel et l'indication du montant de la subvention pour chacune d'elles.

ART. 4. — Les Ministres de l'Instruction publique, des Beaux-Arts et des Cultes, de l'Intérieur et des Finances sont chargés, chacun en ce qui le concerne, de l'exécution du présent décret.

1. Voir ces tableaux, *Bull. adm.*, 1885, t. XXXVIII, p. 92.

Circulaire du Ministre de l'Instruction publique, relative à l'admission à la Retraite des instituteurs et institutrices[1]. 18 juillet 1885.

18 Juillet 1885.

Monsieur le Préfet, la situation faite aux instituteurs et aux institutrices pendant l'accomplissement des formalités nécessaires pour la liquidation de

1. Voir ci-dessus, p. 148, la circulaire du 18 *avril* 1880, aux Préfets, et la note 3 en renvoi; et, en outre, les circulaires suivantes :

Du 10 *février* 1882, aux Préfets, maintenant pour les anciens instituteurs et les anciennes institutrices l'allocation attachée à la possession de la médaille d'argent (*Circ.*, t. VIII, p. 655);

– 31 *juillet* 1884, aux Préfets, relative aux demandes d'admission à la retraite des instituteurs et institutrices primaires publics (*Circ.*, t. IX, p. 394);

– 14 *février* 1885, aux Recteurs, relative au droit à pension des maîtres spéciaux des Écoles normales primaires (*Ibid.*, p. 459);

– 23 *avril* 1885, aux Préfets, relative aux demandes d'admission à la retraite des instituteurs primaires publics (*Ibid.*, p. 474);

– 8 *mai* 1885 (Vice-Recteur de Paris aux Inspecteurs d'Académie), relative au versement des retenues pour pensions civiles sur le traitement des maîtres spéciaux des Écoles normales primaires (*Rec. des L. et A.*, 1885, p. 351);

– 12 *février* 1886, aux Préfets, prescrivant de maintenir les instituteurs en fonctions jusqu'à la date fixée par l'arrêté ministériel de mise à la retraite afin d'éviter l'interruption de traitement et de pension, et portant des instructions sur les actes de l'état civil à produire, les certificats d'infirmités, les états de services (*Ibid.*, p. 635);

– 30 *novembre* 1886, aux Préfets, faisant connaître que, la loi du 27 juillet 1884 ayant rétabli le divorce, la section des finances du Conseil d'État demande que le certificat de non-séparation de corps exigé des veuves par l'art. 32 du décret du 9 novembre 1853 soit complété par l'attestation que le divorce n'a pas été prononcé. Lorsque le mariage de la veuve ne remonte pas à plus de 21 ans accomplis, il y a lieu de joindre à ce certificat une attestation portant que le mari n'a pas laissé d'enfants mineurs d'un précédent mariage (*Circ.*, t. X, p. 29);

– 13 *mai* 1887, aux Préfets, rappelant les prescriptions relatives aux demandes d'admission à la retraite et portant que l'admission ne peut être réclamée avant 55 ans comme un droit; c'est une mesure qui ne doit être prise que dans des cas exceptionnels, quand le maintien du fonctionnaire serait réellement préjudiciable au service (*Ibid.*, p. 131);

– 19 *avril* 1888, aux Préfets, rappelant les prescriptions relatives aux demandes d'admission à la retraite (*Ibid.*, p. 268);

– 7 *février* 1889, aux Préfets, prescrivant de suspendre l'envoi de propositions de retraites, le crédit étant épuisé pour l'année; il y a lieu de maintenir les instituteurs en fonctions conformément aux dispositions de la circulaire du 12 février 1886 (*Ibid.*, p. 400);

– 20 *mai* 1889, aux Recteurs, relative aux retenues pour pensions civiles exercées sur le traitement des fonctionnaires de l'Instruction publique (*Ibid.*, p. 417);

– 25 *mai* 1889, aux Préfets, établissant la nécessité de ne pas prononcer d'admissions à la retraite; des admissions l'ont été prématurément. Ceux qui en sont l'objet seront : les uns admis définitivement s'ils sont hors d'état de fournir un service, — les autres remis en activité jusqu'à ce que les ressources soient mises à la disposition par le Parlement. Il y a lieu de réserver à ces derniers tous les postes vacants (*Ibid.*, p. 420);

leur pension de retraite [1] n'a cessé de préoccuper l'Administration supérieure. Si le crédit de secours inscrit au budget de mon Ministère me permet de venir

— 3 *juin* 1889, aux Préfets, prescrivant le maintien des instituteurs en instance de retraite jusqu'à la remise de leur brevet de pension (*Circ.*, t. XI, p. 1);

— 6 *janvier* 1890 (Vice-Recteur de Paris aux Inspecteurs d'Académie), relative aux versements rétroactifs pour le service des pensions de retraite (*Rec. des L. et A.*, 1890, p. 2);

— 3 *mars* 1890, aux Recteurs, relative aux fonctionnaires autorisés à subir, pour la retraite, les retenues en vertu de l'article 4 de la loi du 9 juin 1853 (*Circ.*, t. XI, p. 109);

— 5 *mars* 1890, aux Recteurs, relative aux injonctions de la Cour des comptes concernant la perception des retenues pour pensions civiles (*Ibid.*, p. 111);

— 1er *juillet* 1890, relative à l'application de l'article 4, § 3, de la loi du 9 juin 1853 sur les pensions civiles, en ce qui concerne les fonctionnaires détachés (*Ibid.*, p. 227);

— 5 *janvier* 1891, aux Préfets, relative aux retenues à verser par les fonctionnaires détachés en vertu des dispositions de l'article 4, § 3, de la loi du 9 juin 1853 sur les pensions civiles (*Ibid.*, p. 386);

— 8 *janvier* 1891, aux Préfets, relative à l'état de services des instituteurs proposés pour l'admission à la retraite (*Ibid.*, p. 387);

— 17 *mars* 1891, aux Préfets, relative aux versements à effectuer à la caisse des pensions civiles par certaines catégories de fonctionnaires de l'enseignement primaire (*Ibid.*, p. 426);

— 17 *avril* 1891, aux Préfets, relative au classement des demandes d'admission des instituteurs à la retraite (*Ibid.*, p. 435);

— 30 *août* 1891, aux Préfets, relative aux retenues à verser par les instituteurs sur l'indemnité de résidence (*Rec. des L. et A.*, 1891, p. 466);

— 1er *septembre* 1891, aux Préfets, relative aux retenues à verser en application de l'article 30 de la loi du 26 décembre 1890 (*Circ.*, t. XI, p. 486);

— 25 *novembre* 1891, aux Préfets, relative à l'admission à la retraite des instituteurs et institutrices primaires (*Ibid.*, p. 499);

— 25 *juillet* 1892, aux Préfets, relative à l'admission à la retraite des instituteurs primaires (*Ibid.*, p. 597);

— 19 *mai* 1893, aux Préfets, relative à l'admission des maîtres auxiliaires des Écoles primaires supérieures au bénéfice de la loi sur les pensions de retraite (*Ibid.*, p. 681);

— 14 *mars* 1894, aux Recteurs, relative à la perception des retenues pour pensions civiles (*Bull. adm.*, 1894, t. LV, p. 244);

— 28 *mars* 1894, aux Recteurs, relative à l'admission à la retraite des Inspecteurs primaires âgés de 60 ans au moins (*Ibid.*, p. 260);

— 15 *mai* 1895, aux Recteurs, relative au versement de retenues sur les allocations départementales accordées aux fonctionnaires des Écoles normales (*Bull. adm.*, 1895, t. LVII, p. 549);

— 28 *juin* 1895, aux Recteurs, relative à l'admission à la retraite des fonctionnaires de l'enseignement primaire (*Ibid.*, p. 640);

— 3 *août* 1895, aux Recteurs, relative à l'interprétation de la circulaire du 28 juin 1895 (*Bull. adm.*, 1895, t. LVIII, p. 281);

— 10 *mai* 1897, aux Recteurs, relative aux retenues à verser annuellement par les fonctionnaires en congé, en non-activité ou en disponibilité (*Bull. adm.*, 1897, t. LIX, p. 703);

— 15 *mai* 1897, aux Préfets, relative à l'instruction des demandes d'admission à la retraite des instituteurs (*Ibid.*, p. 704);

Consulter également, *à sa date*, le décret du 27 *mai* 1897.

1. Voir (*Rec. des L. et A.*, 1888, p. 604) la note concernant la formation d'un dossier de pensions dans les sept cas différents qui peuvent se présenter.

en aide à ceux que vous me signalez, ce n'est, malgré l'intérêt qu'ils m'inspirent, que dans des proportions insuffisantes.

J'ai étudié avec la plus grande attention les moyens d'abréger dans la mesure du possible la durée des délais qu'entraîne le travail de liquidation. Néanmoins le résultat que j'espère obtenir dans ce sens ne sera appréciable que lorsque, de votre côté, vous aurez mis en pratique une mesure dont je ne saurais vous recommander trop instamment l'application.

Les délais dont souffrent les instituteurs se compliquent en effet, dans la plupart des cas, du temps qui s'écoule entre le jour où ils cessent leurs fonctions et l'époque à laquelle est pris l'arrêté qui les admet à la retraite. La réunion des pièces qu'ils ont à fournir, la correspondance à laquelle donnent lieu l'incorrection de quelques-unes de ces pièces et les modifications à y apporter exigent souvent plusieurs mois.

Je vous prie donc, Monsieur le Préfet, lorsqu'un instituteur demandera sa retraite ou lorsque la nécessité de son admission d'office vous sera incontestablement démontrée, de le prévenir de la mesure qui sera prise à son égard et de lui conserver sa fonction et son traitement jusqu'au jour où, toutes ses pièces réunies transmises dans mes bureaux et reconnues régulières, je vous aurai notifié l'arrêté qui l'admet à faire valoir ses droits à la retraite. Toutefois, pour prévenir des abus, il importera de veiller à ce que l'instituteur apporte toute la diligence possible en ce qui concerne la réunion de ses pièces. M. l'Inspecteur d'Académie devra lui assigner un terme au delà duquel il perdrait le bénéfice de son maintien provisoire.

Les demandes d'admission à la retraite seront examinées par mon administration avec toute la diligence possible. Les dossiers incomplets vous seront immédiatement renvoyés, et je vous prie de veiller à ce que l'instruction supplémentaire soit faite d'urgence.

Quant à l'admission à la retraite, elle sera prononcée dès que toutes les pièces du dossier me seront parvenues, et la liquidation aura lieu dans la mesure des crédits mis à ma disposition [1]. L'arrêté ministériel indiquera la date à laquelle devront cesser les services du fonctionnaire, la liquidation de ses droits devant s'arrêter à la même date.

Je vous prie de m'accuser réception de la présente circulaire. La sollicitude que vous inspirent les intérêts d'un personnel aussi méritant ne me laisse aucun

1. « Un maître adjoint à l'École primaire du Collège Chaptal, pourvu du brevet supérieur de capacité, nommé par le Préfet sur la proposition de l'Inspecteur d'Académie, peut revendiquer, pour le règlement de sa pension de retraite et en qualité d'instituteur public, le bénéfice de la loi du 17 août 1876. » (*Arrêt du Conseil d'État*, affaire *Bruneau*, 14 novembre 1879.)

« Un Inspecteur primaire qui, tout en restant attaché, à ce titre, à l'administration de l'Instruction publique, autorisé à remplir les fonctions de chef de division dans une préfecture et touchant, en cette qualité, un traitement payé partie par l'État, partie par le département, n'est pas en droit d'exiger que le calcul du traitement moyen servant de base à sa pension de retraite se fasse sur ce traitement tout entier. La pension doit être liquidée d'après le traitement dont il aurait joui s'il eût été rétribué uniquement par l'État (loi du 9 juin 1853, art. 4 et 6). » (*Arrêt du Conseil d'Etat*, affaire *Foucault*, 30 mai 1884.)

« Lorsqu'un instituteur est décédé sans avoir demandé sa mise à la retraite avec pension à titre exceptionnel, sa veuve ne peut pas réclamer une pension. » (*Arrêt du Conseil d'Etat*, affaire veuve *Jacquemin*, 4 mai 1888.)

doute sur votre empressement à appliquer dans ses détails la mesure que je vous signale.

Je dois vous prévenir, en terminant, que le crédit mis à ma disposition pour les pensions de retraite à accorder pendant l'année 1885 étant épuisé, je ne pourrai donner suite à aucune demande avant le 1er octobre prochain.

Vous voudrez bien différer jusqu'à cette époque l'envoi de vos propositions.

Recevez, etc.

Signé : RENÉ GOBLET.

---

27 juillet 1885.

Décret relatif aux Établissements d'enseignement primaire supérieur subventionnés par l'État[1].

27 Juillet 1885.

Le Président de la République française,

Sur le rapport du Ministre de l'Instruction publique, des Beaux-Arts et des Cultes,

Vu les lois du 15 mars 1850, du 21 juin 1865 (art. 8 et 9), du 10 avril 1867, du 16 juin 1879, des 27 janvier et 11 décembre 1880, du 16 juin 1881, du 28 mars 1882 et du 20 mars 1883;

Vu les lois de finances des 30 mars et 20 décembre 1878, du 21 décembre 1879, du 29 juillet 1881 et du 29 décembre 1882;

Vu les décrets des 7 octobre et 30 décembre 1850;

Vu le règlement d'administration publique du 30 juillet 1881 sur les Écoles professionnelles d'apprentissage;

Vu les décret et arrêté du 15 janvier 1881 et du 3 janvier 1882;

Le Conseil supérieur de l'Instruction publique entendu,

Décrète :

ARTICLE 1er. — Les communes qui solliciteront le concours du Ministère de l'Instruction publique pour la fondation ou pour l'entretien d'un établissement d'enseignement primaire supérieur, soit au moyen d'une subvention, soit sous la forme de concession de bourses nationales, devront :

1° Être pourvues d'Écoles primaires élémentaires publiques dont

1. Le projet de décret et d'arrêté a été élaboré par la Section permanente dans les séances des 14 et 17 décembre 1883, 2 avril 1884 et 24 juin 1885; examiné dans les séances des 20 et 22 juillet 1885 par une Commission du Conseil supérieur composée de : MM. BOUTMY, *Président;* AUBERT, *Rapporteur;* ARMBRUSTER, BÉCLARD, J. BERTRAND, BEUDANT, BOUTMY, BRÉAL, CARRIOT, COUAT, CUISSART, DELABORDE, DRUMEL, DURUY, GODARD, GRÉARD, HARAUCOURT, frère JOSEPH, LENIENT, LESPIAULT, MOTHÉRÉ, DUMESNIL, RISSLER; adopté par le Conseil supérieur dans sa séance du 25 juillet 1885.

le nombre soit en rapport avec les prescriptions de la loi et dont l'installation satisfasse aux conditions réglementaires;

2° S'engager à comprendre pendant cinq années au moins l'établissement primaire supérieur au nombre de ceux qui donnent lieu à une dépense obligatoire;

3° Y assurer la gratuité absolue de l'enseignement, dans les conditions prévues par la loi du 16 juin 1881, et ne laisser à la charge des familles que les frais de pension, s'il y a un internat;

4° Se conformer pour l'organisation de l'École aux règles prescrites par les décrets et arrêtés des 2 et 3 janvier 1882, du 23 décembre 1882 et par les articles 2 à 8 du présent décret.

ART. 2. — *Titre et organisation de l'établissement.* — L'établissement prend le nom de *Cours complémentaire*, s'il est annexé à une École primaire élémentaire et placé sous la même direction; il prend le nom d'*École primaire supérieure*, s'il est installé dans un local distinct et sous une direction différente de celle de l'École élémentaire. Toutefois la réunion, sous une même direction, d'une École primaire supérieure et d'une École primaire élémentaire dans un même groupe scolaire pourra être autorisée par le Ministre, sur l'avis motivé du Conseil départemental.

ART. 3. — *Durée des études et nombre des classes.* — La durée des études dans les Cours complémentaires est au maximum de deux années.

Les Cours complémentaires comprennent au plus, quel que soit le nombre des élèves, deux divisions qui pourront être réunies sous un même maître.

L'École primaire supérieure comprend au moins deux années d'études; elle est dite *de plein exercice*, si elle en comprend trois ou plus. Elle doit contenir au moins autant de classes distinctes que d'années d'études.

ART. 4. — *Direction.* — Le brevet supérieur et le certificat d'aptitude pédagogique sont exigés pour la direction d'un Cours complémentaire ou d'une École primaire supérieure.

ART. 5. — *Personnel enseignant.* — Les maîtres chargés de l'enseignement dans les Cours complémentaires et dans les Écoles primaires supérieures doivent être munis du brevet supérieur. Toutefois des maîtres auxiliaires peuvent être attachés soit aux Cours, soit aux Écoles, et chargés des enseignements spéciaux auxquels le personnel enseignant ne suffirait pas, savoir : le dessin et le modelage, le travail manuel pour les garçons, les langues vivantes, le chant, l'agriculture, la gymnastique et les exercices militaires.

ART. 6. — *Conditions d'admission et nombre d'élèves.* — 1° Nul élève ne peut être admis soit au Cours complémentaire, soit à l'École primaire supérieure, s'il n'est pourvu du certificat d'études primaires élémentaires.

2° Il ne pourra être créé de Cours complémentaire que dans les Écoles où le cours supérieur de l'enseignement primaire élémentaire est organisé conformément à l'arrêté et aux programmes du 27 juillet 1882.

3° L'École primaire supérieure devra compter vingt élèves au moins et le Cours complémentaire dix élèves au moins par chaque année d'études.

4° Le Cours complémentaire sera supprimé si, pendant toute une année scolaire, l'effectif reste au-dessous du nombre de dix élèves.

ART. 7. — *Programmes et plans d'études.* — Les matières et les divisions générales de l'enseignement dans les Écoles primaires supérieures sont déterminées par arrêté ministériel pris après avis du Conseil supérieur.

Dans chaque établissement, les programmes détaillés et l'emploi du temps sont fixés, dans la limite des prescriptions ministérielles, par le directeur, les professeurs entendus, sous réserve de l'approbation de l'Inspecteur d'Académie pour les Écoles publiques.

ART. 8. — *Local.* — Le Cours complémentaire devra toujours être fait dans une salle distincte. L'École primaire supérieure devra disposer d'autant de salles distinctes qu'elle a d'années d'études, et, en outre, d'une salle de dessin pouvant recevoir, à défaut d'autre local, les collections et le matériel d'enseignement. L'École de plein exercice devra en outre avoir un gymnase.

Tous les établissements destinés aux garçons devront être pourvus d'un atelier où puisse se faire l'enseignement du travail du fer et du bois. Ils auront en outre les dépendances requises pour les Écoles primaires ordinaires.

ART. 9. — Les établissements primaires supérieurs publics, remplissant les conditions prescrites par les articles 2 à 8 du présent décret, pourront recevoir dans la limite des crédits ouverts au budget de l'Instruction publique :

1° Des bourses de l'État, aux conditions énoncées par les décret et arrêté du 3 janvier 1882;

2° Des concessions de matériel d'enseignement;

3° Des subventions applicables aux traitements du personnel.

ART. 10. — Les Écoles primaires supérieures libres et les Cours complémentaires annexés à des Écoles libres pourront avoir part aux concessions de bourses prévues par l'article 9, à la condition de se conformer aux prescriptions des articles 2 à 8 du présent décret et d'être assimilés, quant à l'inspection, aux établissements publics d'enseignement primaire supérieur.

ART. 11. — Le régime intérieur des Écoles primaires supérieures publiques sera réglé par arrêtés ministériels.

ART. 12. — Les décret et arrêté du 15 janvier 1881 sont et demeurent abrogés.

Arrêté réglant l'Organisation pédagogique des établissements publics d'Enseignement primaire supérieur subventionnés par l'État. 27 juillet 1885

27 Juillet 1885.

Le Ministre de l'Instruction publique, des Beaux-Arts et des Cultes,

Vu les décrets et arrêtés des 2 et 3 janvier 1882 et du 23 décembre 1882;

Le Conseil supérieur de l'Instruction publique entendu,

Arrête :

ARTICLE 1er. — L'enseignement dans les établissements publics d'enseignement primaire supérieur subventionnés par l'État comprend la revision et le développement de toutes les matières énumérées dans l'article 1er de la loi du 28 mars 1882 et définies par les programmes annexés au règlement d'organisation pédagogique des Écoles primaires en date du 27 juillet 1882. En outre, l'enseignement d'une langue vivante est obligatoire dans les Écoles primaires supérieures; les Cours complémentaires peuvent en être dispensés.

ART. 2. — L'étendue et les limites de l'enseignement primaire supérieur dans les Écoles publiques sont déterminées pour chacune des matières obligatoires par les programmes annexés au présent arrêté[1]. Ces programmes serviront en même temps de programmes d'examen pour l'obtention du certificat d'études primaires supérieures.

ART. 3. — Des cours accessoires, intéressant plus particulièrement l'industrie de la contrée, pourront être autorisés par le Ministre, sur la demande du Comité de patronage approuvée par le Conseil municipal et après avis du Conseil départemental.

ART. 4. — Dans les trois premières années d'enseignement primaire supérieur, il y aura en moyenne six heures de classe par jour

1. Voir ces programmes, *Bull. adm.*, 1885, t. XXXVIII, p. 205.

(le dimanche et le jeudi exceptés). La répartition du temps sera faite de telle sorte qu'il soit attribué, par semaine, environ : neuf heures à l'enseignement littéraire (morale et instruction civique, langue française, histoire et géographie); neuf heures à l'enseignement scientifique (mathématiques, sciences physiques et naturelles, promenades scolaires); quatre heures aux langues vivantes; trois heures au dessin; quatre heures au travail manuel; une heure à la musique.

Les exercices gymnastiques et militaires se feront en dehors des heures ordinaires de classe.

Dans la quatrième année, on pourra augmenter le temps affecté aux travaux manuels et à l'enseignement professionnel, en réservant toutefois dix heures au moins par semaine aux autres matières d'enseignement.

ART. 5. — Tous les ans, chaque directeur d'École primaire supérieure règle, de concert avec les professeurs, la répartition des heures de classe entre les différents maîtres attachés à l'École. Ce règlement est exécutoire après approbation de l'Inspecteur d'Académie.

ART. 6. — L'enseignement du dessin, du chant, des langues vivantes, de la gymnastique, des travaux manuels, sera autant que possible confié à des maîtres attachés à l'École.

ART. 7. — Tout élève, sans distinction d'origine, pour entrer dans une École primaire supérieure, devra subir devant le directeur, assisté d'un professeur de l'ordre des lettres et d'un professeur de l'ordre des sciences, un examen d'où dépendra son classement dans l'une des années du cours d'études de l'établissement.

ART. 8. — Les dispositions précédentes s'appliquent aux Écoles primaires supérieures et aux Cours complémentaires de filles subventionnés par l'État. Toutefois, en ce qui concerne l'enseignement des sciences, une instruction ministérielle déterminera les parties des programmes applicables aux Écoles de filles.

ART. 9. — Sont et demeurent rapportées les dispositions des arrêtés antérieurs contraires au présent arrêté.

Décret modifiant les conditions d'aptitude et de nomination des Professeurs des Écoles normales[1]. 28 juillet 1885

28 Juillet 1885.

Le Président de la République française,

Sur le rapport du Ministre de l'Instruction publique, des Beaux-Arts et des Cultes,

Vu la loi du 28 mars 1882;

Vu les décrets des 5 juin 1880 et 4 janvier 1882, relatifs au certificat d'aptitude à l'enseignement dans les Écoles normales;

Vu le décret du 30 juillet 1881, fixant les traitements des fonctionnaires des Écoles normales;

Le Conseil supérieur de l'Instruction publique entendu,

Décrète :

ARTICLE 1er. — Nul ne peut être nommé professeur d'École normale d'instituteurs ou d'institutrices, s'il n'a été déclaré apte à remplir ces fonctions, soit dans l'ordre des lettres, soit dans l'ordre des sciences, après un examen spécial dont le programme sera déterminé par un arrêté ministériel pris en Conseil supérieur de l'Instruction publique.

ART. 2. — Ne peuvent être admis à cet examen que les candidats qui justifient :

1° De vingt et un ans d'âge;

2° De l'un des baccalauréats ou du brevet supérieur de l'enseignement primaire;

3° D'un stage de deux ans au moins dans l'enseignement public ou libre.

Des dispenses totales ou partielles de stage pourront être accordées par le Ministre, après avis du Recteur de l'Académie dans laquelle réside le candidat et du Comité consultatif de l'enseignement primaire.

ART. 3. — Les maîtres et les maitresses d'École normale pourvus du certificat d'aptitude à l'enseignement, institué par le présent décret, prendront le titre de professeur.

ART. 4. — Un arrêté délibéré en Conseil supérieur déterminera les conditions dans lesquelles seront subies les diverses épreuves de cet examen.

1. Consulter, pour les mesures d'ordre qui concernent les examens et concours de l'enseignement primaire, les circulaires des 15 *janvier* 1884 et 28 *mars* 1885 aux Inspecteurs d'Académie (*Circ.*, t. IX, p. 321 et 469).

ART. 5. — Les décrets des 5 juin 1880, 19 juillet 1880 et 4 janvier 1882, relatifs au certificat d'aptitude à l'enseignement des Écoles normales, sont abrogés.

---

28 juillet 1885.

Arrêté relatif aux Examens du Certificat d'aptitude au professorat des Écoles normales.

28 Juillet 1885.

Le Ministre de l'Instruction publique, des Beaux-Arts et des Cultes,

Vu le décret du 28 juillet 1885 sur le certificat d'aptitude au professorat des Écoles normales;

Vu l'arrêté du 20 juillet 1883, instituant un certificat d'aptitude à l'enseignement du travail manuel;

Le Conseil supérieur de l'Instruction publique entendu,

Arrête :

ARTICLE 1er. — Deux Commissions, l'une pour l'ordre des sciences, l'autre pour l'ordre des lettres, sont nommées chaque année par le Ministre de l'Instruction publique pour examiner l'aptitude des candidats aux fonctions de l'enseignement dans les Écoles normales.

ART. 2. — Chacune de ces Commissions est composée de cinq membres au moins, auxquels sont adjointes, avec voix délibérative, pour l'examen des aspirantes, deux dames directrices ou professeurs d'École normale.

Des examinateurs spéciaux pourront être adjoints à l'une et à l'autre de ces Commissions, avec voix délibérative pour l'ordre d'études qu'ils représentent.

ART. 3. — Les candidats sont tenus de se faire inscrire au secrétariat de l'inspection académique, d'indiquer les lieux où ils ont résidé et les fonctions qu'ils ont remplies depuis dix ans, et de faire les justifications exigées par l'article 2 du décret du 28 juillet 1885. Le registre d'inscription est clos un mois avant l'ouverture de la session.

La liste des candidats est arrêtée par le Ministre.

ART. 4. — L'examen a lieu dans les dernières semaines de l'année scolaire, aux jours fixés par le Ministre.

ART. 5. — L'examen se compose :

D'épreuves écrites, lesquelles sont éliminatoires;

D'épreuves orales et pratiques.

Il comprend des épreuves facultatives [1].

ART. 6. — Les épreuves écrites ont lieu au chef-lieu du département, sous la surveillance de l'Inspecteur d'Académie ou d'un délégué agréé par le Recteur.

Elles comprennent :

Pour les lettres :

1° Une composition sur un sujet de littérature ou de grammaire;

2° Une composition d'histoire et de géographie;

3° Une composition de psychologie, de morale ou de pédagogie;

4° Une composition de langues vivantes, thème et version (anglais ou allemand). — Cette épreuve ne sera obligatoire qu'à partir du 1er janvier 1888.

Pour les sciences :

1° Une composition de mathématiques;

2° Une composition de physique ou chimie et de sciences naturelles;

3° Une composition de dessin géométrique et de dessin d'ornement (pouvant porter pour les aspirantes sur un dessin appliqué aux travaux d'aiguille);

4° Une composition sur un sujet de morale ou de pédagogie.

Les sujets de compositions sont tirés des programmes d'enseignement dans les Écoles normales. Ils sont envoyés par l'Administration centrale.

Quatre heures sont accordées aux candidats pour chacune des compositions écrites, à l'exception de la composition de dessin géométrique et de dessin d'ornement, pour laquelle il est accordé six heures. Les quatre épreuves de chaque série ont lieu en quatre jours consécutifs, les mêmes pour toute la France.

ART. 7. — La Commission prononce l'admission aux épreuves orales et pratiques. Ces épreuves ont lieu à Paris.

ART. 8. — Les épreuves orales et pratiques comprennent :

Pour les lettres :

1° Une leçon sur un sujet tiré au sort, dont la durée ne dépassera pas une demi-heure et qui pourra être suivie d'interrogations portant, soit sur le sujet qui a fait l'objet de la leçon, soit sur toute autre partie du programme;

2° La lecture expliquée d'un passage pris dans un auteur classique français;

1. Consulter la circulaire du 30 *novembre* 1884, p. 589.

3° La correction d'un devoir d'élève-maître;

4° L'explication à livre ouvert d'un texte allemand ou anglais, suivie d'interrogations sur la grammaire allemande ou anglaise (un quart d'heure)[1].

Pour les sciences :

1° Une leçon sur un sujet tiré au sort, dont la durée ne dépassera pas une demi-heure et qui pourra être suivie d'interrogations portant, soit sur le sujet qui a fait l'objet de la leçon, soit sur toute autre partie du programme;

2° Une manipulation de physique ou de chimie et une démonstration pratique d'histoire naturelle. Le sujet de la manipulation ou de la démonstration sera tiré au sort;

3° La correction d'un devoir d'élève-maître[2];

4° Pour les aspirantes, l'exécution d'un ouvrage d'aiguille (couture, tricot, crochet, broderie, coupe et assemblage de vêtements, etc.).

Trois heures sont accordées aux candidats pour la préparation de la leçon. Cette préparation aura lieu à huis clos; les candidats pourront recourir à la bibliothèque et aux diverses collections scientifiques de l'École normale.

La lecture expliquée et la correction du devoir seront précédées d'une préparation dont la durée ne dépassera pas trois quarts d'heure pour chacune des deux épreuves.

Il sera accordé une heure et demie pour la manipulation et la démonstration d'histoire naturelle.

La liste des auteurs allemands ou anglais, ainsi que celle des auteurs classiques français sur lesquels porteront les explications des textes, seront arrêtées tous les trois ans.

ART. 9. — Les candidats de l'un ou de l'autre ordre, qui en feront la demande, seront admis à subir en outre des épreuves facultatives destinées à faire constater leur aptitude à l'enseignement ou à la direction des travaux manuels à l'École normale.

Ces épreuves sont :

Pour les aspirants :

1° Une épreuve de modelage d'après un modèle facile (trois heures);

2° L'exécution, d'après un croquis coté, d'une pièce en fer ou en

1. Voir la note publiée au *Bull. adm.*, 1885, t. XXXVIII, p. 1234.

2. Ce devoir pourra être un travail de science mathématique, physique, naturelle, de dessin géométrique ou d'ornement.

bois, ou d'un travail de taille sur la pierre ou le plâtre. Cette épreuve sera suivie d'interrogations sur les matières premières mises à la disposition du candidat.

Pour les aspirantes :

Une épreuve pratique portant sur un ou plusieurs des exercices que comporte le programme du travail manuel pour les filles dans les Écoles primaires (arrêté du 27 juillet 1882) et dans les Écoles primaires supérieures (arrêté du 27 juillet 1885).

ART. 10. — Après la clôture des examens, la Commission dressera, par ordre de mérite, la liste des candidats qu'elle juge dignes d'obtenir le certificat d'aptitude aux fonctions de professeur des Écoles normales.

Cette liste est soumise à l'approbation du Ministre, qui délivre les certificats.

ART. 11. — Pendant cinq années, à partir de la publication du présent arrêté, les professeurs d'École normale de l'un ou de l'autre ordre d'enseignement, qui désireront compléter leur titre par l'adjonction d'une ou plusieurs des matières nouvelles obligatoires ou facultatives, instituées par cet arrêté, seront autorisés à subir ces épreuves en en faisant d'avance la déclaration et en s'inscrivant dans les mêmes conditions que les autres candidats.

ART. 12. — Les arrêtés du 26 décembre 1882 et du 20 juillet 1883, relatifs aux certificats d'aptitude au professorat des Écoles normales et à l'enseignement du travail manuel, sont et demeurent rapportés.

Arrêté modifiant l'Arrêté du 3 janvier 1882 sur les Bourses nationales d'Enseignement primaire supérieur[1]. 28 juillet 1885.

28 Juillet 1885.

Le Ministre de l'Instruction publique, des Beaux-Arts et des Cultes,

Vu les articles 3 et 4 du décret du 3 janvier 1882;

Vu les articles 9 et 10 du décret du 27 juillet 1885;

Le Conseil supérieur de l'Instruction publique entendu,

Arrête :

1. Consulter la circulaire du 30 *avril* 1886, aux Inspecteurs d'Académie, relative aux examens de passage et de classement des boursiers des Écoles primaires supérieures (*Circ.*, t. IX, p. 708).

ARTICLE UNIQUE. — L'article 17 de l'arrêté du 3 janvier 1882 est modifié comme suit :

« Les boursiers de la première série et les boursiers des cours complémentaires pourront obtenir la continuation de leur bourse, pour une période de deux ans au plus, à la condition de subir avec succès l'examen de passage prévu par l'article 21 du présent arrêté. »

---

8 août 1885.

Loi portant fixation du Budget général des dépenses et des recettes de l'exercice 1886. [Extrait.]

8 Août 1885.

. . . .

TITRE II. — *Moyens de service et dispositions diverses.*

. . . .

ART. 24. — La subvention de 14 000 000 de francs inscrite au chapitre 55 du Ministère de l'Instruction publique, pour alléger les charges que la gratuité impose aux communes dans les Écoles primaires publiques, sera exclusivement employée, au profit des communes qui seront admises à y participer, à parfaire, après l'épuisement des quatre centimes spéciaux, les traitements obligatoires, tels qu'ils résultent de la loi du 19 juillet 1875 et de l'article 6 de la loi du 16 juin 1881.

Les communes non encore propriétaires de leur maison d'école ne pourront obtenir une subvention applicable aux loyers scolaires ou aux indemnités de logement qu'après avoir fait emploi du cinquième institué par l'article 3 de la loi du 16 juin 1881.

Les communes pourront remplacer tout ou partie du prélèvement du cinquième par le vote d'une imposition extraordinaire qui n'excédera pas quatre centimes additionnels au principal des quatre contributions directes.

ART. 25. — Sont mis au nombre des dépenses obligatoires, pour les départements, les traitements et frais de tournées des Inspectrices départementales des Écoles maternelles, jusqu'à concurrence de la moitié de la dépense, l'autre moitié étant à la charge de l'État.

Deux ou trois départements pourront se réunir pour concourir à la dépense, qui, dans ce cas, sera répartie entre eux par égales portions.

Un arrêté ministériel réglera les conditions de nomination et d'exercice des Inspectrices départementales.

. . . .

ART. 27[1]. — La loi du 29 nivôse An XIII est modifiée ainsi qu'il suit :

Une bourse sera concédée, dans un établissement d'enseignement secondaire ou d'enseignement primaire supérieur ou dans une École professionnelle, industrielle, commerciale ou agricole de l'État, à l'enfant, âgé de neuf ans révolus au moins, appartenant à un père de famille ayant sept enfants vivants, qui sera désigné par celui-ci[2].

Toutefois cette bourse ne pourra être concédée qu'après que la situation nécessiteuse de la famille aura été constatée et que l'enfant aura subi les examens préalables exigés par les règlements en vigueur pour l'obtention des bourses de l'État dans les établissements susdésignés.

ART. 28. — Les enfants qui auront obtenu une bourse par application de l'article précédent seront soumis aux décrets et règlements relatifs au régime des boursiers des divers ordres d'enseignement.

. . . .

1. L'article 26 est identique à l'article 10 de la loi du 20 *juin* 1885. Voir cet article, p. 616.

2. Voir, pour les origines, la proposition de M. BERNARD, 8 *avril* 1885, p. 607.

Consulter les circulaires :

Du 28 *septembre* 1885, relative à l'exécution de la loi du 8 août 1885 (*Circ.*, t. IX, p. 532);

— 15 *janvier* 1886, aux Recteurs, relative aux états de décompte et de liquidation des bourses accordées aux familles qui ont sept enfants vivants (*Ibid.*, p. 618);

— 10 *février* 1886, relative à l'ordonnancement du prix de pension des boursiers nationaux des Ecoles primaires supérieures appartenant à des familles de sept enfants et plus (*Ibid.*, p. 633).

La mesure a été rapportée par l'article 41 de la loi de finances du 26 *février* 1887 ainsi conçu :

« Sont et demeurent abrogés la loi du 29 nivôse An XIII et les articles 27 et 28 de la loi de finances du 8 août 1885 portant fixation des dépenses et des recettes de l'exercice 1886.

« Le crédit ouvert au budget du Ministère de l'Instruction publique sous le titre de : *Bourses nationales et dégrèvements*, sera affecté, jusqu'à concurrence de quatre cent soixante mille francs (460 000 fr.), à l'augmentation des bourses d'internat, de demi-pension et familiales, accordées aux familles nombreuses et peu fortunées.

« Le crédit ouvert sous le titre de : *Ecoles nationales et Ecoles communales d'enseignement primaire supérieur et professionnel* recevra, jusqu'à concurrence de cent quatre-vingt mille francs (180 000 fr.), la même affectation. »

10 août 1885.

Arrêté relatif à l'enseignement de la Morale, de l'Instruction civique et des Sciences physiques et naturelles dans les Écoles normales[1].

10 Août 1885.

Le Ministre de l'Instruction publique, des Beaux-Arts et des Cultes,

Vu l'arrêté du 5 août 1881, article 5, portant règlement de l'emploi du temps et des programmes d'enseignement dans les Écoles normales primaires;

Vu les décret et arrêté du 30 décembre 1884, relatifs aux examens des aspirants et aspirantes aux titres de capacité de l'enseignement primaire;

Considérant qu'il importe de mettre en harmonie les dispositions des décret et arrêtés précités;

1. Le même jour, le Ministre de l'Instruction publique envoyait aux Recteurs la circulaire suivante :

« Monsieur le Recteur, j'ai pris connaissance de votre réponse et de celles de vos collègues à ma circulaire du 30 avril dernier, relative aux modifications qu'il serait possible d'introduire dans l'emploi du temps et dans certaines parties des programmes des Écoles normales. J'ai lu aussi, avec intérêt, les observations présentées et les vœux émis sur ces questions par MM. les Inspecteurs d'Académie et par le personnel enseignant de ces établissements.

« De l'examen que j'ai fait de tous ces éléments d'enquête, il résulte que si une très grande majorité semble se prononcer pour porter de deux à trois heures la durée des leçons de sciences physiques et naturelles et pour ramener, au contraire, de trois à deux heures le temps consacré à l'enseignement de l'écriture, les avis sont très partagés sur le temps à affecter aux leçons d'histoire et de langues vivantes; la réduction quant aux unes et l'augmentation quant aux autres sont vivement combattues. Enfin, les changements proposés dans l'ordre à suivre pour l'enseignement de la morale et des sciences physiques et naturelles, bien que généralement approuvés, rencontrent encore des objections sérieuses.

« Dans ces circonstances, la Section permanente, que j'ai consultée, a été d'avis, avec moi, qu'il y aurait de sérieux inconvénients à saisir immédiatement le Conseil supérieur d'un projet définitif de modification des programmes. Pour arriver à mettre en harmonie les études dans les Écoles normales avec le règlement du 30 décembre 1884, il faudra procéder, sur plusieurs points, à des études de détail et peut-être à de légers remaniements qu'il est difficile de fixer quant à présent. Je renvoie donc cette importante affaire à l'une des sessions prochaines.

« Mais, comme il est nécessaire que dès l'ouverture de l'année scolaire, l'enseignement soit donné dans les Écoles normales de manière que les élèves ne soient pas exposés à être pris au dépourvu lors des examens du brevet de capacité, j'ai adopté les dispositions indiquées dans l'arrêté ci-joint. Elles seront appliquées transitoirement, et à titre d'essai, pendant l'année scolaire 1885-1886. Vous voudrez bien en surveiller l'exécution et m'adresser au mois de juin prochain un rapport sur l'effet qu'elles auront produit, et sur les propositions que vous croirez définitivement devoir me soumettre quant aux modifications à apporter aux programmes des Écoles normales.

« Recevez, etc.

« *Signé :* RENÉ GOBLET. »

Consulter également la circulaire du 30 *septembre* 1885 (*Circ.*, t. IX, p. 536).

La Section permanente du Conseil supérieur entendue,

Arrête :

ARTICLE 1er. — Le nombre d'heures consacrées chaque semaine aux leçons de sciences physiques et naturelles, en première année, est porté de deux à trois dans les Écoles normales d'instituteurs, et de une à deux dans les Écoles normales d'institutrices. Dans les deux catégories d'établissements, le nombre des heures affectées à l'enseignement de l'écriture, pour la même année et par semaine, est ramené de trois à deux.

ART. 2. — L'enseignement d'une langue vivante étrangère est obligatoire pour les élèves-maîtres et pour les élèves-maîtresses dans chacune des trois divisions de l'École. Deux heures par semaine et par division y sont consacrées.

ART. 3. — L'enseignement de la morale, de l'instruction civique et des sciences physiques et naturelles sera donné conformément aux programmes annexés au présent arrêté.

ART. 4. — Les dispositions qui précèdent auront leur effet à partir de l'ouverture de l'année scolaire 1885-1886. Elles ne seront d'ailleurs appliquées que transitoirement, et à titre d'essai, pendant ladite année scolaire. Un arrêté ultérieur, rendu après avis du Conseil supérieur, fixera d'une manière définitive l'horaire et les programmes des Écoles normales.

Arrêté relatif au Concours d'admission à l'Ecole Pape-Carpantier et à l'Emploi de maîtresse adjointe déléguée pour la direction de l'Ecole annexe ou chargée de cours, à titre provisoire, dans les Ecoles normales[1]. 16 août 1885.

16 Août 1885.

Le Ministre de l'Instruction publique, des Beaux-Arts et des Cultes

Arrête :

ARTICLE 1er. — Un concours sera ouvert le 28 septembre 1885 pour les postulantes qui sollicitent soit l'entrée à l'École Pape-Carpantier de Sceaux, soit une nomination ou une délégation provisoire comme directrice d'École annexe.

1. Consulter la circulaire du 20 *août* 1885, aux Recteurs, relative au concours d'admission à l'École Pape-Carpantier et à l'emploi de maîtresse adjointe déléguée pour la direction de l'École annexe (*Rec. des L. et A.*, 1885, p. 715).

ART. 2. — Les aspirantes doivent être pourvues du brevet supérieur et être âgées de 20 ans au moins, de 25 ans au plus. Le registre d'inscription sera fermé le 20 septembre. Il pourra être accordé une dispense d'âge aux institutrices que MM. les Recteurs jugeraient particulièrement dignes d'une telle exception.

ART. 3. — L'examen se compose d'épreuves écrites qui se feront dans chaque chef-lieu de département, et d'épreuves orales qui se feront à Paris. Une Commission nommée par M. le Ministre prononcera sur l'admissibilité aux épreuves orales.

ART. 4. — Les épreuves écrites sont au nombre de deux, savoir :

Une composition française (lettre, récit, analyse, etc.).

Une question de pédagogie ayant trait à la pratique scolaire (enseignement ou discipline).

ART. 5. — Les aspirantes qui désireraient en outre faire constater leur aptitude à une délégation pour l'enseignement scientifique ou littéraire dans les Écoles normales ou aux fonctions d'économe, sont invitées à en faire la demande d'avance ; et, dans ce cas, elles auront à subir une troisième épreuve écrite (sur une question de littérature, sur une question de sciences ou sur une question de comptabilité des Écoles normales) et une épreuve orale (mêmes matières).

ART. 6. — La liste dressée par le jury comprendra trois séries distinctes :

1° Aspirantes admises à l'École Pape-Carpantier ;

2° Aspirantes jugées aptes à enseigner dans les Écoles annexes;

3° Aspirantes jugées aptes à enseigner par délégation à titre provisoire dans les Écoles normales.

NOTA. Le cours d'études est d'une année. Les élèves de l'École Pape-Carpantier sont admises à suivre quelques cours de l'École de Fontenay ; elles peuvent ainsi, tout en s'occupant de l'enseignement élémentaire des Écoles normales, s'acheminer au professorat des Écoles normales.

Les aspirantes qui désireraient spécialement obtenir une délégation dans les fonctions d'économe d'École normale sont engagées à étudier la brochure publiée par le Ministère sous ce titre : *Instruction sur l'Administration et la Comptabilité intérieures des Écoles normales primaires.*

Décret relatif aux Pensions de retraite des professeurs spéciaux de langues vivantes, de dessin, d'agriculture, de gymnastique et de chant, attachés aux Écoles primaires supérieures. 5 sept. 1885.

5 Septembre 1885.

Le Président de la République française,

Sur le rapport du Ministre de l'Instruction publique, des Beaux-Arts et des Cultes;

Vu les décrets des 29 octobre 1881 et 27 juillet 1885 sur l'organisation de l'enseignement primaire supérieur,

Décrète :

ARTICLE 1er. — Les professeurs spéciaux de langues vivantes, de dessin, d'agriculture, de gymnastique et de chant, attachés aux Écoles primaires supérieures en vertu d'une nomination préfectorale, auront droit au bénéfice de la loi du 9 juin 1853 sur les pensions civiles, lorsqu'ils seront pourvus du certificat d'aptitude à l'enseignement dont ils sont chargés.

ART. 2. — Les dispositions contraires au présent décret sont rapportées.

ART. 3. — Le Ministre de l'Instruction publique, des Beaux-Arts et des Cultes et le Ministre des Finances sont chargés, chacun en ce qui le concerne, de l'exécution du présent décret.

Décret réglant la concession de Récompenses et de Distinctions honorifiques pour le personnel enseignant en service aux Colonies. 7 sept. 1885.

7 Septembre 1885.

Le Président de la République française,

Vu l'article 15, §§ 4 et 5, de la loi du 15 mars 1850;

Vu les articles 7 et 8 de la loi du 14 juin 1854;

Vu l'article 21 du décret du 22 août 1854;

Vu l'article 4 de la loi du 19 juillet 1875;

Vu l'arrêté du Ministre de l'Instruction publique du 20 juillet 1881, relatif aux médailles et mentions honorables affectées à l'instruction primaire en France et en Algérie;

Sur le rapport du Ministre de la Marine et des Colonies et du Ministre de l'Instruction publique, des Beaux-Arts et des Cultes,

Décrète :

ARTICLE 1er. — Des médailles d'argent, de bronze et des mentions honorables pourront être décernées aux instituteurs et institutrices, titulaires, adjoints ou adjointes, pourvus du brevet ou du certificat d'aptitude pédagogique, aux directrices et sous-directrices d'Écoles maternelles pourvues du certificat d'aptitude, exerçant dans les colonies.

Ces distinctions sont accordées après avis du Gouverneur, sur le rapport du chef du service de l'Instruction publique dans la colonie, par un arrêté signé des deux Ministres de la Marine et des Colonies et de l'Instruction publique.

Les instituteurs adjoints et les institutrices adjointes pourvus du brevet supérieur ou du certificat d'aptitude pédagogique, les sous-directrices d'Écoles maternelles, pourvues, outre le certificat d'aptitude, du brevet élémentaire, peuvent seuls prétendre à la médaille de bronze et à la médaille d'argent.

ART. 2. — Il peut être accordé chaque année pour l'ensemble du personnel enseignant aux colonies :

2 médailles d'argent;

4 médailles de bronze;

Et 8 mentions honorables.

ART. 3. — Nul instituteur titulaire ou adjoint, nulle institutrice titulaire ou adjointe, nulle directrice d'École maternelle, ne peut obtenir une mention honorable s'il ne compte au moins 3 ans de services et 23 ans d'âge.

Nul ne peut obtenir la médaille de bronze s'il n'a reçu la mention honorable depuis deux années au moins.

Nul ne peut obtenir la médaille d'argent s'il n'a reçu la médaille de bronze depuis deux années au moins.

ART. 4. — Les instituteurs et institutrices qui auront obtenu la médaille d'argent dans les conditions prévues à l'article 3 ci-dessus, auront droit à une allocation supplémentaire et annuelle de *cent francs*. Cette allocation ne sera à la charge du budget local des colonies que pendant le temps que les titulaires y exerceront leurs fonctions.

Elle sera affranchie de toute retenue et ne devra pas être comprise dans le traitement moyen.

ART. 5. — Le Ministre de la Marine et des Colonies et le Ministre de l'Instruction publique, des Beaux-Arts et des Cultes sont chargés, chacun en ce qui le concerne, de l'exécution du présent décret, qui sera inséré au *Journal officiel*, au *Bulletin des Lois* et au *Bulletin officiel de la Marine*.

Circulaire du Ministre de l'Instruction publique, relative à l'attitude à observer par les Instituteurs pendant le cours de la période électorale[1]. 8 sept. 1885.

8 Septembre 1885.

Monsieur le Préfet, le Gouvernement a affirmé à diverses reprises sa volonté d'observer dans la lutte électorale qui va s'ouvrir la plus stricte impartialité. Cette règle de conduite à laquelle il entend demeurer fidèle ne s'impose pas moins à ses subordonnés, aux membres du corps enseignant comme aux fonctionnaires de tout ordre, et notamment aux instituteurs publics, plus spécialement placés sous votre autorité.

Comme citoyens, les instituteurs peuvent user librement de leurs droits, ils sont maîtres de leur vote. Le Gouvernement qui leur confie l'éducation de la jeunesse ne saurait douter de leur dévouement aux institutions républicaines. Mais il a le devoir de leur interdire toute démarche, toute ingérence officielles qui pourraient être considérées comme des actes de pression électorale.

Les instituteurs comprendront certainement d'eux-mêmes qu'en s'écartant de cette réserve, ils ne pourraient que compromettre leur légitime influence et risquer de perdre la confiance des familles, si nécessaire à l'accomplissement de leur tâche.

Au besoin, vous ne manqueriez pas de les rappeler à l'observation de ces instructions.

Je vous prie, Monsieur le Préfet, de m'accuser réception de cette circulaire.

Recevez, etc.

Signé : René Goblet.

Circulaire du Ministre du Commerce, relative à l'inspection du Travail des enfants employés dans les manufactures et à la concordance des lois du 19 mai 1874 et du 28 mars 1882[2]. 16 déc. 1885.

16 Décembre 1885.

Monsieur, l'attention de mon département a été appelée sur les difficultés auxquelles a donné lieu, dans la pratique, l'application simultanée de la loi du 19 mai 1874 et de celle du 28 mars 1882 sur l'instruction obligatoire.

Depuis la promulgation de cette dernière loi, un certain nombre d'instituteurs ont pensé qu'elle avait eu pour effet d'abroger les dispositions de la loi du 19 mai 1874 relatives à l'instruction primaire. Ils se sont, en conséquence, refusés à délivrer, à des enfants qui en faisaient la demande, le certificat prescrit par l'article 9 de cette dernière loi.

D'un autre côté, plusieurs administrations municipales, se basant sur les mêmes raisons, ne se croient plus autorisées à délivrer aux enfants âgés de moins de treize ans le livret prescrit par l'article 10 de la loi de 1874.

1. Circulaire communiquée aux Recteurs par dépêche du même jour.
Voir ci-après, *à sa date*, la circulaire du 22 *janvier* 1886 aux Recteurs.

2. La circulaire, adressée aux Inspecteurs divisionnaires, a été communiquée aux Préfets à la même date.

Afin de mettre un terme à un état de choses de nature à entraver l'exécution d'une loi protectrice de l'enfance ouvrière, j'ai soumis la question à la Commission supérieure du travail des enfants.

Cette Commission a émis l'avis qu'aucune disposition de la loi du 28 mars 1882 n'ayant abrogé les prescriptions de la section IV de la loi de 1874, relatives à l'instruction primaire, ces dernières étaient toujours en vigueur. M. le Ministre de l'Instruction publique a partagé cet avis.

Il en est de même pour les livrets dont la remise est prévue par l'art. 10. Ces livrets doivent continuer à être délivrés par les maires aux enfants âgés de moins de treize ans qui se trouvent dans les conditions prévues par la loi de 1874.

Vous voudrez bien à l'avenir tenir compte des observations contenues dans la présente lettre, dont j'envoie copie à MM. les Préfets, et dont je vous prie de m'accuser réception.

Recevez, etc.

Signé : LUCIEN DAUTRESME.

---

24 déc. 1885.

Décret relatif aux Distinctions honorifiques universitaires[1].

24 Décembre 1885.

Le Président de la République française,

Sur le rapport du Ministre de l'Instruction publique, des Beaux-Arts et des Cultes,

Vu le décret organique du 17 mars 1808, les ordonnances royales du 15 novembre 1844, du 9 septembre 1845 et du 1er novembre 1846, les décrets des 9 décembre 1850, 7 avril et 27 décembre 1866 et 30 juin 1880;

Le Conseil supérieur de l'Instruction publique entendu,

Décrète :

ARTICLE 1er. — Les décorations d'officier d'Académie et d'officier de l'Instruction publique, créées par l'article 32 du décret organique du 17 mars 1808, sont conférées par le Ministre de l'Instruction publique, des Beaux-Arts et des Cultes, sous les conditions ci-après déterminées.

ART. 2[2]. — Le chiffre maximum des décorations à accorder annuellement est fixé ainsi qu'il suit :

1 200 officiers d'Académie;

300 officiers de l'Instruction publique.

1. Consulter la circulaire interprétative du 21 *avril* 1886, aux Recteurs, transmise le même jour aux Préfets (*Circ.*, t. IX, p. 698).

2. Cet article a été modifié par le décret du 4 *août* 1898 (*à sa date*).

La moitié de ces distinctions au moins est réservée aux fonctionnaires de l'instruction publique.

En aucun cas, les chiffres fixés ne pourront être dépassés.

ART. 3. — Ces distinctions honorifiques sont conférées, sur la proposition des Recteurs et après avis des Inspecteurs généraux, aux membres de l'enseignement supérieur et de l'enseignement secondaire, publics ou libres, aux fonctionnaires de l'Administration de l'Instruction publique, ainsi qu'aux fonctionnaires des Écoles normales primaires. Elles sont conférées aux fonctionnaires des établissements littéraires et scientifiques et des Écoles spéciales ressortissant au Ministère de l'Instruction publique, sur la proposition des directeurs de ces établissements et de ces Écoles.

Les distinctions honorifiques pour services rendus aux beaux-arts seront conférées sur la proposition du Recteur, lorsqu'il s'agira de personnes appartenant à l'enseignement, et sur la proposition du Directeur des Beaux-Arts, après avis des Inspecteurs spéciaux, pour les candidats étrangers au corps enseignant.

Les fonctionnaires de l'Administration centrale du Ministère de l'Instruction publique, des Beaux-Arts et des Cultes seront nommés sur la proposition du chef du Cabinet, après avis de leurs chefs hiérarchiques.

ART. 4. — Les distinctions honorifiques attribuées aux instituteurs ou institutrices publics, titulaires ou adjoints, sont conférées, après avis du Recteur, sur la proposition du Préfet et conformément aux dispositions de l'article 7 du décret du 27 décembre 1866.

Les instituteurs ou institutrices libres pourvus du brevet supérieur pourront obtenir les palmes académiques au bout de vingt-cinq ans de services, sur la proposition du Recteur, après avis du Préfet.

ART. 5. — Les distinctions honorifiques attribuées aux membres des Sociétés savantes des départements et aux correspondants du Ministère pour les travaux historiques sont conférées, après avis du Recteur et du Préfet, sur la proposition du Comité des travaux historiques et des Sociétés savantes.

ART. 6. — Les distinctions honorifiques attribuées aux littérateurs et aux savants recommandés par leurs ouvrages ou par des services rendus à l'enseignement sont accordées sur la proposition des Recteurs.

ART. 7. — Les distinctions honorifiques accordées aux personnes qui auraient bien mérité de l'instruction publique, soit par leur participation aux travaux des délégations cantonales et des Conseils ou Commissions établis près des Lycées, des Collèges, des Écoles normales (Conseils de perfectionnement, Bureaux d'administration, Commissions administratives, etc.), soit par le concours efficace qu'elles auraient prêté au développement de l'enseignement, à tous ses degrés et sous toutes ses formes, sont conférées sur la proposition du Recteur, après avis du Préfet.

ART. 8[1]. — Les candidats appartenant aux catégories visées par les articles 3 et 7 du présent décret ne peuvent être nommés officiers d'Académie qu'après cinq ans au moins de services ou d'exercice.

ART. 9. — Les fonctionnaires de l'État relevant de départements ministériels autres que celui de l'Instruction publique, des Beaux-Arts et des Cultes ne pourront être nommés que sur la proposition ou après avis du Ministre dont ils dépendent.

ART. 10. — Nul ne peut être nommé officier de l'Instruction publique s'il n'est, depuis cinq ans au moins, officier d'Académie.

Il ne pourra être dérogé à cette règle qu'en faveur des personnes déjà titulaires du grade d'officier de la Légion d'honneur.

ART. 11[1]. — Les nominations d'officiers d'Académie et d'officiers de l'Instruction publique auront lieu au 1er janvier, au 14 juillet et, pour les membres des Sociétés savantes et des Sociétés des beaux-arts des départements, à l'époque de la réunion, à Paris, de ces sociétés.

ART. 12. — Le tableau des nominations est publié au *Journal officiel*, conformément aux dispositions du décret du 17 mars 1808.

ART. 13. — Sont abrogés les décrets et ordonnances relatifs aux décorations universitaires en ce qu'ils ont de contraire aux dispositions du présent décret.

---

26 déc. 1885.

Décret modifiant les articles 23 et 24 du Décret du 29 juillet 1881, relatif à l'organisation des Écoles normales primaires.

26 Décembre 1885.

Le Président de la République française,

Sur le rapport du Ministre de l'Instruction publique, des Beaux-Arts et des Cultes,

Vu le décret du 29 juillet 1881, relatif à l'organisation des Écoles normales primaires d'instituteurs et d'institutrices;

Le Conseil supérieur de l'Instruction publique entendu,

Décrète :

1. Cet article a été modifié par le décret du 4 *août* 1898 (*à sa date*).

ARTICLE 1er. — Les articles 23 et 24 du décret du 29 juillet 1881 sont modifiés ainsi qu'il suit :

« ART. 23. — Tous les ans, au mois d'août, sur le vu des notes obtenues par les élèves dans les examens de fin d'année, et sur la proposition du directeur, délibérée dans le Conseil des professeurs dont il est fait mention à l'article 16, le Recteur arrête la liste des élèves admis à passer de première en deuxième année et de deuxième en troisième année.

« ART. 24. — Tous les élèves-maîtres sont tenus de se présenter aux examens du brevet élémentaire de capacité, à la fin de la première année, et à ceux du brevet supérieur, à la fin du cours d'études. Ceux des élèves de première année qui n'ont pas obtenu le brevet sont rendus à leur famille. Toutefois, sur l'avis favorable du Conseil des professeurs, avis motivé par le résultat des examens de passage, ils peuvent être admis provisoirement en deuxième année, à la condition pour eux d'obtenir le brevet à la plus prochaine session ordinaire ou extraordinaire ; s'ils échouent une seconde fois, ils cessent de faire partie de l'École. »

Décret modifiant en faveur d'anciens Instituteurs les conditions d'admission au Certificat d'aptitude à l'Inspection primaire.

27 déc. 1885.

27 Décembre 1885.

Le Président de la République française,

Sur le rapport du Ministre de l'Instruction publique, des Beaux-Arts et des Cultes,

Vu les décrets des 23 décembre 1882 et 24 juillet 1883 ;

Le Conseil supérieur de l'Instruction publique entendu,

Décrète :

ARTICLE 1er. — Pendant les trois années qui suivront la publication du présent décret, les instituteurs qui auront au moins dix années de services et trente ans d'âge pourront se présenter à l'examen du certificat d'aptitude à l'inspection primaire, en produisant le brevet supérieur et le certificat d'aptitude pédagogique. Toutefois, ils ne pourront obtenir la direction d'une École normale s'ils n'ont pas le certificat d'aptitude au professorat des Écoles normales.

---

28 déc. 1885.

Arrêté relatif à la division en trois classes des Inspectrices départementales des Écoles maternelles[1].

28 Décembre 1885.

Le Ministre de l'Instruction publique, des Beaux-Arts et des Cultes,

Vu l'article 25 de la loi de finances du 8 août 1885;

Vu le décret du 2 août 1881, portant règlement général pour l'établissement des Écoles maternelles, et notamment les articles 6, 7 et 8, concernant l'inspection,

Arrête :

ARTICLE 1er. — Les Inspectrices départementales des Écoles maternelles, dont l'emploi est prévu par l'article susvisé de la loi de finances, sont soumises aux conditions de nomination et d'exercice déterminées par les articles 6 et 8 du décret précité.

ART. 2. — Les Inspectrices départementales des Écoles maternelles sont divisées en trois classes.

Le traitement afférent à chaque classe est fixé ainsi qu'il suit :

3e classe	2 000 francs.
2e classe	2 200 —
1re classe	2 400 —

ART. 3. — L'indemnité de frais de tournées est fixée à 500 francs, au minimum, lorsque l'Inspectrice n'est chargée que d'un département, et à 1 000 francs, au minimum, lorsqu'elle est chargée de plusieurs départements.

ART. 4. — La dépense à la charge de l'État sera prélevée, pendant l'année 1886, sur les fonds du chapitre 50 du budget.

ART. 5. — Les Inspectrices départementales sont placées sous l'autorité de chacun des Inspecteurs d'Académie, qui règle leur itinéraire et reçoit directement communication de leurs rapports.

ART. 6. — La résidence de l'Inspectrice chargée de plusieurs départements est fixée par le Ministre.

1. Voir ci-dessus l'arrêté du 1er *janvier* 1884, réglant le service de l'inspection générale, p. 556; — le décret du 30 *décembre* 1884, fixant le nombre des Inspectrices générales, p. 591.

Circulaire du Ministre de l'Instruction publique, relative à la régularisation des Loyers des maisons d'École[1]. 9 janvier 1886.

9 Janvier 1886.

Monsieur le Préfet, les lois du 1er juin 1878 et du 20 mars 1883 ont rendu obligatoire pour les communes l'acquisition ou la construction de maisons d'école.

Les communes, les départements et l'État se sont imposé des sacrifices pour satisfaire à ces prescriptions : de nombreuses constructions se sont élevées, des maisons ont été agrandies ou appropriées de manière à répondre aux exigences scolaires résultant notamment de la loi du 28 mars 1882 sur l'obligation de l'enseignement primaire. On pouvait croire que, dès lors, les frais de location diminueraient chaque année. Il n'en a rien été. Tout au contraire, les dépenses de loyer se sont accrues, et la part contributive de l'État aurait suivi également une progression croissante sans le contrôle exercé dans les bureaux du Ministère. Le résumé des états annuels de liquidation donne les résultats suivants :

LOYERS SCOLAIRES.	DÉPENSE		TOTAL.
	à la charge des communes.	à la charge de l'État.	
1882.	5 419 321 fr. 60 c.	1 625 668 fr. 08 c.	7 044 989 fr. 68 c.
1883.	5 716 665 90	1 584 855 21	7 301 521 11
1884.	6 101 568 65	1 346 111 78	7 447 680 43
1885 (prévisions). . .	6 205 494 97	1 597 260 »	7 802 754 97

Comme le fait ressortir ce tableau, la subvention indiquée dans les états de prévisions de 1885 dépasserait celle des deux années précédentes.

Mon administration s'est préoccupée de cet état de choses, dont elle a dû rechercher les causes. L'examen minutieux des états fournis par les préfectures et relatifs aux loyers scolaires a prouvé qu'il subsiste dans cette partie du service de la comptabilité de l'instruction primaire des irrégularités nombreuses, et, j'ai le regret de le dire, des abus de toute nature, auxquels j'ai résolu de mettre un terme.

J'ai appelé, dans diverses circonstances, votre attention particulière sur cette situation en vous signalant nominativement les communes dans lesquelles des irrégularités se sont produites, et en même temps je vous ai donné, par espèce,

1. Voir :
Ci-dessus les circulaires des 25 *septembre* 1881 (p. 315), 12 *mai* 1884 (p. 571), 21 *mai* 1884 (p. 575);
Ci-après les circulaires du 25 *février* 1886, aux Préfets, relative aux subventions accordées par l'Etat à des Ecoles privées, à la création des Écoles maternelles; — du 8 *décembre* 1886, aux Préfets, relative aux dépenses ordinaires des Écoles de filles, des Écoles maternelles, des Écoles enfantines.

des instructions précises pour prévenir cette aggravation illicite des charges du Trésor. Je crois utile toutefois de vous rappeler d'une manière générale les faits qui ont été constatés et de fixer les principes qui doivent vous guider dans les propositions de subvention que vous avez à m'adresser.

I. *Caractère et conditions de la subvention de l'État pour frais de locations scolaires.*

Aux termes de la loi du 20 mars 1883 : « Toute commune est tenue de pourvoir à l'établissement de maisons d'école au chef-lieu et dans les hameaux ou centres de population éloignés dudit chef-lieu ou distants les uns des autres de trois kilomètres et réunissant un effectif d'au moins vingt enfants d'âge scolaire (Art. 8).

. . . .

« Les frais de location de l'immeuble constituent pour la commune une dépense obligatoire ;... il est pourvu à la dépense soit par un prélèvement sur les ressources disponibles de la commune,... soit par des subventions du département et de l'État (Art. 9). »

La loi de finances est venue chaque année, depuis 1883, préciser ces prescriptions et limiter les conditions dans lesquelles l'État peut intervenir. Celle du 8 août 1885, qui régit le présent exercice, contient les dispositions suivantes :

« Les communes *non encore propriétaires* de leur maison d'école ne pourront obtenir une subvention applicable aux loyers scolaires ou aux indemnités de logement qu'après avoir fait emploi du cinquième institué par l'article 3 de la loi du 16 juin 1881. » (Art. 24, § 2).

Ainsi, Monsieur le Préfet, vous ne devez me présenter pour obtenir une subvention en vue des loyers que les communes qui, n'étant pas encore propriétaires de l'immeuble scolaire, auront épuisé en totalité le cinquième des revenus ordinaires. Il ne faut d'ailleurs pas perdre de vue que la location d'une maison d'école n'est qu'une mesure provisoire et que l'État ne doit concourir à la dépense, dans les conditions déterminées par la loi de finances, que durant le temps strictement nécessaire à la réalisation de projets de construction ou d'acquisition. Au surplus, les municipalités seraient peu fondées à ajourner plus longtemps l'exécution de ces projets, en présence des facilités accordées aux communes par la loi du 20 juin 1885.

II. *Irrégularités provenant de l'absence de baux réguliers.*

Dans un grand nombre de localités, il n'existe pas de baux réguliers, mais de simples conventions verbales, dont les conditions de prix varient d'année en année, et même dans le cours de l'année, suivant les circonstances.

Désintéressées dans la question financière, puisque la dépense est payée par le Trésor, les municipalités, comme l'ont reconnu un certain nombre de Préfets, cèdent trop facilement aux exigences des propriétaires. De là, des prix de loyers exagérés, doubles, triples et même quadruples de la valeur locative de l'immeuble. De là, également, l'augmentation générale de la dépense à chaque renouvellement des conventions.

Vous voudrez bien, Monsieur le Préfet, prévenir les municipalités que désormais aucune subvention pour loyers ne sera accordée que sur la production d'un bail dont vous aurez à apprécier les clauses sur un rapport de l'Inspecteur primaire.

III. *Irrégularités provenant de dépenses accessoires indûment ajoutées au montant du loyer.*

Il a été constaté que l'on ajoute parfois au prix des loyers les frais d'actes, les contributions, les frais d'expertise, les réparations locatives, l'entretien du mobilier, etc., etc. Dans d'autres localités, on a cru pouvoir installer dans les maisons louées des services étrangers à l'école, auxquels on assure la plus large place, et le total du loyer est imputé sur les fonds de l'instruction primaire; ou bien encore, au lieu de chercher à mieux utiliser les locaux dont on dispose, on préfère, à chaque création de postes nouveaux, louer des annexes pour recevoir les élèves ou loger les maîtres (titulaires et adjoints), toujours aux frais du Trésor : on a pu voir ainsi, dans la même commune, deux ou trois loyers venir grossir successivement la subvention de l'État.

Ces différents abus de détail ont pu échapper jusqu'ici à cause du peu d'importance des chiffres pris isolément, mais il importe de les faire immédiatement cesser. Vous devrez, Monsieur le Préfet, après avoir pris connaissance du rapport de l'Inspecteur primaire, défalquer de la subvention demandée à l'État tous les frais accessoires, tout surcroît de dépense non justifié, et n'autoriser de location supplémentaire qu'après vous être assuré, par une enquête, que la mesure est indispensable.

IV. *Irrégularités relatives à d'autres imputations abusives, sous la rubrique « Frais de loyers ».*

Dans certaines communes, propriétaires de maisons d'école, il est arrivé que, pour payer plus aisément l'annuité de l'emprunt contracté pour le payement de la dépense de construction, on maintenait au budget communal, sous le titre de « Frais de loyers », une somme représentant tout ou partie de l'intérêt de cet emprunt; ou bien encore qu'ayant fait l'acquisition d'un immeuble, et après avoir versé entre les mains du propriétaire le secours accordé par l'État, la municipalité prenait des arrangements à terme pour le solde de dépense à sa charge et faisait figurer les intérêts à payer de ce chef sous la rubrique de « Frais de loyers ». On m'a même signalé le cas où des communes ayant accepté des donations d'immeubles, à charge de payement d'une rente viagère, faisaient figurer dans leurs comptes la totalité de cette dépense sous le titre de « Frais de loyers ».

Je n'ai pas besoin de dire, Monsieur le Préfet, que vous devrez vous opposer à toute tentative de ce genre et, dans les cas douteux, avoir soin de m'en référer.

V. *Location d'annexes pour les classes ou le logement des maîtres dans des communes propriétaires de maisons d'École.*

Outre les irrégularités proprement dites, je dois vous signaler la tendance de certaines communes propriétaires de maisons d'école et principalement de celles qui, n'ayant pas de cinquième à fournir, croient pouvoir puiser d'autant plus aisément dans la caisse de l'État pour le payement de loyer d'annexes. Il s'en trouve qui, dans des circonstances où il serait possible, avec quelque bonne volonté, d'agrandir, d'approprier ou d'aménager, par exemple, une ou deux pièces pour des classes ou des logements, de déplacer ou de restreindre un service étranger, préfèrent recourir à une location aux frais du Trésor. En pareil cas, Monsieur le Préfet, il vous appartient de tenir la main à ce que les municipalités fassent exécuter les travaux qu'exigent les besoins du service. Les frais de loyers de locaux provisoires, qui constituent une dépense extraordinaire, devront, à défaut de ressources communales disponibles, être compris dans le devis des travaux d'appropriation.

VI. *Indemnités de logement.*

Ce ne peut être que dans des circonstances tout à fait exceptionnelles, que je me réserve d'apprécier, qu'une subvention de l'État sera accordée pour le payement des indemnités de logement aux instituteurs. Certaines communes ont confondu ces indemnités avec les suppléments facultatifs de traitement qu'elles votaient précédemment en faveur des instituteurs et porté la dépense totale à leurs budgets sous le titre d' « Indemnité de logement ». De telle sorte que, par un simple changement de titre, une dépense qui leur incombait exclusivement pouvait retomber à la charge du Trésor. Quelques communes même ont essayé de donner ou plutôt de faire donner par l'État une « Indemnité de logement » à un instituteur déjà logé.

VII. *Calcul du produit des revenus communaux, emploi des dons et legs.*

D'une manière générale, il importe, Monsieur le Préfet, que vous surveilliez avec soin l'évaluation du montant des revenus frappés du prélèvement légal du cinquième. Dans certains cas, cette évaluation a été si fort au-dessous de la réalité, que j'ai été obligé, vous le savez, d'exiger, en fin d'exercice, des rectifications toujours aussi difficiles à effectuer que désagréables aux communes.

La même recommandation s'applique à l'emploi des dons et legs. A défaut de dispositions formelles qui les réservent pour une affectation spéciale, les dons et legs doivent être employés aux dépenses diverses de l'instruction primaire, au nombre desquelles figurent en première ligne les frais de location de maisons d'école ou les indemnités de logement, dépenses que les communes ont cru pouvoir laisser à la charge de l'État, quand bien même elles avaient des dons ou des legs leur permettant d'y faire face.

Je compte, Monsieur le Préfet, sur votre concours attentif et persévérant pour assurer la complète exécution des instructions qui précèdent. Veuillez m'accuser réception de la présente circulaire.

Recevez, etc.

Signé : RENÉ GOBLET.

Circulaire du Ministre de l'Instruction publique, relative aux rapports des fonctionnaires de l'Enseignement avec les représentants du pouvoir politique[1]. 22 janvier 1886.

22 Janvier 1886.

Monsieur le Recteur, vous tenez des lois et règlements des fonctions nettement définies que vous exercez sous mon autorité et sous votre responsabilité. De même, vos subordonnés exercent, sous votre contrôle, les attributions particulières dont ils sont investis.

Mais si chacun des services publics a sa hiérarchie et ses règles propres, il ne s'ensuit pas que les diverses administrations puissent se considérer comme isolées et indépendantes les unes des autres. Elles sont les organes d'un même gouvernement, elles coopèrent à une œuvre commune et doivent obéir à une direction générale, qu'il appartient au pouvoir politique de leur imprimer.

On ne saurait méconnaître ces principes sans compromettre l'unité de l'action gouvernementale, au grand détriment des intérêts de l'État.

Le Gouvernement a jugé nécessaire de les rappeler à tous les fonctionnaires, et je ne saurais trop vous recommander, Monsieur le Recteur, de vous en inspirer. Dans chaque département, le Préfet est le représentant du pouvoir politique et de l'action gouvernementale. Il importe donc qu'à ce point de vue l'entente la plus étroite existe entre l'autorité préfectorale et la vôtre, et que, dans toutes les questions où des intérêts de cette nature pourraient être engagés, vous preniez soin de vous concerter avec les Préfets de votre ressort.

Les mêmes observations s'appliquent, à plus forte raison, au service de l'enseignement primaire, puisque, si, au point de vue pédagogique, les instituteurs ne relèvent que de leurs chefs universitaires, la loi les a cependant placés sous l'autorité du Préfet, qui les nomme, les révoque ou les déplace.

Sans doute, le Préfet n'agit en pareille matière que sur les propositions des Inspecteurs d'Académie, qui doivent conserver la pleine liberté de leurs appréciations. Mais vous comprenez combien il est nécessaire, dans l'intérêt général, comme pour le bien du service, que, dans les rapports auxquels cette situation donne lieu, ces fonctionnaires s'appliquent à rechercher l'accord et à éviter les conflits.

Je ne crois pas avoir besoin d'insister sur la déférence qu'ils doivent, ainsi que leurs subordonnés, observer en toutes circonstances à l'égard du représentant du Gouvernement.

Le sens et la portée de ces recommandations ne vous échapperont certainement pas. Il ne peut entrer dans ma pensée d'affaiblir, à quelque degré que ce soit, votre autorité ni celle des fonctionnaires placés sous vos ordres. Vous pouvez compter sur ma fermeté pour les faire respecter au besoin. Mais je ne tiendrai pas moins exactement la main à ce que tous les fonctionnaires de l'enseignement se conforment aux instructions que je viens de leur tracer, et je fais, dans ce but, appel à votre vigilance.

1. Voir, Tome IV, p. 284, la circulaire de M. JULES SIMON, en date du 24 *août* 1871, sur la conduite que doivent tenir les membres de l'Université.
Voir ci-dessus, p. 297, la circulaire du 1er *août* 1881 de M. JULES FERRY, et, p. 639, la circulaire du 8 *septembre* 1885 aux Préfets.

Je vous prie de m'accuser réception de la présente circulaire, dont vous voudrez bien donner connaissance au personnel de votre Académie.

Recevez, etc.

Signé : RENÉ GOBLET.

---

15 février 1886. **Décret fixant la Contribution proportionnelle de l'État dans le payement des Annuités communales pour constructions et appropriations des Écoles primaires publiques[1].**

15 Février 1886.

Le Président de la République française,

Sur le rapport du Ministre de l'Instruction publique, des Beaux-Arts et des Cultes, et des Ministres de l'Intérieur et des Finances;

Vu la loi du 20 juin 1885, relative aux subventions de l'État pour constructions et appropriations d'établissements et de maisons destinés au service de l'enseignement;

Vu le décret du 9 juillet 1885;

Le Conseil d'État entendu,

Décrète :

ARTICLE 1er. — La proportion suivant laquelle l'État contribuera au payement des annuités communales pour constructions et appropriations d'Écoles primaires sera fixée conformément aux tableaux ci-annexés[2], savoir :

1° Tableau D, fixant la proportion de la subvention à allouer en raison de la valeur du centime communal;

2° Tableaux E et F, fixant la proportion de la subvention à allouer en sus de celle que détermine le tableau D :

a) En raison des centimes pour insuffisance de revenus;

b) En raison des centimes extraordinaires multipliés par le nombre d'années de la durée de l'imposition.

ART. 2. — Il sera ajouté aux subventions revenant aux communes d'après les tableaux D, E et F une subvention de 10 pour 100 de la dépense totale réellement effectuée dans les limites des maxima fixés par le tableau A annexé à la loi.

ART. 3. — Lorsque le chiffre de la subvention, calculé d'après les

1. Consulter la circulaire transmissive du 16 *février* 1886 aux Préfets (*Circ.*, t. IX, p. 672).

Voir, pour l'Algérie, les dispositions du décret du 26 *mai* 1886 (*Bull. adm.*, 1886, t. XXXIX, p. 559).

2. Voir ces tableaux aux *Documents annexes*.

tableaux D, E, F et l'article 2 ci-dessus, dépassera 80 pour 100, il devra être ramené à 80 pour 100, conformément à l'article 8, paragraphe 2, de la loi.

ART. 4. — Un décret ultérieur déterminera les conditions spéciales de répartition des subventions aux communes des départements de l'Algérie.

ART. 5. — A la fin de chaque année, un rapport, dressé par le Ministre de l'Instruction publique et inséré au *Journal officiel*, déterminera par département la quotité des subventions allouées aux communes en exécution du présent décret[1].

ART. 6. — Le décret du 9 juillet 1885 est rapporté.

ART. 7. — Les Ministres de l'Instruction publique, des Beaux-Arts et des Cultes, de l'Intérieur et des Finances sont chargés, chacun en ce qui le concerne, de l'exécution du présent décret.

Arrêté fixant le taux de la Rétribution devant servir à calculer le Traitement éventuel des instituteurs et des institutrices en 1886. 15 février 1886.

15 Février 1886.

Le Ministre de l'Instruction publique, des Beaux-Arts et des Cultes,

Vu les lois du 10 avril 1867 (art. 9), du 19 juillet 1875 (art. 1er) et du 16 juin 1881 (art. 6);

Vu la loi de finances du 8 août 1885;

Vu les arrêtés du 21 juillet 1884 et du 23 mars 1885;

Vu les propositions transmises par les Préfets après avis des Conseils départementaux de l'Instruction publique pour la fixation du taux de la rétribution devant servir à calculer le traitement éventuel des instituteurs et des institutrices en 1886,

Arrête :

ARTICLE 1er. — Le taux de rétribution devant servir à déterminer le montant du traitement éventuel des instituteurs et des institutrices est fixé, pour la présente année, par élève et par mois de présence dûment constatée, de la manière suivante :

1. Voir le rapport du 28 *février* 1891 au Président de la République sur les opérations faites en vertu de la loi du 20 juin 1885 jusqu'au 31 décembre 1890 (*Rec. des L. et A.*, 1891, p. 147).

1° Pour les Écoles maternelles et pour les Écoles enfantines, à 50 centimes;

2° Pour les Écoles primaires élémentaires de garçons et de filles, à 1 franc dans les communes dont la population est inférieure à 5 000 habitants; à 1 fr. 25 cent. dans les communes d'une population de 5 000 à 50 000 habitants; à 1 fr. 50 cent. dans les communes d'une population supérieure à 50 000 habitants.

ART. 2. — Le produit de l'éventuel sera réparti entre les titulaires et les adjoints ou adjointes dans les conditions déterminées par les arrêtés du 21 juillet 1884 et du 23 mars 1885, dont toutes les dispositions sont maintenues.

---

18 février 1886. **Arrêté rapportant l'article 9 de l'Arrêté du 29 juin 1883 relatif à une indemnité allouée aux Inspecteurs primaires pour projets de construction d'école.**

18 Février 1886.

(Voir *Arrêté du* 29 *juin* 1883, p. 538, note 1.)

---

25 février 1886. **Circulaire du Ministre de l'Instruction publique, relative aux Subventions accordées par l'État à des Écoles privées dans les communes non encore pourvues d'Écoles publiques [1].**

25 Février 1886.

Monsieur le Préfet, la loi du 10 avril 1867 impose aux communes de cinq cents habitants et au-dessus l'obligation d'avoir au moins une École publique de filles. Cependant, depuis vingt ans bientôt que cette prescription existe, un certain nombre de communes qui avaient pu obtenir antérieurement le bénéfice d'une dispense que l'article 36 de la loi du 15 mars 1850 permettait au Conseil départemental de leur accorder, continuent de recourir à des Écoles privées qui reçoivent leurs jeunes filles à des conditions particulières.

Au lendemain de la loi du 16 juin 1881, qui a établi la gratuité de l'enseignement primaire, l'Administration de l'Instruction publique s'est préoccupée d'étendre le bienfait des nouvelles dispositions législatives aux enfants des communes qui n'étaient pas encore dotées d'une École publique.

Par une circulaire du 22 septembre 1881, l'un de mes prédécesseurs adressait aux Préfets les instructions suivantes :

1. Voir ci-dessus les circulaires des 25 *septembre* 1881 (p. 315), 12 et 21 *mai* 1884 (p. 571 et 575), 9 *janvier* 1886 (p. 645).
Consulter ci-après, *à leur date*, les circulaires des 8 *décembre* 1886, 30 *décembre* 1887 et 22 *janvier* 1888.

« L'enseignement primaire public devant être partout entièrement gratuit, « les communes qui possèdent actuellement des Écoles libres tenant lieu « d'Écoles publiques devront s'entendre avec les directeurs ou les directrices « de ces Écoles pour que la rétribution scolaire y soit immédiatement suppri- « mée. La convention qui interviendra à ce sujet sera soumise à mon approba- « tion; elle ne pourra, dans tous les cas, avoir qu'un caractère provisoire pour « toutes les communes qui sont obligées par la loi à entretenir des Écoles spé- « ciales aux filles. A défaut d'entente avec les chefs d'établissements libres, ou « en cas de prétentions exorbitantes de la part de ceux-ci, les communes au- « raient à se procurer, dans le plus bref délai, les Écoles dont l'entretien est « pour elles obligatoire. Enfin, si des conventions acceptables interviennent « entre les directeurs ou directrices d'Écoles libres et les municipalités, la dé- « pense qui résultera de leur exécution sera acquittée au moyen des ressources « énumérées aux articles 2, 3, 4 et 5 de la loi du 16 juin 1881. »

C'est par application de cette circulaire que des subventions de l'État ont été jusqu'ici accordées à un certain nombre d'Écoles privées. Mais ces subventions, comme les instructions ministérielles l'ont rappelé, ne devaient être que temporaires, et j'estime qu'une latitude suffisante a été laissée aux municipalités pour se conformer à la loi. L'expérience a d'ailleurs prouvé que le maintien d'une subvention en faveur de l'École privée pouvait être dans certaines circonstances une entrave à l'exécution des prescriptions légales.

J'ai décidé, pour ces motifs, que le concours de l'État ne serait continué en 1886 qu'aux seules communes qui ont pris ou qui prendront, dans le courant de cette année même, des dispositions effectives pour réaliser sans retard les projets d'installation d'École publique qu'elles ont depuis longtemps à l'étude.

Vous me ferez connaître, pour chaque commune, la date de l'ouverture de ladite École, et vous pourrez, en même temps, me proposer une dernière allocation destinée, à défaut de ressources communales, à payer en tout ou en partie la rétribution due pour les jeunes filles jusqu'alors reçues gratuitement dans l'établissement scolaire privé.

En ce qui concerne les Écoles maternelles, j'ajouterai que la création n'en est pas imposée aux communes par les lois en vigueur. La loi du 16 juin 1881 n'a fait qu'assimiler ces établissements aux Écoles dont l'entretien est obligatoire lorsqu'elles ont été régulièrement établies. Il s'ensuit qu'une École maternelle privée ne saurait, en aucun cas, être considérée comme tenant lieu d'une École publique qui n'est pas obligatoire ; dès lors elle ne peut participer, à ce titre, aux secours de l'État.

Je vous prie de communiquer la présente circulaire aux maires des communes intéressées et de m'en accuser réception.

Recevez, etc.

Signé : RENÉ GOBLET.

13 mars 1886. **Projet de loi sur les Dépenses ordinaires de l'Instruction primaire publique et les Traitements du personnel de ce service, présenté par M. René Goblet, Ministre de l'Instruction publique, des Beaux-Arts et des Cultes, par M. Sarrien, Ministre de l'Intérieur, et par M. Sadi-Carnot, Ministre des Finances [1].**

Séance du 13 Mars 1886.

CHAPITRE 1er. — *Des dépenses ordinaires de l'enseignement primaire public.*

ARTICLE 1er. — Les dépenses ordinaires de l'enseignement primaire public et des Écoles normales primaires sont à la charge de l'État, des départements et des communes, selon les règles posées par les articles 2, 3, 4 et 22 de la présente loi.

1. Inséré au *Journal officiel* d'*octobre* 1886, p. 1238 à 1249.

Consulter les documents suivants :

1° *Rapport* fait au nom de la Commission de la Chambre des Députés par M. Gabriel COMPAYRÉ, député; séance du 7 juillet 1887 (*Journal officiel* du 28 *novembre* 1887, p. 999 à 1016);

2° *Avis* présenté au nom de la Commission du budget par M. BURDEAU, député; séance du 27 octobre 1887 (*Journal officiel* du 28 *octobre* 1887, p. 182-185);

L'ensemble du projet a été voté par la Chambre dans sa séance du 14 novembre 1887 (372 voix contre 136);

3° *Projet de loi* adopté par la Chambre des Députés, présenté au Sénat par MM. Léopold FAYE, Ministre de l'Instruction publique, SARRIEN, Ministre de l'Intérieur, P. TIRARD, Ministre des Finances, Président du Conseil; séance du 15 décembre 1887 (*Journal officiel* du 15 *février* 1888, p. 51-53);

4° *Rapport* fait au nom de la Commission du Sénat par M. COMBES, sénateur; séance du 22 novembre 1888 (*Journal officiel* du 25 *février* 1889, p. 170-212);

5° *Avis* présenté au nom de la Commission des finances du Sénat par M. Léon SAY, sénateur; séance du 8 avril 1889;

6° *Rapport supplémentaire* fait au nom de la Commission du Sénat par M. COMBES, sénateur; séance du 28 mai 1889 (*Journal officiel* du 29 *décembre* 1889, p. 228-230);

L'ensemble du projet a été voté par le Sénat dans sa séance du 21 juin 1889 (185 voix contre 78);

7° *Projet de loi* adopté par la Chambre des Députés et adopté avec modifications par le Sénat, présenté de nouveau à la Chambre des Députés par MM. FALLIÈRES, Ministre de l'Instruction publique, CONSTANS, Ministre de l'Intérieur, ROUVIER, Ministre des Finances; séance du 26 juin 1889 (*Journal officiel* du 9 *septembre* 1889, p. 1267-1270);

8° *Rapport* fait au nom de la Commission de la Chambre des Députés par M. Gabriel COMPAYRÉ, député; séance du 1er juillet 1889 (*Journal officiel* du 14 *septembre* 1889, p. 1319-1326).

L'ensemble du projet a été voté par la Chambre dans sa séance du 6 juillet 1889.

Le projet est devenu la *loi du* 19 *juillet* 1889 (voir *à sa date*).

Consulter dans les *Mémoires et Documents scolaires publiés par le Musée pédagogique* :

Fascicule n° 50 : Projet de loi sur les dépenses ordinaires de l'enseignement primaire et les traitements du personnel de ce service : Textes du projet du Gouvernement et du projet de la Commission;

Fascicule n° 51 : Projet de loi sur les dépenses ordinaires de l'enseignement pri-

ART. 2. — Sont à la charge de l'État :

1° Les traitements du personnel de l'inspection, de l'administration et de l'enseignement dans les Écoles normales et dans les Écoles primaires, y compris les suppléments prévus aux articles 7 et 8 ;

2° Les frais de tournées des fonctionnaires de l'inspection ;

3° Les frais d'entretien des élèves dans les Écoles normales et, en général, les dépenses de ces Écoles non prévues à l'article suivant ;

4° L'indemnité de première installation, allouée aux élèves-maîtres, lorsqu'ils entrent en fonctions dans l'enseignement primaire public ;

5° L'allocation afférente à la médaille d'argent prévue à l'article 41 de la présente loi.

ART. 3. — Sont à la charge des départements :

1° L'entretien et, s'il y a lieu, la location des bâtiments de l'École normale ;

2° L'entretien et le renouvellement du mobilier de ces Écoles et du matériel de l'enseignement ;

3° Le loyer et l'entretien du local et du mobilier destinés au service départemental de l'instruction publique ;

4° Les frais de bureau de l'Inspecteur d'Académie et des délégations cantonales ;

5° Les imprimés à l'usage de ces délégations et de l'administration académique.

ART. 4. — Sont à la charge des communes :

1° L'indemnité de résidence prévue à l'article 11 ;

2° L'entretien et, s'il y a lieu, la location des bâtiments des Écoles primaires, le logement des maîtres ou les indemnités représentatives ;

3° Les frais de chauffage et d'éclairage des classes dans les Écoles primaires et la rémunération des gens de service ;

4° L'entretien et le renouvellement du mobilier scolaire et du matériel d'enseignement ;

5° Les registres et imprimés à l'usage des Écoles ;

6° Les allocations aux chefs d'atelier, contremaîtres et ouvriers chargés par les communes de l'enseignement technique dans les Écoles manuelles d'apprentissage, par application de la loi du 11 décembre 1880.

CHAPITRE II. — *Classement et traitements du personnel.*

ART. 5. — Les instituteurs et institutrices titulaires sont répartis en cinq classes ; ces classes sont attachées à la personne et peuvent être attribuées sans déplacement.

maire et sur les traitements du personnel de ce service : Recueil de documents parlementaires relatifs à la discussion de cette loi à la Chambre des Députés ;

Fascicule n° 52 : Projet de loi sur les dépenses de l'instruction primaire et sur les traitements du personnel de ce service : Recueil de documents parlementaires relatifs à la discussion de cette loi au Sénat ;

Fascicule n° 89 : Loi sur les dépenses ordinaires de l'instruction primaire publique et sur les traitements du personnel de ce service : Recueil de documents relatifs à la discussion de la loi au Sénat ;

Fascicule n° 90 : Loi sur les dépenses ordinaires de l'instruction primaire publique et sur les traitements du personnel de ce service : Recueil de documents parlementaires relatifs à la discussion de cette loi à la Chambre des Députés.

ART. 6. — Le traitement des instituteurs et institutrices titulaires de chaque classe est fixé ainsi qu'il suit :

5e classe.	1 000 fr.
4e classe.	1 200
3e classe.	1 500
2e classe.	1 800
1re classe.	2 000

ART. 7. — Les titulaires chargés de la direction d'une École comprenant plus de deux classes reçoivent à ce titre un supplément de traitement de 200 francs. Ce supplément est porté à 400 francs, si l'École comprend plus de quatre classes.

ART. 8. — Dans les Écoles qui comprennent une classe d'enseignement primaire supérieur, dite cours complémentaire, le maître chargé de ce cours reçoit un supplément de traitement de 200 francs.

ART. 9. — Indépendamment du traitement fixé à l'article précédent, les instituteurs et institutrices titulaires ont droit :

1° Au logement ou à l'indemnité représentative fixée par arrêté préfectoral;

2° A une indemnité de résidence dans les cas prévus à l'article 11.

Ces indemnités ne sont pas soumises à retenue.

ART. 10. — Les instituteurs et institutrices stagiaires reçoivent un traitement de 800 francs et l'indemnité de résidence prévue à l'article 11.

Ils ont droit au logement ou à l'indemnité représentative.

Ils forment une classe unique.

ART. 11. — L'indemnité de résidence est fixée pour les maîtres désignés aux articles 7, 8, 13 et 14 à :

		Habitants.
100 fr.	dans les communes de	2 000 à 3 000
200	—	3 001 à 5 000
300	—	5 001 à 10 000
400	—	10 001 à 15 000
500	—	15 001 à 20 000
600	—	20 001 à 50 000
700	—	50 001 à 100 000
800	—	100 001 habitants et au-dessus.
1 000		dans la ville de Paris.

Elle est de moitié des chiffres ci-dessus pour tous les autres instituteurs et institutrices titulaires et stagiaires.

La population est comptée d'après la population totale mentionnée au recensement officiel.

A Paris et dans les villes de plus de 100 000 âmes, le taux de l'indemnité de résidence sera élevé, s'il y a lieu, pour parfaire, avec le traitement légal nouveau, le chiffre sur lequel les titulaires actuellement en exercice subissent la retenue; le même supplément d'indemnité de résidence pourra être accordé aux titulaires nouveaux, mais seulement à titre de dépense facultative et par décision spéciale du Conseil municipal, lors du vote du budget de la commune. Dans l'un ni dans l'autre cas, cette élévation du taux de l'indemnité de résidence ne pourra excéder le double des taux ci-dessus prévus.

ART. 12. — Les directeurs, directrices, instituteurs adjoints, institutrices adjointes des Écoles primaires supérieures, les directeurs, directrices et professeurs d'Écoles normales sont répartis en cinq classes.

Ces classes sont attachées à la personne et peuvent être attribuées sans déplacement.

ART. 13. — Le traitement des directeurs et directrices d'Écoles primaires supérieures est fixé ainsi qu'il suit :

5e classe.	1 800 fr.
4e classe.	2 000
3e classe.	2 200
2e classe.	2 500
1re classe.	2 800

Ils reçoivent, en outre, l'indemnité de résidence prévue à l'article 11.

Ils ont droit au logement ou à l'indemnite représentative.

ART. 14. — Le traitement des instituteurs adjoints et des institutrices adjointes des Écoles primaires supérieures est fixé ainsi qu'il suit :

5e classe.	1 000 fr.
4e classe.	1 200
3e classe.	1 500
2e classe.	1 800
1re classe.	2 000

Ils reçoivent, en outre, l'indemnité de résidence prévue à l'article 11.

Ils ont droit au logement ou à l'indemnité représentative.

Les maîtres auxiliaires chargés d'enseignements accessoires dans les Écoles primaires supérieures, dans les conditions prévues par les articles 21 et 28 de la loi de 1886, reçoivent une allocation calculée sur le pied de 50 à 100 francs par an pour chaque heure d'enseignement par semaine. Cette allocation n'est pas soumise à retenue.

ART. 15. — Le traitement des directeurs et directrices d'Écoles normales est fixé ainsi qu'il suit :

5e classe.	3 500 fr.
4e classe.	4 000
3e classe.	4 500
2e classe.	5 000
1re classe.	5 500

A Paris, ce traitement sera de 7 000 à 10 000 francs.

ART. 16. — Le traitement des professeurs d'Écoles normales est fixé ainsi qu'il suit :

5e classe.	2 400 fr.
4e classe.	2 600
3e classe.	2 800
2e classe.	3 100
1re classe.	3 400

Ce traitement est diminué de 400 francs pour les maîtres logés et nourris dans l'établissement.

ART. 17. — Les instituteurs adjoints des Écoles primaires supérieures pourvus du certificat d'aptitude au professorat dans les Écoles normales sont assimilés aux professeurs de ces Écoles.

ART. 18. — Les Inspecteurs primaires sont répartis en cinq classes, au traitement de :

5e classe.	3 000 fr.
4e classe.	3 200
3e classe.	3 400
2e classe.	3 600
1re classe.	4 000

Dans le département de la Seine, ce traitement sera de 6 000 francs et pourra être augmenté de 1 000 francs après chaque période de cinq années de services dans le département.

ART. 19. — Des règlements d'administration publique fixent, dans la limite des crédits budgétaires et pour chacune des catégories du personnel, la proportion numérique de l'effectif de chacune des quatre classes supérieures par rapport à l'effectif total.

ART. 20. — L'avancement a lieu par classe, au fur et à mesure des vacances dans chacune des classes.

L'avancement se fait dans chaque département pour le personnel mentionné aux articles 6, 7, 8, 10 et 14.

Il se fait sur l'ensemble des fonctionnaires et exclusivement au choix pour le personnel prévu aux articles 13, 15, 16, 17 et 18.

Les instituteurs et institutrices des cinquième et quatrième classes ne peuvent être promus à la classe supérieure qu'après cinq ans d'exercice dans la classe à laquelle ils appartiennent.

Ne peuvent être promus à la seconde et à la première classe que les maîtres pourvus du brevet supérieur et ayant passé trois années au moins dans la classe immédiatement inférieure.

ART. 21. — En dehors des allocations sur les fonds municipaux prévues par la présente loi, il n'en peut être accordé d'autres aux instituteurs et institutrices, à raison de leurs fonctions d'enseignement, si ce n'est pour cours d'adultes et pour études surveillées.

Toute allocation qui serait perçue par un maître, contrairement à la disposition précédente, viendra en déduction des sommes à lui dues par l'État.

CHAPITRE III. — *Des voies et moyens.*

ART. 22. — Il est pourvu aux dépenses incombant à l'État, en vertu de l'article 2, au moyen des crédits annuels inscrits au budget du Ministère de l'Instruction publique.

Il est pourvu aux dépenses incombant aux départements et aux communes, au moyen de crédits ouverts annuellement à leurs budgets, à titre de dépenses obligatoires, dans les conditions prévues par les paragraphes 1 et 2 de l'article 61 de la loi du 10 août 1871 et par l'article 149 de la loi du 5 avril 1884.

ART. 23. — A partir du 1er janvier 1887, il sera perçu 8 centimes additionnels généraux portant sur les quatre contributions directes et dont le produit sera inscrit au budget de l'État.

A partir de la même date, il sera perçu, en addition au principal des quatre contributions directes, 12 centièmes de centime, représentant les frais de perception des 4 centimes antérieurement perçus au profit des communes.

Le produit des 8 centimes 12 centièmes prévus aux paragraphes précédents supportera les centimes spéciaux pour fonds de dégrèvement et de non-valeurs, suivant les taux afférents à chaque contribution.

ART. 24. — Les 4 centimes communaux et les 4 centimes départementaux, affectés aux dépenses obligatoires de l'enseignement primaire par les lois des 10 avril 1867, 19 juillet 1875 et 16 juin 1881, sont supprimés.

Est également supprimé le prélèvement du cinquième institué par la loi du 16 juin 1881.

CHAPITRE IV. — *Dispositions spéciales à l'Algérie.*

ART. 25. — Sont à la charge de l'État, dans les territoires civils de l'Algérie :

Le supplément pour services hors d'Europe, prévu par l'article 10 de la loi du 9 juin 1853 et par l'article 22 du règlement d'administration publique du 9 novembre suivant ;

La prime pour connaissance des langues arabe et kabyle.

ART. 26. — Il sera prélevé au profit du budget de l'État, à partir du 1er janvier 1887, un sixième du produit de l'octroi de mer de l'Algérie.

ART. 27. — Les instituteurs et institutrices de l'Algérie, actuellement en fonctions, conserveront le bénéfice des dispositions de l'article 4 du décret du 13 février 1883, relatives aux augmentations de traitement auxquelles ils ont droit tous les cinq ans dans les limites du tarif édicté à l'article 1er du règlement d'administration publique du 27 mai 1878.

CHAPITRE V. — *Dispositions transitoires.*

ART. 28. — Si le total des allocations attribuées à l'instituteur en vertu de la présente loi, tant comme traitement et supplément de traitement que comme indemnité de résidence, est inférieur au traitement garanti dont il jouit actuellement (en dehors des suppléments accordés par les communes à titre facultatif depuis la loi du 16 juin 1881), la différence est à la charge de l'État.

Le traitement garanti par la disposition qui précède continuera à subir la retenue et entrera en compte pour la liquidation de la pension.

ART. 29. — Par dérogation aux dispositions de l'article 21, les instituteurs et institutrices qui reçoivent actuellement sur les fonds municipaux des allocations facultatives soumises ou non à retenue sont autorisés à continuer à les toucher dans les mêmes conditions.

ART. 30. — Les instituteurs et institutrices actuellement en fonctions conservent le bénéfice des articles 1er et 2 de la loi du 19 juillet 1875, dans les conditions spécifiées ci-après : les instituteurs dont les traitements seraient inférieurs à 1 200 francs et les institutrices dont les traitements seraient inférieurs à 900 francs, au cas où pendant cinq années consécutives ils n'auraient pas reçu ou ne recevraient pas d'avancement, bénéficieront, à l'expiration de la cinquième année, de l'augmentation prévue par ladite loi de 1875, jusqu'à ce qu'ils aient atteint respectivement les traitements de 1 200 francs et de 900 francs prévus par cette loi.

ART. 31. — La répartition dans les nouvelles classes créées par la présente loi, des maîtres et maîtresses actuellement en fonctions sera effectuée d'après le montant incombant à l'État du traitement garanti à chacun d'eux en vertu de l'article 28 ci-dessus, déduction faite des suppléments prévus aux articles 7, 8 et 25.

Les maîtres et maîtresses seront placés dans la classe dont le traitement correspond à leur traitement calculé comme il est dit ci-dessus; si ce traitement ne coïncide pas avec un de ceux qui sont prévus à l'article 6, ils sont placés dans la classe dont le traitement est immédiatement inférieur.

Toutefois, aucun instituteur ou institutrice titulaire, s'il ne compte le nombre d'années de services indiqué ci-dessous, ne pourra prendre rang dans une des classes suivantes :

Pour la 4e classe	5 ans.
Pour la 3e classe	10 —
Pour la 2e classe	15 —
Pour la 1re classe	20 —

Les adjoints et adjointes actuellement en exercice et comptant plus de cinq années de service dans l'enseignement public seront réputés avoir achevé le stage et seront dispensés de la production du certificat d'aptitude pédagogique exigé par la loi du 1886; ils prendront rang dans la classe nouvelle à laquelle ils appartiendront par application du présent article, défalcation faite des cinq années comptées comme stage.

ART. 32. — Une sixième classe provisoire comprendra les titulaires dont les traitements seraient inférieurs à celui de la 5e classe.

Outre la classe permanente prévue à l'article 10, une seconde classe provisoire de stagiaires comprendra ceux dont les traitements sont inférieurs au taux prévu par la présente loi.

ART. 33. — Des augmentations de traitements de 50 et de 100 francs pourront être accordées, dans la mesure des crédits disponibles, aux maîtres et maîtresses placés dans les classes provisoires, jusqu'à ce qu'ils aient été pourvus des traitements afférents aux classes définitives.

ART. 34. — Il ne pourra être pourvu, par voie d'avancement, qu'à une vacance sur deux dans les 1re, 2e et 3e classes, jusqu'à ce que le personnel placé dans les classes provisoires ait pu être pourvu du traitement des classes définitives.

ART. 35. — Par dérogation à l'article 21, jusqu'à ce que les maîtres classés provisoirement aient obtenu le traitement afférent à une des classes définitives, ils pourront recevoir sur les fonds municipaux des allocations non sujettes à retenue.

ART. 36. — Il sera formé, dans chaque département, pour chaque classe d'instituteurs et d'institutrices titulaires et stagiaires, un tableau d'avancement où ils prendront rang entre eux par ordre d'ancienneté.

ART. 37. — Le classement et la formation du tableau seront effectués par une Commission spéciale composée de l'Inspecteur d'Académie, président; des Inspecteurs primaires, du Directeur et de la Directrice d'École normale, et de deux délégués du Conseil départemental, élus par ce Conseil.

La même Commission établira le classement et le tableau des instituteurs adjoints et des institutrices adjointes des Écoles primaires supérieures.

ART. 38. — Par dérogation aux dispositions de l'article 20, il ne sera exigé aucune condition d'ancienneté de classe pour l'avancement, tant au choix qu'à l'ancienneté, des instituteurs et institutrices qui :

Ayant plus de dix ans de services, seraient placés dans la 5e classe;
Ayant plus de quinze ans, seraient placés dans la 4e;
Ayant plus de vingt ans, seraient placés dans la 3e;
Ayant plus de vingt-cinq ans, seraient placés dans la 2e.

ART. 39. — Tant qu'il existera des maîtres ou maîtresses classés dans la 6e classe provisoire par application de l'article 32, les institutrices débuteront, après leur stage, au traitement de 900 francs et seront classées dans cette même classe provisoire.

ART. 40. — Les dispositions des articles 28, 31, paragraphes 1er, 2, et 36 sont applicables au personnel de l'Instruction primaire mentionné aux articles 13, 15, 16, 17 et 18 de la présente loi.

Le classement et la formation du tableau seront effectués par une Commission composée du Directeur de l'enseignement primaire, président; des Inspecteurs généraux de l'enseignement primaire et de deux délégués du Conseil supérieur de l'Instruction publique, élus par ce Conseil.

CHAPITRE VI. — *Dispositions diverses.*

ART. 41. — Les instituteurs et institutrices qui auront obtenu la médaille d'argent recevront, tant qu'ils seront en activité, une allocation annuelle et non soumise à retenue de 100 francs. Les médailles ne pourront être accordées que dans la limite du crédit spécial qui sera ouvert à cet effet au Ministère de l'Instruction publique. Les autres conditions auxquelles sera subordonnée la concession desdites médailles seront déterminées par des arrêtés ministériels rendus après avis du Conseil supérieur de l'Instruction publique.

ART. 42. — Les Écoles normales primaires constitueront des établissements publics; en conséquence, leurs budgets et leurs comptes cesseront d'être soumis aux Conseils généraux des départements.

ART. 43. — Il sera statué par des règlements d'administration publique, rendus après avis du Conseil supérieur en ce qui concerne les questions pédagogiques :

1° Sur le taux et les conditions d'obtention des indemnités de première installation;

2° Sur le nombre et la nature des objets composant le matériel obligatoire d'enseignement dans chaque catégorie d'Écoles et sur les conditions dans lesquelles ce matériel sera mis à la disposition des maîtres et des élèves;

3° Sur les règles et conditions d'avancement qui ne sont pas prévues à l'article 20;

4° Sur les conditions dans lesquelles les directeurs et directrices d'École à plus de cinq classes pourront être dispensés de tenir une classe;

5° Sur les conditions de nomination et d'exercice des instituteurs suppléants chargés de remplacements provisoires en cas de maladie, de suspension ou de congé régulier des titulaires;

6° Sur le mode de payement des indemnités de résidence à la charge des communes;

7° Sur les conditions spéciales d'organisation des Écoles primaires supérieures de la ville de Paris et des Écoles normales de la Seine;

8° Sur le taux des suppléments de traitement pour services hors d'Europe;

9° Sur le taux des primes pour connaissance des langues arabe ou kabyle; sur le taux des indemnités de résidence dans les territoires civils de l'Algérie;

10° Sur les allocations et indemnités diverses des maîtres exerçant dans les territoires de commandement de l'Algérie ;

11° Sur les règles d'administration et de comptabilité des Écoles normales primaires;

12° Sur le nombre des heures de service exigées du personnel (professeurs, maîtres adjoints, délégués, directeurs d'Écoles annexes, maîtres auxiliaires, économes, etc.) dans les Écoles normales et les Écoles primaires supérieures, sur le mode de rétribution des heures de service supplémentaires, ainsi que sur les conditions de l'assimilation prévue par l'article 17.

ART. 44. — Sont et demeurent abrogés :

[Les articles 37, 38 et 40 de la loi du 15 mars 1850];

[Les articles 3, 4, 5, 6, 9, 13 et 14 de la loi du 10 avril 1867];

La loi du 19 juillet 1875 ;

Les articles 3 et 4 de la loi du 9 août 1879;

Les articles 2 à 6 de la loi du 16 juin 1881 sur la gratuité;

Le deuxième paragraphe de l'article 17 de la loi du 28 mars 1882;

Le décret du 27 mai 1878 ;

Les articles 4, 5, 6, 7, 8, 10, le dernier paragraphe de l'article 28 et l'article 30 du décret du 13 février 1883 ;

Le décret du 16 février 1883 ;

Et, en général, toutes les dispositions contraires à celles de la présente loi.

ART. 45. — Le nouveau classement des instituteurs et des institutrices par application de la présente loi aura son effet à partir du 1er janvier 1887.

ART. 46. — Des listes de présentation par ordre de mérite en vue des promotions annuelles des instituteurs et institutrices seront préparées chaque année par l'Inspecteur d'Académie, sur le rapport des Inspecteurs primaires, arrêtées par le Conseil départemental et adressées au Ministre, qui fixera le nombre des promotions à accorder à chaque département dans la mesure des crédits disponibles.

Ces listes de présentation seront dressées à l'époque de la rentrée des classes et toutes les promotions partiront du 1er janvier suivant.

Aucune promotion ne pourra avoir lieu à une autre date.

ART. 47. — Jusqu'à complète application de la loi de 1886, les instituteurs et institutrices congréganistes actuellement en exercice dans les Écoles publiques continueront à recevoir sur les fonds de l'État, à titre de traitements fixes, les traitements dont ils seront en possession à la date de la promulgation de la présente loi.

---

5 mai 1886.

Arrêté relatif à la répartition du Service et à la fixation du Traitement des professeurs et maîtres dans les Écoles normales primaires[1].

5 Mai 1886.

Le Ministre de l'Instruction publique, des Beaux-Arts et des Cultes,

1. Consulter la circulaire transmissive du même jour (*Circ.*, t. IX, p. 711).

Vu le décret du 29 juillet 1881, relatif à l'organisation des Écoles normales,

Arrête :

Article 1er. — Dans les Écoles normales qui reçoivent plus de 60 élèves, le nombre des professeurs ou maîtres adjoints, non compris l'économe, est fixé à cinq : deux pour les lettres et trois pour les sciences.

Art. 2. — Dans les Écoles normales qui reçoivent 60 ou moins de 60 élèves, le nombre des professeurs ou maîtres adjoints, non compris l'économe, est fixé à quatre : deux pour les lettres et deux pour les sciences.

Art. 3. — A l'enseignement des sciences sont rattachés ceux du dessin et du travail manuel.

Dans les heures d'enseignement imposées à chaque maître peut être compris, outre les heures affectées aux classes ordinaires, le temps réservé pour les conférences ou les répétitions que le Recteur juge utile d'instituer sous l'approbation du Ministre.

Art. 4. — Chaque heure supplémentaire qui pourra être demandée aux professeurs et maîtres adjoints en dehors du nombre d'heures réglementaires donne droit à une allocation annuelle, non soumise à la retenue et calculée à raison de 150 francs par heure et par semaine, pour l'enseignement des langues vivantes, du dessin et du travail manuel, et à raison de 100 francs pour les autres matières[1].

Art. 5. — Sur la proposition du Recteur, le Ministre fixe, par une décision spéciale, le nombre d'heures supplémentaires qu'il y a lieu d'attribuer aux professeurs et maîtres adjoints.

1. Sont considérées comme heures supplémentaires celles qui seront données en dehors du tableau ci-dessous :

Ecoles normales recevant plus de 60 élèves.

Professeurs et maîtres adjoints chargés de l'enseignement des lettres	16 heures.
Professeurs et maîtres adjoints chargés de l'enseignement des mathématiques	16 —
Professeurs et maîtres adjoints chargés de l'enseignement des sciences physiques et naturelles	14 —

Ecoles normales recevant 60 ou moins de 60 élèves.

Professeurs et maîtres adjoints chargés de l'enseignement des lettres	18 heures.
Professeurs et maîtres adjoints chargés de l'enseignement des mathématiques	18 —
Professeurs et maîtres adjoints chargés de l'enseignement des sciences physiques et naturelles	16 —

ART. 6. — Avec l'approbation du Ministre, des maîtres ouvriers pourront être employés dans les Écoles normales d'instituteurs à titre d'auxiliaires du professeur de travail manuel; ils recevront un salaire de 1 fr. 50 cent. à 2 francs par heure.

ART. 7. — Les dispositions du présent arrêté sont applicables aux Écoles normales d'institutrices.

ART. 8. — Le présent arrêté aura son effet à partir du 1er octobre 1886. Les dispositions transitoires, applicables à la présente année scolaire, seront arrêtées par le Ministre, sur proposition spéciale du Recteur pour chaque École.

---

7 juin 1886.

Circulaire du Ministre de l'Instruction publique, relative à l'application de la loi du 13 brumaire An VII sur le Timbre.

7 Juin 1886.

Monsieur le Préfet, la loi du 13 brumaire An VII dispose que toutes les demandes, pétitions et réclamations adressées aux Ministres et aux Administrations publiques doivent être formulées sur papier timbré.

Cette prescription, dont l'importance budgétaire ne saurait vous échapper, est à peu près tombée en désuétude, au grand détriment des intérêts du Trésor, grâce à la tolérance de l'Administration. M. le Ministre des Finances a fait connaître qu'il importait de tenir la main à ce qu'elle fût dorénavant scrupuleusement observée.

Une circulaire du Ministre de l'Intérieur a récemment appelé votre attention sur cet objet. Je m'associe entièrement aux instructions de mes collègues, et j'ai l'honneur de vous informer qu'une note va paraître au *Journal officiel*, ainsi qu'au *Bulletin administratif de l'Instruction publique*[1], en vue de prévenir les solliciteurs que toute lettre sur papier libre sera désormais classée à titre de simple renseignement, et qu'il ne pourra en être tenu compte qu'après renouvellement de la demande sur papier timbré.

Je vous prie de vouloir bien appeler sur cette note l'attention de vos administrés et de lui donner la plus grande publicité possible.

Recevez, etc.

Signé : RENÉ GOBLET.

1. Voici le texte de cette note :

« Aux termes de la loi du 13 brumaire An VII, toutes les demandes, pétitions et réclamations adressées aux Ministres et aux administrations publiques doivent être formulées sur papier timbré.

« Les *demandes de secours* font seules exception à cette règle générale.

« Toutes les autres pétitions adressées au Ministre sur papier libre seront classées à titre de simple renseignement, et il ne leur sera donné suite que lorsqu'elles auront été renouvelées sur papier timbré. »

Arrêté instituant un Certificat d'aptitude à l'enseignement du Chant dans les Écoles normales primaires d'instituteurs et d'institutrices[1]. 28 juillet 1886.

28 Juillet 1886.

Le Ministre de l'Instruction publique, des Beaux-Arts et des Cultes,

Vu le décret du 29 juillet 1881 et l'arrêté du 3 août 1881;

Le Conseil supérieur de l'Instruction publique entendu,

Arrête :

ARTICLE 1er. — Il est institué un certificat d'aptitude à l'enseignement du chant dans les Écoles normales d'instituteurs et d'institutrices.

ART. 2. — L'examen pour l'obtention de ce certificat se compose de deux séries d'épreuves, les unes éliminatoires, les autres définitives.

ART. 3. — Les épreuves éliminatoires comprennent :

1° Une rédaction sur une question d'enseignement musical prise dans le programme des Écoles normales;

2° Une dictée musicale écrite phrase par phrase;

3° La réalisation, écrite à quatre parties, d'une basse chiffrée et d'un chant donné (accords parfaits et accords de septième dominante, de septième de sensible, de septième diminuée, avec leurs renversements).

ART. 4. — Les épreuves définitives comprennent :

1° Lecture à première vue d'une leçon de solfège sur la clef de *sol* et sur la clef de *fa*;

2° Chant d'une mélodie avec paroles choisie par le candidat. (Le candidat sera accompagné au piano. Il lui sera tenu compte de l'émission du son, de la prononciation correcte, de la diction, ainsi que du bon choix du morceau);

3° Exécution par cœur, sans accompagnement, d'un air avec paroles choisi par le candidat;

4° Exécution à première vue, sur le piano, d'un accompagnement simple qui sera transposé ensuite dans un ton indiqué par le jury;

5° Interrogations sur la théorie musicale;

6° Notions sur l'histoire de la musique, connaissance des principaux chefs-d'œuvre de la musique chorale;

1. Voir ci-après, *à sa date*, l'arrêté du 18 *janvier* 1887, articles 209 à 214.

7° Leçon théorique et pratique professée au tableau par le candidat. (Cette leçon se fera devant le jury seul.)

ART. 5. — Le jury d'examen est nommé, chaque année, par le Ministre.

ART. 6. — L'examen a lieu vers la fin de l'année scolaire, aux jours fixés par le Ministre.

Les épreuves tant éliminatoires que définitives ont lieu à Paris.

ART. 7. — Après la clôture des examens, le jury dresse, par ordre de mérite, une liste des candidats jugés dignes d'obtenir le certificat d'aptitude à l'enseignement du chant dans les Écoles normales. Cette liste est soumise à l'approbation du Ministre, qui délivre les certificats.

---

30 juillet 1886.

Circulaire du Ministre de l'Instruction publique, relative aux créations d'Écoles et d'emplois scolaires.

30 Juillet 1886.

Monsieur le Préfet, une loi en date du 18 juillet courant ouvre pour créations d'Écoles et de classes un crédit de 90 000 francs sur l'exercice 1886. Vous voudrez bien, si vous ne l'avez fait déjà, me transmettre sans délai tous les dossiers de demande de créations d'Écoles et de classes construites ou appropriées dont vous m'avez envoyé la nomenclature en réponse à ma circulaire du 6 avril dernier[1]. Le crédit alloué pour le dernier trimestre de l'année courante sera d'abord affecté à celles de ces créations qui ont le caractère légalement obligatoire et qui pourraient donner lieu à une imposition d'office.

Le premier devoir des communes est, en effet, de se mettre en règle avec la loi au point de vue du service scolaire, et les secours de l'État doivent les aider, avant tout, à remplir leurs obligations à cet égard, telles qu'elles résultent des lois du 15 mars 1850 (art. 36 et 37), du 10 avril 1867 (art. 1, 2 et 3) et du 20 mars 1883 (art. 8, 9 et 10).

A la suite de ces affaires de première urgence, vous aurez à classer, Monsieur le Préfet, celles qui, sans avoir le même caractère légal, se recommandent le plus évidemment par l'importance des intérêts scolaires qui réclament satisfaction. Ici vous ne perdrez pas de vue que les crédits qui me sont actuellement ouverts ne me permettent pas de procéder, *quant à présent*, à toutes les créations reconnues nécessaires et que, par conséquent, il vous appartiendra d'établir un ordre d'urgence que je suivrai autant que possible.

Quelques-uns de vos collègues m'ont demandé, à cette occasion, s'ils seraient autorisés, le cas échéant, et en présence de la pénurie des ressources, à me signaler parmi les Écoles existantes celles dont la suppression leur paraîtrait présenter moins d'inconvénients que l'ajournement de créations demandées

1. Cette circulaire n'a pas été insérée au *Bulletin*. Elle prescrivait l'envoi par le retour du courrier de la liste nominative des *Ecoles* et des *Classes* construites ou appropriées et non encore ouvertes, la création de l'École ou de l'emploi n'ayant pu être prononcée.

avec instance par les populations. J'ai déjà répondu à cette question par le texte même des lois de 1850 et de 1867. Il appartient toujours au Conseil départemental, sur l'avis des Conseils municipaux, de fixer le nombre des Écoles publiques à établir dans chaque commune, sous réserve de l'approbation ministérielle. Si donc, après avis d'un Conseil municipal, le Conseil départemental propose la suppression d'une École régulièrement créée, mais non indispensable, s'il décide soit la fusion de deux classes, soit la fusion de deux Écoles, soit la réunion d'une commune à une autre pour l'entretien de l'École, vous pourrez me transmettre cette décision, que j'examinerai dans chaque espèce avec un égal souci des intérêts scolaires et des économies réalisables.

Il y aura lieu, en particulier, de rechercher si l'on ne pourrait pas, sans préjudice sensible pour l'instruction primaire, reviser quelques-unes des créations faites à la suite de la loi du 16 juin 1881 et par extension de cette loi. La question se pose, par exemple, dans deux cas qui m'ont été fréquemment signalés : 1° au sujet des Écoles de filles dans les communes de moins de 500 habitants; 2° au sujet des Écoles maternelles dans des localités peu importantes.

Sur ces deux points, je suis décidé à m'en tenir strictement, pour l'avenir, aux prescriptions légales.

1° Les Écoles de filles n'étant obligatoires que pour des populations de plus de 500 âmes, je vous renverrai comme ne pouvant avoir aucune suite cette année tous les dossiers afférents à des créations projetées d'Écoles de filles dans des communes qui n'atteignent pas ce chiffre de population.

2° Quant aux Écoles maternelles, la législation ne leur a en aucun cas donné un caractère obligatoire. Mais la loi actuellement en discussion au Parlement décide que, dans les communes de 2 000 habitants et au-dessus, les Écoles maternelles seront assimilées aux Écoles obligatoires. Pour discerner parmi les nombreuses demandes de création d'Écoles maternelles celles qu'il y aurait à examiner, je n'ai pu que me rapprocher des conditions que créera la loi en projet. Je retiens exclusivement parmi ces dossiers ceux qui concernent des Écoles maternelles dans des localités de plus de 2 000 habitants.

Il va de soi que cette mesure n'aura pas d'effet rétroactif. Toutes les Écoles actuellement existantes et dont le Conseil départemental ne demandera pas la suppression ou la transformation continueront à rester, jusqu'à nouvel ordre, à la charge de l'État. Mais aucune création nouvelle de cet ordre ne recevra mon approbation aussi longtemps que de nouveaux crédits n'auront, à cet effet, été mis à ma disposition. Pour prévenir une objection, je dois ajouter que je ne ferai même pas exception pour les communes auxquelles un secours de l'État a été alloué en vue de l'installation de ces Écoles facultatives. L'État, en effet, n'a contracté aucun engagement de ce fait; il a même considéré la dépense de construction votée par les municipalités comme un consentement implicite de leur part à supporter tout ou partie de la dépense qu'entraîneraient les traitements. Aussi aurez-vous soin de demander aux communes qui sollicitent la création de nouvelles Écoles facultatives si elles s'engagent à entretenir l'École de filles ou l'École maternelle non obligatoire pour elles. Si leur réponse était négative, vous m'adresseriez un rapport spécial sur chaque École de filles (population de moins de 500 habitants) et sur chaque École maternelle (population de moins de 2 000 habitants). Ce travail devra me parvenir le 25 août prochain au plus tard et me mettre à même de me prononcer en connaissance de cause sur le degré d'utilité de l'établissement.

Recevez, etc.

Signé : RENÉ GOBLET.

10 sept. 1886. — **Arrêté relatif à une nouvelle organisation de l'École Pape-Carpantier[1].**

10 Septembre 1886.

Le Ministre de l'Instruction publique, des Beaux-Arts et des Cultes

Arrête :

ARTICLE 1er. — L'École Pape-Carpantier sera désormais destinée à former des directrices d'Écoles primaires et maternelles annexées aux Écoles normales d'institutrices.

ART. 2. — L'École Pape-Carpantier est transférée à Versailles et placée sous l'autorité du Vice-Recteur de l'Académie de Paris.

ART. 3. — L'École Pape-Carpantier comprendra :

1° Des cours spéciaux;

2° Des exercices communs avec l'École normale d'institutrices de Versailles et avec l'École annexe.

Un règlement ultérieur déterminera les programmes des cours et les conditions dans lesquelles auront lieu les exercices.

ART. 4. — Les élèves-maîtresses de l'École Pape-Carpantier pourront recevoir, après examen, un certificat de sortie attestant les aptitudes dont elles auront fait preuve pour les Écoles annexes.

Un règlement ultérieur déterminera les programmes de l'examen.

---

16 octobre 1886. **Décret modifiant l'article 7 du Décret des 13-16 février 1883 concernant les Dépenses annuelles obligatoires de l'enseignement primaire en Algérie.**

16 Octobre 1886.

Le Président de la République française,

Sur le rapport du Ministre de l'Instruction publique, des Beaux-Arts et des Cultes, et du Ministre des Finances,

Décrète :

ARTICLE 1er. — L'article 7 du décret des 13-16 février 1883 est modifié comme suit :

1. Voir ci-dessus : le décret du 19 *décembre* 1878 (Tome IV, p. 834); — le décret du 27 *juillet* 1882, p. 450; — l'arrêté du 28 *juillet* 1882, p. 459.

L'École telle que l'avait organisée l'arrêté du 10 septembre 1886 fut supprimée par décret du 8 *janvier* 1891 : « Le nom de Pape-Carpantier sera donné à l'École maternelle annexée à l'École normale des institutrices du département de la Seine. »

« Il est pourvu aux dépenses annuelles obligatoires de l'enseignement primaire :

« 1° A l'aide des ressources communales;

« 2° A l'aide d'une subvention de l'État.

« Il est fait emploi de ces deux ressources dans les conditions ci-après déterminées :

« 1° En ce qui concerne les traitements obligatoires tels qu'ils sont fixés par le paragraphe 1er de l'article 4 du décret du 13 février 1883, la commune est tenue de contribuer jusqu'à concurrence d'une somme représentant le sixième de l'octroi de mer; le surplus est à la charge de l'État;

« 2° En ce qui concerne les autres dépenses obligatoires prévues dans les paragraphes 2, 3, 4 et 5 du même article 4, la dépense incombe exclusivement à la commune jusqu'à concurrence d'une somme égale au produit des quatre centimes spéciaux de l'instruction publique additionnels à la taxe sur la propriété bâtie. (Loi du 23 décembre 1884.) Le surplus est à la charge de l'État;

« 3° Sont exclusivement à la charge de l'État les dépenses résultant des articles 5 et 6 du décret du 13 février 1883. »

Art. 2. — Le Ministre de l'Instruction publique, des Beaux-Arts et des Cultes, le Ministre des Finances et le Gouverneur général de l'Algérie sont chargés, chacun en ce qui le concerne, de l'exécution du présent décret.

Loi relative à l'Organisation de l'Enseignement primaire[1]. 30 octobre 1886.

30 Octobre 1886.

Titre Ier. — Dispositions générales[2].

Chapitre Ier. — Des Établissements d'enseignement primaire.

Article 1er. — L'enseignement primaire est donné :

1° Dans les Écoles maternelles et les Classes enfantines;

1. Voir, pour les origines de la loi, le fascicule n° 50 des *Mémoires et Documents scolaires publiés par le Musée pédagogique*, ainsi que les fascicules nos 1, 10, 11, 18, contenant les documents parlementaires.

Voir également ci-dessus, p. 370 et 395, les propositions de lois de MM. Paul Bert (7 février 1882) et Jules Ferry (16 février 1882).

2. Consulter, dans les *Monographies pédagogiques* (Imp. Natle, 1889, t. I, p. 273

2° Dans les Écoles primaires élémentaires;

3° Dans les Écoles primaires supérieures et dans les classes d'enseignement primaire supérieur annexées aux Écoles élémentaires et dites « Cours complémentaires »;

4° Dans les Écoles manuelles d'apprentissage, telles que les définit la loi du 11 décembre 1880.

ART. 2. — Les établissements d'enseignement primaire de tout ordre peuvent être publics, c'est-à-dire fondés et entretenus par l'État, les départements ou les communes, ou privés, c'est-à-dire fondés et entretenus par des particuliers ou des associations[1].

ART. 3. — Des règlements spéciaux, délibérés en Conseil supérieur de l'Instruction publique, détermineront les règles d'après lesquelles seront réparties, entre les diverses sortes d'Écoles énumérées à l'article Ier, les matières de l'enseignement primaire[2], telles que les a fixées la loi du 28 mars 1882, ainsi que les conditions d'admission[3] et de sortie des élèves dans chacune de ces Écoles.

ART. 4. — Nul ne peut être directeur ou adjoint chargé de classe dans une École primaire publique ou privée[4], s'il n'est Français et

à 339) le *Tableau général de l'organisation de l'Enseignement primaire public et privé à ses divers degrés.*

1. Les communes ne peuvent se prévaloir de l'article 145 de la loi municipale du 5 avril 1884 pour subventionner les Écoles privées, même en cas de donation ou de legs (*Avis du Conseil d'Etat*, séance du 29 juillet 1888, *Bull. adm.*, 1888, t. XLIV, p. 129; *Circulaire du Ministre de l'Intérieur* aux Préfets, en date du 1er *octobre* 1888, *Rec. des L. et A.*, 1888, p. 978).

2. Les matières de l'enseignement sont réparties, entre les différentes sortes d'Écoles, d'après les règles fixées :

Pour les *Écoles maternelles* et les *Classes enfantines*, par l'article 4 du décret et les articles 1 et 2 de l'arrêté du 18 *janvier* 1887 (voir *à cette date*);

Pour les *Écoles primaires élémentaires*, par l'article 27 du décret et les articles 9 à 20 de l'arrêté du 18 *janvier* 1887;

Pour les *Écoles primaires supérieures*, par l'article 35 du décret et les articles 24 à 27 de l'arrêté du 18 *janvier* 1887;

Pour les *Écoles professionnelles et manuelles d'apprentissage*, par le décret du 28 *juillet* 1888 (voir *à sa date*);

Pour les *Écoles normales primaires*, par l'article 82 du décret et les articles 96 à 100 de l'arrêté du 18 *janvier* 1887.

3. Les conditions d'admission sont fixées :

Pour les *Écoles maternelles* et les *Classes enfantines*, par les articles 1 à 3 du décret et l'article 7 de l'arrêté du 18 *janvier* 1887 (voir *à cette date*);

Pour les *Écoles primaires élémentaires*, par l'article 28 du décret du 18 *janvier* 1887;

Pour les *Écoles primaires supérieures*, par l'article 38 du décret et l'article 30 de l'arrêté du 18 *janvier* 1887;

Pour les *Écoles professionnelles et manuelles d'apprentissage*, par les articles 2 à 4 du décret du 28 *juillet* 1888 (voir *à sa date*);

Pour les *Écoles normales primaires*, par les articles 70 à 74 du décret et les articles 86 à 95 de l'arrêté du 18 *janvier* 1887.

4. « N'est pas soumis à la nécessité du brevet le simple auxiliaire qui fait classe à

s'il ne remplit, en outre, les conditions de capacité fixées par la loi du 16 juin 1881 et les conditions d'âge établies par la présente loi[1].

Toutefois les étrangers remplissant les deux ordres de conditions précitées et admis à jouir des droits civils en France peuvent enseigner dans les Écoles privées, moyennant une autorisation donnée par le Ministre, après avis du Conseil départemental[2].

Les étrangers, munis seulement de titres de capacité étrangers, devront obtenir, au préalable, la déclaration d'équivalence de ces titres avec les brevets français.

Un règlement, délibéré en Conseil supérieur de l'Instruction publique, déterminera les conditions dans lesquelles cette équivalence pourra être prononcée.

Dans le cas particulier d'Écoles exclusivement destinées à des enfants étrangers résidant en France, des dispenses de brevets de capacité pourront être accordées par le Ministre de l'Instruction publique, après avis du Conseil supérieur, aux étrangers admis à jouir des droits civils en France, qui demanderaient à les diriger ou à y enseigner.

ART. 5. — Sont incapables de tenir une École publique ou privée ou d'y être employés ceux qui ont subi une condamnation judiciaire pour crime ou pour délit contraire à la probité ou aux mœurs, ceux qui ont été privés par jugement de tout ou partie des droits mentionnés en l'article 42 du Code pénal[3], et ceux qui ont été frappés

côté du maître ou sous sa surveillance. » (*Jugement du tribunal de Privas*, confirmé, le 29 avril 1887, par la Cour d'appel de Nîmes, *Rec. des L. et A.*, 1887, p. 390). Cf. *Arrêt de la Cour de cassation* du 13 janvier 1888 (*Rec. des L. et A.*, 1888, p. 76).

1. « Le règlement d'administration publique du 4 juillet 1890 a déterminé dans quelles conditions les emplois réservés aux anciens sous-officiers par la loi du 18 mars 1889 peuvent leur être attribués. En ce qui concerne l'enseignement primaire, le tableau B annexé audit décret, et qui reproduit le tableau B de la loi, indique que des emplois d'instituteurs titulaires ou stagiaires doivent être concédés, dans la proportion d'un quart, à ceux d'entre eux, âgés de moins de quarante ans, qui sont pourvus, soit de leur brevet supérieur, soit du brevet élémentaire et du certificat d'aptitude pédagogique, selon qu'ils sollicitent l'une ou l'autre de ces fonctions. » *Circulaire du 3 février* 1894 (*Bull. adm.*, 1894, t. LV, p. 135).

Consulter la note en renvoi à l'article 40.

2. « Cette autorisation d'enseigner a un caractère spécial et limitatif; elle peut n'être accordée qu'en vue d'une fonction déterminée à remplir dans un établissement nommément désigné. — Les étrangers admis à jouir des droits civils en France, et remplissant les autres conditions imposées par l'article 4 de la loi du 30 octobre 1886, peuvent être autorisés à diriger des établissements d'enseignement primaire privés qui ne sont pas exclusivement destinés à recevoir des enfants étrangers. » (*Avis du Conseil d'État*, séance du 30 octobre 1888, *Bull. adm.*, 1888, t. XLIV, p. 668, et *circulaire du* 13 *novembre* 1888 aux Préfets, *Circ.*, t. X, p. 370).

3. Voici le texte de cet article :

« Les tribunaux jugeant correctionnellement pourront, dans certains cas, interdire, en tout ou en partie, l'exercice des droits civiques, civils et de famille suivants : 1° de

d'interdiction absolue, en vertu des articles 32 et 41 de la présente loi.

ART. 6. — L'enseignement est donné par des instituteurs dans les Écoles de garçons, par des institutrices dans les Écoles de filles, dans les Écoles maternelles, dans les Écoles ou Classes enfantines et dans les Écoles mixtes[1].

Dans les Écoles de garçons, des femmes peuvent être admises à enseigner à titre d'adjointes, sous la condition d'être épouse, sœur ou parente en ligne directe du directeur de l'École.

Toutefois le Conseil départemental peut, à titre provisoire, et par une décision toujours révocable : 1° permettre à un instituteur de diriger une École mixte, à la condition qu'il lui soit adjoint une maîtresse de travaux de couture[2]; 2° autoriser des dérogations aux restrictions du second paragraphe du présent article.

ART. 7. — Nul ne peut enseigner dans une École primaire de quelque degré que ce soit avant l'âge de dix-huit ans[3] pour les instituteurs et dix-sept ans pour les institutrices.

Nul ne peut diriger une École avant l'âge de vingt et un ans.

Nul ne peut diriger une École primaire supérieure ou une École recevant des internes avant l'âge de vingt-cinq ans révolus.

ART. 8. — Il peut être créé des classes primaires pour adultes ou pour apprentis ayant satisfait aux obligations des lois des 19 mai 1874 et 28 mars 1882.

Il ne peut être reçu dans ces classes d'élèves des deux sexes.

Un règlement ministériel déterminera les conditions d'établisse-

---

vote et d'élection; 2° d'éligibilité; 3° d'être appelé ou nommé aux fonctions de juré ou autres fonctions publiques, ou aux emplois de l'Administration, ou d'exercer ces fonctions ou emplois; 4° du port d'armes; 5° de vote et de suffrage dans les délibérations de famille; 6° d'être tuteur, curateur, si ce n'est de ses enfants, et sur l'avis seulement de la famille; 7° d'être expert ou employé comme témoin dans les actes; 8° de témoignage en justice autrement que pour y faire de simples déclarations. »

1. Voir la circulaire du 29 *mars* 1893, aux Préfets, relative à la direction des Écoles mixtes (*Circ.*, t. XI, p. 663).

2. « Tant que les dispositions de l'article 6 de la loi du 30 octobre 1886 ne pourront pas recevoir leur complète application, le Ministre de l'Instruction publique est autorisé, dans les limites fixées par le décret du 2 août 1890 (voir *à sa date*) et jusqu'à concurrence d'un crédit spécial, à accorder des subventions aux communes pour le payement de l'indemnité due aux maîtresses de couture dans les Écoles mixtes provisoirement dirigées par des instituteurs. » (*Loi de finances du* 16 *avril* 1895, *art.* 50.) Voir, pour l'exécution de cet article, les circulaires aux Préfets en date des 30 *mai* 1895 (*Bull. adm.*, 1895, t. LVII, p. 578), 18 *mai* 1896 (*Bull. adm.*, 1896, t. LIX, p. 574), 28 *juillet* 1897 (*Bull. adm.*, 1897, t. LXII, p. 325), 8 *juillet* 1898 (*Bull. adm.*, 1898, t. LXIV, p. 299).

3. « Il ne suffit pas que l'instituteur adjoint soit entré dans sa dix-huitième année; il faut qu'il ait dix-huit ans accomplis. » (*Arrêt de la Cour d'appel de Nîmes*, 17 mai 1888, *Rec. des L. et A.*, 1888, p. 338.)

ment de ces classes et les conditions auxquelles ces cours publics et gratuits d'adultes ou d'apprentis pourront recevoir une subvention de l'État.

L'ouverture d'un cours privé pour les adultes[1] et pour les apprentis ci-dessus désignés est soumise aux conditions exigées pour l'ouverture d'une École privée, sauf dispense de tout ou partie de ces conditions par le Conseil départemental.

CHAPITRE II. — DE L'INSPECTION[2].

ART. 9. — L'inspection des établissements d'instruction primaire publics ou privés est exercée :

1° Par les Inspecteurs généraux de l'instruction publique;

2° Par les Recteurs et les Inspecteurs d'Académie;

3° Par les Inspecteurs de l'enseignement primaire[3];

4° Par les membres du Conseil départemental désignés à cet effet, conformément à l'article 50.

1. « En ce qui concerne le local, il est possible pour un cours d'adultes de se montrer moins rigoureux que pour une École proprement dite. » (*Arrêt du Conseil supérieur de l'Instruction publique*, affaire *Drouin*, 21 juillet 1888, *Bull. adm.*, 1888, t. XLIV, p. 99.)

2. « Monsieur le Recteur, des conflits de préséance s'étant élevés à plusieurs reprises en ces derniers temps, je crois nécessaire de vous rappeler les dispositions du décret du 15 novembre 1811 qui règlent le rang des fonctionnaires de l'Université dans les cérémonies publiques :

« ART. 165. Le corps de l'Académie, composé du Recteur, des Inspecteurs, du Con-« seil académique et des Facultés, prendra rang immédiatement après le Conseil mu-« nicipal.

« ART. 166. Lorsqu'une Faculté résidera dans un chef-lieu de département qui ne « sera pas chef-lieu d'Académie, elle prendra le même rang. Le Doyen se mettra à la « tête de la Faculté.

« ART. 167. Les proviseurs des Lycées assisteront aux cérémonies publiques et « marcheront avec l'Académie ou la Faculté, au rang de leur grade dans la Faculté. »

« D'après ces dispositions, qui concordent avec celles du décret du 24 messidor An XII, les fonctionnaires de l'Université n'ont aucun rang de préséance dans les villes où il n'existe ni Académie ni Faculté, et, dans les villes qui en sont pourvues, les fonctionnaires expressément désignés par le décret ont seuls une place marquée dans les cortèges et les cérémonies officielles.

« D'autre part, nulle fraction du corps académique, hors les Facultés, dans le cas spécifié par l'article 166, ne saurait, comme on l'avait pensé à une certaine époque, avoir qualité pour le représenter. En effet, les honneurs sont personnels et ne se délèguent point. Toute instruction contenant une appréciation contraire doit donc être considérée comme non avenue. Les corps auxquels aucun rang n'a été assigné par les décrets précités ne sont point, d'ailleurs, tenus d'assister aux cérémonies publiques. » *Circulaire du* 10 *janvier* 1880 *aux Recteurs.*

3. Consulter, *à sa date*, la circulaire du 28 *mars* 1894, aux Recteurs, relative à l'admission à la retraite des Inspecteurs primaires âgés de 60 ans au moins.

Voir les circulaires du 19 *novembre* 1892 (*Circ.*, t. XI, p. 612), du 12 *juin* 1894 (*Bull. adm.*, t. LV, p. 521) et du 13 *janvier* 1895 (*Bull. adm.*, t. LVII, p. 20), relatives à l'emploi d'un bulletin d'inspection.

Toutefois les Écoles privées ne pourront être inspectées par les instituteurs et institutrices publics qui font partie du Conseil départemental[1];

5° Par le Maire et les Délégués cantonaux[2];

6° Dans les Écoles maternelles, concurremment avec les autorités précitées, par les Inspectrices générales et les Inspectrices départementales des Écoles maternelles;

7° Au point de vue médical, par les Médecins inspecteurs communaux ou départementaux[3].

L'inspection des Écoles publiques s'exerce conformément aux règlements délibérés par le Conseil supérieur.

Celle des Écoles privées porte sur la moralité, l'hygiène, la salubrité et sur l'exécution des obligations imposées à ces Écoles par la loi du 28 mars 1882. Elle ne peut porter sur l'enseignement que pour vérifier s'il n'est pas contraire à la morale, à la Constitution et aux lois.

Toutes les classes de jeunes filles, dans les internats comme dans les externats primaires publics et privés, tenues soit par des institutrices laïques, soit par des associations religieuses cloîtrées ou non cloîtrées, sont soumises, quant à l'inspection et à la surveillance de l'enseignement, aux autorités instituées par la loi.

Dans tous les internats de jeunes filles tenus par des institutrices laïques ou par des associations religieuses cloîtrées ou non cloîtrées, l'inspection des locaux affectés aux pensionnaires et du régime intérieur du pensionnat est confiée à des dames déléguées par le Ministre de l'Instruction publique.

1. Voir la circulaire du 12 *janvier* 1888, aux Recteurs, relative à l'inspection des internats de jeunes filles (*Circ.*, t. X, p. 232). « Il ne s'agit pas de visites régulières donnant lieu à des fonctions permanentes, mais seulement de missions spéciales que pourraient occasionner des cas déterminés, d'enquêtes motivées par des faits isolés, par des réclamations qui viendraient à se produire ou par toute autre circonstance particulière. »

2. Par une circulaire du 2 *mai* 1886, aux Préfets (*Circ.*, t. IX, p. 711), les pouvoirs des anciens délégués cantonaux avaient été prolongés jusqu'à la promulgation de la présente loi.

Voir, *à sa date*, la circulaire du 25 *mars* 1887, relative à l'organisation des délégations cantonales et aux attributions des délégués cantonaux; — et (*Bull. adm.*, t. LVIII, p. 21) la circulaire du 10 *juillet* 1895, aux membres des délégations cantonales, sur les services qu'ils peuvent rendre pour l'instruction des enfants et des adultes.

La circulaire du 5 *décembre* 1887, aux Préfets (*Circ.*, t. X, p. 221), reconnaît qu'il y a intérêt à représenter l'élément agricole dans les délégations cantonales.

3. Voir, p. 353, l'arrêté du 24 *janvier* 1882, instituant une Commission de l'hygiène des Écoles, et, ci-après, *à leur date*, l'arrêté du 18 *août* 1893 et le règlement modèle, relatifs aux prescriptions hygiéniques à prendre dans les Écoles primaires pour prévenir et combattre les épidémies.

ART. 10. — Nul ne peut être nommé Inspecteur primaire[1], s'il n'est pourvu du certificat d'aptitude à l'inspection, obtenu dans les conditions déterminées par des règlements délibérés en Conseil supérieur.

Des arrêtés ministériels détermineront le nombre et l'étendue des circonscriptions d'inspection primaire dans chaque département, ainsi que les attributions, le classement, les frais de tournées et l'avancement des Inspecteurs primaires.

TITRE II. — De l'Enseignement public.

CHAPITRE Ier. — DE L'ÉTABLISSEMENT DES ÉCOLES PUBLIQUES[2].

ART. 11. — Toute commune doit être pourvue au moins d'une École primaire publique[3]. Toutefois le Conseil départemental peut, sous

1. Consulter la circulaire du 8 *novembre* 1886, aux Recteurs, relative aux circonscriptions d'inspection primaire (*Circ.*, t. X, p. 5).

2. Consulter les circulaires suivantes :

Du 16 *mai* 1887, aux Préfets, relative à la détermination, par les Conseils départementaux, des Écoles primaires publiques de tout degré à créer ou à maintenir (*Circ.*, t. X, p. 133);

— 27 *mai* 1888, aux Préfets, relative au classement général des Écoles primaires publiques (*Ibid.*, p. 276);

— 4 *juin* 1888, aux Préfets, relative aux dossiers concernant les demandes de création d'Écoles sur lesquelles il ne peut être statué immédiatement (*Ibid.*, p. 288);

— 14 *février* 1889, aux Préfets, relative à la répartition d'un crédit pour création d'Écoles et d'emplois en 1889 (*Ibid.*, p. 401);

— 13 *mars* 1890, aux Préfets, relative au classement par ordre d'urgence des demandes de création d'Écoles et d'emplois dans la limite des crédits rendus disponibles par des suppressions (*Circ.*, t. XI, p. 116);

— 6 *août* 1891, aux Préfets, transmettant un avis du Conseil d'État du 2 juillet 1891, relatif aux obligations imposées aux communes en ce qui touche l'installation des Écoles publiques (*Ibid.*, p. 480, et *Bull. adm.*, 1891, t. L, p. 208);

— 28 *décembre* 1891, aux Préfets, relative à la création d'Écoles et de classes primaires en 1892 (*Circ.*, t. XI, p. 516);

— 14 *juin* 1892, aux Préfets, relative aux créations d'Écoles primaires (*Ibid.*, p. 589);

— 18 *juillet* 1893, aux Préfets, relative aux créations d'emplois d'instituteurs et d'institutrices primaires (*Ibid.*, p. 693);

— 19 *octobre* 1893, aux Préfets, relative à la création d'Écoles et de classes primaires en 1894 (*Ibid.*, p. 726);

— 30 *juillet* 1894, aux Préfets, relative au classement général des Écoles (*Bull. adm.*, t. LVI, p. 254);

— 26 *décembre* 1894, aux Préfets, relative aux créations d'Écoles en 1895 (*Ibid.*, p. 826);

— 13 *décembre* 1895, aux Préfets, relative aux créations d'Écoles en 1896 (*Bull. adm.*, t. LVIII, p. 918);

— 13 *avril* 1897, aux Préfets, relative aux créations d'Écoles en 1897 (*Bull. adm.*, t. LXI, p. 543);

— 26 *mars* 1898, aux Préfets, relative aux créations d'Écoles et d'emplois en 1898 (*Bull. adm.*, t. LXIV, p. 432).

3. Voir ci-après l'article 3 du décret du 27 *mai* 1888.

Dans sa séance du 27 *juin* 1888, le Conseil d'État a émis l'avis « qu'il n'appartient

réserve de l'approbation du Ministre, autoriser une commune à se réunir à une ou plusieurs communes voisines, pour l'établissement et l'entretien d'une École.

Un ou plusieurs hameaux dépendant d'une commune peuvent être rattachés à l'École d'une commune voisine.

Cette mesure est prise par délibération des Conseils municipaux des communes intéressées. En cas de divergence, elle peut être prescrite par décision du Conseil départemental.

Lorsque la commune ou la réunion de communes compte 500 habitants et au-dessus[1], elle doit avoir au moins une École spéciale pour les filles[2], à moins d'être autorisée par le Conseil départemental à remplacer cette École spéciale par une École mixte[3].

ART. 12. — La circonscription des Écoles de hameau créées par application de l'article 8 de la loi du 20 mars 1883 pourra s'étendre sur plusieurs communes.

Dans le cas du présent article comme dans le cas de l'article précédent, les communes intéressées contribuent aux frais de construction et d'entretien de ces Écoles dans les proportions déterminées par les Conseils municipaux, et, en cas de désaccord, par le Préfet après avis du Conseil départemental.

ART. 13[4]. — Le Conseil départemental de l'Instruction publique, après avoir pris l'avis des Conseils municipaux[5], détermine[6], sous

pas au Conseil départemental de rendre temporaire l'École mixte unique établie dans une commune, en exécution de la règle posée par l'article 11, § 1er, de la loi du 30 octobre 1886 » (*Circ.*, t. X, p. 357).

1. Voir la circulaire du 8 *décembre* 1891, aux Préfets, relative à la classification des Écoles obligatoires et des Écoles facultatives d'après les résultats du dénombrement de 1891 (*Circ.*, t. XI, p. 506), et la circulaire du 30 *avril* 1897, aux Préfets, relative aux conséquences qui résultent, pour les Écoles obligatoires et les Écoles facultatives, de la variation de la population des communes établie par le dénombrement de 1896 (*Bull. adm.*, t. LXI, p. 641).

2. Voir, *à sa date*, la circulaire du 8 *décembre* 1886, aux Préfets, relative aux dépenses ordinaires des Écoles spéciales de filles, des Écoles maternelles et des Classes enfantines.

3. « Le Conseil départemental a qualité pour prononcer, malgré l'avis contraire du Conseil municipal et sous réserve de l'approbation du Ministre, la suppression de l'École de filles du chef-lieu d'une commune qui compte 500 habitants et au-dessus, lorsque, par suite de l'établissement dans ladite commune d'une ou plusieurs Écoles de hameau créées dans les conditions de la loi du 20 mars 1883, la circonscription scolaire du chef-lieu a été réduite de telle sorte qu'une École mixte peut y suffire. » (*Avis du Conseil d'État*, séance du 27 juin 1888, transmise par circulaire du 4 *octobre* 1888 aux Préfets; *Circ.*, t. X, p. 356.)

4. Voir, pour l'application des articles 11, 13 et 15, l'avis du Conseil d'État, séance du 31 mai 1894 (*Bull. adm.*, 1894, t. LV, p. 564).

5. Voir l'arrêt du Conseil d'État en date du 27 *juin* 1888 (*Circ.*, t. X, p. 357).

6. Consulter la circulaire du 16 *mai* 1887, aux Préfets, relative à la détermination par les Conseils départementaux des Écoles primaires publiques de tout degré à créer ou à maintenir (*Circ.*, t. X, p. 133).

réserve de l'approbation du Ministre[1], le nombre, la nature et le siège[2] des Écoles primaires publiques de tout degré qu'il y a lieu d'établir ou de maintenir dans chaque commune, ainsi que le nombre des maîtres qui y sont attachés[3].

Le Conseil départemental pourra, après avis conforme du Conseil municipal[4], autoriser un instituteur ou une institutrice à recevoir des élèves internes[5] en nombre déterminé et dans des conditions déterminées.

ART. 14. — L'établissement des Écoles primaires élémentaires publiques créées par application des articles 11, 12 et 13 de la présente loi est une dépense obligatoire pour les communes[6].

Sont également des dépenses obligatoires, dans toute École régulièrement créée :

Le logement de chacun des membres du personnel enseignant attaché à ces Écoles;

L'entretien ou la location des bâtiments[7] et de leurs dépendances;

L'acquisition et l'entretien du mobilier scolaire;

Le chauffage et l'éclairage des classes et la rémunération des gens de service, s'il y a lieu[8].

ART. 15. — L'article 7 de la loi du 16 juin 1881 est modifié comme il suit :

Sont mises au nombre des Écoles primaires publiques, donnant

1. « Cette approbation est un acte d'administration qui n'est pas susceptible d'être déféré au Conseil d'État pour excès de pouvoirs. » (*Conseil d'État*, 17 mars 1876.)

2. Voir la circulaire du 30 *juillet* 1889, aux Recteurs, relative à l'interprétation à donner, pour la détermination des compétences, à l'expression *siège des Écoles* et à la communication d'un avis du Conseil d'État, en date du 2 juillet 1889, sur cette question (*Circ.*, t. XI, p. 11, et *Bull. adm.*, 1889, t. XLVI, p. 143).

3. Pour la création des Écoles primaires annexées aux établissements de bienfaisance, voir, *à sa date*, le décret du 4 *novembre* 1894.

4. « Appelé simplement à donner un avis sur l'autorisation d'annexer un pensionnat à l'École primaire publique, le Conseil municipal n'a pas qualité pour attaquer la décision du Conseil départemental. » (*Arrêt du Conseil supérieur de l'Instruction publique*, affaire *Philippe*, 24 décembre 1885; *Bull. adm.*, 1885, t. XXXVIII, p. 1267.)

« Est irrecevable l'appel formé par un Conseil municipal contre la décision du Conseil départemental refusant à un instituteur public l'autorisation d'annexer un pensionnat à son École. » (*Même arrêt.*)

5. Voir, *à sa date*, le décret du 16 *janvier* 1894, relatif aux pensionnats primaires installés dans les Écoles primaires publiques.

6. Consulter, *à leur date*, les lois des 19 *juillet* 1889 et 25 *juillet* 1893, les décrets des 7 *avril* 1887 et 18 *janvier* 1894, ainsi que les documents qui y sont visés en note.

7. « Une commune ne peut déférer directement au Conseil d'État un arrêté préfectoral la mettant en demeure de passer un bail de locaux scolaires et approuvant ledit bail passé d'office; l'autorité judiciaire est seule compétente en ce cas. » (*Arrêt du Conseil d'État*, affaire *commune des Fins* (*Doubs*), 26 décembre 1885.)

8. Cf. article 4 de la loi du 19 *juillet* 1889 (*à sa date*).

lieu à une dépense obligatoire pour la commune, à la condition qu'elles soient créées conformément aux prescriptions de l'article 13 de la présente loi[1] :

1° Les Écoles publiques de filles déjà établies dans les communes de plus de 400 âmes[2];

2° Les Écoles maternelles publiques qui sont ou seront établies dans les communes de plus de 2 000 âmes et ayant au moins 1200 âmes de population agglomérée[3];

3° Les Classes enfantines publiques, comprenant des enfants des deux sexes et confiées à des institutrices[4].

CHAPITRE II. — DU PERSONNEL ENSEIGNANT. — CONDITIONS REQUISES.

ART. 16. — L'enseignement dans les Écoles publiques est donné conformément aux prescriptions de la loi du 28 mars 1882, et d'après un plan d'études délibéré en Conseil supérieur.

Pour chaque département, le Conseil départemental arrêtera l'organisation pédagogique des diverses catégories d'établissements par des règlements spéciaux conformes au plan d'études ci-dessus.

1. Voir, *à leur date*, la circulaire du 30 *décembre* 1887, aux Préfets, relative aux Écoles de filles dans les communes de moins de 400 habitants et à leur transformation éventuelle en classes enfantines, et la circulaire du 8 *février* 1888, aux Préfets, relative aux Écoles primaires facultatives.

Consulter aussi la circulaire du 16 *novembre* 1887, relative aux mesures transitoires que comporte l'application de l'article 15 (*Circ.*, t. X, p. 216), et la circulaire du 22 *janvier* 1888, aux Préfets, relative aux classes enfantines (*Ibid.*, p. 233).

2. « Les Écoles de filles établies dans les communes de 400 à 500 habitants antérieurement à la loi du 30 octobre, ne peuvent être maintenues contre la volonté des Conseils municipaux. La commune qui ne pourrait être tenue d'établir une École spéciale de filles, si elle n'existait pas, ne saurait être contrainte de la maintenir, alors que le Conseil municipal en demande la suppression. » (*Avis du Conseil d'État*, 23 novembre 1887.)

« Le Ministre de l'Instruction publique peut, sur la demande du Conseil municipal et l'avis conforme du Conseil départemental, approuver la création d'une École de filles dans une commune de moins de 400 habitants, et d'une Ecole maternelle dans une commune de moins de 2 000 âmes ou de moins de 1 200 âmes de population agglomérée, à la condition que le Conseil municipal ait assuré le fonctionnement de ces Écoles sur les seules ressources du budget communal pendant l'année scolaire au moins. » (*Avis du Conseil d'Etat*, 5 juin 1888.)

3. Consulter, *à leur date*, les circulaires des 20 *mars* et 17 *septembre* 1887.

4. Voir, *à sa date*, le décret du 27 *mai* 1888. Consulter aussi la circulaire du 30 *juillet* 1894, aux Préfets, concernant le classement général des Écoles (*Bull. adm.*, 1894, t. LVI, p. 254).

« La délibération par laquelle le Conseil départemental de l'Instruction publique décide la création d'une classe enfantine ne peut être déférée au Conseil d'État pour excès de pouvoirs tant qu'elle n'a pas été approuvée par le Ministre; elle ne constitue jusque-là qu'une simple mesure d'instruction. » (*Arrêt du Conseil d'État*, affaire *commune de Caudecoste* (*Lot-et-Garonne*), 20 janvier 1888.)

Art. 17. — Dans les Écoles publiques de tout ordre, l'enseignement est exclusivement confié à un personnel laïque[1].

Art. 18. — Aucune nomination nouvelle, soit d'instituteur, soit d'institutrice congréganiste[2], ne sera faite dans les départements où fonctionnera depuis quatre ans une École normale, soit d'instituteurs, soit d'institutrices[3], en conformité avec l'article 1er de la loi du 9 août 1879.

Pour les Écoles de garçons, la substitution du personnel laïque au personnel congréganiste devra être complète dans le laps de cinq ans après la promulgation de la présente loi[4].

Art. 19. — Toute action à raison des donations et legs faits aux communes antérieurement à la présente loi, à la charge d'établir des Écoles ou Salles d'asile dirigées par les congréganistes ou ayant un caractère confessionnel, sera déclarée non recevable, si elle n'est pas intentée dans les deux ans qui suivront le jour où l'arrêté de laïcisation ou de suppression de l'École aura été inséré au *Journal officiel*[5].

Art. 20[6]. — Nul ne peut être nommé dans une École publique à une fonction quelconque d'enseignement s'il n'est muni du titre de capacité correspondant à cette fonction, et tel qu'il est prévu soit par la loi, soit par les règlements universitaires.

Art. 21. — Des décrets et arrêtés rendus en Conseil supérieur détermineront les conditions d'obtention du brevet élémentaire[7] et

1. Consulter la circulaire du 10 *janvier* 1889, aux Préfets, prescrivant le relevé total et par commune des laïcisations scolaires et de leurs résultats (*Circ.*, t. X, p. 375).

Voir, p. 10, la lettre du Ministre de l'Instruction publique au Préfet de la Seine, en date du 27 *février* 1879, relative à un vote du Conseil municipal de Paris sur la nomination d'instituteurs et d'institutrices laïques dans toutes les Écoles, ainsi que les documents y annexés.

Consulter également le rapport présenté par la Commission de statistique sur les résultats des laïcisations scolaires (Imp. Natle, 1891, 1 vol. in-8° de 181 pages).

2. Consulter la circulaire du 11 *novembre* 1886, aux Préfets, relative à la nomination d'instituteurs ou d'adjoints dans les Écoles publiques qui peuvent encore aujourd'hui conserver un personnel congréganiste (*Circ.*, t. X, p. 7).

3. Consulter, *à sa date,* l'arrêté du 1er *décembre* 1886, portant la liste des départements où les Écoles normales primaires fonctionnent depuis quatre ans.

4. Voir les circulaires du 3 *décembre* 1886, aux Préfets (*à sa date*) et du 28 *avril* 1891, aux Préfets (*Circ.*, t. XI, p. 441), relatives à la substitution du personnel laïque au personnel congréganiste de l'enseignement primaire public.

Le décret du 8 *novembre* 1887 a rendu l'article 18 applicable à l'Algérie.

5. Consulter la circulaire du 20 *décembre* 1890, aux Préfets, relative à l'emploi des dons et legs faits aux communes pour le service de l'enseignement primaire (*Circ.*, t. XI, p. 322), et, *à sa date,* le décret du 1er *février* 1896, relatif à la procédure à suivre en matière de legs concernant les établissements publics.

6. Consulter le fascicule n° 48, *Titres et Brevets de capacité*, dans les *Mémoires et Documents scolaires publiés par le Musée pédagogique.*

7. Voir, *à leur date*, la loi de finances du 26 *février* 1887 et le décret du 12 *mars*

des divers titres de capacité exigibles dans les Écoles publiques des différents degrés, savoir :

Le brevet supérieur;

Le certificat d'aptitude pédagogique;

Le certificat d'aptitude au professorat des Écoles normales et des Écoles primaires supérieures;

Les diplômes spéciaux pour les enseignements accessoires : dessin, chant, gymnastique, travaux manuels, langues vivantes, etc.;

Ainsi que le mode de nomination et de fonctionnement des Commissions chargées d'examiner les candidats à ces divers brevets.

ART. 22. — Les instituteurs et institutrices sont divisés en stagiaires et titulaires[1].

ART. 23[2]. — Nul ne peut être nommé instituteur titulaire s'il n'a fait un stage de deux ans au moins dans une École publique ou privée[3], s'il n'est pourvu du certificat d'aptitude pédagogique, et s'il n'a été porté sur la liste d'admissibilité aux fonctions d'instituteur dressée par le Conseil départemental, conformément à l'article 27.

Le temps passé à l'École normale compte, pour l'accomplissement du stage, aux élèves-maîtres à partir de dix-huit ans, aux élèves-maîtresses à partir de dix-sept.

Des dispenses de stage peuvent être accordées par le Ministre, sur l'avis du Conseil départemental.

Les titulaires chargés de la direction d'une École contenant plus

1887, relatifs à la perception d'un droit d'examen pour le brevet élémentaire et le brevet supérieur; — et la circulaire du directeur général de la comptabilité publique, aux trésoriers généraux et aux receveurs de finances, en date du 10 *mai* 1887, relative à la perception des droits sur les examens des brevets (*Rec. des L. et A.*, 1887, p. 427).

« Les élèves sortant des Écoles normales et non encore placés sont exemptés du droit d'examen du brevet supérieur. » (*Avis, Bull. adm.*, 1889, t. XLVI, p. 473, et 1890, t. XLVII, p. 573.)

1. Consulter la circulaire du 8 *novembre* 1886, aux Préfets, relative à l'application des articles 22, 23 et 27 (*Circ.*, t. X, p. 3), et la circulaire du 29 *novembre* 1886, aux Inspecteurs d'Académie, relative au nouveau classement du personnel de l'enseignement primaire public (*Ibid.*, p. 22).

2. Voir la lettre du Ministre de l'Instruction publique au Préfet de la Seine, en date du 22 *décembre* 1886, relative à la situation faite aux instituteurs du département de la Seine par les nouvelles dispositions de la loi (*Circ.*, t. X, p. 49).

3. « Le stage de deux ans imposé n'est qu'un minimum; l'Administration reste juge du moment où il convient de conférer aux stagiaires le titulariat. » (Voir *Avis du Conseil d'Etat*, 19 juin 1888, *Bull. adm.*, 1888, t. XLIV, p. 45.)

Consulter la circulaire du 1er *août* 1888, aux Recteurs (*à sa date*), l'avis publié au *Bull. adm.*, 1891, t. XLIX, p. 447, la circulaire du 27 *avril* 1892, aux Recteurs, relative à la délégation des instituteurs et institutrices stagiaires (*Circ.*, t. XI, p. 578), la circulaire du 14 *décembre* 1892, aux Préfets, relative aux emplois d'instituteurs et d'institutrices stagiaires (*Circ.*, t. XI, p. 616).

de deux classes prennent le nom de directeur ou directrice d'École primaire élémentaire.

ART. 24. — Les instituteurs et institutrices sont secondés, dans les Écoles à plusieurs classes, par des adjoints en nombre déterminé par le Conseil départemental.

Ces adjoints sont ou des stagiaires ou des titulaires.

Les instituteurs adjoints dans les Écoles primaires supérieures devront avoir vingt et un ans et être munis du brevet supérieur. Ils prennent le titre de professeur s'ils sont pourvus du certificat d'aptitude au professorat des Écoles normales.

ART. 25. — Sont interdites aux instituteurs et institutrices publics de tout ordre les professions commerciales et industrielles et les fonctions administratives[1].

Sont également interdits les emplois rémunérés ou gratuits dans les services des cultes.

Toutefois cette dernière interdiction n'aura d'effet qu'après la promulgation de la loi relative aux traitements des instituteurs.

Les instituteurs communaux pourront exercer les fonctions de secrétaire de mairie avec l'autorisation du Conseil départemental.

CHAPITRE III. — NOMINATION DU PERSONNEL ENSEIGNANT. — PEINES DISCIPLINAIRES. — RÉCOMPENSES.

ART. 26. — Les instituteurs et institutrices stagiaires enseignent en vertu d'une délégation de l'Inspecteur d'Académie[2].

Cette délégation peut être retirée par l'Inspecteur d'Académie sur l'avis motivé de l'Inspecteur primaire.

Les stagiaires sont passibles des mêmes peines disciplinaires que les titulaires, sauf la révocation.

Ces peines leur sont applicables sous les conditions et garanties prévues par la présente loi.

ART. 27. — Le Conseil départemental, après avoir pris connaissance des demandes de tous les candidats qui se sont inscrits à l'inspection académique, dresse chaque année et complète, s'il y a lieu, au cours de l'année, une liste des instituteurs et des institutrices

1. Cf. la circulaire du 2 *février* 1885, aux Préfets, relative à la permission accordée aux instituteurs de se livrer à des travaux d'arpentage (*Circ.*, t. IX, p. 454).

Voir aussi, *à sa date*, la circulaire du 2 *mars* 1887, aux Préfets, relative à la vente de livres et de fournitures de classe par les instituteurs.

2. Voir, *à sa date*, la circulaire du 1er *août* 1888, aux Recteurs, indiquant l'ordre à suivre par les Inspecteurs d'Académie dans la nomination des stagiaires.

Consulter aussi, p. 101, la circulaire du 20 *décembre* 1879, aux Préfets, et la note en renvoi.

admissibles aux fonctions de titulaire, soit pour être chargés d'une École, soit pour être chargés d'une classe en qualité d'adjoint.

La nomination des instituteurs titulaires[1] est faite par le Préfet, sous l'autorité du Ministre de l'Instruction publique, et sur la proposition de l'Inspecteur d'Académie[2].

ART. 28[3]. — Les directeurs, directrices et professeurs d'Écoles primaires supérieures sont nommés par le Ministre de l'Instruction publique; ils doivent être munis du certificat d'aptitude au professorat des Écoles normales[4].

Les instituteurs adjoints munis du brevet supérieur et les maîtres auxiliaires pour les enseignements accessoires sont nommés ou délégués dans ces établissements par le Préfet, sur la proposition de l'Inspecteur d'Académie.

Les directeurs et directrices d'Écoles manuelles d'apprentissage sont nommés par le Ministre de l'Instruction publique dans les conditions prévues par la loi du 11 décembre 1880[5]. Le mode de nomination, l'organisation de la surveillance, les garanties de capacité requises du personnel, ainsi que toutes les questions d'exécution intéressant concurremment le Ministère de l'Instruction publique et le Ministère du Commerce et de l'Industrie seront déterminés par un règlement d'administration publique[6].

1. Voir, *à sa date*, le projet de loi de M. Charles DUPUY, 5 *novembre* 1886.

2. Consulter, *à sa date*, la circulaire du 1er *août* 1888, aux Recteurs. Pour les nominations à faire, une complète liberté d'appréciation est laissée à l'Inspecteur d'Académie, sous la seule condition de ne prendre les titulaires que sur la liste d'admissibilité.

3. Voir la circulaire du 30 *novembre* 1886, aux Préfets, relative à l'application de cet article (*Circ.*, t. X, p. 25).

4. Consulter :

Le *décret* du 27 *décembre* 1887 (*à sa date*);

Les *arrêtés* des 10 *janvier* 1887 et 7 *mars* 1888 (*chacun à sa date*);

Les *circulaires :* du 15 *avril* 1891, aux Préfets, relative à la nomination du personnel enseignant dans les Écoles primaires supérieures (*Circ.*, t. XI, p. 433); — du 2 *mars* 1896, aux Préfets, relative aux instituteurs adjoints délégués par le Préfet dans les Ecoles primaires supérieures (*Bull. adm.*, 1896, t. LIX, p. 315);

Les *avis* publiés au *Bull. adm.*, 1890, t. XLVIII, p. 186, et 1891, t. XLIX, p. 93.

5. Consulter :

Le *décret* du 17 *mars* 1888, relatif à l'organisation des Écoles manuelles d'apprentissage (*à sa date*);

Les *circulaires :* du 22 *novembre* 1886, aux Préfets, relative aux établissements publics ou privés, dans lesquels une part est faite à l'enseignement technique ou professionnel (*Circ.*, t. X, p. 21); — du 30 *juin* 1888, aux Préfets, relative à la régularisation des Ecoles manuelles d'apprentissage et des établissements d'enseignement primaire supérieur assimilés à ces Ecoles (*Ibid.*, p. 301);

La *circulaire* du Ministre du Commerce, aux Préfets, en date du 9 *juillet* 1883, prescrivant une enquête sur l'enseignement technique à ses divers degrés (*Rec. des L. et A.*, 1883, p. 727);

Le *décret* du 28 *juillet* 1888 (*à sa date*).

6. Voir, *à sa date*, le décret du 27 *mars* 1888.

ART. 29. — Le changement de résidence d'une commune à une autre pour nécessités de service est prononcé par le Préfet, sur la proposition de l'Inspecteur d'Académie[1].

ART. 30. — Les peines disciplinaires applicables au personnel de l'enseignement primaire public sont :

1° La réprimande;

2° La censure;

3° La révocation;

4° L'interdiction pour un temps dont la durée ne pourra excéder cinq années;

5° L'interdiction absolue.

ART. 31[2].— La réprimande est prononcée par l'Inspecteur d'Académie.

La censure est prononcée par l'Inspecteur d'Académie, après avis motivé du Conseil départemental. Elle peut être prononcée avec insertion au *Bulletin des actes administratifs*.

La révocation est prononcée par le Préfet sur la proposition de l'Inspecteur d'Académie, après avis motivé du Conseil départemental[3]. Dans le cas de révocation, le fonctionnaire inculpé a le droit de comparaître devant le Conseil et d'obtenir préalablement communication des pièces du dossier.

Le fonctionnaire révoqué peut, dans le délai de vingt jours, à partir de la signification de l'arrêté préfectoral, interjeter appel devant le Ministre.

Le pourvoi n'est pas suspensif.

Les directeurs et directrices d'Écoles primaires supérieures et d'Écoles manuelles d'apprentissage, ainsi que les professeurs mentionnés dans l'article 24, sont déplacés ou révoqués par le Ministre de l'Instruction publique, dans les formes déterminées par le troisième paragraphe du présent article.

ART. 32. — L'interdiction à temps[4] et l'interdiction absolue sont prononcées par jugement du Conseil départemental.

1. « Le mouvement de fin d'année doit être fait avant la réouverture des classes; tous les arrêtés pris à cet égard par les Préfets et les Inspecteurs d'Académie recevront leur effet à dater du 1er septembre. » (*Circulaire du 21 janvier* 1895, aux Préfets; *Bull. adm.*, 1895, t. LVII, p. 104).

2. Voir, *à sa date*, le décret du 4 *décembre* 1886, relatif à la procédure à suivre pour les affaires disciplinaires soumises aux Conseils départementaux.

3. « Le Préfet ne peut révoquer par mesure disciplinaire un instituteur auquel il a antérieurement enlevé les fonctions d'instituteur public et qui a ouvert une École privée. » (*Arrêt du Conseil d'Etat*, affaire *Jacquiaux*, 9 décembre 1879.)

4. « L'arrêté préfectoral qui prononce avec les formalités prescrites par la loi une peine disciplinaire légale (suspension d'un mois avec ou sans privation de traitement) contre un instituteur public n'est pas susceptible de recours par voie contentieuse de

Le fonctionnaire inculpé sera cité à comparaître en personne[1]. Il pourra se faire assister par un défenseur et prendre communication du dossier.

La décision du Conseil départemental sera motivée.

Le fonctionnaire interdit a le droit, dans le délai de vingt jours à partir de la signification du jugement, d'interjeter appel devant le Conseil supérieur de l'Instruction publique.

Cet appel ne sera pas suspensif.

Un décret, rendu en la forme des règlements d'administration publique, déterminera les règles de la procédure pour l'instruction, le jugement et l'appel[2].

Art. 33. — Dans les cas graves et urgents, l'Inspecteur d'Académie, s'il juge que l'intérêt d'une Ecole exige cette mesure, a le droit de prononcer la suspension provisoire d'un instituteur pendant la durée de l'enquête disciplinaire, à la condition de saisir de l'affaire le Conseil départemental dès sa prochaine session.

Cette suspension n'entraîne pas la privation de traitement.

Art. 34. — Les fonctionnaires de l'enseignement primaire public pourront recevoir des récompenses consistant en mentions honorables, médailles de bronze et médailles d'argent[3].

Un arrêté ministériel déterminera les conditions dans lesquelles ces récompenses pourront être accordées[4].

Les instituteurs mis à la retraite peuvent être nommés instituteurs honoraires, d'après un règlement qui sera délibéré par le Conseil supérieur de l'Instruction publique[5].

Titre III. — De l'Enseignement privé[6].

Art. 35. — Les directeurs et directrices d'Écoles primaires privées sont entièrement libres dans le choix des méthodes, des pro-

la part de l'instituteur. L'instituteur suspendu n'a pas qualité pour déférer au Conseil d'État pour excès de pouvoirs l'arrêté par lequel le Préfet désigne l'instituteur chargé de le remplacer provisoirement dans la direction de l'École. » (*Arrêt du Conseil d'Etat*, affaire *Barbarin*, 16 janvier 1880.)

1. Rapprocher de l'article 7, § 2, de la loi du 27 *février* 1880 (*à sa date*).

2. Voir, *à sa date*, le décret du 4 *décembre* 1886.

3. Voir, *à sa date*, le décret du 30 *octobre* 1895, réglant la concession des distinctions honorifiques en faveur des instituteurs et institutrices employés dans les Écoles publiques des colonies.

4. Voir les articles 127, 128 et 129 de l'arrêté du 18 *janvier* 1887 (*à sa date*).

5. Voir l'article 26 du décret et les articles 130 à 133 de l'arrêté du 18 *janvier* 1887 (*à leur date*).

6. « Les communes ne peuvent pas s'autoriser de l'article 145 de la loi municipale du 5 avril 1884 pour subventionner des Écoles privées. » (*Avis du Conseil d'État*,

grammes et des livres, réserve faite pour les livres qui auront été interdits par le Conseil supérieur de l'Instruction publique, en exécution de l'article 5 de la loi du 27 février 1880.

ART. 36. — Aucune École privée ne peut prendre le titre d'École primaire supérieure, si le directeur ou la directrice n'est muni des brevets exigés pour les directeurs ou directrices des Écoles primaires supérieures publiques.

Aucune École privée ne peut, sans l'autorisation du Conseil départemental, recevoir d'enfants des deux sexes s'il existe, au même lieu, une École publique ou privée spéciale aux filles[1].

Aucune École privée ne peut recevoir des enfants au-dessous de six ans s'il existe dans la commune une École maternelle publique ou une Classe enfantine publique, à moins qu'elle-même ne possède une Classe enfantine[2].

ART. 37. — Tout instituteur qui veut ouvrir une École privée doit préalablement déclarer son intention au maire de la commune où il veut s'établir[3], et lui désigner le local.

Le maire remet immédiatement au postulant un récépissé de sa déclaration, et fait afficher celle-ci à la porte de la mairie pendant un mois.

29 juillet 1888, *Bull. adm.*, 1888, t. XLIV, p. 278; *Arrêts* des 13 et 20 février 1891, *Rec. des L. et A.*, 1891, p. 97).

« Les communes ne peuvent pas se prévaloir des dispositions d'un acte testamentaire ou d'une donation dont l'acceptation a été régulièrement autorisée avant la loi du 30 octobre 1886 pour inscrire à leur budget des subventions en faveur d'Écoles privées. » (*Avis du Conseil d'État*, 14 mai 1889.)

« Une commune peut voter des secours en nature à distribuer aux enfants des Écoles privées. » (*Arrêt du Conseil d'Etat*, 20 février 1891, *Rec. des L. et A.*, 1891, p. 97.)

1. « Est irrecevable l'appel formé par un maire contre la décision du Conseil départemental autorisant la directrice d'une École libre à recevoir des enfants des deux sexes de moins de six ans. » (*Conseil supérieur*, affaire *Defos*, 6 janvier 1887.)

2. « L'annexion d'une classe enfantine à une École privée n'est pas assujettie aux formalités exigées pour l'ouverture d'une École. Une simple déclaration à l'Inspecteur d'Académie suffit. » (*Avis, Bull. adm.*, 1887, t. XLI, p. 341.)

Mais, aux termes d'une lettre du Ministre de l'Instruction publique au Préfet des Vosges, en date du 9 *mai* 1889, l'annexion d'une classe enfantine suppose évidemment un local distinct de celui où sont admis les enfants d'âge scolaire, et cette classe doit être confiée à une maîtresse spéciale (*Circ.*, t. X, p. 415).

3. Voir, *à sa date*, la circulaire du 31 *mai* 1889, aux Préfets, relative à la procédure à suivre en matière d'opposition à l'ouverture d'Écoles privées : « Le maire est tenu de recevoir toute déclaration régulière, et d'en remettre immédiatement récépissé au postulant. »

« L'autorité judiciaire n'est pas compétente pour statuer sur une demande en dommages-intérêts formée par un particulier contre le maire d'une commune pour préjudice causé par un refus de recevoir sa déclaration d'ouverture d'une École libre. Le recours doit être porté devant le Conseil supérieur de l'Instruction publique. » (*Arrêts du Tribunal des Conflits*, 17 janvier, 11 décembre 1885.)

Si le maire juge que le local n'est pas convenable, pour raisons tirées de l'intérêt des bonnes mœurs ou de l'hygiène[1], il forme, dans les huit jours[2], opposition à l'ouverture de l'École, et en informe le postulant[3].

Les mêmes déclarations doivent être faites en cas de changement du local de l'École, ou en cas d'admission d'élèves internes.

ART. 38. — Le postulant adresse les mêmes déclarations au Préfet, à l'Inspecteur d'Académie et au Procureur de la République; il y joint, en outre, pour l'Inspecteur d'Académie, son acte de naissance, ses diplômes, l'extrait de son casier judiciaire[4], l'indication des lieux où il a résidé et des professions qu'il y a exercées pendant les dix années précédentes, le plan des locaux affectés à l'établisse-

1. « Le maire ne peut faire opposition à l'ouverture d'une École privée que dans l'intérêt de l'hygiène ou des bonnes mœurs. » (*Arrêts du Conseil supérieur*, 6 janvier, 29 juillet 1887, 27 décembre 1888.)

« Doit être levée l'opposition formée par le maire à l'ouverture d'une École, lorsqu'elle a été inspirée par des préoccupations étrangères aux questions d'hygiène et de bonnes mœurs. » (*Conseil supérieur*, Affaire *Juif*, 23 décembre 1885; affaire *Lacaze*, 24 mars 1887.)

« La lettre par laquelle le maire notifie son opposition doit porter mention des motifs de son opposition. » (*Conseil supérieur*, affaires *Bouzat* et *Fille*, 13 et 15 janvier 1898.)

2. « Dans le calcul du délai de huit jours impartis au maire par la loi pour faire opposition, on doit comprendre le jour où la déclaration a été reçue à la mairie. Le délai de huit jours doit s'appliquer tant à l'acte d'opposition qu'à la notification à faire à l'intéressé. » (*Conseil supérieur*, affaire *Damien*, 14 janvier 1898.)

3. « La proximité du cimetière ne peut pas être présentée comme un obstacle à l'ouverture d'une École libre, si ce voisinage n'est pas une cause d'insalubrité. » (*Conseil supérieur*, affaire *Isurd*, 19 juillet 1887; affaire *Laroque*, 21 juillet 1888).

« Toutefois le voisinage du cimetière qui peut créer des dangers pour la santé des élèves à cause des infiltrations, est une cause d'opposition, surtout si ces dangers ont été constatés et ont amené déjà le transfert dans un autre local de l'École publique. » (*Conseil supérieur*, affaire *Texier*, 21 juillet 1888.)

« Le voisinage d'un cimetière n'est pas nécessairement une cause d'insalubrité; le Conseil peut ne pas trouver établies les circonstances qui pourraient créer cette insalubrité. » (*Conseil supérieur*, affaire *Grollemund*, 14 janvier 1898.)

« L'opposition formée par suite de l'inobservation de certaines règles prescrites par l'arrêté spécial du 28 juillet 1882, relatif à la construction des Écoles primaires élémentaires, n'est pas fondée, cet arrêté ne visant pas les Écoles libres. » (*Conseil supérieur*, affaire *Aubert*, 21 juillet 1888.)

« Il n'y a pas lieu de tenir compte du motif d'opposition fondé sur la contiguïté du local de l'Ecole privée avec l'Ecole publique. » (*Cons. sup.*, affaire *Mathevet*, 22 juillet 1889.)

« Il y aurait danger, au point de vue de l'hygiène, à admettre des enfants dans un local récemment construit, avant que les murs fussent secs. » (*Cons. sup.*, affaire *Leclerc*, 22 juillet 1889.)

4. « Les Inspecteurs d'Académie sont autorisés à se charger de faire venir le casier judiciaire des postulantes, qui devront avancer ou rembourser les frais qui en résulteront. » (*Avis, Bull. adm.*, 1887, t. XLI, p. 293.)

« Si la réhabilitation efface pour l'avenir les effets des condamnations encourues et relève le condamné des incapacités légales qui le frappaient, elle ne peut enlever au Conseil le droit d'apprécier si le postulant offre toutes les garanties de moralité u'on a le droit d'exiger d'un instituteur. » (*Cons. sup.*, affaire *Chou*, 24 mars 1887.)

ment, et, s'il appartient à une association, une copie des statuts de cette association[1].

L'Inspecteur d'Académie, soit d'office, soit sur la plainte du Procureur de la République, peut former opposition à l'ouverture d'une École privée, dans l'intérêt des bonnes mœurs ou de l'hygiène[2].

Lorsqu'il s'agit d'un instituteur public révoqué et voulant s'établir comme instituteur privé dans la commune où il exerçait, l'opposition peut être faite dans l'intérêt de l'ordre public.

A défaut d'opposition, l'École est ouverte à l'expiration du mois, sans autre formalité.

ART. 39.—Les oppositions à l'ouverture d'une École privée[3] sont

1. Consulter (*Circ.*, t. X, p. 48) la circulaire du 21 *décembre* 1886, aux Inspecteurs d'Académie, relative à la production de la copie des statuts; elle n'est à exiger que lorsque les bureaux de l'inspection académique ne possèdent pas ces statuts.

2. Consulter la circulaire du 13 *mars* 1893, aux Préfets, qui exige désormais l'avis du Conseil départemental d'hygiène dans tous les cas d'ouverture d'Écoles (*Circ.*, t. XI, p. 655), et dont les prescriptions ont été rappelées par la circulaire du 24 *août* 1894 (*Bull. adm.*, 1894, t. LVI, p. 256).

« L'Inspecteur d'Académie n'a pas à fonder son opposition sur ce que la postulante ne possède pas le brevet de capacité. » (*Cons. sup.*, affaire *Dupont*, 22 juillet 1889).

3. « Le Conseil départemental doit purement et simplement lever ou maintenir l'opposition faite à l'ouverture d'une École. Il ne peut la maintenir pour un temps déterminé. » (*Cons. sup.*, affaire *Exartier*, 28 décembre 1888.)

« L'ouverture ne peut être autorisée sous des conditions qui n'ont pas sanction légale. » (*Cons. sup.*, affaire de *Castelsarrasin*, 17 juin 1880.)

« Pour apprécier le mérite d'une opposition, il faut se placer au moment où elle a été formée, sans tenir compte des travaux exécutés postérieurement et qui ont pu atténuer ou faire disparaître les inconvénients signalés. » (*Cons. sup.*, affaire *Bouillard*, 24 décembre 1887.)

« Elle doit être appréciée eu égard à l'état des lieux au moment où la déclaration d'ouverture a été faite. » (*Cons. sup.*, affaire *Deshayes*, 25 juillet 1881.)

« Bien que le local scolaire paraisse pouvoir servir à sa destination après avoir reçu les réparations et consolidations nécessaires, il y a lieu de valider l'opposition formée par le maire si ce local ne présentait pas suffisamment, au moment de la déclaration, les conditions de salubrité et de solidité permettant d'y recevoir des enfants. » (*Cons. sup.*, affaire *Bouin*, 25 juillet 1884.)

« Est légitime l'opposition d'un maire fondée sur ce qu'il ne lui est pas possible d'apprécier la convenance d'une installation non terminée. » (*Cons. sup.*, affaire *Batut*, 27 décembre 1884.)

« Le Conseil départemental n'a pas à prescrire l'exécution de certains travaux pour justifier la décision par laquelle il lève l'opposition. Il doit se borner à examiner si, oui ou non, l'opposition est fondée. En agissant autrement, il sort de ses attributions. » (*Cons. sup.*, affaire *Récamières*, 24 mars 1887.)

« La décision du Conseil départemental, confirmant l'opposition de l'Inspecteur d'Académie par cette raison que la postulante n'a pas fourni la preuve que le local dans lequel elle demande à ouvrir une École privée n'est pas la propriété de la commune, n'est point fondée. Dans le cas où la commune aurait revendiqué cette propriété, il appartient aux tribunaux de décider entre les parties, et ni le Conseil dé-

jugées contradictoirement par le Conseil départemental dans le délai d'un mois[1].

Appel peut être interjeté de la décision du Conseil départemental, dans les dix jours à partir de la notification de cette décision. L'appel est reçu par l'Inspecteur d'Académie; il est soumis au Conseil supérieur de l'Instruction publique dans sa plus prochaine session, et jugé contradictoirement dans le plus bref délai possible.

L'instituteur appelant peut se faire assister ou représenter par un conseil devant le Conseil départemental et devant le Conseil supérieur.

En aucun cas, l'ouverture ne pourra avoir lieu avant la décision d'appel.

ART. 40. — Quiconque aura ouvert ou dirigé une École sans remplir les conditions prescrites par les articles 4, 7 et 8, ou sans avoir fait les déclarations exigées par les articles 37 et 38, ou avant l'expiration du délai spécifié à l'article 38, dernier paragraphe, ou enfin en contravention avec les prescriptions de l'article 36, sera poursuivi devant le tribunal correctionnel du lieu du délit et condamné à une amende de 100 à 1000 fr.[2].

partemental ni le Conseil supérieur n'ont à en connaître. Une protestation de la commune et une action intentée par elle en revendication de l'immeuble en litige auraient pu justifier l'opposition à l'ouverture de l'École jusqu'à ce que les tribunaux eussent statué et afin de prévenir des désordres. » (*Cons. sup.*, affaire *Warnet*, 29 juillet 1887.)

« L'absence, au procès-verbal de la séance du Conseil départemental, du visa des pièces constatant l'accomplissement des formalités légales et des noms des membres présents frappe de nullité le jugement rendu. » (*Cons. sup.*, affaire *Drouin*, 21 juillet 1888.)

1. Voir, *à sa date*, la circulaire du 31 *mai* 1889, aux Préfets : « Le délai d'un mois court à dater du jour où l'opposition a été formée. »

« Le Conseil départemental ne peut, pour supplément d'instruction, ajourner le jugement à une prochaine séance, si cette séance doit avoir lieu après l'expiration du délai d'un mois. » (*Cons. sup.*, affaire *Bonnefont*, 28 décembre 1888.)

« La décision du Conseil départemental, qui a jugé l'opposition après l'expiration du délai d'un mois, est nulle et non avenue. » (*Cons. sup.*, affaire *Chenu*, affaire *Mazet*, 20 juillet 1888; affaire *Aubert*, 21 juillet 1888; affaire *Mathevet*, 22 juillet 1889; affaire *Larrouy*, 23 juillet 1889.)

2. « Il ne peut pas être fait application des dispositions pénales énumérées à l'article 40, en cas de refus du directeur d'un pensionnat privé de produire les pièces mentionnées à l'article 63 de la loi; il y a lieu de poursuivre le directeur devant le tribunal correctionnel en vertu de l'article 42. » (*Avis du Conseil d'Etat*, 15 mars 1887.)

« L'article 40, qui édicte une peine contre ceux qui ouvrent et dirigent une École privée sans être pourvus du brevet de capacité, ne s'applique pas au maître adjoint qui enseigne sans avoir le brevet de capacité. » (*Arrêt de la Cour de Nîmes*, 29 avril 1887, *Rec. des L. et A.*, 1887, p. 703; *de la Cour de Cassation*, 13 janvier 1888, *Rec. des L. et A.*, 1888, p. 76.)

« Mais l'article 40 de la loi établit la responsabilité pénale du directeur qui em-

L'École sera fermée.

En cas de récidive, le délinquant sera condamné à un emprisonnement de six jours à un mois, et à une amende de 500 à 2000 fr.

Les mêmes peines seront prononcées contre celui qui, dans le cas d'opposition formée à l'ouverture de son École, l'aura ouverte avant qu'il ait été statué sur cette opposition, ou malgré la décision du Conseil départemental qui aura accueilli l'opposition, ou avant la décision d'appel.

L'article 463 du Code pénal pourra être appliqué[1].

Art. 41. — Tout instituteur privé pourra, sur la plainte de l'Inspecteur d'Académie, être traduit pour cause de faute grave dans l'exercice de ses fonctions, d'inconduite ou d'immoralité[2], devant le Conseil départemental, et être censuré ou interdit de l'exercice de sa profession, soit dans la commune où il exerce, soit dans le département, selon la gravité de la faute commise.

Il peut même être frappé d'interdiction à temps ou d'interdiction absolue par le Conseil départemental, dans la même forme et suivant la même procédure que l'instituteur public.

ploie un maître adjoint non breveté. Le directeur doit, en effet, satisfaire à l'exécution de toutes les conditions, aussi bien de celles qui lui sont impersonnelles que de celles dont la réalisation est attachée à sa personne. Tel est le sens de l'obligation que la loi lui fait de « remplir les conditions prescrites ». (*Arrêt de la Cour de Cassation*, 13 janvier 1888.)

« Une institutrice, qui a employé une maîtresse ne remplissant pas les conditions d'âge et de diplôme requises, tombe sous le coup de l'article 40, et ne peut être poursuivie que devant le tribunal correctionnel. Le Conseil départemental, qui est en ce cas incompétent, n'a pas à connaître de l'affaire. » (*Cons. sup.*, affaire *Lafuste*, affaire *Bernard*, 28 décembre 1888. Cf. *Arrêt de la Cour de Nîmes*, 17 mai 1888.)

« Quand le tribunal correctionnel, devant lequel l'instituteur inculpé a été poursuivi, l'a relaxé des fins de la plainte, cet instituteur n'en demeure pas moins justiciable du Conseil départemental. » (*Cons. sup.*, affaire *Mortaize*, 23 juillet 1889. Cf. *Arrêt de la Cour de Cassation*, 13 janvier 1888.)

1. L'article 463 du Code pénal modifie les peines prononcées par la loi contre celui ou ceux des accusés ou prévenus, reconnus coupables, en faveur de qui des circonstances atténuantes sont reconnues; cet article énumère les diverses peines qui peuvent être abaissées d'un ou de deux degrés. Il se termine par ce dernier alinéa, modifié par le décret du 27 novembre 1870 :

« Dans tous les cas où la peine de l'emprisonnement et celle de l'amende sont prononcées par le Code pénal, si les circonstances paraissent atténuantes, les tribunaux correctionnels sont autorisés, même en cas de récidive, à réduire l'emprisonnement même au-dessous de six jours et l'amende même au-dessous de seize francs; ils pourront aussi prononcer séparément l'une ou l'autre de ces peines, et même substituer l'amende à l'emprisonnement, sans qu'en aucun cas elle puisse être au-dessous des peines de simple police. »

2. « Une institutrice privée, qui, pour se justifier d'une accusation de faux, recourt au mensonge ou à l'équivoque, manque de respect au Conseil départemental, commet un acte que la morale réprouve, et tombe sous le coup de l'article 41. » (*Cons. sup.*, affaire *Hardy*, 17 juin 1880.)

L'instituteur frappé d'interdiction peut faire appel devant le Conseil supérieur[1] dans la même forme et selon la même procédure que l'instituteur public.

Cet appel ne sera pas suspensif.

ART. 42. — Tout directeur d'École privée qui refusera de se soumettre à la surveillance et à l'inspection des autorités scolaires, dans les conditions établies par la présente loi, sera traduit devant le tribunal correctionnel et condamné à une amende de 50 à 500 fr.

En cas de récidive, l'amende sera de 100 à 1000 fr.

L'article 463 du Code pénal pourra être appliqué.

Si le refus a donné lieu à deux condamnations dans l'année, la fermeture de l'établissement sera ordonnée par le jugement qui prononcera la seconde condamnation.

ART. 43. — Sont assujetties aux mêmes conditions relativement au programme, au personnel et aux inspections, les Écoles ouvertes dans les hôpitaux, hospices, colonies agricoles, ouvroirs, orphelinats, maisons de pénitence, de refuge, ou autres établissements analogues, administrés par des particuliers[2].

Les administrateurs ou directeurs pourront être passibles des peines édictées par les articles 40 et 42 de la présente loi.

1. « Le Conseil supérieur peut réduire la peine prononcée. » (*Cons. sup.*, affaire *Gautheron*, 20 juillet 1888.)

2. « Ni la loi du 30 octobre ni les règlements pris pour son exécution ne prévoient aucune réglementation en ce qui concerne les formalités que devraient remplir les personnes qui ont l'intention de diriger un cours dans lequel l'enseignement des langues vivantes est *exclusivement* donné. L'ouverture de ces cours peut donc avoir lieu sans que l'intéressé ait à se munir d'une autorisation auprès de l'Inspecteur d'Académie, sans même que celui-ci ait à délivrer une pièce quelconque constatant qu'avis de l'ouverture du cours lui a été donné. En l'absence d'un texte de loi, le professorat privé de langues vivantes s'exerce en dehors du contrôle de l'autorité universitaire. Le directeur ou la directrice du cours n'est tenu que d'observer les prescriptions générales de l'article 291 du Code pénal relatives aux associations de plus de 25 personnes et de se munir, s'il y a lieu, d'une autorisation délivrée par le Préfet de police. » (*Lettre ministérielle du* 15 *février* 1893 au Directeur de l'enseignement primaire de la Seine.)

Voir également l'avis du Comité du Contentieux du Conseil d'État sur le même sujet, séance du 13 mars 1896 :

« Les formalités prescrites par la loi du 15 mars 1850 pour la création et la tenue des établissements privés d'enseignement secondaire s'appliquent aux cours privés de langues vivantes; il n'y aurait lieu que subsidiairement d'appliquer à ces cours les règles de la loi du 30 octobre 1886 sur l'ouverture et le fonctionnement des Écoles primaires privées. Des étrangers ne peuvent diriger ces cours ni y professer qu'en remplissant les conditions spéciales que leur imposent soit la loi du 30 octobre 1886, soit le décret du 5 décembre 1850. »

TITRE IV. — Des Conseils de l'Enseignement primaire.

CHAPITRE Ier. — DU CONSEIL DÉPARTEMENTAL[1].

ART. 44. — Il est institué, dans chaque département, un Conseil de l'enseignement primaire composé ainsi qu'il suit :

1° Le Préfet, président;

2° L'Inspecteur d'Académie, vice-président;

3° Quatre conseillers généraux élus par leurs collègues;

4° Le Directeur de l'École normale d'instituteurs et la Directrice de l'École normale d'institutrices;

5° Deux Instituteurs et deux Institutrices, élus respectivement par les instituteurs et institutrices publics titulaires du département, et éligibles soit parmi les directeurs et directrices d'Écoles à plusieurs classes ou d'Écoles annexes à l'École normale, soit parmi les instituteurs et institutrices en retraite;

6° Deux Inspecteurs de l'enseignement primaire désignés par le Ministre.

Aucun membre du Conseil ne pourra se faire remplacer.

Pour les affaires contentieuses et disciplinaires intéressant les membres de l'enseignement privé, deux membres de l'enseignement privé, l'un laïque, l'autre congréganiste, élus par leurs collègues respectifs, seront adjoints au Conseil départemental[2].

ART. 45. — Les membres élus du Conseil départemental le sont pour trois ans. Ils sont rééligibles.

Les pouvoirs des conseillers généraux cessent avec leur qualité de conseillers généraux[3].

1. Consulter les circulaires :

Du 3 *novembre* 1886, aux Préfets, relative à la reconstitution des Conseils départementaux conformément à la loi du 30 octobre 1886 (*Circ.*, t. X, p. 1);

— 31 *mai* 1889, aux Préfets, relative à la procédure à suivre en matière d'opposition devant les Conseils départementaux (*à sa date*);

— 16 *août* 1889, aux Préfets, relative au renouvellement des membres des Conseils généraux appelés à faire partie des Conseils départementaux (*Circ.*, t. XI, p. 26);

— 18 *octobre* 1889, aux Préfets, relative au renouvellement triennal des membres élus des Conseils départementaux (*Ibid.*, p. 37).

2. « Quand les deux membres de l'enseignement privé n'ont pas été convoqués à la séance, cette irrégularité suffit à frapper de nullité le jugement du Conseil départemental. » (*Cons. sup.*, affaire *Cohendet*, 21 juillet 1888.)

« Il n'y aurait pas lieu d'annuler la décision du Conseil départemental, même quand les deux membres de l'enseignement privé n'assistaient pas à la séance, si cette absence a pour cause qu'une élection faite n'a donné aucun résultat. » (*Cons. sup.*, affaire *Deculhieux*, 21 juillet 1888.)

3. Chaque renouvellement triennal des Conseils généraux doit coïncider avec la

ART. 46. — Dans le département de la Seine, le nombre des conseillers généraux sera de huit, celui des Inspecteurs primaires sera de quatre, et celui des membres élus, moitié par les instituteurs, moitié par les institutrices, sera de quatorze, à raison de deux pour quatre arrondissements municipaux, et de deux pour chacun des arrondissements de Saint-Denis et de Sceaux.

ART. 47. — Les fonctions de membres du Conseil départemental sont gratuites. Cependant une indemnité de déplacement est accordée aux Inspecteurs primaires et aux délégués des instituteurs et institutrices qui résident en dehors du chef-lieu du département.

Un règlement d'administration publique déterminera les formes de l'élection et la base de l'indemnité[1].

ART. 48. — Le Conseil départemental se réunit de droit au moins une fois par trimestre, le Préfet pouvant toujours le convoquer selon les besoins du service.

En outre des attributions qui lui sont conférées par les dispositions de la présente loi[2], le Conseil départemental :

Veille à l'application des programmes, des méthodes et des règlements édictés par le Conseil supérieur, ainsi qu'à l'organisation de l'inspection médicale prévue par l'article 9;

Arrête les règlements relatifs au régime intérieur des établissements d'instruction primaire;

Détermine les Écoles publiques auxquelles, d'après le nombre des élèves, il doit être attaché un instituteur adjoint;

Délibère sur les rapports et propositions de l'Inspecteur d'Académie, des délégués cantonaux et des Commissions municipales scolaires;

Donne son avis[3] sur les réformes qu'il juge utile d'introduire dans l'enseignement; sur les secours et encouragements à accorder aux Écoles primaires et sur les récompenses;

réélection de ceux de leurs membres appelés à faire partie des Conseils départementaux; or la date de cette réélection ne peut être que celle de la première session ordinaire des Conseils généraux qui suit le renouvellement partiel. Voir *Circulaire du* 16 *août* 1889 *aux Préfets* (*Circ.*, t. XI, p. 26).

1. Voir, *à sa date*, le décret du 12 *novembre* 1886.

2. Voir, pour les décisions de la jurisprudence, les notes 3 (p. 675) et 3 (p. 676) placées sous l'article 11, et la note 4 (p. 677) placée sous l'article 13.

« Doit être annulée la décision d'un Conseil départemental qui, au lieu de fixer le nombre des pensionnaires ou de prescrire des mesures dans l'intérêt des élèves, a refusé de statuer, se substituant ainsi en quelque sorte aux autorités compétentes appelées à faire opposition. » (*Cons. sup.*, affaire *Pincemin*, 21 juillet 1888.)

« Le défaut de citation à comparaître entraîne la nullité de la décision du Conseil départemental en matière contentieuse. » (*Cons. sup.*, affaire *Ligues*, 24 décembre 1885.)

3. Tout dossier doit contenir *in extenso* la copie des délibérations par lesquelles le Conseil départemental a donné son avis sur l'affaire.

Entend et discute tous les ans un rapport général de l'Inspecteur d'Académie sur l'état et les besoins des Écoles publiques et sur l'état des Écoles privées ; ce rapport et le procès-verbal de cette discussion sont adressés au Ministre de l'Instruction publique.

ART. 49. — La présence de la moitié plus un des membres du Conseil est nécessaire pour la validité de ses délibérations[1].

En cas de partage des voix, celle du président est prépondérante.

Les Conseils départementaux peuvent appeler dans leur sein les membres de l'enseignement et toutes les autres personnes dont l'expérience leur paraîtrait devoir être utilement consultée[2].

Les personnes ainsi appelées n'ont pas voix délibérative.

ART. 50. — Le Conseil départemental peut déléguer au tiers de

1. « La délibération qui ne fait pas mention de cette présence de la moitié plus un des membres peut être annulée. » (*Cons. sup.*, affaire *Vibert*, 24 décembre 1885.)

2. Consulter les arrêts suivants du Conseil supérieur de l'Instruction publique sur les vices de procédure :

« Le procès-verbal de la séance du Conseil départemental statuant au contentieux doit contenir le visa des pièces constatant l'accomplissement des formalités légales et donner les noms des membres présents. Cette dernière omission ne permettrait pas de vérifier si le Conseil pouvait délibérer valablement. » (Affaire *Drouin*, 21 juillet 1888.)

« Est nul le jugement qui ne contient ni l'indication de la convocation des membres de l'enseignement privé, ni la mention de la présence de la moitié plus un des membres. » (Affaire *Volte*, 29 décembre 1888.)

« La non-convocation d'une directrice qui avait cessé de faire partie du Conseil départemental n'est pas une cause de nullité de la décision. » (Affaire *Lanoë*, 27 décembre 1888.)

« Il n'y a pas lieu de s'arrêter au grief tiré de la participation au vote du Conseil départemental d'un membre dont l'élection est contestable, lorsque cette élection n'a provoqué aucune contestation dans le délai prescrit par l'article 12 du décret du 12 novembre 1886. » (Affaire *Jacquemart*, 28 décembre 1888.)

« Il n'y a pas lieu d'annuler la décision d'un Conseil départemental rendue après le délai légal, si, convoqué le dernier jour du délai, le Conseil ne s'est pas trouvé en nombre. » (Affaire *Decultieux*, 21 juillet 1888.)

« Lorsque l'acte d'opposition transmis par le maire à l'Inspecteur d'Académie et sur lequel le Conseil départemental a statué n'est pas formulé dans les mêmes termes que l'acte d'opposition notifié à la partie, la procédure est entachée d'irrégularité et le jugement qui est intervenu doit être annulé. » (Affaire *Hocquard*, 28 décembre 1888.)

« Doit être annulée, pour vice de forme, la décision d'un Conseil départemental qui, au lieu de désigner un rapporteur chargé de faire son rapport à la plus prochaine séance, s'est borné à entendre le rapport oral d'un de ses membres et a statué immédiatement sur les conclusions de cet exposé, alors même que cette omission avait été acceptée et même sollicitée par la partie, en vue de gagner du temps. » (Affaire *Aly*, 6 janvier 1887.)

« Le fait, par le rapporteur, chargé d'entendre contradictoirement deux experts commis pour examiner un local scolaire, de n'avoir pas déféré à cette invitation et de s'être borné à consulter les mémoires écrits de ces deux experts, ne saurait porter

ses membres le droit d'entrer dans tous les établissements d'instruction primaire, publics ou privés, du département.

Ces délégués se conformeront aux règles tracées pour l'inspection par l'article 9.

ART. 51. — Les directeurs et directrices d'Écoles primaires supérieures publiques et les instituteurs et institutrices nommés membres du Conseil départemental seront adjoints au corps électoral chargé (aux termes de l'article 1er de la loi du 27 février 1880) d'élire les membres de l'enseignement primaire qui font partie du Conseil supérieur de l'Instruction publique[1].

ART. 52. — Le Conseil départemental désigne un ou plusieurs délégués résidant dans chaque canton pour surveiller les Écoles publiques et privées du canton, et il détermine les Écoles particulièrement soumises à la surveillance de chacun d'eux[2].

Les délégués sont nommés pour trois ans. Ils sont rééligibles et toujours révocables[3]. Chaque délégué correspond tant avec le Conseil départemental, auquel il doit adresser ses rapports, qu'avec les autorités locales, pour tout ce qui regarde l'état et les besoins de l'enseignement primaire dans sa circonscription.

Il peut, lorsqu'il n'est pas membre du Conseil départemental, as-

atteinte à la validité de la délibération prise par le Conseil départemental, qui a su comment ledit rapporteur avait procédé et qui a statué en parfaite connaissance de cause. » (Affaire *Daudibertières*, 24 juillet 1885.)

« Les décisions des Conseils départementaux en matière contentieuse doivent être signifiées aux intéressés dans le délai de huit jours. L'inobservation de cette prescription essentielle entraine leur nullité. » (Affaire *Bagot*, 24 juillet 1885; affaire *Bled*, 26 juillet 1886.)

1. Consulter la circulaire du 30 *novembre* 1886, aux Recteurs, relative à l'élection des représentants de l'enseignement primaire au Conseil supérieur (*Circ.*, t. X, p. 24).

2. Cf. l'article 42 de la loi du 15 *mars* 1850 (Tome III, p. 334).

Voir les circulaires :

Du 25 *mars* 1887, aux Préfets, relative à l'organisation des délégations cantonales (*à sa date*);

— 5 *décembre* 1887, aux Préfets, relative à la représentation de l'élément agricole dans les délégations cantonales (*Circ.*, t. X, p. 221);

— 10 *juillet* 1895, aux membres des délégations cantonales, relative aux services qu'ils sont appelés à rendre pour l'instruction des enfants et des adultes (*Bull. adm.*, 1895, t. LVIII, p. 21.)

3. « La décision d'un Conseil départemental procédant au remplacement de délégués cantonaux récemment nommés pour trois ans par le précédent Conseil ne peut être déférée au Conseil d'État pour excès de pouvoirs. » (*Arrêts du Conseil d'État*, 28 novembre 1879 et 12 mars 1880.)

« Les délégués cantonaux n'ont pas qualité pour déférer au Conseil d'État, pour excès de pouvoirs, la délibération du Conseil départemental nommant des délégués cantonaux qui, d'après eux, n'ont pas leur résidence dans le canton, contrairement aux dispositions de la loi du 15 mars 1850, article 42. » (*Arrêt du Conseil d'État*, 12 mars 1880.)

sister à ses séances avec voix consultative pour les affaires intéressant les Écoles de sa circonscription.

Les délégués se réunissent au moins une fois tous les trois mois au chef-lieu de canton, sous la présidence de celui d'entre eux qu'ils désignent, pour convenir des avis à transmettre au Conseil départemental.

ART. 53. — A Paris, les délégués nommés pour chaque arrondissement par le Conseil départemental se réunissent une fois au moins tous les mois, sous la présidence du maire ou d'un de ses adjoints par lui désigné.

CHAPITRE II. — DES COMMISSIONS SCOLAIRES.

ART. 54. — La Commission municipale scolaire, instituée par l'article 5 de la loi du 28 mars 1882, est composée du maire ou d'un adjoint délégué par lui, président; d'un des délégués du canton, et, dans les communes comprenant plusieurs cantons, d'autant de délégués qu'il y a de cantons, désignés par l'Inspecteur d'Académie; des membres désignés par le Conseil municipal en nombre égal, au plus, au tiers des membres de ce Conseil[1].

Dans le cas où le Conseil municipal refuserait de procéder à la nomination de ces membres, le Préfet les désignerait à son lieu et place.

ART. 55. — A Paris et à Lyon, il y a une Commission scolaire pour chaque arrondissement municipal; elle est présidée par le maire ou par un adjoint désigné par lui.

Elle est composée d'un des délégués cantonaux désigné par l'Inspecteur d'Académie, et des membres désignés par le Conseil municipal, au nombre de 3 à 7 par arrondissement.

ART. 56. — Le mandat des membres de la Commission scolaire, désignés par le Conseil municipal, durera jusqu'à l'élection du nouveau Conseil municipal.

Il sera toujours renouvelable.

L'Inspecteur primaire fait partie de droit de toutes les Commissions scolaires instituées dans son ressort.

ART. 57. — Les inéligibilités et les incompatibilités établies par les articles 32, 33 et 34 de la loi du 5 avril 1884 sur l'organisation

1. Voir la circulaire du 10 *juillet* 1895 adressée aux membres des Commissions scolaires, sur les services que les Commissions scolaires peuvent rendre pour l'instruction des enfants (*Bull. adm.*, 1895, t. LVIII, p. 21), et la lettre du 20 *juillet* 1895, aux Préfets, en leur communiquant la précédente circulaire.

municipale[1] sont applicables aux membres des Commissions scolaires et des délégations cantonales.

ART. 58. — La Commission scolaire se réunit au moins une fois tous les trois mois, sur la convocation de son président ou, à son défaut, de l'Inspecteur primaire. Ses délibérations ne sont valables que si la majorité des membres est présente.

Tout membre qui, sans motif reconnu légitime par la Commission scolaire, aura manqué à trois séances consécutives, pourra, après avoir été admis à fournir ses explications devant le Conseil départemental, être déclaré démissionnaire par ce Conseil.

Il ne pourra être réélu pendant la durée des pouvoirs de la Commission.

Dans le cas où, après deux convocations, la Commission scolaire ne se trouverait pas en majorité, elle pourrait néanmoins délibérer valablement sur les affaires pour lesquelles elle a été spécialement convoquée, si le maire (ou l'adjoint qui le remplace), l'Inspecteur primaire et le délégué cantonal sont présents.

Une expédition des délibérations de la Commission scolaire devra être adressée, dans le délai de trois jours, par son président, à l'Inspecteur primaire.

1. Voici le texte de ces trois articles :

« ART. 32. Ne peuvent être conseillers municipaux : 1° les individus privés du droit électoral; 2° ceux qui sont pourvus d'un conseil judiciaire; 3° ceux qui sont dispensés de subvenir aux charges communales et ceux qui sont secourus par les bureaux de bienfaisance; 4° les domestiques attachés exclusivement à la personne.

« ART. 33. Ne sont pas éligibles dans le ressort où ils exercent leurs fonctions : 1° les Préfets, Sous-Préfets, secrétaires généraux, conseillers de préfecture; et, dans les colonies régies par la présente loi, les Gouverneurs, Directeurs de l'intérieur et les membres du Conseil privé; 2° les commissaires et les agents de police; 3° les magistrats des Cours d'appel et des tribunaux de première instance, à l'exception des juges suppléants auxquels l'instruction n'est pas confiée; 4° les juges de paix titulaires; 5° les comptables des deniers communaux et les entrepreneurs de services municipaux; 6° les instituteurs publics; 7° les employés de préfectures et de sous-préfectures; 8° les ingénieurs et les conducteurs des ponts et chaussées chargés du service de la voirie urbaine et vicinale et les agents voyers; 9° les ministres en exercice d'un culte légalement reconnu; 10° les agents salariés de la commune, parmi lesquels ne sont pas comptés ceux qui, étant fonctionnaires publics ou exerçant une profession indépendante, ne reçoivent une indemnité de la commune qu'à raison des services qu'ils lui rendent dans l'exercice de cette profession.

« ART. 34. Les fonctions de conseiller municipal sont incompatibles avec celles : 1° de Préfet, de Sous-Préfet et de secrétaire général de préfecture; 2° de commissaire et d'agent de police; 3° de Gouverneur, Directeur de l'intérieur et de membre du Conseil privé dans les colonies.

« Les fonctionnaires désignés au présent article qui seraient élus membres d'un Conseil municipal, auront, à partir de la proclamation du résultat du scrutin, un délai de dix jours pour opter entre l'acceptation du mandat et la conservation de leur emploi. A défaut de déclaration adressée dans ce délai à leurs supérieurs hiérarchiques, ils seront réputés avoir opté pour la conservation dudit emploi. »

La Commission scolaire ne peut, dans aucun cas, s'immiscer dans l'appréciation des matières et des méthodes d'enseignement.

Art. 59. — L'Inspecteur primaire, les parents ou les personnes responsables pourront faire appel des décisions des Commissions scolaires.

Cet appel devra être formé dans le délai de dix jours, par simple lettre adressée au Préfet et aux personnes intéressées.

Il sera porté devant le Conseil départemental statuant en dernier ressort.

Cet appel est suspensif.

Les pères, mères, tuteurs ou tutrices peuvent se faire assister ou représenter par des mandataires devant le Conseil départemental.

Art. 60. — Les séances des Conseils départementaux et des Commissions municipales scolaires ne sont pas publiques.

Art. 61. — Sont abrogés les titres I et II de la loi du 15 mars 1850, la loi du 10 avril 1867 et toutes les dispositions contraires à la présente loi.

Titre V. — **Dispositions transitoires.**

Art. 62. — Les directrices d'Écoles maternelles publiques seront assimilées aux institutrices publiques.

Il ne sera plus délivré de titre de capacité distinct pour les Écoles maternelles. A dater du 1er janvier 1888, le titre requis pour enseigner dans toutes les Écoles énumérées aux paragraphes 1 et 2 de l'article 1er de la présente loi sera le brevet élémentaire. Toutefois les personnes munies du certificat d'aptitude à la direction des Salles d'asile, lors de la promulgation de la présente loi, continueront à jouir des droits que leur confère la loi du 16 juin 1881.

Art. 63. — Tout directeur d'École privée actuellement existante devra, dans les trois mois qui suivront la promulgation de la présente loi, faire savoir à l'Inspecteur d'Académie si son École doit être classée parmi les Écoles maternelles, primaires ou primaires supérieures. Il lui adressera, en même temps, ses diplômes, son casier judiciaire, et lui indiquera s'il appartient à une association religieuse[1]. Les mêmes pièces et indications sont exigées de ses instituteurs adjoints.

Le bulletin du casier judiciaire sera délivré gratuitement à toute

1. « En cas de refus de la part du directeur d'un établissement libre de produire les pièces exigées par l'article 63 de la loi, il y a lieu de poursuivre le directeur devant le tribunal correctionnel par application de l'article 42. » (*Avis du Conseil d'Etat*, 15 mars 1887.)

personne qui sera obligée de le produire en exécution du présent article[1].

Art. 64. — Les Conseils départementaux seront organisés dans les trois mois qui suivront la promulgation de la présente loi[2]. Ne seront admis à prendre part aux élections que les instituteurs et institutrices publics titulaires en exercice et munis du brevet de capacité.

Art. 65. — Les délégations cantonales seront intégralement renouvelées dans les deux mois qui suivront la constitution du Conseil départemental[3].

Art. 66. — Jusqu'au vote d'une nouvelle loi sur le recrutement militaire, l'engagement de se vouer pendant dix années à l'enseignement, prévu par les articles 79 de la loi du 15 mars 1850 et 20 de la loi du 27 juillet 1872, ne pourra être réalisé que dans les établissements d'enseignement public[4].

Néanmoins les instituteurs privés qui auront contracté l'engagement décennal avant la promulgation de la présente loi, continueront à jouir de la dispense du service militaire, en se conformant aux prescriptions de l'article 20 de la loi du 27 juillet 1872.

Art. 67. — Dans le cas où la laïcisation rendrait nécessaire l'acquisition ou la construction d'une maison d'école, il sera sursis à l'application du paragraphe 1er de l'article 18 de la présente loi, jusqu'à ce qu'il ait été pourvu à l'établissement de l'École, en exécution des articles 8, 9 et 10 de la loi du 20 mars 1883 et de la loi du 20 juin 1885.

Titre VI. — Dispositions spéciales à l'Algérie et aux Colonies.

Art. 68. — La présente loi, ainsi que la loi du 16 juin 1881 sur les titres de capacité, l'article 1er de la loi du 16 juin 1881 sur la gra-

1. « Le Ministre a autorisé les Inspecteurs d'Académie à épargner aux postulantes les démarches nécessaires pour se procurer l'extrait de leur casier judiciaire. Les Inspecteurs d'Académie se chargeront de faire venir cette pièce, et les postulantes avanceront ou rembourseront les frais qui en résulteront : droit de recherche du greffier, port de la demande et de l'envoi. » (*Avis*, *Bull. adm.*, 1887, t. XLI, p. 293.)

2. Voir ci-après, *à sa date*, le décret du 12 *novembre* 1886.

3. Voir, pour la période antérieure à la loi, les circulaires :

Du 16 *juin* 1879, aux Préfets, prescrivant l'envoi, à la fin de l'année scolaire, d'un état de situation des délégations cantonales pour la surveillance et l'inspection des Écoles primaires (*Circ.*, t. VIII, p. 164);

— 2 *mai* 1886, aux Préfets, relative à la prorogation des pouvoirs des délégués cantonaux (*Circ.*, t. IX, p. 711).

4. Consulter la circulaire du 8 *décembre* 1886, aux Recteurs, relative à l'engagement décennal des membres et novices des associations religieuses (*Circ.*, t. X, p. 37).

uité et la loi du 28 mars 1882, sont applicables à l'Algérie, à la Guadeloupe, à la Martinique et à la Réunion[1].

Des règlements d'administration publique détermineront toutefois les conditions de cette application et statueront sur les mesures transitoires auxquelles elle devra donner lieu.

En Algérie, les attributions conférées au Préfet par les articles 27, 28, 29 et 31 sont maintenues au Recteur de l'Académie d'Alger.

Les délais pour la laïcisation des Ecoles publiques seront fixés par simples décrets pour l'Algérie et les colonies ci-dessus désignées.

De simples décrets statueront également, pour ce qui concerne l'Algérie, sur la création et l'organisation des Ecoles destinées à répandre l'instruction primaire française parmi les indigènes, et sur la faculté d'employer dans les diverses Écoles des maîtres et maîtresses indigènes.

Proposition de loi pour la nomination des Instituteurs par les Recteurs d'Académie, présentée par M. Lefèvre-Pontalis, député[2]. 4 nov. 1886.

Séance du 4 Novembre 1886.

Messieurs, la proposition de loi que j'ai l'honneur de soumettre à la Chambre des Députés mérite de faire l'objet d'une mesure législative spéciale. Elle est la reproduction de celles qui ont été déposées au Corps législatif en 1870, à l'Assemblée nationale en 1871 ; elle est conforme à celles qui étaient présentées au nom du Gouvernement républicain par M. Dufaure en 1878, et par M. Jules Ferry en 1882. Elle est une satisfaction donnée aux réclamations de tout le parti libéral, ainsi qu'aux vœux les plus pressants des instituteurs.

C'est leur indépendance qu'il s'agit de garantir, en cessant de les assujettir à l'autorité administrative, pour ne les faire dépendre désormais que des autorités universitaires.

Les véritables chefs qu'il importe de leur rendre, ce sont les Recteurs d'Académie, les seuls supérieurs hiérarchiques compétents pour apprécier leurs titres, les seuls juges dont l'impartialité puisse leur donner confiance. Les Inspecteurs d'Académie peuvent et doivent être leurs collaborateurs et leurs auxiliaires; mais ils n'auraient pas l'autorité nécessaire pour leur être avantageusement préférés.

et l'*Avis du Conseil d'Etat*, adopté dans sa séance du 20 décembre 1888 (*Bull. adm.*, 1888, t. XLIV, p. 828).

1. Voir ci-après, *à leur date*, les décrets des 8 et 12 *novembre* 1887, portant règlement pour l'Algérie; et les deux décrets du 26 *septembre* 1890, relatifs à l'application de la loi du 30 octobre 1886 dans les colonies de la Martinique, de la Guadeloupe et de la Réunion.

2. Voir ci-après le projet de MM. Ch. DUPUY et divers, 5 *novembre* 1886; — le rapport du même, 1er *février* 1887; — le rapport de M. STEEG, 21 *mai* 1889.

Quant aux Préfets, leurs pouvoirs sont aussi déplacés à l'égard des instituteurs que s'il s'agissait d'y soumettre les professeurs de Lycées et les professeurs de Facultés. Ils ne peuvent servir qu'à mettre les instituteurs dans une dépendance dont on leur a promis à plusieurs reprises de les affranchir.

La proposition de loi qui vous est soumise est la promesse d'affranchissement qu'il importe de tenir.

Proposition de loi.

ARTICLE 1er. — Les instituteurs et institutrices des Écoles publiques sont nommés par les Recteurs d'Académie, sur la proposition des Inspecteurs d'Académie.

ART. 2. — Les Recteurs d'Académie sont seuls compétents pour les déplacer et les révoquer, après avis motivé du Conseil départemental.

---

5 nov. 1886. **Proposition de loi ayant pour objet de modifier les articles 27, 28 et 31 de la Loi du 30 octobre 1886 sur l'organisation de l'Enseignement primaire, présentée par MM. Charles Dupuy (Haute-Loire) et divers, députés[1].**

Séance du 5 Novembre 1886.

Exposé des motifs.

Messieurs, il n'est pas habituel qu'au lendemain de la promulgation d'une loi une proposition intervienne qui tende à modifier cette loi.

Il suffirait peut-être d'invoquer le libre exercice du droit d'initiative parlementaire pour justifier cette dérogation. Mais il y a une raison particulière qui l'autorise, et cette raison résulte des conditions mêmes dans lesquelles la loi du 30 octobre 1886 a été votée par la Chambre des Députés.

La majorité républicaine, voulant faire aboutir enfin le projet d'organisation de l'enseignement primaire, s'est résolue à n'apporter au texte adopté par le Sénat aucune modification. Tout changement, portât-il sur un seul mot, eût retardé pendant de longs mois et peut-être compromis l'exécution d'une loi qui, en dépit d'inévitables imperfections, marque un progrès considérable, et qui est peut-être l'œuvre la plus complète de nos législatures républicaines.

Aussi, disait M. Steeg, président et rapporteur de la Commission d'instruction primaire, « la Commission a pris la résolution d'écarter tous les amendements, non par suite d'un jugement porté sur chacun d'eux en particulier, mais parce qu'elle se refuse à introduire aucun changement dans le texte et à renvoyer la loi au Sénat... Elle croit de la plus urgente nécessité de voter et de faire promulguer au plus tôt la loi telle qu'elle est. Les avantages qu'elle assure sont de telle importance, que le parti républicain ne peut hésiter à se les approprier ».

1. Voir ci-dessus, p. 699, la proposition de loi de M. LEFÈVRE-PONTALIS, 4 *novembre* 1886; — et ci-après le rapport de M. Ch. DUPUY, 1er *février* 1887, ainsi que celui de M. STEEG, 21 *mai* 1889.

Voir la loi du 30 *octobre* 1886 et la note en renvoi sur ses origines (note 1, p. 669).

L'amendement relatif au mode de nomination des instituteurs, présenté à l'article 27 par M. Charles Dupuy et que nous déposons aujourd'hui sur le bureau de la Chambre sous la forme d'une proposition de loi distincte, devait avoir le sort de tous les autres amendements. Peut-être eût-il pu réunir une majorité si son auteur, soucieux de la discipline et plaçant le succès de la loi au-dessus de l'amélioration d'une partie de la loi, ne l'eût retiré après avoir fait ses réserves et après s'être engagé à présenter à bref délai une proposition de loi sur cet important objet.

Il serait superflu d'apporter ici de longues considérations pour justifier le projet que nous soumettons à la Chambre. Tout le monde sait qu'en demandant la remise à l'autorité académique des attributions conférées aux Préfets par la loi du 14 juin 1854, nous ne faisons que reprendre à nouveau une thèse républicaine. Le principe qui veut que les instituteurs et les institutrices soient nommés par leurs chefs hiérarchiques n'est pas contesté. Nous pensons que l'heure est venue de faire passer ce principe dans les faits.

Toutes les objections antérieures ont disparu. On n'a parlé dans la dernière discussion que du danger qu'il y aurait à modifier la loi votée par le Sénat, argument de forme et de circonstance qui n'a plus aujourd'hui aucune valeur, puisque la loi est promulguée et que la modification proposée, loin de la compromettre, aura pour effet de l'améliorer.

En conséquence, nous avons l'honneur de vous présenter la proposition de loi suivante :

Proposition de loi.

ARTICLE 1er. — Le deuxième paragraphe de l'article 27 de la loi du 30 octobre 1886 sur l'organisation de l'enseignement primaire est remplacé par le texte ci-après :

« La nomination des instituteurs titulaires chargés d'une classe en qualité d'adjoints est faite par l'Inspecteur d'Académie, après avis du Comité des Inspecteurs primaires.

« La nomination des instituteurs titulaires chargés d'une École est faite par le Recteur, sur la proposition de l'Inspecteur d'Académie. »

ART. 2. — Dans le deuxième paragraphe de l'article 28, les mots « le Préfet » sont remplacés par ceux-ci : « le Recteur ».

ART. 3. — Le troisième paragraphe de l'article 31 est modifié comme suit :

« La révocation est prononcée, après avis motivé du Conseil départemental :

« 1° Par l'Inspecteur d'Académie, pour les titulaires chargés d'une classe en qualité d'adjoints;

« 2° Par le Recteur, sur la proposition de l'Inspecteur d'Académie, pour les titulaires chargés d'une École et pour les adjoints et professeurs auxiliaires de l'enseignement primaire supérieur.

« Dans le cas de la révocation..... »

(Le reste comme dans la loi.)

Dans le quatrième paragraphe du même article, les mots « arrêté préfectoral » sont remplacés par ceux-ci : « la décision de l'Inspecteur d'Académie ou du Recteur ».

6 nov. 1886.

Cour de Cassation (Chambre criminelle).

Audience du 6 Novembre 1886.

DIFFAMATION. — DÉLÉGUÉ CANTONAL. — MANDAT PUBLIC. — COMPÉTENCE. — ARRÊT.

Pour décider si oui ou non un délégué cantonal est chargé d'un service ou d'un mandat public, il faut se reporter à l'article 42 de la loi du 15 mars 1850 sur l'enseignement, qui énumère les fonctions qu'il a à remplir.

Or cet article n'ayant pas confié au délégué cantonal la mission de faire ou de coopérer à un bail de location d'une École, on n'est pas fondé à prétendre qu'il a agi en cette qualité parce que, comme ami, dit l'arrêt attaqué, il aurait assisté l'Inspecteur primaire délégué par le Préfet pour visiter les lieux qu'il s'agissait de louer pour les Écoles.

Conséquemment, c'est la juridiction correctionnelle, et non la Cour d'assises, qui est compétente pour juger la diffamation dont ce délégué cantonal a été l'objet dans les circonstances ci-dessus[1].

---

12 nov. 1886.

Décret fixant le mode d'Élection au Conseil départemental des instituteurs et des institutrices publics et des membres de l'enseignement privé adjoints au Conseil pour les affaires contentieuses et disciplinaires.

12 Novembre 1886.

Le Président de la République française,

Sur le rapport du Ministre de l'Instruction publique, des Beaux-Arts et des Cultes,

Vu l'article 47 de la loi du 30 octobre 1886, sur l'organisation de l'enseignement primaire;

Le Conseil d'État entendu,

Décrète :

ARTICLE 1er. — Lorsqu'il y a lieu d'élire soit les membres du Conseil départemental qui doivent être désignés par les instituteurs et institutrices titulaires publics en exercice et munis d'un brevet de capacité, soit les membres de l'enseignement privé adjoints au Conseil pour les affaires contentieuses et disciplinaires intéressant cet enseignement, le Préfet fixe la date de l'élection.

1. Voir le numéro de la *Gazette des Tribunaux* des 29-30 *novembre* 1886, qui donne *in extenso* le texte de l'arrêt, précédé d'une notice dont la partie intéressante au point de vue de la législation universitaire est reproduite ici.

L'élection ne peut avoir lieu qu'après un délai minimum de quinze jours à partir de la publication de l'arrêté préfectoral au *Bulletin départemental de l'Instruction primaire* ou, à défaut, au *Recueil des Actes administratifs*.

ART. 2. — Les deux listes d'instituteurs et d'institutrices publics appelés *respectivement* à prendre part à l'élection sont dressées par le Préfet, assisté de l'Inspecteur d'Académie et des Inspecteurs primaires du chef-lieu.

La première de ces listes comprend :

1° Tous les instituteurs titulaires, soit qu'ils dirigent une des Écoles que la loi du 30 octobre 1886 mentionne dans son article 1er, soit qu'ils exercent en qualité d'adjoints au chef-lieu de la commune ou dans une École de hameau ;

2° Les directeurs des Écoles primaires annexées aux Écoles normales.

La seconde liste comprend :

1° Toutes les institutrices titulaires exerçant dans l'une ou l'autre des conditions qui viennent d'être dites ;

2° Les directrices d'Écoles maternelles ou enfantines munies du brevet de capacité ou du certificat d'aptitude et assimilées aux institutrices par l'article 62 de ladite loi ;

3° Les directrices des Écoles primaires annexées aux Écoles normales.

Ces listes son revisées annuellement dans le mois qui suit la rentrée des classes et publiées au *Bulletin départemental* ou au *Recueil des Actes administratifs*.

La liste des électeurs sera tenue dans chaque mairie à la disposition de toute personne intéressée.

Dans les deux mois qui suivent la publication desdites listes, tout électeur non inscrit peut réclamer son inscription devant le Conseil départemental et, en appel, devant le Conseil supérieur de l'Instruction publique.

ART. 3. — Les délégués des instituteurs et des institutrices publics sont élus au scrutin de liste.

ART. 4. — Dans le département de la Seine, le vote des instituteurs publics et celui des institutrices ont lieu par circonscriptions, conformément à l'article 46 de la loi.

Ces circonscriptions, au nombre de sept, sont formées comme il suit :

1re circonscription : 1er, 2e, 3e et 4e arrondissements municipaux ;
2e circonscription : 5e, 6e, 7e, 8e arrondissements municipaux ;
3e circonscription : 9e, 10e, 11e, 12e arrondissements municipaux ;

4e circonscription : 13e, 14e, 15e, 16e arrondissements municipaux;
5e circonscription : 17e, 18e, 19e, 20e arrondissements municipaux;
6e circonscription : Sceaux;
7e circonscription : Saint-Denis.

ART. 5. — Pour l'élection des membres de l'enseignement privé appelés à siéger au Conseil départemental, dans les cas prévus par l'article 44 de la loi, il est dressé deux listes d'électeurs, l'une pour les laïques, l'autre pour les congréganistes.

Chacune de ces listes doit comprendre les directeurs et les directrices, les adjoints et les adjointes chargés de classe dans une des Écoles énumérées dans l'article 1er de la loi, chacun de ces maîtres devant, d'autre part, remplir les conditions exigées par l'article 4 de la même loi et par l'article 4 de la loi du 16 juin 1881 sur les titres de capacité.

Sont applicables toutes les dispositions de l'article 2 du présent décret relatives à la revision des listes électorales, à leur publicité et aux recours prévus.

ART. 6. — Les élections ont lieu à la majorité absolue des suffrages exprimés. Si un second tour de scrutin est nécessaire, il y est procédé huit jours après. Dans ce cas, la majorité relative suffit.

ART. 7. — Les bulletins sont valables bien qu'ils portent plus ou moins de noms qu'il n'y a de délégués à élire. Les noms inscrits en trop ne sont pas comptés. Les bulletins blancs ou illisibles, ceux qui ne contiennent pas une désignation suffisante ou dans lesquels les votants se font connaître n'entrent pas en compte dans le résultat du dépouillement, mais ils sont annexés au procès-verbal.

ART. 8. — En cas d'égalité de suffrages, la préférence se détermine par l'ancienneté des services, et par l'âge si l'ancienneté est la même.

ART. 9. — Il est pourvu, dans le délai de deux mois, aux vacances qui peuvent résulter de décès, de démission ou de toute autre cause.

Dans ce cas, le mandat du nouvel élu prend fin à l'expiration de la période triennale en cours.

ART. 10. — Le jour fixé pour l'élection, chaque électeur insère son bulletin de vote dans une enveloppe cachetée, sans signe extérieur. Il place cette enveloppe sous un second pli cacheté, portant extérieurement : sa signature, la mention « *Conseil départemental. — Élections* », et le cachet de la mairie.

Ce pli est mis à la poste à l'adresse du Préfet, et recommandé.

ART. 11. — Le lendemain de l'élection, ou le surlendemain si la difficulté des communications justifie cette remise, le Préfet, dans un local accessible aux électeurs, assisté de l'Inspecteur d'Académie et des Inspecteurs primaires en résidence au chef-lieu, ouvre les plis cachetés, émarge sur la liste des électeurs les noms des votants et dépose dans une urne les enveloppes cachetées contenant les bulletins de vote. Il procède ensuite au dépouillement.

Le procès-verbal de cette opération est inséré sans délai au *Bulletin départemental* ou au *Recueil des Actes administratifs.*

ART. 12. — Dans les quinze jours de cette publication, les opérations électorales pourront être attaquées par tout membre du corps électoral que l'élu est appelé à représenter, devant le Ministre, qui statuera dans le délai d'un mois.

La décision du Ministre pourra être déférée au Conseil d'État dans la quinzaine qui suivra sa notification.

Faute par le Ministre d'avoir prononcé dans le délai d'un mois, la réclamation pourra être portée directement devant le Conseil d'État.

ART. 13. — L'indemnité de déplacement à laquelle auront droit les Inspecteurs primaires et les délégués des instituteurs publics et privés résidant en dehors du chef-lieu est fixée à 4 francs par jour de séance et à 10 centimes par kilomètre pour l'aller et le retour.

Proposition de loi [1] relative à la limite d'âge de mise à la retraite des fonctionnaires de tout ordre, présentée par MM. du Mesnildot, Liais, Gaudin de Villaine, Bouvatier, députés. 23 nov. 1886.

Séance du 23 Novembre 1886.

Exposé des motifs.

Messieurs, le décret de janvier 1886, par lequel M. le Ministre de la Marine a abaissé la limite d'âge pour la mise à la retraite d'une certaine catégorie de fonctionnaires de la marine, a soulevé de nombreuses réclamations. La mesure prise par l'amiral Aube était cependant légale, le droit d'abaisser la limite d'âge ayant de tout temps appartenu au Ministre de la Marine; ce que l'on peut seulement soutenir, c'est qu'en le prenant il a engagé dans une certaine mesure les fonds du Trésor sans l'assentiment du Parlement.

Pour mettre fin à un état de choses qui pourrait se présenter à nouveau, nous avons l'honneur de vous présenter la proposition de loi suivante :

Proposition de loi.

ARTICLE UNIQUE. — La limite d'âge de mise à la retraite des fonctionnaires de tout ordre ne pourra être changée que par une loi.

1. Voir ci-dessus, p. 412, la proposition de loi de MM. Paul BERT et DETHOU, 28 *février* 1882, et les documents visés par la note en renvoi.

1er déc. 1886.

Rapport et Arrêté relatifs à la désignation des Départements dans lesquels il ne doit être fait aucune Nomination d'instituteurs et d'institutrices publics congréganistes.

1er Décembre 1886.

1° Rapport au Ministre de l'Instruction publique présenté par le Directeur de l'Enseignement primaire.

Monsieur le Ministre, aux termes de l'article 18 de la loi du 30 octobre 1886, « aucune nomination nouvelle, soit d'instituteur, soit d'institutrice congréganiste, ne sera faite dans les départements où fonctionnera depuis quatre ans une École normale soit d'instituteurs, soit d'institutrices, en conformité avec l'article 1er de la loi du 9 août 1879 ».

En conséquence, j'ai l'honneur de soumettre à votre signature un projet d'arrêté faisant connaître dans quels départements il y a lieu d'appliquer cet article dès la présente année scolaire.

Au moment de la promulgation de la loi, 82 départements possédaient une École normale d'instituteurs depuis plus de quatre ans; 42 départements possédaient une École normale d'institutrices comptant au moins quatre années d'existence. En voici la liste telle qu'elle avait été soumise à la Commission de la Chambre et imprimée en annexe à la suite du rapport sur le projet de loi :

I. — Départements possédant une École normale d'instituteurs depuis plus de quatre ans.

	ÉCOLES NORMALES fondées en
1. Ain	1832
2. Aisne	1833
3. Allier	1834
4. Alpes (Basses-)	1834
5. Alpes (Hautes-)	1834
6. Alpes-Maritimes	1860
7. Ardèche	1832
8. Ardennes	1831
9. Ariége	1834
10. Aube	1834
11. Aude	1834
12. Aveyron	1835
13. Bouches-du-Rhône	1837
14. Calvados	1833
15. Cantal	1880
16. Charente-Inférieure	1863
17. Cher	1833
18. Corrèze	1832
19. Corse	1829
20. Côte-d'Or	1829
21. Creuse	1833
22. Dordogne	1835
23. Doubs. { Montbéliard	1836
Besançon	1835
24. Drôme	1862
25. Eure	1832
26. Eure-et-Loir	1831
27. Finistère	1873
28. Gard	1832
29. Garonne (Haute-)	1833
30. Gers	1833
31. Gironde	1833
32. Hérault	1833
33. Ille-et-Vilaine	1831
34. Indre	1849
35. Indre-et-Loire	1863
36. Isère	1831
37. Jura	1862
38. Landes	1834
39. Loir-et-Cher	1834
40. Loire	1833
41. Loire (Haute-)	1832
42. Loire-Inférieure	1872
43. Loiret	1822
44. Lot-et-Garonne	1878
45. Lozère	1833
46. Maine-et-Loire	1831
47. Manche	1832

	ÉCOLES NORMALES fondées en
48. Marne	1833
49. Marne (Haute-)	1834
50. Mayenne	1833
51. Meurthe-et-Moselle	1833
52. Meuse	1823
53. Nièvre	1861
54. Nord	1834
55. Orne	1832
56. Puy-de-Dôme	1831
57. Pyrénées (Basses-)	1832
58. Pyrénées (Hautes-)	1833
59. Pyrénées-Orientales	1833
60. Belfort	1880
61. Rhône	1833
62. Saône (Haute-)	1834
63. Saône-et-Loire	1833
64. Sarthe	1835
65. Savoie	1857
66. Seine	1872
67. Seine-et-Marne	1833
68. Seine-et-Oise	1831
69. Seine-Inférieure	1829
70. Sèvres (Deux-)	1835
71. Somme	1831
72. Tarn	1831
73. Tarn-et-Garonne	1833
74. Var	1864
75. Vaucluse	1832
76. Vendée	1837
77. Vienne	1834
78. Vienne (Haute-)	1875
79. Vosges	1828
80. Yonne	1835
81. Alger	1866
82. Constantine	1879

Soit, au total, sur

90 départements (en y comptant les trois départements algériens et le territoire de Belfort) :

82 départements en possession de leur École normale d'instituteurs depuis plus de quatre ans, et dans lesquels il n'y a plus lieu désormais de faire de nominations d'instituteurs congréganistes.

Il reste donc :

8 départements non compris dans cette liste,

Savoir :

2 départements (Morbihan et Pas-de-Calais) qui auront atteint le délai légal de quatre ans depuis l'ouverture de leur École normale . . . . le 1er octobre 1887;

1 département (Oise) . . . . le 1er octobre 1888;

3 départements (Charente, Côtes-du-Nord, Lot). . . . le 1er octobre 1889;

2 départements (Haute-Savoie, Oran) qui envoient leurs élèves dans l'École normale du département voisin.

Mais il est à remarquer que, de ces huit départements, deux n'ont plus, déjà depuis de longues années, une seule École publique de garçons qui soit congréganiste; il y a donc lieu de les ajouter aux quatre-vingt-deux précités : ce sont le département de la Charente et celui d'Oran.

Le département du Lot donne lieu à une question particulière. Ce département, réuni antérieurement à 1879 à celui de Tarn-et-Garonne, a retiré en 1882 de l'École normale de Montauban ses élèves-maîtres pour les placer à Cahors, dans un établissement qu'il ouvrait, pour son compte particulier, en vue de satisfaire aux prescriptions de la loi de 1879, sans même attendre l'achèvement de l'École normale qu'il faisait construire.

Cet établissement départemental, ouvert le 16 octobre 1882 sous le nom d'ailleurs impropre de « cours normal », n'était autre chose qu'une École normale provisoirement installée dans des bâtiments loués à un chef d'institution.

Le directeur, les professeurs, les maîtres surveillants étaient désignés par le Recteur et agréés par le Ministre; aucun n'appartenait à l'institution. Le budget, s'élevant à 22 500 francs, était voté par le Conseil général, approuvé par le Ministre, et la dépense prélevée sur les 4 centimes spéciaux. Un concours d'admission avait lieu chaque année; les élèves, au nombre de 36, contractaient un engagement décennal, et le département payait 500 francs pour l'entretien de chacun d'eux. Il s'agissait donc bien d'une École normale, même avant son installation, à la date du 1er octobre 1886, dans son local définitif, et par conséquent il y a lieu d'ajouter le Lot à la liste des départements qui sont en mesure d'appliquer l'article 18.

Enfin, il est également impossible de considérer le département de la Haute-Savoie, qui va ouvrir une École normale distincte, comme n'ayant pas eu jusqu'ici d'École normale : il fournissait la moitié du contingent de l'École d'Albertville, commune aux deux départements. Depuis 1879, chacun des deux départements de la Haute-Savoie et de la Savoie a consacré la totalité de ses 4 centimes spéciaux à l'entretien de l'établissement, et, le produit des centimes étant insuffisant, l'État a parfait la différence au moyen d'une subvention. L'effectif de l'École depuis 1880 s'est maintenu à 80 élèves, chiffre jusqu'alors suffisant pour assurer le recrutement du personnel dans les deux départements.

En résumé, il ne reste plus que quatre départements où puissent encore avoir lieu légalement des nominations d'instituteurs congréganistes pendant une période d'un an (Morbihan, Pas-de-Calais); de deux ans (Oise), et de trois ans (Côtes-du-Nord).

II. — *Départements possédant depuis plus de quatre ans une École normale d'institutrices.*

Les quarante-deux départements dans lesquels fonctionne depuis plus de quatre ans une École normale d'institutrices sont les suivants :

	ÉCOLES NORMALES fondées en		ÉCOLES NORMALES fondées en
1. Ain	1882	22. Loire	1881
2. Aisne	1881	23. Loire (Haute-)	1882
3. Allier	1873	24. Loiret	1843
4. Ardèche	1882	25. Marne	1880
5. Ardennes	1845	26. Meurthe-et-Moselle	1879
6. Ariège	1882	27. Orne	1842
7. Aube	1880	28. Puy-de-Dôme	1879
8. Aude	1880	29. Pyrénées-Orientales	1880
9. Bouches-du-Rhône	1843	30. Rhône	1879
10. Cantal	1881	31. Saône-et-Loire	1872
11. Corse	1885	32. Sarthe	1882
12. Côte-d'Or	1880	33. Savoie (Haute-)	1861
13. Dordogne	1882	34. Seine	1872
14. Doubs	1843	35. Seine-et-Marne	1880
15. Drôme	1881	36. Seine-et-Oise	1879
16. Eure-et-Loir	1872	37. Seine-Inférieure	1879
17. Hérault	1876	38. Sèvres (Deux-)	1882
18. Indre-et-Loire	1880	39. Somme	1876
19. Isère	1872	40. Vosges	1881
20. Jura	1842	41. Yonne	1872
21. Loir-et-Cher	1880	42. Alger	1875

Soit, au total :

42 départements auxquels s'applique dès à présent l'article 18.

Il convient d'y ajouter :

6 départements qui, sans avoir une École normale distincte, contribuent depuis plus de quatre ans à l'entretien d'une École normale commune avec un département voisin ; ce sont les suivants :

1° Alpes-Maritimes, qui entretenait un nombre d'élèves-maîtresses suffisant pour le recrutement à l'École normale d'Aix, depuis 1878;

2° Vaucluse, depuis 1872;

3° Var, depuis 1876;

4° Savoie, qui fournissait la moitié de l'effectif de l'École normale de Rumilly depuis 1861;

5° Haute-Saône, qui envoyait ses élèves à l'École de Besançon depuis 1845;

6° Belfort, depuis 1878.

Il est vrai que tous ces départements, sauf Belfort, n'ont voulu qu'user provisoirement de cette faculté d'association avec un autre département, et, en conséquence, ils n'ont pas eu à demander le décret d'autorisation prévu par cette loi. Ce décret n'était nécessaire, en effet, que si, après l'expiration du délai de quatre ans, les départements avaient l'intention de faire sanctionner à titre définitif leur réunion en vue de l'École normale. Du moment qu'ils n'avaient pas cette intention, ils ne pouvaient solliciter un décret qui ne se fût appliqué qu'à une période transitoire, précisément à celle pendant laquelle la loi n'exigeait rien d'eux. Ils n'avaient pas à faire régulariser leur situation par cela même qu'ils réalisaient depuis longtemps les prescriptions édictées par la loi de 1879. On ne pouvait les considérer alors comme étant dépourvus d'École normale puisqu'ils en avaient une très régulièrement et très légalement établie à frais communs avec un département voisin. Que si, depuis, ils ont jugé à propos de dédoubler l'établissement, c'est un changement qui a consisté à passer d'un régime légal à un autre, aussi légal. Des deux combinaisons offertes par la loi, la première leur avait paru d'abord préférable comme moins dispendieuse, et ils s'y sont tenus jusqu'à ce que leurs ressources leur aient permis d'adopter la seconde. Mais, soit sous l'un, soit sous l'autre de ces deux régimes successifs, ces départements ont depuis plus de quatre ans pourvu régulièrement au recrutement de leur personnel dans une École normale; il est donc juste de les inscrire, au même titre que les quarante-deux précités, comme placés désormais sous l'application de l'article 18.

Restent, en somme, quarante-deux départements qui n'avaient en 1879 ni École normale distincte, ni École normale commune avec un département voisin, et où l'École, établie depuis lors, n'a pas atteint à l'heure présente quatre années d'existence.

Ils se répartissent comme suit :

1° 15 départements où l'École normale aura quatre années d'existence le 1er octobre 1887 : Charente-Inférieure, Cher, Gard, Loire-Inférieure, Lot-et-Garonne, Lozère, Haute-Marne, Nièvre, Nord, Pas-de-Calais, Basses-Pyrénées, Hautes-Pyrénées, Tarn-et-Garonne, Haute-Vienne, Oran;

2° 7 départements où l'École normale aura quatre années d'existence le 1er octobre 1888 : Charente, Corrèze, Haute-Garonne, Gironde, Morbihan, Oise, Vendée;

3° 3 départements où l'École normale aura quatre années d'existence le 1er octobre 1889 : Hautes-Alpes, Finistère, Meuse;

4° 8 départements où l'École normale aura quatre années d'existence le 1er octobre 1890 : Basses-Alpes, Calvados, Côtes-du-Nord, Gers, Ille-et-Vilaine, Landes, Maine-et-Loire, Manche;

5° Enfin, 9 départements n'ont pas encore d'École normale de filles; ce sont: Aveyron, Creuse, Eure, Indre, Lot, Mayenne, Tarn, Vienne, Constantine.

Conformément aux relevés qui précèdent, j'ai l'honneur, Monsieur le Ministre, de soumettre à votre signature un projet d'arrêté désignant les départements dans lesquels doit se faire dès à présent l'application de l'article 18 de la loi du 30 octobre 1886.

Veuillez agréer, etc.

Le Directeur de l'Enseignement primaire,
Signé : F. BUISSON.

2° Arrêté.

Le Ministre de l'Instruction publique, des Beaux-Arts et des Cultes,

Vu l'article 18 de la loi du 30 octobre 1886;

Vu le rapport de M. le Directeur de l'enseignement primaire, contenant le relevé des Écoles normales d'instituteurs et d'institutrices qui fonctionnent depuis plus de quatre années,

Arrête :

ARTICLE 1er. — Il ne sera fait aucune nomination d'instituteurs publics congréganistes dans les départements ci-après désignés :

Ain, Aisne, Allier, Alpes (Basses-), Alpes (Hautes-), Alpes-Maritimes, Ardèche, Ardennes, Ariège, Aube, Aude, Aveyron, Bouches-du-Rhône, Calvados, Cantal, Charente, Charente-Inférieure, Cher, Corrèze, Corse, Côte-d'Or, Creuse, Dordogne, Doubs, Drôme, Eure, Eure-et-Loir, Finistère, Gard, Garonne (Haute-), Gers, Gironde, Hérault, Ille-et-Vilaine, Indre, Indre-et-Loire, Isère, Jura, Landes, Loir-et-Cher, Loire, Loire (Haute-), Loire-Inférieure, Loiret, Lot, Lot-et-Garonne, Lozère, Maine-et-Loire, Manche, Marne, Marne (Haute-), Mayenne, Meurthe-et-Moselle, Meuse, Nièvre, Nord, Orne, Puy-de-Dôme, Pyrénées (Basses-), Pyrénées (Hautes-), Pyrénées-Orientales, Belfort, Rhône, Saône (Haute-), Saône-et-Loire, Sarthe, Savoie, Savoie (Haute-), Seine, Seine-et-Marne, Seine-et-Oise, Seine-Inférieure, Sèvres (Deux-), Somme, Tarn, Tarn-et-Garonne, Var, Vaucluse, Vendée, Vienne, Vienne (Haute-), Vosges, Yonne, Alger, Constantine, Oran.

ART. 2. — Il ne sera fait aucune nomination d'institutrices publiques congréganistes dans les départements désignés ci-après :

Ain, Aisne, Allier, Alpes-Maritimes, Ardèche, Ardennes, Ariège, Aube, Aude, Belfort, Bouches-du-Rhône, Cantal, Corse, Côte-d'Or, Dordogne, Doubs, Drôme, Eure-et-Loir, Hérault, Indre-et-Loire, Isère, Jura, Loir-et-Cher, Loire, Loire (Haute-), Loiret, Marne, Meurthe-et-Moselle, Orne, Puy-de-Dôme, Pyrénées-Orientales, Rhône, Saône-et-Loire, Saône (Haute-), Sarthe, Savoie, Savoie (Haute-), Seine, Seine-et-Marne, Seine-et-Oise, Seine-Inférieure, Sèvres (Deux-), Somme, Var, Vaucluse, Vosges, Yonne, Alger.

ART. 3. — Des arrêtés ministériels détermineront ultérieurement la date à partir de laquelle aucune nomination d'instituteurs ou d'institutrices congréganistes ne pourra avoir lieu dans les départements non compris dans les présentes listes[1].

Circulaire du Ministre de l'Instruction publique, relative à la Substitution du personnel laïque au personnel congréganiste de l'Enseignement primaire public[2]. 3 déc. 1886.

3 Décembre 1886.

Monsieur le Préfet, vous avez reçu ampliation de mon arrêté du 1er décembre qui détermine la liste des départements auxquels doit s'appliquer dès à présent, soit pour les instituteurs, soit pour les institutrices, l'article 18 de la loi du 30 octobre 1886. Je crois devoir vous donner pour l'application de cet article, et plus généralement du principe de laïcisation établi par la loi, des instructions se rapportant aux divers cas qui me paraissent pouvoir se présenter.

1. Aux termes de l'arrêté du 27 *septembre* 1887, « il ne sera plus fait dans les départements ci-après désignés de nominations de :

Congréganistes hommes : Morbihan, Pas-de-Calais;

Congréganistes femmes : Charente-Inférieure, Cher, Gard, Loire-Inférieure, Lot-et-Garonne, Lozère, Haute-Marne, Nièvre, Nord, Pas-de-Calais, Basses-Pyrénées, Hautes-Pyrénées, Tarn-et-Garonne, Haute-Vienne, Oran. »

Aux termes de l'arrêté du 16 *août* 1888, il ne sera plus fait dans les départements ci-après désignés de nominations de :

Congréganistes hommes : Oise;

Congréganistes femmes : Charente, Corrèze, Haute-Garonne, Gironde, Morbihan, Oise, Vendée.

Aux termes de l'arrêté du 23 *août* 1889, il ne sera plus fait dans les départements ci-après désignés de nominations de :

Congréganistes hommes : Côtes-du-Nord;

Congréganistes femmes : Hautes-Alpes, Finistère, Meuse.

Aux termes des arrêtés des 12 *août* et 3 *septembre* 1890, il ne sera plus fait aucune nomination d'institutrices publiques congréganistes dans les départements ci-après : Basses-Alpes, Calvados, Côtes-du-Nord, Gers, Ille-et-Vilaine, Landes, Manche, Maine-et-Loire.

Enfin les départements qui, en 1886, n'avaient point d'École normale de filles en ont été pourvus aux dates suivantes : Aveyron, en 1889; Creuse, en 1889; Eure, en 1888; Indre, en 1889; Lot, en 1887; Mayenne, en 1887; Tarn, en 1890; Vienne, en 1887. Constantine n'a pas d'École normale de filles.

2. Voir ci-dessus, p. 11, la lettre au Préfet de la Seine, en date du 27 *février* 1879, et la note en renvoi rappelant la décision sur la matière.

I. Aux termes de l'article 18, la substitution du personnel laïque au personnel congréganiste est immédiatement obligatoire dans tout département qui possède depuis plus de quatre ans une École normale.

Si votre département est au nombre de ceux auxquels s'applique dès aujourd'hui l'article 18, votre conduite est absolument dictée par la loi : à la suite de toute vacance, qu'elle provienne de décès, de démission, de révocation ou de toute autre cause, qu'il y ait lieu à renouvellement intégral ou partiel du personnel dirigeant ou du personnel enseignant, des laïques seuls peuvent être nommés ou délégués : par vous, s'ils sont titulaires, par l'Inspecteur d'Académie, s'ils sont stagiaires.

Dans tous les départements, sans exception, cette règle s'appliquera au cas de création d'École.

On ne saurait admettre, en effet, que l'État créât lui-même de nouvelles Écoles congréganistes, alors que l'article 17 de la loi pose, sans restriction, le principe que les Écoles publiques seront désormais exclusivement laïques.

Il en sera de même dans le cas de création d'emploi nouveau d'adjoint ou d'adjointe dans les Écoles congréganistes actuellement existantes. Toutefois, il pourrait se faire que l'Administration jugeât à propos, dans les départements non encore soumis à l'application de l'article 18, d'autoriser exceptionnellement des nominations de congréganistes; ces décisions devront m'être préalablement soumises soit par vous, soit par l'Inspecteur d'Académie, suivant qu'il s'agira de titulaires ou de stagiaires.

Une question de détail m'a été posée : admettra-t-on le droit de permutation entre congréganistes dans un même département? Il n'y a pas à proprement parler « de droit de permutation ». Autoriser deux instituteurs à changer de poste, c'est prononcer un double changement de résidence, en d'autres termes, une double nomination, ce qui ne peut avoir lieu que dans les conditions formellement prescrites par l'article 29. Je vous ai déjà rappelé, par ma circulaire du 11 novembre, que ni dans ce cas ni dans aucun autre vous n'êtes plus désormais en présence de désignations soumises à votre agrément par des supérieurs de congrégations; vous avez à statuer par de véritables mesures individuelles.

Il va de soi que, si votre département est de ceux auxquels s'applique l'article 18, vous ne sauriez faire une permutation entre congréganistes qu'autant que vous la jugeriez indispensable pour les besoins du service. Vous devez éviter, en effet, que de semblables mesures servent à retarder la laïcisation.

Il me reste à appeler votre attention, Monsieur le Préfet, sur trois situations particulières qui peuvent soulever des difficultés :

1° Si la vacance se produit dans une École appartenant à une communauté religieuse qui n'entend pas se dessaisir de son immeuble, il pourra être nécessaire de faire application de l'article 67. A moins, en effet, que l'École publique congréganiste jusqu'alors en exercice ne soit supprimée par le Conseil départemental, sur l'avis du Conseil municipal, sans être remplacée par une autre, la commune devra se procurer un autre local, soit à titre de location, soit par voie d'acquisition ou de construction. Il peut se faire alors que le mauvais vouloir, la négligence ou des difficultés matérielles retardent plus ou moins longtemps l'ouverture du nouveau local scolaire. Dans l'intervalle, suivant les termes formels de la loi, il peut être sursis à l'application du paragraphe 1er de l'article 18 jusqu'à ce qu'il ait été pourvu à l'établissement de l'École. La loi du 20 mars 1883 (art. 8 et 10) et celle du 20 juin 1885 vous donnent les moyens de hâter cet établissement de la nouvelle École publique. Jusqu'au moment où elle s'ouvrira, l'École congréganiste actuellement en exercice continuera de recevoir les élèves et de servir d'École communale : les personnes appelées à y enseigner ne recevront pas de vous une nomination définitive, mais une délégation provisoire, qui prendra fin de plein droit à l'ouverture de la nouvelle École; elles continueront jusque-là à exercer, aux mêmes conditions, avec le même traitement et les mêmes obligations que par le passé.

Vous ne devez, d'ailleurs, statuer en pareille circonstance qu'après m'avoir mis à même d'apprécier la situation et de juger s'il y a lieu de faire usage de la faculté réservée par l'article 67.

2° S'il s'agit d'une École appartenant à la commune en vertu d'une donation faite à charge d'entretenir une École congréganiste, la substitution (totale ou partielle, suivant le gré de la congrégation) du personnel laïque au personnel congréganiste aura lieu, quand bien même une action en révocation de la libéralité devrait être intentée par les intéressés, dans le délai prévu par la loi (art. 19).

Toutefois, je n'ai pas besoin de vous faire remarquer qu'il conviendra, dans ce cas, de procéder avec tous les ménagements que comportera l'exécution de la loi. Les congréganistes devront toujours être prévenus par vous de la laïcisation du poste devenu vacant; vous leur demanderez de vous faire connaître par écrit s'ils ont l'intention de conserver les chaires qui leur restent ou s'ils préfèrent abandonner l'École tout entière. Dans ce dernier cas, vous leur fixeriez un délai et vous prendriez les mesures nécessaires pour que l'installation de leurs successeurs se fasse régulièrement et ne puisse donner lieu à aucune surprise pour les uns, à aucune difficulté pour les autres.

3° S'il s'agit d'Écoles congréganistes de filles dans des communes de moins de 400 âmes et d'Écoles maternelles dans des communes de moins de 2 000 âmes, la vacance nécessitera une procédure spéciale dont je vous ai déjà indiqué les caractères dans de précédentes instructions, mais que je me propose de préciser aussitôt après le vote de la loi de finances de 1887. En effet, dans ces deux cas, la loi du 30 octobre ne reconnaît pas à l'École le caractère obligatoire. Il faudra donc poser au Conseil municipal la question de savoir s'il est disposé à l'entretenir désormais soit en totalité sur les ressources propres de la commune, soit avec un subside de l'État, subside qui sera rigoureusement proportionné au crédit spécial ouvert à cet effet et qui, bien entendu, ne peut plus être accordé qu'aux Écoles laïques.

II. Je me suis expliqué, dans ce qui précède, sur les diverses hypothèses où il y a lieu, aux termes de l'article 18, à la laïcisation totale ou partielle de l'École.

Mais il a été reconnu, au cours des débats parlementaires, que si l'article 18 a pour objet d'interdire les nominations de congréganistes dans les départements pourvus depuis quatre ans d'une École normale, il n'a pas pour effet de les prescrire dans les autres départements. La faculté du Préfet de choisir pour une commune un personnel laïque ou un personnel congréganiste ne résultait pas d'un article de loi; elle résultait simplement du droit de nomination que la loi lui conférait, les Conseils municipaux entendus. Ce droit a été précisé, réglé par la nouvelle loi qui ne permet au Préfet d'agir que sur la proposition de l'Inspecteur d'Académie; mais, sous la réserve des garanties nouvelles dont il est entouré par la loi même, ce droit de nomination reste entier. En conséquence, tandis que le Préfet d'un département pourvu depuis quatre ans d'École normale ne peut nommer que des laïques, ailleurs il peut, à son choix, nommer des laïques ou des congréganistes. De quelle manière et dans quel esprit devra-t-il user de ce droit, lorsqu'une vacance viendra à se produire dans une École actuellement tenue par des congréganistes? J'ai fait connaître à cet égard ma pensée et mes intentions à la Chambre. J'estime que le Préfet, dans les départements non encore soumis à l'article 18, ne devra pas hésiter à prononcer la laïcisation, toutes les fois que cette mesure aura l'assentiment du Conseil municipal; qu'en dehors de ce cas et sauf des circonstances exceptionnelles, qu'appréciera l'Administration, il est préférable, en règle générale, d'attendre, pour faire application de l'article 18, des conditions plus favorables, sans perdre de vue cependant que pour les Écoles de garçons la laïcisation devra être achevée avant l'expiration du délai de cinq ans.

Je vous prierai, Monsieur le Préfet, de ne jamais manquer de me consulter dans ces divers cas, soit qu'il s'agisse de refuser une laïcisation demandée, ou de la prononcer, au contraire, contre le vœu de la commune.

A ces instructions particulières, Monsieur le Préfet, je n'aurais à joindre qu'une recommandation générale qui, sans doute, est inutile. Le Gouvernement souhaite que l'application du principe de la laïcité de l'enseignement primaire se fasse en France comme a eu lieu celle de l'obligation : ce sera vous inspirer de l'esprit même de la loi que de vous tenir également loin des décisions précipitées qui en compromettraient l'exécution et des lenteurs non justifiées qui pourraient la retarder.

Le législateur a voulu que la laïcité du personnel enseignant fût établie sans violence, mais le plus promptement possible : immédiatement partout où l'état du personnel le permet, partout ailleurs graduellement, par un progrès incessant et dont il a marqué le terme au moins pour les Écoles de garçons. L'opinion publique ne saurait se méprendre sur le caractère de ce régime légal remplaçant le régime d'arbitraire administratif qui l'avait précédé.

La loi devenue définitive s'impose au respect de tous les citoyens. Toutes manifestations hostiles qui tendraient à en entraver l'application seraient désormais sans excuse comme sans résultat.

J'ai la confiance, Monsieur le Préfet, que, par votre prudence et votre fermeté, vous saurez dissiper les malentendus, prévenir les résistances et mener à fin dans les conditions prévues, régulièrement et pacifiquement, l'œuvre de la laïcisation.

Veuillez m'accuser réception de la présente circulaire.

Recevez, etc.

Signé : RENÉ GOBLET.

---

4 déc. 1886.

Décret déterminant les règles de la Procédure à suivre pour le jugement et l'appel des affaires disciplinaires de l'Enseignement primaire.

4 Décembre 1886.

Le Président de la République française,

Sur le rapport du Ministre de l'Instruction publique, des Beaux-Arts et des Cultes;

Vu les articles 31, 32, 41 et 49 de la loi du 30 octobre 1886 sur l'organisation de l'enseignement primaire;

Le Conseil d'État entendu,

Décrète :

ARTICLE 1er. — Lorsque le Conseil départemental est appelé, soit à émettre un avis, soit à statuer en matière disciplinaire, il est saisi par l'Inspecteur d'Académie qui lui adresse, avec les pièces de l'affaire, un mémoire énonçant les faits incriminés et indiquant la peine dont l'application est demandée.

L'arrivée des pièces et du mémoire au secrétariat du Conseil est constatée par l'inscription faite, à sa date, sur un registre spécial.

ART. 2. — Le service du secrétariat est confié au secrétaire-greffier du Conseil de préfecture.

ART. 3. — Aussitôt après l'arrivée des pièces, le Préfet désigne un rapporteur pris parmi les membres du Conseil départemental.

Le rapporteur procède à l'instruction de l'affaire, recueille les renseignements et les témoignages, appelle, s'il y a lieu, l'inculpé, par une simple lettre énonçant les faits, et l'entend en ses moyens de défense.

ART. 4. — Quand l'instruction est terminée, le rapporteur en avise le président, qui porte l'affaire au rôle de la prochaine session et fixe le jour où elle sera appelée en séance. Au jour fixé, le rapporteur expose les faits, résume les moyens de défense et donne lecture d'un projet de décision.

ART. 5. — Lorsqu'il s'agit d'appliquer la peine de la censure à un membre de l'enseignement public, le Conseil départemental déclare, dans un avis motivé, s'il y a lieu de condamner ou de renvoyer l'inculpé. Expédition de cet avis est adressée à l'Inspecteur d'Académie, qui statue définitivement.

Lorsque la poursuite est dirigée contre un membre de l'enseignement privé, le Conseil départemental, soit qu'il renvoie l'inculpé, soit qu'il prononce la censure, statue définitivement.

ART. 6. — Si la peine dont l'application est demandée est la révocation, le Préfet notifie administrativement à l'inculpé, cinq jours au moins à l'avance, le jour et l'heure de la séance, en l'avertissant qu'il a le droit de comparaître en personne et de prendre, au secrétariat du Conseil départemental, communication, sans déplacement des pièces, de l'instruction.

ART. 7. — Si le Préfet, après avis motivé du Conseil départemental, prononce la révocation, il notifie administrativement son arrêté à l'inculpé. La notification lui fait connaître qu'il peut se faire délivrer copie de l'avis motivé du Conseil, et qu'il a le droit de faire appel devant le Ministre de l'Instruction publique, par une simple lettre enregistrée au secrétariat du Conseil, dans le délai de vingt jours à partir de la notification. Il en est accusé réception.

Le recours et les pièces de l'affaire sont immédiatement transmis par les soins du Préfet au Ministre de l'Instruction publique, qui statue d'urgence.

Art. 8. — Il est procédé dans les formes édictées par l'article 6, dans le cas où le Conseil départemental est appelé à donner son avis motivé sur le déplacement par mesure disciplinaire ou sur la révocation d'un directeur ou d'une directrice d'École primaire supérieure ou d'École manuelle d'apprentissage, ou de l'un des professeurs énumérés par l'article 24 de la loi du 30 octobre 1886. L'avis motivé du Conseil est transmis par les soins du Préfet au Ministre de l'Instruction publique, qui statue définitivement.

Art. 9. — Lorsqu'il s'agit de prononcer l'interdiction contre un membre de l'enseignement public ou privé, à la suite des condamnations pénales prévues par l'article 5 de la loi du 30 octobre 1886, ou à la suite de faits signalés par l'Inspecteur d'Académie, l'inculpé est cité par le Préfet, huit jours au moins avant la séance, à comparaître en personne. La citation lui fait connaître qu'il a le droit de se faire assister par un défenseur et de prendre au secrétariat, sans déplacement des pièces, communication du dossier.

Art. 10. — Si l'inculpé, régulièrement cité, ne comparaît pas, sans cause d'excuse reconnue légitime, le Conseil, après avoir entendu le rapport, peut passer outre au jugement de l'affaire. La décision ne peut être attaquée que par la voie de l'appel.

Art. 11. — Si l'inculpé est présent, il est, après l'audition du rapport, interrogé par le président. Le Conseil entend les témoins, s'il y a lieu. Le défenseur est ensuite admis à présenter les moyens de défense.

Art. 12. — Le recours contre la décision du Conseil départemental qui prononce l'interdiction est formé par simple lettre enregistrée au secrétariat du Conseil départemental dans le délai de vingt jours à partir de la notification du jugement, qui est faite administrativement par le Préfet.

Cette lettre est immédiatement adressée au Ministre de l'Instruction publique, qui en saisit le Conseil supérieur.

Art. 13. — La discussion à laquelle donne lieu une affaire disciplinaire et les opinions émises dans le délibéré ne sont pas relatées au procès-verbal.

Les décisions contiennent le visa des pièces qui constatent l'accomplissement des formalités légales et mentionnent les noms des membres qui y ont pris part.

ART. 14. — La minute de la décision est signée par le président, par le rapporteur et par le membre du Conseil départemental élu secrétaire. Elle est déposée et conservée au secrétariat avec la correspondance et les pièces relatives à l'instruction. Les décisions sont en outre transcrites par ordre de date sur un registre spécial dont la tenue et la garde sont confiées au secrétaire-greffier du Conseil de préfecture.

ART. 15. — Le Ministre de l'Instruction publique, des Beaux-Arts et des Cultes est chargé de l'exécution du présent décret, qui sera publié au *Journal officiel* et inséré au *Bulletin des Lois*.

Circulaire du Ministre de l'Instruction publique, relative aux Dépenses ordinaires des Écoles spéciales de jeunes filles, des Écoles maternelles et des Classes enfantines[1]. 8 déc. 1886.

8 Décembre 1886.

Monsieur le Préfet, la loi du 30 octobre dernier, article 11, § 4, et article 15, renferme, en ce qui concerne les Écoles de filles, les Écoles maternelles et les Classes enfantines, des dispositions dont il importe de préparer dès à présent l'application.

I. — ÉCOLES DE FILLES.

Ces Écoles forment trois catégories :

1° *Écoles de filles dans les communes de 500 âmes et au-dessus.* — L'article 11, § 4, stipule : « Lorsque la commune ou la réunion de communes compte 500 habitants et au-dessus, elle doit avoir au moins une École spéciale pour les filles, à moins d'être autorisée par le Conseil départemental à remplacer cette École spéciale par une École mixte. »

L'entretien des Écoles établies en vertu de ces prescriptions est donc obligatoire, et l'État contribue au traitement des institutrices, en cas d'insuffisance des ressources locales destinées à l'instruction primaire. Sur ce point, la loi nouvelle n'a modifié la législation antérieure que pour les communes autorisées à se réunir. L'École de filles, qui peut leur être imposée lorsqu'elles comptent ensemble au moins 500 habitants, participe aux subventions de l'État au même titre que l'École de filles d'une commune ayant isolément cet effectif de population.

2° *Écoles de filles dans les communes de 401 à 500 habitants.* — Les communes ou réunions de communes d'une population inférieure à 500 âmes ne sont pas tenues légalement d'avoir une École de filles. Toutefois, le législateur a voulu faciliter le maintien de cette École spéciale dans les communes de 401 à

1. Voir ci-dessus les circulaires des 25 *septembre* 1881 (p. 315), 12 *mai* 1884 (p. 571), 21 *mai* 1884 (p. 575), 9 *janvier* 1886 (p. 645), 25 *février* 1886 (p. 652).

500 habitants, si elle existait au moment de la promulgation de la loi. L'article 15 dispose en effet que les Écoles de filles *déjà établies* dans ces localités sont mises au nombre des Écoles primaires publiques donnant lieu à une dépense obligatoire, lorsque les formalités légales ont été remplies pour leur création.

Ainsi, les dépenses d'entretien de l'École de filles régulièrement ouverte avant le 1er novembre dans lesdites communes sont imputables sur les ressources ordinaires communales, et, s'il y a lieu, après épuisement de ces ressources, l'État est appelé à parfaire le traitement normal de l'institutrice.

Quant aux Écoles de filles créées depuis le 30 octobre, ou qui peuvent l'être encore par des communes de 401 à 500 habitants, elles ne sauraient, dans tous les cas, d'après l'article 15, que constituer une dépense facultative à la charge exclusive du budget municipal.

3° *Écoles de filles dans les communes de moins de 401 habitants.* — Aucune de ces Écoles n'est assimilée, par la loi du 30 octobre, aux Écoles de filles donnant lieu à une dépense obligatoire; dès lors leur entretien est une charge essentiellement communale.

Depuis plusieurs années, l'État contribue par des allocations éventuelles au traitement des institutrices de ces petites localités. Cette faveur ne peut être accordée que dans les limites du crédit spécial voté par le Parlement. Les subventions demandées dépassant de beaucoup ce crédit, vous ne devrez comprendre dans vos propositions pour 1887, ni les Écoles créées depuis le 30 octobre, ni les Écoles établies antérieurement, et pour lesquelles les communes n'emploient pas les ressources de toute nature dont elles pourraient disposer.

Vous aurez, en outre, à me signaler, parmi les communes de moins de 401 habitants hors d'état de faire face par elles-mêmes à la dépense de l'École de filles, celles qui vous paraîtraient devoir se borner à entretenir une École mixte, la seule pour elles obligatoire.

Vous voudrez bien, Monsieur le Préfet, procéder, de concert avec M. l'Inspecteur d'Académie, à un examen de la situation des communes et des Écoles, comme je viens de l'indiquer. Vos propositions seront établies sur un tableau conforme au modèle n° 1 ci-annexé[1].

II. — ÉCOLES MATERNELLES.

Les communes ne sont pas tenues d'avoir une École maternelle; mais la loi nouvelle reconnaît l'utilité de cet établissement dans des localités d'une certaine importance, et elle permet à l'État de concourir à la dépense d'entretien. De là deux catégories distinctes :

1° *Écoles maternelles dans des communes de plus de 2 000 âmes et ayant au moins 1 200 âmes de population agglomérée.* — L'article 15 les assimile aux Écoles primaires publiques dont l'entretien est obligatoire, et il ne fait, à cet égard, aucune différence entre les Écoles déjà existantes et celles qui peuvent être établies. Pour que le concours de l'État soit acquis à la commune en faveur de l'École maternelle, il faut, toutefois, que celle-ci ait été créée par une décision du Conseil départemental prise sur l'avis du Conseil municipal et approuvée par le Ministre.

1. Les trois tableaux visés dans la présente circulaire ont pour objet la situation financière et la comptabilité communale. — Il n'y a pas lieu de les reproduire dans le présent ouvrage.

Or, j'ai eu l'occasion de constater que ces formalités n'ont pas toujours été remplies. Tant que la régularisation n'aura pas eu lieu, les communes ne peuvent prétendre à aucun subside sur le budget de l'Instruction publique. Il vous appartient de provoquer des mesures en vue de la reconnaissance légale desdites Écoles.

2° *Écoles maternelles dans des communes de 2 000 âmes et au-dessous ou dans des communes de plus de 2 000 âmes, mais n'ayant pas 1 200 âmes de population agglomérée.* — Il résulte du même article 15 que les dépenses de ces Écoles incombent en totalité aux communes. L'État ne peut être appelé à y contribuer depuis le 30 octobre, date de la promulgation de la loi. Cependant, lorsque le budget communal pour 1886 a été réglé en prévision d'une subvention, il convient de tenir compte des embarras dans lesquels pourrait se trouver la municipalité pour acquitter, en temps voulu, le traitement du personnel enseignant de l'École maternelle. J'ai décidé, en conséquence, que toutes les fois qu'une avance sera indispensable pour assurer le payement de ce traitement jusqu'à la fin de l'année courante, elle sera faite sur les fonds généraux de l'enseignement primaire, centralisés à la Trésorerie générale du département.

L'État rentrera, par vos soins, dans les sommes qui pourront ainsi être avancées, dès la réalisation des ressources locales. Le délai accordé à chaque commune pour le remboursement (tableau n° 2) ne devra pas dépasser le 31 mars prochain, date de la clôture de la gestion communale pour l'année 1886.

III. — CLASSES ENFANTINES.

La création d'une Classe enfantine n'est pas obligatoire pour les communes; mais lorsque cette création a été dûment approuvée, un subside peut être accordé par l'État pour parfaire le traitement de la maîtresse adjointe, stagiaire ou titulaire. Vous remarquerez que l'article 15 n'accorde cette faveur qu'aux *Classes enfantines publiques comprenant des enfants des deux sexes et confiées à des institutrices.*

Les Classes enfantines qui ne remplissent pas les conditions spécifiées à l'article 15 sont à la charge des communes depuis le 30 octobre dernier, et l'État n'a point à intervenir dans la dépense. Il y a lieu, toutefois, de prévoir le cas où les municipalités ne disposeraient pas dès à présent des ressources nécessaires pour acquitter les deux derniers douzièmes du traitement des maîtresses (tableau n° 3). Vous pourrez alors faire sur les fonds généraux de l'enseignement primaire la même avance que pour les Écoles maternelles de la seconde catégorie.

Les trois états dont le modèle est ci-joint devront me parvenir avant le 25 décembre courant.

Je vous prie de porter à la connaissance des administrations municipales la présente circulaire, dont vous voudrez bien m'accuser réception.

Recevez, etc.

Signé : RENÉ GOBLET.

10 janvier 1887.

Arrêté relatif à l'Assimilation des professeurs d'Écoles primaires supérieures aux professeurs d'Écoles normales primaires.

10 Janvier 1887.

Le Ministre de l'Instruction publique et des Beaux-Arts,
Vu l'article 28 de la loi du 30 octobre 1886,
Arrête :

ARTICLE 1er. — Les professeurs d'Écoles primaires supérieures sont assimilés, en ce qui concerne la répartition en classes et le traitement, aux professeurs d'Écoles normales primaires.

Ils conserveront le traitement attaché à leurs précédentes fonctions, lorsque ce traitement excédera celui de professeur d'École primaire supérieure.

ART. 2. — La différence existant entre le traitement de professeur et celui d'instituteur adjoint d'École primaire supérieure (traitement fixe, éventuel, supplément communal) et celui de professeur est garantie par l'État.

---

18 janvier 1887.

Décret relatif à l'exécution de la Loi du 30 octobre 1886 sur l'Enseignement primaire[1].

18 Janvier 1887.

Le Président de la République française,
Sur le rapport du Ministre de l'Instruction publique et des Beaux-Arts;
Vu la loi du 30 octobre 1886, sur l'organisation de l'enseignement primaire;
Le Conseil supérieur de l'Instruction publique entendu,
Décrète :

1. Voir *Législation et Réglementation de l'Enseignement primaire* (1887-1888), par M. MARTEL, dans les *Monographies pédagogiques*, t. Ier, p. 91 à 272 (Imp. Natle, 1889).

Voir aussi l'avant-projet de refonte du décret du 18 *janvier* 1887, préparé par M. MARTEL, Inspecteur général, 25 *mai* 1891 (in-8°, 335 pages, Imp. Natle).

Consulter également les *Lois et Règlements organiques de l'Enseignement primaire en France* (1881-1898), par M. Paul DELALAIN (in-8°, 160 pages, Libr. Delalain, 1898).

TITRE Ier. — De l'Enseignement public.

CHAPITRE Ier. — ECOLES MATERNELLES ET CLASSES ENFANTINES.

ARTICLE 1er. — Les Ecoles maternelles sont des établissements de première éducation où les enfants des deux sexes reçoivent en commun les soins que réclame leur développement physique, moral et intellectuel.

Les enfants peuvent y être admis dès l'âge de deux ans révolus et y rester jusqu'à l'âge de six ans.

ART. 2. — Les Classes enfantines forment le degré intermédiaire entre l'Ecole maternelle et l'Ecole primaire. Elles ne peuvent exister que comme annexe d'une Ecole primaire élémentaire ou d'une Ecole maternelle.

Les enfants des deux sexes y sont admis depuis l'âge de quatre ans au moins à sept ans au plus[1]. Ils y reçoivent, avec l'éducation de l'Ecole maternelle, un commencement d'instruction élémentaire.

ART. 3. — Aucun enfant n'est reçu dans une Ecole maternelle, s'il n'est muni d'un billet d'admission signé par le maire, et s'il ne produit un certificat du médecin, dûment légalisé, constatant qu'il n'est atteint d'aucune maladie contagieuse et qu'il a été vacciné[2].

ART. 4. — L'enseignement dans les Ecoles maternelles et les Classes enfantines comprend :

1° Des jeux, des mouvements gradués et accompagnés de chants;

2° Des exercices manuels;

3° Les premiers principes d'éducation morale;

4° Les connaissances les plus usuelles;

5° Des exercices de langage, des récits ou contes;

6° Les premiers éléments du dessin, de la lecture, de l'écriture et du calcul.

ART. 5. — Les conditions dans lesquelles doivent être établies les Ecoles maternelles, tant au point de vue des bâtiments que du mobilier et du matériel scolaires, seront déterminées par une instruction ministérielle spéciale.

1. L'âge peut être abaissé à 3 ans par le Conseil départemental (*Bull. adm.*, 1887, t. XLI, p. 293).

2. Voir la circulaire du 13 *janvier* 1895, aux Préfets (*Bull. adm.*, 1895, t. LVII, p. 38), relative aux récompenses décernées aux instituteurs et institutrices publics et privés qui ont contribué le plus activement à propager les vaccinations et les revaccinations dans les Écoles primaires.

ART. 6. — Nulle ne peut être nommée directrice d'Ecole maternelle sans être pourvue du certificat d'aptitude pédagogique.

Nulle ne peut diriger une Ecole maternelle annexée à une Ecole normale si elle n'a vingt-cinq ans, et si elle n'a exercé pendant deux ans dans les Ecoles maternelles publiques ou privées.

ART. 7. — Dans toute Ecole maternelle publique, les enfants sont divisés en deux sections, suivant leur âge et le développement de leur intelligence.

Si la moyenne des présences dépasse le nombre de cinquante enfants, la directrice sera aidée par une adjointe. La directrice et l'adjointe s'occuperont alternativement de l'une et de l'autre section.

ART. 8. — Une femme de service doit être attachée à toute Ecole maternelle.

Elle est nommée par la directrice, avec agrément du maire, et révoquée dans la même forme.

Le traitement de la femme de service est exclusivement à la charge de la commune.

ART. 9. — Un règlement des Ecoles maternelles publiques de chaque département sera rédigé par le Conseil départemental, d'après les indications générales d'un règlement modèle arrêté par le Ministre de l'Instruction publique en Conseil supérieur.

Il devra être affiché dans l'Ecole maternelle.

ART. 10. — Il peut être établi, dans chaque commune où il existe une Ecole maternelle publique, un ou plusieurs Comités de dames patronnesses présidés par le maire.

Les membres de ce Comité sont nommés pour trois ans par l'Inspecteur d'Académie, après avis du maire.

Ce Comité a pour attribution exclusive de veiller à l'observation des prescriptions de l'hygiène, à la bonne tenue de l'établissement, à l'emploi des fonds ou dons en nature recueillis en faveur des enfants.

CHAPITRE II. — ECOLES PRIMAIRES ÉLÉMENTAIRES.

SECTION Ire. — *De l'Établissement des Écoles; des Locaux et du Matériel scolaire.*

ART. 11. — La décision par laquelle le Conseil départemental autorise ou refuse d'autoriser une commune, dans le cas mentionné par le 4e paragraphe de l'article 11 de la loi du 30 octobre 1886, à remplacer une Ecole spéciale pour les filles par une Ecole mixte, doit être soumise à l'approbation du Ministre de l'Instruction publique dans le délai d'un mois.

ART. 12. — Toute commune est obligée de fournir aux instituteurs et institutrices publics un local convenable tant pour leur habitation que pour la tenue de l'école, le mobilier de classe et le matériel scolaire.

Une instruction ministérielle spéciale déterminera à quelles conditions doivent satisfaire les locaux, et quels objets doivent composer le mobilier de classe et le matériel scolaire.

ART. 13. — Le local, que la commune est tenue de fournir, en exécution de l'article précédent, doit être visité, avant l'ouverture de l'Ecole, par l'Inspecteur primaire de la circonscription, qui adresse à ce sujet un rapport à l'Inspecteur d'Académie. Si ce rapport est défavorable, le Préfet statue après avis du Conseil départemental.

ART. 14. — Les instituteurs et institutrices publics titulaires ou stagiaires ont droit, à défaut du logement personnel[1] que la commune est tenue de leur fournir, à une indemnité représentative, dont le chiffre est fixé annuellement par le Préfet, après avis du Conseil municipal et de l'Inspecteur d'Académie.

ART. 15. — L'institutrice ou l'instituteur public, qui veut recevoir, dans l'Ecole qu'il dirige, des élèves internes, est tenu de déclarer son intention à l'Inspecteur d'Académie et au maire de la commune et de déposer entre les mains du maire le plan du local de l'établissement.

Le maire saisit de l'affaire le Conseil municipal et adresse à l'Inspecteur d'Académie, par l'intermédiaire du Préfet, l'extrait de la délibération prise à ce sujet.

Si le Conseil municipal s'est montré favorable à l'admission d'élèves internes, le Conseil départemental accorde ou refuse l'autorisation, après avis de l'Inspecteur d'Académie.

ART. 16. — L'autorisation accordée à une institutrice ou à un instituteur public de recevoir dans l'Ecole qu'il dirige des élèves internes peut toujours être retirée par le Conseil départemental, sur la proposition de l'Inspecteur d'Académie et après avis du Conseil municipal.

SECTION II. — *Du Personnel.*

ART. 17. — Les candidats aux fonctions d'instituteur ou d'institutrice titulaire public justifient de l'accomplissement du stage de

1. Voir, *à sa date*, le décret du 25 *octobre* 1894 relativement à ce qu'il faut entendre par « le logement convenable », que prévoit l'art. 48, § 15, de la loi du 25 *juillet* 1893.

deux ans requis par la loi, au moyen de certificats d'exercice délivrés, soit par l'Inspecteur d'Académie, s'ils ont enseigné dans une Ecole publique, soit par le chef de l'établissement, s'ils ont exercé dans une Ecole privée; mais, dans ce dernier cas, le certificat doit être accompagné d'une attestation conforme de l'Inspecteur d'Académie.

ART. 18. — Le temps passé dans les établissements d'enseignement secondaire, en qualité de maître élémentaire ou de maître primaire, compte pour l'accomplissement du stage exigé des candidats aux fonctions d'instituteur titulaire public.

ART. 19. — Le changement de résidence des stagiaires est prononcé par l'Inspecteur d'Académie.

ART. 20. — Tous les ans, à l'époque déterminée par le Préfet, le Conseil départemental prend connaissance des demandes et des titres de tous les candidats qui se sont fait inscrire à l'inspection académique pour être appelés aux fonctions d'instituteur ou d'institutrice titulaire, et il dresse la liste de ceux qu'il juge dignes d'être nommés.

Cette liste peut être complétée, s'il y a lieu, au cours de l'année. Elle doit être insérée au *Bulletin départemental*, ou, à défaut, au *Recueil des Actes administratifs de la Préfecture*.

ART. 21. — Pour les nominations d'instituteur ou d'institutrice titulaire, l'Inspecteur d'Académie doit adresser par écrit au Préfet des propositions motivées.

ART. 22. — L'Inspecteur d'Académie ne doit ni proposer pour une nomination en qualité de titulaire, ni déléguer comme stagiaire un instituteur ou une institutrice venant d'un autre département, sans s'être préalablement assuré que le postulant est pourvu d'un exeat délivré, pour le titulaire par le Préfet, pour le stagiaire par l'Inspecteur d'Académie du département où il a en dernier lieu exercé les fonctions d'instituteur, soit titulaire, soit stagiaire, dans les Ecoles publiques.

ART. 23. — L'Inspecteur d'Académie et les Inspecteurs primaires ont seuls qualité pour assurer l'exécution des arrêtés préfectoraux en ce qui concerne les nominations, révocations ou mutations des instituteurs et institutrices publics. L'installation matérielle de ces fonctionnaires dans la maison d'école a lieu par les soins du maire de la commune.

ART. 24. — Les maîtresses chargées de l'enseignement des travaux de couture dans les Ecoles mixtes exceptionnellement dirigées par des instituteurs sont nommées par l'Inspecteur d'Académie.

Le chiffre de leur traitement est fixé par le Préfet, sur la proposition de l'Inspecteur d'Académie.

ART. 25. — Lorsque, dans un cas grave et urgent, l'Inspecteur d'Académie a prononcé la suspension provisoire d'un instituteur ou d'une institutrice en exécution de l'article 33 de la loi du 30 octobre 1886, il pourvoit à la direction de l'Ecole ou de la classe et avise immédiatement le Préfet des mesures qu'il a prises à cette occasion.

ART. 26. — L'honorariat est conféré aux instituteurs, institutrices et directrices d'Ecoles maternelles admis à la retraite, par le Ministre de l'Instruction publique, sur la proposition conforme du Préfet et de l'Inspecteur d'Académie, aux conditions qui seront déterminées par un arrêté ministériel pris après avis du Conseil supérieur.

SECTION III. — *De l'Enseignement.*

ART. 27. — L'instruction primaire élémentaire comprend[1] :

L'enseignement moral et civique,

La lecture et l'écriture,

La langue française[2],

Le calcul et le système métrique,

L'histoire[3] et la géographie, spécialement de la France,

Les leçons de choses[4] et les premières notions scientifiques, principalement dans leurs applications à l'agriculture[5],

Les éléments du dessin[6], du chant et du travail manuel[7] (travaux d'aiguille dans les Ecoles de filles[8]),

1. Voir la circulaire du 15 *juin* 1894, aux Recteurs, relative à la revision des programmes (*Bull. adm.*, 1894, t. LV, p. 539).

2. Voir, *à sa date*, l'arrêté du 20 *avril* 1896, instituant et nommant une Commission chargée d'examiner les simplifications possibles de l'orthographe française.

3. Voir, *à sa date*, l'arrêté du 4 *janvier* 1894, modifiant le programme de l'enseignement de l'histoire.

4. Voir, *à sa date*, l'arrêté du 20 *septembre* 1898, qui établit un cours spécial de leçons de choses appropriées à la profession du marin et du pêcheur dans les Écoles du littoral, et la circulaire du 22 *septembre* 1898 sur le même sujet (*Bull. adm.*, 1898, t. LXIV, p. 804).

5. Voir la circulaire du Ministre de l'Agriculture, aux Préfets, en date du 15 *août* 1887, relative à l'enseignement de l'agriculture (*Rec. des L. et A.*, 1887, p. 685), et la circulaire du 4 *janvier* 1897, relative à l'enseignement des notions élémentaires d'agriculture dans les Écoles rurales (*Bull. adm.*, 1897, t. LXI, p. 4).

6. Voir la circulaire du 31 *mai* 1892, aux Inspecteurs d'Académie, relative à un prix de dessin, fondation Eugène Monnier (*Circ.*, t. XI, p. 585).

7. Voir les circulaires des 21 *mars* 1887, 22 *mars* et 10 *juillet* 1888, aux Préfets, relatives à l'organisation, dans les Écoles normales, pendant les vacances, de cours de travail manuel pour les instituteurs (*Circ.*, t. X, p. 91, 258 et 312); — les instructions sommaires sur l'enseignement du travail manuel pendant les vacances (*Rec. des L. et A.*, 1887, p. 618).

8. Voir, *à sa date*, l'arrêté du 17 *septembre* 1898, qui modifie l'enseignement du

Et les exercices gymnastiques[1] et militaires[2].

ART. 28. — L'Ecole primaire élémentaire est ouverte aux enfants de six ans révolus à treize ans révolus.

Nul élève ne pourra être admis dans une Ecole primaire élémentaire avant l'âge de six ans, s'il existe dans la commune et à proximité une Ecole maternelle publique; avant l'âge de sept ans, s'il existe une Classe enfantine publique.

ART. 29. — Un règlement des Ecoles primaires publiques de chaque département[3] sera rédigé par le Conseil départemental, d'après les indications générales d'un règlement modèle arrêté par le Ministre de l'Instruction publique en Conseil supérieur.

CHAPITRE III. — ECOLES PRIMAIRES SUPÉRIEURES ET COURS COMPLÉMENTAIRES.

SECTION Ire [4]. — *De l'Organisation des Écoles primaires supérieures et des Cours complémentaires.*

ART. 30. — Les établissements d'enseignement primaire supérieur prennent le nom de « Cours complémentaires », s'ils sont annexés à une Ecole primaire élémentaire et placés sous la même direction. Ils prennent le nom d' « Ecole primaire supérieure », s'ils sont installés dans un local distinct et sous une direction différente

travail manuel dans les Écoles primaires élémentaires de filles et les Écoles normales d'institutrices, et la circulaire du 23 *septembre* 1898 sur le même sujet (*Bull. adm.*, 1898, t. LXIV, p. 809).

1. Voir, *à sa date*, l'arrêté du 8 *août* 1890, modifiant les programmes d'enseignement de la gymnastique dans les établissements primaires, et les circulaires du 15 *décembre* 1891, aux Préfets et aux Recteurs, relatives à l'installation des gymnases dans les établissements d'enseignement primaire public (*Circ.*, t. XI, p. 510 et 511).

2. L'arrêté du 27 *juillet* 1893 (*à sa date*) a modifié comme il suit le programme des exercices militaires dans le cours moyen et le cours supérieur des Écoles primaires : « Pour les élèves âgés de plus de 10 ans, exercices de tir à 10 mètres à la carabine Flobert. » — Voir, *à sa date*, l'arrêté du 10 *mars* 1894 instituant une Commission chargée d'étudier les mesures relatives à l'application de l'arrêté du 27 juillet 1893, et le Rapport au Ministre, à la date du 16 *août* 1895, contenant instruction sur le tir à la carabine Flobert (*Bull. adm.*, 1895, t. LVIII, p. 621).

3. Voir, p. 441, l'arrêté du 18 *juillet* 1882, qui avait fixé le Règlement scolaire modèle pour la rédaction des règlements départementaux relatifs aux Écoles primaires élémentaires; — *à leur date*, l'arrêté du 18 *janvier* 1887, fixant à nouveau ledit règlement, et l'arrêté du 29 *décembre* 1888, fixant le Règlement scolaire modèle pour les Ecoles primaires supérieures.

« Le certificat de revaccination peut être délivré sur papier libre; mais il doit porter la formule suivante : « Délivré en exécution de l'article 2 du règlement modèle des Écoles primaires. » *Circulaire du* 12 *mai* 1889 (*Circ.*, t. X, p. 416).

4. Voir, *à sa date*, le décret du 21 *janvier* 1893, dont l'article 1er a modifié les articles 30 à 41, formant la Section Ire du Chapitre III du décret du 18 janvier 1887

de celle de l'Ecole élémentaire. Toutefois, la réunion, sous une même direction, d'une Ecole primaire supérieure et d'une Ecole primaire élémentaire dans un même groupe scolaire pourra être autorisée par le Ministre, sur l'avis motivé du Conseil départemental.

La durée des études dans les Cours complémentaires est de deux ans au maximum. Les Cours complémentaires comprennent au plus, quel que soit le nombre d'élèves, deux divisions, qui pourront être réunies sous un même maître.

L'Ecole primaire supérieure comprend au moins deux années d'études : elle est dite *de plein exercice* si elle en comprend trois ou plus.

ART. 31. — Ne peuvent être nommés directeurs ou directrices d'une Ecole à laquelle est annexé un Cours complémentaire que les instituteurs ou institutrices publics titulaires pourvus au moins du brevet supérieur.

Ceux ou celles qui seraient en outre pourvus du certificat d'aptitude au professorat des Ecoles normales seront assimilés aux directeurs et directrices d'Ecoles primaires supérieures[1].

ART. 32. — Les conditions d'âge et de titres imposées par l'article 24, § 3, de la loi du 30 octobre 1886 aux instituteurs adjoints dans les Ecoles primaires supérieures sont également requises des instituteurs adjoints chargés de Cours complémentaires.

ART. 33. — Des maîtres auxiliaires peuvent être attachés, soit aux Cours complémentaires, soit aux Ecoles primaires supérieures, et chargés des enseignements spéciaux auxquels le directeur, les professeurs et les adjoints ne suffiraient pas, savoir : le dessin et le modelage, le travail manuel, les langues vivantes, le chant, l'agriculture, la gymnastique et les exercices militaires.

Des professeurs de l'enseignement supérieur ou secondaire peuvent en outre être délégués par le Ministre pour des enseignements faisant partie du programme des Ecoles primaires supérieures.

ART. 34. — Les délégations accordées dans les Ecoles primaires supérieures en vertu du second paragraphe de l'article 28 de la loi organique ne peuvent être retirées par le Préfet que sur la proposition de l'Inspecteur d'Académie.

ART. 35. — L'instruction primaire supérieure comprend, outre la revision approfondie des matières étudiées à l'Ecole primaire élémentaire :

1. Voir les avis du Comité du contentieux institué auprès du Ministre, en date des 25 *novembre* et 9 *décembre* 1892 (*Bull. adm.*, 1893, t. LIII, p. 154).

L'arithmétique appliquée,
Les éléments du calcul algébrique et de la géométrie,
Les règles de la comptabilité usuelle et de la tenue des livres,
Les notions de sciences physiques et naturelles applicables à l'agriculture, à l'industrie et à l'hygiène,
Le dessin géométrique, le dessin d'ornement et le modelage,
Les notions de droit usuel et d'économie politique,
Les notions d'histoire de la littérature française,
Les principales époques de l'histoire générale et spécialement des temps modernes,
La géographie industrielle et commerciale,
Les langues vivantes,
Le travail du bois et du fer, pour les garçons,
Les travaux à l'aiguille, la coupe et l'assemblage, pour les filles.

ART. 36. — Les divisions générales de l'enseignement dans les Ecoles primaires supérieures et dans les Cours complémentaires sont déterminées par un arrêté ministériel pris après avis du Conseil supérieur.

ART. 37. — Dans chaque établissement, les programmes détaillés et l'emploi du temps sont fixés, dans la limite des prescriptions ministérielles, par le directeur, les professeurs entendus, sous réserve de l'approbation de l'Inspecteur d'Académie.

ART. 38. — Aucun élève ne peut être reçu, soit dans une Ecole primaire supérieure, soit dans un Cours complémentaire, s'il ne justifie de la possession du certificat d'études primaires.

ART. 39. — Le Cours complémentaire doit toujours être établi dans une salle distincte. L'Ecole primaire supérieure doit disposer d'autant de salles distinctes qu'elle a d'années d'études, et, en outre, d'une salle de dessin pouvant recevoir, à défaut d'autre local, les collections et le matériel d'enseignement. Elle doit être pourvue d'un gymnase.

Tous les établissements d'enseignement primaire supérieur doivent avoir un atelier, où puisse être donné l'enseignement du travail manuel, ainsi que les dépendances requises pour les Ecoles primaires élémentaires.

ART. 40. — Les établissements publics d'enseignement primaire supérieur peuvent recevoir, dans la limite des crédits ouverts au budget de l'Instruction publique :

1° Des bourses de l'Etat aux conditions énoncées dans la section III du présent chapitre[1];

1. Voir les circulaires suivantes :
Du 20 *novembre* 1879, aux Recteurs, relative au concours pour l'obtention des

2° Des concessions de matériel d'enseignement;

3° Des subventions applicables aux traitements du personnel.

bourses dans les établissements d'enseignement primaire supérieur (*Circ.*, t. VIII, p. 233);

— 6 *décembre* 1879, aux Recteurs, relative à la concession des bourses d'enseignement primaire supérieur (*Ibid.*, p. 236);

— 10 *août* 1880, aux Recteurs, relative à la concession de bourses pour assurer le recrutement de l'École normale primaire d'instituteurs d'Alger (*Ibid.*, p. 338);

— 30 *mars* 1882, aux Inspecteurs d'Académie, relative au concours pour l'obtention de bourses d'enseignement primaire supérieur (*Circ.*, t. IX, p. 3);

— 14 *avril* 1882, aux directeurs d'Écoles, relative aux notes à transmettre à l'Administration sur les élèves des Écoles primaires supérieures, boursiers de l'État (*Ibid.*, p. 15);

— 24 *juillet* 1882, aux Inspecteurs d'Académie, relative à la collation des bourses d'enseignement primaire supérieur (*Ibid.*, p. 83);

— 27 *janvier* 1883, aux directeurs d'Écoles primaires supérieures, relative aux examens à subir pour l'obtention des bourses d'enseignement primaire supérieur (*Ibid.*, p. 164);

— 15 *janvier* 1884, aux Inspecteurs d'Académie, relative aux pièces exigées des candidats qui se présentent aux divers concours et examens de l'enseignement primaire, et en particulier aux bourses d'enseignement primaire supérieur (*Ibid.*, p. 321);

— 8 *mai* 1884, aux Recteurs, relative aux examens que doivent subir, à la fin de leurs études, les boursiers de l'État dans les Écoles primaires supérieures (*Ibid.*, p. 360);

— 5 *novembre* 1884, aux directeurs et directrices d'Écoles primaires supérieures, relative aux notes à transmettre sur les élèves boursiers de l'État (*Ibid.*, p. 429);

— 5 *février* 1885, aux Inspecteurs d'Académie, relative au concours pour les bourses nationales d'enseignement primaire supérieur (*Ibid.*, p. 454);

— 28 *septembre* 1885, aux Recteurs, relative aux bourses à concéder en exécution de l'article 27 de la loi de finances du 8 août 1885 (*Ibid.*, p. 532);

— 28 *septembre* 1885, aux Inspecteurs d'Académie, relative aux prolongations de bourses dans les Écoles primaires supérieures de jeunes filles (*Ibid.*, p. 534);

— 30 *janvier* 1886, aux Préfets, relative aux trousseaux accordés par l'État aux boursiers de l'enseignement primaire supérieur (*Ibid.*, p. 630);

— 10 *février* 1886, aux Préfets, relative à l'ordonnancement du prix de pension des boursiers de l'État des Écoles primaires supérieures appartenant à des familles de sept enfants et plus (loi du 8 *août* 1865) (*Ibid.*, p. 633);

— 10 *mars* 1886, aux Inspecteurs d'Académie, relative au concours pour l'obtention des bourses d'enseignement primaire supérieur en 1886 (*Ibid.*, p. 680);

— 30 *avril* 1886, aux Inspecteurs d'Académie, relative aux examens de passage et de classement des boursiers des Écoles primaires supérieures (*Ibid.*, p. 708);

— 19 *mars* 1887, aux Inspecteurs d'Académie, relative à la désignation des établissements privés d'enseignement primaire supérieur qui peuvent recevoir des boursiers de l'État (*Circ.*, t. X, p. 86);

— 7 *avril* 1887, aux Préfets, relative à la répartition des bourses nationales d'enseignement primaire supérieur (*Ibid.*, p. 109);

— 7 *avril* 1887, aux Inspecteurs d'Académie, relative à la répartition, à l'examen et à la concession des bourses d'enseignement primaire supérieur (*Ibid.*, p. 114);

— 5 *août* 1887, aux Préfets, relative à la répartition des bourses d'enseignement primaire supérieur en 1887 (*Ibid.*, p. 160);

— 12 *mars* 1888, aux Recteurs, relative aux bourses d'enseignement primaire supérieur (*Ibid*, p. 254);

— 10 *août* 1888, aux Préfets, relative aux boursiers de l'enseignement primaire supérieur (*Ibid.*, p. 333);

— 7 *septembre* 1895, aux Préfets, relative à la nomination de boursiers de l'ensei-

ART. 41. — Les communes qui solliciteront le concours du Ministère de l'Instruction publique pour la fondation ou pour l'entretien d'un établissement d'enseignement primaire supérieur, soit au moyen d'une subvention, soit sous la forme de concession de bourses nationales, devront s'engager à comprendre, pendant cinq années au moins, cet établissement au nombre de ceux qui donnent lieu à une dépense obligatoire.

SECTION II. — *Des Comités de patronage.*

ART. 42. — Il est institué auprès de chaque École primaire supérieure publique un Comité de patronage, dont la nomination et les attributions seront déterminées par un arrêté ministériel rendu sur l'avis du Conseil supérieur de l'Instruction publique.

SECTION III. — *Des Bourses.*

ART. 43. — L'État fonde et entretient des bourses nationales dans les établissements publics d'enseignement primaire supérieur de garçons et de filles.

Ces bourses sont de trois sortes :

1° Bourses d'internat;

2° Bourses d'entretien;

3° Bourses familiales.

ART. 44. — Les bourses d'internat sont attribuées à des élèves placés à demeure dans des établissements d'enseignement primaire supérieur pourvus d'un pensionnat;

Les bourses d'entretien, à des élèves logés dans leur propre famille et fréquentant l'Ecole supérieure ou le Cours complémentaire de la localité;

Les bourses familiales, à des élèves placés en pension dans des familles autres que la leur et agréées par le directeur ou la directrice de l'Ecole ou du Cours.

ART. 45. — Chaque année, au mois de juillet, le Ministre détermine, d'après l'état des crédits disponibles, la somme à allouer à chaque département pour être répartie en bourses nationales et dégrèvements de trousseaux[1].

gnement primaire supérieur dans les Écoles primaires supérieures seulement, à l'exclusion des cours complémentaires (*Bull. adm.*, 1895, t. LVIII, p. 429).

1. Consulter, sur la répartition des bourses d'enseignement primaire supérieur, les circulaires du 7 *avril* 1887 (l'une aux Préfets, l'autre aux Inspecteurs d'Académie), du 5 *août* 1887, du 10 *août* 1888 (*Circ.*, t. X, p. 109 et 114, 160, 333).

Cette répartition sera faite entre les différents départements proportionnellement au chiffre de leur population et en tenant compte du nombre d'Ecoles primaires supérieures qui s'y trouvent.

ART. 46. — Les bourses de l'Etat sont conférées, sous l'autorité du Ministre de l'Instruction publique, par le Préfet du département, sur la proposition de l'Inspecteur d'Académie et après avis du Conseil départemental.

ART. 47. — Nul ne peut être appelé à jouir d'une bourse nationale, s'il n'a préalablement subi un examen ayant pour objet de constater son aptitude.

ART. 48. — La concession d'une bourse est subordonnée à l'appréciation de l'ensemble des titres produits par les postulants.

Il est tenu compte dans cette appréciation :

1° En premier lieu et avant tout, du mérite de l'enfant et de ses notes d'examen ;

2° Des services rendus à l'État par les parents ;

3° De la situation de fortune, du nombre des enfants et des charges de famille des pétitionnaires.

Les conditions et la forme de l'examen seront déterminées par un arrêté ministériel rendu sur l'avis du Conseil supérieur de l'Instruction publique.

ART. 49. — Les bourses peuvent être accordées par fractions de moitié ou de trois quarts.

Une fraction de bourse nationale peut être cumulée avec une fraction de bourse départementale ou communale, mais seulement jusqu'à concurrence d'une bourse entière.

ART. 50. — Les bourses nationales sont attribuées pour trois années scolaires. Une prolongation de bourse d'une année peut être accordée.

ART. 51. — En cas de faute grave, les chefs d'établissement peuvent rendre provisoirement un boursier à sa famille, sauf à en aviser immédiatement le Comité de patronage de l'Ecole et l'Inspecteur d'Académie, qui en réfère au Préfet.

La déchéance de la bourse est prononcée par le Préfet, sur la proposition de l'Inspecteur d'Académie et l'avis du Conseil départemental. En ce cas, le Préfet doit immédiatement aviser le Ministre de la décision qu'il a prise.

ART. 52. — En cas d'insubordination, de mauvaise conduite ou de paresse habituelles, l'élève peut être privé de sa bourse dans les mêmes formes, après deux avertissements notifiés à la famille par le Préfet.

ART. 53. — Des bourses d'enseignement secondaire, dont le nombre sera fixé chaque année par arrêté ministériel, pourront être attribuées par le Ministre à des élèves de l'enseignement primaire supérieur qui se seront fait remarquer, au cours de leurs études, par leur assiduité, leur application et leurs progrès.

ART. 54. — Des bourses de séjour à l'étranger sont accordées chaque année, par le Ministre, à des élèves de l'enseignement primaire supérieur, dans des conditions qui seront déterminées par un arrêté ministériel délibéré en Conseil supérieur[1].

CHAPITRE IV. — ÉCOLES MANUELLES D'APPRENTISSAGE.

ART. 55. — L'École manuelle d'apprentissage, qui a pour but de développer l'aptitude professionnelle et de compléter à un point de vue spécial l'enseignement de l'Ecole primaire élémentaire, ne peut recevoir que des enfants pourvus du certificat d'études primaires ou âgés d'au moins treize ans.

CHAPITRE V. — ÉCOLES NORMALES PRIMAIRES.

SECTION Ire. — *De l'Organisation des Écoles normales.*

ART. 56. — Les Ecoles normales primaires sont des établissements publics destinés à former des instituteurs ou des institutrices pour les Écoles publiques (Écoles maternelles, Écoles primaires élémentaires et Écoles primaires supérieures).

ART. 57. — Les Écoles normales relèvent du Recteur, sous l'autorité du Ministre de l'Instruction publique[2].

ART. 58. — Le régime des Écoles normales est l'internat[3]. L'internat est gratuit.

Sur la proposition du Recteur et avec l'approbation du Ministre de l'Instruction publique, les Écoles normales peuvent recevoir des

1. Consulter les circulaires du 5 *août* 1884, aux Inspecteurs d'Académie (*Circ.*, t. IX, p. 396), et du 9 *août* 1888, aux Préfets (*Circ.*, t. X, p. 331), relatives aux bourses de séjour à l'étranger (Enseignement primaire supérieur). — Voir, *à leur date*, les arrêtés du 18 *janvier* 1887 (art. 65-67) et 30 *juillet* 1890.

2. « Les Inspecteurs d'Académie peuvent, lorsqu'ils se trouvent empêchés par des nécessités de service de se rendre à l'École normale, déléguer les Inspecteurs primaires, mais en déterminant l'objet précis de chaque mission. Une délégation permanente paraîtrait présenter des inconvénients, et il convient que les Inspecteurs d'Académie usent avec réserve de la faculté de se faire représenter par leurs subordonnés dans les Écoles normales. » *Circulaire du Vice-Recteur de l'Académie de Paris*, 13 mars 1888 (*Rec. des L. et A.*, 1888, p. 158).

3. Voir la circulaire du 8 *décembre* 1890, aux Recteurs, relative à la qualité de l'eau mise comme boisson à la disposition des élèves des Écoles normales primaires (*Circ.*, t. XI, p. 318).

demi-pensionnaires et des externes, à titre également gratuit et aux mêmes conditions d'admission.

ART. 59. — La durée du cours d'études est de trois ans.

ART. 60. — Les années passées à l'École normale à partir de dix-huit ans pour les jeunes gens, de dix-sept ans pour les jeunes filles, comptent pour la réalisation de l'engagement de servir pendant dix ans dans l'enseignement public, prescrit par l'article 70 du présent décret.

ART. 61. — Une École primaire, dans laquelle les élèves s'exercent à la pratique de l'enseignement sous la direction d'un maître spécialement nommé à cet effet, est annexée à chaque Ecole normale[1].

Il doit y avoir, en outre, annexée à chaque Ecole normale d'institutrices, une École maternelle.

SECTION II. — *Du Personnel administratif*[2] *et du Personnel enseignant.*

ART. 62[3]. — Le directeur de l'École normale est nommé par le Ministre de l'Instruction publique.

Les directeurs d'École normale doivent être pourvus du certificat d'aptitude à l'inspection des Écoles primaires et à la direction des Ecoles normales. Ils doivent être âgés de trente ans révolus.

ART. 63. — Un fonctionnaire spécialement chargé du service de l'économat, et pourvu du titre d'économe, est attaché à chaque École normale, soit d'instituteurs, soit d'institutrices[4].

Dans les Ecoles normales d'instituteurs, l'économe est chargé de l'enseignement de la tenue des livres. Dans les Ecoles normales d'institutrices, l'économe est chargée de l'enseignement de la tenue

1. Voir, *à leur date*, les décrets des 31 *juillet* 1890, 7 *janvier* 1891 et 3 *octobre* 1894, relatifs aux Écoles d'application annexées aux Écoles normales ou mises à leur disposition.

2. Consulter l'instruction du 30 *décembre* 1890, relative à l'administration et à la nouvelle comptabilité des Écoles normales (*Circ.*, t. XI, p. 330).

3. Voir, *à sa date*, le décret du 31 *juillet* 1897, qui a modifié cet article.

4. Voir la circulaire du 4 *novembre* 1887, aux Recteurs, relative aux fonctions d'économe dans les Écoles normales primaires (ci-après, *à sa date*); — la circulaire du Vice-Recteur de l'Académie de Paris, en date du 13 *juin* 1888, relative à la situation des économes des Écoles normales primaires et à la rédaction des états de traitements en ce qui concerne les fonctionnaires de ces Écoles chargés de l'économat (*Rec. des L. et A.*, 1888, p. 364); — la circulaire du 15 *décembre* 1895, aux Recteurs, relative à l'allocation accordée aux professeurs d'Écoles normales primaires chargés de l'économat (*Bull. adm.*, 1895, t. LVIII, p. 941).

La loi du 19 *juillet* 1889, art. 21 (*à sa date*) a supprimé l'emploi d'économe dans les Écoles de moins de 60 élèves.

des livres et de l'économie domestique. L'un et l'autre peuvent en outre être chargés d'autres cours, suivant leurs aptitudes.

Dans les Ecoles normales de plus de cent élèves, l'économe peut être déchargé de cours.

ART. 64. — Les économes sont nommés par le Ministre. Ils doivent fournir un cautionnement dont le chiffre est fixé par le Ministre de l'Instruction publique, de concert avec le Ministre des Finances.

Les candidats à l'économat doivent être pourvus du brevet supérieur et du certificat d'aptitude pédagogique. Ils doivent être âgés de vingt et un ans au moins et avoir accompli une année de stage auprès de l'économe d'une Ecole normale. Ils ne reçoivent, pendant la durée de leur stage[1], aucune indemnité, mais ils peuvent être logés et nourris à l'Ecole. Ils subissent, à la fin de leur stage, un examen spécial[2].

ART. 65. — L'enseignement est donné par des professeurs nommés par le Ministre et, à défaut, par des instituteurs délégués par le Ministre à titre provisoire en qualité de maîtres adjoints, et qui doivent être pourvus du brevet supérieur et du certificat d'aptitude pédagogique[3].

Des maîtres spéciaux, nommés ou délégués par le Ministre, suivant qu'ils sont ou non pourvus du titre de capacité correspondant à la fonction qu'ils exercent, peuvent être chargés, à défaut de professeurs pourvus des mêmes titres, de l'enseignement des langues vivantes, du dessin, du chant et de la musique, de la gymnastique, des travaux manuels[4].

L'enseignement de l'agriculture, dans les Ecoles normales d'instituteurs, est confié au professeur départemental nommé confor-

1. « L'autorisation nécessaire pour l'accomplissement du stage est donnée par le Ministre. » (*Avis V*, *Bull. adm.*, 1887, t. XLI, p. 340.) — « Le Ministre se réserve *exclusivement* le droit de désigner les stagiaires, dont le nombre est arrêté chaque année. » (*Avis VIII*, *Bull. adm.*, 1887, t. XLI, p. 377).

Consulter (*Bull. adm.*, 1887, t. XLII, p. 423, et 1894, t. LVI, p. 368) les avis relatifs aux stagiaires et aux examens qu'ils ont à subir.

2. Consulter (*Bull. adm.*, 1888, t. XLIII, p. 135) l'arrêté du 13 *février* 1888, fixant le programme de l'examen à subir par les stagiaires.

3. Voir les circulaires des 1er *septembre* 1887, aux Recteurs et aux Préfets (*Circ.*, t. X, p. 189 et 192), relatives à la délégation à titre provisoire dans les fonctions de professeur des Écoles normales; — des 8 *février* 1888 et 20 *mars* 1889 (ci-après, à *leur date*), aux Inspecteurs d'Académie, relatives à la réintégration dans l'enseignement primaire des maîtres adjoints et maîtresses adjointes dont la délégation n'aura pas été renouvelée; — et l'avis concernant les maîtres et maîtresses délégués dans les Écoles normales (*Bull. adm.*, 1890, t. XLVIII, p. 186).

4. Voir la circulaire du 28 *juin* 1895, relative aux cours accessoires dans les Écoles normales (*Bull. adm.*, 1895, t. XLVII, p. 639).

mément à l'article 6 de la loi du 16 juin 1879, et, à défaut, à un maître désigné par le Ministre.

ART. 66. — Dans toute École normale d'instituteurs, un des maîtres est spécialement chargé de la direction de l'Ecole annexe[1].

Dans les Ecoles normales d'institutrices, deux maîtresses sont chargées de diriger, l'une l'Ecole primaire, l'autre l'Ecole maternelle annexées à l'établissement.

ART. 67. — Des maîtres ouvriers peuvent, avec l'approbation du Ministre, être employés dans les Ecoles normales d'instituteurs à titre d'auxiliaires du professeur de travail manuel; ils reçoivent un salaire dont le chiffre sera fixé par le Ministre, sur la proposition du Recteur.

ART. 68. — Dans toute Ecole normale, le nombre des professeurs, non compris l'économe et le directeur de l'Ecole annexe, est fixé à cinq (deux pour les lettres, trois pour les sciences et le travail manuel), si l'Ecole reçoit plus de soixante élèves; à quatre (deux pour les lettres, deux pour les sciences et le travail manuel), si le nombre des élèves ne dépasse pas soixante[2].

SECTION III. — *Des Élèves-maîtres.*

ART. 69. — Tous les ans le Ministre fixe, sur la proposition du Recteur et après avis du Conseil départemental, le nombre d'élèves à admettre en première année dans chacune des Ecoles normales.

ART. 70[3]. — Tout candidat[4] doit :

1. Voir ci-après la circulaire du 21 *octobre* 1887, aux Recteurs, relative aux titres à exiger des directeurs et directrices des Écoles annexes.

2. Voir la circulaire du 9 *août* 1894, aux Recteurs (*Bull. adm.*, 1894, t. LVI, p. 203), relative aux réductions de personnel à opérer dans les Écoles normales. — Se reporter, pour l'interprétation, à l'arrêté du 10 *janvier* 1889 (*à sa date*) et aux programmes qui y étaient annexés (*Bull. adm.*, 1889, t. XLV, p. 7 et s.); — à la loi du 19 *juillet* 1889 (*à sa date*), qui supprime l'emploi d'économe dans les Écoles de moins de 60 élèves (art. 21); — au règlement du 19 *juillet* 1890 (*à sa date*), qui fixe le nombre des heures de service des professeurs et le taux de rémunération des heures supplémentaires.

Voir également la circulaire du 29 *septembre* 1894, aux Recteurs (*Bull. adm.*, 1894, t. LVI, p. 429), relative à l'admission de répétitrices étrangères dans les Écoles normales d'institutrices.

3. Voir, *à sa date*, le décret du 31 *juillet* 1897, qui a modifié cet article.

4. Consulter les circulaires suivantes :

Du 19 *mars* 1879, aux Recteurs, modifiant les instructions relatives à l'envoi des notes obtenues par les élèves-maîtres (*Circ.*, t. VIII, p. 128);

— 23 *mai* 1879, aux Recteurs, demandant des renseignements sur l'époque où il convient de présenter les élèves des Écoles normales primaires aux examens du brevet de capacité (*Ibid.*, p. 153);

— 11 *octobre* 1879, aux Recteurs, relative à l'autorisation à accorder aux élèves

1° Avoir seize ans au moins, dix-huit ans au plus, au 1er octobre de l'année durant laquelle il se présente[1];

2° Être pourvu du brevet élémentaire[2];

3° S'être engagé à servir pendant dix ans dans l'enseignement public;

4° N'être atteint d'aucune infirmité ou maladie le rendant impropre au service de l'enseignement.

Le Recteur peut autoriser à se présenter au concours des candidats âgés de plus de dix-huit ans.

des Écoles normales primaires de subir l'examen du brevet obligatoire à la fin de la deuxième année d'études (*Ibid.*, p. 287);

— 2 *mars* 1880, aux Préfets, relative à l'essai du régime de l'externat pour les Écoles normales primaires (*Ibid.*, p. 132);

— 7 *mai* 1880, aux Recteurs, relative à l'augmentation de l'indemnité accordée aux élèves-maîtres boursiers des Écoles normales primaires pourvus du brevet complet, et à l'organisation de voyages d'études en faveur des élèves-maîtres de ces Écoles (*Ibid.*, p. 152);

— 26 *décembre* 1882, aux Recteurs, relative à la correspondance des élèves-maîtres dans les Écoles normales primaires (*Circ.*, t. IX, p. 159);

— 30 *juin* 1883, aux Recteurs, relative aux voyages d'études des élèves-maîtres pendant les vacances (*Ibid.*, p. 244);

— 28 *mai* 1885, aux Inspecteurs d'Académie, relative aux herbiers et aux collections géologiques formés par les élèves des Ecoles normales primaires (*Ibid.*, p. 485);

— 10 *février* 1886, aux Inspecteurs d'Académie, relative aux collections botaniques et géologiques formées par les élèves des Écoles normales d'instituteurs (*Ibid.*, p. 632);

— 14 *septembre* 1886 (Vice-Recteur de Paris aux Inspecteurs d'Académie), relative aux dons de livres faits aux élèves sortant des Écoles normales (*Rec. des L. et A.*, 1886, p. 656);

— 4 *juillet* 1887 (Vice-Recteur de Paris aux Inspecteurs d'Académie), relative aux indemnités de première installation à attribuer aux élèves sortant des Écoles normales primaires (*Ibid.*, 1887, p. 511);

— 10 *octobre* 1887, aux Recteurs, rappelant que la possession du brevet élémentaire est obligatoire pour l'admission dans les Ecoles normales primaires (*Circ.*, t. X, p. 207);

— 13 *octobre* 1887 (Vice-Recteur de Paris aux Inspecteurs d'Académie), relative aux excursions scientifiques et aux promenades topographiques des élèves des Écoles normales (*Rec. des L. et A.*, 1887, p. 849);

— 25 *août* 1890, aux Recteurs, relative aux dons de livres à accorder aux élèves-maîtres sortant avec le brevet supérieur (*Circ.*, t. XI, p. 285);

— 3 *mai* 1892, aux Préfets, relative à l'admission d'élèves libres dans les Écoles normales primaires (*Ibid.*, p. 581);

— 7 *février* 1893, aux Préfets, relative aux demandes de transfèrement formées par les élèves-maîtres et les élèves-maîtresses des Écoles normales primaires (*Ibid.*, p. 630).

1. « La dispense d'âge accordée de droit par le dernier paragraphe de l'article 107 du présent décret est applicable aux Écoles normales. » (*Avis IX*, *Bull. adm.*, 1887, t. XLI, p. 432).

2. Consulter la circulaire du 10 *octobre* 1887 aux Recteurs (*Circ.*, t. X, p. 207), rappelant que la possession du brevet élémentaire est obligatoire pour l'admission dans les Écoles normales.

ART. 71[1]. — Nul ne peut se présenter au concours plus de deux fois[2].

ART. 72. — Un mois au moins avant l'examen, l'Inspecteur d'Académie communiquera au Recteur les résultats d'une enquête faite par ses soins sur les antécédents et la conduite des candidats.

Au vu du dossier, et d'après les résultats de l'enquête, le Recteur arrête la liste des candidats admis à concourir.

ART. 73. — Les candidats sont examinés par une Commission nommée par le Recteur. L'Inspecteur d'Académie en est le président. Le directeur, les professeurs ou maîtres de l'École normale et un Inspecteur primaire en font nécessairement partie.

Un arrêté ministériel, pris sur l'avis du Conseil supérieur, déterminera la forme et les conditions de cet examen.

ART. 74. — Les candidats admis sont classés par ordre de mérite sur une liste qui est transmise au Recteur, avec les procès-verbaux de l'examen.

Le Recteur prononce l'admission des élèves-maîtres, d'après l'ordre de mérite.

A la liste primitive est jointe, s'il y a lieu, une liste supplémentaire, également dressée par ordre de mérite et suivant laquelle le Recteur prononce, en cas de vacance, les admissions ultérieures[3].

ART. 75. — Tous les ans, au mois d'août, sur le vu des notes obtenues par les élèves dans les examens de fin d'année[4] et sur la proposition du directeur délibérée dans le Conseil des professeurs, le Recteur, après avis de l'Inspecteur d'Académie, arrête la liste des élèves admis à passer de première en deuxième année et de deuxième en troisième année, et avise le Ministre des exclusions qu'il prononce.

ART. 76.— Tous les élèves-maîtres sans exception sont tenus de se présenter aux examens du brevet supérieur à la fin du cours d'études.

1. Voir, *à sa date*, le décret du 31 *juillet* 1897 qui a modifié cet article.

2. « Cette disposition n'a pas été appliquée en 1887; des exceptions pouvaient être autorisées. » (*Avis X*, *Bull. adm.*, 1887, t. XLI, p. 432.) — « Elle ne devient applicable qu'à partir du concours de 1889. » (*Avis*, *Bull. adm.*, 1887, t. XLII, p. 1168).

3. Les élèves transférés d'un département dans un autre seront, à leur arrivée à la nouvelle École, soumis à un examen qui déterminera l'année dont ils devront suivre les cours (*Décision ministérielle du* 21 *septembre* 1888). — Voir la circulaire du 24 *septembre* 1888 (Vice-Recteur de Paris aux Inspecteurs d'Académie), relative au transfèrement des élèves des Écoles normales primaires (*Rec. des L. et A.*, 1888, p. 740).

Voir également (*Circ.*, t. XI, p. 674) la circulaire du 3 *mai* 1893, aux Recteurs, relative à l'admission des élèves dans les Écoles normales d'instituteurs et d'institutrices.

4. Consulter (*Circ.*, t. XI, p. 50) la circulaire du 12 *décembre* 1889, aux Recteurs, relative aux examens de passage des élèves-maîtres et des élèves-maîtresses des Écoles normales primaires.

ART. 77. — Dans le cas de maladie prolongée, un élève-maître peut, sur la proposition du directeur et du Conseil d'administration, et après avis de l'Inspecteur d'Académie, être autorisé par le Recteur à redoubler une année. Le Recteur doit informer le Ministre des autorisations qu'il a accordées.

ART. 78. — Tout élève-maître qui quitte volontairement l'Ecole ou qui en est exclu, ou tout ancien élève-maître qui rompt l'engagement prescrit par l'article 70 ci-dessus, est tenu de restituer le prix de la pension dont il a joui[1].

La somme à restituer comprend exclusivement :

1° Les frais de nourriture;

2° Les frais de blanchissage;

3° Le prix des fournitures classiques.

Toutefois, sur la proposition du Recteur, après avis du Conseil des professeurs et de l'Inspecteur d'Académie, le Ministre peut accorder des sursis pour le payement des sommes dues, ainsi qu'une remise partielle ou totale de ces mêmes sommes.

ART. 79[2]. — Tout élève-maître sorti de l'Ecole après les trois années d'études reçoit, quand il est appelé pour la première fois aux fonctions d'instituteur public, titulaire ou stagiaire, une indemnité de 100 francs.

ART. 80. — Les élèves-maîtres qui sortent de l'Ecole normale ont droit, selon leur âge et les titres dont ils sont pourvus, aux premiers emplois d'instituteur public, titulaire ou stagiaire, qui se trouvent vacants dans le département.

ART. 81. — L'engagement de servir pendant dix ans dans l'enseignement public[3] peut être accompli dans tout département, toute

1. Voir (*Circ.*, t. XI, p. 292 et 293) les circulaires du 12 *juin* 1888, aux Recteurs et aux Préfets, relatives aux demandes de remboursement des frais de pension dus par les élèves des Écoles normales primaires, exclus ou ne satisfaisant pas, après leur sortie, aux obligations de leur engagement.

Voir aussi la circulaire du 4 *mai* 1888 (Vice-Recteur de Paris aux Inspecteurs d'Académie), autorisant la substitution d'un frère au père dans l'engagement à contracter pour le remboursement éventuel des frais de pension (*Rec. des L. et A.*, 1888, p. 284).

2. Voir, *à sa date*, le décret du 13 *mai* 1890, modifiant cet article.

Consulter (*Circ.*, t. XI, p. 285) la circulaire du 25 *août* 1890, aux Recteurs, relative aux dons de livres à accorder aux élèves-maîtres sortant des Écoles normales primaires avec le brevet supérieur.

3. Voir les documents suivants :

Circulaires des 6 *décembre* 1888 et 8 *janvier* 1889 (Vice-Recteur de Paris aux Inspecteurs d'Académie), relatives à la souscription de l'engagement décennal par les élèves sortant des Écoles normales primaires et non encore pourvus d'emploi (*Rec. des L. et A.*, 1888, p. 951; 1889, p. 5);

— 3 *janvier* 1890, aux Recteurs, relative aux engagements décennaux à contracter par les élèves-maîtres ou anciens élèves-maîtres (*Circ.*, t. XI, p. 67);

— 15 *septembre* 1890, aux Recteurs, relative à la situation des anciens élèves

possession française ou tout pays soumis au protectorat de la France.

Tout élève-maître qui quitte le département où se trouve l'Ecole normale dans laquelle il a fait ses études doit être muni d'un exeat délivré par l'Inspecteur d'Académie.

SECTION IV. — *De l'Enseignement.*

ART. 82. — L'enseignement dans les Ecoles normales primaires[1], soit d'instituteurs, soit d'institutrices, comprend :

1° L'instruction morale et civique[2];

2° La lecture[3];

3° L'écriture;

4° La langue et les éléments de la littérature française;

5° L'histoire, et particulièrement l'histoire de France jusqu'à nos jours;

6° La géographie, et particulièrement celle de la France;

7° Le calcul, le système métrique, l'arithmétique élémentaire avec application aux opérations pratiques; des notions de calcul algébrique; des notions de tenue des livres;

8° La géométrie élémentaire;

9° L'arpentage et le nivellement pour les élèves-maîtres seulement;

10° Les éléments des sciences physiques et des sciences naturelles avec leurs principales applications[4];

d'Écoles normales appartenant à la classe 1889 et non encore pourvus d'emploi (*Circ.*, t. XI, p. 294).

1. Consulter l'ensemble des dispositions de la loi du 30 *octobre* 1886, p. 669 et suiv. Voir, *à sa date*, l'arrêté du 10 *janvier* 1889, relatif à l'emploi du temps, à la répartition des matières d'enseignement et aux programmes d'études dans les Écoles normales primaires (*Bull. adm.*, 1889, t. XLV, p. 7 et s.).

2. Voir les circulaires suivantes :
Du 17 *novembre* 1883, aux Préfets et aux Recteurs, relative à l'instruction morale et civique dans les Écoles primaires (ci-après, *à sa date*);
— 17 *novembre* 1883, aux instituteurs et aux institutrices publics, relative à l'instruction morale et civique dans les Écoles primaires (ci-après, *à sa date*);
— 10 *août* 1885, aux Recteurs, relative à l'enseignement de la morale dans les Écoles normales primaires (*Circ.*, t. IX, p. 513);
— 16 *octobre* 1888 (Vice-Recteur de Paris aux Inspecteurs d'Académie), relative à l'enseignement moral et civique (*Rec. des L. et A.*, 1888, p. 777).

3. Voir les circulaires des 16 *octobre* 1890 et 8 *décembre* 1893, aux Recteurs (*Circ.*, t. XI, p. 300 et 758), relatives à la lecture, dans les Écoles normales primaires, des auteurs à expliquer aux examens du brevet supérieur; — et la circulaire du 21 *mai* 1894, aux Recteurs, relative à la lecture des auteurs classiques dans les Écoles normales (*Bull. adm.*, 1894, t. LV, p. 461).

4. Voir les circulaires du 23 *avril* 1879, aux directeurs des Écoles normales, insistant sur l'organisation et le fonctionnement régulier du service des observations

11° L'agriculture pour les élèves-maîtres[1]; l'horticulture;

12° L'économie domestique pour les élèves-maîtresses;

13° Le dessin[2];

14° Le chant[3] et la musique;

15° La gymnastique[4] et, pour les élèves-maîtres, les exercices militaires;

16° Les travaux manuels pour les élèves-maîtres[5]; les travaux à l'aiguille pour les élèves-maîtresses[6];

17° La pédagogie;

18° L'étude d'une langue étrangère[7].

Un arrêté ministériel pris en Conseil supérieur déterminera, d'une manière générale, l'emploi du temps, les programmes d'enseignement des diverses matières, ainsi que le nombre d'heures assigné à chacune d'elles.

SECTION V[8]. — *Du Régime intérieur et de la Discipline.*

ART. 83. — Dans les Ecoles normales d'instituteurs, les élèves-maîtres ont toute facilité pour suivre les pratiques de leur culte.

météorologiques (*Circ.*, t. VIII, p. 138); — du 10 *août* 1885, aux Recteurs, relative à l'enseignement des sciences physiques et naturelles dans les Écoles normales primaires (*Circ.*, t. IX, p. 513); — du 25 *avril* 1898, aux Recteurs, relative à l'enseignement agricole et scientifique dans les Écoles normales primaires (*Bull. adm.*, 1898, t. LXIII, p. 592).

1. Voir les circulaires du 30 *novembre* 1895, aux Recteurs, relative aux cours d'agriculture dans les Écoles normales primaires (*Bull. adm.*, 1895, t. LVIII, p. 875); — du 25 *avril* 1898, aux Recteurs, relative à l'enseignement agricole et scientifique dans les Écoles normales primaires (*Bull. adm.*, 1898, t. LXIII, p. 592).

2. Voir la circulaire du 21 *mai* 1889, aux Recteurs, relative à l'enseignement du dessin (*Circ.*, t. X, p. 419).

3. Voir la circulaire du 21 *mai* 1889, aux Recteurs, relative à l'enseignement du chant (*Circ.*, t. X, p. 419).

4. Voir la circulaire du 21 *mai* 1889, aux Recteurs, relative à l'enseignement de la gymnastique (*Circ.*, t. X, p. 419).

5. Consulter les documents suivants :

Circulaire du 30 *octobre* 1885, aux Recteurs, relative à l'enseignement du travail manuel dans les Écoles normales primaires (*Circ.*, t. IX, p. 571);

Arrêté du 3 *janvier* 1891, fixant le programme de l'enseignement du travail manuel dans les Écoles normales d'instituteurs (*à sa date*);

Circulaire du 12 *mars* 1891, aux Recteurs, relative à l'enseignement du travail manuel dans les Écoles normales d'instituteurs (*Circ.*, t. XI, p. 423).

6. Voir la circulaire du 23 *septembre* 1898, relative à une modification des programmes de travail manuel dans les Écoles normales primaires d'institutrices (*Bull. adm.*, 1898, t. LXIV, p. 809).

7. Voir les circulaires du 21 *mai* 1889, aux Recteurs, relative à l'enseignement des langues vivantes dans les Écoles normales primaires (*Circ.*, t. X, p. 419); — du 27 *novembre* 1893, aux Recteurs, relative à une enquête sur le choix de la langue vivante à enseigner dans les établissements d'enseignement primaire (*Circ.*, t. XI, p. 757).

8. Sur le régime des Écoles normales primaires, consulter les circulaires suivantes :

Dans les Écoles normales d'institutrices, les élèves-maîtresses sont, sur la demande des parents, conduites le dimanche aux offices.

Du 12 *août* 1881, aux Recteurs, relative à l'organisation des cadres du personnel des Écoles normales primaires (*Circ.*, t. VIII, p. 544);

– 16 *septembre* 1881, aux Recteurs, relative à la fixation du traitement des fonctionnaires économes dans les Écoles normales primaires (*Ibid.*, p. 560);

– 18 *octobre* 1881, aux Recteurs, relative à la nouvelle organisation des Écoles normales (*Ibid.*, p. 577);

– 9 *novembre* 1881, aux Recteurs, relative au choix des maîtres chargés de la direction des Écoles primaires annexées aux Écoles normales (*Ibid.*, p. 608);

– 11 *février* 1882, aux Préfets, relative au mode d'ordonnancement des subventions allouées pour les traitements du personnel et les dépenses diverses des Écoles normales primaires (*Ibid.*, p. 656);

– 23 *février* 1882 (Vice-Recteur de Paris aux Inspecteurs d'Académie), relative à de nouvelles instructions sur la comptabilité des Écoles normales primaires (*Rec. des L. et A.*, 1882, p. 202);

– 18 *mars* 1882, aux Recteurs, relative à la transmission d'instructions pour l'installation des économes dans les Écoles normales primaires (*Circ.*, t. VIII, p. 670);

– 31 *mars* 1882, aux Recteurs, relative aux registres à tenir par les économes des Écoles normales primaires (*Circ.*, t. IX, p. 5);

– 3 *avril* 1882, aux Recteurs, relative à l'entretien et au développement des bibliothèques des Écoles normales primaires (*Ibid.*, p. 7);

– 23 *avril* 1883, aux Préfets, relative à l'administration et à la comptabilité intérieures des Écoles normales primaires (*Ibid.*, p. 211);

– 7 *février* 1884, aux Recteurs, relative aux modifications à apporter au régime intérieur des Écoles normales primaires d'instituteurs (*Ibid.*, p. 330);

– 18 *avril* 1885, aux Recteurs, relative à la comptabilité des Écoles normales primaires (*Ibid.*, p. 472);

– 30 *avril* 1885, aux Recteurs, relative aux frais d'installation et d'entretien des Écoles normales primaires (*Ibid.*, p. 476);

– 7 *août* 1885, aux Recteurs, relative au service des vacances dans les Écoles normales primaires (*Ibid.*, p. 512);

– 30 *septembre* 1885, aux Recteurs, relative aux programmes d'enseignement dans les Écoles normales primaires (*Ibid.*, p. 536);

– 7 *octobre* 1885, aux Recteurs, relative à la suppression progressive des cours complémentaires et des cours accessoires dans les Écoles normales primaires (*Ibid.*, p. 549);

– 5 *mai* 1886, aux Recteurs, relative à la répartition du service et à la fixation du traitement des professeurs et maîtres (*Ibid.*, p. 711);

– 20 *juillet* 1886, aux Recteurs, relative aux modifications apportées dans les programmes des Écoles normales primaires par l'arrêté du 10 août 1885 (*Ibid.*, p. 761);

– 11 *août* 1886, aux Préfets, relative à l'établissement des états de prévision trimestriels dans les Écoles normales primaires (*Ibid.*, p. 767);

– 10 *mars* 1887, aux Recteurs, relative à la surveillance et aux sorties dans les Écoles normales primaires (*Circ.*, t. X, p. 83);

– 20 *mai* 1887, aux Recteurs, relative aux prestations en nature à fournir aux directeurs, directrices et économes (*Ibid.*, p. 135);

– 9 *octobre* 1888 (Vice-Recteur de Paris aux Inspecteurs d'Académie), relative à la nouvelle répartition des heures d'enseignement et à la suppression des heures supplémentaires dans les Écoles normales primaires (*Rec. des L. et A.*, 1888, p. 740);

– 17 *octobre* 1888 (Vice-Recteur de Paris aux Inspecteurs d'Académie), relative à la réforme des objets hors de service (*Ibid.*, p. 781);

– 9 *novembre* 1888, aux Recteurs, relative au contrôle de la perception des droits sur les boissons livrées aux établissements d'instruction publique (*Circ.*, t. X, p. 367);

– 31 *décembre* 1889, aux Recteurs, relative aux mesures transitoires destinées à

ART. 84. — Les seules punitions que les élèves-maîtres peuvent encourir sont :

1° La privation de sortie prononcée par le directeur ;

2° L'avertissement donné par le directeur ;

3° La réprimande devant les élèves réunis infligée, suivant la gravité de la faute, par le directeur ou par l'Inspecteur d'Académie ;

4° L'exclusion temporaire, pour un temps qui ne peut excéder quinze jours, prononcée par le Recteur, sur le rapport de l'Inspecteur d'Académie, après avis du Conseil d'administration ;

5° L'exclusion définitive, prononcée par le Ministre, sur la proposition du Recteur.

ART. 85. — Tout élève qui s'est rendu coupable d'une faute grave peut être remis immédiatement à sa famille par le directeur. Celui-ci doit alors sans délai en référer à l'Inspecteur d'Académie, qui saisit de l'affaire le Conseil d'administration.

SECTION VI. — *Du Conseil d'administration*[1].

ART. 86. — Il est institué auprès de chaque Ecole normale un Conseil d'administration[2] nommé pour trois ans. Il est composé de

assurer le fonctionnement des Écoles normales primaires (*Rec. des L. et A.*, 1889, p. 998) ;

— 21 *mai* 1890, aux Préfets, relative aux prélèvements à opérer sur le traitement du personnel des Écoles normales primaires pour pension à la table commune (*Circ.*, t. XI, p. 163) ;

— 6 *juin* 1890, aux Recteurs, relative aux comptes d'administration de l'exercice 1889 (*Ibid.*, p. 177) ;

— 29 *novembre* 1890, aux Recteurs, relative à l'organisation de la surveillance intérieure dans les Écoles normales d'institutrices (*Ibid.*, p. 316) ;

— 30 *décembre* 1890, aux Recteurs, contenant instruction sur l'administration et la nouvelle comptabilité des Écoles normales primaires (*Ibid.*, p. 330) ;

— 2 *février* 1891, aux Recteurs et aux Préfets, relatives à l'application de la nouvelle comptabilité (*Ibid.*, p. 406 et 410) ;

— 20 *décembre* 1892, aux Recteurs, relative à la conservation et au bon entretien des collections, instruments et appareils dans les Ecoles normales primaires (*Ibid.*, p. 618) ;

— 15 *mai* 1895, aux Recteurs, relative au versement de retenues sur les allocations départementales accordées aux fonctionnaires des Écoles normales primaires (*Bull. adm.*, 1895, t. LVII, p. 549) ;

— 15 *décembre* 1895, aux Recteurs, relative à l'allocation accordée aux professeurs d'Écoles normales primaires chargés de l'économat (*Bull. adm.*, 1895, t. LVIII, p. 941) ;

— 13 *janvier* 1896, aux Recteurs, relative à la modification du n° 7 de l'instruction sur la comptabilité des Écoles normales primaires (*Bull. adm.*, 1896, t. LIX, p. 44).

1. Cette section a été modifiée par la loi du 19 *juillet* 1889 (art. 47) et le décret du 29 *mars* 1890 (art. 1 à 4) (Voir *à leur date*).

2. Consulter la circulaire du 6 *décembre* 1889, aux Recteurs, relative au renouvel-

l'Inspecteur d'Académie, président, et de six membres désignés par le Recteur, dont deux conseillers généraux.

Quand le Recteur assiste aux séances, il prend la présidence et a voix prépondérante.

Le directeur assiste aux réunions du Conseil avec voix délibérative, sauf quand il est délibéré sur le compte administratif.

En l'absence du Recteur et de l'Inspecteur d'Académie, le doyen d'âge préside la séance.

ART. 87. — Le Conseil d'administration[1] est chargé sous l'autorité du Recteur :

1° De s'assurer, par des visites mensuelles, de la bonne tenue de l'établissement;

2° De donner son avis sur le règlement intérieur de l'Ecole, pré-

lement des Conseils d'administration des Écoles normales primaires (*Circ.*, t. XI, p. 49).

1. « Monsieur l'Inspecteur, plusieurs de vos collègues m'ont posé, au sujet des attributions des Conseils d'administration des Écoles normales, les deux questions suivantes :

« 1° Les règlements imposent-ils à l'administration le devoir de réunir le Conseil d'administration quand un événement comme celui de la révocation de l'économe se produit?

« 2° Le Conseil d'administration a-t-il conservé le droit, depuis le décret du 18 janvier 1887, de surveiller la comptabilité tant par l'examen des livres que par l'inspection de la caisse, faits au moment où il le juge opportun?

« J'ai soumis ces questions à M. le Ministre. Voici les réponses qu'il m'adresse :

« 1° Il est difficile de donner une réponse absolue à la première question; mais il est évident que la convocation de la Commission de surveillance peut être très utile lorsque la gestion de l'économe est incriminée. Il peut y avoir, en effet, des mesures à provoquer dans l'intérêt de l'établissement, et l'avis du Conseil d'administration devient très important soit pour corroborer l'autorité de la direction, soit même pour y suppléer et montrer au besoin au Conseil la nécessité d'une inspection plus fréquente de sa part.

« 2° Le droit d'inspection et de contrôle est, en effet, maintenu. Sans discuter la question de savoir si le droit donné par l'article 87 du décret du 18 janvier 1887 de veiller sur les *intérêts matériels* de l'établissement fait allusion à ce droit de contrôle, il est certain que l'article 33 du décret du 29 juillet 1882 subsiste en entier. Ce décret a été rendu sur la proposition du Ministre des Finances et de mon Administration; il vise l'application du règlement de comptabilité publique du 31 mai 1862; il a donc une importance considérable, et ce n'est pas sans des raisons sérieuses et des textes formels et d'égale valeur, que ces dispositions peuvent être abrogées. L'article 33 susvisé de ce décret donne à la Commission de surveillance le droit de vérifier les registres de comptabilité et, par conséquent, la caisse toutes les fois qu'elle le juge convenable. D'ailleurs l'article 52 du même décret, corroboré en cela par le § 7 de l'article 87 du même décret du 18 janvier 1887, lui confère l'examen du compte administratif annuel dressé par le directeur. Il est impossible que l'avis exprimé par la Commission sur ce compte soit sérieux, si elle n'a pas le droit de contrôler les observations variées qui doivent y être consignées au moyen de l'examen qu'elle fera, quand elle le jugera utile, de la comptabilité. Il ressort donc bien de tout ce qui précède que le Conseil d'administration a conservé les droits qui lui étaient concédés par le décret du 29 juillet 1882 (articles 33 et 52). » *Circulaire du Vice-Recteur de Paris aux Inspecteurs d'Académie*, 18 *mai* 1887.

paré par les professeurs réunis en Conseil sous la présidence du directeur; ce règlement doit être soumis à l'approbation du Recteur;

3° De désigner à la nomination du Recteur le médecin de l'Ecole;

4° De régler, sur la proposition du directeur et sous réserve de l'approbation du Ministre, toutes les questions relatives à la nourriture, au logement, au chauffage, à l'éclairage et à l'entretien des élèves-maîtres;

5° De préparer le budget de l'Ecole;

6° De donner son avis sur les demandes de crédits supplémentaires à adresser au Ministre;

7° D'examiner le compte administratif qui lui est soumis par le directeur;

Et en général de veiller sur les intérêts matériels de l'Ecole.

ART. 88. — Chaque année, au mois de juillet, le Conseil d'administration entend la lecture du rapport du directeur sur la situation morale et matérielle de l'établissement. Il en délibère et adresse au Recteur ses observations et ses propositions.

ART. 89. — Toutes les délibérations du Conseil d'administration concernant la situation matérielle de l'Ecole et les améliorations à réaliser sont transmises par le Recteur au Préfet.

CHAPITRE VI. — ÉCOLES NORMALES PRIMAIRES SUPÉRIEURES[1].

ART. 90. — Il est institué deux Ecoles normales supérieures de l'enseignement primaire pour former des professeurs d'Écoles normales et d'Ecoles primaires supérieures de filles et de garçons.

ART. 91. — A chacun de ces établissements il sera annexé une Ecole normale primaire d'application.

1. Consulter les circulaires suivantes :

Du 23 *septembre* 1880, aux Recteurs, relative au concours d'admission à l'École normale primaire supérieure d'institutrices (*Rec. des L. et A.*, 1880, p. 747);

— 9 *novembre* 1880, aux Recteurs, relative à l'admission temporaire de maîtresses adjointes à l'École normale primaire supérieure d'institutrices (*Circ.*, t. VIII, p. 406);

— 8 *janvier* 1881, aux Recteurs, relative au concours d'admission à l'École normale primaire supérieure d'institutrices (*Ibid.*, p. 418);

— 29 *juillet* 1882, aux Recteurs, relative à la réorganisation de l'École Pape-Carpantier (*Circ.*, t. IX, p. 91);

— 29 *juillet* 1882, aux Recteurs, relative aux demandes d'admission temporaire à l'École normale primaire supérieure de Fontenay (*Ibid.*, p. 94);

— 8 *mai* 1884, aux Recteurs, relative au concours annuel d'admission à l'École normale primaire supérieure de Fontenay (*Rec. des L. et A.*, 1884, p. 304);

— 20 *août* 1885, aux Recteurs, relative au concours d'admission à l'École Pape Carpantier (*Rec. des L. et A.*, 1885, p. 715);

— 4 *avril* 1888 (Vice-Recteur de Paris aux Inspecteurs d'Académie), relative au refus de dispense provisoire du brevet supérieur pour les candidats à l'École normale primaire supérieure de Saint-Cloud (*Rec. des L. et A.*, 1888, p. 209.)

ART. 92. — Ces Ecoles sont gratuites. Elles recrutent leurs élèves au concours.

ART. 93. — Il est institué auprès de chacune des deux Ecoles une Commission administrative dont les membres sont nommés pour trois ans par le Ministre de l'Instruction publique, avec mission de surveiller et de contrôler l'administration matérielle et la gestion économique.

ART. 94. — Le directeur et les professeurs forment le Conseil de chaque Ecole. Ce Conseil est convoqué et présidé par le directeur : il délibère sur la direction à donner aux études, se prononce sur l'aptitude des élèves à passer de première en deuxième année et de deuxième en troisième année, et arrête la liste des ouvrages à mettre entre leurs mains.

ART. 95. — Tout élève qui quitte volontairement l'une ou l'autre Ecole, pour tout autre motif qu'une maladie dûment constatée, ou qui ne remplit pas l'engagement pris par lui au moment de son admission de servir pendant dix ans dans l'enseignement public, est tenu de rembourser à l'Etat le prix de sa pension, fixé à 600 francs par an.

Des remises totales ou partielles pourront être accordées par le Ministre de l'Instruction publique, sur l'avis du directeur de l'Ecole, du Conseil des professeurs et de la Commission administrative.

ART. 96. — Des arrêtés ministériels, pris après avis du Conseil supérieur de l'Instruction publique, régleront la constitution et le régime intérieur de ces établissements, ainsi que les conditions d'admission dans l'une et l'autre de ces Ecoles.

ART. 97. — Des bourses de séjour à l'étranger[1] sont accordées chaque année par le Ministre, dans des conditions déterminées par un arrêté ministériel pris en Conseil supérieur, à des professeurs d'Ecole normale[2] ou à des candidats pourvus du certificat d'aptitude au professorat, qui se destinent à l'enseignement des langues vivantes.

CHAPITRE VII[3]. — CLASSES D'ADULTES OU D'APPRENTIS.

ART. 98. — La création des classes publiques d'adultes ou d'ap-

1. Voir les circulaires : du 5 *août* 1884, aux Inspecteurs d'Académie, relative à l'obtention des bourses de séjour à l'étranger (enseignement primaire supérieur) (*Circ.*, t. IX, p. 396); et du 9 *août* 1888, aux Préfets, relative aux bourses de séjour à l'étranger (*Circ.*, t. X, p. 331). — Voir aussi, *à sa date*, l'arrêté du 8 *juin* 1892.

2. « Les professeurs titulaires d'Écoles normales d'institutrices sont admises à concourir. » (*Avis*, *Bull. adm.*, 1890, t. XLVII, p. 573.)

3. Voir, *à sa date*, le décret du 11 *janvier* 1895, modifiant les articles 98 à 105. Consulter aussi la circulaire du 10 *août* 1894, aux Recteurs, relative à la reconstitution des cours d'adultes et d'apprentis (*Bull. adm.*, 1894, t. LVI, p. 203).

prentis est soumise aux mêmes formalités légales que la création des Ecoles primaires publiques.

ART. 99. — Dans les classes d'adultes ou d'apprentis l'enseignement a un caractère pratique et plus spécialement approprié aux professions.

ART. 100. — Ne peuvent être admis à suivre les classes d'adultes que les enfants âgés d'au moins treize ans.

ART. 101. — Les classes d'adultes ou d'apprentis sont soumises aux mêmes inspections que les Écoles primaires.

ART. 102. — Dans les classes publiques d'adultes ou d'apprentis, il y aura un registre d'appel régulièrement tenu. Chaque élève aura obligatoirement un cahier sur lequel il consignera, jour par jour et à leur date, tous les devoirs et exercices faits par lui. Ce cahier restera déposé à l'Ecole, de façon que les résultats de la classe puissent toujours et sûrement être contrôlés par les autorités.

ART. 103. — Quand une classe publique d'adultes ou d'apprentis aura été régulièrement créée, il pourra lui être alloué, sur la proposition du Préfet, à titre d'encouragement ou de récompense : 1° une subvention de l'Etat qui ne pourra dépasser la moitié des frais de tenue et d'entretien qu'elle entraîne; 2° des concessions de matériel d'enseignement.

ART. 104. — La subvention de l'Etat ne peut être accordée à des classes publiques d'adultes ou d'apprentis, après épuisement des ressources communales, que si ces classes durent cinq mois au moins, si la commune se charge des frais de chauffage et d'éclairage et si elle contribue en outre à la rémunération des instituteurs qui dirigent ces classes.

ART. 105. — Des décisions ministérielles détermineront les conditions d'organisation et de subvention des classes publiques d'adultes ou d'apprentis.

TITRE II[1]. — Des Titres de Capacité.

CHAPITRE Ier.

ART. 106. — Les titres de capacité de l'enseignement primaire sont :

1. Consulter, pour les antécédents, les circulaires suivantes :
Du 22 *mai* 1879, aux Recteurs, relative aux titres de capacité à exiger des aspirants à l'*inspection primaire* et des *maîtres adjoints* dans les Écoles normales primaires (*Circ.*, t. VIII, p. 151);
— 21 *juin* 1879, aux Recteurs, relative à la modification du programme d'examen

1. Le brevet élémentaire et le brevet supérieur;

2. Les certificats d'aptitude professionnelle : certificat d'aptitude pédagogique, certificat d'aptitude au professorat des Ecoles nor-

pour le certificat spécial d'aptitude à l'*enseignement de la gymnastique* (*Ibid.*, p. 165);

— 1er *novembre* 1879, aux Recteurs, relative au projet d'abrogation de l'article 40 du décret du 29 juillet 1850, admettant dans certains cas la dispense du certificat spécial pour la nomination aux fonctions d'*inspecteur primaire* (*Ibid.*, p. 218);

— 4 *novembre* 1879, aux Recteurs, relative aux dates des sessions du concours pour les aspirantes aux fonctions de *directrice* et de *maîtresse adjointe* dans les Écoles normales primaires (*Ibid.*, p. 222);

— 10 *février* 1880, aux Recteurs, relative à l'institution d'un concours pour l'admission à des emplois nouveaux de *maître adjoint* dans les Écoles normales primaires;

— 16 *mars* 1880, aux Recteurs, relative à la délégation de maîtresses adjointes et d'institutrices pour suivre les cours normaux de *coupe et assemblage* des vêtements dans les Écoles de la ville de Paris (*Ibid.*, p. 267);

— 21 *juin* 1880, aux Recteurs, relative à l'exécution des décret et arrêté du 5 juin 1880, concernant les examens pour le certificat d'aptitude à l'*inspection primaire*, à la *direction* et au *professorat* dans les Écoles normales primaires (*Ibid.*, p. 312);

— 12 *mai* 1881, aux Recteurs, relative aux titres à exiger désormais des candidats aux fonctions d'*inspecteur primaire* (*Ibid.*, p. 499);

— 24 *mai* 1881, aux Recteurs, relative à une enquête sur les antécédents des candidats au certificat d'aptitude au *professorat* des Écoles normales primaires (*Ibid.*, p. 504);

— 11 *août* 1881, aux Préfets, prescrivant la réunion de renseignements spéciaux en vue de l'application de la loi du 16 juin 1881 sur les titres de capacité exigés pour les diverses fonctions de l'enseignement primaire (*Ibid.*, p. 542);

— 13 *août* 1881, aux Recteurs, relative aux examens du *certificat d'aptitude pédagogique* (*Ibid.*, p. 547);

— 22 *septembre* 1882, aux Préfets, relative aux titres de capacité exigés des *instituteurs et institutrices publics* par la loi du 16 juin 1881 (*Circ.*, t. IX, p. 117);

— 17 *octobre* 1882 (Vice-Recteur de Paris aux Inspecteurs d'Académie), rappelant les conditions d'admission aux cours normaux préparatoires à l'*enseignement du travail manuel* (*Rec. des L. et A.*, 1882, p. 980);

— 20 *juillet* 1883, aux Recteurs, relative à l'admission aux cours normaux de *directrices d'Écoles maternelles* (*Circ.*, t. IX, p. 253);

— 29 *février* 1884, aux Recteurs, relative aux sessions normales instituées pour la préparation des candidats au certificat d'aptitude à l'*enseignement du dessin* dans les Écoles normales primaires (*Ibid.*, p. 347);

— 10 *mai* 1884, aux Recteurs, relative à un projet de modification du temps accordé pour les épreuves du certificat d'aptitude à la *direction des Écoles maternelles* (*Ibid.*, p. 367);

— 3 *septembre* 1884 (Ministre de l'Intérieur aux Préfets), relative à l'institution de certificats d'aptitude à l'*enseignement des sourds-muets* (*Rec. des L. et A.*, 1884, p. 791);

— 13 *septembre* 1884, aux Préfets, relative aux titres de capacité exigés désormais des *instituteurs* et *institutrices* (*Circ.*, t. IX, p. 414);

— 28 *mars* 1885, aux Inspecteurs d'Académie, relative aux examens et concours de l'enseignement primaire (*Ibid.*, p. 469);

— 24 *octobre* 1885 (Vice-Recteur de Paris aux Inspecteurs d'Académie), relative à l'examen du *certificat d'aptitude pédagogique* (*Rec. des L. et A.*, 1885, p. 960);

— 16 *décembre* 1885 (Vice-Recteur de Paris aux Inspecteurs d'Académie), relative à l'allocation d'une indemnité aux professeurs d'École normale primaire pour-

males et des Ecoles primaires supérieures[1], certificat d'aptitude à l'inspection des Ecoles primaires et à la direction des Ecoles normales, certificat d'aptitude à l'inspection des Ecoles maternelles;

3[2]. Les certificats spéciaux pour les enseignements accessoires: certificat d'aptitude à l'enseignement des langues vivantes, certificat d'aptitude à l'enseignement du travail manuel, certificat d'aptitude à l'enseignement du dessin, certificat d'aptitude à l'enseignement du chant, certificat d'aptitude à l'enseignement de la gymnastique, certificat d'aptitude à l'enseignement élémentaire des travaux de couture, certificat d'aptitude à l'enseignement des exercices militaires.

CHAPITRE II. — DES CONDITIONS A REMPLIR PAR LES CANDIDATS.

ART. 107[3]. — Pour se présenter aux examens du brevet élémentaire, tout candidat doit avoir au moins seize ans au 1er octobre de l'année durant laquelle il se présente.

Pour se présenter aux examens du brevet supérieur, tout candidat doit justifier de la possession du brevet élémentaire et avoir dix-huit ans révolus le jour de l'ouverture de la session du brevet supérieur.

Des dispenses d'âge peuvent être accordées par l'Inspecteur d'Académie, pour l'un et l'autre brevet, pourvu qu'elles ne dépassent pas une durée de trois mois.

La dispense est de droit pour tout candidat au brevet élémentaire qui est pourvu du certificat d'études primaires supérieures, quel que soit son âge.

vus d'un certificat d'aptitude à l'enseignement du travail manuel (*Ibid.*, p. 1062 et 1108);

— 29 *mai* 1886, aux Recteurs, relative à l'application des décret et arrêté du 30 décembre 1884 modifiant les conditions d'obtention des titres de capacité pour l'enseignement primaire (*Circ.*, t. IX, p. 724);

— 3 *août* 1886, aux Inspecteurs d'Académie, relative à l'examen en vue de la délégation dans les fonctions de maîtresse adjointe d'École normale primaire (*Ibid.*, p. 766).

Voir, pour l'application, la circulaire du 9 *juin* 1888, aux Recteurs, relative à la surveillance des examens et concours de l'enseignement primaire (*Circ.*, t. X, p. 290).

1. Voir (*Bull. adm.*, 1887, t. XLII, p. 1061, et 1888, t. XLIII, p. 32) les avis relatifs à la préparation des aspirantes au certificat d'aptitude au professorat; — et (*Bull. adm.*, 1888, t. LXIV, p. 803) l'avis relatif aux conférences littéraires du Musée pédagogique pour la préparation aux certificats d'aptitude de l'enseignement primaire.

2. Voir, *à leur date*, les décrets du 13 *janvier* 1891, du 10 *août* 1893 et du 29 *avril* 1895, portant modifications à ce paragraphe.

3. Voir, *à sa date*, le décret du 15 *janvier* 1894, modifiant cet article.

ART. 108. — Les candidats au certificat d'aptitude pédagogique[1] doivent avoir vingt et un ans au moment de leur inscription, être pourvus du brevet élémentaire, et justifier de deux années d'exercice au moins dans les Ecoles publiques ou dans les Ecoles privées[2], sauf les cas prévus par l'article 23 de la loi du 30 octobre 1886.

ART. 109[3]. — Les candidats à l'examen du professorat des Ecoles normales et des Ecoles primaires supérieures doivent être âgés de vingt et un ans révolus au moment de leur inscription, être pourvus du brevet supérieur[4] et justifier de deux ans d'exercice au moins dans les Ecoles publiques ou dans les Ecoles privées.

ART. 110[5]. — Les aspirants au certificat d'aptitude à l'inspection des Ecoles primaires et à la direction des Ecoles normales doivent être âgés de vingt-cinq ans révolus au moment de leur inscription, justifier de cinq ans d'exercice au moins dans les établissements publics d'enseignement supérieur, secondaire ou primaire, et être pourvus de l'un des titres suivants : certificat d'aptitude au professorat, licence ès lettres ou ès sciences, certificat d'aptitude à l'enseignement secondaire spécial[6], baccalauréat ès lettres et baccalauréat

1. Consulter les circulaires suivantes :

Du 17 *février* 1887 (Vice-Recteur de Paris aux Inspecteurs d'Académie), relative au refus de dispense d'âge pour le certificat d'aptitude pédagogique (*Rec. des L. et A.*, 1887, p. 153);

— 6 *août* 1888, aux Recteurs, relative aux modifications apportées dans les examens du certificat d'aptitude pédagogique (*Circ.*, t. X, p. 329);

— 5 *janvier* 1889 (Vice-Recteur de Paris aux Inspecteurs d'Académie), relative à l'examen du certificat d'aptitude pédagogique (*Rec. des L. et A.*, 1889, p. 4);

— 18 *septembre* 1889 (Vice-Recteur de Paris aux Inspecteurs d'Académie) relative à l'admission d'une dispense d'âge pour l'inscription des candidats à l'examen du certificat d'aptitude pédagogique (*Ibid.*, p. 619);

— 30 *janvier* 1892, aux Inspecteurs d'Académie, relative à une modification des Commissions d'examen pour les épreuves orales et pratiques du certificat d'aptitude pédagogique (*Circ.*, t. XI, p. 549);

— 18 *février* 1898, aux Recteurs, relative au payement des dépenses des Commissions d'examen du certificat d'aptitude pédagogique (*Bull. adm.*, 1898, t. LXIII, p. 224).

2. L'autorisation d'admettre à l'examen écrit les candidats qui n'auront accompli les deux années de stage réglementaire qu'au moment des épreuves orales peut être étendue à ceux qui ne remplissent qu'à la même époque les conditions d'âge (*décision du* 16 *septembre* 1889).

3. Voir, *à sa date*, le décret du 26 *mars* 1887, modifiant cet article.

4. Aux termes d'un avis publié au *Bull. adm.*, 1890, t. XLVIII, p. 818, la possession du certificat d'aptitude pédagogique devait être désormais formellement exigée des aspirants et aspirantes à l'examen du professorat des Écoles normales primaires. Un nouvel avis (*Bull. adm.*, 1892, t. LII, p. 544) décide que les candidats n'auront plus à l'avenir qu'à justifier des conditions prévues à l'article 109.

5. Voir, *à sa date*, le décret du 31 *juillet* 1897, modifiant cet article.

6. Voir la circulaire du 21 *mars* 1887 (Vice-Recteur de Paris aux Inspecteurs d'Académie), admettant l'équivalence du brevet de capacité de l'enseignement secondaire spécial avec le certificat d'aptitude à l'enseignement secondaire spécial (*Rec. des L. et A.*, 1887, p. 240). Ce certificat n'existe plus.

ès sciences, ou, à défaut de ce dernier, baccalauréat de l'enseignement secondaire spécial[1].

Les aspirantes à la direction des Ecoles normales doivent remplir les mêmes conditions que les aspirants.

ART. 111. — Les aspirantes au certificat d'aptitude à l'inspection des Ecoles maternelles doivent être âgées de vingt-cinq ans au moins au moment de leur inscription, être pourvues soit du brevet supérieur et du certificat d'aptitude pédagogique, soit du certificat d'aptitude à l'enseignement secondaire des jeunes filles, et justifier de cinq ans d'exercice dans les établissements publics d'enseignement secondaire ou primaire.

ART. 112. — Les candidats au certificat d'aptitude à l'enseignement des langues vivantes doivent être âgés de vingt et un ans révolus au moment de leur inscription, et justifier de deux ans d'exercice dans les établissements publics ou privés d'enseignement secondaire ou primaire, ou d'un temps équivalent de séjour à l'étranger. Ils doivent, en outre, être pourvus : les aspirants, du brevet supérieur ou de l'un des trois baccalauréats; les aspirantes, du brevet supérieur ou du diplôme de fin d'études de l'enseignement secondaire.

ART. 113[2]. — Les candidats au certificat d'aptitude à l'enseignement du travail manuel doivent être âgés de vingt et un ans révolus au moment de leur inscription. Les aspirants doivent être pourvus du brevet supérieur ou du baccalauréat ès sciences ou du baccalauréat de l'enseignement secondaire spécial; les aspirantes, du brevet supérieur ou du diplôme de fin d'études de l'enseignement secondaire.

ART. 114[3]. — Les candidats au certificat d'aptitude à l'enseignement du dessin, du chant, de la gymnastique, ainsi que les candidats au certificat d'aptitude à l'enseignement élémentaire des travaux de couture ou à l'enseignement des exercices militaires doivent être gés de dix-huit ans révolus au moment de leur inscription.

ART. 115. — Aucune dispense d'âge ou de stage ne peut être accordée pour l'un quelconque des examens mentionnés aux articles 109 à 114 ci-dessus que par décision ministérielle, rendue sur l'avis du Recteur et du Comité consultatif de l'enseignement primaire.

1. Remplacé aujourd'hui par le baccalauréat de l'enseignement secondaire moderne.
2. Voir, *à leur date*, les décrets des 18 *janvier* et 10 *août* 1893, modifiant ou complétant cet article.
3. Voir, *à sa date*, le décret du 18 *janvier* 1893, modifiant cet article.

Le temps passé dans les Écoles normales supérieures de Fontenay-aux-Roses et de Saint-Cloud compte comme années de stage.

ART. 116. — Les professeurs d'École normale, s'ils sont chargés de l'enseignement d'une des matières accessoires énumérées à l'article 21 de la loi du 30 octobre 1886, et s'ils sont pourvus du certificat d'aptitude correspondant, reçoivent, outre leur traitement, une indemnité annuelle non soumise à retenue[1].

Les professeurs d'École normale qui ont obtenu antérieurement le certificat d'aptitude à l'enseignement des langues vivantes pour l'enseignement secondaire, ou le certificat d'aptitude à l'enseignement du travail manuel, jouissent de l'indemnité spécifiée ci-dessus, s'ils sont chargés de l'enseignement de l'une de ces matières accessoires.

CHAPITRE III. — DES SESSIONS D'EXAMEN ET DE LA COMPOSITION DES COMMISSIONS.

ART. 117[2]. — Les Commissions d'examen pour le brevet élémen-

1. Voir, *à sa date*, l'arrêté du 13 *mars* 1887, fixant le taux de cette indemnité; — et l'avis, publié au *Bull. adm.*, 1888, t. XLIII, p. 375, déclarant que cette indemnité commence à courir à dater du 18 janvier 1887, date du décret qui l'a instituée.

2. Consulter, pour les antécédents, les circulaires suivantes :

Du 27 *octobre* 1879, aux Recteurs, rappelant les mentions à ajouter sur les procès-verbaux des Commissions d'examen du brevet de capacité de l'enseignement primaire (*Circ.*, t. VIII, p. 215);

— 6 *novembre* 1879, aux Recteurs, relative aux modifications à apporter dans les programmes d'examen des brevets de capacité et à l'envoi par l'Administration centrale de sujets uniformes de composition dans toute la France pour la session de mars (*Ibid.*, p. 225);

— 29 *janvier* 1881, aux Préfets, relative à la nomination des Commissions d'examen (*Ibid.*, p. 431);

— 25 *février* 1881, aux Recteurs, relative à l'exécution du décret du 4 janvier 1881, modifiant les brevets de capacité et instituant un certificat d'aptitude pédagogique (*Ibid.*, p. 459);

— 4 *mai* 1881 (Vice-Recteur de Paris aux Inspecteurs d'Académie), maintenant pour les aspirants ou aspirantes pourvus du certificat d'aptitude à l'enseignement de la gymnastique l'obligation de subir l'épreuve de gymnastique exigée à l'examen du brevet supérieur (*Rec. des L. et A.*, 1881, p. 424);

— 10 *juin* 1881, aux Recteurs, relative à la mention de la qualité de laïque ou de congréganiste sur les procès-verbaux d'examen des brevets de capacité (*Circ.*, t. VIII, p. 507);

— 22 *avril* 1882, aux Préfets, relative au mode de justification du brevet de capacité (*Circ.*, t. IX, p. 22);

— 20 *février* 1883, aux Recteurs, relative à l'épreuve du dessin dans l'examen du brevet supérieur (*Ibid.*, p. 185);

— 1er *mai* 1883, aux Recteurs, relative à l'envoi d'instructions pour les épreuves du dessin dans les examens du brevet supérieur (*Ibid.*, p. 217);

— 26 *mai* 1883, aux Recteurs, relative à une modification transitoire du temps

taire, pour le brevet supérieur et pour le certificat d'aptitude pédagogique tiennent deux[1] sessions ordinaires par an[2].

Ces Commissions sont nommées chaque année par le Recteur, sur la proposition de l'Inspecteur d'Académie, et siègent dans chaque chef-lieu de département, sauf les exceptions que le Ministre de l'Instruction publique pourra autoriser, sur la proposition du Recteur.

Siègent également au chef-lieu du département les Commissions d'examen pour le certificat d'aptitude à l'enseignement élémentaire des travaux de couture et pour le certificat d'aptitude à l'enseignement des exercices militaires.

Pour tous les autres examens, les Commissions siègent à Paris. Elles sont nommées chaque année par le Ministre de l'Instruction publique.

Le Ministre de l'Instruction publique peut autoriser des sessions extraordinaires pour tous les examens.

ART. 118[3]. — Les Commissions d'examen pour le brevet élémen-

accordé pour l'épreuve écrite de langue vivante dans l'examen du brevet supérieur (*Rec. des L. et A.*, 1883, p. 425);

— 8 *mai* 1884, aux Recteurs, relative aux modifications à apporter dans les examens du brevet supérieur (*Circ.*, t. IX, p. 362);

— 29 *mai* 1886, aux Recteurs, relative à l'application des décret et arrêté du 30 décembre 1884, modifiant les conditions d'obtention des brevets de capacité (*Ibid.*, p. 724);

— 10 *juin* 1886, aux Recteurs, relative à l'appréciation distincte des épreuves orales et des épreuves pratiques dans l'examen du brevet élémentaire (*Ibid.*, p. 746).

Voir, pour l'application, les circulaires :

Du 29 *février* 1888, aux Recteurs, relative au choix des sujets de composition pour les examens des brevets de capacité (*Circ.*, t. X, p. 250);

— 30 *juin* 1888 (Vice-Recteur de Paris aux Inspecteurs d'Académie), relative à l'examen complémentaire de langue vivante pour le brevet supérieur (*Rec. des L. et A.*, 1888, p. 394);

— 12 *avril* 1890, aux Recteurs, relative aux subventions allouées pour les dépenses des Commissions d'examen (*Circ.*, t. XI, p. 132);

— 29 *août* 1893, aux Recteurs, relative à une modification des Commissions d'examen des brevets de capacité (*Ibid.*, p. 702);

— 1er *octobre* 1895, aux Recteurs, relative au choix des textes de composition donnés aux examens des brevets de capacité (*Bull. adm.*, 1895, t. LVIII, p. 576);

— 10 *mars* 1896, aux Recteurs, relative aux Commissions d'examen des brevets de capacité (*Bull. adm.*, 1896, t. LIX, p. 317).

1. L'article 154 de l'arrêté du 18 *janvier* 1887, modifié successivement par les arrêtés des 24 *juillet* 1888 et 27 *juillet* 1893 (voir *à leur date*), porte que « l'examen du certificat d'aptitude pédagogique n'aura qu'*une* session par an ».

2. Voir ci-dessus, p. 535, l'arrêté du 24 *avril* 1883, instituant à Constantinople une Commission d'examen des brevets de capacité de l'enseignement primaire, — et ci-après, *à sa date*, l'arrêté du 9 *février* 1887, instituant également à Athènes une Commission d'examen pour les brevets de capacité.

3. Voir, *à sa date*, le décret du 28 *juillet* 1893, modifiant cet article.

taire et pour le brevet supérieur sont composées d'au moins sept membres[1].

Chacune d'elles nomme son président et son secrétaire. Deux Inspecteurs de l'enseignement primaire en font nécessairement partie. Les autres membres sont particulièrement choisis parmi les membres de l'enseignement primaire public (directeurs et directrices d'Ecoles normales, d'Ecoles primaires supérieures et d'Ecoles primaires élémentaires), parmi les professeurs des établissements d'enseignement supérieur ou secondaire et des Ecoles normales, parmi les membres de l'enseignement privé, et enfin, s'il y a lieu, parmi les anciens membres de l'enseignement public ou privé.

Ces Commissions ne peuvent délibérer régulièrement sur l'admissibilité ou l'admission définitive des candidats qu'autant que cinq de leurs membres sont présents. Les délibérations sont prises à la majorité des suffrages. En cas de partage, la voix du président est prépondérante.

ART. 119. — Les épreuves écrites ou orales des deux brevets ne dépasseront, dans aucun cas, le niveau moyen des programmes du cours supérieur des Ecoles primaires pour le brevet élémentaire, ni des programmes des Ecoles normales d'instituteurs et d'institutrices pour le brevet supérieur.

ART. 120. — Les Commissions d'examen pour le certificat d'aptitude pédagogique sont présidées par l'Inspecteur d'Académie et composées de dix membres au moins, choisis parmi les Inspecteurs de l'enseignement primaire, les directeurs, directrices et professeurs d'Ecoles normales ou d'Ecoles primaires supérieures et les instituteurs ou institutrices du département. S'il y a dans le département une Inspectrice des Ecoles maternelles, elle fait nécessairement partie de la Commission.

Si les candidats inscrits dans un département sont trop nombreux, le Recteur peut instituer d'autres Commissions d'examen en tel nombre qu'il jugera nécessaire.

ART. 121. — Toute communication entre les candidats pendant les épreuves, toute fraude ou toute tentative de fraude, commise dans un quelconque des examens ci-dessus spécifiés, entraîne l'exclusion du candidat.

L'exclusion provisoire sera prononcée par le président ou par le membre de la Commission qu'il aura délégué pour le remplacer dans la surveillance des épreuves. Il en sera référé à la Commission, qui prononcera, s'il y a lieu, l'exclusion définitive.

1. Voir la circulaire du 18 *février* 1898, relative au payement des dépenses des Commissions d'examen des brevets de capacité (*Bull. adm.*, 1898, t. LXIV, p. 224).

Les faits qui auront motivé l'exclusion d'un candidat feront l'objet d'un rapport, adressé par le président de la Commission à l'Inspecteur d'Académie. L'Inspecteur d'Académie, après avoir dûment appelé le candidat, et l'avoir entendu en ses moyens de défense, pourra le traduire devant le Conseil départemental. Le Conseil pourra prononcer l'interdiction pour le candidat de se présenter au même examen ou à tous les examens de l'enseignement primaire, pendant une ou plusieurs sessions, sans que cette interdiction puisse s'étendre à une période de plus de deux années.

Si la fraude n'est découverte qu'après la délivrance du titre, le Ministre peut en prononcer le retrait.

ART. 122. — Un arrêté ministériel, délibéré en Conseil supérieur de l'Instruction publique, réglera la forme de chacun des examens, ainsi que le fonctionnement de chacune des Commissions.

TITRE III. — **Des Autorités préposées à l'Enseignement. — Des Conseils de l'Enseignement primaire.**

CHAPITRE Ier. — DE L'INSPECTION.

SECTION Ire. — *Inspecteurs généraux.*

ART. 123. — Les Inspecteurs généraux sont nommés par le Président de la République, sur la proposition du Ministre de l'Instruction publique.

Ils sont répartis en deux classes. Nul ne peut être promu à la première classe, s'il n'a passé cinq ans au moins dans la seconde.

ART. 124. — Les Inspecteurs généraux se réunissent en Comité consultatif, sous la présidence du Directeur de l'enseignement primaire, pour étudier les questions qui leur sont soumises par le Ministre.

SECTION II. — *Inspecteurs de l'enseignement primaire.*

ART. 125. — Nul ne peut être nommé Inspecteur de l'instruction primaire, s'il n'est pourvu du certificat d'aptitude à l'inspection.

ART. 126. — Les fonctions d'Inspecteur de l'instruction primaire sont incompatibles avec tout autre emploi public rétribué.

Toutefois le Ministre peut autoriser les Inspecteurs primaires à accepter les fonctions d'Inspecteur des enfants employés dans les manufactures.

ART. 127. — Les Inspecteurs primaires sont répartis en classes.

La classe est attachée à la personne, et non à la résidence.

Une indemnité de résidence pourra être accordée aux Inspecteurs primaires, dans des conditions qui seront déterminées par un arrêté spécial.

Pour être promu à une classe supérieure, il faut avoir passé trois ans dans la classe immédiatement inférieure, et être porté sur un tableau d'avancement dressé chaque année en comité des Inspecteurs généraux[1].

ART. 128. — Les Inspecteurs de l'instruction primaire sont placés sous l'autorité immédiate de l'Inspecteur d'Académie; ils ne reçoivent d'instructions que de lui ou du Recteur, des Inspecteurs généraux et du Ministre.

ART. 129. — Ils inspectent les Ecoles primaires publiques et privées de leur circonscription[2]. Ils assistent, avec voix délibérative, aux réunions des délégués cantonaux, prescrites par l'article 52 de la loi du 30 octobre 1886.

Ils font partie de droit de toutes les Commissions scolaires de leur circonscription, et veillent à l'exécution de la loi du 28 mars 1882.

Ils président les conférences cantonales d'instituteurs et les Commissions d'examens chargées de délivrer le certificat d'études primaires.

Ils instruisent toutes les affaires relatives à la création ou à la construction des Ecoles publiques, à l'ouverture des Ecoles privées, des Classes d'adultes ou d'apprentis, à l'établissement des caisses des Ecoles, aux demandes formées par les instituteurs publics et aux déclarations faites par les instituteurs privés à l'effet d'ouvrir un pensionnat primaire.

Ils donnent leur avis sur la nomination et l'avancement des instituteurs et des institutrices des Ecoles publiques, sur les récompenses à accorder ou les peines disciplinaires à infliger au personnel enseignant[3].

ART. 130. — Des arrêtés ministériels déterminent le nombre et l'étendue des circonscriptions d'inspection primaire dans chaque département, ainsi que le lieu de résidence des Inspecteurs.

ART. 131. — Les Inspecteurs de l'instruction primaire reçoivent,

1. Voir, *à sa date*, le décret du 4 *août* 1892, modifiant ce dernier paragraphe.

2. Voir les circulaires du 19 *novembre* 1892 (*Circ.*, t. XI, p. 612) et du 12 *juin* 1894 (*Bull. adm.*, 1894, t. LV, p. 521), aux Recteurs, recommandant l'emploi du bulletin d'inspection.

3. Voir les circulaires du 14 *janvier* 1888, aux Inspecteurs d'Académie (*Circ.*, t. X, p. 232), relative aux travaux de cabinet imposés aux Inspecteurs primaires; — et du 20 *juillet* 1891, aux Recteurs (*Circ.*, t. XI, p. 477), relative à l'allègement des travaux de cabinet demandés aux Inspecteurs primaires.

pour frais de tournées, une indemnité calculée à raison de 10 fr. par jour[1].

SECTION III. — *Inspectrices générales et Inspectrices départementales des Ecoles maternelles.*

ART. 132. — Les Inspectrices générales et les Inspectrices départementales des Ecoles maternelles sont nommées par le Ministre.

ART. 133. — Nulle ne peut être nommée Inspectrice générale sans avoir au moins trente-cinq ans d'âge et cinq ans de services dans l'enseignement public ou privé, et sans être pourvue du certificat d'aptitude à l'inspection des Ecoles maternelles.

Une Inspectrice générale fait partie du Comité consultatif de l'enseignement primaire.

ART. 134[2]. — Nulle ne peut être nommée Inspectrice départementale sans avoir trente ans d'âge et trois ans de services dans l'enseignement public ou privé, et sans être pourvue du certificat d'aptitude à l'inspection des Ecoles maternelles.

Les Inspectrices départementales donnent leur avis sur la nomination et la révocation des directrices et sous-directrices d'Ecoles maternelles publiques, ainsi que sur les récompenses qui peuvent leur être accordées.

ART. 135. — Les dispositions des articles 128 et 131 ci-dessus sont applicables aux Inspectrices départementales des Ecoles maternelles.

SECTION IV. — *Des autres autorités chargées de l'inspection et de la surveillance des Ecoles.*

ART. 136. — Nul ne peut être délégué cantonal s'il n'est Français et âgé de vingt-cinq ans au moins[3].

1. Voir les circulaires suivantes :

Du 1er *juin* 1880, aux Recteurs, relative aux retenues réglementaires à exercer sur les allocations départementales attribuées aux Inspecteurs primaires (*Circ.*, t. VIII, p. 306);

— 23 *février* 1882 (Vice-Recteur de Paris aux Inspecteurs d'Académie), relative à la régularisation des crédits pour indemnités extraordinaires accordées aux Inspecteurs primaires par les Conseils généraux (*Rec. des L. et A.*, 1882, p. 201);

— 19 *mars* 1887 (Vice-Recteur de Paris aux Inspecteurs d'Académie), relative aux indemnités départementales allouées aux Inspecteurs primaires (*Rec. des L. et A.*, 1887, p. 239);

— 10 *mars* 1890, aux Recteurs, relative aux allocations départementales allouées aux Inspecteurs primaires en vertu de l'article 23 de la loi du 19 juillet 1889 (*Circ.*, t. XI, p. 112);

— 25 *août* 1891, aux Recteurs, relative à l'établissement régulier des états de payement des indemnités départementales (*Ibid.*, p. 482).

2. Rapprocher cet article des dispositions du décret du 17 *janvier* 1891 (voir *à sa date*), relatif à l'institution d'Inspectrices de l'enseignement primaire.

3. Consulter, *à sa date*, la circulaire du 25 *mars* 1887 aux Préfets.

ART. 137. — Nul chef ou professeur d'un établissement quelconque d'instruction primaire ne peut être délégué cantonal.

ART. 138. — Les délégués cantonaux n'ont entrée que dans les Ecoles soumises spécialement par le Conseil départemental à la surveillance de chacun d'eux.

Ils communiquent aux Inspecteurs de l'instruction primaire tous les renseignements utiles qu'ils ont pu recueillir.

ART. 139. — Ils peuvent être consultés sur la convenance des locaux que les communes sont obligées de fournir pour la tenue de leurs Ecoles publiques;

Sur la fixation du nombre des Ecoles à établir dans les communes, et sur l'opportunité de la création d'Ecoles de hameau;

Sur les demandes de création d'emplois d'instituteur adjoint et d'institutrice adjointe.

ART. 140. — L'inspection des autorités préposées à la surveillance des Ecoles, en vertu des paragraphes 4 et 5 de l'article 9 de la loi du 30 octobre 1886, portera, dans les Ecoles publiques, sur l'état des locaux et du matériel, sur l'hygiène et sur la tenue des élèves.

Elle ne pourra jamais porter sur l'enseignement.

ART. 141. — Les médecins désignés au paragraphe 7 de l'article 9 de la loi précitée n'auront entrée dans les Ecoles qu'après avoir été agréés par le Préfet.

Ils devront remplir les conditions mentionnées en l'article 136 du présent décret.

Leur inspection ne pourra porter que sur la santé des enfants, la salubrité des locaux et l'observation des règles de l'hygiène scolaire.

ART. 142. — Les dames spécialement déléguées pour l'inspection et la surveillance des internats de jeunes filles sont nommées par le Ministre, sur la proposition de l'Inspecteur d'Académie et avec l'agrément du Préfet.

Elles doivent être âgées de trente ans au moins.

Leur mission est gratuite. Toutefois une indemnité peut leur être allouée pour frais de déplacement.

ART. 143. — Elles visitent les établissements qui leur sont désignés par l'Inspecteur d'Académie.

Leur inspection porte exclusivement sur le régime intérieur du pensionnat et sur l'état des locaux affectés aux élèves internes. Elles s'assurent que les règles de l'hygiène sont observées dans l'établissement et que les dortoirs ne contiennent pas plus d'enfants qu'ils ne doivent en recevoir d'après le chiffre fixé par le Conseil départemental.

Leurs observations sont consignées dans un rapport écrit qu'elles adressent à l'Inspecteur d'Académie.

Dispositions générales.

ART. 144. — En dehors des autorités désignées par l'article 9 de la loi du 30 octobre 1886, nul ne peut inspecter ni surveiller aucun établissement d'instruction primaire.

ART. 145. — L'entrée des Ecoles publiques de tout ordre est formellement interdite, à moins d'autorisation spéciale, à toute personne autre que celles qui sont désignées par la loi pour l'inspection et la surveillance des établissements d'instruction primaire.

Toutefois, les Préfets et Sous-Préfets ont entrée dans les Ecoles publiques de leurs départements ou de leurs arrondissements respectifs.

CHAPITRE II. — CONSEILS DÉPARTEMENTAUX.

ART. 146. — Le Conseil départemental siège à la préfecture.

Le jour de chaque réunion est fixé par le président. L'ordre du jour est envoyé aux membres du Conseil.

ART. 147. — Quand le Préfet et l'Inspecteur d'Académie sont tous les deux absents ou empêchés, la séance est présidée par le plus âgé des membres présents.

Le Conseil départemental nomme son secrétaire.

ART. 148. — A moins d'une autorisation du Préfet, les procès-verbaux du Conseil départemental ne peuvent être communiqués qu'aux membres du Conseil.

ART. 149. — Le Préfet fait transcrire sur le registre des délibérations du Conseil les résultats des élections à la suite desquelles ont été nommés membres du Conseil départemental ou adjoints à ce Conseil les conseillers généraux, les instituteurs et les institutrices publics et les deux membres de l'enseignement privé.

Les décisions ministérielles par lesquelles ont été désignés les deux Inspecteurs de l'enseignement primaire y sont également transcrites.

ART. 150. — Pour les décisions du Conseil départemental, le vote a lieu par mains levées.

Dans les affaires disciplinaires, le vote a lieu au scrutin secret.

CHAPITRE III. — COMMISSIONS SCOLAIRES.

ART. 151. — Lorsqu'il y a lieu de procéder à la nomination d'un ou de plusieurs membres d'une Commission scolaire, le Préfet invite le maire à saisir de l'affaire le Conseil municipal et lui fixe à cet effet un délai. Faute par le maire de se conformer à cette invitation ou sur le refus du Conseil municipal, le Préfet met le maire ou le Conseil en demeure de faire les nominations nécessaires dans un temps qui ne peut excéder quinze jours. Si cette mise en demeure reste sans effet, il désigne lui-même les membres de la Commission scolaire, conformément au second paragraphe de l'article 54 de la loi du 30 octobre 1886.

ART. 152. — L'Inspecteur primaire ne peut se faire remplacer comme membre d'une Commission scolaire.

ART. 153. — Le mandat des membres des Commissions scolaires désignés par l'Inspecteur d'Académie est indépendant du renouvellement des Conseils municipaux : il ne prend fin que par le décès, la démission ou la révocation des titulaires. Le droit de révocation appartient à l'Inspecteur d'Académie.

ART. 154. — Les membres des Commissions scolaires n'ont pas l'entrée des Ecoles. Ils n'ont aucun droit d'inspection ou de contrôle ni sur les établissements d'instruction ni sur les maîtres.

ART. 155. — Quand, depuis la dernière réunion d'une Commission scolaire, trois mois se seront écoulés sans convocation nouvelle, l'Inspecteur primaire avisera du fait l'Inspecteur d'Académie, qui en référera au Préfet. Le Préfet mettra aussitôt le maire en demeure de réunir la Commission et lui fixera à cet effet un délai qui ne pourra dépasser quinze jours. Copie de la lettre adressée au maire sera transmise par le Préfet à l'Inspecteur d'Académie, qui la fera parvenir à l'Inspecteur primaire. Si le délai accordé par le Préfet expire sans que la Commission ait été réunie, l'Inspecteur primaire procède lui-même d'office à la convocation.

ART. 156. — L'appel des décisions des Commissions scolaires est formé par simple lettre sur papier libre. S'il émane des parents, la lettre doit être adressée au président du Conseil départemental, au maire de la commune et à l'Inspecteur primaire de la circonscription. Si l'appelant est l'Inspecteur primaire, il adresse une lettre au président du Conseil départemental, une autre au maire de la commune, une troisième aux parents, tuteurs ou autres personnes responsables de l'enfant.

ART. 157. — Les personnes citées devant les Commissions scolaires doivent comparaître personnellement : elles ne peuvent se faire assister ni représenter par des mandataires. Lorsqu'elles sont empêchées de comparaître, elles peuvent présenter par écrit leurs explications ou solliciter la remise de l'affaire à une autre séance.

TITRE IV. — De l'Enseignement privé.

CHAPITRE Ier. — DES CONDITIONS D'OUVERTURE DES ÉCOLES PRIVÉES. — FORMALITÉS A REMPLIR. — PIÈCES A PRODUIRE. — OPPOSITIONS. — APPELS.

ART. 158[1]. — Il est ouvert dans chaque mairie un registre spécial destiné à recevoir les déclarations des instituteurs qui veulent établir des Ecoles privées.

Chaque déclaration indiquant la nature de l'Ecole qu'il s'agit d'ouvrir doit être signée sur le registre par le déclarant et par le maire, qui en fait immédiatement établir quatre copies sur papier libre.

L'une de ces copies est affichée à la porte de la mairie où elle demeure pendant un mois. L'observation de cette formalité est prouvée par un certificat d'affichage que le maire dresse, signe et envoie directement, dans les trois jours de la déclaration, à l'Inspecteur d'Académie.

Les trois autres copies sont, ainsi que le récépissé mentionné par le second paragraphe de l'article 37 de la loi du 30 octobre 1886, remises gratuitement par le maire à l'instituteur.

L'instituteur adresse une de ces copies au Préfet, une autre au Procureur de la République; il lui en est délivré récépissé.

La troisième copie est adressée par le déclarant à l'Inspecteur d'Académie, qui la fait transcrire sur un registre spécial ouvert à cet effet dans ses bureaux.

L'instituteur doit adresser à l'Inspecteur d'Académie, en même temps que la copie de sa déclaration :

1° Les pièces énumérées dans le premier paragraphe de l'article 38 de la loi du 30 octobre 1886;

2° Celles qui sont destinées à établir qu'il est Français.

Récépissé de toutes ces pièces est donné à l'instituteur par l'Inspecteur d'Académie.

Ces mêmes formalités sont exigées de tout instituteur qui succède à un autre dans la direction d'une Ecole privée[2].

1. Voir, *à leur date*, les décrets du 30 *décembre* 1889 et du 14 *février* 1891, qui ont successivement complété cet article.

2. Voir (*Bull. adm.*, 1895, t. LVIII, p. 160) un avis du Comité du Contentieux institué auprès du Ministère de l'Instruction publique sur la question de savoir si, lorsqu'il s'agit pour un nouvel instituteur de remplacer le directeur d'une École privée déjà ouverte et en état de fonctionnement, l'Administration doit nécessairement, et dans tous les cas, ordonner la fermeture de cette Ecole jusqu'à l'expiration du délai pendant lequel des oppositions peuvent être formées à la déclaration du postulant.

ART. 159. — A l'expiration des huit jours qui suivent la déclaration par luï reçue, le maire fait savoir par écrit au Préfet, à l'Inspecteur d'Académie, ainsi qu'au déclarant, s'il s'oppose ou non à l'ouverture de l'Ecole. Dans le cas où il fait opposition, il indique les motifs sur lesquels cette opposition est fondée.

ART. 160. — Le délai d'un mois accordé par la loi à l'Inspecteur d'Académie pour faire opposition ne court que du jour où il a délivré récépissé des pièces qui doivent lui être adressées d'après l'article 158 ci-dessus.

ART. 161. — Quand l'Inspecteur d'Académie fait opposition à l'ouverture d'une Ecole, il doit immédiatement en aviser le Préfet et lui transmettre le dossier de l'affaire. Il doit également notifier par écrit sa décision à l'instituteur, en lui faisant connaître les motifs sur lesquels son opposition est fondée.

ART. 162. — Lorsque le maire ou l'Inspecteur d'Académie a fait opposition à l'ouverture d'une Ecole, le Préfet désigne un rapporteur pris parmi les membres du Conseil, et, huit jours au moins avant la séance fixée pour le jugement de l'opposition, invite le déclarant à comparaître ou à se faire représenter devant le Conseil départemental[1].

ART. 163. — Au jour fixé pour le jugement, le Conseil départemental prend connaissance de l'arrêté d'opposition; il entend dans leurs explications l'intéressé, son conseil ou son représentant; il reçoit, s'il y a lieu, les dépositions des témoins, et, après avoir examiné les différentes pièces qui composent le dossier de l'affaire et en avoir délibéré hors de la présence du déclarant, il statue sur l'opposition.

ART. 164. — La décision du Conseil départemental est notifiée dans les huit jours par les soins du Préfet, tant au déclarant qu'à l'auteur de l'opposition.

Le Préfet est tenu d'avertir les parties qu'elles ont le droit de se pourvoir devant le Conseil supérieur dans les dix jours à partir du jour où la décision du Conseil départemental leur a été notifiée.

ART. 165. — Le recours de l'instituteur ou du maire contre la décision du Conseil départemental est reçu au bureau de l'Inspecteur d'Académie : il en est donné récépissé.

Le recours de l'Inspecteur d'Académie est formé par une décision qu'il notifie à la partie intéressée.

1. Voir ci-après, *à sa date*, la circulaire du 31 *mai* 1889, aux Préfets, relative à la procédure à suivre devant les Conseils départementaux en matière d'opposition à l'ouverture d'une École primaire privée; — et la circulaire du 27 *mai* 1895 (*Bull, adm.*, 1895, t. LVII, p. 577), aux Préfets, sur le même sujet.

L'Inspecteur d'Académie fait parvenir au Préfet, dans le plus bref délai, la déclaration d'appel qu'il a reçue ou la décision qu'il a prise lui-même. Le Préfet adresse ces pièces, avec le dossier de l'affaire, au Ministre de l'Instruction publique, qui en saisit le Conseil supérieur[1].

ART. 166. — Dans le cas d'ouverture d'une des Ecoles dont il est fait mention à l'article 43 de la loi du 30 octobre 1886, les déclarations prescrites par les articles 37 et 38 de ladite loi doivent être faites par l'instituteur à qui la direction de cette Ecole est confiée.

ART. 167. — Les personnes préposées par la loi à l'inspection des établissements d'instruction primaire (Inspecteurs généraux, Recteurs et Inspecteurs d'Académie, Inspecteurs primaires) ont le droit de se faire présenter, dans les Ecoles privées, les livres en usage et les cahiers des élèves.

Elles dressent procès-verbal de toutes les contraventions qu'elles reconnaissent.

Si la contravention consiste dans l'emploi d'un livre interdit conformément à l'article 5 de la loi du 27 février 1880, ce livre peut être saisi; il est joint au procès-verbal.

ART. 168. — Il doit être ouvert, dans toute Ecole primaire privée, un registre spécial destiné à recevoir les noms, prénoms, la date et le lieu de naissance des maîtres et employés, l'indication des emplois qu'ils occupaient précédemment et des lieux où ils ont résidé, ainsi que la date des brevets et diplômes dont ils seraient pourvus.

Les autorités préposées à la surveillance de l'instruction publique doivent toujours se faire représenter ces registres quand elles inspectent les Ecoles.

ART. 169. — Les établissements privés d'enseignement primaire supérieur désignés par le Ministre[2] peuvent recevoir des boursiers nationaux aux mêmes conditions que les établissements publics. Ces établissements seront soumis à l'inspection de l'Etat.

Les établissements privés d'enseignement primaire supérieur ne peuvent recevoir des boursiers nationaux que s'ils remplissent, au point de vue du personnel, de l'installation matérielle et des études, toutes les conditions exigées des établissements publics.

Toutefois, les bourses actuellement en cours dans des établissements privés qui ne rempliraient pas ces conditions ne seront supprimées que par voie d'extinction.

1. Consulter la note en renvoi à la circulaire du 28 *janvier* 1882, p. 359.
2. Voir (*Circ.*, t. X, p. 86) la circulaire du 19 *mars* 1887, relative à la désignation des établissements privés d'enseignement primaire supérieur pouvant être autorisés à recevoir des boursiers de l'État.

CHAPITRE II. — DES RÈGLES SPÉCIALES A L'ÉTABLISSEMENT DES PENSIONNATS PRIMAIRES PRIVÉS.

ART. 170. — Tout instituteur privé qui veut ouvrir un pensionnat primaire doit justifier qu'il s'est soumis aux prescriptions édictées par la loi du 30 octobre 1886 relativement à l'ouverture des Ecoles privées.

Le plan, qu'il est tenu de produire, doit être certifié conforme au local par le maire de la commune. Il doit indiquer avec précision la destination de chacune des pièces affectées au pensionnat, ainsi que les dimensions desdites pièces (longueur, largeur et hauteur).

ART. 171. — L'instituteur qui veut ouvrir à la fois une Ecole privée et un pensionnat primaire peut accomplir simultanément les formalités prescrites tant pour le pensionnat que pour l'école.

ART. 172. — Les dispositions du chapitre précédent du présent décret relatives aux conditions d'ouverture et de fonctionnement des Ecoles privées sont applicables aux pensionnats primaires privés.

ART. 173. — A défaut d'opposition à l'ouverture d'un pensionnat privé, ainsi que dans le cas où il a été donné mainlevée de l'opposition qui aurait été formée, le Conseil départemental détermine le nombre maximum d'élèves qui peuvent être admis dans le local affecté au pensionnat et le nombre des maîtres nécessaire pour la surveillance de ces élèves. Mention en est faite par l'Inspecteur d'Académie, sur le plan du local. Ce plan est renvoyé à l'instituteur, qui est tenu de le représenter aux autorités préposées à la surveillance des Ecoles chaque fois qu'il en est requis.

ART. 174. — L'instituteur qui ne s'est pas conformé aux mesures prescrites par le Conseil départemental, dans l'intérêt des mœurs et de la santé des élèves, peut être traduit devant ledit Conseil pour subir l'application des dispositions de l'article 41 de la loi du 30 octobre 1886.

ART. 175. — Tout instituteur qui reçoit des pensionnaires doit tenir un registre sur lequel il inscrit les noms, prénoms, le lieu et la date de naissance de ses élèves pensionnaires, la date de leur entrée et celle de leur sortie.

Chaque année il transmet, avant le 1er novembre, à l'Inspecteur d'Académie un rapport sur la situation et le personnel de son établissement.

ART. 176. — Aucun pensionnat primaire ne peut être établi dans des locaux dont le voisinage serait reconnu dangereux pour la moralité ou la santé des élèves.

ART. 177. — Aucun pensionnat ne peut être annexé à une Ecole primaire privée qui reçoit des enfants des deux sexes[1].

ART. 178[2]. — Les dortoirs doivent être spacieux, aérés et dans des dimensions qui soient en rapport avec le nombre des pensionnaires. Ils doivent contenir au moins quinze mètres cubes d'air par élève.

Ils doivent être surveillés et éclairés pendant la nuit.

Une pièce spéciale doit être affectée au réfectoire.

ART. 179. — Lorsque, par application des articles 40 et 42 de la loi du 30 octobre 1886, un pensionnat primaire se trouve dans le cas d'être fermé, le Préfet, l'Inspecteur d'Académie et le Procureur de la République doivent se concerter pour que les parents ou tuteurs des élèves soient avertis sans retard et pour que les élèves pensionnaires dont les parents ne résident pas dans la localité soient provisoirement recueillis dans une maison convenable, jusqu'à ce qu'il ait été possible de les rendre à leurs familles.

CHAPITRE III. — DES CONDITIONS D'EXERCICE DES FONCTIONS D'ENSEIGNEMENT DANS LES ECOLES PRIVÉES. — SITUATION DES ÉTRANGERS.

ART. 180. — La possession des titres de capacité exigée des directeurs ou directrices de Cours complémentaires publics est également exigée des directeurs et directrices de Cours complémentaires privés.

ART. 181[3]. — L'étranger qui veut exercer dans une Ecole privée comme professeur, instituteur adjoint ou maître surveillant doit adresser au Ministre de l'Instruction publique une demande et y joindre :

1° Un certificat constatant qu'il est admis à jouir des droits civils en France;

1. « L'article 177 ne s'applique qu'aux Écoles mixtes proprement dites et non aux Écoles spéciales auxquelles il a été régulièrement annexé une Classe enfantine. » (*Arrêt du Conseil supérieur*, affaire *Roques*, 14 janvier 1898.)

2. « L'engagement pris par un instituteur privé, marié, d'assurer seul la surveillance de l'internat, et particulièrement du dortoir, ne répond point aux prescriptions de l'article 178. » (*Arrêt du Conseil supérieur*, affaire *Grilly*, *Bull. adm.*, 1887, t. XLII, p. 214.)

3. Voir, p. 669, la loi du 30 *octobre* 1886 en son article 4, et les documents auxquels il renvoie.

Consulter également la circulaire du 13 *novembre* 1888, aux Préfets (*Circ.*, t. X, p. 370), relative à la transmission d'un avis du Conseil d'État sur la question de savoir à quelles conditions l'autorisation d'enseigner dans les établissements d'enseignement primaire privés en France peut être accordée aux étrangers; — ainsi que la circulaire du 29 *juin* 1891, aux Recteurs (*Circ.*, t. XI, p. 471), relative à la situation des étrangers autorisés à enseigner en France.

2° Son acte de naissance, dûment légalisé;

3° Son brevet de capacité;

4° L'indication des lieux où il a résidé et les professions qu'il a exercées. Cette indication sera appuyée d'attestations émanées soit des autorités du pays auquel appartient le postulant, soit des autorités françaises, et prouvant la sincérité de ses déclarations.

ART. 182. — L'autorisation d'enseigner accordée par le Ministre après avis du Conseil départemental pourra toujours être retirée dans les mêmes formes.

ART. 183. — L'étranger qui ne possède pas le titre de capacité français pourra produire le diplôme qu'il a obtenu dans son pays.

Le Ministre, après avis du Comité consultatif de l'enseignement primaire, prononcera, s'il y a lieu, l'équivalence de ce diplôme avec un diplôme français.

ART. 184. — Il ne pourra être accordé d'équivalence pour aucun autre titre de capacité que le brevet élémentaire et pour les diplômes spéciaux énumérés par le 3e paragraphe de l'article 106 ci-dessus.

Ne seront considérés comme équivalents que les titres de capacité qui donnent à celui qui les possède le droit d'enseigner dans son pays et qui attestent en outre la connaissance de la langue française.

ART. 185. — L'étranger admis à jouir des droits civils en France, qui veut diriger une Ecole privée destinée exclusivement à des enfants étrangers résidant en France, doit en faire la déclaration conformément aux articles 37 et 38 de la loi du 30 octobre 1886 et dans les formes prescrites par les articles 158 et suivants du présent décret.

S'il ne possède pas les diplômes français, il joint aux pièces qu'il doit produire, soit la déclaration d'équivalence de ses brevets étrangers obtenue du Ministre de l'Instruction publique après avis du Comité consultatif, soit la dispense de brevets obtenue du Ministre de l'Instruction publique, après avis du Conseil supérieur.

TITRE V. — Dispositions transitoires.

ART. 186[1]. — Pendant les deux années qui suivront la publication du présent décret, les instituteurs publics et les directeurs d'Ecole annexe, les commis de l'inspection académique, les maîtres adjoints des Ecoles normales, s'ils comptent cinq ans d'exercice comme titu-

1. Voir, *à leur date*, les décrets du 29 *décembre* 1888, du 18 *janvier* 1893, du 15 *janvier* 1894 et du 31 *juillet* 1897, qui ont successivement modifié l'article 186.

laires et s'ils sont pourvus du brevet supérieur et du certificat d'aptitude pédagogique, pourront, par décision ministérielle rendue sur l'avis du Recteur et du Comité consultatif, être dispensés de produire le certificat d'aptitude au professorat, pour se présenter aux examens du certificat d'aptitude à l'inspection primaire et à la direction des Ecoles normales.

ART. 187. — Dans l'année qui suivra la publication du présent décret, les Conseils départementaux devront, après avis des Conseils municipaux intéressés et des Inspecteurs d'Académie, statuer sur le caractère à attribuer aux Ecoles enfantines publiques et classer lesdites Ecoles soit comme Ecoles primaires élémentaires, soit comme Ecoles maternelles.

Les décisions rendues par les Conseils départementaux devront être soumises à l'approbation du Ministre de l'Instruction publique.

ART. 188. — Les directeurs et les directrices des Ecoles privées qui existent sous la dénomination d'Ecoles enfantines devront, dans le délai de trois mois à dater de la publication du présent décret, déclarer s'ils veulent que l'Ecole qu'ils dirigent soit considérée comme Ecole maternelle ou comme Ecole primaire élémentaire, l'une ou l'autre avec ou sans annexion d'une classe enfantine.

ART. 189[1]. — La disposition de l'article 70 du présent décret, en vertu de laquelle les aspirants aux Ecoles normales doivent être pourvus du brevet élémentaire, ne sera appliquée qu'à partir du concours d'admission de 1888.

Jusqu'à cette époque, les candidats ne sont tenus de justifier que de la possession du certificat d'études primaires.

ART. 190. — Tous les instituteurs et toutes les institutrices exerçant dans les Ecoles publiques comme adjoints et adjointes lors de la promulgation de la loi du 30 octobre 1886, et qui ne sont pas pourvus du certificat d'aptitude pédagogique, sont classés dans la catégorie des stagiaires; mais ils conservent le bénéfice de la nomination qu'ils ont obtenue du Préfet, et leur emploi ne pourra leur être retiré que par l'effet d'une révocation, prononcée dans les conditions prescrites par l'article 31 de la loi précitée.

ART. 191. — Les stagiaires qui, au moment de la promulgation de la loi du 30 octobre 1886, comptaient cinq ans au moins de services dans l'enseignement public seront, lorsqu'ils se présenteront aux examens du certificat d'aptitude pédagogique, dispensés de l'épreuve écrite[2].

1. Voir, *à sa date*, le décret du 26 *mars* 1887, qui a complété cet article.

2. « Les années passées à l'École normale primaire, à partir de 18 ans pour les

ART. 192[1]. — Pendant cinq ans à dater de la publication du présent décret, les candidats au certificat d'aptitude au professorat des Ecoles normales qui étaient directeurs ou directrices d'une Ecole primaire supérieure publique ou privée[2] au moment de la promulgation de la loi du 30 octobre 1886 seront, s'ils avaient à cette date trente ans au moins et s'ils comptaient dix ans au moins d'exercice dans l'enseignement public ou privé, dispensés d'une partie des épreuves de l'examen, dans des conditions qui seront déterminées par un arrêté ministériel pris en Conseil supérieur[3].

Jusqu'à l'expiration de ces cinq années, ils resteront dans la situation où ils étaient le 30 octobre 1886.

ART. 193. — Les boursiers des Ecoles primaires supérieures continueront, jusqu'à l'expiration du temps normal de leur bourse, de jouir de la faveur qu'ils ont obtenue. Les renouvellements et les prolongations des bourses actuellement en cours dans lesdites Ecoles seront accordés par le Préfet, conformément aux prescriptions du présent décret.

ART. 194. — Sont rapportées toutes les dispositions contraires au présent décret.

ART. 195. — Le Ministre de l'Instruction publique et des Beaux-Arts est chargé de l'exécution du présent décret.

instituteurs et de 17 ans pour les institutrices, comptent pour la supputation des cinq années de services exigées. » (*Avis*, *Bull. adm.*, 1887, t. XLI, p. 268.)

Cette disposition est devenue aujourd'hui sans objet, l'article 34 de la loi du 19 *juillet* 1889 stipulant que « les adjoints et adjointes actuellement en exercice et comptant plus de cinq années de services dans l'enseignement public seront réputés avoir achevé le stage et seront dispensés de la production du certificat d'aptitude pédagogique exigé par la loi du 30 octobre 1886 ».

Aux termes d'un autre avis (*Bull. adm.*, 1887, t. XLI, p. 292), « les maîtres ou maîtresses comptant deux ans et demi de services dans l'enseignement public pourront faire valoir, pour l'accomplissement du stage de cinq ans, les années qu'ils auraient passées dans l'enseignement privé ».

1. Voir, *à sa date*, le décret du 26 *mars* 1887, qui a complété cet article.

2. Le bénéfice de l'article 192 a été étendu, sous certaines conditions, aux directeurs de cours complémentaires (voir la circulaire du Vice-Recteur de Paris aux Inspecteurs d'Académie, en date du 27 *mars* 1888, *Rec. des L. et A.*, 1888, p. 190), ainsi qu'aux directeurs et directrices des Écoles primaires annexées aux Écoles normales (voir *Avis*, *Bull. adm.*, 1889, t. XLVI, p. 596). — Voir aussi, *à leur date*, les décrets des 6 *juin* 1891 et 25 *juillet* 1892.

3. Voir, *à sa date*, le décret du 6 *juin* 1891, relatif aux candidats à admettre à l'examen *restreint* du professorat.

18 janvier 1887.

Arrêté du Ministre de l'Instruction publique, relatif à l'exécution de la Loi du 30 octobre 1886 sur l'Enseignement primaire[1].

18 Janvier 1887.

Le Ministre de l'Instruction publique et des Beaux-Arts,

Vu la loi du 30 octobre 1886 sur l'organisation de l'enseignement primaire,

Vu le décret du 18 janvier 1887, rendu pour l'exécution de ladite loi;

Le Conseil supérieur de l'Instruction publique entendu,

Arrête :

TITRE Ier. — De l'Enseignement public.

CHAPITRE Ier. — ECOLES MATERNELLES ET CLASSES ENFANTINES.

ARTICLE 1er. — Le programme des Ecoles maternelles comprend, pour les enfants les plus avancés et classés dans la première section, l'ensemble des exercices et des connaissances énumérés à l'article 4 du décret du 18 janvier 1887.

Pour les enfants les plus jeunes, classés dans la seconde section, ces programmes ne sont appliqués que graduellement, dans la mesure que comportent leur âge et le développement de leur intelligence.

Une instruction ministérielle déterminera les limites et le caractère de l'enseignement pour chacune des deux sections.

1. Consulter, *à sa date*, l'arrêté du 25 *janvier* 1887, instituant une Commission d'études chargée d'examiner les documents annexés au Règlement organique.

Voir le Fascicule nº 20 des *Mémoires et Documents scolaires publiés par le Musée pédagogique*, qui contient ces annexes :

A. Règlement scolaire modèle pour les Ecoles maternelles; — **B.** Règlement scolaire modèle pour les Ecoles primaires publiques; — **C.** Instruction spéciale concernant la construction, le mobilier et le matériel d'enseignement des Écoles maternelles publiques; — **D.** Instruction spéciale concernant la construction, le mobilier et le matériel d'enseignement des Écoles primaires élémentaires; — **E.** Règlement relatif à l'organisation pédagogique des Écoles maternelles publiques; — **F.** Programmes d'enseignement des Écoles primaires élémentaires; — **G.** Programmes d'enseignement des cours complémentaires et des Écoles primaires supérieures; — **H.** Programmes d'enseignement des Écoles normales primaires; — **I.** Programme de l'examen du certificat d'aptitude à l'inspection primaire et à la direction des Écoles normales; — **J.** Examen du certificat d'aptitude à l'enseignement de la gymnastique; — **K.** Certificat d'études primaires supérieures; — **L.** Certificat d'études primaires élémentaires.

ART. 2. — L'enseignement dans les Classes enfantines est conforme au programme de la première section des Ecoles maternelles et à celui du cours élémentaire des Ecoles primaires.

ART. 3. — Un médecin nommé par le maire visite une fois par semaine les Ecoles maternelles. Il inscrit ses observations sur un registre particulier.

ART. 4. — Après une absence pour cause de maladie, nul enfant ne sera admis de nouveau à l'Ecole maternelle sans un certificat de médecin attestant sa guérison complète[1].

ART. 5. — Chaque année, la directrice adresse à l'Inspectrice départementale ou, à son défaut, à l'Inspecteur primaire un rapport détaillé sur tout ce qui concerne l'établissement qui lui est confié.

ART. 6. — Sauf décision spéciale de l'Inspecteur primaire, les élèves ne passeront de l'Ecole maternelle ou de la Classe enfantine à l'Ecole primaire qu'à l'une des trois époques suivantes : rentrée d'octobre, 1er janvier, rentrée de Pâques.

ART. 7. — Aucune Ecole maternelle publique ne devra recevoir plus de 150 enfants, à moins d'une autorisation spéciale de l'Inspecteur d'Académie.

ART. 8. — Les Ecoles maternelles ne peuvent être fermées que les dimanches, le 1er et le 2 janvier, le jour de l'Ascension, le lundi de la Pentecôte, le jour de l'Assomption, le jour de la Toussaint, le jour de Noël, le jour de la Fête nationale, et, en outre, du jeudi avant Pâques au jeudi après Pâques et durant la première quinzaine du mois d'août[2].

Les institutrices dirigeant une Ecole maternelle à une seule classe n'ont pas droit à d'autres congés. Dans les Ecoles maternelles à plusieurs classes, un mois de vacances est successivement accordé chaque année tant à la directrice qu'aux adjointes.

1. Voir les circulaires :

Du 10 *octobre* 1888, aux Préfets, relative aux mesures préventives à prendre contre la contagion de la pelade (*Circ.*, t. X, p. 358);

— 25 *mars* 1890, aux Préfets, relative aux prescriptions à observer en cas de maladies contagieuses (*Circ.*, t. XI, p. 121 et 128);

— 14 *mars* 1896, aux Préfets, suivie d'une instruction à remettre par les instituteurs aux familles des écoliers atteints de maladies épidémiques et contagieuses (*Bull. adm.*, 1896, t. LIX, p. 355).

2. Voir, *à leur date*, l'arrêté du 4 *janvier* 1894, qui fixe la durée des vacances des établissements publics d'enseignement primaire; — et l'arrêté du 31 *juillet* 1895, portant disposition transitoire pour ladite année.

Voir également les circulaires du 10 *juin* et du 31 *juillet* 1895 (*Bull. adm.*, 1895, t. LVII, p. 627, et t. LVIII, p. 209).

CHAPITRE II. — ECOLES PRIMAIRES ÉLÉMENTAIRES.

SECTION Ire.

ART. 9. — L'enseignement dans les Ecoles primaires élémentaires est partagé en trois cours : cours élémentaire, cours moyen, cours supérieur[1].

La constitution de ces trois cours est obligatoire dans toutes les Ecoles, quel que soit le nombre des classes et des élèves.

ART. 10. — La durée des études se divise comme il suit :

Section enfantine : un ou deux ans, suivant que les enfants entrent à 6 ans ou à 5 ans;

Cours élémentaire : deux ans, de 7 à 9 ans;

Cours moyen : deux ans, de 9 à 11 ans;

Cours supérieur : deux ans, de 11 à 13 ans.

ART. 11. — Dans les Ecoles qui n'ont qu'un maître et qu'une classe, il ne pourra être établi aucune division ni dans le cours moyen ni dans le cours supérieur; il n'en pourra être établi plus de deux pour les enfants au-dessous de 9 ans.

Dans les Ecoles qui n'ont que deux maîtres, l'un sera chargé du cours moyen et du cours supérieur, l'autre du cours élémentaire, y compris, s'il y a lieu, la section des enfants au-dessous de 7 ans.

Dans les Ecoles qui ont trois maîtres, chaque cours forme une classe distincte.

Dans les Ecoles à quatre classes, le cours élémentaire comptera deux classes, chacun des deux autres cours une seule classe.

Dans les Ecoles à cinq classes, le cours élémentaire comptera deux classes, le cours moyen deux, le cours supérieur une.

Dans les Ecoles à six classes, chacun des trois cours formera deux classes, à moins que le nombre des élèves du cours supérieur ne permette de les réunir en une seule classe.

ART. 12. — Toutes les fois qu'un même cours comprendra deux classes, l'une formera la première année du cours, l'autre la seconde.

Ces deux classes suivront le même programme; mais les leçons et les exercices seront gradués de telle sorte que les élèves puissent dans la seconde année revoir, approfondir et compléter les études de la première.

ART. 13. — Au-dessus de six classes, quel que soit le nombre des

1. Consulter l'Annexe **F** du Fascicule 20 des *Mémoires et Documents scolaires publiés par le Musée pédagogique*.

maîtres, aucun cours ne devra former plus de deux années. Les classes en plus du nombre de six, non compris la section enfantine, seront des classes parallèles destinées à dédoubler l'effectif, soit de la première, soit de la seconde année.

ART. 14. — Chaque année, à la rentrée, les élèves, suivant leur degré d'instruction, sont répartis par le directeur dans les diverses classes des trois cours, sous le contrôle de l'Inspecteur primaire.

Le certificat d'études donne droit à l'entrée dans le cours supérieur.

ART. 15. — Chaque élève, à son entrée à l'école, recevra un cahier spécial[1], qu'il devra conserver pendant toute la durée de sa scolarité. Le premier devoir de chaque mois dans chaque ordre d'études sera fait sur ce cahier par l'élève, en classe et sans secours étranger, de telle sorte que l'ensemble de ces devoirs permette de suivre la série des exercices et d'apprécier les progrès de l'élève d'année en année. Ce cahier restera déposé à l'Ecole.

ART. 16. — Tout concours entre les Ecoles publiques auquel ne participerait pas l'ensemble des élèves de l'un au moins des trois cours est formellement interdit.

ART. 17. — L'enseignement donné dans les Ecoles primaires publiques se rapporte à un triple objet : *éducation physique*, *éducation intellectuelle*, *éducation morale*[2]. Les leçons et exercices gradués qu'il comporte sont répartis dans le cours d'études, conformément aux programmes annexés au présent arrêté.

ART. 18. — Au commencement de chaque année scolaire, le tableau de l'emploi du temps par jour et par heure est dressé par le directeur de l'Ecole, et, après approbation de l'Inspecteur primaire, il est affiché dans les salles de classe.

ART. 19. — La répartition des exercices doit satisfaire aux conditions générales ci-après déterminées :

1. Consulter le *Cahier de Devoirs mensuels*, Fascicule n° 43 des *Mémoires et Documents scolaires publiés par le Musée pédagogique*.

Voir l'arrêté du 27 *juillet* 1882, art. 13 (p. 455); — la circulaire du 25 *août* 1884, aux Inspecteurs d'Académie (p. 587), et les documents auxquels elle renvoie; — la circulaire du 31 *août* 1887, aux Inspecteurs d'Académie, relative à la tenue du cahier de devoirs mensuels (*Circ.*, t. X, p. 184); — la circulaire du 30 *juin* 1890, aux Inspecteurs d'Académie, relative à l'envoi, par les instituteurs et institutrices, des cahiers de devoirs mensuels (*Circ.*, t. XI, p. 227); — la circulaire du 1er *juin* 1891, aux Inspecteurs d'Académie, relative à la tenue du cahier de devoirs mensuels (*Ibid.*, p. 467); — la circulaire du 13 *janvier* 1895, aux Inspecteurs d'Académie, relative aux résultats à tirer du cahier mensuel (*Bull. adm.*, 1895, t. LVII, p. 20).

2. Consulter la lettre du 2 *août* 1895, aux Recteurs, annonçant l'envoi d'une *circulaire de même date* adressée aux Préfets et suivie d'un rapport présenté par la Commission chargée d'étudier les mesures à prendre pour combattre l'alcoolisme (*Bull. adm.*, 1895, t. LVIII, p. 282-284).

I. — Chaque séance doit être partagée en plusieurs exercices différents coupés par les récréations réglementaires.

II. — Les exercices qui demandent le plus grand effort d'attention, tels que les exercices d'arithmétique, de grammaire, de rédaction, seront placés de préférence le matin, ou, dans les Écoles de demi-temps, au commencement de la classe.

III. — Toute leçon, toute lecture, tout devoir, sera accompagné d'explications orales et d'interrogations.

IV. — La correction des devoirs et la récitation des leçons ont lieu pendant les heures de classe auxquelles se rapportent ces devoirs et ces leçons. Dans la règle, les devoirs sont corrigés au tableau noir en même temps que se fait la visite des cahiers. Les rédactions sont corrigées par le maître en dehors de la classe.

V. — Les trente heures de classe par semaine (non compris le temps que les élèves peuvent consacrer, soit à domicile, soit dans des études surveillées, à la préparation des devoirs et des leçons) devront être réparties d'après les indications suivantes :

1° Il y aura chaque jour, dans les deux premiers cours, une leçon qui, sous la forme d'entretien familier, ou au moyen d'une lecture appropriée, sera consacrée à l'instruction morale. Dans le cours supérieur, cette leçon sera, autant que possible, le développement méthodique du programme de morale;

2° L'enseignement du français (exercice de lecture, lectures expliquées, leçons de grammaire, exercices orthographiques, dictées, analyses, récitations, exercices de composition, etc.) occupera tous les jours environ deux heures;

3° L'enseignement scientifique occupera en moyenne, et suivant les cours, d'une heure à une heure et demie par jour, savoir : trois quarts d'heure ou une heure pour l'arithmétique et les exercices qui s'y rattachent, le reste pour les leçons de choses et les premières notions scientifiques;

4° L'enseignement de l'histoire et de la géographie, auquel se rattache l'instruction civique, comportera environ une heure de lecon tous les jours;

5° Le temps consacré aux exercices d'écriture proprement dite sera d'une heure au moins par jour dans le cours élémentaire et se réduira graduellement à mesure que les divers devoirs dictés ou rédigés pourront en tenir lieu;

6° L'enseignement du dessin, commencé par des leçons très courtes dès le cours élémentaire, occupera dans les deux autres cours deux ou trois leçons chaque semaine;

7° Les leçons de chant occuperont d'une à deux heures par semaine, indépendamment des exercices de chant, qui auront lieu tous les jours à la rentrée et à la sortie des classes;

8° La gymnastique, outre les évolutions et les exercices sur place qui peuvent accompagner les mouvements de classe, occupera, tous les jours ou au moins tous les deux jours, une séance dans le courant de l'après-midi.

En outre, dans les communes où les bataillons scolaires sont constitués, les exercices de bataillon ne pourront avoir lieu que le jeudi et le dimanche; le temps à y consacrer sera déterminé par l'instructeur militaire, de concert avec le directeur de l'Ecole;

9° Enfin, pour les garçons aussi bien que pour les filles, deux ou trois heures par semaine seront consacrées aux travaux manuels.

SECTION II.

ART. 20. — Il est dressé, chaque année et dans chaque département, une liste des livres reconnus propres à être mis en usage dans les Ecoles primaires publiques.

ART. 21. — A cet effet, les instituteurs et institutrices titulaires de chaque canton, réunis en conférence spéciale, établissent, au plus tard dans la première quinzaine du mois de juillet, une liste des livres qu'ils jugent propres à être mis en usage dans les Ecoles primaires publiques.

ART. 22. — Toutes les listes ainsi dressées sont transmises à l'Inspecteur d'Académie. Une Commission siégeant au chef-lieu du département et composée des Inspecteurs primaires, du directeur et de la directrice des Ecoles normales et des professeurs et maîtres délégués de ces établissements, réunis sous la présidence de l'Inspecteur d'Académie, revise les listes cantonales et arrête, pour le département, le catalogue, qui est ensuite soumis à l'approbation du Recteur de l'Académie.

ART. 23. — Les registres dont la tenue est exigée des instituteurs et institutrices publics sont :

1° Le registre matricule[1];

2° Le registre d'appel ou de présence;

3° Le registre d'inventaire du mobilier de l'Ecole et du matériel d'enseignement;

4° Le registre d'inventaire du mobilier personnel, s'il y a lieu;

5° Le catalogue des livres de la bibliothèque populaire de l'Ecole

1. Voir (*Circ.*, t. XI, p. 72 et 311) les circulaires du 14 *janvier* 1890 et du 12 *novembre* 1890, aux Inspecteurs d'Académie, relatives au registre matricule d'inscription des élèves admis dans les Écoles primaires publiques.

publique avec le registre des recettes et des dépenses et le registre des entrées et des sorties.

La tenue des quatre premiers de ces registres est obligatoire pour les directrices d'Ecoles maternelles.

CHAPITRE III. — ECOLES PRIMAIRES SUPÉRIEURES ET COURS COMPLÉMENTAIRES.

SECTION Ire. — *De l'Organisation des Ecoles primaires supérieures et des Cours complémentaires.*

ART. 24. — L'étendue et les limites de l'enseignement primaire supérieur dans les Ecoles publiques sont déterminées, pour chacune des matières obligatoires, par les programmes annexés au présent arrêté[1].

ART. 25. — Des cours accessoires, intéressant plus particulièrement l'industrie de la contrée, peuvent être autorisés par le Ministre, sur la demande du Comité de patronage et la proposition de l'Inspecteur d'Académie, après avis du Conseil municipal et du Conseil départemental.

ART. 26. — Dans les trois premières années d'enseignement primaire supérieur, il y aura en moyenne six heures de classe par jour (le dimanche et le jeudi exceptés). La répartition du temps sera faite de telle sorte qu'il soit attribué par semaine, environ : neuf heures à l'enseignement littéraire (morale et instruction civique, langue française, histoire et géographie) ; neuf heures à l'enseignement scientifique (mathématiques, sciences physiques et naturelles, promenades scolaires) ; quatre heures aux langues vivantes; trois heures au dessin ; quatre heures au travail manuel ; une heure à la musique.

ART. 27. — Les exercices gymnastiques et militaires se feront en dehors des heures ordinaires de classe.

Dans la quatrième année et dans les années supérieures, on peut augmenter le temps affecté aux travaux manuels et à l'enseignement

1. Consulter l'Annexe G dans le Fascicule n° 20 des *Mémoires et Documents scolaires publiés par le Musée pédagogique.*

Voir, *à leur date*, les décret et arrêté du 21 *janvier* 1893, qui ont modifié l'organisation et les matières d'enseignement des Ecoles primaires supérieures publiques; — la circulaire du 15 *février* 1893, aux Recteurs, relative à l'application des décret et arrêté du 21 *janvier* 1893 (*Circ.*, t. XI, p. 637); — les nouveaux programmes d'enseignement des Écoles primaires supérieures de garçons, Annexe C de l'arrêté du 21 *janvier* 1893 (*Bull. adm.*, 1893, t. LIII, p. 45), et des Écoles primaires supérieures de filles, annexés à l'arrêté du 18 *août* 1893 (*Bull. adm.*, 1893, t. LIV, p. 357).

professionnel, en réservant toutefois dix heures au moins par semaine aux autres matières d'enseignement.

ART. 28. — Tous les ans, chaque directeur d'Ecole primaire supérieure règle, de concert avec les professeurs, la répartition des heures de classe entre les différents maîtres attachés à l'Ecole. Ce règlement est exécutoire après approbation de l'Inspecteur d'Académie.

ART. 29. — L'enseignement du dessin, du chant, des langues vivantes, de la gymnastique, des travaux manuels, sera, autant que possible, confié à des maîtres attachés à l'Ecole.

ART. 30. — Tout élève, sans distinction d'origine, doit, pour entrer dans une Ecole primaire supérieure, subir devant le directeur, assisté d'un professeur de l'ordre des lettres et d'un professeur de l'ordre des sciences, un examen d'où dépend son classement dans l'une des années du cours d'études de l'établissement.

ART. 31. — La liste des livres reconnus propres à être mis en usage dans les Ecoles primaires supérieures publiques est dressée conformément aux règles tracées par les articles 20, 21 et 22 du présent arrêté.

ART. 32. — Un règlement des établissements publics d'enseignement primaire supérieur dans chaque département sera rédigé par le Conseil départemental, d'après les indications générales d'un règlement modèle arrêté par le Ministre de l'Instruction publique en Conseil supérieur.

SECTION II. — *Des Comités de patronage.*

ART. 33. — Les membres des Comités de patronage institués auprès de chaque Ecole primaire supérieure sont nommés par arrêté ministériel, sur la proposition du Recteur de l'Académie.

Le directeur ou la directrice de l'Ecole fait nécessairement partie du Comité de patronage.

Des dames patronnesses font nécessairement partie des Comités institués auprès des Ecoles primaires supérieures de filles.

ART. 34. — Chaque Comité nomme son président et son secrétaire. Il est tenu registre de ses délibérations.

L'Inspecteur de l'enseignement primaire fait partie de tous les Comités de patronage de sa circonscription.

ART. 35. — Le Recteur et l'Inspecteur d'Académie sont membres de droit de tous les Comités institués dans leur ressort; ils ont voix délibérative. Quand l'un ou l'autre assiste aux réunions du Comité, il préside la séance.

ART. 36. — Le Comité se réunit au moins deux fois par an, sur la convocation de son président. Il peut être convoqué extraordinairement par l'Inspecteur d'Académie ou par le président.

ART. 37. — Le Comité veille aux intérêts matériels des élèves et à la bonne tenue de l'Ecole.

Il prend sous son patronage les élèves de l'Ecole; il s'occupe de placer les plus méritants à la fin de leurs études. Il surveille d'une façon plus particulière les élèves boursiers.

Il donne son avis sur l'installation matérielle de l'Ecole, sur les mesures à prendre pour mettre l'enseignement en rapport avec les industries locales, sur les promotions et prolongations de bourses, sur le transfert ou la déchéance des boursiers nationaux.

ART. 38. — Chacun des membres du Comité peut assister aux examens de passage prescrits par l'article 60 du présent arrêté.

ART. 39. — A chacune de ses réunions ordinaires, le Comité délègue un ou plusieurs de ses membres, avec mission de visiter, une fois par mois au moins, l'établissement placé sous son patronage. Les délégués rendent compte au Comité, lors de sa plus prochaine réunion, des résultats de leurs visites.

ART. 40. — Les délibérations du Comité sont adressées par le président à l'Inspecteur d'Académie, qui les transmet, suivant le cas, au Préfet ou au Ministre.

SECTION III. — *Des Bourses.*

I. — De l'examen et de l'attribution des bourses.

ART. 41. — Tous les ans, au chef-lieu de chaque département, les candidats aux bourses fondées par l'Etat subissent un examen destiné à constater leur aptitude.

Cet examen a lieu du 15 au 30 mai. La date en est fixée par le Ministre; elle est la même pour tous les départements. Elle est annoncée au moins trois mois à l'avance. Le registre d'inscription est clos le 31 mars.

ART. 42. — Les sujets de composition sont choisis par l'Inspecteur d'Académie.

ART. 43. — La Commission d'examen est nommée dans chaque département par le Recteur.

Elle se compose de cinq membres au moins.

ART. 44. — Les parents ou tuteurs des candidats aux bourses doivent les faire inscrire dans les bureaux de l'inspection académique avant le 1er avril.

Chacun d'eux joint à la demande d'inscription :

1° L'acte de naissance de l'enfant;

2° Son certificat d'études primaires;

3° Un certificat de vaccine[1];

4° Un certificat de bonne conduite signé par le chef de l'établissement où il a fait ses études;

5° Une demande, écrite ou signée par le père ou le tuteur, à laquelle devra être annexé un extrait du rôle des contributions payées par les parents du candidat;

6° Un état nominatif de ses enfants, indiquant l'âge et le sexe de chacun d'eux, et, s'il y a lieu, sa profession; cet état sera certifié exact par le maire de la commune.

Art. 45. — Les candidats doivent être âgés de 12 ans au moins et de 15 ans au plus au 1er octobre de l'année durant laquelle a lieu l'examen. Aucune dispense d'âge ne peut être accordée[2].

Si le candidat n'est pas encore pourvu du certificat d'études primaires, il est admis à se présenter conditionnellement, à charge par lui d'obtenir ce certificat à la première session qui suit l'examen; mais ses titres ne seront pris en considération qu'après qu'il aura réussi aux examens du certificat d'études primaires.

Art. 46[3]. — Les candidats subissent des épreuves écrites et des épreuves orales.

Art. 47. — Les épreuves écrites et les épreuves orales sont réparties comme suit :

Épreuves écrites :

1° Dictée d'orthographe;

2° Ecriture (la dictée d'orthographe servira pour cette épreuve);

3° Composition d'arithmétique;

4° Composition française.

Ces épreuves ont lieu dans la même journée.

Épreuves orales :

1° Lecture expliquée, avec interrogations sur la grammaire et analyse d'une phrase;

2° Interrogations sur l'arithmétique et le système métrique;

3° Interrogations sur l'histoire et la géographie de la France;

1. Voir, *à sa date*, l'arrêté du 29 *décembre* 1888, complétant ce paragraphe.

2. Toutefois une dispense d'âge, mais pour l'année 1887 seulement, a été accordée par la circulaire du 7 *avril* 1887, adressée aux Inspecteurs d'Académie (*Circ.*, t. X, p. 114).

3. Voir, pour l'application, la circulaire du 12 *mars* 1888, aux Recteurs (*Circ.*, t. X, p. 254).

4° Interrogations sur l'instruction morale et civique;

5° Interrogations sur les éléments des sciences physiques et naturelles.

Les questions devront porter sur les matières enseignées dans le cours supérieur des Ecoles primaires.

ART. 48. — La dictée d'orthographe comprend environ trente lignes. Elle est lue à haute voix, dictée lentement et relue.

La ponctuation n'est pas dictée.

Il est accordé aux candidats dix minutes pour relire leur composition.

La composition d'arithmétique comprend une question de théorie et un problème sur les matières du programme du cours supérieur des Ecoles primaires.

La composition française a pour objet un récit ou une lettre d'un genre simple, l'explication d'un proverbe ou d'une pensée morale, ou le développement d'une question d'instruction morale et civique.

Il est accordé aux candidats deux heures pour chacune des épreuves d'arithmétique et de composition française.

ART. 49. — Toutes les épreuves, soit orales, soit écrites, y compris l'écriture, sont appréciées d'après l'échelle de 0 à 20.

Toute épreuve nulle, soit à l'examen écrit, soit à l'examen oral, entraîne l'ajournement du candidat.

Les compositions écrites sont éliminatoires.

Pour les épreuves écrites, tout candidat qui n'a pas obtenu 40 points est ajourné.

Pour les épreuves orales, tout candidat qui n'a pas obtenu 50 points est ajourné.

ART. 50. — Immédiatement après l'examen, l'Inspecteur d'Académie soumet au Conseil départemental les dossiers des candidats admis. Le Conseil donne son avis conformément à l'article 46 du décret du 18 janvier 1887, et dresse une liste de présentation comprenant un nombre de candidats double au moins du nombre de bourses entières attribuées au département.

L'Inspecteur d'Académie transmet ensuite au Préfet ses propositions.

ART. 51. — Dans la dernière quinzaine du mois de juillet, l'Inspecteur d'Académie adresse au Ministre un relevé général de toutes les bourses qui doivent se trouver vacantes à la rentrée des classes, et le Ministre procède à la répartition des crédits entre les différents départements; aussitôt après cette répartition, le Préfet arrête la liste des boursiers, qui est soumise à l'approbation du Ministre. La nomination doit être faite avant la rentrée des classes.

ART. 52. — Dans la première quinzaine qui suit la rentrée des classes, les directeurs et directrices envoient à l'Inspecteur d'Académie :

1° La liste des boursiers présents à l'Ecole ;

2° La liste de ceux qui renonceraient au bénéfice de leur bourse, avec l'indication des motifs de cette renonciation.

Ces documents sont transmis au Ministre avant le 1er novembre, et une nouvelle répartition de crédits est faite, s'il y a lieu, entre les départements.

Aucune nomination de boursier ne peut être faite après le 31 décembre[1]. A partir du 1er janvier, les fonds qui deviendraient vacants par suite du départ de boursiers sont réservés pour la répartition suivante.

Au cours de l'année, toutes les fois qu'il se produit une vacance dans le cadre des boursiers, l'Inspecteur d'Académie en informe immédiatement le Ministre, en faisant connaître la date précise du départ du boursier et les motifs de ce départ.

ART. 53. — En règle générale, les boursiers sont placés dans le département qu'habite leur famille, s'il est pourvu d'Ecoles primaires supérieures. Des exceptions pourront être faites, sur la demande motivée des parents, après entente entre les départements intéressés. Des exceptions seront également faites en faveur des Ecoles d'agriculture et des Ecoles nationales professionnelles[2].

S'il existe plusieurs Ecoles primaires supérieures dans le département, le Préfet répartira entre les différents établissements le contingent de boursiers accordé au département, sur l'avis du Conseil départemental et la proposition de l'Inspecteur d'Académie.

Les candidats peuvent, après avis du Ministre de l'Agriculture, être placés, sur leur demande, dans l'une des Ecoles pratiques d'agriculture de la région.

II. — Du régime des boursiers.

ART. 54. — Le montant annuel des bourses d'internat entretenues par l'Etat dans les établissements publics ou privés d'enseignement primaire supérieur est égal au prix de pension demandé par les chefs d'établissement aux parents des élèves payants, sans que toutefois

1. « L'admissibilité résultant du concours n'est valable que pour l'année au cours de laquelle l'examen a été subi. » *Circulaire du* 10 *août* 1888 *aux Préfets* (*Circ.*, t. X, p. 333).

2. Pour les conditions d'obtention des bourses dans les *Écoles nationales professionnelles*, voir, *à leur date*, les arrêtés du 7 *janvier* 1891, du 18 *janvier* 1894 et du 25 *janvier* 1895.

la somme payée puisse jamais dépasser 500 francs, y compris les frais de literie et de blanchissage.

Les bourses d'entretien pourront varier de 100 à 400 francs par fraction de 100 francs.

Les bourses familiales sont de 500 francs.

Le montant des frais de pension sera ordonnancé par douzième à la fin de chaque trimestre, sur la production d'un état de présence dressé par les chefs d'établissement et approuvé par le Préfet.

La somme allouée sera mandatée par le Préfet : pour les élèves internes au nom du directeur de l'Ecole ; pour les boursiers familiaux et les boursiers d'entretien, au nom du père ou tuteur de l'enfant.

ART. 55. — Des dégrèvements de trousseau peuvent, sur la proposition de l'Inspecteur d'Académie, être accordés par le Préfet, sur les crédits mis à sa disposition, aux candidats dont les familles justifient ne pouvoir pas en supporter les frais.

La subvention de l'Etat pour les dégrèvements de trousseau ne peut pas être supérieure à 300 francs pour la première année et à 100 francs pour chacune des autres années.

Selon la situation de fortune des familles, le Préfet pourra accorder la totalité ou une partie seulement du dégrèvement.

Le trousseau pourra être fourni à l'élève, soit par sa famille, soit par le directeur.

ART. 56. — Il pourra être accordé aux boursiers, à titre de remise de fournitures classiques, une subvention dont le montant ne pourra être supérieur à 25 francs par année.

ART. 57. — Le montant des dégrèvements et remises accordés sera ordonnancé au nom du Préfet, sur la production d'un état détaillé des objets fournis, dressé conjointement par les parents et le directeur et visé par le Préfet.

ART. 58. — Les titulaires d'une bourse d'entretien ne pourront recevoir de dégrèvement de trousseau.

Il pourra leur être accordé chaque année une remise de fournitures classiques.

ART. 59. — Trois fois par an, au 1er janvier, au 1er avril et à la fin de l'année scolaire, les directeurs des Ecoles où se trouvent des boursiers de l'Etat adressent à l'Inspecteur d'Académie des notes sur la conduite et le travail de chacun de ces boursiers. Ces notes seront placées au dossier des candidats et pourront donner lieu à l'application des mesures prescrites par les articles 51 et 52 du décret du 18 janvier 1887.

ART. 60. — Tous les ans, dans le courant du mois de juillet, les boursiers qui ne sont pas arrivés au terme de leur bourse subissent, devant un Inspecteur primaire assisté du directeur et des professeurs de l'Ecole, un examen de passage portant sur l'ensemble des études de l'année qui s'achève.

Tout boursier qui aura subi avec succès l'examen de passage obtiendra de droit la prolongation de sa bourse pendant l'année scolaire suivante.

Tout boursier qui ne satisfera pas à cet examen sera déchu de sa bourse.

Les procès-verbaux de ces examens, avec le relevé des notes obtenues par chaque boursier, devront être adressés à l'Inspecteur d'Académie avant le 15 août.

ART. 61. — Les élèves boursiers de l'enseignement primaire supérieur pourront être transférés, avec jouissance d'une bourse, dans l'enseignement secondaire s'ils sont âgés de moins de 16 ans au 1er janvier de l'année où se fera la mutation.

ART. 62. — Les Inspecteurs d'Académie enverront chaque année au Ministre la liste des élèves boursiers primaires de leur circonscription qu'ils proposent de transférer dans l'enseignement secondaire. Ils feront connaître pour chacun d'eux les prix qu'il a obtenus l'année précédente, ses notes de classe et ses places dans toutes les compositions (avec indication du nombre d'élèves de la division) depuis la rentrée d'octobre. S'ils ont pu voir et interroger eux-mêmes les candidats, ils joindront aux notes leur appréciation personnelle.

ART. 63. — Le nombre des bourses de mérite à accorder sera fixé chaque année avant le 15 août.

ART. 64. — Tous les ans, dans les premiers jours de janvier, le Préfet adresse au Ministre la liste des boursiers nommés dans son département au cours de l'année précédente avec les motifs de la concession de la bourse.

Cette liste est publiée au *Journal officiel* dans le courant du mois.

III. — Bourses de séjour à l'étranger.

ART. 65[1]. — Les bourses de séjour à l'étranger, accordées aux élèves des Ecoles primaires supérieures, sont décernées à la suite d'un concours.

Les conditions à remplir pour pouvoir concourir sont les suivantes :

1° Avoir, au moment du concours, 16 ans accomplis et moins de

1. Voir, *à sa date*, l'arrêté du 30 *juillet* 1890, modifiant cet article.

19 ans; toutefois des dispenses d'âge peuvent être accordées par le Ministre;

2° Etre pourvu du certificat d'études primaires supérieures[1];

3° Adresser au Ministre, par l'intermédiaire de l'Inspecteur d'Académie, une demande écrite ou signée par le père ou le tuteur tendant à obtenir une bourse de séjour. Cette demande doit indiquer exactement les nom, prénoms, date et lieu de naissance du candidat, ainsi que la date à laquelle il a obtenu le certificat d'études primaires supérieures.

Les directeurs des Ecoles doivent joindre à chaque demande la date de l'entrée de l'élève à l'Ecole et des notes détaillées sur sa tenue, sa santé, son caractère, ses aptitudes, son application et ses progrès.

ART. 66. — Les épreuves du concours sont des épreuves écrites consistant en une composition française, un thème et une version dont le texte est envoyé par le Ministre. Elles ont lieu au chef-lieu du département sous la présidence de l'Inspecteur d'Académie. Il est accordé trois heures pour la composition française et trois heures pour les deux autres compositions réunies.

ART. 67. — Les compositions, adressées au Ministre par l'Inspecteur d'Académie, sont corrigées à Paris par une Commission spéciale qui appelle devant elle les candidats admissibles pour leur faire subir un examen oral, à la suite duquel elle dresse, par ordre de mérite, la liste des candidats les plus aptes à profiter de la bourse de séjour. Cette liste est soumise à l'approbation du Ministre, qui nomme les boursiers.

CHAPITRE IV. — ECOLES NORMALES PRIMAIRES.

SECTION Ire. — *De l'Organisation des Ecoles normales.*

ART. 68. — Tous les ans, le 15 mai au plus tard, le Conseil départemental de l'instruction publique est consulté par le Préfet sur le nombre des élèves-maîtres et des élèves-maîtresses qu'il y a lieu d'admettre en première année, dans chaque Ecole normale, en qualité d'internes, de demi-pensionnaires ou d'externes.

L'extrait de la délibération du Conseil départemental est, dans le plus bref délai, adressé par le Préfet au Recteur.

ART. 69. — Le Recteur doit, avant le 1er juin, adresser au Mi-

1. Voir, *à leur date,* les arrêtés du 24 *juillet* 1888 (art. 242 et s.) et du 17 *septembre* 1898, relatifs aux conditions d'examen du certificat d'études primaires supérieures.

nistre, avec ses propositions et l'avis du Conseil départemental, un état faisant connaître le nombre d'instituteurs ou d'institutrices publics nécessaires chaque année dans le département, ainsi que le nombre d'élèves-maîtres ou d'élèves-maîtresses présents à l'Ecole normale.

La décision du Ministre, fixant le nombre de candidats à admettre en qualité d'élèves internes, demi-pensionnaires ou externes, est notifiée au Préfet du département et au Recteur de l'Académie.

ART. 70. — Au début de chaque année scolaire, le Conseil des professeurs détermine, sous réserve de l'approbation du Recteur, le système d'après lequel les élèves-maîtres ou élèves-maîtresses seront envoyés à l'Ecole annexe.

SECTION II. — *Du Personnel administratif et du Personnel enseignant.*

ART. 71. — Indépendamment de la direction matérielle et morale de l'établissement et de la surveillance de l'enseignement, le directeur est chargé des conférences pédagogiques, ainsi que des cours de pédagogie et de morale.

Tous les trois mois au moins, il réunit en Conseil, sous sa présidence, les professeurs et maîtres adjoints et examine avec eux toutes les questions qui intéressent l'enseignement et la discipline. Les procès-verbaux de ces réunions sont envoyés à l'Inspecteur d'Académie dans le délai de huit jours.

Il surveille et contrôle toutes les parties du service de l'économat. Il engage et ordonnance les dépenses dans les limites des crédits régulièrement alloués. Il passe les marchés et surveille directement la comptabilité, sans pouvoir s'immiscer, en aucune façon, dans le maniement des deniers et des matières.

Une fois par mois au moins et à des dates variables, le directeur est tenu de vérifier l'état de la caisse et de la comptabilité. S'il constate quelque irrégularité, il doit en aviser immédiatement par un rapport l'Inspecteur d'Académie.

ART. 72. — L'économe reçoit ampliation de l'arrêté ministériel qui le nomme, par l'intermédiaire du Recteur de l'Académie dans le ressort de laquelle est située l'Ecole normale où il doit remplir ses fonctions. Une autre ampliation de ce même arrêté est adressée au Préfet du département dans lequel se trouve l'Ecole. Le Préfet est chargé de donner au trésorier-payeur général avis de la nomination du nouvel économe.

ART. 73. — L'économe est installé par l'Inspecteur d'Académie, entre les mains duquel il doit au préalable prêter serment. La prestation de serment et l'installation ne peuvent avoir lieu qu'après la justification du versement du cautionnement.

Les pièces relatives à la prestation de serment, à l'installation et au versement du cautionnement sont transmises au Ministre de l'Instruction publique par le Recteur.

ART. 74. — Le service est remis au nouvel économe le jour même de son installation.

ART. 75[1]. — L'économe règle, sous l'autorité du directeur, tous les détails du service intérieur. Il choisit les gens de service avec l'agrément du directeur, il les surveille et les dirige. Il assure l'ordre matériel et la salubrité dans l'Ecole.

Il est chargé de la caisse et répond de la validité des payements. Il fait les diligences nécessaires pour percevoir en temps utile toutes les sommes affectées à l'Ecole.

Il tient les registres du magasin et de la comptabilité; il rédige toutes les pièces relatives à ces divers services et toute la correspondance qui s'y rapporte.

Il discute les conditions des marchés et prépare les cahiers des charges. Il assiste à la réception des fournitures de toute espèce et en vérifie la quantité et la qualité.

Les approvisionnements de toute nature existant en magasin, ainsi que le mobilier, sont sous sa garde; il en est personnellement et directement responsable.

ART. 76[2]. — Lorsque l'emploi d'économe devient momentanément vacant, par suite de décès, de démission ou pour toute autre cause, un fonctionnaire de l'Ecole est chargé par intérim de la gestion économique; mais il ne peut s'immiscer dans le maniement des deniers. Le directeur demeure alors provisoirement, et jusqu'à l'installation du nouvel économe, dépositaire de la caisse; il en extrait chaque jour les fonds nécessaires au service et y fait entrer les sommes recouvrées.

ART. 77[3]. — Le directeur et l'économe habitent dans l'établissement.

1. Consulter, *à sa date*, le décret du 29 *mars* 1890 sur l'administration et la comptabilité des Ecoles normales primaires; — l'instruction du 30 *décembre* 1890, relative à l'application dudit décret (*Circ.*, t. XI, p. 330); — la circulaire du 15 *décembre* 1895, aux Recteurs, relative à l'allocation accordée aux professeurs d'Écoles normales primaires chargés de l'économat (*Bull. adm.*, 1895, t. LVIII, p. 941); — la circulaire du 13 *janvier* 1896, aux Recteurs, relative à la modification du n° 7 de l'instruction du 30 décembre 1890 (*Bull. adm.*, 1896, t. LIX, p. 44).

2. Voir, *à sa date*, l'arrêté du 24 *juillet* 1888, modifiant cet article.

3. Consulter la circulaire du 10 *mars* 1887, aux Recteurs, relative à la surveillance et aux sorties dans les Écoles normales primaires (*Circ.*, t. X, p. 83).

Ils ne sont pas nourris, mais ils ont droit aux prestations en nature[1]. Dans les Ecoles normales d'instituteurs, tous les autres fonctionnaires sont externes.

Toutefois, les professeurs et maîtres délégués qui en feront la demande, pourront, sur la proposition du Recteur, être autorisés par le Ministre à habiter dans l'Ecole et à prendre leurs repas à la table commune. En échange de ces avantages, ils seront chargés de diriger les différents services de surveillance intérieure.

Dans les Ecoles normales d'institutrices, les professeurs et les maîtresses déléguées ne peuvent habiter hors de l'établissement qu'avec l'autorisation du Recteur.

ART. 78. — Chaque année, le Recteur, sur la proposition du directeur et après avis de l'Inspecteur d'Académie, arrête la répartition du service entre les membres du personnel enseignant.

ART. 79[2]. — Le nombre maximum d'heures d'enseignement exigible des professeurs et maîtres attachés à l'Ecole est fixé ainsi qu'il suit :

1° Dans les Ecoles recevant plus de soixante élèves :

Professeurs et maîtres délégués chargés de l'enseignement des lettres ou de l'enseignement des mathématiques : seize heures;

Professeurs et maîtres délégués chargés de l'enseignement des sciences physiques et naturelles : quatorze heures;

Directeur de l'Ecole annexe : trente heures;

Econome : huit heures;

2° Dans les Ecoles recevant soixante ou moins de soixante élèves :

Professeurs et maîtres délégués chargés de l'enseignement des lettres ou de l'enseignement des mathématiques : dix-huit heures;

Professeurs et maîtres délégués chargés de l'enseignement des sciences physiques et naturelles : seize heures;

Directeur de l'Ecole annexe : trente heures;

Econome : huit heures.

ART. 80[2]. — L'enseignement du dessin et l'enseignement du travail manuel sont rattachés à l'enseignement des sciences.

ART. 81[2]. — Dans les heures d'enseignement imposées à chaque maître peut être compris, outre les heures affectées aux classes ordinaire, le temps réservé pour les conférences faites aux élèves ou les répétitions que le Recteur juge utile d'instituer avec l'approbation du Ministre.

1. Voir la circulaire du 20 *mai* 1887, aux Recteurs, relative aux prestations en nature à fournir aux directeurs, directrices et économes des Ecoles normales primaires (*Circ.*, t. X, p. 135).

2. Article rapporté par le décret du 19 *juillet* 1890 (voir *à sa date*).

Les professeurs et maîtres délégués sont tenus, en dehors des heures d'enseignement, de diriger les promenades, de surveiller les travaux d'agriculture et d'horticulture et, s'il y a lieu, les travaux manuels, ainsi que de participer à la direction des services intéressant les études et la discipline, aux examens et aux conférences pédagogiques aux jours et heures fixés par le directeur, sans que toutefois l'ensemble de ces obligations accessoires puisse dépasser en moyenne trois heures par semaine.

ART. 82[1]. — Chaque heure supplémentaire qui pourra être demandée aux professeurs et maîtres délégués, en dehors du nombre d'heures réglementaires déterminé par l'article 79 et des limites fixées par l'article 81 ci-dessus, donne droit à une allocation annuelle, non soumise à retenue et calculée à raison de 150 fr. par an pour une heure par semaine pour l'enseignement des lettres, des mathématiques, des sciences physiques et naturelles, des langues vivantes, du dessin et du travail manuel, et à raison de 100 fr. pour les autres matières.

ART. 83. — Sur la proposition du Recteur, le Ministre fixe, par une décision spéciale, le nombre d'heures supplémentaires qu'il y a lieu d'attribuer à chacun des professeurs ou maîtres.

ART. 84. — Dans les Ecoles normales d'instituteurs, les différents services intérieurs d'ordre matériel sont confiés aux élèves de troisième année dans les conditions déterminées par le règlement intérieur de l'Ecole.

Dans les Ecoles normales d'institutrices, la surveillance intérieure est dirigée par les professeurs et les maîtresses internes, qui y feront participer à tour de rôle les élèves de troisième année.

ART. 85. — Pendant les grandes vacances, les Ecoles normales ne doivent jamais être abandonnées complètement par les fonctionnaires[2]. La répartition du service, tant entre le directeur et l'économe qu'entre les professeurs et maîtres, est, pour cette époque de l'année, fixée par le Recteur, dans la première quinzaine de juillet, sur la proposition du directeur et après avis de l'Inspecteur d'Académie.

1. Article rapporté par le décret du 19 *juillet* 1890 (voir *à sa date*).
2. « Il paraît équitable de donner le bénéfice de la nourriture pendant les vacances au personnel enseignant (professeurs et maîtres adjoints) retenu à l'École pour le service. Le même bénéfice pourrait être accordé aux directrices et économes d'Écoles normales d'institutrices lorsque ces fonctionnaires prennent part à la table commune. » *Décision ministérielle* notifiée par circulaire du Vice-Recteur de Paris aux Inspecteurs d'Académie, en date du 30 *juillet* 1890 (*Rec. des L. et A.*, 1890, p. 691).

SECTION III. — *Des Élèves-maîtres.*

ART. 86. — Il est ouvert à la fin de chaque année scolaire, dans tous les départements de France et d'Algérie, un concours d'admission aux Ecoles normales primaires dont la date est fixée par le Ministre. En cas d'insuffisance du nombre des candidats déclarés admissibles, un second concours peut être ouvert par le Ministre, sur la proposition du Recteur, avant la rentrée des classes.

ART. 87. — L'inscription des candidats a lieu du 1er mars au 30 avril, sur un registre ouvert à cet effet dans les bureaux de l'Inspecteur d'Académie.

Aucune inscription n'est reçue qu'autant que le candidat a déposé les pièces suivantes :

1° Sa demande d'inscription portant indication de l'Ecole ou des Ecoles qu'il a fréquentées depuis l'âge de 12 ans;

2° Son acte de naissance;

3° Son brevet de capacité[1];

4° L'engagement de servir pendant dix ans dans l'enseignement public[2].

Cette pièce est accompagnée d'une déclaration par laquelle le père ou le tuteur du candidat l'autorise à contracter cet engagement et s'engage lui-même à rembourser les frais d'études de son fils ou pupille, dans le cas où celui-ci quitterait volontairement l'Ecole ou en serait exclu, comme dans le cas où il renoncerait aux fonctions d'enseignement avant la réalisation de son engagement.

L'acte de naissance, l'engagement décennal, la déclaration du père ou du tuteur doivent être rédigés sur papier timbré et dûment légalisés. La déclaration peut être rédigée sur la même feuille que l'engagement.

Les candidats non pourvus du brevet peuvent être inscrits provi-

1. « Les candidats qui ont échoué aux examens en juillet peuvent être inscrits conditionnellement pour le concours, afin de leur laisser le moyen de réparer leur échec à la seconde session. » Voir la circulaire du Vice-Recteur de Paris aux Inspecteurs d'Académie, en date du 14 *juin* 1889 (*Rec. des L. et A.*, 1889, p. 352).

2. Aux termes d'une décision ministérielle du 4 *mai* 1888, le frère du candidat peut souscrire l'obligation éventuelle du remboursement des frais de pension à la place de son père, que sa situation de fortune met hors d'état de contracter cet engagement. « Afin d'éviter plus tard toute difficulté, le père du candidat, qui a seul qualité pour autoriser son fils, devra lui donner l'autorisation nécessaire pour l'habiliter à souscrire l'engagement décennal avec la sanction pécuniaire qui l'accompagne. Il sera mentionné expressément que le père ne prend aucune espèce d'engagement. A la suite de cette autorisation pure et simple, le frère aîné du candidat souscrira en son nom personnel l'obligation éventuelle du remboursement. »

soirement, sous la condition formelle de le produire avant le concours d'admission.

ART. 88. — Les candidats sont soumis, avant l'examen, à la visite du médecin de l'Ecole, assisté d'un médecin assermenté; ils ne peuvent prendre part aux épreuves que s'il est constaté qu'ils ont été vaccinés ou qu'ils ont eu la petite vérole[1] et qu'ils ne sont atteints d'aucune infirmité, maladie ou vice de constitution qui les rende impropre aux fonctions d'enseignement.

ART. 89. — Le concours d'admission aux Ecoles normales primaires comprend deux séries d'épreuves ayant pour objet d'arrêter : la première, la liste d'admissibilité; la seconde, la liste d'admission définitive.

Les *épreuves de la première série* comprennent :

1° Une dictée d'orthographe de vingt lignes environ.

Le texte, lu d'abord à haute voix, est ensuite dicté posément, puis relu. La ponctuation n'est pas dictée.

Il est accordé dix minutes aux candidats pour revoir leur travail;

2° Une épreuve d'écriture comprenant une ligne en grosse bâtarde, une ligne en grosse ronde, et en cursive, deux lignes en gros, deux en moyen et quatre en fin.

Il est accordé trois quarts d'heure pour cette épreuve.

Il est tenu compte, en outre, pour le jugement de cette épreuve, de la valeur de l'écriture expédiée dans la composition d'orthographe;

3° Un exercice de composition française consistant en un récit ou une lettre d'un genre simple, l'explication d'un précepte de morale ou d'éducation, d'un proverbe, d'une maxime ou une question d'instruction morale et civique;

4° Une composition d'arithmétique comprenant, outre la solution d'un ou de deux problèmes, l'explication raisonnée d'une règle.

Deux heures sont accordées pour chacune des épreuves de composition française et d'arithmétique ;

5° Une composition de dessin consistant en un exercice de dessin à vue d'un genre facile.

Il est accordé une heure et demie pour cette épreuve.

ART. 90. — Les épreuves écrites ont lieu au cours d'une même journée, dans le lieu fixé par l'Inspecteur d'Académie, et, de préférence, au siège même de l'Ecole normale.

Les trois premières se font le matin, les deux autres l'après-midi, dans l'ordre déterminé par l'article précédent.

1. Voir, *à sa date*, l'arrêté du 29 *décembre* 1888, complétant sur ce point le présent article.

La Commission d'examen, sous la présidence de l'Inspecteur d'Académie, arrête les textes des sujets de composition.

Art. 91. — La liste des candidats déclarés admissibles aux épreuves de la deuxième série est dressée par ordre alphabétique.

Les candidats compris sur cette liste sont immédiatement convoqués par l'Inspecteur d'Académie : les aspirants, au siège de l'Ecole normale des instituteurs; les aspirantes, au siège de l'Ecole normale des institutrices.

Pendant la durée des épreuves de la deuxième série, laquelle ne doit pas dépasser une semaine, les candidats sont logés et nourris à l'Ecole normale.

La dépense est à la charge des familles. Chaque année le Recteur détermine le montant de ces frais par candidat. La somme ainsi fixée doit être versée entre les mains de l'économe par chacun des concurrents au moment où il est interné.

Art. 92. — Les *épreuves de la deuxième série* consistent dans :

I. — Des interrogations sur : 1° la langue française; 2° l'arithmétique et le système métrique; 3° l'histoire de la France; 4° la géographie de la France et des notions de géographie générale; 5° des notions élémentaires de sciences physiques et naturelles. Chacune de ces épreuves durera, pour chaque candidat, une demi-heure au moins;

II. — Les résumés de deux leçons : 1° l'une sur un sujet d'ordre littéraire; 2° l'autre sur un sujet d'ordre scientifique, faites par des professeurs de l'Ecole. Ces résumés devront être rédigés chacun en une demi-heure, immédiatement après la leçon;

III. — Un examen sur le chant et la musique comprenant une interrogation sur les matières du cours supérieur des Ecoles primaires, la lecture d'un morceau de solfège facile, et une dictée orale très simple. Il sera tenu compte au candidat de l'exécution du chant avec paroles et de la connaissance d'un instrument;

IV. — Des exercices de gymnastique compris dans le programme du cours supérieur des Ecoles primaires, et, pour les aspirants, des exercices militaires, pour les aspirantes, des travaux de couture.

Art. 93. — Chacune des épreuves, tant de la première que de la deuxième série, doit être appréciée par des chiffres de 0 à 20.

Art. 94. — Quand les épreuves de la deuxième série sont terminées, la Commission arrête le classement, par ordre de mérite, des candidats qu'elle juge devoir être admis d'après l'ensemble de l'examen.

Cette liste est divisée en deux parties. Dans la première sont inscrits les candidats classés les premiers, jusqu'à concurrence du nombre de places vacantes à l'Ecole normale du département dans lequel a eu lieu l'examen. Dans la seconde, la Commission comprend tous les candidats admissibles excédant ce nombre, quel que soit le rapport du chiffre ainsi obtenu avec celui des places vacantes à l'Ecole normale du département.

Les candidats compris dans cette seconde partie de la liste d'admission feront connaître, par une déclaration écrite qui sera jointe au dossier transmis au Ministère, quels sont les Académies ou les départements dans lesquels ils accepteraient une place à l'Ecole normale, s'ils ne pouvaient être reçus dans celle du département où ils ont concouru[1].

ART. 95. — Les résultats du concours sont proclamés avant le départ des candidats par le président de la Commission d'examen.

SECTION IV. — *De l'Enseignement.*

ART. 96. — L'enseignement dans les Ecoles normales d'instituteurs et d'institutrices est donné conformément aux programmes annexés au présent arrêté[2].

ART. 97[3]. — La répartition des matières d'enseignement est réglée par année et par cours, conformément au tableau suivant :

I. — Écoles normales d'instituteurs.

MATIÈRES D'ENSEIGNEMENT.	TOTAL DES HEURES PAR SEMAINE.		
	1re année.	2e année.	3e année.
Instruction civique	»	»	1
Morale	2	2	»
Pédagogie et administration scolaire	1	1	1
Langue et éléments de littérature française	7	5	4
Histoire	4	3	3
Géographie	1	1	1
Arithmétique et tenue des livres	2	3	3
Géométrie, arpentage et nivellement	1	2	3
A reporter	18	17	16

1. Voir la circulaire du 13 *juin* 1887, aux Recteurs, relative à l'établissement de la liste supplémentaire d'admission (*Circ.*, t. X, p. 136). Mais « l'intérêt des Écoles doit primer celui des candidats, et les facilités données aux Recteurs pour assurer le recrutement dans la région ne sauraient avoir pour résultat d'abaisser le niveau des études dans les Écoles normales ».

2. Consulter l'Annexe H dans le Fascicule n° 20 des *Mémoires et Documents scolaires publiés par le Musée pédagogique.*

Voir, *à sa date*, l'arrêté du 10 *janvier* 1889, qui a modifié l'emploi du temps, la répartition des matières d'enseignement et les programmes d'enseignement dans les Écoles normales primaires.

3. Voir, *à sa date*, l'arrêté du 24 *juillet* 1888, modifiant cet article.

MATIÈRES D'ENSEIGNEMENT.	TOTAL DES HEURES PAR SEMAINE.		
	1re année.	2e année.	3e année.
Report.	18	17	16
Physique	1	2	2
Chimie	1	1	1
Sciences naturelles	1	1	2
Agriculture et horticulture	»	1 (1)	1 (1)
Langues vivantes	2	2	2
Écriture	2	1	»
Dessin	4	4	4
Chant et musique	2	2	2
Gymnastique et exercices militaires	3	3	3 (2)
Travaux agricoles et manuels	4	4	4 (2)
Total	38	38	37

(1) Les leçons d'agriculture seront données aux élèves de 2e et 3e années réunis, à raison de deux leçons par semaine pendant le semestre d'hiver. Le professeur exposera alternativement la première moitié de son cours pendant un hiver et la seconde moitié pendant l'hiver suivant.

Les leçons d'agriculture doivent être complétées par des exercices pratiques, des excursions agricoles, des visites faites par les élèves-maîtres, sous la direction de leurs professeurs, dans les fermes les mieux tenues de la région.

(2) L'enseignement de la gymnastique, des exercices militaires, des travaux agricoles et manuels doit être donné pendant les récréations.

II. — Écoles normales d'institutrices.

MATIÈRES D'ENSEIGNEMENT.	TOTAL DES HEURES PAR SEMAINE.		
	1re année.	2e année.	3e année.
Instruction morale et civique	1	1	1
Pédagogie et administration scolaire	1	1	1
Langue et éléments de littérature française	6	5	4
Histoire	4	3	3
Géographie	1	1	1
Arithmétique et tenue des livres	3	3	3
Physique	»	1	1
Chimie	»	1	1
Sciences naturelles	1	2	2
Économie domestique et hygiène	»	1	1
Langues vivantes	2	2	2
Écriture	3	1	»
Travaux de couture	3	3	3
Dessin	4	4	4
Chant et musique	2	2	2
Gymnastique	2	2	2 (1)
Herborisations et jardinage	2	2	2 (1)
Total	35	35	33

(1) Les leçons de gymnastique, les herborisations et les travaux de jardinage doivent avoir lieu pendant les heures des récréations.

ART. 98. — Des heures réservées au travail, cinq au moins seront employées chaque jour au travail personnel, aux lectures[1] et à la préparation des classes en étude.

Aucun cours n'aura lieu le dimanche, non plus que dans l'après-midi du jeudi.

ART. 99. — Les élèves de deuxième et de troisième année seront fréquemment exercés, soit en classe, soit dans des conférences, à l'enseignement oral sur chacune des matières du programme d'études. Sous la direction de leur professeur, ils rendent compte d'une leçon ou d'une lecture, expliquent un texte français, corrigent un devoir, exposent une question du cours ou les résultats d'un travail personnel.

Les élèves de troisième année font, en outre, à tour de rôle, des leçons devant leurs professeurs et les élèves-maîtres. La leçon dure une demi-heure au plus. Elle porte sur un sujet d'enseignement ou de méthode choisi par l'élève et agréé par le directeur ou la directrice. Elle donne lieu, de la part des élèves, à des observations critiques, qui sont complétées ou rectifiées par les professeurs, le directeur ou la directrice.

ART. 100. — Dans toute Ecole normale, le directeur et la directrice veilleront à ce que l'enseignement ne soit, dans aucune de ses parties, détourné du but auquel il doit tendre, et à ce que les différents professeurs s'efforcent surtout de faire acquérir à leurs élèves les qualités intellectuelles et morales indispensables à l'instituteur. Ils leur recommanderont d'éviter la recherche des détails, des subtilités et des curiosités qui feraient perdre à l'enseignement des Ecoles normales son caractère pratique et professionnel.

Ils s'assureront que les devoirs écrits des élèves sont corrigés et annotés avec soin par les professeurs, et qu'il est donné un temps suffisant, dans tous les cours, aux interrogations et aux récapitulations.

Ils proscriront l'usage des manuels, des cours dictés, des copies, des cahiers dits de mise au net, en un mot de tout procédé qui encouragerait le travail machinal et tendrait à substituer un effort de mémoire à un effort de réflexion.

Ils prendront soin que dans tous les cours professés à l'Ecole et dans les exercices de l'Ecole ou des Ecoles annexes, il soit fait une large part à l'étude des méthodes et des procédés propres à l'enseignement primaire.

1. Voir (*Bull. adm.*, 1892, t. LI, p. 115) un avis relatif à l'abonnement aux publications périodiques présentant, au point de vue éducatif, le plus d'intérêt et d'avantages pour les maîtres et les élèves.

Dans les Ecoles normales d'institutrices, la directrice et l'économe s'efforceront, par des conseils et des directions pratiques, d'initier les élèves-maîtresses, en dehors des heures de classe et d'étude, à tout ce qui concerne les travaux et les soins du ménage.

SECTION V. — *Du Régime intérieur et de la Discipline.*

ART. 101. — Dans toute Ecole normale, soit d'instituteurs, soit d'institutrices, il est donné huit heures au moins au sommeil en toute saison.

Sur les heures de la journée, cinq environ sont employées aux soins de propreté, repas, récréations et exercices corporels.

ART. 102. — Les jours réglementaires de sortie sont les dimanches et les jours de fêtes[1].

Dans les Ecoles normales d'institutrices, les élèves-maîtresses ne sortent que sur la demande de leurs parents ou de leurs correspondants. Celles qui restent à l'Ecole sont conduites en promenade.

Des sorties individuelles peuvent être autorisées par le directeur ou la directrice.

ART. 103. — Les vacances de Pâques commencent le jeudi saint et finissent le lundi qui suit la semaine de Pâques.

Les grandes vacances durent sept semaines; les dates de la sortie et de la rentrée sont fixées par le Recteur.

ART. 104. — Tous les élèves doivent avoir un costume d'uniforme pour les sorties et les promenades.

ART. 105. — Dans les Ecoles normales d'institutrices, la directrice demande aux parents, au commencement de l'année scolaire, la liste des personnes avec lesquelles ils autorisent leur fille à correspondre. Les lettres écrites aux élèves-maîtresses devront porter sur l'enveloppe la signature de la personne de qui elles émanent. Celles qui ne portent pas cette signature sont envoyées par la directrice aux parents de l'élève.

Ces dispositions ne sont pas applicables aux Ecoles normales d'instituteurs; la correspondance des élèves est libre, à moins d'intention contraire expressément manifestée par les familles.

CHAPITRE V. — ÉCOLES NORMALES PRIMAIRES SUPÉRIEURES.

ART. 106. — Dans les deux Ecoles normales supérieures de Saint-Cloud et de Fontenay-aux-Roses, la durée des études est de trois années.

1. Voir la circulaire du 10 *mars* 1887, aux Recteurs, relative aux sorties autorisées dans les Écoles normales primaires (*Circ.*, t. X, p. 85).

ART. 107. — Ces Ecoles peuvent recevoir des internes et des externes.

Le nombre des élèves internes et des élèves externes est fixé chaque année par le Ministre.

ART. 108. — Il est accordé à chaque élève externe une bourse dont le montant est fixé par arrêté ministériel.

ART. 109. — L'enseignement dans les Ecoles normales supérieures d'institutrices et d'instituteurs comprend l'étude approfondie des matières enseignées dans les Ecoles normales primaires. D'autres matières peuvent y être enseignées avec l'autorisation du Ministre.

La troisième année est plus particulièrement consacrée à la préparation professionnelle des élèves.

ART. 110. — Les élèves sont répartis en deux sections : la section des sciences et la section des lettres. Le nombre des élèves à admettre dans chaque section est fixé, chaque année, par décision ministérielle. Il pourra être institué des cours communs aux deux sections.

ART. 111. — Il peut être admis à l'Ecole normale supérieure d'institutrices des élèves déjà pourvues de l'un des deux certificats d'aptitude aux fonctions de professeur, qui voudraient se préparer à l'examen du certificat d'aptitude aux fonctions de directrice. Les aspirantes de cette catégorie ne sont pas astreintes à l'examen d'entrée. Le Ministre, après avis du Recteur, décide de leur admission.

Les aspirantes aux fonctions de directrice suivent un cours spécial de législation et d'administration scolaires.

ART. 112. — Des examens de passage ont lieu à la fin de chacune des deux années d'études. Tout élève qui n'aura pas satisfait à ces examens devra quitter l'Ecole. Son renvoi est prononcé par décision ministérielle, sur le vu de ses notes et le rapport du Conseil des professeurs.

ART. 113. — Un concours d'admission aux Ecoles normales supérieures d'institutrices et d'instituteurs est ouvert chaque année vers la fin de l'année scolaire, à la date fixée par le Ministre.

ART. 114[1]. — Pour être admis à concourir, les candidats doivent :

Avoir dix-neuf ans au moins et vingt-cinq ans au plus au 1er oc-

1. Voir, *à sa date*, l'arrêté du 30 *juillet* 1890, complétant cet article. La disposition additionnelle a été motivée par la loi militaire du 15 *juillet* 1889. Suivant un avis inséré au *Bull. adm.*, 1890, t. XLVII, p. 384, il importe que les élèves de l'École normale de Saint-Cloud n'aient point à interrompre leurs cours, et qu'en conséquence ils aient déjà satisfait à la loi sur le recrutement en entrant à l'École, ou qu'ils se trouvent, par leur âge, en mesure d'achever leurs deux années d'études avant d'être appelés à remplir leurs obligations militaires. Les Inspecteurs d'Académie ont été invités à n'inscrire, pour le concours d'admission de 1890, que les can-

tobre de l'année où ils se présentent. Toutefois, des dispenses d'âge peuvent être accordées par le Ministre, sur la proposition du Recteur;

Etre pourvus du brevet supérieur[1] ou de l'un des baccalauréats ou, pour les aspirantes, du diplôme de fin d'études de l'enseignement secondaire;

Avoir contracté ou contracter, s'ils ne l'ont encore fait, l'engagement de servir pendant dix ans dans l'enseignement public.

ART. 115. — Les candidats sont tenus de se faire inscrire, à Paris, à la Sorbonne, et, dans les départements, au bureau de l'inspection académique, un mois au moins avant la date de l'ouverture du concours, et de faire connaître sur quelle langue vivante ils demandent à être examinés.

Avec leur demande d'inscription, ils déposent :

1° Un extrait de leur acte de naissance;

2° Leur brevet ou leur diplôme;

3° Une notice faisant connaître l'Ecole ou les Ecoles auxquelles ils ont appartenu, et, s'il y a lieu, les fonctions qu'ils ont remplies;

4° Un certificat de médecin constatant qu'ils sont aptes à remplir les fonctions de l'enseignement[2];

5° Un engagement de servir pendant dix ans dans l'enseignement public à dater de leur admission à l'Ecole normale supérieure, ou de rembourser à l'Etat le prix de la pension dont ils auront joui.

Cette pièce sera rédigée sur papier timbré et dûment légalisée. Elle sera accompagnée, si le candidat est mineur, d'une déclaration par laquelle son père ou son tuteur l'autorise à souscrire un engagement, et s'engage lui-même à rembourser à l'Etat le prix de pension du contractant, dans les cas prévus par l'article 78 du décret du 18 janvier 1887.

ART. 116. — La liste des candidats admis à prendre part au concours est arrêtée par le Ministre.

Aucun candidat n'est admis à se présenter plus de trois fois.

ART. 117. — L'examen d'admission comprend des épreuves écri-

didats qui n'auraient pas de service militaire à accomplir pendant les années 1890-1891 et 1891-1892.

1. « Aucune autorisation ne sera donnée aux élèves des Écoles normales de subir l'examen du brevet supérieur à la session du mois d'avril, et, suivant la règle admise depuis plusieurs années, aucune dispense provisoire ne sera accordée aux candidats à l'École de Saint-Cloud. » (*Circulaire du Vice-Recteur de Paris aux Inspecteurs d'Académie*, en date du 4 *avril* 1888, *Rec. des L. et A.*, 1888, p. 209).

Toutefois, en 1891, les candidats à l'École de Saint-Cloud, non pourvus du brevet supérieur au moment de l'inscription, ont été autorisés à se faire inscrire conditionnellement (*Bull. adm.*, 1891, t. XLIX, p. 412).

2. Voir, *à sa date*, l'arrêté du 29 *décembre* 1888, complétant ce paragraphe.

tes, qui sont éliminatoires, des épreuves orales et une épreuve pratique.

ART. 118[1]. — Les *épreuves écrites* se font au chef-lieu du département où l'inscription a été reçue; elles ont lieu sous la surveillance de l'Inspecteur d'Académie ou, à son défaut, d'un délégué agréé par le Recteur.

Elles comprennent :

Pour les *candidats de la section des lettres :*

1° Une composition sur un sujet de littérature ou de grammaire;

2° Une composition sur un sujet de pédagogie ou de morale;

3° Une composition sur un sujet d'histoire et un sujet de géographie;

4° Une composition de langues vivantes (version et thème allemands ou anglais);

Pour les *candidats de la section des sciences :*

1° Une composition sur un sujet de mathématiques;

2° Une composition sur un sujet de physique ou de chimie et un sujet d'histoire naturelle;

3° Une composition de dessin géométrique et d'ornement ;

4° Une composition de langues vivantes (version et thème allemands ou anglais);

5° Une composition sur un sujet de pédagogie ou de morale.

La composition de pédagogie ou de morale et celle de langues vivantes pourront être communes aux candidats des deux sections.

Trois heures sont accordées pour la composition de langues vivantes. L'usage du dictionnaire est autorisé. Quatre heures sont accordées pour chacune des autres compositions.

ART. 119. — Les sujets de composition sont choisis par le Ministre, sur la proposition de la Commission, et adressés aux Inspecteurs d'Académie, sous un pli cacheté, qui est ouvert en présence des candidats.

A la fin de chaque journée de l'examen écrit, les compositions sont adressées au Ministre par l'Inspecteur d'Académie, qui y joint le procès-verbal de la séance.

ART. 120. — Les compositions écrites sont corrigées à Paris par une Commission nommée chaque année par le Ministre.

ART. 121. — Les candidats reconnus admissibles sont appelés à Paris, pour y subir les épreuves orales et l'épreuve pratique.

1. Voir, *à sa date*, l'arrêté du 9 *janvier* 1895, modifiant cet article.

ART. 122. — Les *épreuves orales* consistent :

Pour les *candidats de la section des lettres* :

1° En un exposé sur une question de grammaire, ou de littérature, ou d'histoire, ou de géographie;

2° Dans la lecture expliquée d'un passage pris dans les auteurs du brevet supérieur;

3° Dans l'explication d'un texte anglais ou allemand;

Pour les *candidats de la section des sciences :*

1° En un exposé sur une question de mathématiques;

2° En un exposé sur une question de physique, ou de chimie, ou d'histoire naturelle;

3° Dans l'explication d'un texte anglais ou allemand.

ART. 123.— Chacune des épreuves orales pourra être suivie d'interrogations.

Une demi-heure est accordée aux candidats de chaque section pour la préparation de chacune des deux premières épreuves.

ART. 124. — L'*épreuve pratique* consiste :

Pour les aspirantes, en une épreuve de travail à l'aiguille;

Pour les aspirants, dans l'exécution d'un modelage ou d'un travail sur le fer ou sur le bois.

Cette dernière épreuve ne sera exigée des aspirants qu'à partir du concours d'admission de 1889. Elle sera facultative jusqu'à cette époque, et il en sera tenu compte dans le classement des candidats.

ART. 125. — Les élèves sont tenus de se présenter, à la fin du cours d'études, à l'examen en vue duquel ils ont suivi les cours de l'Ecole.

ART. 126. — Les bourses de séjour à l'étranger accordées aux professeurs d'Ecole normale[1] ou aux candidats pourvus du diplôme de professeur qui se destinent à l'enseignement des langues vivantes, sont obtenues à la suite d'un examen qui comprend des épreuves écrites et orales.

Les épreuves écrites, subies au chef-lieu du département, comprennent un thème, une version et une rédaction d'un genre simple. Cette dernière épreuve est faite sans dictionnaire. Trois heures sont accordées pour chaque composition.

Les épreuves orales, subies à Paris, devant la Commission des bourses de séjour, comprennent la lecture et la traduction d'une page facile d'un prosateur étranger, une conversation en langue étrangère sur la page lue, des questions de grammaire.

1. Voir, *à sa date*, l'arrêté du 8 *juin* 1892, qui prescrit, de la part des candidats l'engagement d'enseigner pendant cinq ans la langue qu'ils auront étudiée.

CHAPITRE VI. — RÉCOMPENSES HONORIFIQUES.

ART. 127[1]. — Les médailles et mentions honorables dont il est question à l'article 34 de la loi du 30 octobre 1886 sont décernées par le Ministre, le 14 juillet de chaque année, aux instituteurs et aux institutrices, dans chaque département, sur la proposition conforme du Préfet et de l'Inspecteur d'Académie, après avis du Conseil départemental.

ART. 128[2].—Il peut être accordé, chaque année, aux instituteurs, institutrices et directrices d'Ecoles maternelles de chaque département :

Une médaille d'argent pour chaque groupe de trois cents titulaires et stagiaires, et une en plus pour toute fraction excédant cent cinquante;

Une médaille de bronze pour cent cinquante titulaires et stagiaires;

Une mention honorable pour cent.

ART. 129. — Nul ne peut obtenir la mention honorable s'il ne compte au moins cinq ans de services comme titulaire.

Nul ne peut obtenir la médaille de bronze s'il n'a reçu la mention honorable depuis deux années au moins.

Nul ne peut obtenir la médaille d'argent s'il n'a reçu la médaille de bronze depuis deux années au moins.

ART. 130. — Pour obtenir le titre d'honoraire, les instituteurs, institutrices et directrices d'Ecoles maternelles doivent remplir les conditions suivantes :

Justifier de vingt-cinq ans de services;

Etre pourvus, au moins, de la médaille de bronze.

ART. 131. — Les nominations sont publiées au *Bulletin administratif* du Ministère.

ART. 132. — Les instituteurs honoraires seront admis à prendre part, avec voix délibérative, aux conférences pédagogiques, dans le canton où ils résident.

ART. 133. — Les instituteurs, institutrices et directrices d'Ecoles maternelles admis à la retraite antérieurement à la promulgation de la loi du 30 octobre 1886, peuvent obtenir le titre d'honoraire, s'ils remplissent les conditions prescrites par l'article 130 du présent arrêté.

1. Voir, *à leur date*, l'arrêté du 26 *novembre* 1889 et l'arrêté du 18 *janvier* 1893, modifiant cet article.
2. Voir, *à sa date*, l'arrêté du 28 *janvier* 1896, modifiant cet article.

TITRE II. — **Des Titres de capacité.**

CHAPITRE Ier. — DES BREVETS DE CAPACITÉ.

SECTION Ire. — *Des Sessions d'examen.*

ART. 134. — Les sessions réglementaires d'examen pour les deux brevets de capacité ont lieu chaque année et dans chaque département, l'une au mois de juillet, l'autre au mois d'octobre.

Des sessions extraordinaires peuvent être autorisées par le Ministre de l'Instruction publique, soit pour toute la France, soit dans un ou plusieurs départements.

La date précise de chaque session est fixée au moins un mois à l'avance par le Ministre.

Pour les sessions ordinaires, les compositions commencent le même jour dans tous les départements; elles se poursuivent dans le même ordre dans chaque Académie.

Pour le département de la Seine, la Corse et l'Algérie, le nombre des sessions et la date des examens seront l'objet d'arrêtés spéciaux.

ART. 135. — Les sujets de composition sont choisis par l'Inspecteur d'Académie[1]. Ils sont enfermés sous pli cacheté et remis au président de la Commission, au début de chaque séance. Le pli est ouvert séance tenante par le président de la Commission, en présence des candidats[2].

ART. 136. — Les compositions doivent porter en tête et sous pli fermé les noms et prénoms des candidats. Ce pli n'est ouvert qu'après l'achèvement de la correction des copies et l'inscription des notes données pour chacune d'elles[3].

ART. 137. — Chacune des épreuves écrites est corrigée par deux

1. Voir, *à sa date*, l'arrêté du 7 *février* 1887, prescrivant l'envoi aux Recteurs d'un relevé complet des sujets de compositions écrites donnés aux examens du brevet élémentaire, du brevet supérieur et du certificat d'aptitude pédagogique.

2. Voir les circulaires :

Du 29 *février* 1888, aux Recteurs, relative au choix des sujets de composition pour les examens des brevets de capacité (*Circ.*, t. X, p. 250);

— 1er *octobre* 1895, aux Recteurs, relative au même sujet (*Bull. adm.*, 1895, t. LVIII, p. 576);

— 10 *mars* 1896, aux Recteurs, relative à la composition et au fonctionnement des jurys d'examen des brevets de capacité, suivie d'une instruction destinée aux Commissions d'examen (*Bull. adm.*, 1896, t. LIX, p. 317 et 320).

3. La circulaire du 22 *novembre* 1895, aux Recteurs (*Bull. adm.*, 1895, t. LVIII, p. 850), a généralisé cette mesure et l'a rendue applicable à tous les examens de l'enseignement primaire.

membres au moins; la Commission réunie prononce l'admission aux épreuves subséquentes. Elle dresse, par ordre alphabétique, la liste des candidats admis à ces épreuves.

ART. 138. — Quand le nombre des candidats inscrits est trop considérable, le Recteur peut constituer plusieurs Commissions composées chacune de sept membres au moins.

Des examinateurs spéciaux peuvent être adjoints à la Commission pour les épreuves d'agriculture, de langues vivantes, de dessin, de chant, de couture et de gymnastique; ils prennent part aux travaux de la Commission avec voix délibérative pour les épreuves seulement en vue desquelles ils ont été désignés.

ART. 139. — Pour procéder à l'examen oral, la Commission ne peut, dans aucun cas, se subdiviser en sous-commissions de moins de trois membres.

ART. 140. — Dans le mois qui suit la clôture de la session, le procès-verbal des opérations de la Commission, signé par le président et le secrétaire, est envoyé au Recteur qui le transmet au Ministre avec le rapport du président et celui de l'Inspecteur d'Académie sur les résultats de chaque examen.

SECTION II. — *De l'Inscription des candidats et de la Surveillance des examens.*

ART. 141. — Tout candidat à l'un des deux brevets de capacité doit se faire inscrire au bureau de l'Inspecteur d'Académie quinze jours au moins avant la date fixée pour l'examen[1]; il dépose :

1° Une demande d'inscription écrite et signée par lui;

2° Un extrait de son acte de naissance.

Le candidat au brevet supérieur dépose, en outre, son diplôme du brevet élémentaire.

ART. 142. — Les candidats qui remplissent les conditions d'âge fixées par le second paragraphe de l'article 107 du décret du 18 janvier 1887, peuvent subir les épreuves du brevet supérieur dans la même session que celle du brevet élémentaire. Dans ce cas, ils déposent avant l'examen le certificat constatant qu'ils ont été jugés aptes à recevoir le brevet élémentaire.

1. Les candidats aux examens des brevets de capacité qui se feront inscrire à Paris, où les sessions n'ont pas toujours lieu aux mêmes dates qu'en province, devront déclarer par écrit, au moment de leur inscription, qu'ils ne se sont pas présentés et ne se présenteront dans aucun autre département au cours de la même session (*Avis* inséré au *Bull. adm.*, 1888, t. XLIII, p. 90, et répété au *Bull. adm.*, 1894, t. LV, p. 530, et 1895, t. LVII, p. 343).

ART. 143. — A l'ouverture de la session, le secrétaire de la Commission fait l'appel des candidats inscrits. Chaque candidat, à l'appel de son nom, vient apposer sa signature sur le registre de présence, afin de constater son identité.

ART. 144. — Les candidats sont réunis, soit ensemble, soit par séries, sous la surveillance de membres de la Commission désignés par le président.

L'examen écrit n'est pas public. L'examen oral est public pour les aspirants. Les dames sont seules admises aux épreuves orales des aspirantes.

Le président de la Commission a la police de la salle.

Parmi les personnes chargées de la surveillance se trouvera nécessairement dans chaque série, s'il y en a plusieurs, au moins un Inspecteur primaire, et, en outre, pour l'examen des aspirantes, une dame déléguée par l'Inspecteur d'Académie.

SECTION III. — *De l'examen du Brevet élémentaire.*

ART. 145. — L'examen pour le brevet élémentaire comprend trois séries d'épreuves.

ART. 146[1]. — *Epreuves de la première série.* — Les épreuves de la première série pour l'examen des aspirants et des aspirantes au brevet élémentaire sont au nombre de quatre, savoir :

1° Une dictée d'orthographe d'une page environ; le texte, lu d'abord à haute voix, est ensuite dicté posément, puis relu. La ponctuation n'est pas dictée. Il est accordé dix minutes aux candidats pour revoir leur travail;

2° Une page d'écriture à main posée, comprenant une ligne en gros dans chacun des trois principaux genres (cursive, bâtarde et ronde), une ligne de cursive en moyen, quatre lignes de cursive en fin. — Durée de l'épreuve : trois quarts d'heure;

3° Un exercice de composition française (lettre ou récit d'un genre très simple, explication d'un proverbe, d'une maxime, d'un précepte de morale ou d'éducation). — Durée de l'épreuve : deux heures;

4° Une question d'arithmétique et de système métrique et la solution raisonnée d'un problème comprenant l'application des quatre règles (nombres entiers, fractions, mesure des surfaces et des volumes simples). — Durée de l'épreuve : deux heures.

ART. 147[1]. — *Epreuves de la deuxième série.* — Pour les épreuves de la deuxième série, les aspirants devront :

1. Voir, *à sa date*, l'arrêté du 20 *janvier* 1897, modifiant cet article.

1° Exécuter à main levée un croquis coté d'un objet usuel de forme très simple (plan, coupe, élévation). — Durée de l'épreuve : une heure et demie;

2° Exécuter les exercices les plus élémentaires de gymnastique prévus par le programme des Ecoles primaires. — Durée de l'épreuve : dix minutes au maximùm.

Les aspirantes devront :

1° Exécuter un dessin au trait d'après un objet usuel. — Durée de l'épreuve : une heure ;

2° Exécuter sous la surveillance de dames désignées à cet effet par le Recteur les travaux à l'aiguille prescrits par l'article 1er de la loi du 28 mars 1882. — Durée de l'épreuve : une heure.

ART. 148. — *Epreuves de la troisième série.* — Les épreuves de la troisième série (épreuves orales) sont au nombre de cinq :

1° Lecture expliquée; la lecture se fera dans un recueil de morceaux choisis en prose et en vers; des questions seront adressées aux candidats sur le sens des mots, la liaison des idées, la construction et la grammaire;

2° Questions d'arithmétique et de système métrique;

3° Questions sur les éléments de l'histoire nationale et de l'instruction civique; sur la géographie de la France avec tracé au tableau noir ;

4° Questions et exercices très élémentaires de solfège;

5° Questions sur les notions les plus élémentaires des sciences physiques et naturelles[1] ;

Dix minutes au maximum sont consacrées à chacune de ces épreuves.

ART. 149. — Les épreuves des trois séries sont notées de 0 à 20, excepté les exercices de gymnastique (2e série) et les exercices de solfège (3e série) qui sont notés de 0 à 10. La note 0 pour l'une quelconque des épreuves est éliminatoire.

Nul n'est examiné sur la série subséquente s'il n'a préalablement obtenu la moitié du maximum des points que comporte la série précédente.

SECTION IV. — *De l'examen du Brevet supérieur.*

ART. 150. — Toutes les épreuves du brevet supérieur, soit écrites, soit orales, doivent être subies dans une même session.

1. Voir, *à sa date*, l'arrêté du 29 *décembre* 1888, complétant ce paragraphe.

ART. 151 [1]. — Les *épreuves de la première série* sont au nombre de quatre, savoir :

1° Une composition comprenant deux questions : l'une sur l'arithmétique (et, en outre, sur la géométrie appliquée aux opérations pratiques, pour les aspirants seulement); l'autre, sur les sciences physiques et naturelles avec leurs applications les plus usuelles à l'hygiène, à l'industrie, à l'agriculture et à l'horticulture (quatre heures sont accordées pour cette composition);

2° Une composition française (littérature ou morale). — Durée de l'épreuve : trois heures;

3° Une composition en dessin, d'après un modèle en relief. — Durée de l'épreuve : trois heures;

4° A partir du 1er janvier 1888, une composition de langues vivantes consistant en un thème facile, d'une dizaine de lignes, avec lexique. (Durée de l'épreuve : une heure et demie).

La composition française et la composition de sciences n'auront pas lieu le même jour.

ART. 152. — Pour les *épreuves de la deuxième série*, les matières sont réparties en sept groupes ci-après énumérés :

1° Questions sur la morale et l'éducation;

2° Langue française : lecture expliquée d'un auteur français pris sur une liste qui sera dressée tous les trois ans par le Ministre et publiée une année à l'avance; des questions d'histoire littéraire limitées aux principaux auteurs des seizième, dix-septième, dix-huitième et dix-neuvième siècles seront posées aux candidats à l'occasion de cette lecture;

3° Epoques mémorables, grands noms, faits essentiels de l'histoire générale et de l'histoire de France, principalement dans les temps modernes (1453);

4° Géographie de la France avec tracé au tableau noir, et notions de géographie générale;

5° Arithmétique avec application aux opérations pratiques, tenue des livres; et, pour les aspirants seulement, notions très élémentaires de calcul algébrique et de géométrie, arpentage et nivellement;

6° Notions de physique, de chimie, d'histoire naturelle, et pour les aspirants seulement, notions d'agriculture et d'horticulture;

7° A partir du 1er janvier 1888 [2] : traduction à livre ouvert d'une

1. Voir, *à sa date*, l'arrêté du 24 *janvier* 1896, modifiant cet article.

2. Aux termes d'une décision ministérielle du 30 *janvier* 1888, les épreuves de langues vivantes de l'examen du brevet supérieur n'ont été obligatoires qu'à partir de la session de juillet 1888 (voir la *circulaire du Vice-Recteur de Paris aux Inspecteurs d'Académie*, en date du 8 *février* 1888, *Rec. des L. et A.*, 1888, p. 93).

vingtaine de lignes d'un texte facile anglais, allemand, italien, espagnol ou arabe, au choix du candidat.

Chacun de ces groupes donne lieu à une interrogation qui ne peut durer plus d'un quart d'heure et qui doit être maintenue dans les limites fixées par l'article 119 du décret du 18 janvier 1887.

ART. 153[1]. — Les épreuves des deux séries sont notées de 0 à 20.

La note 0, pour l'une quelconque des épreuves, est éliminatoire.

Pour les épreuves composant la première série, la note de dessin ne pourra compenser l'insuffisance des autres notes, dont le total ne devra pas être inférieur à 30 (20 jusqu'au 1er janvier 1888).

CHAPITRE II. — DE L'EXAMEN DU CERTIFICAT D'APTITUDE PÉDAGOGIQUE.

ART. 154[2]. — Les sessions réglementaires d'examen pour le certificat d'aptitude pédagogique ont lieu au mois de février et au mois de juin.

ART. 155. — Les candidats au certificat d'aptitude pédagogique doivent se faire inscrire au bureau de l'Inspecteur d'Académie quinze jours au moins avant l'ouverture de la session, et déposer :

Une demande d'inscription écrite et signée par eux;

Un extrait de leur acte de naissance;

Leur brevet élémentaire ou leur brevet supérieur, s'il y a lieu;

Un certificat de l'Inspecteur d'Académie constatant qu'ils remplissent la condition de stage ou qu'ils en ont été dispensés.

ART. 156. — Dans les sessions ordinaires, les compositions commencent le même jour dans tous les départements.

Le sujet de la composition écrite est choisi par l'Inspecteur d'Académie.

Le pli cacheté est ouvert, séance tenante, par le président de la Commission, en présence des candidats.

ART. 157. — Le dossier de chaque candidat, et particulièrement les notes qu'il a obtenues dans l'inspection, sont mis sous les yeux de la Commission, qui en tiendra compte dans ses appréciations.

ART. 158. — L'examen du certificat d'aptitude pédagogique comprend :

Une épreuve écrite, laquelle est éliminatoire;

Une épreuve pratique,

Et une épreuve orale.

1. Voir, *à sa date*, l'arrêté du 31 *juillet* 1897, complétant et modifiant cet article.

2. Voir, *à leur date*, l'arrêté du 24 *juillet* 1888 et l'arrêté du 27 *juillet* 1893, qui ont successivement modifié cet article, et la rectification de ce dernier arrêté (*Bull. adm.*, 1893, t. LIV, page 286).

ART. 159. — L'*épreuve écrite* consiste en une composition française sur un sujet élémentaire d'éducation ou d'enseignement[1].

Trois heures sont accordées pour cette épreuve.

Les candidats déclarés admissibles sont convoqués par séries au chef-lieu du département pour subir l'épreuve pratique et l'épreuve orale[2].

ART. 160[3]. — L'*épreuve pratique* consiste en une classe faite par le candidat dans une Ecole primaire publique. Les aspirantes peuvent, sur leur demande, subir l'épreuve pratique dans une Ecole maternelle. Mais, dans ce cas, le certificat qui leur sera délivré portera une mention spéciale et ne leur donnera droit à exercer comme titulaires que dans les Ecoles maternelles.

Les aspirantes reçues dans les conditions déterminées par le paragraphe précédent, pourront, en outre, sur leur demande, subir, dans la même session ou dans une session ultérieure, l'épreuve pratique dans une Ecole primaire. Mention en sera ajoutée sur leur certificat.

L'Ecole dans laquelle le candidat est appelé à subir l'épreuve lui est ouverte vingt-quatre heures à l'avance. Il en prend la direction le jour de l'épreuve et est tenu de se conformer à un programme arrêté par la Commission.

Ce programme est remis au candidat vingt-quatre heures à l'avance. Il se rapprochera, autant que possible, de l'ordre des exercices inscrits à l'emploi du temps de l'Ecole au jour de l'examen.

ART. 161. — Pour procéder à l'épreuve pratique, la Commission d'examen peut se partager en sous-commissions de trois membres au moins. Un Inspecteur primaire et un instituteur pour les aspirants, une institutrice pour les aspirantes, font nécessairement partie de chacune de ces sous-commissions.

L'Inspecteur d'Académie fait partie de droit de toutes les sous-commissions. En cas de partage des suffrages, sa voix est prépondérante.

1. « Monsieur l'Inspecteur, l'attention de M. le Ministre a été appelée sur ce fait que, dans certains départements, *plusieurs* sujets sont proposés au choix des candidats pour l'*épreuve écrite* de l'examen du certificat d'aptitude pédagogique.

« L'article 159 de l'arrêté du 18 janvier 1887 ne contenant aucune disposition d'après laquelle l'option entre plusieurs sujets peut être laissée aux candidats, M. le Ministre estime qu'il y a lieu, pour se conformer à l'observation des règlements, de ne donner partout qu'un seul sujet de composition.

« Vous voudrez bien donner des instructions en ce sens à MM. les Inspecteurs primaires. » (*Circulaire du Vice-Recteur de l'Académie de Paris*, 7 *novembre* 1898.)

2. Les candidats libres sont tenus, comme les membres de l'enseignement public, de subir les épreuves de l'examen dans le département où ils sont en fonctions (*Décision du* 18 *octobre* 1888).

3. Voir, *à sa date*, l'arrêté du 27 *juillet* 1893, qui a modifié cet article.

ART. 162. — L'*épreuve orale* consiste :

1° Dans l'appréciation de cahiers de devoirs mensuels;

2° Dans des interrogations en rapport avec les autres épreuves déjà subies par le candidat et portant sur des sujets relatifs à la tenue et à la direction d'une Ecole primaire élémentaire ou maternelle, ou sur des questions de pédagogie pratique.

L'épreuve a lieu devant la Commission réunie. La durée n'en doit pas dépasser vingt minutes.

ART. 163. — Chacune des épreuves est jugée d'après l'échelle de 0 à 20. Tout candidat qui n'a pas obtenu la note 10, tant pour l'épreuve écrite que pour l'épreuve pratique, est ajourné. Est ajourné également tout candidat qui n'a pas obtenu la moyenne 30 pour l'ensemble des épreuves.

ART. 164. — Sur le vu du procès-verbal de la Commission d'examen, le Recteur délivre, s'il y a lieu, le certificat d'aptitude pédagogique, et, dans la quinzaine, adresse son rapport au Ministre sur les résultats de la session dans son Académie.

CHAPITRE III. — DE L'EXAMEN DU CERTIFICAT D'APTITUDE AU PROFESSORAT DANS LES ECOLES NORMALES ET DANS LES ECOLES PRIMAIRES SUPÉRIEURES.

ART. 165. — Deux Commissions, l'une pour l'ordre des sciences, l'autre pour l'ordre des lettres, sont nommées chaque année par le Ministre de l'Instruction publique pour examiner l'aptitude des candidats au certificat d'aptitude au professorat des Ecoles normales et des Ecoles primaires supérieures.

ART. 166. — Chacune de ces Commissions est composée de cinq membres au moins, auxquelles sont adjointes, avec voix délibérative, pour l'examen des aspirantes, deux directrices ou professeurs soit d'Ecole normale, soit d'Ecole primaire supérieure.

Des examinateurs spéciaux pourront être adjoints à l'une ou l'autre de ces Commissions avec voix délibérative pour l'ordre d'études qu'ils représentent.

ART. 167. — Les candidats sont tenus de se faire inscrire, à Paris, à la Sorbonne, et, dans les départements, au bureau de l'Inspecteur d'Académie, d'indiquer les lieux où ils ont résidé et les fonctions qu'ils ont remplies depuis dix ans, et de faire les justifications exigées par l'article 109 du décret du 18 janvier 1887.

Le registre d'inscription est clos un mois avant l'ouverture de la session.

La liste des candidats est arrêtée par le Ministre de l'Instruction publique.

ART. 168. — L'examen a lieu à la fin de l'année scolaire, aux jours fixés par le Ministre.

ART. 169. — L'examen se compose : 1° d'épreuves écrites, lesquelles sont éliminatoires; 2° d'épreuves orales et pratiques.

ART. 170[1]. —Les *épreuves écrites* ont lieu au chef-lieu du département, sous la surveillance de l'Inspecteur d'Académie ou d'un délégué agréé par le Recteur.

Elles comprennent :

Pour les lettres :

1° Une composition sur un sujet de littérature ou de grammaire;

2° Une composition d'histoire et de géographie;

3° Une composition de morale ou de psychologie appliquée à l'éducation;

4° Une composition de langue vivante (anglais ou allemand) : thème et version. Pour cette épreuve, qui ne sera obligatoire qu'à partir du 1er janvier 1888, les candidats pourront se servir de dictionnaires;

Pour les sciences :

1° Une composition de mathématiques;

2° Une composition comprenant une question de physique ou de chimie et une question de sciences naturelles;

3° Une composition de dessin géométrique et de dessin d'ornement;

4° Une composition sur un sujet de morale ou d'éducation.

Les sujets de compositions sont tirés des programmes d'enseignement dans les Ecoles normales[2]. Ils sont envoyés par l'Administration centrale.

Quatre heures sont accordées aux candidats pour chacune des compositions écrites, à l'exception de la composition en dessin géométrique et en dessin d'ornement, pour laquelle il est accordé six heures, et des compositions d'histoire et de géographie et de sciences physiques et naturelles pour lesquelles il est accordé cinq heures.

L'usage d'une table de logarithmes à quatre ou cinq décimales est autorisé pour la composition de mathématiques.

1. Voir, *à sa date*, l'arrêté du 9 *janvier* 1895, modifiant cet article.

2. Voir, en ce qui concerne les matières particulièrement indiquées chaque année pour les épreuves d'histoire et de géographie, les notes publiées au *Bull. adm.*, 1890, t. XLVIII, p. 710; 1891, t. L, p. 539; 1892, t. LII, p. 455; 1893, t. LIV, p. 668; 1894, t. LVI, p. 670; 1895, t. LVIII, p. 721; 1896, t. LX, p. 389; 1897, t. LXII, p. 798; 1898, t. LXIV, p. 747.

Les quatre épreuves de chaque série ont lieu en quatre jours consécutifs, les mêmes pour toute la France.

ART. 171. — La Commission prononce l'admission aux épreuves orales et pratiques. Ces épreuves ont lieu à Paris.

ART. 172. — Les *épreuves orales et pratiques* comprennent :

Pour les lettres :

1° Une leçon sur un sujet tiré au sort, dont la durée ne dépassera pas une demi-heure et qui pourra être suivie d'interrogations portant, soit sur le sujet qui a fait l'objet de la leçon, soit sur toute autre partie du programme. Trois heures sont accordées pour la préparation de cette leçon. Cette préparation a lieu à huis clos;

2° La lecture expliquée d'un passage pris dans un auteur classique français;

3° La correction d'un devoir d'élève-maître;

La lecture expliquée et la correction du devoir sont précédées d'une préparation dont la durée ne doit pas dépasser trois quarts d'heure pour chacune des deux épreuves;

4° L'explication à livre ouvert d'un texte allemand ou anglais[1], suivie d'interrogations sur la grammaire allemande ou anglaise (un quart d'heure);

Pour les sciences :

1° Une leçon sur un sujet tiré au sort, dont la durée ne dépassera pas une demi-heure. Il est accordé deux heures pour la préparation de la leçon de mathématiques, trois heures pour la préparation de la leçon de sciences physiques et naturelles. Cette préparation a lieu à huis clos;

2° Une interrogation d'une demi-heure portant sur une autre partie du programme que la leçon et qui peut comprendre la correction d'un devoir d'élève-maître[2];

3° Une manipulation de physique ou de chimie et une démonstration pratique d'histoire naturelle. Le sujet de la manipulation ou de la démonstration est tiré au sort.

Il est accordé une heure pour la manipulation et une heure pour la démonstration d'histoire naturelle.

La liste des auteurs allemands ou anglais, ainsi que celle des auteurs classiques français sur lesquels porteront les explications des textes, est arrêtée par le Ministre tous les trois ans.

1. L'épreuve écrite comme l'épreuve orale de langue vivante n'a été obligatoire qu'à partir de 1888 (*Avis, Bull. adm.*, 1887, t. XLI, p. 771).

2. Ce devoir peut être un travail de science, de mathématiques, de physique, d'histoire naturelle, de dessin géométrique ou d'ornement.

L'usage de tout secours autre que celui des dictionnaires, atlas ou livres autorisés par la Commission est interdit.

ART. 173. — Les candidats mentionnés à l'article 192 du décret du 18 janvier 1887 ne seront astreints qu'aux épreuves prévues par les deux premiers numéros de l'article précédent, tant pour les lettres que pour les sciences.

CHAPITRE IV. — DE L'EXAMEN DU CERTIFICAT D'APTITUDE A L'INSPECTION DES ECOLES PRIMAIRES ET A LA DIRECTION DES ECOLES NORMALES.

ART. 174. — Une Commission est nommée chaque année par le Ministre de l'Instruction publique pour examiner l'aptitude des candidats aux fonctions d'Inspecteur de l'enseignement primaire, de directeur ou directrice d'Ecole normale.

Cette Commission est composée de cinq membres au moins, auxquels sont adjointes, avec voix délibérative, deux directrices d'Ecole normale pour l'examen des aspirantes.

ART. 175. — Les candidats sont tenus de se faire inscrire, du 1er au 16 juillet[1], à Paris à la Sorbonne et dans les départements au bureau de l'inspection académique; d'indiquer les lieux où ils ont résidé et les fonctions qu'ils ont remplies depuis dix ans, et de faire les justifications exigées par l'article 110 du décret du 18 janvier 1887.

ART. 176[2]. — L'examen a lieu du 15 septembre au 15 octobre. L'ouverture de la session est fixée par le Ministre.

ART. 177. — L'examen se compose :

D'épreuves écrites, lesquelles sont éliminatoires;

D'épreuves orales;

D'épreuves pratiques.

ART. 178. — Les *épreuves écrites* sont subies au chef-lieu du département, sous la surveillance de l'Inspecteur d'Académie ou d'un délégué agréé par le Recteur. Elles ont lieu en deux jours consécutifs, les mêmes pour toute la France.

Elles comprennent deux compositions : l'une sur un sujet de pédagogie, l'autre sur un sujet d'administration scolaire; les deux sujets sont envoyés par l'Administration centrale; cinq heures sont accordées pour chaque composition.

1. Voir, *à sa date*, l'arrêté du 4 *janvier* 1894, qui, en modifiant la date de la session, s'est trouvé changer la date de l'inscription.
2. Voir, *à sa date*, l'arrêté du 4 *janvier* 1894, modifiant cet article.

Les compositions sont adressées, avec le procès-verbal de la séance, par l'Inspecteur d'Académie au Ministre.

ART. 179. — La Commission prononce l'admission aux épreuves orales et pratiques.

Ces épreuves ont lieu à Paris.

ART. 180[1]. — Les *épreuves orales* portent sur les matières énumérées dans le programme détaillé annexé au présent arrêté; elles comprennent :

1° L'explication d'un passage pris dans un des auteurs qui auront été désignés pour l'examen de l'année, par le Ministre sur la proposition de la Commission;

2° L'exposé de vive voix d'une question relative à un des points du programme. Cette question, tirée au sort, sera traitée par le candidat après trois heures de préparation à huis clos. Cet exposé ne durera pas plus d'une demi-heure.

ART. 181. — L'*épreuve pratique* consiste dans l'inspection d'une Ecole normale, d'une Ecole primaire supérieure, d'une Ecole élémentaire ou d'une Ecole maternelle, inspection suivie d'un compte rendu verbal.

ART. 182. — Après la clôture des examens, la Commission dresse la liste des candidats qu'elle juge dignes d'obtenir le certificat d'aptitude aux fonctions d'Inspecteur primaire, de directeur ou directrice d'Ecole normale.

Cette liste est soumise à l'approbation du Ministre, qui délivre les certificats.

CHAPITRE V. — DE L'EXAMEN DU CERTIFICAT D'APTITUDE A L'INSPECTION DES ECOLES MATERNELLES.

ART. 183. — Une Commission est nommée chaque année par le Ministre de l'Instruction publique, pour examiner les aspirantes à l'inspection des Ecoles maternelles, des Ecoles et Classes enfantines.

ART. 184. — Les aspirantes sont tenues de se faire inscrire à Paris, à la Sorbonne, et, dans les départements, au bureau de l'Inspecteur d'Académie, quinze jours au moins avant l'ouverture de la session, d'indiquer les lieux où elles ont résidé et les fonctions qu'elles ont remplies depuis dix ans, et de faire les justifications exigées par l'article 111 du décret du 18 janvier 1887.

La liste des candidats est arrêtée par le Ministre.

L'examen a lieu dans le courant du mois de mars.

1. Voir, *à sa date*, l'arrêté du 27 *juillet* 1893, modifiant cet article.

ART. 185. — L'examen se compose d'épreuves écrites, d'une épreuve orale et d'une épreuve pratique.

Les *épreuves écrites* sont au nombre de deux :

1° Une composition sur un sujet de pédagogie appliquée aux Ecoles maternelles (3 heures);

2° Une composition sur l'hygiène des Ecoles maternelles [soins à donner aux enfants, installation et ameublement des locaux[1]] (3 heures).

L'*épreuve orale* consiste en interrogations : 1° sur la pédagogie appliquée aux Ecoles maternelles et sur l'hygiène; 2° sur des questions de législation et d'administration concernant ces Écoles.

L'*épreuve pratique* consiste en une inspection d'une Ecole maternelle avec rapport oral à la suite de cette inspection.

ART. 186. — Les compositions écrites se font le même jour, au chef-lieu du département, sous la surveillance de l'Inspecteur d'Académie ou d'un délégué agréé par le Recteur.

La Commission décide de l'admissibilité aux épreuves orales et pratiques. Ces épreuves ont lieu à Paris.

Les épreuves sont jugées d'après l'échelle de 0 à 20. Toute aspirante qui n'a pas obtenu 20 points pour l'ensemble des deux épreuves écrites n'est pas déclarée admissible; toute aspirante qui n'a pas obtenu 40 points pour l'ensemble des épreuves est ajournée.

CHAPITRE VI. — DE L'EXAMEN DU CERTIFICAT D'APTITUDE A L'ENSEIGNEMENT DES LANGUES VIVANTES.

ART. 187. — Une Commission est nommée chaque année par le Ministre de l'Instruction publique pour examiner les candidats au certificat d'aptitude à l'enseignement des langues vivantes.

ART. 188. — Les candidats devront se faire inscrire, quinze jours avant la date de l'examen, à Paris à la Sorbonne, et dans les départements à l'inspection académique, et produire :

1° Une demande dans laquelle ils indiqueront la langue vivante sur laquelle ils désirent subir l'examen : allemand, anglais, italien, espagnol, arabe;

2° L'indication des diplômes qu'ils possèdent, des lieux où ils ont résidé et des fonctions qu'ils ont remplies;

1. *Hygiène du local :* Orientation (d'après les régions), ventilation, éclairage, chauffage, mobilier. Installations en vue d'obtenir la propreté : lavabos, baignoire.
Hygiène de l'enfant : Alimentation, vêtements, maladies contagieuses, régime à faire suivre aux enfants souffreteux, difformités dues à des fautes d'hygiène, etc.

3° Le brevet supérieur, le diplôme de fin d'études de l'enseignement secondaire des jeunes filles ou l'un des trois baccalauréats.

ART. 189. — L'examen se compose d'épreuves écrites, qui ont lieu au chef-lieu du département et qui sont éliminatoires, et d'épreuves orales qui ont lieu à Paris.

ART. 190. — Les *épreuves écrites* comprennent :

1° Une version;

2° Un thème;

3° Une composition d'un genre très simple en langue étrangère : lettre ou récit, explication d'un proverbe, d'une maxime, d'un précepte de morale ou d'éducation;

4° Une rédaction en français sur une question de méthode d'enseignement des langues vivantes.

L'usage du dictionnaire n'est pas autorisé[1].

Trois heures sont accordées pour la troisième et la quatrième épreuve, et quatre heures pour les deux premières réunies.

ART. 191. — Les *épreuves orales* comprennent :

1° La lecture et la traduction d'une page choisie dans un auteur étranger d'une difficulté moyenne, avec explications sur le sens des mots, la construction des phrases et la grammaire;

2° Un exercice de conversation en langue étrangère sur la page lue;

3° La traduction à livre ouvert d'un passage d'un prosateur français;

4° Des questions sur les méthodes d'enseignement des langues vivantes.

Ces quatre épreuves réunies dureront une heure au plus pour chaque candidat.

ART. 192. — La liste des auteurs étrangers et français sur lesquels porteront la lecture et les explications est arrêtée pour trois ans par le Ministre de l'Instruction publique, sur la proposition du jury d'examen et publiée au commencement de l'année scolaire.

ART. 193. — Après la clôture des examens, la Commission dressera, par ordre de mérite, la liste des candidats qu'elle juge dignes d'obtenir le certificat.

1. Les candidats ne peuvent se servir ni d'un *dictionnaire* ni d'un *lexique* (*Avis*, *Bull. adm.*, 1893, t. LIII, p. 513).

L'emploi du dictionnaire est autorisé dans les épreuves de *langue arabe* (*Avis*, *Bull. adm.*, 1896, t. LX, p. 929).

CHAPITRE VII. — DE L'EXAMEN DU CERTIFICAT D'APTITUDE A L'ENSEIGNEMENT DU TRAVAIL MANUEL.

ART. 194. — Deux Commissions, l'une pour les aspirants, l'autre pour les aspirantes, sont nommées chaque année par le Ministre de l'Instruction publique pour examiner les candidats au certificat d'aptitude à l'enseignement du travail manuel.

Deux directrices ou professeurs, soit d'Ecole normale, soit d'Ecole primaire supérieure, font nécessairement partie de la Commission chargée d'examiner les aspirantes.

ART. 195. — Les candidats sont tenus de se faire inscrire, à Paris, à la Sorbonne, et, dans les départements, au bureau de l'Inspecteur d'Académie, d'indiquer les lieux où ils ont résidé et les fonctions qu'ils ont remplies depuis dix ans, et de faire les justifications exigées par l'article 113 du décret du 18 janvier 1887.

ART. 196. — Le registre d'inscription est clos un mois avant l'ouverture de la session.

La liste des candidats est arrêtée par le Ministre.

L'examen a lieu à la fin de l'année scolaire aux jours fixés par le Ministre.

ART. 197[1]. — L'examen se compose :

Pour les aspirants : 1° D'une composition de dessin géométrique : croquis coté d'un objet en relief et mise au net à une échelle déterminée, ou d'une épure se rapportant à un problème élémentaire de géométrie descriptive (ligne et plan, intersections de solides géométriques dans les cas simples; prismes, pyramides, cylindres, cônes et sphères, questions d'ombre) (3 heures);

2° D'une épreuve de modelage d'après un modèle facile, avec la mise au point élémentaire du modèle (4 heures);

3° De l'exécution, d'après un croquis coté, d'une pièce en fer ou en bois (4 heures);

4° De l'exécution, d'après un modèle, d'un objet simple au tour en bois (3 heures).

A la suite des deux dernières épreuves, des questions sont adressées aux candidats sur les matières premières mises à leur disposition, ainsi que sur les procédés qu'ils ont employés;

Pour les aspirantes : 1° D'une composition sur une question d'économie domestique (3 heures);

2° D'une composition de dessin d'ornement spécialement appliqué aux travaux d'aiguille;

1. Voir, *à sa date*, l'arrêté du 3 *janvier* 1891, modifiant cet article.

3° D'une épreuve pratique portant sur un ou plusieurs des exercices que comporte le programme du travail manuel pour les filles dans les Ecoles normales et les Ecoles primaires supérieures[1].

ART. 198[2]. — Toutes les compositions se font à Paris[3] en deux jours consécutifs.

ART. 199[4].—Après la clôture des examens, la Commission dresse, par ordre de mérite, la liste des candidats qu'elle juge dignes du certificat d'aptitude à l'enseignement du travail manuel.

Cette liste est soumise à l'approbation du Ministre, qui délivre les certificats.

CHAPITRE VIII. — DE L'EXAMEN DU CERTIFICAT D'APTITUDE A L'ENSEIGNEMENT DU DESSIN.

ART. 200. — Une Commission est nommée chaque année par le Ministre de l'Instruction publique pour examiner les candidats au certificat d'aptitude à l'enseignement du dessin d'imitation et du dessin géométrique.

ART. 201.—Les candidats sont tenus de se faire inscrire, à Paris, à la Sorbonne, et, dans les départements, au bureau de l'Inspecteur d'Académie un mois au moins avant l'ouverture de la session et de faire les justifications exigées par l'article 114 du décret du 18 janvier 1887.

ART. 202. — L'examen a lieu vers la fin de l'année scolaire, aux jours fixés par le Ministre.

ART. 203. — L'examen se compose de trois séries d'épreuves, savoir :

1° D'une épreuve écrite et d'épreuves graphiques;

2° D'épreuves orales;

3° D'épreuves pédagogiques.

1. Une aspirante au certificat d'aptitude à l'enseignement du travail manuel, pourvue déjà du certificat d'aptitude à l'enseignement de la couture et de la confection des vêtements, n'est pas dispensée de l'épreuve pratique prévue au dernier paragraphe de l'article 197.

2. Voir, *à sa date*, l'arrêté du 3 *janvier* 1891, modifiant cet article.

3. L'expérience ayant démontré (sessions de 1887, 1888 et 1889) que l'échec des aspirantes provenait, la plupart du temps, de la faiblesse des deux premières épreuves (1° et 2°), M. le Ministre, en vue d'épargner à un certain nombre d'aspirantes la dépense, parfois onéreuse, nécessitée par un voyage à Paris, décida qu'à titre d'essai ces deux épreuves auraient lieu, en 1890, au *chef-lieu de chaque département*. Les aspirantes dont les compositions étaient jugées satisfaisantes ont été convoquées à Paris pour subir la troisième épreuve, l'épreuve pratique (*Avis, Bull. adm.*, 1890, t. XLVII, p. 327).

4. Voir, *à sa date*, l'arrêté du 3 *janvier* 1891, modifiant cet article.

ART. 204. — L'*épreuve écrite* et les *épreuves graphiques* sont éliminatoires. Ces épreuves comprennent :

1° Le relevé géométral et la mise en perspective d'un objet simple tel que : solide géométrique, fragment d'architecture, vase simple, etc.

Le candidat est tenu de donner sur la même feuille un plan géométral, une élévation et, s'il y a lieu, une coupe de l'objet représenté, le tout coté et dessiné à une échelle déterminée; une perspective du même objet exécuté au trait sans les ombres, à l'aide du relevé géométral précédent et par les méthodes géométriques de perspective. — Durée de l'épreuve : 4 heures;

2° Une rédaction d'un genre simple. — Durée de l'épreuve : 2 heures;

3° Le dessin à vue d'un ornement en relief : rinceau, rosace, chapiteau. — Durée de l'épreuve : 4 heures;

4° Le dessin d'une tête d'après l'antique (plâtre). — Durée de l'épreuve : 4 heures.

ART. 205. — Les *épreuves orales* sont également éliminatoires; elles comprennent :

1° Un examen sur les projections en général, sur la représentation géométrale et sur la mise en perspective d'un objet simple;

2° Des questions élémentaires sur l'histoire de l'art avec dessin au tableau[1];

3° Des questions sur la structure et les proportions de l'homme, ainsi que sur l'anatomie.

ART. 206. — Les *épreuves pédagogiques* comprennent :

1° La correction d'un dessin d'ornement[2];

2° La correction d'un dessin de tête;

3° Une leçon, au tableau, sur un sujet emprunté au programme de dessin géométrique dans les Ecoles normales ou primaires supérieures. — Durée de l'épreuve : 20 minutes.

Il est accordé pour la préparation de la leçon 20 minutes.

ART. 207. — L'épreuve écrite et les épreuves graphiques sont subies au chef-lieu de l'Académie; les épreuves orales et les épreuves pédagogiques, à Paris.

ART. 208. — Après la clôture des examens, le jury dresse, par

1. Les questions porteront principalement sur un fragment d'architecture grecque ou romaine présenté au candidat. Il en détaillera les éléments constitutifs en en indiquant l'emploi et la fonction, faisant ainsi connaître dans quelle mesure il s'est familiarisé avec les différents ordres antiques et les principaux points de l'histoire de l'architecture.

2. Cette correction sera faite sur un des dessins qui auront été exécutés dans le concours et en présence du plâtre qui a servi de modèle.

ordre de mérite, une liste des candidats jugés dignes d'obtenir le certificat. Cette liste est soumise à l'approbation du Ministre, qui délivre les certificats.

CHAPITRE IX[1]. — DE L'EXAMEN DU CERTIFICAT D'APTITUDE A L'ENSEIGNEMENT DU CHANT.

ART. 209. — Une Commission est nommée chaque année par le Ministre de l'Instruction publique pour examiner les candidats au certificat d'aptitude à l'enseignement du chant.

Les candidats sont tenus de se faire inscrire quinze jours au moins avant l'examen, à Paris, à la Sorbonne, et, dans les départements, au bureau de l'Inspecteur d'Académie.

ART. 210. — L'examen pour l'obtention de ce certificat se compose de deux séries d'épreuves, les unes éliminatoires, les autres définitives.

ART. 211. — Les *épreuves éliminatoires* comprennent :

1° Une rédaction sur une question d'enseignement musical prise dans le programme des Ecoles normales;

2° Une dictée musicale écrite phrase par phrase;

3° La réalisation, écrite à quatre parties, d'une basse chiffrée et d'un chant donné (accords parfaits et accords de septième dominante, de septième de sensible, de septième diminuée, avec leurs renversements).

ART. 212. — Les *épreuves définitives* comprennent :

1° Lecture à première vue d'une leçon de solfège sur la clef de *sol* et sur la clef de *fa;*

2° Chant d'une mélodie avec paroles choisie par le candidat;

3° Exécution par cœur, sans accompagnement, d'un air avec paroles, choisi par le candidat;

4° Exécution à première vue, sur le piano, d'un accompagnement simple, qui sera transposé ensuite dans un ton indiqué par le jury;

5° Interrogations sur la théorie musicale ;

6° Notions sur l'histoire de la musique, connaissance des principaux chefs-d'œuvre de la musique chorale ;

7° Leçon théorique et pratique professée au tableau par le candidat.

ART. 213. — L'examen a lieu vers la fin de l'année scolaire, aux jours fixés par le Ministre.

1. Voir, *à leur date*, l'arrêté du 18 *janvier* 1893 et l'arrêté du 29 *avril* 1895, qui ont successivement modifié ce chapitre en entier.

Les épreuves, tant éliminatoires que définitives, ont lieu à Paris.

ART. 214. — Après la clôture des examens, le jury dresse, par ordre de mérite, une liste des candidats jugés dignes d'obtenir le certificat. Cette liste est soumise à l'approbation du Ministre, qui délivre les certificats.

CHAPITRE X. — DE L'EXAMEN DU CERTIFICAT D'APTITUDE A L'ENSEIGNEMENT DE LA GYMNASTIQUE.

ART. 215. — Une Commission est nommée chaque année par le Ministre de l'Instruction publique[1], pour examiner les candidats au certificat d'aptitude à l'enseignement de la gymnastique.

ART. 216. — Les candidats devront se faire inscrire quinze jours avant la date de l'examen[2], à Paris, à la Sorbonne, et, dans les départements, au bureau de l'inspection académique, et joindre à leur demande d'inscription :

L'indication des lieux où ils ont résidé et des fonctions qu'ils ont remplies;

Les diplômes ou brevets qu'ils peuvent posséder.

ART. 217[3]. — L'examen se compose d'épreuves orales et pratiques, qui ont lieu à Paris.

ART. 218. — L'*examen oral* consiste en interrogations sur les sciences qui trouvent directement leur application dans l'étude de la gymnastique, conformément au programme annexé au présent arrêté[4]. — Durée de l'épreuve : vingt minutes.

ART. 219. — L'*examen pratique* comprend :

1° L'exécution par le candidat de cinq exercices gymnastiques, pris parmi ceux qui sont prescrits par le Manuel de gymnastique publié par le Ministère[5];

2° La direction d'exercices gymnastiques faits par un groupe d'élèves. — Durée de l'épreuve : une demi-heure.

ART. 220[6]. — Les épreuves sont jugées par les chiffres 0 à 20.

1. Comme conséquence de l'arrêté du 25 *mars* 1887, qui a modifié l'article 217, la nomination de la Commission appartient au Recteur (*Circulaire du Vice-Recteur de Paris aux Inspecteurs d'Académie*, en date du 20 *juin* 1888, *Rec. des L. et A.*, 1888, p. 381).

2. Les Recteurs restent chargés de fixer la date de l'examen pour les départements du ressort de leur Académie, comme sous le régime du décret du 3 *février* 1869 (*Avis*, *Bull. adm.*, 1888, t. XLIV, p. 84).

3. Voir, *à sa date*, l'arrêté du 25 *mars* 1887, qui a modifié cet article.

4. Voir l'annexe J dans le Fascicule n° 20 des *Mémoires et Documents scolaires publiés par le Musée pédagogique.*

5. Le dernier Manuel a été publié en février 1891 (format in-8°).

6. Voir, *à sa date*, l'arrêté du 3 *janvier* 1891, qui a modifié cet article.

Tout candidat qui n'a pas obtenu le minimum de 20 points est ajourné.

ART. 221. — Après la clôture des examens, la Commission dresse, par ordre de mérite, la liste des candidats qu'elle juge dignes du certificat d'aptitude à l'enseignement de la gymnastique.

Cette liste est soumise à l'approbation du Ministre, qui délivre les certificats.

CHAPITRE XI. — DE L'EXAMEN DU CERTIFICAT D'APTITUDE A L'ENSEIGNEMENT ÉLÉMENTAIRE DES TRAVAUX DE COUTURE.

ART. 222. — Une Commission, composée d'un Inspecteur primaire choisi par l'Inspecteur d'Académie ou de l'Inspectrice départementale des Ecoles maternelles, et de deux institutrices titulaires publiques du département, désignées par l'Inspecteur d'Académie, est chargée d'examiner les aspirantes qui se sont fait inscrire au bureau de l'inspection académique, pour subir les épreuves du certificat d'aptitude à l'enseignement élémentaire des travaux de couture.

ART. 223. — Ces épreuves ont lieu aux époques fixées par l'Inspecteur d'Académie. La date en est annoncée, au moins un mois à l'avance, par la voie du *Bulletin départemental*. Les aspirantes doivent se faire inscrire huit jours au moins avant la date fixée pour l'examen; elles déposent, avec leur demande d'inscription, écrite de leur main et signée, leur acte de naissance.

ART. 224. — L'Inspecteur d'Académie fait parvenir à l'Inspecteur primaire ou à l'Inspectrice départementale qui préside la Commission, la veille de l'examen au plus tard, un pli cacheté contenant le sujet des épreuves. Ce pli est ouvert en présence des aspirantes.

Les travaux de couture à exécuter par les aspirantes sont choisis dans le programme du cours moyen et du cours supérieur des Ecoles primaires élémentaires. La durée des épreuves est de deux heures.

ART. 225. — Chacune des épreuves est appréciée par une note variant de 0 à 20. La note 10 au moins en moyenne est nécessaire pour l'admission. La note 0 pour l'une quelconque des épreuves entraîne l'élimination.

ART. 226. — Après la clôture des examens, la Commission dresse, par ordre alphabétique, la liste des aspirantes qu'elle juge dignes du certificat d'aptitude.

Cette liste est soumise à l'approbation de l'Inspecteur d'Académie, qui délivre les certificats.

CHAPITRE XII. — DE L'EXAMEN DU CERTIFICAT D'APTITUDE A L'ENSEIGNEMENT DES EXERCICES MILITAIRES[1].

ART. 227. — Une Commission, composée d'un Inspecteur primaire choisi par l'Inspecteur d'Académie et de deux officiers désignés par le général commandant la division ou la subdivision, est chargée d'examiner les aspirants au certificat d'aptitude à l'enseignement des exercices militaires.

ART. 228. — Les examens ont lieu aux époques fixées par l'Inspecteur d'Académie. La date en est annoncée, un mois au moins à l'avance, par la voie du *Bulletin départemental.*

ART. 229. — Les candidats doivent se faire inscrire, huit jours au moins avant la date fixée pour l'examen, au bureau de l'inspection académique. Ils déposent :

1° Leur demande d'inscription, écrite de leur main et signée;

2° Leur acte de naissance;

3° Un certificat délivré par l'autorité militaire constatant qu'ils ont servi dans l'armée active et qu'ils ont mérité le certificat de bonne conduite.

ART. 230. — Les candidats doivent faire exécuter à un groupe d'élèves les exercices militaires qui leur sont indiqués par la Commission, conformément au programme adopté pour les Ecoles primaires élémentaires. La durée de l'examen pour chaque candidat est de 20 minutes au moins.

ART. 231. — Après la clôture des examens, la Commission dresse, par ordre alphabétique, la liste des candidats qu'elle juge dignes du certificat d'aptitude.

Cette liste est envoyée à l'Inspecteur d'Académie et au général commandant la division ou la subdivision, qui délivrent les certificats[2].

1. Voir, *à sa date*, l'arrêté du 14 *janvier* 1891, fixant les conditions d'obtention du *certificat d'aptitude à l'enseignement agricole dans les Écoles primaires supérieures.*

2. Voir, *à sa date*, l'arrêté du 10 *août* 1893, qui ajoute au présent Titre un chapitre XIII, comprenant les articles 232 à 234, relatifs à l'examen du certificat d'aptitude à l'enseignement de la comptabilité. Le nouvel article 233 a été modifié lui-même par l'arrêté du 18 *janvier* 1897 (voir *à sa date*).

TITRE III. — **Des Autorités préposées à l'Enseignement.**

CHAPITRE UNIQUE.

SECTION Ire. — *Inspecteurs généraux.*

ART. 232[1]. — Au commencement de chaque année, le Ministre assigne à chacun des Inspecteurs généraux les divers départements qu'il devra visiter.

ART. 233. — La comptabilité des Ecoles normales primaires est l'objet d'une inspection particulière.

ART. 234. — L'inspection du chant et de la musique, l'inspection du travail manuel et l'inspection des langues vivantes dans les Ecoles normales et dans les Ecoles primaires supérieures sont l'objet de missions spéciales.

ART. 235. — L'inspection du dessin, dans les Ecoles normales d'instituteurs et d'institutrices et dans les Ecoles primaires supérieures, est confiée aux Inspecteurs spéciaux du dessin, chacun pour la région à laquelle il est particulièrement attaché.

SECTION II. — *Inspecteurs primaires. Inspectrices des Ecoles maternelles.*

ART. 236. — L'Inspecteur primaire adresse, à la suite de chaque inspection, un rapport à l'Inspecteur d'Académie dans le délai de quinze jours au plus.

Ce rapport contient nécessairement deux parties distinctes : 1° une notice sur l'Ecole et sur chacune des classes en particulier, notice résumant les observations de l'Inspecteur sur l'état matériel de l'Ecole, la marche de l'enseignement, les résultats obtenus dans chaque classe, ainsi que l'indication des principales améliorations à introduire ; 2° des notices individuelles sur le personnel, comprenant une appréciation sur chacun des maîtres attachés à l'Ecole.

L'Inspecteur primaire doit, en outre, adresser sans délai un rapport spécial à l'Inspecteur d'Académie toutes les fois qu'il se présente des circonstances de nature à réclamer l'intervention immédiate de ce fonctionnaire.

ART. 237. — Au commencement de chaque année, le Ministre

1. Par suite de l'addition d'un nouveau chapitre au Titre précédent, l'arrêté du 10 *août* 1893 a réduit à un seul article (l'article 235) les dispositions primitivement contenues dans les articles 232 à 235, sans en changer les termes.

répartit entre les diverses Académies le crédit alloué pour les frais de tournées des Inspecteurs primaires.

Le Recteur, sur l'avis des Inspecteurs d'Académie, propose au Ministre la sous-répartition du crédit entre les Inspecteurs primaires du ressort.

Dans les premiers jours de chaque trimestre, le Préfet du département met, à titre d'avance, à la disposition des Inspecteurs primaires une somme égale aux deux tiers de celle à laquelle les frais de leur tournée trimestrielle sont évalués par l'Inspecteur d'Académie.

ART. 238. — A la fin de chaque trimestre, les Inspecteurs primaires remettent à l'Inspecteur d'Académie, en triple expédition, l'état de leurs frais de tournée.

Cet état doit mentionner les communes dans lesquelles a eu lieu l'inspection, la distance de ces communes au chef-lieu de la circonscription d'inspection, le nombre des Écoles inspectées dans chaque commune, en indiquant si ce sont des Écoles publiques ou des Ecoles privées, le nombre de jours employés à l'inspection.

L'Inspecteur d'Académie, après avoir vérifié cet état, en transmet au Préfet deux expéditions revêtues de son visa.

Le Préfet mandate au nom de chaque Inspecteur le restant dû sur le montant de ces états, déduction faite des avances allouées; il joint l'une des expéditions au bordereau détaillé des mandats qu'il adresse mensuellement au Ministre.

ART. 239. — Les dispositions des articles 236, 237 et 238 ci-dessus sont applicables aux Inspectrices départementales des Ecoles maternelles.

ART. 240[1]. — Sont rapportées toutes les dispositions contraires au présent arrêté.

Annexes à l'Arrêté du 18 janvier 1887.

ANNEXE A.

Règlement scolaire modèle pour servir à la rédaction des Règlements départementaux relatifs à la tenue des Écoles maternelles publiques (18 janvier 1887).

ARTICLE 1er. — Tout enfant dont l'admission dans une École maternelle est demandée doit présenter à la directrice, outre le billet et le certificat médical prescrits par l'article 3 du décret du 18 janvier 1887, un bulletin de naissance. La directrice doit garder ce bulletin tant que l'enfant fréquente l'École.

1. L'arrêté du 18 *janvier* 1887 a été complété par l'arrêté du 24 *juillet* 1888 (voir *à sa date*), qui comprend les articles 240 à 270, et par l'arrêté du 18 *janvier* 1893 (voir *à sa date*), qui comprend les articles 271 à 274.

Aucun enfant âgé de plus de 6 ans ne peut être admis sans une autorisation spéciale de l'Inspecteur d'Académie.

ART. 2. — Les Écoles maternelles publiques sont ouvertes du 1er mars au 1er novembre, depuis 7 heures du matin jusqu'à 7 heures du soir; du 1er novembre au 1er mars, depuis 8 heures du matin jusqu'à 6 heures du soir.

Les heures d'entrée et de sortie peuvent être modifiées, pour chaque commune, suivant les convenances locales, sur la demande du maire, par l'Inspecteur d'Académie.

ART. 3. — Les parents qui négligent de venir chercher leurs enfants aux heures indiquées par les règlements sont avertis. En cas de récidive, l'enfant est rendu à sa famille. L'exclusion toutefois ne peut être prononcée que par l'Inspecteur d'Académie, sur la proposition de la directrice et après avis du Comité de patronage.

Les parents pourront laisser leurs enfants prendre leur repas de midi à l'École.

ART. 4. — L'École maternelle sera tenue dans un état constant de salubrité et de propreté.

Elle sera balayée et arrosée tous les jours.

L'air y sera fréquemment renouvelé.

ART. 5. — A l'arrivée des enfants à l'École maternelle, la directrice doit s'assurer par elle-même de leur état de santé et de propreté; elle exigera que chacun soit pourvu d'un mouchoir de poche, et que son panier contienne, outre ses aliments, un couvert et une serviette.

ART. 6. — L'enfant amené à l'École maternelle dans un état de maladie n'est pas reçu. S'il devient malade dans le courant de la journée, il est reconduit chez ses parents, et, en cas d'urgence, envoyé chez le médecin de l'établissement.

Les enfants fatigués ou indisposés sont déposés sur un lit.

ART. 7. — En cas d'absence réitérée d'un enfant, la directrice s'enquiert des causes de cette absence. Elle en donne, dans tous les cas, avis à la présidente du Comité de patronage, qui fait visiter, s'il y a lieu, cet enfant dans sa famille.

ART. 8. — Avant d'entrer dans la salle des exercices et à la sortie, les enfants sont conduits en ordre aux lieux d'aisances; ils y sont toujours surveillés par la directrice et l'adjointe.

Avant et après le repas et à l'issue de la récréation, les enfants doivent être conduits aux lavabos.

ART. 9. — Il est donné aux enfants, à titre de récompense, des bons points, des images ou des jouets.

A la fin de chaque mois, les bons points sont échangés contre des images ou des jouets. Sont interdites les distributions de prix.

ART. 10. — Les seules punitions permises sont les suivantes : privation, pour un temps très court, du travail et des jeux en commun; retrait des bons points.

ART. 11. — Il est interdit de surcharger la mémoire des enfants de dialogues ou scènes dramatiques en vue de solennités publiques.

ART. 12. — Les directrices d'Écoles maternelles publiques tiennent :

1° Un registre sur lequel sont inscrits les noms et prénoms des enfants, la date de leur naissance, la date du certificat du médecin, la date de l'admission, la date de la sortie, les noms, demeure et profession des parents ou tuteurs. Ce registre contiendra, en outre, une colonne d'observations; il y sera joint un répertoire par lettre alphabétique pour faciliter les recherches;

2° Un registre sur lequel le médecin inscrit ses observations;

3° Un carnet destiné au relevé des présences mensuelles;

4° Un catalogue du mobilier et du matériel d'enseignement, avec indication des entrées et des sorties.

Ces registres seront visés par les Inspecteurs et les Inspectrices à chacune de leurs visites.

ART. 13. — Il est interdit aux directrices et aux adjointes d'accepter des parents aucune espèce de cadeaux.

ART. 14. — Il ne pourra être introduit dans l'École maternelle aucun livre, aucune brochure ni manuscrits étrangers à l'enseignement.

ART. 15. — Toute pétition, quête, souscription ou loterie est interdite dans l'École maternelle.

ART. 16. — Il ne peut être toléré aucune espèce d'animaux domestiques dans les parties de l'École maternelle réservées aux enfants.

ART. 17. — Le règlement général et le règlement spécial sont affichés dans toutes les Écoles maternelles publiques et à la mairie de toutes les communes possédant une de ces Écoles.

ANNEXE B.

Règlement scolaire modèle pour servir à la rédaction des Règlements départementaux relatifs aux Écoles primaires publiques (18 janvier 1887).

ARTICLE 1er. — Pour être admis dans une École primaire élémentaire, les enfants doivent avoir plus de six ans et moins de treize. En dehors de ces limites, ils ne pourront être reçus sans une autorisation spéciale de l'Inspecteur d'Académie.

Dans les communes qui n'ont ni École maternelle, ni Classe enfantine, l'âge d'admission est abaissé à cinq ans.

ART. 2. — Tout enfant dont l'admission est demandée doit présenter à l'instituteur un bulletin de naissance et un certificat médical constatant qu'il a été vacciné ou qu'il a eu la petite vérole, et qu'il n'est pas atteint de maladies ou d'infirmités de nature à nuire à la santé des autres élèves[1].

L'instituteur doit conserver le bulletin de naissance tant que l'enfant fréquente l'École.

ART. 3. — La garde de la classe est commise à l'instituteur : il ne permettra pas qu'on la fasse servir à aucun usage étranger à sa destination, sans une autorisation spéciale du Préfet.

ART. 4. — Pendant la durée de la classe, l'instituteur ne pourra, sous aucun prétexte, être distrait de ses fonctions professionnelles, ni s'occuper d'un travail étranger à ses devoirs scolaires.

ART. 5. — Les enfants ne pourront, sous aucun prétexte, être détournés de leurs études pendant la durée des classes.

Ils ne seront envoyés à l'église pour les catéchismes ou pour les exercices religieux qu'en dehors des heures de classe. L'instituteur n'est pas tenu de les y surveiller. Il n'est pas tenu davantage de les y conduire, sauf le cas prévu à l'article 9 ci-après.

Toutefois, pendant la semaine qui précède la première communion, l'institu-

1. « Le certificat de revaccination peut être délivré sur papier libre; mais il doit porter la formule suivante : « Délivré en exécution de l'article 2 du règlement modèle des Écoles primaires. » *Circulaire du* 12 *mai* 1889. (*Circ.*, t. X, p. 416.)

teur autorisera les élèves à quitter l'École aux heures où leurs devoirs religieux les appellent à l'église.

ART. 6. — Les classes dureront trois heures le matin et trois heures le soir : celle du matin commencera à 8 heures et celle de l'après-midi à 1 heure. Toutefois, suivant les besoins des localités, les heures d'entrée et de sortie pourront être modifiées par l'Inspecteur d'Académie, sur la demande des autorités locales et l'avis de l'Inspecteur primaire.

ART. 7. — Le Conseil départemental peut, après avis du Conseil municipal et sur la proposition de l'Inspecteur d'Académie, autoriser dans une commune ou dans une section de commune l'établissement d'Écoles de demi-temps.

En ce cas, le directeur de l'École divisera par cours les élèves en deux groupes. La classe aura lieu, pour l'un de ces groupes, le matin de 8 heures à 11 heures; pour l'autre, le soir de 1 heure à 4 heures.

Toutefois, les parents qui en feront la demande auront la faculté de faire suivre à leurs enfants les deux classes de la journée.

ART. 8. — Dans les Écoles à plusieurs classes, les exercices seront coupés, pour les élèves du cours élémentaire et du cours moyen, par une récréation de cinq minutes qui aura lieu toutes les heures, et, pour les élèves du cours supérieur, par une seule récréation d'une durée de quinze minutes.

ART. 9. — Les enfants qui ne sont pas rendus à leur famille dans l'intervalle des classes demeurent sous la surveillance de l'instituteur jusqu'à l'heure où ils quittent définitivement la maison d'école.

ART. 10. — Chacun des maîtres attachés à l'École est tenu, à tour de rôle, de surveiller les récréations et de garder les élèves qui ne sont pas rendus à leur famille, dans l'intervalle des classes du matin et du soir, ainsi que ceux qui sont punis de la retenue après la classe.

La surveillance spéciale des élèves pensionnaires et de ceux qui assistent aux études rétribuées ne peut être imposée aux instituteurs adjoints; ils ne peuvent en être chargés que de leur plein gré, et suivant une entente à établir entre eux et le directeur de l'École, sous l'approbation de l'Inspecteur primaire.

ART. 11. — Quand l'instituteur prendra la direction d'une École, il devra, de concert avec le maire ou son délégué, faire le récolement du mobilier scolaire, des livres de la bibliothèque, des archives scolaires et, s'il y a lieu, de son mobilier personnel et de celui de ses adjoints.

Le procès-verbal de cette opération, signé par les deux parties, constituera l'instituteur responsable des objets désignés à l'inventaire.

En cas de changement de résidence, l'instituteur provoquera, avant son départ, un nouveau récolement du mobilier.

ART. 12. — Un tableau portant le prix de tous les objets que l'instituteur est autorisé à fournir aux élèves sera affiché dans l'École, après avoir été visé par l'Inspecteur primaire.

ART. 13. — La classe sera blanchie ou lessivée tous les ans, et tenue dans un état constant de propreté et de salubrité. A cet effet, elle sera balayée et arrosée tous les jours; l'air y sera fréquemment renouvelé; même en hiver, les fenêtres seront ouvertes pendant l'intervalle des classes.

ART. 14. — Le français sera seul en usage dans l'École.

ART. 15. — Toute représentation théâtrale est interdite dans les Écoles publiques.

ART. 16. — Aucun livre ni brochure, aucun imprimé ni manuscrits étrangers à l'enseignement ne peuvent être introduits dans l'École, sans l'autorisation écrite de l'Inspecteur d'Académie.

ART. 17. — Toute pétition, quête, souscription ou loterie y est également interdite.

ART. 18. — Il est interdit aux instituteurs et institutrices publics de recevoir des élèves ou de leurs parents aucune espèce de cadeaux.

ART. 19. — Les seules punitions dont l'instituteur puisse faire usage sont :

Les mauvais points; la réprimande; la privation partielle de la récréation; la retenue après la classe, sous la surveillance de l'instituteur; l'exclusion temporaire.

Cette dernière peine ne pourra dépasser trois jours. Avis en sera donné immédiatement par l'instituteur aux parents de l'enfant, aux autorités locales et à l'Inspecteur primaire.

Une exclusion de plus longue durée ne pourra être prononcée que par l'Inspecteur d'Académie.

ART. 20. — Il est absolument interdit d'infliger aucun châtiment corporel.

Il est également interdit aux instituteurs et institutrices de tutoyer leurs élèves.

ART. 21. — Les jours de congés extraordinaires sont :

Une semaine à l'occasion des fêtes de Pâques;

Le premier jour de l'an, ou le lendemain, si ce jour est un dimanche ou un jeudi;

Le lundi de la Pentecôte;

Le lendemain de la Toussaint, le matin seulement;

Les jours de fêtes patronales;

Le jour de la Fête nationale.

ART. 22. — L'époque et la durée des vacances seront fixées chaque année par le Préfet, en Conseil départemental.

ART. 23. — L'instituteur ne pourra ni intervertir les jours de classe, ni s'absenter, sans y avoir été autorisé par l'Inspecteur primaire, et sans avoir donné avis de cette autorisation aux autorités locales.

Si l'absence doit durer plus de trois jours, l'autorisation de l'Inspecteur d'Académie est nécessaire.

Un congé de plus de quinze jours ne peut être donné que par le Préfet. Dans les circonstances graves et imprévues, l'instituteur pourra s'absenter, sans autre condition que de donner immédiatement avis de son absence aux autorités locales et à l'Inspecteur primaire.

ART. 24. — Les dispositions de ce règlement sont applicables aux Écoles de filles.

ART. 25. — Le règlement modèle en date du 18 juillet 1882 est et demeure abrogé[1].

ART. 26. — Les autorités préposées par la loi à la surveillance de l'instruction primaire sont chargées de l'exécution du présent règlement.

ANNEXE C.

Instruction spéciale concernant la construction, le mobilier et le matériel d'enseignement des Écoles maternelles publiques (18 janvier 1887).

L'École maternelle comprend :

1° Un vestibule d'entrée formant salle d'attente pour les parents;

1. Voir, à titre de renseignement, les notes en renvoi au Règlement du 18 *juillet* 1882, p. 441-446.

2° Une ou deux salles d'exercices;

3° Un préau couvert et fermé;

4° Une cuisine pour préparer ou réchauffer les aliments des enfants;

5° Une cour de récréation avec petit jardin;

6° Un abri avec privés et urinoirs pour les enfants;

7° Un logement pour la directrice, et, s'il y a lieu, un logement pour une ou plusieurs adjointes.

I. — CONDITIONS GÉNÉRALES.

ARTICLE 1er. — Le terrain destiné à une École maternelle doit être central, dans de bonnes conditions d'aération, d'un accès facile et sûr, éloigné de tout établissement bruyant, insalubre ou dangereux, à 100 mètres au moins des cimetières.

Le sol, s'il est humide, sera assaini par un drainage.

L'étendue superficielle du terrain sera évaluée à raison de 8 mètres environ par élève; elle ne pourra toutefois être inférieure à 400 mètres.

ART. 2. — La disposition des bâtiments sera déterminée suivant le climat de la région, en tenant compte des conditions hygiéniques, de l'exposition, de la configuration et des dimensions de l'emplacement, des ouvertures libres sur le ciel et surtout de la distance des constructions voisines.

Quand l'École maternelle fera partie d'un groupe scolaire, on évitera de la placer entre l'École de garçons et l'École de filles.

ART. 3. — Tous les locaux à l'usage des enfants seront situés au rez-de-chaussée.

Le rez-de-chaussée sera exhaussé de trois marches de 0m,15 au-dessus du niveau extérieur.

ART. 4. — Aucun service étranger ne pourra être installé dans les bâtiments de l'École.

II. — SALLES D'EXERCICES.

ART. 5. — S'il y a plusieurs salles d'exercices, elles ne pourront être contiguës. Elles devront être en communication avec le préau couvert, soit directement, soit par des couloirs ou galeries d'au moins 1m,50 de largeur.

ART. 6. — Les salles d'exercices seront de forme rectangulaire.

Leur surface sera calculée de façon à assurer à chaque enfant un minimum de 0m,80.

La hauteur sous plafond sera de 4 mètres; la largeur maximum de 8 mètres.

ART. 7. — Le sol sera parqueté en bois dur, scellé, autant que possible, sur bitume.

Toutefois, on admettra les bois de sapin et de pin dans les régions où ils sont seuls en usage, à la condition qu'ils seront employés par lames étroites et passés à l'huile de lin bouillante.

Si le plancher n'est pas établi sur caves, il sera posé sur une plate-forme ou couche de matériaux imperméables.

ART. 8. — Les plafonds seront plans et unis.

Une ligne indiquant le nord-sud y sera tracée.

Il n'existera pas de corniche autour des murs.

Les angles formés par la rencontre des murs, cloisons, seront arrondis sur un rayon de 0m,10.

Tous les parements intérieurs seront recouverts d'un enduit lisse permettant de fréquents lavages.

Sur une hauteur de 1 mètre, le revêtement devra être en boiserie.

ART. 9. — Les portes seront, de préférence, à un seul vantail et auront $0^{m},90$ de largeur.

Les portes donnant directement des salles d'exercices sur l'extérieur (rues, chemins ou cours) sont interdites.

ART. 10. — L'éclairage par le plafond est interdit.

Les fenêtres devront être établies sur les deux murs longitudinaux des salles d'exercices.

Elles seront rectangulaires ou légèrement cintrées. Le nombre en sera calculé et les dimensions proportionnées de façon que la lumière arrive dans toutes les parties de la salle.

La distance entre le dessous du linteau et le dessous du plafond sera d'environ $0^{m},20$.

L'appui, taillé en glacis sur les deux faces, ne sera pas à plus de $1^{m},20$ du sol.

Les châssis seront, dans le sens de la hauteur, divisés en deux parties s'ouvrant séparément pour la ventilation.

ART. 11. — On installera dans chaque salle un poêle pourvu d'un réservoir d'eau avec surface d'évaporation.

Ce poêle sera garni d'une double enveloppe métallique ou d'une enveloppe de terre cuite.

Il sera entouré d'une grille en fer et ne contiendra ni four ni chauffe-plats.

Le tuyau de fumée ne devra, en aucun cas, passer au-dessus de la tête des enfants.

Les élèves ne pourront être placés à une distance du poêle moindre de $1^{m},25$.

Le poêle en fonte à feu direct est interdit.

ART. 12. — Des dispositions seront prises pour assurer, concurremment avec le chauffage, une ventilation convenable de toutes les parties de la salle.

Les orifices d'accès de l'air pur, qui devra être pris immédiatement à l'extérieur, et les orifices d'échappement de l'air vicié auront une section suffisante pour prévenir les obstructions.

III. — PRÉAU, CUISINE ET COUR.

ART. 13. — La surface du préau sera de $0^{m},80$ environ par élève; la hauteur de 4 mètres sous plafond.

Le préau sera construit conformément aux prescriptions des articles 5, 6, 7, 8, 9, 10, 11 et 12 qui précèdent.

ART. 14. — La cuisine devra être en communication facile avec le préau.

Elle prendra l'air et le jour directement de l'extérieur.

Le sol sera carrelé, dallé ou cimenté.

ART. 15. — La surface de la cour de récréation sera calculée à raison de 3 mètres environ par enfant; elle ne pourra avoir toutefois moins de 150 mètres.

ART. 16. — Le sol sera sablé. Le bitume, le pavage ou le ciment ne pourront être employés que pour les passages et les trottoirs.

Les passages et les trottoirs ne feront jamais saillie.

Dans le cas où le terrain serait en déclivité, la pente ne devra pas dépasser $0^{m},03$ par mètre.

Le nivellement du sol sera établi de façon à assurer l'écoulement des eaux.

Les eaux ménagères ne devront jamais traverser la cour à ciel ouvert.

ART. 17. — La cour de récréation sera plantée d'arbres placés à distance convenable des bâtiments et disposés de façon à ménager l'espace nécessaire aux exercices et aux jeux des enfants.

Un petit jardin devra y être annexé.

IV. — PRIVÉS.

ART. 18. — Toute École maternelle devra être munie de privés distincts pour chaque sexe et d'urinoirs pour les garçons.

Les privés et les urinoirs seront mis en communication par un abri avec le préau.

ART. 19. — Les privés seront disposés de façon que les vents régnants ne rejettent pas les gaz dans les bâtiments ni dans la cour.

Ils seront divisés par cases. Il y aura une case pour quinze enfants environ.

Chaque case aura $0^m,55$ de largeur sur $0^m,80$ de profondeur.

ART. 20. — Le siège sera couvert d'une lunette en bois. Il aura une hauteur d'environ $0^m,23$ et sera légèrement incliné en avant.

L'orifice, de forme oblongue, aura environ $0^m,20$ sur $0^m,14$. Il ne sera pas à plus de $0^m,05$ du bord.

La cuvette sera munie d'un appareil obturateur.

ART. 21. — Les urinoirs seront en nombre au moins égal à celui des privés.

Les cases auront environ $0^m,35$ de largeur, $0^m,25$ de profondeur et $0^m,70$ de hauteur.

ART. 22. — Les parois et le sol des privés et des urinoirs seront en matériaux imperméables. Tous les angles seront arrondis.

Une pente sera ménagée pour l'écoulement des liquides vers le siège, avec ouverture d'échappement au-dessus de la fermeture de l'appareil obturateur.

Un service d'eau sera établi pour le nettoyage.

ART. 23. — Les fosses seront fixes ou mobiles.

Les fosses mobiles, quel que soit le système de vidange adopté, seront préférées toutes les fois qu'il sera possible de les établir; elles seront pourvues d'un ventilateur.

Les fosses fixes seront de petite dimension, sans jamais avoir toutefois moins de 2 mètres de long, de large et de haut. Elles seront voûtées, construites en matériaux imperméables et enduites de ciment.

Elles seront étanches et le fond sera disposé en forme de cuvette; les angles extérieurs seront arrondis sur un rayon de $0^m,25$.

Elles seront établies loin des puits.

Elles seront munies d'un tuyau d'évent, qui sera élevé au-dessus de la toiture des privés aussi haut que l'exigera la disposition des constructions voisines.

ART. 24. — Les urinoirs et les privés n'auront pas de fermeture.

Ils seront masqués par une cloison pleine placée à $0^m,60$ du bord des cases. Cette cloison, élevée de $0^m,15$ au-dessus du sol, n'aura pas plus de $0^m,70$ de hauteur.

V. — LOGEMENTS.

ART. 25. — Le logement de la directrice comprendra deux ou trois pièces à feu, une cuisine, des privés intérieurs et une cave. La superficie totale sera de 70 mètres carrés.

ART. 26. — Le logement de l'adjointe comprendra une pièce à feu et un cabinet.

ART. 27. — L'École et les logements seront distincts. Ils n'auront aucune communication directe.

VI. — MOBILIER.

ART. 28. — Le mobilier des salles d'exercices comprend des tables d'une hauteur, au-dessus du sol, de 0m,42 pour la section des petits, de 0m,45 pour les plus grands.

Elles auront de préférence, surtout pour la section des petits, la forme ovale, soit 1m,30 sur 0m,90, et recevront un groupe de huit enfants, à 0m,45 par place.

Chaque enfant aura sa petite chaise, dont le siège sera élevé de 0m,22 pour les petits, de 0m,25 pour les plus grands.

ART. 29. — Si l'on emploie les tables scolaires à deux places et à bancs fixes avec dossier, les dimensions sont ainsi déterminées pour les deux sections :

Hauteur au-dessus du sol, 0m,42 et 0m,45;

Largeur, 0m,40;

Longueur, 0m,90;

Hauteur du siège, 0m,22 et 0m,25;

Distance entre le siège et les tables, 0m,05.

Le dessus sera horizontal, si un système simple et économique ne permet pas de l'incliner au besoin pour quelques-uns des exercices des plus grands.

Le dossier du banc est formé par une traverse droite de 0m,08 de large; la hauteur de la partie supérieure du dossier au-dessus du siège est de 0m,18 et 0m,19.

Le banc a 0m,20 de large.

ART. 30. — Quelle que soit la forme de tables adoptée, leur disposition dans la salle devra permettre la facile exécution des mouvements et des évolutions.

Le long des murs les passages auront au moins 0m,80.

ART. 31. — Une table avec tiroirs servira de bureau pour la maîtresse.

ART. 32. — Des tableaux noirs seront disposés sur les parois de la salle; placés à 0m,50 du parquet, ils s'élèveront jusqu'à 1m,20 au-dessus.

ART. 33. — Une armoire renfermera le matériel d'enseignement et d'éducation.

VII. — PRÉAU COUVERT.

ART. 34. — Le mobilier du préau couvert comprend : des portemanteaux pour les vêtements et des rayons à claire-voie, disposés le long des parois, pour les paniers; la hauteur en sera calculée pour que les enfants puissent eux-mêmes placer et reprendre leurs affaires;

Des bancs fixes avec dossiers établis au pourtour;

Des tables et bancs mobiles pour les repas des enfants; la largeur de la table sera d'au moins 0m,60;

Des lits de repos : un pour dix enfants de la section des petits;

Des lavabos pourvus de serviettes; ils seront disposés à l'une des extrémités du préau dans un entourage à claire-voie de 1 mètre de haut, avec portes d'entrée et de sortie. Le sol de cette partie du préau sera carrelé, dallé ou bituminé.

Les cuvettes des lavabos seront établies à raison d'au moins une pour dix enfants. Leur hauteur au-dessus du sol ne dépassera pas 0m,50.

ART. 35. — Une armoire renfermera le linge de service et quelques vêtements de dessous pour les enfants, en cas de besoin.

ART. 36. — Des bancs en bois, à lames et avec dossier, seront établis au pourtour de la cour de récréation.

Une fontaine d'eau potable sera installée dans la cour.

VIII. — MATÉRIEL D'ENSEIGNEMENT ET D'ÉDUCATION.

ART. 37. — Le matériel d'enseignement et d'éducation comprend :

1° Une collection de jouets pour le préau couvert (par exemple, animaux en bois ou en caoutchouc, poupées et chiffons, soldats de plomb ou de bois, ménages, boites de construction, de parquetage, etc.), et pour la cour de récréation (par exemple, seaux, pelles, brouettes, chariots, cordes à sauter, cerceaux, balles, etc.);

2° Du sable pour les exercices géographiques et les constructions, soit au préau, soit dans la cour;

3° Des collections de bûchettes, bâtonnets, lattes, cubes, etc.;

4° Des collections d'images;

5° Le matériel nécessaire pour les exercices manuels;

6° Des ardoises quadrillées d'un côté et unies de l'autre;

7° Une collection d'objets usuels;

8° Des lettres mobiles;

9° Un globe terrestre et une carte murale de France;

10° Un diapason;

11° Un sifflet.

ANNEXE D.

Instruction spéciale concernant la construction, le mobilier et le matériel d'enseignement des Écoles primaires élémentaires (18 janvier 1887).

L'École primaire élémentaire comprend :

1° Un vestiaire distinct ou un vestibule pouvant servir de vestiaire;

2° Une ou plusieurs classes;

3° Un préau couvert avec gymnase et, s'il y a lieu, un petit atelier pour le travail manuel élémentaire;

4° Une cour de récréation et un jardin, partout où il sera possible;

5° Des privés et des urinoirs;

6° Un logement pour l'instituteur ou l'institutrice et, s'il y a lieu, des logements pour les adjoints ou les adjointes.

En outre, s'il y a lieu, pour les Écoles de plus de trois classes :

1° Un logement de concierge;

2° Une pièce d'attente pour les parents;

3° Un cabinet pour l'instituteur ou l'institutrice;

4° Une pièce pour les adjoints ou les adjointes;

5° Une salle de dessin avec un cabinet pour dépôt de modèles;

6° Un atelier pour le travail manuel dans les Écoles de garçons ou une salle de couture et de coupe dans les Écoles de filles;

7° Un gymnase.

(Dans les Écoles doubles, le logement du concierge, la salle de dessin et le gymnase pourront être communs.)

I. — CONDITIONS GÉNÉRALES.

ARTICLE 1er. — Le terrain destiné à recevoir une École doit être central, bien aéré, d'un accès facile et sûr, éloigné de tout établissement bruyant, malsain ou dangereux, à 100 mètres au moins des cimetières.

Le sol sera assaini par le drainage.

ART. 2. — La superficie du terrain sera évaluée à raison de 10 mètres environ par élève; elle ne pourra toutefois avoir moins de 500 mètres.

L'École et ses annexes seront entourées d'une clôture.

ART. 3. — La disposition des bâtiments sera déterminée suivant le climat de la région, en tenant compte des conditions hygiéniques, de l'exposition, de la configuration et des dimensions de l'emplacement, des ouvertures libres sur le ciel et surtout de la distance des constructions voisines.

ART. 4. — Dans les communes où le même bâtiment contiendra l'École et la mairie, les deux services devront être complètement séparés.

Aucun service étranger à l'École ne pourra être installé dans les bâtiments scolaires.

ART. 5. — L'épaisseur des murs ne sera, dans aucun cas, moindre de $0^m,45$ s'ils sont construits en moellons, et de $0^m,35$ s'ils sont construits en briques.

ART. 6. — Les matériaux trop perméables seront exclus de la construction. La tuile et l'ardoise seront employées pour la couverture de préférence au métal.

ART. 7. — Le sol du rez-de-chaussée sera exhaussé de $0^m,60$ au-dessus du niveau extérieur.

Les pentes du terrain entourant la construction seront aménagées de façon à en éloigner les eaux.

ART. 8. — Si le plancher n'est pas établi sur caves, il sera posé sur une plate-forme ou couche de matériaux imperméables.

ART. 9. — Dans tout groupe scolaire, les bâtiments affectés aux diverses Écoles seront indépendants les uns des autres et auront des entrées distinctes.

On évitera de placer l'École maternelle entre l'École de garçons et l'École de filles.

ART. 10. — L'effectif d'un groupe complet ne devra pas dépasser 750 élèves, savoir : 300 garçons, 300 filles et 150 enfants pour l'École maternelle.

II. — LOGEMENT DU CONCIERGE.

ART. 11. — Lorsque l'École aura un concierge, son logement sera établi au rez-de-chaussée et comprendra : une loge, une cuisine, une ou deux pièces, des privés et une cave.

La pièce d'attente pour les parents sera située à proximité de la loge du concierge.

III. — VESTIAIRES. COULOIRS. ESCALIERS.

ART. 12. — Chaque classe aura, autant que possible, un vestiaire; toutefois, le même vestiaire pourra servir à deux ou à plusieurs classes contiguës. On y établira des portemanteaux pour les vêtements et des rayons pour les paniers ou les sacs à provisions.

Dans les Écoles rurales, le vestibule pourra servir de vestiaire.

ART. 13. — Chaque classe aura une entrée indépendante. Les portes ne devront pas ouvrir directement sur la rue, ni sur les cours.

ART. 14. — Lorsque les classes seront desservies par des galeries ou couloirs, ces galeries auront une largeur minima de $1^m,50$ et recevront directement l'air et la lumière.

ART. 15. — Les classes installées aux étages seront desservies par des escaliers droits sans partie circulaire.

Les volées de 13 à 16 marches seront séparées par un palier de repos.

Les marches auront, au minimum, 1m,35 de largeur, 0m,28 à 0m,30 de foulée, et, au maximum, 0m,16 de hauteur.

Les barreaux seront espacés de 0m,13 d'axe en axe. La main courante sera garnie de boutons saillants placés à 1 mètre de distance au plus. Une seconde main courante sera disposée le long des murs.

ART. 16. — Toute École recevant 300 élèves aux étages devra être desservie par deux escaliers.

IV. — CLASSE.

ART. 17. — Le nombre maximum des places par classe sera de 50.

ART. 18. — La classe sera de forme rectangulaire. La surface sera calculée à raison de 1m,25 par élève.

La hauteur sous plafond ne sera jamais moindre de 4 mètres.

ART. 19. — Les dimensions des baies seront calculées de façon que la lumière éclaire toutes les tables. La largeur des trumeaux sera aussi réduite que possible.

Les fenêtres seront rectangulaires et légèrement cintrées.

L'intervalle entre la partie haute de la fenêtre et le niveau des plafonds sera d'environ 0m,20.

Les appuis seront taillés en glacis sur les deux faces, et élevés de 1m,20 au-dessus du sol.

Lorsque l'éclairage sera unilatéral, le jour viendra nécessairement de la gauche des élèves, et les conditions suivantes sont exigées :

1° La hauteur de la classe devra être égale aux deux tiers environ de sa largeur;

2° Des baies d'aération seront percées dans la face opposée à celle de l'éclairage.

Dans tous les cas, la distance de la face ou des faces d'éclairage aux constructions voisines ne sera jamais inférieure à 8 mètres.

ART. 20. — On ne percera jamais de baies d'éclairage dans le mur qui fait face à la table du maître, ni dans celui qui fait face aux élèves.

L'éclairage par un plafond vitré est interdit.

ART. 21. — Les châssis de fenêtres seront, dans le sens de la hauteur, divisés en deux parties, s'ouvrant séparément pour la ventilation.

ART. 22. — Les plafonds seront plans et unis. Une ligne indiquant le nord-sud y sera tracée.

Il n'existera pas de corniche autour des murs.

Les angles formés par la rencontre des murs ou cloisons entre eux, ou avec les plafonds, seront arrondis sur un rayon de 0m, 10.

Tous les parements intérieurs seront recouverts d'un enduit lisse permettant de fréquents lavages.

A la hauteur de 1m,20, à défaut de boiserie, le revêtement sera exécuté en ciment.

ART. 23. — Le sol des classes sera parqueté en bois dur, scellé, autant que possible, sur bitume.

Toutefois, on admettra les bois de sapin et de pin dans les régions où ils sont seuls en usage, sous la condition qu'ils seront employés par lames étroites et passés à l'huile de lin bouillante.

ART. 24. — Les portes des classes seront de préférence à un seul vantail, et auront 0m,90 de largeur.

ART. 25. — La classe de l'École mixte ne sera pas divisée par une cloison. Les filles et les garçons seront groupés séparément.

ART. 26. — On installera dans chaque salle un poêle pourvu d'un réservoir d'eau avec surface d'évaporation.

Ce poêle devra être garni d'une double enveloppe métallique ou d'une enveloppe de terre cuite.

Il sera entouré d'une grille en fer et ne contiendra ni four, ni chauffe-plats.

Le tuyau de fumée ne devra, en aucun cas, passer au-dessus de la tête des enfants.

Les élèves ne pourront être placés à une distance du poêle moindre de $1^m,25$.

Le poêle en fonte à feu direct est interdit.

ART. 27. — Des dispositions seront prises pour assurer, concurremment avec le chauffage, une ventilation convenable de toutes les parties de la salle de classe. Les orifices d'accès de l'air pur, qui devra être pris immédiatement à l'extérieur, et les orifices d'échappement de l'air vicié auront une section suffisante pour prévenir les obstructions.

V. — SALLE DE DESSIN. ATELIER POUR LE TRAVAIL MANUEL ÉLÉMENTAIRE.

ART. 28. — Dans les Écoles de quatre classes et plus, une salle distincte sera affectée à l'enseignement du dessin. La superficie de cette salle sera calculée à raison de $1^m,50$ au minimum par place. Un cabinet pour le dépôt des modèles y sera annexé.

ART. 29. — Dans toutes les Écoles de garçons, un atelier sera installé pour le travail manuel élémentaire. Dans les Écoles de moins de trois classes, cet atelier pourra être aménagé sous le préau.

Dans toutes les Écoles de filles de plus de trois classes, une salle sera aménagée pour les travaux de couture et de coupe.

VI. — PRÉAU COUVERT. DÉPENDANCES DU PRÉAU. GYMNASE.

ART. 30. — Toute École sera pourvue d'un préau couvert ou abri. La surface sera de $1^m,25$ environ par élève, la hauteur de 4 mètres sous plafond.

Il pourra y être installé des lavabos, ainsi que des tables mobiles pour les repas des élèves.

ART. 31. — Un fourneau pourra être établi à proximité du préau pour préparer ou réchauffer les aliments des enfants.

ART. 32. — A défaut d'une salle spéciale pour l'enseignement de la gymnastique, une partie du préau ou abri sera affectée à l'installation des appareils.

Le portique pourra être dressé dans la cour de récréation.

VII. — COUR DE RÉCRÉATION. JARDIN.

ART. 33. — La surface de la cour de récréation sera calculée à raison de 5 mètres au moins par élève; elle ne pourra avoir moins de 200 mètres.

ART. 34. — Le sol sera sablé. Le bitume, le pavage ou le ciment ne pourront être employés que pour les passages et les trottoirs.

Les passages et les trottoirs ne feront jamais saillie.

Le nivellement du sol sera établi de façon à assurer l'écoulement des eaux.

Les eaux ménagères ne devront pas traverser la cour à ciel ouvert.

ART. 35. — La cour de récréation pourra comprendre un petit jardin à l'usage des enfants. Elle sera plantée d'arbres placés à une distance convenable des bâtiments.

Des bancs fixes seront établis au pourtour de la cour. Une fontaine ou une pompe y sera installée.

Dans les Écoles mixtes, la cour sera divisée par une claire-voie.

VIII. — PRIVÉS ET URINOIRS. FOSSES.

ART. 36. — Toute École devra être munie de privés à raison de deux cabinets par classe dans les Écoles de garçons, et de trois cabinets par classe dans les Écoles de filles.

Un cabinet sera réservé pour les maîtres.

ART. 37. — Les privés seront placés dans la cour de façon à être facilement surveillés.

Ils seront disposés de telle sorte que les vents régnants ne rejettent pas les gaz dans les bâtiments ni dans la cour.

Les cases auront $0^m,70$ de largeur et $1^m,10$ de longueur environ. Les portes ouvriront en dehors et seront munies de tampons en caoutchouc; elles seront surélevées de $0^m,20$ au-dessus du sol et auront $1^m,10$ de hauteur.

Le siège, en pierre, ciment ou fonte, aura $0^m,20$ de hauteur; il sera incliné de toutes parts vers l'orifice.

L'orifice, de forme oblongue, aura environ $0^m,20$ sur $0^m,14$; il sera à $0^m,10$ du devant.

La cuvette sera munie d'un appareil obturateur.

Dans les Écoles mixtes, il y aura des privés distincts pour les garçons et pour les filles.

ART. 38. — Les Écoles de garçons seront munies d'urinoirs en nombre au moins égal à celui des privés. Les cases auront environ $0^m,35$ de profondeur sur $0^m,80$ de hauteur; elles seront espacées de $0^m,40$.

Un service d'eau sera établi pour le nettoyage.

ART. 39. — Les parois et le sol seront en matériaux imperméables; tous les angles seront arrondis.

Une pente sera ménagée pour l'écoulement des liquides vers le siège avec l'ouverture d'échappement au-dessus de la fermeture de l'appareil obturateur.

ART. 40. — Les fosses seront fixes ou mobiles.

Les fosses mobiles, quel que soit le système de vidange adopté, seront préférées toutes les fois qu'il sera possible de les établir; elles seront pourvues d'un ventilateur.

Les fosses fixes seront de petite dimension, sans jamais avoir toutefois moins de 2 mètres de long, de large et de haut.

Elles seront voûtées, construites en matériaux imperméables et enduites de ciment.

Elles seront étanches, et le fond sera disposé en forme de cuvette; les angles extérieurs seront arrondis sur un rayon de $0^m,25$.

Elles seront établies loin des puits.

Elles seront munies d'un tuyau d'évent qui sera élevé au-dessus de la toiture des privés, aussi haut que l'exigera la disposition des constructions voisines.

IX. — LOGEMENT DE L'INSTITUTEUR. LOGEMENTS DES ADJOINTS.

ART. 41. — Le logement de l'instituteur se composera d'une salle à manger, de deux ou trois pièces, d'une cuisine, des privés et d'une cave. La superficie totale sera de 70 à 90 mètres carrés.

Le cabinet de l'instituteur sera situé au rez-de-chaussée et autant que possible à proximité des classes et du parloir.

Art. 42. — Aucune communication directe ne devra exister entre les classes et le logement de l'instituteur.

Art. 43. — Le logement des maîtres adjoints comprendra une chambre et un cabinet.

Art. 44. — Un même escalier pourra desservir plusieurs logements.

Art. 45. — Dans les Écoles de quatre classes et plus, une pièce située au rez-de-chaussée servira de vestiaire et de réfectoire pour les maîtres adjoints.

X. — Mobilier et matériel d'enseignement.

Art. 46. — Les objets qui, dans toute École primaire élémentaire, doivent composer le mobilier de classe et le matériel d'enseignement et être fournis par les communes, sont :

1° Pour chaque classe :

Un bureau avec estrade pour le maître ou la maîtresse;

Des bancs-tables en nombre suffisant pour tous les élèves fréquentant la classe;

Un tableau noir, craie et éponges;

Une méthode de lecture en tableaux (pour les classes de la division élémentaire seulement);

Un tableau de système métrique ou un *compendium* métrique;

Des cartes géographiques : le département, la France, l'Europe, la mappemonde ou le planisphère;

Un poêle ou un calorifère avec grille, un seau pour le charbon;

2° Les outils les plus simples des principaux métiers;

Les objets et les matières premières nécessaires pour l'enseignement des travaux manuels, conformément aux programmes;

Des fusils scolaires et un râtelier pour ces fusils (pour les Écoles de garçons);

Des agrès et appareils de gymnastique : portique, petit mât, gros mât, haltères, anneaux, échelles, corde à nœuds, barres à suspension, barres parallèles fixes, poutre horizontale, perches, bâtons, trapèze;

3° Tous les objets indispensables pour la propreté de l'École, tels que balais, seaux, plumeaux, arrosoirs, pelles à main;

4° Une armoire-bibliothèque;

5° Des portemanteaux pour les vêtements et des rayons pour les paniers et les sacs à provisions;

6° Les registres et imprimés scolaires, tels que registre matricule, registre d'appel ou de présence, registre d'inventaire du mobilier de l'École et du matériel d'enseignement, catalogue des livres de la bibliothèque scolaire, registre des entrées et des sorties, registre des recettes et des dépenses.

Art. 47. — Une table avec tiroirs, posée sur une estrade de $0^m,30$ à $0^m,32$ (hauteur de deux marches), servira de bureau pour le maître.

Art. 48. — Les tables-bancs seront à une ou deux places, mais de préférence à une place.

Quatre types seront établis pour les Écoles des communes dans lesquelles il n'existe pas d'Écoles maternelles (Écoles à classe unique) :

Le type I, pour les enfants dont la taille varie de 1 mètre à $1^m,10$;

Le type II, pour ceux de $1^m,11$ à $1^m,20$;

Le type III, pour ceux de $1^m,21$ à $1^m,35$;

Le type IV, pour ceux de $1^m,36$ à $1^m,50$.

Trois types seulement, les types II, III et IV, seront adoptés dans les Écoles qui ne reçoivent les enfants qu'à 6 ans, c'est-à-dire au sortir de l'École maternelle (Écoles à plusieurs classes).

Un cinquième type pourra être établi pour les enfants dont la taille excéderait 1m,50.

On inscrira sur chaque table-banc le numéro du type auquel elle appartient, avec indication de la taille correspondante. *Exemple :* III, 1m,21 à 1m,35.

Les instituteurs devront mesurer leurs élèves, une fois par an, à l'époque de la rentrée des classes.

La tablette à écrire aura au-dessus du plancher, mesures prises au bord de la table, les dimensions ci-dessous :

	TYPES.				
	1er	2e	3e	4e	5e
Largeur au-dessus du sol.	0m,44	0m,49	0m,55	0m,62	0m,70
Hauteur d'arrière en avant.	0 35	0 37	0 39	0 42	0 45
Longueur pour la table-banc à une seule place.	0 55	0 55	0 60	0 60	0 60
Longueur par place d'enfant pour la table-banc à deux places.	0 50	0 50	0 55	0 55	0 55
Soit pour les deux places. . .	1 00	1 00	1 10	1 10	1 10

L'inclinaison variera de 1 à 18 degrés, sans être jamais inférieure à 15 degrés.

Le banc sera fixe, légèrement incliné en arrière et aura les dimensions ci-dessous :

	TYPES.				
	1er	2e	3e	4e	5e
Hauteur au-dessus du sol, prise au milieu du banc.	0m,27	0m,30	0m,34	0m,39	0m,45
Largeur d'avant en arrière.	0 21	0 23	0 25	0 27	0 30
Longueur (banc à une place).	0 50	0 50	0 55	0 55	0 55
Longueur (banc à deux places).	0 45	0 45	0 50	0 50	0 50
Soit pour le banc double. . . .	0 90	0 90	1 00	1 00	1 00

Le dossier du banc à une seule place et du banc à deux places consistera en une traverse de 0m,10 de largeur dressée droite avec arêtes abattues; il aura les dimensions suivantes :

	TYPES.				
	1er	2e	3e	4e	5e
Hauteur de l'arête supérieure au-dessus du siège à.	0m,19	0m,21	0m,24	0m,26	0m,28
Longueur égale à celle du banc pour la table-banc à une seule place.	0 50	0 50	0 55	0 55	0 55
Et pour la table-banc à deux places. . .	0 90	0 90	1 00	1 00	1 00

Le banc et le dossier seront continus; toutes les arêtes seront abattues.

La tablette à écrire peut être mobile ou fixe.

Suivant qu'on fera emploi de l'une ou de l'autre, les règles ci-dessous énoncées devront être observées :

Table-banc à tablette mobile.

1° *Situation où la tablette est rapprochée de l'enfant.*

	TYPES.				
	1er	2e	3e	4e	5e
La verticale tombant de l'arête de la tablette devra rencontrer le banc à une distance du bord antérieur de ce banc égale à.	0m,03	0m,05	0m,06	0m,05	0m,04
L'intervalle entre l'arête de la tablette et le dossier sera de.	0 18	0 18	0 19	0 22	0 26

2° *Situation où la tablette est éloignée de l'enfant.*

	TYPES.				
	1er	2e	3e	4e	5e
Entre ladite verticale et le bord antérieur du banc l'intervalle sera égal à	0m,09	0m,10	0m,11	0m,12	0m,13

La tablette dite *à bascule*, formée de deux parties se repliant l'une sur l'autre au moyen de charnières, est interdite.

Table-banc à tablette fixe.

La distance entre le banc et la tablette sera nulle, c'est-à-dire que la verticale tombant de l'arête de la table rencontrera le bord antérieur du banc.

Un casier pour les livres sera ménagé sous la tablette à écrire.

Un encrier mobile de verre ou de porcelaine à orifice étroit sera adapté à la table et placé à la droite de chaque élève.

Les traverses, barres d'attache, barres d'appui pour les pieds, reposant les unes et les autres sur le plancher, sont interdites.

ART. 49. — Il ne sera fait usage que du tableau ardoisé.

ART. 50. — Dans les classes de dessin, les tables seront simples, les élèves devant être placés sur une même ligne et recevoir le jour de gauche à droite.

Elles seront à deux places; elles auront 1m,30 de longueur, 0m,65 de largeur et 0m,85 de hauteur (0m,75 seulement pour la taille inférieure). Elles seront horizontales, afin de pouvoir servir au dessin géométrique. Elles porteront au bord opposé à l'élève une tablette horizontale fixe et continue, d'une largeur de 0m,12 environ, et d'une élévation au-dessus de la table de 0m,07.

Cette tablette est destinée à recevoir le matériel nécessaire au travail et permet à l'élève, suivant les besoins, d'incliner sa planche.

Au milieu de la tablette et sur le bord antérieur sera placée verticalement une planche de 0m,30 de largeur, sur 0m,48 de hauteur, ayant en avant une saillie circulaire de 0m,05 de rayon. Cette planche servira de support au modèle graphié pour le dessin géométrique, ou au bas-relief pour le dessin d'art.

Elle sera soutenue à sa partie supérieure par une tige en fer fixée aux extrémités de la table.

Pour le dessin à main levée, l'élève assis sur un tabouret posera l'une des extrémités du carton sur ses genoux, l'autre sur le bord de la table; il se trouvera ainsi à une distance convenable de l'objet à reproduire, distance qu'on évalue approximativement à deux fois la plus grande dimension du modèle.

Les tables devront être fixées au sol. Les tabourets seront, au contraire, mobiles et de trois hauteurs différentes : 0m,35, 0m,45 pour le dessin d'art, 0m,70 pour le dessin géométrique.

A l'extrémité de la salle sera aménagé l'hémicycle pour le dessin d'après relief, bas-relief et ronde-bosse. Il sera formé de deux ou de trois rangs de gradins ou demi-cercles concentriques, avec barres d'appui, de préférence en fer.

Un tableau, destiné aux explications et aux leçons orales, sera placé au fond de l'hémicycle[1].

1. Pour les autres annexes, voir la note en renvoi au titre de l'arrêté du 18 *janvier* 1887, ci-dessus, p. 768.

DOCUMENTS ANNEXES

Appendice au Projet de Loi du 20 janvier 1880 (p. 112).

Produit des revenus ordinaires des communes et de la rétribution scolaire.

Nos D'ORDRE.	DÉPARTEMENTS.	NOUVEAU SYSTÈME. UN CINQUIÈME DANS LES COMMUNES		ANCIEN SYSTÈME. PRÉLÈVEMENTS DANS LES COMMUNES		RÉTRIBUTION SCOLAIRE DANS LES COMMUNES	
		subventionnées.	non subventionnées.	subventionnées.	non subventionnées.	non subventionnées.	subventionnées.
1	Ain	53.075 »	180.021 »	54.631 30	152.939 19	64.723 »	210.768 »
2	Aisne	57.335 »	431.936 »	37.728 74	308.550 60	100.985 »	173.757 »
3	Allier	27.232 »	191.345 »	16.075 42	95.001 18	45.734 »	208.323 »
4	Alpes (Basses-)	38.779 »	39.836 »	12.014 90	27.647 84	10.514 »	72.835 »
5	Alpes (Hautes-)	67.767 »	36.185 »	1.393 95	10.408 95	3.454 »	69.006 »
6	Alpes-Maritimes	23.983 »	487.223 »	45.520 48	138.708 75	16.858 »	20.164 »
7	Ardèche	22.363 »	88.283 »	34.852 62	73.518 36	6.183 »	159.455 »
8	Ardennes	42.238 »	392.973 »	33.675 39	261.194 82	80.037 »	91.178 »
9	Ariège	33.692 »	73.937 »	5.250 37	41.089 27	1.572 »	62.936 »
10	Aube	75.051 »	246.309 »	38.080 »	122.509 07	63.764 »	103.422 »
11	Aude	29.668 »	193.994 »	32.415 96	45.663 10	»	248.855 »
12	Aveyron	65.938 »	40.552 »	4.331 »	29.153 73	3.026 »	237.674 »
13	Bouches-du-Rhône	108.347 »	1.847.839 »	60.536 41	139.518 69	35.928 »	»
14	Calvados	25.912 »	591.184 »	83.914 01	120.221 »	120.520 »	190.937 »
15	Cantal	29.484 »	55.997 »	3.016 56	18.200 61	5.255 »	109.374 »
16	Charente	37.052 »	245.172 »	36.587 56	39.644 59	14.758 »	300.029 »
17	Charente-Inférieure	128.579 »	213.464 »	28.667 30	93.760 49	102.253 »	333.817 »
18	Cher	28.727 »	214.741 »	49.032 07	157.070 79	96.064 »	63.740 »
19	Corrèze	5.048 »	64.048 »	6.452 77	20.706 »	»	117.582 »
20	Corse	86.479 »	5.492 »	»	71.402 78	1.659 »	29.261 »
21	Côte-d'Or	71.214 »	620.595 »	89.008 »	421.620 »	72.695 »	61.100 »
22	Côtes-du-Nord	35.384 »	108.931 »	15.461 82	27.535 33	20.314 »	238.190 »
23	Creuse	17.100 »	38.058 »	16.291 78	23.950 92	16.113 »	213.541 »
24	Dordogne	42.304 »	134.172 »	11.521 76	21.585 76	4.742 »	247.474 »
25	Doubs	75.400 »	749.454 »	71.041 32	598.272 81	26.307 »	20.083 »
26	Drôme	48.380 »	141.477 »	24.009 »	16.109 43	16.757 »	213.039 »
27	Eure	49.363 »	247.457 »	21.956 86	67.081 54	62.973 »	224.854 »
28	Eure-et-Loir	26.709 »	147.917 »	4.121 29	28.300 23	57.894 »	217.557 »
29	Finistère	36.730 »	341.899 »	47.065 33	62.895 93	69.839 »	199.378 »
30	Gard	20.850 »	485.117 »	52.101 27	327.094 99	84.210 »	104.473 »
31	Garonne (Haute-)	40.284 »	582.624 »	3.941 23	51.155 15	21.712 »	162.826 »
32	Gers	56.718 »	61.180 »	6.714 72	18.996 39	11.798 »	155.473 »
33	Gironde	33.832 »	1.441.555 »	86.941 83	37.190 98	159.180 »	439.408 »
34	Hérault	25.781 »	649.451 »	46.637 64	215.811 72	97.799 »	17.122 »
35	Ille-et-Vilaine	25.538 »	390.647 »	6.713 46	88.768 21	53.908 »	236.850 »
36	Indre	16.362 »	170.486 »	53.760 81	90.962 23	61.933 »	77.377 »
37	Indre-et-Loire	34.486 »	329.583 »	4.617 14	38.622 64	99.328 »	35.124 »
38	Isère	59.423 »	462.813 »	11.272 70	220.019 38	209.688 »	290.088 »
39	Jura	72.767 »	387.018 »	88.470 38	358.815 28	52.474 »	67.450 »
40	Landes	28.864 »	160.134 »	21.310 13	184.296 60	44.364 »	58.633 »
41	Loir-et-Cher	15.757 »	154.890 »	18.826 59	60.268 14	66.777 »	167.565 »
42	Loire	15.690 »	738.282 »	194 74	317.672 50	29.708 »	184.944 »
43	Loire (Haute-)	13.510 »	72.235 »	5.793 12	46.493 67	16.424 »	42.809 »
44	Loire-Inférieure	16.298 »	588.318 »	28.670 36	105.516 73	119.529 »	173.774 »
45	Loiret	32.685 »	311.819 »	7.635 04	59.596 89	63.203 »	293.058 »
46	Lot	13.942 »	60.609 »	2.405 30	8.661 89	5.014 »	181.447 »
47	Lot-et-Garonne	16.541 »	159.793 »	16.157 33	56.970 88	96.097 »	189.795 »
48	Lozère	17.985 »	10.419 »	4.512 »	8.838 48	377 »	28.478 »
49	Maine-et-Loire	20.236 »	551.039 »	9.188 67	181.584 29	143.017 »	144.759 »

Nos D'ORDRE.	DÉPARTEMENTS.	NOUVEAU SYSTÈME. UN CINQUIÈME DANS LES COMMUNES		ANCIEN SYSTÈME. PRÉLÈVEMENTS DANS LES COMMUNES		RÉTRIBUTION SCOLAIRE DANS LES COMMUNES	
		subventionnées.	non subventionnées.	subventionnées.	non subventionnées.	non subventionnées.	subventionnées.
50	Manche	46.044 »	435.908 »	38.686 19	185.925 58	76.455 »	237.980 »
51	Marne	167.549 »	554.246 »	1.805 62	146.473 33	41.531 »	161.554 »
52	Marne (Haute-)	92.079 »	371.511 »	70.678 41	373.751 66	40.452 »	38.585 »
53	Mayenne	21.167 »	143.734 »	15.606 22	45.296 93	110.502 »	200.606 »
54	Meurthe-et-Moselle	61.394 »	926.421 »	87.382 08	499.996 61	125.976 »	34.678 »
55	Meuse	44.063 »	691.748 »	24.852 67	476.270 72	117.277 »	35.707 »
56	Morbihan	12.066 »	204.601 »	51.404 69	92.468 30	33.391 »	90.118 »
57	Nièvre	62.513 »	152.330 »	78.700 04	69.378 39	55.660 »	187.833 »
58	Nord	80.282 »	2.394.548 »	380.153 89	681.916 86	290.075 »	359.343 »
59	Oise	61.605 »	289.147 »	36.405 41	151.342 25	89.338 »	178.110 »
60	Orne	25.454 »	186.034 »	27.874 37	66.762 79	54.433 »	246.258 »
61	Pas-de-Calais	63.961 »	722.579 »	19.311 05	159.961 72	123.428 »	262.647 »
62	Puy-de-Dôme	34.043 »	244.110 »	30.856 27	60.847 06	78.126 »	244.201 »
63	Pyrénées (Basses-)	110.524 »	325.147 »	30.540 61	170.577 44	5.498 »	94.428 »
64	Pyrénées (Hautes-)	75.140 »	195.278 »	38.450 74	94.100 85	13.084 »	64.767 »
65	Pyrénées-Orientales	38.565 »	114.224 »	20.324 49	54.186 16	3.384 »	137.220 »
66	Rhin (Haut-) [partie française]	44.824 »	124.523 »	29.079 46	94.064 95	10.539 »	9.642 »
67	Rhône	31.183 »	2.114.947 »	10.163 46	163.473 33	22.985 »	200.712 »
68	Saône (Haute-)	71.658 »	585.797 »	57.526 »	599.024 »	70.281 »	25.342 »
69	Saône-et-Loire	71.545 »	361.899 »	49.578 45	221.281 70	273.364 »	131.159 »
70	Sarthe	31.644 »	207.003 »	2.695 90	57.610 02	18.964 »	318.397 »
71	Savoie	50.421 »	150.862 »	26.431 »	155.210 »	12.681 »	38.663 »
72	Savoie (Haute-)	65.725 »	76.917 »	47.184 89	84.910 67	13.436 »	61.896 »
73	Seine	477.626 »	31.569.445 (1)	176.134 »	1.008.304 »	»	»
74	Seine-Inférieure	57.272 »	1.628.751 »	68.466 81	175.682 78	93.684 »	184.737 »
75	Seine-et-Marne	48.059 »	297.751 »	96.758 27	80.946 27	20.300 »	175.727 »
76	Seine-et-Oise	100.203 »	574.178 »	10.454 36	109.099 50	49.283 »	398.528 »
77	Sèvres (Deux-)	36.335 »	154.608 »	23.471 74	31.685 65	10.464 »	276.362 »
78	Somme	49.799 »	518.461 »	113.569 63	209.649 10	68.089 »	189.367 »
79	Tarn	21.924 »	221.785 »	15.881 21	89.722 80	27.485 »	151.269 »
80	Tarn-et-Garonne	25.770 »	122.257 »	6.632 09	38.898 14	12.272 »	32.686 »
81	Var	76.710 »	387.687 »	75.955 16	164.444 68	53.747 »	35.885 »
82	Vaucluse	22.349 »	261.815 »	11.921 40	130.042 38	38.399 »	36.374 »
83	Vendée	27.468 »	169.119 »	17.698 17	83.827 38	83.185 »	243.098 »
84	Vienne	25.443 »	213.121 »	3.290 90	30.804 29	41.609 »	165.622 »
85	Vienne (Haute-)	14.225 »	295.016 »	3.432 33	69.581 53	4.820 »	131.396 »
86	Vosges	198.539 »	445.403 »	151.094 06	349.822 81	68.484 »	94.617 »
87	Yonne	33.902 »	239.070 »	84.281 »	305.383 »	232.626 »	40.291 »
	Totaux	4.569.559 »	64.611.490 »	3.390.251 45	13.284.333 55	5.042.768 »	12.955.677 »

(1) Y compris la ville de Paris pour 31.276.436 francs.

Modèle de Certificat d'études primaires annexé à la Circulaire du 20 novembre 1885, visée à l'Arrêté du 16 juin 1880 (p. 176).

ACADÉMIE d .... RÉPUBLIQUE FRANÇAISE. DÉPARTEMENT d ....

INSTRUCTION PUBLIQUE.

CERTIFICAT D'ÉTUDES PRIMAIRES

L'Inspecteur d'Académie du département d

Vu l'arrêté du 16 juin 1880;

Vu l'article 6 de la loi du 28 mars 1882;

Vu le décret du 27 juillet 1882;

Vu le procès-verbal de l'examen subi par M dans les conditions déterminées par l'arrêté susvisé;

Vu le certificat en date du 18 , par lequel la Commission cantonale d , siégeant pour la session de 18 , atteste que M[1] *né le , à , département d , a été jugé digne d'obtenir le Certificat d'Études primaires,*

Délivre à M le présent Certificat d'Études primaires pour servir et valoir ce que de droit.

Signature du Titulaire : *A , le 18 .*

L'Inspecteur d'Académie,

Timbre de l'Inspecteur d'Académie.

(1) Nom et prénoms.

Annexe aux Circulaires des 20 février et 1er mai 1883, visées à l'Arrêté du 5 janvier 1881 et au Décret du 29 juillet 1881 (p. 232 et 270).

NOTE COMPLÉMENTAIRE RELATIVE A L'ÉPREUVE DE DESSIN

DANS LES EXAMENS DU BREVET SUPÉRIEUR

Note accompagnant l'envoi de la collection réduite choisie pour les Écoles normales d'instituteurs et d'institutrices, par le Comité des modèles, dans sa séance du 6 avril 1883.

Les examens pour l'obtention du brevet supérieur d'instituteurs ou institutrices comprennent une épreuve de dessin. Dorénavant, cette partie de l'examen ne se fera plus d'après un *modèle graphié;* elle s'exécutera d'après un relief, autour duquel les candidats seront groupés et dont ils donneront chacun un dessin différent, suivant le point de vue auquel ils auront été placés.

Afin de donner aux aspirants, qu'ils soient élèves-maîtres dans les Écoles normales ou qu'ils soient candidats libres, la possibilité de réussir dans cette partie des épreuves, l'Administration croit utile d'indiquer aux intéressés les modèles, en petit nombre d'ailleurs, d'après lesquels ils feront bien de travailler pendant la période de préparation.

Cette collection, composée de vingt-quatre pièces distinctes, est envoyée d'urgence dans toutes les Écoles normales primaires.

Messieurs les professeurs en feront, immédiatement, le sujet des leçons de dessin.

Les candidats libres qui habitent des villes de quelque importance, la trouveront dans presque toutes les Écoles municipales de dessin, qui en ont été gratifiées par l'administration des Beaux-Arts. Il suffira qu'ils aillent travailler dans ces Écoles pour se préparer dans de bonnes conditions.

Quant aux instituteurs qui aspireraient au brevet supérieur et qui sont éloignés de toute École de dessin, ils pourraient se contenter d'acquérir les six modèles de la collection qui portent les numéros 6, 8, 9, 13, 18 et 23.

Ils s'exerceront à les copier sous différents aspects, et ils pourront se présenter, eux aussi, à l'examen, avec des chances sérieuses de succès.

Liste des modèles composant la collection réduite choisie pour les Écoles normales primaires.

Nos d'ordre.	DÉSIGNATION DES MODÈLES.		ÉDITEURS. NOMS.	ÉDITEURS. NUMÉROS de leur catalogue.	PRIX. fr. c.
1	Solides géométriques en zinc, peint en blanc. (Hauteur, $0^m,20$)	Cube.	Delagrave.	»	22 75
2		Prisme. . . .	Id.	»	
3		Cylindre. . .	Id.	»	
4		Pyramide. .	Id.	»	
5		Cône.	Id.	»	

Nos d'ordre.	DÉSIGNATION DES MODÈLES.	ÉDITEURS. NOMS.	ÉDITEURS. NUMÉROS de leur catalogue.	PRIX.
				fr. c.
6	Denticules (Temple de Castor et Pollux).	École des Beaux-Arts.	2.839	5 25
7	Perles (Temple de Castor et Pollux) agrandies	Id.	2.838	5 25
8	Canaux du larmier (Temple de Castor et Pollux)	Id.	»	6 75
9	Oves du caisson du Temple de Mars Vengeur	Id.	2.739	5 10
10	Rais de cœur du caisson du Temple de Mars Vengeur	Id.	2.740	5 25
11	Partie d'ante	Id.	2.872	9 00
12	Filet grec du Temple de Mars Vengeur.	Id.	»	9 00
13	Frise grecque (restaurée)	Id.	2.942	3 75
14	Frise du Capitole. { 1er fragment	Id.	1.096	2 25
15	Frise du Capitole. { 2e fragment	Id.	1.097	1 90
16	Frise du Capitole. { 3e fragment	Id.	2.634	3 00
17	Vase cratère. { Style grec : d'après les terres cuites du Musée du Louvre.	Id.	2.869	12 00
18	Vase amphore. { Style grec : d'après les terres cuites du Musée du Louvre.	Id.	2.868	10 50
19	Ordre dorique. (Théâtre de Marcellus à Rome) { La corniche	Id.	2.770	26 25
20	Ordre dorique. (Théâtre de Marcellus à Rome) { La frise et l'architrave	Id.	2.769	18 75
21	Ordre dorique. (Théâtre de Marcellus à Rome) { Le chapiteau	Id.	2.768	18 75
22	Feuille d'acanthe du Temple de Mars Vengeur	Id.	2.777	13 50
23	Rosace Renaissance { de l'ancien Hôtel de Ville de Paris. (Les rosaces sont dans leurs caissons.	Id.	2.933	10 50
24	Rosace Renaissance { de l'ancien Hôtel de Ville de Paris. (Les rosaces sont dans leurs caissons.	Id.	2.936	10 50

Prix de la collection réduite : 200 fr., non compris les frais d'emballage et de transport.

Prix de la collection minima (nos 6, 8, 9, 13, 18, 23) : 43 fr. 35 cent.

Instructions relatives à l'emploi de ces modèles.

Les modèles sont classés, sur cette liste, dans un ordre pédagogique; c'est celui dans lequel il conviendra que les candidats les dessinent s'ils veulent en tirer tout le parti possible.

Ils s'attacheront, dans les copies qu'ils en feront, à soigner tout particulièrement la justesse du trait et l'exactitude des effets dus à la perspective.

Le jury d'examen se montrera rigoureusement sévère sur ces deux points et n'attachera qu'une importance secondaire au fini du travail et à la perfection plus ou moins grande du procédé d'exécution.

Le coup de crayon et l'habileté dans l'emploi de l'estompe ne devront pas entrer en parallèle avec la précision des lignes, avec leur mise en place exacte, ni avec le juste sentiment de l'effet produit par les ombres et par les lumières.

Les professeurs des Écoles normales s'attacheront donc à développer ces qualités chez leurs élèves. Ils les exerceront tout particulièrement sur la *perspective d'observation.*

Il faut entendre par là l'ensemble des notions et des règles qui permettent à un dessinateur, placé devant un objet en relief, de le bien observer, afin de le dessiner ensuite sans violer aucune des lois générales de la représentation des objets dans leur apparence.

Ces conseils sur la *perspective d'observation* se donneront à l'occasion des modèles en relief, et en les faisant copier.

Messieurs les professeurs auront bien soin seulement de ne pas transformer ces exercices de dessin à main levée en des épures de *perspective linéaire.*

Cette dernière science doit être connue des élèves dans ses principaux points, cela est indiscutable; néanmoins il faut que le professeur sache en dégager les règles les plus indispensables, celles qui trouveront leur application immédiate dans le dessin à main levée des modèles qui seront successivement étudiés.

Il ne saurait être question, lorsque l'on dessine en relief, d'aucune de ces constructions purement géométriques qui constituent le domaine de la *perspective linéaire* proprement dite.

L'élève doit, avant tout et toujours, faire acte d'observation ; ses connaissances en perspective, tout en le guidant dans son travail, doivent surtout lui servir pour vérifier, en dernière analyse, la justesse de son dessin.

Il sera bon de faire copier plusieurs fois chaque modèle, mais en changeant de place.

Jugement des épreuves.

Les études élémentaires du dessin ont surtout pour but de développer l'esprit d'observation, d'initier aux lois des effets perspectifs, d'apprendre à analyser les formes et à les dessiner telles qu'elles apparaissent.

Aussi, quel que soit le mode d'exécution adopté par les candidats, que le dessin soit fait au fusain, au crayon, à l'estompe ou par tout autre procédé, ce qui importe avant tout, c'est d'obtenir une mise en place de toutes les parties du modèle.

Pour faciliter les appréciations, messieurs les membres du jury auront avantage à adopter les notations suivantes :

1° Ils donneront une première note pour la mise en place de toutes les parties du modèle;

2° Puis une seconde pour le degré d'habileté d'exécution et d'interprétation du caractère du modèle.

Pour le classement définitif, la première note recevra un coefficient égal à 2.

Enfin, si habilement que soit exécutée une partie du dessin, messieurs les membres du jury ne pourront accorder une valeur supérieure à la note *passable* à tout dessin qui ne reproduirait pas un ensemble bien arrêté des grandes lignes du modèle.

(Communication ministérielle, 1er *mai.* — Extraits.)

Modèle de Statuts pour l'institution d'une Caisse des Écoles, annexé à la Circulaire du 29 mars 1882 visée à la Loi du 28 mars 1882 (p. 429).

CAISSE DES ÉCOLES D________

STATUTS[1]

Article 1er. — Une Caisse des Écoles est instituée à en exécution de l'article 17 de la loi du 28 mars 1882. Elle a pour but de faciliter la fréquentation des classes par des récompenses, sous forme de livres utiles et de livrets de caisse d'épargne, aux élèves les plus appliqués, et par des secours aux élèves indigents ou peu aisés, soit en leur donnant les livres et fournitures de classe qu'ils ne pourraient se procurer, soit en leur distribuant des vêtements et des chaussures, et, pendant l'hiver, des aliments chauds.

Art. 2. — Les ressources de la Caisse se composent :

1° Des subventions qu'elle pourra recevoir de la commune, du département et de l'État;

2° Des fondations ou souscriptions particulières;

3° Du produit des dons, legs, quêtes, fêtes de bienfaisance, etc.;

4° Des dons en nature, tels que livres, objets de papeterie, vêtements, denrées alimentaires.

Art. 3. — La société de la Caisse des Écoles comprend des membres fondateurs et des membres souscripteurs.

Art. 4. — Le titre de *fondateur* de la Caisse des Écoles sera acquis par un versement minimum de francs une fois payés ou de annuités de francs chacune.

Art. 5. — Le titre de *souscripteur* résultera d'un versement annuel de francs au minimum.

Art. 6. — La Caisse des Écoles est administrée par un Comité composé des membres de la Commission scolaire locale et de autres membres élus pour une période de ans par l'assemblée générale des sociétaires, et rééligibles.

Ce Comité, présidé par le maire, élit chaque année un vice-président, un secrétaire et un trésorier.

Il pourra s'adjoindre, en nombre indéterminé, des dames patronnesses.

Art. 7. — Toutes les fonctions du Comité de la Caisse des Écoles sont essentiellement gratuites.

Art. 8. — Le Comité arrête, chaque année, le budget des dépenses de la Caisse des Écoles et règle l'emploi des fonds disponibles. Il détermine la somme

1. Ce modèle de statuts pourra servir de guide dans les communes non encore dotées d'une Caisse d'École; mais il est bien entendu que, pour la rédaction de ces statuts, toute latitude est laissée aux Conseils municipaux, qui sont les meilleurs juges des services à rendre par la Caisse de l'École, eu égard aux besoins particuliers de la localité, et, par suite, de l'organisation qu'il convient de lui donner. (*Circ. aux Préfets du* 29 *mars* 1882.)

que le trésorier conservera pour les dépenses présumées de l'année, le surplus devant être placé sur l'État en rentes 3 p. 0/0 amortissables.

ART. 9. — Le Comité se réunit au moins trois fois par an, savoir : dans le mois qui suit la rentrée des classes, dans celui qui précède Pâques et dans le mois qui précède l'ouverture des vacances. Il se réunit plus souvent si le président juge nécessaire de le convoquer, ou si cinq de ses membres en font par écrit la demande.

ART. 10. — Le Comité aura la faculté de convoquer à ses réunions l'instituteur, l'institutrice et la directrice de l'École maternelle; mais ces fonctionnaires n'auront que voix consultative.

ART. 11. — Dans l'intervalle des réunions du Comité, les mesures urgentes peuvent être prises, sauf à en référer au Comité lors de sa première séance, par le bureau dudit Comité.

ART. 12. — Aucune dépense ne peut être acquittée par le trésorier qu'en vertu d'un bon signé du président et du secrétaire.

ART. 13. — Dans une assemblée générale annuelle des sociétaires, il est rendu compte des travaux du Comité et de la situation financière de l'œuvre. Une copie de ce compte rendu est transmise à M. l'Inspecteur d'Académie.

ART. 14. — Aucune modification aux présents statuts ne pourra avoir lieu sans l'approbation de l'autorité préfectorale.

Modèle du Certificat d'Études primaires supérieures. Arrêté du 23 décembre 1882 (p. 492).

ACADÉMIE
d

RÉPUBLIQUE FRANÇAISE

DÉPARTEMENT
d

CERTIFICAT D'ÉTUDES PRIMAIRES SUPÉRIEURES

Le Recteur de l'Académie d

Vu le décret du 15 janvier 1881;

Vu l'article 4 de l'arrêté du 15 janvier 1881;

Vu les décret et arrêté du 23 décembre 1882;

Vu le procès-verbal de l'examen subi par M dans les conditions déterminées par les arrêtés susvisés,

Vu le certificat en date du 18 , par lequel la Commission siégeant à département d , pour la session de 18 , atteste que M , né le 18 , à , département d , a subi avec succès les épreuves sur la Morale, la Langue française, l'Histoire, la Géographie, les Mathématiques, la Comptabilité, la Physique, la Chimie, l'Histoire naturelle, le Dessin géométrique et d'ornement, le Chant, la Gymnastique, le Travail manuel, la Langue , et a été jugé apte à obtenir un **Certificat d'Études primaires supérieures,**

Délivre à M le présent Certificat.

Fait à , le 18 .

Signature de l'Impétrant : Le Recteur de l'Académie d

Annexe à la Circulaire du 10 juillet 1885 visée au Décret du 9 juillet 1885 (p. 617).

TABLEAU *de l'évaluation des dépenses à effectuer en 1886 pour les Écoles primaires.*

DÉPARTEMENTS.	MONTANT de la dépense pouvant être effectuée en 1886.	CAPITAL représentant la subvention de l'État pour l'exercice 1886.	ANNUITÉ correspondante calculée sur un amortissement de 35 années.	MONTANT de la dépense des projets classés jusqu'à ce jour par les conseils généraux.
Ain	483.800	273.600	16.200	2.875.131
Aisne	429.300	201.000	11.900	1.013.609
Allier	357.700	184.100	10.900	1.414.800
Alpes (Basses-)	326.200	185.900	11.000	1.741.283
Alpes (Hautes-)	347.500	194.300	11.500	2.027.541
Alpes-Maritimes	235.000	84.500	5.000	1.894.543
Ardèche	584.000	331.100	19.600	2.633.300
Ardennes	142.000	72.600	4.300	549.600
Ariège	565.200	337.800	20.000	532.728
Aube	125.000	57.400	3.400	1.000.378
Aude	445.000	246.600	14.600	2.028.485
Aveyron	958.800	361.500	21.400	482.000
Bouches-du-Rhône	243.500	50.700	3.000	541.803
Calvados	329.400	138.500	8.200	963.426
Cantal	489.300	228.100	13.500	2.882.000
Charente	528.400	261.800	15.500	2.052.033
Charente-Inférieure	574.900	226.300	13.400	820.112
Cher	355.200	192.600	11.400	1.191.040
Corrèze	612.100	354.700	21.000	1.500.000
Corse	954.500	684.100	40.500	2.120.310
Côte-d'Or	240.500	103.100	6.100	2.440.115
Côtes-du-Nord	833.700	347.900	20.600	2.500.000
Creuse	476.000	258.500	15.300	1.315.101
Dordogne	721.800	442.500	26.200	4.664.000
Doubs	228.600	130.100	7.700	2.171.944
Drôme	507.800	266.900	15.800	3.084.874
Eure	360.400	146.900	8.700	1.100.614
Eure-et-Loir	241.000	119.900	7.100	1.305.774
Finistère	652.600	253.300	15.000	940.169
Gard	409.300	165.600	9.800	3.188.000
Garonne (Haute-)	749.200	339.500	20.100	1.161.062
Gers	404.800	187.500	11.100	430.500
Gironde	652.600	270.300	16.000	2.524.977
Hérault	539.000	239.800	14.200	3.337.300
Ille-et-Vilaine	742.000	287.200	17.000	398.715
Indre	260.000	143.600	8.500	308.400
Indre-et-Loire	277.600	116.500	6.900	761.115
Isère	711.100	354.800	21.000	4.250.000
Jura	293.000	167.300	9.900	941.000
Landes	394.100	202.800	12.000	393.000
Loir-et-Cher	305.700	148.600	8.800	1.378.000
Loire	792.400	304.000	18.000	1.738.000
Loire (Haute-)	652.700	270.300	16.000	575.900
Loire-Inférieure	737.200	287.200	17.000	621.312
Loiret	357.400	163.800	9.700	1.621.878
Lot	468.400	236.400	14.000	1.771.400
Lot-et-Garonne	293.800	125.100	7.400	410.000
Lozère	411.100	233.200	13.800	441.117
Maine-et-Loire	383.400	148.600	8.800	78.516
A reporter	23.184.000	11.128.400	658.800	76.961.900

DÉPARTEMENTS.	MONTANT de la dépense pouvant être effectuée en 1886.	CAPITAL représentant la subvention de l'État pour l'exercice 1886.	ANNUITÉ correspondante calculée sur un amortissement de 35 années.	MONTANT de la dépense des projets classés jusqu'à ce jour par les conseils généraux.
Reports	23.184.000	11.128.400	658.800	76.961.900
Manche	506.900	195.900	11.600	1.682.940
Marne	308.700	152.100	9.000	1.755.000
Marne (Haute-)	86.400	38.800	2.300	82.217
Mayenne	358.300	148.600	8.800	484.645
Meurthe-et-Moselle	171.900	76.100	4.500	626.796
Meuse	157.800	72.600	4.300	264.061
Morbihan	1.101.400	405.400	24.000	1.238.800
Nièvre	531.500	270.300	16.000	1.074.995
Nord	1.090.600	312.500	18.500	5.342.070
Oise	219.200	86.200	5.100	966.469
Orne	322.100	133.400	7.900	1.588.001
Pas-de-Calais	516.000	265.300	15.700	1.542.351
Puy-de-Dôme	1.140.400	503.300	29.800	5.390.000
Pyrénées (Basses-)	496.500	248.400	14.700	1.592.627
Pyrénées (Hautes-)	442.500	293.900	17.400	1.132.921
Pyrénées-Orientales	408.100	228.000	13.500	1.514.232
Rhin (Haut-) Belfort	20.900	6.800	400	282.014
Rhône	747.100	239.800	14.200	1.931.156
Saône (Haute-)	165.100	74.400	4.400	117.309
Saône-et-Loire	888.200	378.300	22.400	1.753.244
Sarthe	313.200	119.900	7.100	1.386.820
Savoie	412.000	320.900	19.000	3.009.211
Savoie (Haute-)	368.300	290.500	17.200	817.670
Seine-Inférieure	489.600	168.900	10.000	2.009.792
Seine-et-Marne	191.200	77.800	4.600	358.593
Seine-et-Oise	434.300	167.300	9.900	1.960.000
Sèvres (Deux-)	326.500	163.800	9.700	1.038.623
Somme	343.100	131.700	7.800	1.821.300
Tarn	332.000	135.200	8.000	22.520
Tarn-et-Garonne	306.100	99.700	5.900	880.000
Var	286.800	86.200	5.100	618.853
Vaucluse	286.600	108.100	6.400	617.898
Vendée	619.600	287.200	17.000	637.446
Vienne	503.300	253.300	15.000	1.635.823
Vienne (Haute-)	590.800	285.500	16.900	688.645
Vosges	170.500	69.300	4.100	1.266.459
Yonne	311.400	107.300	9.900	2.009.158
Province d'Alger	283.700	130.000	7.700	1.523.[illegible]78
Province de Constantine	283.700	130.000	7.700	157.000
Province d'Oran	283.700	130.000	7.700	335.650
Totaux	40.000.000	18.581.100	1.100.000	130.168.593

Annexes à la Circulaire du 14 septembre 1885, visée au Décret du 9 juillet 1885 (p. 617).

TABLEAU A

fixant la proportion de la subvention à allouer en raison de la valeur du centime communal.

VALEUR DU CENTIME.	PROPORTION DE LA SUBVENTION.	VALEUR DU CENTIME.	PROPORTION DE LA SUBVENTION.
De 1 à 10 francs. .	64 p. 100.	De 53 à 54 francs.	34 p. 100.
11 francs.	63	55 à 57 — .	33 —
12 —	62 —	58 à 60 — .	32 —
13 —	61 —	61 à 64 — .	31 —
14 —	60 —	65 à 68 — .	30 —
15 —	59 —	69 à 72 — .	29 —
16 —	58 —	73 à 76 — .	28 —
17 —	57 —	77 à 80 — .	27 —
18 —	56 —	81 à 85 — .	26 —
De 19 à 20 francs. .	55 —	86 à 90 — .	25 —
21 francs.	54 —	91 à 95 — .	24 —
22 —	53 —	96 à 100 — .	23 —
23 —	52 —	101 à 104 — .	22 —
24 —	51 —	105 à 108 — .	21 —
25 —	50 —	109 à 112 — .	20 —
26 —	49 —	113 à 116 — .	19 —
27 —	48 —	117 à 120 — .	18 —
28 —	47 —	121 à 130 — .	17 —
29 —	46 —	131 à 140 — .	16 —
30 —	45 —	141 à 150 — .	15 —
De 31 à 32 francs. .	44 —	151 à 160 — .	14 —
33 à 34 — . .	43 —	161 à 168 — .	13 —
35 à 37 — . .	42 —	169 à 176 — .	12 —
38 à 40 — . .	41 —	177 à 184 — .	11 —
41 à 42 — . .	40 —	185 à 192 — .	10 —
43 à 44 — . .	39 —	193 à 200 — .	9 —
45 à 46 — . .	38 —	201 à 225 — .	8 —
47 à 48 — . .	37 —	226 à 250 — .	7 —
49 à 50 — . .	36 —	251 à 275 — .	6 —
51 à 52 — . .	35 —	276 à 300 — .	5 —
		et au-dessus.	

(Accolade, pour chacune des deux colonnes de proportion :) De l'annuité nécessaire au service de l'emprunt à réaliser, intérêt et amortissement compris.

NOTA. — D'après le tableau ci-dessus, on ne devra pas tenir compte des fractions de franc. Exemple : Un centime de 22 fr. 75 ne sera compté que pour 22 fr.

TABLEAU B

fixant la proportion de la subvention à allouer en raison des charges de la commune, y compris les centimes pour insuffisance de revenus.

CHARGES COMMUNALES EXPRIMÉES EN CENTIMES (a).	PROPORTION DE LA SUBVENTION.	
De 1 à 10 centimes.	5 p. 100.	De l'annuité nécessaire au service de l'emprunt à réaliser, intérêt et amortissement compris.
11 à 30 —	6 —	
31 à 50 —	7 —	
51 à 75 —	8 —	
76 à 100 —	9 —	
101 à 120 —	10 —	
121 à 140 —	11 —	
141 à 160 —	12 —	
161 à 180 —	13 —	
181 à 200 —	14 —	
201 à 225 —	15 —	
226 à 250 —	16 —	
251 à 275 —	17 —	
276 à 300 —	18 —	
301 à 320 —	19 —	
321 à 340 —	20 —	
341 à 360 —	21 —	
361 à 380 —	22 —	
381 à 400 —	23 —	
401 à 425 —	24 —	
426 à 450 —	25 —	
451 à 475 —	26 —	
476 à 500 — et au-dessus.	27 —	

(a) On ramène, pour l'uniformité du calcul, toutes les charges de la commune à une seule année.

Annexes au Décret du 15 février 1886 (p. 650).

TABLEAU D

fixant la proportion de la subvention à allouer en raison de la valeur du centime communal.

VALEUR DU CENTIME.	PROPORTION DE LA SUBVENTION.		VALEUR DU CENTIME.	PROPORTION DE LA SUBVENTION.	
10 fr. et au-dessous.	65 p. 100.	De l'annuité nécessaire au service de l'emprunt à réaliser, intérêt et amortissement compris.	55 et 56 francs. .	32 p. 100.	De l'annuité nécessaire au service de l'emprunt à réaliser, intérêt et amortissement compris.
11 —	64 —		57 et 58 — . .	31 —	
12 —	63 —		59 et 60 — . .	30 —	
13 —	62 —		61 et 62 — . .	29 —	
14 —	61 —		63 à 65 — . .	28 —	
15 —	60 —		66 à 68 — . .	27 —	
16 —	59 —		69 à 71 — . .	26 —	
17 —	58 —		72 à 74 — . .	25 —	
18 —	57 —		75 à 77 — . .	24 —	
19 —	56 —		78 à 81 — . .	23 —	
20 —	55 —		82 à 85 — . .	22 —	
21 —	54 —		86 à 89 — . .	21 —	
22 —	53 —		90 à 94 — . .	20 —	
23 —	52 —		95 à 99 — . .	19 —	
24 —	51 —		100 à 104 — . .	18 —	
25 —	50 —		105 à 111 — . .	17 —	
26 —	49 —		112 à 119 — . .	16 —	
27 —	48 —		120 à 128 — . .	15 —	
28 —	47 —		129 à 138 — . .	14 —	
29 —	46 —		139 à 149 — . .	13 —	
30 —	45 —		150 à 164 — . .	12 —	
31 et 32 francs. . . .	44 —		165 à 179 — . .	11 —	
33 et 34 —	43 —		180 à 199 — . .	10 —	
35 et 36 —	42 —		200 à 224 — . .	9 —	
37 et 38 —	41 —		225 à 257 — . .	8 —	
39 et 40 —	40 —		258 à 299 — . .	7 —	
41 et 42 —	39 —		300 à 359 — . .	6 —	
43 et 44 —	38 —		360 à 449 — . .	5 —	
45 et 46 —	37 —		450 à 599 — . .	4 —	
47 et 48 —	36 —		600 à 899 — . .	3 —	
49 et 50 —	35 —		900 à 1799 — . .	2 —	
51 et 52 —	34 —		1800 fr. et au-dessus.	1 —	
53 et 54 —	33 —				

NOTA. — D'après le tableau ci-dessus, on ne devra pas tenir compte des fractions de franc. Exemple : Un centime de 22 fr. 75 ne sera compté que pour 22 fr.

TABLEAU E

fixant la proportion de la subvention à allouer en raison des charges de la commune (d'après le nombre des centimes pour insuffisance de revenus).

CENTIMES POUR INSUFFISANCE DE REVENUS.	PROPORTION DE LA SUBVENTION.
De 1 à 4 centimes	1 p. 100.
5 à 8 —	2 —
9 à 12 —	3 —
13 à 16 —	4 —
17 à 20 —	5 —
21 à 24 —	6 —
25 à 28 —	7 —
29 à 32 —	8 —
33 à 36 —	9 —
37 à 40 —	10 —
41 à 44 —	11 —
45 à 48 —	12 —
49 à 52 —	13 —
53 à 56 —	14 —
57 à 60 —	15 —
61 à 64 —	16 —
65 à 68 —	17 —
69 à 72 —	18 —
73 à 76 —	19 —
77 à 80 —	20 —
81 à 84 —	21 —
85 à 88 —	22 —
89 à 92 —	23 —
93 à 96 —	24 —
97 à 100 et au-dessus	25 —

De l'annuité nécessaire au service de l'emprunt à réaliser, intérêt et amortissement compris.

TABLEAU F

fixant la proportion de la subvention à allouer en raison des charges de la commune (d'après le nombre des centimes extraordinaires multiplié par le nombre d'années de la durée de l'imposition).

CENTIMES EXTRAORDINAIRES MULTIPLIÉS PAR LA DURÉE DE L'IMPOSITION (a).	PROPORTION DE LA SUBVENTION.
Au-dessus de 50 centimes	1 p. 100.
De 50 à 100 centimes	2 —
101 à 150 —	3 —
151 à 200 —	4 —
201 à 250 —	5 —
251 à 300 —	6 —
301 à 350 —	7 —
351 à 400 —	8 —
401 à 450 —	9 —
451 à 500 —	10 —
Au-dessus de 500 centimes	11 —

De l'annuité nécessaire au service de l'emprunt à réaliser, intérêt et amortissement compris.

(a) On ramène, pour l'uniformité du calcul, toutes les charges de la commune à une seule année.

Annexe au Projet de Loi présenté à la Chambre des Députés dans la séance du 13 mars 1886 (p. 654).

Exposé des motifs du Projet de loi sur les Dépenses ordinaires de l'instruction primaire publique et les traitements du personnel de ce service.

Messieurs, le projet de loi que nous avons l'honneur de soumettre à vos délibérations complète le nouveau code de l'enseignement primaire qui doit remplacer la législation de 1850 et ses nombreuses annexes.

Les lois du 16 juin 1881 et du 28 mars 1882, en imposant à tous les citoyens l'obligation de donner à leurs enfants l'instruction élémentaire, ont imposé à l'État l'obligation corrélative de leur offrir cette instruction sous la forme d'un service public gratuitement accessible à tous et placé au-dessus des rivalités confessionnelles. La loi sur l'organisation de l'enseignement primaire que le Sénat vient d'adopter en première lecture[1] règle les conditions d'établissement et de fonctionnement des Écoles publiques et des Écoles privées, et elle institue les autorités préposées à la surveillance des unes et des autres.

Une dernière partie, mais une partie capitale, de cette œuvre de reconstruction reste en souffrance : c'est celle que nous vous proposons d'aborder sans plus de retard. Nous voulons parler de la constitution financière de ce grand service. Elle se trouvait primitivement comprise dans le projet de loi organique. La Chambre a jugé qu'il y avait lieu de l'en détacher pour ne pas confondre en un même débat deux ordres de questions très différents[2].

Afin de vous apporter, en cette matière toute technique, un plan de réforme mûrement étudié dans son ensemble et dans ses détails, le Gouvernement a soumis le projet de loi à l'examen approfondi du Conseil d'État[3], et il vous apporte le texte même qui est sorti des délibérations de cette assemblée : nous y joindrons seulement, avec quelques variantes de rédaction, un petit nombre de dispositions transitoires qu'à la rigueur on pouvait renvoyer au règlement d'administration publique, mais sur lesquelles nous préférons appeler votre attention, pour leur donner, si vous les agréez, force de loi.

D'accord avec le Gouvernement, le Conseil d'État a élaboré ce projet de loi, dans la pensée de faire œuvre d'organisation et, par conséquent, de travailler plus encore pour l'avenir que pour le présent.

Il a tenu à honneur de poser la question dans son intégrité et d'y chercher une solution qui ne fût pas un expédient.

Des intérêts divers se trouvent engagés dans ce vaste règlement de comptes: ceux des instituteurs, ceux des communes, ceux de l'État. Le seul moyen de donner à tous ces intérêts une satisfaction durable, c'est de créer entre eux et au-dessus d'eux, non pas simplement un *modus vivendi* provisoire et empirique, mais un régime légal, rationnel et définitif, indépendant des fluctuations que peuvent subir nos budgets. En d'autres termes, c'est de faire, non pas une loi de circonstance, mais une loi organique.

1. Ce projet est devenu la loi du 30 *octobre* 1886. (*Note des éditeurs.*)
2. Séance du 16 février 1884.
3. Voir, dans le Fascicule 50 des *Mémoires et Documents scolaires publiés par le Musée pédagogique*, le rapport de M. Marques di Braga présenté au Conseil d'État le 1er *mars* 1886. (*Note des éditeurs.*)

Or, il n'y a de loi organique en cette matière que celle qui peut s'appliquer même sans aucun crédit nouveau et constituer, même dans ces conditions, un bienfait pour l'ordre de choses qu'elle régit. Ce sont là précisément, si nous ne nous trompons, les caractères du projet qui vous est présenté : il marquerait un progrès décisif, quand même il ne s'y joindrait aucune libéralité immédiate du Parlement, car il aurait encore le mérite de mettre fin à un état de choses devenu intolérable.

La pire condition, en effet, soit pour la marche d'un service, soit pour les intérêts particuliers qui s'y trouvent engagés, c'est l'absence de règle ou, ce qui est identique, la coexistence de règles variables, confuses et contradictoires. Or, à cet égard, il n'y a qu'une voix : nulle autre partie de la comptabilité publique n'est, au même degré que celle de l'enseignement primaire, hérissée de complications et d'incohérences : les législations fragmentaires se sont succédé toujours à titre provisoire ; en essayant de les mettre d'accord, la jurisprudence à son tour s'est corrigée et contredite elle-même à maintes reprises ; et qui n'a pas suivi de près les péripéties de la réglementation depuis quelques années ne peut savoir ce qui en résulte aujourd'hui d'instabilité dans les budgets, d'incertitude dans les traitements, de choquantes inégalités pour le présent, de doutes inquiétants pour l'avenir.

A ce chaos, nous allons essayer de montrer qu'il est dès à présent possible de substituer le règne de la loi, c'est-à-dire l'ordre et l'équité. Pour y parvenir, nous chercherons d'abord à nous rendre bien compte de ce que doivent être désormais, d'une part, les *dépenses* de l'enseignement primaire, d'autre part, les *ressources* affectées à ces dépenses. Nous chercherons ensuite comment l'équilibre peut s'établir entre les unes et les autres, et comment cet équilibre servira tout à la fois les intérêts de l'instituteur et ceux de l'État.

I.

Des Dépenses de l'enseignement primaire.

Trois conceptions successives ont présidé à la rédaction de nos lois scolaires ; elles se mêlent encore aujourd'hui dans la pratique aussi bien que dans l'opinion, et ce n'est pas la moindre cause des confusions qui se produisent en cette matière.

La première forme sous laquelle se présente l'enseignement primaire est celle d'un service rendu aux *familles* et rétribué par elles. Appliqué dans sa simplicité primitive, ce système n'exige, n'admet même l'intervention d'aucune autorité publique ; il laisse faire et les familles, et les instituteurs, et les associations qui, par intérêt ou par charité, entreprennent de procurer des maîtres et de fonder des Écoles.

En France, ce régime a reçu la première et décisive atteinte en 1833 : la loi Guizot inaugurait une nouvelle manière d'entendre l'enseignement primaire : elle n'en faisait plus seulement l'affaire des parents, mais l'affaire et la dette des *communes* : elle imposait à chaque commune l'obligation de pourvoir à l'enseignement et d'assurer aux maîtres un « traitement fixe » ; c'est celui qui fictivement existe encore aujourd'hui, le traitement fixe de 200 fr.

Mais il était évident que ce second système ne pouvait fonctionner sans exiger bientôt le concours de l'*État*. L'État intervient à la fois comme tuteur des communes pauvres et comme protecteur des familles pauvres ; ses subventions, sous la double forme d'un subside annuel pour les communes et de la gratuité de plus en plus large pour les familles, pouvaient seules permettre d'étendre graduellement l'application de la loi.

Ces trois aspects de l'enseignement primaire — tour à tour considéré comme service *familial*, service *communal*, service *national* — répondent chacun à une part de vérité et de raison : quelque combinaison qu'adopte le législateur, l'instruction primaire donnée à l'enfant intéressera toujours et la famille, et la commune, et l'État. Il reste à savoir de quelle manière et dans quelle proportion on doit les faire concourir à la dépense.

Or, du jour où l'État s'est reconnu le droit et le devoir d'assurer à tous les futurs citoyens le minimum « des connaissances indispensables à tout homme », il a fait manifestement de l'enseignement primaire un service d'État, et, comme il en a la responsabilité, il doit en avoir la direction et en supporter la charge. Il ne peut plus subordonner son action au consentement des intéressés, soumettre son autorité aux autorités locales, graduer ses subventions d'après leur générosité ou leur parcimonie. C'est à lui de déterminer légalement la ressource, la dépense et aussi le contrôle de l'une et de l'autre. Ce n'est plus la famille qui peut payer de gré à gré l'instituteur, ici avec largesse, là misérablement; ce n'est plus la commune qui peut arbitrairement accorder ou refuser aux enfants l'accès gratuit de l'École, accorder ou refuser aux parents les maîtres de leur choix, et par conséquent accorder ou refuser à ces maîtres telle ou telle rémunération. En toutes ces matières, c'est à la loi de décider, parce que, dans un service qui est avant tout national, c'est le caractère national qui doit prédominer et qui, en effet, tôt ou tard prédomine.

Dans l'enseignement primaire, l'État n'apparaissait d'abord que pour venir en aide aux communes. Aujourd'hui, le budget porte encore la rubrique « Subventions aux communes »; mais les mots ne sauraient nous faire illusion : cette « subvention » représente plus des quatre cinquièmes de la dépense.

Il convient donc de se conformer aux principes et aux faits, qui sont ici d'accord, en inscrivant dans la loi même une répartition des dépenses qui corresponde à la réalité. Voici celle que le projet vous propose :

Aux *familles*, il laisse uniquement les dépenses qui ne regardent que l'enfant individuellement, celles qui ont trait à son usage personnel : l'achat de ses cahiers, de ses livres, de ses fournitures scolaires. La caisse des Écoles a été instituée ou doit l'être dans toutes les communes, précisément en vue des secours de cette nature dont certaines familles peuvent avoir besoin.

Aux *communes*, incombent les dépenses relatives à la partie matérielle du service scolaire : l'entretien de l'immeuble, qui est ou sera bientôt partout la propriété communale, comprenant le local et les dépendances nécessaires à la tenue de la classe et au logement des maîtres, l'achat, l'entretien, le renouvellement du mobilier de classe et de tout le matériel d'enseignement à usage collectif. En outre, dans un petit nombre de communes dont la population atteint un chiffre élevé, une indemnité supplémentaire, représentant en quelque sorte le surcroît de dépenses tenant à la localité elle-même, doit équitablement rester à la charge de la commune : il ne serait pas juste de faire payer à l'ensemble des contribuables, sous forme de traitement, le supplément attaché à une résidence urbaine.

Reste à la charge de l'*État* toute la dépense du personnel, tout ce qui constitue le traitement désormais fixe et régulier des instituteurs et institutrices de tout ordre. Agents de l'État, chargés d'une fonction publique, nommés ou par le Ministre ou, sous son autorité, par le représentant de l'État dans le département, ils ne doivent attendre que de l'État leur salaire et leur avancement.

Telle est, dans ses grandes lignes, la division simple et méthodique des charges financières que le projet substitue à la complexité du régime actuel.

II.

Des Ressources affectées à l'enseignement primaire : part des communes, part de l'État.

La répartition étant ainsi faite quant aux dépenses, quelle sera celle des ressources correspondantes?

Aujourd'hui, les ressources de toute provenance se mêlent, comme les dépenses, en un compte général où figurent à la fois les fonds de l'État, des départements et des communes affectés aux dépenses scolaires obligatoires. Ces dépenses sont de deux sortes : les unes relatives au personnel, les autres au matériel du service scolaire, savoir : 1° les dépenses pour les traitements, et 2° les dépenses pour les loyers et l'entretien de l'École.

Plus exactement, il est ouvert autant de comptes distincts qu'il y a de communes, et c'est dans chacun de ces trente-six mille budgets qu'entrent ou peuvent entrer, en proportion indéfiniment variable, les contingents d'origine communale, départementale ou nationale.

Nous donnons en appendice (annexe A[1]) le résumé de ces trente-six mille comptes distincts, c'est-à-dire la liquidation pour toute la France des dépenses scolaires annuelles depuis 1880. Un coup d'œil sur ces tableaux permet de mesurer les variations qu'à subies la législation et, par suite, la réglementation d'une année à l'autre. Pour nous en tenir à l'année courante, voici les ressources qu'il faut mettre en ligne pour couvrir les dépenses obligatoires dans chaque commune :

1re *section*. PERSONNEL (Traitements du personnel enseignant). — Aux termes de la loi de 1881, après épuisement des dons et legs (1er élément), la commune verse le produit de ses quatre centimes (2e élément); puis, si elle a des revenus ordinaires, elle subit un prélèvement qui peut aller jusqu'au cinquième du produit de ces revenus (3e élément); après quoi, s'il en est besoin, une subvention sur les quatre centimes départementaux l'aide à combler le déficit (4e élément); si ce subside ne suffit pas, et il ne suffit nulle part, celui de l'État parfait la différence (5e élément). La commune, d'ailleurs, peut toujours ajouter sur ses propres fonds un supplément facultatif (6e élément). Au total, six espèces de ressources pour former un seul traitement.

2e *section :* MATÉRIEL (Loyers, logements, imprimés, frais, entretien. etc.). — C'est un second compte à établir dans les mêmes conditions que le premier : les six espèces de ressources y entrent et s'y succèdent dans le même ordre.

Mais ce n'est pas tout. Ce système était relativement simple, c'était celui de la loi du 16 juin 1881. Seulement, dès le mois de juillet de la même année, une loi de finances, — sans modifier les principes que venait de poser la loi spéciale, — remplaçait en fait le prélèvement du cinquième dans toutes les communes de France, moins cinq villes (Paris, Lyon, Bordeaux, Marseille, Lille), par une subvention extraordinaire de l'État, qui fut fixée pour 1882 à 15 mil-

1. Les annexes au présent Exposé, qui forment de volumineux tableaux (730 pages d'impression in-4°), n'ont pu être publiées dans ce volume. Le Fascicule 50 des *Mémoires et Documents scolaires publiés par le Musée pédagogique* présente un résumé très succinct de ceux de ces tableaux qui comportent une récapitulation générale. (*Note des éditeurs.*)

lions et qui, cette année-là, suffit à les dispenser de tout prélèvement. L'année suivante, — cette subvention ayant été réduite à 14 millions, et la dépense s'étant accrue par suite de nouveaux traitements à payer dans les Écoles et dans les classes nouvellement créées, — les communes ont dû faire emploi de tout ou partie de l'excédent disponible de leur cinquième pour faire face au surcroît de dépense, et cette contribution de leur part n'a pu et ne pourra que croître d'année en année.

C'est à ce système plein de complications que le projet de loi propose de mettre fin immédiatement par une mesure qui, bien loin d'innover au fond, ne fera que rétablir et mettre en lumière la vérité des situations.

Ce n'est plus que par fiction ou, si l'on veut, par tradition que les quatre centimes dits communaux et les quatre centimes dits départementaux portent ces noms qui ont été vrais, mais qui ne le sont plus. Ces huit centimes sont devenus obligatoires en 1881 ; c'est une formalité inutile de les faire voter par les Conseils municipaux et par les Conseils généraux : non seulement le vote en est obligatoire, et il y serait au besoin suppléé d'office; mais l'emploi en est déterminé par la loi et ne peut donner lieu à l'exercice d'aucun droit communal ou départemental.

On comprendrait qu'une commune tînt à conserver dans son budget propre le produit d'une imposition qui pourrait lui laisser un excédent libre : elle ne voudrait pas qu'on en fît bénéficier d'autres communes; mais, en fait, il n'y a aucune commune (pas même Paris) où le produit des quatre centimes communaux suffise à beaucoup près à la dépense. Il n'y a, d'ailleurs, aucun département, sauf la Seine[1], où le produit des quatre centimes départementaux laisse un reste disponible quelconque. Bien loin qu'il y ait des excédents libres, le produit total des huit centimes ne couvre pas pour l'ensemble de la France le quart de la dépense totale.

Dans ces conditions, que sont dès aujourd'hui ces 8 centimes, sinon 8 centimes d'État qui constituent, chez nous, ce qu'en d'autres pays on appelle la *taxe scolaire?* Ils sont perçus uniformément sur tous les contribuables, et ils forment une faible partie des ressources destinées à assurer le service. Si l'on prend encore la peine de les spécialiser, — les uns par commune, les autres par département, comme s'ils étaient exclusivement affectés, les centimes communaux aux besoins de la commune, les centimes départementaux aux besoins du département, — c'est un pur luxe d'écritures de comptabilité, ou plutôt c'est le souvenir de l'ancien état de choses qui se perpétue en quelque sorte machinalement. Autant il était naturel, autrefois, d'inscrire ainsi aux budgets départementaux et communaux des centimes qui n'étaient perçus que là où ils étaient nécessaires, dans la mesure où ils l'étaient et pour être affectés à telle dépense déterminée par tel vote spécial des Conseils, autant le maintien de ces errements est inexplicable aujourd'hui qu'ils ne peuvent plus ni répondre ni servir à rien.

Que l'on supprime donc cette entrée et cette sortie fictives du produit des 8 centimes dans trente-six mille budgets, et l'on n'aura rien supprimé que des écritures sans raison.

Reste le prélèvement du cinquième, qui serait désormais, s'il s'effectuait, la seule contribution véritablement communale.

Nous vous proposons également de le supprimer.

Il est inscrit, il est vrai, dans la loi, et il l'a été dans une pensée aussi sage

1. Voir plus loin l'explication de cette apparence d'excédent disponible. (*Note de l'Exposé.*)

que juste. Au lieu de laisser planer sur la totalité des revenus ordinaires des communes la menace d'une revendication du Ministère de l'Instruction publique qui avait le droit, d'après la loi de 1850, de prélever, avant toute dépense facultative, la somme nécessaire aux dépenses obligatoires de l'enseignement primaire, le législateur décida, en 1881, que, dans aucun cas, une commune ne pourrait être tenue à affecter aux dépenses scolaires plus du *cinquième* de ses revenus ordinaires (ou plus exactement de certains revenus enumérés dans la loi du 16 juin 1881).

Le montant de ce prélèvement à forfait était inférieur, pour l'ensemble de la France, à la somme que les communes versaient chaque année, comme prélèvement en proportion indéterminée, sur leurs revenus ordinaires. Il n'y avait donc pas lieu de voir dans cette réduction à la proportion uniforme du cinquième ni un impôt nouveau sur les communes ni même un changement dans les formes usitées pour les budgets communaux.

Cependant, on n'en peut disconvenir, un assez vif mouvement d'opinion s'est presque aussitôt prononcé contre ce prélèvement. Les Chambres ont semblé encourager elles-mêmes ce mouvement, en votant dès 1881 et en renouvelant, depuis lors, la subvention spéciale dont nous venons de parler et qui dispensait presque toutes les communes de tout prélèvement.

Il ne serait pas juste de ne donner pour explication à cette tendance des communes que leur désir fort légitime de se soustraire à des charges croissantes. C'est aussi la logique des situations et des événements qui a pesé sur l'opinion publique. On ne pouvait se dissimuler que les lois de 1881 et de 1882 décommunalisaient en quelque sorte le service de l'enseignement primaire pour en faire un service national ; que, par ces lois, l'État était spontanément intervenu pour consolider, en faveur des instituteurs, même les anciens suppléments communaux facultatifs, se reconnaissant ainsi implicitement le devoir de se substituer aux communes pour acquitter le traitement des maîtres; qu'enfin, ces mêmes lois et les règlements universitaires qui en sont issus tendaient à soustraire de plus en plus l'instituteur aux multiples dépendances locales auxquelles il était depuis longtemps assujetti.

De toutes ces indications il était naturel de conclure que, dans un très bref délai, la commune n'allait plus rien avoir à payer, qu'elle ne devrait plus rien en dehors des 4 centimes qui portent encore le nom de communaux; et cette opinion s'est tellement accréditée, sans attendre qu'une loi financière vînt la consacrer, que la plupart des municipalités en sont venues, de bonne foi, à considérer comme exorbitante la prétention de l'État de leur appliquer la loi du 16 juin 1881.

Le projet met fin à ce malentendu. Il revient en cette matière aux principes généraux de notre législation. L'esprit de nos lois n'est pas de créer autant de ressources spéciales qu'il y a de dépenses distinctes, mais de faire porter, au contraire, sur l'ensemble du budget l'ensemble des charges. Le prélèvement du cinquième, comme l'imposition des 4 centimes communaux et des 4 centimes départementaux, formait une exception à ces principes, il n'y a plus lieu de la maintenir.

Aux dépenses ayant un caractère *général* et uniforme, c'est-à-dire aux traitements, l'État pourvoira au moyen des fonds généraux du budget de l'Instruction publique (y compris le produit des huit centimes). De même, aux dépenses d'ordre matériel ayant un caractère local et aux indemnités représentatives de ces dépenses les communes pourvoiront sur les ressources de toute sorte inscrites à leurs budgets.

Nous ne parlerons plus dans le cours de cet exposé des dépenses communales d'ordre matériel proprement dit, c'est-à-dire de celles qui se rapportent au loyer, à l'entretien des locaux, aux frais de logements, aux imprimés scolaires, etc. La question est réglée d'avance, les communes, depuis 1882, pourvoient sans conteste à ces dépenses; notre annexe A[1] en indique le montant annuel, la loi nouvelle n'y ajoutera et n'y retranchera rien.

Le seul changement qui puisse survenir, ce serait une variation dans le chiffre du secours que l'État accorde à cet effet aux communes pauvres. Ce secours, après avoir été de 3 millions, est, au budget de 1886, de 748 000 fr. seulement. Variable et aléatoire comme tout crédit ayant le caractère d'un secours éventuel, il pourra être réduit, accru ou supprimé par le Parlement : la loi organique n'a point à en tenir compte. Bornons-nous à faire remarquer qu'en déchargeant les communes de toute participation au traitement et même de toute indemnité de résidence au-dessous de 2 000 âmes, la loi nouvelle leur rendra d'autant plus facile de continuer à pourvoir aux dépenses de location et d'entretien qui continueront à leur incomber.

III.

Équilibre des Dépenses et des Ressources d'après le projet.

Ainsi définies, les dépenses et les ressources de l'enseignement primaire s'équilibrent-elles? Et le déplacement de charges qui résulte de la nouvelle répartition n'entraîne-t-il, soit pour le présent, soit pour l'avenir, aucun déficit dans le budget de l'État? Pour résoudre la question, comparons les deux situations financières, celle qui résulte du régime actuel, celle qui résulterait du régime nouveau.

Rappelons d'abord le caractère de la loi soumise à votre examen : ce n'est pas une loi de finances, c'est une loi d'organisation. Elle ne crée aucune dépense, elle n'ouvre par elle-même, ni directement, ni indirectement aucun crédit. Le Gouvernement n'a pas voulu vous présenter comme unies et connexes deux questions qui le préoccupent également, mais qui, confondues, se nuisent l'une à l'autre : celle de la réorganisation financière du service de l'enseignement et celle de l'amélioration immédiate du sort des instituteurs. Il vous demande de les traiter séparément et de les résoudre, comme il convient, la première par une loi organique, la seconde par des dispositions budgétaires.

C'est par cette distinction, — ainsi que l'explique le remarquable rapport soumis au Conseil d'État, — que « le projet diffère essentiellement des tentatives faites dans les dernières années en vue de parvenir à une réglementation législative des traitements. Ces tentatives ont avorté parce que l'œuvre d'organisation se compliquait d'une œuvre d'amélioration immédiate. Le projet actuel rompt nettement avec ces antécédents de la question. Il ne prononce l'augmentation nécessaire et immédiate d'aucun traitement; il n'édicte pas davantage l'augmentation future mais nécessaire des traitements. Il laisse au Parlement la mission de fixer chaque année par le vote de la loi de finances l'importance des sacrifices demandés au pays pour l'extension de l'enseignement primaire et l'amélioration du sort des maîtres qui le donnent. Au Parlement appartiendra le premier aussi bien que le dernier mot en cette matière. Ses résolutions souveraines ne seront ni commandées ni contrariées par une loi organique »[2].

1. Voir la note de la page 859.
2. Rapport présenté au Conseil d'État au nom des sections réunies de l'Intérieur

En effet, deux règles générales s'imposent à tous les services de l'État sans aucune exception; et l'Instruction primaire, devenant à son tour service d'État, n'y pouvait être soustraite.

La première est que tout accroissement de dépense, soit en vue de l'élévation des traitements, soit pour la création d'emplois nouveaux, suppose l'ouverture préalable de disponibilités budgétaires et ne peut avoir lieu que dans la limite de ces disponibilités.

La seconde règle est que l'avancement, soit au choix, soit à l'ancienneté, se fait au fur et à mesure des vacances dans le cadre et, par conséquent, toujours dans la limite du crédit fixé.

Ces deux principes, rigoureusement imposés à tous les autres services civils et militaires, ne l'avaient pas été jusqu'ici à celui de l'enseignement primaire, précisément à cause de son caractère mixte et ambigu. Comment appliquer les règles de la comptabilité publique à des ressources d'origine aussi diverse, de nature aussi aléatoire, de quotité aussi différente que l'étaient les émoluments de l'instituteur? Tout au plus l'État pouvait-il y introduire la règle tutélaire d'un minimum qu'il garantissait par voie de subvention complémentaire. C'est ce qu'ont fait les lois de 1875 et de 1881. Celle que nous proposons met les traitements en charge d'État : il faut donc avant tout qu'elle préserve le budget contre la possibilité d'augmentations non prévues et non calculées d'avance, qui viendraient s'imposer, soit pour cause d'extension du service, soit par suite d'élévation périodique des taux de traitement, comme résultant forcément de la loi. Notre projet devait écarter absolument ce péril, et il l'écarte. Il ne promet aux instituteurs que ce qu'il est possible et raisonnable de promettre : des augmentations subordonnées aux votes des Chambres, une amélioration graduelle dont la progression normale est réglée par ce projet, mais dont la marche plus ou moins rapide dépendra, en fait, du montant des crédits annuellement disponibles.

Dans ces conditions, il est désormais impossible que le Parlement ait, pour ainsi dire, la main forcée. Nous pouvons donc prendre pour base de tous nos calculs et de toutes nos évaluations comparatives le maintien pur et simple des chiffres actuellement inscrits au budget. Nous admettons que, d'une part, aucun des traitements actuellement à la charge de l'État ne peut, bien entendu, être diminué, et que, de l'autre, aucun ne sera accru quant à présent et du fait de la loi, si ce n'est dans le cas où des crédits se trouveraient régulièrement disponibles à cet effet.

Mais, cela posé, il semble, au premier coup d'œil, qu'il n'y ait plus de question.

Que peut-il y avoir de changé, de part ou d'autre, les traitements restant ce qu'ils sont et le budget ce qu'il est? On y ajoute bien les 29 millions provenant des huit centimes, mais on ne fait qu'en changer le nom et la place dans les comptes, puisqu'ils sont dès à présent perçus et employés.

Il n'y aurait, en effet, aucune modification, aucune réorganisation possible dans les termes où le problème se pose, si le budget actuel du Ministère était normalement constitué, s'il ne contenait que des éléments permanents et s'il ne supportait des charges dont la nouvelle loi va l'exonérer, soit immédiatement, soit progressivement. Mais le premier effet de la loi nouvelle va être de rendre libres et disponibles certaines sommes inscrites au budget, qu'elle permettra à

et des Finances, par M. Marques di Braga, conseiller d'Etat, 1er mars 1886. — Annexe au n° 563 du Conseil d'Etat, p. 21. (*Note de l'Exposé.*)

l'État, dans la mesure où le Parlement le jugera convenable, d'affecter, en tout ou en partie, au développement du service et à l'application graduelle de la loi.

Ces fonds proviendront de deux sources très inégales :

1° Les économies résultant de la disparition des titulaires exerçant avant 1881 et auxquels la loi du 16 juin a garanti le maximum des émoluments dont ils avaient joui (en réunissant indistinctement le traitement fixe, le produit de l'éventuel, de la rétribution scolaire, des suppléments communaux, etc.). Quelques-uns de ces traitements ainsi garantis dépassent très notablement le maximum même des traitements nouveaux[1].

On doit y ajouter l'économie résultant de la suppression d'un certain nombre d'emplois abusivement portés à la charge de l'État et représentant des dépenses purement communales et facultatives que la nouvelle loi laisse à la charge des communes (Écoles à effectif insuffisant et qu'il est facile de réunir, Écoles maternelles dans les communes de moins de 2000 habitants, etc.).

2° Les indemnités de résidence que les communes urbaines auront à payer aux instituteurs et qui viendront, pour partie, en déduction de la charge actuelle de l'État.

Cette seconde source de disponibilités est de beaucoup la plus importante, et elle se fera sentir immédiatement, tandis que l'autre n'agira que progressivement.

L'indemnité de résidence est une reprise partielle du fonds de 14 millions affecté à l'exonération du cinquième.

Suivant le chiffre qu'atteindra cette reprise, et suivant l'allègement qui en résultera pour l'État, il restera au budget une somme libre plus ou moins élevée, dont le Parlement pourra autoriser l'emploi, soit pour des améliorations dans les traitements, soit pour des créations d'emplois nouveaux.

Il importait donc de fixer, non pas seulement par voie d'évaluations approximatives, mais par un relevé direct, ce que produiront exactement pour l'ensemble de la France et pour chaque commune les indemnités de résidence établies par le projet.

A ce point de vue (et toujours en ne parlant que des traitements), les communes de France se partagent en trois catégories distinctes dont chacune a son régime propre :

La première catégorie comprend plus de 33 000 communes dans lesquelles, avant comme après la loi, le traitement reste en entier à la charge de l'État. Elles payaient uniquement leurs quatre centimes; les contribuables continueront à les payer. Elles étaient dispensées de tout prélèvement par une subvention de l'État; l'État conservant cette subvention à son budget, il n'y a rien de changé ni pour lui ni pour elles. Il n'y a donc pas de calcul à faire dans ces 33 000 communes sur les comptes antérieurs et postérieurs à la loi : ils sont identiques.

La seconde catégorie comprend les cinq grandes villes : Paris, Lyon, Bordeaux, Marseille et Lille, qui semblent être aujourd'hui sous un régime exceptionnel, parce que ce sont les seules auxquelles s'applique, en son entier, depuis 1882, la loi du 16 juin 1881. Elles ont été exclues, par le règlement d'administration publique du 29 octobre 1881, de toute participation au fonds

1. On comptait en 1885 quelques instituteurs à plus de 5 000 fr., une dizaine à plus de 4000 fr., et environ 2000 instituteurs jouissant d'un traitement supérieur à 2 400 fr., c'est-à-dire au maximum des traitements nouveaux. (*Note de l'Exposé.*)

de 14 millions qui sert à exonérer toutes les autres du prélèvement du cinquième.

Pour ces cinq grandes villes, que donnera le régime nouveau par comparaison au régime actuel ?

A peu près le maintien du *statu quo*, c'est-à-dire ici des augmentations, là des diminutions de charges pour l'État, qui se compenseront.

En effet, ces villes, qui actuellement payent la totalité des traitements, ne payeront plus, comme toutes les communes de France, que des indemnités de résidence ; mais ces indemnités sont fixées à un taux très élevé (400 fr. pour les simples titulaires, 800 fr. pour les directeurs, avec supplément d'indemnité pouvant aller jusqu'au double pour les maîtres en exercice). D'ailleurs, le produit des quatre centimes, aujourd'hui perçus par la commune, appartiendra au Trésor public. Dans ces conditions, la dépense et la recette s'équilibreront sensiblement pour l'État. On peut suivre le détail du calcul dans les tableaux de l'annexe D, et l'on en retrouvera les résultats généraux dans l'annexe E[1].

Pour Paris seul, l'excédent de dépense qui incomberait à l'État serait de quelques millions si l'indemnité de résidence n'était calculée[2] de manière à combler en grande partie l'écart entre les traitements d'État et les traitements municipaux actuels, et si, d'autre part, l'État ne percevait désormais les 4 centimes départementaux, qui, dans le département de la Seine, ne sont pas en totalité employés à des dépenses obligatoires. Il reste environ 1 400 000 fr. disponibles qui sont actuellement affectés à des dépenses scolaires facultatives. Ce résultat tient à ce que dans le centime départemental (588 000 francs) entre pour 536 000 fr. le centime de la ville de Paris. La Seine comptant d'ailleurs un très petit nombre de communes et la ville de Paris ne recevant aucune subvention du département, il ressort au budget départemental une somme disponible, bien que la dépense, comme partout, soit bien supérieure au montant des 8 centimes. Cet excédent provient des centimes de Paris : il est juste que l'État, qui désormais le percevra, l'emploie aux dépenses de Paris.

De la sorte, la loi peut s'appliquer aux communes de cette seconde catégorie, c'est-à-dire aux plus riches, comme elle s'applique à celles de la première, c'est-à-dire aux plus pauvres, sans entraîner, nos tableaux le prouvent[3], aucune perturbation dans le budget de l'État.

Reste la troisième catégorie, celle qui tient le milieu entre les deux précédentes.

Elle comprend, moins les cinq communes précitées, toutes les communes de plus de 2 000 âmes. C'est à ce chiffre de population que les statistiques officielles du dénombrement placent la ligne de démarcation entre les « communes rurales » et les « communes urbaines ». C'est à ce chiffre aussi[4] qu'après mûr examen le Conseil d'État a cru devoir fixer la limite au-dessus de laquelle il y a lieu d'assigner à l'instituteur une indemnité de résidence représentant le surcroît de dépenses inhérent à la localité même.

1. Voir la note de la page 859.
2. Voir l'article 11, dernier paragraphe. (*Note de l'Exposé.*)
3. Voir l'annexe D, 9e et 10e séries, ainsi que l'annexe E. (*Note de l'Exposé.*)
4. Le projet primitif du Gouvernement proposait de partir de 3 000 âmes avec un taux initial de 200 fr. et en donnant l'indemnité entière aux instituteurs et institutrices de tout ordre. Les raisons présentées dans la délibération du Conseil d'État ont fait prévaloir comme plus équitable un système qui commence à un chiffre inférieur de population, mais qui gradue davantage la progression du taux de l'indemnité. (*Note de l'Exposé.*)

Cette indemnité, dans les communes de 2 000 à 3 000 âmes, n'est que de 50 fr. pour les adjoints et pour les titulaires d'une École de moins de trois classes; elle est du double pour les directeurs d'Écoles plus importantes. A mesure que s'élève le chiffre de la population urbaine, s'élève aussi le taux de l'indemnité de résidence (qui peut atteindre 400 fr. pour les adjoints, 800 fr. pour les directeurs); notre tarif l'a graduée de telle sorte qu'en moyenne et à prendre l'ensemble, cette indemnité, jointe au traitement légal, correspond au traitement de fait actuel des instituteurs dans cette classe de communes (ainsi que le prouvent les tableaux détaillés de l'annexe D, auxquels nous ne pouvons que renvoyer[1]).

Quel va être l'effet financier de cette indemnité de résidence s'ajoutant au traitement légal nouveau? C'est ce qu'il était impossible de déterminer *a priori* ou même par voie d'évaluation; aussi avons-nous cru devoir, déférant à un vœu formel du Conseil d'État, joindre au présent Exposé des motifs le relevé nominatif et numérique des traitements dans toutes les communes qu'atteint l'indemnité de résidence. Grâce à ce relevé, aucun doute, aucune obscurité ne subsiste sur les conséquences financières de l'application de la loi. Nous en présenterons le résumé général, sous le titre d'annexe E[1], comme conclusion de notre deuxième fascicule.

Il y avait en France, au dernier recensement, près de 2 700 communes comptant plus de 2 000 âmes de population, tenues par conséquent à payer l'indemnité de résidence. Cette somme produit, dans la charge que supporte aujourd'hui l'État, un allègement de 2 000 000 de francs en nombre rond.

Deux millions, telle serait donc la somme dont l'État disposerait immédiatement, sans aucun vote de crédit nouveau, tant pour les créations d'emplois que pour l'amélioration des traitements.

Mais cet allègement de deux millions pour l'État n'est-il pas acheté trop cher, et ne coûte-t-il pas aux communes des sacrifices excessifs? On peut chercher la réponse pour chaque commune dans le détail des tableaux (annexe D[1]).

On verra qu'en résumé trois cas se présentent : la loi apporte à certaines communes un allègement de charges; dans d'autres elle maintient le *statu quo;* dans d'autres enfin elle cause un surcroît de dépenses. Expliquons rapidement comment une même loi peut agir en ces trois sens différents.

Premier cas.

Il y aura allègement parfois très sensible pour toutes les communes qui depuis 1882 ont créé des écoles ou des classes nouvelles, notamment pour celles qui ont établi l'enseignement primaire supérieur. En effet ces diverses créations n'ayant pu être prévues en 1882 au moment où l'on assignait à la commune sa part dans les 14 millions, sont restées à sa charge, et la dépense en est acquittée sur l'excédent disponible du cinquième. Or, il suffit que la commune ait ainsi à supporter le poids de trois ou quatre traitements complets pour qu'elle éprouve un soulagement sensible, le jour où elle n'aura plus à payer que des indemnités de résidence.

Second cas.

Dans les communes qui, sans avoir créé de toutes pièces à leurs frais des Écoles entières, ont maintenu à leurs instituteurs et surtout aux adjoints des suppléments facultatifs reconnus indispensables et consacrés par la tradition

1. Voir la note de la page 859.

locale, la situation résultant de la loi sera sensiblement analogue à celle d'aujourd'hui, les indemnités de résidence correspondant d'une manière générale à ce qu'étaient en fait ces suppléments facultatifs.

Il en sera de même pour les communes qui ont à leur disposition des dons et legs dont elles continueront à faire le même emploi.

Troisième cas.

Enfin viennent les communes qui, ayant reçu en 1882, à titre d'exonération du cinquième, une somme égale à leurs dépenses d'alors, n'ont depuis rien ajouté à leurs charges obligatoires, ni sous forme de création ni sous forme d'amélioration, aux traitements légaux. Ces communes n'ont donc payé en fait, depuis cette époque, que le montant des quatre centimes. Elles vont avoir à payer une indemnité de résidence à leurs instituteurs; de là, pour elles, un surcroît de charges, par rapport non pas à leur situation légale, mais à leur situation de fait.

Or, il ne faut pas perdre de vue que cette situation de fait est singulièrement menacée, et que si la loi nouvelle n'intervenait pas, ces mêmes communes risqueraient d'être à bref délai bien plus atteintes par les modifications de la loi de finances. En effet, la subvention extraordinaire de 14 millions est sujette à un vote annuel. Après avoir été réduite de 15 à 14, elle peut l'être d'un ou de plusieurs autres millions. Et il suffirait, en l'état, d'une réduction d'un ou deux millions sur ce crédit pour imposer à toutes les communes de cette catégorie l'exécution totale ou partielle de leurs obligations légales, c'est-à-dire le versement de tout ou partie du cinquième prévu par la loi du 16 juin 1881.

L'adoption du présent projet de loi est la seule garantie qui puisse prémunir toutes ces communes, dès l'exercice prochain, contre l'éventualité de ce retour pur et simple à la loi du 16 juin 1881 [1].

Ainsi, pour toutes les communes où le projet de loi ne se traduit pas par une diminution de charges, il représente un surcroît de dépenses qui, léger en lui-même, doit le paraître bien plus encore si on le rapproche des résultats que donnerait, à très bref délai, la réduction du crédit de 14 millions.

IV.

Résultats généraux du nouveau régime.

L'économie financière du projet est maintenant connue. Il nous reste à en exposer brièvement les résultats, soit pour le présent, soit pour un avenir prochain.

Examinons-les d'abord au point de vue des instituteurs et de leurs légitimes intérêts; nous les apprécierons ensuite par rapport aux deux budgets de la commune et de l'État.

RÉSULTATS DE LA LOI EN CE QUI CONCERNE LES INSTITUTEURS.

Dans la condition actuelle des instituteurs, le projet de loi apporte des modifications profondes et que nous croyons heureuses.

1. Cette éventualité n'est pas simplement une hypothèse de discussion. Le projet de budget pour 1887, déposé quelques jours après le présent projet de loi, prévoit une réduction de 4 millions sur le chapitre 56, c'est-à-dire sur la subvention des 14 millions. (*Note de l'Exposé.*)

D'abord, il leur crée une situation légale, définie et sûre. Il leur donne un caractère que l'opinion leur attribue déjà, mais qu'ils ne tenaient pas encore de la loi : celui de fonctionnaires de l'État.

Ils ne le seront vraiment que le jour où ils recevront un traitement d'État, dans le sens propre du mot.

Aujourd'hui, c'est de la commune qu'ils reçoivent ou du moins qu'ils sont censés recevoir leurs appointements, ce qui fait croire à plus d'un Conseil municipal que l'instituteur doit être dans sa main.

D'ailleurs, la manière même dont ces appointements se composent est comme un résumé et une synthèse confuse de toute la législation antérieure : il s'y retrouve quelque trace de chacun des régimes qui se sont succédé.

Voici, en effet, quels sont les éléments constitutifs d'un traitement d'instituteur sous la législation en vigueur ; on va voir qu'ils ne sont pas moins variés que ceux de la ressource y afférente que nous avons énumérés plus haut (p. 859) :

1° Un traitement fixe communal de 200 fr.;

2° Un traitement éventuel calculé par tête d'élève et d'après un taux de rétribution scolaire aujourd'hui fictif (vestige du temps où les instituteurs étaient payés par les familles à raison du nombre des enfants et des mois de présence) ;

3° Une allocation complémentaire payée par la commune pour parfaire, s'il y a lieu, le minimum légal ;

4° Une allocation de 100 francs, s'il y a lieu, pour le brevet supérieur;

5° Une autre allocation de 50 ou de 100 fr. pour l'inscription dans le premier ou le second huitième de la liste de mérite[1] ;

6° Si les fonds communaux sont insuffisants, ce qui est le cas dans 30 000 communes, une allocation supplémentaire du département sur les quatre centimes, d'ailleurs elle-même toujours insuffisante ;

7° Une seconde allocation complémentaire de l'État pour parfaire, en cas d'insuffisance des précédentes ressources, ledit minimum légal ;

8° Dans les communes de quelque importance, un ou plusieurs suppléments facultatifs, éminemment variables d'une commune et d'une année à l'autre.

Il n'est pas besoin de montrer ce que les instituteurs gagneraient, dût leur traitement rester le même, à le recevoir désormais en entier de l'État, sans décompte, sans débat et sans variation.

Mais l'unité et la fixité du traitement ne sont pas les seuls avantages de la nouvelle loi : le chiffre même des émoluments de l'instituteur est notablement accru. Il l'est dans toutes les communes par le nouveau tarif du traitement légal, il l'est en outre par l'adjonction d'une indemnité de résidence dans toutes les communes de plus de 2 000 âmes. Le tableau ci-contre fait ressortir ces différences de taux :

1. Nous n'ajoutons pas la médaille d'argent non plus que les indemnités spéciales pour études surveillées, classes du soir, cours d'adultes, etc., parce que ces divers produits accessoires ne font pas partie du traitement proprement dit. (*Note de l'Exposé.*)

Traitement légal.

DÉSIGNATION.	SOUS LA LOI DE 1875. D'après la loi.	SOUS LA LOI DE 1875. D'après les décrets et règlements.	SOUS LA NOUVELLE LOI. Pour 70.000 instituteurs dans les communes de moins de 2.000 âmes.	SOUS LA NOUVELLE LOI. Pour 30.000 instituteurs dans les communes de plus de 2.000 âmes.
Instituteurs.				
Stagiaires............	»	»	800	en plus du traitement d'État, une indemnité de résidence de 50 à 500
TITULAIRES :				
Adjoints.............	700	»	de 1.000 à 2.000	— de 50 à 500
Adjoints chargés d'Écoles de hameau....	800	»	de 1.000 à 2.000	— de 50 à 400
Titulaires d'Écoles de 1 ou 2 classes.......	de 900 à 1.200	»	de 1.000 à 2.000	— de 50 à 500
Directeurs d'Écoles à plus de 2 classes....	de 900 à 1.200	»	de 1.200 à 2.200	— de 100 à 1.000
Directeurs d'Écoles à plus de 4 classes....	de 900 à 1.200	»	de 1.400 à 2.400	— de 100 à 1.000
Directeurs de cours complémentaires....	»	2.000	de 1.200 à 2.600	— de 100 à 1.000
Directeurs d'Écoles primaires supérieures..	»	de 2.000 à 2.800	de 1.800 à 2.800	— de 100 à 1.000
Adjoints d'Écoles primaires supérieures..	»	de 1.200 à 1.800	de 1.000 à 2.000	— de 100 à 1.000
Institutrices.				
Stagiaires............	»	»	800	de 50 à 500
TITULAIRES :				
Adjointes............	600	»	de 1.000 à 2.000	de 50 à 500
Adjointes chargées d'Écoles de hameau....	650	»	de 1.000 à 2.000	de 50 à 400
Titulaires d'Écoles de 1 ou 2 classes.......	700-900	»	de 1.000 à 2.000	de 50 à 500
Directrices d'Écoles à plus de 2 classes....	700-900	»	de 1.200 à 2.200	de 100 à 1.000
Directrices d'Écoles à plus de 4 classes....	700-900	»	de 1.400 à 2.400	de 100 à 1.000
Directrices de cours complémentaires....	»	2.000	de 1.200 à 2.600	de 100 à 1.000
Directrices d'Écoles primaires supérieures..	»	de 2.000 à 2.800	de 1.800 à 2.800	de 100 à 1.000
Adjointes d'Écoles primaires supérieures..	»	de 1.200 à 1.800	de 1.000 à 2.000	de 100 à 1.000
Directrices d'Écoles maternelles ou enfantines................	»	700	de 1.000 à 2.000	de 50 à 500
Sous-directrices d'Écoles maternelles......	»	600	de 1.000 à 2.000	de 50 à 500

Ces différences sont assez sensibles pour que nous ayons le droit de croire que le corps enseignant y verrait la réalisation à peu près complète de ses espérances, si nous pouvions ajouter que le nouveau régime va s'appliquer immédiatement dans son ensemble. Mais c'est une promesse que nous ne saurions faire, nous avons déjà expliqué pour quels motifs.

Le projet de loi établit un nouveau tarif des traitements et un nouveau classement, ou pour mieux dire un premier classement hiérarchique des fonctionnaires. C'est graduellement qu'on s'acheminera de l'état de choses actuel vers celui qui doit résulter de l'application complète de la nouvelle loi. D'année en année on s'en rapprochera ; la rapidité du mouvement dépendra, nous l'avons dit, de deux facteurs variables : du nombre des vacances qui se produiront, et de l'étendue des sacrifices que le Parlement pourra consentir annuellement pour le bien du service.

De ces deux sortes d'augmentation effective des traitements, la seconde est et doit rester indéterminée, puisqu'il n'appartient à personne de préjuger les votes du Parlement ; la première, au contraire, se prête à un calcul de probabilités et de moyennes dont nous avons tous les éléments.

En admettant que sur nos 100 000 instituteurs le nombre moyen de la durée des services d'un instituteur soit de vingt ans, le renouvellement annuel du personnel étant d'un cinquième, il y aura chaque année 5 p. 100 des places actuellement occupées qui deviendront disponibles.

Si ces vides portaient tous sur les classes supérieures, le mouvement ascensionnel qui en résulterait serait de 5 000 promotions par an. Mais il y a un certain nombre de ces 5 000 vacances dans toutes les classes et à tous les degrés de la hiérarchie. Admettons que près de la moitié appartienne aux deux classes inférieures, et ne rende par conséquent disponibles que des crédits négligeables, — et cette proportion est probablement exagérée, — il resterait encore de 2 à 3 000 vacances annuelles permettant des promotions aux divers degrés de l'échelle, ce qui, en dehors de toute dotation nouvelle par le Parlement, donne les garanties d'avancement les plus sérieuses à dix ou douze mille instituteurs par an dès la première période quinquennale.

Encore ne parlons-nous ici que de la promotion dans le traitement légal ; il ne faut pas perdre de vue qu'en outre l'indemnité de résidence va produire une élévation sensible, sinon dans les 30 000 traitements urbains, du moins dans la très grande majorité de ces traitements.

Il y a donc dans la loi elle-même, — abstraction faite des libéralités que le corps enseignant peut attendre du Parlement, — une source d'améliorations, non pas instantanées, mais très appréciables, même pendant la période de transition où la loi n'aura pas encore son entière application.

Ce résultat peut surprendre, si l'on ne connaît pas exactement les causes qui paralysent aujourd'hui l'avancement dans le corps enseignant. On sera toujours tenté de se demander comment il est possible, sans accroître la dépense, d'augmenter les traitements.

C'est qu'aujourd'hui les instituteurs à proprement parler ne sont pas classés, ou du moins ne le sont pas d'une façon rationnelle, qui permette le mouvement. La combinaison des deux lois de 1875 et de 1881 a eu pour effet de fixer pour ainsi dire une situation de fait qui existait le 16 juin 1881 et d'immobiliser tout le corps, chacun restant indéfiniment au point où il se trouvait.

Cette mesure, dans la pensée du législateur, ne devait durer que fort peu de temps, jusqu'à la promulgation de la nouvelle loi sur les traitements ; ainsi entendue, c'était une mesure de précaution purement conservatoire. Les ajournements successifs qu'a subis le projet que nous pouvons enfin vous apporter aujourd'hui, ont semblé rendre permanente une situation qui n'était tolérable qu'à la condition d'être provisoire. Et c'est ce dont les instituteurs ont le plus souffert.

On ne s'est pas toujours rendu compte de ce qu'il y avait de fondé dans leurs plaintes, parce qu'on ne s'est pas suffisamment représenté le contre-coup imprévu de l'article 6 de la loi du 16 juin 1881. Les instituteurs ont raison de dire que cette loi a supprimé pour eux non seulement l'avancement en fait, mais l'espoir même et la possibilité de l'avancement. A mesure que disparaissent les titulaires en possession d'un de ces anciens traitements qu'on pouvait parfois atteindre sous l'ancienne législation et que la nouvelle a consolidés, ceux qui les remplacent débutent et demeurent invariablement au minimum légal.

De tous ceux qui sont entrés dans la carrière depuis 1881 avec le traitement minimum, pas un seul n'a vu depuis lors augmenter son traitement, pas un seul n'obtiendrait dans la suite, si la législation ne se modifiait, des émoluments supérieurs aux minima de la loi de 1875. La seule chance qu'ait l'instituteur d'obtenir quelque chose de plus, c'est de demander à la générosité de la commune un supplément, une allocation éventuelle et bénévole. En dehors de cet appoint, tous s'arrêtent au bout de quinze ans de services au même taux final : 1 200 fr. Toutes les causes de variations qui, avant 1881, existaient au moins virtuellement et produisaient, dans certains cas, des traitements supérieurs à 1 200 fr., — élévation du taux de rétribution, accroissement du nombre des élèves, traitements de gré à gré avec les communes, suppléments communaux considérés comme obligatoires en fait, sinon en droit strict, — tout cela a fait place à l'uniformité inflexible d'un droit légal manifestement insuffisant. La différence entre ce taux minimum et le chiffre d'un traitement raisonnable, la commune ne la paye plus, parce que cela regarde l'État, et l'État ne la paye pas encore parce que la loi n'est pas faite.

C'est de là que vient la répartition actuelle du personnel enseignant, répartition qu'on ne peut pas appeler un classement, tant elle est illogique et antihiérarchique. Les chiffres ci-dessous suffisent à le prouver :

Sur environ 80 000 instituteurs laïques, il faut considérer comme étant hors cadre et non classés les 25 000 environ qui ont des traitements municipaux supérieurs au taux légal, d'ailleurs très variables et sans rapport quelconque avec les classes de la loi de 1875.

Restent 55 181 instituteurs et institutrices au taux légal, dont :

1° 12 119 adjoints et 6 820 adjointes, condamnés à rester invariablement aux taux minima de 700 et de 600 fr., quelle que soit la durée de leurs services;

2° 36 162 titulaires, savoir :

6 679 de 4e classe (instituteurs au traitement de 900 fr. complété à 1 000 par la loi de finances);

11 054 de 3e classe (3 982 instituteurs à 1 000 fr. et 7 072 institutrices au traitement de 700 fr. complété à 800 fr. par la loi de finances);

5 436 de 2e classe (3 481 instituteurs à 1 100 fr. et 1 955 institutrices à 900 fr.);

12 993 de 1re classe (9 142 instituteurs à 1 200 fr. et 3 851 institutrices à 900 fr.

Ne suffit-il pas d'énoncer ce résultat pour montrer que la loi de 1875 ne classe pas les instituteurs? 36 p. 100 seulement d'entre eux sont hiérarchisés, et sur ce nombre la 1re classe comprend deux fois plus de titulaires que chacune des classes inférieures, à l'inverse de ce qui se passe dans toute hiérarchie proprement dite.

Notre projet, au contraire, pose le principe d'une progression telle que, de classe en classe, le chiffre de l'effectif s'abaisse, à mesure que le taux s'élève.

C'est un règlement d'administration publique qui fixera la proportion numérique afférente à chaque classe, de manière que la rapidité moyenne de l'avancement corresponde sensiblement à la rapidité moyenne du renouvellement dans le personnel.

La loi se borne à énoncer les règles très générales qui devront être observées à tous les degrés de la hiérarchie.

L'avancement, même quand il s'appelle avancement à l'ancienneté, est la récompense du mérite; il n'est jamais acquis de droit à la seule durée des services. A cet égard, il faudra redresser ici un abus de langage que la loi de 1875 a accrédité : un grand nombre d'instituteurs se sont peut-être habitués à considérer les mots *avancement à l'ancienneté* comme signifiant qu'à l'expiration de la période de cinq ans, l'avancement est de droit, la promotion se fait nécessairement comme une sorte d'enregistrement obligatoire, correspondant au passage d'un traitement à l'autre.

Aucune administration n'a donné ce sens aux mots *avancement à l'ancienneté*, aucune n'admet ni ne peut admettre l'ascension à date fixe, et par le fait seul de la date, de toute une classe de fonctionnaires à la classe supérieure.

Ce que la loi de 1875 a constitué dans l'intérêt des instituteurs, ce n'est pas un avancement de grade en grade, c'est un mode de payements échelonnés. Ne pouvant, faute de ressources suffisantes, assurer immédiatement à tous les instituteurs le traitement qu'elle jugeait répondre au minimum de leurs droits et de leurs besoins, elle le leur faisait attendre un nombre déterminé d'années. Ils n'arrivaient qu'après cinq ans à 1 000 fr., après dix ans à 1 100 fr., après quinze ans à 1 200 fr. Ce n'était point là un classement hiérarchique, puisque tous indistinctement devaient parvenir à la 1re classe; c'était une succession d'échéances à chacune desquelles l'État s'engageait à parfaire les traitements à un taux réglé. L'État, d'après l'ancien régime financier de l'enseignement primaire, ne payait pas plus les traitements qu'il ne classait les personnes; il intervenait pour obliger tout à la fois et pour aider les communes à acquitter leur dette envers l'instituteur, et cette dette, au lieu de lui être payée d'après un taux annuel moyen, l'était par annuités inégales, plus faibles pendant les quinze premières années, plus fortes pendant le reste de sa carrière.

Le projet actuel n'a rien de commun avec ce système de payements gradués. Il donne, dès le début, à l'instituteur, une somme suffisante, et il lui ouvre très largement l'accès à une suite de traitements plus élevés; mais chacun de ces avancements sera soumis aux trois conditions de tout avancement dans toute hiérarchie civile ou militaire: un minimum de durée des services, une appréciation favorable de ces services par l'autorité compétente, et une vacance dans le cadre, c'est-à-dire une disponibilité au budget.

Craindrait-on que l'application de ces principes généraux de notre organisation administrative à l'administration de l'enseignement primaire n'ajourne par trop les bienfaits de la loi pour le corps enseignant?

Voici notre réponse :

Pour apprécier la condition que l'on fait à ce personnel de 100 000 maîtres, il faut se préoccuper, tour à tour et à deux points de vue opposés, de la masse et de l'élite.

Quel sort fait-on au plus grand nombre? Quels débouchés ouvre-t-on à ceux qui peuvent et qui veulent dépasser le niveau moyen?

Sur le premier point nous avons déjà fourni des évaluations : Un minimum de début de 1 000 francs pour tous, y compris les adjoints et adjointes, c'est-à-dire une élévation de traitement initial qui est de 100 fr. pour plus de 6 000 instituteurs, de 300 fr. pour plus de 10 000 institutrices et près de 20 000 adjoints et adjointes, avec des augmentations successives qui, sauf démérite, s'élèveront, en une période moyenne de dix à douze ans, jusqu'à 1 500 fr.

Voilà le sort de ceux qui seront le plus mal partagés, de ceux qui resteraient attachés aux plus humbles Écoles, qui, faute d'ambition ou faute de moyens, ne rechercheraient ni des titres supérieurs, ni des postes plus avantageux, ni l'arrivée aux deux premières classes, uniquement réservées au choix.

Quant aux autres, que de stimulants pour les encourager, que de voies ouvertes où ils peuvent avancer avec confiance! D'abord toutes les résidences urbaines avec leurs indemnités variant de 100 à 800 fr. sans parler même de Paris et des villes de plus de 100 000 âmes, c'est-à-dire 30 000 postes enviables, à des degrés différents;

Ensuite la direction d'une de ces grandes Écoles primaires élémentaires entraînant un supplément de 200 ou de 400 fr., qui, avec le cours complémentaire, peut s'élever à 600, soit encore 5 000 ou 6 000 positions accessibles au mérite;

Plus haut encore, suivant les goûts et les aptitudes, mais toujours réservés aux seuls maîtres de l'enseignement primaire, la direction de 2 ou 300 Écoles primaires supérieures;

500 postes pour les hommes et bientôt autant pour les femmes dans le professorat des Écoles normales;

Enfin, comme terme naturel de la carrière, une place d'Inspecteur primaire dans chaque arrondissement, de directeur et de directrice d'École normale dans chaque département.

Tels sont, pour l'élite du personnel, les débouchés ouverts, les postes accessibles sans sortir de l'enseignement primaire, par la seule loi de l'avancement au choix et du recrutement par voie de concours.

Cette rapide énumération ne suffit-elle pas à faire deviner tout ce que de telles perspectives peuvent donner de confiance et d'énergie à un personnel jeune, actif, laborieux? Et cette organisation large et souple du service scolaire ne donne-t-elle pas aux instituteurs, devenus fonctionnaires publics, de tout autres stimulants que les anciens calculs de l'éventuel et de la rétribution par tête d'élève ou que la recherche parfois dangereuse des faveurs municipales?

Il est facile d'ailleurs de voir comment la loi nouvelle, — antérieurement à tout accroissement de crédit en vue des augmentations, — classerait au 1er janvier 1887 la totalité des 80 000 instituteurs et institutrices laïques.

Le tableau ci-après donne le nombre exact de maîtres à inscrire dans chaque classe, les uns avec droit, les autres sans droit à l'avancement immédiat, selon la durée de leurs services.

Nous ferons remarquer, pour prévenir tout malentendu, qu'il ne s'agit pas d'un classement definitif tel qu'il résulte de l'application intégrale de la loi, après une ou plusieurs promotions annuelles. C'est le simple relevé de la situation de fait dans laquelle se trouveraient, avant toute promotion et tout relèvement des traitements, les instituteurs et les institutrices le jour même de la promulgation de la loi, les uns étant dès à présent placés à leur rang normal, parce qu'ils auront à la fois les années de services et le chiffre de traitement qui y correspond, les autres provisoirement maintenus dans une classe d'où ils doivent sortir aussitôt que le permettront les disponibilités budgétaires.

Voici ce relevé :

TITULAIRES														
GRADES.	ANNÉES DE SERVICE.	6e CLASSE provisoire.	5e CLASSE.		4e CLASSE.		3e CLASSE.		2e CLASSE.		1re CLASSE.		TOTAL DES TITULAIRES.	
		Avec droit à avancement immédiat.	Sans droit à avancement immédiat.	Avec droit à avancement immédiat.	Sans droit à avancement immédiat.	Avec droit à avancement immédiat.	Sans droit à avancement immédiat.	Avec droit à avancement immédiat.	Sans droit à avancement immédiat.	Avec droit à avancement immédiat.	Sans droit à avancement immédiat.	Avec droit à avancement immédiat.	n'ayant pas droit à l'avancement immédiat.	ayant droit à l'avancement immédiat.
Instituteurs ayant :	moins de 5 ans..	»	9.220	»	»	»	»	»	»	»	»	»	9.220	»
	de 5 à 10 ans....	»	»	5.109	1.596	»	»	»	»	»	»	»	1.596	5.109
	de 10 à 15 ans...	»	»	3.645	»	1.330	781	»	»	»	»	»	781	4.975
	de 15 à 20 ans...	»	»	»	»	3.965	»	440	443	»	»	»	443	4.4[illegible]5
	de 20 à 25 ans...	»	»	»	»	4.593	»	549	»	176	356	»	356	5.318
	plus de 25 ans...	»	»	»	»	3.084	»	423	»	156	351	»	351	3.663
Institutrices ayant :	moins de 5 ans..	7.312	583	»	»	»	»	»	»	»	»	»	583	7.312
	de 5 à 10 ans....	2.447	»	393	617	»	»	»	»	»	»	»	617	2.840
	de 10 à 15 ans...	1.449	»	303	»	256	209	»	»	»	»	»	209	2.008
	de 15 à 20 ans...	1.185	»	229	»	171	»	87	107	»	»	»	107	1.672
	de 20 à 25 ans...	762	»	162	»	102	»	55	»	15	38	»	38	1,096
	plus de 25 ans...	550	»	92	»	91	»	31	»	13	25	»	25	777
Directrices d'Écoles maternelles ayant :	moins de 5 ans..	1.445	120	»	»	»	»	»	»	»	»	»	120	1.445
	de 5 à 10 ans....	169	»	31	152	»	»	»	»	»	»	»	152	200
	de 10 à 15 ans...	51	»	37	»	21	26	»	»	»	»	»	26	109
	de 15 à 20 ans...	25	»	7	»	12	»	4	6	»	»	»	6	48
	de 20 à 25 ans...	22	»	0	»	9	»	2	»	2	1	»	1	44
	plus de 25 ans...	15	»	8	»	4	»	3	»	1	1	»	1	31
Totaux..........		15.432	9.928	10.026	2.365	13.638	1.016	1.594	556	363	772	»	14.632	41.052
		55.684											55.684	

GRADES.	ANNÉES DE SERVICE.	ADJOINTS ET ADJOINTES														
		2e CLASSE provisoire de stagiaires. — Avec droit à avancement immédiat.	STAGIAIRES — Sans droit à avancement immédiat.	6e CLASSE provisoire. — Avec droit à avancement immédiat.	5e CLASSE.		4e CLASSE.		3e CLASSE.		2e CLASSE.		1re CLASSE.		TOTAL des adjoints et adjointes	
					Sans droit à avancement immédiat.	Avec droit à avancement immédiat.	Sans droit à avancement immédiat.	Avec droit à avancement immédiat.	Sans droit à avancement immédiat.	Avec droit à avancement immédiat.	Sans droit à avancement immédiat.	Avec droit à avancement immédiat.	Sans droit à avancement immédiat.	Avec droit à avancement immédiat.	n'ayant pas droit à l'avancement immédiat.	ayant droit à l'avancement immédiat.
Instituteurs adjoints ayant :	moins de 5 ans..	9.007	2.805	»	»	»	»	»	»	»	»	»	»	»	2.805	9.007
	de 5 à 10 ans...	526	»	306	1 052	»	»	»	»	»	»	»	»	»	1.052	832
	de 10 à 15 ans..	36	»	45	»	29	263	»	»	»	»	»	»	»	263	110
	de 15 à 20 ans..	7	»	11	»	9	»	33	70	»	»	»	»	»	70	60
	de 20 à 25 ans..	4	»	13	»	1	»	19	»	2	29	»	»	»	29	39
	plus de 25 ans..	2	»	16	»	»	»	9	»	2	»	15	13	»	13	44
Institutrices adjointes ayant :	moins de 5 ans..	6.871	169	»	»	»	»	»	»	»	»	»	»	»	169	6.871
	de 5 à 10 ans...	420	»	169	827	»	»	»	»	»	»	»	»	»	827	598
	de 10 à 15 ans..	77	»	35	»	22	156	»	»	»	»	»	»	»	156	134
	de 15 à 20 ans..	56	»	10	»	11	»	1	40	»	»	»	»	»	40	78
	de 20 à 25 ans..	26	»	12	»	4	»	1	»	2	9	»	»	»	9	45
	plus de 25 ans..	»	»	»	»	»	»	»	»	»	»	»	»	»	»	»
Sous-directrices d'Écoles maternelles ayant :	moins de 5 ans..	1.118	76	»	»	»	»	»	»	»	»	»	»	»	76	1.118
	de 5 à 10 ans...	41	»	21	177	»	»	»	»	»	»	»	»	»	177	62
	de 10 à 15 ans..	8	»	6	»	5	24	»	»	»	»	»	»	»	24	19
	de 15 à 20 ans..	8	»	2	»	»	»	»	2	»	»	»	»	»	2	10
	de 20 à 25 ans..	»	»	1	»	»	»	»	»	2	»	»	»	»	»	3
	plus de 25 ans..	»	»	1	»	»	»	»	»	1	»	»	»	»	»	2
Totaux...........		18.216	3.050	648	2.056	81	443	63	112	9	38	15	13	»	5.712	19.032
		24.744													24.744	

RÉSULTAT EN CE QUI CONCERNE LES COMMUNES ET L'ÉTAT.

Puisque la loi nouvelle comporte une amélioration, non pas immédiate, mais certaine, du sort des instituteurs, il ne suffit pas, pour en évaluer la portée financière, d'envisager la situation au 1er janvier 1887. Il faut se demander à quel chiffre arriveront progressivement, par une transition plus ou moins rapide, les charges de l'État et celles des communes.

Pour les communes, nous l'avons déjà vu, la seule charge nouvelle, — qui n'est qu'une faible partie de la dépense qu'elles supporteraient d'après la loi du 16 juin 1881, — est celle de l'indemnité de résidence, dans 2 700 communes mentionnées plus haut. Cette charge ne s'accroîtra que dans le cas de création d'Écoles ou d'emplois nouveaux dans les communes susdésignées.

Pour l'État au contraire, la dépense est destinée à subir un double accroissement : d'abord par suite des créations et des laïcisations nouvelles, ensuite par l'élévation graduelle des traitements à mesure qu'on approchera de l'application intégrale de la loi.

A cet égard, comme pour le calcul des indemnités de résidence, nous avons tenu à mettre sous les yeux du Parlement non seulement des résultats généraux, mais le détail même des opérations.

Nous avons supposé la loi s'appliquant au 1er janvier 1887 d'une façon absolue, le personnel tout entier non seulement classé, mais promu et payé d'après les tarifs nouveaux, comme il le serait en cas d'application immédiate et intégrale de la loi.

Les tableaux de l'annexe F[1] donnent, par catégorie de maîtres, la dépense qui incomberait à l'État dans cette hypothèse. Ils montrent que cette dépense s'élèverait à un peu moins de 10 000 000 fr. en nombre rond pour le personnel laïque actuel, c'est-à-dire pour 80 000 maîtres et maîtresses de tout ordre.

Ce chiffre de dix millions représente donc la somme qu'atteindra l'accroissement normal des traitements, en supposant la disparition des classes provisoires et le classement définitif de chaque maître à son rang normal.

Si l'on veut aller plus loin dans les prévisions et se demander quelle sera la dépense alors que toutes les Écoles congréganistes seront devenues laïques, il y a lieu d'ajouter environ 3 millions. Il ne faut pas oublier d'ailleurs que ces 3 millions ne pourront être employés qu'au fur et à mesure du mouvement de laïcisation, dont le terme, fixé à cinq ans pour les Écoles de garçons, est indéfini pour les Écoles de filles, les laïcisations ne devant se faire que par voie d'extinction.

Ajoutons-y, pour plus d'exactitude, un million et demi environ pour tous les suppléments et allocations accessoires prévus par le projet. On voit qu'au total c'est à un maximum de 14 à 15 millions que se limitent les accroissements du budget de l'instruction primaire d'ici à une quinzaine d'années.

Nous avons dit de quelles garanties est entouré ce mouvement de progression: le Parlement reste absolument maître de le régler.

Nous n'essayerons pas de tracer ici le projet de règlement d'administration publique prévu par l'article 43 de la présente loi. Indiquons seulement, à titre de renseignement et de moyen de contrôle, les résultats qu'on peut atteindre sans excéder les prévisions qui précèdent. Supposons que le règlement à intervenir attribue aux différentes classes les proportions numériques ci-dessous :

A la 1re et à la 2e classe, 5 p. 100 de l'effectif total ;

A la 3e classe, 15 p. 100 de l'effectif total ;

1. Voir la note de la page 859.

A la 4e, 25 p. 100 de l'effectif total;
A la 5e, 35 p. 100 de l'effectif total;
A la classe des stagiaires, 20 p. 100 de l'effectif total.

On voit que ces chiffres relèveraient considérablement l'effectif des quatre premières classes, tel qu'il serait au moment de la promulgation de la loi : un coup d'œil sur les tableaux ci-dessus permet de le constater.

Appliquant ce tarif à un personnel que nous supposons complètement laïque et complètement en possession des traitements nouveaux, voici la dépense maxima qui en résulterait pour l'État :

1re et 2e classe, 5 000 maîtres à 2 000 et 1 800 fr., soit .	9 500 000 fr.
3e classe, 15 000 à 1 500 fr., soit.	22 500 000
4e — 25 000 à 1 200 fr., soit	30 000 000
5e — 35 000 à 1 000 fr., soit	35 000 000
6e — 20 000 à 800 fr., soit	16 000 000
	113 000 000 fr.

Soit pour l'ensemble des traitements de l'enseignement primaire, quand la loi s'appliquerait dans sa plénitude, un budget total de 113 millions, c'est-à-dire, — comme nous le trouvions tout à l'heure par une autre voie, — 14 ou 15 millions de plus qu'au budget de 1886, lequel dépassera 98 millions[1].

V.

Examen des articles.

Pour compléter cet exposé, il ne nous reste plus qu'à présenter quelques observations sommaires en regard des articles qui peuvent appeler une explication.

Le projet se divise en six chapitres :

Le premier détermine les dépenses ordinaires de l'enseignement primaire public et en indique la répartition entre l'État, le département et la commune (art. 1-4);

Le second règle le classement et les traitements des instituteurs et des autres membres de l'enseignement, de l'administration et de l'inspection (art. 5-21);

Le troisième détermine les voies et moyens d'exécution financière, tant pour les traitements à la charge de l'État que pour les indemnités de résidence à la charge des communes (art. 22-24) ;

Le quatrième contient les dispositions spéciales à l'Algérie (art. 25-27);

Le cinquième fixe les dispositions transitoires suivant lesquelles aura lieu l'application graduelle de la loi quant au classement et quant au traitement du personnel (art. 28-40);

Le sixième, sous le titre de dispositions diverses, contient l'abrogation des textes législatifs antérieurs et un certain nombre de prescriptions relatives à des points spéciaux.

Art. 1-4. —Nous avons expliqué plus haut les principes d'après lesquels s'opère le départ entre les trois ordres de dépenses.

1. Voir l'annexe A et l'annexe B, qui permettent de comparer soit le budget total dans ces dernières années, soit la moyenne de la dépense par habitant aux diverses dates de la statistique officielle depuis 1837, soit enfin le taux moyen des traitements des instituteurs et des institutrices pour la France et même par département. (*Note de l'Exposé.*)

L'énumération faite aux articles 3 et 4 des dépenses communales et départementales reproduit, en partie, il est vrai, les articles 1er et 2 de la loi du 9 août 1879 sur les Écoles normales et l'article 14 de la loi sur l'organisation de l'Enseignement primaire récemment votée par le Sénat; mais cette répétition était nécessaire, d'abord, pour que la loi d'organisation financière fît un tout complet, et, ensuite, pour que certains points de détail, non encore réglés par la loi, le fussent désormais de manière à prévenir toute contestation.

C'est ainsi que nous ajoutons, dans l'article 4, un dernier paragraphe au texte adopté par le Conseil d'État.

Il s'agit des Écoles manuelles d'apprentissage prévues par la loi du 11 décembre 1880. D'après cette loi, le travail manuel de l'enseignement spécialement technique ou professionnel est confié, dans ces établissements, à un personnel nommé par les municipalités. Il semble évident que ce personnel non universitaire, rétribué par indemnités variables non sujettes à retenue, ne peut entrer dans le cadre des fonctionnaires proprement dits de l'enseignement public, et doit rester à la charge de la commune, comme il est à la nomination des autorités communales. Il suffira de déterminer, dans le règlement d'administration publique que prévoit déjà l'article 28 de la loi sur l'organisation de l'instruction primaire, les engagements que la commune devra prendre envers les deux Ministres de l'Instruction publique et du Commerce, pour que ces enseignements spéciaux ne soient pas livrés au hasard et ne risquent pas, à force de variations, de jeter le désordre dans les programmes des Écoles d'apprentissage.

Art. 5-10. — Ces articles règlent le classement des instituteurs et institutrices, et les traitements assignés à chaque classe.

Sur le classement, nous ne pouvons que nous référer aux explications données plus haut.

Quant aux traitements, trois innovations principales appellent l'attention :

Égalité des traitements entre les instituteurs et les institutrices.

On remarquera qu'il n'est plus fait de différence entre les instituteurs et les institutrices. Il en sera de même dans tout l'ensemble du projet. La question de l'égalité de traitement entre les fonctionnaires des deux sexes a été souvent débattue. Le Conseil d'État l'a tranchée, sans hésiter, dans le sens que nous vous proposons d'adopter. Les conditions de préparation et d'admission sont les mêmes, les titres requis sont les mêmes et s'obtiennent en la même forme, et les services rendus seront les mêmes aussi. D'où viendrait donc l'inégalité de traitement? Elle ne se justifierait pas même d'une manière générale par l'inégalité des besoins; car, si l'institutrice mariée a moins de charges que l'instituteur chef de famille, il ne faut pas oublier qu'elle a commencé par être obligée, pendant de longues années, à avoir auprès d'elle ou sa mère ou une parente dont elle devait assurer l'existence avec la sienne sur son seul traitement. D'ailleurs, à entrer dans l'appréciation des différences de traitement que l'on pourrait établir, on s'aperçoit que ces différences ne porteraient jamais que sur un chiffre extrêmement restreint, presque toujours arbitraire et malaisé à expliquer, dans un pays où l'instruction des filles est, au même degré que celle des garçons, une nécessité sociale et un intérêt public.

Égalité des traitements entre les titulaires chargés soit d'une classe, soit d'une École à une ou deux classes.

Nous assimilons quant au traitement, — comme la loi sur l'organisation de l'Enseignement primaire a assimilé quant au titre, — tous les instituteurs titulaires, soit qu'ils dirigent une classe comme adjoints, soit qu'ils dirigent une École composée elle-même d'une seule classe ou de deux au plus.

Mais nous croirions aller contre la nature des choses en n'accordant pas un traitement plus élevé à l'instituteur chargé de la direction d'une Ecole à plusieurs classes et, par conséquent, obligé de joindre à son propre enseignement la surveillance assidue de l'enseignement donné par ses adjoints et tous les soins administratifs ou pédagogiques que comporte la direction d'un établissement comptant parfois plusieurs centaines d'élèves.

Nous attribuons aussi un supplément de traitement (qui, le cas échéant, pourra se cumuler avec le précédent) au maître (directeur ou adjoint) qui sera chargé d'un Cours complémentaire d'enseignement primaire supérieur et professionnel.

Quotité des traitements minima.

Après un examen attentif des tarifs successivement proposés par les divers projets soumis à la Chambre des Députés de 1879 à 1882, par les pétitions adressées au Parlement, enfin par le Congrès des instituteurs tenu au Havre en 1885, le Conseil d'État, comme le Gouvernement, s'est arrêté à une échelle de traitements qui paraît donner satisfaction dans la mesure du possible aux vœux des instituteurs et aux indications de l'opinion publique.

Le Parlement a reconnu lui-même l'impossibilité de maintenir pour les titulaires un taux inférieur à 1 000 fr., puisque, par la loi de finances, il relève depuis trois ans au minimum de 1 000 fr. le traitement des instituteurs de la dernière classe.

Nous laissons les stagiaires seuls au taux de 800 fr.; ce chiffre est supérieur de 100 fr. au traitement des adjoints actuels, de 200 fr. à celui des adjointes ; il est d'ailleurs accru pour la presque totalité d'entre eux par une indemnité de résidence.

Art. 11. — Nous donnons, dans l'annexe D, tout le détail financier de l'application de cet article et de ses résultats.

On remarquera que le dernier paragraphe met à la charge de la ville de Paris et des autres villes de plus de 100 000 âmes un supplément d'indemnité de résidence destiné à parfaire (avec le traitement d'État) le taux des traitements municipaux actuels.

Cette allocation supplémentaire constituera pour ces communes une dépense « obligatoire » à l'égard des titulaires aujourd'hui en exercice, « facultative » pour tous les maîtres qui débuteront ultérieurement.

Le législateur approuvera sans doute cette distinction : si les villes ne peuvent être ni tenues ni même autorisées, désormais, à créer des traitements exceptionnels, il est difficile d'admettre qu'elles aient le droit de les enlever à ceux qui en jouissent en vertu de décisions maintes fois confirmées et par application de règlements municipaux sur la foi desquels ils sont entrés en fonctions.

Art. 12-18. — Nous donnons ci-après un tableau qui permet d'embrasser d'un coup d'œil la progression des traitements prévus par ces articles et par ceux qui précèdent[1].

Art. 19-20. — C'est à un ensemble de règlements d'administration publique qu'est nécessairement renvoyée la constitution des cadres, la détermination des proportions numériques afférentes à chaque classe et des conditions normales d'avancement. La loi se borne à poser le principe de l'avancement à l'ancien-

1. Voir ce tableau, page 882.

neté après cinq ans au moins de séjour dans chaque classe pour les trois degrés inférieurs, et au choix après deux ans au moins dans les deux classes supérieures. (Voir les explications déjà données, p. 872).

Art. 21. — C'est sur le vœu formel et à la demande presque unanime du Conseil d'État que cet article a été ajouté au texte préparé par le Gouvernement. La haute assemblée a jugé que le caractère de fonctionnaire public désormais conféré aux instituteurs entraînait la suppression formelle d'usages qui se concevaient parfaitement sous le précédent régime. L'instituteur étant payé par l'État, les allocations ou gratifications communales sous des noms et sous des prétextes divers n'ont plus leur raison d'être : la possibilité de les obtenir et la tentation de les solliciter ne pourrait que nuire à l'indépendance et à la dignité des maîtres.

Art. 22-24. — Ces articles transforment en centimes d'État les 8 centimes dits communaux et départementaux et suppriment le prélèvement du cinquième.

Art. 25-27. — L'Algérie est aujourd'hui, en matière d'enseignement primaire, sous le régime du décret du 13 février 1883. Le projet consacre la situation actuelle en limitant au 6e de l'octroi de mer la contribution qui, pour l'Algérie, équivaudra aux 8 centimes d'État dans la métropole, et en mettant à la charge de l'État le supplément dit quart colonial.

Art. 28-40. — Ces articles forment la partie de beaucoup la plus délicate et la plus difficile de la loi : ils organisent le régime transitoire.

Deux règles sans exception protègent d'abord les instituteurs contre toute possibilité d'effet rétroactif :

1° Aucun maître actuellement en exercice ne perdra rien de son traitement actuel, ni même du traitement auquel il aurait pu légalement prétendre d'ici à dix ans;

2° Aucun maître actuellement en exercice ne perdra la classe, et, dans la classe, le rang auquel lui donnent droit, d'après la législation présente, ses années de service.

Ces garanties posées, comment s'accomplira le passage progressif du régime de la loi de 1875 à celui de la nouvelle loi?

Seront placés immédiatement dans les trois classes inférieures, et dans leur ordre d'ancienneté, ceux qui ont à la fois le nombre d'années de services voulu et le traitement afférent à la classe où ils seront inscrits.

Seront placés dans les deux classes supérieures, lors du premier classement annuel, c'est-à-dire lors des promotions d'août 1887, ceux qui, dans les limites du nombre prévu par le règlement d'administration publique à intervenir, auront été désignés au choix par leurs chefs hiérarchiques comme remplissant les conditions de temps et méritant cette promotion.

Seront placés immédiatement dans la classe des stagiaires les instituteurs adjoints ou institutrices adjointes n'ayant pas deux ans de services ou ne possédant pas encore le certificat d'aptitude pédagogique, mais ayant un traitement de 800 fr.

Restent deux catégories de maîtres dont le classement définitif et régulier ne peut avoir lieu immédiatement. Ce sont ceux qui, ne réunissant pas toutes les conditions requises pour l'inscription immédiate dans une classe déterminée, en possèdent cependant quelques-unes et ne doivent pas en perdre le bénéfice. C'est pour marquer cette situation exceptionnelle et temporaire, que la loi les inscrit dans deux classes qu'elle nomme *provisoires*, c'est-à-dire destinées à disparaître aussitôt que les disponibilités budgétaires le permettront.

Seront placés dans une sixième classe provisoire ceux qui, ayant un traitement de moins de 1 000 fr., sont cependant titulaires au sens de la nouvelle loi et auraient par conséquent droit, dès à présent, à ce traitement de 1 000 fr., savoir : 1° les institutrices titulaires actuelles à 800 et 900 fr.; 2° les instituteurs adjoints à 700 fr. et les institutrices adjointes à 600 fr., ayant plus de deux ans de services et possédant le certificat d'aptitude.

Seront placés dans une seconde classe provisoire de stagiaires, les adjoints et les adjointes qui n'ont ni un traitement de 800 fr., ni le certificat d'aptitude pédagogique.

Le projet stipule formellement que la suppression de ces deux classes provisoires sera le premier emploi des fonds qui pourront être rendus disponibles au budget : jusqu'à ce qu'elles aient complètement disparu, il ne sera fait dans tous les degrés supérieurs de l'échelle qu'une promotion sur deux.

Les autres détails d'exécution relatifs à cette période transitoire ressortent du texte des articles, et nous n'y insistons pas.

Art. 41. — Aucun changement dans la législation actuelle de la médaille d'argent. De toutes les allocations éventuelles qui servaient en quelque sorte de primes d'encouragement sous le régime de la loi de 1875, c'est la seule que maintiendrait la nouvelle loi, en subordonnant d'ailleurs expressément le nombre annuel de ces distinctions au crédit spécial qui y serait affecté.

Art. 42. — Cet article fixe la situation nouvelle que fait la loi aux Écoles normales devenues désormais établissements publics au lieu d'être établissements départementaux.

Art. 43.—Le texte énumère les questions de détail assez nombreuses et assez délicates, que devront résoudre des règlements d'administration publique. Ces règlements exigeront l'intervention du Conseil supérieur pour tout ce qui est d'ordre pédagogique, et celle du Conseil d'État pour les mesures financières et administratives.

Art. 44. — Cet article abroge toute l'ancienne réglementation financière, que la présente loi remplace.

Art 45-46. — Le classement, par application de la présente loi, aura son effet à partir du 1er janvier 1887, sans apporter aucune modification à la situation actuelle des maîtres. La première promotion aura lieu à la fin de l'année scolaire, et les améliorations de traitement qui en résulteront ne courront que du 1er janvier suivant.

Art. 47. — Les instituteurs et institutrices congréganistes restent en possession de leur situation actuelle : il n'est rien retranché, rien ajouté aux traitements dont ils jouissent. La plupart de ces traitements ont leur origine dans un contrat passé entre la congrégation et la commune. Les autres sont placés sous le régime du droit commun. Pour les uns comme pour les autres, l'état de fait actuel subsistera jusqu'à ce que, par application de la loi de 1886, les Écoles publiques congréganistes aient partout fait place à des Écoles laïques.

Tel est, Messieurs, le projet de loi que nous avons l'honneur de soumettre à vos délibérations. Dans le désir de vous en faciliter l'examen et de vous permettre soit d'en approuver, soit d'en modifier chaque partie avec une entière connaissance de cause, nous y joignons des relevés statistiques qui, vous transportant pour ainsi dire au lendemain de la promulgation de la loi, vous permettent de la voir fonctionner dans tout son détail et d'en apprécier tous les résultats. Nous espérons que ce travail ne vous sera pas inutile, et c'est avec confiance que nous vous demandons de compléter le plus tôt possible, par cette dernière loi organique, l'œuvre scolaire de la République.

56.

Tableau des Traitements (Nouvelle loi).

DÉSIGNATION DES CLASSES ET DES COMMUNES.	STAGIAIRES	INSTITUTEURS et institutrices titulaires (Écoles à 1 ou 2 classes).	DIRECTEURS ET DIRECTRICES D'ÉCOLES ÉLÉMENTAIRES à 3 et 4 classes sans cours complémentaire.	à 3 et 4 classes avec cours complémentaire.	à plus de 4 classes sans cours complémentaire.	à plus de 4 classes avec cours complémentaire.	DIRECTEURS et directrices d'Écoles primaires supérieures.	ADJOINTS et adjointes d'Écoles primaires supérieures non pourvus du certificat d'aptitude au professorat.	PROFESSEURS d'Écoles normales, adjoints et adjointes d'Écoles primaires supérieures pourvus du certificat d'aptitude au professorat.	INSPECTEURS primaires.	DIRECTEURS et directrices d'Écoles normales.	MAITRES AUXILIAIRES d'Écoles primaires supérieures et d'Écoles normales.
	1	2	3	4	5	6	7	8	9	10	11	12
TRAITEMENTS D'ÉTAT												
Classe unique........	800	»	»	»	»	»	»	»	»	»	»	L'indemnité accordée varie entre 60 et 100 fr. l'heure par semaine. Cette indemnité n'est pas soumise à la retenue.
5e classe............	»	1.000	1.200	1.400	1.400	1.600	1.800	1.000	2.400	3.000	3.500	
4e —	»	1.200	1.400	1.600	1.600	1.800	2.000	1.200	2.600	3.200	4.000	
3e —	»	1.500	1.700	1.900	1.900	2.100	2.200	1.500	2.800	3.400	4.500	
2e —	»	1.800	2.000	2.200	2.200	2.400	2.500	1.800	3.100	3.600	5.000	
1re —	»	2.000	2.200	2.400	2.400	2.600	2.800	2.000	3.400	4.000	5.400	
INDEMNITÉ DE RÉSIDENCE												
Dans les communes de :												
2.000 à 3.000 hab.	50	50	100	100	100	100	100	100	»	»	»	
3.001 à 5.000 —	100	100	200	200	200	200	200	200	»	»	»	
5.001 à 10.000 —	150	150	300	300	300	300	300	300	»	»	»	
10.001 à 15.000 —	200	200	400	400	400	400	400	400	»	»	»	
15.001 à 20.000 —	250	250	500	500	500	500	500	500	»	»	»	
20.001 à 50.000 —	300	300	600	600	600	600	600	600	»	»	»	
50.001 à 100.000 —	350	350	700	700	700	700	700	700	»	»	»	
100.001 et au-dessus..	400	400	800	800	800	800	800	800	»	»	»	
Paris...............	500	500	1.000	1.000	1.000	1.000	1.000	1.000	»	»	»	

En plus du traitement, les fonctionnaires désignés dans les colonnes 1 à 8 ont droit au logement ou à l'indemnité représentative (cette indemnité n'est pas soumise à la retenue). — Les directeurs et directrices d'Écoles normales sont logés dans l'établissement (colonne 11).

TABLE CHRONOLOGIQUE

DES MATIÈRES CONTENUES DANS LE TOME V

DE LA

LÉGISLATION SUR L'INSTRUCTION PRIMAIRE

1879-1887

[Dans la dernière colonne, *n* renvoie aux *Notes*.]

DOCUMENTS ANNEXES

Paris. — Imprimerie Delalain, 18, rue Séguier.

PARIS. — IMPRIMERIE DELALAIN
18, RUE SÉGUIER.

www.ingramcontent.com/pod-product-compliance
Lightning Source LLC
LaVergne TN
LVHW020956300926
849160LV00007B/168